Gudrun Ehlert | Heide Funk | Gerd Stecklina (Hrsg.)
Grundbegriffe Soziale Arbeit und Geschlecht

Mit dem untenstehenden Download-Code erhalten Sie die PDF-Version dieses Buches mit farbigen Abbildungen.

So laden Sie Ihr E-Book inside herunter:

1. Öffnen Sie die Website: http://www.beltz.de/ebookinside
2. Geben Sie den untenstehenden Download-Code ein und füllen Sie das Formular aus.
3. Mit dem Klick auf den Button am Ende des Formulars erhalten Sie Ihren persönlichen Download-Link.
   [Für den Einsatz des E-Books in einer Institution fragen Sie bitte nach einem individuellen Angebot unseres Vertriebs: buchservice@beltz.de. Nennen Sie uns dazu die Zahl der Nutzer, für die das E-Book zur Verfügung gestellt werden soll.]
4. Der Code ist nur einmal gültig. Bitte speichern Sie die Datei auf Ihrem Computer.
5. Beachten Sie bitte, dass es sich bei Ihrem Download um eine Einzelnutzerlizenz handelt. Das E-Book ist für Ihren persönlichen Gebrauch bestimmt.

Download-Code

X6HXNNMKR6

Gudrun Ehlert | Heide Funk |
Gerd Stecklina (Hrsg.)

Grundbegriffe
Soziale Arbeit und Geschlecht

Mit E-Book inside

2., vollständig überarbeitete Auflage

Das Werk einschließlich aller seiner Teile ist urheberrechtlich geschützt. Jede Verwertung ist ohne Zustimmung des Verlags unzulässig. Das gilt insbesondere für Vervielfältigungen, Übersetzungen, Mikroverfilmungen und die Einspeicherung und Verarbeitung in elektronische Systeme.

Dieses Buch ist erhältlich als:
ISBN 978-3-7799-6503-9 Print
ISBN 978-3-7799-5827-7 E-Book (PDF)

2., vollständig überarbeitete Auflage 2022

© 2022 Beltz Juventa
in der Verlagsgruppe Beltz · Weinheim Basel
Werderstraße 10, 69469 Weinheim
Alle Rechte vorbehalten

Herstellung und Satz: Ulrike Poppel
Druck und Bindung: Beltz Grafische Betriebe, Bad Langensalza
Beltz Grafische Betriebe ist ein klimaneutrales Unternehmen (ID 15985-2104-100)
Printed in Germany

Weitere Informationen zu unseren Autor_innen und Titeln finden Sie unter: www.beltz.de

Inhalt

Grundbegriffe Soziale Arbeit und Geschlecht –
eine kurze Einführung
Gudrun Ehlert, Heide Funk, Gerd Stecklina   11

Abtreibung · *Gisela Notz*   17
Adoleszenz · *Vera King*   20
Aggression · *Christiane Micus-Loos*   24
Alleinerziehende · *Michael Matzner und Gisela Notz*   28
Alter · *Kirsten Aner*   32
Anerkennung · *Barbara Holland-Cunz*   35
Antidiskriminierungsgesetz · *María do Mar Castro Varela
   und Malika Mansouri*   39
Antifeminismus · *Annette Henninger*   43
Antisemitismus · *Karin Stögner*   46
Arbeit · *Susanne Völker*   50
Arbeitsteilung · *Angelika Wetterer*   54
Armut · *Brigitte Sellach*   56
Ausbildung für Soziale Arbeit · *Elke Kruse*   60
Autonomie · *Lothar Böhnisch und Heide Funk*   64
Beratung · *Annett Kupfer und Ursel Sickendiek*   68
Beruf · *Christoph Weischer*   73
Berufsethik · *Gudrun Perko*   75
Betreuung · *Christina Niedermeier*   79
Betroffenenorientierung · *Dominique Arnaud*   82
Bildung · *Birgit Bütow*   86
Biografie · *Silke Birgitta Gahleitner und Ingrid Miethe*   90
Biografie- und Erinnerungsarbeit · *Behjat Mehdizadeh-Jafari*   93
Bürger- und Zivilgesellschaft · *Birgit Sauer*   97
Care · *Margrit Brückner*   101
Cross Work · *Annemarie Schweighofer-Brauer*   104
Dekonstruktivismus · *Lotte Rose*   108
Demografischer Wandel · *Christoph Weischer*   111
Devianz · *Mechthild Bereswill und Anke Neuber*   115
Digitalisierung · *Angelika Beranek*   119
Diskriminierung · *María do Mar Castro Varela*   123
Diversität · *müjgan senel*   126
Doing Gender · *Regine Gildemeister und Günther Robert*   130
Ehrenamt · *Gisela Notz*   133

Elterliche Sorge · *Christina Niedermeier*   136
Elternschaft · *Beate Kortendiek*   141
Entgrenzung · *Lothar Böhnisch*   144
Erwachsenenalter · *Lothar Böhnisch und Heide Funk*   148
Erwerbslosigkeit · *Christoph Weischer*   151
Erziehung · *Christiane Micus-Loos*   155
Ethnisierung · *Lalitha Chamakalayil und Wiebke Scharathow*   159
Evaluation · *Claudia Daigler*   163
Familie · *Barbara Thiessen*   166
Familienbildung · *Barbara Bräutigam und Matthias Müller*   170
Feminismus · *Claudia Wallner*   173
Feministische Soziale Arbeit · *Maria Bitzan*   177
Femizid · *Susanne Heynen*   181
Flucht und Asyl · *Gudrun Ehlert*   184
Frauen*bewegungen · *Susanne Maurer*   189
Frauenhaus · *Margrit Brückner*   192
Gender Mainstreaming · *Mechthild Bereswill und Gudrun Ehlert*   196
Gender Studies · *Birgit Riegraf*   199
Genderkompetenz · *Margitta Kunert*   203
Generationen · *Gerd Stecklina*   207
Genitalbeschneidung, Genitalverstümmelung · *Melanie Klinger*   211
Geschlecht · *Mechthild Bereswill und Gudrun Ehlert*   214
Geschlechterforschung · *Gerd Stecklina*   218
Geschlechterverhältnis · *Mechthild Bereswill und Gudrun Ehlert*   222
Gesundheit · *Irmgard Vogt*   225
Gesundheitsförderung · *Barbara Wedler*   230
Gewalt · *Carol Hagemann-White und Hans-Joachim Lenz*   233
Gleichstellungspolitik · *Brigitte Hasenjürgen und Uta Klein (†)*   237
Gruppendynamik · *Eva Flicker*   241
Habitus · *Cornelia Behnke-Vonier*   245
Hausarbeit · *Gisela Notz*   248
Häusliche Gewalt · *Sabine Stövesand*   252
Hegemoniale Männlichkeit · *Michael Meuser*   256
Hilfen zur Erziehung · *Luise Hartwig und Martina Kriener*   259
Historische Perspektiven auf Soziale Arbeit bis 1945 · *Sabine Hering*   263
Historische Perspektiven auf Soziale Arbeit ab 1945 · *Susanne Maurer*   266
Homo*- und Trans*feindlichkeit · *Ines Pohlkamp*   270
Homosexualität · *Kim-Patrick Sabla-Dimitrov*   275
Identität · *Vera King*   277
Inklusion · *Susanne Gerner*   280

Intergeschlechtlichkeit · *Andreas Hechler*   284
Intersektionalität · *Mechthild Bereswill*   288
Jugend · *Birgit Bütow*   291
Junge Erwachsene · *Barbara Stauber*   295
Jungen*arbeit · *Michael Cremers*   299
Kasuistik · *Lothar Böhnisch und Heide Funk*   302
Kinder- und Jugendhilfe · *Luise Hartwig und Martina Kriener*   306
Kindertageseinrichtungen · *Tim Rohrmann und Melitta Walter (†)*   310
Kindeswohl · *Elisabeth Schmutz*   314
Kindheit · *Sabine Andresen*   318
Klassismus · *Francis Seeck und Brigitte Theißl*   322
Koedukation · *Hannelore Faulstich-Wieland*   325
Konfliktorientierung · *Lothar Böhnisch und Heide Funk*   329
Konstruktivismus · *Regine Gildemeister und Günther Robert*   333
Körper · *Gunter Neubauer und Barbara Göger*   336
Körperarbeit · *Barbara Göger und Gunter Neubauer*   340
Krankheit · *Monika Weber*   343
Kriminalität · *Anke Neuber*   346
Kultur · *Brigitte Hasenjürgen*   350
Lebensbewältigung · *Lothar Böhnisch*   354
Lebenslagen · *Brigitte Sellach*   357
Lesben und Schwule · *Kim-Patrick Sabla-Dimitrov*   361
Macht · *Theresa Lempp*   364
Mädchenarbeit · *Ulrike Graff*   368
Mädchenzuflucht · *Gundula Brunner*   371
Männer*arbeit · *Holger Strenz*   376
Männlichkeit(en) · *Michael Meuser*   380
Massenmedien · *Angela Tillmann*   384
Matriarchat und Geschlechtssymmetrische Gesellschaften · *Ilse Lenz*   388
Menschenhandel · *Cathrin Schauer-Kelpin und Hannah Drechsel*   390
Menschenrechte · *Susanne Nothhafft*   394
Methodische Leitlinien · *Lothar Böhnisch und Heide Funk*   398
Migration · *Steffi Weber-Unger-Rotino*   401
Mobbing · *Eveline Gutzwiller-Helfenfinger*   406
Mütterlichkeit · *Gisela Notz*   410
Mutterschaft · *Barbara Thiessen*   413
Mütterzentren · *Beate Kortendiek*   417
Nachhaltigkeit · *Christine Thon*   421
Offene Jugendarbeit · *Magdalena Mangl*   424
Ökonomie · *Juliane Sagebiel und Elke Wolf*   428

Organisation · *Hildegard Macha und Heike Fleßner* (†)   431
Parteilichkeit · *Maria Bitzan und Reinhard Winter*   435
Partizipation · *Maria Bitzan*   440
Personal in der Sozialen Arbeit · *Gudrun Ehlert*   444
Pflege · *Roswitha Ertl-Schmuck*   447
Planung · *Claudia Daigler*   451
Pornografie · *Jakob Pastötter*   456
Postheteronormativität · *Davina Höblich*   459
Postkoloniale Theorie · *María do Mar Castro Varela und Nikita Dhawan*   463
Prekarisierung · *Susanne Völker*   467
Profession · *Gudrun Ehlert*   470
Professionalität · *Gudrun Ehlert*   474
Prostitution · *Cathrin Schauer-Kelpin und Hannah Drechsel*   477
Psychiatrie · *Steffi Weber-Unger-Rotino*   480
Queer · *María do Mar Castro Varela*   484
Rassismus · *Wiebke Scharathow*   487
Rechtsextremismus · *Michaela Köttig*   491
Reproduktionstechnologien · *Katharina Liebsch*   494
Schule · *Hannelore Faulstich-Wieland*   498
Schulsozialarbeit · *Anke Spies*   501
Schutzkonzepte · *Mechthild Wolff*   505
Schwangerschaft · *Lotte Rose*   509
Schwangerschaftskonfliktberatung · *Gisela Notz*   513
Selbsterfahrung · *Katharina Lux*   516
Selbsthilfe · *Sabine Klemm und Silke Gajek*   520
Sexismus · *Andrea Nachtigall*   523
Sexualität · *Karin Flaake und Reinhard Winter*   527
Sexuelle Dienstleistungen · *Karin Fink*   532
Sexueller Missbrauch · *Susanne Heynen*   536
Soziale Arbeit · *Mechthild Bereswill und Gudrun Ehlert*   541
Soziale Bewegungen · *Gudrun Ehlert*   544
Soziale Medien · *Angela Tillmann*   548
Soziale Netzwerke · *Julia Günther*   552
Soziale Ungleichheiten · *Birgit Riegraf*   556
Sozialisation · *Karl Lenz*   559
Sozialmanagement · *Susanne A. Dreas*   562
Sozialpolitik · *Christoph Weischer und Uta Klein* (†)   566
Sozialraum · *Sabine Stövesand*   570
Sozialversicherungen · *Patricia Frericks*   573

Sprache · *Luise F. Pusch*   577
Sucht · *Irmgard Vogt*   580
Suizid · *Regula Freytag und Michael Witte*   584
Supervision · *Margrit Brückner*   587
Täter*innenarbeit · *Maria Eckl*   591
Theorien Sozialer Arbeit · *Cornelia Füssenhäuser*   595
Transgender · *Udo Rauchfleisch*   599
Transidentität · *Udo Rauchfleisch*   602
(Trans-)Patriarchat · *Marek Naumann*   606
Trauererleben und Trauerverhalten · *Katharina Anane-Mundthal*   610
Trennung · *Matthias Stiehler und Sabine Stiehler*   614
Unterhalt · *Christina Niedermeier*   616
Väterlichkeit · *Marek Naumann*   619
Vaterschaft · *Johannes Huber*   623
Verantwortung · *Robert Weinelt*   626
Verdeckungszusammenhang · *Lothar Böhnisch und Heide Funk*   630
Vereinbarkeit · *Gisela Notz*   635
Vulnerabilität · *Mechthild Bereswill*   639
Weiblichkeit(en) · *Heike Fleßner (†) und Gudrun Ehlert*   642
Wohlfahrtsstaat · *Birgit Pfau-Effinger*   646
Wohnungslosigkeit · *Susanne Gerull*   649
Zweierbeziehung · *Karl Lenz*   652
Zweigeschlechtlichkeit · *Carol Hagemann-White*   656

Literatur   660
Die Autor*innen   811

Grundbegriffe Soziale Arbeit und Geschlecht – eine kurze Einführung

Der Band „Grundbegriffe Soziale Arbeit und Geschlecht" ist die Aktualisierung, Erweiterung und grundlegende Überarbeitung des 2011 im Juventa Verlag erschienenen „Wörterbuch[s] Soziale Arbeit und Geschlecht". Die vielen positiven Rückmeldungen über den Nutzen des „Wörterbuchs" für die Praxis, Lehre und Forschung in der Sozialen Arbeit sind für uns ein Ansporn für die Neuauflage. Mit dem vorliegenden, völlig überarbeiteten Band möchten wir – genau wie vor elf Jahren – Praktiker*innen, Student*innen und Dozent*innen den Zugang zum Stand des Wissens über Geschlechterperspektiven der Sozialen Arbeit mit Hilfe orientierender Stichwörter erleichtern und ihnen Argumentationshilfen für die Analyse von gesellschaftlich und/oder individuell wahrgenommenen sozialen Problemen geben.

Das Anliegen, das wir verfolgen, geht aber noch darüber hinaus: In unserer Forschungs- und Lehrtätigkeit sehen wir uns mit der Herausforderung konfrontiert, dass die Bedeutung von Geschlecht als relationale bzw. intersektionale Kategorie für die Soziale Arbeit beharrlich immer wieder neu reflektiert, erschlossen und weiterentwickelt werden muss. Nur auf dieser Grundlage kann eine geschlechter- und diversitätsbewusste Soziale Arbeit Eingang in professionelles Handeln, in die Konzeption von Forschungsprojekten, in die Lehre und die Curricula der vielfältigen Bachelor- und Masterstudiengänge finden. Die Diskussion um eine geschlechterreflektierte und diskriminierungskritische Soziale Arbeit wird aber nicht nur an den Hochschulen geführt, vielmehr haben wir es mit einem Zusammenwirken von fachlichen und fachpolitischen Auseinandersetzungen der beruflichen Praxis und Akteur*innen sozialer Bewegungen sowie Theorie- und Forschungsergebnissen von Wissenschaftler*innen unterschiedlicher Disziplinen zu tun. Standortdebatten um die Mädchen*- und Jungen*arbeit, in denen intersektionale und inklusive Perspektiven, heteronormativitäts- und rassismuskritische Arbeitsansätze in die Standards und Konzepte aufgenommen werden, zeugen beispielhaft von einer kontinuierlichen Weiterentwicklung von Geschlechterperspektiven in der Sozialen Arbeit (Baier/Nordt 2021; Busche et al. 2010; Busche 2021; Hartmann/Busche 2018; Leiprecht 2018; Rieske 2020; Schmitz 2020; Stecklina/Wienforth 2017).

Damit stellt sich der Band alten und neuen Grenzziehungen innerhalb unterschiedlicher Diskurse und auch zwischen ihnen. Dies betrifft die Geschlechterforschung, die sich seit der Jahrtausendwende weiter ausdifferenziert hat – in Gender-, Queer- und Trans*-Studies, intersektionale und postkoloniale Theorieansätze –, so dass wir es mit sehr unterschiedlichen Lesarten von Geschlecht zu tun haben. Diese Vielfalt an Zugängen findet ihre Widerspiegelung auch in der Sozialen Arbeit, wo sich eine vielschichtige, ausdifferenzierte Forschungs- und Praxislandschaft zu Geschlechterfragen etabliert hat (vgl. Ehlert 2022; Groß/Niedenthal 2021; Rose/Schimpf 2020; Hammerschmidt/Sagebiel/Stecklina 2020; Bereswill 2016). Auch in der Sozialen Arbeit werden kontroverse und heterogene Theoriedebatten geführt (vgl. Hammerschmidt/Aner 2022; Payne/Reith-Hall 2021; May/Schäfer 2021; Dollinger 2020; Lambers 2020; Sandermann/Neumann 2018), in denen Geschlecht als relationale und intersektionale Kategorie allerdings sehr oft nur am Rande eine Rolle spielt (vgl. Sabla/Plößer 2013).

Darüber hinaus hat sich in der Sozialen Arbeit eine umfangreiche (Praxis-)Forschung etabliert (vgl. König 2017; Munsch 2012), „Forschen und Promovieren in der Sozialen Arbeit" (Ehlert et al. 2017) wird zu einer Selbstverständlichkeit für Profession und Disziplin. Dies bedingt, dass wir es sowohl in der Geschlechterforschung als auch in der Sozialen Arbeit inzwischen mit einer unübersichtlichen Theorie- und Forschungslandschaft und einer Flut von Publikationen – Monographien, Sammelbänden, Beiträgen in Fachzeitschriften und Social Media – zu tun haben. Die jeweiligen Ausdifferenzierungen der Geschlechterforschung und der Sozialen Arbeit führen bereits innerhalb der Disziplinen dazu, dass viele Diskurse parallel verlaufen. Fehlende Bezug- und Kenntnisnahmen finden sich umso mehr in den parallel geführten Diskursen von Geschlechterforschung und Sozialer Arbeit. Diese Lücke wollen wir mit der vorliegenden Publikation schließen und für die Soziale Arbeit einen Zugang zu Grundbegriffen der Geschlechterforschung herstellen. Damit sollen die Bedeutung von Geschlechterperspektiven für Forschung, Theorie und Praxis der Sozialen Arbeit systematisch dokumentiert und Aspekte für deren Weiterentwicklung aufgezeigt werden.

Zugleich wird in der Geschlechterforschung, der Sozialen Arbeit sowie in Sozialen Bewegungen und Initiativen immer wieder die Bedeutung von Geschlecht als relationale und intersektionale Kategorie für die Lebens-, Handlungs- und Bewältigungsperspektiven von Adressat*innen Sozialer Arbeit diskutiert, werden Verdeckungszusammenhänge (Bitzan/Funk/Stauber 1998; Funk/Schmutz/Stauber 1993), geschlechtsbezogene und heteronormative Diskriminierungen untersucht (Busche et al. 2018). Dabei ist state of the art, dass Geschlecht die Beziehungsaufnahme, -gestaltung und -entwicklung von Professionellen und Adressat*innen Sozialer Arbeit wesentlich mitbestimmt (vgl. Böhnisch/Funk 2002; Baar/Hartmann/Kampshoff 2019). Alle Akteur*innen der Sozialen Arbeit sind entsprechend gefordert, sich in den unterschiedlichen Diskursen zu positionieren und zu reflektieren, inwieweit sie zur (Re-)Produktion von Geschlechternormen beitragen (vgl. Höblich/Goede 2021). Das betrifft die Mikro-Ebene der Interaktion mit den Adressat*innen Sozialer Arbeit, die Meso-Ebene der Institutionen und auch die Makro-Ebene gesellschaftlicher Bedingungen und Verhältnisse. Eine besondere Verantwortung ergibt sich in der konkreten Interaktions- und Beziehungsarbeit in der professionellen Praxis: Wie können Adressat*innen Sozialer Arbeit ihre subjektiven Erfahrungen – u. a. in Bezug auf geschlechtsbezogenes Erleben und Erleiden sowie gesellschaftliche Diskriminierungs- und Exklusionserfahrungen – in die unmittelbare Beziehungsarbeit einbringen? Wie können Adressat*innen die Unterstützungsangebote und Hilfestellungen mitgestalten und sie für die Entwicklung von Selbstvertrauen und -wert als auch als Experimentierraum für neue Bewältigungsstrategien und den Abbau von Unsicherheiten nutzen? Von den Professionellen erfordert dies insbesondere, dass sie zum einen offen sind für die erfahrenen Entwertungen und Verletzungen der Adressat*innen, zum anderen bedarf es seitens der Professionellen der kontinuierlichen Reflexion eigener Differenzsetzungen, sowohl im Hinblick auf die Anerkennung von Differenz als auch um eigene Normierungen und Diskriminierungen zu erkennen.

Neben den beschriebenen Entwicklungen und Herausforderungen sind aber sowohl die Geschlechterforschung als auch die Soziale Arbeit spätestens seit der Jahrtausendwende mit gesellschaftlichen Veränderungen im Kontext rechtspopulistischer und extrem rechter Mobilisierungen konfrontiert (vgl. Henninger et al. 2021; Ehlert et al. 2020). Untersuchungen zu den Wahlprogrammen der AfD und deren Politik in den Parlamenten zeigen: Geschlechterforschung und Gleichstellungspolitik wird die Existenzberechtigung abgesprochen, Projekten, Initiativen und Vereinen in der Sozialen Arbeit, die sich aktiv und kritisch der Gestaltung einer pluralen, demokratischen Gesellschaft verschrieben haben, sollen die öffentlichen Mittel entzogen werden (vgl. Bereswill/Ehlert/Neuber 2021; Hafeneger et al. 2020). Besondere Herausforderungen ergeben sich für die Soziale Arbeit, wenn Personen mit einem rechtsextremen Weltbild sich für eine Tätigkeit in der professionellen Praxis der Sozialen Arbeit oder ein Studium an den Hochschulen entscheiden (vgl. Radvan/Schäuble 2019). Gezielte Angriffe, Unterwanderungsversuche, Diskursverschiebungen in politischen Gremien oder Teams in der Sozialen Arbeit sowie Adressat*innen mit rechtspopulistischen/-extremen Haltungen erzeugen Handlungsdruck, Bedarf nach Erfahrungsaustausch und Vernetzung sowie nach fachlichen Positionierungen und Strategien zum Umgang mit Rechtsextremismus.

Zum Aufbau des Buches

Der vorliegende Band umfasst 175 Beiträge, die von 131 Autor*innen allein oder in Koautor*innenschaft erarbeitet wurden. Die Beiträge liegen in einer überarbeiteten bzw. neu erarbeiteten Fassung vor, ergänzt durch weitere, neu hinzugekommene Stichwörter. Das Erscheinen der aktualisierten, überarbeiteten und erweiterten Auflage – 11 Jahre nach der Veröffentlichung der 1. Auflage – bringt es mit sich, dass sich die Autor*innenschaft verändert. Im Band sind sowohl Beiträge von Autor*innen enthalten, die schon lange in der Frauen- und Geschlechterforschung aktiv sind und seit vielen Jahren und Jahrzehnten die Kämpfe gegen geschlechtsbezogene Diskriminierungen und den Abbau von sozialen und individuellen Benachteiligungen – innerhalb sozialer Bewegungen als auch der Sozialen Arbeit – begleitet und mitgestaltet haben, als auch Beiträge von Autor*innen, die sich erst im letzten Jahrzehnt intensiver mit Fragen der Frauen- und Geschlechterforschung und der Praxis Sozialer Arbeit aus geschlechterbezogenen Perspektiven auseinandersetzen. Drei der Autor*innen, die in der Auflage von 2011 vertreten waren, sind verstorben: Heike Fleßner, Uta Klein und Melitta Walter. Wir finden es wichtig, dass ihr Werk auch über ihren Tod hinaus sichtbar wird. Wo möglich, haben Kolleg*innen die Weiterentwicklungen in der Frauen- und Geschlechterforschung in die Beiträge der verstorbenen Autorinnen aufgenommen und es sind hierdurch aktualisierte (gemeinsame) Beiträge entstanden.

Der Band enthält Grundbegriffe und Konzepte aus fünf Kategorien:

a) grundlegende Begriffe aus der Geschlechterdebatte bzw. der Frauen- und Geschlechterforschung,
b) für die Soziale Arbeit zentrale sozialwissenschaftliche Konzepte und Grundbegriffe sozialer und gesellschaftlicher Probleme, die eine Weiterentwicklung in der Frauen- und Geschlechterforschung erfahren haben,
c) Rahmenbedingungen Sozialer Arbeit,
d) spezifische Themen und Begriffe aus der Sozialen Arbeit sowie
e) geschlechtsreflektierte Konzepte und Arbeitsformen.

Die Kategorien sollen nachfolgend skizziert werden.

Zu a) Grundlegende Begriffe aus der Geschlechterdebatte bzw. der Frauen- und Geschlechterforschung: Die ausgewählten Begriffe (z. B. Doing Gender, Geschlechterverhältnisse) repräsentieren theoretische Grundannahmen der Frauen- und Geschlechterforschung, die besonders relevant für die Analyse und Reflexion Sozialer Arbeit sind und die interdisziplinäre Perspektiven auf Soziale Arbeit ermöglichen. Das umfasst auch Modelle und Konzepte aus den Anfängen der feministischen Forschung und der Zweiten Frauenbewegung (z. B. Patriarchat, Sexismus) sowie der Männerforschung (z. B. Hegemoniale Männlichkeit, Vaterschaft).

Zu b) Für die Soziale Arbeit zentrale sozialwissenschaftliche Konzepte und Grundbegriffe sozialer und gesellschaftlicher Probleme, die eine Weiterentwicklung in der Frauen- und Geschlechterforschung erfahren haben: Damit meinen wir Ansätze und Begriffe zu Grundkonstellationen menschlichen Daseins und Zusammenlebens (z. B. Alter, Erwerbsarbeit, Familie). Dazu kommen sozialwissenschaftlich-analytische Begriffe wie z. B. Identität und Sozialisation sowie Beschreibungen sozialer Phänomene und Probleme (z. B. Armut, Devianz). Viele sozialwissenschaftliche Grundbegriffe, die auch für die Soziale Arbeit von Relevanz sind, kommen bislang ohne eine systematische Berücksichtigung von Geschlecht als relationaler und intersektionaler Kategorie aus und sollen deshalb in dem Band in einer geschlechterreflexiven Perspektive durchbuchstabiert und diskutiert werden.

Zu c) Rahmenbedingungen Sozialer Arbeit: Unter Rahmenbedingungen werden sozialstaatliche und politikwissenschaftliche Begriffe aufgenommen, die aus einer geschlechtertheoretischen Perspektive diskutiert werden (z. B. Bürger- und Zivilgesellschaft, Sozialversicherung).

Zu d) Spezifische Themen und Begriffe aus der Sozialen Arbeit: Ausgewählt haben wir zentrale rechtliche Begriffe (z. B. Betreuung, Kindeswohl), Arbeitsfelder (z. B. Familienbildung, Kinder- und Jugendhilfe), Handlungsmethoden und Ansätze (z. B. Kasuistik, Supervision), die in einer geschlechterreflexiven Perspektive aufgeschlossen und weiterentwickelt werden.

Zu e) Geschlechter und diversitätsbewusste Konzepte und Arbeitsformen: Diese Begriffe stehen beispielhaft für eine Reflexion und Weiterentwicklung der Praxis Sozialer Arbeit aus einer machtkritischen Perspektive (z. B. Betroffenenorientierung, Mädchenarbeit).

Bei der Konzeption des Wörterbuchs haben wir uns mit der Aufnahme der Stichwörter, trotz des erreichten Umfangs, begrenzen müssen. Es gibt noch viele weitere Begriffe und Konzepte, die im Kontext von Sozialer Arbeit und Geschlecht ausbuchstabiert werden könnten. Vor dem Hintergrund der wissenschaftlichen Weiterentwicklungen als auch organisationalen Veränderungen sowohl in der Frauen- und Geschlechterforschung als auch der Sozialen Arbeit im vergangenen Jahrzehnt haben wir alle Begriffe der Auflage von 2011 auf den Prüfstand gestellt und uns entschlossen, einen Teil der Stichworte in der damaligen Form in die 2. Auflage nicht zu übernehmen. So werden einige Beiträge nicht wiederaufgenommen, andere umbenannt bzw. zusammengelegt. Darüber hinaus haben wir eine Reihe von neuen Begriffen integriert, die aus unserer Sicht in dem aktualisierten Band „Grundbegriffe Soziale Arbeit und Geschlecht" nicht fehlen dürfen.

Mit den Autor*innen der Beiträge haben wir zum Teil intensive Diskussionen über die 175 Stichworte und deren inhaltliche Ausgestaltung geführt. Für die produktiven Meinungsaustausche möchten wir uns bei allen Autor*innen an dieser Stelle bedanken. Mithin zeigt sich bei der Fülle der Beiträge, wie heterogen die Verwendung von Geschlechterperspektiven und Sozialer Arbeit sowie der Umgang mit theoretischen Ansätzen und Konzepten ist. Die Heterogenität lässt sich noch an einem weiteren Aspekt ablesen, nämlich da, wo die geschlechtergerechte Sprache unterschiedliche Verwendung findet, die wir nicht im Sinne einer strikten Vereinheitlichung aufheben wollten.

Wir hoffen bzw. wünschen uns, dass der Band „Grundbegriffe Soziale Arbeit und Geschlecht" sich sowohl wie eine Einführung als auch eine Vertiefung lesen und nutzen lässt, indem sich die Leser*innen von Stichwort zu Stichwort einen persönlichen Lese- und Lehrpfad eröffnen.

Wir danken allen Autor*innen, die mit ihren Texten zum Band „Grundbegriffe Soziale Arbeit und Geschlecht" beigetragen haben. Ein besonderer Dank geht an Pia Rohr. Mit Unterstützung durch Genya Bieberbach hat sie das intensive Korrekturlesen sowie die Kommunikation dazu mit den Verfasser*innen übernommen. Der Dank für die Begleitung und Betreuung gilt auch den Mitarbeiter*innen des Verlags Beltz Juventa, stellvertretend seien Frank Engelhardt und Magdalena Herzog genannt.

Gudrun Ehlert, Heide Funk, Gerd Stecklina

Abtreibung

Körperliche und sexuelle Selbstbestimmung und Familienplanung gehören zu den Menschenrechten, deshalb muss eine Entscheidung gegen eine Schwangerschaft frei von Diskriminierung und Zwängen möglich sein. Die Entscheidung für die Abtreibung als vorzeitige Beendigung einer Schwangerschaft darf nicht durch staatlichen Zwang beeinträchtigt werden.

Zu allen Zeiten und in allen Kulturen wurden Frauen, die eine Abtreibung durchführten, aus religiösen, kulturellen oder bevölkerungspolitischen und militärischen Gründen verfolgt und bestraft. Gleichzeitig wussten Frauen zu allen Zeiten Bescheid über Methoden, mit deren Hilfe sich unerwünschte Geburten verhindern ließen. Abtreibung und Empfängnisverhütung werden nicht emotionslos diskutiert. Sie sind zugleich Themenbereiche, die geeignet sind, Macht über Frauen auszuüben. Männer stellten die Regeln auf, Frauen umgingen sie (gezwungenermaßen) stillschweigend. Die Aufnahme der §§ 218–220 in das Strafgesetzbuch (StGB) des Deutschen Reiches von 1871 war das Ergebnis der seit Beginn des 19. Jahrhunderts geführten Diskussion und setzt sich aus verschiedenen früheren Landrechten zusammen, die zum Teil drakonische Strafmaßnahmen vorsahen. Das Gesetz, das im 16. Abschnitt „Straftaten gegen das Leben" normiert, sah bei Abtreibung eine Zuchthausstrafe von bis zu fünf Jahren vor. Nach jahrzehntelangen Protesten der sozialistischen Frauenbewegung und einigen Frauen aus fortschrittlichen bürgerlichen Frauenorganisationen sowie den Forderungen von SPD, USPD und KPD während der Weimarer Republik wurde 1926 die Abtreibung vom Verbrechen in ein Vergehen umgewandelt. Das bedeutete nicht mehr Zuchthaus, sondern ‚nur noch' Gefängnisstrafe. Erst 1927 gestand das Reichsgericht werdenden Müttern das Recht auf einen Schwangerschaftsabbruch zu, wenn ihr Leben in Gefahr war. Gesetzesänderungen in der NS-Zeit dienten eindeutig der Selektion des Nachwuchses und gipfelten in der Verordnung von 1943, die den ‚Abtreiber' mit der Todesstrafe bedrohte, wenn er mit seiner Handlung „die Lebenskraft des Deutschen Volkes fortgesetzt beeinträchtigt" (Reichsgesetzblatt I 1943, S. 170). Für ‚minderwertig' erklärte Menschen wurden stattdessen zwangssterilisiert. Nach dem Zweiten Weltkrieg wurden die verschärften Strafbestimmungen schrittweise aufgehoben, die §§ 218 und 219a allerdings wieder ins bundesdeutsche Strafgesetzbuch eingeschrieben. Der Versuch, die ethische Indikation (nach Vergewaltigung) anzuerkennen, scheiterte an der katholischen Kirche. Da die Preise für eine illegale Abtreibung stark variierten, trat Abtreibung immer vor allem als soziales Problem in Erscheinung und wurde zugleich als solches geleugnet.

Eine Massenbewegung, die im Zusammenhang mit den neuen Frauenbewegungen entstand, formierte sich in den 1970er Jahren in der BRD. Der Slogan: ‚Mein Bauch gehört mir!' artikulierte die Forderung nach Selbstbestimmung über den eigenen Körper, nach der ersatzlosen Streichung des § 218 aus dem StGB, nach umfassender sexueller Aufklärung, selbstbestimmter Sexualität und freiem Zugang zu Verhütungsmitteln. Er wurde von scharfen Debatten und Protesten, besonders von Vertretern der beiden christlichen Kirchen und der konservativen Parteien, begleitet. Am 18. Juni 1974 trat in der Bundesrepublik eine Drei-Monats-Fristenlösung in Kraft, die nur drei Tage galt, weil CDU/CSU das Bundesverfassungsgericht anriefen, das eine einstweilige Anordnung dagegen erließ und entschied, dass der Schutz des sich im Mutterleib entwickelnden Fötus Vorrang vor dem Selbstbestimmungsrecht der Frau habe. Im Februar 1976 verabschiedete der Bundestag eine Neufassung des § 218, die eine Freiheitsstrafe bis zu drei Jahren oder eine Geldstrafe für Ärzte vorsah, die Abbrüche vornehmen. Bei medizinischer (Gefahr für die Mutter), kriminologischer (Vergewaltigung, Inzest), eugenischer (Behinderung des Kindes) und ‚Notlagenindikation' (psychische und soziale Ausnahmesituationen) konnte Frauen der Abbruch gewährt werden – oder auch nicht. Einen anderen Weg beschritt die DDR: Hier galt seit dem 9. März 1972 das ‚Gesetz über die Unterbrechung der Schwangerschaft', nach dem die Volkskammer mit Gegenstimmen aus der Ost-CDU mehrheitlich beschlossen hatte, dass jede Frau innerhalb der ersten drei Schwangerschaftsmonate eine Abtreibung straffrei, kostenfrei und ohne vorherige Zwangsberatung vornehmen lassen konnte. Gleichzeitig schrieb das Gesetz die kostenlose Abgabe der Pille vor.

Nach dem 3. Oktober 1990 besaßen die bisherigen DDR- bzw. BRD- Regelungen in den jeweiligen Bundesländern weiter Geltung. Am 25. August 1995 trat bundesweit das heute gültige Schwangeren- und Familienhilfeänderungsgesetz in Kraft. Danach sind Schwangerschaftsabbrüche grundsätzlich rechtswidrig und strafbar. Straffrei sind sie nur dann, wenn die Schwangere innerhalb von zwölf Wochen nach der Empfängnis durch eine Bescheinigung nach § 219 nachweist, dass sie sich mindestens drei Tage vor dem Eingriff hat beraten lassen. An dieser Beratungspflicht wurde von Anfang an Kritik geübt, denn Beratung muss von unabhängigen Beratungsstellen durchgeführt werden und freiwillig sein. Die Pflichtberatung soll ‚ergebnisoffen' geführt werden, aber dem ‚Schutz des ungeborenen Lebens dienen'. Die Behandlungen erfolgten überwiegend ambulant. 96 Prozent der Abtreibungen fielen 2020 unter diese ‚Beratungsregelung'. Nicht rechtswidrig sind die medizinische Indikation (bis zum Ende der Schwangerschaft) und die kriminologische Indikation (bis zum Ende der 12. Woche). Sie spielten im 1. Quartal 2021 bei vier Prozent der Fälle eine Rolle (Statistisches Bundesamt 2021e). Eine besondere Beratungspflicht bei medizinischer Indikation wurde im Mai 2009 gegen den Willen zahlreicher Verbände beschlossen.

Die meisten Frauen müssen Verhütungsmittel selbst bezahlen. Nur bis zum 22. Geburtstag übernimmt die gesetzliche Krankenkasse die Kosten. Für Frauen mit geringem Einkommen bedeutet das eine erhebliche Belastung.

Durch die Urteile gegen etliche Ärztinnen, die ärztliche Informationen zu Schwangerschaftsabbrüchen nach dem unter dem NS-Regime eingeführten § 219a des StGB von ihrer Homepage nehmen mussten, wurde die Auseinandersetzung um den gesamten Abtreibungsparagrafen neu eröffnet. Aktivist*innen und Expert*innen fordern seitdem, dass sachliche Informationen einer Ärztin oder eines Arztes über ihre medizinischen Angebote in Zukunft nicht mehr als Werbung im Sinne des § 219a StGB gelten dürfen. Auch nach der Neufassung des § 219a seit dem 15. März 2019 sind Ärztinnen verurteilt worden, weil sie nun zwar öffentlich darüber informieren können, dass sie Schwangerschaftsabbrüche durchführen, weitere Informationen zu Methoden aber nicht angeben dürfen. Das Recht auf Information ist gerade wegen der komplizierten Konstruktion ‚rechtswidrig, aber straffrei' notwendig. Frauen müssen Unterstützung zur Wahrnehmung ihrer Rechte erfahren und Ärztinnen finden, die einen schonenden Abbruch möglichst wohnortnah, unabhängig von der Herkunft sowie der sozialen und ökonomischen Situation der Schwangeren vornehmen. Dies wird verhindert, wenn wie in der BRD im Medizinstudium die Durchführung eines Schwangerschaftsabbruchs nicht gelehrt wird und immer weniger Ärzte und Ärztinnen Abtreibungen vornehmen, so dass die medizinische Versorgung in vielen Regionen völlig unzureichend ist.

Auch restriktive Regelungen werden keinen Schwangerschaftsabbruch verhindern. Erschwerende Bedingungen in Deutschland werden zu höheren Abbruchzahlen im Ausland und zu illegalen Abbrüchen, besonders bei armen Schwangeren, führen und damit zu enormen sozialen und gesundheitlichen Kosten für die Betroffenen. Wohlhabende Schwangere finden immer einen Arzt oder eine Ärztin, der/die den Abbruch schonend vornimmt.

In einigen Ländern der Erde verschlechtert sich die rechtliche und medizinische Situation für Frauen, die eine Schwangerschaft abbrechen wollen, durch den Einfluss fundamentalistischer Kräfte. Ist der Zugang durch Kriminalisierung behindert, steigen die Kosten und die Zahl der unsachgemäß durchgeführten Abbrüche. Die Guttmacher-Lancet Commission schätzt die weltweiten Abtreibungen unerwünschter Schwangerschaften im Jahr auf etwa 56 Millionen (1995 waren es 45,4 Millionen). Mehr als die Hälfte davon werden in der Illegalität ausgeführt. Viele dieser Frauen erhalten schwere Verletzungen durch unsachgemäß vorgenommene Abtreibungen; 22.800 sterben lt. WHO (Weltgesundheitsorganisation) jährlich daran und weitere sieben Millionen werden wegen Verletzungen der inneren Organe ins Spital eingeliefert (Ärzte ohne Grenzen 2019a; Ärzte ohne Grenzen 2019b). In Polen trat im Januar 2021 – trotz großer und anhaltender Proteste – ein Gesetz in Kraft, nachdem Abreibungen nur noch legal sind, wenn die Gesundheit der Schwangeren in Gefahr oder die Schwangerschaft das Ergebnis einer Straftat ist. In Irland und Argentinien verhalfen die lautstarken feministischen Proteste dazu, dass Schwangerschaftsabbrüche bis zur 12. bzw. 14. Schwangerschaftswoche legalisiert wurden.

In Deutschland sind die Zahlen der Schwangerschaftsabbrüche seit 1982 rückläufig. Rund 100.000 Abbrüche wurden im gesamten Jahr 2020 gemeldet. Das waren 10,4 Prozent weniger als vor 10 Jahren (Statistisches Bundesamt 2021e).

Den Hintergrund der aktuellen moralischen Debatten um Abtreibung bildet der Wertekonflikt zwischen dem ‚Schutz des ungeborenen Lebens', wie er durch Kirchenvertreter, konservative Parteien und selbsternannte ‚Lebensschützer' vertreten wird, und dem Recht auf sexuelle Selbstbestimmung der Frau.

Die Legalisierung der Abtreibung vermeidet gesundheitliche Risiken. Der Zugang zu einer sicheren und legalen Abtreibung bleibt eine zentrale Forderung der internationalen Frauenbewegungen. Es geht um das Recht der Frau, selbst darüber zu entscheiden, ob und wann sie eine Schwangerschaft austragen möchte oder nicht. Die §§ 218 und 219 müssen aus dem StGB gestrichen werden und Abtreibung muss als Teil der medizinischen Versorgung außerhalb des StGB geregelt werden.

Gisela Notz

Zum Weiterlesen
Guttmacher-Lancet Commission (2018): Accelerate progress – sexual and reproductive health and rights for all: report of the Guttmacher-Lancet Commission. London, New York, Peking: The Lancet
Notz, Gisela (2011): „Mein Bauch gehört mir". Der Kampf der Frauen um das Recht auf Selbstbestimmung (§ 218). In: Kinner, Klaus (Hrsg.): Linke zwischen den Orthodoxien. Berlin: Karl Dietz, S. 159–170
Nünning, Rosemarie/Stöckle, Silke (Hrsg.) (2018): Dein Bauch gehört Dir. Der Kampf für das Recht auf Abtreibung. Berlin: edition aurora

Adoleszenz

Der Begriff ‚Adoleszenz' bezeichnet die Lebensphase körperlicher, psychischer und sozialer Veränderungen vom Ende der Kindheit bis zum Beginn des Erwachsenenalters. Er wird mitunter spezifisch verwendet, um die verlängerte Jugendphase der Moderne im Sinne eines sogenannten Moratoriums zu kennzeichnen oder um psychische Entwicklungsprozesse zu fokussieren. Es findet sich jedoch keine einheitliche definitorische Abgrenzung der Begriffe ‚Jugend' und ‚Adoleszenz'. In der Begriffstradition eines sozialwissenschaftlichen Adoleszenzbegriffs wird insbesondere die Vermittlung von Sozialem und Psychischem akzentuiert. Überdies unterliegt das Verständnis dieser Lebensphase historischen und kulturellen Wandlungen. In soziologischer Sicht stellen soziale Konstruktionen von Adoleszenz (oder Jugend) auch eine Form der gesellschaftlichen Regulation von Generationenverhältnissen dar: Über die Definition der Bedingungen und des Zeitpunkts für ‚Reife' und für die Übernahme von Erwachsenenpositionen wird die Generationenabfolge reguliert (King 2013). Sozialisations- und entwicklungstheoretisch gilt Adoleszenz als eine bedeutsame Phase der Umgestaltung der kindlichen Beziehungen, die je nach theoretischem Ansatz beschrieben wird als Identitätsbildung, Ablösung oder Individuation, bei der Familienbeziehungen transformiert werden und außerfamiliale Bezüge sowie Peers oder Gleichaltrige an Bedeutung gewinnen. Theoretische Konzeptionen und empirische Befunde zu Beginn und Ende der Adoleszenz befassen sich zudem mit der Frage, ob die teils beobachtbare Verlängerung der Jugendphase als ‚emergent adulthood' (Arnett 2004) oder als sozialer Wandel von Jugend und Adoleszenz (King 2020a) zu verstehen ist.

In allen genannten Hinsichten ist Adoleszenz verknüpft mit Geschlechterverhältnissen, mit sozialen Konstruktionen und der Herstellung von Geschlecht, auch wenn diese Zusammenhänge lange Zeit nicht oder nicht durchgängig systematisch herausgearbeitet wurden. So wurde sowohl in der historischen als auch in der soziologischen, psychologischen oder psychoanalytischen Forschung festgestellt, dass weibliche Adoleszenz lange Zeit als „terra incognita" (Herrmann 1987, S. 149) galt. In Bezug auf die Jugendsoziologie sprach Ostner erst 1986 von einer ‚Entdeckung der Mädchen', in anderen Bereichen wurden Geschlechterdifferenzierungen noch später eingeführt. Die Adoleszenz junger Frauen wurde entweder ausgeblendet oder ihr Verständnis war „aus seiner historischen Genese vielfach stark männlich konzipiert" (Mitterauer 1986, S. 27).

Ein Begriff von Adoleszenz, der die Wandlungen von Geschlechterverhältnissen in der Moderne einbeziehen kann, wurde erst gegen Ende des 20. Jahrhunderts entwickelt (vgl. die Übersicht in Flaake/King 1992). Dabei hat sich auch der Gegenstand der Adoleszenzforschung – die Lebensphase zwischen Kindheit und Erwachsenheit – in hohem Maße verändert. Noch zu Beginn des 20. Jahrhunderts hätte ‚weibliche Adoleszenz' einen Widerspruch in sich bezeichnet: Bürgerliche weibliche Jugend spielte sich ab zwischen der abhängigen Situation der Töchter in der Herkunftsfamilie und der weiterhin abhängigen Position der Ehefrau und Mutter in der neu zu gründenden Familie. Bildung und Erziehung beschränkten sich auf jene Aspekte, die diesem Bild zu entsprechen suchten (vgl. Klika 1996; Glaser 1996). Im 20. Jahrhundert wurden vor allem in westlichen Gesellschaften – im Zuge des Ausbaus der Bildungsinstitutionen, aber auch der kulturellen Wandlungen der Geschlechterverhältnisse – Bedingungen für weibliche Adoleszenz im Sinne eines Entwicklungsspielraums geschaffen.

Studien des ausgehenden 20. Jahrhunderts zeigen, dass insbesondere für die Lebensphase vor der Familiengründung inzwischen einige Angleichungen in den Lebensbedingungen männlicher und weiblicher Adoleszenter stattgefunden haben (Geissler/Oechsle 1996), dass sowohl junge Männer als auch junge Frauen mit Liebesbeziehungen, Sexualität und Lebensentwürfen experimentieren, dass Bildungs-, Ausbildungs- und Berufsfindungsphasen geschlechterübergreifend eine große Rolle spielen. Unterschiede bestehen teils fort in der Art der Antizipation der Vereinbarkeitsdilemmata von Familie und Beruf. Auch in Bezug auf Familiendynamiken der Herkunftsfamilien, auf Selbstkonsolidierung und soziale Neupositionierung gestalten sich adoleszente Individuationsprozesse in Teilen geschlechtstypisch, mit unterschiedlichen Konfliktpotenzialen und Entwicklungsspielräumen. Geschlechterbezogene Variationen zeigen sich in Krisenphänomenen und Bewältigungsformen.

So wird bei weiblichen Adoleszenten mit dem Eintreten körperlicher Veränderungen deutlicher ein manifester Einbruch des Selbstwertgefühls beobachtet, während männliche Adoleszente häufiger zu begrenzungsverleugnenden Reaktionen zu neigen scheinen. Junge Männer tendieren statistisch eher zu externalisierenden Bewältigungsformen adoleszenter Verunsicherungen wie Risikohandeln in Straßenverkehr, Sport und Jugendszenen oder körperliche Aggressivität; junge Frauen eher zu internalisierenden Varianten wie Essstörungen, Selbstverletzungen oder Depressivität (vgl. Alsaker/Bütikofer 2006; King/Richter-Appelt 2009). Entsprechende Risikolagen oder Störungsbilder sind meist multifaktoriell bedingt (ebd.), teils Ausdruck biografischer Belastungen, ungleicher Chancenstrukturen des adoleszenten Möglichkeitsraums (King 2013) oder des Mangels an individuellen und familialen Ressourcen.

Entwicklungsprobleme in dieser Lebensphase können zudem auch verknüpft sein mit Schwierigkeiten von erwachsenen pädagogischen oder elterlichen Bezugspersonen, adoleszente Umgestaltungen adäquat zuzulassen und zu begleiten. So können Adoleszente die Erwachsenen und ihre Lebensentwürfe zwar auf eine neue und teils kraftvolle Weise infrage stellen und eigene Entwürfe generieren; zugleich sind sie jedoch noch abhängig von jenen, von denen sie sich zu lösen versuchen. Ihre Verletzbarkeit erscheint oft weniger offenkundig, da die Angewiesenheit von allen Beteiligten im adoleszenten Entwicklungsdreieck – Erwachsene, Adoleszente, Peers – stärker negiert wird. Doch auch die häufig metaphorisch als ‚zweite Geburt' bezeichnete Adoleszenz stellt Herausforderungen an die erwachsenen Bezugspersonen: an eine generative Ermöglichung und die dafür notwendige Bewältigung von intergenerationalen Ambivalenzen.

Ausdruck möglicher Krisen junger Frauen können wiederum frühe Schwangerschaft oder Mutterschaft in der Adoleszenz sein, wobei der Begriff ‚adoleszente Schwangerschaft' in Studien sich meist auf die Altersspanne bis zum 20. oder 21. Lebensjahr bezieht. Adoleszente Elternschaft hat es strukturell mit dem Dilemma zwischen eigener elterlicher Verantwortung und noch unabgeschlossenen Verselbständigungsbemühungen zu tun. Sozialpädagogische Beratungsangebote können junge Mütter und Väter dabei entscheidungsoffen und diskriminierungsfrei unterstützen (Fleßner 2008).

Bezogen auf den Bildungsstand schneiden junge Frauen jüngerer Jahrgänge inzwischen in etlichen Bereichen besser ab als junge Männer; z. B.

absolvieren gemäß Bildungsbericht 2020 (Autorengruppe Bildungsberichterstattung 2020) in der Altersgruppe der 30- bis 35-Jährigen mehr Frauen als Männer einen Hochschulabschluss. Bildungsdisparitäten und geschlechterbezogene soziale Differenzierungen sind weiterhin Folge überlagernder Wirkmechanismen von sozialer Herkunft, Gender und Migrationshintergrund (Klinger/Knapp 2008), die auch im Übergang von der Adoleszenz zum Erwachsenenstatus wirksam werden. Für junge Frauen gilt beispielsweise, dass sie ihre Bildungserfolge im Übergang zum Arbeitsmarkt weniger gut umsetzen können. Ein Befund, der deutlich macht, dass zusätzlich zu den formalen Bildungsabschlüssen weitere Mechanismen greifen, die zur Reproduktion von Geschlechterungleichheiten beitragen können.

Zur Erforschung dieser Ungleichheiten und bezogen auf die Frage, wie sich Geschlechterverhältnisse und -entwürfe reproduzieren und transformieren, ist die Untersuchung der Adoleszenz von besonderer Bedeutung (Becker-Schmidt 1995), denn in dieser Lebensphase findet eine Vergeschlechtlichung der sozialen Rollen und der geschlechtstypischen sozialen Bahnung in besonderem Maße statt. Entsprechend befassen sich zahlreiche Studien mit geschlechtstypischen Sozialisationsbedingungen Adoleszenter, deren Folgen für weibliche und männliche Lebensentwürfe oder für unterschiedliche Bewältigungsformen (vgl. Friebertshäuser 1995; Meuser 2005b; Bilden/Dausien 2006), aber auch mit geschlechtertypischen Facetten von Beschleunigungs- und Optimierungsdruck in der Adoleszenz (Leccardi 2009; Busch 2021) sowie mit Bedeutungen oder Folgen digitaler Medien für Heranwachsende (Carstensen et al. 2013; King 2020b). Weitere Forschungsschwerpunkte liegen auch in der Verbindung von Adoleszenz, Migration und Geschlecht (vgl. u. a. Apitzsch 2003; King 2005; Westphal 2007; Zölch 2019).

Zusammengefasst geht es in der Adoleszenzforschung teils implizit, teils explizit um Formen der Aneignung und Ausgestaltung von Geschlecht, um die Untersuchung der Vergeschlechtlichung auf der Ebene der sozialen Rollen oder Positionierung. Durch die Analyse der psychischen und sozialen Prozesse, die in der Adoleszenz stattfinden, kann gleichsam in statu nascendi verfolgt werden, wie sich Geschlechterentwürfe mit großer lebensgeschichtlicher Wirksamkeit herstellen und inkorporiert werden. In der adoleszenten Entwicklung verbinden sich die sozialen Prozesse der Vergeschlechtlichung mit den individuellen Formen psychischer Verarbeitung der körperlichen Veränderungen und der Aneignung des Körpers. Kulturell stellt Adoleszenz insofern eine Phase dar, in der Geschlechter maßgeblich hergestellt werden. Das bedeutet – auch in Hinblick auf geschlechterbezogene Soziale Arbeit – zugleich, dass Veränderungen der Geschlechterverhältnisse an Wandlungen der Adoleszenz gebunden sind.

Vera King

Zum Weiterlesen
Flaake, Karin (2001): Körper, Sexualität und Geschlecht. Studien zur Adoleszenz junger Frauen. Gießen: Psychosozial-Verlag
King, Vera (2013): Die Entstehung des Neuen in der Adoleszenz. Individuation, Generativität und Geschlecht in modernisierten Gesellschaften. Wiesbaden: VS
Reinders, Heinz (2003): Jugendtypen. Ansätze zu einer differentiellen Theorie der Adoleszenz. Opladen: Leske + Budrich

Aggression

Verständnis von Aggression: Der Etymologie nach sagt der Begriff Aggression (lat. aggredi: heranschreiten, sich nähern) noch nichts darüber aus, ob eine Handlung konstruktiv oder destruktiv ist. Die Differenzierung von gutartiger Aggression im Sinne von Selbstbehauptung oder Aktivität und bösartiger Aggression im Sinne von absichtlichem, schädigendem Verhalten hat Fromm 1974 in die Diskussion eingeführt.

Genese menschlicher Aggression: Zur Genese menschlicher Aggression wurden im vergangenen Jahrhundert unterschiedliche Erklärungen angeführt (vgl. Micus 2002). Die einen führen Aggression auf einen dem Menschen innewohnenden Trieb zurück (vgl. Freud 1930; Lorenz 1963), die anderen sehen Frustration als eine notwendige und hinreichende Bedingung für Aggression (vgl. Dollard et al. 1939).

Für Winnicott (1974) ist Aggression ein Lebenstrieb, sie ist für ihn angeboren, gleicht einer urtümlichen Motilität, Spontaneität und Impulsivität (vgl. Winnicott 1983, S. 91 f.) und ist ein „Beweis für Leben" (ebd., S. 164). Diese primitive Motilität, die mit erotischen Impulsen verschmolzen ist, kann zu objektbezogener Destruktivität führen. Es kommt auf die Umwelt an, ob sie die kindliche Aggression „überlebt" bzw. „sich-nicht-rächt" (Winnicott 1989, S. 107) oder auch „Wiedergutmachung" (Winnicott 1994, S. 119) ermöglicht. Destruktion ergibt sich erst aus der Unfähigkeit des Objektes zu überleben, d. h. wenn das Objekt sich angegriffen fühlt und übergriffig oder gleichgültig reagiert (vgl. ebd., S. 175). Aggression als eine Form der „antisoziale[n] Tendenz" (Winnicott 1983, S. 235), hinter der sich oft eine „Objektsuche" (Winnicott 1988, S. 164) verbirgt, ist ein „Hinweis auf Hoffnung" (Winnicott 1983, S. 234): „Das Kind hofft – ohne es zu wissen –, dass es jemanden findet, der bereit ist, auf den Augenblick des Verlustes [Verlust des Objekts im Sinne einer anderen Person] hinzuhören" (Winnicott 1990, S. 109), es hofft, dass die Umwelt „nicht versagt, sich nicht raushält, sich nicht rächt" (Auchter 1994, S. 69).

In den 1960er Jahren ist es Banduras sozial-kognitive Lerntheorie, die die Erkenntnisse der behavioristischen Lerntheorien weiterentwickelt, nach denen menschliches Verhalten durch zufällige oder systematische positive Verstärkung oder durch negative Folgen formbar ist (vgl. Bandura 1979). Neue Verhaltensformen werden durch die unmittelbare Erfahrung oder das Beobachten anderer entwickelt. Die Differenzierung zwischen dem Erwerb aggressiver Verhaltensweisen und ihren Ausführungen führt zu der empirischen Erkenntnis, dass durch Beobachtung kennengelernte Verhaltensmuster vor allem dann in das eigene Verhaltensrepertoire aufgenommen und nachgeahmt werden, wenn sie einen funktionalen Wert versprechen. Zu den wichtigsten Quellen aggressiver Modellierung zählen die Familie, die Peergroup und die Medien.

Aggressionen können aber auch strukturell verursacht werden (vgl. Galtung 1972; Galtung 1975), z. B. durch belastende und enge Wohnverhältnisse, geringes Einkommen, Arbeitslosigkeit oder auch fehlende Zukunftsperspektiven. Darüber hinaus können Aggressionen auch Folgen zunehmender Individualisierungsprozesse und Ausdruck sozialer Desintegration sein (vgl. Beck 1986; Heitmeyer 1995). Individualisierungsprozesse und eine zunehmende Ökonomisierung der Gesellschaft können auf individueller Seite mit einem „Verlust der eigenen Handlungsinitiative und -fähigkeit, einem geringen Selbstwertgefühl und dem Fehlen der psychosozialen Balance" (Stecklina/Wienforth 2020a, S. 25) einhergehen. Krisenhafte, herausfordernde Lebensereignisse, die sich durch „Betroffenheit, Ausgesetztsein, Bedürftigkeit und Scheitern" (Böhnisch/Schröer 2013, S. 22) auszeichnen, können dann zu einer regressiven Bewältigung führen, die sich in aggressiven Verhaltensweisen zeigen kann.

Aggression und Geschlecht: Erklärungen menschlicher Aggression (Psychoanalyse, Ethologie, Frustrations-Aggressions-Theorie etc.) differenzieren zunächst nicht nach Geschlecht. Erst die Zweite Frauenbewegung und die feministische Wissenschaft bewirken Ende der 1960er Jahre einen Perspektivenwechsel: Der Erkenntnis, dass Geschlechter gemacht werden (Beauvoir 1951), folgen empirische Untersuchungen zur geschlechtsspezifischen Sozialisation, die Aufschluss darüber geben sollen, warum sich Jungen aggressiver als Mädchen entwickeln (vgl. Bandura 1979; Bilden 1991; Nolting 1997). Mädchen und Jungen müssen sich mit einer Kultur auseinandersetzen, die zweigeschlechtlich organisiert ist und heranwachsende Mädchen und Jungen offen oder subtil mit verschiedenen Erwartungen, Anforderungen und Sanktionen konfrontiert. Flaake beschreibt, wie „Verletzungsoffenheit" (Flaake 2002, S. 161) und „Verletzungsmächtigkeit" (Popitz 1992, S. 48) durch Sozialisationsprozesse als geschlechtliche Haltungen eingeübt und antrainiert werden. Die Geschlechter werden nicht nur unterschiedlich erzogen, es gibt nach wie vor geschlechtlich unterschiedliche Sozialisationsziele und unterschiedliche gesellschaftlich festgelegte Normen und Werte. Während weibliches Aggressionshandeln im Widerspruch zur tradierten Geschlechterordnung und zum Konstrukt der ‚friedfertigen Frau' (Mitscherlich 1987) steht, gilt männliche Aggression als ein Ausdruck männlicher Geschlechtsidentität (vgl. Hagemann-White 1984).

Auch die Bewältigungsstrategien erfolgen im „kulturellen System der Zweigeschlechtlichkeit" (ebd., S. 83) für die Geschlechter unterschiedlich: Ist es Individuen in krisenhaften Situationen nicht mehr möglich, Selbstwert, Selbstwirksamkeit und soziale Anerkennung zu erfahren, und misslingt das Streben nach Handlungsfähigkeit, tendieren Männer dazu, die innere Hilflosigkeit abzuspalten und auf Schwächere zu projizieren, ihre Gefühle zu externalisieren und evtl. auch durch Aggressionen zu kompensieren (vgl. Böhnisch 2012; 2013; Böhnisch/Schröer 2013). Weibliches Bewältigungsverhalten ist eher nach innen gerichtet und äußert sich nicht selten auch in Form von Essstörungen oder psychischen Erkrankungen (vgl. Böhnisch/Schröer 2013; Kolip/Hurrelmann 2002).

In den 1980er Jahren rückt die Frage nach geschlechtsspezifischen Umgangsformen mit Aggressionen in den Mittelpunkt der Betrachtung (vgl. Schmerl 1999): Weibliche Heranwachsende sind nicht weniger aggressiv als männliche, sie äußern ihre Aggressionen indirekt, in Form von übler Nachrede oder Manipulation (vgl. Björkqvist et al. 1992). Frauen, so Campbell (1990; 1995), haben andere Motive und Wahrnehmungen ihrer Aggression. Während Frauen in der Aggression das Versagen der Selbstkontrolle sehen, ist sie für Männer probates Mittel der Kontrolle über andere.

In ihrer Wende zum Konstruktivismus bezieht sich die bundesdeutsche feministische Forschung auf den Ethnomethodologischen Konstruktivismus (vgl. Garfinkel 1967; Goffman 1959; 2001). Mit dem Verständnis von Geschlecht als ‚Doing Gender' (West/Zimmerman 1987) ist Aggression keine Wesenseigenschaft oder ein Merkmal, das dem Verhalten als solchem zukommt, sondern es lenkt den Blick auf die interaktiven Prozesse, in denen Aggressionen zugeschrieben, wahrgenommen und verfestigt werden (vgl. auch labeling approach).

Connells (1999) Differenzierung in hegemoniale, komplizenhafte, untergeordnete und marginalisierte Männlichkeiten öffnet den Blick für „binnengeschlechtliche Ungleichheitsverhältnisse" (Meuser 2002, S. 57). Auch wenn sich männliche Hegemonie weniger durch körperliche, direkte Aggression auszeichnet, „sondern durch ihren erfolgreich erhobenen Anspruch auf Autorität" (Connell 1999, S. 98), kann Aggression in Interaktionen eine Ressource sein, Maskulinität zu beanspruchen: In der heterosozialen Dimension, um männliche Dominanz gegenüber Frauen zu sichern, in der homosozialen Dimension, um „sich der eigenen Männlichkeit zu versichern" (ebd., S. 105), die eigene Männlichkeit gegenüber anderen weniger anerkannten Männlichkeiten zu demonstrieren sowie Anteile an der „patriarchale[n] Dividende" (ebd., S. 100) zu sichern.

Butler als Vertreterin dekonstruktiver Geschlechtertheorien hat auf die Bedeutung der ‚Macht der Geschlechternormen' (Butler 2009) für die Subjektwerdung verwiesen und verdeutlicht, wie entlang dieser Normen Anerkennung und Ausschluss von Identitätspositionen reguliert werden. Als „intelligibel" (ebd., S. 74) bzw. anerkennbar gilt, wer sich den Normen der Zweigeschlechtlichkeit und Heteronormativität, die im Rahmen der Subjektwerdung bedeutsam und machtvoll sind, unterwirft. Subjekte werden durch sprachliche Anrufungsprozesse ins Leben gerufen. Sprache, verstanden als eine dem Subjekt bereits vorgängige, symbolische Ordnung, kommt eine „Handlungsmacht" (Butler 2006, S. 9) zu. Die „Kraft" (ebd., S. 11) der Sprache als „performativer Charakter" (ebd.) kann Anerkennung verleihen, kann aber ebenso verletzen und Menschen auf einen „Platz [verweisen], der aber möglicherweise gar keiner ist" (ebd., S. 13). Der sich wiederholende Ausruf „Du bist aggressiv" ist demnach „[e]ine performative Handlung […], die das, was sie benennt, hervorruft oder in Szene setzt und so die konstitutive oder produktive Macht der Rede unterstreicht" (Butler 1993, S. 123). Die dekonstruktive Perspektive sensibilisiert für die Abhängigkeit des Menschen von der Anrede des Anderen und die verletzende Dimension sprachlicher Anrufungen und Diskurse.

Bedeutung für die Soziale Arbeit: Für die Soziale Arbeit sind differenztheoretische, konstruktivistische und dekonstruktive Perspektiven auf Aggression unerlässlich. Aus differenztheoretischer Perspektive gilt es, Gesprächsräume zu eröffnen, in denen Mädchen und Jungen über ihre Befindlichkeiten sprechen können und Anerkennung erhalten, aggressives Verhalten auch als Bewältigungshandeln mit seiner dahinter liegenden Bedürftigkeit fokussiert wird und funktionale Äquivalente partizipativ entwickelt werden, in denen sie Selbstwert, soziale Anerkennung und Selbstwirksamkeit über soziales Verhalten erleben können, um damit Handlungsfähigkeit zu erlangen und zu verhindern, dass Hilflosigkeit abgespalten werden muss (vgl. Böhnisch 2015; Böhnisch 2020; Böhnisch/Schröer 2013). Konstruktivistische Ansätze sensibilisieren für die eigene Mitkonstruktion an Zuschreibungsprozessen. Es gilt, eine Erweiterung von Handlungsoptionen für beide Geschlechter jenseits hegemonialer Männlichkeits- wie Weiblichkeitskonzepte einzuüben. Dekonstruktive Ansätze sensibilisieren für die verletzende Dimension sprachlicher Anrufungen und öffnen den Blick für die Fragen, welche Praxen als aggressiv benannt werden, oder auch, welche Diskurse bestimmte Menschen als verletzungsoffen konstruieren und damit Aggression gegen sie dulden und legitimieren (vgl. Petran/Thiel 2012, S. 19).

Christiane Micus-Loos

Zum Weiterlesen
Böhnisch, Lothar (2020): Abweichendes Verhalten bei Kindern und Jugendlichen als Bewältigungsverhalten. In: Stecklina, Gerd/Wienforth, Jan (Hrsg.): Handbuch Lebensbewältigung und Soziale Arbeit. Praxis, Theorie und Empirie. Weinheim und Basel: Beltz, S. 48–57
Butler, Judith (2006): Hass spricht. Zur Politik des Performativen. Frankfurt/M.: Suhrkamp
Petran, Anna/Thiel, Johanna Louise (2012): Gewalt und Handlungsmacht. Queer-Feministische Perspektiven. Frankfurt/M., New York: Campus

Alleinerziehende

Alleinerziehende gab es schon immer in der Geschichte. Nach der Definition des Statistischen Bundesamtes sind Alleinerziehende Mütter und Väter, die ohne Ehe- oder Lebenspartner*in mit ihren minder- oder volljährigen ledigen Kindern in einem Haushalt zusammenleben. Unverheiratet Zusammenlebende werden nicht mitgerechnet.

Da viele Männer ‚im Krieg geblieben' waren, wuchs die Zahl der alleinerziehenden Mütter besonders nach den beiden Weltkriegen.

Alleinerziehende Mütter: Nach dem Zweiten Weltkrieg gab es in allen vier Besatzungszonen über sieben Millionen Frauen mehr als Männer. Etwa jedes 5. Kind lebte mit der Mutter alleine (Bundesvorstand des Demokratischen Frauenbunds Deutschlands 1989, S. 39). Hinzu kamen die ledigen Mütter: 1946 wurden in der Sowjetischen Besatzungszone 19,3 Prozent der Kinder nichtehelich geboren, in den westlichen Besatzungszonen 16,4 Prozent (Berechnungen des BiB, zit. nach Lührig-Nockemann 2020). Auch die Anzahl der geschiedenen Mütter nahm zu, denn die Scheidungen verdoppelten sich im ersten Nachkriegsjahr im Vergleich zu 1939 in allen vier Besatzungszonen. Viele Frauen wollten ihre Selbständigkeit nach der Rückkehr der Männer aus dem Krieg nicht aufgeben und lebten lieber alleine, auch wenn sie Kinder hatten. Dennoch bildete sich aus den vielen ‚Mütterfamilien' keine neue Familienform, sondern die konservative Familienpolitik der BRD sah sie als ‚unvollständig' an und benachteiligte Kinder von ledigen Müttern de jure und de facto. In der DDR war es, bedingt durch die eigenständige Existenzsicherung der Mütter und das Vorhandensein von ganztägigen Betreuungseinrichtungen für Kinder, weniger problematisch, Kinder ohne Partner*in zu erziehen. Die Unterscheidung zwischen ehelichen und nichtehelichen Kindern war 1950 per Gesetz abgeschafft worden.

Im Jahr 2019 umfasste die Gruppe der alleinerziehenden Mütter 2,2 Millionen Frauen. Das sind 84,4 Prozent aller Alleinerziehenden (Statistisches Bundesamt 2020d, Fachserie 1, Reihe 3). Alleinerziehende Mütter werden in den Medien oft als Klischee dargestellt. Dabei bilden sie einfach eine weitere Familienform, in der ein Elternteil mit Kind(ern) zusammenlebt. Nach den beiden Weltkriegen waren es die Witwen, die den Hauptanteil derer stellten, die ohne Partner für ihre Kinder verantwortlich waren. 2020 bildeten von allen Alleinerziehenden die geschiedenen Mütter (33,1 Prozent) und die ledigen Mütter (27,4 Prozent) mit einem Anteil von insgesamt 60,5 Prozent die größte Gruppe, während Witwen nur noch 13,4 Prozent ausmachten und getrennt Lebende 10,4 Prozent. Die Zahl der alleinerziehenden Mütter nimmt kontinuierlich zu. Viele Frauen haben die Entscheidung selbst getroffen, allein für sich und ihr Kind zu sorgen oder sich von einem unzuverlässigen oder gar gewalttätigen Partner zu trennen (vgl. Schneider et al. 2001, S. 33). Alleinerziehende

Mütter stammen aus allen Kreisen der Bevölkerung; sie sind keine homogene Gruppe. Manche haben nie in einer ‚normalen' Partnerschaft gelebt; andere erleben nach anstrengender Trennungs- und Scheidungszeit Gefühle der Erleichterung. Konflikte fallen weg, Entscheidungen, die das eigene Leben und das des Kindes, die Arbeit zu Hause und in der Erwerbsarbeit betreffen, können oft problemloser getroffen werden.

Dennoch ist es nach einer Trennung oder Scheidung für beide Elternteile oft eine große Herausforderung, die Umgangsregelungen an den Bedürfnissen der Kinder auszurichten. Der überwiegende Anteil der alleinerziehenden Mütter bezieht den Lebensunterhalt aus Einkommen durch eigene Erwerbstätigkeit (61,7 Prozent). Mit zunehmendem Alter der Kinder steigt die Erwerbsquote, die deutlich öfter eine Vollzeiterwerbsarbeit ist als bei Müttern in Paarhaushalten. Viele Mütter verdienen allerdings so wenig, dass sie nicht von ihrem Lohn leben können. Manche haben trotz aller Anstrengungen keine Chance, eine existenzsichernde Arbeit zu bekommen, haben Schwierigkeiten, Kindererziehung und Beruf zu vereinbaren, weil viele in typischen Frauenberufen arbeiten, Arbeitszeiten und Kinderzeiten oft nicht zusammenpassen und die Möglichkeiten für eine Ganztagsunterbringung begrenzt oder nicht vorhanden sind. Mehrere Kinder mindern die Arbeitsmarktchancen. Unterhaltszahlungen werden oft nicht oder nicht regelmäßig und nicht ausreichend geleistet. Das Deutsche Institut für Wirtschaftsforschung geht davon aus, dass jede zweite alleinerziehende Mutter keinen Unterhalt für die Kinder bekommt (Roßbach 2018). Solche Probleme können sich nachteilig auf die Entwicklung der Kinder auswirken. Auch auf dem Wohnungsmarkt werden alleinerziehende Frauen oft diskriminiert, weil viele Vermieter auf die finanzielle Sicherheit von ‚Normalfamilien' vertrauen (Preidel 2019).

Von allen Familienkonstellationen haben alleinerziehende Frauen das größte Armutsrisiko. Mehr als die Hälfte von allen Familien, die SGB II-Leistungen bekommen, sind alleinerziehend (Bertelsmann Stiftung 2020). Mit Zunahme der Anzahl der Kinder steigt das Armutsrisiko. Wenn in einer alleinerziehenden Familie drei und mehr Kinder leben, beziehen zwei Drittel von ihnen Leistungen aus der Grundsicherung. Politische Handlungsalternativen, die an die Wurzeln der Probleme rühren und auf deren Beseitigung ausgerichtet sind, stehen noch aus.

Bis zur Reform des Kindschaftsrechts 1998 hatten ledige Mütter und 80 Prozent der Geschiedenen das alleinige Sorgerecht. Das gemeinsame Sorgerecht ist nach der Reform der Regelfall, das alleinige Sorgerecht nach Trennung und Scheidung ist nur auf Antrag möglich. Der abwesende Elternteil hat dadurch mehr Rechte als vorher, aber nicht mehr Pflichten.

Die empirische Familienforschung – selbst konservativer Familienforscher – weist die Vermutung, die ‚zerbrochene Ehe' bzw. die Ehescheidung selbst könne die Entwicklung von Kindern nachhaltig beeinträchtigen, zurück

(Kaufmann 1995). Zwar ist je nach Alter der Kinder die Trennung der Eltern für die Kinder ein gravierendes Erlebnis, das erst einmal verarbeitet werden muss; Kinder seien jedoch in der Lage, Verarbeitungsstrategien zu entwickeln. Weitaus problematischer sind dauerhafte und schwerwiegende eheliche Konflikte und Zerwürfnisse der Eltern, die das familiale Beziehungsklima nachhaltig vergiften. Schneider et al. stellen fest, dass Alleinerziehen heute besonders für „freiwillig Alleinerziehende" keine „Schreckensvision" mehr ist, im Gegenteil „von dieser nichtkonventionellen Lebensform versprechen sie sich mehr Glück und Zufriedenheit" (Schneider et al. 2001, S. 54). Allerdings muss noch einiges passieren, bis Einelternfamilien vollständig als gleichberechtigte Familienform anerkannt und wertgeschätzt sind.

Alleinerziehende Väter: Alleinerziehende Väter sind aufgrund ihrer geringeren Zahl seltener Gegenstand öffentlicher Diskussion und wissenschaftlicher Forschung. Gleichwohl verkörpern sie den Wandel und die Diversifikation von Familienformen in doppelter Hinsicht. Mit nur einem verantwortlichen Elternteil weichen sie vom etablierten Muster der Zweielternfamilie ab. Darüber hinaus übernehmen sie als Mann und Vater in Abweichung von der gesellschaftlich vorherrschenden Arbeitsteilung hauptverantwortlich die Betreuung und Erziehung ihrer Kinder.

Im Jahr 2018 umfasste die Gruppe der 1.491.000 Alleinerziehenden 1.310.000 Familien mit einer Mutter sowie 181.000 Familien mit einem Vater. Damit betrug der Anteil der letzteren 12,1 Prozent an allen Alleinerziehenden (Statistisches Bundesamt 2020d). Im Unterschied zu Vätern in Paarfamilien sind alleinerziehende Väter im Durchschnitt einige Jahre älter. Sie leben häufiger (ca. 66 Prozent) mit nur einem Kind zusammen als alleinerziehende Mütter (56 Prozent). Im Jahr 2018 waren von ihnen 44 Prozent geschieden, 22 Prozent verheiratet getrennt lebend, 26 Prozent ledig und 9 Prozent verwitwet. Das Durchschnittsalter der Kinder in Familien mit alleinerziehendem Vater ist höher als in Familien mit einer alleinerziehenden Mutter. So lebten im Jahr 2017 nur 14 Prozent der alleinerziehenden Väter mit einem Vorschulkind zusammen (alleinerziehende Mütter: 30 Prozent). Alleinerziehende Väter haben im Vergleich zu alleinerziehenden Müttern im Durchschnitt einen höheren Bildungsstand, sind häufiger erwerbstätig und arbeiten doppelt so oft in Vollzeit, so dass ihr Familieneinkommen höher ist. Allerdings erhalten ihre Kinder wesentlich seltener Unterhaltszahlungen vom anderen Elternteil als Kinder alleinerziehender Mütter. Außerdem ist bei alleinerziehenden Vätern die Erwerbslosenquote deutlich höher als bei Vätern in Partnerschaften. Damit korrespondiert, dass sich im Jahr 2017 28,4 Prozent der alleinerziehenden Väter ‚große Sorgen' um die wirtschaftliche Situation machten (alleinerziehende Mütter: 34,0 Prozent, Väter in Paarfamilien: 15,6 Prozent) (Statistisches Bundesamt 2018; Statistisches Bundesamt 2019; Geisler 2018; Ministerium für Soziales und Integration 2020).

In Deutschland wurde bislang wenig über alleinerziehende Väter geforscht. Gleichwohl steht empirisch fest: Alleinerziehende Väter und ihre Familien sind keine homogene soziale Gruppe. Ihre Entstehung und Entwicklungsgeschichte, ihre Erfahrungen und Belastungen, ihr Selbstverständnis und ihre Lebenslagen sind recht unterschiedlich. Für die meisten Väter ist das Alleinerziehen keine frei gewählte Lebensform, sondern die Folge eines unbeabsichtigten Ereignisses – Verwitwung, Scheidung, Trennung (Matzner 1998; Matzner 2007a). Fassen wir die Ergebnisse der wenigen deutschsprachigen Studien (Matzner 1998; Matzner 2007a; Stiehler 2000; Schneider et al. 2001; Rinken 2010) zusammen, so gelingt es der Mehrzahl der betroffenen Väter, sich in dieser Familienform einzuleben, den Anforderungen der Kindererziehung und Haushaltsführung gerecht zu werden. Die Beziehungen zwischen den Vätern und Kindern entwickeln sich nach dem Übergang in die neue Familienform zumeist positiv. Viele Väter berichten von einer zunehmend gefühlsbetonten Vater-Kind-Beziehung sowie von wachsender Toleranz, Fürsorge und Offenheit im Umgang mit ihren Kindern (Matzner 1998, S. 215 f.).

Im Folgenden werden ergänzend ausländische Forschungsergebnisse (USA, Großbritannien, Schweden, Taiwan) referiert, wobei man mit deren Übertragung auf deutsche Verhältnisse zurückhaltend sein sollte (Seiffge-Krenke 2016, S. 136). Diese Studien weisen darauf hin, dass alleinerziehende Väter mit ihrem Leben weniger zufrieden sind als verheiratete Väter, ihre geringere Armutsbelastung allerdings seltener als bei alleinerziehenden Müttern zu Stress oder gar depressiven Zuständen führt. In Bezug auf die Einstellungen zum Kind sowie Verhalten und Engagement wurden mit Ausnahme bei den bevorzugten kindbezogenen Aktivitäten (Sport und Spiele bei Vätern) keine relevanten Unterschiede zwischen alleinerziehenden Müttern und Vätern festgestellt. Ausländischen Studien zufolge haben Kinder alleinerziehender Väter im Durchschnitt höhere Schulerfolge als diejenigen, die bei alleinerziehenden Müttern leben. Für Deutschland vermutet Seiffge-Krenke ähnliche Zusammenhänge (Seiffge-Krenke 2016, S. 138 ff.).

Alleinerziehende Väter brauchen neben einer guten Betreuungsinfrastruktur für ihre Kinder ganz besonders Beratung und Hilfe, was das Zusammenleben in der Familie sowie die Erziehung der Kinder betrifft. Während für alleinerziehende Mütter umfangreiche, spezifisch ausgerichtete soziale Hilfen und Angebote existieren, trifft das für alleinerziehende Väter so nicht zu. Die Soziale Arbeit mit Familien hat sich in Theorie und Praxis bisher auf die Mütter konzentriert. Infolgedessen werden alleinerziehende Väter von Hilfsangeboten, wie Freizeitgestaltung, psychosoziale Betreuung, Rechtsberatung, Hilfe bei praktischer Alltagsbewältigung etc., selten als spezifische Teilzielgruppe angesprochen bzw. erreicht (Matzner 2007b).

Michael Matzner und Gisela Notz

Zum Weiterlesen
Matzner, Michael (2007): Alleinerziehende Väter – eine schnell wachsende Familienform. In: Mühling, Tanja/Rost, Harald (Hrsg.): Väter im Blickpunkt. Perspektiven der Familienforschung. Opladen, Farmington Hills: Barbara Budrich, S. 225–242
Notz, Gisela (2017): Von „sittenlosen Weibern" zu einer Familienform wie andere auch! Entwicklung der rechtlichen und sozialen Situation Alleinerziehender 1967 bis 2017. In: Verband alleinerziehender Mütter und Väter Bundesverband e. V. (Hrsg.): Alleinerziehend früher, heute und morgen. Erfolge, Herausforderungen und Handlungsbedarfe. Berlin: VAMV, S. 15–25
Seiffge-Krenke, Inge (2016): Alleinerziehende Väter – Gefährdung für die Gesundheit der Kinder oder die „besseren Mütter"? In: dies.: Väter, Männer und kindliche Entwicklung. Ein Lehrbuch für Psychotherapie und Beratung. Berlin Heidelberg: Springer, S. 135–148

Alter

Verschiedene Sozialwissenschaften betrachten unterschiedliche Facetten von ‚Alter'. Aus historisch-sozialpolitischer Perspektive wird analysiert, wie die ‚Lebensphase Alter' entstand und institutionell gerahmt wurde und wird (Göckenjan 2000; Hammerschmidt/Tennstedt 2020). In der Soziologie ist ‚Alter' eine Kategorie zur Beschreibung von Sozialstruktur und Lebenslagen (Naegele/Tews 1993; Kohli/Künemund 2000; Tesch-Römer et al. 2006) mit sozialpolitischen Implikationen (Schulz-Nieswandt 2020). Die Psychologie widmet sich den Entwicklungsaufgaben in verschiedenen Lebensaltern und dem subjektiven Erleben der Altersphase und betont tendenziell eher die positiven Möglichkeiten (vgl. etwa Baltes/Baltes 1990). In allen Disziplinen weicht die statische Betrachtung von ‚Alter' zunehmend einer dynamischen Sichtweise auf das ‚Alter(n)'. Eine erhebliche Aufwertung erfuhren dabei die Lebenslaufperspektive (Künemund/Schröter 2008) und biografische Ansätze (u. a. Aner/Richter 2018).

Viele alltagsweltliche wie auch manche natur- und lebenswissenschaftlichen Auseinandersetzungen mit der Kategorie Alter gehen von der Annahme aus, es gäbe Alter(n) als (rein biologische) Tatsache. Jedoch ist das, was unter Alter(n) verstanden wird, immer sozial konstruiert. Auf die tendenziell negativen Folgen dieser sozialen Konstruktionen verweisen u. a. Arbeiten zum ‚Age-Ism' (Butler 1969) und zum ‚Alter als Stigma' (Hohmeier 1978). Auch diese Sichtweise, nach der Altersdefinitionen, -bilder und -stereotype als kulturelle Konstruktionen betrachtet werden, die in Institutionen, Sprache und Medien reproduziert werden, erlebte in den letzten Jahrzehnten einen Aufschwung. Kulturwissenschaftliche Analysen des Alter(n)s (vgl. Ehmer 1990; Thane 2005) werden zunehmend durch sogenannte Aging Studies ergänzt, die Impulse von benachbarten Diskussionsfeldern wie den Gender Studies und Postcolonial Studies aufnehmen (u. a. Hartung 2005; Haller 2010), wobei auch körperliche Manifestationen von Alter berücksichtigt werden (Twigg 2004; Schroeter 2012).

Theorie und Empirie der Gerontologie verweisen insbesondere auf die Diversität der Lebenshase Alter und unterscheiden häufig zwischen einem dritten und einem vierten Lebensalter. Diese Unterscheidung soll zum Ausdruck bringen, dass Menschen im Alter von 60 bis 80 Jahren meist noch weitgehend gesund sind und autonom leben, während die über 80-Jährigen weit häufiger multimorbid sind und deshalb einen Hilfe- oder Pflegebedarf haben (Laslett 1989). Jedoch beeinflussen neben dem Gesundheitszustand auch andere Ressourcen wie finanzielle Absicherung und damit verbundene Wohnmöglichkeiten, Bildung und die Qualität der sozialen Netzwerke die Lebenslagen im Alter (vgl. Böhm et al. 2009; Lampert et al. 2016). Das Zusammenspiel verschiedener Dimensionen der Lebenslage entscheidet darüber, ob ältere Menschen über Handlungsspielräume und Einflussmöglichkeiten verfügen, sich selbst als handlungsmächtig und zufrieden erleben. Alter(n)sforschung in der Tradition Kritischer Gesellschaftstheorien geht über die Analyse dieser Zusammenhänge und die (auch methodische) Berücksichtigung des Subjektstatus der alten Menschen hinaus. Sie zielt auf die Emanzipation Älterer von bestehenden Macht- und Herrschaftsverhältnissen, dies u. a. durch Kritische Analysen der normativen Vorstellungen vom aktiven oder produktiven Altern (van Dyk 2007; Aner 2017) und von Partizipation im Alter (Aner/Köster 2016; Arbeitskreis Kritische Gerontologie 2016). In ihrer radikalen Form schließen sie kapitalismuskritische Sichtweisen auf die Realität des Alterns ein (Köster 2012).

Sowohl die sozialstrukturellen als auch die sozialkonstruktivistischen Zugänge verweisen international auf die Bedeutung der Kategorie Geschlecht für das Alter(n). Für die BRD lassen sich Existenz und Ausprägung geschlechtsspezifischer Ungleichheiten in der Sozialberichterstattung zum Alter erkennen. Geschlecht erweist sich als Variable sozialer Ungleichheit über alle Lebenslagedimensionen hinweg. Von niedrigen Alterseinkommen sind vor allem ältere alleinlebende Frauen betroffen, im sogenannten vierten Lebensalter fällt ihre Benachteiligung gegenüber alleinlebenden älteren Männern noch stärker aus als im dritten. Signifikant höher ist auch das Armutsrisiko der hochaltrigen Frauen, was wiederum mit Migrationsbiografien, Bildungsstand und Region (Ost-/Westdeutschland) korreliert (Becker 2019a) und auch damit, dass sie in der Regel geringere Vermögenswerte anhäufen (Engels 2020, S. 356). In der Folge beziehen Frauen häufiger Grundsicherung im Alter. Aus der Lebenslaufperspektive zeigt sich, dass vor allem die ‚familienorientierten Frauen' ein hohes Risiko haben, darauf angewiesen zu sein (Brettschneider/Klammer 2016). Im Vorteil sind Frauen gegenüber Männern bei der Lebenserwartung, denn die in allen Altersgruppen vorzeitige Sterblichkeit von Männern nimmt mit steigendem Lebensalter noch zu. Allerdings verbringen Frauen diese längere Lebenszeit häufig in gesundheitlich prekären Situationen, dies wiederum in Abhängigkeit von anderen Faktoren sozialer Ungleichheit im Lebenslauf (Brandt/Schmitz 2020, S. 408 f.).

Grundlegende Auseinandersetzungen mit geschlechtsspezifischen Konstruktionen von Alter(n) reichen mehrere Jahrzehnte zurück. Interessant sind in diesem Zusammenhang noch immer die Perspektiven von Simone de Beauvoir (1972), Doritt Cadura-Saf (1986), Betty Friedan (1993) und Susan Sontag (1997). Sie zeigen, dass Alter(n) von geschlechtsspezifischen Altersnormen gerahmt wird, die für Frauen tendenziell ‚Aberkennungsnormen' sind. Neuere Arbeiten, etwa von Calasanti/Slevin/King (2006), führen diese feministische Perspektive intersektional fort. Allerdings bedürfte auch das Alter(n) der Männer einer aktualisierten Analyse. Lange waren Männer geradezu selbstverständlicher Bezugspunkt der Alter(n)sforschung (vgl. Kohli 1985). Spätestens mit der Erosion des ‚male-breadwinner'-Modells der Industriegesellschaften (Leitner/Ostner/Schratzenstaller 2004) wurde diese Engführung absurd. Die Dynamik der Geschlechterverhältnisse erfordert eine theoretische Neubewertung des Verhältnisses von Alter(n) und Geschlecht (Denninger/Schütze 2017; vgl. auch Schütze 2020).

Für die Theorien der Sozialen Arbeit, also für Bestimmungen ihres Gegenstands (Hammerschmidt/Aner/Weber 2017, S. 11 ff.), ist die Kategorie Alter nicht konstitutiv (Aner 2018). Die historische Herausbildung einer sozialen Altenhilfe im Rahmen der kommunalen Daseinsvorsorge (Hammerschmidt/Löffler 2020) und der Entwurf einer Sozialpädagogik der Lebensalter (Böhnisch 2018a, Böhnisch 1997) sind dennoch plausibel, weil im höheren Alter soziale Benachteiligungen kumulieren und Armut im Alter erhebliche Ausgrenzungsrisiken birgt (Kümpers/Alisch 2018). Unabhängig vom sozioökonomischen Status ist der Übergang in die institutionalisierte Lebensphase Alter, wie alle Statuspassagen, ein potenziell kritisches Lebensereignis. Solche Ereignisse, die ebenso Bildung anstoßen (vgl. Bubolz-Lutz et al. 2010) wie auch die Bewältigungskompetenzen der Betroffenen überfordern können, sind in der letzten Phase des Lebenslaufs zahlreich. Das Alter ist von neuen Herausforderungen und Abschieden und zugleich dadurch geprägt, dass die verbleibende Lebenszeit in ihrer Begrenztheit anerkannt werden muss (Böhnisch 2010).

Die Methoden Sozialer Arbeit sind generell nicht altersspezifisch. Für die Praxis Sozialer Arbeit, ob in Form von Gemeinwesenarbeit, Sozialer Gruppenarbeit oder Einzelfallhilfe in welchem Feld auch immer, hat Alter jedoch eine wichtige Bedeutung als Kontextvariable. Das betrifft zum einen die Interaktionen zwischen Fachkräften und Adressat*innen. Insbesondere bei größeren Unterschieden im kalendarischen Alter können die differenten Erfahrungshorizonte eine Herausforderung darstellen. Es kann aber auch das ‚Doing Age', das wechselseitige „Anzeigen des Alters durch signifikante Symbole" (Schroeter 2008, S. 250), Irritationen mit sich bringen. Solche ‚Age Troubles' (Butler 1991; Haller 2004; Haller 2005) können dadurch verstärkt werden, dass Fachkräfte im beruflichen Handeln nicht nur subjektive Deutungen des eigenen und fremden Alten(n)s, sondern auch gesellschaftliche Altersnormen (Aner 2010) unreflektiert übernehmen. Zu reflektieren ist deshalb sowohl die eigene Generationenzugehörigkeit und die der Adressat*innen (ebd.) als auch die paradigmatisch naheliegende Gefahr, dass die verbreitete Norm des aktiven Alter(n)s die Interventionsziele über Gebühr bestimmt (ebd.).

Der Ort Sozialer Arbeit mit älteren Menschen ist insbesondere die Kommune. Soziale Altenarbeit findet hier im Rahmen der sozialen Altenhilfe, einem Sachbereich der kommunalen Sozialhilfe, statt. Mit nur einem Paragrafen (§71 SGB XII) ist dieser Sachbereich rechtlich nur schwach reguliert. Infolgedessen und wegen der unterschiedlichen finanziellen Ressourcen der Kommunen ist die Praxis sozialer Altenhilfe in den Kommunen uneinheitlich. Soziale Altenarbeit ist deshalb einerseits in besonderer Weise von (alten-)politischen Konjunkturen und lokalen (Infrastruktur-)Planungen abhängig. Andererseits ist sie aufgrund der schwachen rechtlichen Regulierung bei gleichzeitig präventiver Ausrichtung des Rechtsrahmens ein Arbeitsfeld mit Spielraum für anwendungsbezogene Konzeptentwicklungen. Seit den 1980er Jahren konnte sich die Fachlichkeit einschließlich des Theoriediskurses wesentlich weiterentwickeln (Aner 2020), wenngleich die Kategorie Geschlecht dabei systematisch vernachlässigt wurde. Anders als in der Beratung und Vermittlung von Angeboten zur sozialen Teilhabe, der Freizeit-, Kultur-, Bildungs- und Freiwilligenarbeit mit den gesundheitlich weitgehend unbelasteten, meist jüngeren Alten gemäß § 71 SGB XII war die Entwicklung der Sozialen Altenarbeit im Bereich Pflege, für den das SGB XI von besonderer Bedeutung ist, bislang weniger erfolgreich. Allerdings ist hier in den letzten Jahren eine immense gesetzliche Dynamik zu verzeichnen (vgl. Rixen 2020). Die Änderungen eröffnen grundsätzlich zusätzliche Handlungsfelder für die Soziale Altenarbeit im Regelungsbereich und an Schnittstellen des SGB XI. Sie stellen zudem durchaus einen Fortschritt dar für die – noch immer weit überwiegend von Frauen erbrachten – informellen Care-Tätigkeiten für alte Menschen.

Kirsten Aner

Zum Weiterlesen
Aner, Kirsten (2020): Soziale Altenhilfe als Aufgabe Sozialer (Alten-)Arbeit. In: Aner, Kirsten/Karl, Ute (Hrsg.): Handbuch Soziale Arbeit und Alter. 2., überarbeitete und aktualisierte Auflage. Wiesbaden: Springer VS, S. 29–54
Hartung, Heike (Hrsg.) (2005): Alter und Geschlecht. Repräsentationen, Geschichten und Theorien des Alter(n)s. Bielefeld: transcript
Vogel, Claudia/Künemund, Harald (2018): Armut im Alter. In: Böhnke, Petra/Dittmann, Jörg/Göbel, Jan (Hrsg.): Handbuch Armut. Opladen: Barbara Budrich, S. 144–153

Anerkennung

Anerkennung bezeichnet ein interpersonales Verhältnis zwischen einem Ich und einem Du, in dem individuelle Ansprüche und Sichtweisen wechselseitig intersubjektiv sprechend bzw. handelnd bejaht werden. Anerkennung wird in Philosophie und Politischer Theorie mit Reziprozität, Sozialität und respektvoller Zustimmung zu individueller Einzigartigkeit und gesellschaftlicher Gleichheit sowie mit Geschwisterlichkeit und Würde verbunden. In der feministischen Theorie verweist Anerkennung auch auf Bindung und Fürsorge. Theorien der Anerkennung sind Anthropologien des Anti-Atomismus oder – positiv formuliert – der Intersubjektivität.

Der dominante Strang der Politischen Theorie der Neuzeit, idealtypisch repräsentiert durch Thomas Hobbes' (1651/1984) vertragstheoretisches Werk ‚Leviathan', denkt jedoch atomistisch: ‚Der Mensch' erscheint als asozialer egoistischer Nutzenmaximierer (vgl. Kersting 1994), der sich nur aus Todesfurcht zum Zusammenschluss mit Anderen bereitfindet. Hobbes' Anthropologie wird dominiert vom berühmten Bild des Krieges eines jeden gegen jeden, in dem aus Gründen vorbeugender Sicherheit Menschen einander jederzeit zu tödlichen Feinden werden können. Neuzeitliche Theorie und Philosophie basieren auf dem Konzept des bindungsfreien männlichen Subjekts; Seyla Benhabib (1995, S. 171) formuliert lapidar: „Am Anfang war der Mensch – der Mann – allein."

Doch der atomistische Mainstream wurde stets von kritischen Stimmen begleitet. Der Republikanismus von Rousseau bis Arendt, die Vertragstheoriekritik von Hume bis Hegel und Marx, der zeitgenössische Kommunitarismus sowie die feministische Theorie seit der Französischen Revolution bilden mächtige anti-atomistische Gegenströmungen innerhalb des abendländischen Denkens, die die Plausibilität der Isoliertheit des neuzeitlichen Subjekts bestreiten. Der Republikanismus geht von der zentralen Rolle der gemeinsamen politischen Öffentlichkeit aus, die Vertragskritik fokussiert den Willen zur Vergesellschaftung, der Kommunitarismus betont die Identitätskonstitution durch soziale Bindungen, der Feminismus kritisiert Androzentrismus und Asozialität im Denken der Neuzeit. In mehrfacher Hinsicht blieb der Atomismus somit nie unwidersprochen.

Die wichtigste aktuelle Fassung des Anerkennungs-Konzepts verdankt die Gesellschaftstheorie Axel Honneth (1994), dessen Werk ‚Kampf um Anerkennung' im Kontext der Kritischen Theorie, vor allem der Arbeiten von Jürgen Habermas steht. Honneth konturiert aus Hegels Anerkennungslehre eine Theorie gesellschaftlicher Anerkennungs-Konflikte, in der drei Muster symmetrischer Reziprozität – Liebe/Freundschaft, Rechte, Solidarität – mit drei Formen personaler Reifung und gesellschaftlicher Entwicklung sowie mit drei Formen der Missachtung (Bedrohung der physischen und sozialen Integrität und der Würde) korrespondieren.

Honneths (1992/1994) Vorgehen ist von feministischer Seite auf scharfe Kritik gestoßen, da er auf Bezüge zum Feminismus verzichtet, obgleich dieser seit 200 Jahren zum Ideal gelungener Intersubjektivität kritisch und utopisch denkend beiträgt. Bereits Olympe de Gouges und Mary Wollstonecraft skizzieren die menschliche Spezies geschwisterlich, als zweigeschlechtliche Art, die nur in gegenseitiger Bejahung der Würde die Zukunft gestalten kann. Simone de Beauvoir betont die Anerkennung der Freiheit der/des Anderen. Jede Person hat in Beauvoirs Philosophie das existenzielle Bedürfnis, sich selbst und die Welt in Freiheit und wechselseitiger Anerkennung zu entwerfen. Die Neue Frauenbewegung schließlich stellt die Befreiung aus missachtenden, gewalttätigen Herrschaftsverhältnissen ins Zentrum ihrer Politik und Theorie (vgl. Holland-Cunz 2003).

Zeitgenössische feministische Theoretikerinnen haben sich eingehend der Anerkennungsfrage gewidmet. Iris Marion Young arbeitet heraus, dass Unterdrückung die Formen Ausbeutung, Marginalisierung, Machtlosigkeit, Kulturimperialismus und Gewalt annehmen kann; vor allem Marginalisierung produziert „Depravation von kulturellen, praktischen und institutionellen Bedingungen, die die Ausübung der persönlichen Fähigkeiten in einem Zusammenhang von Anerkennung und Interaktion ermöglichen" (Young 1996, S. 122). In Youngs Typologie nimmt Anerkennungsverweigerung bzw. Marginalisierung eine besondere Rolle als „vielleicht die gefährlichste Form der Unterdrückung" ein, weil sie den Ausschluss aus allen gesellschaftlich relevanten Bereichen der Teilhabe legitimiert (ebd., S. 119). Marginalisierung ruft, selbst bei materieller Absicherung, einen Mangel an Selbstachtung hervor (vgl. ebd., S. 122). Benhabib (1986/1995) verdeutlicht die fundamentalen Grenzen der androzentrischen Vorstellung vom autonomen narzisstischen Selbst, befreit von allen Abhängigkeiten, besonders jenen von Frauen. Nancy Fraser wendet gegen Honneth ein (vgl. Fraser/Honneth 2003; Iser 2011), dass Umverteilung auch heute noch nötig sei, um Ungleichheit bekämpfen und Gerechtigkeit garantieren zu können. Für die feministische Kritik an Honneths Anerkennungskonzept ist Frasers Position zentral, da sie in unmittelbarer Auseinandersetzung mit Honneth formuliert wurde.

Seit der Jahrtausendwende gewinnen gesellschaftlich-kulturelle Anerkennungsfragen zunehmend an Bedeutung; politische Konflikte um Sexismus, Rassismus, Antisemitismus, Fremdenfeindlichkeit, Kolonialismus, Homo- und Transphobie, Islamophobie und Altersdiskriminierung haben sich in vielen westlichen Gesellschaften massiv verschärft. Hierbei handelt es sich nicht um atomistische, Anerkennungs-gleichgültige, sondern um diskriminierende, Anerkennungs-verweigernde Haltungen; der Widerstand dagegen nimmt unterschiedliche Schärfegrade an. Das „Syndrom Gruppenbezogene Menschenfeindlichkeit", wie es von Wilhelm Heitmeyer und Mitarbeiter*innen an der Universität Bielefeld entwickelt wurde, steht als Konzept für vielfältige Entwertungsdimensionen, die mit der Abwertung des Gegenübers und seiner*ihrer Gruppe sowie der Aufwertung des Ich und seiner*ihrer Wir-Gruppe verbunden sind. Klaus Ahlheim stellt fest, dass solche Haltungen eine gleichsam billige Gratifikation enthalten, die er mit „dem bequemen Nicht-denken-Müssen in unbequemer Lage und Zeit, dem Abwälzen der eigenen Schwächen und

Schwierigkeiten auf den Anderen und Fremden" (Ahlheim 2005, S. 386) charakterisiert. Auch Youngs Definition von Marginalisierung passt ausgezeichnet zu diesen Überlegungen.

In der politischen und wissenschaftlichen Öffentlichkeit werden die akuten Anerkennungskämpfe unter das Stichwort „Identitätspolitik" rubriziert und ausgesprochen kontrovers debattiert (vgl. Aus Politik und Zeitgeschichte 2019). Jenseits aller ‚inhaltlichen' Ausprägungen stehen sich Befürworter*innen und Gegner*innen von Identitätspolitik geradezu feindselig gegenüber. Erstere betonen die nicht zu überschätzende Bedeutung eines positiven Selbstverhältnisses innerhalb der eigenen (oft durch Herrschende definierten) Gruppe (z. B. im Sinne von „Black Lives Matter") und bestehen auf der privilegierten Sicht Unterdrückter auf marginalisierende Verhältnisse. Gegner*innen der Identitätspolitik stellen die untergeordnete Bedeutung vielfältiger, individuell gar widersprüchlicher Zugehörigkeiten heraus und bestehen auf universalistischen Prinzipien geteilter menschlicher Existenz. Wo die einen politisierte Gruppenidentitäten als persönliche und gesellschaftliche Erkenntnis- und Befreiungschancen sehen, betrachten die anderen genau diese als Verhinderungen von Erkenntnis und Befreiung. Während die einen Diversität preisen, feiern die anderen bürger*innenschaftlichen Gemeinsinn.

Auf beiden Seiten geht es entscheidend um Anerkennung: entweder der eigenen marginalisierten besonderen Identität als Voraussetzung für Herrschaftskritik und Teilhabe oder einer allgemein geteilten Rolle als freie gleiche Bürger*innen im demokratischen Gemeinwesen, das von spezifischen Zugehörigkeiten und Interessen bewusst abstrahiert. Der Diskurs kreist somit um die Frage, ob Demokratiepolitik mit personaler Konkretheit oder mit der Abstraktion von personalen Identitäten vorankommen kann. Wie lassen sich individuelle Würde und reziproker Respekt aller Gesellschaftsmitglieder initiieren und institutionalisieren? Wie lassen sich Missachtung und Anerkennungsverweigerung beenden, ohne dass Demokratien in segregierte Gruppen zerfallen? Die politische Kultur muss demnach versuchen, individuelle Zugehörigkeiten und gemeinsam Geteiltes auszubalancieren.

In Sozialer Arbeit und Bildung/Erziehung kommt der Realisierung von Anerkennungsverhältnissen große Bedeutung zu, da über wohlfahrtsstaatliche Unterstützungen hinaus die Achtung individueller Erfahrungen, auch personaler Kränkungen, unverzichtbar ist. Ohne eine „alltägliche Kultur der Anerkennung" (Henkenborg 2005, S. 54), ohne „*Anerkennung* als Setting der Gleichberechtigung und Relevanz von Erfahrung" (Bitzan 2008, S. 340, H. i. O.) können Prozesse der Subjektkonstitution nicht gelingen. Ein Mangel an Anerkennung durch den*die Andere(n) kann individuelle Pathologien und soziale Desintegration hervorrufen. Alle Institutionen, die gesellschaftliche Sozialisation und Integration ermöglichen wollen, müssen sowohl auf materielle Chancengleichheit als auch auf anerkennende Wertschätzung hin orientiert sein. Dies gilt umso mehr, weil die Ökonomisierung von Politik und Kultur seit den 1970er Jahren weit vorangeschritten ist. Die neoliberale Durchdringung des Lebens, wie Michel Foucault sie in den Gouvernementalitätsstudien konturiert, betrachtet das Individuum vorrangig in der Verwertungslogik; personale Würde und interpersonale Bejahung haben an Bedeutung verloren. Ob eine Post-Corona-Welt diesem Trend entgegentreten wird, bleibt offen. Offen bleibt auch, ob sich eine Verlagerung von Umverteilungs- zu Anerkennungsfragen längerfristig beobachten lassen wird.

Barbara Holland-Cunz

Zum Weiterlesen
Fraser, Nancy/Honneth, Axel (2003): Umverteilung oder Anerkennung? Eine politisch-philosophische Kontroverse. Frankfurt/M.: Suhrkamp
Honneth, Axel (1994): Kampf um Anerkennung. Zur moralischen Grammatik sozialer Konflikte. Frankfurt/M.: Suhrkamp
Iser, Mattias (2011): Anerkennung. In: Göhler, Gerhard/Iser, Mattias/Kerner, Ina (Hrsg.): Politische Theorie. 25 umkämpfte Begriffe zur Einführung. 2. aktualisierte und erweiterte Auflage. Wiesbaden: VS, S. 12–28

Antidiskriminierungsgesetz

Antidiskriminierungsgesetze haben zum Ziel, Diskriminierungen bzw. Benachteiligungen zu verhindern oder zu beseitigen. In der Bundesrepublik Deutschland trägt das bekannteste Gesetz gegen Antidiskriminierung die Bezeichnung ‚Allgemeines Gleichbehandlungsgesetz' (AGG). Es trat am 18. August 2006 in Kraft und setzt nach jahrelangen parlamentarischen und außerparlamentarischen Debatten vier europäische Richtlinien aus den Jahren 2000 bis 2004 um (Anti-Rassismus-RL 2000/43/EG, Rahmen-RL 2000/78/EG, Gender-RL 2002/73/EG, Gender-RL 2004/113/EG). Das AGG verbindet diese Richtlinien in einem einfachen Gesetz, um etwa Diskriminierungen im Beruf oder im allgemeinen Geschäftsleben zu begegnen (vgl. Nickel 2006, S. 2).

Als verfolgbare Diskriminierungsgründe werden in § 1 AGG Benachteiligungen aus Gründen der Rasse oder der ethnischen Herkunft, des Geschlechts, der Religion oder Weltanschauung, einer Behinderung, des Alters oder der sexuellen Identität aufgeführt. Im Gegensatz zur EU-Richtlinie, die von „sexueller Ausrichtung" spricht, verwendet das AGG die Bezeichnung „sexuelle Identität". Nach offizieller Begründung sollen damit auch Benachteiligungen aufgrund von Intersexualität und Transsexualität Berücksichtigung finden (Deutscher Bundestag 2006, S. 31).

Alle durch das Gesetz geschützten Personen haben Rechtsansprüche gegen Arbeitgeber*innen und Privatpersonen, wenn diese ihnen gegenüber gegen die gesetzlichen Diskriminierungsverbote verstoßen. Allerdings findet das AGG nicht in allen gesellschaftlichen und rechtlichen Bereichen Anwendung und verbietet auch nicht jede Form der Ungleichbehandlung. Denn erstens werden nur jene Benachteiligungen verfolgt, die auf im Gesetz genannten Merkmalen beruhen, und zweitens sind Ungleichbehandlungen nur in bestimmten gesetzlich genannten Situationen verboten (vgl. Schiek 2007). Das AGG bestimmt nur Rechtsfolgen für Beschäftigungsverhältnisse, angefangen von der Einstellung bis zur Beendigung, sowie für das allgemeine Zivilrecht, wie beispielsweise den Verkauf und die Vermietung von Wohnraum oder Dienstleistungen.

Das AGG unterscheidet zwischen einer unmittelbaren und mittelbaren Benachteiligung. Während erstere laut § 3 Abs. 1 AGG weniger günstige Behandlungen einer Person gegenüber einer anderen in einer vergleichbaren Situation beschreibt, geht es bei der mittelbaren Benachteiligung laut § 3 Abs. 2 AGG um scheinbar neutrale Vorschriften, Maßnahmen, Kriterien oder Verfahren, die sich faktisch diskriminierend auswirken. Es wird hier die Möglichkeit eröffnet, Diskriminierung zu ahnden, die bestimmte Gruppen von Personen benachteiligen und dabei zwar eine ausdrückliche Benennung der verbotenen Diskriminierungsmerkmale vermeiden, aber durch die Wahl der scheinbar neutralen Kriterien darauf angelegt sind, gerade solche Personen zu benachteiligen, die eines oder mehrere der vom AGG benannten Diskriminierungsmerkmale aufweisen. Da Teilzeitbeschäftigte beispielsweise mehrheitlich Frauen sind, liegt eine geschlechtsbezogene Diskriminierung vor, wenn ein Unternehmen ohne weitere Begründung Teilzeitbeschäftigte von bestimmten Vergünstigungen ausschließt.

Darüber hinaus wird in § 3 Abs. 4 AGG die Belästigung als die Verletzung der Würde der Person, insbesondere durch Schaffung eines von Einschüchterungen, Anfeindungen, Erniedrigungen, Entwürdigungen oder Beleidigungen gekennzeichneten Umfelds, genannt. Die sexuelle Belästigung wird in § 3 Abs. 5 AGG gesondert aufgeführt und wird als unerwünschtes, sexuell bestimmtes Verhalten, welches die Würde der betreffenden Person verletzt, definiert. Dies bietet neue Möglichkeiten für rechtliche Interventionen, die es vorher in dieser Weise nicht gegeben hat. In einem Urteil des Landesarbeitsgerichts Schleswig-Holstein vom März 2009 wird betont, dass Arbeitgeber*innen, die überwiegend weibliches Personal beschäftigen, eine gesteigerte Pflicht zum nachhaltigen Schutz vor sexueller Belästigung haben (ADS 2010, S. 10).

Als letzten Punkt nennt das AGG im § 3 Abs. 5 die „Anweisung zur Benachteiligung". Diese liegt vor, wenn eine Person zu einem Verhalten bestimmt wird, das eine Beschäftigte oder einen Beschäftigten benachteiligt bzw. benachteiligen kann (Wisskirchen 2007).

In einigen Fällen gewährt das AGG eine „unterschiedliche Behandlung". Relevant ist hier insbesondere § 8 Abs.1 AGG. Dieser bestimmt, dass eine unterschiedliche Behandlung wegen eines der in § 1 genannten persönlichen Merkmale ausnahmsweise doch zulässig ist, wenn dieses Merkmal eine, wegen der Art der auszuübenden Tätigkeit oder der Bedingungen ihrer Ausübung, wesentliche und entscheidende berufliche Anforderung darstellt. Dies gilt, sofern der Zweck rechtmäßig und die Anforderung angemessen sind. Dies ist der Fall, wenn z. B. ein spezifisches Geschlecht wegen der Art der auszuübenden Tätigkeit oder der Bedingungen ihrer Ausübung eine unverzichtbare Voraussetzung für die Tätigkeit ist. Eine solche zulässige Ausnahme nahmen Gerichte an im Falle der Ablehnung eines männlichen Erziehers im Mädcheninternat (Bundesarbeitsgericht, Urteil vom 28.05.2009, 8 AZR 536/08), einer weiblichen Gleichstellungsbeauftragten (Bundesarbeitsgericht, Urteil vom 18.03.2010, 8 AZR 77/09), der gezielten Suche nach Frauen als Autoverkäuferinnen (Landesarbeitsgericht Köln, Urteil vom 18.05.2017, 7 Sa 913/16) – entscheidend ist dabei immer der konkrete Einzelfall.

Diese inzwischen etablierte Rechtsprechung ist bedeutsam, da sie eindeutig Stellung zu der Spannung zwischen Gleichbehandlungsgrundsatz und geschlechtsspezifischen Stellenanforderungen bezieht. Außerdem erklärt § 9 AGG eine unterschiedliche Behandlung wegen der Religion oder Weltanschauung ausnahmsweise für zulässig (sogenannte Kirchenklausel). Dies entspricht der bereits bestehenden Rechtslage im Arbeitsrecht bei so genannten Tendenzbetrieben. In der Vergangenheit führte dies dazu, dass diverse Diskriminierungen – beispielsweise von geschiedenen, homosexuellen, muslimischen Personen durch kirchliche Arbeitgeber*innen – als zulässig erachtet wurden. Der Europäische Gerichtshof hat diese bisherige Praxis in wesentlichen Punkten für europarechtswidrig erklärt, da sie dem EU-Diskriminierungsverbot (Richtlinie 2000/78/EG) widerspricht. § 9 AGG sei dahingehend insofern unionsrechtskonform auszulegen, dass eine unterschiedliche Behandlung nur ausnahmsweise zulässig ist, wenn eine wesentliche, rechtmäßige und gerechtfertigte berufliche Anforderung dies verlangt (vgl. Europäischer Gerichtshof, 17. 04. 2018 – C-414/16). Mindestens bei verkündungsfernen Tätigkeiten, also solchen Tätigkeiten, die keinen Verkündungsauftrag innehaben, anders als verkündungsnahe Tätigkeiten (z. B. seelsorgerische Tätigkeiten), dürfte damit eine Diskriminierung aufgrund der religiösen Überzeugungen, der Lebenspraxis, der sexuellen Orientierung nicht zulässig sein. Außerdem stärkte der Europäische Gerichtshof (Urteil vom 15.07.2021, verbundene Rechtssachen C-804/18 und C-341/19) die bisherige deutsche Rechtspraxis, die kein pauschales Kopftuchverbot für muslimische Frauen kennt. Zwar erlaubt der Europäische Gerichtshof unter engen Voraussetzungen Arbeitgeber*innen das muslimische Kopftuch am Arbeitsplatz zu verbieten. Gleichzeitig hat er den Nationalstaaten eingeräumt, die Religionsfreiheit – zu Gunsten der muslimischen Frauen, die ein Kopftuch tragen – höher zu werten als die unternehmerische Entscheidungsfreiheit – so die bisherige deutsche Rechtspraxis.

Im Kontext von Kündigungen sieht das AGG vor, dass für Kündigungen ausschließlich die Bestimmungen des Kündigungsschutzgesetzes gelten (§ 2 Abs. 4 AGG). Allerdings gilt dies nicht, wenn das Kündigungsschutzgesetz nicht greift – beispielsweise in der Probezeit oder bei einem Kleinbetrieb. Nur in diesen Kündigungsfällen findet das AGG Anwendung und Betroffenen steht die Geltendmachung von Entschädigungsansprüchen nach § 15 Abs. 2 AGG zu. Dadurch entsteht eine große Rechtsschutzlücke, die nur teilweise durch andere Gesetze geschlossen wird: In der Schwangerschaft bis vier Monate nach der Geburt schützt das Mutterschutzgesetz vor einer Kündigung, gemäß § 9 MuSchG. In der Elternzeit schützt § 18 Bundeselterngeld- und Elternzeitgesetz beide Elternteile. Außerhalb dieser Zeiten gilt das allgemeine Kündigungsschutzgesetz. Hier gilt dann eine Drei-Wochen-Frist für eine Kündigungsschutzklage beim Arbeitsgericht.

Trotzdem bestehen hier, aber auch in anderen Kontexten, weiterhin diskriminierende Rechtsschutzlücken: Insbesondere im Wohnrecht bestimmt § 19 AGG zahlreiche Ausnahmen, die dazu führen, dass das Benachteiligungsverbot keine Anwendung findet. In der Folge gibt es zahlreiche Kontexte, in denen sich Homosexuelle bei Diskriminierung auf dem Wohnungsmarkt nicht auf das AGG berufen können, auch wenn ihnen Vermieter*innen erklären, dass sie nicht an Homosexuelle vermieten.

Obschon das AGG verbesserten Schutz vor Diskriminierungen beziehungsweise Benachteiligungen mit sich bringt, bedarf es also noch Änderungen zur Verbesserung des Diskriminierungsschutzes und zur Umsetzung der EU-Richtlinien.

Ein wegen des mangelhaften Diskriminierungsschutzes eingeleitetes Vertragsverletzungsverfahren hat die EU-Kommission inzwischen eingestellt (Pressemitteilung der EU IP/09/1620 vom 29.10.2009); eine Evaluation der Antidiskriminierungsstelle des Bundes fasst Lücken der andauernden Reformbedürftigkeit des AGGs zusammen (vgl. Berghahn et al. 2016).

María do Mar Castro Varela und Malika Mansouri

Zum Weiterlesen
Krell, Gertraude (Hrsg.) (2007): Chancengleichheit durch Personalpolitik: Gleichstellung von Frauen und Männern in Unternehmen und Verwaltungen. Rechtliche Regelungen – Problemanalysen – Lösungen. Wiesbaden: Gabler
Schiek, Dagmar (Hrsg.) (2007): Allgemeines Gleichbehandlungsgesetz (AGG) – Ein Kommentar aus europäischer Perspektive. München: Sellier
Berghahn, Sabine/Egenberger, Vera/Klapp, Micha/Klose, Alexander/Liebscher, Doris/Supik, Linda/Tischbirek/Alexander (2016): Evaluation des AGG. Erstellt im Auftrag der Antidiskriminierungsstelle des Bundes. www.antidiskriminierungsstelle.de/SharedDocs/Aktuelles/DE/2016/20160809_AGG_Evaluation.html (Abfrage: 04.08. 2021)

Antifeminismus

‚Gender' bzw. ‚Genderismus' ist derzeit zum „Kampfbegriff" (Mayer/Ajanovic/Sauer 2018) geworden, um Feminismus, Gender Studies und Gleichstellungspolitiken als Ideologie zu diskreditieren (z. B. Frey et al. 2014; Hark/Villa 2015; Paternotte/Kuhar 2017). Solche Gegenreaktionen zum Feminismus sind so alt wie die Frauenbewegung: Der Begriff des Antifeminismus wurde von Hedwig Dohm (1902) geprägt, einer Aktivistin der ersten Frauenbewegung (Maurer 2018b). Nachdem der Begriff zunächst in Vergessenheit geriet, wird er seit den 1990er Jahren wieder zunehmend als analytische Kategorie genutzt, um Widerstände gegen die zweite Welle des Feminismus wissenschaftlich zu untersuchen (Blum 2019, S. 37). Parallel dazu hat sich der dem Untersuchungsfeld entlehnte Begriff des (Anti-)Genderismus etabliert, der jedoch den Blick auf historische Kontinuitäten verstellt.

Definitionen und analytischer Zugriff: Im Kontrast zu Einstellungen, die die Minderwertigkeit von Frauen propagieren oder legitimieren, wie etwa Frauenfeindlichkeit oder Sexismus, richtet sich Antifeminismus gegen Frauenbewegungen. In der Forschung gibt es unterschiedliche analytische Zugänge (vgl. Henninger 2020): Aus modernisierungstheoretischer Sicht erscheint Antifeminismus als individuelles Unbehagen an modernisierungsbedingtem Wandel (z. B. Schmincke 2018; Wimbauer/Mokatef/Teschlade 2015). Betrachtet man Antifeminismus als kollektiven Akteur, richtet sich das Interesse darauf, wie dieser in organisierter Form (z. B. Planert 1998) oder als soziale Bewegung (z. B. Paternotte/Kuhar 2017) Ressentiments schürt, um zu mobilisieren oder bestimmte politische Ziele zu erreichen. Das Verständnis von Antifeminismus als Weltanschauung arbeitet Verknüpfungen mit Rechtspopulismus bzw. Rechtsextremismus heraus (z. B. Mayer/Ajanovic/Sauer 2018; Birsl 2020; Dietze/Roth 2020).

Ute Planert (1998) interpretiert den Antifeminismus im wilhelminischen Kaiserreich als Reaktion auf wirtschaftlichen und sozialen Wandel sowie als institutionalisierte Gegenbewegung gegen feministische Emanzipationsforderungen. Planert untersucht organisierten Antifeminismus in Form des antifeministischen Netzwerks rund um den 1912 gegründeten Deutschen Bund zur Bekämpfung der Frauenemanzipation, der vorwiegend aus konservativ-nationalistischen und völkischen Organisationen bestand. Antifeministische Positionen fanden Anklang bei weiten Teilen der männlichen bürgerlichen Eliten. Planert beobachtet die Verknüpfung von Antifeminismus mit Antisemitismus, Nationalismus und Demokratiefeindlichkeit sowie mit der Ablehnung von Modernisierungserscheinungen „zu einer umfassenden Kritik an der Moderne, als deren Chiffren ‚der Jude' und ‚das Weib' erschienen" (Planert 1998, S. 260).

Imke Schmincke (2018) betont die Ambivalenz modernisierungsbedingter gesellschaftlicher Veränderungen, die einerseits mit Freiheits- und Gleichheitsversprechen, andererseits mit dem Verlust alter Ordnungsvorstellungen und Privilegien einhergehen. Schmincke deutet Antifeminismus als Reaktion auf diese ambivalente Konstellation und entwickelt einen einstellungs- und handlungsbasierten Begriff von Antifeminismus als „Einstellungen und Verhaltensweisen […], die sich gegen die Frauenbewegung respektive den Feminismus und dessen Errungenschaften richten" (Schmincke 2018, S. 28).

Eine weitere Definition begreift Antifeminismus als weltanschauliche Position mit antidemokratischen Tendenzen (Birsl 2020; Lang/Fritsche 2018, S. 340). Antifeminismus ist demnach „eine dem jeweiligen historischen Prozess der Emanzipation, der Universalisierung, der gesellschaftspolitischen Liberalisierung und Entnormierung der Geschlechterverhältnisse immanente weltanschauliche Gegenbewegung" (Birsl 2020, S. 47), die zugleich gegen die Demokratisierung androzentrischer (an der männlichen Norm orientierter) Macht- und Herrschaftsverhältnisse gerichtet ist. Antifeminismus tritt demnach in Reaktion auf kontextspezifische geschlechter- und sexualitätsbezogene Kämpfe auf und muss aus intersektionaler Perspektive analysiert werden.

Akteur*innen und Diskursstrategien des aktuellen Antifeminismus: Der aktuelle Diskurs gegen ‚Gender' bzw. ‚Genderismus' wurde nach der Weltbevölkerungskonferenz in Kairo (1994) und der Weltfrauenkonferenz in Peking (1995) von ultrakonservativen Akteur*innen innerhalb der katholischen Kirche initiiert, um gegen die dort formulierten sexual- und gleichstellungspolitischen Forderungen zu intervenieren (Paternotte/Kuhar 2017; Datta 2018). Seit der Jahrtausendwende werden globale Mobilisierungen gegen ‚Gender' vor allem von einem religiös-konservativen bis fundamentalistischen und rechten bis rechtsextremen Spektrum vorangetrieben, das transnational vernetzt ist (z. B. Gutiérrez Rodríguez/Tuzcu/Winkel 2018; Graff/Kapur/Walters 2019). Diskursive Strategien des aktuellen Antifeminismus sind neben dem Ideologie-Vorwurf gegen Geschlechterforschung und Geschlechterpolitik die Konstruktion von Bedrohungsszenarien, das Operieren mit Falschinformationen und Verschwörungstheorien, eine starke Polarisierung entlang eines Freund-Feind-Schemas und diskursive Ausschlüsse gegenüber ‚Anderen' (z. B. Hark/Villa 2015; Mayer/Ajanociv/Sauer 2018; Blum 2019). Dies ermöglicht Verknüpfungen mit Rassismus (z. B. Dietze 2016a; Dietze 2016b; Bergold-Caldwell/Grubner 2020), mit Homo- und Transfeindlichkeit (z. B. Paternotte/Kuhar 2017), mit Antisemitismus (Stöger 2020), mit völkischem Denken (z. B. Goetz 2017; Lang/Peters 2018a) sowie mit Anti-Intellektualismus und Elitenfeindlichkeit (Mayer/Ajanociv/Sauer 2018).

Im deutschsprachigen Antifeminismus werden fünf zentrale Akteursgruppen identifiziert (vgl. Frey et al. 2014, S. 17 ff.): 1. Männerrechtler*innen und Maskulinist*innen; 2. christliche Fundamentalist*innen; 3. politisch rechte Akteur*innen; 4. Wissenschaftler*innen sowie 5. Journalist*innen und Publizist*innen. Diese Akteursgruppen adressieren unterschiedliche Zielgruppen, zudem wandeln sich antifeministische Diskurse im Zeitverlauf.

In der Männerrechtsbewegung bzw. im Maskuli(ni)smus wurde bereits früh ein aggressiver Antifeminismus beobachtet, der auf die Verteidigung von ‚Männern' gegen ‚Frauen' bzw. gegen ‚den Feminismus' zielte. Er trat zunächst vor allem im Internet auf (Gesterkamp 2010; Rosenbrock 2012; Claus 2014) und weist Überschneidungen zur extremen Rechten auf (Kemper 2011). Täter*innen aus diesem Spektrum werden für antifeministisch, rassistisch und antisemitisch motivierte Terroranschläge verantwortlich gemacht (Rahner 2020). Scheele (2015, S. 33) beobachtet in Deutschland ab 2010 eine diskursive Verschiebung von „männerfokussiertem Antifeminismus hin zu familienfokussiertem Antifeminismus." Dieser propagiere den Schutz der als ‚weiß' imaginierten heteronormativen Kernfamilie einschließlich ihrer repressiven Sexualmoral vor ihrer vermeintlichen Unterdrückung durch sexuelle ‚Minderheiten' oder durch die ‚Gender-Ideologie'. Der familienfokussierte Antifeminismus adressiert ein breiteres politisches Spektrum, das christlich-konservative Akteur*innen und christliche Fundamentalist*innen umfasst, die neben der Kritik an ‚Gender' die Sorge um die gesellschaftliche Sexualmoral und der Kampf gegen reproduktive Rechte antreibt. Aber er spricht auch rechte oder rechtsextreme Parteien und Organisationen an, die die vermeintliche Bedrohung der Familie als ‚Keimzelle der Nation' mit völkischem Denken verknüpfen (Lang/Peters 2018). Diese ideologisch diversen Akteur*innen werden durch die Kritik an ‚Gender' als ‚symbolischem Kitt' (Kováts/Põim 2015) zusammengehalten und durch Einzelpersonen und Kampagnenorganisationen verknüpft (Birsl 2020; Kemper 2020).

Antifeministischen Wissenschaftler*innen wird akademische Expertise zum Thema ‚Gender' zugeschrieben. Sie sind als Referenzautor*innen und Vortragende in antifeministischen Kreisen gefragt. Als Interviewpartner*innen und Gastautor*innen in Zeitungen und TV-Shows tragen sie zugleich antifeministische Positionen in den gesellschaftlichen Mainstream (Näser-Lather 2020). Vor allem in den Mainstream-Medien lässt sich ein genderzentrierter Antifeminismus beobachten, der sich nicht primär gegen ‚Feminismus', sondern gegen ‚Gender' wendet (Schmincke 2018, S. 19) und mit Angriffen gegen die Gender Studies und geschlechtergerechte Sprache primär ein bildungsbürgerliches Publikum adressiert (Beck 2020).

Relevanz für die Soziale Arbeit: Versatzstücke antifeministischer Diskurse finden sich in vielen Arbeitsfeldern der Sozialen Arbeit. Große öffentliche Aufmerksamkeit erlangten ab 2013/14 Mobilisierungen gegen eine angebliche ‚Frühsexualisierung' von Kindern durch die Reform der sexuellen Bildung an Schulen in verschiedenen Bundesländern (Billmann 2015; Oldemeier 2019). Die Figur des bedrohten Kindes erwies sich dabei als effektive „moralische Waffe" (Schmincke 2015, S. 91), um den Protesten öffentliche Aufmerksamkeit und Glaubwürdigkeit zu verleihen. Damit gerieten antidiskriminierungspädagogische, geschlechter- und sexualpädagogische Ansätze, die ohnehin institutionell schwach verankert sind, unter Generalverdacht – mit dem Effekt, dass sexuelle Bildung inzwischen fast nur noch als Präventionsstrategie gegen sexuellen Missbrauch legitimierbar erscheint (Oldemeier et al. 2020). Diese antifeministischen Angriffe führten zu Verunsicherungen bei vielen Eltern, aber auch bei Kindern und Jugendlichen sowie bei (sozial-)pädagogischen Fachkräften zu Gegenstrategien (vgl. Wittenzellner/Klemm 2020).

Annette Henninger

Zum Weiterlesen
Bundeszentrale für Politische Bildung (Hrsg.) (2018): (Anti-)Feminismus. Aus Politik und Zeitgeschichte, 68, H. 17. www.bpb.de/apuz/267934/anti-feminismus
Henninger, Annette/Birsl, Ursula (Hrsg.) (2020): Antifeminismen. ‚Krisen'-Diskurse mit gesellschaftsspaltendem Potential? Bielefeld: transcript
Kuhar, Roman/Paternotte, David (Hrsg.) (2017): Anti-Gender Campaigns in Europe: Mobilizing Against Equality. London/, New York: Rowman & Littlefield International

Antisemitismus

Der Antisemitismus ist ein komplexes, historisch altes und hochaktuelles Phänomen, das sich aufgrund seiner Wandelbarkeit einer eindeutigen Definition entzieht. Der Philosoph und Gesellschaftskritiker Theodor W. Adorno hat ihn treffend das „Gerücht über die Juden" genannt (Adorno 1951/1997, S.125), womit ein Kernbestandteil des Antisemitismus benannt ist: die Verschwörungserzählung. Darin wird Jüdinnen*Juden eine grenzenlose, nicht fassbare, überall hin mäandernde Macht zugeschrieben, der sich die Antisemit*innen unterlegen fühlen. Der Antisemitismus sieht in Jüdinnen*Juden eine globale Elite, die hinter den Kulissen die Strippen der Weltpolitik und der Weltfinanzen ziehen würde. Mit solchen Verschwörungserzählungen, die für alle Übel in der Welt einen Schuldigen namhaft machen, leistet der Antisemitismus für diejenigen, die ihm anhängen, die wichtige Funktionen der Orientierung in einer unübersichtlichen und komplexen Situation, in der man keine Kontrolle hat oder glaubt, keine Kontrolle zu haben. Das ist jedoch eine falsche Orientierung: Die Welt wird intentional erklärt und in ihrer Komplexität reduziert. Der Antisemitismus gibt vor, die abstrakten Verhältnisse zu durchschauen und personalisiert dabei anonyme gesellschaftliche und ökonomische Abläufe in einer Projektionsfigur, die selbst abstrakt, identitätslos und wurzellos gefasst ist – den Jüdinnen*Juden. Sie bzw. die Bilder von ihnen sind für den Antisemitismus unverzichtbar und können nicht durch andere Gruppen ersetzt werden, die auch marginalisiert, ausgegrenzt und verfolgt werden.

Die Feindschaft gegen Jüdinnen*Juden hat eine lange Geschichte und reicht bis in die Antike zurück. Bis in die Moderne war sie als Antijudaismus hauptsächlich religiös motiviert, sowohl christlich als auch muslimisch (Nirenberg 2015). Mit den Säkularisierungsprozessen und dem Entstehen des modernen Nationalismus in den westlichen Gesellschaften im 19. Jahrhundert verschob sich die Feindschaft gegen Jüdinnen*Juden von religiös motivierter Diskriminierung und Verfolgung hin zu einer biologistischen und völkischen Begründung. Der Begriff Antisemitismus fand zum ersten Mal 1879 in Wilhelm Marrs Schrift „Der Sieg des Judenthums über das Germanenthum. Vom nicht-confessionellen Standpunkt aus betrachtet" Erwähnung. Es zeigt sich hier die Verbindung zum Rassismus ebenso wie zu modernen Verschwörungsmythen. Der Antisemitismus ist aber nicht einfach ein Ressentiment gegen Jüdinnen*Juden und auch nicht bloß eine Unterform des Rassismus, so sehr er auch historisch mit rassistischen Momenten operiert (Cousin/Fine 2012), sondern verdichtet sich zu einer umfassenden Welterklärung, deren Effektivität in der Verschwörungsideologie liegt, die Jüdinnen:Juden als die heimlichen Weltbeherrscher*innen imaginiert. Deutlich wird dabei, dass es im Antisemitismus nicht um reale Jüdinnen*Juden, sondern um erfundene Judenfiguren geht, in denen unverstandene, abstrakte gesellschaftliche und ökonomische Zusammenhänge personalisiert werden (vgl. Horkheimer/Adorno 1947/1997; Sartre 1948/1994). Darin macht sich ein tiefes Unbehagen mit unpersönlichen Formen der Herrschaft bemerkbar, mit Herrschaft durch das Gesetz und durch Institutionen. Der Widerspruch, dass diese Form von Herrschaft formal alle gleichermaßen erfasst, das Gesetz für alle Gültigkeit hat, während in der gesellschaftlichen Realität soziale und ökonomische Ungleichheit weiter besteht, wirkt sich im Antisemitismus als ‚Empörung über die Juden' aus. Sie repräsentieren im Antisemitismus – der antidemokratischen Rebellion – bestimmte Aspekte der Moderne, von denen sich Antisemit*innen betrogen oder bedroht fühlen, wie Liberalismus, Autonomie, Emanzipation, Freizügigkeit etc. Die Figur des Juden und der Jüdin ist deshalb hypermodern vorgestellt und repräsentiert das Unbegriffene, Ungreifbare und Widerspruchsvolle. Das zeigt sich daran, dass Jüdinnen*Juden mit Geist und Geld identifiziert werden, also mit abstrakten Instanzen in der Gesellschaft (Grigat 2007). Sie stehen für Kapitalismus wie für Kommunismus, sie verkörpern Urbanität, Internationalität, Kosmopolitismus und Dekadenz (Postone 1988). In diesen Projektionen löst der Antisemitismus den objektiven gesellschaftlichen Widerspruch von formaler Gleichheit bei gleichzeitiger sozioökonomischer Ungleichheit repressiv und projektiv auf, womit der Widerspruch freilich bestehen bleibt. Deshalb geht der Antisemitismus auch häufig mit Autoritarismus und mit dem Ruf nach einer starken Führerfigur einher (vgl. Adorno et al. 1950/2019). Der Antisemitismus ist ein Phänomen, das in den objektiven gesellschaftlichen Bedingungen seine Wurzeln hat. Diese aber erscheinen und manifestieren sich im antisemitischen Subjekt, dem sich die Analyse des Antisemitismus folglich kritisch zuwenden muss. Dazu gehört, den Antisemitismus als umfassenden Verfolgungswahn und Machtphantasie zu erkennen, welche die Antisemit*innen aber nicht an sich selbst erkennen und reflektieren, sondern auf die Jüdinnen*Juden projizieren. Insofern ist das Besondere am Antisemitismus, dass er eine universelle Projektionsfläche für Ängste und Wünsche bietet und zudem die reale Komplexität der Welt reduziert.

Ein aktuelles Beispiel dafür ist der bei Rechtsextremen verbreitete Verschwörungsmythos des ‚großen Austauschs', der besagt, dass hinter den Fluchtbewegungen aus muslimischen und arabischen Ländern des Nahen Ostens und Nordafrikas nach Europa George Soros stehen würde, dessen Intention es sei, die vorgebliche ethnokulturelle Homogenität der europäischen Völker zu schwächen. Eine Variante dieses Verschwörungsmythos sieht den ‚großen Austausch' von Israel gesteuert, das arabische Flüchtlinge nach Europa schleusen würde, um selbst ein ethnisch reines Volksgebilde bleiben zu können (vgl. Weiß 2021; Rensmann 2021).

In diesem Verschwörungsmythos sind neben den Juden und Israel auch der Feminismus und Gender-Theorien ein Feindbild, da diese zu einem Geburtenrückgang in Europa führen würden, was die Zuwanderung ‚nicht-autochthoner' Menschen, vorwiegend aus muslimischen Ländern, begünstige. Ebenso wie die Migration selbst gelten in dieser Ideologie auch Feminismus und Gender-Theorien als von Jüdinnen*Juden gesteuert.

Diese Vermengung von Antisemitismus und Antifeminismus hat eine lange Tradition. Im modernen Antisemitismus des 19. und frühen 20. Jahrhunderts war die Vorstellung, dass Juden verweiblicht seien, weit verbreitet. Das äußerte sich in dem Glauben an eine defiziente jüdische Körperlichkeit, die weder einer soldatischen, gestählten Männlichkeit noch dem Ideal nährender Weiblichkeit entsprechen würde. Juden wurden als lüstern und zugleich impotent dargestellt; sie würden nichtjüdische Frauen mit Geld verführen, sie der Volksgemeinschaft entfremden und diese von innen her zersetzen (Gilman 1993; AG Gender-Killer 2005; Stögner 2014).

Jüdinnen wurde im Antisemitismus eine nicht-normative Geschlechtlichkeit zugeschrieben – sie galten als materialistisch und intellektualistisch, standen für Kälte und Rationalität statt Emotionalität und Einfühlsamkeit, Emanzipiertheit statt hingebender Fürsorge. Ihre Sexualität wurde im Antisemitismus traditionell mit Geld zusammengedacht: Sie verführen in dieser Ideologie die nichtjüdischen Männer und ziehen sie mit ihrem Materialismus in den Abgrund. Das im Antisemitismus zentrale Motiv der Zersetzung wird deutlich mit Sexualität und Frauenemanzipation verbunden (Stögner 2014).

Auch im islamistischen Antisemitismus ist die Verbindung zum Antifeminismus deutlich. So twitterte der oberste geistliche Führer des Iran, Ali Khamenei, im März 2017: „Designating women as goods & means of pleasure in western world, most probably, is among Zionists' plots to destroy human community" (Khamenei 2017a), sowie „In west, concepts like ‚gender justice' or ‚gender quality' are promoted while justice is realizing & nurturing capabilities God has gifted" (Khamenei 2017b). Auf ähnliche Weise betont die Charta der Hamas von 1988 die Bedeutung islamischer Geschlechterverhältnisse im Kampf gegen den Zionismus und die westliche Kultur oder der Vordenker des algerischen Islamismus Malek Bennabi, der in den 1960er-Jahren vom „Jahrhundert der Frau, des Juden und des Dollars" (zit. nach Bensoussan 2019, S. 86) schwadronierte und damit die für ihn zentralen Bedrohungen für die islamische Umma zusammenfasste. Hier wird der Stellenwert von Geschlechterstereotypen für die Konstruktion antisemitischer Vergemeinschaftungsideologien deutlich.

Das Feindbild Israel übernimmt heute wichtige Funktionen in aktuellen, post-nationalen Formen des Antisemitismus. Es richtet sich gegen den jüdischen Staat, das „Symbol für jüdisches Leben und Überleben" (Schwarz-Friesel/Reinharz 2013, S. 172). Antizionismus wird zu einer Ideologie, die ebenso wenig mit dem Zionismus zu tun hat wie der Antisemitismus mit Jüdinnen*Juden (Seymour 2019). Das wird auch als „Umwegkommunikation" bezeichnet, die antisemitische Ressentiments auf Israel als den jüdischen Staat überträgt (Rensmann 2021). Der israelbezogene Antisemitismus fungiert als moderne Integrationsideologie, die sehr unterschiedliche politische Spektren wie die Rechte, die Linke und den Islamismus verbindet. Durch diese Integrationskraft ist er eine der virulentesten und medial präsentesten Formen des Antisemitismus in der Gegenwart. Neben jenem Antisemitismus, der die Shoah und den Nationalsozialismus relativiert und der Schuldabwehr dient, ist der israelbezogene Antisemitismus laut Umfragen die am weitesten verbreitete Form des Antisemitismus heute (vgl. RIAS Berlin 2021; Kompetenzzentrum für Rechtsextremismus- und Demokratieforschung 2021; Israelitische Kultusgemeinde Wien 2020; IFES 2021). Israelbezogener und Schuldabwehrantisemitismus treten auch immer wieder in Mischformen auf, etwa wenn die israelische Politik mit jener der Nazis verglichen wird, was eine eklatante Relativierung der Shoah, eine Opfer-Täter-Umkehr und eine Dämonisierung des jüdischen Staates gleichzeitig bedeutet. Der israelbezogene Antisemitismus ist spezifisch attraktiv und gefährlich für die Linke, weil er als oppositionell und widerständig erscheinen kann. Er bietet eine simple Erklärung von Unterdrückung angesichts komplexer globaler Herrschaftsverhältnisse (vgl. Arnold 2016; Hirsh 2018). In solchen Diskursen wird Israel als ein künstlicher Staat und „Unrechtsstaat" bezeichnet, der einer autochthonen arabischen Kultur das Land rauben würde (etwa in Said 1992, S. 19). Das geschieht in völliger Ignoranz der tatsächlichen geschichtlichen Prozesse (kritisch dazu Grigat 2016). Zugleich kann mit der Darstellung Israels als „Siedlerkolonialismus" oder „Apartheidsstaat" (wie in Schotten 2018) auch das koloniale europäische Erbe entlastend delegiert und auf den jüdischen Staat projiziert (kritisch dazu Rensmann 2021) und zudem der antisemitische Terror der Hamas und der Hisbollah als rechtmäßiger Widerstand codiert werden.

Für die Soziale Arbeit stellt sich die Frage, was gegen den Antisemitismus unternommen werden kann. Die Frage „Was tun?" erfordert zu erkennen, dass der Antisemitismus nicht einfach ein Vorurteil im herkömmlichen Sinn ist. Er kann nicht aus der Welt geschafft werden, indem auf seine Falschheit hingewiesen wird, so notwendig solche Aufklärung ist. Aber der Antisemitismus ist auch äußerst zäh und resistent gegen Aufklärung. Viele sind sich nicht darüber bewusst, dass sie antisemitisch sprechen oder handeln, was zeigt, dass sich der Antisemitismus quasi hinter ihrem Rücken in ihnen selbst durchsetzt. Grund dafür ist, dass der Antisemitismus kein individuelles Phänomen ist, das von den Einzelnen reflektiert angewendet würde, sondern gerade aus dem Ausfall von Reflexion seine Wirkmächtigkeit bezieht. Er ist Ideologie im strengen Sinn: falsches Bewusstsein und, indem er in den widersprüchlichen gesellschaftlichen Strukturen wurzelt, notwendig falsches Bewusstsein. Er ist ein historisch vermitteltes Phänomen, das auch in der heutigen Gesellschaft als wahnhaftes Welterklärungsmodell verankert ist. Dass der Antisemitismus kein individuelles Phänomen ist, dass er als notwendig falsches Bewusstsein benannt werden kann, bedeutet aber nicht, dass die Einzelnen nichts dagegen vermöchten und ihm blind ausgeliefert wären. Trotz seiner Resistenz ist doch Aufklärung das einzige Mittel gegen den Antisemitismus: und zwar Aufklärung nicht so sehr über das Judentum, als über die antisemitische Gesellschaft und die eigene Situation und Rolle in ihr. Adorno nannte das „Erziehung zur Mündigkeit" (Adorno 1971), d. h. eine Erziehung zum demokratischen Bewusstsein, die mit der Aufforderung zur Selbstreflexion beginnt. Es gilt, die Urteils- und Erfahrungsfähigkeit der Einzelnen so zu stärken, dass die antisemitische Ideologie nicht mehr blind wirkt, sondern erkannt und kritisiert werden kann.

Karin Stögner

Zum Weiterlesen
Grigat, Stephan (2016): Antisemitismus als ein Kernproblem des Nahostkonfliktes. In: Niehoff, Mirko (Hrsg.): Nahostkonflikt kontrovers. Perspektiven für die politische Bildung. Frankfurt/M.: Wochenschau-Verlag. S. 265–277
Peham, Andreas (2022): Kritik des Antisemitismus. Berlin: Schmetterling
Stögner, Karin (2014): Antisemitismus und Sexismus. Historisch-gesellschaftliche Konstellationen. Baden-Baden: Nomos

Arbeit

Historizität der Arbeit: ‚Arbeit' ist eine historisch jeweils konkret hervorgebrachte Praxis, deren Organisationsformen unterschiedliche Verfasstheiten des Sozialen und Gesellschaftlichen verkörpern. Das spezifische Verständnis von ‚Arbeit' als genuiner Ausdruck des Mensch-Seins, als Mittel des Selbst-Bewusstwerdens und Sich-Selbst-Transzendierens ist das historische Produkt sogenannter moderner industrialisierter Gesellschaftsformationen (Hegel 1986; Engels 1962). Die ‚zwei Gesichter der Arbeit' (Bourdieu 2000) –

1. Arbeit als einträgliche Tätigkeit und spezifische Form ökonomischen Handelns und
2. Arbeit als Mittel der Pflichterfüllungen gegenüber dem Sozialen und anerkannte Praxis sozialer Positionierung und Integration –

sind in den modernen, eurozentrischen Auffassungen von ‚Gesellschaft' und ‚Wirtschaft', von ‚Kulturellem' und ‚Strukturellem' immer wieder reformuliert worden (vgl. Durkheim 1977; Weber 1988). Mit dem Gegenstand ‚Arbeit' sind dabei zum einen ökonomische (Herrschafts-)Verhältnisse und globale Ungleichheits- und Ausbeutungskonstellationen (Komlosy 2014) gemeint, wie sie sich in der ‚Lohnarbeit' als ungleiche Gegenüberstellung von Kapital bzw. der Verfügung über ‚Produktionsmittel' und Arbeitskraft, als auf dem kapitalistischen Markt angebotene Ware, ausdrücken. Zum anderen geht es um soziokulturelle Anerkennungsverhältnisse, in denen soziale Positionen und Teilhabechancen in Gesellschaften einer (post)kolonialen Moderne bis heute entscheidend über die jeweilige Verankerung in der dominanten Form der Erwerbsarbeit, d. h. der abhängigen bezahlten Arbeit bestimmt werden.

Arbeit und Geschlecht: Die Durchsetzung der geschlechtlichen Arbeitsteilung in der hierarchisierten Gegenüberstellung von Produktion und Reproduktion, von Erwerbsarbeit und Care, der Unterscheidung von Privat und Öffentlich war grundlegend für moderne kapitalistische Gesellschaften und ihre ‚Sorglosigkeit' (Aulenbacher 2020). Die damit verbundene Verknüpfung von Arbeit, Ungleichheiten und der Differenzkategorie Geschlecht war in der Frauen- und Geschlechterforschung früh ein zentrales Thema. Ursula Beer (1990) rekonstruierte aus einer kritischen marxistischen Perspektive, inwieweit für die industriekapitalistische ‚Wirtschafts- und Bevölkerungsweise' die Trennung und Hierarchisierung von Arbeiten, Lebensbereichen und sozialen Akteur*innen nach Geschlecht funktional war und bezeichnete dies in Abgrenzung zum feudalgesellschaftlichen ‚Primärpatriarchalismus' als ‚Sekundärpatriarchalismus' des männlichen Lohnarbeiters und ‚Familienernährers'.

Die fordistische (Geschlechter-)Konstellation: Als ‚fordistisches Geschlechterregime' charakterisierte Brigitte Young (1998) regulationstheoretisch jene Verknüpfung der gesellschaftlichen Organisation von Arbeit und der Geschlechterordnung, die ihre kulturelle Hegemonie in der ‚goldenen Zeit' des Kapitalismus zwischen den 1950er und 1970er Jahren hatte. Kern der fordistischen Gesellschaftsformation, der industriellen Massenproduktion und -konsumtion und der starken staatlichen Steuerung durch Sozial- und Wohlfahrtssysteme waren die vergeschlechtlichten Positionen des Familienernährers, verknüpft mit einem unbefristeten, tendenziell lebenslangen, betrieblich gebundenen Normalarbeitsverhältnis und der „Familienerhalterin" (Krüger 1995, S. 201), also der normativen und institutionellen Zentrierung der ‚Funktion Frau' auf den Reproduktionsbereich trotz ihrer (begrenzten) Integration in die Erwerbsarbeit. Die intersektionalen Differenzen und Differenzierungen (Crenshaw 1989a) gerade auf der Ebene der Geschlechterregime und -institutionalisierungen wurden in der bundesdeutschen, *weiß*- und mittelschichtsdominierten Geschlechterforschung allerdings erst spät relevant gemacht.

Aus geschlechtertheoretischer Perspektive zeig(t)en sich vier Auseinandersetzungslinien mit dem Arbeitsbegriff der Industriegesellschaften des globalen Nordens.

Erstens offenbart sich, dass der Arbeitsbegriff enggeführt wird auf bezahlte marktvermittelte Erwerbsarbeit, die männlich konnotiert ist. Diese androzentrische Ausrichtung der Repräsentation von ‚Arbeit' drückt sich beispielsweise in dem niedrigen Status, der geringeren Bezahlung und Professionalisierung von Branchen aus, die mit ‚Weiblichkeit' und damit mit ‚weiblichen Tätigkeiten' verknüpft werden (vgl. Wetterer 2002). Die feministische Arbeitsforschung mit ihren Befunden zu den ‚horizontalen' und ‚vertikalen Segregationen' der Arbeitsmärkte hat diese Effekte herausgearbeitet. Es haben ferner Arbeitsbereiche eine prekäre und widersprüchliche Position, die nicht im Konstrukt der marktförmig organisierten, produktiven Erwerbsarbeit aufgehen. Im sogenannten ‚Dritten Sektor' der öffentlichen, nicht gewinnorientierten Bildungs- und sozialen Aufgaben, im gesamten Bereich der Sozialen Arbeit verweist der anhaltende Um- und Abbau zur Erhöhung von Effizienz, Konkurrenz und Wirtschaftlichkeit auf das Spannungsfeld zwischen öffentlicher Wohlfahrt und sozialen Rechten aller Gesellschaftsmitglieder und dem marktradikalen Wirtschaftlichkeitsgebot.

Aufgrund des androzentrischen Charakters der Arbeit besetzt(e) zweitens ‚die' – keineswegs homogene – weibliche Genusgruppe eine tendenziell deklassierte und prekäre Position im Bereich der Erwerbsarbeit. Insbesondere das Theorem der ‚doppelten, widersprüchlichen Vergesellschaftung', von Regina Becker-Schmidt (1987) und Gudrun-Axeli Knapp (1990) empirisch herausgearbeitet und theoretisch entwickelt, verweist auf die Verankerung von Frauen* in der Sphäre der Erwerbsarbeit und die der ‚privaten Reproduktion' unter den Bedingungen der Partizipation und gleichzeitigen Deklassierung, der Integration durch Segregation. Institutionell drückte sich dies im heteronormativen, steuer- und familienpolitisch gestützten System der weiblichen Zuverdienerin (auf Teilzeitstelle, im Niedriglohnbereich) aus.

Arbeit als Organisations- und Vergesellschaftungsform von kapitalistischen, sich als ‚modern' verstehenden Gegenwartsgesellschaften ist drittens intersektional differenziert, (re)produziert Verknüpfungen von race, class, gender, (dis)ability und wird durch diese strukturiert. So werden Arbeitsmarktsegmente nicht nur qua Geschlecht abgewertet, die hier tätigen Personen werden als mehr oder weniger ‚befähigt' klassifiziert, rassifiziert und ‚migrantisiert' und/oder in transnationale Arbeits- und Ausbeutungsverhältnisse eingebunden. Im Bereich der Sorge- und Pflegeerwerbsarbeit ist dies von Seiten der Geschlechterforschung in seinen Varianten detailliert beforscht worden (vgl. Apitzsch/Schmidbaur 2010; Aulenbacher et al. 2014; Aulenbacher/Dammayr 2014; Lutz 2018).

Die Engführung des Arbeitsverständnisses auf ökonomische Produktivität und Rentabilität machte viertens die marktvermittelte Erwerbsarbeit zu dem zentralen Hebel gesellschaftlicher Integration und sozialer Anerkennung. Soziale Rechte stellen sich in Korrespondenz zur Erwerbsposition her – abgeleitete soziale Formate wie jenes der ‚Hausfrau' sind auf den gesellschaftlichen Kern der Erwerbsarbeit ausgerichtet und in ihrer Funktion als Absicherung der Arbeitsfähigkeit des (männlichen) Gatten bzw. der nachfolgenden Generation legitimiert. Sozial anerkannte, intelligible Positionen stehen daher in einem mehr oder weniger engen und plausiblen Verhältnis zur Teilnahme an der Erwerbsarbeit.

Wandlungsprozesse – Prekarisierung und Digitalisierung: Seit Mitte der 1970er Jahre und mit neuer Dynamik seit der Implosion der sozialistischen Staaten sind die ehemals fordistisch geprägten ‚Erwerbsarbeitsgesellschaften' von weitreichenden Transformationen gezeichnet, die sich seit der Jahrtausendwende in postfordistischen Konstellationen der institutionellen und ‚individuellen' Entsicherung zeigen. In zeitdiagnostischen Analysen überwiegt die Auffassung eines von Seiten der Ökonomie dominierten Prozesses der Entgrenzung und Ausweitung der Dominanz der Erwerbsarbeit gegenüber dem ‚sozialen Rest' des ‚Lebens' (Dörre/Haubner 2012). Als Prekarisierung der Erwerbsarbeit werden dabei jene Prozesse sozialer Entsicherung bezeichnet, die sich in der Erosion des Normalarbeitsverhältnisses (vgl. Dörre 2005; Dörre 2007) ausdrücken. So weicht die realitätsschaffende Vorstellung einer stabilen, dauerhaften, vergeschlechtlichten und existenzsichernden Erwerbsarbeit zunehmend den Regularien der ‚Adult Worker-Gesellschaft' (Aulenbacher 2020a), die Sorge in Wert setzt und in die ‚prekäre Vollerwerbsgesellschaft' (Dörre 2018) partiell und krisenhaft integriert. Die Transformationsprozesse beziehen sich entsprechend nicht allein auf Beschäftigungsverhältnisse, sondern auf die Organisation von Arbeit, Daseinsfürsorge und Sozialstaatlichkeit insgesamt. Sie zeigen sich in veränderten Vergeschlechtlichungen von Arbeit (Hark/Völker 2010), in der Verschiebung und Ausweitung von sozialen Ungleichheiten (Lenz et al. 2017), der Vervielfältigung von Differenzsetzungen und der Zunahme von sozialen Unbestimmtheiten (Völker 2013b).

Zugleich zeigen sich gravierende techno-soziale Umbrüche, die mit dem Begriff der Digitalisierung und normativ mit ‚Arbeiten 4.0' als Zukunftsprogramm (vgl. Jürgens et al. 2017) (in Anspielung auf eine vermeintliche ‚vierte', jetzt aktiv zu gestaltende ‚industrielle Revolution' nach der ersten der Mechanisierung, der zweiten der Massenfertigung und der dritten der Digitalisierung) gegenwärtig zu fassen versucht werden. Wie techno-soziale Akteur*innen und nationale und globale Verhältnisse sich verflechten, wie sich Ungleichheitskategorien in materiellen Konstellationen je spezifisch verschränken, wird derzeit in der ganzen Heterogenität dieser mehr-als-menschlichen Relationierungen erforscht. Frühe Texte der feministischen Science and Technology Studies (vgl. etwa Star/Strauss 1999) geben ebenso wie aktuelle Untersuchungen zur Digitalisierung von Care-Arbeit (Weber 2020) oder zur Robotisierung von Pflege (von Bose/Treusch 2019; Marquardt 2018) reichhaltige Anhaltspunkte, die die Sichtweisen und Grenzziehungen sowohl der hier Arbeitenden als auch der wissenschaftlichen Zugriffe herausfordern.

Susanne Völker

Zum Weiterlesen
Hausen, Karin (2000): Arbeit und Geschlecht. In: Kocka, Jürgen/Offe, Claus (Hrsg.): Geschichte und Zukunft der Arbeit. Frankfurt/M.: Campus, S. 343–361
Wetterer, Angelika (2002): Arbeitsteilung und Geschlechterkonstruktion. ‚Gender at Work' in theoretischer und historischer Perspektive. Konstanz: UVK
Becker, Karina/Binner, Kristina/Décieux, Fabienne (Hrsg.) (2020): Gespannte Arbeits- und Geschlechterverhältnisse im Marktkapitalismus. Wiesbaden: Springer Nature

Arbeitsteilung[1]

Die Arbeitsteilung zwischen Frauen und Männern ist in fast allen bekannten Gesellschaften eines der grundlegenden sozialen Ordnungs- und Strukturprinzipien und sie ist in fast allen Gesellschaften hierarchisch angelegt: Männerarbeit ist mehr wert als Frauenarbeit. Sieht man von der durchgängigen Hierarchisierung ab, so zeigt sich im Kulturvergleich aber auch, dass das, was jeweils als Frauenarbeit oder als Männerarbeit gilt, außerordentlich variabel ist und zudem im historischen Verlauf erheblichen Veränderungen unterliegt. Die kulturelle und historische Variabilität in der Zuordnung von Arbeit und Geschlecht weist darauf hin, dass die geschlechtliche Arbeitsteilung nicht – wie unser Alltagswissen dies nahe legt – an ‚natürliche' und damit universale Unterschiede zwischen den Geschlechtern anschließt, sondern das Ergebnis der sozialen Organisation von Arbeit ist und zur Produktion und Reproduktion der jeweiligen Geschlechterordnung beiträgt.

Die Annahme, die Arbeitsteilung trage der natürlichen, durch den Körper verbürgten Verschiedenheit der Geschlechter Rechnung, ist ein Spezifikum

---

1 Der Beitrag wurde aus dem „Wörterbuch Soziale Arbeit und Geschlecht" (2011) übernommen.

der modernen, bürgerlich-kapitalistischen Gesellschaft und eng mit der Entstehung der bürgerlichen Familie verbunden. Im Bürgertum setzte sich gegen Ende des 18. Jahrhunderts eine neue Arbeits- und Familienform durch, die auf der Trennung von Produktion und Reproduktion, von außerhäuslicher Erwerbs- und ‚privater' unbezahlter Haus- und Fürsorgearbeit beruht. Parallel zur ‚Erfindung' der Hausfrau und des ‚male breadwinners' löste das bis heute selbstverständliche Konzept der natürlichen Verschiedenheit der Geschlechter ältere Modelle der Erklärung und Begründung der Geschlechterdifferenz ab, die als Standesdefinitionen konzipiert waren und den Unterschied der Geschlechter als Unterschied sozial obligatorischer Rechte und Pflichten verstanden (vgl. Hausen 1978).

Das neue Geschlechterwissen, das auf der Naturalisierung der Geschlechterunterscheidung basiert, und die Verknüpfung dieses neuen Wissens mit der Trennung von Produktion und Reproduktion sind bis heute grundlegend für die Strukturierung und alltagsweltliche Erklärung der geschlechtlichen Arbeitsteilung und haben auch deren wissenschaftliche Analyse entscheidend geprägt. Auch sozialwissenschaftliche Konzepte sind lange stillschweigend davon ausgegangen, dass die Arbeitsteilung an vorsoziale Unterschiede in den Fähigkeiten und Vorlieben von Frauen und Männern anschließt. Erst im Zuge der ‚konstruktivistischen Wende' der Frauen- und Geschlechterforschung in den 1990er Jahren sind derartige Anleihen der Wissenschaft beim Alltagswissen grundlegend revidiert worden (vgl. Wetterer 2009). Heute geht die Frauen- und Geschlechterforschung davon aus, dass die Geschlechterdifferenz nicht von der Natur bereitgestellt, sondern in der sozialen Praxis hergestellt wird und dass die „Arbeitsteilung eine der wichtigsten und grundlegenden Ressourcen der Herstellung von zwei Geschlechtern (und ihrer ungleichen sozialen Lagen) ist" (Gildemeister 2001, S. 81). Die unserem Alltagswissen widersprechende Einsicht, dass Frauen und Männer zu verschiedenen und ungleichen Gesellschaftsmitgliedern werden, weil und indem sie Verschiedenes und verschieden Bewertetes tun (statt umgekehrt), ist inzwischen in einer Vielzahl historischer und empirischer Studien belegt und im Einzelnen nachgezeichnet worden. Auf dieser Basis lassen sich drei Etappen in der Ausdifferenzierung der Arbeitsteilung als Ressource der Geschlechterkonstruktion unterscheiden:

(1) Die spezifisch moderne, den Glauben an die Natürlichkeit der Geschlechterdifferenz fundierende Arbeitsteilung beginnt Ende des 18. Jahrhunderts mit der sektoralen Trennung von Produktion und Reproduktion.
(2) Um die Mitte des 19. Jahrhunderts wird mit der ‚Erfindung' der ersten typischen Frauenberufe, zu denen auch die Soziale Arbeit zählt, die interberufliche Arbeitsteilung zur Arena bürgerlicher Geschlechterkonstruktionen.
(3) Zu Beginn des 20. Jahrhunderts setzt mit der sukzessiven rechtlichen Gleichstellung der Geschlechter die unaufhaltsame Wanderung der Ge-

schlechtergrenzen ins Innere der Berufe und Organisationen ein, die zu gemischtgeschlechtlichen Berufen führt, in denen Differenz und Hierarchie der Geschlechter nun im Medium der intraberuflichen Arbeitsteilung hergestellt und tradiert werden.

Ob sich in bestimmten Kontexten heute auch erste Anzeichen für ein Ende des ‚doing gender while doing work' beobachten lassen, wird gegenwärtig sehr kontrovers diskutiert. Die ‚glass ceiling', an die Frauen in karriereträchtigen Männerberufen stoßen, der ‚glass escalator', der Männer in Frauenberufen wie von selbst nach oben befördert (Williams 1992) und das große Beharrungsvermögen tradierter Strukturen der Arbeitsteilung im Reproduktionsbereich weisen jedoch deutlich darauf hin, dass wir vom Ende der Arbeitsteilung als einer bewährten Ressource der Differenzierung und Hierarchisierung der Geschlechter noch ein gutes Stück entfernt sind.

Angelika Wetterer

Zum Weiterlesen
Hausen, Karin (1978): Die Polarisierung der ‚Geschlechtscharaktere' – Eine Spiegelung der Dissoziation von Erwerbs- und Familienleben. In: Rosenbaum, Heidi (Hrsg.): Seminar Familie und Gesellschaftsstruktur. Frankfurt/M.: Suhrkamp, S. 161–214
Wetterer, Angelika (2009): Arbeitsteilung und Geschlechterkonstruktion – Eine theoriegeschichtliche Rekonstruktion. In: Aulenbacher, Brigitte/Wetterer, Angelika (Hrsg): Arbeit: Diagnosen und Perspektiven der Geschlechterforschung. Münster: Westfälisches Dampfboot, S. 42–63
Williams, Christine (1992): The Glass Escalator: Hidden Advantages for Men in the ‚Female' Professions. In: Social Problems, 3, S. 253–267

Armut

Armut ist eine die Existenz bedrohende Notlage, verursacht durch den Mangel an materiellen und immateriellen Gütern, wie Lebensmitteln, Wohnung, Kleidung, oder sozialen Beziehungen, wie Familie, Freundschaft oder Nachbarschaft. In Wissenschaft und Politik wird unterschieden zwischen absoluter und relativer Armut. Als absolut arm gilt, wer nicht genügend Mittel für das physische Überleben hat. Zum Beispiel erfrieren auch in Deutschland Personen im Winter, weil sie keine Wohnung haben. Als relativ arm wird angesehen, wessen Einkommen im Vergleich zum durchschnittlichen Einkommen einer Gesellschaft eine von der Politik definierte Armutsschwelle unterschreitet. Die Armutsschwelle liegt nach internationaler Vereinbarung in der Europäischen Union (EU) bei 50 Prozent bzw. 60 Prozent des durchschnittlichen nach dem OECD-Modell gewichteten Pro-Kopf-Einkommens aller Haushalte (Einkommensarmut) (vgl. BMAS 2001). In die erweiterte EU-Definition von Armut sind auch immaterielle Faktoren einbezogen, wie Defizite in der Versorgung mit kulturellen, gesundheitlichen und sozialen Gütern und Dienstleistungen.

Als Maßstab für Armut gilt der Ausschluss von einer Lebensweise, die in einem Mitgliedstaat der EU als Minimum gilt, bzw. der Mangel an ökonomischen und sozialen Teilhabechancen. Damit geraten neben der Einkommensarmut auch qualitative Dimensionen von Armut und ihre Ursachen in den Blick, wie z. B. soziale Ausgrenzung, gesundheitliche Beeinträchtigung oder kulturelle und rechtliche Einschränkungen. Faktisch bilden in Deutschland Regelsätze der Sozialgesetze II und XII die Armutsschwelle, weil erst bei deren Unterschreiten ein Rechtsanspruch auf staatliche Transferleistungen eintritt.

Die wissenschaftliche und sozialpolitische Armutsdiskussion hat durch die Armutsberichterstattung der Bundesregierung seit 2001 und deren Gleichstellungsberichte seit 2011 sowie durch die systematische Einführung des Lebenslagen-Ansatzes verknüpft mit der Lebensphasenperspektive und der international verbindlich vereinbarten Gleichstellungsstrategie des Gender Mainstreaming neue Impulse erhalten.

Nach den Ergebnissen des 5. Armuts- und Reichtumsberichts von 2017 tragen Arbeitslose, Alleinerziehende, Menschen mit Migrationshintergrund, Wohnungslose und niedrig Qualifizierte ein überdurchschnittliches Armutsrisiko (BMAS 2017, S. VI). Dabei sind Frauen und Männer in den Gruppen jeweils unterschiedlich häufig vertreten. Zum Beispiel bilden Frauen die überwiegende Mehrheit der Alleinerziehenden, während Männer häufiger sichtbar wohnungslos sind. Das ist ein Indiz dafür, dass Armutsrisiken, wie z. B. Wohnungsnot oder Trennung/Scheidung, auch geschlechtsspezifisch geprägt sind.

Die Frauenforschung hat seit den 1970er Jahren die Ursachen für ein spezifisch weibliches Armutsrisiko und die weiblichen Erscheinungsformen von Armut in der gesellschaftlich strukturierten Ungleichheit zwischen den Geschlechtern verortet. Dabei konnten für Frauen typische Armutsrisiken und -ursachen identifiziert werden.

Auch in den aktuellen Befunden zur Armutssituation von Frauen in Deutschland in den bisher fünf Armuts- und Reichtumsberichten und in den beiden Gleichstellungsberichten werden die frauentypischen Armutsrisiken empirisch belegt. Die Armutsrisikoquote ist ein allgemeiner Indikator für die Messung des Armutsrisikos bestimmter Gruppen der Bevölkerung mit einem Nettoäquivalenzeinkommen unterhalb der Armutsschwelle. Trotz der Einführung des Mindestlohns 2015 ist sie für beide Geschlechter seit 2005 gestiegen, für Frauen von 15,1 Prozent auf 16,0 Prozent im Jahr 2018, für Männer von 14,3 Prozent auf 15 Prozent im gleichen Zeitraum (Destatis 2020b). Die Armutsrisikoquote für Menschen mit Migrationshintergrund war 2018 mit 27,2 Prozent um ein Vielfaches höher (vgl. Destatis 2020b).

Der an gesellschaftlich definierten Standards gemessenen Armut von Frauen gehen Armutsrisiken voraus, die auf frauentypischen Lebenslagen und Begrenzungen von Handlungsspielräumen beruhen.

Die zentrale Einkommensquelle in modernen Gesellschaften ist ein existenzsicherndes Erwerbseinkommen, das in Abhängigkeit von der Beschäftigungsdauer und der Höhe des Einkommens erwirtschaftet werden kann. Ein typisches Armutsrisiko für Frauen, vor allem in Westdeutschland, liegt zum einen darin begründet, dass sie wegen der Sorgearbeit für minderjährige Kinder oder pflegebedürftige Angehörige nur teilzeitbeschäftigt sind bzw. eine geringfügige Beschäftigung ausüben und daher kein ausreichendes Einkommen erzielen. So waren 2019 85 Prozent der Teilzeitbeschäftigten und 75 Prozent der geringfügig Beschäftigten Frauen (Destatis 2020b). 2017 waren von den Müttern minderjähriger Kinder 69 Prozent in Teilzeit beschäftigt, von den Vätern 6 Prozent, wobei Frauen, die in Partnerschaft leben, häufiger in Teilzeit gearbeitet haben als alleinerziehende Frauen (Destatis 2018). Zum anderen sind geschlechtsspezifische Lohnlücken empirisch nachgewiesen, die mit dem Indikator Gender Pay Gap gekennzeichnet werden. Nach Berechnungen des Statistischen Bundesamtes war der durchschnittliche Bruttostundenverdienst von Frauen 2019 um 20 Prozent niedriger als der Verdienst der Männer, in Westdeutschland höher als im Osten (Destatis 2020b). Die Gründe sind vielfältig. So sind Differenzen in der Höhe des Stundenlohnes nachzuweisen in Abhängigkeit vom Umfang der Beschäftigung. Außerdem sind Frauen häufiger in sozialen, pflegenden und anderen haushaltsnahen Branchen tätig, deren Verdienstniveau geringer ist als das in den eher männertypischen Industrie- und Handwerksbetrieben (Pimminger 2012). Daher ist auch der Anteil von Frauen mit einem Armutsrisiko trotz regelmäßigen Erwerbseinkommens 2017 mit 10,2 Prozent höher als das der Männer mit 8 Prozent (Work Poverty) (BMAS 2021).

Die Häufigkeit weiblicher Teilzeitarbeit beruht darauf, dass Mütter, vor allem in Westdeutschland, ihre Erwerbstätigkeit nach wie vor an den Anforderungen der Versorgung und Betreuung von Kindern ausrichten. Da eine große Gruppe von Frauen mit diesen Formen der Beschäftigung nur eine Rente unterhalb der Armutsschwelle erwirtschaften kann, werden sie bei fehlender Absicherung durch den Ehemann/Partner zwangsläufig in die Altersarmut gehen. Schon bisher bezogen mehr Frauen (57 Prozent) Leistungen der Grundsicherung im Alter und bei Erwerbsminderung als Männer (43 Prozent), obwohl Männer häufiger Empfänger von Grundsicherung bei Erwerbsminderung sind (RKI 2020b).

Ein erhöhtes Armutsrisiko trägt die Gruppe Alleinerziehende, die zu rund 90 Prozent Frauen sind. Sie gehören neben Erwerbslosen und Menschen ohne abgeschlossene Berufsausbildung zu den besonders gefährdeten Gruppen; die Armutsquote dieses Haushaltstyps liegt deutlich über dem Durchschnitt aller Haushalte (Destatis 2019, S. 40). Etwa 38 Prozent der alleinerziehenden Haushalte haben 2015 Leistungen nach SGB II erhalten, gegenüber etwa 7 Prozent der Paarhaushalte mit minderjährigen Kindern (Bertelsmann Stiftung 2017,

S. 4). Aber auch Erwerbstätigkeit schützt alleinerziehende Frauen nicht sicher vor Armut: Haushalte von Alleinerziehenden haben im Durchschnitt etwa ein um ein Fünftel geringeres Einkommen als Paarhaushalte mit Kindern (Destatis 2018, S. 39). Hier wirken sich auch die nicht regelmäßigen Unterhaltszahlungen negativ aus. Die öffentlich diskutierte zunehmende ‚Infantilisierung' der Armut beruht im Fall der Alleinerziehenden auf einer ‚Feminisierung' von Armut. Denn Kinder, die in relativer Einkommensarmut leben, gehören überproportional häufig Haushalten von Alleinerziehenden an.

In den Berichten der Bundesregierung wird mit Bezug auf Forschungsergebnisse durchgängig die Bedeutung der Familienverpflichtung von Frauen als spezifische Ursache von Armutsrisiken für Frauen bzw. weiblicher Armut hervorgehoben. Trennung oder Scheidung werden als besonderes Armutsrisiko eingeschätzt, wenn Frauen vorher nicht erwerbstätig oder nur teilzeitbeschäftigt waren. Gewalt in Partnerschaft und Familie wird als Armutsrisiko für Frauen gesehen, insbesondere, wenn sie Schutz im Frauenhaus suchen müssen. Mehr als 70 Prozent der Bewohnerinnen in Frauenhäusern sind z. B. auf soziale Transferleistungen zur Sicherung des Lebensunterhaltes angewiesen (Frauenhauskoordinierung e. V. 2019, S. 48). Diese familiale Arbeitsteilung wird strukturiert und begünstigt durch gesetzliche Rahmenbedingungen, wie z. B. das Ehegattensplitting im Steuerrecht, wirtschaftliche Rahmenbedingungen, wie z. B. das – auch tariflich verankerte – geringere Einkommensniveau in frauentypischen Berufen, oder sozialrechtliche Regelungen, wie z. B. das Prinzip der familialen Subsidiarität.

Auch für Männer können typische Armutsgruppen ausgemacht werden, wenn der Anteil der Männer in der jeweiligen Gruppe überproportional höher ist als der der Frauen, z. B. wohnungslose Männer oder straffällige Männer. In allen sozialpolitischen Maßnahmen zur Bekämpfung der Armut sollte daher auch das Prinzip der Geschlechtergerechtigkeit umgesetzt werden. Voraussetzung dafür ist, auch geschlechtsspezifische Armutsrisiken von Männern zu identifizieren und aufzugreifen.

Brigitte Sellach

Zum Weiterlesen
BMAS (Bundesministerium für Arbeit und Soziales) (Hrsg.) (2021): 6. Armuts- und Reichtumsbericht der Bundesregierung. Berlin
Dackweiler, Regina-Maria/Rau, Alexandra/Schäfer, Reinhild (Hrsg.) (2020): Frauen und Armut. Feministische Perspektiven. Opladen, Berlin, Toronto: Barbara Budrich
Sellach, Brigitte (2000): Ursachen und Umfang der Frauenarmut. Gutachten zum ersten Armuts- und Reichtumsbericht der Bundesregierung. Bonn: BMFSFJ (www.gsfev.de)

Ausbildung für Soziale Arbeit

Die Ausbildung für die Soziale Arbeit erfolgt derzeit an verschiedenen Hochschultypen, vor allem an Fachhochschulen, Universitäten und Dualen Hochschulen. Neben dem akademischen Studium finden sich sozialpädagogische Ausbildungen an Fachschulen bzw. Fachakademien. Die strukturelle und inhaltliche Vielfalt ist die Folge einer langen Tradition und verschiedener Vorläufer, die bis ins 19. Jahrhundert reichen. Hat sich inzwischen ‚Soziale Arbeit' als Dachbegriff in Ausbildung, Praxis und Forschung weitgehend etabliert, verweisen in historischer Betrachtung die Begriffe Sozialarbeit und Sozialpädagogik oftmals auf die Traditionen von (Armen-)Fürsorge und Hilfe auf der einen sowie Erziehung und Bildung auf der anderen Seite (Kruse 2004, S. 21 ff.).

Ein sozialpädagogisch ausgerichteter Ausbildungsstrang umfasst vor allem als Vorläufer die von Fröbel 1840 entwickelte und von Schrader-Breymann weiter verbreitete Ausbildung zur Kindergärtnerin. Aufbauend auf diese gab es ab der Wende zum 20. Jahrhundert für berufserfahrene Kindergärtnerinnen weiterbildende Seminare für Jugendleiterinnen (mit bis in die 1960er Jahre nahezu rein weiblicher Zielgruppe), die im Zuge der Neuordnung sozialpädagogischer Berufe in der BRD im Jahr 1967 in eine grundständige Ausbildung an Höhere Fachschulen für Sozialpädagogik und zu Beginn der 1970er Jahre in Fachhochschulstudiengänge für Sozialpädagogik überführt wurden (vgl. ebd., S. 73 ff.; Amthor 2012, S. 84 ff.). Die daneben existierenden sozialpädagogischen Ausbildungen, vor allem die der Kindergärtnerin, der Hortnerin und des Heimerziehers, verblieben 1967 auf Fachschulebene und wurden als sozialpädagogische Ausbildung zur*zum Erzieher*in zusammengeführt. Erst 2004 wurden Studiengänge im Bereich Kindheitspädagogik an Hochschulen gegründet, die je nach Konzeption mehr oder weniger sozialpädagogische Zugänge beinhalten und vielfach Aspekte der Jugendleiter*innenausbildung spiegeln (ebd.).

Ein Strang eher sozialarbeiterischer Orientierung schloss sich an die im 19. Jahrhundert – vor allem im kirchlichen Bereich – angebotenen Schulungen für soziale Tätigkeiten an. Als Antwort auf den steigenden Bedarf an ausgebildeten Fachkräften für die Armen- und Jugendfürsorge und speziell zur Bekämpfung der Säuglingssterblichkeit wurden nach ersten Kursen Anfang des 20. Jahrhunderts ‚Soziale Frauenschulen' (mit – wie der Name schon sagt – ebenso rein weiblicher Zielgruppe) gegründet, die später – seit den 1920er Jahren als ‚Wohlfahrtsschulen', dann als ‚Fachschulen' und in der BRD ab 1959 aufgewertet zu ‚Höheren Fachschulen für Sozialarbeit' – fortgeführt wurden und zu Beginn der 1970er Jahre in Fachhochschulstudiengänge der Sozialarbeit mündeten. Letztere wurden teilweise sofort, teilweise erst zu Beginn der 2000er Jahre mit den o.g. Fachhochschulstudiengängen der Sozialpädagogik zu gemeinsamen Studiengängen vereinigt (Kruse 2004, S. 31 ff.).

Kamen für Fröbel vor allem Frauen aufgrund ihres ‚mütterlichen Wesens' für die Pflege und Erziehung von Kindern in Frage (wenngleich er zu Beginn eher junge Männer für die Arbeit in Kindergärten zu schulen beabsichtigte (Amthor 2012, S. 90)), wurde dieses Motiv besonderer ‚naturgegebener' weiblicher Eignung nachfolgend über den Begriff „geistige Mütterlichkeit" aufgegriffen, mit dem emanzipatorische Ziele verknüpft wurden und der als Begründungsmuster für außerhäusliche berufliche Tätigkeiten von Frauen vor allem in der Arbeit mit Kindern leitend wurde (u. a. Schrader-Breymann 2008, S. 57 ff.). Die Anfänge der Ausbildung in der Sozialarbeit waren geprägt von den Motiven Hilfe auf der einen und Emanzipation auf der anderen Seite (Kruse 2017, S. 47 f.). Nicht in gleichem Maße wie beim sozialpädagogischen Strang, aber auch hier wurde auf die besonderen Fähigkeiten von Frauen für soziale Hilfstätigkeiten verwiesen (Salomon 1901/1980, S. 5). Die emanzipatorischen Bestrebungen gingen jedoch darüber hinaus. Es vermischten sich – unter dem Einfluss der Ausbreitung sozialwissenschaftlichen Gedankenguts und der Frauenbewegung – bürgerliche Wertvorstellungen und der Wunsch nach fundierter Hilfe für andere als sogenannte ‚Standespflicht' mit einer Hilfe für sich selbst angesichts des Ausschlusses von höherer Bildung und beruflicher Betätigung, um „individuelle Emanzipation und soziale Verantwortung zu verbinden" (Feustel 2008, S. 29 f.).

Eine akademische Ausbildung für die Soziale Arbeit gab es maßgeblich ab den 1920er Jahren – auch diese über Jahrzehnte hinweg weitgehend nach Geschlechtern getrennt. Lange Zeit männlich dominiert war das Studium an Universitäten mit Kursen und später Aufbau- und Zusatzstudiengängen für Studierende bzw. Absolvent*innen unterschiedlichster Fachrichtungen, deren direkte Nachfolger die ab den 1970er Jahren an Universitäten eingeführten Diplom-Studiengänge der Pädagogik mit Schwerpunkt Sozialpädagogik/Sozialarbeit waren. Daneben wurden von Gründerinnen der Sozialen Frauenschulen akademisch orientierte Weiterbildungs- und Forschungsmöglichkeiten außerhalb der Universitäten für Frauen geschaffen (Details siehe Kruse 2004, S. 82 ff. und 119).

Auf die Konsolidierung der Ausbildung in der Weimarer Republik folgten im Nationalsozialismus eine Rückentwicklung mit Niveauabsenkung und Abbau akademischer Angebote und in der BRD ab Ende der 1950er Jahre größere Reformen mit der o.g. ersten Aufwertung zu Höheren Fachschulen, mit der tarifrechtliche Konsequenzen, Prestigegewinn und teilweise eine anschließende Studienberechtigung für Absolvent*innen verbunden waren und für die ausdrücklich ein verstärktes Interesse von Männern erwünscht wurde (Pfaffenberger 1981, S. 94 f.). Ab Ende der 1960er Jahre wurde die Ausbildung für Sozialarbeit und Sozialpädagogik im Zuge der Neuordnung des Hochschulwesens auf die tertiäre Ebene des Bildungssystems mit Gründung von Studiengängen an vier akademischen Orten (Fachhochschulen, Universitäten inkl. Pädagogischen Hochschulen, Gesamthochschulen und Berufsakademien) angehoben. Drei dieser Varianten wurden – nachdem die Ausbildung für entsprechende Arbeitsfelder in der DDR fast ausschließlich auf Fachschulebene verortet gewesen war – in den 1990er Jahren mit der Wiedervereinigung beider deutscher Staaten auch in den neuen Bundesländern eingeführt (Kruse 2004, S. 107 ff. und 155 ff.).

In geschlechterreflexiver Perspektive ist festzuhalten, dass sich mit den ersten Ansätzen akademischer Aus- und Weiterbildung eine geschlechtsspezifische Trennung und Hierarchisierung manifestierte, die bis heute Auswirkungen auf Ausbildung, Profession und Disziplin hat (Kruse 2007; zum deutschen Sonderweg: Amthor 2012, S. 242 ff.), vor allem das Nebeneinander von Ausbildungs- und Studienangeboten an verschiedenen Institutionen auf mehreren Ebenen mit unterschiedlicher Praxiseinbindung und anschließenden Berechtigungen (staatliche Anerkennung als Berufszulassung), Promotionsmöglichkeiten sowie Status- und Machtfragen. Letztere waren maßgeblicher Hintergrund für die in den 1990er Jahren ihren Höhepunkt erreichenden Abgrenzungsdebatten zwischen Fachhochschulen und Universitäten über die Frage der Leitdisziplin (Kruse 2004, S. 161). Die traditionell mit Mitteln schlechter ausgestatteten Fachhochschulen behaupteten sich mit einer deutlichen Orientierung an der ‚Wissenschaft Sozialer Arbeit', die Universitäten mit vielfach vehementer Verteidigung der ‚Erziehungswissenschaft mit der Subdisziplin Sozialpädagogik', während sie mit ihrer Ausrichtung – wie sich beide Seiten später bei gemeinsamer Arbeit eingestanden – im Grunde gar nicht so weit voneinander entfernt waren.

Die bereits vor über 100 Jahren einander gegenüberstehenden Positionen der an der Aus- und Weiterbildung Beteiligten mit gegenseitiger massiver Kritik – Theorieferne der Universitäten versus Unwissenschaftlichkeit und monopolistisches Interesse der Wohlfahrtsschulen – lassen sich rückblickend auch lesen als ein – geschlechtsbezogenes – Ringen um den Einfluss auf ein sich entwickelndes Berufsfeld. Über Jahrzehnte hinweg wurde die Frage der angemessenen Qualifizierung für Leitungsstellen immer wieder auch mit Blick auf den entstehenden „*Frauenberuf in Männerregie*" (Rauschenbach 1991, S. 8, H. i. O.) diskutiert (u. a. Scherpner 1929, S. 309 ff.; Feld 1925; Salomon 2008, S. 238; Goeschel/Sachße 1981, S. 436; Kruse 2004, S. 90 f.).

Die Bologna-Reform ab Ende der 1990er Jahre stellte die Weichen für die Ausbildung für Soziale Arbeit neu, boten doch die formale Gleichstellung der Studienabschlüsse an Fachhochschulen und Universitäten sowie die Möglichkeit für beide, Studiengänge auf der Master-Ebene anbieten zu können, einen entscheidenden Schritt zur vollakademischen Anerkennung.

Nach wie vor lässt sich hinsichtlich der geschlechtsspezifischen Verteilung in den Ausbildungs- und Studiengängen konstatieren, dass der „Hierarchisierung der Qualifikationsebenen" „auch eine geschlechtsspezifische Hierarchie" (Hering/Münchmeier 2000, S. 231) entspricht. Werden auf der Ebene der

Fachschule (Erzieher*innenausbildung) seit langem zu ca. 95 Prozent Frauen ausgebildet, weisen die Bachelorstudiengänge der Sozialen Arbeit ähnlich wie ihre Vorläufer mit Diplom-Abschluss durchschnittlich einen Anteil weiblicher Studierender von ca. 76 bis 82 Prozent (Sozialpädagogik/Sozialwesen/Soziale Arbeit im WS 2019/20) auf, während kindheitspädagogische BA-Studiengänge im Vergleich dazu ca. 90 Prozent weibliche Studierende zählen (Statistisches Bundesamt 2021a). Die Tendenzen früherer weiterführender Studiengänge mit Anteilen von fast 50 Prozent männlicher Studierender (vgl. u. a. Kruse/Henke 1996, S. 82; Hommerich 1984, S. 70 und 76 f.) finden sich so auf der Masterebene nicht. Zwar war auf Basis erster Zahlen und Entwicklungen prognostiziert worden, dass aufgrund der Aufwertung und Prestigesteigerung ein solches Studium attraktiver für Männer würde, während Frauen sich vielfach mit dem Bachelor begnügen würden, was zu einer neuen geschlechtsspezifischen Hierarchisierung „praktischer" und „akademischer" Arbeit hätte führen können (Hering/Kruse 2004, S. 27). Dies lässt sich durchgehend in einschlägigen Master-Studiengängen so nicht wiederfinden (Burkova et al. 2017), sondern zeigt sich eher abhängig von der inhaltlichen Ausrichtung. Die Masterverbleibstudie des Fachbereichstags Soziale Arbeit (FBTS) verweist jedoch auf einen „Trend, dass der Männeranteil in Leitungspositionen und erst recht im Wissenschaftsbereich überproportional hoch" (ebd., S. 240) sei. Bei Promotionen findet sich heute ein etwas geringerer Frauenanteil als in den BA- und MA-Studiengängen (Sozialwissenschaften 55 Prozent, Sozialwesen 69 Prozent, Erziehungswissenschaft 68 Prozent; Statistisches Bundesamt 2021b), während vor 20 Jahren noch festgestellt wurde, dass sich die Verschiebung auf allen Ebenen nach oben hin (Leitungsstellen, Promotionen, Habilitationen, Professuren) zuungunsten des Frauenanteils fortsetzte (Krüger et al. 2002, S. 444).

Für die Zukunft erscheint ein inhaltlich aufeinander abgestimmtes gestuftes Studienmodell mit Studiengängen auf verschiedenen Ebenen und die Qualifizierung der Studierenden sowohl für Tätigkeiten an der Basis als auch für Leitungsstellen und wissenschaftliche Arbeit für die Belange der Sozialen Arbeit sehr sinnvoll. Ein solches Modell bietet die Chance, das in den Strukturen Sozialer Arbeit und ihrer Ausbildung historisch verankerte Machtgefälle zu verringern, Praxis und Forschung miteinander zu verzahnen, das inhaltliche wie formale Qualifizierungsbedürfnis aufzugreifen, den entsprechenden Bedarf an zugleich wissenschaftlich und praxisbezogen ausgebildeten Fachkräften zu decken sowie den eigenen wissenschaftlichen Nachwuchs auszubilden. Und je reflektierter in einem solchen Modell Diversitäts- und speziell Genderaspekte mit Zugängen und Strukturen für alle Geschlechter berücksichtigt werden, umso zukunftsweisender erscheint es für eine Disziplin und Profession, die einst in weiten Teilen auch als emanzipatorisches Projekt begonnen hatte.

Elke Kruse

Zum Weiterlesen
Amthor, Ralph-Christian (2012): Einführung in die Berufsgeschichte der Sozialen Arbeit. Weinheim/Basel: Beltz Juventa
Kruse, Elke (2004): Stufen zur Akademisierung. Wege der Ausbildung für Soziale Arbeit von der Wohlfahrtsschule zum Bachelor-/Mastermodell. Wiesbaden: VS
Kruse, Elke (2007): Von der Wohlfahrtspflegerin zum Master of Social Work – ein ‚Genderblick‘ auf 100 Jahre Ausbildungsgeschichte der Sozialen Arbeit. In: Kruse, Elke/Tegeler, Evelyn (Hrsg.): Weibliche und männliche Entwürfe des Sozialen – Wohlfahrtsgeschichte im Spiegel der Genderforschung. Opladen: Barbara Budrich, S. 182–194

Autonomie

Autonomie bedeutet ‚Selbstgesetzlichkeit‘, wie sie in der Definition von Aufklärung verankert ist: „Aufklärung ist der Ausgang des Menschen aus seiner selbstverschuldeten Unmündigkeit. Unmündigkeit ist das Unvermögen, sich seines Verstandes ohne Leitung eines anderen zu bedienen. Selbstverschuldet ist diese Unmündigkeit, wenn die Ursache derselben nicht am Mangel des Verstandes, sondern der Entschließung und des Mutes liegt" (Kant 1975, S. 53). Gesellschaftliche Praxis wurde sie in den Revolutionen und sozialen Bewegungen, in Auseinandersetzung mit gesellschaftlicher (staatlicher und überstaatlicher) Ordnung bis zur Ausformulierung und Durchsetzung von Menschenrechten. Seitdem ist es eine Herausforderung für politische Philosophie und kritische Sozialwissenschaft, nach den in ihrer jeweiligen Zeit bestehenden Bedingungen und Bestimmungsgründen zu wahren Einsichten mit universellem Anspruch als Grundlage von Herrschafts- und Machtkritik zu gelangen.

Aus historischen Rekonstruktionen suchte Foucault bleibende Kriterien für Aufklärung und Autonomie. Diese zeige sich vor allem in der Praxis, in der Distanziertheit gegenüber dem Gegebenen aus dem bewegenden Moment der Utopie und in der Orientierung an der Sorge, dass andere für sich sorgen können (Foucault 2010). Nach diesen Kriterien beurteilte er die ‚modernen‘ Diskurse als Denk- und Kommunikationssysteme, die ihre Sicht auf Ereignisse und ihre Interpretationen auch praktisch durchsetzen. In ihnen bilde sich der Wandel gesellschaftlicher Machtmuster bis hin zu modernen Formen der Disziplinierung ab, die in alle Lebensbereiche einzieht, indem sie unsere Bilder vom Menschen und Möglichkeiten der Regulierung unserer Lebensbedingungen von Grund auf mitbestimmen. So haben sich seit dem 19. Jahrhundert bis heute Machtformen entwickelt, die darauf ausgerichtet sind, Leben nach rationalisierten, messbaren Prinzipien zu optimieren. Es fordert von dem Einzelnen, an den eigenen Fähigkeiten und der Steigerung seiner/ihrer Lebenskräfte zu arbeiten. Diese gehen – strukturell – eine Verbindung mit Herrschaftsformen ein, sodass sich eine Form des Regierens entwickeln konnte, die auf Selbstregulierung abzielt (Foucault 1977b). Macht sei daher keine eindimensionale Größe, sondern ein sich permanent bewegendes und verschiebendes Magnetfeld, in dem unterschiedliche Linien – als Programme und Praxen – verlaufen, die sich verstärken, aber auch abstoßen. Sie zeige sich nicht nur als sozial konfrontativer, sondern vor allem auch als psychosozial diffundierender Prozess. Er spricht von der „Mikrophysik der Macht" (Foucault 1976). Adornos Schriften und die Untersuchungen zu den ‚Neuen Machttechniken' von Foucault sahen kritisch eine gesellschaftlich-politische Vereinnahmung von Autonomiestreben. So könne sich heute Autonomie nur aus einem diffusen Leiden an Herrschaftsverhältnissen heraus mit Bezug zu ethisch-moralischen Prinzipien entwickeln (Horkheimer/Adorno 1947; Foucault 1999; Becker-Schmidt 2004).

Ulrich Beck (1986) sieht in seinem Konzept der Individualisierung widersprüchliche Vergesellschaftungsformen der Subjekte als Grund für die Ambivalenz von Autonomie. Freisetzung und Individualisierung bedeutet nicht eine Aufwertung der Subjekte, sondern zeigt, wie Autonomie als individuelle Verselbständigung gerade schwieriger wird. Der einzelne Mensch wird aus alten Herrschafts- und Versorgungszusammenhängen befreit und steht stattdessen unter Zwängen und Anforderungen abstrakter gesellschaftlicher Institutionen (Bildungseinrichtungen, Arbeitsmärkte, sozialpolitische Versorgungsysteme). Konflikte wandern ab in die Struktur und sollen privat bewältigt werden.

Ein für die Reflexion der Geschlechterordnung relevanter Begriff der Autonomie entstammt der psychoanalytischen Sozialisationstheorie. Insbesondere intersubjektive Ansätze diskutieren Autonomie-Konzepte im Sinne der Bewältigung und Überwindung von Abhängigkeitserfahrungen im Prozess des Aufwachsens. (Winnicott 1971; Benjamin 1993). An diese Auseinandersetzung mit Abhängigkeit knüpft Gruen (1992) gesellschaftskritisch an. Er bezieht Autonomie auf die Art und Weise, wie Menschen aus ihrem inneren Selbst heraus mit Hilflosigkeit umgehen, ob sie sie produktiv integrieren können oder unter dem Zwang stehen, diese antisozial abzuspalten. Das Selbst mit seinem triebstrukturellen Grund hat seine eigene Logik, und diese entspricht nicht unbedingt der Rationalität der gesellschaftlichen Entwicklung. Es speist sich aus einer anthropologischen Triebdynamik und ist in seinen Ausgangsbedingungen geradezu konträr zum Gesellschaftlichen angelegt. Während das Gesellschaftliche – vor allem in seiner neuzeitlich modernen Version der linearen Entwicklung, des unbegrenzten Fortschritts und der unendlichen Rationalität – offen erscheint, ist die anthropologische Konstitution des Menschen begrenzt durch Geburt, Tod und Leiblichkeit, was ihn letztlich zum naturgebundenen Wesen macht.

Aus Sicht der Natur überwindenden Moderne bedeutet Abhängigkeit von der Natur Schwäche, ‚systemwidrige' Hilflosigkeit. In der modernen Vergesellschaftung des Menschen ist somit die Tendenz angelegt, ihn aus dieser Abhängigkeit von der Natur und damit aus seinem anthropologischen Selbst herauszulösen. Damit werden die mit der Naturhaftigkeit des Menschen verbundenen Emotionen, die Triebwünsche und Äußerungen des Selbst, Gefühle der Bindung, Geborgenheit, aber auch des Ausgesetzt-Seins entstehen lassen, sozial denunziert. Vor allem in der modernen Konkurrenzgesellschaft sind solche Gefühle der Hilflosigkeit sozial abgewertet. Naturabhängigkeit und Hilflosigkeit sind erst einmal allgemein menschliche Phänomene, die Mann und Frau gleichermaßen erfassen. Im Aufwachsen wirkt ein (hoch bewerteter) gesellschaftlicher Anpassungszwang als Aufforderung zur Überwindung von äußeren Grenzen, der den Zugang zu den eigenen Gefühlen verwehrt.

Geschlechtshierarchische Normierungen zwischen Autonomie und Abhängigkeit: Auch in feministischen Ansätzen werden individualisiert verstandene Autonomie-Konzepte abgelehnt, weil sie nicht nur die existenzielle gegenseitige Angewiesenheit und Reproduktionsarbeit abwerten, sondern diese auch in die private unbezahlte weibliche Haus- und Fürsorgearbeit verlagern (Eckart 1991). Daraus folgen Doppelbelastung und mangelnde soziale Sicherung für Frauen, die Ausbeutung von Haushaltshilfen und Pflegekräften. Vor allem die grundlegenden Widersprüche zwischen Erwerbssphäre und Reproduktionssphäre können nicht als Konflikt politisiert werden, da sie entweder als private Entscheidung gelten und mit Sinn versehen werden können oder als stillschweigend verfügbare ‚weibliche' Fähigkeit quasi als Naturressource genutzt werden können. Wenn dagegen Männern Autonomie als Freiheit von Fürsorgearbeit versprochen wird, dann wird ihre Verfügbarkeit über die ganze Person in der Lohnarbeit und ihre Abhängigkeit von Reproduktionsarbeit und die Verwehrung von Fürsorgepraxis übergangen.

Der Autonomiebegriff wird bei Butler als patriarchal kritisiert (Butler 2002), insofern er auf einer heteronormativen (bipolaren und hierarchisch angelegten) Geschlechterordnung basiert. Die heterosexuelle Matrix, die alle gesellschaftlichen Bereiche durchzieht, schließe die Möglichkeit vielseitigen Begehrens und die Lebbarkeit nicht eindeutiger Geschlechtsidentitäten und Körper aus (Butler 1991).

Die unterschiedliche kulturelle Bindung von Männlichkeit und Weiblichkeit an die ungleiche Beteiligung der Menschen an Zeugung, Empfängnis sowie Schwangerschaft und Geburt bestimmt nicht über die allgemeine Fähigkeit zu Fürsorglichkeit, Kreativität und Durchsetzungsfähigkeit. Die mangelnde Wertschätzung von Reproduktionsarbeit muss – so die psychoanalytische Perspektive – auf der symbolischen Ebene an der ‚Position der Mutter' in der unabgeschlossenen Auseinandersetzung mit der leib-seelischen Abhängigkeit ansetzen und zur Auseinandersetzung mit der Abhängigkeit von Elternpersonen und anderen Erwachsenen verallgemeinert werden (vgl. Soiland 2016; Hartmann, A. 2020). Hier heißt es weiter, das Andere der Reproduktionsarbeit muss als ‚Gabe', die zwischen Autonomie und Angewiesenheit vermittelt und in eine Beziehung eingeht, symbolisch auf der Ebene des Gesellschaftlichen anerkannt, aber auch in einen kritischen Bezug zur darin liegenden Gefährdung, z. B. zu Verletzungen, Macht-Asymmetrien und Übergriffigkeit, gesetzt werden (Brückner 2011a).

Autonomie ist auch dadurch verwehrt, dass sie Machtprozessen ausgesetzt ist, die in die Individuen bis in die Sprache, in ihre Haltung, ihre Einstellungen, in Bildungs- und Lernprozesse, in den Alltag dringt (Foucault 1997). Dies wirkt gleich einem Naturgesetz, so wie es an die Verwertungsbedingungen des Kapitals und sein ‚abstract-worker-Modell' gebunden ist. Gleichzeitig bestimmt eine nun globalisierte männliche Dominanzkultur mit ihrer unkontrollierten Macht und ihrem Gewinnstreben (Transpatriarchie) über die Richtung gesellschaftlichen Wandels (Hearn 2012).

Die Feststellung, dass Frauen in der Tendenz einen besseren Zugang zu ihrem Selbst finden und darin Autonomie entwickeln können, wird mit ihrer Natur verknüpft. Der Frau sei damit die Erfahrung von Naturabhängigkeit und dem Eingeständnis der menschlichen Hilflosigkeit, die notwendig sind für die Entwicklung innerpersonaler Autonomie, näher und dadurch nach innen selbstsicherer als der zwanghaft nach außen agierende, außen Selbstsicherheit suchende, also externalisierte Mann. Historisch wurde Frauen allerdings mit der ihnen zugeschriebenen größeren Nähe zur Natur Autonomie gerade verweigert. Ein Ausdruck in kritischen Situationen wird dadurch verwehrt, dass man ihre Anliegen auf unterschiedliche Weise übergeht oder ihre Konflikte leugnet und entwertet.

Paula-Irene Villa (2017) kann zeigen, wie weibliche Natur für Frauen historisch immer zum Bezugspunkt von Widerständigkeit, aber auch zur Quelle von Verletzbarkeit und Leiden wurde. Gleichzeitig schlägt unter kapitalistischen Verwertungsbedingungen wissenschaftlich und medizinisch ermöglichter Fortschritt an Naturbeherrschung nicht unbedingt in Zerstörung um – wie Adorno umfassend kritisierte –, sondern muss in seiner Ambivalenz angeschaut werden. Dient die kosmetische Chirurgie einerseits der Einlösung weiblicher Schönheitsnormen, so kann sie anderseits das Leiden an körperlichem Makel lindern. Von Anforderungen der Verbesserung des Aussehens sind heute auch Männer betroffen. Tiefgreifender sind Wünsche der Geschlechterangleichung oder auch die Hilfe bei Unfruchtbarkeit und Kinderwunsch. Diese Möglichkeiten medizinischer Hilfe brechen sich an den Grenzen der Verfügbarkeit über eigenes und fremdes Leben. (Das Leiden an Zeugungsunfähigkeit gilt heute immer noch als Tabu. Einschränkungen männlicher Potenz sind gleichzeitig tabuisiert und dienen deshalb der Abwertung).

Der gesellschaftliche Ort Sozialer Arbeit und der sozialpolitische Hintergrund einer Sozialen Arbeit, die vor allem auf die Absicherung und Stärkung von Autonomie ausgerichtet ist, muss an der Frage ansetzen, unter welchen Bedingungen die Fähigkeit zu Fürsorglichkeit in gegenseitiger Verantwortung durch soziale Ungleichheit und Missbrauch von Macht verlorengeht. Hintergrundsicherheit, Zeit für respektvolle Offenheit und Konfrontation mit Widerständigkeit und Eigensinn muss mit den unterschiedlichen Stärken und Verwehrungen in den Geschlechterverhältnissen rechnen und sich darauf orientieren, dass das jeweils Unterdrückte, das schwer Sagbare zuerst Aufmerksamkeit erlangt, damit daraus Anknüpfungspunkte für politische und soziale Praxis werden können. Wie viel Zeit braucht eine Begegnung mit anderen im Alltag, in der Arbeit, in der Bildung, die schließlich auch ermöglicht „ohne Angst verschieden zu sein" (Adorno 2003, S. 116, zit. nach Becker-Schmidt 2017, S. 367)?

Lothar Böhnisch und Heide Funk

Zum Weiterlesen
Villa, Paula-Irene (2017): Autonomie und Verwundbarkeit. In: Lenz, Ilse/Evertz, Sabine/Ressel, Saida (Hrsg): Geschlecht im flexibilisierten Kapitalismus. Wiesbaden: Springer Fachmedien, S. 65–84
Gruen, Arno (1992): Der Verrat am Selbst. Die Angst vor Autonomie bei Mann und Frau. München: dtv
Hartmann, Anna (2020): Entsorgung der Sorge. Geschlechterverhältnis im Spätkapitalismus. Münster: Westfälisches Dampfboot

B Beratung

Beratung ist ein zentraler Handlungsansatz in sehr vielen Feldern der Sozialen Arbeit mit unterschiedlichsten Adressat*innen: als ‚Querschnittsmethode' im Rahmen regulierender, anleitender, versorgender oder unterstützender Leistungen ebenso wie in ausgewiesenen Beratungsstellen als eigenständige Methode (Sickendiek/Nestmann 2018; Kupfer 2015; zu Beratung allgemein: Nestmann/Engel/Sickendiek 2007; Nestmann/Engel/Sickendiek 2013). In der Sozialen Arbeit und Sozialpädagogik positioniert sich Beratung dabei angesichts sozialer Ungleichheit: Sie informiert Ratsuchende z. B. über ihre Ansprüche und Rechte, unterstützt sie dabei, (wieder) mehr Selbstbestimmung im eigenen Entscheiden und Handeln zu erlangen, ihre Rechte wahrzunehmen ebenso wie ihre persönlichen und sozialen Ressourcen in ihrer Lebenswelt erkennen zu können (Kupfer 2016; Kupfer 2020).

Beratung praktiziert dabei stets Geschlecht – so banal dies ist, sind doch zum facettenreichen Verhältnis von Beratung und Geschlecht(ern) in der Sozialen Arbeit folgende Aspekte hervorzuheben: Die Problemlagen, Anliegen und Bewältigungsmöglichkeiten von Ratsuchenden sind, mal offenkundig wie im Falle sexistischer Gewalt, mal schwächer, durch gesellschaftliche Geschlechterverhältnisse vorstrukturiert. Und auch die in Beratung erarbeiteten Klärungen, Lösungen oder weiterhelfenden Arrangements sind in Geschlecht eingebunden. Um geschlechterhierarchische Strukturen nicht einfach zu reproduzieren, erfordert Beratung ein genderreflexives (z. B. feministisches) Bearbeiten der Anliegen.

Das Feld Beratung ist, soziologisch betrachtet, in vielen Bereichen überwiegend ‚weiblich' in den Anteilen der Ratsuchenden, der Berater*innen und (sehr verkürzt gesagt) in der Nähe ihrer Kommunikationsweisen zu alltäglichen informellen Hilfeformen unter Frauen*. Bislang fehlt jedoch eine Geschlechtersoziologie der Beratung, die die Geschlechterverhältnisse und Genderkonstruktionen des Feldes insgesamt aufarbeitet.

Die heutigen Paradigmen der Diversität und des intersektionalen Verständnisses sozialer Ungleichheit resultieren wesentlich aus generellen feministischen Wissenschaftsdebatten (Sickendiek 2020). Sie speisen sich jedoch auch aus den Erfahrungen und Erkenntnissen der Frauen*beratung (feminist counselling; Enns 2012) und den rechtlichen und kulturellen Ungleichheiten, die in diesem Feld unter Adressat*innen und zwischen Berater*innen offenkundig wurden.

Mit Blick auf Sozialisation und gesellschaftliche Verhältnisse ist für Frauen* immer noch strukturelle Ungleichheit zu konstatieren. Geschlechterdifferenz im professionellen Kontext auszublenden, kann damit (unbemerkt) zur weiteren Diskriminierung von Frauen* führen. Beratung ist nur erfolgreich, wenn „neben den je individuellen Lebensgeschichten und Bedürfnissen der KlientInnen immer auch eine Anerkennung der unterschiedlichen sozialen Lebenswelten von Männern und Frauen und ihrer jeweiligen unterschiedlichen Deutungs- und Handlungsmuster geleistet wird" (Plößer 2012, S. 200).

Wissen über geschlechtsspezifische Sozialisation, Kenntnisse durch Geschlecht geprägter Problemlagen, Ressourcen und Handlungsstrategien sowie der Fokus auf Strukturen, die für Ratsuchende zu Diskriminierung und Einschränkung führen, sind zentrale Aspekte einer genderspezifischen Beratung (Kupfer 2019). Sie ermöglichen, Problemlagen nicht zu individualisieren, sondern durch Geschlechterordnungen bedingt und beeinflusst zu verstehen. Eben jenes Wissen kann jedoch zugleich Wirklichkeit (re-)produzieren und homogenisieren, Mehrfachzugehörigkeiten ausschließen oder gar ungleichheitsgenerierende Differenz ausblenden. „Die Konstitution eines politischen Subjekts ‚Frau' […] verführt zu Essenzialismus (= die Unterstellung von Weiblichkeit/Männlichkeit als Wesenskern von Personen) und stellt immer wieder her, was aufgehoben werden soll: Frau als Chiffre für Unterdrückung und Ungleichheit" (Großmaß 2010, S. 70). Es braucht dann vielmehr die Anerkennung des Nicht-Wissens, um Geschlechterwissen in Frage zu stellen und Deutungshorizonte zu erweitern. „Für die Beratungspraxis ergibt sich daraus die Notwendigkeit, die Grenzen des Verstehens und Anerkennens zu bedenken und das Gegenüber nicht auf ein vermeintliches „So-Sein" festzulegen" (Plößer 2012, S. 205). Genderorientierte Beratungspraxis braucht daher einen Differenzbezug, wo Benachteiligung, Diskriminierung und fehlender Ressourcenzugang anzusprechen sind, und Differenzkritik, wo Zugehörigkeit einengt, normiert und homogenisiert. Beide sind für eine reflexive Beratungspraxis notwendige, sich ergänzende machtkritische Perspektiven (ebd.; Kupfer 2019)

Frauen*beratung: Frauen*beratung bestimmt sich durch ihren feministisch-emanzipatorischen bzw. Geschlechterverhältnisse reflektierenden Anspruch, in ausgewiesenen Beratungsstellen für Frauen* und in Frauenhäusern, weiter gefasst auch z. B. in Angeboten für geflüchtete Frauen*, Arbeitsmigrant*innen, im beruflichen Coaching für Frauen* etc. Mit dem Begriff der Frauen*beratung verbinden sich sowohl ein konzeptioneller Zugang als auch ein inzwischen in der psychosozial-sozialarbeiterischen Versorgung gut etabliertes, aber oft unter prekären finanziellen Bedingungen funktionierendes Praxisfeld.

Zunächst zum konzeptionellen Ansatz: Beratung für Frauen* und mit einem emanzipatorischen Impetus zu entwerfen, ist – mit Vorläufern in der ersten Frauenbewegung – ein Ergebnis der zweiten Frauenbewegung ab Ende der 1960er Jahre in Nordamerika und Westeuropa. Die theoretische Grundlage der Frauenberatung bilden eine feministische Analyse von Geschlechterverhältnissen in Privatheit und Öffentlichkeit („Das Private ist politisch"), die Auseinandersetzung mit Männer*gewalt gegen Frauen* und mit Normen des Patriarchats in Familie, Politik und Gesellschaft. Traditionelle Ehe- und Familienberatungsstellen waren eher geprägt durch Vorstellungen patriarchaler Familie; sie trugen zum Teil wenig bei zu den aufkommenden Fragen nach Recht auf körperliche Unversehrtheit, sexuelle Selbstbestimmung, auf Schwangerschaftsabbruch oder nach Vereinbarkeit von Mutterschaft und Erwerbsarbeit. In Sozialarbeit und psychosozialer Versorgung sahen sich Klientinnen oft gemessen an Normalitätsstandards männlicher Verhaltensmuster und in ihrem Handeln und Empfinden pathologisiert. Und vor allem das Aufdecken von Gewalt gegen Frauen* und Mädchen* in Familie und Partnerschaft führte zusammen mit der Gründung von Frauenhäusern in den 1970er Jahren zum Aufbau erster explizit feministischer Anlaufstellen für Frauen*, zunächst oft in Selbsthilfe und ehrenamtlicher Arbeit. Mit der beginnenden Frauenforschung an Universitäten und einer Kritik an expert*innenorientierten Beratungshaltungen entstanden emanzipative Ansätze, die die Selbstbestimmung von Klientinnen in den Mittelpunkt rückten. Diese zeichnen sich bis heute z. B. durch klare Parteilichkeit für die Klientinnen und durch ein prononciertes Anerkennen der Expertinnenschaft von Frauen* für ihre eigene alltägliche Lebensführung aus.

Impulse aus der Frauenbewegung waren wichtige und oft unterschätzte Faktoren für die Entwicklung der psychosozialen Versorgung insgesamt und damit verbundener Sozialarbeit/Sozialpädagogik ab 1970 (Sickendiek 2020): Konzepte wie Parteilichkeit oder das Thematisieren von Machtstrukturen in der Beratung, aber auch der Blick auf Fremdheit und die Verschiedenheit von Frauen*, inzwischen als ‚diversity' und Differenz bzw. soziale Ungleichheit verhandelt (z. B. in sozialem Status und Bildung, Generation, natio-ethno-kultureller Zugehörigkeit, Hautfarbe, sexueller Orientierung), gehen wesentlich auf letztlich konstruktive Kontroversen in der Frauenberatung zurück. Und gerade aus dem Einsatz gegen Gewalt gegen Frauen* wurden und werden bis heute von Feministinnen immer wieder Themen ans Licht der Öffentlichkeit gebracht, die lange tabuisiert waren: anfangs vor allem Vergewaltigung in der Ehe, Missbrauch von Kindern in Familien, Frauenhandel und Zwangsprostitution, Armut von Frauen* im Alter oder der Missbrauch von Frauen* mit Behinderungen in Heimen. Ein relevanter Ansatz ist dabei u. a. die Hinwendung zu ‚akzeptierender Beratung' beispielsweise für Mädchen* und Frauen* mit Essstörungen, die diese wie im Falle der Anorexie ‚lifestyle-mäßig' begründen, für substanzabhängige Frauen*, die Drogen weiterhin konsumieren wollen, oder für Sexarbeiter*innen, die ihrem Beruf selbstbestimmt nachgehen möchten.

Männer*beratung: „Die Männerberatung ist eine vor dem Hintergrund geschlechtsspezifischer Differenzierung auf männliche Lebenslagen bezogene Kommunikationsform. Sie hat im weitesten Sinn das Ziel, Männer in unterschiedlichen Lebenslagen individuell zu unterstützen" (Gantert 2011, S. 275). Seit Mitte der 1990er Jahre tritt eine Männerberatungsforschung und -praxis auf den Plan, die mit der Frauen*beratung die Ansicht teilt, dass Geschlecht eine für Identität und (‚typisch männliche') Bewältigungsformen bedeutsame, strukturierende Kategorie ist (Plößer 2012). Dabei stehen vor allem Themen wie neue Männlichkeit, die (Um-)Gestaltung persönlicher Beziehungen, männliche Sexualität und die Sensibilisierung für ausgewogene individuelle, partnerschaftliche und familiale Rollen sowie Erziehungs- und Betreuungsaufgaben im Zentrum der Männer*beratung (Schigl 2012; Stecklina/Böhnisch 2007). Weitere Felder der Männer*beratung sind zudem immer wieder Gewalt(-prävention) und Suchthilfe (Stecklina/Böhnisch 2007; Schröder 2015).

Auch wenn es bislang nur wenige Versuche einer Theoretisierung männerspezifischer Beratungsansätze gibt (Schröder 2015), finden sich doch als zentrale Prinzipien vorrangig das Aufdecken ausgeblendeter, negierter Anteile männlicher Identität und das Berücksichtigen von Macht und Hierarchien in den Geschlechterverhältnissen wie auch den Beratungskontexten selbst (sowie die eigene Verstrickung in diese). Besonders relevant scheint zudem nach Böhnisch (2014) das ‚Zum-Sprechen-Bringen' der Beratungsklienten* mit dem Ziel, dass Rationalisierung, Abwertung und Gewalt als mögliche (‚männertypische') externalisierende Strategien überwunden und eigene Hilflosigkeit wie individuelle Bedürfnisse wahrgenommen werden können. Eng mit der Entwicklung männer*sensibler Beratung verbunden ist demzufolge die Neubestimmung von Männlichkeiten, aber auch die Auseinandersetzung mit sexueller Identität und gleichgeschlechtlichen Lebensformen (Gröning 2015a). Entwicklungspotenzial attestiert Schröder (2015) der Männer*(gewalt)beratung u. a. in noch großen Leerstellen hinsichtlich der empirischen Forschung zu Beratungsangeboten für Männer*.

Beratung im Kontext von Gender-Nonkonformität: Beratung mit „Lesbian, Gay, Bisexual, Transsexual, Queer and Intersexual" (LGBTQI) und anderen Menschen, deren Geschlechteridentitäten sich nicht in die heteronormative Zweigeschlechtlichkeit fügen, steht vor allem unter der Frage von Selbstbestimmungsrechten, individuellem und sozialem Empowerment und im gesellschaftlichen Raum für Anliegen, die sich auf die selbstgewählte und von Gewalt freie Lebensführung in privaten Beziehungen, Familie und Elternschaft oder Bildung und Beruf beziehen. Neben (obligatorischer medizinischer) Beratung bei körpermodifizierenden geschlechtsangleichenden Operationen leisten in ihrem Ursprung oft selbsthilfeorientierte Beratungsangebote Unterstützung für Adressat*innen auf dem Weg zu einer queeren bzw. nonkonformen Lebensführung (z. B. im Coming-Out in allen Lebensaltern). Beratung sieht sich hier wiederum auch in gesellschaftspolitischer Funktion und wirkt zurück auf wissenschaftliche Positionen in der Gender-Forschung. In der Beratung reicht das ‚nur offen sein' für nonkonforme Genderidentitäten laut Mazziotta & Zeller (2021) nicht aus, sondern Berater*innen sollten durchgängig selbstreflexiv mit einer ‚informiert-naiven' Haltung kommunizieren. Mit der konzeptionellen Forderung auf Nicht-Einordnung queerer oder nonkonformer Personen in noch so vielfältige LGBTQI-Kategorien verbindet z. B. Moon eine Radikalisierung von Beratung als Beitrag zur Selbstbestimmtheit und zum Widerstand gegen „normalised modes of being" (Moon 2008, S. 9) – eine Beratungsposition, die sich verallgemeinern lässt und nahtlos an in der Lebensweltorientierung geforderten Respekt vor der Eigenwilligkeit und Widerständigkeit von Klient*innen anschließt.

Letztlich lässt sich festhalten, dass genderorientierte Beratungspraxis einen intersektionalen Blick erfordert, der Ratsuchende und Helfer*innen nicht auf eine Kategorie, wie z. B. Geschlecht, festlegt, sondern mit dessen Hilfe auch gefragt wird, welche anderen Erfahrungen und Zugehörigkeiten (Rassismus-Erfahrungen, sexuelle Orientierung etc.) bedeutsam für ein Verstehen und Anerkennen der lebensweltlichen Positionen sind.

Annett Kupfer und Ursel Sickendiek

Zum Weiterlesen
Kupfer, Annett (2019): Geschlecht plus X – Eine intersektionale Perspektive auf professionelle Kompetenzen in Beratung. In: Verhaltenstherapie & psychosoziale Praxis. 51, H. 4, S. 789–804
Sickendiek, Ursel (2020): Feministische Beratung: Diversität und soziale Ungleichheit in Beratungstheorie und -praxis. Tübingen: dgvt
Williams, Elizabeth Nutt/Enns, Carolyn Zerbe (Hrsg.) (2012): The Oxford Handbook of Feminist Multicultural Counseling Psychology. Oxford Handbooks Online: www.oxfordhandbooks.com/view/10.1093/oxfordhb/9780199744220.001.0001/oxfordhb-9780199744220. DOI: 10.1093/oxfordhb/9780199744220.001.0001 (Abfrage: November 2012)

Beruf

Berufe etikettieren im Prozess gesellschaftlicher Arbeitsteilung spezifische Bündel von Wissen, Kompetenzen und Fertigkeiten. In diesem Sinne bezeichnen Beck/Brater/Daheim Berufe „als relativ tätigkeitsunabhängige, gleichwohl tätigkeitsbezogene Zusammensetzungen und Abgrenzungen von spezialisierten, standardisierten und institutionell fixierten Mustern von Arbeitskraft" (Beck et al. 1980, S. 20). Wurde der deutsche Berufsbegriff früher eher im Sinne von Berufung (vocation) gebraucht, wird er heute eher im Sinne einer Tätigkeitsbeschreibung verstanden (vgl. Sailmann 2018).

Die relative Unbestimmtheit solcher Etikettierungen bildet den Ausgangspunkt für soziale Konstrukte verschiedenster Art, die sich der Berufsmetaphorik bedienen: Berufe fungieren am Arbeitsmarkt und in den darauf bezogenen Qualifikationsprozessen

- als Code für die Etikettierung von Personen bzw. Tätigkeiten,
- als Referenzpunkt für berufsbezogene Institutionen und damit verbundene soziale Schließungsprozesse,
- als Referenz für die Zuschreibung bestimmter Eigenschaften und Wertigkeiten, die dann für Sozialisations- und Identitätskonstrukte genutzt werden und
- schließlich als Angelpunkt für gesellschaftliche Anerkennungs- und Entlohnungsordnungen.

Auf allen Ebenen werden diese Konstrukte auch für die Markierung und Legitimation von geschlechtsbezogenen Teilungsverhältnissen und sozialen Schließungen genutzt. So bildeten sich bereits in vormodernen Gesellschaften Tätigkeitsbereiche heraus, die als typisch männlich und weiblich begriffen wurden, später entstanden dann Frauen- und Männerberufe und darauf bezogene Ausbildungseinrichtungen. Es entwickelte sich eine horizontale Segregation mit eher weiblichen und eher männlichen Berufsfeldern: Frauen dominieren in den Dienstleistungsberufen. Dabei sind sie insbesondere in Sozial- und Gesundheitsberufen stark vertreten; in den Verkehrsberufen sind sie eher unterrepräsentiert. Die Männerdomäne liegt in den technischen und Fertigungsberufen, dabei fallen die Ernährungsberufe aus dem Rahmen; hier weist der Frauenanteil durchschnittliche Werte auf. Innerhalb dieser Berufsfelder ist wiederum eine vertikale Segregation zu verzeichnen, indem der Frauenanteil mit der höheren Stellung in der Hierarchie zurückgeht; auch die Entlohnung von Erwerbsarbeit weist geschlechtsspezifische Muster auf.

Berufe oder Berufsfelder sind ein Fixpunkt beruflicher bzw. akademischer Qualifizierungsprozesse. Die dabei erlangten Zertifikate werden dann zur Eintrittsvoraussetzung für bestimmte Segmente des Arbeitsmarktes. So wirken berufsspezifische Zertifikate als Zugangsvoraussetzung für den beruflichen und allgemeine Zertifikate als Voraussetzung für den betrieblichen Arbeitsmarkt, fehlende oder unterdurchschnittliche Zertifizierungen führen in den qualifikationsunspezifischen Markt. Insbesondere am beruflichen Teilarbeitsmarkt fungieren Berufe somit wie eine Währung, in der sich angebotene Qualifikationsprofile und nachgefragte Tätigkeitsanforderungen ausdrücken lassen. Voß konstatiert, dass Berufe „nach wie vor hochgradig eine immer noch reichlich starre Sozialstruktur [prägen], jetzt aber als Konsequenz eines öffentlich kontrollierten Funktions- und Statusverteilungssystems" (Voß 2018, S. 38). Umgekehrt ermöglichten der Ausbau von Bildungssystem bzw. Sozialstaat und die veränderten Qualifizierungs- bzw. Erwerbsstrategien von Männern und Frauen „für nicht wenige eine (mehr oder minder begrenzte) berufsbasierte soziale Mobilität und damit eine tendenzielle Demokratisierung des Berufssystems" (ebd.). Es gibt viele Hinweise darauf, dass die berufsbezogene Etikettierung von Qualifikationen und Tätigkeiten an Bedeutung verliert, indem außerberufliche Merkmale (Kompetenzen, Schlüsselqualifikationen) an Bedeutung gewinnen oder indem berufsübergreifende oder beruflich noch nicht codierte Qualifikationen eingefordert werden. Dennoch ist es nicht gerechtfertigt, von einem ‚Ende der Beruflichkeit' zu sprechen (vgl. Fürstenberg 2000; kritischer äußert sich Voß 2018).

Mit der Entwicklung beruflicher Spezialisierungen und mit darauf bezogenen Qualifikationsprozessen entstehen Institutionen, die Zugangsvoraussetzungen kontrollieren, die beruflich qualifizieren (z. B. Schulen der beruflichen Bildung, akademische Bildungseinrichtungen), die berufliche Zertifizierungen vornehmen, vorliegende Zertifikate anerkennen, Berufssystematiken entwickeln (z. B. Industrie- und Handelskammern, statistische Ämter) oder die die Interessen der beruflich Qualifizierten vertreten (Berufsverbände und Gewerkschaften). Damit werden soziale Differenzierungen und Geschlechterverhältnisse institutionell stabilisiert. Mit diesen Institutionen sind mögliche soziale Schließungen verknüpft; sie können formeller Art sein, indem Frauen der Zugang zu bestimmten Ausbildungsgängen oder Berufen verweigert wird, indem die schulischen und beruflichen Zertifikate von Menschen mit Migrationsgeschichte nicht anerkannt werden, indem ‚Berufsfremde' vom Zugang zu bestimmten Tätigkeiten ausgeschlossen werden. Sie können aber auch eher informellen Charakter haben, wenn bestimmte Berufsbilder oder Anforderungsprofile entwickelt werden, die sozial ausschließend wirken.

Abhängig von kulturellen Kontexten finden sich Etikettierungen von Tätigkeiten und Berufen als ehrenhaft oder unehrenhaft, als standesgemäß oder nicht standesgemäß, als rein oder unrein, als ehrlich oder unehrlich, als leicht oder schwer, als qualifiziert oder unqualifiziert und schließlich auch als männlich oder weiblich. Diese Zuschreibungen werden mitunter auch als Beschreibung der Personen genutzt, die diese Berufe ausüben; so gelten in sozialen Berufen Tätige als fürsorglich und empathisch (Fröschl 2001). Damit werden schließlich auch Wertigkeiten verbunden, in ihnen drückt sich Anerkennung oder Missachtung aus. Geschlechtsspezifische Etikettierungen von Berufen und Tätigkeiten haben eine lange Vorgeschichte und gehen zunächst auf Verhältnisse geschlechtsspezifischer Arbeitsteilung in vormodernen Gesellschaften zurück. So lässt sich beobachten, wie einzelne Berufsfelder als eher weiblich (z. B. haushaltsbezogene Dienstleistungen, Pflege) oder eher männlich (z. B. Bautätigkeiten) konnotiert werden bzw. wie sich innerhalb von Berufsfeldern Hierarchien herausbilden (z. B. innerhalb des Gesundheitswesens zwischen Hebammen und Ärzt*innen oder innerhalb der Sozialen Arbeit zwischen pädagogisch-beratenden und leitenden Tätigkeiten). Auf diesen Konstruktionen bauen schließlich auch Prozesse beruflicher Sozialisation auf, in denen neben den berufsspezifischen Qualifikationen auch die damit verbundenen Ethiken und Identitätskonstrukte eingeübt werden.

Schließlich drücken sich in Berufen oder Nicht-Berufen auch soziale Ordnungen aus. So wurden Hausarbeits-, Sorge- und Pflegetätigkeiten lange Zeit durch nicht-entlohnte und nicht-verberuflichte weibliche Arbeitskräfte erledigt; auch nach der partiellen Verberuflichung dieser Tätigkeiten spiegeln sich die bestehenden Anerkennungsordnungen im Rechtsstatus (illegaler Aufenthaltsstatus), in der Beschäftigungssicherheit (fehlende Sozialversicherung), der Qualifikation (unzureichende Durchsetzung qualifikatorischer Standards) und in der Entlohnung (unzureichender Schutz vor Dumping-Löhnen) der hier Beschäftigten wider.

Christoph Weischer

Zum Weiterlesen
Bereswill, Mechthild (2016): Hat Soziale Arbeit ein Geschlecht? Antworten von Mechthild Bereswill. Freiburg: Lambertus
Sailmann, Gerald (2018): Der Beruf. Eine Begriffsgeschichte. Bielefeld: transcript
Voß, G. Günter (2018): Beruf, in: Kopp, Johannes/Steinbach, Anja (Hrsg.): Grundbegriffe der Soziologie. Wiesbaden: Springer, S. 35–42

Berufsethik

Unter Berufsethik im Kontext der Sozialen Arbeit ist eine Ethik zu verstehen, die auf einen anerkennenden Umgang mit den Adressant*innen der Sozialen Arbeit im Namen von Menschenwürde und Social Justice abzielt. Sie intendiert zudem, der Diversität von Menschen und einer pluralen Gesellschaft gerecht zu werden und dies auch in sozialarbeiterischen Strukturen sichtbar zu machen. Ihre Grundlage ist der Ethikkodex der International Federation of Social Workers, IFSW, und der International Association of Schools of Social Work, IASSW, deren Mitgliedstaaten nahezu weltweit zu verorten sind. Ihm liegen Ethikquellen (z. B. philosophische Ethiken in der Antike, Moderne, Postmoderne, Gegenwart) und in Bezug auf Fragen nach dem Geschlecht (Gender/Queer) bzw. Geschlechterverhältnissen feministische Ethiken zugrunde. Diese Bezüge werden im Kodex selbst nicht genannt. Deshalb ist es wesentlich, die Aufforderungen im (inter-)nationalen Ethikkodex zu konkretisieren, um nach der sozialarbeiterischen Berufsethik in der Profession handeln zu können. Das geschieht beispielsweise in den Ausführungen des Deutschen Berufsverbands für Soziale Arbeit e. V. (DBSH), aber auch in sozialwissenschaftlichen und philosophischen Werken (z. B. Großmaß/Perko 2011).

Professionalität der Sozialen Arbeit durch die Berufsethik: Als oberste Prämisse der sozialarbeiterischen Berufsethik des Ethikkodex (IFSW/IASSW 2004, Abs. 2) wird Folgendes formuliert: „Grundlage Sozialer Arbeit sind die Prinzipien der Menschenrechte und Soziale Gerechtigkeit." In der englischen Version wird der Begriff Social Justice verwendet, der eine Gerechtigkeitstheorie bezeichnet, in der es um Verteilungs-, Anerkennungs-, Verwirklichungs- sowie Befähigungsgerechtigkeit geht und die sich von der Sozialen Gerechtigkeit im deutschsprachigen Raum sehr unterscheidet (vgl. Großmaß/Perko 2011). In Zusammenhang damit stehen die wesentlichen Aspekte der sozialbeiterischen Berufsethik: Bezogen auf Menschenrechte und Menschenwürde werden etwa Autonomie und Selbstbestimmung, Partizipation und Empowerment sowie systemische und ganzheitliche Behandlung von Personen genannt. Im Hinblick auf die Förderung von *Social Justice* sind Antidiskriminierung, Zurückweisung ungerechter Politik und Praktiken, Anerkennung von Diversity (Vielfalt, Unterschiedlichkeit von Menschen), Verteilungsgerechtigkeit und das Solidaritätsprinzip zentral. Unter der Rubrik des beruflichen Verhaltens stehen Vertrauen, Empathie und Care, Perspektivenwechsel sowie Verantwortung im Mittelpunkt (IFSW/IASSW 2004).

Inhaltliche Konkretisierung sozialarbeiterischer Berufsethik anhand von zwei Beispielen:

(1) Im Ethikkodex wird ausgeführt, dass Sozialarbeiter*innen die Pflicht haben, „negativer Diskriminierung" beispielsweise aufgrund des „sozialen bzw. biologischen Geschlechtes" entgegenzutreten (vgl. IFSW/IASSW 2004, Abs. 4/2/1). Die Begriffe Diskriminierung und Geschlecht werden nicht spezifiziert. Hier bietet das diskriminierungskritische Bildungskonzept „Social Justice und Diversity" (Czollek et al. 2019) eine gute Möglichkeit der Konkretisierung: Diversity wird im Zusammenhang mit „Struktureller Diskriminierung" als Ineinanderverwobenheit von individuellen, institutionellen und kulturellen Praxen der Diskriminierung beschrieben und die „Systemische Intersektionalität" im Kontext historischer und gegenwärtiger Diskriminierungsformen und der Diskriminierungsmatrix entwickelt (vgl. Czollek et al. 2019, S. 25 ff.). Für die genannte Aufforderung im Ethikkodex bedeutet das, nicht von einer „negativen" Diskriminierung zu sprechen, sondern den Begriff Diskriminierung mit seinen Charakteristika wie „der Anwendung von Gewalt, der Erzeu-

gung von Machtlosigkeit, der Durchsetzung hegemonialer Kulturvorstellungen, Praxen von Ausbeutung und Marginalisierung und […] anhand von Prozessen der Exklusion" (vgl. Czollek et al. 2019, S. 26 f.) stets als Negatives, eingebettet in Macht- und Herrschaftsverhältnisse, anzusehen. In diesem Konzept wird Geschlecht als Geschlechtervielfalt (Gender/Queer) beschrieben. Für Sozialarbeiter*innen wird damit deutlich, gegen welche Praxen von Diskriminierung sie sich einsetzen sollen: jene, die Lesben, Schwule, Transpersonen, Intergeschlechtliche Personen oder Frauen erfahren. Im Sinne der Systemischen Intersektionalität geht es darum, verschiedene Diskriminierungsformen in ihren je eigenen historischen und gegenwärtigen Erscheinungsformen und in ihrer Verwobenheit und wechselseitigen Verstärkung zu erkennen und dagegen zu handeln. Mit Rekurs auf die Ausführungen (vgl. Czollek et al. 2019) kann die sozialarbeiterische Berufsethik also dahingehend konkretisiert werden, sich gegen jede Form von Diskriminierung (und Extremismen) einsetzen zu sollen, denen Menschen aufgrund bestimmter Diversitätskategorien (wie Alter, soziale Herkunft, kulturelle Herkunft, Beeinträchtigung, Gender/Queer etc.) ausgesetzt sind, ohne Diskriminierungsformen bewertend zu hierarchisieren. Soziale Arbeit kann so zu einer diskriminierungskritischen Sozialen Arbeit werden (vgl. Perko 2017).

(2) Der Ethikkodex fordert zu einem anerkennenden Umgang mit den Adressant*innen der Sozialen Arbeit im Namen von Menschenwürde und Social Justice auf. Sie sollen mit Mitgefühl, Einfühlungsvermögen und Achtsamkeit behandelt werden (vgl. IFSW/IASSW 2004, Abs. 4/1, 4/2, 5/4). Die hier verwendeten Begriffe werden nicht spezifiziert. Sie basieren auf ethischen Prämissen und Reflexionskategorien wie Gerechtigkeit und Care. Social Justice etwa bezeichnet eine spezifische Gerechtigkeitsidee, in der es um die Verteilungs- und Anerkennungsgerechtigkeit in Anlehnung an Iris Marion Young (1990; 1996) und zugleich um die Verwirklichungs- und Befähigungsgerechtigkeit in Anlehnung an Martha M. Nussbaum (1999; 2010) geht (vgl. Czollek et al. 2019, S. 24 f., 192 ff.). Denken wir hier beispielsweise an obdachlose Frauen, mit denen wir in der Sozialen Arbeit arbeiten: Sozialarbeiter*innen sollen auf der individuell-professionellen Ebene anerkennend mit ihnen umgehen, sich aber gleichzeitig institutionell und gesellschaftlich dafür einsetzen, dass die vier Gerechtigkeitsprämissen realisiert werden. Die Care Ethik wiederum entwickelte sich ausgehend von Carol Gilligan (1984) als ein Teil der feministischen Ethik (vgl. u. a. klassische Literatur wie Pieper 1998; Conradi/Vosman 2016; Winker 2015), wobei der Begriff mit Fürsorge, Sorge, Achtsamkeit, Pflege, Empathie, Zuwendung etc. übersetzt wird. Im Zentrum steht die Care-Arbeit, die in den verschiedenen Bereichen überwiegend von Frauen geleistet wird und von der als einem Gender Care Gap gesprochen werden kann (vgl. BMFSFJ 2019c).

Entwickelte Methoden Sozialarbeiterischer Berufsethik: Die sozialarbeiterische Berufsethik basiert sowohl auf Gerechtigkeits- als auch auf Care-Prämissen. Für die Profession der Sozialen Arbeit wurden dazu Methoden entwickelt: z. B. Ethical Reasoning (vgl. Großmaß/Perko 2011, S. 33 ff.), die 8-Schritte-Methode (vgl. Perko 2018, S. 119 f.), die Diskriminierungskritische Beratung (vgl. Czollek 2018). Seit geraumer Zeit existieren auch gender-/queerspezifische Methoden für die Soziale Arbeit (vgl. Czollek/Perko/Weinbach 2009), die auf Ausführungen zu ethisch-politischen Dimensionen zu Queer basieren (Perko 2005). Ethik kann mit diesen Methoden in den verschiedenen Praxisbereichen der Sozialen Arbeit konkret angewendet werden. Dadurch kann den Aufforderungen des (inter-)nationalen Ethikkodex (IFSW/IASSW 2004) im Sinne einer Sozialen Arbeit als Menschenrechtsprofession (vgl. Staub-Bernasconi 2003), als Gerechtigkeitsprofession (vgl. Perko 2013) und als Profession einer Care-Arbeit (vgl. u. a. Wasner/Pankofer 2021) de facto nachgekommen werden.

Gegenwärtiger Rekurs auf die sozialarbeiterische Berufsethik: Im sozialwissenschaftlichen Diskurs existiert im Hinblick auf die im (inter-)nationalen Ethikkodex verankerte sozialarbeiterische Berufsethik eine Kontroverse, ob von einem politischen Mandat gesprochen werden kann (vgl. Staub-Bernasconi 2003; sie beschreibt es als Tripelmandat) oder nur von einem intern gegebenen Auftrag (vgl. u. a. Mühlum 2007). Diese Unterscheidung basiert auf unterschiedlichen Selbstverständnissen der Sozialen Arbeit. Geht es um ein politisches Mandat, dann bedeutet das, dass die Soziale Arbeit neben der ‚Hilfe zur Selbsthilfe' für Individuen und Gruppen explizit auch die Aufgabe hat, gesellschaftliche Missstände (wie z. B. Armut, Genderungerechtigkeiten) in den Blick zu nehmen und verändernd zu wirken. Ungeachtet dieser Kontroverse ist der Rekurs auf die Berufsethik als ein Indikator der professionellen Sozialen Arbeit zu sehen. Betont wird ihre Wichtigkeit gegenwärtig nicht zuletzt aufgrund der Gefahren vonseiten rechtsextremer Vereinigungen, die sich zunehmend in Praxisbereiche der Sozialen Arbeit (z. B. die Kinder- und Jugendarbeit) drängen, um ihre Ideologie zu verbreiten (vgl. u. a. Salzborn 2018, S. 125). In Bezug auf Gender/Queer ist ihre Wichtigkeit vor allem im Hinblick auf Strukturelle Diskriminierung wie Sexismus, Homo- und Transmiseoismus zu betonen, der Adressat*innen der Sozialen Arbeit häufig ausgesetzt sind. Eine professionelle Soziale Arbeit steht diesen Praxen berufsethisch entgegen, indem sie den (inter-)nationalen Ethikkodex und den darin implizierten Ethos als ethische Haltung ernst nimmt.

Gudrun Perko

Zum Weiterlesen
Höblich, Davina/Schulze, Heidrun/Mayer, Marion (Hrsg.) (2018): Macht – Diversität – Ethik in der Beratung: wie Beratung Gesellschaft macht. Berlin: Barbara Budrich
Großmaß, Ruth/Perko, Gudrun (2011): Ethik für soziale Berufe. Paderborn: Schöningh/UTB
Czollek, Leah Carola/Perko, Gudrun/Kaszner, Corinne/Czollek, Max (2019): Praxishandbuch Social Justice und Diversity. Theorien, Training, Methoden, Übungen. Weinheim, Basel: Beltz Juventa

Betreuung

Für psychisch, seelisch, geistig oder körperlich unterstützungsbedürftige Menschen, die nicht mehr allein in der Lage sind, ihre Interessen wahrzunehmen, gibt es seit dem 1.1.1992 das Institut der gesetzlichen Betreuung. Der Begriff ‚Betreuung' ist dabei etwas irreführend, weil Betreuung an sich ein weites Spektrum, z. B. auch die unmittelbare körperliche Pflege, bezeichnet. Das Betreuungsrecht handelt jedoch nur von einer bestimmten Art von Betreuung, nämlich der rechtlichen Betreuung, die seit der Abschaffung der Entmündigung am 1. Januar 1992 an die Stelle der Vormundschaft über Volljährige und der Gebrechlichkeitspflegschaft getreten ist. Durch die Umbenennung wollte der Gesetzgeber erreichen, dass der Rechtsverkehr die neuen Akzente in den Vorschriften sofort erkennt. Erwachsene Menschen sollen eben schon sprachlich nicht „bevormundet", sondern sie sollen, soweit erforderlich, unterstützt und begleitet, eben „betreut" werden (Bundestags-Drucksache 11/4528, S. 114). Besonders glücklich ist diese Wortwahl allerdings nicht. Denn erstens ist es nicht völlig zu vermeiden, dass der*die Betreuer*in Entscheidungen gegen den Willen der*des Betreuten oder über ihren*seinen Kopf hinweg trifft. Zweitens führt die Bezeichnung ‚Betreuung' im Alltag zu zahllosen Verwechslungen mit ‚Betreuer*innen' ganz anderer Art (vgl. Fröschle 2019, S. 23).

Genderaspekte werden im Kontext der gesetzlichen Betreuung weder auf Seiten der zu Betreuenden noch der Betreuer*innen explizit thematisiert.

Die gesetzliche Betreuung gilt für vermögensrechtliche Angelegenheiten aller Art ebenso wie für persönliche Dinge, die Aufenthaltsbestimmung oder die Krankenversorgung. Ein*e Betreuer*in wird nur für die Aufgabenkreise bestellt, in denen jeweils die Betreuung erforderlich ist. Der Erforderlichkeitsgrundsatz ergibt sich aus der Umsetzung der Regelungen im Grundgesetz, insbesondere in Art.1 Abs. 1, Art.2 Abs. 1 und Art.3 Abs. 3 Satz 2 GG (vgl. Seitz 2003, S. 37).

Die Bestellung einer Person als Betreuer*in erfolgt entweder auf Wunsch der*des Hilfebedürftigen selbst oder von Amts wegen auf Anregung etwa des Arztes*der Ärztin, von Angehörigen und Nachbar*innen. Hier besteht auch die Möglichkeit, eine Geschlechtspräferenz zu äußern. Meist wird vor der Betreuer*innenbestellung durch das Gericht ein ärztliches Gutachten eingeholt, um die individuelle Hilfebedürftigkeit festzustellen (vgl. Pardey 2009, S. 69).

Um eine persönlich geführte Betreuung auch für diejenigen Menschen zu sichern, die nicht auf Angehörige oder Freund*innen als Betreuer*in zurückgreifen können, hat das Gesetz den Vorrang von Einzelpersonen vor Vereinen und Behörden detailliert geregelt. So wurden in 47,2 Prozent der Betreuungsfälle Berufsbetreuer*innen und in den restlichen 52,8 Prozent ehrenamtliche Betreuer*innen bestellt. Letztere waren zu 91,7 Prozent Familienangehörige und zu 8,3 Prozent andere Personen (BMJV 2018, S. 61).

Die Bezeichnung als „gesetzlicher Betreuer" – im BGB werden die Begriffe grundsätzlich nicht gegendert – bzw. der „Angehörigen" oder „Ehrenamtler" als Betreuer*innen verdeckt die Tatsache, dass diese in der Mehrzahl weiblich sind.

Bei den Berufsbetreuer*innen sind 59 Prozent weiblich (Bundesministerium für Justiz und Verbraucherschutz 2018, S. 61), bei den ehrenamtlich Betreuenden sind 65 Prozent derjenigen, die ihre Angehörigen betreuen, und 58 Prozent der sonstigen Betreuenden weiblich (ebd., S. 115). Hier tritt hinzu, dass der zeitliche Aufwand in der gesetzlichen Betreuung durch Angehörige im Durchschnitt um 1,6 Stunden höher liegt als bei Fremdbetreuungen.

Anders sieht es auf Seiten der zu Betreuenden aus. Mehr als 1.200.000 Menschen haben eine*n vom Gericht bestellte*n Betreuer*in (vgl. Fröschle 2019, S. 24), davon sind 55 Prozent männlich und nur 45 Prozent weiblich (BMJV 2018, S. 68).

Die weiblichen Betreuerinnen betreuen danach überwiegend Männer – 66 Prozent ihrer Betreuungsfälle gegenüber 34 Prozent Frauen – und männliche Betreuer betreuen überwiegend Frauen – 54 Prozent zu 46 Prozent Männer (ebd., S. 68). Allerdings gibt es keinerlei Hinweise auf weitere Untersuchungen hierzu.

Betreuungsrecht ist Teil des Familienrechts als ein familienrechtliches Fürsorgeverhältnis. Das Verhältnis zwischen dem*der gesetzlichen Betreuer*in und dem*der Betreuten ist privatrechtlicher Natur und in den §§ 1896 ff. des BGB geregelt. Die Befugnisse zur gesetzlichen Vertretung werden dem*der Betreuer*in aber staatlich verliehen (vgl. Fröschle 2009, S. 18). Die Normen über rechtliche Hilfen für Menschen mit geistiger und seelischer Behinderung sowie für psychisch Kranke waren im Kern zunächst noch sehr patriarchalischen Ideen verhaftet. Geändert wurde das erst mit dem Betreuungsgesetz von 1992, das auf ein partnerschaftlich angelegtes Hilfesystem orientiert, um das alte Herrschaftsmodell zu ersetzen.

Das alte Recht war an der Gleichstellung hilfebedürftiger Volljähriger mit Minderjährigen ausgerichtet. Inhaltlich und terminologisch wurden die gesetzlichen Vertretungen gleich behandelt. Davon hat sich das Betreuungsrecht vom Anspruch her gelöst. § 1908 BGB zeigt aber mit seinen zahlreichen Verweisungen auf das Minderjährigenrecht, dass das nur teilweise gelungen ist (vgl. Pardey 2009, S. 13). Dies ist auch Anlass dafür, die Regelungen für Vormundschaft und Betreuung gegenwärtig erneut zu diskutieren.

Die ursprüngliche Reform des Betreuungsrechts war Ausdruck eines fundamentalen Wandels im Verständnis der Rechtsfürsorge für unterstützungsbedürftige Menschen. Damit wurde das Vormundschaftsrecht als das letzte seit Beginn des Jahrhunderts nahezu unverändert geltende Rechtsgebiet des Bürgerlichen Gesetzbuches endlich in Übereinstimmung mit dem Grundgesetz gebracht (vgl. Zenz 2003, S. 31).

Der Selbstbestimmung wird höchstmöglicher Vorrang eingeräumt: Die Lebensgestaltung nach eigenen Wünschen und Vorstellungen ist ausdrücklich als Element „Wohl des Betreuten" benannt (§ 1901 Abs. 2 BGB). Das schließt auch den Anspruch ein, das Leben nach den eigenen geschlechtlichen Vorstellungen und der sexuellen Orientierung zu gestalten. Kontakte zur Besprechung wichtiger Entscheidungen wurden explizit zur Pflicht der*des Betreuers*in gemacht (§ 1901 Abs. 3 BGB), damit die Vorstellungen und Lebensumstände erkennbar werden können, die Vertretung ‚wohlverstandener Interessen' erst möglich machen. Aus dem vormundschaftlichen Verwaltungsverhältnis sollte also die betreuungsrechtliche Sozialbeziehung werden. Dabei geht es um die Verwirklichung der Autonomie der zu Betreuenden. Deren Wünsche und Vorstellungen sollen maßgebliche Handlungslinien bilden. Das verlangt im Übrigen auch die UN Behindertenrechtskonvention. Nach deren Art. 12 Abs. 2 soll es nicht um „ersetzende", sondern um „assistierte" Entscheidungen der Betroffenen gehen, wobei diese eigene Präferenzen haben können (vgl. Fröschle 2019, S. 60).

Eingriffe in Grundrechte sind nur aufgrund gesetzlicher Regelung und in bestimmten Fällen nur mit richterlicher Genehmigung zulässig, d. h. für schwerwiegende ärztliche Maßnahmen, für Sterilisation, für Freiheit entziehende Unterbringung (in all ihren mechanischen und chemischen Formen), aber auch für die Kündigung der (Miet-)Wohnung wurden Voraussetzungen und Verfahren einschließlich der richterlichen Genehmigung genau geregelt (§§ 1904–1907 BGB).

Regelungen zur Betreuer*innenstellung, die insbesondere dem*der persönlich Betroffenen rechtliches Gehör sichern – durch Anhörung in ihrer*seiner eigenen Umgebung, erforderlichenfalls auch mit Hilfe eines*r Verfahrenspflegers*in – gehören zur rechtsstaatlichen Modernisierung des Verfahrensrechts.

Soll Betreuung gegen den Willen der*des Betroffenen eingerichtet werden, muss festgestellt werden können, dass sie*er zur freien Willensbestimmung außerstande ist (§ 1896 Abs. 1a BGB), der Widerstand gegen die Betreuung also nur ihrem*seinem natürlichen, nicht seinem freien Willen entspricht (Fröschle 2009, S. 21). Soweit Betroffene über die Erteilung von Vollmachten, insbesondere auch Vorsorgevollmachten oder Patient*innenverfügungen – Bestimmungen für den Fall erforderlicher Vertretung durch Dritte – getroffen haben, ist für die Bestellung einer*s Betreuers*in kein Raum mehr. Dabei spielt neben dem Selbstbestimmungsaspekt auch die Kostenfrage eine Rolle. Bestellte Berufsbetreuer*innen werden bei mittellosen Betroffenen aus der Justizkasse bezahlt. Insoweit stellt sich gesetzliche Betreuung auch als eine Sozialleistung dar.

Da insbesondere aufgrund der demografischen Entwicklung die Zahl an alten und hochaltrigen Menschen, die krankheitsbedingt der gesetzlichen Betreuung bedürfen, gestiegen ist, steigen auch die Kosten im Bereich der Betreuung. Durch eigene ‚Vorsorge', insbesondere Bevollmächtigung von Verwandten oder Freunden, die allenfalls eine Aufwandsentschädigung erhalten, wird eine vergütungspflichtige Berufsbetreuer*innenbestellung entbehrlich. Hieraus ergibt sich, dass sehr häufig Angehörige zu Betreuer*innen bestellt werden, insbesondere dann, wenn Betroffene aufgrund körperlicher Leiden ohnedies von ihnen umfassend betreut und versorgt werden. Aus dieser ‚Allzuständigkeit' ergibt sich ein hoher Handlungsdruck, unter dem vergleichbar der körperlichen und seelischen Versorgung auch im Bereich der gesetzlichen Betreuung vor allem die weiblichen Angehörigen stehen. Gleichzeitig besitzen die betreuenden Angehörigen häufig keine ausreichenden fachlichen Informationen über die Eigenart und Probleme der Krankheit, über Behandlungsmethoden und Gesetzesinhalte, wie sie den versierten Berufsbetreuer*innen bekannt sind (vgl. Maaßen 2003, S. 155).

Insbesondere auch in der juristischen Kommentarliteratur wird die Frage der Selbstbestimmung der zu Betreuenden vor allem unter dem Spannungsverhältnis von Wohl und Wünschen dieser betrachtet. Unter Genderaspekten ist gesetzliche Betreuung bisher explizit weder auf Seiten der zu Betreuenden noch der Betreuer*innen, insbesondere auch der Berufsbetreuer*innen, betrachtet worden.

Christina Niedermeier

Zum Weiterlesen
Fröschle, Tobias (2019): Studienbuch Betreuungsrecht. Rechtliche Grundlagen, Fälle mit Lösungen. Köln: Bundesanzeiger
BMJV (Bundesministerium für Justiz und Verbraucherschutz) (2018): Qualität in der rechtlichen Betreuung. Abschlussbericht. Berlin: Bundesanzeiger
Pardy, Karl- Dieter (2009): Betreuungs- und Unterbringungsrecht. Baden-Baden: Nomos

Betroffenenorientierung

Der aus der Neuen Frauenbewegung kollektiv ‚besetzte' Begriff der Betroffenheit wurde neben den Prinzipien der Ganzheitlichkeit und der Parteilichkeit zum organisierenden Arbeitsprinzip einer sich basisdemokratisch verstehenden feministischen Praxis. Die Bewusstwerdung gemeinsamer Betroffenheit von (strukturell begründeter) gesellschaftlicher und individueller Gewalt verband sich mit strategischen Überlegungen gesellschaftlicher Demokratisierung sowie der Kritik an den patriarchalischen Gesellschaftsstrukturen. Diese breit angelegte Initiativbewegung gewann eine neue qualitative Fundierung und gesellschaftliche Legitimierung durch die Arena der neuen sozialpolitischen Diskurse. In den 1980er Jahren entstand im Kontext der Frauenbewegung eine breite und sich zunehmend differenzierende Praxislandschaft neuer innovativer sozialer Projekte, die Frauen als Mitbetroffene – jenseits kultureller, sozioökonomischer wie ethnischer Differenzen, im Sinne einer universalistischen Perspektive – adressierten bzw. ansprachen: Frauenprojekte als selbstorganisierte autonome Praxis von und für Frauen realisierte sich zuerst in Frauenzentren und Frauenhäusern, in Projekten der Erwachsenenbildung und Selbsthilfe-Projekten. Im selben Zeitraum entstanden neue institutionskritische Reflexionen zum Betroffenenstatus psychiatrisierter Menschen, diese neue Bewegung fand ihre theoretische Verortung im anti-psychiatrischen Diskurs und den vielfältigen Praxisfeldern der Deinstitutionalisierung psychiatrischer Versorgung. Der Behindertenstatus wurde radikal neu definiert, die „Krüppelbewegung" hatte starke emanzipatorische Elemente der Selbstermächtigung jenseits stereotypisierter Geschlechterkonstruktionen.

Der methodische Anspruch der Betroffenenorientierung bestand vor allem darin, Räume zu öffnen, in denen gesellschaftlich bisher nicht zugängliche, die Selbstintegration überfordernde Erlebnisse und Verhältnisse im interaktiven Dialog neu geordnet werden konnten. In der Ermöglichung alternativer Erfahrungen – in der geteilten Aufhebung „tabuisierter Begrenzungserfahrungen" (vgl. u. a. Bitzan/Daigler 2004), sollten eigenständige Aneignungsprozesse gestützt werden mit dem Ziel größerer Entscheidungsfreiheit und Wiedererlangung erweiterter Handlungsfähigkeit. Dies lässt sich besonders prägnant für junge Mädchen in der Jugendhilfe in der weiteren Entwicklung spezifischer Angebote entlang der Konzeptionen für die neuen Einrichtungen der Mädchenzuflucht nachzeichnen (siehe Dresdener Konzeption, Funk/Möller/Lenz 2000). Es wurde dabei auf vielschichtige, kulturell überformte Gewalterfahrungen und Abhängigkeiten, gesellschaftlich produzierte Hilflosigkeit und das Angewiesen-Sein auf die Unterstützung anderer verwiesen. Durch eine politisch motivierte Sensibilisierung für Prozesse der Fremdbestimmung sollten Quellen der Selbsthilfe erschlossen werden. Entgegen den ubiquitär wirkenden stigmatisierenden wie pathologisierenden Definitionsprozessen gesellschaftlicher Institutionen sollten autonome teilöffentliche Räume für neue identitäre Verortungsprozesse entstehen. Innerhalb dieser Ansätze ist die hohe fachliche Anforderung der gemeinsamen Dechiffrierung biografischer Grenzerfahrungen bei der Zurücknahme der Expert*innenposition zum Qualitätsmerkmal einer sich feministisch verstehenden Sozialen Arbeit geworden. Insofern wurde das alte Prinzip der Fürsorge in ihrer Doppelfunktion von Hilfe und Kontrolle und in ihrer verdeckten Funktion der Reproduktion geschlechtshierarchischer Arrangements radikal neu gedacht und erprobt.

Das Konzept der Betroffenheit – in seiner aufdeckenden Funktion – impliziert das Bewusstsein des Niederschlags gesellschaftlicher Zwänge im Subjekt und umfasst so die gesellschaftlich politischen und kulturellen Dimensionen des individuellen Leidens. Es hat in diesem Sinne eine anthropologisch-theoretische Dimension und knüpft an den diversen marxistisch orientierten bis psychoanalytisch reflektierten Entfremdungskonzepten an (Gruen 2005). Der in den Anfängen auf einen verallgemeinerten Opfer-Status fokussierte theoretische Diskurs in der Frauenforschung erlebte unterschiedliche Transformationen in der theoretischen Reflexion geschlechtshierarchischer Verhältnisse und ist in einer neuen komplexen theoretischen Positionierung der Betroffenen (Intersektionalität, Diversität) aufgegangen.

Der in der Betroffenenorientierung enthaltene Paradigmenwechsel der 1980er und 1990er Jahre lässt sich in einer Formel explizieren: vom Opfer hin zum gestaltenden Subjekt im sich dialektisch aufschließenden Verständnis inter- und intrasubjektiver Prozesse des Doing Gender. Der Fokus auf genderspezifische Bewältigungsmuster der Betroffenen hat neue anspruchsvolle Optionen für professionelle Begleitung eröffnet.

Zentrale organisierende Konzepte der Genderforschung haben innovative methodologische Zugänge gefördert und entlang spezifischer Praxisfelder einen enormen Professionalisierungsschub initiiert. Die feministische Praxisforschung, verstanden als co-produktiver Prozess von Praktikerinnen und Betroffenen (Bitzan 2008b), hat wesentlich dazu beigetragen.

Die strukturellen Ambiguitäten der Individualisierung von Frauen und Männern eröffnen den Blick auf widersprüchliche Anforderungsdimensionen auch im Leben von Männern. Im Zusammenhang zwischen äußerer Vergesellschaftung und innerem Ausgesetztsein des Selbst entstehen spezifische Formen weiblicher und männlicher Bedürftigkeiten (Frauenfortbildungsgruppe Tübingen 1995; Böhnisch/Funk 2002). Die methodologische Umsetzung akzentuiert die Aufdeckung der Dimensionen von Interessenkonflikten, die häufig nur im Kontext von Geschlechterhierarchien zu verstehen sind (Bitzan 1998).

Im Verlauf der Institutionalisierung frauenspezifischer Praxis wurde das Prinzip der Betroffenenorientierung teilweise zugunsten eines höheren Professionalisierungsgrades der aktiven Projektfrauen aufgegeben. Der Kampf um öffentliche Mittel mit der Ambivalenz neuer Abhängigkeiten von der öffentlichen Hand, die aufgezwungene Planungsunsicherheit mit den Einbußen an personalen Ressourcen und die qualitativ veränderte Anforderung an Vernetzungsarbeit mit den lokalen Partnern bringen Einschränkungen mit sich, die nicht immer öffentlich wirksam thematisiert werden können. Im Alltag sozialer Mädchen- und Frauenprojekte, aber auch der Jungen- und Männerprojekte gerät der Anspruch an Betroffenenorientierung an seine Grenzen; gleichzeitig wachsen neue fachliche Standards zur Begleitung der ‚Nutzer*innen'. Strukturelle Machtgefälle verlangen nach komplexeren analytischen Zugängen sowie flexibilisierten Begleitarrangements; institutionelle Umwelten müssen co-produktiv erschlossen werden. In dieser Dynamik der involvierten sozialarbeiterischen Systeme lässt sich der neu formulierte Anspruch der Intersektionalität verorten.

Biografisierung als neue Anforderung moderner Subjekte ist zwar dem Konzept der Betroffenenorientierung immanent, aber durch aktuelle gesellschaftliche Spaltungen und strukturell sozialstaatlich kaum abgefederte Marginalisierungsprozesse werden hilfreiche Begleitprozesse durch institutionelle und lebensweltliche Begrenzungen destabilisiert bis verunmöglicht. Die gesellschaftlichen globalen Umbrüche und neuen Dynamiken kapitalistisch orientierter Steuerungssysteme haben eine gesellschaftliche Spaltung immens vorangetrieben. Der neoliberale gesellschaftlich organisierte Überbau schlägt sich in den institutionellen Praktiken sozialer Systeme nieder. Die strukturell und kulturell generierte, institutionell organisierte Diskriminierung von Menschen in prekären und psycho-sozial sehr unsicheren Verhältnissen hat durch innere Leitbilder und Fokussierung auf Effizienz und Agency-Modelle neuen Aufwind bekommen. Die Verdinglichung sozialen Handelns im Umkreis von Institutionen hat zugenommen. Diese Doppelgesichtigkeit sozialer Systeme in der ideologischen Überhöhung des Einzelnen in seiner ‚Autonomie' wie der institutionellen Umklammerung lebensweltlicher biografischer Gestaltungsräume wird erneut kaschiert durch Anrufungen an das Subjekt als sich selbst steuernde Monade.

Es wird deutlich, dass eine Betroffenenorientierung in der Sozialen Arbeit unter den heutigen gesellschaftlichen Prämissen der Ökonomisierung aller Lebenssphären (siehe der ‚abstract worker' Brückner/Böhnisch 2001) eines parteilichen professionellen Habitus bedarf, welcher sozialpolitische Wachsamkeit und Risikobereitschaft in der Veröffentlichung alternativer guter Praxis zeitigt und Begrenzungen entgegen dem allgemeinen Trend offensiv thematisiert. Die theoretische Reflexion über den ‚Eigensinn' in Verbindung mit dem Theorem des geschlechtshierarchischen Verdeckungszusammenhangs bietet eine begriffsoffene Verortung zur weitergehenden Differenzierung, will man die komplexen, widersprüchlichen und widerständigen Momente einer Praxis erfassen, die sich der Enthierarchisierung sozialer Hilfsprozesse verschrieben hat (Brückner/Böhnisch 2001).

Betroffenheitsorientierung muss sich heute von neuem politisch in den Fachöffentlichkeiten positionieren. Betroffene haben in der aktuellen gesellschaftlichen Dynamik der Entgrenzung und des Ausschlusses keinen gesetzlichen wie kollektiv gesicherten Stand zur Reformulierung ihrer Anliegen im Sinne legitimierter Ansprüche auf Partizipation und Wiedergutmachung. Im Gegenteil: Sie werden vereinnahmt durch Diskurse und institutionelle Anforderungen, die ihre essentiellen Anliegen und Bedürfnisse nach Anerkennung und gesellschaftlicher wie sozialer Einbindung verleugnen. Monika Salzbrunn (2014) beschreibt den neuen Drive von Gender Mainstreaming zu Diversity Mainstreaming und macht aufmerksam auf die Gefahr einer neuartigen Euphemisierung ursprünglicher Probleme (Sexismus plus Diskriminierung) und analysiert eine neue Tendenz, das Paradigma der Diversität als „Präservativ der Republik" (Salzbrunn 2014) zu nutzen, mit dem Effekt der Ausblendung des strukturellen Charakters der Diskriminierungen.

Betroffenenorientierung wird zunehmend zu einem politisch umkämpften Feld hegemonialer und gegenhegemonialer Bestrebungen. Die neue Kolonisierung subjektiver Erfahrungen in der kulturellen und politischen Sphäre lässt die Bühne sehr ungeschützt. Die Hoffnung, emanzipatorische, feministische Ansätze ließen sich in institutionellen Arrangements verankern, ist schon lange desavouiert und die alternativen feministisch organisierten autonomen Projekte sind in eine unsichere ideologische und finanzielle Dynamik geraten. Es wird zum Teil als unprofessionell tituliert, wenn Fachkräfte sich parteilich für die Belange Betroffener engagieren wollen. Die eingebaute ‚Mitwirkungspflicht' wird in institutionellen Hilfeverläufen schnell funktionalisiert zur Disziplinierung widerständiger Anliegen, so in Jugendhilfeverfahren oder in den institutionsinternen Regulierungen von Jobcentern, die berechtigte Anliegen im Dschungel der Anträge verschwinden lassen.

Die allgemeine Dethematisierung sozialer Probleme und die Reproduktion genderspezifischer Übergangenheiten erzeugen besondere Überforderungen in der Begleitung der ‚Betroffenen'. Es entsteht eine neue Form des Leidens an der professionellen Front, ein Symptom des Burnout als Betroffenheit engagierter Frauen und Männer: Trotz erfolgreicher Praxis und gesellschaftlicher Akzeptanz fehlt die kulturelle, institutionelle und fachöffentliche Einbettung betroffenenorientierter Arbeit. Der aktuelle Trend in der Sozialen Arbeit, Hilfsprozesse abstrakter Effizienzkontrolle zu unterziehen, professionell gestützte Subjektivierungsprozesse der Klient*innen abstrakten Steuerungsideologien zu opfern, könnte einen Prozess in Gang setzen, der im Gegenzug dem Prinzip der Betroffenenorientierung in Praxis und Forschung neue Aktualität verleiht. Dabei sollten Suchbewegungen im Spezifischen bis im Intersektionellen nicht dazu verführen, den Feminismus in seiner universellen Kraft bis zur Unkenntlichkeit zu schwächen.

Dominique Arnaud

Zum Weiterlesen
Bitzan, Maria (1998): Konfliktorientierung und Verständigung als methodische Basiselemente feministischer Forschung. In: Tübinger Institut für frauenpolitische Sozialforschung e. V. (Bitzan, Maria/Funk, Heide/Stauber, Barbara): Den Wechsel im Blick – Methodische Ansichten feministischer Sozialforschung. Pfaffenweiler: Centaurus, S. 176–197
Brückner, Margrit/Böhnisch, Lothar (Hrsg.) (2001): Geschlechterverhältnisse. Gesellschaftliche Konstruktionen und Perspektiven ihrer Veränderung. Weinheim, München: Juventa
Bitzan, Maria/Daigler, Claudia (Hrsg.) (2004): Eigensinn und Einmischung. Einführung in Grundlagen und Perspektiven parteilicher Mädchenarbeit. 2. Auflage. Weinheim: Juventa

Bildung

Der Begriff Bildung wird in einer doppelten Ausrichtung verwendet: Zum einen meint er die, überwiegend mit (berufs-)schulischen Institutionen verbundene, ‚verzweckte' Bildung, zum anderen die auf Philosophen der Aufklärung – Immanuel Kant, Jean-Jaques Rousseau – zurückgehenden Ideen der Selbstbildung, der Selbstreflexivität und der Entwicklung eines Bezuges zur Gesellschaft. Letztere bedürfen als lebenslange Prozesse entsprechender Lernorte biografischer Reflexions-, Erfahrungs- und sozialer Beziehungsmöglichkeiten. Diese begründen den Bildungsbezug der Sozialen Arbeit wie auch geschlechterreflektierende und geschlechterkritisch-queere Konzepte, in deren Mittelpunkt die Beförderung von widerständigen, nicht-eindeutigen, nicht-hierarchisierenden Subjekten und sozialen Verhältnissen stehen (vgl. Hartmann/Messerschmidt/Thon 2017, S. 21 ff.). Geschlechterreflektierende und geschlechterkritisch-queere Konzepte gelten hierbei als eng miteinander verwobene Analyseperspektiven.

Geschlechterreflexive Bildung bietet (im Gegensatz zur technologischen, arbeitsmarktlichen Verwertbarkeit von Bildung im Kontext von Geschlechterkompetenzen) einen Rahmen der Aufklärung, Bearbeitung und Bewältigung der durch die gesellschaftlichen Geschlechterverhältnisse induzierten Problematiken (vgl. z. B. Kubandt 2016; Cremer et al. 1992; Faulstich-Wieland 2009; de Sotelo 2000; Venth 2010). Geschlechterreflexivität von Bildung kann demnach nicht auf schulische Leistungen von Mädchen und Jungen reduziert werden (vgl. Bundesjugendkuratorium 2009). Vielmehr handelt es sich um ein ganzheitliches Konzept, das Mädchen und Jungen, Frauen und Männer als Expert*innen des eigenen Lebens in den Mittelpunkt stellt, sie zum selbstbestimmten Umgang mit Geschlechterrollen über die gesamte Lebensspanne von der Kindheit an bis in das hohe Alter ermutigt, begleitet und unterstützt. Während mit einer geschlechterreflexiven Perspektive entsprechende Bildungskonzepte und Bildungspraxen insbesondere seit der neuen Frauenbewegung als Kritik von asymmetrischen Geschlechterverhältnissen gekennzeichnet werden können, gelten einerseits Geschlechtsneutralität in Schule, außerschulischer Bildung und Erwachsenen- bzw. Weiterbildung bis in die heutige Zeit als inhärente Programmatik (vgl. Böhnisch/Funk 2002, S. 324; Bütow/Munsch 2017, S. 12 ff.; Bütow 2021). Andererseits haben Konzepte von Diversity, Intersektionalität und Queer Studies dazu geführt, Gender in seinen macht- und hegemoniebezogenen Hervorbringungsbedingungen in Bildungskontexten zu diskutieren, diese zu kritisieren und so mögliche Perspektiven ihrer Überwindung (neu) zu denken. Als Bildungskontexte zählen dabei nicht nur Schule und weitere (Aus-)Bildungseinrichtungen, sondern verstärkt seit Beginn der 2000er Jahre auch körper-leibbezogene und digitale Sozialräume (vgl. z. B. Bütow 2013; Bütow/Schär 2019; Flaake 2019; Kirchhoff/Zander 2018; Micos-Loos/Plößer 2020; Offen 2017). In diesen Prozessen stehen auch geschlechterreflexive Ansätze in der Sozialen Arbeit auf dem Prüfstand (vgl. Faulstich-Wieland 2016; Kagerbauer/Bergold-Caldwell 2017; Klinger/Kagerbauer 2013; Offen 2010; Rieske 2020; Wagner/Schulze 2017).

Die Geschlechterreflexivität von Bildung kann als historischer, idealtypischer Prozess in dieser doppelten Ausrichtung von Mädchen- und Jungenbildung im

Spannungsfeld von Gleichheit und Differenz sowie von Geschlechtshomogenität und Koedukation rekonstruiert werden, der im Kontext neuerer Debatten zum „Unbehagen" gegenüber Gender bzw. Geschlecht als „Zu-Ordnung" (vgl. Maurer 2019a, S. 141) kritische Ergänzungen erfuhr. Von den Frauenbewegungen, der reflexiven Praxis von Frauen- und Mädchenarbeit und der genderreflexiven Jugendarbeit (Glücks/Ottemeier-Glücks 1994; Schweighofer-Brauer 2010) gehen Impulse auf die Entwicklung der zeitlich versetzten Jungenarbeit aus. Männerbildung bleibt im Gegensatz zur Frauenbildung bis in die Gegenwart eher marginal und diskursiv (Böhnisch/Funk 2002; Faulstich-Wieland 2009; Nuissl 2009; Schiersmann 1993). Mit der Zuwendung zur frühkindlichen Bildung gewinnen hingegen genderbezogene Ansätze in der Kleinkindpädagogik aktuell an Bedeutung (vgl. z. B. Kubandt 2016; Noack-Napoles 2017).

Gemeinhin gelten die Theoretiker der Pädagogik (Fröbel, Pestalozzi) und die Einführung der Schule seit dem 18. Jahrhundert als Ausgangspunkt der Bildungsdebatten, in denen von Anbeginn das Geschlecht implizit oder explizit eine zentrale Rolle spielte (Kleinau/Opitz 1996). Dies waren zum einen geschlechterbezogene und nach Geschlecht getrennte Bildungsziele und -institutionen, welche dem bürgerlich-patriarchalen Familien- und Lebensmodell entsprachen. Zum anderen gab es immer auch Bestrebungen von zuerst bürgerlichen, später dann proletarischen Frauen dagegen. Diese können aus historischer Sicht als Vorläufer einer geschlechterreflexiven Bildung ausgemacht werden, wie sie im Zeitraum von Mitte des 19. bis Mitte des 20. Jahrhunderts zu finden waren. Frauen der ersten (bürgerlichen) Frauenbewegung schufen auf der Grundlage des Konzepts der ‚geistigen Mütterlichkeit' (Jacobi 1990) Frei- und Entwicklungsräume der Bildung, Ausbildung und beruflichen Tätigkeit für Mädchen und junge Frauen, die bis dato lediglich auf Ehe und Familie festgelegt waren (Doff 2004). Etwas später, aber immer parallel dazu, wurden unter dem Einfluss der Arbeiterbewegung koedukative Ansätze realisiert, die Geschlechterdifferenzen negierten (Giesecke 1981, S. 50 ff.). An diese wurde nach dem Krieg in der DDR angeknüpft, während sich in der BRD Jugendarbeit unreflektiert als Jungenarbeit entwickelte (Bütow 2010; Klees/Marburger/Schumacher 1992, S. 11 f.).

Im Hinblick auf Jungen sind Ende des 19., Anfang des 20. Jahrhunderts Entwicklungen in der Wandervogel-Bewegung als Form der bürgerlichen Emanzipation vom patriarchalischen Vater bedeutsam (vgl. Blüher 1919, zit. nach Giesecke 1981, S. 31 ff.). Dethematisiert blieben hingegen geschlechtshierarchische Arbeitsteilung und männliche Rollen (vgl. Böhnisch 2008). Ein zur Frauenbewegung analoges Konzept der ‚geistigen Väterlichkeit' wurde als ‚unmännlich' abgetan und anstelle dessen das der ‚Ritterlichkeit des Sozialarbeiters' postuliert (Nohl 1927, S. 78). Andere Entwicklungen zeigten sich in der proletarischen Jugendbewegung, wo ‚Jungenkult' und Geschlechtertrennung obsolet waren (Giesecke 1981, S. 50).

Die Debatte über und die Praxis von Koedukation in den 1960er und folgenden Jahren galt lange als Fortschritt, während weibliche Benachteiligungen ausgeblendet wurden und tradierte Geschlechtermodelle und Kompetenzen inhärente Programmatik von Bildung blieben (Klees/Marburger/Schumacher 1992, S. 12 f.). Erst in Folge der neuen Frauenbewegung sowie der Entwicklungen in der feministischen Mädchenarbeit und der Jungenarbeit seit den 1980er Jahren wurde Koedukation (vgl. z. B. Faulstich-Wieland 1987) im erziehungswissenschaftlichen Kontext geschlechterreflexiv institutionalisiert (feministische Sozialarbeit).

Aktuell bestimmen Konzepte von ‚Diversity' und Intersektionalität sowie queere Perspektiven die Debatten um geschlechterreflexive bzw. geschlechterkritische Bildung (Pech 2014; Voigt-Kehlenbeck 2008; Wagner/Schulze 2017): Mädchen- und Jungenarbeit müssen sich einerseits mit anderen genderreflexiven, gendersensiblen und genderkritischen Ansätzen gegenüber diversitätsbewussten Ausrichtungen in der Sozialen Arbeit positionieren, zum anderen ihre jeweiligen Alleinstellungsmerkmale und Kooperationsmöglichkeiten ausloten. Zugleich gilt es, sich mit Essentialisierungs- und Naturalisierungsversuchen sowie heteronormativ und Gender vereindeutigenden Implikationen in gendersensiblen Konzepten auseinanderzusetzen (vgl. Busche/Cremers 2009; Maurer 2019a). Auch Arbeitsansätze des ‚cross over' (vgl. Jantz 2012; Wallner 2008) werden in ihren Chancen und Risiken diskutiert. Ähnliche Entwicklungen lassen sich im Hinblick auf Gender-Konzepte in der (berufs-)schulischen Bildung ausmachen (vgl. z. B. Budde/Debus/Krüger 2011; Faulstich-Wieland et al. 2004; Prengel 2006; Prengel 2008).

In schulischen Kontexten werden gegenwärtig Ansätze einer ‚Pädagogik der Vielfalt' (Prengel) sowie der ‚reflektierten Koedukation' (Faulstich-Wieland) unter dem Aspekt von Chancengleichheit und Geschlechterdemokratie debattiert (Schule). Zudem hat sich die Pädagogik mit den ihr immanenten Machtlogiken auseinandergesetzt: Bildung sei als Macht zu begreifen, die spezifische Formen von Subjektivierung hervorbringe und demnach soziale Ungleichheitsstrukturen und Differenzen verstärke, statt diese abzubauen. Folglich müsse Pädagogik (selbst-)kritisch die ihr eigenen Mechanismen von subtiler Heteronormativität und anderen hegemonialen Exklusionsmustern reflektieren (vgl. Kleinau 2020). Es gehe daher darum, diskursive Räume von Kritik und Widerstand zur Verfügung zu stellen, diese zu ermöglichen, also die Bildung von Subjekten mit der Förderung ihrer Widerständigkeit zu verknüpfen. Die Frage der Bildung muss dabei konsequent mit der Kritik der sozialen Bedingungen und Ordnungen verknüpft werden (Hartmann/Messerschmidt/Thon 2017, S. 20 ff.).

Geschlechterreflexivität hat in der Erwachsenenbildung bzw. beim Konzept des ‚Lebenslangen Lernens' gegenwärtig einen nur sehr marginalen Stellenwert (vgl. Arnold et al. 2010; Faulstich-Wieland 2009; Tippelt/Hippel 2009;

Venth 2006). Überwiegend gibt es Angebote für Frauen und Männer, die ähnlich wie Mädchen- und Jungenarbeit an den Stärken ansetzen. Zum anderen finden sich geschlechtsspezifische kompensatorische Angebote für die Förderung beruflicher und individueller Kompetenzen. Nur wenige allerdings fokussieren die Geschlechterdemokratie im Rahmen von reflexiver Koedukation. In spezifischen Kontexten von LGBTIQ$^+$-Szenen oder in körperleibbezogenen Selbsterfahrungsangeboten können heteronormativitäts- und andere machtkritische Ansätze ausgemacht werden (vgl. z. B. Jergus 2019; Wuttig/Wolf 2019). Überwiegend sind hingegen geschlechterneutrale Ansätze in der Praxis zu finden. Nach wie vor aktuell ist die Implikation der ökonomischen Verwertung des sogenannten weiblichen Bildungskapitals in Anbetracht des demografischen Wandels bedeutsam (vgl. Ortner 2007).

Birgit Bütow

Zum Weiterlesen
Bütow, Birgit/Munsch, Chantal (Hrsg.) (2017): Soziale Arbeit und Geschlecht. Herausforderungen jenseits von Universalisierung und Essentialisierung. 2. korrigierte Auflage. Münster: Westfälisches Dampfboot
Hartmann, Jutta/Messerschmidt, Astrid/Thon, Christine (Hrsg.) (2017): Jahrbuch Frauen- und Geschlechterforschung in der Erziehungswissenschaft: Queertheoretische Perspektiven auf Bildung – Pädagogische Kritik der Heteronormativität. Opladen, Berlin, Toronto: Barbara Budrich
Voigt-Kehlenbeck, Corinna (2008): Flankieren und Begleiten. Geschlechterreflexive Perspektiven in einer diversitätsbewussten Sozialarbeit. Wiesbaden: VS

Biografie

Biografie ist eine theoretische Konzeption, die inzwischen in die unterschiedlichsten Fachdisziplinen – wie z. B. die Soziologie, die Erziehungswissenschaft, die Psychologie, die Geschichtswissenschaft, die Literaturwissenschaft, die Ethnologie und auch die Soziale Arbeit – Eingang gefunden hat. Der Fokus, unter dem Biografie in den Blick kommt, unterscheidet sich je nach disziplinärem Interesse, ist ausgesprochen heterogen und hat jeweils eigene Forschungstraditionen ausgebildet.

Bei aller Verschiedenheit besteht die zentrale Gemeinsamkeit darin, Biografie nicht nur als Ausdruck individuellen Lebens, sondern als „soziales Konstrukt" (Fischer/Kohli 1987) zu verstehen. Das heißt, in Biografien ist immer Allgemeines und Spezielles enthalten. Über die Rekonstruktion von Biografien, wie dies in der Biografieforschung geschieht, kann somit „Gesellschaft in der Konkretheit der Erfahrung" (Fischer-Rosenthal 2000, S. 29) erfasst werden. In der Biografie wird das ‚So-Geworden-Sein' eines Menschen in der komplexen Wechselwirkung zwischen gesellschaftlichen Prozessen auf der einen und den individuellen Verarbeitungsmustern auf der anderen Seite erfasst. Dies ist ein dynamischer Prozess, der sich über die gesamte Lebensspanne erstreckt und in dem die Biograf*innen nicht nur einseitig auf gesellschaftliche, historische, soziale oder kollektivgeschichtliche Ereignisse reagieren, sondern diese ihrerseits mitgestalten und verändern. Mit dem Begriff Biografie kommt daher nicht ein statischer Zustand in den Blick, sondern vielmehr der Prozess der Entwicklung und Veränderung persönlicher Identitätskonstruktionen im Wechselspiel mit gesellschaftlichen Konstellationen.

Geschlecht ist dafür ein gutes Beispiel, denn es durchdringt unsere gesamte Biografie. Sowohl das biologische Geschlecht (sex) wie auch das soziale Geschlecht mit seiner gesellschaftlichen Konstruiertheit (gender) spielen für die individuelle Biografieentwicklung über den gesamten Lebensverlauf eine zentrale Rolle. Im ‚kulturellen System der Zweigeschlechtlichkeit' (Hagemann-White 1984) haben die meisten Menschen ein deutliches Bild dessen, was ‚Mann' und ‚Frau' jeweils symbolisch vertreten sollen. In jeder uns bekannten menschlichen Gesellschaft wird das Geschlechterverhältnis durch Vorschriften und Bräuche reguliert, die sich im Verlauf der Biografie in der lebenslangen Interaktion des Individuums mit seiner Umwelt bis hinein in die Psyche manifestieren. Bereits die frühkindliche Biografie – inklusive der Zeit während der Schwangerschaft der Mutter – gestaltet sich dabei für Kinder je nach zugeschriebenem Geschlecht (männlich/weiblich) meist so unterschiedlich, dass sich als Ergebnis in der Regel in den ersten drei Jahren eine differente, vorerst eindeutig geschlechtsgebundene Identität herausbildet. Die den Geschlechtern zugewiesenen unterschiedlichen ‚Lebenswelten' existieren zudem – entsprechend dem Konzept der Biografie – nicht nur als strukturelle Lebensbedingungen, sondern müssen subjektiv angeeignet und jeweils individuell geschaffen werden.

Auf diese Weise entwickelt sich die Geschlechtsidentität – als ‚geronnene Biografie' – in dem Bewusstsein, ein männliches oder weibliches Individuum zu sein (Bilden 2001), als ein Ergebnis eines komplexen Zusammenwirkens von biologischen, sozialen und individuellen Faktoren, eines komplexen Entwicklungsprozesses der Wahrnehmung und Verarbeitung der Geschlechterdifferenzierung in der sozialen Umwelt. Wesentliche Strukturelemente dieser Geschlechterdifferenzierung sind die gesellschaftliche Arbeitsteilung zwischen Frauen und Männern, die Trennung in Öffentlichkeit und Privatsphäre und die damit verbundene ungleiche Macht- und Ressourcenverteilung sowie Heteronormativität.

Die Auseinandersetzung mit dem rascher werdenden gesellschaftlichen Wandel zwingt Individuen jedoch heutzutage immer mehr zu Individualisierungsprozessen und zur biografischen Selbstgestaltung (Bilden 1998). Die überwiegende Anzahl aller Menschen kann und muss ihre Selbstkonzepte inzwischen mehrmals im Leben verändern. Geschlechtsidentitäten können daher nicht mehr als etwas Eindeutiges, Geradliniges und Widerspruchsfreies begriffen werden: „Sie müssen neu gedacht werden: kontingent, fluid, nur zeitweise fixiert" (Bilden 2001, S. 137), insbesondere seitdem Themen rund um sexuelle und geschlechtliche Vielfalt immer stärker thematisiert werden und damit neue Räume entstehen, in denen (Geschlechts)Identitäten binäre Geschlechterlogiken durchbrechen. Bis ins hohe Alter bleibt Geschlechtsidentität also beweglich und veränderbar und ist zudem weder als etwas Eindeutiges und Widerspruchsfreies zu begreifen noch von weiteren komplexen soziopsychischen Dominanzverhältnissen im intersektionalen Gefüge zu trennen. Zugleich müssen daher geschlechtsdifferenzierende Konstruktionen auch immer im Zusammenhang mit anderen intersektional verschränkten Dimensionen wie Alter, Behinderung, Ethnizität und soziale Herkunft gedacht werden.

Aus dieser Perspektive sind nicht nur Weiblichkeit und Männlichkeit der Individuen Produkte ständiger Konstruktionsprozesse, sondern auch die Geschlechterverhältnisse insgesamt (West/Zimmermann 1987). Biografische Erfahrungen, die immer zugleich geschlechtsbezogene und gesellschaftsbezogene Erfahrungen sind, lagern sich als Erinnerungen in so genannten „Erfahrungsaufschichtungen" (Schütze 1984, S. 79) in Biografien ab. Diese biografischen Erfahrungsaufschichtungen können über biografisches Erzählen, aber auch über autobiografisches Schreiben rekapituliert – und damit rekonstruiert – werden. Interaktion für Interaktion werden so das Weltbild und die Modelle von sich selbst und anderen rekonstruiert, wird das „Bezugssystem jeweils um Nuancen erweitert" (Finke 2004, S. 4). In diesem Sinne ist Biografie ein wichtiges theoretisches Konzept auch in der Sozialen Arbeit, vor dem kulturell und gesellschaftlich beeinflusste Selbstaneignungsprozesse in ständiger „aktiver Auseinandersetzung mit der [...] Umwelt" (Hurrelmann/Ulich 1998, S. 4) transparent und nachvollziehbar werden.

Die Produktivität dieses Konzepts zeigt sich auch daran, dass sich innerhalb der Sozialen Arbeit inzwischen Biografiearbeit als eigenständige Methode entwickelt hat (Miethe 2017). Unter Biografiearbeit wird eine „strukturierte Form der Selbstreflexion in einem professionellen Setting, in dem an und mit der Biografie gearbeitet wird" (Miethe 2017, S. 24) verstanden. In die Biografiearbeit sind ganz unterschiedliche Traditionen eingegangen. Eine wesentliche Wurzel stellt die Biografieforschung dar, aus der vor allem das Wissen um die unterschiedliche Qualität von Textsorten (Argumentationen, Erzählungen) und der Ansatz narrativen Erzählens übernommen wurden. Aus dieser Tradition heraus hat sich die in der Kinder- und Jugendhilfe zum Einsatz kommende „dialogische Biografiearbeit" (Rätz-Heinisch/Köttig 2010) entwickelt. Aber es haben auch Anregungen aus der psychosozialen Arbeit und Psychotherapie sowie aus der Kunst- und Literaturwissenschaft Eingang gefunden. Insbesondere aus der Geschichtswissenschaft kamen wesentliche Impulse, indem dort der Ansatz der Oral History – die mündliche Geschichte – entwickelt wurde. Ziel der Oral History war es, die Geschichte der ‚kleinen Leute' zu erfassen, die ihren Niederschlag entweder gar nicht in schriftlichen Quellen findet oder aber nur aus der Perspektive der Obrigkeit dargestellt wird. Die Oral History wurde sehr schnell auch von der Frauenbewegung aufgegriffen, indem darauf hingewiesen wurde, dass gerade weibliche Lebenswelten (z. B. Haushalt, Familie, Kinder, Schule) ihren Niederschlag nicht in offiziellen Dokumenten finden und somit der Nachwelt und der Geschichtsschreibung verloren gehen. Neben dem Bewahren solcher Lebenserfahrungen ging es immer auch um Identitätsbildungsprozesse von Frauen, indem diese auch ein Bewusstsein davon entwickeln sollten, dass sie durchaus etwas Wichtiges zu erzählen haben und ihr Leben damit auch wichtig ist (vgl. Kuhn 1985). Dieser Ansatz wurde in der Biografiearbeit in Form von Erzählcafés (vgl. Miethe 2017, S. 105 ff.) aufgegriffen und weiterentwickelt. Aber es sind auch spezifische Methoden aus der Frauenforschung, wie die der „kollektiven Erinnerungsarbeit" (Haug 1990), in die Biografiearbeit eingegangen.

Biografiearbeit findet heute in vielen Arbeitsfeldern der Sozialen Arbeit Anwendung, u. a. in Erwachsenen- und Altenbildung, Kinder- und Jugendhilfe, Schule, Stadtteilarbeit, Arbeit mit Migrant*innen und geflüchteten Menschen, mit beeinträchtigten Menschen, in verschiedenen Beratungs- und Begleitungssettings und der Frauen- und Geschlechterbildung. In all diesen Handlungsfeldern der Biografiearbeit spielt die Auseinandersetzung mit der eigenen Geschlechtlichkeit eine zentrale Rolle (z. B. Wer bin ich? Wie ordne ich mich geschlechtlich zu? Passen die von außen auferlegten Zuschreibungen zu meinem Geschlechtsempfinden? Wie und warum performe ich mein geschlechtliches Auftreten?) und muss zugleich auch immer in ihrer intersektionalen Verschränkung mit anderen Dimensionen (z. B. Klasse, ethnische Zugehörigkeit, Gesundheit) gedacht werden. Methodisch wird dafür auf eine breite Palette zurückgegriffen wie beispielsweise Lebensbücher, Erzählcafés, Genogrammanalyse und unterschiedlichste künstlerische Ansätze.

Silke Birgitta Gahleitner und Ingrid Miethe

Zum Weiterlesen
Griesehop, Hedwig Rosa/Rätz, Regina/Völter, Bettina (2012): Biografische Einzelfallhilfe. Methoden und Arbeitstechniken. Reihe: Studienmodule Soziale Arbeit. Weinheim: Juventa
Lutz, Helma/Schiebel, Martina/Tuider, Elisabeth (2019): Handbuch Biographieforschung. Reihe: Research. 2., korrigierte Auflage. Wiesbaden: Springer VS
Miethe, Ingrid (2017): Biografiearbeit. Lehr- und Handbuch für Studium und Praxis. Reihe: Grundlagentexte Methoden. 3., durchgesehene Auflage. Weinheim: Beltz Juventa

Biografie- und Erinnerungsarbeit

Erinnerungsarbeit ist eine biografische Methode der Frauenforschung, die von Frigga Haug im Zuge der Frauenbewegung der 1970er Jahre entwickelt und eingesetzt wurde. Bei der Untersuchung der Gewordenheit sozialer Weiblichkeit unter dem Aspekt der Suche nach einer Geschichte der Frauen und der damit einhergehenden Problematisierung des Ausschlusses von Frauen aus der Geschichtsschreibung (vgl. Penkwitt 2006, S. 3) forderte Haug einen historischen Zugang zur „Erinnerungsgeschichte als Weg zum Heute" (Haug 1990, S. 61). Dieser wird unter Zuhilfenahme autobiografischer Erinnerungen von Frauen geschaffen, die nach Haugs Auffassung sowohl auf sprachlicher Ebene als auch im Berufs- und Gesellschaftsleben bisher kaum vorkamen (ebd., S. 76). Haug erforschte damit kritisch das Zusammenspiel individueller Verarbeitungsweisen von Frauen unter Berücksichtigung herrschender gesellschaftlicher Bedingungen.

Biografie- und Erinnerungsarbeit ist eine Fortsetzung und Erweiterung der Erinnerungsarbeit der Frauenbewegung und damit per se gendersensibel. Sie sieht Gender als ein Produkt kultureller Erinnerung und Traditionsbildung, als identitätsstiftendes Element und als einen Teil der biografischen Konstruktion (vgl. Penkwitt 2006, S. 1).

„Erinnern bezeichnet das mentale Wiedererleben früherer Erlebnisse und Erfahrungen eines Menschen. Erinnerungen sind eine starke Quelle biografischer Ressourcen. Sie sind multimedial und enthalten bildhafte Elemente, Szenen, Geräusche und Klangfarben, oft auch Gerüche und vor allem Emotionen" (Stangel 2021). Erinnern ist ein aktiver und performativer Prozess, in dem es seinen Gegenstand ständig neu konstituiert, inszeniert, reinszeniert und modifiziert (vgl. Penkwitt 2006, S. 3).

Der Begriff Biografie geht auf *bios* (griechisch: das Leben) und *graphein* (griechisch: (be)schreiben) zurück und bedeutet „Lebensbeschreibung" (vgl. Dausien 2000, S. 365). Unter Biografie wird die (re-)konstruierte, gedeutete und reflektierte Darstellung einer Lebenserinnerung verstanden (vgl. Ricker 2000, S. 317), die nur fragmentarisch und situativ zu beschreiben und zu begreifen ist (vgl. Ruhe 2012, S. 134). Biografie wird nicht als Abbild oder Ausdruck einer individuellen ‚Identität', sondern als kulturelles Muster der Selbstthematisierung und Identitätskonstruktion begriffen.

Biografie kann unter einer Produkt- und einer Prozessperspektive als Resultat kollektiver und individueller Aktivität und als Modus und Prozess der Konstruktion sozialer Realität untersucht werden (vgl. Dausien 2000, S. 101). Biografie ist also nicht a priori existent, sie wird vielmehr in einem sozialen Prozess hergestellt, immer wieder neu zusammengesetzt und interpretiert (vgl. Morgenstern 2013, S. 7). Hervorgegangen aus dem Prozess des Gewordenseins liegt die Funktion der biografischen Konstruktion in der Sicherung der individuellen Handlungsfähigkeit und der persönlichen Identität (vgl. Ricker 2000, S. 56) mit den drei zentralen Fragen an die Ich-Identität: Wer bin ich? Woher komme ich? Und wie bin ich so geworden, wie ich jetzt bin? Und mit dem Blick auf die Frage: Wer will ich sein?

Als konzeptionell angeleitete Erforschung der individuellen Weiterentwicklung der Identität innerhalb der eigenen Lebensgeschichte in einer heterogenen Gruppe umfasst sie die kognitiv- und emotional-kritische Auseinandersetzung mit biografischen Themen unter Berücksichtigung der eigenen weiblichen, männlichen oder diversen Geschlechteridentität und Geschlechterrolle von der Geburt bis zur Gegenwart im historischen Kontext. Sie fördert damit die Reflexion und Sensibilisierung tradierter geschlechterspezifischer Verhaltensweisen und Geschlechterrollen. Die angeleitete Reflexion und konstruktive Aufarbeitung (vgl. Hölzle 2011, S. 34) der Vergangenheit dient dazu, Gegenwart zu verstehen und Zukunft zu gestalten:

Welche Hindernisse galt es zu überwinden? Mit welchen Strategien wurde ihnen begegnet? Welche Spielräume bestanden innerhalb der Ursprungsstruktur? Welche Kompromisse mussten eingegangen werden und aus welchen Ressourcen heraus war das eigene Handeln begrenzt oder motiviert?

Dabei treten die Widersprüche zwischen der gelebten Wirklichkeit einerseits und den Wünschen und inneren Ansprüchen andererseits offen zu Tage, welche dann für eine Neuorientierung wirksam werden können. Statt fremdbestimmt zu reagieren (vgl. Roer/Mauer-Hein 2004, S. 52 f.), nimmt die Person sich selbst und andere als vielfältig und zugleich widersprüchlich wahr (vgl. Gudjons et al. 1994, S. 35). Sie lernt, die eigene Lebensgegenwart als die logische Folge der gelebten Vergangenheit zu verstehen.

Biografie- und Erinnerungsarbeit fordert besonders Frauen auf, sich aus der eigenen Biografie heraus nicht mehr als Opfer zu definieren. Indem sie die ohnmächtigen Anteile der Selbstdeutung neben sichtbar werdenden aktiven Anteilen in den jeweiligen Kontexten sehen können, beginnen sie ihr Leben aus den eigenen Wünschen und Bedürfnissen heraus in die Hand zu nehmen. Dies betrifft auch Menschen mit diverser Geschlechteridentität.

Biografie- und Erinnerungsarbeit weckt persönliche Ressourcen, aktiviert die im Laufe des Lebens erworbenen Fähigkeiten und Fertigkeiten und motiviert zur Entwicklung neuer Handlungsstrategien und -kompetenzen (vgl. Hölzle/Jansen 2011, S. 17).

Dabei geht es um die Wahrnehmung von Situationen, in denen trotz Benachteiligung aufgrund des Geschlechtes, der Hautfarbe oder Ursprungskultur die Person aktiv und erfolgreich ihr Leben in schwierigen Phasen gemeistert hat. Als defizitär oder problematisch erlebte Brüche, Widersprüche oder Scheitern werden mit dem Ziel einer Versöhnung und positiven Transformation mit einer neuen Perspektive betrachtet. Die historische Frauenforschung hat somit eine Pionier*innenrolle (nicht nur) für diese Grundform der Biografie- und Erinnerungsarbeit, die sich als besonders geeignetes Mittel der Bearbeitung von individuellen, biografischen Folgen gesellschaftlicher Ausgrenzungen erwiesen hat.

Biografie- und Erinnerungsarbeit ist Selbstbildung auf der Basis der eigenen Lebensgeschichte und erfordert von den Teilnehmenden ein hohes Maß an Selbstreflexion und die Bereitschaft zu Offenheit und Flexibilität sowie die Sicherung eines stabilen Rahmens.

Für eine fachkompetente Moderation ist eine stetige praktische Auseinandersetzung mit den eigenen biografischen Themen unter Berücksichtigung der eigenen Geschlechterverortung im Hinblick auf Selbstwahrnehmung und Selbstwertgefühl unverzichtbar (vgl. Dausien 2005, S. 10). So lassen sich die biografischen Themen und kulturellen sowie historischen Hintergründe der Teilnehmenden erfassen und verstehen.

Biografie- und Erinnerungsarbeit bedarf eines breit angelegten methodischen Instrumentariums. Narration als mündliche und schriftliche Erzählung (vgl. Duden 2021) ist die Grundform menschlicher Kommunikation und Hauptmethode der Biografiearbeit. „Erst in der historischen Frauenforschung wurde diese vor allem von Frauen gepflegte mündliche Erzählform als ein wichtiges Medium und historisches Zeugnis insbesondere für eine Frauenkultur und für vergessene, historisch wirksame Frauenwerte und -normen betrachtet" (Kuhn 2004, S. 311). Dabei stellt sich der*die Erzählende einem Gegenüber mit sprachlichen Mitteln. Diese sprachliche Umsetzung verlangt von der Person eine kognitive und emotionale Verarbeitung, gibt der Geschichte eine Struktur und macht sie für den*die Erzählende*n und das zuhörende Gegenüber nachvollziehbar. Im Erzählen und im Austausch werden die Widersprüchlichkeiten zwischen gelebter Wirklichkeit, den Wünschen und inneren Ansprüchen deutlich. Das schafft für Erzähler*in und Zuhörer*in eine Distanz zwischen der Situation des Erlebens und des Erzählens. Dadurch kann eine Klärung und Bereinigung der Lebensgeschichte stattfinden. Sie hat insofern einen heilenden Charakter und ist identitätsstiftend (vgl. Lucius-Hoehne 2002, S. 170 f.).

Aber es ist nicht immer möglich, Erinnerungen in ihrer Vielschichtigkeit unmittelbar zu verbalisieren. Nicht alles kann durch Sprache geäußert und vermittelt werden. Nonverbale Verfahren eröffnen eine Möglichkeit, auch Vergessenes zu erinnern und auszudrücken. Sie vermindern die Gefahr, dass die nur auf Rationalität bedachte Sprache der Emotionalität der Erinnerungen zu wenig Raum gibt. Durch die nonverbalen Methoden wird die Person zum indirekten Erzählen angeregt, indem sie sich auf spielerische Weise dem eigentlichen Thema nähert. Die kreativen und spielerischen Methoden wie Malen, Fotografieren, Musizieren oder Rollenspiele sowie die Bearbeitung von Fotos und Erinnerungsobjekten können Erinnerungen wachrufen und ihnen einen gegenwärtigen Ausdruck verleihen. Die (Re)Aktivierung der sinnlichen Wahrnehmung kann Gefühle im Zusammenhang mit Erinnerungsprozessen freisetzen. Es tauchen Gedanken und Bilder auf, die durch den sinnlich gegenwärtigen Eindruck aktiviert (vgl. Ruhe 2012, S. 10) und dann formuliert, kommuniziert und konkretisiert werden können. Die kreative Beschäftigung mit Erinnerungen kann gleichzeitig Anker und Katalysator sein und damit als eine alternative Form der Kommunikation eine Brücke zwischen der vergangenen Erfahrung und dem gegenwärtig Erzählten bauen (vgl. Partner 2003, S. 3).

Die Kombination aus Narration und nonverbalen Methoden als unterstützendes Element (vgl. Gudjons et al. 1994, S. 40) in einer vertrauten Atmosphäre bietet der Person individuelle Ausdrucksformen an, verbindet miteinander und unterstützt das Zugehörigkeitsgefühl sowie die Empathie füreinander. Diese Kombination stärkt damit die individuelle und kollektive Identität durch einen interaktiven gruppendynamischen Prozess.

Biografie- und Erinnerungsarbeit versteht sich als partizipativ, dialogisch und kooperativ (vgl. Hölzle 2011, S. 33) und hat das Ziel, für die sich erinnernde Person eine tragbare Wirklichkeit zu konstruieren (vgl. Ruhe 2012, S. 11).

Biografie und Erinnerungsarbeit kann in Form eines Erzähl-Cafés, einer Schreibwerkstatt, eines kreativen Workshops oder einer Fortbildung organisiert werden und ist nicht mehr nur auf die Zielgruppe der Frauen und Mädchen begrenzt. Sie kann Kinder, Jugendliche, Erwachsene und ältere Menschen ansprechen. In unterschiedlichen Lebensphasen finden sich Themen wie Erziehung, Bildung, Beruf unter Berücksichtigung traditioneller Frauenrollen, aber auch Diskriminierung, Missbrauch und Gewalt in verschiedenen gesellschaftlichen und historischen Kontexten von z. B. Krieg, Flucht, Vertreibung oder Migration wieder.

Auch die Probleme, mit denen pädagogisches Handeln umgeht, betreffen immer Lebenslagen konkreter Personen und sind damit immer auch biografisch strukturiert. Darum empfiehlt es sich, Biografie- und Erinnerungsarbeit im Kontext der Sozialen Arbeit als Grundlage der Planung und Umsetzung von professionellen pädagogischen Beratungs- und Hilfeleistungen sowie Bildungsangeboten mit einzubeziehen (vgl. Dausien 2005, S. 6).

Behjat Mehdizadeh-Jafari

Zum Weiterlesen
Ehlert, Gudrun (2012): Gender in der Sozialen Arbeit. Konzepte, Perspektiven, Basiswissen. Frankfurt/M.: Wochenschau-Verlag
Böhnisch, Lothar/Funk, Heide (2002): Soziale Arbeit und Geschlecht: Theoretische und praktische Orientierungen. Weinheim, München: Juventa
Dörr, Magret/Felden, Heide von/Klein, Regina/Macha, Hildegard/Marotzki, Winfried (Hrsg.) (2008): Erinnerung – Reflexion – Geschichte. Erinnerung aus psychoanalytischer und biographietheoretischer Perspektive. Wiesbaden: VS

Bürger- und Zivilgesellschaft

Die Begriffe Bürger- und Zivilgesellschaft erfreuten sich durch das ehrenamtliche Engagement seit der Ankunft großer Zahlen von Geflüchteten in Deutschland einer diskursiven Wiederbelebung (z. B. Aumüller/Daphi/Biesenkamp 2015). Die ‚Willkommenskultur' wurde in den deutschsprachigen Medien als Phänomen der Zivilgesellschaft wahrgenommen und in diesem Kontext empirisch untersucht. Die theoretische Grundlage der Konzepte Bürger- und Zivilgesellschaft wurde allerdings vergleichsweise wenig diskutiert oder geschlechterwissenschaftlich hinterfragt.

Die Begriffe Bürger- bzw. Zivilgesellschaft verweisen auf politisches Engagement und politische Mitbestimmung jenseits von staatlichen konventionellen Formen politischer Partizipation, freilich auf der Basis garantierter gleicher Bürger*innenrechte (citizenship). In aktuellen demokratietheoretischen Konzepten wird Bürger- bzw. Zivilgesellschaft im Anschluss an liberale Theoretiker wie Ferguson, de Tocqueville oder Hegel als eine Sphäre zwischen Staat, Markt und Privatheit/Familie verstanden (Cohen/Arato 1992; Habermas 1990). Den Kern der Zivilgesellschaft bilden freiwillige Assoziationen wie Vereine und Clubs, soziale Bewegungen und Nichtregierungsorganisationen (NGOs). Die Konzepte Bürger- und Zivilgesellschaft in dieser Denktradition enthalten ein Demokratieversprechen, nämlich die herrschaftsfreie Selbstregierung der Bürger*innen jenseits des Staates zu ermöglichen und darüber hinaus Gerechtigkeit gegen die Profitlogik des Marktes zu verteidigen (Kaldor 2003; Kocka 2004).

Zivilgesellschaft oder auch Öffentlichkeit in diesem normativen Sinne wurde seit den 1970er Jahren auch für die neue Frauenbewegung zur Sphäre autonomer weiblicher Handlungsfähigkeit, der Selbstorganisation ohne Hierarchien und herrschaftliche Zwänge sowie von Solidarität (Klein 2001, S. 186 ff.; Howell/Mulligan 2005).

Die liberale Idee der Bürger- bzw. Zivilgesellschaft wurde von Dissident*innengruppen in den realsozialistischen Staaten der 1970er und 1980er Jahre wie der Charta 77 in der Tschechoslowakei aufgegriffen und gelangte über den Umweg der USA in die westeuropäische Demokratiedebatte (Rödel/Frankenberg/Dubiel 1989). Die diskursive (Wieder-)Entdeckung von Bürger- und Zivilgesellschaft (z. B. Enquete-Kommission 2002) erfolgte im Kontext der Transformation repräsentativer Demokratien hin zu „Postdemokratien" (Crouch 2004): Sinkende Wahlbeteiligung, Vertrauensverlust in politische Institutionen und Repräsentanten – die so genannte Politikverdrossenheit – steht steigendem ehrenamtlichem Engagement von Bürger*innen gegenüber (Zimmer/Nährlich 2000, S. 12). Das Konzept der Bürger- bzw. Zivilgesellschaft bekommt in diesem Kontext allerdings die politische Funktion, dieses Engagement zur Stabilisierung liberaler Demokratie und als Legitimationsressource zu nutzen, freilich oft ohne geschlechterdemokratische Forderungen damit zu verknüpfen.

Entgegen dem normativen Ideal ist bürgergesellschaftliches Engagement frauenpolitisch „paradox" (Gosewinkel/Rucht 2004, S. 32). Zivilgesellschaftliche Organisationen sind nicht per se offen für geschlechterdemokratische

Forderungen, auch hier gibt es Männerdominanz, wie die feministische Kritik beispielsweise an der Occupy-Bewegung demonstriert. Und auch in frauenbewegten Zusammenhängen existieren Herrschaft und Ausschluss, wie beispielsweise Schwarze Feminist*innen in den USA kritisieren (Crenshaw 1994). Diesen empirischen ‚Paradoxien' liegt das konzeptuell-theoretische Problem der vermeintlichen Trennung von Ökonomie, Staat, Privatheit und Zivilgesellschaft zugrunde, das auch die Grundlage für die Geschlechtsblindheit bürger- bzw. zivilgesellschaftlicher Konzepte ausmacht. Eine solche Theorie der Zivilgesellschaft kann die Persistenz ungleicher Geschlechterverhältnisse in allen gesellschaftlichen Sphären nicht fassen.

Damit mangelt es normativen bürger- und zivilgesellschaftlichen Ansätzen in liberaler Tradition einer Theorie von (Geschlechter-)Herrschaft in der und durch die Zivilgesellschaft, so dass Auseinandersetzungen um Macht wie auch umkämpfte Verhandlungspositionen in der Zivilgesellschaft unterschätzt werden. Patriarchale Herrschaft ist aber das Ergebnis von Auseinandersetzungen zwischen Geschlechtergruppen (z. B. von Befürworter*innen und Gegner*innen der öffentlichen Skandalisierung von sexuellen Übergriffen in der #MeToo-Bewegung) auch innerhalb der Zivilgesellschaft – und nicht nur im Staat oder in der Sphäre des Marktes. Vielmehr ist die Unterrepräsentation von Frauen in staatlichen Institutionen ebenso wie die geschlechterhierarchische Arbeitsteilung auch Ergebnis zivilgesellschaftlicher Auseinandersetzungen. Darüber hinaus wird die Sphäre der Privatheit als ‚unpolitisch' – eben jenseits von Zivilgesellschaft und Staat – konzipiert und damit ihr herrschaftliches, aber auch ihr emanzipatorisches Potenzial ignoriert. Gunilla Budde (2003, S. 62 ff.) zeigte demgegenüber beispielsweise für das 19. Jahrhundert, dass bürgerliche Familien und Ehefrauen von großer Bedeutung für die Entstehung zivilgesellschaftlicher Assoziationen waren. Und auch heute gerät die Rolle einer vermeintlichen Privatsphäre für Öffentlichkeit höchstens in Krisenzeiten in den Blick – wie beispielsweise in der COVID-19-Pandemie im Jahr 2020.

Das Zivilgesellschaftskonzept des italienischen Marxisten Antonio Gramsci (1991), das die Verknüpfung von Zivilgesellschaft, politischer Gesellschaft und Staat betont, ist besser geeignet, Geschlechterhierarchie als Ergebnis von Kämpfen in der Zivilgesellschaft und deren staatliche Institutionalisierungen zu fassen. Gramsci entwickelt im Rahmen seines Konzepts vom integralen Staat einen analytisch-materialistischen Zivilgesellschaftsbegriff, der alle gesellschaftlichen Vereinigungen und alle sozialen Bereiche umfasst. Wichtig ist ihm die Herrschaftsbildung in dieser Zivilgesellschaft. Daran anschließend lassen sich patriarchale und staatliche Herrschaft als Ergebnis von Auseinandersetzungen innerhalb der Zivilgesellschaft verstehen. Sowohl die Familie wie auch die Ökonomie sind zivilgesellschaftliche Institutionen, die eine maskulinistische Hegemonie befördern und die es geschafft haben, in staatlichen Strukturen Absicherung zu finden. Und umgekehrt: Geschlechtergerechte

Transformationen von Staat, Politik und Ökonomie bedürfen der Intervention gleichstellungsorientierter Akteur*innen in der Zivilgesellschaft (Sauer 2003).

Angesichts neoliberaler Transformationen von Staatlichkeit und Ökonomie und insbesondere dem Erstarken rechter und rechtspopulistischer Akteur*innen stellt sich feministische Forschung die Frage nach den Bedingungen von Allianzen und Koalitionen zwischen zivilgesellschaftlichen Organisationen und Bewegungen. Im Anschluss an Nira Yuval-Davis' (2011) Konzept der „Transversalität" wird das Potenzial von intersektionalen zivilgesellschaftlichen Gruppierungen in den wissenschaftlichen Blick genommen (Irvine/Lang/Montoya 2019). Die gesellschaftlichen Kämpfe um soziale Gerechtigkeit verweisen neben Geschlecht auf die Verschränkung von vielfältigen Diskriminierungsstrukturen.

Geschlechtergerechtes bürger- bzw. zivilgesellschaftliches Engagement braucht aber auch staatliche Voraussetzungen (Roth 2000, S. 37 ff.), nämlich erstens eine geschlechtergerechte Ausgestaltung sozialer Bürger*innenrechten (social citizenship), zweitens ein Recht auf Erwerbsarbeit für Frauen und die Chance für Männer, Fürsorge- und Pflegearbeit zu übernehmen (economic citizenship). Politische Rechte (political citizenship) bedürfen drittens sozialer und ökonomischer Gerechtigkeit. In der feministischen Demokratiedebatte wird z. B. von Nancy Fraser (2003) und Carole Pateman (2004) ein Grundeinkommen vorgeschlagen, das die ökonomische Absicherung von Frauen ermöglicht und ein neues Verständnis von Arbeit vorschlägt, das auch Fürsorgearbeit umfasst und honoriert. In eine ähnliche, allerdings geldlose Richtung argumentiert das Konzept der „Sozialen Infrastruktur" des Frankfurter Links-Netz (old.links-netz.de). Viertens ist eine „institutionelle Stärkung" von frauenbewegtem Engagement nötig (Roth 2000, S. 40), z. B. durch eine geschlechterbewusste finanzielle staatliche Unterstützung von zivilgesellschaftlichem Engagement. Iris Marion Young (1990) entwickelte in diesem Sinne in ihrem demokratietheoretischen Modell das Konzept der „Gruppenrepräsentation".

Ohne staatliche Sicherungen läuft das Konzept Zivil- und Bürgergesellschaft beispielsweise Gefahr, zum Umbau des Sozialstaats frauendiskriminierend instrumentalisiert zu werden: Zivilgesellschaftliches Engagement, vor allem unbezahlte Fürsorgearbeit von Frauen, soll dann nämlich die Privatisierung sozialer Leistungen und den Abbau sozialer Rechte ausgleichen.

Birgit Sauer

Zum Weiterlesen
Habermas, Jürgen (1990): Strukturwandel der Öffentlichkeit. Frankfurt/M.: Suhrkamp
Enquete-Kommission (2002): Bürgerschaftliches Engagement: auf dem Weg in eine zukunftsfähige Bürgergesellschaft. Opladen: Leske und Budrich
Irvine, Jill/Lang, Sabine/Montoya, Celeste (Hrsg.) (2019): Gendered Mobilizations and Intersectional Challenges: Contemporary Social Movements in Europe and North America. London: Rowman & Littlefield

Care

Entwicklung der internationalen Debatte um Care: Anliegen der seit rund 40 Jahren geführten theoretischen und praktischen Auseinandersetzung mit Care/Sorgen ist eine geschlechtergerechte gesellschaftliche Organisation und Anerkennung professioneller, familialer und privater – zumeist von Frauen ausgeübter – Sorgetätigkeiten (Brückner 2021). Diese Debatte wurde in den 1980er Jahren angestoßen durch:

1. englische Wissenschaftlerinnen, die unbezahlte, familiale Sorgetätigkeit im Bereich häuslicher Pflege von Angehörigen als Arbeit definierten und forderten, dass diese Sorgenden sozialpolitische Transferleistungen erhalten (Lewis/Meredith 1988),
2. skandinavische Wissenschaftlerinnen, die sich mit unzulänglichen sozialen Dienstleistungen in der Kinderversorgung auseinandersetzten, weil die erwerbstätigen Mütter überlastet waren (Leira 1992),
3. amerikanische Wissenschaftlerinnen, die den Terminus Abhängigkeit kritisierten, mit dem ‚Wohlfahrtsmütter' als Inbegriff der Nutznießerinnen von Wohlfahrtsleistungen etikettiert wurden, ohne deren Sorgetätigkeit zu berücksichtigen (Fraser/Gordon 1994).

Zunehmende Ab- und Umbauprozesse westlicher Wohlfahrtsstaaten haben seit der Jahrtausendwende dazu geführt, dass die transnationale sozialpolitische Bedeutung des wachsenden Care-Defizits und die nicht nur geschlechts-, sondern auch klassen- und ethniebezogenen Regierungsweisen von Care in den Fokus rückten (Gerhard 2014). Im Zuge neoliberaler Globalisierungsprozesse und sozialer Entwicklungen (älter werdende Bevölkerungen, gestiegene und politisch erwartete Erwerbstätigkeit von Frauen, Ausdifferenzierung privater Lebensweisen) ist es, nicht zuletzt durch die neuen Pandemieerfahrungen, heute unabdingbar zu klären: Wer sorgt für wen, unter welchen Bedingungen und wie wird diese Tätigkeit bewertet? Sorgen ist in feministischen Analysen zu einer analytischen Kategorie geworden, die als zentraler Bestandteil gesellschaftlicher Reproduktion auf der Basis spätkapitalistischer Produktionsweise verstanden wird und das Verhältnis beider Sphären kritisch in Betracht zieht (Aulenbacher 2020a).

Dimensionen von Care: Care beschäftigt sich einerseits mit allen Lebenslagen, in denen Menschen der Unterstützung bedürfen, andererseits mit generellen Bedingungen des Menschseins im Sinne grundlegender, zwischenmenschlicher Abhängigkeit. Denn alle Menschen sind am Anfang, viele zwischenzeitlich und sehr viele am Ende ihres Lebens sorgebedürftig, eine Tatsache, die dem vorherrschenden (männlich konnotierten) Ideal der Autonomie entgegensteht und negativ besetzt (und weiblich konnotiert) ist (Nussbaum 2003). Diese Zuschreibung trifft auch in diesem Bereich Tätige und bewirkt, dass Männer, die Sorgetätigkeiten übernehmen, Männlichkeit in einem nichthegemonialen Sinne neu definieren müssen (Rose/May 2014). Zusammenfassend bezieht sich Sorgetätigkeit auf den ganzen Bereich der Fürsorge und Pflege, d. h. auf familiale und institutionalisierte Aufgaben bezogen auf Gesundheit, Erziehung und Betreuung im Lebenszyklus sowie auf personenbezogene Hilfe in besonderen Lebenssituationen. Diese Tätigkeit wird gar nicht oder schlechter bezahlt als vergleichbare Tätigkeiten, auf der beruflichen Ebene wird weiterhin um gleichrangige professionelle Anerkennung gerungen, in familialen Zusammenhängen führt sie nicht zur individuellen Absicherung von Lebensrisiken wie bei Erwerbstätigkeit (Brückner 2018a).

Erfordernis eines neuen Welfare-Mix: Die Wohlfahrtsregime Europas haben seit den 1990er Jahren mit ihrem Wandel zum aktivierenden Wohlfahrtsstaat sozialstaatliche Leistungen abgebaut, dennoch hat auch ein Ausbau z. B. von Kinderbetreuung als Resultat der EU-Politik zur Förderung der Vereinbarkeit von Erwerbstätigkeit und Sorgetätigkeit stattgefunden, einschließlich verbesserter sozialer Sicherungen familialer Betreuungen (Auth/Rudolph 2017). Allerdings festigt diese Art der Förderung das derzeitige Geschlechterarrangement, indem zum einen suggeriert wird, dass ein auf Erwerbstätigkeit aller Erwachsenen zielendes Familienmodell geschlechtsunspezifisch sei. Zum anderen sind die sozialen Maßnahmen nicht ausreichend, wie die Zunahme prekärer Sorgetätigkeit von Migrantinnen aus armen Ländern in Privathaushalten zeigt, die eine hierarchische Umverteilung von Sorgetätigkeit unter Frauen bewirkt (Theobald 2019). Die Folge ist der Einstieg in eine Dienstbotengesellschaft mit marktförmigen un- und angelernten Dienstleistungen im Niedriglohnsektor, einschließlich der Gefahr zunehmender Hierarchisierung und teilweiser Deprofessionalisierung sozialer und pflegerischer Berufe. Die wachsende Mobilität von Frauen hat transnationale Wirkungen: Sorgekapazität wird von armen Ländern ‚abgeschöpft' und länderübergreifende Sorge-Ketten entstehen, die einen ungleichen Zugang zu Fürsorglichkeit in reichen und armen Ländern bewirken und zu Praktiken transnationaler Mutterschaft führen, welche teilweise als Produktion von „Eurowaisen" kritisiert werden (Lutz 2018). Ein neuer, sozial gerechter Welfare-Mix erfordert eine öffentlich verankerte Kultur des Sorgens, in der soziale Institutionen Teile der Care Aufgaben übernehmen und gleichzeitig Frauen und Männer aufgrund neuer Arbeitszeitmodelle genügend Zeit und aufgrund gewandelter Geschlechterverhältnisse auch den Wunsch haben, Care im privaten Kontext zu übernehmen. Das erfordert neben dem Ausbau öffentlich geförderter, professioneller sozialer Dienste die Unterstützung innovativer zivilgesellschaftlicher Care-Initiativen und deren Koordination im Sinne von Caring Communities (Thiessen 2018) sowie die Verbesserung der Arbeitsbedingungen und eine wirksame Interessenvertretung der Beschäftigten (Rudolph/Schmidt 2019).

Wohlfahrtsstaatliche Politik muss soziale Bürgerrechte (Berechtigungen zu sozialen Leistungen und Teilhabe) für alle Sorgeleistenden gewährleisten und Sorgeverantwortlichkeit international denken (Tronto 2008), um neben sorgeleistenden Migrantinnen in reichen Ländern auch den ethisch umstrittenen Transfer von Fürsorge und Pflege in Billiglohn-Länder einzubeziehen.

Sorgetätigkeiten als soziale Praxis von Frauen und Männern: Care basiert auf historisch wechselnden kulturellen und ethischen Vorstellungen, die zu unterschiedlichen sozialen Konstruktionen aufeinander abgestimmter oder miteinander konkurrierender Bereiche familialer, freiwilliger und beruflicher Tätigkeit geführt haben (Scheele 2019). Historisch konstant ist die weitgehend ungebrochene Zuordnung unmittelbarer Fürsorge- und Pflegetätigkeit zu Frauen. Eine neue geschlechterreflexive Konstruktion von Care sollte jedoch nicht zur Entsorgung wenig greifbarer, widerständiger Dimensionen weiblich konnotierter Sorgetätigkeit führen (Brückner 2018b). Denn einer auf Verständigung und Abstimmung von Bedürfnissen und Sichtweisen ausgerichteten „Fürsorgerationalität" kommt eine zentrale Bedeutung zu, die nicht als unpersönlich festlegbare und in Minuten berechenbare ökonomistische Wenn-Dann-Logik denkbar ist (Waerness 2000). Fürsorgerationalität erfordert einen ausreichenden Spielraum der Gestaltung von Arbeitssituationen und keine auf einer Zweck-Mittel-Rationalität aufbauenden Detailvorgaben. Neuere Untersuchungen zeigen, wie in Care-Berufen eine zugewandte subjektorientierte Haltung immer mehr unter Druck gerät angesichts deren Einordnung in Markt- und Verwertungsprozesse (Dammayr 2019) und nur aufrechtzuerhalten ist, wenn sie bewusster Teil der Professionalität wird (Gahleitner 2017). Wie alle zwischenmenschlichen Handlungen können Care-Tätigkeiten gelingen oder misslingen bis hin zu Gewaltausübung, wobei die Chancen des Gelingens sich durch gute Rahmenbedingungen vergrößern und entsprechend durch schlechte Rahmenbedingungen verringern (Winker 2015).

Das Spannungsverhältnis von Fürsorge und Selbstsorge: Care bedeutet auch, die Befähigung von allen Mitgliedern einer Gesellschaft zu einem menschenwürdigen Leben ernst zu nehmen (‚capability approach'; Giullari/Lewis 2005). Ein Gedanke, der auf der Anerkennung menschlicher Vielfalt durch Entwicklungschancen zu individueller Autonomie und kollektiver Interdependenz beruht, einschließlich der Ressourcen, Seins- und Handlungsmöglichkeiten im Sinne von Wohlergehen und Tätigwerden (‚agency'). Dazu gehört das Abwägen zwischen eigenen Vorteilen (Selbstsorge) und als richtig erkannten Erfordernissen (Fürsorge) und deren beider Förderung sowie deren gerechter Regulierung (Brückner 2012a). Damit steht der Care-Ansatz quer zur Idee von Caritas (selbstloser Nächstenliebe) und quer zur alleinigen Betonung von Individualisierung und Eigenverantwortlichkeit.

Fazit – Care als Herzstück des Sozialen: Das Anliegen der internationalen Care-Debatte lässt sich als Ringen um Geschlechtergerechtigkeit im Zusammenleben und im Wohlfahrtssystem unter Einbeziehen klassenspezifischer und ethnischer Fragen auf der Basis ethischer Vorstellungen zusammenfassen. Care ist zum Ausgangspunkt einer umfassenden Gesellschaftskritik geworden durch:

- Erweiterung der Definition von Arbeit um Sorgetätigkeiten und Forderungen nach angemessenem Entgelt und sozialstaatlicher Gleichstellung mit anderen Arbeitsformen (vgl. z. B. Scheele 2019),
- Thematisierung von Geschlechterhierarchien in Wohlfahrtsstaaten und Forderung nach Beteiligung von Männern an familialen und beruflichen Sorgetätigkeiten ohne Abwertung der Arbeit von Frauen in Frauenberufen (vgl. z. B. Brückner 2021) und
- Aufdeckung des transnationalen Charakters von Sorgetätigkeiten in Zeiten der Globalisierung und der Care Krise als Ausdruck einer umfassenden Reproduktionskrise des Spätkapitalismus (vgl. z. B. Lutz 2018).

Margrit Brückner

Zum Weiterlesen
Brückner, Margrit (2021): Care im Kontext feministischer Analysen und Initiativen. In: Bomert, Christiane/Landhäuser, Sandra/Lohner, Eva-Maria/Stauber, Barbara (Hrsg.): Care! Zum Verhältnis von Sorge und Sozialer Arbeit. Wiesbaden: Springer VS
Lutz, Helma (2018): Die Hinterbühne der Care-Arbeit. Weinheim, Basel: Beltz Juventa
Thiessen, Barbara (2018): Geschlechterverhältnisse im sozialen Wandel – Die Bedeutung von Care-Theorien für Soziale Arbeit. In: Dannenbeck, Clemens/Thiessen, Barbara/Wolff, Mechthild (Hrsg.): Sozialer Wandel und Kohäsion. Wiesbaden: Springer VS, S. 79–97

Cross Work

Cross Work bezeichnet die geschlechterreflektierte und -sensible Pädagogik von Frauen* mit Jungen* und von Männern* mit Mädchen* mit besonderer Aufmerksamkeit für die Wirkung und Gestaltung der transgenerationalen, fachlichen Beziehungsarbeit von Frauen* mit Jungen* und Männern* mit Mädchen*. Cross Work wurde ursprünglich zur kritisch reflektierten Arbeit mit einer angenommenen Gegengeschlechtlichkeit konzipiert mit dem Ziel, Geschlechterhierarchien abzubauen.

Entwicklung: Im Kontext von Mädchen- und Jungenarbeit – beide setzten geschlechtshomogene Gruppenarbeit mit jeweils gleichgeschlechtlichen erwachsenen Betreuer*innen als Standard – wurden seit den 1970er Jahren bzw. seit den 1990er Jahren Konzepte zur Reflexion von Geschlecht in der Kinder- und Jugendarbeit und zur qualifizierten Begleitung von Mädchen und Jungen entwickelt. Seit der zweiten Hälfte der 1990er Jahre kamen aus der koedukativen pädagogischen Praxis zunehmend mehr Anfragen an die Mädchen- und

Jungenarbeit bezüglich geschlechterpädagogischer Qualifizierung – zum einen von Lehrerinnen, Erzieherinnen, Sozialarbeiterinnen, die sich für den Umgang mit (schwierigen) Jungen fachlich qualifizieren wollten (insbesondere aufgrund des Problematisierungsdiskurses zur zahlenmäßigen Dominanz von Frauen in pädagogischen Berufen, die die Identitätsentwicklung von Jungen erschweren würde); zum anderen von Lehrern, Erziehern, Sozialarbeitern, die durch den Generalverdacht, potenzielle Missbraucher zu sein, verunsichert waren.

Die erste Publikation im deutschsprachigen Raum zur damals so bezeichneten „Überkreuzpädagogik" stammt von Glücks/Ottemeier-Glücks (2001), die sich seit Mitte der 1990er Jahre mit dem Thema befassten. Etwa zur gleichen Zeit bezogen Reinhard Winter und Gunter Neubauer (2001) Überkreuzpädagogik in ihr Projekt ‚Jungenpädagogik' ein und setzten sich mit Praktiker*innen dazu auseinander. Ebenfalls seit Ende der 1990er Jahre thematisierte Hannelore Güntner (2007) von der Initiative für Münchner Mädchen (IMMA) das aus der pädagogischen Praxis kommende Bedürfnis nach Überkreuzqualifizierung. Von ihr stammt der Begriff „Cross Work".

Regelmäßige Fortbildungsangebote zu Cross Work fanden sich während der 2000er Jahre bei IMMA sowie in den Programmen der Landesarbeitsgemeinschaft Jungenarbeit Nordrhein-Westfalen und der Heimvolkshochschule Alte Molkerei Frille.

Zeitgleich intensivierte sich im geschlechterpädagogischen Kontext die Beschäftigung mit der Problematik der vorausgesetzten bipolaren geschlechtlichen Zuordnung der Klient*innen im Kontext der geschlechterreflektierten Kinder- und Jugendarbeit (Busche 2012; Drogand-Strud/Wallner 2012). Im Zusammenhang damit wurde Cross Work als ein Behelf diskutiert, der verbreiteten bipolaren Sozialisationsgewohnheiten Rechnung trage, aber dazu eingesetzt werden solle, die Wahrnehmung geschlechtlicher Praxen zu erweitern. Zwei Fragen stellten sich im Zusammenhang damit. Grundsätzlich: Kann und wie kann Cross Work mit seinem konzeptionellen Ausgangspunkt von der Gegengeschlechtlichkeit der Pädagog*innen und der Klient*innen zum diversifizierten Wahrnehmen und Anerkennen von Geschlechtern beitragen? Alltagspraktisch: Und wo geht ein junger Mensch hin, der*die sich selbst nicht entsprechend des von außen gelesenen Geschlechts zuordnet? Für die zweite Frage wurde eine Antwort gefunden: Jede*r geht dahin, wo er*sie sich zugehörig fühlt. Der ersten Frage wurde bislang nicht durch entsprechende Studien nachgegangen.

Seit Anfang der 2010er Jahre ging die Anzahl der Publikationen zurück. Das Konzept wird jedoch immer noch in kurzen Beiträgen z. B. auf Websites einschlägiger Vereine und Einrichtungen dargestellt. Auch die Zahl der Fortbildungen zu Cross Work ging seit dieser Zeit zurück. Themen wie Intersektionalität, Inklusion, Verbinden von Vielfalts- und Diskriminierungsdimensionen, Heroes, Arbeit mit Jugendlichen mit Fluchterfahrung, mit radikalisierten Jugendlichen, LGBTIQ⁺ rückten im Kontext der geschlechterreflektierten Kinder- und Jugendarbeit in den Vordergrund. Cross Work spielt jedoch nach wie vor eine Rolle in der Praxis.

Grundlagen: Cross Work will, wie Geschlechterpädagogik überhaupt, mit Kindern und Jugendlichen das vorstellbare Spektrum an Wahlmöglichkeiten in ihrer Lebensgestaltung erweitern und sie dabei unterstützen, ihren jeweils eigenen Weg zum Erwachsenwerden als Mädchen*, Junge* bzw. quer zu den doing gender Varianten des Mainstreams zu suchen.

Cross Work Fachleute verfolgen als politisches Anliegen den Abbau von Geschlechterhierarchien. Sie betonen ihre Parteinahme für ökonomisch und sozial marginalisierte Kinder und Jugendliche. Sie weisen darauf hin, dass für das Verständnis konkreter Mädchen* und Jungen* auch die Wirkung von Klasse/Klassismus, Rassismus, Kulturalismus, Selbst- und Fremdzuschreibung von Religion, Familienzugehörigkeit, Disablismus, der Position in der Geschwisterfolge, der sexuellen Orientierung etc. wahrzunehmen ist.

Qualifikationen für Cross Work überschneiden sich weitgehend mit denen für Geschlechterpädagogik. Spezifisch ist jedoch das Augenmerk auf die gelesene gegengeschlechtliche Beziehung und auf die notwendige Kooperation und den geschlechterbewusst reflektierten Austausch unter erwachsenen Männern* und Frauen* zur Begleitung und Konzipierung der Cross Work. Dabei geht es auch darum, Abwertungen und konfliktträchtige Übertragungsmuster, die in geschlechterhierarchischen Gesellschaftsstrukturen angelegt sind, sowie unterschiedliche Wahrnehmungs- und Verständniswege aufgrund geschlechtsspezifischer Sozialisation zu bearbeiten und als Ausgangspunkt für zunehmendes gegenseitiges Verständnis fruchtbar zu machen. Das gilt sowohl zwischen Erwachsenen und Kindern bzw. Jugendlichen als auch zwischen Erwachsenen.

Ein wichtiger Bestandteil der Qualifikation für Cross Work ist ‚Genderwissen' zu geschlechtlichen Sozialisationsprozessen – doing gender, doing masculinity, doing femininity; zur Geschichte gesellschaftlicher Geschlechterhierarchien; zum (erlebten und zugeschriebenen) Junge- und Mädchensein und zu besonderen Lebensfragen in den Phasen von Kindheit und Jugend; zur Geschlechterpädagogik und möglichen geschlechtsspezifischen Sozialisationserfahrungen in verschiedenen Altersphasen; zur Körpererfahrung und deren Verarbeitung in der Pubertät; zu geschlechtlichen Inszenierungen und darüber ausgetragenen Rangkämpfen in Peergruppen sowie zu intersektionellen Ansätzen. Im Zentrum stehen die Fragen, was Frauen* Jungen* bzw. Männer* Mädchen* insbesondere bieten oder erlauben können, aber auch, welche Fallen sich in gegengeschlechtlichen (bzw. gegengeschlechtlich inszenierten) Generationsbeziehungen in geschlechterhierarchischen Verhältnissen auftun können, sowie nach Wirkungen von geschlechterhierarchischen Prägungen im

Verhältnis Frau*-Junge*, Mann*-Mädchen*. Um dem – immer wieder – auf die Spur zu kommen, setzt Cross Work voraus, bei der eigenen Person als dem wichtigsten Werkzeug mittels biografischer Selbsterforschung anzusetzen: hinsichtlich erfahrener Verunsicherungen und Zweifel, von Entscheidungen und Lösungen im Prozess der geschlechtlichen Sozialisation; dem Zustandekommen eigener Geschlechterbilder und von -vorurteilen; dem Ausloten von eigenen Übertragungsmustern in Geschlechterbeziehungen und der eigenen Beiträge zur Konstruktion von Geschlechterbildern.

Aus dieser Selbstreflexion speist sich auch die Fähigkeit zu Empathie, Solidarität und/oder Parteilichkeit mit männlichen* und weiblichen* Kindern und Jugendlichen.

Cross-Work-Praktiker*innen gestalten den pädagogischen Alltag generations- und geschlechterbewusst mit besonderem Augenmerk auf die (gelesene) geschlechtsheterogene Beziehung. Sie beobachten, was im pädagogischen Alltag vor sich geht und reflektieren ihre Beobachtungen – auch bezüglich ihrer Beziehungsgestaltung mit den Kindern. Ein wesentliches Anliegen besteht darin, Kinder und Jugendliche bei ihren Aushandlungsprozessen und Entscheidungsfindungen zu begleiten und dabei sowohl zu Geschlechtsstereotypen quer verlaufenden, als auch traditionell mit Weiblichkeit und Männlichkeit verknüpften Fähigkeiten und Neigungen mit Wertschätzung zu begegnen. Gemischtgeschlechtliche Teams haben die Möglichkeit, Modelle für Kooperation und Konfliktaushandlung unter Frauen* und Männern* vorzuleben.

Im Idealfall entwickelt sich Cross Work während des Austauschs in einem gemischtgeschlechtlichen Team, in dem über geschlechterpädagogische Umsetzungsmöglichkeiten und Standards verhandelt wird. Cross Work definiert sich durch diese vorausgehende und begleitende Auseinandersetzung beteiligter erwachsener Fachleute miteinander.

Die Verarbeitung der Erfahrungen in der Praxis und der Austausch im Geschlechterdialog erfordern Rückzugsräume, um Distanz zu gewinnen und das eigene Verhalten besser wahrnehmen und damit Übertragungen aufdecken zu können und zu reflektieren, wie das eigene Verhalten Situationen mitgestaltet.

Annemarie Schweighofer-Brauer

Zum Weiterlesen
Schweighofer-Brauer, Annemarie (2011): Cross Work. Geschlechterpädagogik überkreuz in Deutschland und Österreich. Sulzbach/Taunus: Ulrike Helmer
Drogand-Strud, Michael/Wallner, Claudia (2012): Crosswork: warum der Ansatz so gehypt wird und was er für eine geschlechtergerechte Kinder- und Jugendhilfe tatsächlich leisten kann. In: Betrifft Mädchen. H. 3, S. 107–113
Busche, Marte (2012): Crosswork: Vom Sinn und Unsinn der pädagogischen Arbeit mit dem „Gegengeschlecht". In: Dissens e. V. (Hrsg.): Geschlechterreflektierte Arbeit mit Jungen an der Schule. Texte zu Pädagogik und Fortbildung rund um Jungenarbeit, Geschlecht und Bildung. Berlin: Selbstverlag

Dekonstruktivismus

Dekonstruktivismus bezeichnet Denkströmungen, in denen es im Kern um eine umfassende Rationalitäts-, Vernunfts- und Herrschaftskritik geht. Anliegen ist, vermeintlich abgeschlossene und unhintergehbare Systeme von Sinnhaftigkeiten und ‚Wahrheitsproduktionen' zu ‚dekonstruieren', ihre Konstitutionsbedingungen und Machtdimensionen offenzulegen und so Neues und Vielfalt in Denken und Praxis zu ermöglichen. Sie initiieren in den Gender Studies, aber auch in anderen Wissenschaftsdisziplinen und in Kunst und Politik wichtige Kontroversen, weil Gewohntes in Frage gestellt wird. In der Architektur kreiert Dekonstruktivismus beispielsweise Formen des Bauens, des Designs, der Inneneinrichtung und Möblierung, um ästhetische Konventionen zu brechen (Johnson/Wigley 1988). In Philosophie, Linguistik und Sozialwissenschaften verfolgt er die Frage, wie in der Sprache – aber auch in anderen symbolischen Praktiken – Bedeutungen und normative Machtordnungen geschaffen und unhintergehbar gemacht werden. Ziel ist, Einsicht in die performative ‚Gemachtheit' von kollektiven und individuellen Bedeutungszuschreibungen zu gewinnen und auf diese Weise Möglichkeiten zu schaffen, neue zu konstruieren: der Akt der Dekonstruktion als Voraussetzung einer alternativen Konstruktion.

Der Dekonstruktivismus geht auf die These philosophischer, strukturalistischer, semiotischer und diskurstheoretischer Vertreter*innen (u. a. Derrida 1976; Foucault 1977a; Irigaray 1979) zurück, dass jede sprachliche Äußerung zu einem Gegenstand Ausgrenzungen produziert und damit nicht nur Vorstellungs- und Denkräume kanalisiert, sondern auch gesellschaftliche Machtverhältnisse hervorbringt und legitimiert. Während nach dem Konzept der Dialektik die Synthese von These und Antithese Erkenntnisse und Weiterentwicklungen schafft, ist der Dekonstruktivismus demgegenüber skeptisch. Die dialektische Synthese kann schließlich nur im Rahmen der vorab gesetzten binären Oppositionen verbleiben, ein ‚Außerhalb' ist nicht denkbar, darstellbar und herstellbar. Zudem wohnt der binären Gegensatzstruktur der sprachlichen Codierung von sozialen Welten der ‚Sog' zur Hierarchisierung inne. Wenn die Welt nur aus dem ‚einen' oder dem ‚anderen' besteht, wird immer die Frage aktualisiert, ob das ‚eine' oder das ‚andere' besser ist.

Das Potenzial dekonstruktivistischer Ansätze macht sie vor allem in jenen wissenschaftlichen Feldern besonders populär, wo es um Ungleichheitsverhältnisse geht. Das gilt z. B. für Kindheitsforschung, Human Animal Studies, Fat Studies oder Disability Studies, deren zentraler Gegenstand beherrschte und subalterne Objekte – Kinder, Tiere, Dicke oder Behinderte – in spezifischen Machtverhältnissen sind, die aufgrund von angenommenen ‚Entwicklungsunterlegenheiten' quasi-natürlich erscheinen. Jene Selbstverständlichkeiten der Bilder werden aus dekonstruktivistischer Perspektive als Ausdruck von Macht lesbar und verstehbar gemacht. Gerade in den Postcolonial Studies, deren Ziel die Überwindung des Alltagsrassismus ist, hat der Dekonstruktivismus radikale Diskursveränderungen auf den Weg gebracht (Spivak 1999). Öffentlich sichtbar wird dies derzeit am stärksten an den Verhandlungen zu sprachlichen Bezeichnungen, denen koloniale Bedeutungen nachgewiesen werden.

In den Gender Studies profilierte die US-amerikanische Philosophin Judith Butler (1991; 1997b) in den 1990er Jahren den Dekonstruktivismus. Sie löste damit eine intensive geschlechtertheoretische Auseinandersetzung aus. Im Mittelpunkt ihrer kritischen Reflexionen standen die Sprechakte zu Geschlecht, wie sie sich in hegemonialen Diskursen als jene symbolischen Praktiken widerspiegeln, mit denen die Geschlechterdifferenz erzeugt und intelligibel gemacht wird. Von besonderem Interesse war für sie in diesem Zusammenhang die Psychoanalyse als einer wirkmächtigen Akteurin der Etablierung von ‚Wahrheiten' zu Weiblichkeit.

Butler weist nach, dass die begriffliche Unterscheidung von sex und gender, die die feministische Frauenforschung durchsetzte, um der konservativen Vorstellung von der ‚Natur des Geschlechts' ein Ende zu bereiten, dieser letztlich dann doch verhaftet bleibt. Die Idee der sozialen Gemachtheit von Geschlecht, wie sie im Modell des Doing Gender in der Geschlechterforschung Konsens wurde und sich veralltäglichte, war zwar fraglos fortschrittlich. Doch die binäre Kategorie des Geschlechtskörpers blieb insofern unverändert erhalten, als es hieß, dass sich die kulturell konstruierte Geschlechtsidentität in einen natürlich-anatomisch vorhandenen Geschlechtskörper einschreibt.

Für Butler ist die entscheidende Crux, dass die Idee des natürlichen Geschlechts überdauert, es vordiskursiv und vorsozial verstanden wird und als solches damit nicht hintergehbar ist. Damit wird für Butler verschleiert, dass diese Natur der Geschlechtskörper selbst ein soziales Konstrukt ist, das seinen wichtigen Anteil hat am Fortbestehen der Geschlechterordnungen, die doch aufgehoben werden sollen (Butler 1991, S. 24). Im besonderen Fokus ist für sie dabei die Persistenz der heterosexuellen Matrix von Geschlechtlichkeit (Butler 1991, S. 21), die dafür sorgt, dass eine Konsistenz zwischen dem Geschlechtskörper und dem sexuellen Begehren des jeweils anderen Geschlechts angenommen wird.

Butler propagiert deshalb die Entkopplung von sex und gender. „Selbst wenn die anatomischen Geschlechter (sexes) in ihrer Morphologie und biologischen Konstitution unproblematisch als binär erscheinen […], gibt es keinen Grund zu der Annahme, dass es ebenfalls bei zwei Geschlechtsidentitäten bleiben muss" (Butler 1991, S. 23). Dass solche Aussagen im Alltagsverständnis absurd erscheinen, belegt wiederum, dass diskursive Regelsysteme eine deckungsgleiche Beziehung zwischen Körper und Geschlechtsidentität permanent erfolgreich herbeiführen.

Die dekonstruktivistischen Entwicklungsimpulse veränderten nicht allein die Theoriedebatte zu Geschlecht, sondern auch die zur Geschlechterpolitik. Für den Dekonstruktivismus sind identitätspolitische Konzepte fragwürdig, weil diese ein eindeutiges geschlechtliches Subjekt und Interessensgleichheit qua Geschlecht voraussetzen, indem sie ausgehend von einem eindeutig und konstant situierten weiblichen ‚Ich' ein ebenso eindeutiges und konstantes weibliches, kollektives ‚Wir' reklamieren. Butler geht jedoch davon aus, dass diese Einheit weder vorliegt, noch für eine wirksame (feministische) Geschlechterpolitik erforderlich und förderlich ist, weil sie eine „ausschließende Norm der Solidarität" (Butler 1991, S. 36) aufstellt, die flexible, sachlich und strategisch angemessene Bündnisse verhindert.

In der Geschlechterforschung haben Butlers Überlegungen zu intensiven Kontroversen geführt, weil sie das bis dahin dominierende differenztheoretische Konzept zu Geschlecht radikal infrage stellten. Der Vorwurf war, Butler reduziere Geschlecht auf Sprache und ignoriere die Faktizität des Körperlichen. „Im Kern wurde Butler dafür kritisiert, die unhintergehbare haptische Dimension des Geschlechts zu negieren, also zu ignorieren, was es bedeutet, körperlich ein Mann oder eine Frau zu sein" (Villa 2003, S. 78). Letztlich ist dies als Indiz für das zu lesen, was der Dekonstruktivismus offenzulegen und zu dekonstruieren sucht: das System der Zweigeschlechtlichkeit. Im Alltagswissen ist es so stabil verankert und plausibel, dass es nicht anders vorstellbar zu sein scheint. „Etwas anderes zu behaupten ist so kontrafaktisch, dass es an Spinnerei grenzt" (Villa 2003, S. 79).

Aber auch in der Geschlechterfachdebatte der Sozialen Arbeit sorgte der Dekonstruktivismus für Verwerfungen. So löste ein Beitrag, in dem der dekonstruktivistische Paradigmenwechsel in der Mädchenarbeit propagiert wurde (Meyer/Seidenspinner 1999), zunächst starken Protest aus. Gleichwohl läuteten die Debatten zum Dekonstruktivismus neue selbstkritische Reflexionen in der Sozialen Arbeit und Pädagogik zu der Frage ein, welche Ausschlüsse und geschlechternormativen Fixierungen in den Diskursen zur Geschlechterproblematik und der Zentrierung auf geschlechtshomogene Praxiskonzepte unter der Hand unbeabsichtigt reproduziert werden (Fritzsche et al. 2001). So hat Soziale Arbeit „Differenz(en) zwar zu beachten, um auf mögliche Diskriminierungen hinzuweisen. Gleichzeitig muss sie […] Gleichheiten als auch Unterschiede im Sinne der gleichberechtigten Vielfalt in ihren Reflexionshorizont aufnehmen" (Krauß 2001, S. 72).

Butlers Denkprovokation besteht darin anzuerkennen, dass es „niemals einen direkten Zugang zu einer Welt jenseits des Diskursiven geben" (Villa 2003, S. 89) kann. Damit wird nicht behauptet, „dass es ohne einen bestimmten Diskurs die Phänomene, die sie bezeichnen, nicht gäbe. […] Aber, und das ist die Pointe der Diskurstheorie, die Phänomene, um die es geht […] sind immer in einer bestimmten Weise durch das diskursive Feld, in denen sie gedeutet werden, geformt" (Villa 2003, S. 23). In einer dekonstruktivistisch inspirierten

Genderforschung geht es von daher nicht mehr darum herauszufinden, wie Geschlecht im Kern seines Wesens ‚wirklich' ist, sondern vielmehr darum, wie es als binäre Kategorie wahrgenommen und diskursiv konstruiert, aber auch dekonstruiert wird, und welche Ausschlüsse von Lebenspraxen und -konzepten damit unter der Hand einhergehen. Dies ist auch mit dem Anliegen verbunden, dem Ausgeschlossenen Anerkennung zu verschaffen, indem die geschlechtliche Binarität zur geschlechtlichen Diversität geöffnet wird.

Mittlerweile ist es um den Dekonstruktivismus stiller geworden. Dies hat vor allem damit zu tun, dass seit der Jahrtausendwende Queer-Bewegung und Queer Studies sich zunehmend etablierten, deren Anliegen ist, die Geschlechterkategorie als solche endgültig zu überwinden (Kraß 2003). Mit der Idee der Öffnung der binären Geschlechterkategorie, der Ermöglichung von Geschlechtervielfalt bis hin zur grundsätzlichen Unbestimmtheit und Unabgeschlossenheit geschlechtlicher Identität führen die queertheoretischen Debatten die dekonstruktivistischen Impulse weiter fort und radikalisieren sie. So gelten denn Butlers Werke als wichtige theoretische Bezugspunkte der Queer Studies.

Lotte Rose

Zum Weiterlesen
Butler, Judith (1991): Das Unbehagen der Geschlechter. Frankfurt/M.: Suhrkamp
Fritzsche, Bettina/Hartmann, Jutta/Schmidt, Andrea/Tervooren, Anja (2001): Dekonstruktive Pädagogik. Erziehungswissenschaftliche Debatten unter poststrukturalistischer Perspektive. Opladen: Leske + Budrich
Villa, Paula-Irene (2003): Judith Butler. Frankfurt/M.: Campus

Demografischer Wandel

Als demografischer Wandel wird ein in vielen Ländern des globalen Nordens beobachtbarer Prozess bezeichnet, in dem sich die Geburtenzahlen verringern und die durchschnittliche Lebenserwartung erhöht. Dies führt dazu, dass die Bevölkerungszahlen mittelfristig zurückgehen und sich das Durchschnittsalter erhöht; damit verändern sich auch die Bevölkerungsrelationen zwischen Menschen im Kindes- und Jugendalter, in der Erwerbsphase und in der Nacherwerbsphase. Neben der Entwicklung von Geburtenzahlen und Lebenserwartung wird die Demografie einer Nationalgesellschaft durch das Saldo von Zu- und Abwanderungen bestimmt.

Geburtenzahlen: An den endgültigen Geburtenziffern – die Zahl der im Lebenslauf einer Frau geborenen Kinder – ist abzulesen, dass die Kinderzahl im 20. Jahrhundert sehr gleichmäßig zurückgeht. Bereits in den um die Wende zum 20. Jahrhundert geborenen Jahrgängen wurden die für den ‚Bestandserhalt' erforderlichen Geburtenzahlen erstmals unterschritten. Kriege, Krisenphasen und umgekehrt Phasen wirtschaftlicher Prosperität beeinflussen zwar den biografischen Zeitpunkt, zu dem Kinder geboren werden, haben jedoch auf die endgültige Geburtenzahl kaum einen Einfluss. Die in vielen populären Darstellungen zusammengefassten Geburtenziffern – sie beruhen auf Querschnittsdaten – beschreiben die langfristigen Veränderungen des reproduktiven Verhaltens nur unzureichend. Auffallend ist die steigende Quote von lebenslang kinderlosen Männern und Frauen, sie spielt für den jüngsten Rückgang der Durchschnittswerte eine wichtige Rolle. Die endgültige Kinderlosenquote von Frauen hat sich zwischen den Jahrgängen 1937 und 1976 von 11 Prozent auf 22 Prozent erhöht (Destatis 2019, S. 16). Endgültige Kinderlosenquoten für Männer werden vom Statistischen Bundesamt nicht erhoben; Pötzsch et al. (2020, S. 60) gehen jedoch auf Basis von indirekten Daten davon aus, dass das Ausmaß bei Männern noch höher sein könnte. Zudem variieren die Kinderzahlen in hohem Maße mit dem Bildungsgrad, einer Migrationsbiografie und dem sozialen Status. Bei Frauen sind es vor allem die höher gebildeten, bei Männern sind es sowohl höher wie gering gebildete, die sich durch geringe Kinderzahlen auszeichnen. Frauen und Männer entscheiden im Laufe ihres Lebens (mehr oder weniger frei), ob sie zeugen bzw. gebären wollen, ob sie mit Kindern leben wollen oder nicht. Diese (auch gedankliche und kulturelle) Freiheit ist das Ergebnis sehr weit reichender gesellschaftlicher Auseinandersetzungen und Veränderungen in den 1960er bis 1980er Jahren. Frauen und Männer sind keine ‚Gebär- oder Zeugungsmaschinen', sondern Individuen, die leben und arbeiten, die eigenständig nach Lösungen suchen und sich verändernden Rahmenbedingungen anpassen (Hasenjürgen/Weischer 2005). Langfristig betrachtet, hängt der Rückgang der Geburtenziffern damit zusammen, dass der ‚ökonomische Nutzen' von Kindern als unbezahlte Arbeitskraft und als Alterssicherung an Bedeutung verloren hat. In den letzten Jahrzehnten ist zu verzeichnen, dass sich die biografischen Entwürfe und damit verbunden die Werthaltungen von Männern und Frauen verändert haben. So haben sich das Erstheiratsalter von Frauen und Männern und das Alter bei der Geburt des ersten Kindes kontinuierlich erhöht, allein zwischen 2009 und 2019 von 28,8 auf 30,1 Jahre (Destatis 2021). Zudem sind die wahrgenommenen und tatsächlichen Flexibilitätserfordernisse, mit denen sich Frauen und Männer in Ausbildung und Beruf konfrontiert sehen, bei der derzeitigen Betreuungsinfrastruktur nur bedingt mit den familiären Anforderungen vereinbar.

Lebenserwartung: Die durchschnittliche Lebenserwartung in Deutschland ist kontinuierlich angestiegen. Hatte die Lebenserwartung bei Geburt im letzten Viertel des 19. Jahrhunderts noch unter 40 Jahren gelegen, steigt sie bis in die 1960er Jahre auf etwa 70 Jahre an. Dieser Anstieg setzt sich ein wenig gebremst bis heute fort, 2020 liegt die durchschnittliche Lebenserwartung bei ca. 80 Jahren. Die Unterschiede in der Lebenserwartung von Männern und Frauen haben sich in den letzten Jahrzehnten etwas verringert, liegen aber im Jahr 2020 noch bei knapp fünf Jahren. Ursachen für die Unterschiede sehen Schneider und Aevermann (2019, S. 1177) auf institutioneller (gefährliche Erwerbsarbeit, Kriegseinsätze) wie auf eher individueller Ebene (ausgeprägtes Risikoverhalten, unzureichende Gesundheitsvorsorge). Diese Faktoren variieren jedoch zwischen den Generationen. Der jüngere Anstieg der Lebenserwartung geht insbesondere auf Verbesserungen der Lebens- und Arbeitsbedingungen, des Gesundheitsverhaltens und der medizinischen Versorgung zurück. Es wird davon ausgegangen, dass sich dieser Anstieg auch in Zukunft weiter fortsetzt.

Wanderungssaldo: Die demografische Struktur einer Nationalbevölkerung wird schließlich auch durch die Zahl der Aus- und Zuwanderungen (und deren Geschlechter- bzw. Altersstruktur) beeinflusst. So haben die Arbeitsmigration und der damit verbundene Familiennachzug sowie die Zuwanderung von Spätaussiedelnden und Asylsuchenden dazu beitragen, dass sich die gesunkenen endgültigen Geburtenraten nur verzögert in der Bevölkerungszahl niederschlagen. Die langfristige Entwicklung von Zu- und Abwanderungen lässt erhebliche Schwankungen erkennen. Nicht zuletzt der ‚lange Sommer der Migration' (Hess et al. 2016) im Jahr 2015 hat deutlich gemacht, dass mitunter unerwartete Entwicklungen eintreten können, die dann aber von den zuständigen Institutionen erfolgreich bewältigt werden konnten.

Bevölkerungsprognosen: Nach der 14. koordinierten Bevölkerungsprognose des Statistischen Bundesamtes (2019) wird die Bevölkerungszahl der Bundesrepublik im Jahr 2060 je nach Modellvariante zwischen 74,0 und 83,5 Millionen betragen; in einer mittleren Variante – eine stabile Geburtenziffer von 1,55, ein moderater Anstieg der Lebenserwartung auf 84,4 (Männer) bzw. 88,1 Jahre (Frauen) und ein durchschnittliches Wanderungssaldo von 221.000 Menschen vorausgesetzt – wird die Bevölkerungszahl zunächst auf 83,7 Millionen steigen und bis 2060 auf 78,2 Millionen zurückgehen. Der Anteil der unter 20-Jährigen sinkt von 18,3 Prozent (2020) auf 18,0 Prozent, der Anteil der 67-Jährigen und Älteren steigt von 19,5 Prozent auf 27,4 Prozent; der der 80-Jährigen und Älteren steigt von 7,1 Prozent auf 11,3 Prozent. Bei den Frauen wird der Anteil der 80-Jährigen und Älteren von 2020 bis 2060 von 8,6 Prozent auf 13,0 Prozent ansteigen; bei den Männern von 5,5 Prozent auf 9,6 Prozent. Die Zahl der Menschen im typischen Erwerbsalter (20- bis unter 67-Jährige) wird sich in der mittleren Variante von 62,2 Prozent auf 54,6 Prozent verringern. In allen Varianten ist von erheblichen regionalen Ungleichheiten auszugehen. So wird bei der mittleren Variante die Bevölkerung in den westdeutschen Flächenländern um 4 Prozent, in den ostdeutschen Flächenländern jedoch um 18 Prozent zurückgehen; in den Stadtstaaten wird es demgegenüber einen Zuwachs um 10 Prozent geben. Die jüngste Prognose zeigt, dass sich der biologistische und rassistische (‚Aussterben', ‚Überfremdung') bzw. der sexistische (kinderlose Frauen) Diskurs um die Probleme des demografischen Wandels, der in den 1990er und 2000er Jahren geführt wurde, kaum mit den demografischen Tatsachen bzw. den heutigen Prognosen vereinbaren lässt.

Daran wird deutlich, dass die zeitgenössischen Diskurse um die Bevölkerungsentwicklung stets auch als politische Diskurse zu begreifen sind. Es geht um Fragen der Familienpolitik, der Geschlechterverhältnisse, der Generationenbeziehungen und schließlich der Zuwanderungspolitik bzw. der damit verbundenen Vorstellungen von Nationen und Nationalstaaten. Das heißt, die oft fundamentale Kritik an den Prognosen bezieht sich zum einen auf die wissenschaftliche Fundierung und die Aussagekraft solcher Langfrist-Prognosen, zum anderen werden die dahinterstehenden Denkmodelle und ihre politische Einbindung historisch (Szreter 1993; Mackensen/Reulecke/Ehmer 2009) wie zeitgenössisch kritisiert (Barlösius/Schiek 2007).

Auch die ökonomischen und sozialen Folgen des demografischen Wandels lassen sich aus den Prognosen zur Bevölkerungsentwicklung und zur Altersstruktur, die auf Basis weniger Eckwerte (Geburtenziffern, Lebenserwartung und Zuwanderung) geschätzt werden, nur bedingt ablesen (Bosbach/Bingler 2009). So ist zwar zu ersehen, dass die bundesdeutsche Gesellschaft im Durchschnitt älter wird und die Bevölkerungszahl zurückgeht. Inwieweit die veränderte Alterszusammensetzung jedoch zu einem Problem der Altersversorgung führen wird, hängt von der Produktivitätsentwicklung und dem Grad bzw. dem Volumen der Erwerbsbeteiligung von Männern und Frauen ab. Inwieweit es zu Problemen im Bereich der Pflege kommt, wird durch den Gesundheitszustand der älter werdenden Menschen sowie durch die Geschlechterarrangements in der Familien-, Beziehungs-, Pflege- und Hausarbeit bedingt. Inwieweit es im Kontext der technischen Entwicklung (z. B. Industrie 4.0) zu einem Arbeits- oder Fachkräftemangel kommt, hängt neben der Erwerbsbeteiligung auch von der Zuwanderung sowie der Qualifizierung der ‚Einheimischen' und der ‚Zugewanderten' ab. An diesen Beispielen wird deutlich, dass es wenig sinnvoll ist, mögliche demografische Probleme losgelöst von anderen sozialen Problemen (Geschlechterungleichheit, Bildungsungleichheit, soziale Ungleichheit) zu diskutieren.

Bevölkerungswissenschaften: Verschiedene Wissenschaften befassen sich mit den Strukturen bzw. der Entwicklung von Bevölkerungszahlen. Neben der Bevölkerungswissenschaft sind das insbesondere die historische Bevölkerungsforschung und die Sozialwissenschaft. Sie versuchen, die verschiedenen Faktoren in einen auch theoretischen Zusammenhang zu bringen, indem sie z. B. ‚generative Strukturen' oder ‚Bevölkerungsweisen' (Mackenroth 1953) analysieren. Ein leitendes Theorem war das der ersten (oder auch zweiten) demografischen Transition, indem angenommen wurde, dass es ausgehend von dauerhaften Zuständen der Balance zwischen Mortalität und Fertilität zu Phasen der Transition komme, indem Rückgänge der Sterblichkeit zeitverzögert zu einem Rückgang der Geburtenzahlen führen; damit wurde der Rückgang der Geburtenzahlen eng mit Prozessen der Modernisierung verknüpft. Ehmer zeigt für die Bevölkerungsgeschichte auf, dass sich dieser theoretische Rahmen für eine „Bevölkerungsgeschichte des 19. und 20. Jahrhunderts […] nicht mehr zu eignen" (Ehmer 2013, S. 126) scheint; so seien „Zweifel an der Annahme eines systematischen Zusammenhangs zwischen den einzelnen demographischen Variablen" (ebd.) durchaus berechtigt, die Einheit der Bevölkerungsgeschichte sei eher als ein wissenschaftliches Konstrukt zu begreifen. Vielmehr müssen die Veränderungen der Bevölkerungsstruktur mit Veränderungen der „wirtschaftlichen, sozialen, kulturellen und oft auch politischen Strukturen" (ebd.) verknüpft werden.

Christoph Weischer

Zum Weiterlesen
Ehmer, Josef (2013): Bevölkerungsgeschichte und Historische Demographie 1800–2010. München: Oldenbourg
Hasenjürgen, Brigitte/Weischer, Christoph (2005): ‚Demografischer Wandel'. Ein soziales Phänomen und seine Bearbeitung in wissenschaftlichen und sozialpolitischen Diskussionen. In: Hasenjürgen, Brigitte/Rohleder, Christiane (Hrsg.): Geschlecht im sozialen Kontext. Perspektiven für die Soziale Arbeit. Opladen: Barbara Budrich, S. 263–288
Statistisches Bundesamt (2019): Bevölkerung im Wandel. Annahmen und Ergebnisse der 14. koordinierten Bevölkerungsvorausberechnung. Wiesbaden

Devianz

Der Begriff Devianz deckt sich weitgehend mit dem Begriff des Abweichenden Verhaltens und bezeichnet Verhaltensweisen von Individuen oder Gruppen, die nicht mit den gültigen Regeln, Normen, Vorschriften oder Verhaltenserwartungen übereinstimmen, die von einer maßgeblichen Anzahl von Menschen in einer Gemeinschaft oder Gesellschaft akzeptiert werden. Zu Formen von Devianz zählten und zählen beispielsweise Kriminalität, Drogenkonsum, Alkoholismus, Wahnsinn, Homosexualität, Suizid oder Prostitution (Albrecht/Groenemeyer 2012). Die Beispiele verdeutlichen, dass die Verhaltensweisen, die als abweichend wahrgenommen werden, historischen Veränderungen unterliegen. Dennoch ist Devianz ein universelles Phänomen, da sie in jeder Gesellschaft vorkommt. Wo eine soziale Norm existiert, gibt es auch Verstöße gegen diese (Sack 2020).

Regeln und Normen sind jedoch nicht ohne Bezug zur Kategorie Geschlecht zu denken und an den Beispielen wird deutlich, dass Devianz ein vergeschlechtlichtes Phänomen ist: In westlichen Industriegesellschaften korrespondieren die Erscheinungsformen von Devianz in bemerkenswerter Weise mit Vorstellungen und Erscheinungsweisen von Geschlechterdifferenz, beispielsweise bei den Suizidraten von Frauen und Männern oder im Hinblick auf ausgeübte und strafrechtlich verfolgte Gewalttaten. Da Devianz immer Teil der sozialen Ordnung ist und somit auch Teil der gesellschaftlichen Geschlechterordnung, sind Muster von Normalität, Abweichung und sozialer Kontrolle mit

Geschlecht verknüpft. Devianz hat aber kein Geschlecht, es gibt keine eindeutigen Ausprägungen von ‚männlicher' oder ‚weiblicher' Devianz. Solche Zuschreibungen sind vielmehr selbst schon das Ergebnis der komplexen Wechselwirkungen zwischen Konstruktionen abweichenden Verhaltens und einer zweigeschlechtlich strukturierten symbolischen und sozialen gesellschaftlichen Ordnung. Diese Dynamik ist mit geschlechtsbezogenen Deutungs- und Handlungsmustern von Menschen verwoben, beispielsweise im Kontext von Gewaltinteraktionen und Gewaltdiskursen und damit verbundenen Opfer- und Täter*innenpositionen (Bereswill 2011; Neuber 2011; Kersten 2015). Zugleich ist abweichendes Verhalten in unterschiedliche Lebenslagen von Frauen und Männern eingebettet, beispielsweise im Zusammenhang der Arbeitsteilung der Geschlechter, die in der feministischen Theorie als ursächlich für unterschiedliche Handlungsspielräume von Frauen und Männern gesehen wird.

Was als abweichend wahrgenommen wird, weshalb es zu abweichendem Verhalten kommt und unter welchen gesellschaftlichen Bedingungen es wahrscheinlicher wird, darauf versuchen verschiedene Theorien Antworten zu geben: Neben psychoanalytischen, marxistischen und sozialpsychologischen Ansätzen sind die klassischen Theorien, auf die bis in die Gegenwart Bezug genommen wird, die Theorie differenzieller Kontakte, die Subkulturtheorie, die Anomietheorie sowie der labeling approach (vgl. Lamnek 2018). Obwohl Devianz ein so offensichtlich vergeschlechtlichtes Phänomen ist, berücksichtigt bis heute keine dieser Theorieperspektiven systematisch die Kategorie Geschlecht.

Die Theorie der differentiellen Kontakte von Edwin H. Sutherland (1968) setzt bei der Perspektive an, dass Menschen in Interaktionen durch andere beeinflusst werden. Ein Individuum, das sich mit anderen, die sich deviant verhalten oder die abweichendes Verhalten belohnen, zusammenschließt, wird demnach selbst deviant. Dieser einfache soziologische Ansatz erklärt Devianz als Ergebnis eines Lernprozesses, der meist in Gleichaltrigengruppen stattfindet. Diese Theorie wurde später durch den Begriff der Subkultur ergänzt und die Perspektive hat sich weg vom abweichenden Individuum hin zur devianten Subkultur verschoben. Wenn es in einer Gesellschaft Subkulturen gibt, dann auch solche, die sich nonkonform verhalten. Indem das Individuum die Werte, Normen und Verhaltensweisen einer Subkultur lernt, wird es zum*r Abweichler*in. In den Fokus der Forschung sind aus dieser Perspektive vor allem Jugendbanden gerückt, genauer: die Aktivitäten von Jungen in Banden (Cohen 1955). Auch wenn Geschlecht keine systematische Analysekategorie für Albert K. Cohen war, diskutiert er aus Perspektive der Subkulturtheorie bereits in den 1950er Jahren mögliche Gründe für die Überrepräsentanz von Jungen und Männern in den Kriminalitätsstatistiken. Trotz allem wird nicht theoretisch hinterfragt, warum junge Männer in Gleichaltrigengruppen so dominant sind: Wo sind die jungen Frauen in diesen Gruppen? Ist ihre von der Forschung fraglos hingenommene Abwesenheit möglicherweise das Resultat der Sichtweise der Forschenden?

Ein weiterer Ansatz zur Erklärung von Devianz ist die Anomietheorie. Dieser zunächst von Durkheim (1897/1973) eingeführte Begriff benennt einen Zustand der Gesellschaft, der durch Orientierungslosigkeit, Verlust an Klarheit der Normen oder Auflösung und Verschwinden von Normen gekennzeichnet ist. Weist eine Gesellschaft ein hohes Maß an Anomie auf, tritt Devianz in verstärktem Maße auf. Eine Weiterentwicklung von Durkheims Anomiebegriff erfolgt durch Robert K. Merton (1938/1968). Er fasst Anomie nicht einfach als Auflösung von Werten und Normen, sondern versteht darunter die Diskrepanz zwischen den Werten oder Zielen, die in einer Gesellschaft zentral sind, und der Verfügbarkeit legaler und institutioneller Mittel, diese Ziele zu erreichen. Abweichendes Verhalten resultiert somit aus der Diskrepanz von Zielen und Mitteln – eine Erklärung, die das rationale Handeln von Menschen fokussiert. Auf Geschlecht bezogen ließe sich fragen, warum Frauen nicht häufiger durch Abweichung auffallen als Männer, da sie in unserer Gesellschaft mehrheitlich benachteiligt sind und die Ziel-Mittel-Diskrepanz deshalb größer sein müsste.

Im labeling approach oder Etikettierungsansatz (z. B. Becker 1963; Becker 1973) verschiebt sich die Perspektive weg von den Werten, Normen, Mitteln und abweichenden Individuen hin zu den Prozessen der Zuschreibung als ‚normal' oder ‚abweichend'. Dieser interaktionstheoretische Ansatz, bei dem soziales Handeln als wechselseitiger Austausch von Bedeutungen und Erwartungen sowie Erwartungsunterstellungen begriffen wird, rückt die Prozesse, in denen abweichendes Verhalten identifiziert und etikettiert wird, in den Mittelpunkt. Von Interesse ist, durch welche sozialen Prozesse Menschen zu Abweichler*innen gemacht werden, nicht aufgrund welcher individueller Ursachen oder Motive sie beispielsweise Drogen konsumieren oder Diebstähle begehen. Es wird somit nicht nach der Genese von Devianz gefragt, sondern nach ihrer jeweiligen Bedeutung im Zusammenhang sozialer Zuschreibungen. Obwohl aus dieser Perspektive Zuschreibungsprozesse im Mittelpunkt der Betrachtung stehen und sich daraus ein systematischer Anschluss an sozialkonstruktivistische Ansätze der Geschlechterforschung ergeben würde (Gildemeister/Wetterer 1992; Hagemann-White 1984; Hagemann-White 1988; West/Zimmerman 1987), hat auch diese Perspektive bemerkenswerterweise nicht zu einer theoretischen Öffnung und Weiterentwicklung des Etikettierungsansatzes geführt.

Jedoch sind nicht nur die gesellschaftlichen Regeln und Normen vergeschlechtlicht, sondern auch die mit ihnen verbundenen Sanktionen – positive (wie Belohnung oder Aufstieg) und negative (wie Strafe oder Ausgrenzung). Devianz wird meist mit negativen Sanktionen belegt. Solche Sanktionierungen sind Formen und Praktiken sozialer Kontrolle. Soziale Kontrolle ist ein Prozess, in dessen Verlauf eine Gruppe, eine Organisation oder eine Gesellschaft sicherstellt, dass ihre Mitglieder sich bestimmten Werten, Normen und Regeln gegenüber konform verhalten (Sack 2020). Die enge Beziehung von sozialer Kontrolle und Geschlechterverhältnissen ist im Bereich der Kriminalität (Kriminalstatistik und Belegungszahlen im Strafvollzug) besonders offensichtlich, aber auch andere Formen von abweichendem Verhalten, deren Sanktionierung und die damit verbundenen Formen der sozialen Kontrolle zeigen dies eindrücklich. So weist beispielsweise die Indikation für die Einweisung von Jungen und Mädchen in geschlossene Heime auch gegenwärtig Muster einer binär codierten Geschlechterdifferenzierung auf, die sich über Jahrzehnte hinweg und entgegen feministischer Kritik hartnäckig halten (Hoops 2017). Feministische Autorinnen haben seit den 1970er Jahren darauf hingewiesen, dass Mädchen aus Gründen geschlossen untergebracht werden, aus denen kein Junge im Heim untergebracht würde (Pankofer 1997). Auch aktuelle Untersuchungen zur westdeutschen Heimerziehung zeigen, dass Weiblichkeitszuschreibungen mit Zuschreibungen von ‚sexueller' Verwahrlosung und Gefährdung verklammert waren (Stange 2017; Müller-Behme 2019). Hier wird deutlich, dass Devianz mit Zuschreibungen von Geschlechterdifferenz korrespondiert. Am Beispiel von Devianz zeigt sich somit zugespitzt, was für Zuschreibungen von Geschlechterdifferenz generell gilt: Wenn Frauen und Männer das Gleiche tun, wird dies nicht gleich beurteilt.

In den letzten Jahrzehnten wird ein Wandel sozialer Kontrolle diskutiert. Erklärt werden sollen Entwicklungen sozialer Kontrolle in Zusammenhang mit gesellschaftlichen Veränderungen. Beobachtet werden eine Abkehr vom Rehabilitationsideal und eine Hinwendung zu Risikoorientierung und zum Risikomanagement. Viele Bereiche gesellschaftlicher Wirklichkeit werden zunehmend über Sicherheit und Risiken interpretiert. Öffentlich thematisiert werden Unsicherheit, Kriminalitätsfurcht und Verbrechensopfer, die Neudefinition und Förderung von kommunaler Kriminalprävention, der Ausbau technischer Überwachungseinrichtungen sowie die Zunahme von Punitivität und Strafen (Groenemeyer 2001). Auch diese aktuelle Debatte wird weitgehend ohne Bezüge zu geschlechtertheoretischen Überlegungen geführt, obwohl die Thematisierung von Sicherheit und Unsicherheit, Kriminalitätsfurcht, Opferschaft und Täterschaft offensichtlich mit Konstruktionen von Geschlecht verknüpft sind. Das Rehabilitationsideal sowie die für die Gegenwart diagnostizierte Risikoorientierung sind nicht unabhängig von gesellschaftlichen Geschlechterordnungen. In allen Formen sozialer Kontrolle bringen wechselseitige Ko-Konstruktionen von Devianz und Geschlecht auch neue Typiken vergeschlechtlichter Diskurse von Abweichung und sozialer Kontrolle hervor. Solche populären, politischen und wissenschaftlichen Diskurse halten auch Einzug in die Fachdiskurse und Praxisansätze der Sozialen Arbeit. Exemplarisch lassen sich hier beispielsweise Diskurse über ‚gute' Mutterschaft im Kontext von Kindeswohlgefährdungen oder Tötungsdelikten an Kindern nennen (Tolasch 2016).

Der diskurstheoretische Blick auf Devianz ist mit Arbeiten von Foucault (1977c) verbunden, der analysiert, wie soziale Kontrolle ihre Disziplinarmacht im Prozess gesellschaftlicher Veränderungen entfaltet. Seine Perspektive bietet Anschlüsse an poststrukturalistische oder dekonstruktivistische Ansätze der Geschlechterforschung. Für die Soziale Arbeit wirft ein Beispiel wie ‚gute' Mutterschaft weiterführende Fragen im Hinblick auf den gegenwärtigen Risikodiskurs auf: Wessen Risiko steht im Fokus von Fachdiskursen und Handlungsansätzen? Welche geschlechtsgebundenen normativen Erwartungen entfalten ihre diskursive Wirkmacht? Wie sind solche Normen und Normalisierungsdiskurse in Prozesse der gesellschaftlichen Exklusion und Inklusion eingebettet?

Zusammenfassend ist festzustellen, dass das komplexe Wechselverhältnis von Devianz und Geschlecht von hoher Relevanz für eine geschlechtertheoretisch fundierte Forschung und für alle Praxisfelder der Sozialen Arbeit ist. Das Wechselspiel von Normalität und Abweichung strukturiert die gesellschaftliche Ordnung grundlegend und Soziale Arbeit ist anhand geschlechtsgebundener Formen von Hilfe und Kontrolle in diese Dynamik involviert. Statt von ‚typisch weiblichen' oder ‚typisch männlichen' Ausprägungen von Devianz auszugehen, ist die Aufgabe der Sozialen Arbeit vielmehr, unterkomplexe Zuschreibungen aufzudecken, gesellschaftliche Normalitätszumutungen radikal in Frage zu stellen und Konflikte, die mit der Kritik an und Verarbeitung von Stigmatisierungsprozessen verbunden sind, zu erkennen und zu bearbeiten.

Mechthild Bereswill und Anke Neuber

Zum Weiterlesen
Bereswill, Mechthild (2011): Zum Verhältnis von Adoleszenz, Devianz und Geschlecht. In: Betrifft Mädchen, 24. Jg., H. 3, S. 114–118
Neuber, Anke (2011): same, same but different? Methodologische Überlegungen zum Verhältnis von Gewalt und Geschlecht. In: sozialersinn, H. 1, S. 3–27
Seus, Lydia (2014): Doing gender while doing deviance? Die Genderperspektive in der Kriminologie. In: AK HochschullehrerInnen Kriminologie/Straffälligenhilfe in der Sozialen Arbeit (Hrsg.): Kriminologie und Soziale Arbeit. Weinheim: Beltz Juventa, S. 100–113

Digitalisierung

Digitalisierung (von lat. digitus, Finger und engl. digit, Ziffer) bedeutet ursprünglich das einfache Umwandeln von analogen in digitale Formate und ihre Verarbeitung oder Speicherung in einem digitaltechnischen System. Diese Werte oder Informationen können aus Bildern, Texten oder anderen Datenpunkten bestehen. Aus gedruckten Büchern werden so E-Books, aus analogen Akten digitale. Heute wird der Begriff Digitalisierung in der Regel als Synonym für die „Digitale Transformation" genutzt. Unter diesem Begriff werden die durch Informationstechnologien hervorgerufenen Veränderungen in allen Lebensbereichen verstanden. Der Begriff Mediatisierung, der oft in den Sozialwissenschaften zu lesen ist, hingegen bezieht sich auf den gesellschaftlichen Wandel durch Veränderung der menschlichen Kommunikation (vgl. Krotz 2008, S. 53). Nach Hammerschmidt et al. lassen sich die Begrifflichkeiten zueinander in Beziehung setzen: „Digitalisierung wäre demnach der aktuelle Fall von Mediatisierung durch die Etablierung digitaler Medien, wodurch die Verwendungszwecke analoger Medien verändert werden, neue gesellschaftliche Kommunikationsformen entstehen, sich Alltag und Identität der Menschen und dadurch auch Gesellschaft und Kultur erheblich verändern" (Hammerschmidt et al. 2018, S. 1). Im Folgenden wird Digitalisierung als eben dieser aktuelle Fall der Mediatisierung verstanden. Unter dieser Form der Digitalisierung werden derzeit unterschiedlichste Techniken und Phänomene zusammengefasst. Hierzu gehören unter anderem das Internet der Dinge, Künstliche Intelligenz, Robotik, Cyborgisierung, Big Data Analysen, Algorithmische Entscheidungssysteme, autonomes Fahren oder die Industrie 4.0.

Zu Beginn der Digitalisierung war vor allem das Programmieren Frauensache. Die Entwicklung der Informatik als Wissenschaft hat ihren Ursprung im 19. Jahrhundert, die Begründerin dieser Wissenschaft war Ada Lovelace. Sie gilt mit ihrem Algorithmus zum Berechnen von Bernoulli-Zahlen mit der Analytical Engine-Rechenmaschine als erste Programmiererin. Im Zweiten Weltkrieg, als Männer häufig einberufen wurden, war dieser Bereich fast nur Frauen vorbehalten. Der Beruf der Programmiererin hatte allerdings nicht den heutigen Stellenwert, sondern war mit einer Art moderner Sekretärin zu vergleichen. Der erste Computer wurde von sechs Frauen programmiert, doch schon bei der Präsentation des ENIAC spielten diese keine Rolle mehr. Auf den Fotos der Präsentation waren nur Männer zu sehen, die eigentlichen Schöpferinnen wurden nicht erwähnt. Dennoch war die Zeit der Programmiererinnen noch nicht vorbei.

„Es ist die Zeit der Computer-Mädels", schrieb das „Cosmopolitan"-Magazin noch 1967. Auch IBM warb vor allem Programmiererinnen an. Der Wandel kam in den späten 1980ern – wodurch dieser genau ausgelöst wurde, ist nicht eindeutig belegt. Einige bringen den Geschlechterwandel mit dem Aufkommen von Videospielen in Verbindung, andere mit der Einführung von Informatikunterricht in der Schule oder der Bedeutung der Digitalsparte, die zunahm und somit auch finanziell attraktiver wurde.

Gerade in Bezug auf die digitale Transformation und die damit einhergehenden Substituierungsprozesse auf dem Arbeitsmarkt ist dieser sehr von der (Re-)Produktion männlicher Denk- und Handlungsstrukturen geprägte Trend kritisch zu betrachten, da er Geschlechtsungleichheiten auf längere Sicht verstärken kann.

Soziale Ungleichheit wird beispielsweise durch Substituierungsprozesse auf dem Arbeitsmarkt verstärkt. Besonders gut substituierbar sind Tätigkeiten, die kodifizierbar sind und deshalb einfach durch Computeralgorithmen ersetzt werden können (vgl. Goos/Manning/Salomons 2014). Routinetätigkeiten eignen sich demnach besonders gut für eine Automatisierung, da diese vorhersehbar und repetitiv sind. Im Gegensatz dazu lassen sich ‚Nicht-Routinetätigkeiten' kaum automatisieren. Bei diesen handelt es sich nicht nur um als intellektuell und kognitiv anspruchsvoll deklarierte Aufgaben, sondern auch um soziale Interaktionen oder manuelle Tätigkeiten, die eine Reaktion auf unvorhergesehene Ereignisse erfordern (vgl. Altzinger/Zilian 2018, S. 79). Das Substituierungspotenzial hängt zudem vom Anforderungsniveau der Arbeit ab. Differenziert man beim Substituierungspotenzial nach Anforderungsniveaus, wird deutlich, dass der Anteil der Beschäftigten mit einem hohen Substituierbarkeitspotenzial mit steigendem Anforderungsniveau zurückgeht (Zika et al. 2018, S. 24). Demzufolge schützt eine Qualifizierung vor einem möglichen Arbeitsplatzverlust. Von einer solchen potenziellen Substituierbarkeit sind vor allem typische Frauenberufe betroffen. Diese sind besonders gefährdet, durch die Digitalisierung zu entfallen. „Es besteht großer Nachholbedarf was die Qualifizierung von Mädchen und Frauen angeht" (Ahlers et al. 2018).

Diese Entwicklung wird durch den im MINT- Bereich besonders geringen Frauenanteil noch einmal verstärkt. Nur 15 Prozent der dort tätigen Arbeitnehmer*innen sind weiblich. Auch beim Nachwuchs sieht es kaum besser aus: Im akademischen Bereich sind 28 Prozent weiblich, bei den aktuellen Ausbildungsverträgen entfallen nur 11 Prozent auf weibliche Auszubildende (Bundesagentur für Arbeit 2018). Da die Nachfrage nach MINT Arbeitskräften groß ist, wird sich der Fachkräftemangel wahrscheinlich verstärken. Nicht nur deshalb ist eine gezielte Förderung von Frauen in diesem Bereich besonders wichtig. Hinzu kommt, dass die Debatte um Digitalisierung häufig auf die überwiegend männlich dominierte industrielle Produktion gerichtet ist. Kurz et al. stellen fest, dass, wenn Roboter Arbeitsplätze von Menschen in der Produktion ersetzen, für die davon betroffenen Arbeitnehmer*innen Konjunkturprogramme und Auffangmaßnahmen eingerichtet werden. Andererseits gibt es für den ebenso betroffenen Bereich Dienstleistungen, der weiblich dominiert ist, keine entsprechenden Programme (Kurz/Oerder/Schildmann 2019, S. 41).

Der geringe Frauenanteil hat zudem Auswirkungen auf die digitalen Produkte, die auf dem Markt verfügbar sind. Besonders auffällig ist dies bei algorithmischen Entscheidungssystemen. Diese treffen aufgrund von historischen Daten Entscheidungen. Da gerade in diesen historischen Daten Vorurteile und Diskriminierungen vorhanden sind, werden diese durch die Programme reproduziert. Verschiedene wissenschaftliche Studien weisen auf dieses Problem nicht genderneutraler Algorithmen hin: Lernen selbstlernende Algorithmen zum Beispiel mit häufig benutzten Fotosammlungen, die einen signifikanten genderbezogenen Verzerrungseffekt aufweisen, werden Stereotypen von ihnen nicht nur übernommen, sondern sogar verstärkt (vgl. Simonite 2017). In der Studie von Geschke, Lorenz und Holtz (2019) wird nachgewiesen, dass sobald der Algorithmus davon ausging, dass ein Internetnutzer männlich war, ihm bei der Suche nach Stellenangeboten eher hochdotierte Stellenangebote angezeigt wurden. Bei der identischen Internetsuche durch eine (angenommene) Frau war das nicht der Fall (vgl. Geschke/Lorenz/Holtz 2019, S. 132).

Aber auch automatische Übersetzungsprogramme wie google translate weisen einen gender bias auf. Google kündigte im Dezember 2018 an, den „Gender bias in google translate" reduzieren zu wollen, indem bei der Übersetzung aus Sprachen, die geschlechtsneutrale Wörter verwenden, zukünftig weibliche und männliche Übersetzungen angeboten werden sollen. Als Beispiel bringt google selbst das türkische „o bir doktor" das nun nicht mehr mit „he is a doctor" sondern auch als „she is a doctor" in der englischen Übersetzung auftauchen soll (vgl. Kuczmarski 2018). Behoben ist dieses Problem bisher aber nur in Teilen.

Auch das Beispiel automatisierter Bewerber*innenauswahl bei Amazon zeigt, dass selbst Technikkonzerne diese Problematik nicht immer im Blick haben. Nach der Einführung einer Künstlichen Intelligenz (KI) zur Bewertung von Bewerbungen mit dem Ziel, die besten Bewerberinnen und Bewerber auszuwählen, wurde festgestellt, dass der Algorithmus Frauen bei der Bewerbung auf technische Stellen systematisch benachteiligte. Dies lag an den Daten, mit denen die KI trainiert wurde, denn als Grundlage wurden die bis dahin getätigten Einstellungen der letzten zehn Jahre herangezogen. Da hier bereits mehr Männer als Frauen eingestellt wurden, lernte die KI, dass Frauen für diesen Bereich nicht so gut geeignet seien wie Männer (vgl. Dastin 2018).

Nichtbinäre Geschlechtsvorstellungen sind bisher in digitalen Produkten so gut wie gar nicht auffindbar, da diese in den Daten, aus denen solche Systeme lernen, nicht abgebildet werden.

Die Soziale Arbeit ist hier in mehreren Hinsichten gefragt. Zum einen muss sie die Auswirkungen der Digitalisierung auf die Geschlechterungleichheit in Hinblick auf die Adressat*innen der Sozialen Arbeit im Blick haben. Zum anderen sind gezielte Projekte zur Förderung von Frauen und Mädchen im MINT Bereich notwendig. Darüber hinaus muss, sobald in der Sozialen Arbeit selbst digitalisiert wird, z. B. durch den Einsatz von Fachsoftware, diese kritisch auf Fragestellungen der Diskriminierung untersucht werden.

Angelika Beranek

Zum Weiterlesen
Dyson, George (2016): Turings Kathedrale: die Ursprünge des digitalen Zeitalters. Ungekürzte Ausgabe, Berlin: Ullstein
O'Neil, Cathy (2016): Weapons of math destruction: How big data increases inequality and threatens democracy. First edition. New York: Crown

Zweig, Katharina A. (2019): Ein Algorithmus hat kein Taktgefühl: Wo künstliche Intelligenz sich irrt, warum uns das betrifft und was wir dagegen tun können. Originalausgabe. München: Heyne

Diskriminierung

Während etymologisch betrachtet ‚diskriminieren' lediglich ‚unterscheiden' bedeutet, hat sich in der Alltagssprache die rechtswissenschaftliche Bedeutung durchgesetzt, nach der Diskriminierung die Benachteiligung der in den Gesetzestexten (etwa das deutsche Allgemeine Gleichbehandlungsgesetz oder die Allgemeinen Menschenrechte) genannten Gruppen – Frauen, ethnische Minderheiten, Behinderte etc. – bezeichnet. Diskriminierung wird gemeinhin als eine Handlung verstanden, durch die Menschen aufgrund zugeschriebener sozialer oder körperlicher Merkmale abwertend behandelt und verletzt werden. Bezogen auf die spezifischen sozialen Gruppen werden differente Diskriminierungsformen unterschieden – etwa Sexismus, Heterosexismus, Homo- und Transfeindlichkeit, Ableism/Behindertenfeindlichkeit, Klassismus, Rassismus, Antisemitismus, Diskriminierung von Rom*nja und Sinti*zze, Antislawismus, anti-muslimischer Rassismus oder Altersdiskriminierung.

Es wird zwischen einer negativen und positiven Diskriminierung unterschieden. Während bei einer negativen Diskriminierung die Mitglieder einer spezifischen Gruppe benachteiligt werden, werden dieselben bei einer positiven Diskriminierung begünstigt. Die Unterscheidung ist jedoch zu Recht umstritten, es sei denn, es ist von einer ‚positiven Diskriminierung' im Sinne von affirmative action – einer politischen Maßnahme zur Förderung einer diskriminierten Gruppe – die Rede (vgl. Kellough 2006). Während die deutsche Frauenquote, die zu den relativen Quotenregelungen gezählt wird, Frauen bei gleicher Qualifizierung den Vorzug bei einer Einstellung gibt, geht die US-amerikanische Strategie der affirmative action einen Schritt weiter. Es geht hier darum, historische Diskriminierungen zu korrigieren, zu kompensieren und in Zukunft zu vermeiden. Um Diskriminierungen zu überwinden sind jedoch auch präventive und positive Antidiskriminierungspraxen (etwa Antidiskriminierungs- und Empowermenttrainings) vonnöten (vgl. Madubuko 2020).

Auch das deutsche Grundgesetz (GG) sieht aktive Maßnahmen gegen Diskriminierung vor. In Art. 3 GG ist die Rede von einer legitimen Ungleichbehandlung, wenn diese zur Erreichung des vom Gesetzgeber verfolgten Zwecks geeignet und erforderlich ist und darüber hinaus das Gebot der Verhältnismäßigkeit beachtet wird. Demnach muss immer unterschieden werden zwischen illegitimer, normativ unzulässiger Diskriminierung und sozial legitimer Ungleichbehandlung (Cyba 2000).

Frauen*diskriminierung: Die UNO-Frauenkonvention Convention on the Elimination of All Forms of Discrimination Against Women (CEDAW) – definiert Frauendiskriminierung als die eine mit dem Geschlecht begründete Unterscheidung, Ausschließung oder Beschränkung, die zur Folge oder zum Ziel hat, dass die auf die Gleichberechtigung von Mann und Frau gegründete Anerkennung, Inanspruchnahme oder Ausübung der Menschenrechte und Grundfreiheiten durch die Frau – ungeachtet ihres Familienstands – im politischen, wirtschaftlichen, sozialen, kulturellen, staatsbürgerlichen oder jedem sonstigen Bereich beeinträchtigt oder vereitelt wird. Das Übereinkommen wurde im Jahre 1979 von der UN-Generalversammlung verabschiedet und trat 1981 in Kraft. Bisher haben 186 Staaten das Übereinkommen ratifiziert, auch wenn nicht alle unterzeichneten Staaten sich zu allen Artikeln des CEDAW verpflichten und die Umsetzung in einigen Ländern nur schwer durchsetzbar ist. Nach Art. 18 ist jedes Land, das die CEDAW ratifiziert hat, dazu verpflichtet, mindestens alle vier Jahre einen Bericht über die zur Durchführung getroffenen Maßnahmen und Fortschritte vorzulegen. Die Berichte der Bundesrepublik werden regelmäßig von so genannten Schattenberichten begleitet. Diese werden von Nichtregierungsorganisationen erstellt und zeigen die Punkte auf, die der offizielle Regierungsbericht ignoriert.

Am 1. August 2014 trat die Istanbul-Konvention in Kraft. Es handelt sich hierbei um das Übereinkommen des Europarats zur Verhütung und Bekämpfung von Gewalt gegen Frauen und häuslicher Gewalt. Der völkerrechtliche Vertrag schafft verbindliche Rechtsnormen gegen Gewalt an Frauen und häusliche Gewalt. Obschon bis März 2020 insgesamt 47 Mitgliedsstaaten des Europarates das Übereinkommen unterzeichnet haben, haben es bisher nur 34 ratifiziert. Die Türkei hat die Konvention unterzeichnet und ist dann 2021 ausgetreten, während andere Vorbehalte bezüglich einzelner Passagen angemahnt haben.

Mehrfachdiskriminierung und Intersektionalität: In den (feministischen) Sozialwissenschaften wird seit den 1960er Jahren über die Zusammenhänge und Dynamiken zwischen verschiedenen Diskriminierungsformen nachgedacht. Diskriminierungstheorien wie die Triple-Oppression-Theorie (The Combahee River Collective 1982), die das Zusammenspiel von Rassismus, Klassismus und Sexismus thematisiert (Davis 1983), oder das Konzept der Intersektionalität (Crenshaw 1991; Winker/Degele 2009a) gehen davon aus, dass sich verschiedene Diskriminierungsformen überschneiden und verstärken bzw. in ihren Überschneidungen zu spezifischen Diskriminierungserfahrungen führen. Das Bielefelder Forschungsprojekt ‚Gruppenbezogene Menschenfeindlichkeit' geht schließlich davon aus, dass die verschiedenen Diskriminierungsformen ein Syndrom bilden, dem eine generalisierte Ideologie der Ungleichwertigkeit zugrunde liegt. Ausgangspunkt ist die Infragestellung der Unversehrtheit von spezifischen sozialen Gruppen, womit der Kern des Syndroms durch eine Ideologie der Ungleichwertigkeit bestimmt wird. Insgesamt sieben Syndromelemente offener oder verdeckter Menschenfeindlichkeit wurden empirisch untersucht: Fremdenfeindlichkeit und Rassismus, Antisemitismus und Islamophobie, Homophobie, die Abwertung von Obdachlosen und Langzeitarbeitslosen, behinderter Menschen sowie die Demonstration von Etabliertenvorrechten und Sexismus (Heitmeyer 2002–2012). Das Konzept der ‚Gruppenbezogenen Menschenfeindlichkeit' (GMF) hat sich im deutschsprachigen Raum etabliert, wenn es auch vielfach kritisiert wurde (etwa Johansson 2011; Möller 2017). So verführt es beispielsweise dazu, unterschiedliche Formen von Diskriminierung in eins zu setzen und zu dekontextualisieren. Anderseits ermöglicht es die Adressierung von Diskriminierung, ohne die diversen Diskriminierungsformen zu hierarchisieren. Anlehnend an die GMF-Studien wurden ab 2006 die ähnlich angelegten repräsentativen Mitte-Studien durchgeführt, die u. a. empirisch belegen, dass Personen, die zum Autoritarismus neigen, eher GMF zeigen und umgekehrt (Zick/Küpper/Krause 2016).

Strukturelle und institutionelle Diskriminierung: Eine wichtige Unterscheidung ist schließlich die zwischen alltäglicher und struktureller Diskriminierung. Strukturelle Diskriminierung entspricht dabei der Diskriminierung sozialer Gruppen, die in der Struktur der Gesamtgesellschaft begründet liegt. So sind beispielsweise in einer heteronormativ strukturierten Gesellschaft LSBTIQ$^+$-Personen strukturell diskriminiert. Strukturelle Diskriminierung ist zu unterscheiden von der institutionellen Diskriminierung, die von organisatorischem Handeln von Institutionen ausgeht. Dieses findet häufig in einem Netzwerk gesellschaftlicher Institutionen statt, beispielsweise im Bildungs- und Ausbildungssektor, dem Arbeitsmarkt oder Gesundheitswesen.

Antidiskriminierungsarbeit: Insbesondere soziale Bewegungen (etwa die feministischen Bewegungen, queere Bewegungen oder Black Lives Matter) haben die Sensibilität für Diskriminierungen in den letzten Jahrzehnten erheblich erhöht. Zudem verhelfen Antidiskriminierungsgesetze und -strategien, wie das Gender Mainstreaming oder Cultural Mainstreaming, Gleichheitsansprüchen zu einer breiteren Akzeptanz. Problematisch bleibt jedoch auf der einen Seite, dass bestimmte Diskriminierungsformen (etwa Sexismus) den meisten als illegitim erscheinen, während beispielsweise die Diskriminierung aufgrund von Staatsbürgerschaft als eine legitime Ungleichbehandlung gilt. Des Weiteren gilt es als besonders schwierig, Diskriminierungen innerhalb diskriminierter Gruppen zu thematisieren (Eisenberg/Spinner-Halev 2005). So ist die Diskriminierung sexueller Minderheiten innerhalb religiöser Communities immer dann schwierig öffentlich zu skandalisieren, wenn die diskriminierende Community selber gesellschaftlich diskriminiert wird. Ein Dilemma, dessen sich die Soziale Arbeit annehmen muss und das nach einer besonderen Sensibilität verlangt. Als weiteres Dilemma gilt, dass Soziale Arbeit nicht nur direkt mit den Konsequenzen sozialer Diskriminierungen konfrontiert ist und versucht – insbesondere wenn sie sich als Menschenrechtsprofession versteht – Diskriminierungen zu skandalisieren und Diskriminierungsstrukturen aufzuweichen, sondern auch selbst stigmatisierte Subjektpositionen hervorbringt und stabilisiert (vgl. Kessl/Plößer 2010).

María do Mar Castro Varela

Zum Weiterlesen
Castro Varela, María do Mar/Dhawan, Nikita (Hrsg.) (2010): Soziale (Un)Gerechtigkeit. Kritische Perspektiven auf Diversity, Intersektionalität und Antidiskriminierung. Münster, Hamburg, London: LIT
Melter, Claus (Hrsg.) (2021): Diskriminierungs- und rassismuskritische Soziale Arbeit und Bildung. Praktische Herausforderungen, Rahmungen und Reflexionen. Weinheim: Beltz Juventa
Bronner, Kerstin/Paulus, Stefan (2021): Intersektionalität: Geschichte, Theorie und Praxis. Stuttgart: UTB

Diversität

Erst der Versuch, Diversität in politisch-geschichtlichen Zusammenhängen zu reflektieren, wirft Fragen nach den ungleichen sozialen, politischen und ökonomischen Verhältnissen auf, die im Widerspruch zu Gleichheitsgrundsätzen und Menschenrechten in demokratischen Gesellschaften standen und stehen.

Aus einer historischen Perspektive haben vor allem Frauen-, Black-Feminism-, Bürgerrechts- und LGBTQIA*-Bewegungen u. a. mit den Kategorien ‚race', ‚class' und ‚gender' das komplexe Spannungsverhältnis von universellen Menschen- bzw. Grundrechten und den sozial-politischen Ausschließungspraxen von ab- und ausgegrenzten sozialen Gruppen sichtbar gemacht. Beispielsweise rückte Rosa Parks' Verweigerung im Jahre 1955 in Alabama/USA, ihren Sitzplatz in einem Bus für einen weißen Mann zu räumen, sie als sichtbar verortetes ‚politisches Subjekt' in den Mittelpunkt der öffentlichen Debatten um Rassentrennungsgesetze. Parks zeigte damit auf ein gesamtgesellschaftliches Problem, das einerseits für schwarze Menschen vor allem strukturelle und alltägliche Diskriminierungs-, Ungleichbehandlungs- und Ungerechtigkeitserfahrungen bedeutete. Aber andererseits öffnete Parks den Blick für die Paradoxie eines grundsätzlichen Demokratieproblems: Menschen- und Grundrechte für bestimmte Bevölkerungsgruppen bestanden, wenn überhaupt, dann lediglich auf dem Papier (vgl. Parks/Haskins, 1992).

Durch die widerständigen Auseinandersetzungsprozesse der sozialen Bewegungen und der diese Prozesse theoretisch aufgreifenden Forschungen wurden gesellschaftspolitische, demokratische Paradoxien mittels diverser Differenzkategorien (z. B. Geschlecht, Klasse, Hautfarbe, Alter, Herkunft) sichtbar gemacht, artikuliert, problematisiert und damit in emanzipatorischer und bemächtigender Weise ins Bewusstsein gerückt. Die Diskrepanz zwischen der formal-rechtlichen, abstrakten Vorstellung gleicher und freier Rechtssubjekte, die in Menschen- und Grundrechten verbrieft wird, und der politisch-sozialen bzw. real gelebten Ungleichheit bzw. Unfreiheit zeigt sich beispielsweise bei

Menschen, die mit einem ‚Ausländer*innen-Status' oder mit keinem rechtlichen Aufenthaltsstatus (Menschen ohne Papiere, sans-papiers) in Deutschland leben. Diese Menschen werden vor allem rechtlich nicht als Bürger*innen definiert und damit von Grund- bzw. Menschenrechten, wie der Freizügigkeit oder der Versammlungsfreiheit, aufgrund einer anderen oder keiner vorweisbaren Staatsangehörigkeit ausgeschlossen (vgl. Deutscher Bundestag 2018, S. 1 f.). Ein anderes und mit einem demokratischen Grundverständnis von Freiheit und Gleichheit absolut nicht vereinbares Beispiel betrifft Menschen, die alltäglich im Mittelmeer vor den Toren der sich als demokratisch verstehenden EU-Staaten wissentlich dem Tod überlassen werden, da ihnen fundamentale Menschen- und Grundrechte verwehrt werden. Mit der rechtlichen Begründungsgrundlage des Fehlens einer Staatsangehörigkeit bzw. einer unerwünschten Staatsangehörigkeit, sollen EU-weite, nationalstaatliche Grenzen geschützt werden (vgl. Europäisches Parlament 2020, S. 1 ff.). Die Kämpfe, Auseinandersetzungen und Errungenschaften für die Menschenrechte waren und sind jedoch nicht darauf ausgerichtet, nationalstaatliche Grenzen zu schützen, sondern Menschen. Mit diesem Beispiel kann auf den Spannungsbogen zwischen Menschen-, Grund- und Bürger*innenrechte verwiesen werden, der durch unterschiedliche Differenzkategorien (Bürger*in, Staatsangehörige* bzw. keine nationalstaatliche Zugehörigkeit) alltäglich erfahrene Menschenrechtsverletzungen bis hin zum Tod für die Betreffenden bedeuten kann.

Menschen, die in Ungleichheitsverhältnissen leben, ‚politisieren' mit der Sichtbarmachung von Differenz- und Ordnungskategorien (Alter, Klasse, ‚Rasse', Geschlecht etc.) soziale, rechtliche, kulturelle und ökonomische Ungleichheiten/Unfreiheiten und legen die Widersprüche zwischen universellen Menschenrechten, nationalstaatlichen Verfassungen und deren Praxen offen. Diese Praxen – beispielsweise die Erklärung politischer Unmündigkeit, Erzeugung von Sprachlosigkeit, Entzug von Deutungsmacht – wurden und werden u. a. mit diskriminierendem bzw. rassifizierendem Differenzierungsdenken und -handeln begründet.

Konkreter heißt dies, dass Gesellschaftsordnungen, die zur Ab- und Ausgrenzungen von Menschen führen, und/oder Mechanismen und Strukturen, die diese Entwicklungen stabilisieren, als grundlegende gesamtgesellschaftliche Widersprüche thematisiert werden müssen und nicht ausschließlich in den Handlungs- und Verantwortungsbereich der Fürsorge-, Sozialarbeit und Pädagogik verwiesen werden dürfen. Die erweiterte Sichtweise der Betroffenen-Positionen als ‚politisch' handelnde Subjekte kann damit zu Sozialarbeitsaufträgen in Konflikt gesetzt werden. Das schließt auch eine inter- und transdisziplinäre Auseinandersetzung mit gesellschaftlichen, demokratiepolitischen und -theoretischen Schieflagen ein.

Konzepte, die Diversität nur als Vielfalt, Unterschiedlichkeit oder Verschiedenheit von Menschen erfassen, ohne die Berücksichtigung von Macht- und Herrschaftsverhältnissen und den grundsätzlichen Widersprüchen in der Praxis der Grund- und Menschenrechte, greifen also nicht nur zu kurz. Eine Reduzierung von Diversitätskonzepten auf den gesellschaftlichen Umgang mit Differenzen im pädagogischen Kontext und auch ‚ressourcenorientierte Ansätze' aus ‚Diversity-Management-Konzepten' blenden zudem kritische Reflexionen von mehrdimensionalen Perspektiven der miteinander verwobenen Themenbereiche der Differenzierungen aus. Ebenso werden Konstruktionsprozesse, sogenannte „Othering"-Prozesse, in denen Menschen aufgrund tatsächlicher oder vermeintlicher Differenzkategorien sowohl strukturell als auch im Alltag in- bzw. exkludiert werden, nicht in den Blick genommen (vgl. Castro Varela/Dhawan 2005).

In klassischen Diversitätskonzepten auch in Hochschulen (u. a. Konzepte der Hochschulrektorenkonferenz) finden sich bunt-akzentuierte Begriffe, wie „ja zur Vielfalt" oder „alle sind anders" oder vergleichbare Slogans. Diese Konzepte führen den Grundgedanken der ‚Defizitorientierung' und die Fixierung der ‚Anderen' auf die ‚Opferrolle' kontinuierlich und unreflektiert als ‚Anerkennung von Vielfalt und Differenzen', eingezwängt in Identitätskorsette, fort.

Somit werden Programme und Maßnahmen konzipiert, die sich im Sinne einer neoliberalen Logik ‚vermarkten' lassen. Zusammengefasst: Mit neuen Begriffen bzw. Konzepten wird weiter an der Defizitorientierung, an Anpassungsvorstellungen und Normalisierungskonstrukten festgehalten (vgl. Broschüre Hochschulrektorenkonferenz/HRK 2012). Auch diese eher unreflektiert konzipierten und praktizierten Konzepte der Diversität als Vielfalt legen den Rückschluss nahe, dass etablierte Fachkonzepte der Sozialen Arbeit (wie Lebenswelt- und Subjektorientierung, Soziale Arbeit als Menschenrechtsprofession) sowohl in den Handlungsfeldern der Sozialen Arbeit als auch in den Sozialarbeitswissenschaften um die Perspektive der Adressat*innen als ‚politisch' Handelnde wiederentdeckt, erweitert und befragt werden müssen. Als politisch Handelnde, als ‚different'-markierte oder Differenzkategorien als Selbstbezeichnung aneignende Menschen thematisieren und problematisieren die betreffenden Menschen gesamtgesellschaftliche und demokratierelevante Schieflagen in ihrer Vielschichtigkeit.

Die Wahrnehmung und Berücksichtigung der Betroffenenperspektive erfordert daher eine neue Sichtweise, die, wie am Beispiel Rosa Parks weiter oben erläutert, gar nicht so neu ist. Die aber mit einem kritischen Diversitätsverständnis wieder in den Blickpunkt neuer Konzepte und Maßnahmen geraten kann. Menschen sind als ‚politische Subjekte' wahrzunehmen, die mit ihren öffentlichen Standpunkten, ihrer eigenen Stimme, ihrem eigenen Namen und den gelebten Ungleichheits- bzw. Unfreiheitserfahrungen auf gesamtgesellschaftliche (Un-)Möglichkeiten, Strukturen und Prozesse – durchaus kontrovers und heterogen – aufmerksam machen und sich darüber in Bezug zu den gesellschaftlichen Verhältnissen setzen. Diese Sichtweise eröffnet Möglichkeiten für neue Konzepte, die von zumeist vereinfachenden, bestehende Strukturen aufrechterhaltenden und stagnierenden Konzepten der Personalisierung, Defizitorientierung, Kulturalisierung, Rassifizierung und Dualisierung etc. entkoppelt und weiterentwickelt werden. So wären sowohl theoretische als auch praxisorientierte Konzepte gefordert, diese Ungleich-, Unfreiheits- und Ungerechtigkeitsverhältnisse, Strukturen und kulturelle Praxen offen zu legen, die mit Grund- und Menschenrechten nicht vereinbar sind.

Kritische Diversitätsansätze setzen sich also damit auseinander, welche Wirkmöglichkeiten, Artikulations- und Sichtbarkeitsräume in Macht- und Herrschaftsverhältnissen in der Sozialen Arbeit je nach Kontext mit wem und wie verhandelt werden können und welche Sichtweisen und Perspektiven noch ungehört und unsagbar geblieben sind, die genau auf diese politische Dimension, auf das grundlegende Demokratieproblem verweisen.

In diesem Sinne kann Diversität als politisches Konzept Orte ermöglichen, an denen Ungleichheits- und Unfreiheitsprozesse öffentlich via neue politische Subjekte mit Gleichheits- und Freiheitsprozessen konfrontiert werden. Dazu gehört mit der Situierung verschiedener Wissensbereiche (z. B. Diaspora Studies, Disability Studies, Postcolonial Studies) auch das Freilegen des ‚Politischen' in seiner Vielschichtigkeit in der Sozialen Arbeit. Das Verständnis, Soziale Arbeit von Beginn der Professionalisierung als politische Arbeit zu verorten, kann und sollte in Verbindung mit anderen Fachkonzepten der Sozialen Arbeit (Soziale Arbeit als Menschenrechtsprofession, Lebensweltorientierung etc.) erneut zur Debatte stehen.

‚Politisch' bedeutet in diesem Kontext, Prozesse und Strukturen, die in der bestehenden Ordnung nicht in Beziehung gesetzt werden, bewusst in ein Verhältnis zueinander zu setzen, sie in Zusammenhang zu sehen und in ihrer Verwobenheit, wechselseitigen Durchdringung öffentlich zu thematisieren – „… also das Sehen des Unrechten zu ermöglichen und dem Kollektiv, das es thematisiert, Gestalt zu verleihen" (Rancière 2010, S. 95).

müjgan senel

Zum Weiterlesen
Balibar, Ètienne (2006): Der Schauplatz des Anderen. Formen der Gewalt und Grenzen der Zivilität. Hamburg: Hamburger Edition
Castro Varela, María do Mar/Dhawan, Nikita (Hrsg.) (2011): Soziale (Un)Gerechtigkeit. Kritische Perspektiven auf Diversity, Intersektionalität und Antidiskriminierung. Münster, Hamburg, London: Lit
Rancière, Jacques (2010): Gibt es eine politische Philosophie? In: Badiou, Alain/Rancière, Jacques: Politik der Wahrheit. Wien, Berlin: Turia + Kant, S. 79–118

Doing Gender

Mit dem Konzept des ‚Doing Gender' (West/Zimmermann 1987) wird darauf abgezielt, Geschlecht und die Geschlechtszugehörigkeit nicht länger und in einem reduktiven Sinne als eine durch objektive Merkmale und ‚geschlechtsspezifische' Eigenschaften hinreichend bestimmte, einfache Gegebenheit zu betrachten. Vielmehr dient das Konzept dazu, soziales Handeln und damit vor allem jene Prozesse in den Blick zu nehmen, in denen derartige Unterschiede erst entstehen. Nicht eine vorgängige, basale Differenz führt aus dieser Perspektive zu – ‚weiteren' – Unterschieden, sondern Differenzen werden als relevante Unterscheidungen sozial erst hergestellt, elaboriert, mit Bedeutungen versehen und verfestigt: eben ‚gemacht'. Die im konventionellen ‚Sex-Gender-Modell' gegebene Sichtweise wird auf diese Weise kritisiert und ‚umgedreht'. Geschlecht erscheint nun nicht mehr als quasi natürlicher Ausgangspunkt, sondern als Ergebnis sozialer Praxis und Konstruktion.

Grundlagen für eine solche Betrachtung bietet die empirische Wissenssoziologie v.Ea. als Interaktionsforschung. Interaktionen sind danach zunächst bestimmt durch die physische Präsenz und wechselseitige Wahrnehmung von Personen (Goffman 1994). Um miteinander handeln zu können, werden Abstimmungen der Interaktionspartner notwendig, etwa die Übernahme oder Entwicklung einer ‚Definition der Situation'. Dieser und dem realisierten Interaktionsprozess zumeist implizit sind kategoriale und individualisierende Identifikation der Interaktionsteilnehmer*innen. Und darin geht es nicht zuletzt um deren Geschlechtszugehörigkeit.

Die Zuordnung zu einem der Geschlechter und deren inhaltliche Ausfüllungen rekurrieren im Alltag aber vor allem auf Darstellungsleistungen und Interpretationen dieser Darstellungen durch die Akteur*innen (Garfinkel 1967). Bei voll sozialisierten Mitgliedern einer Gesellschaft erfolgen dabei sowohl die Darstellung als auch die Interpretation der Darstellungsleistung so routiniert und unexpliziert, dass diese für die Beteiligten selbst zumeist ungesehen bleiben, auch für Beobachter*innen nur schwer zu entschlüsseln sind. Geschlecht und die meisten seiner Komponenten und Konnotationen erscheinen als zweifellos und so gegeben. Nicht zuletzt aufgrund solcher Fragen hat in empirischen Untersuchungen zum Doing Gender die – routinisierte und verselbstverständlichte – Geschlechterattribution in Interaktionen besondere Aufmerksamkeit gefunden (Gildemeister 2019).

Kinder verfügen über derartige Routinen nicht. Sie müssen sich die Regeln der Geschlechterunterscheidung erst aneignen. Dies geschieht zunächst aufgrund von sozialen Symbolisierungen: der Kleidung, der Frisuren, des Tragens von Schmuck etc. Die Differenzierung mithilfe von sozialen Symbolen ist typisch für die frühe Kindheit. Sie verändert sich hin zum kategorialen Denken, wenn die Regel angeeignet wird, dass sich die Geschlechtszugehörigkeit mit dem Austausch der Symbole nicht ändere, ein Mann ein Mann bleibe, auch wenn er ein Kleid trägt. In diesem Prozess erlernen Kinder zugleich, dass soziale Symbole für ‚natürliche' Unterschiede stehen und als ‚männlich' klassifizierte Merkmale einen dominanten Status haben („Male is the primary construction" – Kessler/McKenna 1978). Modus und Relevanz von Geschlechterkonstruktionen variieren auch mit weiteren Lebensphasen (Gildemeister/Robert 2008).

Neben Kindern haben in Untersuchungen zum Doing Gender insbesondere transsexuelle Personen Aufmerksamkeit gefunden. Im Alltagswissen fest verankert ist die Gewissheit, dass es ‚von Natur aus' zwei und nur zwei Geschlechter gibt und die Geschlechtszugehörigkeit angeboren und unveränderlich sowie am Körper eindeutig ablesbar ist. Transsexuelle bilden dazu einerseits einen radikalen Kontrast. Andererseits aber folgen auch sie der Vorstellung einer ‚Natur der Zweigeschlechtlichkeit': Sie sind sich ihrer eigenen (‚eigentlichen') Geschlechtszugehörigkeit (dem Zielgeschlecht) völlig sicher. Die empirischen Untersuchungen zu Transsexuellen nutzen die Chance, dass im Verlauf des Wechsels von einem zu einem anderen Geschlecht Prozesse der Zuweisung und der Darstellung desselben sich sehr explizit und fokussiert vollziehen und deswegen besonders gut beobachtet und analysiert werden können. Dabei stellte sich heraus, dass die machtvollste Ressource der Geschlechterattribution das Konzept der natürlichen Selbstverständlichkeit der Zweipoligkeit der Geschlechter ist. Dieses bildet einen invarianten, in der Regel nicht bemerkten Hintergrund für alltägliche Interaktionen (Garfinkel 1967, S. 118). Eine Nicht-Zuordnung zu einer der Gender-Kategorien irritiert tiefgreifend, kennzeichnet Nicht-Normalität bis hin zur Zuschreibung von Pathologie.

Dabei geht es in alltäglichen Interaktionen praktisch nie nur um eine Bestätigung und Validierung der jeweiligen Geschlechtszugehörigkeit. Anders als etwa in Fällen der Transsexualität ist diese hier in der Regel kein Problem und somit auch nicht dauerthematisch. Geschlecht ist vielmehr in institutionelle Arrangements reflexiv eingebunden (vgl. Goffman 1994). Familie etwa transportiert Geschlechterkonzepte (‚Vater – Mutter') ebenso, wie diese Familie bestimmen (‚Verbindung von Mann und Frau'). Solche Arrangements unterlegen und generieren eine Fülle entsprechender Situationen vom Brötchen-Holen bis zur Heiratszeremonie. Sie indizieren zudem wichtige Hintergründe und Effekte des Doing Gender, nicht zuletzt in Teilungen der Arbeit.

Ähnliches wird entsprechend auf dem Arbeitsmarkt sichtbar: Mit der Kennzeichnung eines Tätigkeitsfeldes als Frauen- oder Männerberuf sind folgenreiche Zuschreibungen von Eigenschaften und Fähigkeiten verbunden. Diese wiederum konstituieren Geschlechtertypiken, die als Ausgang der Differenzierung vorausgesetzt werden. Zugleich entstehen weitere Ungleichheiten, sind damit z. B. Einkommens- und Machtunterschiede verbunden. Arbeiten

Frauen und Männer in geschlechtsuntypischen Berufen, so hat dies unterschiedliche Folgen: Doing Gender bringt für Männer in Frauenberufen in der Regel erhebliche Vorteile mit sich, während es für Frauen in Männerberufen häufig zu Problemen führt (Williams 1989; Williams 1993).

Vor dem Hintergrund der Befunde zur Omnipräsenz von Geschlecht als ‚Hintergrundannahme' entstand in neuerer Zeit die Frage, ob Geschlecht weiterhin immer und in jeder Situation verhaltensrelevant (‚omnirelevant') ist (vgl. Hirschauer 1994). Eine solche Fragerichtung zielt auf die Möglichkeit eines ‚Undoing Gender', einer Neutralisierung von Geschlecht. In verschiedenen Untersuchungen zum Bereich der Schule (Faulstich-Wieland, 2004) sowie in verschiedenen Berufsfeldern (Heintz et al. 1997) zeigte sich, dass ein solches ‚Aussetzen', ‚Ruhenlassen' bzw. eine Herabstufung der Relevanz der Geschlechterunterscheidung hoch voraussetzungsvoll ist. Grundsätzlich gilt nämlich weiterhin, dass Personen in ihrer Geschlechtszugehörigkeit erkennbar sein müssen, geschlechtlich nicht klassifizierte Personen offensichtlich alltagspraktisch nicht handhabbar sind. Im Bezugsrahmen eines konstitutionellen Systems der Zweigeschlechtlichkeit werden Personen und ihr Handeln dabei unterschiedlich zugeordnet, entsprechend wahrgenommen, interpretiert und vor allem bewertet. Dies hat im öffentlichen Bereich oftmals problematische Implikationen. ‚Frau-Sein' und ‚sachkompetent-Sein' etwa beinhaltet auch heute noch u. U. stark gegenläufige Anforderungen an die Person.

Vor dem Hintergrund einer weit reichenden Institutionalisierung der Gleichberechtigungsnorm (Gildemeister/Robert 2003) ist dennoch nicht zu übersehen, dass die Kategorie Geschlecht nicht immer und überall in gleicher Weise und als eindeutige interaktiv bedeutsam gemacht wird. Aussetzen, Ruhenlassen, Entdramatisierungen von Geschlecht verlangen von Seiten der Akteure aber eine hohe Kontextsensibilität sowie die Bereitschaft, auf vergeschlechtlichende Praktiken zu verzichten. Auch dazu finden sich Beispiele nicht zuletzt in Schule und Beruf. Selbst wenn sich die Herabstufung der Relevanz hier als auch informelle Norm durchgesetzt hat (‚Geschlecht spielt keine Rolle'), müssen die Akteur*innen einen Umgang finden mit der gesellschaftlichen Persistenz geschlechterdifferenzierender Praktiken und Konstrukte sowie den Präsentationen von Geschlechtszugehörigkeit.

Die Relevanz des Konzepts des Doing Gender ist nicht zuletzt aufgrund der Alltagsnähe und Lebensweltorientierung der Sozialen Arbeit, ihrer Basierung in kommunikativen Interaktionsprozessen und Ähnlichem mehr für diese sehr hoch. Eine ‚geschlechtssensible soziale Arbeit' etwa kann dabei aus der entwickelten Perspektive eines Doing Gender als eine Gratwanderung angesehen werden. Wo es, wie z. B. in Sozialisationskontexten, um die Aneignung von Geschlecht als empirisch gegebenes kulturelles System geht, bedeutet dies zugleich, einen Platz in diesem finden zu müssen. Den eigenen Ort im kulturellen System der Zweigeschlechtlichkeit zu finden, heißt aber nicht notwendig, sich gegenüber dessen An- und Zumutungen nicht selbst bestimmen und selbständig verhalten zu können. Insofern kann geschlechtssensible soziale Arbeit einen Prozess der Orientierung und Autonomisierung beinhalten, ebenso aber auch zur Verfestigung von Stereotypen beitragen.

Regine Gildemeister und Günther Robert

Zum Weiterlesen
Gildemeister, Regine/Robert, Günther (2008): Geschlechterdifferenzierungen in lebenszeitlicher Perspektive. Interaktion – Institution – Biografie. Wiesbaden: VS
West, Candace/Zimmerman, Don H. (1987): Doing Gender. In: Gender & Society 1, S. 125–151
Wilz, Sylvia Marlene (2020): Geschlechterdifferenzen – Geschlechterdifferenzierungen. Ein Überblick über gesellschaftliche Entwicklungen und theoretische Positionen. 2. Auflage. Wiesbaden: VS

Ehrenamt

Historisch gesehen bezeichnet Ehrenamt die Ausübung eines Amtes ohne Dienstbezüge, das in der Regel unter Bezahlung von Aufwandsentschädigung nebenberuflich wahrgenommen wird. Ehrenamt wurde früher vor allem mit der Finanzierung und dem Vorsitz privater Wohlfahrtsorganisationen des reichen Bürgertums assoziiert. Mit der fortschreitenden Industrialisierung und der zunehmenden Verarmung der Arbeiter*innen wird der Bereich ‚tätiger Nächstenliebe' als ‚soziales Ehrenamt' zum Ehrenamt gerechnet und zum unverzichtbaren Bestandteil sozialer und gesundheitlicher Sicherung, die vor allem durch Frauen ausgeübt wird. Erst mit der Entwicklung des Sozialstaates und dem Entstehen der Wohlfahrtsverbände gewann die Soziale Arbeit als beruflich organisierte personenbezogene Dienstleistung an Bedeutung. Das Ehrenamt verschwand jedoch keineswegs. Die Klärung des Verhältnisses von Ehrenamt und beruflicher Sozialer Arbeit wurde zu einer zentralen Aufgabe der bürgerlichen Frauenbewegung.

In der DDR galt bei hoher Erwerbsbeteiligung der Frauen soziales unbezahltes Engagement als ‚Arbeit zum Nutzen Dritter' als selbstverständliche Pflicht, die durch beide Geschlechter zu verrichten war. Mit dem Umbruch 1989 bildeten sich neue Formen des Ehrenamtes, mit denen angesichts dramatischer sozialer Einbrüche soziale Interessen und kulturelle Ansprüche verteidigt wurden und die sich westdeutschen Organisationsformen anpassten.

Im bundesdeutschen Diskurs muss zwischen dem politischen Ehrenamt in den Vorständen der Wohlfahrtsverbände, in den Aufsichtsräten, kulturellen, gesellschaftlichen, wirtschaftlichen und kirchlichen Gremien und der ehrenamtlichen Arbeit in sozialen, gesundheitlichen und kulturellen Bereichen als unbezahlte Arbeit oder Dienstleistung unterschieden werden. Die ehrenamtliche Arbeit als unbezahlte Arbeit für Menschen, die sich nicht selbst helfen können, ist Teil der Care Ökonomie des Sorgens und Pflegens innerhalb und außerhalb des Haushalts. Die Care Ökonomie ist stärker als jedes andere Wirtschaftsfeld von asymmetrischen Geschlechterverhältnissen geprägt. Das trifft auch für das Ehrenamt zu. Frauen kommen im politischen Ehrenamt seltener vor, während Männer in der ehrenamtlichen Arbeit im gesundheitlichen und sozialen Bereich seltener zu finden sind.

Das Bundesministerium für Familie, Senioren, Frauen und Jugend spricht in seinem Freiwilligensurvey von „freiwilligem Engagement" (BMFSFJ 2021a). Darunter werden Tätigkeiten erfasst, die freiwillig und gemeinschaftsbezogen ausgeübt werden, im öffentlichen Raum stattfinden und nicht auf materiellen Gewinn ausgerichtet sind. Damit werden die Begriffe ‚Ehrenamt' oder ‚Bürgerschaftliches Engagement' ersetzt. Betont wird, dass freiwillig Engagierte ‚ehrenamtliche Positionen' in Gemeinde- oder Stadträten übernehmen, sich in Bürgerinitiativen für politische Belange einsetzen, Kindern das Schwimmen beibringen, religiöse Veranstaltungen vorbereiten, Konzerte organisieren und Feuer löschen. Auch verteilen sie Essen an Bedürftige und schlichten Streit zwischen Menschen in der Nachbarschaft, schützen die Umwelt oder engagieren sich für Geflüchtete. Das Politische Ehrenamt wird hier nicht von der ehrenamtlichen Arbeit unterschieden.

Nach den Ergebnissen des Freiwilligensurvey 2019, einer repräsentativen Befragung, die seit 1999 im Abstand von fünf Jahren im Auftrag des Bundesministeriums für Familie, Senioren, Frauen und Jugend durchgeführt wird, übten im Jahr 2019 etwa 28,8 Millionen Menschen, das sind 39,7 Prozent der Personen ab 14 Jahren, in Deutschland eine freiwillige Tätigkeit aus. Im Jahr 1999 waren es noch 22,6 Millionen, das entsprach 30,9 Prozent. Frauen und Männer unterscheiden sich 2019 – erstmals seit 1999 – nicht hinsichtlich ihrer zahlenmäßigen Engagementbeteiligung. Während sich in der Vergangenheit seit 1999 stets Männer zu größeren Anteilen freiwillig engagierten, ist im Jahr 2019 erstmals kein statistisch signifikanter Unterschied zwischen den Engagementquoten von Frauen und Männern festzustellen: 39,2 Prozent der Frauen und 40,2 Prozent der Männer sind freiwillig engagiert. Dies ist darauf zurückzuführen, dass der Anteil freiwillig engagierter Frauen seit 1999 stärker gestiegen ist als der Anteil freiwillig engagierter Männer. Die Autor*innen führen den leichten Rückgang der Männerquote seit 2014 darauf zurück, dass sich Männer im Zeitvergleich zunehmend stärker an der innerfamiliären Sorgetätigkeit beteiligen. Möglicherweise sei es aber auch auf strukturelle Veränderungen der Zivilgesellschaft in Richtung informell organisierter Engagementformen, die mehrheitlich durch Frauen ausgeübt werden, zurückzuführen. Tatsächlich sind auch 2019 von den 14 abgefragten Bereichen die Bereiche Sport und Bewegung mit 15,2 Prozent der Männer (Frauen 11,9 Prozent), Politik und politische Interessenvertretung (3,9 Prozent Männer und 1,8 Prozent Frauen) und Unfall- oder Rettungsdienst oder freiwillige Feuerwehr (4,3 Prozent Männer und 1,1 Prozent Frauen) wie bereits in den Vorgängerstudien stark männlich geprägt. In den Feldern, die eine Nähe zum Sozialen und zur Familie aufweisen, sind Frauen nach wie vor überdurchschnittlich engagiert. Sie engagieren sich anteilig häufiger im Bereich Schule und Kindergarten, hier ist die Engagementquote der Frauen mit 10,2 Prozent um 4,1 Prozentpunkte höher als die der Männer (6,1 Prozent). Auch im kirchlichen oder religiösen Bereich sowie im sozialen Bereich sind anteilig mehr Frauen als Männer freiwillig engagiert. Im Gesundheitsbereich liegt die Differenz lediglich bei 0,8 Prozentpunkten. Dennoch wird deutlich, dass sich die traditionellen Rollenmuster auch im Ehrenamt weiterhin reproduzieren. Wenig verwunderlich ist, dass ‚Leitungs- und Vorstandsfunktionen' nach dieser neuen Studie immer noch deutlich weniger von Frauen (22,1 Prozent) als von ‚engagierten Männern' (30,5 Prozent) übernommen werden. Die Studie erbrachte auch, dass sich Frauen anteilig seltener zeitintensiv als Männer engagieren. Die Autor*innen vermuten einen Zusammenhang zwischen unterschiedlichen Zeitbudgets, die für das Engagement zur Verfügung stehen, etwa aufgrund der jeweils unterschiedlich starken Einbindung in familiäre Aufgaben und in die Erwerbsarbeit; schließen aber auch unterschiedliche Präferenzen hinsichtlich der Zeitgestaltung nicht aus. Von einer gleichberechtigten Präsenz der Geschlechter in einflussreichen Positionen sind wir laut dieser quantitativen Studie weit entfernt. Dass Bewegung in die Geschlechterbilder kommt, geht aus einer qualitativen Studie zum Engagementbereich älterer Menschen hervor: Frauen wie Männer übernehmen danach Führungsaufgaben *und* versorgen pflegebedürftige Menschen (Bereswill/Braukmann 2014).

Im Freiwilligensurvey von 2019 wurden erstmals Fragen zum Engagement von Geflüchteten und für Geflüchtete, zu Formen der Internetnutzung im Ehrenamt und zur Einstellung zur Demokratie sowie zu den Zwecken von Geldspenden gestellt. Mehr als die Hälfte der Ehrenamtlichen (57 Prozent) nutzt das Internet für ihre Arbeit. 8 Prozent der im Jahr 2019 Engagierten gaben an, dass sie sich ehrenamtlich für Geflüchtete und Asylsuchende engagieren. Auch hier war der Anteil der Frauen mit 8,9 Prozent höher als der der Männer mit 7,2 Prozent (BMFSFJ 2021a, S. 27). Diese Ehrenamtlichen wollen den Geflüchteten die Ankunft in Deutschland erleichtern, indem sie sie bei Behördengängen oder bei der Integration in den Arbeitsmarkt unterstützen, alltägliche Hilfen und Unterstützung anbieten, sie in der deutschen Sprache unterrichten oder sie in Freizeittätigkeiten einbeziehen.

Auch wenn sich das Ehrenamt in den letzten zwei Jahrzehnten gewandelt hat, wird deutlich, dass ohne die ehrenamtliche Arbeit das System der sozialen Dienste zusammenbrechen würde. Damit blieben viele der Sorge und Hilfe bedürftigen Menschen unversorgt. Das verdeutlichte auch die verstärkte Nachbarschaftshilfe während der Corona-Pandemie im Jahr 2020.

Das Verhältnis zwischen ehrenamtlich Arbeitenden und den hauptamtlich Tätigen wurde, vor allem während der ‚Flüchtlingskrise', immer wieder problematisiert. Die ins Auge gefasste Lösung des Problems ist so ambivalent wie die ehrenamtliche Arbeit: Einerseits wird der Abbau der Hierarchien zwischen bezahlten und unbezahlten Helfer*innen gefordert, andererseits jedoch die Verantwortlichkeit der hauptamtlichen Kräfte. Es widerspricht dem Selbstverständnis der Hauptamtlichen, Probleme des ‚direkten Umgangs mit den Hilfsbedürftigen' an die Ehrenamtlichen weiterzugeben, während sie die Verwaltungsaufgaben, die ‚offiziellen' Gespräche oder die Apparatemedizin übernehmen. Auch professionelle Kräfte haben ihren Beruf erlernt, um anderen zu helfen. Oft wird argumentiert, Hauptamtliche hätten keine Zeit für ‚persönliche Zuwendungsarbeit'. Ehrenamtliche wollen nicht die Arbeit der bezahlten Kräfte leisten. Sie wollen aber auch keine bloßen Hilfskräfte der professionell Arbeitenden sein. Die Aufforderung, die von Verbänden immer wieder gestellt wird, Organisationsstrukturen zu schaffen, die eine ‚partnerschaftliche Zusammenarbeit zwischen haupt- und ehrenamtlichen Mitarbeiter*innen ermöglichen', ist nur ein kläglicher Versuch zur Schlichtung der Probleme, solange die Frage offen bleibt, welche Arbeiten in den verschiedenen Bereichen überhaupt bezahlt geleistet werden müssen, also marktförmig zu organisieren sind, welche durch den Staat übernommen werden sollen und welche in Form von Ehrenamt unbezahlt geleistet werden können. Das wird für die unterschiedlichen Bereiche unterschiedlich sein. Aber für alle gilt: Erst wenn die professionelle Versorgung sichergestellt ist, können sich die emanzipatorischen Kräfte von Ehrenamt entfalten. Und erst wenn die eigenständige Existenzsicherung der Engagierten (durch eigene Erwerbsarbeit, Vermögen oder Rente) gewährleistet ist, können die gratis geleisteten Arbeiten wirklich freiwillig und aus Liebe verrichtet werden. Erst dann können sich Solidarität, Eigenverantwortung und Nächstenliebe entfalten. Das hieße auch, bezahltes und unbezahltes Engagement im Zusammenhang zu sehen. Nur so wäre das oft geforderte Zusammenspiel zwischen Institutionen, professioneller Sozialarbeit und unbezahltem Ehrenamt möglich und nur so wären die Synergieeffekte auszuschöpfen.

Gisela Notz

Zum Weiterlesen
BMFSFJ (Bundesministerium für Familie, Senioren, Frauen und Jugend) (2021): Freiwilliges Engagement in Deutschland. Zentrale Ergebnisse des Fünften Deutschen Freiwilligensurveys (FWS 2019). Berlin: BMFSFJ
Notz, Gisela (2012): „Freiwilligendienste" für alle. Von der ehrenamtlichen Tätigkeit zur Prekarisierung der „freiwilligen" Arbeit. Neu-Ulm: AG SPAK
Notz, Gisela (2000): Die neuen Freiwilligen. Das Ehrenamt – Eine Antwort auf die Krise? Neu-Ulm: AG SPAK

Elterliche Sorge

Für die elterliche Sorge ehelich geborener Kinder kannte das deutsche Recht zunächst nur die väterliche Gewalt. Trotz sich allmählich entwickelnder Fürsorge- und Erziehungsrechte blieb die Rechtsstellung der Mutter lange weit hinter der des Vaters zurück. Obwohl bereits seit dem 01.04.1953 gemäß dem Diskriminierungsverbot des Art. 3 GG die elterliche Gewalt dem Vater und der Mutter gleichermaßen zustehen müsse, wurde erst mit dem Gesetz vom 18.07.1979 der väterliche Entscheidungsvorrang aufgehoben (vgl. Beitzke 1988, S. 257). Danach spricht das BGB seit 1980 vom „elterlichen Sorgerecht" – § 1626 BGB. Mit dieser Reformierung wurden nicht nur Mutter und Vater hinsichtlich ihrer sorgerechtlichen Stellung gleichberechtigt, sondern das Sorgerecht selbst auf die Wahrnehmung und Gestaltung der wachsenden Selbständigkeit des Kindes ausgerichtet und damit nicht mehr als Gewaltverhältnis definiert (vgl. Münder/Ernst 2009, S. 142).

Die unverheiratete Mutter hatte bis zum Gesetz vom 01.07.1970 nur die tatsächliche Personensorge inne, während die Vertretung des Kindes grundsätzlich durch einen Vormund erfolgte (vgl. Beitzke 1988, S. 289). Mit dem Gesetz von 1970 wurde zwar die Vormundschaft aufgehoben und ihr grundsätzlich das Sorgerecht eingeräumt, sie stand aber unter gesetzlicher Amtspflegschaft (§§ 1705–1710 alte Fassung BGB) und Beistandschaft in Fragen der elterlichen Sorge (§§ 1685–1692 alte Fassung BGB), die erst im Zuge der Kindschaftsrechtsreform im Jahre 1998 abgeschafft wurden (vgl. Bauer/Schimke/Dohmel 2001, S. 215). Erst mit dem zum 01.07.1998 in Kraft getretenen Beistandschaftsgesetz ist diese Beistandschaft ein Hilfsangebot, das nur auf Antrag der betroffenen Mutter erfolgt und keine Einschränkung ihrer elterlichen Sorge darstellt (vgl. Bauer/Schimke/Dohmel 2001, S. 215). Mit dieser Reform erfolgte eine rechtliche Gleichstellung des nichtehelich geborenen Kindes mit dem ehelichen und damit verbunden eine moderne Konzeption des Kindschaftsrechts, in dem die Ehe in erheblichem Maße ihre das Kindschaftsrecht strukturierende Kraft verlor (vgl. Bauer et al. 2001, S. 189).

Gegenstand der elterlichen Sorge ist das Rechtsverhältnis zwischen Eltern und ihren Kindern. Das Kind ist verfassungsrechtlich seinen Eltern zugewiesen (Art. 6 Abs. 2 GG). Eltern im Sinne des BGB sind dabei diejenigen, deren Elternschaft nach den §§ 1591 ff. BGB besteht, d. h. entsprechend den Abstammungsregeln für die Mutter- und die Vaterschaft. Danach gibt es ein Sorgerecht kraft Ehe, wenn die Eltern des Kindes im Zeitraum seiner Geburt miteinander verheiratet sind. Da mit der Kindschaftsrechtsreform von 1998 die Unterscheidung zwischen Ehelichkeit und Nichtehelichkeit verschwand, trat an ihre Stelle eine Systematik, die sich zunächst in vier Kategorien der elterlichen Sorge einteilen lässt (vgl. Bauer/Schimke/Dohmel 2001, S. 188). Das sind die gemeinsame elterliche Sorge verheirateter Eltern (§ 1626 BGB), die gemeinsame elterliche Sorge bei nicht verheirateten Eltern nach Abgabe einer Sorgeerklärung (§ 1626a BGB), die alleinige elterliche Sorge der Mutter, wenn keine Sorgeerklärung abgegeben wurde (§ 1626a BGB), und die elterliche Sorge aufgrund einer gerichtlichen Entscheidung im Fall von Trennung und Scheidung (§§ 1671, 1672 BGB) (vgl. Bauer/Schimke/Dohmel 2001, S. 189).

Hinzu trat seit dem 19.05.2013 auch die Möglichkeit, dass bei nicht miteinander verheirateten Eltern das Gericht auf Antrag des Kindesvaters ein gemeinsames Sorgerecht anordnen kann (vgl. Münder et al. 2013, S. 192). „Der Gesetzgeber behandelt damit die gemeinsame Sorge verheirateter und unverheirateter Eltern völlig gleich. Bedeutsam wird dies bei Trennung und Scheidung, denn dadurch wird die nichteheliche Lebensbeziehung der Ehe zumindest in dieser Hinsicht gleichgestellt" (Bauer/Schimke/Dohmel 2001, S. 189). Wenn ein Elternteil die Sorge nicht mehr ausüben kann (z. B. wegen Todes oder Krankheit), dann erhält der andere Elternteil ohne gerichtliche Entscheidung das Sorgerecht (vgl. §§ 1678 Abs. 1, 1680 Abs. 1 BGB) (vgl. Bauer/Schimke/Dohmel 2001, S. 205). Diese gesetzgeberische Neuregelung verändert die Rechtslage bei Trennung und Scheidung grundsätzlich. Danach entscheidet das Gericht für den Fall der nicht nur vorübergehend getrennt lebenden sorgeberechtigten Eltern nur dann über das Sorgerecht, wenn einer oder beide hierzu einen Antrag stellen (§ 1671 BGB). Dabei kommt es nicht darauf an, ob die Eltern verheiratet sind oder die gemeinsame Sorge auf einer Sorgeerklärung gegründet ist. Sofern kein Antrag gestellt wird, steht die gemeinsame Sorge den Eltern auch nach der Trennung ohne gerichtliche Entscheidung weiter zu, so "als wäre nichts geschehen" (vgl. Bauer/Schimke/Dohmel 2001, S. 207). Es liegen keine konsistenten statistischen Daten dazu vor, wie viele Eltern bzw. Elternteile und in welcher rechtlichen Situation das gemeinsame oder das alleinige Sorgerecht haben.

Im Übrigen kann das Familiengericht in dieser Situation einem Elternteil oder beiden Eltern nur dann das Sorgerecht entziehen, wenn das Kindeswohl gefährdet ist (§ 1671 i.V. mit § 1666 BGB). Damit hängt das Tätigwerden des Gerichts „allein davon ab, ob die Eltern einen Antrag auf Sorgerechtsübertragung stellen" (vgl. Bauer/Schimke/Dohmel 2001, S. 207). Insbesondere in den strittigen Fällen muss mehr danach gefragt werden, wie hier – auch bei Mitwirkung des Jugendamtes – geschlechtshierarchische Normative greifen.

Da das gemeinsame Sorgerecht verheirateter Eltern auf der Abstammung des Kindes von ihnen beruht, kennt das BGB in der gegenwärtigen Fassung kein gemeinsames Sorgerecht für gleichgeschlechtliche Partner, mit der Kindesgeburt sind Partner oder Partnerin des Elternteils auf die Adoption verwiesen. Neben der Abstammung kann das Sorgerecht auch mit der Entscheidung über die Adoption eines Kindes – Annahme als Kind – für Eltern oder Elternteile (Stiefkindadoption) begründet werden. Dies setzt die Herausnahme eines Kindes aus seinen rechtlichen (und zumeist auch sozialen) Beziehungen zu seiner bisherigen Mutter und seinem bisherigen Vater voraus und führt zur Begründung eines neuen rechtlichen Eltern–Kind-Verhältnisses zu einer neuen Mutter und/oder einem neuen Vater. Damit beinhaltet die Adoption die komplette Ersetzung der rechtlichen Elternschaft (vgl. Wabnitz 2006, S. 132).

Die elterliche Sorge ist unübertragbar, unverzichtlich und unvererblich. Sie endet mit der Volljährigkeit des Kindes. Auch im Falle der schlechten Ausübung der Pflicht behalten Eltern daher ihre Elternrolle. Die Eltern können sich grundsätzlich nicht selbst ihrer Elternrolle entledigen. Sie können lediglich die konkrete Ausübung auf Dritte delegieren (vgl. Lorenz 2018, S. 168). Die elterliche Sorge umfasst zum einen die Personensorge als tatsächliche Sorge und entsprechende gesetzliche Vertretung. Dazu gehören die Pflege als materielle Leistungen, die Erziehung als immaterielle Leistungen sowie Aufsicht, Aufenthaltsbestimmung, Umgangsbestimmungsrecht, Recht zur Wahl eines Vor- und Geburtsnamens des Kindes, Erteilung der Zustimmung zu rechtsgeschäftlichem Handeln des Kindes, Einwilligung in ärztliche Behandlungen, Geltendmachung von Rechtsansprüchen des Kindes, Festlegung des Wohnsitzes (vgl. Lorenz 2013, S. 169). Von besonderer Bedeutung ist dabei das Aufenthaltsbestimmungsrecht. (§ 1631 Abs. 1 BGB) Es beinhaltet das Recht, festzulegen, an welchem Ort und in welcher Wohnstätte das Kind dauernd oder vorübergehend weilen soll und darf. Die Aufenthaltsbestimmung ist für Dritte verbindlich. Dementsprechend besitzen Eltern das Recht, ihr Aufenthaltsbestimmungsrecht nicht nur gegenüber dem Kind (im Innenverhältnis) auszuüben, sondern auch gegenüber Dritten durchzusetzen. § 1632 Abs. 1 BGB normiert das Recht des Personensorgeberechtigten, das Kind von jedem (u. U. auch vom andern Elternteil) heraus zu verlangen (vgl. Lorenz 2018, S. 175).

Neben der Personensorge beinhaltet das Sorgerecht auch die Vermögenssorge als tatsächliche Vermögenssorge und die gesetzliche Vertretung. Da die drei Elemente der elterlichen Sorge (Personensorge, Vermögenssorge und gesetzliche Vertretung des Kindes) nicht immer in einer Hand liegen, ist die Bezeichnung tatsächliche Personensorge und tatsächliche Vermögenssorge üblich, wenn ein Elternteil für diese Bereiche keine gesetzliche Vertretung besitzt. Tatsächliche Personensorge zu haben bedeutet also, dass ein Elternteil zwar die tatsächliche (inhaltliche) Möglichkeit hat, für die Person seines Kindes zu sorgen, es hierbei jedoch nicht vertreten kann, weil er nicht die Vertretungsmacht besitzt – typisches Beispiel die minderjährige Mutter (vgl. Schleicher 2007, S. 250).

Seit der Reform des Sorgerechts im Jahre 1980 wurde die Anforderung an die Sorgeberechtigten, die wachsende Selbständigkeit des Kindes als Erziehungsmaxime zu beachten, immer weiterentwickelt. Das zeigt sich vor allem darin, dass es bis zu diesem Zeitpunkt völlig im Ermessen der Eltern stand, welche Ausbildung oder welchen Beruf das Kind ergreifen sollte, während sie nunmehr entsprechend § 1631a Rücksicht auf die Eignung und Neigungen des Kindes nehmen sollen (vgl. Schleicher 2007, S. 258). Nach § 1626 Absatz 2 BGB in der geltenden Fassung werden die Eltern verpflichtet, mit dem Kinde entsprechend dessen Entwicklungsstandes Fragen der elterlichen Sorge zu besprechen und ein Einvernehmen mit dem Kind anzustreben. „Durch das Gesetz zur Ächtung der Gewalt in der Erziehung vom 02.11.2000 wurde § 1631 Abs. 2 BGB neu gefasst (vgl. Schleicher 2007, S. 259). Damit wird Gewalt als Erziehungsmittel geächtet. Tendenziell wird die Selbstbestimmung des Kindes auch hinsichtlich der Entscheidungen, die seine Gesundheit und seinen Körper betreffen, rechtlich weiter bestärkt. So ist gegenwärtig eine Ergänzung des BGB § 1631c in der Diskussion, mit dem ein Verbot geschlechtsverändernder Eingriffe durch die Sorgeberechtigten geregelt werden soll. Gleichzeitig wird mit der Regelung beabsichtigt, dem Kind unter bestimmten Bedingungen die Einwilligung in einen entsprechenden operativen Eingriff zu geben.

Eine andere Entwicklung ist die, dass zunehmend die Kindesväter auch im Falle des Getrenntlebens von der Kindesmutter zumindest die Stärkung ihrer Rechtsposition gegenüber dem Kind anstreben. Die Rechtsposition des nicht mit der Kindesmutter verheirateten Kindesvaters wurde bereits durch das Rechtsinstitut der gemeinsamen Sorgerechtserklärung und nachdrücklicher noch durch die Möglichkeit gestärkt, auch durch gerichtlichen Beschluss – und damit gegebenenfalls gegen den Willen der Kindesmutter – eine gemeinsame Sorge herbeizuführen. An den Regelungen der sog. subsidiären Sorge (§§ 1678, 1680 BGB) wird deutlich, dass nunmehr ohne weitere gerichtliche Entscheidung der Kindesvater die Sorgerechtsposition innehat (Bauer/Schimke/Dohmel 2001, S. 205). Auch hinsichtlich des Umgangsrechts, das Teil des Sorgerechts ist, aber auch Elternteilen zusteht, die kein Sorgerecht innehaben, zeigt sich eine Stärkung der Rechtsposition der Kindesväter.

Entsprechend seinem Anspruch, die Rechtsposition der Kinder zu stärken, wurde mit der Kindschaftsrechtsreform von 1998 zwar im § 1684 BGB der Anspruch des Kindes geregelt, mit jedem Elternteil Umgang haben zu können, tatsächlich lässt sich dieser Anspruch durch die Kinder selbst kaum durchsetzen. Andererseits machen vor allem die von den Kindern getrenntlebenden Väter den Umgangsanspruch geltend. Mit dem am 13.7.2013 in Kraft getretenen § 1686a BGB hat selbst der leibliche Vater des Kindes, der aber nicht dessen rechtlicher Vater ist, ein Recht auf Umgang, soweit es dem Kindeswohl dient, zumindest jedoch ein Auskunftsrecht über die Entwicklung des Kindes, soweit dieses dem Kindeswohl nicht widerspricht. Darüber hinaus bestand die gesetzgeberische Planung, die allerdings nicht verwirklicht wurde, hinsichtlich der Sorgerechtsausübung das sogenannte Wechselmodell, das nach bisherigen Erfahrungen erhebliche Anforderungen an die Kindeseltern stellt, zum Standard zu erheben (vgl. Helms/Schneider 2020, S. 813 f).

Christina Niedermeier

Zum Weiterlesen
Münder, Johannes/Ernst, Rüdiger/Behlert, Wolfgang/Tammen, Britta (2013): Familienrecht. Baden-Baden: Nomos
Schleicher, Hans (2007): Jugend- und Familienrecht. 12. Auflage. München: C.H.Beck

Helms, Tobias/Schneider, Stephanie (2020): Die Anordnung des Wechselmodells in der Rechtsprechung der Oberlandesgerichte nach der Grundsatzentscheidung des BGH vom 1.2.2017. In: FamRZ 11, S. 813–820

Elternschaft

Die Konstitution der genetischen, biologischen, rechtlichen und sozialen Beziehung von Mutter und Vater zum Kind wird kategorial mit dem Begriff der Elternschaft erfasst. Elternschaft und Kindschaft gehören unabdingbar zusammen. Eltern werden ausschließlich im Plural gedacht, die singuläre Bezeichnung ‚Elter' für Vater oder Mutter hat sich bisher nicht durchgesetzt – eher wird von Elternteil gesprochen. Die Kategorie Elternschaft umfasst rechtlich bisher die Institutionen von Mutterschaft und Vaterschaft. Die traditionelle Elternschaft, unter der eine heterosexuelle Zwei-Eltern-Familie im Sinne einer klassischen Kleinfamilie verstanden wird, verliert an Bedeutung und neue Formen von Elternschaft und Familie entstehen. Die Pluralisierung der Lebensformen führt auch zu einer Pluralisierung von Elternschaft und die Lösung des Zusammenhangs von biogenetischen, sozialen und rechtlichen Faktoren führt zu ‚Familien mit multipler Elternschaft' (Bergold et al. 2017).

Das Verhältnis zwischen Eltern und Kindern kann unterschiedliche Formen und Differenzierungen aufweisen, die verschiedenartige Typen von Elternschaft begründen. Die vier Grundformen – genetische, biologische, rechtliche und soziale Elternschaft – lassen sich wiederum in weitere Segmente aufteilen (vgl. Vaskovics 2011). Zugleich wird Elternschaft interaktiv hergestellt, wenn Menschen zu Vätern und Müttern werden und sich hierdurch die Paarbeziehung verändert. Aktuelle Entwicklungen zeigen, dass die „ungeteilte Voll-Elternschaft" an Bedeutung verliert und die „temporäre Elternschaft" (zeitlich wechselnde Konstellationen von Elternschaft) an Bedeutung gewinnt (Vaskovics 2016, S. 199).

Die nichtheterosexuelle Elternschaft und die Elternwerdung von LGBTIQ[+] verändern sowohl den Diskurs über Familie als auch gesellschaftliche Praxen (Peukert et al. 2020). Trotz dieser Erweiterung des Elternbegriffs jenseits der Zweigeschlechtlichkeit und neuer Formen von Co-Elternschaft ist eine rechtliche Elternschaft von dritten und vierten Eltern in Deutschland nicht möglich. Im juristischen Sinne kann es sich bei Eltern nur um zwei Personen handeln, wobei eine Person als ‚Mutter', die andere als ‚Vater' benannt werden muss (Turß 2020).

Mit Elternschaft wird zudem die Gesamtheit von Eltern als soziale interaktive Gruppe bezeichnet, die sich z. B. im Schulbereich als ‚Landeselternschaft' organisieren. In der Sozialen Arbeit richten sich Beratungs- und Bildungsangebote u. a. an die Elternschaft einer Kindertagesstätte oder einer Schule.

Im Kontext von Sozialer Arbeit kommt insbesondere der rechtlichen und sozialen Elternschaft hohe Bedeutung zu. Rechtliche Fragen zu Elternschaft konzentrieren sich auf Probleme zum Sorgerecht, zu Unterhaltsansprüchen oder zu Vaterschaftsfeststellungen, während bei der sozialen Elternschaft vor allem die Vermittlung und Übernahme von sozialer Pflege- oder Adoptivelternschaft durch Erwachsene, die nicht die biologischen Eltern des Kindes sind, im Mittelpunkt stehen.

Elternschaft ist nach Lebensphasen und Lebenslagen zu differenzieren. Entlang der Lebensphasen wird von ‚früher' oder ‚später' Elternschaft gesprochen; bei einer Betrachtung nach Lebenslagen von ‚unerwünschter' und ‚paralleler' Elternschaft (Pflegeelternschaft und Herkunftselternschaft).

Der geschlechtneutrale Begriff der Elternschaft verdeckt ungleiche Geschlechterverhältnisse zwischen den Elternteilen. Besonders deutlich wird dies an den Ein-Eltern-Familien, die zu gut 80 Prozent Mutter-Kind-Familien sind. Aufgrund der ungleichen Geschlechterverhältnisse ist der geschlechtsneutrale Begriff ‚Elternschaft' nur bedingt aussagefähig. Als Beispiel sei hier im Kontext von ‚biologischer Elternschaft' auf ‚werdende Eltern' verwiesen, jedoch sind körperliche Erfahrungen von werdenden Müttern und werdenden Vätern nicht identisch (Niekrenz 2020). Zugleich sind diese differenten geschlechtlichen körperlichen Praxen kulturell geformt und somit Teil des kulturellen und sozialen Wandels von Mutter-, Vater- und Elternschaft.

Elternschaft ist historisch gebunden und wird über Geschlechterregeln strukturiert. Was ‚gute Eltern' bzw. ‚schlechte Eltern' ausmacht, ist als historischer Aushandlungsprozess eng mit sozialen und ökonomischen Faktoren verknüpft. Gegenwärtig werden immer weniger Frauen und Männer in ihrem Leben zu Müttern und Vätern und somit zu Eltern. Bei der Altersachse ist festzustellen, dass Elternschaft in den westlichen Industriestaaten heute durch ‚späte Elternschaft' gekennzeichnet ist, Eltern in der Regel weniger Kinder haben und sich zugleich die Elternschaft zeitlich verlängert, bedingt u. a. durch verlängerte Ausbildungszeiten der Kinder. Auch das Auszugsalter der Kinder steigt, ein Phänomen, das mit Begriffen wie ‚Hotel Mama' oder ‚Nesthocker' umschrieben wird.

„Für die Kinder nur das Beste", so beschreibt Ruckdeschel das Leitbild einer „verantworteten Elternschaft", welches sich an einer optimalen Förderung des Kindes orientiert (Ruckdeschel 2015). Diese optimale Förderung des Kindes hat bei zeitgleicher „Privatisierung der Kinderfrage" nach Meier-Gräwe (2007, S. 78) dazu geführt, dass für Kinder aus benachteiligten Herkunftsfamilien oftmals ein ‚Zuviel an Familie' und ein ‚Zuwenig an kindgerechten und familienergänzenden Betreuungs-, Bildungs- und Förderangeboten' bereitgestellt wird.

Die soziale Elternschaft ist in der Bundesrepublik Deutschland durch eine ungleiche geschlechtliche familiale Arbeitsteilung gekennzeichnet. Diese Ungleichheit zwischen Müttern und Vätern basiert im Wesentlichen auf der ökonomischen Abhängigkeit der (Ehe-)Frau, vor allem dann, wenn sie Mutter wird (Berufsunterbrechung, Teilzeitarbeit, Altersarmut etc.). Damit ist Elternschaft, der in der Regel eine egalitärere Paarbeziehung vorangegangen ist, der zentrale Ausgangspunkt für eine Retraditionalisierung der Geschlechterverhältnisse durch die Aufrechterhaltung des Ernährermodells. Gleichzeitig ist sie durch ambivalente Entwicklungen zwischen Modernisierung und Traditionalisierung geprägt (vgl. Alemann et al. 2017).

Die Modernisierung von Elternschaft umfasst u. a. die Veränderung der Leitbilder (vgl. Schneider/Diabaté/Ruckdeschel 2015). So ist der Vaterschaftsdiskurs durch „die Absage an eine einseitige Orientierung am Leitbild des Vaters als Ernährer der Familie" (Meuser 2012, S. 63) geprägt. Ein ‚guter Vater' entwickelt als aktives Elternteil eine eigenständige Beziehung zum Kind. Die Analyse von Mutterschaft zeigt, dass „Doing Gender in komplexer Weise im Kontext des Doing Motherhood bewerkstelligt wird" (Thiessen 2019, S. 1146). Die Modernisierung von Elternschaft wird ebenfalls an gleichgeschlechtlicher Elternschaft als neuer Form von Elternschaft, der sogenannten Regenbogenfamilie, deutlich. Sie zeigt auch, dass soziale Elternschaft nicht zwangsläufig auf Zweigeschlechtlichkeit aufbaut.

Im Praxisfeld der Sozialen Arbeit und Erziehung ist die Frage der Elternschaft eng mit der des Kindeswohls verknüpft (vgl. Kindler 2018). So bietet zum Beispiel der Allgemeine Soziale Dienst (ASD) des Jugendamtes Eltern im Trennungs- und Scheidungsfall außergerichtliche Beratungen an, in denen Fragen zum Aufenthalt des Kindes und des regelmäßigen Umgangs des Kindes mit den Eltern oder Personen, zu denen das Kind eine Bindung besitzt, im Zentrum stehen. Darüber hinaus bilden die Anerkennung von Pflegeelternschaft, die Erteilung der Pflegeerlaubnis, die Begleitung von Pflegeeltern sowie die Vermittlung von Adoptiveltern weitere wichtige Arbeitsfelder des Jugendamtes. Zugleich steht Elternschaft dann häufig im Zentrum von Sozialer Arbeit, wenn Eltern das Wohl ihres Kindes verletzen (materielle/immaterielle Vernachlässigung, psychische/physische Misshandlung oder sexueller Missbrauch). Gewalt, die von Eltern ausgeht, ist häufig geschlechtlich konnotierte Gewalt; auch hieran wird die bedingte Aussagefähigkeit des Begriffs der Elternschaft deutlich. Die adäquate Analyse sowie die Beratung und Intervention im Zuge sexuellen Missbrauchs erfordern einen differenzierten Geschlechterblick.

Nach Marthaler (2012) erfährt die soziale Elternschaft durch die starke Berücksichtigung und Konzentration auf das ‚Kindeswohl' eine Aufwertung. So erhalten Stiefeltern in den Patchwork-Familien durch das Umgangsrecht für ‚Dritte' nicht nur Elternfunktionen, sondern auch Elternrechte. Dies gilt auch für neue Partner*innen des leiblichen Elternteils durch das sogenannte ‚Kleine Sorgerecht' im Zuge des Lebenspartnerschaftsgesetzes. Die höher gewichtete Bedeutung von privater Erziehung im Gegensatz zu öffentlicher Erziehung, insbesondere der Heimerziehung, wird an der Zunahme der Pflegeelternschaft deutlich, aber auch am Zusammenhang zwischen Pflegeelternschaft und Herkunftselternschaft, der sogenannten ‚doppelten Elternschaft' (vgl. Sauer 2016). Nicht zuletzt zielt die ‚Sozialpädagogische Familienhilfe' darauf ab, die Eltern in der Wahrnehmung ihrer Erziehungsaufgaben im familiären Umfeld zu stärken und somit Elternschaft fördernd zu begleiten und zu gestalten.

Aufgabe von Sozialer Arbeit im Kontext von Familie und Elternschaft ist es, gendersensible Analysen und Hilfen anzubieten, insgesamt die Genderkompetenz zu erhöhen, um der Stereotypisierung von Elternschaft entgegenzuwirken. „Familienunterstützende Dienste sind gefordert (...) *gendersensible Settings* für eine gelingende Elternschaft zu kreieren, die an den Ressourcen von Müttern und Vätern ansetzen" (Maier-Gräwe 2012, S. 107, H. i. O.). Das Ziel der Erhöhung der Erziehungsfähigkeit von Eltern erfordert auch eine genderkompetente Ausbildung von Sozialarbeiter*innen/Sozialpädagog*innen und eine entsprechende Gestaltung von Studium und Praxis. Hier ist es notwendig, die ‚geteilte Elternschaft' als Utopie im Sinne ‚egalitärer Elternschaft' als Ziel für eine genderkompetente Elternschaft im Kontext von Sozialer Arbeit zu formulieren.

Beate Kortendiek

Zum Weiterlesen
Bergold, Pia/Buschner, Andrea/Mayer-Lewis, Birgit/Mühling, Tanja (Hrsg.) (2017): Familien mit multipler Elternschaft. Entstehungszusammenhänge, Herausforderungen und Potenziale. Opladen: Barbara Budrich
Peukert, Almut/Teschlade, Julia/Wimbauer, Christine/Motakef, Mona/Holzleithner, Elisabeth (Hrsg.) (2020): Elternschaft und Familie jenseits von Heteronormativität und Zweigeschlechtlichkeit. GENDER – Sonderheft 5. doi.org/10.3224/84742431
Schneider Norbert F./Diabaté, Sabine/Ruckdeschel, Kerstin (Hrsg.) (2015): Familienleitbilder in Deutschland. Kulturelle Vorstellungen zu Partnerschaft, Elternschaft und Familienleben. Opladen: Barbara Budrich

Entgrenzung

Der Begriff der Entgrenzung ist in den Sozial- und Geisteswissenschaften zu jener zentralen Kategorie geworden, mit der die sozialen Dynamiken der zweiten Moderne fassbar gemacht werden können (Beck/Bonß/Lau 2004; Wachholz 2005). Er verweist auf grundlegende globale Veränderungsprozesse, die durch die Erosion bzw. Auflösung tradierter politischer, kultureller und sozialer Grenzen und die Entstehung von neuen politischen, sozialen und kulturellen Räumen, aber auch von neuen Begrenzungen gekennzeichnet sind. Im Mittelpunkt stehen die sozialen Dynamiken des sich durchsetzenden digitalen Kapitalismus, die die soziale Entbettung der Ökonomie vorantreiben und Abstraktionen von Arbeit und sozialen Bindungen mit sich bringen. Der Begriff ‚digital' verweist in diesem Zusammenhang darauf, dass durch die nahezu unendliche Verbindungsmöglichkeit von mikroelektronischen Technologien und weltweiten Kapitalbewegungen eine neue hegemoniale Struktur ständig wechselnder, sich aber letztlich weltweit vernetzender ökonomischer Druck-Punkte entstanden ist, welche die sozialen Welten durchdringen und fortlaufend neue ‚Sachzwänge' signalisieren.

Im Bereich der alltäglichen Lebensführung erleben wir Entgrenzungen sowie neue Begrenzungen im Verhältnis von Arbeit, Lernen und Freizeit, die sich in einer Vervielfältigung von privaten Organisations-, Vermittlungs- und Ausgleichsaufgaben niederschlagen. Hier sind die Belastungsgrenzen für viele – nicht nur unter schwierigen Lebensbedingungen – überschritten und gefährden die Einlösung der Anforderungen und positiven Seiten von Elternschaft, die Aufrechterhaltung von Beziehungen, aber auch von sozialer Reproduktion aller Beteiligten (Jurczyk et al. 2009). Zu unterscheiden ist also zwischen einer mikrosozialen und einer makrosozialen Perspektive der Entgrenzung. Die Mikroperspektive der Entgrenzung der alltäglichen Lebensführung wird vor allem im Work-Life-Balance-Diskurs verhandelt. Die Makroperspektive wiederum bezieht sich auf die Entgrenzung gesellschaftlicher Strukturen und Institutionen.

Die neokapitalistischen Tendenzen der sozialen Entbettung und Abstraktion führen auch dazu, dass von den sozialen Bedingungen des Wirtschaftens abstrahiert, diese ins Private verschoben werden. Dementsprechend sind auch Geschlechterhierarchie und Geschlechterkonflikt nicht mehr Thema des neokapitalistischen Diskurses, wie dies noch in der sozialstaatlichen Regulation der Gesellschaft der Fall ist. Diese Entwicklung ist ambivalent. Auf der einen Seite scheinen die Begrenzungen der geschlechtshierarchischen Arbeitsteilung aufgehoben, der Weg für die Frauen in die Produktionssphäre unbegrenzt freigegeben. Damit ist die soziale Trennung von Produktion und Reproduktion, welche für die fordistisch-sozialstaatliche Gesellschaft prägend ist, tendenziell aufgehoben. Die Familie wird entgrenzt. Gleichzeitig aber hat es die Rationalisierung und Flexibilisierung der Produktion im digitalen Kapitalismus mit sich gebracht, dass das Normalarbeitsverhältnis keine Selbstverständlichkeit mehr ist, sondern sich inzwischen schon für große Teile der Erwerbsbevölkerung aufgelöst hat. Dieses Normalarbeitsverhältnis – lebenslang gültiger Beruf, tarifliche und soziale Absicherung, Vollzeitarbeit – macht aber den ökonomisch-gesellschaftlichen Kern der Definition von Männlichkeit im sozialstaatlich regulierten Kapitalismus aus. Der digitale Kapitalismus gefährdet nun dieses gesellschaftliche Männlichkeitsbild, treibt aber auf der anderen Seite das männliche Prinzip der Externalisierung weiter voran. Männlichkeit wird also gleichzeitig zurückgewiesen und neu aufgefordert. Andererseits werden zwar vor allem Frauen aus der Gebundenheit der Reproduktionssphäre freigesetzt, geraten aber dann in die Externalisierungsfalle der digitalen Ökonomie, wenn sie das klassische Drei-Phasen-Modell und damit ihren Kinderwunsch realisieren möchten (revolving door). Die Übereinkunft zwischen den Geschlechtern darüber, wie der Aufbau der Familie bzw. Beziehungen und die Erziehung der Kinder realisiert werden soll, bleibt ihnen dann meist privat überlassen. Gleichzeitig aber liegt diese Aushandlung nicht in ihrer freien Verfügung. Die Intensivierung der Arbeit und die dem Mann (naturmäßig) zugeschriebene höhere industrielle Verfügbarkeit wirken meist in der Richtung, dass sich in den Familien/Beziehungen die herkömmliche Rollenaufteilung der Geschlechter als resistenter erweist bzw. immer wieder neu ausgehandelt werden muss. Viele Männer möchten gerne die sozialstaatlich gedeckten Ansprüche auf Teilhabe in Familie und an der Erziehung realisieren, werden aber durch die intensivierte ökonomische Einbindung und Vernutzung daran gehindert. Aus der Verbreiterung von Home-Office Arbeit ergeben sich Chancen, aber gerade auch bekannte Doppelbelastungen, die in der Gefahr stehen, erneut Frauen gegenüber Männern zu benachteiligen, aber in der Arbeitsteilung auch neue Konflikte und deren Lösungen (positiv) zu erleben (vgl. dazu Flaake 2014).

Der ‚abstract worker‘, die neue Sozialform des digitalen Kapitalismus, ist eine ideologische Figur ohne Geschlecht, deren soziale Bindungen und Geschlechtszugehörigkeit privat bleiben müssen. Denn Geschlechterverhältnisse und Geschlechterkonflikte sind aus der Sicht der neuen Ökonomie keine vergesellschaftungs- und fortschrittsfähigen Kontexte. Sie werden den sozialen Regulationsbemühungen des Sozialstaates überlassen, der seinerseits von der ökonomischen Sichtweise nicht unberührt bleibt. In den Strategien des Gender Mainstreaming bildet sich inzwischen jene ökonomische Steuerungsperspektive ab, mit der der Geschlechterkonflikt und die Geschlechterhierarchie ‚versachlicht‘ werden sollen.

Die Entgrenzung des Geschlechterverhältnisses im digitalen Kapitalismus trifft Männer anders als Frauen. Während Frauen im Zuge der sozialstaatlichen Transformation der Frauenfrage und insbesondere der Vereinbarkeitsproblematik in der Mehrzahl lernen mussten, zwischen Produktions- und Reproduktionssphäre zu changieren, sind die meisten Männer so gut wie nicht darauf vorbereitet. Die familiale Rolle war ihnen aus verschiedenen Gründen bisher verwehrt, ihnen fehlen die entsprechende Erfahrung und die öffentliche Anerkennung einer solchen zweiten Rollenexistenz in der Familie. Zwar wird die Familie im Zuge der Auflösung der Grenzziehung zwischen Produktion und Reproduktion auch für die Männer offen, aber vielen ist der Zugang zu einer erweiterten Familien-/Beziehungs-Rolle aufgrund der weiter bestehenden und durch Arbeitsintensivierung gestärkten Bindung der männlichen Identität an die Erwerbsarbeitsrolle verwehrt. Das führt immer wieder zu männlichen Bedürftigkeiten, die sich in familialen bzw. Beziehungskonflikten bis hin zu häuslicher Gewalt niederschlagen können.

Über diese Entgrenzungen in den heterosexuellen Geschlechterverhältnissen hinaus sind die Pluralisierung und Diversität in den Formen des sexuellen Begehrens und der Geschlechtsidentität gesellschaftsöffentlich und sozial wirksam geworden. Während Männlichkeit und Weiblichkeit als gesellschaftliche Strukturidentitäten des heterosexuellen Geschlechtermilieus immer noch stabil und selbstverständlich sind, ist die Strukturidentität bei Homosexualität und Transsexualität fragil bis prekär. Sicher sind schwule Männer und lesbische Frauen in Deutschland dank institutioneller Gleichstellung und exemplarischem Coming-out in Politik und Kultur aus den stigmatisierten Randmilieus herausgekommen, Homophobien schwelen aber im Alltag weiter. Transmenschen haben es da sehr viel schwerer. Sie können sich nicht unter einen gesellschaftlichen Schutzschirm der Strukturidentität begeben. Ein „wichtiges Motiv ist die Angst. Es ist die Angst vieler Cismenschen, in der Gewissheit, dass es zwei – und nur zwei – Geschlechter gibt, erschüttert zu werden. Wann immer diese tief in unserer westlichen Kultur verankerte Selbstverständlichkeit infrage gestellt wird, tritt Irritation auf. Irritation muss zwar nicht zwangsläufig Ablehnung zur Folge haben, sondern kann auch als Neugier und Interesse an der befremdlich erscheinenden, nicht in das übliche Wahrnehmungsraster passenden Wahrnehmung führen. Die Stigmatisierung und Marginalisierung bis hin zur manifesten Gewalt […], wie Transmenschen sie in unserer Gesellschaft erleben, zeigen indes, dass die Infragestellung der Binarität der Geschlechter von vielen Cismenschen offenbar als so bedrohlich erlebt wird, dass keine Neugier und kein Interesse am Fremden entstehen, sondern die Reaktion von Aggressivität geprägt ist" (Rauchfleisch 2019, S. 66).

Für die Soziale Arbeit bringt die neokapitalistische Entgrenzungsdynamik erhebliche Probleme des professionellen Zugangs mit sich. Denn die Tendenz zur Entöffentlichung und Privatisierung der Geschlechterfrage macht es ihr schwieriger, konfliktbasierte geschlechtsreflexive Arbeit als Querschnittsaufgabe zu fordern. Zumal die Klient*innen selbst unter dem öffentlichen Mithalte- und Nivellierungsdruck ihr männliches, weibliches, heterosexuelles, homosexuelles oder transsexuelles Konflikterleben und damit zusammenhängende Lebensschwierigkeiten und Bewältigungsprobleme zu verdrängen suchen. Um in diesem Verdeckungszusammenhang dennoch professionell arbeiten zu können, braucht die Soziale Arbeit eine besondere sozialpolitische Unterstützung, muss sie auf die Notwendigkeit einer antizyklischen Geschlechterpolitik selbst immer wieder öffentlich aufmerksam machen.

Lothar Böhnisch

Zum Weiterlesen
Appelt, Erna/Sauer, Birgit (2001): Globalisierung aus feministischer Perspektive. In: Österreichische Zeitschrift für Politikwissenschaft 30, H. 2, S. 127–135
Böhnisch, Lothar (2003): Die Entgrenzung der Männlichkeit. Opladen: Leske + Budrich
Stecklina, Gerd/Wienforth, Jan (Hrsg.) (2020b): Handbuch Lebensbewältigung und Soziale Arbeit. Weinheim, Basel: Beltz Juventa

Erwachsenenalter

Der sozialwissenschaftliche Blick auf das Erwachsenenalter und die Aufmerksamkeit für strukturelle Risikokonstellationen haben sich mit dem sozialen Wandel, der auch diese Lebensphase erfasst hat, verändert. Das Erwachsenenalter grenzt sich ab gegen die verlängerte Übergangsphase der jungen Erwachsenen, die heute offiziell bis 27 Jahre geht. Dass auch gesellschaftliche Bilder von Erwachsenen in Bewegung geraten sind, wird mit den Begriffen der Entgrenzung und Entstrukturierung der Lebensalter erfasst; für das Erwachsenenalter bedeutet es, dass die institutionelle Rahmung einer Normalbiografie (Kohli 1985) für Erwachsene erodiert, insofern jeweils zu erreichende (Status-) Positionen und damit die Einlösung von Lebenszielen und Erwerbsorientierungen nicht mehr als gesichert gelten können. Das bedeutet sowohl Chance als auch Zwang zur steten biografischen Neuorientierung. Gleichzeitig haben sich lebensaltersspezifische Normen und Standards flexibilisiert und pluralisiert (Multi-Optionalität, Lange/Keddi 2009), umso belastender ist es, wenn sich Handlungsspielräume entsprechend eingeschränkter Lebenslagen verengen. Die Veränderungen in Arbeits-, Familien-, und Beziehungsformen erlauben eine Offenheit der Lebensplanung, die aber mit einer gesteigerten Verpflichtung zur Eigenverantwortung und Orientierung an sich wandelnden Leitbildern einer gelingenden Lebensführung einhergeht (Schönberger 2007). Über diese Individualisierung der Lebensführung wird die eigene Biografie zum wichtigen Bezugsrahmen für die Sicherung von Kontinuität und innerem Zusammenhalt (Kohärenz), verbunden mit dem steten Bemühen um soziale Zugehörigkeit (Alheit 1990). Diese Probleme gilt es auch für neu oder schon lange zugewanderte Migrant*innen (mit und ohne deutschen Pass) und neu ankommende Flüchtende aus Kriegs- und Risikoländern unter den Gefahren von Diskriminierung, Vorurteilen und rassistischen Angriffen in den Blick zu nehmen. Und unter anderem Vorzeichen, aber in Abgrenzung und im Bezug aufeinander bringt das Erwachsenenalter für alle im Verlauf der Biografie immer wieder neue Bewältigungsaufforderungen hervor, denen die bisherigen Bewältigungsmuster meist nur begrenzt genügen können. Das Prinzip der Integrität, die Notwendigkeit, die bisherige Biografie immer wieder neu auf ihre Grenzen und Möglichkeiten überprüfen zu müssen, um handlungsfähig bleiben zu können, tritt stärker hervor. Die eigene Biografie wird nun zum wichtigsten Bezugsrahmen des inneren Zusammenhalts, verbunden mit dem stetigen Bemühen um soziale Anerkennung und Einbindung.

Schon im frühen Erwachsenenalter (18.–29. Lebensjahr) wird deutlich, dass im Erwachsenen-Sein nicht biografische Stabilität erreicht ist, sondern die Persönlichkeit sich schon in den ersten Berufsjahren verändern kann. Die Spannung zwischen Erreichbarkeit und Scheitern zieht sich durch die gesamte Lebensphase. Die sozialen Orte können so wechseln, dass die Orientierungsmöglichkeiten diffus werden. All dies macht den besonderen Bewältigungscharakter des Erwachsenenalters aus.

Im Erwachsenenalter unterliegt also ebenso wie in Kindheit und Jugend die ‚biologische Uhr' einer historisch-sozialen Definition. Die Veränderungen spiegeln sich im neuen Interesse der Entwicklungspsychologie für diese Lebensphase wider, die entsprechend der Anforderung des ‚lebenslangen Lernens' eine weiter bestehende ‚kognitive Plastizität' und Lernoffenheit von Erwachsenen im Sinne einer ‚flexiblen Immaturität' (Baltes 2001) betont. Theoretische Konzepte erfassen die Stabilisierung von Selbsterfahrung, von sozialen Fähigkeiten im Zusammenhang mit der Sicherung von Erwerbsquellen, der Fähigkeit zur Aufrechterhaltung von (intimen) Beziehungen und Teilhabe an vielseitigen sozialen Rollen (Faltermeier et al. 2014). Schon früh stellen sich Fragen nach persönlicher Integrität bei der Bewertung des bisher Erreichten, wo Diskrepanzen zwischen Lebenszielen/Erwartungen und Realität bilanziert werden. Die Fähigkeit zur Aufrechterhaltung intimer Beziehungen steht sowohl im Zusammenhang mit der Fähigkeit zur Konfliktbewältigung als auch mit gelungener beruflicher Einmündung (Seiffge-Krenke 2008). Sozialer Rückhalt wird dabei heute häufiger und gleichrangig mit Familie in Freundschaftsbeziehungen gesucht. Auch „normale und erwartbare Übergänge wie Heirat oder Elternschaft" (Sackmann/Wingens 2001, S. 27) gehen mit Veränderungen des Selbstbildes und oft auch der Lebensplanung einher. Drängende Fragen wie die Erfüllung eines Kinderwunsches unter der Nutzung neuer medizinischer und sozialer Möglichkeiten oder die Entscheidung für ein Leben ohne Kinder können für die Lebensplanung bestimmend werden.

Im mittleren Erwachsenenalter (30.–65. Lebensjahr) verändern und intensivieren sich Aufgaben, z. B. in Bezug zu den Konflikten und Sorgen um die eigenen jugendlichen Kinder, dazu kommt die Sorge um die alternden Eltern. Seit den 1970er und 1980er Jahren nahmen eine Reihe von Untersuchungen das Problem der ‚Midlife Crisis' auf. Sie bezogen sich auf lebensaltersspezifische Herausforderungen: Endlichkeit des Daseins, Sinnsuche und Neuordnung der Lebenssituation. Heute stehen sie eher unter dem Vorzeichen der Neuorientierung und des Aufbruchs. Mehr Offenheit gibt es für die körperlichen Alterungsprozesse und dabei sind im mittleren Erwachsenenalter zunächst Frauen im Blick (Ende der Gebärfähigkeit, Wechseljahre). Weitere Entwicklungsaufgaben sind selbst einem Wandel unterworfen: Weitergabe von Wissen an die nächste Generation (Generativität) wird heute ergänzt um das Lernen von und zusammen mit der jüngeren Generation. Die Bewältigung von Verlusterfahrungen in Beziehungen geht einher mit der Notwendigkeit und den begrenzten Möglichkeiten, sich immer wieder flexibel an neuen Orten heimisch zu machen (vgl. Bertels/Herlyn 1990).

Vor dem Hintergrund der neuen Qualität gesellschaftlicher Verunsicherung und Risikoentwicklung fragt die Lebenslaufforschung nach verlaufsprägenden Ereignissen und Wendepunkten. Hier wird betont, dass historisch-epochale Konstellationen Erfahrungen auch geschlechtsspezifisch prägen (Sackmann/Wingens 2001). Faltermeier et al. stellen zusammenfassend fest, „dass Entwicklungsprozesse im mittleren Erwachsenenalter nur kohortenspezifisch, geschlechtsspezifisch und lebensbereichsspezifisch beschreibbar sind" (Faltermeier et al. 2014, S. 142) und nicht nur schwierige Verläufe nehmen. So ist immer wieder zu fragen, wie stillschweigend weiter bestehende gesellschaftliche Normen, sich wandelnde Bilder vom erwachsenen Mann und der erwachsenen Frau sowie innere Leitbilder (überkommen aus Herkunft und Herkunftsfamilie) im Erwachsenenalter neu eingeordnet und mit Lebenskonstellationen, mit biografischen Erfahrungen und Identitätskonstruktionen abgeglichen werden. Offener und rechtlich besser abgesichert können heute die Entscheidungen für ein Leben unter neuem oder nichtfestgelegten Geschlechtsvorzeichen in alten Bezügen oder neuen Milieus gelebt werden. Dagegen weiter bestehende Diskriminierungen und Belastungen durch ‚konflikthafte Identitätsarbeit' sollen von neuen Infrastrukturen aufgenommen werden (Wienforth/Stecklina 2020).

Der Umgang mit Brüchen und Umwegen in der biografischen Rückschau wurde zuerst mit dem Konzept der Nachträglichkeit in der Frauenforschung thematisiert (Becker-Schmidt 1994). Da erscheint die ‚weibliche Perspektive' als die offenere. Auch da, wo es um Umwege und um die Möglichkeit des Aussteigens in der Lebensplanung geht, sind Frauen bisher immer noch eher bereit und unter Verzicht auf soziale Sicherheit z. B. eine ‚Kinderpause' einzulegen – vor sich und anderen zu begründen und das Risiko des Wiedereinstiegs mit zu kalkulieren (vgl. Völker 2004; Haller 2021). Ausstieg und berufliche Neuorientierung erhalten mit der Betonung von Eigenverantwortung für Gesundheit und Lebensglück eigene Impulse und Begründung.

Mit Blick auf die in Geschlechterverhältnisse eingelagerten Widersprüche und Ambivalenzen ist dabei die oft ausgeblendete Konflikthaftigkeit und Überforderung in den Blick zu nehmen.

„Aus dieser Fragilität der Lebensführung resultieren weitere Kommunikationspathologien: Der Schein des einverständigen und rationalen Handelns auf der Vorderbühne wird in Umbruchphasen, aber auch unter dem Druck von sich zuspitzenden sozioökonomischen Belastungen immer wieder in Frage gestellt durch die alltagspraktischen Turbulenzen auf der Hinterbühne, die sich (z. B. in Form regelmäßiger Wutanfälle, Angstausbrüche oder Depressionen) punktuell den Weg nach vorne bahnen, aber dann wieder schnell vergessen und verschwiegen werden (man verträgt oder beruhigt sich wieder und spricht nicht mehr davon" (Braun 2003, S. 413). Der Pluralisierung von Weiblichkeits- und Männlichkeitsbildern stehen neue Normierungen entgegen, was körperliche Inszenierungen von Leistungsfähigkeit und Attraktivität angeht.

Wenig untersucht und reflektiert wird, wie Bilder von Männern und Frauen normativ zu wirken beginnen, wenn es um ein Scheitern an den Anforderungen des Erwachsenen-Lebens und die Suche nach Rückhalt in Beziehungen geht. Die Männerforschung wiederum hebt hervor, dass die Fixierung der männlichen Identität an die Erwerbsarbeit angesichts der Erosion des Normalarbeitsverhältnisses und des Strukturwandels der Arbeitsorganisation brüchig geworden ist (vgl. Meuser/Lengersdorf 2016). Die damit verbundene Hinwendung des Mannes zu Familie und Beziehungen ist für viele schwierig, da auf der einen Seite der familiale Ernährerstatus nicht mehr trägt, andererseits die Anerkennung einer männlichen Familienrolle als – private, immer schon als selbstverständlich vorausgesetzte – Sorgearbeit noch aussteht und für beide Elternpersonen Konfliktfähigkeit untereinander entwickelt werden muss (Flaake 2021). Aus Lebenslaufanalysen ergeben sich z. B. Hinweise, dass für ‚ressourcenschwache' Männer die Verheiratungschancen sinken (Hagen/Niemann 2001) – manifest werden Klagen von Männern über ‚verweigerte' sexuelle Beziehungen gegenüber Frauen in ihrer aggressivsten Form auf Incel-Foren (vgl. Kaiser 2020).

Viele und komplexe Arbeitsfelder der Sozialen Arbeit sind in den Situationen des Scheiterns im Erwachsenenleben angesiedelt. Die Fähigkeit, sich hier Männern und Frauen zuzuwenden hängt, davon ab, ob ein Zugang zu geschlechtsspezifisch verdeckten, aber dennoch bedeutsamen aktuellen und vergangenen Entwertungs- und Ausgrenzungserfahrungen und deren Bewältigungsmustern gefunden wird (Fillip/Staudinger 2005; Noack/Napoles 2021).

Lothar Böhnisch und Heide Funk

Zum Weiterlesen
Böhnisch, Lothar (2017): Sozialpädagogik der Lebensalter. Weinheim, München: Juventa
Faltermeier, Toni/Mayring, Philipp/Saup, Winfried/Strehmel, Petra (2002): Entwicklungspsychologie des Erwachsenenalters. 2., überarbeitete Auflage. Stuttgart, Berlin, Köln: Kohlhammer
Völker, Susanne (2004): Hybride Geschlechterpraktiken. Erwerbsorientierungen und Lebensarrangements von Frauen im ostdeutschen Transformationsprozess. Wiesbaden: VS

Erwerbslosigkeit

Von Erwerbslosigkeit wird gesprochen, wenn Menschen, die eine Erwerbsarbeit aufnehmen möchten, keine entsprechende Stelle finden. Der Begriff der Arbeitslosigkeit ist eigentlich irreführend, weil er Arbeit mit entlohnter Erwerbstätigkeit gleichsetzt und viele andere Formen gesellschaftlicher Arbeit unberücksichtigt lässt. Im Folgenden werden die Begriffe kontextabhängig variiert. Historisch betrachtet wird Erwerbslosigkeit in dem Maße zu einem sozialen Problem, wie für viele Frauen und Männer lohnabhängige Erwerbsarbeit zur zentralen Quelle des Lebensunterhalts und der Anerkennung wird (vgl. Zimmermann 2006).

Es gibt eine Vielzahl von Definitionen und Daten, die spezifische Aspekte des Phänomens Erwerbslosigkeit beleuchten. In amtlichen Darstellungen werden zum einen die sich laufend verändernden Definitionen der Bundesagentur für Arbeit verwandt; zum anderen werden die Definitionen der Internationalen Arbeitsorganisation (ILO) bzw. der EU zu Grunde gelegt. Die Quoten unterscheiden sich insbesondere dadurch, wie geringfügige Beschäftigung berücksichtigt und welche Bezugsgrößen für die Berechnung der Quoten verwendet werden. Als langzeitarbeitslos werden Menschen bezeichnet, die mehr als ein Jahr erwerbslos sind. Eine weitergehende Perspektive wird durch Analysen der ‚Stillen Reserve' eröffnet; hier werden neben den Erwerbslosen z. B. auch diejenigen berücksichtigt, die derzeit an Maßnahmen teilnehmen oder sich nicht registrieren lassen, weil sie keine Unterstützungs- oder Vermittlungsleistungen erwarten oder die Suche vorerst aufgeben. Auch die Gruppe der Unterbeschäftigten (unfreiwillig Teilzeitbeschäftigte) bzw. der prekär Beschäftigten wird in diesem Zusammenhang bislang nicht systematisch statistisch erfasst (vgl. Rengers 2016).

Mittlere und hohe Arbeitslosenquoten waren in der Geschichte der BRD eher der Regelfall; nur zwischen 1955 und 1975 wird – bei einer hohen Erwerbsquote von Männern und einer niedrigen von Frauen – von einer Phase der Vollbeschäftigung gesprochen. Mit dem Wandel der klassischen Industriegesellschaft steigen in Westdeutschland die Arbeitslosenzahlen seit Mitte der 1970er Jahre deutlich an. In der DDR wurden Frauen und Männer in hohem Maße in den Arbeitsmarkt integriert, dabei trat jedoch das Problem der verdeckten Arbeitslosigkeit (unterbeschäftigte Arbeitskräfte) auf. Nach der Wiedervereinigung steigt die Arbeitslosenzahl bis 2005 auf 4,9 Millionen an; die gesamtdeutsche Arbeitslosenquote erreichte 13 Prozent, bei erheblichen West-Ost-Unterschieden. Danach gehen die Zahlen fast kontinuierlich zurück und lagen 2019 vor der Corona-Pandemie bei 2,3 Millionen bzw. 5,5 Prozent. Die Frage, inwieweit dieser Rückgang mit den fundmentalen Arbeitsmarkt- und Sozialreformen zwischen 2002 und 2005 zusammenhängt, ist politisch wie sozialwissenschaftlich hoch umstritten. Mit der Abschaffung der arbeitslohnbezogenen und bedürftigkeitsgeprüften Arbeitslosenhilfe (und den damit verbundenen Vorteilen von Arbeitslosenhilfe- gegenüber Sozialhilfeempfänger*innen) entsteht ein dreigliedriges Unterstützungssystem aus einer Arbeitslosenversicherung (Alg I), einer pauschalierten Grundsicherung (Alg II) und einer modifizierten Sozialhilfe für Nicht-Erwerbsfähige. Parallel wird eine aktivierende Arbeitsmarktpolitik (‚Fördern und Fordern') favorisiert. Promberger und Lobato (2016, S. 328 f.) konstatieren insbesondere drei Folgeeffekte des Reformprogramms: Das Verhältnis von Arbeitslosenversicherung und Grundsicherung und die damit verbundenen Gerechtigkeitsvorstellungen werden programmatisch (durch die Pauschalierung) wie empirisch (Abdrängung von Langzeitarbeitslosen in die Grundsicherung) neu austariert. Der im SGB II formulierte Teilhabeanspruch kann allenfalls materiell eingelöst werden; eine soziale, kulturelle und politische Teilhabe ist kaum mehr möglich. Schließlich komme der Aktivierungsansatz bei einer nicht kleinen Teilgruppe an seine Grenzen, wenn bei einem starken Rückgang einfacher Arbeitsmöglichkeiten Bildungsarme oder von Lebenskrisen und gesundheitlichen Einschränkungen Betroffene keine oder nur prekäre Arbeit finden. Das heißt, die standardisierten Förderinstrumente werden der Heterogenität der Lebenslagen nicht gerecht; nicht alle entsprechen dem „idealisierten Leitbild des ‚normalen' Arbeitsbürgers" (ebd., S. 330). Im Zusammenspiel mit der bereits vor den Hartz-Reformen einsetzenden Politik der Flexibilisierung und Deregulierung von Beschäftigungsverhältnissen werde „das Verhältnis von Armut und Erwerbsarbeit neu justiert" (ebd.). Nicht wenige müssen ihren kargen Lohn mit Alg II-Leistungen aufstocken; dies betrifft Männer und Frauen in etwa gleicher Weise (Bundesagentur für Arbeit 2019, S. 24). Zudem komme es angesichts der prekären Beschäftigungsverhältnisse für viele zu einem häufigen Wechsel von unterbezahlten Jobs und Arbeitslosigkeit. Zwar konnte die strukturelle Arbeitslosigkeit in Deutschland überwunden werden, dafür sind unsichere Beschäftigung und Abhängigkeit von aufstockenden Sozialleistungen für nicht wenige zu einer zentralen Arbeits- und Lebenserfahrung geworden.

Gegenwärtig finden sich überdurchschnittlich hohe Arbeitslosenquoten insbesondere in den neuen Bundesländern, bei jüngeren und älteren Erwerbspersonen, bei Geringqualifizierten und bei Menschen mit Migrationsgeschichte. In den 1950er bzw. in den 1970er und 1980er Jahren lag (bei niedrigen Erwerbsquoten) die Arbeitslosenquote der Frauen in Westdeutschland über der der Männer, seit den 1990er Jahren ist es im Westen zu einer weitgehenden Annäherung der Quoten gekommen. Auch in Ostdeutschland näherte sich nach 1990 die anfangs deutlich höhere Arbeitslosenquote von Frauen der Quote der Männer an. Die Arbeitslosenquoten von Frauen hatten Mitte der 1990er Jahre noch um ca. 2 Prozentpunkte über denen der Männer gelegen; seit den 2000er Jahren sind die Unterschiede der geschlechtsspezifischen Quoten nur noch sehr gering. Im Vor-Corona-Jahr 2019 lag die Quote der Männer bei 5,2 Prozent, die der Frauen bei nur 4,7 Prozent. Bei der Betrachtung von Altersgruppen, Nationalität (Deutsche bzw. Nichtdeutsche), Ausbildung und Langzeitarbeitslosigkeit lassen sich 2018 keine geschlechtsspezifischen Unterschiede erkennen. Das Risiko, in Arbeitslosigkeit zu geraten, war bei Frauen 2018 etwas geringer als das der Männer, das Risiko des Verbleibs in Arbeitslosigkeit war jedoch etwas höher als bei den Männern. In allen Bundesländern liegt die Arbeitslosenquote der Frauen 2018 unterhalb der Männer, der Abstand variiert jedoch zwischen geringeren Abständen in den westdeutschen Flächenländern und etwas höheren Unterschieden in den Stadtstaaten bzw.

den ostdeutschen Ländern. Die Höhe der Leistungen gestaltet sich abhängig von Entlohnungsniveau und Beschäftigungsumfang für Männer und Frauen unterschiedlich.

Entsprechend den verschiedenen Disziplinen, die sich mit Erwerbslosigkeit befassen, finden sich unterschiedliche Überlegungen zu den Ursachen und strategischen Optionen. Aus einer Makroperspektive betrachtet, steht Erwerbslosigkeit mit der konjunkturellen Entwicklung, mit weltwirtschaftlichen Verschiebungen, mit technologischen Entwicklungen, mit demografischen Faktoren, mit der Teilung von entlohnter und nicht entlohnter Arbeit, aber auch mit dem Erwerbsverhalten von Männern und Frauen in Zusammenhang. Auf dieser Ebene spielen auch die Arbeitsmarkt-, Tarif-, Bildungs- und Sozialpolitik eine Rolle. Auf der Mikroebene kann Arbeitslosigkeit als eine unzureichende Passung (mismatch) von Angebot und Nachfrage analysiert werden. Dabei sind jeweils aus Perspektive der ‚Anbietenden' und ‚Nachfragenden' folgende Passungsverhältnisse zu berücksichtigen: die formellen (z. B. schulische und berufliche Abschlüsse) und informellen (z. B. sprachliche und soziale Kompetenzen) Qualifikationen, die räumliche Mobilität von Arbeit und Kapital (z. B. zumutbare Pendelzeiten), die Arbeitsvolumina (z. B. Vollzeit- und Teilzeitbeschäftigungen), die Verteilung der Arbeitszeiten (und das damit für Männer und Frauen entstehende Problem der Vereinbarkeit z. B. mit Haushalts-, Betreuungs- und Pflegearbeiten), im weiteren Sinne körperliche Einschränkungen sowie Informationsprobleme (z. B. durch soziale Netzwerke selektierte Informationsflüsse). Auch die Diskriminierung bestimmter Gruppen von Arbeitssuchenden (spezifische Migrationsbiografien, Menschen verschiedenen Geschlechts, die nicht den vorherrschenden Flexibilitätsstandards entsprechen, jüngere und ältere Menschen) ist auf dieser Ebene zu berücksichtigen.

Die Folgen von wiederholter kurzfristiger oder längerfristiger Erwerbslosigkeit bzw. von unfreiwillig eingegangenen (z. B. prekären oder dequalifizierenden) Beschäftigungsverhältnissen liegen neben den ökonomischen Folgen insbesondere im psychosomatischen Bereich, in sozialen Beziehungen bzw. sozialer Teilhabe und in sozialen Anerkennungsverhältnissen. Zudem sind die kollektiven Effekte zu berücksichtigen, die sich für spezifische Regionen (Krisenregionen), aber auch für spezifische Bevölkerungs- (Menschen mit einer spezifischen Migrationsgeschichte) oder Berufsgruppen (kollektive soziale Abstiege) ergeben. Die psychosozialen Folgen beschränken sich nicht nur auf die Arbeitslosen, auch der familiäre Zusammenhang und der darüber hinausgehende soziale Nahbereich sind betroffen. Besonders gravierend sind die Folgen für Jugendliche und junge Erwachsene, weil Erwerbsarbeit für den Prozess der Sozialisation, aber auch für die soziale Integration und gesellschaftliche Anerkennung von Menschen verschiedenen Geschlechts eine zentrale Rolle spielt (vgl. Böhnke 2015; Brandt/Böhnke 2018). Wie diese psychosozialen Folgen im

Vergleich von Männern und Frauen bewältigt werden, ist umstritten. Während in der klassischen Studie ‚Die Arbeitslosen von Marienthal' (Jahoda et al. 2009) beobachtet wurde, dass längere Arbeitslosigkeit insbesondere für Männer entstrukturierend wirkt, lassen neuere Umfragedaten erkennen, dass Frauen in erhöhtem Maße negative soziale und gesundheitliche Folgewirkungen angeben.

Die Befunde von Dörre et al. lassen erkennen, dass sich die Erwerbsorientierung von Frauen in Ost und West noch immer deutlich unterscheidet. So wird sichtbar, „dass sich ostdeutsche Frauen auch unter den Bedingungen prekärer Beschäftigungsverhältnisse und blockierter Arbeitsmarktchancen nicht vom Arbeitsmarkt zurückziehen" (Dörre et al. 2013, S. 302).

Christoph Weischer

Zum Weiterlesen
Deutscher Bundestag (2017): Zweiter Gleichstellungsbericht der Bundesregierung. In: Deutscher Bundestag Drucksache 18/12840 (18. Wahlperiode 21.06.2017)
Ludwig-Mayerhofer, Wolfgang (2018): Arbeitslosigkeit. In: Abraham, Martin/Hinz, Thomas (Hrsg.): Arbeitsmarktsoziologie. Probleme, Theorien, empirische Befunde. Wiesbaden: VS, S. 155–192
Promberger, Markus/Ramos Lobato, Philipp (2016): Zehn Jahre Hartz IV – eine kritische Würdigung. In: WSI Mitteilungen 5/2016, S. 325–333

Erziehung

Erziehungsverständnis: Erziehung (erziehen stammt etymologisch von dem Word „ahd. Irziohan", d. h. herausziehen) bedeutet die Förderung von Geist und Charakter. Brezinka bezeichnet als Erziehung Handlungen, „durch die Menschen versuchen, die Persönlichkeit anderer Menschen in irgendeiner Hinsicht zu fördern" (Brezinka 1990, S. 95). Die Erörterung des Erziehungsbegriffs nimmt ihren Ausgang im 18. Jahrhundert, dem „pädagogische[n] Jahrhundert" (Tenorth 2008, S. 79). Nach Kant kann der Mensch „nur Mensch werden durch Erziehung" (Kant 1803/1983, S. 699). Erziehung wird hier als „Kunst" verstanden, die „judiziös" (ebd., S. 702), also planvoll und auf begründeten Urteilen beruhend, ausgeübt wird und zur „Vervollkommnung der Menschheit" (ebd., S. 700) beitragen soll. Erziehung zur Mündigkeit verläuft nach Kant in vier Stufen: Nach der Disziplinierung (vor allem der kindlichen Triebe) folgen die Kultivierung, Zivilisierung und Moralisierung (Bildung zur moralisch reflektierten Individualität bzw. zur universalen Menschlichkeit). Erst nach Vollendung des vierten Schrittes ist die*der Heranwachsende zu eigenen Entscheidungen nach ethischen Gesichtspunkten fähig. Die Sittlichkeit bzw. Moralität stellt das höchste Erziehungsziel dar und führt zur gesellschaftlichen Erneuerung. Kant benennt als zentrales Dilemma pädagogischer Erziehung, „wie man die Unterwerfung unter den gesetzlichen Zwang mit der Fähigkeit, sich seiner Freiheit zu bedienen, vereinigen könne. [...] Wie kultiviere ich die Freiheit bei dem Zwange" (ebd., S. 711)?

Schleiermacher (1826/1957) will den Akt der Erziehung nicht auf einzelne konkrete Personen oder Institutionen bezogen wissen, sondern macht die ältere Generation zum „fiktive[n] Gesamtsubjekt dieser staatlich veranstalteten, aber öffentlich zu verantwortenden [...] Erziehung" (Brüggen 1998, S. 274). Seine vielzitierte Frage „Was will denn eigentlich die ältere Generation mit der jüngeren?" (Schleiermacher 1826/1957, S. 9) kann nicht normativ beantwortet werden. Vielmehr wird „die Intentionalität pädagogischen Handelns, sowohl was dessen Absichten als auch was dessen Wirkungen betrifft, in eine intergenerationelle Fragedimension überführt, von der die Legitimität pädagogischer Interaktion [...] künftig abhängt" (Benner 2005, S. 147). Erst „[w]enn der Mensch mündig wird, [...] die junge Generation auf selbständige Weise zur Erfüllung der sittlichen Aufgabe mitwirkend der älteren Generation gleich steht" (Schleiermacher 1826/1957, S. 45 f.), hört Erziehung auf. Intergenerationelle Erziehung heißt, Erfahrungen und Wissen weiterzugeben, Unvollkommenes im Hinblick auf zunehmende Sittlichkeit zu verändern (‚zukünftig möglich besseren Zustand') und Bewährtes zu erhalten. Dass auch die jüngere Generation situativ zur vermittelnden Generation werden kann (Ecarius 1998; B. Müller 1996), dass beide Generationen umlernen und voneinander Neues lernen, ohne jedoch die Generationendifferenz zu nivellieren und zu missachten, und dass die Aneignung der älteren Generation kategorial anderen Bestimmungen unterliegt als die der jüngeren, ist für dieses Erziehungsverständnis bedeutsam (vgl. Brüggen 1998; Müller 1999).

In Anlehnung an Schleiermacher formuliert Benner in Rückgriff auf Herbart „Bildsamkeit" und die „Aufforderung zur Selbsttätigkeit" als zentrale Prinzipien einer nicht-affirmativen Theorie der Erziehung. Die Mitwirkung der Zu-Erziehenden „an der Erlangung ihrer Bestimmtheit" (Benner 2005, S. 72) sowie das „Nicht-Wissen-Können" (Benner 2003a; Benner 2003b) um die Bestimmbarkeit des Individuums werden in den Mittelpunkt gerückt.

Diese ausgewählten Theorien von Erziehung und die „weitgehend ungebrochene alltagssprachliche Verwendung des Erziehungsbegriffs durch die Jahrhunderte hindurch" (Kunert 2018, S. 124) dürfen nicht darüber hinwegtäuschen, dass in gewissen historischen Kontexten (z. B. Angstpädagogik, Nationalsozialistische Pädagogik) Erziehung zur (politischen) Indoktrination missbraucht worden ist, anstatt zur Humanisierung beizutragen. Aktueller denn je ist vor diesem Hintergrund die Forderung Adornos (1966, S. 92), „daß Auschwitz nicht noch einmal sei, [...] die allererste an Erziehung". Erziehung müsse sich gegen menschenverachtende „Barbarei" (ebd.) und ihre Bedingungen wenden und „die Mechanismen erkennen, die die Menschen so machen, daß sie solcher Taten fähig werden" (ebd., S. 94). Sie ist nur zu denken als eine Erziehung „zu kritischer Selbstreflexion" (ebd.), die dazu befähigt, sich dem "entgegenzustemmen, was zu irgendeiner Zeit wieder zur Untat lockt" (ebd., S. 96). In Rückgriff auf Kant nennt Adorno Autonomie als die „einzig wahrhafte Kraft gegen das Prinzip von Auschwitz […], die Kraft zur Reflexion, zur Selbstbestimmung, zum Nicht-Mitmachen" (ebd., S. 95). Erziehung als Ermöglichung von Demokratiebildung im Sinne einer Befähigung zu Selbstbestimmung, gesellschaftlicher Mitverantwortung und sozialem Engagement sowie Erziehung mündiger Individuen, die sich in einer zivilgesellschaftlichen Demokratie aktiv einbringen, ist angesichts der Tatsache, dass sich die Grenzen des Sagbaren nach rechts verschoben haben, und der zunehmenden Normalisierung rechtskonservativer Positionen in Politik, Kultur, Wissenschaft und Medien wichtiger denn je.

Erziehung und Geschlecht: Dass Erziehung die Bedürfnisse des Kindes ernst zu nehmen habe, Kinder Partner*innen in der Erziehung sind, ist mit der Reformpädagogik grundgelegt. Ab Mitte der 1960er Jahre ist von einem Wandel vom „Befehlshaushalt zum Verhandlungshaushalt" (Büchner 1983) die Rede. Kinder sind Träger von Grundrechten: Sie haben ein Recht auf „Erziehung zu einer eigenverantwortlichen und gemeinschaftsfähigen Persönlichkeit" (§ 1 KJHG, SGB XIII) und ein Recht auf gewaltfreie Erziehung (§ 1631 Abs. 2 BGB).

In den 1970er Jahren wurde im Zuge der Zweiten Frauenbewegung aus einer feministischen, differenztheoretischen Perspektive die Erziehung der Geschlechter kritisiert (vgl. Kunert-Zier 2005). Die Aussage „Jugendarbeit ist Jungenarbeit" kritisiert die einseitige Gestaltung und Verteilung vorhandener Räumlichkeiten und sozialpädagogischer Angebote und führte zu ersten Ansätzen einer feministischen Mädchenarbeit. Mädchen sollten unterstützt werden, eine selbstbestimmte Geschlechtsidentität zu entwickeln, Parteilichkeit und gemeinsame Betroffenheit wurden als zentrale feministische Handlungsmaxime postuliert (vgl. Sickendiek 2007) und androzentrische Strukturen in Wissenschaft und Praxis wurden offengelegt. Eine Debatte über die Koedukation begann in den 1980er Jahren, als empirische Studien den „heimlichen Lehrplan" (Brehmer 1982) entdeckten, der Mädchen und Jungen zwar vordergründig dasselbe lernen lässt, aber Mädchen benachteiligt. Der Ansatz der „reflexiven Koedukation" (Faulstich-Wieland 1991) entwickelt die koedukative Praxis weiter und hinterfragt kritisch, wie es im koedukativen Unterricht gelingen kann, Geschlechtertypisierungen abzubauen. Geschlechtergerechteres Handeln in der Schule kann nur gelingen, wenn „alle pädagogischen Gestaltungen daraufhin [durchleuchtet werden], ob sie die bestehenden Geschlechterverhältnisse eher stabilisieren, oder ob sie eine kritische Auseinandersetzung und damit ihre Veränderung fördern" (Faulstich-Wieland/Horstkemper 1996, S. 511). Neben den Debatten über die Koedukation ging es in den 1980er Jahren auch um die Entdeckung der weiblichen Subjektivität, die Aufwertung des weiblichen ‚Andersseins' und eine Anerkennung von Geschlechterdifferenzen (vgl. Gilligan 1984). Die Unterdrückung von Frauen sei nicht als „‚Nebenwiderspruch' zum Klassengegensatz" (Diezinger 2010, S. 15) zu begreifen, sondern die Organisation des Geschlechterverhältnisses sollte als eigenes Unterdrückungs- und Ungleichheitsverhältnis anerkannt werden. Mit dem Slogan ‚Das Private ist politisch' rückt die mehrheitlich von Frauen geleistete Haus- und Carearbeit in den Fokus, gegen die Höherbewertung von Erwerbsarbeit gegenüber unbezahlter Hausarbeit wurde protestiert (vgl. Becker-Schmidt 2014, S. 92). Die Wirkmächtigkeit des Ansatzes der ‚doppelten Vergesellschaftung' (Becker-Schmidt 1987), der sich in der doppelten Zuständigkeit von Frauen für Familie und Erwerbsarbeit ausdrückt, zeigt sich nach wie vor in den aktuellen Lebens- und Berufsplanungen junger Frauen (vgl. Keddi 2004; Micus-Loos et al. 2016; Rosowski 2009).

Wurden in den 1970er Jahren Geschlechterdifferenzen vor allem sozialisationstheoretisch zu erklären versucht, gewann in Deutschland Ende der 1980er Jahre das Konzept des Doing Gender an Bedeutung. Gender ist nicht etwas, „was wir ‚haben' oder ‚sind'" (Hagemann-White 1993, S. 68; vgl. Gildemeister/ Wetterer 1992), sondern Gender – verstanden als soziale Dimension von Geschlecht im Gegensatz zum biologischen Verständnis (sex) – wird in jeder (erzieherischen) Interaktion, in jedem Alltagshandeln interaktiv hergestellt. Die Aufmerksamkeit richtet sich auf das Wie alltäglicher Zuschreibungs-, Wahrnehmungs- und Darstellungsroutinen in Erziehungsprozessen, in denen sich der „sinnhafte Aufbau der Wirklichkeit von Geschlechtszugehörigkeit bzw. Geschlechterbeziehungen vollzieht" (Micus-Loos 2004, S. 116). Empirische Studien zum Doing Gender im Schulkontext zeigen, wie in Interaktionen Geschlechterstereotype reproduziert werden, wie geschlechtsbezogene Zuschreibungen und Erwartungshaltungen beispielsweise im Hinblick auf MINT-Fächer, die nach wie vor mit Ausnahme der Biologie als männlich konnotiert gelten, funktionieren und welche Bedeutung der Kategorie Gender als Strukturierungsprinzip in der Schule (z. B. Einteilung von Gruppen) zukommt (vgl. Breidenstein/Kelle 1998; Budde/Faulstich-Wieland/Scholand 2007). Faulstich Wieland schlägt eine „Balance der Dramatisierung und Entdramatisierung von Geschlecht" (Faulstich-Wieland 2011b, S. 27) vor, ein Wechselspiel zwischen der Notwendigkeit, über Geschlechterverhältnisse nachzudenken und auf geschlechtsspezifische Diskriminierungen hinzuweisen sowie die Relativierung der Bedeutung von Geschlecht(erunterschieden) für das soziale Miteinander. Sensibilisiert das Konzept des Doing Gender für die eigene Mitkonstruktion an geschlechtlichen Zuschreibungen in einem „kulturellen System der Zweigeschlechtlichkeit" (Hagemann-White 1984, S. 83), geht es der dekonstruktiven Geschlechtertheorie darum, die symbolischen Ordnungen und Normen aufzudecken, nach denen die Konstruktionen erfolgen. Erziehung heißt demnach, sich mit wiederholten sprachlichen Anrufungen von Geschlecht auseinanderzusetzen, mit denen anerkennbare Subjektpositionen produziert werden (vgl.

Butler 1997, S. 318 f.). Anrufungsprozesse, durch die Subjekte ‚bewirkt' werden, sind einerseits handlungsmächtig und können Anerkennung verleihen, können andererseits aber auch mit Ausschlüssen verbunden sein, weil sie Menschen an Orte verweisen, an denen sie keine Anerkennung erfahren (vgl. Butler 2009; Micus-Loos/Plößer 2021).

Bedeutung für die Soziale Arbeit: Die Aufgabe von Sozialarbeiter*innen ist es, Menschen in krisenhaften Situationen Unterstützung in Erziehungsprozessen zu geben, damit diese nicht zu „Bewältigungsfallen" (Böhnisch 2016b, S. 157) werden. Genderkompetenzen sind für Sozialarbeiter*innen, die Menschen professionell in Erziehungsprozessen unterstützen, im Hinblick auf Können, Wissen und Haltung (von Spiegel 2011) von Bedeutung. Eine geschlechtersensible/-reflektierende Wahl von Methoden und Angeboten, ein Wissen über Geschlechterverhältnisse und eine Haltung, die nicht nur binäre und hierarchische Geschlechterordnungen reflektiert, sondern ein Bewusstsein für die alltägliche Mitkonstruktion von Differenzen in Erziehungsprozessen schafft, ist Voraussetzung für professionelles erzieherisches Handeln.

Christiane Micus-Loos

Zum Weiterlesen
Adorno, Theodor W. (1966): Erziehung nach Auschwitz. In: ders.: Erziehung zur Mündigkeit. Frankfurt/M.: Suhrkamp, S. 92–109
Kuhlmann, Carola (2013): Erziehung und Bildung. Einführung in die Geschichte und Aktualität pädagogischer Theorien. Wiesbaden: Springer VS
Kunert-Zier, Margitta (2005): Erziehung der Geschlechter. Entwicklungen, Konzepte und Geschlechterkompetenz in sozialpädagogischen Feldern. Wiesbaden: VS

Ethnisierung

In Abgrenzung zum Konzept Ethnizität, welches essentialistische Theoretisierungen und Vorstellungen einer über Geburt und Vererbung naturalisierten ‚Abstammungsgemeinschaft' umfasst, die als Voraussetzung – statt Resultat – gesellschaftlicher Prozesse verstanden werden (vgl. für einen Überblick Wimmer 2013; Stender 2018; Scherschel 2020), wird mit Ethnisierung der Vorgang betont, bei dem Ethnizität als Ergebnis sozialer Konstruktionsprozesse hervorgebracht wird. Bei Ethnizität handelt es sich demzufolge nicht um etwas Naturgegebenes, bei ethnischen Gruppen nicht um homogene, unveränderbare soziale Einheiten, deren Mitglieder mit spezifischen Eigenschaften und Wesensmerkmalen ausgestattet wären. Stattdessen geht es um das Resultat von ethnisierten Grenzziehungsprozessen bzw. „Ethnic Boundary Making" (Wimmer 2013), bei denen wirkmächtige, mit hierarchisierenden Bedeutungen versehene soziale Konstrukte hervorgebracht werden, die vor dem Hintergrund von spezifischen Machtverhältnissen und Interessen in Prozessen der Ethnisierung entstehen. Ethnisierung bzw. Ethnizität als ‚boundary work' verweist auf die Aushandlungsprozesse und das Relationale des sozialen Konzeptes, das über Abgrenzungen und Verbindungen immer wieder neu verhandelt wird und Subjektpositionen bereitstellt.

Ethnisierung und Rassismus: Ethnisierungen beziehen sich auf Prozesse, wie sie auch bei Kulturalisierungen oder Rassialisierungen stattfinden: Unter Rückgriff auf bestimmte in sozio-historischen Prozessen entstandene Vorstellungen und Ideen darüber, was eine jeweilige ‚Ethnizität' ausmacht, kommt es zu Kategorisierungen, Sortierungen und Unterscheidungen von Menschen in verschiedene ethnisierte Gruppen, in ‚Ethnizitäten'. Diese wiederum gehen immer auch mit wertenden und daher hierarchisierenden Bedeutungskonstruktionen einher. Dabei geben diese Bedeutungskonstruktionen in der Regel Auskunft über die ethnisierten ‚Anderen' und stellen sie so als ‚Andere' her – womit sich als unbenannt bleibender Gegenpol das ‚Eigene' quasi wie von selbst konstituiert.

Ethnisierungen werden dementsprechend – wie Kulturalisierungen oder Rassialisierungen – als Legitimation von sozialen Ungleichheiten und Benachteiligungen funktionalisiert und bieten so Anschlussmöglichkeiten für Rassismen. Häufig treten ethnisierende Zuschreibungen verschränkt mit u. a. Sexismus auf (vgl. Chamakalayil/Riegel 2019; Riegel/Stauber 2018; Scharathow 2014). Rudolf Leiprecht macht darauf aufmerksam, dass ‚Ethnizität' – ebenso wie ‚Kultur' – im Neo-Rassismus auch als „Sprachversteck" für ‚Rasse' dient (Leiprecht 2001, 28 f.).

Ebenen von Ethnisierungsprozessen: Ethnisierungsprozesse finden auf allen gesellschaftlichen Ebenen statt: So spricht Benedict Anderson (1991) von „imagined communities" und macht deutlich, wie diese bzw. ethnisierte Gruppen im Zuge europäischer Kolonialisierung (neu) hergestellt wurden. Eric Hobsbawm (2004) zeichnet nach, wie Ethnizität zu einer legitimatorischen Kategorie im Zuge der ‚Erfindung' von Nationen wurde. Mechtild Gomolla und Frank-Olaf Radtke (2007/2002) rekonstruieren, wie in der Schule ethnisierte Unterscheidungen und diesbezügliche Diskriminierung institutionell hergestellt werden. Linda Supik (2014) rekonstruiert, wie über die statistische Erfassungspraxis von „‚Rasse'/Ethnizität" in Großbritannien (stellvertretend für viele andere Staaten, in denen eine solche Erfassung üblich ist) (bestimmte) Ethnizitäten, identitäre Subjektpositionen und rassistische Effekte produziert werden und welche Konsequenzen dies für „die individuelle oder kollektive Selbst- und Fremdwahrnehmung der Menschen, die sich in diese Kategorien einordnen (lassen) müssen", hat (Supik 2014, S. 6).

Denn verwoben mit Ethnisierungsprozessen auf struktureller und institutioneller Ebene sind komplexe Selbst- und Fremdidentifikationsprozesse auf der Subjektebene, die ebenfalls von Macht- und Ungleichheitsverhältnissen durchzogen sind und mit unterschiedlichen Funktionen einhergehen. Diese sind zwar, wie Ethnizitätskonstruktionen, durchlässig und fluide – vor dem Hintergrund von Machtverhältnissen aber keineswegs beliebig.

Subjekte von Ethnisierungsprozessen: Mary C. Waters stellt für den US-amerikanischen Kontext fest, dass für weiße Personen eine breite Wahlmöglichkeit der Annahme ‚symbolischer Ethnizitäten' besteht (Waters 2010), die sich über Generationen, Heirat oder neue Wahlmöglichkeiten in Fragebögen verändert, während rassialisierte Personengruppen dem gesellschaftlichen Druck ausgesetzt sind, sich mit dem Teil ihrer Herkunft zu identifizieren, der von außen als ‚wesentlich' definiert wird. Eine gewählte ‚ethnische Identität', die keine Diskriminierung zur Folge hat, kann entsprechend nicht „mit einer Identität gleichgesetzt werden, die aus gesellschaftlicher Ausgrenzung und Ablehnung hervorgeht und von ihr genährt wird" (ebd., S. 204).

Die kategoriale Fremdverortung und die damit einhergehende rassistische Diskriminierung sind zugleich wiederum Bezugspunkt für die Identifikation mit ethnisierten Kategorien – als Ausgangspunkt sozialer Kämpfe gegen Rassismus (Hall 1994). Diese Verortung kann also auch genutzt werden, um eine eigene soziale Gruppe zu beschreiben oder reale wie auch imaginierte Verbundenheit mit dieser zum Ausdruck zu bringen. In dieser Perspektive können solidarisierende und empowernde Effekte und Handlungsmacht entstehen. Die Einnahme ethnisierter Subjektpositionen und Übernahme ethnisierter Benennungen wird zuweilen auch als widerständige Praxis gegenüber rassistischen Ausgrenzungserfahrungen interpretiert und als ‚Selbstethnisierung' benannt (Räthzel 2008b; Ha 2000; Akka 2008; Can 2008). Nicht übersehen werden darf dabei jedoch, dass die Einnahme solcher Subjektpositionen darüber hinaus auch ganz wesentlich in Ermangelung alternativer, akzeptierter Selbstbezeichnungen und im Kontext eines machtvollen, binär strukturierten Positionierungszwangs in Deutschland geschieht (Scharathow 2014, S. 230 ff.).

Soziale Bewegung und Intersektionalität: Dass kollektive Selbstbilder auch als identitätsbildende Ressource verstanden werden können, mit der auf rassistische, sexistische oder andere ausgrenzende Praktiken reagiert und die vermeintlich homogene Selbstverständlichkeit der Dominanzgesellschaft herausgefordert wird, haben soziale Bewegungen und insbesondere die Frauen*bewegungen gezeigt. Sie ermöglichen es marginalisierten Gruppen, so Henry A. Giroux (1993), sich ihrer unterdrückten Identitäten und Erfahrungen zu vergewissern und diese wieder anzueignen. Prominentes Beispiel ist hier die Kritik Schwarzer Aktivist*innen an einer weißen, mittelschichtsorientierten Frauenbewegung sowie an der Schwarzen Bürgerrechtsbewegung, die die spezifischen Erfahrungen und Bedürfnisse von Schwarzen Frauen nicht wahrnahm und vertrat (Hooks 1981, Lorde 1984). Das produktive Zusammenwirken verschiedener Differenzkategorien hinsichtlich verfügbarer Möglichkeitsräume und alltäglicher Erfahrungen wurde damit ebenso thematisiert wie die Heterogenität innerhalb vermeintlich homogener Kategorien (vgl. Lutz/

Herera Vivas/Supik 2010; Riegel 2016). Ethnisierte Konstruktionen können also nicht isoliert betrachtet werden: Die Kategorie Geschlecht und andere sozial konstruierte Differenzkategorien mit ähnlichen Konstruktions- sowie daraus hervorgehende Ein- und Ausschlussmechanismen (z. B. soziale Klasse, Sexualität) sind in ihren Verknüpfungen, Verschränkungen und in der Gleichzeitigkeit ihrer Wirkungen zu betrachten (vgl. Riegel 2016; Riegel 2018). Sie sind in Hinblick auf den*die Einzelne*n situationsspezifisch und subjektorientiert zu analysieren. Keinesfalls ist es möglich, auf dieser Ebene allgemeine Aussagen über die Wirkungsweisen ethnisierter Zugehörigkeitszu- und -beschreibungen und anderer Differenzverhältnisse zu treffen. Vielmehr sind Menschen grundsätzlich in der Lage, mit strukturellen Bedingungen, Zuschreibungen und Zugehörigkeiten umzugehen.

Ethnizität als Analysekategorie: In der neueren deutschsprachigen erziehungswissenschaftlichen Fachdebatte zu Diskriminierung und Ungleichheit scheint ‚Ethnizität' als Analysekategorie zunehmend zugunsten soziologischer Konzepte von ‚race' oder ‚race'/ethnicity aus dem US-amerikanischen Kontext – wo beide Begriffe, historisch eng miteinander verbunden sind (Scherschel 2020; Bös 2005; Bös 2010) – oder auch des von Paul Mecheril (2004) vorgeschlagenen Begriffs der natio-ethno-kulturellen Zugehörigkeit in den Hintergrund zu treten. Mecheril macht mit dem Begriff auf den Konstruktionscharakter und die Unschärfe der Kategorien und ihrer Nutzung im Rahmen migrationsgesellschaftlicher Gruppenbezeichnungen und -abgrenzungen aufmerksam. Denn hinter Kategorien wie ‚Kultur', ‚Nationalität' oder eben ‚Ethnizität' verbergen sich häufig die gleichen und immergleichen Bedeutungszuschreibungen, die legitimierend für Ausgrenzung und rassistische Diskriminierung herangezogen werden. Auch der Aspekt der Religion ließe sich noch hinzufügen, wie dies z. B. Astride Velho (2015) tut, da im Antisemitismus und im antimuslimischen Rassismus auch diesbezügliche Bedeutungskonstruktionen in das Abgrenzungskonglomerat mit einfließen.

Herausforderungen und Aufgaben für die Soziale Arbeit im Umgang mit Ethnisierungen, wie auch anderen Differenzkonstruktionen, liegen sowohl in der subjektorientierten Unterstützung der Identitätsarbeit und der Selbstpositionierungen der Adressat*innen wie auch in der Reflexion eigener Positionierungen, der Auseinandersetzung mit Machtverhältnissen und Zuschreibungsmechanismen sowie einer gendersensiblen, reflexiven, ethnisierende Deutungsmuster beständig hinterfragenden Praxis.

Lalitha Chamakalayil und Wiebke Scharathow

Zum Weiterlesen
Hall, Stuart (1994): Rassismus und kulturelle Identität. Hamburg: Argument
Müller, Marion/Zifonun, Dariuš (Hrsg.) (2010): Ethnowissen. Soziologische Beiträge zu ethnischer Differenzierung und Migration. Wiesbaden: VS, S. 197–215

Scherschel, Karin (2020): Ethnizität und Rassismus. In: Rosa, Hartmut/Oberthür, Jörg/Bohmann, Ulf/Gregor, Joris A./Lorenz, Stephan/Scherschel, Karin/Schulz, Peter/Schwab, Janos/Sevignani, Sebastian: Gesellschaftstheorie. München: UVK

Evaluation

Evaluation heißt ganz allgemein: auswerten, bewerten und damit zugleich empfehlen, beraten und bei der Entscheidungsfindung unterstützen (vgl. Heiner 1996, S. 20). Mit der Tätigkeit des Evaluierens ist entsprechend auch verbunden, Rückmeldung zu geben, Bestätigung gegenüber dem Bisherigen auszusprechen oder auch Nichtgesehenes aufzuzeigen, Korrekturbedarf zu formulieren und damit zur Weiterentwicklung beizutragen.

Evaluation basiert auf dem Bedarf an wissenschaftlich abgesicherten Nachweisen über Leistung, Wirksamkeit, Qualität und Akzeptanz von Angeboten Sozialer Arbeit. Unter dem Sammelbegriff „Evaluation" lassen sich interne und externe Evaluationen sowie Fremd- und Selbstevaluation subsumieren. Des Weiteren ist zu unterscheiden zwischen Konzeptevaluation, Prozessevaluation und Ergebnisevaluation. Insbesondere den Impulsen von Maja Heiner in Zusammenarbeit mit Hiltrud von Spiegel ist es zu verdanken, dass sich ab den 1990er Jahren, ergänzend zur Evaluationsforschung von Instituten, eine Breite an methodischem Handwerkszeug der internen Evaluation in Einrichtungen und Teams – als ‚Schwester' der Qualitätsentwicklung – entwickelt hat. Damit verbunden sind Entwicklungen von der puren Fremdbewertung hin zu interaktiven, kommunikativen und partizipativen Verständnissen, in denen Perspektiven unterschiedlicher Akteur*innen erwünscht, berücksichtigt und verhandelt werden.

Evaluation hat sich als Instrument der Erkenntnisfundierung auf Steuerungsebene (Verwaltungs- und Politikberatung) wie auch als Instrument, das Lernprozesse anzustoßen vermag, etabliert und bewegt sich damit auf einer Gratwanderung zwischen Legitimierung und Erkenntnisgewinn. Im Zuge der verstärkten Nachfrage nach Wirkung und Erfolg Sozialer Arbeit besteht eine kontrovers geführte Debatte darüber, mit welchen Konzepten und Anlagen danach gefragt werden kann, für wen unter welchen Bedingungen was warum welche (Aus-)Wirkungen hat und welches Wissen vor dem Hintergrund des der Sozialen Arbeit inhärenten ‚Technologiedefizites' benötigt wird.

Wenn reflexiv überprüft wird, ob die Arbeit auf ‚gutem Wege' ist, verstetigt oder verändert werden soll, so ist dies stets rückgebunden an die angelegten Maßstäbe und Ziele. Evaluationen benötigen Zieldefinitionen und Erfolgskriterien, an denen entlang gemessen und bewertet wird. Damit verbunden sind Problemdefinitionen, die wiederum die Zielsetzung, den Ansatz und die Legitimierung von professioneller Intervention beeinflussen. Erfolgskriterien können auf unterschiedliche Ebenen (Politik, Leitung, mitarbeitende Fachkräfte,

Nutzer*innen) bezogen werden und sich auch innerhalb der Ebenen beträchtlich unterscheiden. Weder Problemdefinitionen und Deutungsmuster noch Ziele, Erfolgskriterien und Bewertungen sind wertfrei. Sie sind eingefärbt in (dominante und akzeptierte) Wertvorstellungen und beinhalten offen oder verdeckt genderspezifische Vorannahmen.

Die Gesellschaft für Evaluation (GfE) verweist auf die Notwendigkeit, die Genderdimension von Evaluationsgegenständen zu erkennen und in integrierter Weise zu behandeln und damit Gender Mainstreaming in Evaluationen anzuwenden. Geschlechtsspezifische Unterschiede seien demnach bezogen auf den Zugang zum und die Teilhabe am Evaluationsgegenstand zu verstehen. Die GfE verweist zudem darauf, dass die geschlechterdifferenzierte Wirkung des Evaluationsgegenstandes zu berücksichtigen ist, die durch vorherrschende gesellschaftliche Machtverhältnisse, Strukturen, Werte, Normen und Rollenbilder bedingt ist. Dazu seien Daten geschlechtsdifferenziert zu erheben und auszuwerten, Kontext und Ergebnisse systematisch auf mögliche geschlechtsspezifische Unterschiede hin zu untersuchen und die Bewertung der Programmwirkungen in gleichstellungsorientierter Perspektive vorzunehmen (Gesellschaft für Evaluation 2015, o. S.). Die GfE geht dabei von einem Verständnis von Gender als soziales Konstrukt aus, das als differenziertes Konzept die Vielfalt von Männern und Frauen berücksichtigt. Gender bezieht sich dabei nicht auf vermeintlich homogene Genusgruppen, sondern wird im Sinne der Intersektionalität als mit weiteren Strukturkategorien verwoben betrachtet.

Ein Überblick darüber, in welchem Umfang diese Vorgaben eingelöst werden bzw. die Messlatte gerissen wird, existiert nicht. Vielmehr ist davon auszugehen, dass eine Diskrepanz zwischen einer ausdifferenzierten Genderforschung und einer Sensibilisierung und Umsetzung in der Praxis existiert. Genderreflexive Sichtweisen und Indikatoren für Gendergerechtigkeit sind nach wie vor in Evaluationen nicht nachhaltig verankert und liegen nur in Einzelfällen, in modellhaften Anlagen oder in gezielt frauen- oder männerspezifischen Projekten vor. Verhältnismäßig systematisch werden Informationen zur Inanspruchnahme von Angeboten entlang von Daten der binären Kategorien ‚Männer' und ‚Frauen' erhoben.

In der Praxis der Sozialen Arbeit wird immer wieder festgestellt, dass sich Ungleichgewichte in der Inanspruchnahme schnell verändern bzw. ausgleichen können, wenn eine Sensibilität gegenüber Lebensrealitäten, die durch Gender mitgeprägt sind, besteht und sich Angebote stärker an diesem Wissen ausrichten. Ein Beispiel: Ausgangspunkt einer Angebotsevaluation zur beruflichen Integration geflüchteter Menschen war, dass deutlich weniger Frauen* als Männer* erreicht wurden. Als Reaktion darauf wurde ein niedrigschwelliges Beratungsangebot in den Wohnheimen implementiert, was innerhalb kürzester Zeit durch einen Schneeballeffekt unter den Frauen* zu einer guten Inanspruchnahme und damit zu einer veränderten Nutzer*innenstatistik führte. Das Verstehen, dass eine Komm-Struktur und ein ‚klassisches Beratungssetting' in deutscher Sprache für viele Frauen* der Zielgruppe eine zu hohe Hürde darstellen, die durch Tür- und-Angel-Gespräche im Wohnheim und ein damit verbundenes Kennenlernen der Person deutlich gesenkt werden kann, brachte einen großen Effekt. Gleichzeitig sind im Rahmen dieser ‚erfolgreichen' Praxis verallgemeinernde Annahmen und Zuschreibungen durch die Mitarbeiterinnen erkennbar: Sie nehmen an, dass geflüchtete Frauen* tendenziell Care-Tätigkeiten den Vorrang vor Erwerbsarbeit und Bildung geben und kulturbedingt weniger erwerbsarbeitsmotiviert seien, was sie mit ihren Angeboten und einer empowernden Begleitung verändern und damit Emanzipation ermöglichen wollen (Gruppeninterview 2020). Diese kollektivierenden Annahmen werden in den Interviews mit geflüchteten Frauen von einigen bestätigt, von anderen völlig widerlegt. Im Blick der Mitarbeiterinnen ist vorrangig die Lebenssituation von Frauen* mit Kindern, wohingegen – ebenfalls existierende – Lebensrealitäten von Frauen* ohne Kinder und Partner wenig und Frauen*, die nicht als heterosexuelle Frauen* gesehen werden wollen, nicht von den Mitarbeiterinnen thematisiert werden.

Das Beispiel soll verdeutlichen, dass Erfolge (hier bessere Erreichbarkeit und Zugangsgerechtigkeit) durch eine Veränderung des Zugangs gegebenenfalls schnell erzielt werden können, aber auch, dass selbstreflexiv darauf zu achten und offen zu legen ist, ob und in welcher ‚wohlmeinenden' Weise mit heteronormativen Deutungsmustern, hierarchischen Bewertungen von Lebensbereichen und Rassismen gearbeitet wird. Benötigt wird ein Blick, der zu erkennen vermag, wo gesellschaftliche Ausblendungen wirksam sind und sich auch strukturell, organisatorisch manifestieren und wo zudem bereits Leistungen der (inneren) Glättung von Widersprüchen durch die Subjekte stattfinden und gesellschaftlich anerkannte Darstellungen – als Bewältigungsleistung – reproduziert werden. Entsprechend ist methodisch ‚anders zu fragen', in dem Sinne, dass Möglichkeitsräume angeboten werden, über Ambivalenzen, Konflikte in den Ansprüchen etc. zu sprechen, so dass diese als solche für die einzelne Person und in den Organisationen Sozialer Arbeit sichtbar und anerkannt werden. Nicht zuletzt besteht die Herausforderung in der Gleichzeitigkeit, handhabbare Kriterien, an denen Gender und deren Wirksamkeit operationalisierbar wird, zu implementieren und umzusetzen und eine heteronormativitätskritische Perspektive einzuarbeiten, um keine Festschreibungen zu produzieren.

Claudia Daigler

Zum Weiterlesen
Bitzan, Maria (2010): Praxisforschung, wissenschaftliche Begleitung, Evaluation: Erkenntnis als Koproduktion. In: Becker, Ruth/Kortensieck, Beate (Hrsg.): Handbuch Frauen- und Geschlechterforschung. Theorie, Methoden, Empirie. 3. Auflage. Wiesbaden: VS, S. 344–350
Heiner, Maja (Hrsg.) (1996): Qualitätsentwicklung durch Evaluation. Freiburg: Lambertus
Gesellschaft für Evaluation e. V. (Hrsg.) (2015): Positionspapier Genderkompetenz von EvaluatorInnen. Wien: Erarbeitet vom AK Gendermainstreaming

Familie

Unter Familie wird ein auf Dauer angelegter und intergenerationaler Fürsorgezusammenhang verstanden (Jurczyk/Lange/Thiessen 2014). Diese Kurzformel bündelt alle Formen familialen Zusammenlebens, wenn diese die drei genannten Kriterien (auf Dauer angelegt, intergenerational und careorientiert) erfüllen. Es werden sowohl elterliche als auch filiale und auf Partnerschaft gerichtete Care-Beziehungen angesprochen. Dagegen stellen weder das Zusammenleben in einem Haushalt noch romantische Liebesbeziehungen oder sexuelle sowie geschlechtliche Positionierungen ausschlaggebende Kriterien dar.

Etymologisch lässt sich das Wort Familie auf die lateinischen Worte familia mit der Bedeutung Hausgemeinschaft und famulus (Haussklave) zurückführen. Der Begriff Familie implizierte bis zu Beginn des 18. Jahrhunderts weniger Beziehungs- und Verwandtschafts-, sondern vielmehr Herrschafts- und Besitzverhältnisse. Entsprechend der seit der Antike belegten bis in den Feudalismus reichenden Vorstellung, nach der Frauen und Kindern keine eigene Rechtsposition zusteht, betont der Begriff Familie die Verfügungsgewalt eines Familienoberhauptes (pater familias). In der vormodernen, alteuropäischen Ökonomik wird daher nicht der Begriff Familie genutzt, sondern vom „Ganzen Haus" (oikos) gesprochen (Brunner 1968, S. 103), um die Wirtschafts- und hierarchische Dienstgemeinschaft zwischen Standesgruppen, Geschlechtern und Generationen zu bezeichnen. Dieses vielfach zitierte sozialhistorische Konzept ist insbesondere durch feministische historische Analysen kritisiert worden, da es zu einer Vereinheitlichung und Idealisierung von familialen Lebensweisen der frühen Neuzeit beigetragen hat (Opitz 1994). Die kontroverse Debatte unterstreicht, dass sozialhistorisch betrachtet keineswegs von einem universalen Familienbegriff ausgegangen werden kann. Eine solche ahistorische Vorstellung unterliegt neben dem Harmonie- und Größenmythos auch einem Konstanzmythos (Lenz/Böhnisch 1997, S. 11).

Mit der Trennung von Öffentlichkeit und Privatheit in der modernen Industriegesellschaft im Laufe des 19. Jahrhunderts wurde die Arbeit im Haushalt in ihrer ökonomischen Bedeutung abgewertet und, beispielsweise in der marxistischen Theorie, als unproduktiv bezeichnet (vgl. dazu ausführlicher Lutz 2010). Gleichzeitig wurde Familie ideologisch geprägt, indem sie als Ort der Liebe Bedeutung gewann (Krebs 2002, S. 248 ff.). Im 19. Jahrhundert emanzipierte sich die bürgerliche Gesellschaft mit dem Ideal der auf Liebe beruhenden Gemeinschaft eines Ehepaares und ihrer Kinder von den machtpolitischen und ökonomischen Familiengründungsstrategien des Adels (Lenz/Scholz 2014). Eingelassen in die moderne Trennung von Familie und Beruf waren spezifische Vorstellungen von als natürlich angenommenen ‚Geschlechtscharakteren' (Hausen 1976), die der Absicherung der geschlechtlichen Arbeitsteilung dienten. Durch eine hohe Mortalität, sowohl im Kindes-

als auch im Erwachsenenalter, waren Familienverhältnisse bis in die 1950er Jahre von vielfältigen Familienformen, wie Stieffamilien oder Alleinerziehenden, gekennzeichnet. Zudem waren Zweiverdiener-Familien durch hohe Erwerbsarbeit von Müttern in Arbeitermilieus selbstverständlich (Peukert 2008, S. 19; Nave-Herz 2004). Erst Ende der 1950er- bis Mitte der 1970er-Jahre wurde – in den USA und Westeuropa – das ehebasierte heteronormative Familienmodell dominant („Golden Age of Marriage", ebd., S. 16). Die Entwicklung der bürgerlichen Kleinfamilie zur ‚Normalfamilie' war in Westdeutschland (auch im europäischen Vergleich) statistisch und normativ besonders ausgeprägt. In Ostdeutschland ist demgegenüber bis in die Gegenwart die Müttererwerbstätigkeit sowohl in den Selbstbildern von Frauen als auch in deren Praxen selbstverständlicher und durch Kinderbetreuungseinrichtungen strukturell besser unterstützt (Dölling 2003). Seit den 1970er Jahren lässt sich auch in Westdeutschland eine kontinuierliche Zunahme heterogener Familienformen belegen (Peukert 2013; Zimmermann/Konietzka 2020). Die Grenzen zwischen Erwerb und Familie, Privatem und Öffentlichem, Arbeitszeit und Freizeit sind durchlässiger geworden (Jurczyk/Oechsle 2008).

Die historischen Entwicklungen der Vorstellungen von Familie spiegeln zum einen die jeweiligen sozioökonomischen Bedingungen von Gesellschaften wider (Rosenbaum 1978; Lettke/Lange 2006). Zum anderen verweisen die sich stetig verändernden Leitbilder von Familie auf Auseinandersetzungen auf normativer Ebene (Bauer/Wiezorek, 2017; Schneider/Diabaté/Ruckdeschel 2015). Waren es im 19. Jahrhundert die Ideale des sich gegen den Adel etablierenden Bürgertums, so sind es im 20. Jahrhundert vor allem die Systemkonkurrenz zwischen Ost- und Westdeutschland, aber auch nationalstaatliche Separierungen, die mit ideologisierten Familienleitbildern einhergehen (Baerwolf 2014). Im 21. Jahrhundert lässt sich für Deutschland das Leitbild der gleichberechtigten Partnerschaft mit idealisiertem Kind rekonstruieren (Scholz/Lenz/Dreßler 2013). Neben politisch-strukturellen, ökonomischen und ideologischen Aspekten befördern auch individuelle Entscheidungen im Privaten in komplexen wechselseitigen Prozessen Veränderungen von Familienleitbildern und öffentlichen Strukturen. Die zunehmende Erwerbstätigkeit von Müttern mit Kleinkindern in Westdeutschland erfordert neue Betreuungsangebote, veränderte Arbeitszeitmodelle und bewirkt eine Orientierung am Modell der Zweiverdiener-Familie bis weit in konservative Milieus hinein (Peukert 2015, S. 98 ff.). Der gegenwärtige Fokus auf gelingende Eltern-Kind-Beziehungen fördert zudem die gesellschaftliche Anerkennung und zunehmende rechtliche Gleichstellung queerer und post-traditionaler, ‚elektiver post-romantischer' Familienkonstellationen (Nay 2017; Motakef et al. 2019; Wimbauer 2021). In der gesellschaftlichen Debatte um Familie dominieren bislang elterliche Care-Konstellationen, während filialen, verwandtschaftlichen Versorgungsbezügen, wie etwa Angehörigenpflege (Schmitt 2021), weniger Aufmerksamkeit zukommt.

In der Geschlechterforschung gilt Familie gleichwohl immer noch als wesentlicher Ort der Herstellung und Stabilisierung binärer Geschlechterdifferenz (Helfferich 2017, S. 22). Von besonderem Interesse ist dabei die geschlechtliche Arbeitsteilung, wie sie bereits von Bock/Duden (1977) unter der Überschrift „Arbeit aus Liebe – Liebe als Arbeit" formuliert wurde. Ebenso haben Ostner (1978) sowie Haug (1977), Federici (1974) oder Becker-Schmidt (1987) die Bedeutung von Familie als Ort der gesellschaftlichen Reproduktion, dem zugleich die Reproduktion von Geschlechterhierarchien eingeschrieben ist, thematisiert. Umfangreiche Studien zur Vereinbarkeit von Familie und Beruf (zuletzt Boll 2017) belegen nach wie vor den ‚Traditionalisierungseffekt' mit Geburt des ersten Kindes (Grunow/Schulz/Blossfeld 2007), der sich im Falle von Angehörigenpflege wiederholt (Kunstmann 2010). Auch wenn Geschlechternormen im Milieuvergleich variieren, scheint Gleichberechtigung nach wie vor eine ‚Illusion' zu sein (Koppetsch/Burkhart 1999). Zwar lassen sich in qualitativen Studien durchaus egalitäre Geschlechterbeziehungen rekonstruieren (Flaake 2014), die auch auf veränderte Männlichkeitsmuster verweisen (Meuser 2013). Dieser Wandel zeigt sich jedoch vor allem auf Ebene der Einstellungen sowie einem stärkeren Engagement von Vätern bei der Kinderbetreuung (Zerle-Elsäßer/Li 2017); Hausarbeit, organisatorische Familienarbeit (‚mental load') und Angehörigenpflege erweisen sich weiterhin beharrlich als weibliche Domäne (Peltz et al. 2017; Behringer et al. 2019). Vor dem Hintergrund einer gestiegenen Erwerbsarbeit von Müttern und weiterhin starren Kontextstrukturen, dem ‚structural lag' (Riley/Riley 1994), resultieren insbesondere für Frauen erhöhte Zeitkonflikte in der alltäglichen Vereinbarung von Familien- und Berufsarbeit (König 2012). Der ‚Gender-Care-Gap' in Familien scheint sich zudem in der COVID-19-Pandemie 2020/2021 verstärkt zu haben (Zucco/Lott 2021).

Die theoretische Rahmung von Familie in der Tradition geschlechterkritischer Analysen findet sich im Konzept des ‚Doing Family' (vgl. Jurczyk/Lange/Thiessen 2014; Jurczyk 2020), das nicht zufällig an das für die Geschlechterforschung bedeutsame Konzept des ‚Doing Gender' (West/Zimmerman 1987) angelehnt ist: Akzentuiert wird damit einerseits, dass es kein ‚natürliches' Familienhandeln gibt, sondern dass alle Familienmitglieder mit ihren alltäglichen Praxen Zusammengehörigkeit, Fürsorge und Alltagsbewältigung herstellen. Andererseits lässt sich die soziale Dimension von Familie nur verstehen, wenn gleichzeitig die Konstitution von Geschlecht in einer Gesellschaft untersucht wird (Helfferich 2017, S. 13). Vor diesem Hintergrund wird ein Verständnis von Familie nahegelegt, das „Familie als auf Verbindlichkeit angelegte Sorgebeziehungen zwischen Generationen in privaten Kontexten" (Jurczyk/Thiessen 2020, S. 123) versteht. Zentral dabei ist, Fürsorgearbeit (Care) als Klammer und Prozess zu sehen: Fürsorgliche Praxen halten persönliche Beziehungen in Familien zusammen und stiften Bindungen. Der care-zentrierte Blick auf Familie lässt auch familiale Konstellationen jenseits heteronormativer Zweigeschlechtlichkeit sichtbar werden (Seek 2021). Familiale Beziehungen müssen keineswegs ‚gelingend' im Sinne stets feinfühliger und responsiver Interaktionen sein (Kindler/Eppinger 2020). Familiale Beziehungen sind vielmehr immer auch durchzogen von alltäglichen und biografischen Konflikten und Krisen, von verletzendem Beziehungshandeln bis hin zu Gewalt, insbesondere gegen Frauen und Kinder (Jurczyk/Thiessen 2020; vgl. auch Gig-net 2008). Besonders augenfällig sind Praktiken des Doing Family in queeren Familienkonstellationen, wo Zusammengehörigkeit durch besondere Rituale inszeniert wird, die die „widersprüchlichen Gleichzeitigkeiten" (Nay 2017, S. 55) der Herstellung und Überwindung von Normalitätskonzepten von Familie spiegeln. Ähnliche Dynamiken offensiver Herstellungspraxen ‚richtiger' Familie lassen sich auch bei Familienkonstellationen im Kontext moderner Reproduktionsmedizin rekonstruieren (Feiler 2020).

Für die vielfältige Arbeit mit Familien in der Praxis Sozialer Arbeit stellt sich die Frage, welche Leitbilder von Familie und damit auch welche Vorstellungen von Mutter- und Vaterschaft sowie von Geschlechtergerechtigkeit in der Arbeit mit Adressat*innen maßgeblich sind. Bei deren Beantwortung sind heterogene Interessen innerhalb einer Familie ebenso wie familiäre Zusammenhänge, die über einen Haushalt hinausgehen, und diverse ethnizitätsbezogene Familientraditionen einzubeziehen (Thiessen/Sandner 2012; Yildiz 2020; Thiessen 2019). Kritisch zu reflektieren sind zudem überfordernde Ansprüche an Familien, die im Kontext bildungs- und carebezogener „neoliberaler Refamilialisierung" (Ganz 2007, S. 51) diskutiert werden. Kritisch wird mit diesem Begriff auf die weitgehend an Familien delegierte Zuständigkeit für soziale Risiken, Bildung und Gesundheit verwiesen. Demgegenüber könnte das Konzept „ausreichend guter Sorge" (Jurczyk/Thiessen 2020, S. 132 ff.) für Soziale Arbeit mit Familien leitend sein, das zudem auf den Bedarf ausreichender struktureller Rahmung, wie etwa ausreichende materielle und Zeit-Ressourcen, Wohnraum, nachbarschaftliche Netzwerke und professionelle Angebote für carezentrierte Praxen in Familien verweist. Zukünftig stärker zu berücksichtigen sein wird der im gegenwärtigen rechtspopulistischen Diskurs behauptete ‚Untergang der Familie' und die Propagierung einer Rückkehr zu ‚naturgegebenen' Geschlechtermustern (Thiessen 2017).

Barbara Thiessen

Zum Weiterlesen
Bauer, Petra/Wiezorek, Christine (Hrsg.) (2017): Familienbilder zwischen Kontinuität und Wandel. Analysen zur (sozial-)pädagogischen Bezugnahme auf Familie. Weinheim: Beltz Juventa
Helfferich, Cornelia (2017): Familie und Geschlecht. Eine neue Grundlegung der Familiensoziologie. Opladen: Barbara Budrich
Jurczyk, Karin (Hrsg.) (2020): (Un)Doing Family. Konzeptionelle und empirische Weiterentwicklungen. Weinheim: Beltz Juventa

Familienbildung

Definition: Familienbildung ist ein Bereich, bei dem die Privatheit von Familien und ein öffentliches Interesse zur Förderung eines gelingenden Familienlebens aufeinandertreffen (vgl. Sabla 2015). Sie richtet sich prinzipiell an alle Familien (z. B. auch Regenbogen-, Patchworkfamilien, Alleinerziehende) und transgenerational an alle Familienmitglieder. Familien sollen sich in der Pluralität ihrer Lebensformen und Lebenswirklichkeiten angesprochen fühlen (vgl. Textor 2015). Dieses breite Verständnis von Familienbildung verengt sich in der Empirie jedoch oftmals auf die Passage des Übergangs zur Elternschaft bzw. auf die Gruppe von Müttern mit kleinen Kindern und vernachlässigt tendenziell die Zielgruppe der Väter (vgl. Müller et al. 2019). Familienbildung setzt an den Interessen und Fähigkeiten der Familien an, wobei sie deren Eigeninitiative nutzt und fördert. Sie unterliegt seitens der Adressaten*innen der Freiwilligkeit und greift in ihrer Präventionsorientierung nicht in die Elternrechte ein. Dabei berücksichtigt sie gesellschaftliche Strukturen wie auch individuelle Handlungsmöglichkeiten und ist so bestrebt, die gesellschaftliche Teilhabe von Familien zu stärken.

Rechtliche Verankerung: Das Feld der Familienbildung ist von zwei Gesetzesbereichen bestimmt, dem SGB VIII (Kinder- und Jugendhilfegesetz) und den jeweiligen Gesetzen der Bundesländer zur Erwachsenen- bzw. Weiterbildung. Die „Allgemeine Förderung der Erziehung in Familien" (§ 16 SGB VIII) ist der erste rechtliche Bezugspunkt der Familienbildung und kann als eine öffentliche Unterstützung vonseiten des Staates verstanden werden, Ehe, Familie und Elternschaft zu unterstützen und zu stärken. Im Feld der Familienbildung sind mit der öffentlichen und der freien Jugendhilfe zwei bedeutsame Akteure mit unterschiedlichen Rollen präsent (vgl. Funk/Stecklina 2011). Die Rollenverteilung ergibt sich hauptsächlich aus dem Subsidiaritätsprinzip, nach dem die gesamte Kinder- und Jugendhilfe strukturiert ist. In dieser Rollenverteilung kommt dem öffentlichen Träger eine zentrale, aber auf Partizipation angelegte Steuerungsfunktion zu. Der öffentliche Träger bzw. die Politik vor Ort ist letztlich für die finanzielle Ausgestaltung der Familienbildung verantwortlich. Die freien Träger übernehmen vor allem die Umsetzung der Familienbildungsangebote. Familienbildung ist nach § 16 Abs. 1 Satz 1 SGB VIII als Soll-Leistung formuliert. Auf Leistungen der Familienbildung besteht daher kein subjektiver Rechtsanspruch. Die Soll-Leistung ist in der Regel vom öffentlichen Träger der Jugendhilfe im pflichtgemäßen Ermessen zu erbringen (vgl. Proksch 2013, S. 216).

Die Erwachsenen- und Weiterbildungsgesetzgebung der Länder sind der zweite rechtliche Bezugspunkt der Familienbildung. Sie soll die individuelle Bereitschaft zum lebenslangen Lernen unterstützen und fördern. Üblicherweise wird in den Gesetzen der Länder die Volkshochschulbildung organisiert, aber auch andere staatlich anerkannte Einrichtungen der Weiterbildung, z. B.

der Familienbildung, werden gefördert. Insgesamt strukturiert das SGB VIII das Feld der Familienbildung stärker als die Erwachsenen- und Weiterbildungsgesetzgebung der Länder.

Historische Perspektiven: Als eine frühe Form der unorganisierten Familienbildung kann das mehrgenerationale, informelle Lernen im Verbund der Familie selbst gelten. Dabei geht es bis heute weniger um die gezielte Wissensvermittlung, sondern um den Transfer von Werten, Normen, Handlungsmustern und -fähigkeiten (vgl. Ecarius/Serry 2013, S. 65). Als erste Form der gezielten Familienbildung, die im Sinne der Orientierung für Erziehende erfolgte, kann die im späten 16. Jahrhundert entstandene „Hausväterliteratur" verstanden werden. Die grundlegende Angebotsstruktur der Familienbildung in Deutschland kann auf die Schule von Friedrich Wilhelm August Fröbel im frühen 19. Jahrhundert zurückgeführt werden, in Stuttgart wurde dann 1917 von Luise Lampert (1891 – 1962), ihrerseits Kindergärtnerin, die erste Mütterschule Deutschlands (vgl. Mennicke 2011, S. 29) gegründet. Der Fokus der Arbeit in den Mütterschulen lag auf der Herausbildung der Mutterrolle vor Antritt der Mutterschaft. Die Mütterschulen, die sich in unterschiedlicher Trägerschaft befanden, wurden während der nationalsozialistischen Diktatur in Deutschland allesamt dem „Deutschen Frauenwerk, Abteilung Mütterdienst" einverleibt und ideologisch am nationalsozialistischen Bild der deutschen Mutter ausgerichtet. Es bildete sich eine zunehmend vereinheitlichende Betrachtungsweise bezüglich der Rolle der deutschen Frau und Mutter heraus (vgl. Sadowski 2000, S. 2). Diese damalige ideologisch-politische Festlegung führte zu einem bis heute mitunter spürbaren Rollenverständnis der Frau und Mutter und festigte auch die Position des Mannes und Vaters mit einem eher marginalen Anteil am familiären Alltag.

Nach dem Zweiten Weltkrieg und in den 1950er- und 1960er-Jahren entwickelten sich in Westdeutschland neue Zweige der Familienarbeit in Form von Familienbildungsstätten. Sie legten ihren Fokus auf die gesamte Familie und verliehen der Forderung nach der Integration der Mütterschulen in die Erwachsenenbildung, auch durch die Umbenennung in „Familienbildungsstätten", Ausdruck (vgl. Schymroch 1989; Pettinger 2005; Narowski 1991). Diese Entwicklung ist zugleich im Kontext der feministischen Bewegung einzubetten, der es u. a. um eine veränderte Betrachtung der gesellschaftlichen Bedeutung von Mutterschaft und der privaten Haushaltsführung als ein für die gesamte Gesellschaft geleisteten Arbeitsanteil und erbrachten Gewinn ging (vgl. Lenz 2008a). In den 1970er-Jahren entbrannte schließlich eine Kontroverse darüber, ob die Eltern- und Familienbildung der Erwachsenenbildung oder der Jugendhilfe zuzuordnen sei und ob eine theoretische Fundierung der Arbeit der Familienbildungsstätten verlangt werden könne (vgl. Schymroch 1989, S. 87 f.). Die Zweiteilung der Familienbildung in Erwachsenenbildung und Jugendhilfe ist bis heute noch – auch rechtlich – vorhanden. Die DDR-

Staatsführung veranlasste ihrerseits verschiedene sozialpolitische Maßnahmen, um Frauen in die Erwerbstätigkeit zu führen. Um alle Frauen dafür zu erreichen, wurden im großen Maße Kinderbetreuungseinrichtungen und ein Wohnungsvorrecht für Mütter geschaffen. Bedeutsame Veränderungen in der Gestaltung der traditionellen Vater- bzw. Männerrolle in den Familien konnte durch diese politischen Initiativen der DDR-Regierung jedoch nicht beobachtet werden (vgl. Niehuss/Lindner 2009, S. 421).

Forschungsstand und -perspektiven: Forschungen zur Familienbildung stehen in dem Spannungsfeld, dass Familien einerseits im Zusammenhang mit gesellschaftlichen Verhältnissen in sehr ähnlichen Dynamiken stecken, aber andererseits diese Verhältnisse in der Art und Weise, wie sie sich im Alltag realisieren, sehr unterschiedlich sind. Die Unterschiedlichkeiten der Realisierung der familiären Lebensrealitäten sind dazu noch gerahmt von den jeweiligen kommunalen Gegebenheiten. Diese Verwobenheit der unterschiedlichen Ebenen bringt nicht nur sehr unterschiedliche Familienbildungsprogramme hervor, sondern macht es auch schwer, Forschungen zu entwerfen, die das Feld systematisch erfassen. In Deutschland gibt es einzelne Forschungsvorhaben zu strukturellen Aspekten – die Umsetzung konkreter und regional bezogener Praxen und die besondere Beachtung von kritischen Aspekten, wie z. B. die Fokussierung einer Komm-Struktur (vgl. ifb 2009; Müller-Giebeler 2017; Müller et al. 2019). Die Familienbildung in Deutschland ist daher insgesamt wenig systematisch erfasst und repräsentiert bundeslandspezifische und kommunale Aspekte sowie eine eher mittelschichtsorientierte Familienbildung: „Eine umfassende Übersicht über Konzepte der Eltern- und Familienbildung liegt jedenfalls nicht vor, sodass konzeptionelle Schwächen zur Begründung sozialer Schieflagen in der Teilnahmestruktur nicht als Beleg herangezogen werden können" (Iller 2015, S. 170). Nach wie vor fühlen sich insbesondere Mütter mit Kleinkindern durch Familienbildungsangebote angesprochen, obwohl Familienbildung doch deutlich breiter angelegt ist und auch andere Zielgruppen, wie beispielsweise Väter, erreicht werden sollen (vgl. Müller et al. 2019).

Internationale Perspektiven: Der deutsche Begriff der Familienbildung findet sich in direkter Übersetzung im internationalen Kontext so nicht wieder (vgl. Lentz-Becker et al. 2020). Stattdessen dominieren die Begriffe „family support" und auch „parenting support" (vgl. Frost/Dolan 2012; Pinkerton/ Katz 2003). „Family support" steht stark in Verbindung mit der Familienpolitik sowie den Themenbereichen finanzielle Unterstützung, familienbezogene Dienstleistungen und arbeitsrechtliche Aspekte. Er beinhaltet aber auch Angebote, die auf das Wohlbefinden der Familie und der Kinder sowie auf das Gelingen des Familienalltags ausgerichtet sind (vgl. Pinkerton/Dolan/Canavan 2004). Der Begriff „parenting support" hat inhaltlich eine starke Nähe zum deutschen Begriff „Erziehungshilfe". Er beschränkt sich auf Maßnahmen für die Förderung und Unterstützung der Entwicklung sowie der Sozialisation des

Kindes. Der Fokus liegt hierbei auf dem elterlichen Umgang mit dem Kind und darauf, wie die Eltern ihre Rolle verstehen und umsetzen. Der Schwerpunkt der Interventionen liegt auf der Stärkung und Verbesserung der Erziehungsfähigkeiten der Eltern, d. h. eine verbesserte Eltern-Kind-Beziehung zu ermöglichen und so zu einem Gelingen des Familienalltags beizutragen (vgl. Richter/Naiker 2013, S. 67 f.). Daly (2015, S. 12) definiert „parenting support" als einen Sammelbegriff von Aktivitäten, die darauf ausgerichtet sind, die Rolle der Eltern in ihrer Elternschaft zu verbessern und die Kindererziehung (einschließlich Informationen, Wissen und sozialer Unterstützung) sowie die elterlichen Kompetenzen zu verbessern.

Barbara Bräutigam und Matthias Müller

Zum Weiterlesen
Corell, Lena/Lepperhoff, Julia (Hrsg.) (2019): Teilhabe durch frühe Bildung. Strategien in Familienbildung und Kindertageseinrichtungen. Weinheim, Basel: Beltz Juventa
ifb: Staatsinstitut für Familienforschung an der Universität Bamberg (2009): Leitfaden zur Familienbildung im Rahmen der Kinder- und Jugendhilfe. ifb-Materialien 9-2009. www.ifb.bayern.de/imperia/md/content/stmas/ifb/materialien/mat_2009_9.pdf
Müller, Matthias/Bräutigam, Barbara/Lentz-Becker, Anja (2019): Familienbildung wozu? Leverkusen, Opladen: Barbara Budrich

Feminismus

Das Wort Feminismus ist abgeleitet vom lateinischen Wortstamm *femina* (Frau). Feminismus bezeichnet sowohl unterschiedliche Theorien und Gesellschaftskonzepte als auch auf sie aufbauende politische Bewegungen, Haltungen und Lebensentwürfe. Unter ‚Feminismus' werden solche Analysen und Politiken subsumiert, die auf die Selbstbestimmung von Frauen und auf die Herstellung von gesellschaftlichen Verhältnissen abzielen, in denen Frauen gleichberechtigt und gleichgestellt sind und weibliche Lebensentwürfe lebbar und anerkannt sind. Was das konkret bedeutet, dazu gibt es im Feminismus unterschiedliche Ansätze und Ziele, weshalb eher von Feminismen als von Feminismus gesprochen werden kann. Freiheit und Gleichheit für Frauen waren und sind zentrale Anliegen des Feminismus seit seiner Entstehung Ende des 18. Jahrhunderts. Feministische Analysen erkennen die Gesellschaftsordnung als androzentrisch und damit Mädchen und Frauen qua Geschlecht unterordnend und streben die Abschaffung eben dieser patriarchalen Verhältnisse an. Ob das Ziel dann gleichberechtigte, gleiche, gleichwertige, chancengleiche oder geschlechtergerechte Verhältnisse sein sollen, dazu haben sich innerhalb der feministischen Theoriebildung verschiedene Positionen entwickelt, die teilweise gegensätzliche Interpretationen und Ziele formulieren. Insofern eint den Feminismus die Analyse von Geschlechterverhältnissen, durchaus verschieden aber sind gesellschaftspolitische Zielsetzungen sowie die theoretischen Erklärungsansätze des Patriarchats, die Konzepte zu seiner Überwindung und die Vorstellung davon, wie eine gleichberechtigte Gesellschaftsordnung aussehen soll. Den Feminismus gibt es somit also nicht, ebenso wenig die feministische Theorie, sondern verschiedene Deutungen und Lösungen und unterschiedlich ausgerichtete Bewegungen, wobei sich auch hier machtvolle Diskurse und Auslassungen beobachten lassen. So wird die Geschichte des Feminismus oftmals als eine Geschichte *weißer* Frauen Amerikas und Westeuropas erzählt, obwohl Schwarze Frauen parallel seit dem beginnenden 19. Jahrhundert die Unterdrückung von Frauen in Verbindung mit rassistischen Unterdrückungsmechanismen kritisierten und herausstellten, dass Schwarze Frauen andere Diskriminierungen erfahren als Schwarze Männer, aber auch als *weiße* Frauen (Kelly 2019, S. 8). Damit entwickelten Schwarze Feministinnen bereits im 19. Jahrhundert Theorien der Mehrfachunterdrückung, die heute als Intersektionalität bezeichnet werden.

Der Begriff des Feminismus wurde vermutlich erstmals verwandt von dem utopischen Sozialisten Charles Fourier (1772 – 1837), der sich mit dem Geschlechterverhältnis (verstanden als binäres zwischen Frau und Mann) befasste und zu dem Schluss kam, dass der Kulturgrad einer Gesellschaft danach beurteilt werden müsse, welche Stellung die Frauen in ihr einnähmen (Fourier 1966, S. 190). In den 1880er Jahren erfuhr er seine Rezeption durch die französische Frauenrechtlerin Hubertine Auclert als politische Leitidee gegen den aus ihrer Sicht vorherrschenden Maskulismus (Gerhard 2009, S. 8). Als Schöpferin des Feminismus wurde hingegen George Sand in einem Artikel über Feminismus und Marxismus von Günter Bartsch bezeichnet, da sie einen feministischen Lebensstil gepflegt hätte (Bartsch 1977).

Im ausgehenden 19. Jahrhundert verbreitete sich der Feminismus als zentrale Leitidee und oftmals auch als Synonym für die aufkeimenden Frauenbewegungen in der westlichen Welt. Allerdings nutzten Frauenrechtlerinnen den Begriff nur selten zur Selbstbezeichnung (Bartsch 1977, S. 13 ff.). Vielmehr wurde er von Kritikern abwertend als Zuschreibung verwandt. In Deutschland wurde er vom bürgerlichen Teil der ersten deutschen Frauenbewegung im Kontext der Forderungen nach gleichen Bürgerrechten für Frauen und Männer aufgenommen. Die Streiterinnen forderten u. a. das Recht auf Bildung und Arbeit sowie das Wahlrecht für Frauen und organisierten sich in eigenen Verbänden und Gruppierungen. Damit meinte der Begriff Feminismus in der ersten Frauenbewegung die Forderung nach gleichen Rechten und nach Durchsetzung von Fraueninteressen in separaten Organisationsformen gegen die Interessen des Patriarchats. Der Flügel der ersten Frauenbewegung, der sich für die Durchsetzung gleicher Rechte für Frauen einsetzte, wurde als der radikale, der feministische bezeichnet. Feministisch war also zu dieser Zeit die radikale Forderung nach Gleichberechtigung (Wallner 2006, S. 175).

In der Zeit des Nationalsozialismus (1933–1945) wurden die von der ersten

Frauenbewegung errungenen Rechte und Gleichberechtigungsbestrebungen wieder zurückgedrängt und der Feminismus verschwand aus dem Sprachschatz ebenso wie aus der Politik.

Erst mit der zweiten Welle der internationalen Frauenbewegung ab Ende der 1960er Jahre ging die Wiederentdeckung und die internationale Verbreitung des Feminismus einher (Pusch 1983, S. 12). Für die Zweite Frauenbewegung war der Feminismus deutlich wichtiger und konstituierender als für die erste. Gleichwohl gab es auch hier kein gemeinsames Verständnis vom Feminismus. Vielmehr bildeten sich verschiedene feministische Schulen und Richtungen heraus. Insbesondere zu unterscheiden sind der sozialistische oder marxistische Feminismus und der radikale oder feministische Feminismus. Sozialistische Feministinnen strebten an, gemeinsam mit der linken Bewegung (Marxismus) und damit auch mit Männern Patriarchat und Kapitalismus zu bekämpfen (Doormann 1979; Knäpper 1984, S. 73). Radikale Feministinnen hingegen sahen das Patriarchat als das zentrale Unterdrückungsinstrument von Frauen an und strebten Geschlechterverhältnisse an, in denen als weiblich zugeschriebene Werte und Fähigkeiten aufgewertet und männliche Prinzipien als zerstörerisch entlarvt werden sollten (Schenk 1988, S. 197 f.; Schwarzer 1981, S. 10). Feministische Theoriebildung fand insbesondere in den USA statt: Betty Friedan, Kate Milett, Germaine Greer oder Shulamith Firestone entwickelten Analysen und Erklärungsansätze gesellschaftlicher Geschlechterverhältnisse, die für die Entwicklung feministischer Theorien wesentlich waren. Aus der ‚Black-Power-Bewegung' heraus kämpften afroamerikanische Frauen ab den 1970er Jahren nicht nur um die Gleichberechtigung von Frauen, sondern die von Schwarzen Frauen und fokussierten damit anders als *weiße* Feminismen in den USA und Europa auch die politische Bedeutung von Ethnizität und Hautfarbe in Verbindung mit Geschlecht (Karsch 2016, S. 107). *Weiße* Feminismen adressierten eher Themen wie Sexualität, körperliche Selbstbestimmung, Ehe und Erwerbsarbeit.

Seit den 1990er Jahren entwickelt sich zunächst in den USA eine neue feministische Strömung und Theorie: der dekonstruktivistische Feminismus oder Postfeminismus. Judith Butler als seine zentrale Theoretikerin geht nunmehr davon aus, dass auch das biologische Geschlecht eine gesellschaftliche Konstruktion sei und folgerichtig Geschlecht generell als Klassifikation abgeschafft werden müsse (Butler 1991). Zweigeschlechtlichkeit wird in Vielgeschlechtlichkeit aufgelöst, das Subjekt Frau wird ersetzt durch die Vielfalt aller Subjekte. Diese neue feministische Richtung steigt aus der ewigen Debatte um Gleichheit und Differenz aus und erklimmt eine neue Dimension, indem angestrebt wird, das Geschlecht in seiner sozialen und biologischen Bedeutung aufzulösen und damit auch die Unterscheidung von Sex und Gender als Konstruktion zu verabschieden.

Mit der Queer-Theorie verstärkte sich diese Entwicklung innerhalb feministischer Diskurse: 1991 in wissenschaftliche Theoriebildung eingeführt von Teresa de Lauretis, fokussiert sie politische wie theoretische Konzepte, die Menschen in den Mittelpunkt stellen, die in Bezug auf sexuelles Begehren, soziales und biologisches Geschlecht nicht der Norm heterosexuell orientierter Cis-Menschen (zugewiesenes und selbst empfundenes Geschlecht stimmen überein) entsprechen (Karsch 2016, S. 186 f.). Queerer Feminismus fragt danach, ob Geschlecht nicht vielmehr performativ sei, denn in der Identität des Individuums verankert. Frau und Mann sind nicht länger universelle Kategorien, Frausein wird verstanden als im Körper, im Gender, in der eigenen Performance und den Liebensweisen eingeschrieben. Das führt dazu, dass Frausein nunmehr in einer ins Unendliche reichenden Vielfalt im Wechselspiel zwischen Individuum, Gesellschaft und Politik verstanden wird. Zur Anerkennung dieses Verständnisses wird in der deutschen Sprache zunehmend der Asterisk (*), ein Doppelpunkt oder ein Unterstrich verwandt (Bsp.: Frauen*, Politiker:innen, Pädagog_innen).

Seit der Jahrtausendwende gibt es weitere Diskussionsströme um den Feminismus: Einerseits greifen ihn junge Frauen wieder auf und proklamieren ihn für sich selbst als zielführend, allerdings in einer vermeintlich modernen Form. ,Feminismus ist sexy' lautet die Parole (Stöcker 2007), Popfeminismus der Fachbegriff (Eismann 2007).

Die 2010er Jahren brachten eine weitere Strömung hervor: den Netzfeminismus. Junge Frauen nutzen das Internet für Kampagnen (#aufschrei), theoretische und politische Diskurse und internationale und solidarische Vernetzungen. Plattformen, wie beispielsweise das Missy Magazin, agieren intersektional und verbinden Frauen unterschiedlichster Herkunft und Lebensweisen.

Andererseits gerät Feminismus zunehmend wieder in die Kritik mit der Begründung, seine Ziele seien erreicht. Dieser als Postfeminismus bezeichnete Backlash (McRobbie 2010) bezeichnet eine Geschlechterpolitik, die eine abgemilderte, medientaugliche Version des Feminismus zu deklarieren scheint, die im Kern aber traditionelle Geschlechterverhältnisse stützt. Unter anderem stehen die Debatten um die ,Alphamädchen' für diesen Diskussionsstrang (Haaf/Klingner/Streidl 2008).

Deutlich wird, dass der Feminismus immer wieder neue Strömungen hervorbringt und noch lange nicht am Ende seiner Entwicklung angekommen ist, nicht zuletzt, weil seine Ziele bis heute nicht erreicht sind.

Claudia Wallner

Zum Weiterlesen
Franke, Yvonne/Mozygemba, Kati/Pöge, Kathleen/Ritter, Bettina/Venohr, Dagmar (Hrsg.) (2014): Feminismen heute. Positionen in Theorie und Praxis. Bielefeld: transcript

Karsch, Margret (2016): Feminismus. Geschichte – Positionen. Bonn: Bundeszentrale für politische Bildung
Kelly, Natascha A. (Hrsg.) (2019): Schwarzer Feminismus. Grundlagentexte. Münster: Unrast

Feministische Soziale Arbeit

Geschichte: In den feministischen Bewegungen der 1970er Jahren fanden sich Frauen aus sozialen und gesundheitlichen Feldern zusammen, um u. a. gegen bestehende (institutionalisierte) Formen der ‚Behandlung' sozialer Probleme Alternativen zu entwickeln als Kritik an der bis dato bestehenden Sozialen Arbeit. Innerhalb und außerhalb bestehender Institutionen bauten sie in Eigenregie emanzipatorische Frauen- und Mädchenprojekte, Schutzräume und Kontaktstellen als selbstverwaltete und selbstbestimmte Orte der Arbeit mit und für Frauen auf (z. B. Frauenhäuser, Frauenbuchläden, Frauengesundheitszentren, Frauenberatungsstellen, Mädchentreffs). Bewusstseinsbildung und die Entwicklung von Unterstützungsnetzen unter Frauen, Empowerment zur Befreiung aus Rollenzwängen und Gewaltverhältnissen waren wesentliche Ziele; Autonomie über das eigene Leben und in den Arbeitsformen das Leitmotiv.

Ausgangspunkt dieser Initiativen war die Erfahrung, dass Frauen bis zu Beginn der 1970er Jahre nur als ‚Randgruppe' explizit erwähnt wurden und weibliche Lebenszusammenhänge weitgehend ausgeklammert bzw. nur in eingeschränkter und einschränkender Weise – auch in der Sozialen Arbeit – wahrgenommen wurden. Die zum Teil benachteiligenden konfliktreichen Folgen der geschlechtsspezifischen Arbeitsteilung sowie sexuelle und andere Gewalterfahrungen von Frauen waren bis zu diesem Zeitpunkt als individuelle Konflikte einzelner interpretiert worden. In dem sich entwickelnden Begriff ‚Feministische Soziale Arbeit' ist demzufolge ein historischer Kompromiss ausgedrückt, der den Protagonistinnen der Anfangszeiten undenkbar schien, weil sie ja die Soziale Arbeit kritisierten und sich zunächst (noch) nicht als Teil der Sozialen Arbeit begreifen wollten. Nicht zuletzt die Kämpfe um Finanzierungen und Anerkennung führten zu einer Integration in die Soziale Arbeit.

Das allmählich entwickelte Verständnis von Feministischer Sozialer Arbeit setzt den klassischen ‚Behandlungen' eine ganzheitliche und eigensinnige Wahrnehmung der Adressatinnen entgegen, die diese darin unterstützt, den eigenen Erfahrungen zu trauen und Mut zu finden, eigene Lebensentwürfe zu verfolgen. Die feministische Analyse benennt die gesellschaftliche Funktion der klassischen Geschlechterrollen und das damit zusammenhängende Übergehen von Frauen und Mädchen(erfahrungen). „Feminismus, welcher Provenienz auch immer, implizierte für uns eine dreifache Analyse: erstens eine Analyse der Herrschaftsverhältnisse und folglich der sozialen Ungleichheiten und Ungerechtigkeiten (Kapitalismuskritik); zweitens eine Analyse der Normierungen der Frauen als Töchter, Mütter, Großmütter, Alleinerziehende oder als Single und als Arbeiterinnen und Nicht-Lohnarbeitende (Kritik am Patriarchat); und drittens eine Analyse der eigenen Entwürfe in/für die Zukunft im Sinne einer politischen, gesellschaftlichen, ökonomischen Vision des Zusammenlebens" (Schmuckli 2018, S. 2).

Darum ist das wichtigste Prinzip feministischer Arbeit eine parteiliche Grundhaltung, die die Betroffenen ernst nimmt und sie als Personen (nicht nur als Funktionsträgerinnen für andere Zusammenhänge) ins Zentrum der Bemühungen stellt. Darüber hinaus gilt es, (physische und psychische) Frei-Räume bereitzustellen und mit den Adressatinnen gemeinsam Projekte bzw. Angebote zu gestalten. Nicht zuletzt versteht sie sich als politische Arbeit, indem sie an den Grundlagen der geschlechtshierarchischen ‚Normalität' rüttelt und Einfluss zu nehmen sucht auf die Gesetzgebung, die örtliche Angebotsstruktur und strukturelle Bedingungen. Damit macht sie sich stark für neue Interpretationen von Lebenslagen und Problemerscheinungen, die nicht mehr ausschließlich individualisiert für die Betroffenen angegangen werden.

Geschlechtshierarchische Organisation von Gesellschaft: Ein weiterer Ausgangspunkt in den 1970er Jahren war die strukturelle geschlechtshierarchische Organisation unserer Gesellschaft, deren Folgen alle Frauen unterliegen. „Die gemeinsame Betroffenheit von Mädchen und Frauen bestand in dem Erleben patriarchaler Strukturen und Unterdrückung" (Micus-Loos 2011, S. 2), was die Hoffnungen auf gemeinsame gleichberechtigte Aufbauarbeit nährte. Diese brachen sich schnell an der damit einhergehenden Überforderung der ‚Adressatinnen'. Wer sich gerade aus einer dramatischen Notlage befreit oder zum ersten Mal nach eigenen Interessen gefragt wird, ist nicht selbstverständlich zugleich in der Lage, eine Infrastruktur der Selbstorganisation aufzubauen. Es braucht in der Regel Akteurinnen, die den Rahmen für die intendierten Ermächtigungsprozesse absichern. Die Hoffnungen brachen sich auch an den finanziellen Engpässen. Kurzum: Für soziale Projekte wurden öffentliche Gelder eingefordert und dadurch wurden sie zunehmend in der Sozialen Arbeit verortet. Die ambivalente Aufgabe, einerseits Kritik an Sozialer Arbeit zu üben, die Frauen in traditionellen Zuschreibungen anspricht, viele Verletzungen und Beschränkungen nicht sehen will und Frauen für das Gelingen des sozialen Miteinanders verantwortlich macht (z. B. durch Einfordern einer klassischen Mutterrolle oder durch Negieren sexueller Übergriffe und Erwartungen von Unterordnung von Mädchen unter familiäre Autoritäten etc.) und andererseits sich als Teil von ihr zu begreifen und damit ihren Logiken unterwerfen zu müssen, hat der Frauen*- und Mädchen*arbeit bis heute schwierige Gratwanderungen, Missverständnisse und Verteidigungskämpfe eingebracht. So ist die Arbeit eingepfercht in sozialpolitische Konstruktionslogiken: Soziale Arbeit wird dann wirksam, wenn ein Problem, ein Fehlen von etwas, also ein Defizit bei der Zielgruppe selbst, festgestellt wird, statt als Strukturdefizit thematisiert zu werden. Sie muss sich finanzieren, indem sie sich in Paragrafen und Programme einpasst und sich somit begrifflichen Zuordnungen unterwirft, die die Ganzheitlichkeit sowie die Befreiungsarbeit (und oft auch die Solidarität) unterlaufen. Dies hat auch Rückwirkung auf die Selbstverständnisse der Fachkräfte. Selbstdarstellungen verschieben sich von der Betonung konfliktorientierten Empowerments in Richtung ‚Opfer'schutz und -hilfe, die sich in der Fremd- (aber nicht selten auch Selbst-)Wahrnehmung der Projekte dann vielfach festsetzen. Viele sprechen seither von Tendenzen der Entpolitisierung der Arbeit.

Unter diesen (politisch einschränkenden) Bedingungen entwickelte sich dennoch eine Vielzahl von Projekten. In den 1990er Jahren gab es eine regelrechte Hochphase der feministischen Mädchenarbeit (auch mit Bezug auf SGB VIII, § 9, Absatz 3, der geschlechterdifferenzierende Angebote in Gesetzesform vorgibt) und neuer Projekte, nicht zuletzt auch durch die sich neu bildenden Strukturen in den sogenannten neuen Bundesländern (wobei es für manche Themen wie etwa Gewalt bereits Problembewusstsein und Anschluss-Stellen gab) – Frauenarbeit etabliert sich als Bildungsarbeit und Empowerment, sie zieht ein in vorhandene Bildungsinstitutionen bis hin zu Angeboten der Sozialen Dienste. Sie wird so verbreiteter – aber auch verflacht als ‚Zielgruppenarbeit', die nicht selten den Bezug zum strukturellen Unterboden verliert.

Infragestellungen feministischer Arbeit: Eine „rhetorische Modernisierung" (Wetterer 2006, S. 12) der Gesellschaft erzeugt seit den 2000er Jahren das sogenannte Gleichheitsparadox: an der Oberfläche scheint Gleichberechtigung erreicht und zugleich finden (neue) Verdeckungen von weiterbestehender Ungleichheit statt. Typische aus dem Geschlechterverhältnis resultierende Konflikte sind durch Erscheinungsformen der Moderne mehr verdeckt als gelöst. Sozialpolitische Definitions- und Umgangsweisen tragen dazu bei. Es zeigt sich, dass die alltäglichen Lebenspraxen trotz medial zelebrierter Lockerungen zweigeschlechtlicher Normierung nach wie vor durch heteronormative Muster geprägt sind. Naturalisierende und biologistische Deutungen von Beziehungsmustern, Familienmodellen, Geschlechterrollen und sexuellen Orientierungen haben wieder Konjunktur und bilden die Grundlage für (Re-)Strukturierungsprozesse von Geschlechterdifferenzen – wir finden also eine Gleichzeitigkeit von Veränderung und Verfestigung bestehender Ungleichheiten vor. Die modernisierten Diskurse der Gleichheit verdecken in den modernen Bildern für Mädchen und Frauen die immer noch wirksamen traditionellen Konnotationen, Gewalt‚normalitäten' und hierarchischen Geschlechterverhältnisse. Sie verdecken die Ungleichheit der sozialen Verhältnisse im Funktionieren der sozialstaatlichen Ordnung (mit nicht bezahlter untergeordneter Care-Arbeit und ihrer weiterhin weitgehend privatisierten Zuordnungen zum weiblichen Geschlecht).

In diesem Spannungsfeld der Geschlechterdebatte, die wieder als legitimationsbedürftig im erziehungs-, bildungswissenschaftlichen sowie pädagogischen Mainstream geführt wird, erheben gleichzeitig ‚neue Zielgruppen' ihre Stimme, die die Geschlechtsspezifität der feministischen Arbeit ebenfalls hinterfragen: Geschlecht ist mehr als Mann und Frau, Lebensformen, sexuelle Identitäten und Orientierungen werden vervielfacht gedacht und gelebt und beanspruchen folgerichtig Beachtung auch in der geschlechterreflektierten Sozialen Arbeit. Um der Vielfalt von Geschlecht gerecht zu werden, setzt sich auch das Gendersternchen als Schreibweise durch als Symbol, dass es nicht um Wesenheiten, sondern als Frauen* oder Männer* gelesene Personen geht.

Antifeminismus: Aktuell bietet „vor allem feministische Soziale Arbeit potenzielle Angriffsflächen für antifeministische Angriffe" (vgl. Ringhofer 2016, S. 219). Zum einen haben antifeministische Tendenzen auf der politischen Ebene inhaltliche Auswirkungen auf die Rahmenbedingungen feministischer Sozialer Arbeit, zum andern werden Mitarbeiterinnen mit antifeministischen Angriffen konfrontiert (ebd., S. 220).

Geschlechterreflektierende Haltung: Das alles erfordert ein klares, teilweise neu gefasstes Selbstverständnis: Der Anspruch, feministisch zu arbeiten, meint vor allem eine geschlechterreflektierende Haltung, die konfliktorientiert ist, die Räume für Frauen* und Mädchen* ermöglicht und Räume für Hinterfragen und Dekonstruktion klassischer Geschlechterbilder und Neufassungen von Parteilichkeit in einem transformativen geschlechterpolitischen Rahmen öffnet. Statt also feministische Soziale Arbeit nur als Zielgruppenarbeit zu denken (was sie nie nur war), geht es vielmehr um die Rückbesinnung auf ein Verständnis von Feminismus als Herrschaftskritik (mit der Kritik an allen dazu gehörenden Konstruktionen von Weiblichkeit und Männlichkeit). Damit geraten alle Ungleichheitsverhältnisse in den Blick (Intersektionalität) und – mit aufdeckender Parteilichkeit – ist sie so aktuell wie ehedem.

Maria Bitzan

Zum Weiterlesen
Bitzan, M. (2002): Sozialpolitische Ver- und Entdeckungen. Geschlechterkonflikte und Soziale Arbeit. In: Widersprüche. Zeitschrift für sozialistische Politik im Bildungs-, Gesundheits- und Sozialbereich, 22. Jg., H. 84, S. 27–42
Bitzan, Maria (2008a): Foraueninitiativen, Frauenbüros und Frauenzentren. Frauenprojekte zwischen Sozialer Arbeit und feministischer Politik. In: Chassé, Karl August/Wensierski, Hans-Jürgen von (Hrsg.): Praxisfelder der sozialen Arbeit: eine Einführung. 4., aktualisierte Auflage. Weinheim, München: Juventa, S. 245–258
Micus-Loos, Christiane (2011): Feministisches Gedankengut – ein veraltetes Konzept in der Sozialen Arbeit? www.sozialpaedagogik.uni-kiel.de/de/team/copy_of_micus-loos/veroeffentlichungen (Abfrage: 04.01.2021)

Femizid

Als Femizid bezeichnet man die Tötung von Frauen und Mädchen aufgrund ihres Geschlechts vor dem Hintergrund eines hierarchischen Geschlechterverhältnisses, welches patriarchale Dominanz, Besitzansprüche und Kontrolle umfasst. Der Begriff Femizid löst verharmlosende Begriffe wie Familiendrama oder Beziehungstat für Tötungsdelikte im Zusammenhang mit häuslicher Gewalt oder im Kontext von Beziehungskonflikten, Trennung und Scheidung sowie den Begriff Ehrenmord an weiblichen Familienangehörigen ab. In den vergangenen Jahrzehnten wird das Thema weltweit und auch in Deutschland mit wachsender Intensität aufgegriffen, beispielsweise im Rahmen des internationalen Tages zur Beseitigung von Gewalt gegen Frauen (25. November) oder dem internationalen Frauentag (8. März).

Im Folgenden wird der Fokus auf Femizide gelegt, bei denen die Tötung durch einen (ehemaligen) Ehe- beziehungsweise Intimpartner (sogenannter Intim-Femizid) verübt wird und bei denen die Kontrolle über die Partnerin im Mittelpunkt steht. Ausgenommen von der Analyse sind Tötungsdelikte aufgrund von Überforderungssituationen in der (Alten-)Pflege einer schwerkranken Partnerin.

Generell werden Männer weitaus häufiger ermordet als Frauen (vgl. jährliche Kriminalstatistiken). Dabei handelt es sich meist um männliche Täter, die nicht ihre Ex-Partner sind. Frauen sterben seltener eines gewaltsamen Todes, haben aber ein größeres Risiko, Opfer ihres (Ex-)Partners zu werden. Im November 2016 veröffentlichten das Bundesministerium für Familien, Senioren, Frauen und Jugend (BMFSFJ) und das Bundeskriminalamt (BKA) eine kriminalstatistische Auswertung für das Berichtsjahr 2015 zu Partnerschaftsgewalt in Deutschland (Bundeskriminalamt 2016). 415 Personen wurden Opfer von Mord und Totschlag durch ihren Partner oder Ex-Partner beziehungsweise ihre Partnerin, davon 80 Prozent Frauen (331) und 20 Prozent Männer (84). Mehr als die Hälfte der Delikte wurden von dem Ehepartner bzw. der Ehepartnerin verübt (170 weibliche und 40 männliche Opfer), gefolgt von Partner bzw. Partnerin nichtehelicher Lebensgemeinschaften (87 weibliche, 25 männliche Opfer) und ehemaligen Partnern bzw. Partnerinnen (74 weibliche, 15 männliche Opfer) (Bundeskriminalamt 2016, S. 15).

Neben der oben genannten Sonderauswertung zu Partnerschaftsgewalt zeigen die jährlichen Polizeilichen Kriminalstatistiken im Hellfeld die Häufigkeit von Tötungsdelikten an Frauen. 2019 wurden 267 Frauen in Deutschland getötet, weitere 542 überlebten die Tötungsversuche. Im Jahr 2018 waren 367 Frauen Opfer einer gewaltsamen Tötung, im Jahr 2017 sogar 380 (vgl. Polizeiliche Kriminalstatistik (PKS) in den Kategorien Mord (§ 211 StGB), Totschlag (§ 212 StGB) und Körperverletzung mit Todesfolge (§§ 227, 223 StGB).

Hier nicht erfasst werden zum Beispiel Brandstiftung mit Todesfolge und fahrlässige Tötung, obwohl sich darunter auch Morde oder Mordversuche befinden können. Gleiches gilt für Vorfälle, bei denen die Todesursache ungeklärt ist oder falsche Annahmen vorliegen. Auch nicht erhoben wird die Anzahl der Kinder, die vom (Ex-)Partner der Mutter getötet werden, um die (Ex-)Partnerin zu bestrafen. Hierzu liegen nur Schätzungen vor (vgl. Heynen 2017). Auch ist die Anzahl der von der Tötung der Mutter (oder des Vaters) im Rahmen von Beziehungskonflikten, Trennung und Scheidung betroffenen Kinder nicht bekannt.

Einige Studien, die sich mit Tötungsdelikten an Frauen befassen, zielen darauf ab, Risiko- und Schutzfaktoren zu identifizieren. Nicolaidis et al. (2003) konnten anhand von 30 Interviews mit weiblichen Überlebenden eines Tötungsversuchs zeigen, dass die lebensbedrohliche Gefahr nicht erkannt wurde. 14 Frauen waren komplett überrascht über den Angriff. Die bereits vor der Tat auftretenden Gewaltsituationen wurden von den Opfern und ihrem Umfeld ‚normalisiert'. Bei 22 der Interviewten (73 Prozent) ereignete sich die Tat im Zusammenhang mit einer Trennung, die in den meisten Fällen von den Frauen ausging oder letztendlich von ihnen vollzogen wurde. Glass et al. (2008) weisen darauf hin, dass Frauen, die schon einmal Opfer einer lebensbedrohlichen Attacke auf ihr Leben wurden, ein erhöhtes Risiko haben, getötet zu werden. Adams (2007) interviewte überlebende Frauen und 30 inhaftierte Männer, die ihre Partnerin getötet hatten. Er klassifizierte die Täter anhand ihres Verhaltens und ihrer Haltung in fünf Typen, die sich zum Teil überschnitten und einer leichteren Identifizierung von Risikofaktoren dienten: eifersüchtiger, Substanz missbrauchender, materiell motivierter, suizidaler und krimineller Typ.

Steck (2005a, 2005b) befragte mittels teilstrukturierter Interviews Beziehungstäter und -täterinnen und stellte sie zwei Kontrollgruppen (strafrechtlich auffällige und strafrechtlich unauffällige Personen) gegenüber. Dabei zeigte sich, dass es qualitative Besonderheiten tödlich endender Partnerschaftskonflikte gibt. Ein erhöhtes Tötungsrisiko besteht, wenn sich Kognitionen (wie Gedanken und Aufmerksamkeit) und der Verhaltensspielraum einengen, der Partner heftig eine klärende Aussprache begehrt, nachdem die Partnerin sich getrennt hat, oder den Konflikt auf andere Art und Weise beenden will, ohne dass es für ihn gedanklich die Option der Trennung gibt. Zurückliegende grenzüberschreitende Aggression und ein dissozialer Lebensstil weisen auf eine erhöhte Gefahr hin. Außerdem fallen biografische Faktoren ins Gewicht wie Belastungen in der Herkunftsfamilie, Entwicklungsauffälligkeiten, Zeichen sozialer Deklassierung in Jugend und frühem Erwachsenenalter sowie Zeichen sozialer Desintegration. Im Unterschied zu anderen Straftätern mit ähnlichen psychosozialen Vorbelastungen kennzeichnen die Beziehungstäter eine relative Isolation innerhalb des eigenen sozialen Umfeldes und ein geschwächtes Selbstbewusstsein. Eine besondere Häufung tödlich endender Partnerschaftskonflikte gibt es laut Steck (2005a, 2005b) im Zusammenhang mit folgenden Faktoren:

- konfliktverschärfende Vorgänge und Ereignisse in den letzten Tagen oder Wochen (bis vier Wochen) vor der Tat,
- Gewaltanwendung und Drohung gegen die Partnerin, einschließlich Suiziddrohung,
- selbstwertbelastende Ereignisse in der Trennungsszene,
- wenig gewaltfreie Bewältigungsversuche (wie etwa Gewährung größerer Freiräume, Versöhnungsgespräche, Geschenke),
- Gefühl der starken emotionalen und wirtschaftlichen Abhängigkeit von der Partnerin und subjektiver Kontrollverlust.

Zwei weitere Studien (Jarchow 2009; Rabitz-Suhr 2010) ergänzen die Erkenntnisse und zeigen im Hinblick auf die Dynamik von Eskalationsprozessen im Kontext von Beziehungsgewalt, dass es sich bei den Täter*innen in der Mehrzahl um Männer handelt, das Täterbild heterogen ist, Alkohol- und Drogenkonsum eine Rolle spielen können und das Bildungsniveau nicht ausschlaggebend ist. Ein nicht bezifferter Teil der Paare, deren Beziehungskonflikte tödlich endeten, war der Polizei bekannt.

In einer statistischen Auswertung vollendeter und versuchter Tötungsdelikte in Baden-Württemberg (1996–2005) weist Stürmer (2006) darauf hin, dass in 50 Prozent der Fälle über die Täter bereits vor der Tötungshandlung Erkenntnisse in den polizeilichen Informationssystemen gespeichert waren. Bei 21 der 56 Tötungsdelikte 2005 (37,5 Prozent) wurde die Tat als geplant bzw. vorbereitet beschrieben, in zwölf Fällen dem Opfer, in sieben Fällen dem Umfeld des Opfers, in vier Fällen dem Umfeld des Täters gegenüber angekündigt (Stürmer 2006).

Eine weitere Untergruppe der Homizide im Kontext von Beziehungskonflikten, Trennung und Scheidung umfasst innerfamiliäre Tötungsdelikte gefolgt von Suizid. Hierbei kann es sich bei den Opfern sowohl um (Ex-)Partnerinnen (Femizid) handeln als auch um Kinder (Infantizid), andere Familienangehörige und nahestehende Personen. Ausgehend von dem National Violent Death Reporting System in den Vereinigten Staaten (Centers for Disease Control and Prevention) wurden Daten von sieben Bundesstaaten 2003 und dreizehn Bundesstaaten 2004 im Hinblick auf Tätermerkmale bei Homizid gefolgt von Suizid untersucht. Insgesamt handelt es sich um ein seltenes Phänomen. In den Vereinigten Staaten betrug die Auftretenshäufigkeit 0,2–0,38 pro 100.000 Personen jährlich. Die Ergebnisse der Studie zeigen, dass Alkohol- und Drogeneinfluss nicht signifikant waren und es sich bei der Tatwaffe in den meisten Fällen um ein Gewehr oder eine Pistole handelte. Die Täter waren zu 91,9 Prozent männlich, die Opfer zu 77,7 Prozent ihre Partnerinnen. In 13,7 Prozent der Fälle handelte es sich bei den Opfern um die Kinder der Täter. 10 Prozent der Täter befanden sich in der psychiatrischen Behandlung. Häusliche Gewalt hatte den höchsten Vorhersagewert. Die Taten wurden häufig während eines laufenden familiengerichtlichen Verfahrens verübt. Gegen einige der Täter lagen einstweilige Verfügungen vor (vgl. Bossarte/Simon/Barker 2006; Logan et al. 2008; Eliason 2009). Daneben gibt es noch Konstellationen, in denen es bei einem Suizidversuch bleibt.

Neben den unmittelbaren Todesopfern sind es vor allem die Kinder der getöteten Frauen, die in hohem Maße von der Gewalt betroffen sind. Studien aus den Vereinigten Staaten weisen nach, dass über die Hälfte der Frauen, die von ihrem (Ex-)Partner getötet werden, minderjährige Kinder haben (zum Überblick vgl. Heynen/Zahradnik 2017).

Im Jahr 2021 gewinnt das Engagement gegen Femizide auf politischer Ebene an Kraft. Nach einem Antrag der Fraktion Die Linke im Bundestag vom 14.11.2020 (Deutscher Bundestag, Drucksache19/23999), Femizide in Deutschland zu untersuchen und zu bekämpfen, fand am 1. März 2021 eine öffentliche Anhörung des Ausschusses für Familie, Senioren, Frauen und Jugend statt, bei der das Thema kontrovers diskutiert wurde. Es ist zu erwarten, dass als Folge der Ratifizierung der Istanbul-Konvention (Übereinkommen des Europarats zur Verhütung und Bekämpfung von Gewalt gegen Frauen und häuslicher Gewalt) im Jahr 2017 und dem verbesserten Forschungsstand die Anstrengungen zunehmen, Femizide mittels differenzierter Gefährdungsanalyse und institutionenübergreifendem Hochrisikomanagement, wie in Rheinland-Pfalz (Ministerium für Familie, Frauen, Jugend, Integration und Verbraucherschutz Rheinland-Pfalz o. J.), zu verhindern (vgl. auch Greuel 2009, Greuel 2010). Hierbei arbeiten die verschiedenen Institutionen wie Polizei, Frauenhäuser, Beratungsstellen und Jugendämter sowie die entsprechenden Professionen interdisziplinär zusammen.

Susanne Heynen

Zum Weiterlesen
Deutscher Bundestag (2021): Antrag der Abgeordneten Cornelia Möhring u. a. und der Fraktion DIE LINKE: Femizide in Deutschland untersuchen, benennen und verhindern. Bundestag-Drucksache 19/23999, 19. Wahlperiode
Heynen, Susanne/Zahradnik, Frauke (Hrsg.) (2017): Innerfamiliäre Tötungsdelikte im Zusammenhang mit Beziehungskonflikten, Trennung beziehungsweise Scheidung. Konsequenzen für die Jugendhilfe. Weinheim: Juventa Verlag
Ministerium für Familie, Frauen, Jugend, Integration und Verbraucherschutz Rheinland-Pfalz (o. J.): Rahmenkonzeption Hochrisikomanagement bei Gewalt in engen sozialen Beziehungen und Stalking. mffjiv.rlp.de/fileadmin/MFFJIV/Frauen/Gewalt_gegen_Frauen/Downloads/Arbeitsmaterialien/Fachgruppe_Hochrisiko/Rahmenkonzeption_Hochrisikomanagement_bei_Gewalt_RP_20.01.2017.pdf (Abfrage: 25.07.2021)

Flucht und Asyl

Flucht bedeutet das plötzliche und schnelle Verlassen eines Ortes. Im Kontext von Migration geschieht Flucht nicht freiwillig, weshalb in der Migrationssoziologie auch von Flucht als erzwungener Migration oder Zwangsmigration gesprochen wird (vgl. Auernheimer 2018; Scherr/Scherschel 2019). Häufig sind es Krieg und Gewalt, Verfolgung und Vertreibung, die Menschen zwingen, ihre Heimat und ihr Land zu verlassen. Zu den Gründen und Ursachen für die erzwungene Migration zählen zunehmend auch die Umweltzerstörung und der Klimawandel (z. B. Hitze und Dürre, Wasserknappheit und Hochwasser), Armut, soziale Ungleichheit sowie mangelnde Bildungsmöglichkeiten.

Flucht und Migration aus Deutschland, beispielsweise zur Jahrhundertwende vom 19. zum 20. Jahrhundert und während des Nationalsozialismus, genauso Migration und Flucht nach Deutschland, müssen immer auch im Kontext von Geschichte und (aktueller) Politik betrachtet werden (Bade 1993). Migrations- und Flüchtlingspolitiken werden ständig neu verhandelt und spiegeln Macht- und Herrschaftsverhältnisse im internationalen und nationalstaatlichen Rahmen. Mit der Migration geflüchteter Menschen 2015/2016 beginnt in Deutschland und Europa ein erneuter Umschwung der gesellschaftspolitischen Debatten. Insbesondere die Medien und digitale Netzwerke, aber auch parteipolitische und öffentliche Verlautbarungen tragen dazu bei, „die Wahrnehmung moderner Migrations- bzw. Mobilitätsprozesse vorwiegend auf Flucht bzw. auf die Situation geflüchteter Menschen zu verengen und diese dabei, ebenso wie deren Fluchtgründe, überwiegend negativ zu konnotieren. Die Umcodierung eines an sich strukturellen und global verursachten Phänomens in eine ‚Flüchtlingskrise' ist dabei nur ein, wenn auch zentraler Aspekt jener negativen Konnotationen. Auffallend sind die immer unverhohlener artikulierten (neo)rassistischen und völkischen Positionierungen rechter und extrem rechter Akteur*innen im parlamentarischen wie auch außerparlamentarischen Raum" (Farrokhzad et al. 2021, S. V). Das Erstarken des Rechtspopulismus und -extremismus in Europa geht einher mit der Besetzung eines Kern- und Mobilisierungsthemas – Ablehnung „migrationsbedingter gesellschaftlicher Heterogenität" (ebd., S. VI). 2015 und 2016 mehren sich Hetzkampagnen, Hasstiraden, Übergriffe und Brandanschläge auf Flüchtlingsunterkünfte, die Flüchtlingspolitik polarisiert die nationalstaatlichen Gesellschaften und ebenso die Europäische Union. Zugleich halten globale Fluchtbewegungen an, sie führen in Deutschland bis heute zu einer Spaltung der Gesellschaft und zu einer „Verschärfung und Aushöhlung des Asylrechts" (Schröer 2021, S. 43). Gleichzeitig sind Ende 2020 82,4 Millionen Menschen auf der Flucht, das sind vier Prozent mehr als 2019, die höchste Zahl seit Beginn der Aufzeichnung der UN und das neunte Jahr in Folge, in dem weltweit die Zahl von flüchtenden Menschen steigt (UNO-Flüchtlingshilfe 2021). Seit Jahrzehnten sind die Hälfte aller Geflüchteten Frauen* und Mädchen*, sie flüchten vor Krieg und Verfolgung, Armut, politischer Unterdrückung, aber auch aus geschlechtsbezogenen Gründen. „Dabei ist empirisch jedoch zu konstatieren, dass Frauen oft andere, weniger offensichtliche Fluchtwege als Männer nutzen und zum Teil auch andere Fluchtziele wählen […]. Außerdem ist es für Frauen in Europa oft schwerer, Asyl zu erhalten, was in einer sexistisch orientierten Anhörungspraxis begründet liegt, die vor allem Männer als Haushaltsvorstände anspricht, um für die gesamte Familie Asyl zu beantragen" (Hess/Neuhauser/Thomas 2016, S. 178). So sind unter den Asylbewerber*innen, die zwischen Januar und September 2021 in Deutschland einen Antrag gestellt haben, rund 42 Prozent Mädchen* und Frauen* (vgl. Mediendienst Integration 2021).

Die rechtlichen und normativen Dimensionen von Flucht bzw. Zwangsmigration befinden sich historisch im Wandel. Durch die Ernennung eines Hohen Kommissars für Flüchtlinge durch den Völkerbund 1921, die Verabschiedung der Allgemeinen Erklärung der Menschenrechte 1948 und des Abkommens über die Rechtsstellung der Flüchtlinge am 28. Juli 1951 in Genf (Genfer Flüchtlingskonvention) sowie die Verabschiedung der Konvention über den internationalen Status der Flüchtlinge 1993 gewinnt der Grundsatz international an Gewicht, „dass Staaten nicht berechtigt sind, allein auf der Grundlage eigener ökonomischer und politischer Interessen über die Aufnahme oder Ablehnung von Migrant*innen zu entscheiden" (Scherr/Scherschel 2019, S. 14 f.). Als Flüchtling im Sinne des Artikel 1 der Genfer Flüchtlingskonvention gilt eine Person, die „aus der begründeten Furcht vor Verfolgung wegen ihrer Rasse, Religion, Nationalität, Zugehörigkeit zu einer bestimmten sozialen Gruppe oder wegen ihrer politischen Überzeugung sich außerhalb des Landes befindet, dessen Staatsangehörigkeit sie besitzt, und den Schutz dieses Landes nicht in Anspruch nehmen kann oder wegen dieser Befürchtungen nicht in Anspruch nehmen will" (Art. 1, Abkommen über die Rechtsstellung der Flüchtlinge vom 28. Juli 1951). Völkerrechtlich wird mit der Konvention und den nachfolgenden Abkommen ein Anspruch auf Aufnahme und Schutz für diejenigen verankert, die als Flüchtlinge gelten. Dabei ist aber wichtig, „dass die Genfer Flüchtlingskonvention kein Recht auf Asyl per se begründet, sondern Rechte und Pflichten im Asyl formuliert" (Krause/Scherschel 2018, S. 9). Demnach wird ein Unterschied gemacht, ob Menschen fliehen aufgrund von Verfolgung und Bedrohungen, also zur Migration gezwungen werden, oder ob Menschen im Kontext von Arbeits- oder Bildungsmigration und Familiennachzug ihr Land verlassen. So wird völkerrechtlich und auch gesellschaftspolitisch zwischen Flucht und Zwangsmigration im Gegensatz zu freiwilliger Migration unterschieden. In der sich etablierenden Fluchtforschung wird die Bezeichnung Flüchtling zunehmend durch Geflüchtete, Flüchtende und Personen mit Fluchtgeschichte abgelöst.

Die Genfer Flüchtlingskonvention ist historisch eine wichtige Errungenschaft. Aus einer Geschlechterperspektive fällt jedoch bei der Bestimmung von 1951 auf, dass die Furcht vor Verfolgung aufgrund von Geschlecht, sexueller Orientierung und Trans*geschlechtlichkeit damals keine Themen waren und diese Verfolgungs- und Fluchtgründe fehlen. Vielmehr vermittelt die Konvention ein androzentrisches Flüchtlingsparadigma mit einer einseitigen Betonung der männlich konnotierten öffentlich-politischen Sphäre, was seit den 1980er Jahren von feministischen Wissenschaftler*innen kritisiert wird (vgl. Krause/Scherschel 2018; Wessels 2018). So wurden Frauen* nicht als politische Akteur*innen gesehen und „Fluchtgründe, die insbesondere Frauen betreffen, wie zum Beispiel häusliche Gewalt, nicht als Verfolgung im Sinne der Genfer Flüchtlingskonvention verstanden" (Krause/Scherschel 2018, S. 9). Aus dieser Kritik entwickelten sich Forderungen nach einer angemessenen Berücksichtigung der Flucht- und Verfolgungsgründe von Frauen* in der Genfer Flüchtlingskonvention und im staatlichen Flüchtlings- und Asylrecht sowie nach einer Verbesserung des Flüchtlingsschutzes. Gestritten wurde auch um eine geschlechterbezogene „Interpretation bestehender Rechtsnormen durch die Berücksichtigung der Verfolgung von geflüchteten Frauen *wegen Zugehörigkeit zu einer bestimmten sozialen Gruppe*" (Krause/Scherschel 2018, S. 10, H. i. O.) im Sinne des Artikel 1 der Genfer Flüchtlingskonvention. Diese Forderung wurde 1995 vom UNHCR aufgenommen und in der Folge auch in internationalen, EU-weiten und nationalen Rechtsprechungen. Im Jahr 2002 gaben die UN Richtlinien für geschlechterbezogene Verfolgung heraus, 2012 Richtlinien, die sich ausdrücklich auf sexuelle Orientierungen und Geschlechteridentitäten bezogen (Schittenhelm 2018). So werden geschlechterbezogene Bedrohungs- und Verfolgungsgründe von Frauen* im Rahmen der Bestimmung als Angehörige „einer bestimmten sozialen Gruppe" anerkannt, dazu zählen beispielsweise sexuelle Gewalt, Zwangsheirat und drohende Genitalverstümmelung. Auch die Geschlechtsidentität und die sexuelle Orientierung eines Menschen können nun anknüpfend an den Verfolgungsgrund „Zugehörigkeit zu einer bestimmten sozialen Gruppe" zum Flüchtlingsschutz führen. Geschlechterbezogene Verfolgung wird in der EU seit 2011 „unabhängig davon anerkannt, ob sie von staatlicher oder nichtstaatlicher Seite ausgeht. Auch ist die viel kritisierte Trennung von öffentlicher und privater Gewaltausübung nicht mehr Grundlage einer Anerkennung von geschlechterbezogener Verfolgung" (Schittenhelm 2018, S. 33). In Deutschland werden im Asylrecht verschiedene Schutzgründe formuliert, die unterschiedliche rechtliche Voraussetzungen und Rechtsfolgen haben: Artikel 16a des Grundgesetzes „Politisch Verfolgte genießen Asylrecht", Zuerkennung des Flüchtlingsstatus im Sinne der Genfer Flüchtlingskonvention (§§ 3 ff. Asylgesetz) und Subsidiärer Schutz nach § 4 Asylgesetz. Über die Asylanträge entscheidet das Bundesamt für Migration und Flüchtlinge.

Diese Rechtsvorschriften bilden den Hintergrund für die Asylverfahren, in denen dann die Anhörungs- und Entscheidungspraxen zentral sind. Erste Forschungen zu Verfolgung und Flucht von LGBTIQ⁺ Menschen liegen inzwischen vor (Hübner 2016; Schittenhelm 2018; Thielen 2009). Dabei werden insbesondere das heteronormative Grundverständnis in der Praxis von Asylverfahren, die Beurteilung der Fluchtgründe und -umstände, die Anerkennung eines Flüchtlingsstatus sowie die Gewaltgefahren im Aufnahmeland untersucht und kritisch reflektiert. Außerdem wird in queer-feministischen Studien kritisiert, dass sowohl Frauen, Homosexuelle und Trans*Personen jeweils als vermeintliche homogene Gruppen konstruiert werden, in das Asylverfahren alltagsweltliche Wissensformen Eingang finden und die Menschen nach vermuteten Stereotypen befragt und beurteilt werden. So hätte die Entwicklung gezeigt, dass in vielen Ländern bei geschlechtsbezogenen Anträgen auf Asyl die Verfolgung als Person einer „sozialer Gruppe" so „sehr im Vordergrund steht, dass andere anwendbare Gründe wie Religion oder politische Überzeugung häufig übersehen werden" (Wessels 2018, S. 26). Forschungslücken betreffen auch die Situation von geflüchteten Männern. Studien zeigen, wie Männer unter sozialen Veränderungen und Lebensbedingungen in den Aufnahmeländern leiden und Opfer von (sexualisierter) Gewalt werden können. Dabei wird die Komplexität von Gewaltbedingungen in der öffentlichen Wahrnehmung und auch in der Forschung häufig durch stereotype Zuschreibungen von Männlichkeit übergangen (vgl. Krause/Scherschel 2018, S. 12).

Flucht ist ein zentrales Thema in den fachlichen Debatten der Sozialen Arbeit.

Dabei sind die Fachkräfte der Sozialen Arbeit im Kontext von Asyl und Flucht besonders mit den Widersprüchen von Hilfe und Kontrolle sowie Macht und Ohnmacht konfrontiert. Geflüchtete Menschen befinden sich häufig aufgrund des belastenden Fluchtprozesses, der Aufnahmesituation und der restriktiven rechtlichen Rahmenbedingungen in komplexen Lebenslagen. Dabei bewegen sich Professionelle in der Arbeit mit Geflüchteten in dem „Spannungsfeld einer Sensibilität für potenzielle Traumatisierungen und der Gefahr einer damit einhergehenden Viktimisierung" (Motzek-Öz 2019, S. 167). Perspektiven von Handlungsfähigkeit und Vulnerabilität können sich zudem mit (antimuslimischem) Rassismus und Geschlechter- und Sexualitätsdiskursen verknüpfen. Das bedeutet, dass sich Fachkräfte mit kulturalisierenden Zuschreibungen, polarisierenden Deutungen und Haltungen in der Arbeit mit Geflüchteten kritisch auseinandersetzen müssen. Dazu gehört auch, die Involviertheit in diskriminierende Strukturen zu erkennen sowie die eigene (machtvolle) Position zu hinterfragen.

Gudrun Ehlert

Zum Weiterlesen

Hammerschmidt, Peter/Pötter, Nicole/Stecklina, Gerd (Hrsg.) (2021): ‚Der lange Sommer der Migration'. Die Teilhabechancen der Geflüchteten und die Praxis der Sozialen Arbeit. Weinheim, Basel: Beltz Juventa

Feministische Studien (2016). Zeitschrift für interdisziplinäre Frauen- und Geschlechterforschung. Schwerpunkt: Gender und Politiken der Migration. 34. Jg., H. 2

GENDER (2018). Zeitschrift für Geschlecht, Kultur und Gesellschaft. Schwerpunkt: Flucht – Asyl – Gender. 10. Jg., H. 2

Frauen*bewegungen

Ohne die Frauen*bewegungen im 19. und 20. Jahrhundert ist moderne Soziale Arbeit kaum zu denken. In ihrem Kontext wurden neue Politiken des Sozialen entwickelt, wurde Soziale Arbeit als ‚Frauenberuf' konzipiert (Eggemann/Hering 1999; Maurer 2001b; Maurer 2003; Peters 1984; Sachße 2003), wurden neue Selbstverständnisse und Formen professionellen Handelns gefunden und erfunden (Bitzan/Daigler 2004; Böhnisch/Funk 2002; Bitzan/Maurer 2022).

Komplexität und Vielschichtigkeit von Frauen*bewegungen in Geschichte und Gegenwart können hier nur angedeutet werden (Baader/Breitenbach/Rendtorff 2021). Die damit verbundenen Anliegen sind durchaus widersprüchlich und mehrdeutig, das frauen*bewegte Spektrum beinhaltet viele verschiedene, auch kontroverse Positionen und Perspektiven. Das trifft auch auf andere Soziale Bewegungen – wie etwa Arbeiter- oder Bürgerrechtsbewegungen – zu, die sich auf ganz bestimmte gesellschaftliche Verhältnisse, Politiken oder Missstände beziehen, sich dazu kritisch positionieren und Veränderung aktiv herbeiführen wollen. Frauen*bewegungen liegen quer dazu, denn Frauen* können in all diesen Bewegungen als Akteur*innen auftreten und dabei gleichzeitig mit Geschlechterhierarchien konfrontiert sein (Combahee River Collective 1977), von denen auch kritische und oppositionelle Strömungen nicht frei sind (entsprechende Erfahrungen im Kontext der Studentenbewegungen der 1960er Jahre haben mit zur Entstehung einer ‚Autonomen Frauenbewegung' geführt).

Wenn Frauen* damit beginnen, vorherrschende Geschlechterordnungen infrage zu stellen und anzugreifen, wenn sich daraus ‚kollektive Aktion' als aufeinander bezogenes und sich verbindendes Handeln ergibt, so kann dies eine mögliche Initialzündung für Frauen*bewegungen sein. Das Spektrum reicht von der spontanen Revolte bis zum organisierten Widerstand, vom Erfahrungsaustausch in Selbsterfahrungs- und Selbsthilfegruppen bis zur Ausbildung einer feministischen Infrastruktur mit eigenen Öffentlichkeiten und kulturellen Aktivitäten, die sich heute auch deutlich um digitale Praktiken erweitert haben (Wizorek 2014; Maurer 2018a).

Im Folgenden soll die Neue Frauen*bewegung und ihre transformative Wirkung für die Soziale Arbeit zum Thema werden (Bitzan/Maurer 2022). Die Neue Frauen*bewegung hat sich als politische Bewegung konstituiert, indem sie unwürdige Lebensverhältnisse von Frauen* unter Bedingungen der Geschlechterhierarchie öffentlich skandalisierte. Damit brach sie mit bestimmten gesellschaftlichen Tabus, setzte den bis dahin dominierenden Bildern von Weiblichkeit und den herrschenden ‚Normalitäten' in Bezug auf Frauen*- und Mutterrolle provozierende andere Positionen entgegen.

Die feministischen Strömungen im Spektrum der Neuen Sozialen Bewegungen haben maßgeblich dazu beigetragen, ‚das Private' – als gesellschaftliche

Sphäre, als persönlichen Lebensbereich und als Praxis der Lebensführung – zu politisieren. In der konkreten Verbindung von Politik und Alltag verknüpften sich gegengesellschaftliche Konzepte mit alternativen Lebensentwürfen. Es ging um Emanzipation in allen Lebensbereichen (Maurer 2016a; Maurer 2019a) und damit auch um emanzipatorische Orientierungen im eigenen beruflichen Handeln.

Auch Akteur*innen der Sozialen Arbeit begannen, ihre Arbeit in feministischer Perspektive weiterzuentwickeln (Savier/Wildt 1978; Trauernicht 1986). Die Lebenssituationen von Adressat*innen wurden nun im Kontext einer Analyse von Geschlechtermachtverhältnissen wahrgenommen. Kritik an geschlechterhierarchischem Denken bezog sich dabei auch auf die bisherigen Vorstellungen von einer ‚progressiven', emanzipatorischen Sozialen Arbeit (Maurer 2012; Maurer 2014). Wichtige Gesichtspunkte wie Bedürfnisorientierung oder Parteilichkeit und Bezugspunkte wie Emanzipation wurden ‚feministisch rekonzeptualisiert' (Bitzan 1993; Bitzan 2021b). Viele Kolleg*innen waren beteiligt an Consciousness-Raising-Gruppen – also Frauen*gruppen, die versuchten, die persönliche Erfahrung in ihrer gesellschaftlichen Dimension zu begreifen und daraus politisches Bewusstsein und politisches Handeln zu entwickeln. Solche Gruppen haben maßgeblich zur Entwicklung einer feministischen Perspektive in der Sozialen Arbeit beigetragen; damit verbunden war ein vielschichtiger Qualifikationsprozess – im Hinblick auf eine kritische Praxisreflexion ebenso wie auf Theoriebildung (Brebeck 2008; Bitzan/Maurer 2022).

Gestützt durch die Autorität von wissenschaftlichen Expert*innen (6. Jugendbericht) konnten im Verlauf der 1980er Jahre geschlechterdifferenzierende Perspektiven und Praxen auf neue Weise in die fachlichen Auseinandersetzungen eingebracht werden. Die Erkenntnisse feministischer Professioneller gewannen in der gesellschaftlichen Wahrnehmung an Bedeutung. Ohne die politische Kraft der Neuen Frauen*bewegung wäre dieser Prozess allerdings nicht denkbar gewesen – die kollektive Arbeit vieler Frauen* an vielen Orten verweist auf das kritisch-utopische Potenzial, mit dem bisherige Strukturen angegangen, aufgebrochen und auch verändert wurden. So entstanden neue Initiativen und Projekte, eine feministische Infrastruktur, die die sozialen Hilfelandschaften erweiterte und veränderte (Brückner 1998).

Im Kontext der Neuen Frauen*bewegung fand aber auch eine äußerst kritische Selbstreflexion in Bezug auf die Weiblichkeitsvorstellungen und die gelebte Weiblichkeit in der Sozialen Arbeit statt, die über die historische Rekonstruktion (Maurer 2016b) und eine feministische Lesart der Reproduktionsfunktion Sozialer Arbeit im gesellschaftlichen Kontext möglich wurde (Info Sozialarbeit 1978; Sozialwissenschaftliche Forschung und Praxis für Frauen e. V. 1978; Müller 2016). Damit konnte die umstrittene Bedeutung der Kategorie Geschlecht nicht nur in Bezug auf Adressat*innen, sondern auch in

Bezug auf den Status der Profession und das professionelle Selbstverständnis thematisiert werden (Jaeckel 1981).

Die Praxis feministischer Sozialarbeit entwickelte sich in gewisser Weise analog zur Praxis der Frauen*gruppen und -projekte im Kontext der Neuen Frauen*bewegung, überkreuzte sich dabei allerdings mit den konkreten Erfahrungen im professionellen Alltag und mit der eigenen Berufsrolle gegenüber Frauen* und Männern* in der Adressat*innenrolle. Gerade in dieser Konfrontation traten die problematischen Seiten der verschiedenen feministischen Emanzipationsmodelle deutlich hervor (Frauenfortbildungsgruppe Tübingen 1995). An der feministisch orientierten Sozialarbeit lassen sich deshalb fast exemplarisch die widersprüchlichen Aspekte und mehrdeutigen Effekte von Geschlecht als Kategorie aufzeigen. Umgekehrt können die (selbst)kritischen Reflexionen im Rahmen feministischer Denk-Bewegungen für das Geschehen im Bereich Sozialer Arbeit produktiv genutzt werden.

Frauen*bewegte Reflexionen und Politiken waren (und sind) zum einen Ausdruck gesellschaftlicher Umbruchsituationen, zum anderen haben sie deren weitere Entwicklung mit beeinflusst. Heute stellt sich allerdings die Frage, wie die Errungenschaften der frauen*bewegten und frauen*politischen Praxis, die damit verbundenen Kämpfe um Bedeutung, um Ressourcen, um Zugang und Zugehörigkeit als ‚kollektiver Erfahrungsschatz' auch zukünftig genutzt werden können. Gerade in der ‚Corona-Situation' wurde erneut deutlich, dass feministische Analysen und Befunde (u. a.) zu Familie, Care, Erwerbsarbeit, Gewalt für das Verständnis und die Bearbeitung gesellschaftlicher Herausforderungen eigentlich unverzichtbar sind (Soiland 2021).

Die Jahre seit der Jahrtausendwende haben gezeigt, wie durchaus unterschiedliche Dynamiken dazu führen können, dass die nach wie vor – ob in ‚alter' oder ‚neuer' Weise – wirkmächtigen strukturellen Ungleichheiten ‚qua Geschlecht' nicht mehr so einfach (oder ‚eindeutig') politisierbar sind. Diskurse über unterschiedliche Dimensionen von Ungleichheit und unterschiedliche Ordnungen der Differenz (intersektionale und diversitätsbewusste, aber auch inklusionsbezogene Perspektiven) tragen dazu ebenso bei wie eine gesellschaftliche Entwicklung, die die Menschen vor allem als Akteur*innen der eigenen Optimierung adressiert (McRobbie 2016; Bitzan 2020b). Doch auch im Feld feministischer Bewegungen selbst haben sich bedeutsame Veränderungen vollzogen: Die Stimmen von People of Color (PoC) sind inzwischen auch in Deutschland deutlich hörbar (Bergold-Caldwell 2020; Mai 2020), queere (heteronormativitätskritische) Perspektiven brechen die selbstverständliche Voraussetzung einer ‚Zweigeschlechtlichkeit' auf (Czollek/Perko/Weinbach 2009) und auch die Klassenfrage wird neu gestellt (Seeck/Theißl 2021). Nicht zuletzt verdeutlicht die feministische Auseinandersetzung mit Flucht-Migration (Krämer/Scherschel 2020) die Verwobenheit unterschiedlicher Diskriminierungsaspekte und Machtwirkungen. Vor diesem Hintergrund ist die Frage nach ‚Brücken', nach Verbindungen und Solidaritäten neu zu verhandeln (Maurer 2020). Umso wichtiger erscheint dies angesichts zeitgenössischer Strömungen, die eine Ideologie der Ungleichwertigkeit vertreten und dabei ganz zentral auch feministische Anliegen zu delegitimieren suchen.

Festzuhalten bleibt: Frauen*bewegungen und Feminismen haben im Prozess der Geschichte neue Fragen gestellt und neue Zweifel angemeldet, haben neue Visionen in die Welt gesetzt und auch neue Setzungen vorgenommen, haben Wahrnehmungen und Erfahrungen von Frauen* mit Bedeutung versehen – auch im Feld Sozialer Arbeit. Feministische Initiativen waren und sind im Feld Sozialer Arbeit innovativ wirksam, brachten und bringen Themen und Anliegen auf neue Weise zur Geltung, entwickel(te)n eine neue Praxis und bilde(te)n auch neue Strukturen aus. Feministische Impulse haben damit zum Repertoire einer ‚möglichst guten Sozialen Arbeit' – im Sinne einer kritisch-solidarischen Professionalität – maßgeblich beigetragen.

Susanne Maurer

Zum Weiterlesen
Baader, Meike Sophia/Breitenbach, Eva/Rendtorff, Barbara (2021): Bildung, Erziehung und Wissen der Frauenbewegungen. Eine Bilanz. Stuttgart: Kohlhammer
Franke, Yvonne/Mozygemba, Kati/Pöge, Kathleen/Ritter, Bettina/Venohr, Dagmar (Hrsg.) (2014): Feminismen heute. Positionen in Theorie und Praxis, Bielefeld: transcript
Gerhard, Ute/Wischermann, Ulla (1990): Unerhört. Die Geschichte der deutschen Frauenbewegung. Reinbek: Rowohlt

Frauenhaus

Enttabuisierung des Themas ‚Gewalt gegen Frauen': In den frühen 1970er Jahren hat die Internationale Frauenbewegung das weit verbreitete, aber bis dahin verschwiegene Problem von Gewalt gegen Frauen – in Partnerschaften und vielen anderen Lebenskontexten – durch Kampagnen, Veröffentlichungen und Gründung erster Frauenhäuser veröffentlicht (Brückner 2010). Das Private wurde zum Politikum: Frauen machten ihre Erfahrungen publik und wehrten sich, indem sie eigene Räume der Entfaltung und Orte des Schutzes schufen. 1976 wurde in der alten BRD das erste Frauenhaus gegründet (Hagemann-White et al. 1981); nach der politischen Wende 1990 das erste Haus in den Neuen Bundesländern. Auch in der DDR waren Gewaltverhältnisse ein durchaus bekanntes, aber verschwiegenes Problem (Schröttle 1999). Heute gibt es in Deutschland rund 400 verbandliche und autonome Frauenhäuser und Schutzwohnungen, in denen etwa 30.000 – 34.000 Frauen und ihre Kinder jährlich Zuflucht suchen (Helfferich et al. 2013, S. 13). (Diese Zahlen werden auch 2020 von Fachverbänden angegebenen, www.frauenhauskoordinierungsstelle; www.-autonome-frauenhaeuser-zif.de).

Zielsetzungen und Transformationsprozesse: Die Frauenhausbewegung hat sich zwei Ziele gesteckt: ein praxisbezogenes – Frauen und ihre Kinder vor männlicher Gewalt zu schützen und sie auf dem Weg in ein selbstbestimmtes Leben zu unterstützen – sowie ein politisches – durch öffentliche Aktionen das Recht von Frauen auf körperliche Unversehrtheit und sexuelle Selbstbestimmung einzufordern (Brückner 2018c). Während das erste Ziel insgesamt erfolgreich umgesetzt werden konnte, steht das zweite – Gewaltfreiheit im Geschlechterverhältnis – noch aus, da männliche Dominanz weiterhin kulturell und strukturell verankert ist (Schröttle 2019). Auch wenn häusliche Gewalt geächtet wird, gehen traditionelle Vorstellungen von Männlichkeit weiterhin mit physischen, sozialen, psychischen und sexuellen ‚Anrechten' gegenüber Frauen einher, einschließlich der Vorstellung, dass die ‚eigene' Frau notfalls mit als geringfügig verharmloster Gewalttätigkeit zur Unterordnung gebracht werden müsse.

Die Frauenhausbewegung hat vier Phasen durchlaufen: eine Gründungsphase, gekennzeichnet durch den Aufbau von Frauenhäusern und Beratungsstellen (bis Mitte 1980er Jahre); eine Konsolidierungsphase mit Professionalisierung und Vernetzung (bis Mitte 1990er Jahre); eine Diversifizierungs- und Kooperationsphase (bis Mitte der 2000er Jahre) mit dem Aufbau interinstitutioneller Kooperationen, Ausbau polizeilicher und juristischer Schutzmaßnahmen und pro-aktiven Interventionsstellen sowie eine bis heute andauernde Phase mit einem recht gut ausgebauten Hilfesystem, in das Institutionen wie Polizei und Justiz, Frauenberatungs- und Schutzeinrichtungen, Jugendhilfe und Kinderschutz, Männerberatungsstellen und weitere Einrichtungen eingebunden sind. Zu kritisieren bleiben das Fehlen ausreichender Frauenhausplätze für Frauen mit besonderen Bedarfen wie Behinderungen oder psychischen Beeinträchtigungen sowie ein mangelhafter Zugang geflüchteter Frauen zum Hilfesystem. Der diskriminierungsfreie Ausbau von Frauenhäusern wird auf der Grundlage der 2011 vom Europarat verabschiedeten und 2018 in Kraft getretenen Istanbul-Konvention zur Bekämpfung von Gewalt an Frauen 2020 erneut thematisiert, da sich die unterzeichnenden Staaten verpflichtet hatten, Beratung, Schutz und Rechtsmittel für gewaltbetroffene Frauen zu gewährleisten, wobei Schutzunterkünfte als wichtige Anlaufstelle in Notsituationen gelten.

Durch die Transformationen hat sich die Frauenhausarbeit verändert: basisdemokratische Leitideen wie Selbstorganisation ohne Hierarchie, Gleichheit und gemeinsame Betroffenheit wichen bald professionelleren Strukturen (Steinert/Straub 1988), da sie sich als wenig zuträglich für die Alltagsorganisation erwiesen und öffentliche Geldgeber zunehmend klare Strukturen einforderten (Brückner 2018c). Mit der Durchsetzung kommunaler Interventionsprogramme, von Wohnungszuweisungen an Frauen und Beratungsangeboten haben Frauenhäuser ihr Alleinstellungsmerkmal verloren und gelten heute als unverzichtbarer Teil einer breiten Versorgungspalette für unterschiedliche

Problemlagen. Die Frauenhäuser wandelten sich von einem Frauenbewegungsprojekt zu einem Teil des sozialen Systems, was die Frage aufwirft, ob und wie Frauenhäuser weiterhin kritische Frauenpolitik betreiben können (Henschel 2017).

Frauenhausarbeit heute: Weiterhin ist die Adresse der Häuser geheim, denn Schutz und Sicherheit stehen neben ständiger Erreichbarkeit an erster Stelle. Zentrale Prinzipien und daraus abgeleitete Arbeitsansätze sind: Ganzheitlichkeit mit dem Ziel der Erfassung der gesamten Lebenslage der Frauen im Sinne einer lebensweltlichen Alltags- und Ressourcenorientierung sowie Parteilichkeit im Sinne einer parteinehmenden Praxis, welche die Interessen der Frauen und ihrer Kinder an erste Stelle setzt und deren Handlungsfähigkeit bestätigt, ohne ihnen die Verantwortung für das Handeln anderer (z. B. ihrer gewalttätigen Partner) aufzubürden, und die in verstehende Ansätze und lösungsorientierte Hilfen mündet (Kavemann 1997). Dazu bedarf es einer geschlechtersensiblen Beratung, zu der sich feministische Beratung weiterentwickelt hat, die neben Empowerment und Einbeziehen der Auswirkungen hierarchisch konstruierter Geschlechterverhältnisse eine reflexive Distanz ermöglicht (Gröning 2015b). Unter Beachtung ungleicher Machtstrukturen in gewalttätigen Beziehungen und einer erforderlichen Verantwortungsübernahme für die Gewalttätigkeit durch den gewaltausübenden Partner öffnen sich immer mehr Frauenhäuser allparteilichen Ansätzen der Partnerberatung, wenn die Frauen das wollen (Lenz/Weiss 2018). Ein weiteres noch geltendes Prinzip ist, dass in Frauenhäusern nur Frauen arbeiten und Zugang haben, da angesichts männlicher Gewalterfahrungen die Maxime ‚Frauen helfen Frauen' vertrauensfördernd und angstmindernd wirkt und die Selbstorganisation von Frauen auf weibliche Stärke verweist. In fast allen Frauenhäusern gibt es längst eine etablierte Arbeitsteilung, klare Grenzen zwischen Mitarbeiterinnen und Nutzerinnen sowie Kooperation mit anderen Institutionen (Wohlfahrtsverbände bis Polizei). Typische Strukturen und Angebote sind: Aufnahmegespräche, Beratungsangebote nach dem Bezugspersonensystem, Gesprächsgruppen und Hausversammlungen, Gruppen- und Einzelangebote für Kinder und Nachbetreuung. Eine besondere Berücksichtigung braucht die spezifische Situation von Migrantinnen, bezogen auf aufenthaltsrechtliche Fragen, kulturelle und religiöse Belange und Sprachprobleme. Die Finanzierung der Häuser ist bisher weder rechtlich abgesichert noch einheitlich geregelt, sondern je nach Bundesland unterschiedlich: Es gibt verschiedene Landes- und kommunale Mittel, individuelle Miet- und teils Aufenthaltskostenübernahmen (SGB II oder XII, in Einzelfällen durch Selbstzahlerinnen), Spenden, Bußgelder etc.

Heute nutzen Frauen die Frauenhäuser anders als in der Anfangszeit, da es Alternativen gibt, wobei Frauenhäuser für schutzbedürftige Frauen unersetzbar sind. Viele Frauen bleiben eine kürzere Zeit (außer sie finden keine Wohnung) und es gibt häufigere Wechsel. Frauen in sehr belasteten psychischen, gesundheitlichen und sozialen Situationen nehmen zu (Frauen mit mehr Ressourcen suchen eher ambulante Hilfen auf). In Ballungsräumen wächst der Anteil von Migrantinnen mit und ohne gesicherten Aufenthaltsstatus und mit Verständigungsproblemen, da sie am wenigsten andere Möglichkeiten haben. Aus all diesen Gründen ändern sich die Aufgaben und Arbeitsbedingungen und Frauenhausarbeit wird noch anspruchsvoller. Mit der Ausdifferenzierung der Bewohnerinnen wachsen die Unterschiede des Betreuungs- und Gemeinschaftsbedarfes und damit angemessener Wohnformen – von Wohngemeinschaften bis zu Appartements. Eine große Bedeutung kommt Kindern als Opfern und Zeugen häuslicher Gewalt zu, einschließlich Fragen der Kindeswohlgefährdung, seit Analysen deutlich gemacht haben, welcher Schaden bei Kindern entstehen kann (Kavemann/Kreyssig 2013). Die erforderliche Kooperation zwischen Frauenhäusern und Jugendamt ist nicht einfach, da sich Einschätzungen der Kindeswohlsicherung, insbesondere hinsichtlich der Umgangsforderungen von Vätern, oftmals unterscheiden. Dass Frauenhäuser eine entwicklungsstützende Sozialisationsinstanz sein können, hat Angelika Henschel (2019) in ihrer Studie über Kinder, die in einem Frauenhaus gelebt haben, aufgezeigt.

Erfolge und ihr Preis: Es ist gelungen, zahlreiche Frauenhäuser durchzusetzen, die rechtliche Unterstützung der Opfer zu verbessern, für nachgezogene Migrantinnen eine Fristverkürzung für ein eigenständiges Aufenthaltsrecht zu erwirken, Täter*innenprogramme aufzustellen sowie Interventionsprogramme unter Beteiligung verschiedenster Institutionen zu entwickeln. Doch das ausgebaute Hilfenetz hat auch die Situation von Gewalt betroffener Frauen geändert: Frauen, die diese Hilfemöglichkeiten nicht in Anspruch nehmen, haben kaum noch vorzeigbare Gründe; aber Frauen haben ein Recht, über die Annahme von Hilfen selbst zu entscheiden (Brückner 2020). Zu einem guten Angebot gehört daher auch, Räume in das Hilfenetz einzubauen, die Frauen mit Ambivalenzen gerecht werden und die Selbstbestimmung von Frauen schützen.

Margrit Brückner

Zum Weiterlesen
Brückner, Margrit (2018): Konfliktfeld Häusliche Gewalt: Transformationsprozesse und Perspektiven der Frauenhausarbeit. In: Lenz, Gaby/Weiss, Anne (Hrsg.): Professionalität in der Frauenhausarbeit. Wiesbaden: Springer VS, S. 21–44
Henschel, Angelika (2019): Frauenhauskinder und ihr Weg ins Leben. Opladen, Berlin, Toronto: Barbara Budrich
Henschel, Angelika (2017): „Stachel im Fleisch". Frauenhäuser zwischen Professionalisierung und kritischem Einspruch. In: Braches-Chyrek, Rita/Sünker, Heinz (Hrsg.): Soziale Arbeit in gesellschaftlichen Konflikten und Kämpfen. Springer VS, S. 209–230

Gender Mainstreaming

Gender Mainstreaming ist eine geschlechterpolitische Strategie, die in den 1980er Jahren in der internationalen Frauen*- und Entwicklungspolitik auf den Weg gebracht wurde, weil Aktivist*innen zunehmend unzufrieden mit der mangelnden Berücksichtigung von Frauen*interessen in der Entwicklungszusammenarbeit und mit der Umsetzung bestehender Frauen*förderprogramme waren (vgl. von Braunmühl 2000; Frey 2004). Vor dem Hintergrund langjähriger kritischer Debatten wird bei der UN-Weltfrauenkonferenz 1995 in Peking ein Abschlussdokument verabschiedet, mit dem Gender Mainstreaming erstmals eine Selbstverpflichtung der unterzeichnenden Regierungen erfährt. Diese Verpflichtung umfasst strategische Ziele und Maßnahmen in zwölf Themenbereichen, die zur Verbesserung der Situation von Frauen* beitragen sollen (vgl. Frey 2004, S. 31). In der Folge wird Gender Mainstreaming 1997 auf Ebene der EU in den Amsterdamer Vertrag aufgenommen, dieser tritt am 1. Mai 1999 in Kraft. Damit verpflichten sich alle Mitgliedsstaaten der Europäischen Union, Gender Mainstreaming in ihre Politik zu integrieren. In Deutschland heißt es aus dem Bundesministerium für Familie, Senioren, Frauen und Jugend: „Der internationale Begriff Gender Mainstreaming lässt sich am besten mit Leitbild der Geschlechtergerechtigkeit übersetzen. Das […] bedeutet, bei allen gesellschaftlichen und politischen Vorhaben die unterschiedlichen Auswirkungen auf die Lebenssituationen und Interessen von Frauen und Männern grundsätzlich und systematisch zu berücksichtigen" (BMFSFJ 2021d, o. S.). Mit einem Kabinettsbeschluss der Bundesregierung vom 23. Juni 1999 wird die politische Vorgabe zur Einführung von Gender Mainstreaming umgesetzt. Seitdem sind beispielsweise die Entwicklung und Erarbeitung von Gesetzen, Programmen und Fördermaßnahmen nach dem Prinzip des Gender Mainstreaming zu gestalten. 2003 hat das Europäische Parlament die Einführung von Gender Budgeting, das bedeutet eine geschlechtergerechte Haushaltspolitik, als eine Teilstrategie des Gender Mainstreaming empfohlen (Krell et al. 2018, S. 64 f.). Zwölf von 34 OECD-Ländern sind dieser Empfehlung gefolgt, so hat beispielsweise Österreich 2009 Gender Budgeting in der Bundesverfassung verankert. Dort sind Bund, Länder und Gemeinden verpflichtet, „bei der Haushaltsführung die tatsächliche Gleichstellung von Frauen und Männern anzustreben" (Republik Österreich 2019, S. 15).

Gender Mainstreaming ist also eine Strategie, um durchgängig sicherzustellen, dass Gleichstellung als Aufgabe des Staates, insbesondere von allen Akteur*innen der öffentlichen Verwaltung verwirklicht wird. Es ist demnach vornehmlich Verwaltungshandeln und gilt als ein konzeptionelles Instrument zur Systematisierung und Veränderung von Entscheidungsprozessen innerhalb von Organisationen sowie in der Politik (vgl. Krell 2007; Lange 2010; Krell et al. 2018). Im Fokus von Gender Mainstreaming als Instrument der Organisationsentwicklung stehen die Analyse und die Veränderung von Einrichtungen als Gendered Institutions, als Institutionen, die durch Geschlechterhierarchien und -differenzen strukturiert sind, sowie die Auseinandersetzung mit Auswirkungen von Organisationsentscheidungen auf Geschlechtergerechtigkeit. Gender Mainstreaming „ist eine systematisierende Verfahrensweise, die innerhalb der Entscheidungsprozesse von Organisationen von oben nach unten (Top down) implementiert, aber von unten nach oben (Bottom up) vollzogen wird" (Stiegler 2008, S. 19 f.). Wie Gender Mainstreaming umgesetzt werden kann, ist abhängig von den jeweiligen Arbeits- und Politikfeldern sowie den konkreten Organisationen.

In den fortlaufenden Debatten über geschlechterpolitische Konzepte und Strategien finden wir seit Beginn der 2000er Jahre verschiedene kritische Einwände gegenüber der konzeptionellen Anlage von Gender Mainstreaming. Sehr grundsätzlich wird die Einbettung dieses Konzepts in die marktförmige Logik des New Public Management diskutiert. Gender Mainstreaming ist demnach nicht ausschließlich das Ergebnis erfolgreicher Kämpfe von sozialen Bewegungen, sondern auch Ausdruck von managementorientierten Ansätzen in einer neoliberalen gesellschaftlichen Situation (vgl. Bereswill 2004; Marx/Becker 2020). Ökonomische Rationalität tritt in den Vordergrund, kritische Interventionen gegen Ungleichheiten im Geschlechterverhältnis müssen sich rechnen, Geschlecht – und andere Differenzkategorien – werden in letzter Konsequenz zu Humanressourcen im Rationalisierungsprozess, mit dem Ziel eines schlanken Staates. Aus dieser Perspektive führt Gender Mainstreaming dazu, „dass Geschlechtergerechtigkeit Bestandteil neoliberaler ökonomischer Governance-Strukturen werde und so zu einem technokratischen top-down Mechanismus werden kann, der Geschlechtergerechtigkeit lediglich in technische Prozesse wie Quoten und *impact assessments* übersetzt, ohne politische Partizipation und normative Widersprüche zu problematisieren" (Marx/Becker 2020, S. 170, H. i. O.). Sowohl Gender Mainstreaming als auch Gender Budgeting als ein finanzpolitischer Teilbereich wurden von sozialen Bewegungen als politische Strategie erarbeitet, um Verteilungsgerechtigkeit, Partizipation, Transparenz und Rechenschaftspflicht zu erreichen. Mit Hilfe des Gender Budgetings sollen beispielsweise staatliche Haushaltsentwürfe im Hinblick auf eine geschlechtergerechte Ressourcenverteilung geprüft und entsprechende Strategien erarbeitet werden. So werden in Österreich Ansätze zur Umsetzung eines kritisch-feministischen Gender Budgetings „vorgeschlagen, die einerseits auf die kritische datengestützte ökonomische Analyse der Auswirkungen von Politik auf die Geschlechterverhältnisse zielen, die andererseits Frauen (und Männer) aktivieren und ihnen Partizipation ermöglichen und Handlungsspielräume eröffnen sollen" (ebd., S. 171). Mit der Aufnahme von Gender Budgeting in die österreichische Verfassung wird dann einerseits ein gleichstellungspolitisches Ziel formuliert und angestrebt, gleichzeitig werden die ursprünglichen Ideale durch die Umsetzung im Rahmen von New Public Management-Konzepten „zu einem technischen Optimierungs- und Effizienzproblem im Rahmen der wirkungsorientierten Budgetierung" (ebd., S. 176).

Ein weiterer grundsätzlicher Einwand gegenüber Gender Mainstreaming bezieht sich auf die Konzeption und die Operationalisierung von Geschlecht. Wird durch die systematische Fokussierung der beiden Genusgruppen Frauen* und Männer* nicht erst recht reproduziert, was aus der Perspektive von feministischer Wissenschaft und Politik gerade überwunden werden soll? Gemeint ist hierbei die Festschreibung von binären Unterschieden zwischen den Geschlechtern und den damit verbundenen Verschränkungen von Geschlechterdifferenz und Hierarchisierungsprozessen. Dem Einwand, dass der Fokus auf die Gleichstellung von Frauen* und Männern* die Vielfalt der Geschlechter vernachlässige, wird mit der Formulierung der „Gleichberechtigung der Geschlechter" (Krell et al. 2018, S. 64) begegnet, die seit 2016 auch in deutschen Übersetzungen offizieller Dokumente, beispielsweise des EU-Parlaments, verwendet wird. Die grundlegende Kritik an der Reproduktion binärer Zweigeschlechtlichkeit richtet sich aber nicht nur gegen Gender Mainstreaming, sondern betrifft alle Formen der Politik, die versuchen, Geschlechterverhältnisse mit Hilfe von Geschlechterpolitik zu überwinden. Judith Lorber (1999) hat dieses Dilemma treffend als „Gender-Paradoxie" bezeichnet – eine Formulierung, die auf den Punkt bringt, dass die Überwindung von Geschlechterkonstruktionen und Geschlechterordnungen paradoxerweise mit Bezug auf Geschlechterdifferenz angestrebt wird. Diese Konstellation verweist auch auf Herausforderungen für eine geschlechterbewusste Soziale Arbeit.

Gender Mainstreaming ist je nach Feldern der Sozialen Arbeit und Institutionen in den Bereichen Erziehung, Bildung und Gesundheit unterschiedlich ausgearbeitet und umgesetzt. Bereits in einem Gutachten der Sachverständigenkommission für das Bundesministerium für Familie, Senioren, Frauen und Jugend und für den Ersten Gleichstellungsbericht der Bundesregierung aus dem Jahr 2011 wird eine große Kluft zwischen programmatischen Diskursen und praktischen Vollzügen von Gender Mainstreaming festgestellt. Bereichsspezifische Vorlagen für Gender Mainstreaming gäbe es vor allem für den Bereich der Kindertagesstätten, für die Schulen und für den Hochschulbereich (Gutachten der Sachverständigenkommission 2011, S. 81). Seitdem wird in zahlreichen Veröffentlichungen „sowohl eine mangelnde Realisierung als auch eine mangelnde gleichstellungspolitische Wirksamkeit von Gender Mainstreaming" (Krell et al. 2018, S. 63) festgestellt. Darüber hinaus werden zunehmend Stimmen laut, die Diversity-Konzepten den Vorzug gegenüber Gender Mainstreaming geben oder nach Verbindungen zwischen beiden Konzepten suchen (ebd.).

Spätestens seit der Jahrtausendwende zeigt sich zudem eine (internationale) Mobilisierung von rechtspopulistischen Parteien und extrem rechten

Gruppierungen, christlich-fundamentalistischen und erzkatholischen Bündnissen, Männer*rechtlern und Akteur*innen des bürgerlich-konservativen und liberalen Milieus gegen Gender Mainstreaming, Gender Studies, Feminismus und LGBTIQ⁺ Lebensweisen (Henninger et al. 2021). Untersuchungen zu den Wahlprogrammen der AfD und deren Politik in den Parlamenten zeigen: Geschlechterforschung und Gleichstellungspolitik wird die Existenzberechtigung abgesprochen, Projekten, Initiativen und Vereinen, die sich aktiv und kritisch der Gestaltung einer pluralen, demokratischen Gesellschaft verschrieben haben, sollen die öffentlichen Mittel entzogen werden (Bereswill et al. 2021; Hafeneger et al. 2020).

Gender Mainstreaming als gleichstellungspolitisches Instrumentarium ist also umstritten und mit unterschiedlichen Herausforderungen konfrontiert. Gertraude Krell, Renate Ortlieb und Barbara Sieben (2018) plädieren dafür, Gender Mainstreaming in Zukunft nicht nur als ein gleichstellungspolitisches Konzept, sondern auch als ein generelles Prinzip oder Gebot zu verstehen (Krell et al. 2018, S. 63), um Geschlechtergerechtigkeit zu erreichen. Dabei ist offen, wie die Berücksichtigung bzw. der Einbezug weiterer Ungleichheitskategorien erreicht wird.

Mechthild Bereswill und Gudrun Ehlert

Zum Weiterlesen
Carl, Andrea-Hilla/Kunze, Stefanie/Olteanu, Yasmin/Yildiz, Özlem/Yollu-Tok, Aysel (Hrsg.) (2020): Geschlechterverhältnisse im Kontext von Unternehmen und Gesellschaft. Baden-Baden: Nomos
Krell, Gertraude/Ortlieb, Renate/Sieben, Barbara (2018): Gender und Diversity in Organisationen. Grundlegendes zur Chancengleichheit durch Personalpolitik. Wiesbaden: Springer Gabler
Meuser, Michael/Neusüß, Claudia (Hrsg.) (2004): Gender Mainstreaming: Konzepte, Handlungsfelder, Instrumente. Bonn: bpb

Gender Studies

Die Gender Studies entstanden aus den theoretischen und empirischen Zugängen zu Geschlecht sehr heterogener Disziplinen wie den Kultur-, Sozial-, Natur- und Gesundheitswissenschaften. Deshalb umschreibt das interdisziplinäre Forschungsfeld eine Vielzahl von Methodologien, Paradigmen und Theorien beim Zugang zur Kategorie Geschlecht (vgl. Kortendiek/Riegraf/Sabisch 2019). Über alle Unterschiede hinweg eint die Gender Studies jedoch die Erkenntnis, dass Geschlecht in dem Sinne eine Strukturkategorie ist, dass Geschlechterhierarchisierungen und -differenzierungen nahezu alle gesellschaftlichen Bereiche durchziehen. Auch sind die Untersuchungen in den Gender Studies weitgehend von der Einsicht geleitet, dass Natur und Kultur nicht getrennt voneinander betrachtet werden können. Dies bedeutet, dass die Hierarchisierungen zwischen den Geschlechtern sowie eine eindeutige und polarisierte Differenzierung nach Männern und Frauen nicht von Natur aus und damit unverrückbar vorgegeben sind. Vielmehr werden natürliche Gegebenheiten als gesellschaftlich und kulturell interpretiert angesehen. Damit rückt das ‚kulturelle System der Zweigeschlechtlichkeit' (Hagemann-White 1988) und das ‚doing gender' ins Zentrum der wissenschaftlichen Debatten und somit die Frage, wie Geschlecht prozess- und situationsbezogen immer wieder neu entsteht und wie Geschlechtsidentitäten als aktiver Aneignungsprozess mit der sozialen Umgebung hergestellt werden. Diese Einsichten haben weitreichende Konsequenzen für wissenschaftliche Erkenntnisprozesse und fordern die theoretischen Grundlagen der etablierten Disziplinen heraus: So wird im Zuge der Debatte über die Kategorie Geschlecht deutlich, dass in der Medizin lange Zeit vorab und unreflektiert nach Männern und Frauen unterschieden wurde, um dann festzustellen, dass ‚Männer' „diesen Testosteron-Wert und jene Chromosomen" (Hirschauer 1996, S. 245) haben. Solche Vorab-Festlegungen in Untersuchungsdesigns tragen nicht nur zu einer undifferenzierten Betrachtung von Männern und Frauen bei. Indem angenommen wurde, es gäbe von Natur aus lediglich zwei gegensätzliche Geschlechter, die in ihrer Polarisierung aber sexuell aufeinander bezogen sind, wurden die Prozesse der Herstellung der Zweigeschlechtlichkeit und ihre Relevanz für gesellschaftliche Zusammenhänge einer wissenschaftlichen Betrachtung entzogen.

Die Ausblendung des ‚weiblichen Lebenszusammenhangs' (Prokop 1976) in der herkömmlichen Forschung und Lehre und die Nicht-Thematisierung der Geschlechterhierarchie waren in den 1970er Jahren der Ausgangspunkt für die Entwicklung einer feministischen Wissenschaftskritik. Diese entfaltete sich schließlich auf Druck der Frauenbewegung und eines engagierten Mittelbaus an den Hochschulen zunächst in reinen Frauenseminaren in der Frauenforschung, später in der Geschlechterforschung und den Gender Studies. In der kritischen Auseinandersetzung mit dem bis dahin herrschenden Wissenskanon in den Disziplinen und in der interdisziplinären Zusammenarbeit sind im Laufe der Jahre Forschungszusammenhänge und Kommunikationskontexte entstanden, die die geschlechterbezogenen Grundlagen in den einzelnen Disziplinen wie die der Medizin, der Rechts- oder Wirtschaftswissenschaften und der Sozialen Arbeit aufzeigten. Die Interdisziplinarität der Gender Studies deckte darüber die Schließungsprozesse der disziplinär umgrenzten wissenschaftlichen Wissensproduktion gegenüber gesellschaftlichen Gegenständen und Prozessen auf, die sich nicht einfach in disziplinäre Raster einordnen lassen und auf diesem Wege wissenschaftlich dethematisiert und vergessen werden. Die Interdisziplinarität in den Gender Studies wendete sich also lange Zeit gegen einen Wissenskanon im Wissenschaftssystem, dem es über viele Jahre erfolgreich gelang, die Kategorie Geschlecht auszublenden – und dies trotz aller Anforderungen an Objektivität und Wertneutralität in den wissenschaftlichen Erkenntnisprozessen (Hark 2003).

Charakteristisch für die Forschungen der Gender Studies ist nicht nur die Frage nach der Entstehung und Bedeutung der Geschlechterverhältnisse, sondern auch eine ständige Überprüfung und Weiterentwicklung der eigenen Erkenntnisgrundlagen. Die Bezeichnungsverschiebung von der Frauen-, zur Geschlechterforschung und den Gender Studies verweist auf sehr lebendige und fruchtbare theoretische Debatten zur Kategorie Geschlecht in den Gender Studies. Zu Beginn ging es der Frauenforschung darum, die Besonderheiten der weiblichen Lebenswirklichkeiten und -zusammenhänge überhaupt sichtbar und damit zum Gegenstand wissenschaftlicher Erkenntnisprojekte zu machen. Gefordert wurden zunächst Professuren und Forschungsschwerpunkte mit entsprechenden Denominationen. Ein weiterer Schritt in der Debatte und ein erster Schritt in Richtung Geschlechterforschung war die analytische Unterscheidung zwischen einem biologischen Geschlecht (sex) und einem sozialen Geschlecht (gender). Die Differenzierung nach ‚sex‘ und ‚gender‘ nahm die Erkenntnis auf, dass sich aus biologischen Tatbeständen keine sozialen und gesellschaftlichen Stellungen ableiten lassen. Vielmehr werden biologische Vorgaben über kulturelle und gesellschaftliche Prozesse überformt und mit Bedeutung aufgeladen. Indem das soziale Geschlecht unabhängig vom biologischen Geschlecht konzipiert wird, rücken die sozialen und gesellschaftlichen Prozesse in den Blickpunkt, über die Männer und Frauen als solche erst hergestellt werden. Zugleich können damit die Geschlechterverhältnisse und die Vorstellungen davon, was Männer und Frauen sind, Veränderungsprozessen zugänglich gemacht werden. Im Zuge der weiteren wissenschaftlichen Ausarbeitung der Kategorie Geschlecht wurde das zunächst unklare Verhältnis zwischen der Kategorie ‚sex‘ und der Kategorie ‚gender‘ weiter ausgearbeitet. Spätestens seit den 1990er Jahren wird deutlich, dass selbst die strikte Entgegensetzung zwischen Natur und Kultur, wie sie in der Unterscheidung von ‚sex‘ und ‚gender‘ noch angelegt ist, nicht gehalten werden kann. Vielmehr geht es in einem weiteren Schritt um die Anerkennung der wechselseitigen Verklammerung und Konstitutionsformen biologischer, erfahrungsbezogener, historischer und weiterer Dimensionen. Der Begriff Gender steht damit für ein relationales Verständnis von Geschlecht und damit auch für ein gegenseitiges Konstitutionsverhältnis von Männlichkeit und Weiblichkeit. Frauenforschung wird im Laufe der Zeit insofern zur Geschlechterforschung und zu Gender Studies, als „sie sich vergleichend, kritisch und analytisch auf Männer bezieht und das Geschlechterverhältnis sowie die Geschlechterbeziehungen im Kontext der gesellschaftlich-historischen Rahmenbedingungen zum Gegenstand ihrer Untersuchung macht" (Metz-Göckel 1993, S. 410). Das heißt, dass es nun in den wissenschaftlichen Betrachtungen verstärkt um ganz unterschiedliche historische Ausdrucksformen und um spezifische Kontexte der Geschlechterdifferenz und -hierarchie geht.

Ein Blick zurück zeigt, dass die Gender Studies zwar ein vergleichsweise junges, aber ein ausgesprochen dynamisches Forschungsfeld sind. Die Institutionalisierungsgeschichte der Gender Studies in Deutschland begann mit der Einrichtung der ersten Professuren mit entsprechenden (Teil)Denominationen in den Erziehungswissenschaften, der Soziologie oder der Geschichte in den 1980er Jahren. Seit Mitte der 1990er Jahre wird das Ziel verfolgt, neben den Professuren für Geschlechterforschung in den einzelnen Disziplinen die Gender Studies als ganz eigenständiges Forschungs- und Lehrgebiet im deutschen Wissenschaftssystem zu etablieren, um ihre Disziplinwerdung voranzutreiben. Durch die Institutionalisierung sollte zugleich ihre Sichtbarmachung, Verstetigung und Absicherung im Wissenschaftssystem verbessert werden. Seit den 1990er Jahren sind Forschungszentren für Gender Studies entstanden, Studiengänge und vergleichbare strukturierte Studienschwerpunkte im Bereich Frauen- und Geschlechterforschung werden an deutschsprachigen Hochschulen eingerichtet. 2019 gab es im deutschsprachigen Raum ca. 30 Bachelor- und Masterstudiengänge mit unterschiedlichen Schwerpunktsetzungen. Mittlerweile ist es im deutschsprachigen Raum möglich, neben dem Bachelor und dem Master auch die Promotion in Gender Studies zu absolvieren (Brand/Sabisch 2019). Die Institutionalisierung von eigenständigen Forschungskontexten und Studienrichtungen, der Aufbau eigenständiger Fachzeitschriften, einer Fachgesellschaft und tragfähiger Netzwerke ist Ausdruck einer grundsätzlichen Anerkennung des Faches Gender Studies im Wissenschaftskontext. Dabei setzen sich die Gender Studies auch weiterhin mit der eigenen Erkenntniskategorie auseinander.

Für das Ausbildungs- und Forschungsfeld der Sozialen Arbeit bedeutet der Aufbau und die Institutionalisierung eigenständiger Gender Studies, die Etablierung der Geschlechterperspektive in den jeweiligen Ausbildungsgängen weiter voranzutreiben, aber zugleich ihre geschlechterbezogenen Forschungs- und Fragerichtungen jenseits der klassischen Ausbildungsgänge zu verankern und sich auch in den interdisziplinären Arbeitszusammenhängen zu engagieren. Im Zentrum steht dabei die Frage, wie die Kategorie Geschlecht mit weiteren Ungleichheitskategorien und sozialen Differenzierungen wie sexuelle Orientierung, Klasse/Schicht, Ethnizität oder Alter in Wechselbeziehungen steht und wie die Überkreuzungen mit den anderen Kategorien die Geschlechterungleichheiten und -differenzierungen abschwächen oder gar verstärken können. Neben den Diskussionen zur Intersektionalität werden in den Forschungs- und Lehrkontext der Gender Studies deshalb auch die Inhalte der Queer Studies, Postcolonial Studies, Men's und Disability Studies aufgenommen.

Birgit Riegraf

Zum Weiterlesen
Althoff, Martina/Apel, Magdalena/Bereswill, Mechthild/Gruhlich, Julia/Riegraf, Birgit (Hrsg.) (2017): Feministische Methodologie und Methode. Traditionen, Konzepte und Erörterungen. Wiesbaden: Springer VS

Kortendiek, Beate/Riegraf, Birgit/Sabisch, Katja (Hrsg.) (2019): Handbuch Interdisziplinäre Geschlechterforschung, Band 1 und Band 2. Wiesbaden: Springer VS
Rendtorff, Barbara/Riegraf, Birgit/Mahs, Claudia (Hrsg.) (2019): Struktur und Dynamik – Un/Gleichzeitigkeiten im Geschlechterverhältnis. Wiesbaden: Springer VS

Genderkompetenz

Der Begriff der Genderkompetenz zur Definition einer auf Geschlechtergerechtigkeit zielenden Professionalität wird seit dem Beginn des 21. Jahrhunderts verwendet. Die Frauenbewegung brachte in Kontexten feministischer (Sozial-)Pädagogik und Sozialarbeit seit Mitte der 1970er Jahre erste Ansätze von Mädchen*- und Frauen*arbeit hervor, der Ansätze geschlechtsbezogener Jungen*- und Männer*arbeit folgten. Diese Aktivitäten richteten sich gegen patriarchalische Machtverhältnisse und wurden von feministischen Haltungen getragen. Erst im Zuge der sich etablierenden Frauen*- und Geschlechterforschung, der sich entwickelnden Praxis und der strukturellen Verankerung der Geschlechterdifferenzierung (z. B. § 9,3 SGB VIII) wurden Geschlechteransätze stärker als professioneller Auftrag gesehen (vgl. Kunert-Zier 2005, S. 21 f.). Nach Einführung des Gender Mainstreaming sollten auch Träger der Sozialen Arbeit grundsätzlich danach fragen, wie ihre Aktivitäten sich auf die Herstellung von Geschlechtergerechtigkeit auswirken, und entsprechende Maßnahmen ergreifen. Mit der Forderung nach Gendertrainings zur Umsetzung des Gender Mainstreaming wurde Genderkompetenz zu einer ausdrücklich geforderten professionellen Qualifikation (vgl. Meyer/Ginsheim 2002, S. 104 f.).

Eine der ersten Definitionen lautete: „Genderkompetenz ist […] das Wissen, in Verhalten und Einstellungen von Frauen und Männern soziale Festlegungen im […] Alltag zu erkennen und die Fähigkeit, so damit umzugehen, dass beiden Geschlechtern neue und vielfältige Entwicklungsmöglichkeiten eröffnet werden" (Metz-Göckel/Roloff 2002, S. 2). Genderkompetenz wurde als Schlüsselqualifikation definiert. Dieser Sicht lag ein binäres Verständnis von Geschlecht zugrunde. Die ersten Entwürfe zur Genderkompetenz in sozialpädagogischen Feldern wurden 2005 vorgelegt. Danach sind Elemente von Genderkompetenz genderbezogenes Fachwissen, genderbezogene Praxis- und genderbezogene Selbstkompetenzen, die aktuell und fachlich reflexiv gehalten und ihre Wirksamkeit in einem ausgewogenen Zusammenspiel entfalten sollten (Kunert-Zier 2005, S. 281 f.). Verstrickungen zwischen dem Privaten: den in der Genderpädagogik wirksamen persönlichen Anteilen, dem Politischen: dem Einsetzen für Geschlechtergerechtigkeit und dem Professionellen: den Anforderungen der Praxis, müssten durch die Fachkräfte reflektiert und konstruktiv aufgelöst werden (vgl. ebd., S. 72 f.). Genderbezogene Pädagogik sollte geschlechtsbedingte Benachteiligungen aufzeigen, Mädchen und Frauen zur Gegenwehr und zu Lebensentwürfen jenseits traditioneller Geschlechterrollen ermutigen. Theoretisch hatte sich zunehmend die Vorstellung von Geschlecht als soziale Konstruktion durchgesetzt, das in alltäglichen Interaktionen (doing gender) hergestellt werde (vgl. Kunert-Zier 2005, S. 15 f.). Die Vermittlung von Genderkompetenzen könne nur durch genderkompetente Lehrende geschehen (vgl. ebd., S. 294 f.).

Schwarze Feministinnen verwiesen auf die Vernachlässigung von Diskriminierungen aufgrund der Hautfarbe (Race) und der sozialen Herkunft (Class) und führten mit dem Konzept der Intersektionalität (Crenshaw 1989) zu einem Perspektivwechsel. Intersektionalität beschreibt die Verschränkung von Mehrfachdiskriminierungen (Gender, Class, Race u. a.) und ihre wechselseitigen Wirkungen auf Menschen. Die intersektionale Perspektive bedeutet, beispielsweise in der Mädchen*arbeit, dass Diskriminierungen aufgrund der Hautfarbe – Rassismus, der sozialen Herkunft – Klassismus, körperlicher oder psychischer Beeinträchtigung oder Lernschwierigkeiten – Ableismus (vgl. Nadrowski 2017, S. 98) und des Aussehens – Lookismus (vgl. Diamond/Pflaster/Schmid 2017) Gegenstände der Auseinandersetzung wurden und nach Handlungsmöglichkeiten und Konzepten gefragt werde. Kritisches Weiß-Sein (Critical Whiteness) und Privilegienreflexion wurden in das professionelle genderbezogene Selbstbild aufgenommen und dazu zunehmend Fort- und Weiterbildungen angeboten (vgl. Pohlkamp 2015b, S. 17 f.; Reher 2015, S. 35 f.; z. B. FUMA Fachstelle Gender & Diversität NRW 2021).

Das verstärkte öffentliche Thematisieren sexueller und geschlechtlicher Vielfalt, Trans* und Inter* öffnete den Blick auf queertheoretische Perspektiven. Heteronormativitätskritische und queertheoretische Bildung müsse identitäts- und machtkritisch ausgerichtet sein, sich gegen Naturalisierungen von Geschlechtlichkeit wenden und die Existenz von Zweigeschlechtlichkeit grundlegend in Frage stellen (vgl. Hartmann/Messerschmidt/Thon 2017, S. 19 f.). Das GenderKompetenzZentrum an der Humboldt-Universität zu Berlin erweiterte den Begriff Genderkompetenz um den Begriff Queerversity, der auf „der Kritik an Identitätsvorstellungen und Politikformen (basiert), die Hierarchien, Abwertungen, Ausschlüsse und Zurichtungen rechtfertigen" (GenderKompetenzZentrum 2012, o. S.).

Die Verwendung des Kompetenzbegriffs wurde mit dem Verweis auf die damit ursprünglich verbundene Intention der besseren Verwertbarkeit von Humankapital im Zuge der Öffnung des europäischen Bildungsraumes (Bologna-Projekt) prinzipiell in Frage gestellt (vgl. Kleiner/Klenk 2017, S. 109 f.). Das implizite Versprechen individuell erhöhter Handlungsfähigkeit berge die Gefahr, ein formalistisches Verständnis von Genderkompetenz zu entwickeln, etwa durch Pädagogik Geschlechtergerechtigkeit herstellen zu können (ebd., S. 112 f.). Mit dem Begriff der „Genderkompetenzlosigkeitskompetenz" wird darauf verwiesen, dass immer mit einer Rest-Unsicherheit pädagogischen Handelns und der Widersprüchlichkeit pädagogischer Praxis zu rechnen sei, die auch ‚Scheitern' impliziert (ebd., S. 114). Ungleichheitsverhältnisse und ihre Auswirkungen auf pädagogisches Verhalten, Denken, Sprechen und Handeln sollten umfassend reflektiert und Pädagog*innen für die Beobachtung und Wahrnehmung widersprüchlicher Effekte ihrer eigenen pädagogischen Praxis sensibilisiert werden. Es fehle eine theoretische Fundierung von Genderkompetenz, so dass die Gefahr bestehe, Heteronormativität und strukturelle Ungleichheiten zu verschleiern oder gar zu befördern (ebd., S. 115). Smykalla (2010) plädiert für eine transdisziplinäre Genderkompetenz als Ambivalenzperspektive. Statt einer Differenzierungskompetenz sei eine Ambivalenzkompetenz gefragt. Das bedeute, „nicht lediglich Unterschiede zu sehen und in ihrer Wertigkeit und strukturellen Wirkung einschätzen zu können, sondern sie als Prozess der Unabgeschlossenheit zu behandeln" (ebd., S. 263 f.).

Unter Einbezug der zuvor beschriebenen Weiterentwicklung theoretischer Diskurse und deren Einflüsse auf die genderbezogene Praxis wird hier eine Neudefinition von Genderkompetenz vorgenommen.

Genderkompetenz in der Sozialen Arbeit und in (sozial-)pädagogischen Kontexten ist

- die professionelle Fähigkeit, basierend auf intersektionalen, (hetero-) normativitätskritischen und queer-feministischen Theorien die Geschlechter in ihren individuellen und sozialen Entwicklungen derart zu fördern, zu empowern und zu begleiten, dass sie ihre Potenziale und selbstbestimmten Lebensentwürfe entfalten können,
- von einer fragenden Haltung gegenüber den Adressat*innen sowie der Anerkennung von Ungewissheit, Ambivalenzen und einer prinzipiellen Unbestimmbarkeit von Geschlecht getragen,
- eingebettet in Konzepte gegen Gewalt, Sexismus, Rassismus, gruppenbezogene Menschenfeindlichkeit und Diskriminierungen jeglicher Art,
- die Verbindung selbstreflexiver und theoretisch-fundierter Kompetenzen mit einer dezidiert politischen Haltung, die sich für Geschlechtergerechtigkeit, Wertschätzung und Anerkennung unterschiedlicher Lebensweisen und für die soziale Teilhabe aller Menschen auf Basis der Menschenrechte einsetzt,
- das Erkennen von Grenzen pädagogischen Handelns und prinzipiell unabgeschlossen,
- eine Triade aus genderbezogenem Fachwissen, Methoden- und Selbstkompetenzen.

Genderbezogenes Fachwissen umfasst ein differenziertes Grundwissen über die Ursachen sozialer Ungleichheit und struktureller Benachteiligung, die Konstitution und Hierarchisierung von Macht- und Geschlechterverhältnissen und das Wechselverhältnis zwischen Individuum und Gesellschaft, Kenntnisse über den Wandel und die Einordnung von Geschlechtertheorien in zeitliche und handlungsbezogene Kontexte sowie über die Frauen*-, Männer*, und Queerbewegungen. Ebenso sind psychologische und sozialisationstheoretische Kenntnisse zum Verständnis der Subjektbildung sowie theoretische und empirische Kenntnisse zu den Lebenslagen der Adressat*innen in den jeweiligen Handlungsfeldern gefragt. Kenntnisse und Anwendung intersektionaler Kategorien befähigen zur Analyse der Verwobenheit und wechselseitigen Einflussnahme von Geschlecht (Gender), sozialer Herkunft (Class) und Hautfarbe (Race) sowie weiteren intersektionalen Kategorien.

Genderbezogene Selbstkompetenzen umfassen einen selbstkritischen Umgang mit dem eigenen Geschlecht und dessen Repräsentanz in pädagogischen Beziehungen, der eigenen Haltung zur sexuellen und geschlechtlichen Vielfalt und jeweiligen Genderinszenierungen (Performances), Ambiguitätstoleranz und eine (hetero-)normativitätskritische Haltung.

Die Zunahme von Rassismus, Sexismus, gruppenbezogener Menschenfeindlichkeit, von antidemokratischen, autoritär nationalistischen und antifeministischen Strömungen macht eine politische Positionierung in der genderbezogenen Arbeit notwendig. Ohne das Eintreten für Geschlechtergerechtigkeit und Sensibilität gegenüber vielfältigen Diskriminierungsformen entsteht keine Motivation für gendersensibles Arbeiten.

Praxiskompetenzen bedeuten, theoretisches Genderwissen auf der fachlichen Ebene methodisch umsetzen zu können. Genderkompetente Fachkräfte sind fähig, theoretisch fundierte Genderanalysen in ihrem Handlungsfeld durchzuführen, im Team entsprechende genderbezogene Konzepte zu entwickeln und diese professionell umzusetzen. Dazu benötigen sie Methoden- und Medienkompetenzen und eine gendersensible Didaktik. Bisher vorliegendes Material sollte unter intersektionalen, (hetero-)normativitätskritischen und queertheoretischen Gesichtspunkten kritisch überprüft und entsprechend weiterentwickelt werden. Die hier formulierten Elemente von Genderkompetenz sind bereits in Angebote und Programme (vgl. z. B. BAG Mädchenpolitik, BAG Jungenarbeit, Geschlechtersensible Pädagogik – Fachkräfteportal für Genderfragen; FUMA Fachstelle Gender & Diversität NRW; Kompetenzzentrum geschlechtergerechte Kinder- und Jugendhilfe Sachsen-Anhalt e. V.) sowie Leitlinien zur genderbezogenen Praxis (z. B. Jugendhilfeausschuss Stadt Frankfurt 2013) und entsprechende Qualifizierungen eingeflossen.

Margitta Kunert

Zum Weiterlesen
Kunert-Zier, Margitta (2020): Geschlechtergerechte Bildung und Erziehung. In: Jugendhilfe. 58. Jg., H. 6, S. 536–542
LAG Mädchenpolitik Hessen e. V./Fokus JungsFachstelle für Jungenarbeit in Hessen (2019): Mädchen*arbeit und Jungen*arbeit sind politisch! Gemeinsam für Vielfalt und Geschlechtergerechtigkeit. www.lag-maedchenpolitik-hessen.de/maedchenarbeit-und-jungenarbeit-sind-politisch-gemeinsam-fuer-vielfalt-und-geschlechtergerechtigkeit/ (Abfrage: 30.11.2020)

Stecklina, Gerd/Wienforth, Jan (2017): Queer-heteronormativitätskritische Reflexionen für die psychosoziale Arbeit mit Jungen* und Männern. In: Journal für Psychologie 25, Ausgabe 2, S. 37–67

Generationen

Der Generationenbegriff findet sich in der Wissenschaft als analytischer Begriff – insbesondere bezogen auf die Untersuchung von Generationen in ihrer Bedeutung für den sozialen und kulturellen Wandel (vgl. Jureit 2006; King 2013) – und im sozialpolitischen Kontext als Beschreibung des wohlfahrtsstaatlichen Umlagesystems (‚Generationenvertrag') sowie von Projekten (‚Mehrgenerationenhäuser'). Nach Rauschenbach werden durch den Generationenbegriff zwei Forschungszugänge möglich, „sowohl eine synchrone Betrachtung der kollektiv-sozialen Zugehörigkeiten [...] als auch eine diachrone Analyse: Was die eigene Generation verbindet, lässt sich ebenso betrachten wie das, was sie abgrenzt von den Älteren oder den Jüngeren" (Rauschenbach 2012b, S. 31). Im politischen und juristischen Kontext wird das Thema Generationen aktuell vor allem unter dem Fokus der Generationengerechtigkeit diskutiert – insbesondere werden hier Fragen des Klimawandels und in diesem Zusammenhang der Verantwortung älterer Generationen für die nachwachsenden sehr kontrovers erörtert, aber ebenso weitere Aspekte von Generationengerechtigkeit wie Bildung, Rente sowie Haushaltspolitik. In diesen Kontexten wird u. a. auch die grundsätzliche Frage aufgeworfen, dass Generationengerechtigkeit bisher kein im Grundgesetz verankertes Grundrecht ist. Für die Generationenpolitik in einem gesamtstaatlichen Rahmen ist nach Olk die Sozialpolitik verantwortlich. „Das (Nicht-)Vorhandensein von sozialen Sicherungsleistungen kann die Lebensbedingungen und Zukunftschancen von Geburtskohorten nachhaltig prägen und damit ihre Handlungsorientierungen und ihr Generationenbewusstsein beeinflussen" (Olk 2012, S. 7). Die deutsche Sozialpolitik hat hierbei seit den 1950er Jahren dazu geführt, dass „die Verantwortung für das Wohl der Älteren [...] kollektiviert, während die Verantwortung für das Wohl der Kinder und Jugendlichen den Eltern zugeordnet und damit privatisiert wurde" (ebd., S. 7). Um die Jahrtausendwende kam es aber zu einem Paradigmenwechsel, der vor allem mit dem demografischen Wandel begründet wird. Sichtbar wird dies u. a. in der Einführung eines Rechtsanspruchs auf einen Kita-Platz für Kinder ab dem vollendeten dritten Lebensjahr bis zum Schuleintritt (1996) sowie für Kinder zwischen dem ersten und dritten Lebensjahr (Kinderförderungsgesetz 2008) als auch in der Rentenreform von 2001, die vorsieht, dass die umlagefinanzierte staatliche Alterssicherung teilweise durch kapitalfundierte private und betriebliche Formen ersetzt wird (BMAS 2021).

Die Frage des generationalen Verhältnisses wird ebenso im Kontext der

Auseinandersetzung mit dem Holocaust bzw. Kriegsfolgen diskutiert, wobei zunehmend Aspekte der Belastungen, offene Fragen und sekundär ausgelöste Traumata der zweiten und dritten Generation von Holocaustüberlebenden unter den Begriffen Postmemory bzw. transgenerationale Traumatisierung in den Fokus rücken (vgl. Frosh 2019; Felsen 1998).

Der sozialwissenschaftliche Generationsbegriff beschreibt in mikrosoziologischer Perspektive das Zusammenleben von Individuen unterschiedlicher Lebensalter (Generationsbeziehungen in familialen Zusammenhängen), in makrosoziologischer Sicht soziale Gruppen (kulturelle, historische oder spezifische Gemeinsamkeiten) bzw. ihr Verhältnis zueinander (gesellschaftliches Generationenverhältnis) (vgl. Kaufmann 2019). Der wissenschaftliche Generationenbegriff findet sich in dreifacher Hinsicht: (a) als historisch-gesellschaftlicher, (b) als genealogischer und (c) als pädagogischer Generationenbegriff.

(a) Mit dem historisch-gesellschaftlichen Generationenbegriff lassen sich Generationen als Kohorten (z. B. Gleichzeitigkeit des Aufwachsens; gemeinsame Erlebnisse, Erfahrungen historisch-gesellschaftlicher Ereignisse; gemeinsame Interessenlagen etc.) jenseits von familialen Kontexten definieren und voneinander abgrenzen (Lüscher 1993). Diskutiert werden Fragen von Generation Gap, von Generationskonflikten und Generationenbeziehungen (vgl. Lüscher/Pillemer 1996). Für den historisch-gesellschaftlichen Generationenbegriff ist bis heute die Definition von Karl Mannheim prägend. Merkmale des Mannheim'schen Generationenbegriffs sind: (1) die Generationenlagerung, (2) der Generationenzusammenhang sowie (3) die Generationseinheit (vgl. Mannheim 2009/1928). Aufgrund des zeitgenössischen Wissenschaftsverständnisses fehlt bei Mannheim die Aufschließung des Zusammenhangs von Generation(en) und Geschlecht. Dass eine Erweiterung aber zwingend erforderlich ist, findet sich u. a. bei Heinzel (2004), die die Frage nach der Weitergabe von sozialen Konstruktionen von Geschlecht an die nachfolgenden Generationen aufwirft und vier Grundmodelle von Generationenbezügen im Kontext der Frauen- und Geschlechterforschung erörtert (Heinzel 2004, S. 164 ff.). Von King (2013) werden vor allem die Generationenbeziehungen im Hinblick auf die Ermöglichungsbedingungen in der Spannung von Angewiesenheit und Eigensinn Heranwachsender und älterer Generationen sowie soziale Ungleichheiten und Geschlechterbeziehungen beleuchtet. Sie geht dabei von „eine(m) Begriff von Generativität" aus, „der sowohl die Differenzierungen der Geschlechter- als auch der Generationenverhältnisse reflektiert und die psychosozialen Bedingungen einbezieht" (King 2013, S. 23).

(b) Mit dem genealogischen Generationenbegriff werden der familiale Generationenzusammenhang (Abstammung) sowie die Generationenbeziehungen analysiert. Beim familialen Generationenzusammenhang wird heute von einer Entkoppelung des familialen Generationenstatus (Nachfolge) und sozialen Status ausgegangen, was auch Bedeutung für das Geschlechterverhältnis sowie den

Zugang von Frauen und Männern zu gesellschaftlichen Ressourcen und für deren individuelle Lebensgestaltung hat. Zugleich zeigt sich gegenwärtig eine intensivierte Diskussion um familiale soziale Unterstützung und zu erbringende Pflegeaufgaben durch Familienangehörige. Nicht thematisiert wird hierbei der Sachverhalt, dass die Pflegeaufgaben durch Familienangehörige – insbesondere Frauen – trotz des Wandels von Familienstrukturen im Privaten zu erbringen sind und als selbstverständlich vorausgesetzt werden (vgl. Latteck et al. 2020; vgl. Auth et al. 2020). Unter Ausblendung von veränderten Familienstrukturen und -konstellationen wird insbesondere von Frauen verlangt, sich zwischen eigenständiger Lebens-/Berufsperspektive und Erfüllung von familialen Aufgaben zu entscheiden bzw. diese Bereiche gelingend zu vereinbaren (Scheele 2018). Die Erwartungshaltung von Gesellschaft und Familie an Frauen, dass diese ‚für die Unterstützungsaufgaben im Generationenverhältnis' – für Kinder und ältere Angehörige – zuständig sind, wird bis heute fast ausschließlich in der Geschlechterforschung, in den Diskursen um Care in Familie und Gesellschaft thematisiert (Thiessen 2020). Dabei wird einerseits diskutiert, dass Betreuungs-, Pflege- und Erziehungsleistungen vorwiegend von Frauen unterschiedlichen Alters als „unbezahlte Sorgearbeit" erbracht werden (BMFSFJ 2019b, S. 13 ff.), um diese andererseits als solidarische Leistungen zwischen den Generationen in familialen Kontexten hervorzuheben (Krappmann/Lepenies 1997).

Der Neunte Familienbericht (2021) setzt sich mithin mit dem Aspekt einer u. a. durch den „Wandel des Generationenverhältnisses" intensivierten Elternschaft und einer „zunehmend anspruchsvoll geworden[en] [Elternschaft]" auseinander (BMFSFJ 2021c, S. 148 f.).

(c) Durch den pädagogischen Generationenbegriff wird das Erziehungsverhältnis zwischen erwachsener und heranwachsender Generation aufgeschlossen (vgl. Fuchs/Berg/Schierbaum 2020; Zirfas 2020), wobei es hier um die interaktive Praxis von Erwachsenen und Heranwachsenden sowie die Vermittlung von kulturellen Werten und Normen geht. Aus geschlechtertheoretischer Sicht steht die Frage der Relevanz der Generationenbeziehung für die Auseinandersetzung und Übernahme von Geschlechterkonstruktionen im Zentrum (vgl. Lenz/Adler 2010; Rose/Schulz 2007). Beklagt wird mit Blick auf Institutionen der Erziehung und Bildung, dass Bildungsinstitutionen von einer ‚Feminisierung' betroffen seien sowie der Anteil von Männern in sozialen Dienstleistungsberufen zu gering sei (Hammerschmidt/Sagebiel/Stecklina 2020, S. 12 ff.). Verbunden wird dies mit der Annahme, dass die Dominanz von weiblichen Professionellen in sozialen Institutionen zu den schlechteren Bildungsabschlüssen von Jungen und jungen Männern beitrage. Dieser Erklärungsansatz geht einher mit einer pauschalen Abwertung von Weiblichkeit und einer undifferenzierten Idealisierung von Männlichkeit (vgl. Fegter 2012a). *Forschungsbedarf*: Für die Generationenforschung ergibt sich aus der Geschlechterforschung und deren Verweisen auf ‚blinde Flecken' sowie Verdeckungszusammenhänge die immer noch nicht eingelöste Anforderung, die Kategorie Geschlecht in die eigenen Forschungszusammenhänge zu integrieren, da auch in das Generationenverhältnis, in Generationenbeziehungen und Gesellschaftsgenerationen lebenszeitliche Asymmetrien eingeschrieben sind. Differenzen lassen sich z. B. hinsichtlich der biografischen Lebensentwürfe von Frauen und Männern sowie der familialen Generationenbeziehungen festmachen. Dies betrifft u. a. die Frage, wer in familialen Zusammenhängen sowie in Sozialarbeits-, Erziehungs- und Pflegeberufen die Beziehungs-, Betreuungs- und Carearbeit für Kinder und zu pflegende Personen leistet.

Die Forschung steht aktuell vor der Herausforderung, ihren Beitrag dazu zu leisten, dass das Generationenregime in modernen Gesellschaften neu verhandelt werden muss, vor allem im Hinblick auf den Klimawandel und Sozialpolitik. Genauso ist im Kontext der Generationenbeziehungen zu diskutieren, dass in der Wissenschaft von einer „Reduktion der Konfliktkulturen auf interpersonale Aushandlungs- und Befriedungskulturen" – u. a. von Geschlechterkonflikten – und dem ‚Unsichtbarwerden' von Strukturen sozialer Ungleichheit und entgrenzter Machtentwicklung ausgegangen wird (Böhnisch/Lenz/Schröer 2009, S. 54). Die Autoren sehen das Generationenregime von einem Wandel betroffen, da „traditionell altersgradierte Sozialisationskontexte sich öffnen, verschieben, erodieren oder sich auflösen" (ebd., S. 66). Zu fragen bleibt, ob sich hierdurch nicht auch gesellschaftliche Geschlechterkonventionen – in ihrer Verknüpfung mit den Generationenbeziehungen – verändern bzw. neu verdeckt werden.

Auch in der Sozialen Arbeit wird der Verflechtung von Generation und Geschlecht sowie von Generationen-, Geschlechterverhältnissen und Geschlecht noch zu wenig Aufmerksamkeit beigemessen (vgl. Widersprüche 2021; Bock 2020). Die notwendige Erweiterung der Analyse der Generationenbeziehungen um die Geschlechterdimension ergibt sich fast zwangsläufig aus der eigenen Professionalisierungsgeschichte, wie u. a. die Debatten um binäre Geschlechterstrukturen und deren Auflösung in Sozialen Berufen sowie um die Beziehungsgestaltung von Pädagog*innen und Adressat*innen bzw. zwischen den Professionellen zeigen. Gleichzeitig bedarf es, wie es King (2013) formuliert, fundierter Analysen im Hinblick auf „die ungleichen Chancen der Individuation, wie sie eben auch intergenerativ hergestellt" werden, und „eine wesentliche Form der Reproduktion sozialer Ungleichheit, wie sich am Beispiel des Geschlechterverhältnisses wie auch dessen Wandlung zeigt" (King 2013, S. 24 f.).

Gerd Stecklina

Zum Weiterlesen
Fuchs, Thorsten/Schierbaum, Anja/Berg, Alena (Hrsg.) (2020): Jugend, Familie und Generationen im Wandel. Wiesbaden: Springer VS

King, Vera (2013): Die Entstehung des Neuen in der Adoleszenz: Individuation, Generativität und Geschlecht in modernisierten Gesellschaften. Wiesbaden: Springer VS

Schweppe, Cornelia (Hrsg.) (2002): Generation und Sozialpädagogik. Theoriebildung, öffentliche und familiale Generationenverhältnisse, Arbeitsfelder. Weinheim, München: Juventa

Genitalbeschneidung, Genitalverstümmelung

Der Begriff Genitalbeschneidung umfasst diverse Operationen der Genitalorgane aus unterschiedlichen Motiven. Auf Initiative von Frauenrechtsverbänden entstanden Mitte der 1970er Jahre verschiedene Kampagnen gegen die weibliche Beschneidung, welche als geschlechtsspezifische Diskriminierung und Gewalt gegen Mädchen und Frauen verstanden wurde. Mit der Forderung, den Begriff Beschneidung durch Verstümmelung zu ersetzen, sollte eine klare Abgrenzung zur männlichen Beschneidung erreicht und die besondere Schwere des Eingriffs betont werden (Keck et al. 1998, S. 20). Im Gegensatz zu der bisherigen neutralen Terminologie zielt der Begriff Verstümmelung explizit auf die negativen Aspekte, wie die fehlende Zustimmung der betroffenen Person und die schädlichen Folgen des Eingriffs, ab. Obwohl diese Merkmale geschlechtsunabhängig zutreffen, bewirkte die Einführung des offiziellen Begriffs Female Genital Mutilation (FGM) Anfang der 1990er Jahre eine Entkoppelung der weiblichen und männlichen Beschneidung, infolgedessen sich zwei komplett unterschiedliche Diskurse entwickelt haben (DGVN 1993, S. 33 ff). So wurde die Verstümmelung weiblicher Genitalien mittlerweile in vielen Staaten weltweit verboten, während die männliche Genitalverstümmelung weiterhin erlaubt ist. In Deutschland ist diese Erlaubnis seit 2012 durch den § 1631d BGB sogar ausdrücklich gesetzlich festgelegt. Im vorliegenden Beitrag wird der Begriff Verstümmelung geschlechtsunabhängig verwendet.

Weltweit sind etwa 5 Prozent der weiblichen und 37 Prozent der männlichen Bevölkerung betroffen. Sowohl Form und Schweregrad der Eingriffe als auch die Umstände, unter denen diese erfolgen, sind dabei je nach Region sehr unterschiedlich (UNICEF 2016; Morris et al. 2016, S. 6).

Die weibliche Genitalverstümmelung wird laut WHO nach Typ I-IV kategorisiert. Die Bandbreite der Eingriffe reicht dabei vom Einstechen der Klitoriseichel bis hin zur Infibulation. Bei dieser sogenannten pharaonischen Beschneidung werden die äußeren Genitalien ausgeschabt und bis auf ein kleines Loch verschlossen (WHO 2008, S. 24). Diese extrem zerstörerische Form macht 10 bis 15 Prozent der Fälle aus (Yoder et al. 2013, S. 40). Verbreitet ist die weibliche Genitalverstümmelung hauptsächlich in bestimmten afrikanischen, arabischen und asiatischen Staaten sowie vereinzelt in Australien und Südamerika (UNICEF 2016). Bis ins 20. Jahrhundert wurden auch in Europa und den USA operative Eingriffe der Genitalien zur Behandlung von Masturbation und anderen ‚Störungsbildern' wie Hysterie oder Epilepsie durchgeführt (Wallerstein 1980, S. 171 ff.). Diese Praxis wurde dort zwar nach und nach aufgegeben – zuletzt in den USA Ende der 1970er Jahre –, durch Migrationsbewegungen sind jedoch auch hier wieder zunehmend Mädchen und Frauen betroffen. Im Jahr 2020 geht das Bundesfamilienministerium von knapp 68.000 Fällen in Deutschland aus (BMFSFJ 2020).

Die Verstümmelung männlicher Genitalien besteht in den meisten Fällen in der Entfernung der Vorhaut (Zirkumzision). In vereinzelten Bevölkerungsgruppen werden daneben noch weitere Formen praktiziert, wie z. B. die Subinzision, bei der die Unterseite des Penis aufgeschnitten und die Harnröhre gespalten wird (Byard 2017, S. 926). Die Vorhautamputation wird in allen Teilen der Welt praktiziert und stellt einen der häufigsten chirurgischen Eingriffe dar. Weltweit sind ca. 1,5 Milliarden Jungen und Männer betroffen. Vor allem in muslimisch geprägten Ländern ist die männliche Genitalverstümmelung mit einer Rate von über 90 Prozent nahezu universal (Morris et al. 2016, S. 6). In den westlichen Ländern ist die Vorhautamputation hauptsächlich in den USA verbreitet, nachdem sie sich dort im 20. Jahrhundert als Routineoperation bei Neugeborenen zur Masturbationsprophylaxe durchgesetzt hatte (Glick 2005, S. 181). Die Beschneidungsquote liegt hier um die 70 Prozent. In den europäischen Staaten fällt die Rate deutlich geringer aus. In Deutschland sind etwa 11 Prozent der Jungen und Männer betroffen (Morris et al. 2016, S. 4 ff.). Hier wird die Vorhaut meistens ohne medizinische Notwendigkeit aufgrund einer vermeintlich pathologischen Vorhautenge (Phimose) entfernt. Tatsächlich ist eine verengte Vorhaut im Kindesalter physiologisch und nur in seltenen Fällen behandlungsbedürftig (DGKCH 2017).

Die genauen Ursprünge genitalverändernder Praktiken sind nicht bekannt. Vermutlich stellte die Schädigung der besonders sensiblen Teile der Sexualorgane eine Form der sozialen Kontrolle dar, um die sexuelle Triebkraft unter archaischen Lebensbedingungen zu regeln. Diese Kontrollmechanismen dienen in einigen Bevölkerungsgruppen bis heute dazu, patriarchale Machtansprüche und intergruppale Identität sicherzustellen. Diejenigen, die sich dem verweigern, werden von der Gemeinschaft ausgeschlossen (Aggleton 2007, S. 18; Hellsten 2004, S. 249 ff.). Als zentraler Bestandteil wurde das Beschneidungsritual auch in die abrahamitischen Religionssysteme aufgenommen (Gollaher 2000, S. 6). In der westlichen Welt wird die Operation der Genitalien seit deren Einführung im 19. Jahrhundert medizinisch begründet. Die Eingriffe wurden dabei stets als Heilmittel genau der Krankheiten propagiert, die zu jener Zeit gerade aktuell waren (Wallerstein 1980, S. 176). Trotz wissenschaftlicher Widerlegung gilt die Amputation der Penisvorhaut nach wie vor als Prophylaxe gegen Gebärmutterhalskrebs oder HIV (WHO 2008, S. 10). Diese pseudomedizinischen Erklärungsmuster tragen wesentlich dazu bei, dass Jungen nicht der gleiche Schutz ihrer genitalen Integrität zugestanden wird wie Mädchen. Eine weitere Ursache für diese geschlechtsbezogene Unterscheidung besteht vor allem auch in einem mangelnden Wissen über die Anatomie der Genitalien. So wird die Penisvorhaut häufig als überflüssiges Stück Haut abgewertet. Tatsächlich stellt die Vorhaut aufgrund der hohen Nervendichte jedoch den sensibelsten Teil des Penis dar (Taylor et al. 1996, S. 293).

In Deutschland hat in der Beschneidungsdebatte zudem die Sorge vor Antisemitismusvorwürfen dazu geführt, die Interessen der Religionsgemeinschaften höher zu gewichten als die der minderjährigen Jungen. Ein Konflikt zwischen Religionsfreiheit und dem Recht auf körperliche Unversehrtheit besteht jedoch grundsätzlich nicht, da das Recht auf freie Religionsausübung keine Befugnis zur Antastung der körperlichen Integrität anderer Menschen gewährt (Fischer 2013, S. 1532 ff.).

Eine tieferliegende Ursache für die Verharmlosung der männlichen Genitalverstümmelung und der Ignoranz gegenüber dem Leiden der Betroffenen sieht Lenz zudem in geschlechtsstrukturellen Rollenzuschreibungen und der damit einhergehenden verdeckten Verletzlichkeit von Jungen und Männern (Lenz 2014, S. 18). Demnach wird männlichen Betroffenen aufgrund hegemonialer Geschlechterkonstruktionen der Opferstatus nicht zugestanden, da Gefühle von Schwäche nicht mit dem vorherrschenden Männlichkeitsbild vereinbar sind. Dadurch werden psychische und physische Verletzungen von Jungen oft nicht erkannt und sie erfahren kaum echte Anteilnahme (Lenz 2001, S. 362).

Dieser Verdeckungszusammenhang spielt auch im professionellen Alltag der Sozialen Arbeit eine zentrale Rolle. So werden männliche Opfer bislang nur vereinzelt in ihrer Hilfsbedürftigkeit wahrgenommen. Während die weibliche Genitalverstümmelung von zahlreichen Trägern der Sozialen Arbeit bekämpft wird, beschränkt sich das Unterstützungsangebot für männliche Betroffene hauptsächlich auf wenige zivilgesellschaftliche Initiativen (z. B. MOGiS e. V.).

Nachdem Menschen unabhängig vom Geschlecht in ihrer Verletzbarkeit gleichwertig sind, ergibt sich aus den berufsethischen Bestimmungen die Handlungsaufforderung an die Soziale Arbeit, Stellung zu beziehen und sich für die Selbstbestimmungsrechte der minderjährigen Jungen einzusetzen. In ihrem Mandat der politischen Einmischung ist es ihre Aufgabe, die gegenwärtige Gesetzeslage kritisch zu hinterfragen und auf eine entsprechende Änderung hinzuwirken, die Jungen den gleichen Schutz vor genitalverändernden Praktiken bietet wie Mädchen. Aufgrund der fachlichen Zuständigkeit der Sozialen Arbeit im Auftrag des Kinderschutzes sollte sich, ähnlich wie der Berufsverband der Kinder- und Jugendärzte, auch der Deutsche Berufsverband für Soziale Arbeit (DBSH) offiziell positionieren und Partei für die schutzlos gestellten Jungen ergreifen.

Eine wesentliche Aufgabe im beruflichen Alltag ist die Aufklärung der Eltern über die Auswirkungen der Vorhautentfernung sowie über symbolische

Ersatzrituale, um alltagspraktische Wege aus der vermeintlichen Alternativlosigkeit aufzuzeigen. Weiterhin sollen Eltern dahingehend gestärkt werden, den hohen sozialen Druck innerhalb der religiösen oder kulturellen Gemeinschaft bewältigen zu können. Um kompetent beraten zu können, benötigen die pädagogischen Fachkräfte daher ein umfassendes Wissen sowohl über die möglichen Folgen der Beschneidung als auch über die kulturellen, religiösen und psychologischen Hintergründe des Eingriffs. Eine wichtige Voraussetzung für eine respektvolle Verständigung besteht hier vor allem darin, dass Sozialarbeiter*innen in der Lage sind, sich in die Situation des Gegenübers einzufühlen und Verständnis für dessen Situation aufzubringen. Neben der Elternarbeit umfasst die sozialarbeiterische Tätigkeit auch die Beratung von Beschneidungsbetroffenen. Aufgrund der hohen Hemmschwelle, Probleme infolge der Vorhautamputation überhaupt mitzuteilen, sind niedrigschwellige Hilfsangebote hier besonders wichtig. Wesentliche Inhalte der fachlichen Unterstützung sind dabei unter anderem die Beratung über vorhautwiederherstellende Maßnahmen sowie die Vermittlung weiterführender Hilfen wie Selbsthilfegruppen oder Psychotherapie.

Melanie Klinger

Zum Weiterlesen
Klinger, Melanie (2019): Intime Verletzungen. Weibliche und männliche Genitalbeschneidung. (K)ein unzulässiger Vergleich?! Hamburg: tredition
Lenz, Hans-Joachim (2014): Wenn der Domspatz weiblich wäre. Über den Zusammenhang der Verdeckung sexualisierter Gewalt an Männern und kulturellen Geschlechterkonstruktionen. In: Mosser, Peter/Lenz, Hans-Joachim (Hrsg.) (2014): Sexualisierte Gewalt gegen Jungen. Prävention und Intervention. Ein Handbuch für die Praxis. Wiesbaden: Springer

Geschlecht

Geschlecht ist im Deutschen ein verdichteter Begriff mit vielen Bedeutungsdimensionen. Wortgeschichtlich aus dem Alt- und Mittelhochdeutschen stammend, bedeutet Geschlecht ‚was in dieselbe Richtung schlägt', ‚übereinstimmende Art'. Geschlecht wurde so zuerst für Abstammung oder Herkunft verwendet, später auch in gattungsgeschichtlicher Bedeutung im Sinne von ‚Gesamtheit der gleichzeitig lebenden Menschen' und ‚Menschengeschlecht' (Becker-Schmidt/Knapp 2005). Mit Abstammung und Herkunft verbunden sind familiengeschichtliche und erbrechtliche Aspekte, wobei Frauen und Männer – historisch und im Kulturvergleich betrachtet – verschiedene Positionen einnehmen und über unterschiedliche Rechte verfügen (z. B. patrilineare oder matrilineare Erbfolgen, Namensrechte, Persönlichkeitsrechte). In einer weiteren Bedeutungsdimension umfasst Geschlecht historisch wandelbare Vorstellungen von Geschlechtszugehörigkeit und Geschlechterdifferenz, die in der modernen bürgerlichen Gesellschaft an biologischer Zugehörigkeit festgemacht werden. Solche Zuschreibungen und Markierungen schreiben weiblich oder männlich als natürliche Unterschiede fest und verankern eine binär kodierte Geschlechterdifferenz außerhalb des Sozialen. Damit verbunden ist eine Produktion von naturwissenschaftlichem Wissen über Geschlechtskörper sowie über Körperfunktionen und stoffliche Prozesse, die als weiblich oder männlich klassifiziert werden. Die Behauptung einer natürlichen Differenz wird jedoch von der Geschlechterforschung in den Naturwissenschaften in Frage gestellt (Ebeling/Schmitz 2006; Schmitz 2020). Gleichzeitig strukturieren solche binären Geschlechterklassifikationen die soziale Ordnung von Gesellschaften und die Identitätskonstruktionen ihrer Mitglieder.

Frauen- und Geschlechterforschung hat aufgedeckt, dass und in welcher Weise naturwissenschaftliche Klassifikationen und die soziale Ordnung einer Gesellschaft ineinandergreifen und wie diese Verschränkungen das Alltagsleben und Selbstempfinden ihrer Mitglieder durchdringen (Duden 1987; Honegger 1991). Geschlecht wird dabei als soziales Phänomen untersucht, das Gesellschaft strukturiert und zugleich gesellschaftlichem Wandel unterliegt (Bereswill/Liebsch 2019; Rendtorff et al. 2019). Begrifflich verweist dies auf die Einführung von Gender in die deutschsprachigen Debatten. Es handelt sich um einen englischen Begriff, der das soziale Geschlecht von Menschen, in Abgrenzung von ihrem biologischen Geschlecht (sex) erfassen sollte (Kessler/ McKenna 1978). Die Unterscheidung zwischen sex und gender ist allerdings umstritten, da sie an der Unterstellung einer biologischen Zweigeschlechtlichkeit festhält und zwischen Natur und Kultur zu trennen scheint (Villa 2019).

Der Begriff gender hat sich im Deutschsprachigen mittlerweile durchgesetzt und führt zu einem unscharfen Umgang mit verschiedenen Denktraditionen und theoretischen Konzepten in der Frauen- und Geschlechterforschung. Hier haben sich unterschiedliche theoretische Perspektiven herausgebildet, um das Verhältnis von Gesellschaft und Geschlecht zu erfassen. So wird aus einer strukturtheoretischen Perspektive untersucht, wie die Sozialstruktur einer Gesellschaft, ihre sozioökonomischen Ungleichheiten, ihre Rechtsverhältnisse und Institutionen immer auch entlang von Geschlecht organisiert sind. Dieser theoretische Zugang ist durch rassismuskritische Forschung, durch Postcolonial Studies, Queer Studies, Transgender Studies und Disability Studies hinterfragt und erweitert worden, so dass die strukturtheoretische Perspektive gegenwärtig immer mit Fragen nach Intersektionalität, also der Überkreuzung oder Verflechtung unterschiedlicher Strukturkategorien oder „Achsen der Ungleichheit" (Klinger/Knapp/Sauer 2007) verbunden wird (Laufenberg 2019; Winker/Degele 2009a). Geschlecht ist eine relationale Kategorie im Zusammenhang mit anderen Kategorien sozialer Ungleichheit. Interaktions- und handlungstheoretische Zugänge zu Geschlecht untersuchen hingegen, wie als natürlich konstruierte Geschlechterunterschiede als ‚Doing Gender' alltäglich im gemeinsamen Interaktionsprozess hergestellt, verfestigt oder verändert werden (West/Zimmermann 1987; Gildemeister/Wetterer 1992). Diskurstheoretische Untersuchungen decken aus einer sprachphilosophischen Perspektive auf, wie das, wovon die Rede ist – ‚eine Frau', ‚ein Mann' – durch diese Rede selbst erst als eindeutiges Geschlecht in einer heterosexuellen Matrix hervorgebracht wird (Butler 1991). Die Dekonstruktion von Geschlecht (und Sexualität) aus der Perspektive der LGBTIQ⁺ Bewegungen, den Queer Studies sowie den Transgender Studies stellt die Normierungen, Hierarchisierungen und Codierungen von Zweigeschlechtlichkeit und Heteronormativität grundlegend in Frage (Bundestiftung Magnus Hirschfeld 2014; Scheunemann 2017; Hoenes/Schirmer 2019). Identitäts-, sozialisations- oder biografietheoretische Zugänge gehen der Frage nach, wie Menschen sich kulturelle Vorstellungen von Geschlecht und Geschlechterdifferenz lebenslang aneignen, diese verarbeiten und eigensinnig gestalten (Dausien 1996; King 2004; Bereswill 2018; Bereswill/Ehlert 2020). Geschlecht wird demnach als Strukturkategorie, als Interaktions- und Prozesskategorie, als diskursiver sprachlicher Effekt oder als inter- und intrasubjektiver Konflikt mit den Verhaltenserwartungen von Gesellschaft untersucht.

Die vermeintliche Gewissheit einer bei der Geburt feststehenden, stabilen Geschlechtlichkeit, die von der Geschlechterforschung grundlegend dekonstruiert wird, wird auch durch Forderungen von LGBTIQ⁺ Bewegungen mit Nachdruck in Frage gestellt. In Deutschland spiegeln zudem rechtliche Änderungen einen gesellschaftlichen Wandel: Durch eine Änderung des Personenstandgesetzes gibt es seit Januar 2019 in Deutschland im Geburtenregister neben dem Geschlechtseintrag „männlich" oder „weiblich" auch den Eintrag „divers". Konzipiert ist dieser Geschlechtseintrag für Kinder, die bei ihrer Geburt aufgrund ihrer Geschlechtsmerkmale nicht eindeutig zuordenbar sind. Auch eine nachträgliche Änderung des Geschlechtseintrags ist möglich, sofern die Person ein ärztliches Attest vorlegen kann, in dem eine „Variante der Geschlechtsentwicklung" bestätigt wird. Diese Vorschrift verursacht immer noch Diskriminierungen und Ungleichheiten, da der Geschlechtseintrag nicht selbstbestimmt und ohne medizinischen Nachweis vorgenommen werden kann (Bundesverband Trans* 2021). Mit der Gesetzesänderung hat die Bundesregierung auf eine Entscheidung des Bundesverfassungsgerichts von 2017 reagiert, nach der die geschlechtliche Identität aller Menschen zu schützen ist. Dies betrifft sowohl das Persönlichkeitsrecht als auch den Schutz vor Diskriminierung aufgrund des Geschlechts. Daraus ergeben sich auch Konsequenzen für Stellenausschreibungen nach dem Allgemeinen Gleichbehandlungsgesetz (AGG).

Für Soziale Arbeit ergibt sich aus dieser komplexen theoretischen und politischen Ausgangslage, dass Geschlecht für ihre Theorie und Praxis hoch relevant und zugleich nicht als einfache Formel zu erfassen ist (vgl. Hammerschmidt/Sagebiel/Stecklina 2020; Rose/Schimpf 2020; Bereswill/Ehlert 2018;

Sabla/Plößer 2013). Soziale Arbeit ist eingebettet in intersektional komplexe Geschlechterverhältnisse und wirkt zugleich an deren Stabilisierung oder Wandel mit. Dies zeigt auch die Tatsache, dass Studiengänge der Sozialen Arbeit immer noch mehrheitlich von Frauen gewählt werden, Leitungspositionen in der Praxis im Verhältnis dazu überproportional von Männern eingenommen werden.

Wie wird Geschlecht in der Sozialen Arbeit hergestellt? Diese Frage bezieht sich darauf, dass die Bedeutung von Geschlecht in konkreten Interaktionen ausgehandelt wird (Doing Gender). Das heißt, Menschen interpretieren sich und ihre sozialen Zusammenhänge und konstruieren fortlaufend Selbst- und Fremdzuschreibungen, die auch mit Vorstellungen von Geschlecht verbunden sind. So treffen in Teams Menschen aufeinander, die sich gegenseitig als weiblich oder männlich interpretieren oder solche binären Zuschreibungen von sich weisen. Geschlecht wird immer mit bestimmten Erwartungen verknüpft und diese zu erfüllen oder von ihnen abzuweichen, hat spürbare Konsequenzen. Die Wechselseitigkeit von Erwartungsunterstellungen gilt auch für die Interaktionen zwischen Professionellen und Adressat*innen der Sozialen Arbeit. Geschlecht wirkt hier als starke Adressierung des Gegenübers, z. B. im Umgang mit Kindern und Jugendlichen, wenn diese zu deutlich verschiedenen, geschlechtlich konnotierten Aktivitäten angeregt werden oder ihr Verhalten als unterschiedlich und vermeintlich eindeutig ,geschlechtsspezifisch' ausgedeutet wird.

Soziale Arbeit ist generell an der Durchsetzung von Normen in der Gesellschaft beteiligt, aber auch daran, solche Normen in Frage zu stellen und Veränderungen in Gang zu setzen. Vor diesem Hintergrund ist die Unterstellung einer eindeutigen Geschlechtsidentität eine Norm, die es zu hinterfragen gilt. Das bedeutet, Geschlechtsidentität nicht als feste Größe vorauszusetzen und gleichzeitig zu wissen und wahrzunehmen, dass alle Menschen sich mit der machtvollen Erwartung, eindeutig sein zu sollen, konfrontiert sehen (Bereswill/Ehlert 2017). Dies zeigt sich beispielsweise, wenn Adoleszente sich als überaus männlich oder weiblich inszenieren – wie antwortet ein*e Sozialarbeiter*in auf solche Entwürfe? Wird das, was Jugendliche und Heranwachsende tun und von sich zeigen, als unmittelbarer Ausdruck einer persönlichen Geschlechtsidentität aufgefasst? Wie erleben Professionelle ihren subjektiven Bezug zu Geschlecht im Kontakt mit anderen Menschen? Die Fragen laden dazu ein, Geschlecht nicht als fixe Größe in Hilfebeziehungen zu setzen, sondern Sensibilität dafür zu entwickeln, wie Menschen sich Bedeutungen von Geschlecht aneignen, eigensinnig gestalten oder verwerfen (Bilden/Dausien 2006). Die theoretische Auffassung, dass Geschlecht sich nicht als Teil von Identität fixieren lässt, weist über Geschlecht hinaus auf ein grundsätzlich offenes Verständnis von Identität. Dieser Ansatz ist fundamental, wenn Soziale Arbeit Menschen nicht normieren und zurichten will.

Zugleich ist Soziale Arbeit in komplexe soziale Ungleichheitsverhältnisse eingebunden, die durch intersektionale Verschränkungen von Geschlecht strukturiert werden. Das bedeutet, sozialpolitische Forderungen und Antidiskriminierungsansätze zu verfolgen, die Geschlechterungleichheiten nicht als einzige, aber als eine bedeutsame Dimension von sozialer Ungleichheit und Ausgrenzungsverhältnissen reflektieren.

Mechthild Bereswill und Gudrun Ehlert

Zum Weiterlesen
Bereswill, Mechthild (2016): Hat Soziale Arbeit ein Geschlecht? Berlin: Deutscher Verein für öffentliche und private Fürsorge und Lambertus
Kortendiek, Beate/Riegraf, Birgit/Sabisch, Katja (Hrsg.) (2019): Handbuch Interdisziplinäre Geschlechterforschung. Wiesbaden: Springer VS
Rendtorff, Barbara/Mahs, Claudia/Warmuth, Anne-Dorothee (Hrsg.) (2020): Geschlechterverwirrungen. Was wir wissen, was wir glauben und was nicht stimmt. Frankfurt/M.: Campus

Geschlechterforschung

Mit dem Begriff Geschlechterforschung wird ein sehr breites Spektrum an Modellen und Konzepten mit unterschiedlichen Theoriebezügen, Reichweiten und Intentionen in den Natur-, Geistes- und Sozialwissenschaften beschrieben. Geschlechterforschung lässt sich als „eine interdisziplinäre Wissenschaftsrichtung" fassen, welche „die kulturellen und sozialen Verhältnisse" mit Bezug auf Geschlechterperspektiven kritisch untersucht und reflektiert (vgl. Lenz 2019, S. 232).

Gegenstände der Geschlechterforschung sind Analysen zu den Geschlechterverhältnissen bezüglich der mit ihnen einhergehenden Asymmetrien, Hierarchien und Machtstrukturen sowie Analysen von Geschlecht als historische und soziale Kategorie. Die Forschungsschwerpunkte der Geschlechterforschung sind zugleich von den kritischen Impulsen der Frauen- und Geschlechterbewegungen durchdrungen. Dies findet seine Begründung in dem Prozess der historischen Herausbildung der Geschlechterforschung, insbesondere der engen Verbindung mit den Frauenbewegungen, dem (andauernden) Kampf gegen gesellschaftliche Geschlechterungerechtigkeiten, der Reproduktion von Geschlechternormen und -hierarchien (vgl. Riegraf 2019) sowie dem individuellen Erleben und Erleiden von Diskriminierungs- und Exklusionserfahrungen (Falch 2020; Molitor/Zimenkova 2019; Gahleitner 2005). Die ursprüngliche Nähe der Geschlechterforschung zu feministischen Denkrichtungen und Praxen der Frauenbewegungen dokumentiert sich bis heute in vielen Veröffentlichungen und Forschungen. Diese Nähe zeichnet sich vor allem durch ihren Kontakt zur Lebenspraxis von Mädchen/Frauen und der Anerkennung von deren Lebens- und Berufserfahrungen als Forschungsgegenstand aus (Denn 2021; Dackweiler 2020; Thiessen 2019; Götze/Rau 2017; Daigler 2008). Mit der zunehmenden Institutionalisierung der Geschlechterforschung an Hochschulen ist verbunden, dass die Forschungsgegenstände, Wissenschaftszugänge und das methodische Instrumentarium sich immer weiter ausdifferenzieren, Geschlecht in seiner Interdependenz mit Kategorien wie Ethnie und Klasse (Bronner 2021; Ganz/Hausotter 2020) erforscht wird sowie durch die Breite der Forschung ein umfassender Blick auf die vielfältige Forschungslandschaft und die Themenvielfalt nicht mehr möglich ist.

Die Geschlechterforschung analysiert unter Zugrundelegung der Kategorie Geschlecht die Ausgestaltung und den Wandel asymmetrischer Geschlechterverhältnisse in Ökonomie, Recht, Medizin, sozialen Praxen sowie die „Auswirkungen der Geschlechtszugehörigkeit auf die Lebensführung und die Alltagsorganisation einer Person" und deren Bedeutung für das Selbstwertgefühl von Individuen (Lenz/Adler 2010, S. 9). In den 1980er Jahren erfuhr die Geschlechterforschung durch den Genderansatz eine essentielle Erweiterung, mit der sich die analytische Sicht auf die soziale Konstruktion von Geschlecht konzentrierte. Nach Gildemeister/Hericks (2012) ist zwischen körperlichem Geschlecht (sex), sozialer Zuordnung zu einem Geschlecht (sex category) und sozialem Geschlecht (gender) zu unterschieden. Hierdurch können die interaktiven und situationsspezifischen Aspekte der Herstellung von Geschlecht aufgedeckt, die wechselseitige Aufeinanderbezogenheit von körperlichem Geschlecht und sozialer Geschlechterzuordnung diskutiert und Geschlecht als relationale Kategorie thematisiert werden. Die Kritik an diesem Zugang formierte sich daran, dass durch den Genderansatz die Problematik der ‚Produktion von Erkenntnisbornierungen' und die Wahrnehmung der ‚Fehlerhaftigkeit' von Kategorien ausgeblendet bleiben. Diese können z. B. darin liegen, dass „wir [...] unsere intellektuellen und politischen Wünsche und Interessen in Kategorien [projizieren]" (Hark/Dietze 2006, 10 f.).

Im internationalen Wissenschaftssystem ist die Geschlechterforschung eine eigenständige Wissenschaftsdisziplin, die in immer mehr Wissenschaftsbereiche verankert wird. Einen aktuellen Überblick über die Frauen- und Geschlechterforschung im deutschsprachigen Raum sowie zu zentralen Organisationen und Programmen bietet das Genderportal der Humboldt Universität zu Berlin (www.gender.hu-berlin.de). 2017 gab es in Deutschland 185 Genderprofessuren, von denen 36 befristet waren (vgl. Deutscher Bundestag Wissenschaftliche Dienste 2018, S. 13). 2010 gründete sich mithin die Fachgesellschaft Geschlechterstudien, die sich u. a. zum Ziel gesetzt hat, Geschlechterstudien im deutschsprachigen Raum weiterzuentwickeln und diese in Forschung und Lehre als eigenes Feld zu befördern (vgl. www.fg-gender.de). Andrea Bührmann, Angelika Diezinger und Sigrid Metz-Göckel beschreiben zudem eine umfangreiche, sich immer weiter ausdifferenzierte internationale Publikationslandschaft der Geschlechterforschung, einschließlich eigener Schriftenreihen der Verlage und Zeitschriften mit Schwerpunkt Frauen- und Geschlechterforschung (vgl. Bührmann/Diezinger/Metz-Göckel 2014, S. 7 f.). Geschlechterforschung hat, so kann resümiert werden, inzwischen in die Geistes-, Sozial- und Naturwissenschaften Eingang gefunden (vgl. Kortendiek/Riegraf/Sabisch 2019), ist ein Forschungsgebiet in vielen Ländern der Erde und zeichnet sich durch einen multidirektionalen Transfer aus (vgl. Segebart/Wastl-Walter 2013).

Synonym für den Begriff Geschlechterforschung lassen sich Frauen- und Geschlechterforschung, FrauenMännerGeschlechterforschung, Genderforschung etc. finden. Die Begriffsvielfalt verweist zum einen auf die Entstehungsgeschichte bzw. auf die sich verändernde(n) Schwerpunktsetzung(en) durch die fortschreitenden Institutionalisierungsprozesse, zum anderen spiegeln sich in ihnen Veränderungen des Gegenstandsbereichs (z. B. Forschungen zu Diskriminierungs- und Exklusionserfahrungen von Jungen/Männer bzw. LBGTQ, postkoloniale Studien) wider. Von Holland-Cunz (2001) werden die Institutionalisierungsprozesse auch als ‚Normalisierung zur Normalwissenschaft' beschrieben.

Die Geschlechterforschung selbst wird durch den Wandel und die Institutionalisierungsprozesse immer wieder herausgefordert: Im Blick auf das Neue muss sie beständig die eigene Involviert- und Betroffenheit, ihre eigenen Exklusionsmechanismen und die Ausblendung der Lebensführung von Individuen durch sie hinterfragen. Dies ist u. a. an der Diskussion über den Umgang der Geschlechterforschung mit dem ‚Erbe' von Frauenbewegung(en) und (feministischen) Wissenschaftstraditionen ablesbar. So geraten Traditionslinien, Zugänge und Brüche (z. B. der 1960er/1970er Jahre) in Vergessenheit bzw. werden bewusst ignoriert, wie beispielsweise das Wissen um die Lebenszusammenhänge von Frauen und deren Bedeutung für die Aufschließung von Verdeckungszusammenhängen, die Analyse der Erinnerungen von Frauen unter Beachtung herrschender gesellschaftlicher Bedingungen (vgl. Haug 1990) oder auch die Erzählung der Geschichte des Feminismus als Aspekt der Geschichte des Kapitalismus. Studien aus den 1920er und 1930er Jahren wie von Mathilde Vaerting (1921/1923), Alice Rühle-Gerstel (1932), Hildegard Hetzer (1926), Charlotte Bühler (1932) u. a. werden – wenn überhaupt – ausschließlich als historische Studien wahrgenommen. Hierin zeigt sich immer wieder der „grundlegende Konflikt zwischen der Verteidigung eines feministischen Erbes auf der einen und der Auflösung dieser lästigen Erbmasse […] auf der anderen Seite" (Bereswill 2006, S. 79). Entscheidend ist, wie es der Geschlechterforschung gelingt, die Anregungen, Konflikte, widersprüchlichen Entwicklungen und Brüche in ihren Kontext zu ‚transferieren' und „Frauenforschung (nicht nur) als eine Vorstufe der Geschlechterforschung (zu) betrachten" (Bereswill 2006, S. 79 f.).

Nach Ilse Lenz ist der Zusammenhang von Geschlechterforschung, Feminismus und Frauenbewegung elementar, jedoch unterscheiden sie sich erheblich, z. B. in Bezug auf Organisation, Ziele und Rahmenbedingungen (vgl. Lenz 2019a, S. 232). Die Geschlechterforschung als Wissenschaftsrichtung muss sich wie die Forschung insgesamt mit der Frage nach dem eigenen Erkenntnisinteresse, nach politischen Forderungen, Praxisformen und Arbeitsprinzipien sowie deren Wandel auseinandersetzen (Hark 2005). Mit Verweis auf eine sich entwickelnde Männerforschung formuliert Maihofer z. B. einen Wechsel in der Aufgabe von Geschlechterforschung. Diese bestehe darin, zu „ein(em) präzisiertere(n) Wissen über ‚Frauen' und ‚Männer' als auch vielfältigeren Kenntnissen über die jeweilige spezifische Relationalität des Verhältnisses zwischen den Geschlechtern wie innerhalb der Geschlechter" zu gelangen (Maihofer 2006, S. 70).

Innerhalb der Geschlechterforschung können vier Forschungsbereiche ausgemacht werden: (a) Mädchen/Frauen, (b) Jungen/Männern, (c) queer theory und (d) die konstruktivistische Perspektive (Dekonstruktivismus, Konstruktivismus). Die Forschung zu Frauen konzentriert sich auf Fragen sozialer Ungleichheitslagen von Frauen und überschreitet den Androzentrismus in Kultur, Wissenschaft und Alltag. Die Forschung zu Männern wirft die Frage nach der „patriarchalen Dividende" (Connell 1998, S. 100), aber auch nach verdeckten spezifischen Belastungen (Männerforschungskolloquium Tübingen 1995) auf (Männlichkeit(en), hegemoniale Männlichkeit, Habitus). Durch sie werden jedoch kaum Fragen neuer Normen sowie psychischer Konstellationen wie ‚Gewalt und Betroffenheit' thematisiert (Böhnisch 2019). Für die Geschlechterforschung ist die Verschränkung, die wechselseitige Aufeinanderbezogenheit von Geschlechterverhältnissen und Geschlechterbeziehungen, von vergeschlechtlichter Makroebene und vergeschlechtlichter Mikroebene, die sich gegenseitig reproduzieren und verstärken, von zentraler Bedeutung (vgl. Lenz/Adler 2010). Hierzu bedarf es aber „eine(r) gesamtgesellschaftliche(n) Perspektive" (Maihofer 2006, S. 73). Zu selten gelingt es der Forschung – ebenso wie der Sozialen Arbeit –, die mit der Kategorie Geschlecht verwobenen Hierarchisierungs- und Abwertungsprozesse aufzuschließen, Räume für deren Thematisierung bereitzustellen sowie eigene strukturelle und institutionelle Eingebundenheiten zu reflektieren. Mit queertheoretischen Ansätzen kann das kulturelle System der Zweigeschlechtlichkeit mit unterschiedlichen Theorieansätzen – z. B. ethnomethodologisch, diskurstheoretisch, sprachphilosophisch, interaktionstheoretisch – dekonstruiert und die Ordnungskategorie Geschlecht infrage gestellt werden.

In der Sozialen Arbeit wird in diesem Zusammenhang zunehmend diskutiert, dass es einer „Regenbogenkompetenz in der Sozialen Arbeit" bedarf. Schmauch sieht die Regenbogenkompetenz bei den Professionellen dann als gegeben an, wenn diese in der Lage sind, mit dem „Thema der sexuellen Orientierung und geschlechtlichen Identität professionell, vorurteilsfrei und möglichst diskriminierungsfrei umzugehen" (Schmauch 2020, S. 308). Den Prozess der Integration der Regenbogenkompetenz in die Praxis der Sozialen Arbeit wissenschaftlich fundiert zu begleiten, kann hier die Aufgabe der Geschlechterforschung in der Sozialen Arbeit wie in geschlechtertheoretischen Analysen der eigenen Disziplin und Praxis sein.

Gerd Stecklina

Zum Weiterlesen
Becker, Ruth/Kortendiek, Beate (Hrsg.) (2010): Handbuch Frauen- und Geschlechterforschung. Theorie, Methoden, Empirie. 3., erweiterte Auflage. Wiesbaden: VS
Kortendiek, Beate/Riegraf, Birgit/Sabisch, Katja (Hrsg.) (2019): Handbuch Interdisziplinäre Geschlechterforschung. Band 2. Wiesbaden: Springer VS
Mader, Esto/Gregor, Joris A./Saalfeld, Robin K./Hornstein, René_ Rain/Müller, Paulena/Grasmeier, Marie C./Schadow Toni (Hrsg.) (2021): Trans* und Inter* Studien – Aktuelle Forschungsbeiträge aus dem deutschsprachigen Raum. Münster: Westfälisches Dampfboot

Geschlechterverhältnis

Das Konzept Geschlechterverhältnis ist in gesellschaftstheoretischen Ansätzen der Frauen*- und Geschlechterforschung verankert (Becker-Schmidt 1993; Gerhard 1978; Beer 1990; Krüger 2007; Knapp 2008; Knapp 2010). Gesellschaft wird als ein „relationales historisches Gefüge" (Knapp 2008, S. 142) untersucht, das verschiedene Sphären oder Teilbereiche umfasst (privater Reproduktionsbereich, Arbeitsmarkt, Bildungssystem) (Becker-Schmidt 2016, S. 159 ff.). Im Alltag nehmen wir diese Sphären als voneinander getrennt wahr, obwohl sie aufeinander bezogen, voneinander abhängig, einander über- oder untergeordnet sind. Nach dieser Auffassung bildet Gesellschaft einen Strukturzusammenhang (Wolde 1995). Diese abstrakte Perspektive wird konkret, wenn wir die Abhängigkeiten zwischen Erwerbs- und Familienarbeit untersuchen. Dann erkennen wir, dass es keineswegs nur die privaten Arrangements oder Übereinkünfte zwischen einzelnen Menschen, sondern gesellschaftliche Organisationsprinzipien sind, die die Arbeitsteilung der Geschlechter und ihre Lebensentwürfe regulieren: die Ehe, geschlechtsbezogene Bildungsverläufe, das Sozialversicherungssystem, die gesellschaftliche Aufwertung von Erwerbstätigkeit sowie die Abwertung von unbezahlten Fürsorgearbeiten, die traditionelle Zuständigkeit von Frauen* für die Familienarbeit (und trotzdem auch die Erwerbsarbeit). Entsprechend sind Veränderungen von Geschlechterverhältnissen auch nicht allein in der Hand der Individuen, sondern abhängig davon, dass „ein komplexes Gefüge sozialer Normen, Vorstellungen und Strukturen" sich wandelt (Sauer 2016, S. 83). Gesellschaftlicher Wandel betrifft also nicht nur die individuellen Beziehungen von Menschen oder ihre persönlichen Vorstellungen. Wandel bedeutet auch eine lang andauernde Veränderung verfestigter Strukturen, beispielsweise im Recht oder in der Sozial- und Familienpolitik. Frauen*bewegungen und andere soziale Bewegungen haben dies in der Vergangenheit thematisiert und kämpfen bis heute für eine Veränderung solcher Strukturen (Wahlrecht, Antidiskriminierungsrecht, Gewaltschutz, Unterhalt).

Der Begriff Geschlechterverhältnis ist in Anlehnung an die marxistische Begrifflichkeit Klassenverhältnis entwickelt worden. Damit wird zum einen darauf verwiesen, dass moderne Klassen- und Geschlechterverhältnisse sich zur gleichen Zeit herausgebildet haben. Zum anderen verweist die begriffliche Analogie darauf, dass wir es mit Herrschaftsverhältnissen zu tun haben und das Geschlechterverhältnis als ein Herrschaftszusammenhang untersucht wird (vgl. Sauer 2016, S. 83). Demnach ist das Geschlechterverhältnis der bürgerlich-kapitalistischen Gesellschaft so organisiert, dass Frauen* – als eine soziale Gruppe, nicht als einzelne Individuen – gegenüber der sozialen Gruppe Männer* durch alle sozialen Klassen hindurch benachteiligt sind. Dies zeigt sich im historischen Prozess der modernen Gesellschaft am Ausschluss von Frauen* aus Bürgerrechten, dem Eigentumsrecht, ihrer Ausgrenzung aus dem Erwerbs- und Bildungssystem und in der Herausbildung asymmetrisch angelegter, polarisierter Geschlechtscharaktere in der bürgerlichen Gesellschaft (Hausen 1976). Ungleichheiten in Geschlechterverhältnissen sind jedoch keine Vergangenheit, sie wirken bis in die Gegenwart, beispielsweise auf dem Arbeitsmarkt, durch Lohnungleichheiten, durch Gewalt im Geschlechterverhältnis und in der privaten wie erwerbsförmigen Arbeitsteilung der Geschlechter.

Um Geschlechterverhältnisse zu analysieren, so Regina Becker-Schmidt und Gudrun-Axeli Knapp (2005, S. 16 f.), müssen die Regeln und Organisationsprinzipien aufgedeckt werden, durch welche Frauen* und Männer* als soziale Gruppen, nicht als Individuen, gesellschaftlich zueinander ins Verhältnis gesetzt werden (vgl. Becker-Schmidt 1993). Dies betrifft die Arbeitsteilung einer Gesellschaft, aber auch den Zugang zu ökonomischen, politischen und kulturellen Ressourcen, und es betrifft soziale Rangordnungen und ihre Institutionalisierung. Geschlecht ist demnach ein sozialer Platzanweiser: Zur sozialen Gruppe der Frauen* oder der Männer* gerechnet zu werden, bestimmt über die Lage auf dem Arbeitsmarkt, über Wohlstand, über den Einfluss auf politische Prozesse und zieht unterschiedliche kulturelle Bewertungen, Privilegien oder Sanktionen nach sich, beispielsweise wenn junge Frauen* oder junge Männer* Gewalt ausüben und dies öffentlich verhandelt und juristisch abgeurteilt wird (Bereswill 2007).

Das Konzept Geschlechterverhältnis setzt Geschlecht als eine relationale und zugleich zentrale Ungleichheitskategorie. Diese Setzung einer „Master-Kategorie" ist durch die rassismuskritische Forschung, durch kritische Männlichkeitsforschung, die Postcolonial Studies, Queer Studies, Transgender Studies und Disability Studies hinterfragt und erweitert worden, so dass die strukturtheoretische Perspektive von Geschlecht gegenwärtig immer mit Fragen nach Intersektionalität, also der Überkreuzung oder Verflechtung unterschiedlicher Strukturkategorien oder „Achsen der Ungleichheit" (Klinger/

Knapp/Sauer 2007) verbunden ist (Laufenberg 2019; Winker/Degele 2009). So stellt sich im Kontext der Männlichkeitsforschung beispielsweise die Frage nach gesellschaftlichen Konstellationen, in denen Männer* als soziale Gruppe bzw. Männlichkeitsfigurationen ihre übergeordnete, hegemoniale Position einbüßen (Bereswill 2017; Bereswill/Neuber 2010). Wie weit grundlegende Mechanismen der sozialen Ungleichheit sich gewandelt haben oder verschwunden sind, ist in den gegenwärtigen Debatten der Geschlechterforschung umstritten (Rendtorff/Riegraf/Mahs 2019; Becker/Binner/Décieux 2020). So wird zum Beispiel die Frage gestellt, „ob das Geschlechterverhältnis weiterhin dergestalt als ein Strukturzusammenhang gedacht werden kann, der die Genus-Gruppen Frauen* und Männer* je unterschiedlich vergesellschaftet und in antagonistischer Weise aufeinander bezieht, oder ob wir heute davon ausgehen müssen, dass alle Geschlechter unterschiedslos als gleichermaßen für sich selbst sorgen müssende Arbeitsmonaden in den gesellschaftlichen Funktionszusammenhang einbezogen werden" (Hark 2019, S. 172). Diskutiert werden gegenwärtig Dynamiken von Wandel und Persistenz, Ungleichzeitigkeiten und Widersprüche zwischen und innerhalb unterschiedlicher gesellschaftlicher Bereiche sowie die Wirkmacht von Heteronormativität und Androzentrismus. Dabei lässt sich eine Gleichzeitigkeit des Ungleichzeitigen beobachten: Zuwächse an Karriere- und Freiheitsspielräumen gehen einher mit einer Infragestellung tradierter und binärer Männlichkeits- und Weiblichkeitskonzeptionen, bei gleichzeitig weiterbestehender hartnäckiger horizontaler und vertikaler Segregation entlang von Geschlecht und stereotypen Zuschreibungen im Bildungssystem, auf dem Arbeitsmarkt und im Zusammenhang von entlohnter wie unentgeltlicher gesellschaftlicher Sorgearbeit (Bereswill/Liebsch 2019).

So gibt es beispielsweise im Rahmen von gleichstellungspolitischen Initiativen, mit denen (junge) Männer* für Soziale Berufe angesprochen werden sollen, seit 2010 gezielte Projekte für „Mehr Männer* in Kitas". Im Jahr 2020 waren in Deutschland 47.695 Männer* in Kindertageseinrichtungen tätig. Damit hat sich in absoluten Zahlen ihre Anzahl seit 2010 (15.276 Beschäftigte) mehr als verdreifacht. Prozentual ist der Anteil der männlichen Beschäftigten im pädagogischen und leitenden Personal in dieser Zeit von 3,6 Prozent auf 7,1 Prozent gestiegen. Demgegenüber steht 2020 ein Anteil von 92,9 Prozent Frauen* (627.950 Beschäftigte, alle Zahlenangaben: Fachkräftebarometer 2021). Für die (bislang nur binär erfasste) Geschlechterverteilung in der Sozialen Arbeit zeichnet sich in Deutschland im Hinblick auf das Studium in den Bachelorstudiengängen seit 2007 ein Anteil von 77 Prozent Frauen* gegenüber 23 Prozent Männer* ab (vgl. Ganß 2020, S. 61 f.). Diese Daten werfen die grundsätzliche Frage auf, warum es in einigen gesellschaftlichen Bereichen, wie beispielsweise der Sozialen Arbeit und dem Arbeitsfeld der Kindertagesbetreuung, „kaum Verschiebungen und Umverteilungen im Geschlechterverhältnis gibt und die Grundstruktur des Geschlechterverhältnisses anhaltend stabil bleibt" (Bereswill/Liebsch 2019, S. 11). Antworten auf diese Fragen verweisen auf die Persistenz von Geschlechterdifferenz und Geschlechterhierarchie: „Die Abwertung und die Aufwertung geschlechtstypisierter Tätigkeitsbereiche in Analogie zur Zuordnung männlich/weiblich wie auch unterschiedliche Marktwerte weiblicher und männlicher Berufsausbildungen und Karrierechancen sind Kristallisationskerne der Reproduktion von Ungleichheit. Die Beharrung solcher Ungleichheitsrelationen wird gesellschaftlich immer wieder neu hergestellt und unterliegt zugleich bereichsspezifischen Veränderungen" (Bereswill/Liebsch 2019, S. 22). Ein sozialhistorisch und soziologisch geschärfter Blick auf den Wandel und das Beharrungsvermögen von Geschlechterverhältnissen macht deutlich, dass Phänomene wie die Berufs- und Studienplatzwahl nicht rein individuelle, sondern strukturelle Ursachen und Hintergründe haben. Diese Einsicht gilt es sowohl in professionstheoretische Debatten und Ansätze als auch in die vielfältigen Praxisfelder der Sozialen Arbeit zu integrieren. Die Frage nach der Stabilität und dem Wandel von Geschlechterverhältnissen in der Sozialen Arbeit erfordert somit fortgesetzte theoretische Anstrengungen, kreative Forschungs- und Praxisansätze, die strukturelle Ungleichheiten in der Gesellschaft im Blick behalten und zugleich daran mitwirken, die Handlungsspielräume von Professionellen und Adressat*innen zu erweitern.

Mechthild Bereswill und Gudrun Ehlert

Zum Weiterlesen
Becker, Karina/Binner, Kristina/Décieux, Fabienne (Hrsg.) (2020): Gespannte Arbeits- und Geschlechterverhältnisse im Marktkapitalismus. Wiesbaden: Springer VS
Becker-Schmidt, Regina (2016): Pendelbewegungen – Annäherungen an eine feministische Gesellschafts- und Subjekttheorie. Aufsätze aus den Jahren 1991 bis 2015. Leverkusen-Opladen: Barbara Budrich
Bereswill, Mechthild/Liebsch, Katharina (2019): Persistenz von Geschlechterdifferenz und Geschlechterhierarchie. In: Rendtorff, Barbara/Riegraf, Birgit/Mahs, Claudia (Hrsg.): Struktur und Dynamik – Un/Gleichzeitigkeiten im Geschlechterverhältnis. Wiesbaden: Springer VS, S. 11–25

Gesundheit

Gesundheitsbegriff: Die WHO hat 1948 in der Präambel ihrer Verfassung Gesundheit als den „Zustand des vollständigen körperlichen, geistigen und sozialen Wohlbefindens und nicht nur des Freiseins von Krankheit und Gebrechen" definiert. Franzkowiak und Hurrelmann (2018) haben diese Begriffsbestimmung aufgegriffen und um eine dynamische Dimension erweitert. Danach ist Gesundheit nicht etwas, das eine Person ‚hat'. Vielmehr muss man die Gesundheit in Abhängigkeit von den psychischen, sozialen und körperlichen Gegebenheiten im eigenen Leben kontinuierlich herstellen. Dieser Prozess gelingt besser, wenn man optimistisch eingestellt ist, sich den alltäglichen Herausforderungen stellt und daran glaubt, dass man mit der eigenen Lebensführung seine Gesundheit beeinflussen kann. Allerdings gibt es Variablen, die die Herstellung von Gesundheit wesentlich mitbedingen. Dazu gehören u. a. die Zuordnung bzw. Selbstdefinition von Geschlecht und die damit einhergehenden biopsychosozialen Schutz- und Risikofaktoren (Regitz-Zagrosek 2018), der sozioökonomische Status der Herkunftsfamilie bzw. der eigenen Person und der eigenen Familie, Minderheits- und Exklusionserfahrungen (z. B. Migrationshintergrund) sowie die gesamtgesellschaftliche Ordnung bzw. das politische System, das den Freiheitsspielraum der Individuen auch hinsichtlich der Herstellung und Erhaltung der eigenen Gesundheit mitbestimmt.

Zuordnung bzw. Selbstbestimmung eines Geschlechts: Ordnet man die Definition von Geschlecht auf einem Kontinuum an, dann wird der eine Pol von Frauen besetzt, der andere von Männern. Die Begriffe Frau und Mann beziehen sich sowohl auf die biologische Ausstattung (sex) als auch auf das psychische Selbstverständnis als Frau oder als Mann (gender). Zwischen den Polen ordnen sich Menschen ein, die sich anders definieren, u. a. als divers oder als trans*. Da unser Wissen über den Zusammenhang der (subjektiven) biopsychosozialen Definition von Geschlechtszugehörigkeit und Gesundheit nur mit Bezug auf die Endpunkte des Geschlechterkontinuums gut ist, beschränken sich die folgenden Ausführungen auf die beiden Pole: Frauen und Männer und ihre Gesundheiten.

Gesundheiten im Lebenslauf: Die Forschung belegt, dass in der Kindheit und Jugend „wesentliche Grundlagen für die Gesundheit in späteren Jahren gelegt [werden]. Bereits in dieser Lebensphase sind Unterschiede in der Gesundheit zwischen Mädchen und Jungen festzustellen. In der Kindheit sind Mädchen gesünder und medizinisch unauffälliger als Jungen" (RKI 2020, S. 13). Dabei ist zu berücksichtigen, dass der sozioökonomische Status der Familien, in die Mädchen und Jungen hineingeboren werden und in denen sie aufwachsen, interdependent ist mit ihrer Gesundheit. Lampert et al. (2018) diskutieren drei Erklärungsansätze für diese Unterschiede.

Unabhängig vom sozioökonomischen Status der Familien ändert sich in der Jugendzeit die subjektiv erlebte Gesundheit von Mädchen und Jungen erheblich. Wie die HBSC-Schüler-Studien (2020) zeigen, schätzen Jungen zwischen 13 und 15 Jahren ihr Wohlbefinden signifikant besser ein als Mädchen. Das liegt zum einen daran, dass Mädchen in diesen Altersklassen mit ihrem Leben weniger zufrieden sind als die Jungen und daher ihre Gesundheit insgesamt schlechter einschätzen als diese. Zum andern zeigen Abfragen, dass bei den Mädchen die Belastungen mit Gesundheitsbeschwerden in diesen Altersklassen signifikant zunehmen. In der Altersklasse 15 Jahre geben 42 Prozent der Mädchen, aber nur 21 Prozent der Jungen an, unter diversen psychosomatischen Beschwerden zu leiden (Kaman et al. 2020). Die Differenzen zwischen den Geschlechtern hinsichtlich der psychosomatischen Gesundheitsbelastungen bleiben über das Erwachsenenleben bestehen und schwächen sich erst ab dem 60. Lebensjahr etwas ab.

In der Jugendzeit nimmt die Bedeutung von gesellschaftlich positiv belegten Rollenbildern für Mädchen und Jungen zu. Mädchen orientieren sich immer stärker an Vorbildern, die sie in Übereinstimmung der Mehrheit der Mädchen und Frauen als besonders ‚schön' und ‚attraktiv' und das heißt auch: als ‚schlank' einschätzen und denen sie bei der Herstellung und der Präsentation ihres eigenen Körpers nacheifern. Das ist mit erheblichen Anstrengungen verbunden, zumal sich 55 Prozent der Mädchen zwischen 11 und 17 Jahren für ‚zu dick' halten (Kurth et al. 2008). Um den ‚schönen' Körper herbeizuzwingen, beginnen viele zu hungern oder auf andere Weise ihre Nahrungsaufnahme zu kontrollieren. Studien weisen darauf hin, dass bei rund 30 Prozent der 17-jährigen Mädchen der Verdacht auf eine Ess-Störung besteht (RKI 2020, S. 185 ff.). Da vergleichsweise viele Mädchen und jungen Frauen mit ihrem Aussehen unzufrieden sind, fühlen sich viele psychisch belastet, was zum Auslöser von Depressionen und von Ängsten werden kann. In diesen Kontexten entsteht eine spezifische Sensibilität für psychosoziale Signale, auf die Mädchen und Frauen mehr achten als Jungen und Männer. Das passt auch zur traditionellen weiblichen Geschlechtsrolle, zu der neben der Selbstsorge auch die Sorge um die Gesundheit anderer Gruppen- und Familienmitglieder gehört.

In der Jugendzeit entwickeln auch Jungen ihr Geschlechterrollen-Selbstkonzept weiter. Insbesondere geht es um „männliche Identitäten und Lebensentwürfe mit Vorstellungen von gesellschaftlich anerkannten Männlichkeitsbilder und Geschlechterbeziehungen" (RKI 2014, S. 6). Richtungsweisend ist das Konzept der hegemonialen Männlichkeit. Dazu gehört u. a. ein Körperkult, der auf Härte setzt. Missempfindungen und gesundheitliche Beschwerden werden weitgehend ausgeblendet. Mit dem Gefühl von Stärke und von Unverwundbarkeit lassen sich viele Jungen und Männer auf Risiken ein, mit denen sie ihre Gesundheit kurz- und langfristig gefährden können. Das zeigt sich z. B. in der vergleichsweise hohen Belastung von Jungen und Männern mit Unfällen als Folge von riskanten Verhaltensweisen. Auch der (exzessive) Konsum von Alkohol, Nikotin und einer Reihe von illegalen psychoaktiven Substanzen gehört in dieses Repertoire. In der Interaktion mit anderen männlichen Jugendlichen und Erwachsenen, also in ihren Peer-Gruppen, inszenieren sie gerne ihre Stärken und brüsten sich mit ihren Verhaltensexzessen. Das bringt ihnen oft Bewunderung ein, gekoppelt mit einem hohen Platz in den Hierarchien, aber eben auch gesundheitliche Belastungen.

Im mittleren und höheren Lebensalter lässt sich einmal mehr zeigen, dass sich der soziale Status in unterschiedlicher Weise auf die Gesundheit von Frauen und Männern auswirkt. Frauen aller sozialen Schichten können sich, wenn sie sich in ihrer Gesundheit eingeschränkt fühlen, Hilfe bei Fachpersonen suchen. Abgesehen davon gelingt es den Frauen mit mittlerem und hohem Status besser, ihre Gesundheit gut zu erhalten, weil sie mehr materielle Ressourcen für eine gesunde Lebensführung einsetzen können als Frauen mit niedrigem sozialem Status. Erstere können sich gesundheitsbewusster ernähren, in einer gesünderen Umwelt leben und auch sonst mehr für die eigene Gesundheit tun als letztere (RKI 2020, S. 249 ff.). Im Unterschied dazu erwartet man von Männern im mittleren und höheren Lebensalter und unabhängig von ihrem sozioökonomischen Status, dass sie sozusagen immer leistungsfähig und gesund sind. Jedoch sind die gesundheitlichen Belastungen in Abhängigkeit vom sozioökonomischen Status durchaus unterschiedlich; sie sind besonders hoch bei Männern mit niedrigem sozialem Status. Für sie ist es dann auch besonders schwierig, gesundheitliche Beeinträchtigungen wahrzunehmen, darauf angemessen zu reagieren und sich professionelle Hilfe zu suchen. Tun sie es doch und werden sie krank, kann das schnell zum Statusverlust führen. Soweit der Zusammenhang zwischen Migration bzw. Migrationshintergrund von Männern, ihrem sozioökonomischen Status und ihrem gesundheitlichen Befinden bislang untersucht worden ist, finden sich keine bedeutsamen Abweichungen oder Besonderheiten gegenüber den Daten der deutschen männlichen Bevölkerung (Kupfer/Gamper 2020, S. 369 ff.). Das heißt, dass es Männern ohne und mit Migrationshintergrund mit niedrigem sozioökonomischem Status gesundheitlich deutlich schlechter geht als denjenigen mit mittlerem und hohem sozioökonomischem Status. Da jedoch der Anteil an Personen bzw. Familien mit Migrationshintergrund mit niedrigem sozioökonomischem Status vergleichsweise hoch ist, ist die Gruppe derjenigen mit gesundheitlichen Einschränkungen und Beschwerden ebenfalls relativ groß. Für die Gesundheit ist jedoch der sozioökonomische Status der Männer bzw. der Familien, entscheidend, nicht der Migrationshintergrund. Diese Differenzen finden sich auch im höheren Lebensalter.

Die Unterschiede hinsichtlich der Gesundheit zwischen Mädchen und Frauen und Jungen und Männern haben langfristige Folgen. Das belegen alle Studien zu den Lebenserwartungen der Geschlechter: Frauen haben in allen hochentwickelten Industrieländern eine höhere Lebenserwartung als Männer. In Deutschland liegt die Differenz zwischen den Geschlechtern heute bei 4,8 Jahren (RKI 2020, S. 25 ff.). Es sind in erster Linie nicht-biologische Faktoren, die diese Differenz begründen. Dazu gehören bei den Frauen ein geringerer Konsum von Nikotin und Alkohol, eine gesündere Ernährung, pauschal genommen etwas bessere Arbeitsbedingungen und weniger riskante Verhaltensweisen (z. B. Konsum von illegalen Drogen, Autorennen, Extremsport usw.). Im Unterschied zu Männern nehmen sie zudem Angebote zur Vorsorge und Gesundheitsförderung gerne an. Einmal mehr beeinflusst der sozioökonomische Status die Lebenserwartung: Frauen mit niedrigem sozialem Status haben im Vergleich zur mittleren Lebenserwartung eine um 4,4 Jahre und Männer um eine 8,6 Jahre verkürzte Lebenserwartung.

Gesundheitskompetenz (health literacy): „Unter Gesundheitskompetenz wird das Wissen, die Motivation und die Fähigkeit verstanden, gesundheitsrelevante Informationen finden, verstehen, beurteilen und anwenden zu können, um die eigene Gesundheit zu erhalten, sich bei Krankheiten die nötige Unterstützung zu sichern und die dazu nötigen Entscheidungen zu treffen" (Hurrelmann et al. 2020, S. 1).Untersuchungen zeigen, dass nur rund ein Drittel der deutschen Bevölkerung über ausreichende Gesundheitskompetenz verfügt. Im Vorteil sind junge Menschen (alle Geschlechter) mit hohem Bildungsstand; sie sind am ehesten in der Lage, sich z. B. digital gesundheitsbezogene Informationen zu beschaffen. Zwei Drittel der Menschen in Deutschland haben Schwierigkeiten, gesundheitsbezogene Informationen abzurufen und zu verstehen.

Soziale Arbeit und Gesundheit: Die Soziale Arbeit ist in vielfältiger Weise in die Prävention und in die Gesundheitsförderung eingebunden. In einer Reihe von Arbeitsfeldern wie der Kinder- und Jugendarbeit, der Hilfen für Menschen in besonderen Problemlagen (z. B. als Geflüchtete, als Wohnungslose, als psychisch kranke Menschen) sowie der Suchtprävention beteiligt sie sich an Projekten zur Förderung der Gesundheit sowie der Gesundheitskompetenz. Das passt auch sehr gut, da diese Projekte heute von der Lebenswelt bzw. dem ‚Setting' der Menschen ausgehen, die mit einschlägigen Angeboten erreicht werden sollen. „Charakteristisch für den Setting-Ansatz ist daher die Berücksichtigung individuellen Verhaltens und struktureller Verhältnisse. Ressourcenorientierung, Partizipation, Vernetzung und Befähigung/Aktivierung sind weitere markante Merkmale des Setting-Ansatzes". (Hornberg et al. 2018, S. 52). Die lebensweltlichen bzw. Setting-Ansätze beschränken sich nicht darauf, gesundheitsförderliches Verhalten wie Händewaschen, Zähneputzen, Sport treiben usw. einzuüben, wobei Unterschiede zwischen den Geschlechtern bei der Ansprache wie bei den Themen zu berücksichtigen sind (Altgeld 2016). Vielmehr geht es darum, über die Gesundheitsförderung auch die Gesundheitskompetenz auszubauen und Teilhabechancen zu erweitern. „Es geht in der gesundheitsbezogenen Sozialen Arbeit darum, Integrationsoptionen zu erhalten, also Ausschlüsse zu vermeiden, eventuell neue oder alternative Integrationsoptionen zu eröffnen und gegebenenfalls die bisherigen Formen der Integration sowie die damit zusammenhängende Lebensführung zu verändern" (Sommerfeld 2019, S. 34). Das ist ein breit angelegtes Programm, das auf seine praktische Umsetzung wartet.

Irmgard Vogt

Zum Weiterlesen
Gassner, Ulrich M./von Hayek, Julia/Manzei, Alexandra/Steger, Florian (Hrsg.) (2018): Geschlecht und Gesundheit. Baden-Baden: Nomos
Kolip, Petra/Hurrelmann, Klaus (Hrsg.) (2016): Handbuch Geschlecht und Gesundheit. Göttingen: Hogrefe
Robert Koch-Institut (Hrsg.) (2020): Gesundheitliche Lage der Frauen in Deutschland. Gesundheitsberichterstattung des Bundes. Gemeinsam getragen von RKI und Destatis. RKI: Berlin

Gesundheitsförderung

Gesundheit zu fördern bedeutet, sich für ein grundlegendes Menschenrecht einzusetzen, wobei jede Verbesserung des Gesundheitszustandes an wesentliche Grundvoraussetzungen wie z. B. Frieden, ausreichende Nahrung, angemessene Wohnverhältnisse, soziale sowie ökonomische Gerechtigkeit und die nachhaltige Nutzung von Ressourcen gebunden ist.

Gesundheitsförderung: Allgemein betrachtet zielen Maßnahmen und Aktivitäten der Gesundheitsförderung auf ein höheres Maß an gesundheitlicher Selbstbestimmung und Steigerung des Wohlbefindens. Im Kontext der „Ottawa-Charta zur Gesundheitsförderung" der Weltgesundheitsorganisation (WHO 1986) wird Gesundheitsförderung als umfassender sozialer sowie politischer Prozess definiert, der sowohl die Stärkung der individuellen Kompetenzen als auch die Veränderung sozialer, ökonomischer wie auch physischer Umweltbedingungen anstrebt. Das bedeutet in letzter Konsequenz die Einmischung in politische Aktivitäten durch Akteur*innen der Gesundheitsförderung. Weil die Sorge um die und der Erhalt der Gesundheit eine hoch relevante gesellschaftliche und überwiegend weiblich konnotierte Aufgabe ist, ist es bedeutsam, die familiale als auch die professionelle Ungleichverteilung dieser Aufgaben zwischen Frauen und Männern aufzuheben. Die Verknüpfung der benannten Aspekte führt zur besseren Orientierung der Arbeit des Gesundheitswesens an den Fragen der gesundheitlichen Chancengleichheit, der sektorenübergreifenden Zusammenarbeit sowie der Partizipation der Menschen. Vor diesem Hintergrund müssen Akteur*innen für sich herausarbeiten, welche Gesundheitsthemen sie mit welchen Methoden fördern möchten und welche Einflussfaktoren zu beachten sind.

Settingansatz: Als Schlüsselstrategie der Gesundheitsförderung gilt der Settingansatz (Engelmann/Halkow 2008, S. 26 ff.) mit seinen drei Kernelementen:

- Schaffung gesunder Lebens- und Arbeitsbedingungen
- Entwicklung einer gesundheitsfördernden Gesamtpolitik
- Integration der Gesundheitsförderung in das Qualitätsmanagement sowie die Evaluation im Rahmen eines Settings.

Danach setzt die Gesundheitsförderung im alltäglichen Lebensbereich an: da, wo Menschen einen Großteil ihres Tages verbringen, wie z. B. am Wohnort, in der Bildungseinrichtung oder am Arbeitsplatz. In diesen sozialen Gefügen existieren Faktoren, die die Gesundheit beeinflussen und gezielt zur Gesundheitsförderung genutzt werden. Für Unternehmen findet sich z. B. die rechtliche Rahmung im § 20b SGB V zur betrieblichen Gesundheitsförderung. Mit dem Setting des Unternehmens unterstützen die Fachkolleg*innen für Gesundheit bei der Prozessentwicklung, der Verhältnis- als auch Verhaltensprävention (gesundheitsförderliche Veränderung der Arbeits- und Organisationsgestaltung) sowie bei der Befähigung der Beschäftigten zum gesundheitsförderlichen Verhalten. Weiterhin geht es um die (Ein-)Führung von Partizipationsmöglichkeiten von Beschäftigten, der Personalvertretungen und Führungskräften. Generell gilt es, Gesundheitsrisiken zu identifizieren. Auf dieser Basis können die individuellen Handlungsfähigkeiten der Mitarbeitenden für gesundheitsgerechte Arbeitsbedingungen gestärkt werden. Ein anderes Beispiel für den Transfer aus der Wissenschaft in die Praxis ist die umfangreiche Kampagne „Aktiv werden für Gesundheit – Arbeitshilfen für kommunale Prävention und Gesundheitsförderung. Gesunde Lebenswelten schaffen". Mit diesen Tools regte die BZgA (2011) an, sich an den Ressourcen und Kompetenzen der Menschen zu orientieren und mit der Partizipation der Bevölkerung Strukturen für eine gesundheitsförderliche Lebens- und Arbeitswelt zu schaffen.

Gender und Gesundheit: Aus epidemiologischen Daten zur Morbidität und Mortalität geht hervor, dass sowohl Sozialstatus als auch Geschlecht als Indikatoren für den unterschiedlichen Gesundheitszustand von Menschen verantwortlich sind (Hagen/Starke 2011). Um äußere Einflüsse auf die Forschungsergebnisse auszuschließen, wurde eine Mortalitätsstudie mit vergleichbaren Personengruppen durchgeführt: mit Nonnen und Mönchen. Danach leben Frauen im Durchschnitt zwei Jahre länger als Männer. Schlussfolgernd bestätigt die sogenannte Klosterstudie (Luy 2002a; Luy 200b) die Annahmen der Wissenschaft, dass neben biologischen vor allem soziokulturelle Faktoren als Ursachen für die unterschiedlichen Lebenserwartungen der Geschlechter zugeordnet werden. Wobei die Hauptursachen für das männliche Gesundheitshandeln im männlichen Rollenverhalten und dem normativen Männlichkeitsbild gesehen werden. Leider fand der erweiterte Begriff des ‚Geschlechtes' um ‚divers' in der wissenschaftlichen Betrachtung bisher zu wenig Beachtung.

Die WHO und die Kategorie Geschlecht: Geschlecht ist eine zentrale Kategorie im Zusammenhang mit Gesundheit. Sollen die geschlechtsspezifischen Besonderheiten berücksichtigt werden, müssen alle Menschen mit ihren individuellen gesundheitlichen Bedarfen jedoch besser erreicht werden. Gerade auch, so die WHO, weil Gesundheit sowohl das Produkt des Einzelnen, aber vor allem das Produkt einer Gesellschaft ist. Im Angesicht veränderter Krankheitsbilder in den Industrieländern und ungleichheitsbedingt erhöhter Morbidität und Mortalität weltweit gewinnt die Gesundheitsförderung (die Erweiterung des bio-psycho-sozialen Modells von Krankheit und Gesundheit auf alle Bereiche des täglichen Lebens) immer mehr an Bedeutung. Der erweiterte Gesundheitsbegriff der WHO lenkt das Blickfeld vom Individuum auf den Gesundheitssektor des jeweiligen Landes bis hin zur gesamtgesellschaftlichen Betrachtungsweise. Auf Basis der Kenntnis der verschiedenen Determinanten von Gesundheit verfolgt die WHO das strategische Ziel umfassender Gesundheitsförderung mittels „Health in All Policies" (HiAP – das öffentliche Handeln im Bereich Gesundheit). Gleichzeitig verfolgt die WHO kontinuierlich die Gleichstellung der verschiedenen Geschlechter. Erstmals verwendete die WHO den Begriff der Gesundheitsförderung auf der 1. Internationalen Konferenz zur Gesundheitsförderung in Ottawa (1986) und erklärte die Mitverantwortung aller Politikbereiche für die Gesundheitsförderung. Dies beinhaltet ebenfalls den Schutz der sozialen sowie natürlichen Umwelt und den Erhalt natürlicher Ressourcen. Die „Rio-Conference" der UN erarbeitete ihrerseits die Agenda 21. Unter Kapitel 6 wird zum Schutz und zur Förderung der menschlichen Gesundheit u. a. auf den Schutz schwächerer Gesellschaftsgruppen verwiesen. Zu den vier Hauptstrategien der WHO zur Formulierung von Gesundheitszielen (Gesundheit 21 – Gesundheit für alle im 21. Jahrhundert, WHO 1998) zählen u. a. physische, wirtschaftliche, soziale, kulturelle und geschlechtsspezifische Perspektiven der Gesundheit. Auf der EU-Konferenz in Rom 2007: "Health in All Policies: Achievement and challenges" wurde dann die „Declaration on ‚Health in All Policies'" verabschiedet. Bereits ein Jahr später auf der Europäischen Ministerkonferenz der WHO in Tallin wird nochmals Druck auf andere Politikbereiche ausgeübt. Ziel ist es, die gesundheitlichen Aspekte im politischen Handeln noch stärker zu berücksichtigen. Die Fortführung dieser Strategie findet sich auch in der Adalaide-Erklärung der WHO-Tagung zur Gesundheit in allen Bereichen der Politik von 2010 wieder. Die 9. Globale Konferenz zur Gesundheitsförderung 2016 in Shanghai betont wiederholt die Aufgabe politischen Handelns, sich für die Rechte von Frauen einzusetzen. Aus diesem Grund fordern die Mitglieder in ihrem Handlungsappell an politische Entscheidungsträger den Abbau von Barrieren besonders gegenüber Frauen und Mädchen.

Gender Mainstreaming: Die gleichberechtigte Teilhabe der unterschiedlichen Geschlechter an politischen, ökonomischen sowie gesellschaftlichen Prozessen soll durch eine ganzheitliche Politik- und Organisationsstrategie gewährleistet werden. Dadurch wird die Geschlechterperspektive in alle Politikfelder integriert, bei allen Entscheidungen berücksichtigt und garantiert so die Gleichstellung der Geschlechter in allen Bereichen und Ebenen. Der Blick auf die Geschlechterperspektive muss Selbstverständlichkeit werden. Bezogen auf die Gesundheit zielt Gender Mainstreaming darauf, dass Frauen, Männern sowie diversen Menschen dieselben Möglichkeiten geboten werden, um ihre (Gesundheits-)Potenziale voll ausschöpfen zu können. Im Bereich der Gesundheitsförderung bedeutet dies ein geschlechtersensibles Vorgehen und die Herstellung von Chancengleichheit in zwei Dimensionen. Die horizontale Chancengleichheit bezieht sich auf gleiche Bedürfnisse der unterschiedlichen Geschlechter, die entsprechend gleiche Angebote zur Gesundheitsförderung erhalten. Die vertikale Chancengleichheit geht von unterschiedlichen Bedürfnissen der Geschlechter aus, weshalb auch geschlechterspezifische Angebote benötigt werden. In der Konsequenz erfordert dies geschlechteradäquate Zugänge sowie Methoden zur Gesundheitsförderung. Ein Beispiel für das Ringen um die Anerkennung geschlechtsspezifischer Gesundheitsförderung sind die "Forderungen an die medizinischen Instanzen und an die Politik" durch die Bundesvereinigung Trans* (2017). Enthalten sind u. a. die medizinischen Behandlungsmöglichkeiten für trans*-Weibliche/Männliche sowie trans*Kinder und Jugendliche, Versorgung im Rahmen einer Geschlechtsangleichung, Maßnahmen gegen die Diskriminierung in der allgemeinen Gesundheitsversorgung.

Barbara Wedler

Zum Weiterlesen
Naidoo, Jennie/Wills, Jane (2019): Lehrbuch der Gesundheitsförderung. Gamburg: Verlag für Gesundheitsförderung
Pfütsch, Pierre (2017): Das Geschlecht des „präventiven Selbst". Prävention und Gesundheitsförderung in der Bundesrepublik Deutschland aus geschlechterspezifischer Perspektive (1949–2010). Stuttgart: Franz Steiner
WHO (1986): Ottawa-Charta zur Gesundheitsförderung. www.euro.who.int/de/publications/policy-documents/ottawa-charter-for-health-promotion (Abfrage: 01.03.2021)

Gewalt

Allgemeines: Gewalt wird je nach Geschlecht unterschiedlich betrachtet und bewertet. Während Gewaltausübung für Frauen kulturell verpönt ist, wird diese für Männer unter bestimmten Umständen akzeptiert und beispielsweise im Kriegsfall erzwungen.

Begriff und theoretische Bezüge: Das Thema Gewalt unterliegt Veränderungen, Konjunkturen und Interessen: was unter Gewalt verstanden wird; welche Formen von Gewalt gesellschaftlich als problematisch gesehen oder überhaupt wahrgenommen werden und welche ausgeblendet bleiben. Kulturelle Festlegungen, historischer Wandel und politische Einflussnahme bedingen die Grenzen zwischen Gewalt und Nicht-Gewalt (z. B. wurde im Jahr 2000 das elterliche Züchtigungsrecht durch das „Recht der Kinder auf gewaltfreie Erziehung" abgelöst – § 1631 Abs. 2 BGB).

In der Sozialen Arbeit erscheint Gewalt als individuelles Handeln, das in systemischen Kontexten stattfindet. Es zielt darauf ab oder nimmt in Kauf, andere zu schädigen – körperlich, seelisch, sexuell oder in ihrer sozialen Teilhabe. Verletzendes Tun bzw. Unterlassen steht zugleich in einem gesellschaftlichen Kontext. Gewalt im Alltag ist zum einen mit Positionen von Dominanz und Unterordnung, zum anderen mit Geschlechtsidentitäten verstrickt.

Forschungsstand: Verschiedene Gewaltkonstellationen sind im Kontext von Geschlecht möglich: zwischen Frauen, zwischen Männern, zwischen Männern und Frauen. Insbesondere die Konstellation eines weiblichen Opfers und eines männlichen Täters wurde seit den 1970er-Jahren intensiv empirisch erforscht und theoretisch analysiert. Daraus abgeleitet liegen vielfältige sozialpolitische Interventionen und Programme vor. Hingegen ist die Forschungslage zur Gewalt gegen Männer (Jungnitz et al. 2007), gegen homosexuelle Männer und Frauen (Ohms/Stehling 2001) und die Gewalt innerhalb von gleichgeschlechtlichen Paarbeziehungen (Ohms 2004) wenig entfaltet. Vergleichende Studien (Donovan/Hester 2015) belegen jedoch, dass die Gewaltdynamik in gleichgeschlechtlichen Beziehungen den Verläufen bei heterosexuellen ganz ähnlich ist; Dominanz und Unterwerfen werden oft durch das romantische Konzept der Liebe ermöglicht.

Es gibt heute belastbare Zahlen aus nationaler und internationaler Forschung (GiG-net 2008; FRA 2014) über Ausmaß, Formen und Verbreitung geschlechtsbezogener Gewalt gegen Frauen, insbesondere über Gewalt in heterosexuellen Beziehungen. Frauen erleiden physische, psychische und sexuelle Gewalt am häufigsten durch Männer ihres näheren sozialen Umfeldes und insbesondere durch Partner oder Ex-Partner. Männern widerfährt körperliche und psychische Gewalt durch Frauen ebenfalls überwiegend in ihren Partnerschaften, während sie – vor allem jüngere Männer bis ca. 25 Jahre – häufiger die von anderen Männern ausgehende körperliche, psychische und sexuelle Gewalt im öffentlichen Raum erleiden (vgl. Jungnitz et al. 2007, geschlechtervergleichend für Österreich: Kapella et al. 2011).

Das Machtgefälle, das die Gewalt ermöglicht und aufrechterhält, ist bei Frauen das ungleiche Geschlechterverhältnis, bei Männern die Hierarchie innerhalb des eigenen Geschlechts (hegemoniale Männlichkeit). Zwar berichten ähnlich viele Männer wie Frauen (ca. 25 Prozent), dass sie mindestens einmal vom Partner angegriffen wurden; differenzierte Analysen von weiblichen Opfern nach Schweregrad, Häufigkeit und Verletzungsfolgen belegen aber, dass Frauen häufig unter massiver häuslicher körperlicher Gewalt zu leiden haben.

Es gibt Hinweise, dass Männer bislang zu wenig über die Gewalt berichten können, die ihnen im privaten und im öffentlichen Bereich widerfährt. Und es liegen bezüglich männlicher Betroffener keine differenzierten Analysen vor. Mit dem Anerkennen der Schutzwürdigkeit von Männern und mit der zunehmenden gesellschaftlichen Sensibilisierung für die gegen sie gerichtete Gewalt werden deren Ausprägung und ihr Ausmaß deutlicher sichtbar werden (vgl. Lenz/Kapella 2012).

Bedingungen und Triebkräfte der Gewaltausübung: Es gibt keine verallgemeinerbare Antwort zu den Ursachen von Gewalt: Jedes Gewaltfeld erfordert eigene Erklärungen der Ursachen und Entstehungsbedingungen. Eine Vielzahl von Faktoren auf der individuellen, gesellschaftlichen und politisch-kulturellen Ebene wirkt gewaltfördernd oder gewaltverringernd auf die Problematik ein. Die These ist gut belegt, wonach das Erleben oder Miterleben familiärer Gewalt ein Ausgangspunkt für spätere Gewaltaffinität sein kann; frühe emotionale Vernachlässigung hat eine ähnliche Wirkung. Wenn über einen längeren Zeitraum Misshandlungen in der Familie stattfinden, ist dies besonders für kleine Kinder mit Erfahrungen von Ohnmacht, des Ausgeliefertseins und der Wehrlosigkeit verbunden. Sofern es keine Bezugsperson gibt, die als Anwalt des Kindes agiert und ihnen Schutz bietet, kann Gewalt identitätsstiftend werden. Erfahrungen der Missachtung führen bei Kindern zudem zu negativen Selbstkonzepten. „Sie bringen eine besondere Vulnerabilität der Jugendlichen in Interaktionssituationen mit sich, die ihre früheren Ohnmachts- und Missachtungserfahrungen wachrufen" (Sutterlüty 2004, S. 274).

Da es gewaltfördernde strukturelle Bedingungen und gesellschaftliche Werte und Normen auf verschiedenen Ebenen gibt, entsteht Gewaltbereitschaft auch ohne Belastungen aus der Kindheit (vgl. Forschungsübersicht und Modell zur Genese in Hagemann-White et al. 2011). Umgekehrt führt das (Mit-)Erleben von Gewalt in der Familie keineswegs immer zur späteren Gewaltausübung.

Vulnerabilität: Die Wirkung von Macht und Gewalt beruht auf der Verletzbarkeit von Frauen und Männern. Vorherrschende Geschlechterkonstruktionen bewerten die Verletzbarkeit und die damit einhergehende Ohnmacht und Hilflosigkeit von Frauen und Männern und daraus entstehende Bedarfe geschlechtsdifferent. Während der Schutz von Frauen vor Gewalt als Pflicht der Staaten kodifiziert ist (Istanbul-Konvention), wird die Schutzbedürftigkeit von Männern nicht anerkannt und oft sogar mit Verachtung quittiert. Weder wird die zugeschriebene gewaltaffine Männlichkeit noch die doppelt wirksame Verletzungsoffenheit in den Männlichkeitskonstruktionen als soziale Problemlage aufgegriffen, geschweige denn geschlechterpolitisch reflektiert. Die männliche Verletzbarkeit erlangt zumeist erst dann Resonanz, wenn Täteranteile erkennbar werden.

Die Soziale Arbeit und der dort praktizierte Geschlechterdiskurs sind auch an der Verleugnung männlicher Verletzbarkeit aktiv beteiligt. Da Sozialarbeiter*innen in ihren Ausbildungsstätten und in ihren späteren Praxisstellen Männern oft als Gewalttäter begegnen, liegt es nahe, im Sinne einer Sich-selbst-erfüllenden-Prophezeiung dies als Regelfall zu erwarten. So richten Angebote zur ‚Gewaltberatung für Männer' sich größtenteils explizit an (potenzielle) Täter und sind oft aus Mitteln der Kriminalprävention finanziert. Geschlechterstereotypen machen jedoch blind für die Verletzbarkeit von Männern und auch für die Täterschaft von Frauen. Dies wirkt umso mehr, zumal Verletzbarkeit bislang keine grundlegende sozialarbeiterische Kategorie ist. Der ‚verletzte Mann' und die ‚verletzte Frau' sollten deswegen zum Kern der anstehenden Klärungen von Vulnerabilität – auch im häuslichen Lebensbereich – gehören. Es wäre ein geschlechteremanzipatorischer Akt, dieser Einsicht zum Durchbruch zu verhelfen, neben der Erkenntnis, dass die meisten Männer in ihrem Leben nie gewalttätig werden (Böhnisch 2012).

Nach den Ergebnissen einer Studie von Gahleitner (2005) zur Traumabewältigung von sexueller Gewalt bei Männern und Frauen stimmen die Initialeffekte des sexuellen Traumas für beide Geschlechter überein. Unterschiede zeigen sich in den Langzeitauswirkungen und deren Verarbeitung. Ansätze, Vorübungen und wirkliche Gewalthandlungen wahrzunehmen, erfordert Aufmerksamkeit für beide Seiten, Opfer und Täter (wobei der*die momentane Täter*in auch zuvor/früher Opfer gewesen sein kann) (vgl. Lenz 2021).

Gewalt gegen Frauen in Paarbeziehungen findet sich sehr häufig in Familien mit Kindesmisshandlung; darauf muss der Kinderschutz besonders achten. Erlebte und miterlebte Gewalt hat lange Nachwirkungen, auch nach Trennung und Scheidung, zumal die Gefährdung dann noch steigen kann.

Erfordernisse der Intervention: Staatliches Handeln ist gefordert, Vorbeugung, Schutz und Bestrafung zu gewährleisten. So gibt es bei der Misshandlung, Vernachlässigung und sexuellen Ausbeutung von Kindern klare verpflichtende gesetzliche Vorgaben, die auch ein Recht auf Hilfen zur gewaltfreien Erziehung einschließen. Vorrangig sind neben dem Schutz der Opfer die tatsächliche Umsetzung von Sanktionen, verbunden mit Angeboten der Verhaltensmodifikation für Täter*innen. Dabei ist darauf zu achten, dass keine Geschlechterstereotypen bedient werden, sondern ergebnisoffen auf die zugrunde liegenden Taten geschaut wird.

Möglichkeiten der Prävention und Ansätze guter Praxis: Eine gute Intervention wirkt auch präventiv. Im Gegensatz zur Intervention ist die Prävention institutionell kaum abgesichert; einige Bundesländer haben immerhin Prävention in Schulen rechtlich und teilweise finanziell abgesichert (Kavemann 2012a; Hertlein 2019). Die fehlende Forschung zum Nachweis ihrer Wirksamkeit erschwert ihren Ausbau. Es gibt jedoch evaluierte Ansätze früher Hilfen, die im Übergang zur Elternschaft vorbeugend wirken können (Cierpka 2005).

Prävention beginnt mit der differenzierten Wahrnehmung und Bewertung dessen, was Gewalt ist, und der daraus sich ergebenden geschlechtsbezogenen Konzipierung und Umsetzung. Sie zielt darauf ab, dass Gewalt gar nicht erst stattfindet oder früh und wirksam beendet wird. Dazu kann auch beitragen, die Persönlichkeit eines Jungen oder Mädchens und seine Entscheidungsfähigkeit zu stärken (‚Nein sagen dürfen!'). Folglich sind tradierte Selbstverständlichkeiten beider Geschlechter über den üblichen Umgang mit Aggression (‚Das ist bei denen eben normal.') infrage zu stellen. Zudem erweisen sich Modelle von Gewaltlosigkeit, insbesondere auch von gewaltloser Männlichkeit und Weiblichkeit für die Verringerung von Gewalt wichtig. Werte wie Unterstützung und Solidarität statt des Eigennutzes und der Konkurrenz sind bedeutsame kontextuelle kulturelle Normen der Gewaltminderung.

Voraussetzung für die sozialarbeiterische Profession ist die persönliche und fachliche Auseinandersetzung mit der eigenen Geschlechtergeschichte. Eine nicht biologistisch begründete Genderkompetenz bietet für eine fachgerechte professionelle Tätigkeit die Chance, die eigenen Vorstellungen von Normalität zu reflektieren und professionelle Konfliktfähigkeit gekoppelt mit Frustrationstoleranz zu entwickeln.

Carol Hagemann-White und Hans-Joachim Lenz

Zum Weiterlesen
Gahleitner, Silke Birgitta (2005): Sexuelle Gewalt und Geschlecht. Hilfen zur Traumabewältigung bei Frauen und Männern. Gießen: Psychosozial
Glammeier, Sandra (2011): Zwischen verleiblichter Herrschaft und Widerstand. Realitätskonstruktionen und Subjektpositionen gewaltbetroffener Frauen im Kampf um Anerkennung. Wiesbaden: VS
Jungnitz, Ludger/Lenz, Hans-Joachim/Puchert, Ralf/Puhe, Henry/Walter, Willi (Hrsg.) (2007): Gewalt gegen Männer: Personale Gewaltwiderfahrnisse von Männern in Deutschland. Opladen: Barbara Budrich

Gleichstellungspolitik

Unter Gleichstellungspolitik sind Maßnahmen zu verstehen, die einerseits Diskriminierung verhindern und andererseits die gleiche Teilhabe aller Geschlechter an gesellschaftlichen Ressourcen fördern sollen. Bis vor wenigen Jahren bezog sich die Gleichstellungspolitik auf Frauen und Männer, was sich noch bis heute in Gesetzen widerspiegelt. Rechtliche Grundlage ist in Deutschland Art. 3 des Grundgesetzes, der die Gleichberechtigung von Frauen und Männern in Deutschland garantiert. Im Zuge der Verfassungsreform (1994) wurde Abs. 2 durch einen klaren Handlungsauftrag an den Staat ergänzt: „Der Staat fördert die tatsächliche Durchsetzung der Gleichberechtigung von Frauen und Männern und wirkt auf die Beseitigung bestehender Nachteile hin."

Angestoßen durch soziale Bewegungen im Umfeld von Queer, Rassismus, Migration und Behinderung werden Orientierungen wie Transgender, Diversität und Intersektionalität bedeutender. Für die Gleichstellungsarbeit rücken neben cisgeschlechtlichen Frauen und Männern auch transgeschlechtliche und nichtbinäre Menschen in den Fokus. Nicht zuletzt das Inkrafttreten des Allgemeinen Gleichbehandlungsgesetzes 2006 (Antidiskriminierungsgesetz) bedeutet für die Gleichstellungsarbeit, Diskriminierungen und Teilhabechancen nicht nur nach Geschlecht, sondern auch in Hinblick auf Alter, Behinderung und chronische Krankheiten, ethnische Herkunft/Rassismus, Religion/Weltanschauung, sexuelle Identität, Bildung und soziale Herkunft zu bedenken (ADS 2015; Wersig 2017).

Geschichte: Bis 1990 verlief die Entwicklung der Frauen- und Gleichstellungspolitik in den beiden Teilen Deutschlands unterschiedlich. In der Deutschen Demokratischen Republik (DDR) war die Gleichberechtigung in der Verfassung (1949) in Art. 7 festgeschrieben. Im Vordergrund standen die Erwerbstätigkeit und der Anspruch auf öffentliche Kinderbetreuung. Viele andere Fragen im Kontext von Gleichstellung wie etwa familiäre Gewalt oder die Doppelbelastung der Frauen durch Erwerbs- und Hausarbeit waren tabuisiert und wurden erst in den 1980er Jahren von Frauengruppen thematisiert (Bock 2020; Schmidt 2007).

In der Bundesrepublik Deutschland (BRD) wurden in den 1950er und 1960er Jahren rechtliche Regelungen, die dem Grundgesetz (1949) widersprachen, nur sehr zögerlich geändert. Ehe- und Familienrechtsregelungen, das Arbeits- und Steuerrecht und zahlreiche sozialpolitische Regelungen schrieben die Benachteiligungen von Frauen fest. Ab Ende der 1960er Jahre schaffte die Zweite Frauenbewegung eine Öffentlichkeit für die Kritik an hierarchischen Geschlechterverhältnissen in der Gesellschaft und führte seit den 1980er Jahren auch in eine institutionalisierte Frauen- und Gleichstellungspolitik (Lenz 2010).

Mit dem Beitritt der DDR zur BRD 1990 zeigten sich deutliche Unterschiede, aber auch Gemeinsamkeiten in den Geschlechterverhältnissen: So erreichte der Anteil erwerbstätiger Frauen in der DDR im Jahr 1989 einen der weltweit höchsten Werte von 91,3 Prozent, zeitgleich in Westdeutschland 51 Prozent. Doch in Ost und West waren Frauen häufig teilzeiterwerbstätig, arbeiteten überwiegend in frauentypischen Berufen und hatten kaum Zugang zu Führungspositionen (BMFSFJ 2015, S. 21 und 22).

Institutionalisierte Gleichstellungspolitik – international, europäisch und national: Nationale Gleichstellungspolitiken sind durch mehr oder weniger bindende internationale und europäische Regulierungen beeinflusst. Die Frauenrechtskonvention der Vereinten Nationen (1979) gilt als das umfassendste internationale Instrument zum Schutz der Menschenrechte der Frau (CEDAW Convention on the Elimination of all Forms of Discrimination against Women). Sie verlangt von den Vertragsstaaten regelmäßige Berichte zur Umsetzung auf nationaler Ebene (Deutscher Bundestag 2015).

Die Gleichstellungs- und Antidiskriminierungsgesetze der EU sind in den europäischen Ländern bindend und haben auch die Gleichstellungspolitik in Deutschland beschleunigt (Klein 2012). Mit dem Perspektivwechsel des Amsterdamer Vertrages (1999) von der Frauenfrage hin zur Geschlechterfrage wurde für alle Mitgliedstaaten Gender Mainstreaming als neue Strategie verbindlich: Sie soll die Lebensbedingungen für alle Geschlechter zum Thema sämtlicher Politikfelder machen. Zahlreiche weitere europäische Richtlinien, Kampagnen und Fördermaßnahmen prägen nationale Gleichstellungspolitiken (EIGE 2020; CEMR 2006). Insbesondere die Etablierung eines EU Gender Equality Index (2013), der ein wiederkehrendes Monitoring von Gleichstellungsindizes in den Mitgliedstaaten erlaubt, gilt als ein „wesentlicher Baustein einer evidenzbasierten Gleichstellungspolitik und -gesetzgebung" (Gottschall 2019, S. 480). Die jüngste Strategie für die Gleichstellung der Geschlechter von

2020 bis 2025 hat die inhaltlichen Schwerpunkte Gewalt (z. B. waren 33 Prozent der Frauen in der EU Opfer körperlicher und/oder sexueller Gewalt), Erwerbstätigkeit und Sorgearbeiten, Einkommen und Rente (z. B. erhalten Frauen im Durchschnitt 30 Prozent weniger Rente als Männer) sowie fehlende Repräsentanz von Frauen in Führungspositionen (z. B. liegt in Aufsichtsgremien der Frauenanteil bei 7,5 Prozent) (Europäische Kommission 2020).

In Deutschland wird Gleichstellungspolitik durch die Gleichstellungsabteilung des Bundesministeriums für Familie, Senioren, Frauen und Jugend (BMFSFJ) und durch entsprechende Gleichstellungsstellen auf Länderebene gestaltet. In jeder Legislaturperiode berichtet die Bundesregierung: Der Dritte Gleichstellungsbericht beschäftigt sich mit der geschlechtergerechten Gestaltung der Digitalisierung (BMFSFJ 2021b). Den rechtlichen Rahmen bilden neben dem Grundgesetz vor allem das Bundesgleichstellungsgesetz (BGleiG 2015) und die Landesgleichstellungsgesetze der 16 Bundesländer, die mittels Frauenquoten (Hendrix 2019), Ausführungen zu Gremienbesetzungen und Maßnahmen zur Vereinbarkeit von Beruf und Familie die Gleichstellung der Geschlechter im öffentlichen Dienst regeln. Für den privatwirtschaftlichen Bereich gibt es mit dem Gesetz für die gleichberechtigte Teilhabe von Frauen und Männern an Führungspositionen (2016) lediglich eine Geschlechterquote von 30 Prozent für neu zu besetzende Aufsichtsratsstellen in börsennotierten und mitbestimmungspflichtigen Unternehmen; ab 2021 muss zudem in den Vorständen mit mehr als drei Mitgliedern mindestens eine Frau dabei sein. Für die gleichberechtigte Repräsentanz von Frauen in der Politik brachte Brandenburg als erstes Bundesland ein auch von Gleichstellungsstellen gefordertes Paritätsgesetz (2019) auf den Weg, das allerdings durch das zuständige Verfassungsgericht vorerst gekippt wurde (Kletzing 2020; Laskowski 2020; Wiechmann 2020). Nicht zuletzt an den Hochschulen ist das Verhältnis von Gleichstellungsrecht und Gleichstellungspraxis immer wieder Thema (Kortendiek et al. 2019; Blome et al. 2014).

Gleichstellungsstellen auf kommunaler Ebene: Sie sind in der Bundesarbeitsgemeinschaft kommunaler Frauen- und Gleichstellungsstellen (BAG) organisiert und arbeiten mit dem Ziel, innerhalb der Stadtverwaltung und für die gesamte Stadtgesellschaft eine Gleichstellung der Geschlechter zu erreichen. Die Gleichstellungs- bzw. Frauenbeauftragten – vereinzelt auch Ansprechpartner für Männer (Becker 2019b) – kooperieren in ihrer praktischen Arbeit meist mit (auch feministischen) Projekten und Vereinen aus der Zivilgesellschaft, mit Gewerkschaften und mit Gleichstellungsbeauftragten in den Personal- und Betriebsräten in der Wirtschaft sowie an den Hochschulen. Sie unterscheiden sich in der personellen und finanziellen Ausstattung (haupt- und nebenamtliche Tätigkeit) sowie in ihren Rechten (Akteneinsicht, Mitwirkung bei Ratsvorlagen, Rederecht im Gemeinde- und Stadtrat). Die Aufgabenbereiche gleichen sich jedoch weitgehend (Berghahn/Schultz 2020).

Zu den Aufgaben kommunaler Gleichstellungspolitik innerhalb der Verwaltung gehören u. a. die Sicherung der Chancengleichheit bei Einstellungen und Aufstiegen, die Arbeitszeitregelungen und Aktivitäten gegen sexuelle Belästigung oder andere Diskriminierungen am Arbeitsplatz. Im Rahmen der stadt- bzw. ortsweiten Tätigkeiten sind klassische Aufgabenbereiche zum einen der Schutz von Frauen vor Gewalt sowie zum anderen Beratungs-, Bildungs- und Mentoringangebote für bestimmte Zielgruppen (Frauen und Mädchen, Männer und Jungen, trans*Personen, Lesben und Schwule, alleinerziehende Mütter und Väter, geflüchtete Frauen, Sexarbeiterinnen und von Wohnungslosigkeit betroffene Frauen). Diese Themenfelder überschneiden sich besonders stark mit den Arbeitsfeldern der Sozialen Arbeit. Darüber hinaus begegnet Gleichstellungspolitik dem alltäglichen und strukturellen Sexismus mit Empfehlungen und Anträgen zur gleichstellungsorientierten Haushaltspolitik (Gender Budgeting) und zur gendergerechten Entwicklung und Planung von Stadtquartieren, Wohnungen, Infrastruktureinrichtungen und öffentlichen Räumen. Schließlich werden zunehmend transformative Ansätze favorisiert, die (jenseits von noch immer primär diskutierten Gleichheits- und Differenzansätzen) die Auflösung des binären Denkens von Geschlecht fordern. Denn solange es nur darum geht, dass sich Frauen an Männer angleichen oder ‚weibliche' Lebenswelten gleich bewertet werden sollen, bleiben die Hierarchie zwischen den Geschlechtern und die ‚männlich' dominierte, vergeschlechtlichte Ordnung als Norm für alle bestehen (Leibetseder 2014, S. 36).

Ausblick: Chancenungleichheiten zwischen den Geschlechtern bleiben ein soziales Problem. 30 Jahre nach der Friedlichen Revolution zeigen Analysen des WSI GenderDatenPortal den Stand der Gleichstellung von Frauen und Männern: In Ost- wie in Westdeutschland finden sich Hinweise auf einen Abbau von Geschlechterungleichheit, dennoch bleiben Geschlechterungleichheiten bestehen (Hobler/Pfahl/Zucco 2020, S. 5). Für mehr Verwirklichungs- und Teilhabechancen aller Menschen unabhängig von Geschlecht und sexueller Identität braucht es weiterhin gleichstellungspolitische Veränderungen in den drei zentralen gesellschaftlichen Bereichen Erwerbsarbeit, Sozialstaat und privater Haushalt. So verlangt z. B. die zurzeit auch in der Öffentlichkeit geforderte Neubewertung und Anerkennung der gesellschaftlich notwendigen Sorgearbeiten (APuZ 2020) – bislang ein prägender Teil vor allem weiblicher Biografien – sowohl eine höhere Entlohnung erwerbsförmiger Pflege als auch die soziale Absicherung von Risiken unbezahlter Kindererziehung und Pflegetätigkeiten und schließlich auch partnerschaftliche und familiäre Auseinandersetzungen um Geschlechterbilder und -arrangements rund um die Verteilung unbezahlter Caretätigkeiten.

Brigitte Hasenjürgen und Uta Klein (†)

Zum Weiterlesen
ADS: Antidiskriminierungsstelle des Bundes (2020). Berlin: www.antidiskriminierungsstelle.de (Abfrage: 27.01.2021)
BAG (Bundesarbeitsgemeinschaft) kommunaler Frauenbüros und Gleichstellungsstellen (2020). Berlin: www.frauenbeauftragte.de (Abfrage: 27.01.2021)
Klein, Uta (2012): Geschlechterverhältnisse, Geschlechterpolitik und Gleichstellungspolitik in der Europäischen Union. Akteure – Themen – Ergebnisse. Lehrbuch. 2., aktualisierte Auflage. Wiesbaden: Springer VS

Gruppendynamik

Gruppe ist ein ur-menschlicher Lebenszusammenhang mit starken anthropologischen Grundlagen in der Familie, in der Sippe, in einfach strukturierten Gesellschaften. In Gruppen und interaktiver Resonanz verdichtet sich unsere soziale Existenz; wir können Akzeptanz und Anerkennung mit all unserer biopsychosozialen Besonderheit ebenso wie Abwertung, Aggression, Mobbing, Diskriminierung und Ausschluss erleben. Geschlecht ist dabei als sozial konstruiertes Ordnungsprinzip immer bedeutsam. Auch in der heutigen hochausdifferenzierten Gesellschaft bildet die Gruppe in Vergesellschaftungsprozessen eine wesentliche Schnittstelle zwischen Individuum und Organisation bzw. Gesellschaft. In dieser über Organisationen funktional ausdifferenzierten und teils anonymisierten Gesellschaft bietet die Gruppe gesellschaftlich jenen sozialen Bereich, in dem persönliche Zugehörigkeiten verhandelt und ermöglicht werden, die für individuelle Identitätsentwicklungen wesentlich sind, wobei dies sowohl für inkludierende als auch exkludierende als auch vergeschlechtlichte Gruppenprozesse gilt. Gruppen entstehen häufig informell – beispielsweise über Freizeit oder Ehrenamt. In Organisationen werden Teams zielgerichtet zur spezifischen Aufgabenerfüllung gebildet. Gruppen und Teams (zur Vereinfachung ab hier synonym als Gruppe bezeichnet) sind soziale Systeme, in denen die Bedeutung einer Person nicht über Leistungsorientierung, Effizienz und Output gemessen wird, sondern in der das Individuum auf der Beziehungsebene auch mit emotionalen Bedürfnissen und mit persönlichen Charakteristika und individuellen Lebenserfahrungen vorkommt. Dies stiftet sowohl für die* Einzelnen* als auch die gesamte Gruppe psychologische Sicherheit und Vertrauen (Edmondson 1999).

‚Gruppendynamik' geht als Begriff und Wissenschaft u. a. auf den Sozialpsychologen Kurt Lewin zurück. Die Erforschung von Gruppen ist mit der von ihm entwickelten Feldtheorie (Lewin 1951) und Aktionsforschung verbunden – beides sind Grundlagen der sozialpsychologischen und soziologischen qualitativen Forschung zu Gruppen und Organisationen. Bei Bion und Foulkes finden sich grundlegende psychoanalytische und psychotherapeutische Auseinandersetzungen mit der Gruppe als (heilendes) System – teilweise im Kontext der Organisation Krankenhaus (Hinshelwood 2007). Die Entwicklung der

Gruppendynamik in den USA der 1950er und 1960er Jahre war von aufklärerischen Ansprüchen für demokratische und partizipative Strukturen mit dem Ziel getragen, Massenphänomene und autoritäre Systeme, wie den Nationalsozialismus, zukünftig zu verhindern. Kritische kollektive Auseinandersetzung mit Autorität(en) – beispielsweise den Trainer*innen – war im Fokus. Nur wenige Jahre nach dem Zweiten Weltkrieg entstanden auch in Europa Gruppendynamikseminare als Lernformate mit aufklärerischem, gesellschaftspolitischem Anspruch und in Großbritannien wurde mit dem European Institute for Transnational Studies in Group and Organisational Development (EIT) ein richtungsgebender Ausbildungskontext gebildet (Schwarz et al. 1993; Schwarz 1993). Die Gründungsgeschichte der Gruppendynamik ist – wie alle Wissenschaften zeigen – eine männliche, und die Beschäftigung mit Geschlechterverhältnissen und -dynamiken in Gruppen sowie Geschlechterreflexion in gruppendynamischen Ausbildungskontexten sind lange Zeit an schlichtes Alltagswissen zu Geschlecht und essentialisierenden Geschlechterstereotypen gekoppelt. Differenzierte Geschlechtertheorien und Intersektionalität finden nun stärker Aufmerksamkeit (Flicker 2020). Gender-Debatten unter Gruppendynamiker*innen sind von alltäglichem bis theoretischem Geschlechterwissen bewegt, was mitunter sowohl in gruppendynamischen Trainingsgruppen als auch in der Ausbildung als auch in der professionellen Selbstreflexion für reichlich Verwirrung, Widerstand und „gender trouble" (Butler 1990) sorgen kann.

Gruppendynamik umfasst alle komplexen und sozialen Prozesse in Gruppen und deren Effekte im Lauf der Entwicklung einer Gruppe. Entlang unterschiedlicher Disziplinen, die sich mit Gruppendynamik befassen (Psychologie, Psychoanalyse, Psychotherapie, Soziologie, Kulturanthropologie, Wirtschaftswissenschaften u. a.), und der damit verbundenen unterschiedlichen Paradigmen gibt es nicht eine, sondern eine Vielzahl von Theorien zu Gruppen – ebenso wie es eine Vielzahl von Geschlechtertheorien gibt. Eine grundlegende Unterscheidung gruppentheoretischer Zugänge liegt in der Fokussetzung: stärkere analytische Ausrichtung auf das Individuum versus Fokus auf soziale Systeme und deren Strukturen.

Typische gruppendynamische Themen sind Gruppenzugehörigkeit, Wir-Gefühl versus Außen, Unterschiede bzw. soziale Differenzierungen innerhalb der Gruppe, Werteverteilung, Subgruppen und Allianzen, Einfluss, Konkurrenz, Konflikte, Hierarchien, Feedback, Selbstbild versus Fremdbild, Bewusstes und Unbewusstes in Gruppen sowie formales und informelles Gruppenleben. Gruppen sind soziale Formationen, die kulturellen Färbungen unterliegen. Dieselbe Person kann in unterschiedlichen Gruppen unterschiedliche Rollen ausüben. Es ist das soziale System Gruppe, das im Zusammenwirken seiner Elemente seinen Kommunikationsmodus und seine innere Ausdifferenzierung gestaltet. Die eigene Rolle in Gruppen ist erlernt, kulturell überformt und ist für jedes Individuum je nach Gruppe und Gruppenkontext wandelbar. Dies bedeutet, dass die eigene Position in Gruppen und der eigene Umgang in und mit Gruppen im eigenen Leben nie absolut festgeschrieben ist, sondern verändert und daher auch trainiert werden kann.

Geschlecht und Intersektionalität werden als Effekte von Sozialdifferenzierung in jeder Gruppe wirksam – unabhängig davon, ob sie explizit thematisiert, ‚nur' performativ hergestellt – doing gender (West/Zimmermann 1987) – oder schlichtweg zugeschrieben werden. Die „soziale Fortpflanzung der Zweigeschlechtlichkeit" (Hirschauer 1994) folgt den grundlegenden Annahmen, wonach es zwei – und nur zwei – Geschlechter gibt, wonach jeder Mensch von Geburt an ein Geschlecht hat, wonach Geschlecht ein natürlicher, evolutionsbiologisch eindeutig bestimmbarer Tatbestand sei, der bis heute wirksam werde u.v.m. Dies verführt Gruppen (und mitunter auch Trainer*innen) zu unterkomplexen dualistischen Bildern von Geschlechterrollen, die sich in ihrer Undifferenziertheit als de-politisierend und antiemanzipatorisch erweisen.

Tiefsitzende geschlechtsbezogene Muster werden in Gruppen und in Gegenwart eine*r Trainer*in von Beginn an (unbewusst) wachgerufen, unabhängig davon, wie die Teilnehmer*innen in Bezug auf Geschlechter und sexuelle Orientierung zusammengesetzt sind. Angelehnt an ein Familienbild aus Eltern und Kindern verführt insbesondere ein gegengeschlechtliches Trainer*innenpaar zur Regression der Teilnehmer*innen und Unterordnung unter eine (elterliche) Autorität. Entlang des gruppendynamischen Dependenzmodells (Bennis 1972) erfolgt die Entwicklung hin zu einer reifen Gruppe im Umgang ‚auf Augenhöhe' mit der*dem (qua Rolle) institutionalisierten und dadurch autoritätsbehafteten Trainer*in. Mit den Kultur- und Sozialisationserfahrungen der Gruppenmitglieder sind diese Geschlechterbilder in Gruppen von Beginn an eingeschrieben (Königswieser 1981) und wirken nicht nur in der Autoritätskonstruktion gegenüber der* Trainer*in, sondern auch als Muster vergeschlechtlichter Herrschaftsverhältnisse untereinander. Unterschiedliche Erwartungen an Trainerinnen und Trainer werden beispielsweise wirksam, wenn eine emotional ‚abstinente' Trainerin/ weibliche Führungskraft eine fürsorgliche Zuwendung (caring) verweigert; dies kann als kränkend, kühl und hart erlebt und kritisiert werden. Dieses Nicht-versorgt-Werden und Auf-sich-gestellt-sein kollidiert mit geschlechtsspezifischen Erwartungsnormen an die ‚gute Mutter', wohingegen ein kühler, strenger Trainer/Vorgesetzter mitunter einem vertrauten männlichen Autoritäts- und Führungsbild entspricht.

Dank eines differenzierteren Geschlechtermodells (als die Binarität von Männern – Frauen) ermöglicht das von Raewyn Connell entwickelte Konzept Hegemonialer Männlichkeit (Connell 1987; Connell/Messerschmidt 2005; Messerschmidt/Messner 2018) die Analyse komplexerer Dynamiken von Zugehörigkeiten, Dominanz, Unterordnung und Bindung. Mit makrostrukturellem Blick auf Geschlechterverhältnisse wird eine gesellschaftliche Dominanzstruktur von Männern über Nicht-Männer, also (verkürzt gesagt) über alle ‚anderen', wie Frauen, Inter- und Transsexuelle und auch über jene Männer, die als homosexuell oder nicht-weiß oder sozial schwach wahrgenommen werden (beispielsweise entlang einer Klassen-, Schicht- oder Statusdifferenz), identifiziert. Auf der Mikroebene – also beispielsweise in Gruppen – werden soziokulturelle Praktiken zur Erhaltung oder Verteidigung patriarchaler Strukturen, privilegierter Männlichkeiten, von Komplizenschaft, (symbolischer) Unterordnung und marginalisierter Männlichkeiten bei der Herstellung von Zugehörigkeit, Macht/Einfluss, Nähe/Vertrauen wirksam. Das Konzept ermöglicht auch, geschlechtsspezifische physische, psychische, strukturelle und symbolische Gewalt (z. B. gegen Frauen) in den Blick zu bekommen.

Eingeschlechtlich zusammengesetzte Gruppen (Frauengruppen, Männergruppen) bieten einerseits einen ‚safe space' für heikle Themen; andererseits reproduzieren sie durch den Ausschluss des anderen Geschlechts eine irreführende binäre Geschlechterdifferenz und mitunter auch Geschlechterdiskriminierung. Wahrnehmungen und Verhaltensweisen können dann zwar Personen, aber nicht Repräsentant*innen eines Geschlechts zugerechnet werden bzw. kann eine solche Zuordnung nur auf geschlechtsbezogene Vorurteile zurückgreifen.

Die Weiterentwicklung des ursprünglich auf die drei Kategorien Geschlecht, Ethnizität (race) und Klasse (bzw. Schicht) konzentrierten Intersektionalitätsansatzes erfasst heute auch Bildung, sexuelle Orientierung, Behinderung, religiöse Orientierung, Alter. Sie alle sind als Merkmale sozialer Differenzierung Bestandteil jeder Gruppendynamik. Die Unterscheidungen werden auch in eingeschlechtlich oder monokulturell strukturierten Gruppen wirksam, z. B. in Gruppen mit ausschließlich weißen Mitgliedern oder reinen Studierendengruppen oder Gruppen ohne behinderte Mitglieder, in Jugendgruppen, in Gruppen, deren Mitglieder sich alle als heterosexuell verstehen, etc. Die Exklusivität und der Ausschluss bestimmter Merkmale werden als Unterscheidung in der Gruppe konstitutiv und beeinflussen auch ihre Entwicklung und ihr Selbstverständnis gegenüber der sozialen Umwelt. In Gruppendynamiktrainings geht es letztlich darum, Wahrnehmung und Besprechbarkeit zu üben – im Sinne wertschätzender, inkludierender Kultur in Gruppen, Organisationen und Gesellschaft.

Eva Flicker

Zum Weiterlesen
Antons, Klaus/Ehrensperger, Heidi/Milesi, Rita (2019): Praxis der Gruppendynamik. Übungen und Modelle. 10., vollständig überarbeitete Auflage. Göttingen: Hogrefe
König, Oliver/Schattenhofer, Karl (2006): Einführung in die Gruppendynamik. Heidelberg: Carl-Auer

Krainz, Ewald E./Lesjak, Barbara (2004): Gruppendynamik in der Sozialarbeit. In: Knapp, Gerald (Hrsg.): Soziale Arbeit und Gesellschaft. Studien zur Sozialpädagogik. Klagenfurt, Laibach, Wien: Mohorjeva Hermagoras, S. 310–341

Habitus

Der Begriff des Habitus meint ganz allgemein die Ebene der Erfahrung bzw. des „praktischen Wissens" oder „inkorporierten Wissens" (vgl. Krais/Gebauer 2002) im Gegensatz zum theoretischen oder bewussten Wissen. Ein anspruchsvolles und in den Sozial- und Kulturwissenschaften breit rezipiertes Habituskonzept ist von dem Soziologen Pierre Bourdieu ausgearbeitet worden. Dessen Habitusbegriff ist geeignet, den Gegensatz zwischen Handlung und Struktur, Mikro- und Makrosoziologie oder Subjektivismus und Objektivismus zu überwinden bzw. eine Vermittlung zwischen diesen Ebenen herzustellen. Eine Habitusanalyse ist daher hoch anschlussfähig an eine wissenssoziologisch fundierte Sozialforschung, die darauf ausgerichtet ist, den Dokumentsinn von Handlungspraxen zu rekonstruieren. Die objektive Lage ist sowohl im Verständnis einer praxeologischen Wissenssoziologie, wie sie etwa von Bohnsack betrieben wird, wie auch in der Kulturanalyse von Bourdieu den Individuen eingeschrieben und lässt sich jenseits des subjektiv gemeinten Sinns oder der Intentionen der Akteure analysieren (vgl. Bohnsack 2017, S. 296 f.).

Nach Bourdieu ist der Habitus ein im Prozess der primären Sozialisation erworbenes System dauerhafter Dispositionen im Individuum. Basis des Habitus ist eine bestimmte soziale Lage. Menschen mit einem gemeinsamen sozialen Hintergrund (oder im Sinne der Wissenssoziologie: einem gemeinsamen „konjunktiven Erfahrungsraum", vgl. Bohnsack 1991) neigen dazu, soziale Situationen ähnlich zu beurteilen und ähnlich zu handeln. Denn sie haben einen ihrer sozialen Lage entsprechenden Habitus ausgebildet, der als „Wahrnehmungs-, Denk- und Handlungsmatrix" (Bourdieu 2012, S. 63) fungiert und so auch typische Muster der Problembewältigung hervorbringt. Insofern ist der Habitus ein „gesellschaftlicher Orientierungssinn" (Bourdieu 1987a, S. 728). Die soziale Lage wird bei Bourdieu dadurch bestimmt, in welchem Maße ökonomisches, kulturelles und soziales Kapital besessen oder nicht besessen wird. Der Habitus ist inkorporierte, d. h. in den Leib eingeschriebene soziale Lage, die sich dann in unterschiedlichen Lebensstilen äußert (vgl. Meuser 2006c, S. 112 f.).

Die soziale Lage ist bei Bourdieu zunächst in erster Linie die Klassenlage, der inkorporierte Habitus ist dementsprechend ein Klassenhabitus. Erst in seinem Buch über „Die männliche Herrschaft" (Bourdieu 2005) bezieht er das Habituskonzept auch in systematischer Weise auf das Geschlechterverhältnis. Empirische Basis seiner Überlegungen sind seine gegen Ende der 1950er Jahre betriebenen ethnologischen Feldforschungen in der kabylischen Gesellschaft Algeriens. Bourdieu beschreibt anhand der kabylischen Gesellschaft in exemplarischer Weise die Somatisierung der von männlicher Dominanz geprägten gesellschaftlichen Herrschaftsverhältnisse (vgl. Meuser 2006c, S. 113 ff.).

Die von der symbolischen Herrschaft der Männer gekennzeichnete Geschlechterordnung schreibt sich als „Ensembles von Dispositionen" in die Körper ein, „denen der Schein des Natürlichen anhaftet" (Bourdieu 2012, S. 91). Die geschlechtliche Ordnung, die gleichzeitig eine gesellschaftliche Ordnung ist, findet in zwei verschiedenen Klassen von Habitus ihren Ausdruck. Während die Männer der kabylischen Gesellschaft das Außerhäusliche, das Offizielle, das Öffentliche, das Hohe und Diskontinuierliche repräsentieren, stehen die Frauen für das Innerhäusliche, das Niedere, das Kontinuierliche (ebd., S. 57). Männlichkeit erweist sich ferner als eine kompetitive Praxis unter Männern; sie konstituiert sich im öffentlichen Raum durch die „ernsten Spiele des Wettbewerbs" (Bourdieu 1997b; Meuser 2008a, S. 115 f.) unter ebenbürtigen „Partner-Gegnern". Frauen sind von diesen Spielen gleicher Ehre ausgeschlossen. „Die Frauen sind von allen öffentlichen Orten, der Versammlung, dem Markt, ausgeschlossen, wo sich die Spiele abspielen, die, wie die Spiele der Ehre, für gewöhnlich als die ernstesten des menschlichen Daseins gelten. Sie sind, wenn man so sagen kann, a priori im Namen des (stillschweigenden) Prinzips gleicher Ehre ausgeschlossen" (Bourdieu 2012, S. 89 f.).

Die Frauen selbst nehmen, Bourdieu zufolge, in Bezug auf die sie dominierenden Machtverhältnisse einen Standpunkt ein, der das Produkt der Inkorporierung dieser Machtverhältnisse ist: Der weibliche Habitus zeigt sich in einer Haltung der Zurückhaltung, so, „als ob die Weiblichkeit in der Kunst bestünde, sich klein zu machen" (Bourdieu 2012, S. 54). Ähnliches gilt für andere inferiorisierte Kategorien, wie etwa Homosexualität oder Transgender. Der Soziologe Didier Eribon schreibt unter Bezugnahme auf Bourdieu von einer „geradezu ontologischen Verletzbarkeit" bzw. einem „Schamgefühl", das sich denen, die von der sozialen und sexuellen Ordnung abweichen, als „fundamentale Dimension ihres Bezugs zur Welt und zu den anderen geradezu körperlich einschreibt" (Eribon 2017, S. 48).

Die soziale Existenz eines Geschlechts, so lässt sich folgern, ist an einen spezifischen Habitus gebunden, der bestimmte Praxen hervorbringt und andere Praxen ausschließt. Hier lässt sich an das ethnomethodologische Prinzip des ‚doing gender' (vgl. Garfinkel 1967) anschließen: „Der geschlechtliche Habitus ist Basis von doing gender, garantiert als ‚modus operandi' dessen Geordnetheit" (Meuser 2006, S. 117). Insofern sorgt der Habitus für die Reproduktion sozialer Ungleichheit (auch) in den Geschlechterverhältnissen.

Allerdings existiert männliche Herrschaft seit einigen Dekaden nicht mehr ungebrochen. Die feministische Bewegung, der Strukturwandel der Erwerbsarbeit sowie der Bedeutungsverlust des Normalarbeitsverhältnisses sind Herausforderungen für die männliche Hegemonie (vgl. Lengersdorf/Meuser 2016). Trotz dieser Transformationen besteht für Bourdieu die Struktur der zwischen den Geschlechtern bestehenden Herrschaftsbeziehungen weiter. Diese Feststellung der Konstanz der Struktur oder der relativen Trägheit des Habitus ist aus seiner Perspektive nicht mit einem „Enthistorisierungs- und damit einem Naturalisierungseffekt" (Bourdieu 2012, S. 177) verbunden. Bourdieu betont vielmehr die Resistenz der Geschlechterordnung gegenüber einem von „postmodernen Philosophen" betriebenen „subversiven Voluntarismus" (ebd., S. 178). Er weist somit, ähnlich wie Judith Butler (1997b), voluntaristische Missverständnisse zurück, denen zufolge Geschlecht eine Wahl oder eine nach Belieben zu spielende Rolle sei. Bourdieu verweist auf die Macht der Struktur: „Die Wahrheit der strukturellen Beziehungen der geschlechtlichen Herrschaft ist z. B. daran klar erkennbar, daß die in sehr hohe Positionen aufgestiegenen Frauen (leitende Angestellte, Ministerialdirektorin usf.) ihren beruflichen Erfolg mit geringem ‚Erfolg' im häuslichen Bereich (Scheidung, späte Heirat, Ehelosigkeit, Schwierigkeiten oder Fehlschläge mit den Kindern usf.) und in der Ökonomie der symbolischen Güter bezahlen müssen" (ebd., S. 184).

Eine subversive politische Bewegung, die die Überwindung der männlichen Herrschaft anstrebt, muss Bourdieu zufolge „wirklich alle Herrschaftseffekte berücksichtigen, die über die objektive Komplizenschaft zwischen den (in den Männern wie den Frauen) inkorporierten Strukturen und den Strukturen der großen Institutionen ausgeübt werden, wo nicht nur die männliche Ordnung, sondern die gesamte gesellschaftliche Ordnung vollendet und reproduziert wird" (ebd., S. 199).

Das kultursoziologische Konzept des Habitus von Pierre Bourdieu, das Konzept der Einschreibung der Struktur in den Körper, jenseits von Bewusstsein und Diskurs, bietet eine Erklärung für die Persistenz gesellschaftlicher Ungleichheitsverhältnisse auch im sozialen Wandel.

Für eine geschlechter- und habitusbewusste Soziale Arbeit ist es bedeutsam zu reflektieren, dass die Handlungspraxis von Subjekten mehr ist als die Aufführung sozialer Rollen. Soziales Handeln, auch solches, das als problematisch etikettiert wird, ist an einen bestimmten (geschlechtlichen oder milieuspezifischen) Habitus rückgebunden, der für die Subjekte nicht unbedingt reflexiv verfügbar ist. Angebote im Sinne einer lebensweltlich orientierten Sozialen Arbeit vermögen in dem Maße Veränderungen bzw. einen gelingenderen Alltag (vgl. Thiersch 2014) anzustoßen, indem es den Fachkräften der Sozialen Arbeit gelingt, an den spezifischen Habitus ihres Adressat*innenkreises anzuknüpfen. Gleichzeitig gilt es, sich bewusst zu machen, dass auch das Handeln der Fachkräfte der Sozialen Arbeit selbst in einen spezifischen Habitus eingelassen ist.

Cornelia Behnke-Vonier

Zum Weiterlesen
Bourdieu, Pierre (1997b): Die männliche Herrschaft. In: Dölling, Irene/Krais, Beate (Hrsg.): Ein alltägliches Spiel. Geschlechterkonstruktion in der sozialen Praxis. Frankfurt/M.: Suhrkamp, S. 153–217

Lenger, Alexander/Schneickert, Christian/Schumacher, Florian (Hrsg.) (2013): Pierre Bourdieus Konzeption des Habitus. Grundlagen, Zugänge, Forschungsperspektiven. Wiesbaden: Springer

Meuser, Michael (2008): It's a Men's World. Ernste Spiele männlicher Vergemeinschaftung. In: Klein, Gabriele/Meuser, Michael (Hrsg.): Ernste Spiele. Zur politischen Soziologie des Fußballs. Bielefeld: transcript, S 113–134

Hausarbeit

Die großen Gesellschaftstheorien, die sich mit Arbeit befassen, ignorieren Hausarbeit als wesentliche Leistung der Frauen für die Erschaffung und den Erhalt der Gesellschaft (Reproduktionsarbeit) weiterhin. Weder Karl Marx noch Max Weber haben die unbezahlte Hausarbeit als Basis für die Entwicklung des Kapitalismus betrachtet. Die Arbeiten im Haus, bei der Erziehung der Kinder, der Pflege der Hilfsbedürftigen fallen nicht unter die Definition Arbeit, weil sie bekanntlich nicht bezahlt und privat, isoliert, ohne Arbeitsvertrag und ohne soziale Rechte erbracht werden. Aus dieser Ignoranz ergab sich eine Reihe von Problemen, denn die Arbeiten, die nicht erwerbsförmig organisiert sind, sind gesellschaftlich ebenso notwendig wie die Erwerbsarbeit.

Hausarbeit, so wird oft behauptet, sei so alt wie die Menschheit selbst. Als eigene Arbeitsform ist sie jedoch relativ spät mit der Entfaltung des Kapitalismus entstanden. Erst dann entwickelte sich die Ideologie der naturgemäßen Bestimmung der Frau als Hausfrau, Ehefrau und Mutter. Die bürgerliche Familienideologie definiert seither Hausarbeit als Erscheinungsform von Arbeit aus Liebe gegenüber der außerhäuslichen Erwerbsarbeit des Mannes (vgl. Hausen 1978). Allerdings war das viel zitierte und glorifizierte ‚ganze Haus' der vorindustriellen Gesellschaft, dessen Struktur eine Tätigkeitsbegrenzung von Frauen auf die rein hauswirtschaftlichen Arbeiten nicht vorsah, ein Mythos. Es war – abgesehen davon, dass es nur für eine kurze Zeitspanne, vornehmlich im großbäuerlichen Bereich existierte – bereits patriarchal organisiert und basierte auf der traditionellen zentralen Rolle des Vaters, der notfalls mit Hilfe des Faustrechts sein Patriarchat verteidigte.

Die Industrialisierung begünstigte eine neue Form der geschlechtshierarchischen Arbeitsteilung: Aufgabe des Mannes war es nun, durch seine außerhäusliche Erwerbstätigkeit die Familie zu ernähren; die von der Berufsarbeit ‚befreite' Frau hingegen sollte sich voll und ganz ihren Aufgaben als Hausfrau, Mutter und Gattin widmen können. Dieses Modell der Arbeitsteilung wurde zum Ideal des Bürgertums, an dem sich auch viele Arbeiterfamilien orientierten, obgleich es nur wenigen gelang, ohne den Broterwerb der Arbeiterfrauen zu existieren.

Trotz zunehmender außerhäuslicher Erwerbsarbeit der Frauen und einer Ausdifferenzierung der Formen des (Zusammen)Lebens werden Männer in der kapitalistisch-patriarchalen Gesellschaft meist immer noch als ‚Haupternährer' betrachtet. Für sie wird die Hausarbeit – je nach Lebenssituation – wesentlich von Frauen (Müttern, Töchtern, Schwiegertöchtern oder anderen weiblichen Familienangehörigen, Freundinnen, Ehefrauen) geleistet. In Westdeutschland hat die Zustimmung zu diesem bürgerlichen Modell der geschlechtsspezifischen Arbeitsteilung seit dem letzten Drittel des 20. Jahrhunderts stark abgenommen, weil Frauen den Anspruch erhoben, ebenfalls eine außerhäusliche Erwerbstätigkeit auszuüben. In Ostdeutschland (oder in den Neuen Bundesländern) waren im Zuge der Wiedervereinigung 91 Prozent der Frauen erwerbstätig. Studien gehen davon aus, dass die Frauen auch in der DDR Hausarbeit und Kindererziehung vorwiegend alleine ausübten (BMFSFJ 2015).

Nach der Wiedervereinigung hat sich – soweit es sich um heterosexuelle Paarbeziehungen handelt – aus dem Familienernährermodell mit Haupternährer und Hausfrau (BRD) und dem Modell mit zwei vollzeiterwerbstätigen Erwachsenen (DDR) ein Zuverdienst-Modell herausgebildet, d. h., der Mann ist weiterhin der Haupternährer und die Frau diejenige, die durch Teilzeitarbeit oder geringfügige Beschäftigung hinzuverdient. Rechtliche Regelungen und sozialpolitische Leistungen wie Ehegattensplitting, beitragsfreie Mitversicherung für Eheleute in der gesetzlichen Krankenversicherung und Witwenrente bestärken dieses Modell.

Weitgehend unverändert zeigt sich über die Jahrzehnte die tatsächlich praktizierte Arbeitsteilung zwischen Männern und Frauen in der Kleinfamilie vor allem dann, wenn Kinder da sind. Das Problem der Vereinbarkeit von Erwerbsarbeit und anderen Arbeitsbereichen ist noch immer ein Frauenproblem. Zur Beteiligung an den Hausarbeiten sind Männer noch schwer zu bewegen, immer noch helfen sie bestenfalls mit. Das Soziologenpaar Ulrich Beck und Elisabeth Beck-Gernsheim nannten das „verbale Aufgeschlossenheit bei gleichzeitiger Verhaltensstarre" (vgl. Beck/Beck-Gernsheim 1990, S. 31). Dass sich daran auch später nicht viel geändert hat, beschreiben seine Kollegen Zulehner und Volz (vgl. Volz/Zulehner 2009).

Aus dem 2. Gleichstellungsbericht der Bundesregierung geht hervor, dass auch noch 2017 in allen bestehenden Haushaltsformen Frauen mehr unbezahlte Sorgearbeit übernahmen als Männer. In Haushalten, in denen „Paare mit Kindern" leben, betrug der Gender Care Gap 83,8 Prozent (BMFSFJ 2018a, S. 12). Die CORONA-Pandemie 2020/21 verfestigte alte Rollenbilder. Das bestätigen zahlreiche Studien. Rund 69 Prozent der Frauen gaben lt. einer Untersuchung der Bertelsmann Stiftung an, dass sie überwiegend die generelle Hausarbeit erledigen. Unter den Männern waren es nur elf Prozent. Die Ergebnisse decken sich mit anderen Studien (Bertelsmann Stiftung 2020). Während mehr als die Hälfte der befragten Frauen die mit der Erziehung und Betreuung der Kinder anfallenden Aufgaben übernahm, waren es bei den Männern nur 15 Prozent. Demnach finden sich Männer und Frauen bei der Bewältigung der zusätzlichen häuslichen Aufgaben, die mit den Einschränkungen des öffentlichen und beruflichen Lebens einhergehen, häufig in traditionellen Rollen wieder.

Auch unabhängig von der Pandemie nehmen Männer die gesetzliche Elternzeit deutlich weniger in Anspruch als Frauen. Die Elternzeitquote bei Müttern, deren jüngstes Kind unter drei Jahren ist, lag 2019 bei einem Anteil von 42,2 Prozent, die von Männern bei 2,6 Prozent; bei Müttern mit Kindern unter 6 Jahren waren es 24,5 Prozent, bei Vätern 1,6 Prozent. (Statistisches Bundesamt 2021). Väter, die sich an der Erziehungsarbeit beteiligen, übernehmen nach wie vor am liebsten die mit Sport und Spiel verbundenen Tätigkeiten.

Frauen sind es auch, die den weitaus überwiegenden Anteil (ca. 68 Prozent) aller im Haushalt ausgeführten Pflegearbeiten für alte, kranke und behinderte Menschen übernehmen. Sie selbst werden bei Pflegebedürftigkeit viel seltener zu Hause gepflegt als Männer. Der größte Anteil der Pflegenden ist zwischen 55 und 64 Jahre alt. Oft müssen sie im Beruf zurückstecken. Das bedeutet Armut aktuell und im Alter (Knauthe/Deindl 2019). Die Ideologisierung der Hausversorgung stempelt die Tochter oder Schwiegertochter, die sich dieser Aufgabe, aus welchen Gründen auch immer, entzieht, zur ‚undankbaren Tochter'.

Die Organisationsform für die unbezahlte Haus- und Sorgearbeit ist die Kernfamilie, deren autoritäre Struktur durch die Vormachtstellung der Männer, die aus der wirtschaftlichen Abhängigkeit von Frauen und Kindern abgeleitet wird, immer noch gilt. Aus diesem Grunde wird seit Beginn der neuen Frauenbewegung die Frage nach ‚Lohn für Hausarbeit' diskutiert. Teile der Frauenbewegung erhofften sich durch eine Entlohnung der Hausarbeit, dass diese Arbeit gesellschaftlich sichtbar und wertvoll wird und Technologien eingesetzt werden, um sie zu reduzieren. Wenn Frauen materiell unabhängig sind – so wurde gehofft –, sind sie auch imstande, die Hausarbeit und ihre Organisation in Frage zu stellen, also diese Arbeitsform zu verweigern und ihre Vergesellschaftung zu fordern. Konzepte zur Vergesellschaftung der Hausarbeit standen allerdings selten zur Debatte und von der Einbeziehung der Männer in diese Arbeitsform wurde kaum gesprochen. Argumente gegen ein ‚Hausfrauen-' oder ‚Müttergehalt', gegen ‚Familiengeld' und ‚Betreuungsgeld' sind die mangelnde Kollektivität dieser Arbeit, deren Bezahlung letztendlich dazu führen würde, dass Frauen verstärkt dem gesellschaftlichen Druck ausgesetzt sind, diese Arbeiten zu übernehmen und einzelne Männer noch eher die Möglichkeit bekommen, von der gesamten Alltagsarbeit befreit zu werden und eine gleichmäßigere Verteilung der Hausarbeit in weite Ferne rückt.

Freilich ist die Stabilität von Frauenrollen in Küchen, Kinderzimmern und bei der Pflege nicht ohne das Zutun der Frauen zu begreifen. Und die bloße Behauptung, die Hausarbeit sei ebenso produktive Arbeit, die in Verbindung mit der in den großen Fabriken und Büros geleisteten Arbeit für die Vergrößerung des Mehrwerts sorge, ändert nichts an den geschlechterhierarchischen Zuschreibungen. Erfahrungen wie Selbstbestätigung, Stolz auf die eigene Arbeit, Selbstbewusstsein gegenüber Kolleg*innen und Vorgesetzten sind hier aufgrund der Arbeitssituation und des Erfahrungshorizonts nicht oder nur eingeschränkt möglich. Frauen, die ausschließlich Hausarbeit im eigenen Haushalt leisten, sind ökonomisch von der Erwerbsarbeit des (Ehe-)Mannes und der Entlohnung seiner Arbeit abhängig.

Spätestens hier wirft sich die Frage auf, wie die häuslichen Versorgungssysteme erhalten werden können, wenn sich die familistischen Strukturen des Zusammenlebens nicht ändern und immer mehr Frauen einer außerhäuslichen Erwerbsarbeit nachgehen. In besser verdienenden Haushalten werden häusliche Arbeiten dann von niedrig bezahlten, meist weiblichen Haushaltshilfen erledigt. Das ist eine schlechte Lösung des Problems. Haushaltsarbeiterinnen sind vor allem Migrantinnen, von denen die meisten aus Osteuropa, Südamerika oder aus anderen armen Regionen der Welt stammen (Lutz 2008). Viele sind gut ausgebildet und haben oft auch selbst Familien. Sie übernehmen diese Arbeiten, weil sie keine andere bekommen. Neue Unterschichtungen zwischen gut verdienenden Hausherrinnen und schlecht bezahlten Migrantinnen sind die Folge (Notz 2004). Nach dem siebten Familienbericht ist der Beschäftigungssektor ‚Privathaushalt' derjenige mit dem höchsten Anteil an ungeschützter, nicht existenzsichernder, sogenannter prekärer Arbeit (BMFSFJ 2006). Dadurch verschlechtert sich auch die Lage der ausgebildeten Fachkräfte, die der billigen Konkurrenz ausgesetzt sind. Sozialdienste werden angesichts der konkurrenzlos billigen Kräfte kaum noch überleben können. Notwendig wird eine öffentliche Diskussion um politische Handlungsstrategien der Arbeitsteilung im Haushalt, die sich nicht mehr allein auf die Kritik an der geschlechtsspezifischen Arbeitsteilung bezieht, sondern auch auf klassistische und rassifizierte Aspekte.

Hausarbeit wird nicht nur in Haushalten heterosexueller Paare mit Kindern geleistet. In Deutschland gab es zu keiner Zeit so viele Lebensmodelle wie heute. Dennoch haben wir wenige Informationen darüber, wie diese ihre Hausarbeit bewältigen. Haushalte von Alleinerziehenden (88 Prozent sind Frauen) müssen meist selbst um ihre Existenz kämpfen, weil sie neben der Beschaffung des Familieneinkommens mehrheitlich die Haus- und Sorgearbeit alleine stemmen. Sie erhalten kaum Unterstützung vom Ex-Partner, sind jedoch in vielfältige Verwandtschafts- oder Freundschaftsbeziehungen eingebunden. Die meiste Unterstützung erhalten sie von Frauen, die wie sie selbst alleinerziehende Mütter sind (Gutschmidt 1997). Andrea Buschner stellt in einer Studie über gleichgeschlechtliche Paare, besonders bei Frauenpaaren, ein hohes Maß an Egalität in der Arbeitsteilung fest, die im Partnerschaftsverlauf sogar zunimmt. Bei kinderlosen Befragten konnten keine Geschlechtsunterschiede hinsichtlich der Vorlieben für bestimmte Aufgaben gefunden werden. Bei lesbischen Paaren mit Kindern beeinflussen soziale Normen und Rollenerwartungen auch die Übernahme von Aufgaben. Hier erweist sich die Elternposition der Partnerin – also ob es sich um die leibliche oder soziale Mutter des Kindes handelt – als bedeutsame Determinante der Arbeitsteilung (Buschner 2014). Buschner stellt auch fest, dass Partnerinnen in Stieffamilien häufiger als in ‚Normalfamilien' zu einer einseitigen Verteilung der Hausarbeiten tendieren, während in der Kinderbetreuung keine Unterschiede bestehen. Auch in den von ihr untersuchten Familien werden häusliche Aufgaben gerne an Dritte (Putz- oder Haushaltshilfen) abgegeben, am häufigsten durch Männerpaare mit hohem Einkommen. Die egalitärste Teilung der Hausarbeit findet sich in Wohngemeinschaften und kommunitären Lebensformen (Notz 2012; Notz 2015). Repräsentative Studien hierfür stehen noch aus.

Gisela Notz

Zum Weiterlesen
Ludwig, Isolde/Schlevogt, Vanessa/Klammer, Ute/Gerhard, Ute (2002): Managerinnen des Alltags. Strategien erwerbstätiger Mütter in Ost- und Westdeutschland. Berlin: Sigma
Notz, Gisela (2005): Arbeit – Mehr als eine Beschäftigung, die Geld einbringt. Berlin: verdi
Notz, Gisela (2015): Kritik des Familismus. Stuttgart: Schmetterling

Häusliche Gewalt

Begriff: Häusliche Gewalt bezeichnet hauptsächlich die in intimen Paarbeziehungen ausgeübte und die Generationen übergreifende Gewalt in einer Familie bzw. einem Haushalt (Europarat 2011). Gelegentlich steht der Begriff auch generell für ‚Gewalt im sozialen Nahbereich', häufig wird er jedoch synonym verwandt mit ‚Partnerschaftsgewalt' oder ‚Beziehungsgewalt' (Büttner 2020). Er ersetzte begriffshistorisch zunehmend den Ausdruck ‚Gewalt gegen Frauen' – ein Terminus, der geprägt ist durch das patriarchatskritische Gewaltverständnis der Zweiten Frauenbewegung, welche die Gewalt im Geschlechterverhältnis in den 1970er Jahren überhaupt erst zum öffentlichen Thema machte. Die von ihr erkämpfte Etablierung staatlich finanzierter Unterstützungsmaßnahmen und die zunehmende Kooperation zwischen Frauenprojekten, Politik und Behörden verlief parallel mit der Einführung einer Sprechweise, die sich von den tradierten feministischen Begrifflichkeiten abhob (Kavemann et al. 2001, S. 24 f.). Eine verbreitete Kritik weist darauf hin, dass die späteren Begriffe zum einen die geschlechtliche Dimension von Gewalt ausblenden, zum anderen den privaten Charakter von Gewalt nahelegen und so ein verkürztes Gewaltverständnis transportieren. Häusliche Gewalt wird hier verstanden als Partnerschaftsgewalt, im Unterschied zu ‚familialer Gewalt', und steht für ein komplexes Misshandlungssystem, das verschiedene Formen von Gewalt umfasst und auf Macht und Kontrolle in einer Beziehung zielt.

Ausmaß/Muster: Häusliche Gewalt ist ein ubiquitäres Phänomen von signifikanten Ausmaßen (WHO 2013), sie betrifft nicht nur, jedoch weit überwiegend Frauen. Prävalenzstudien (Dunkelfeld) zeigen für Deutschland, dass jede vierte Frau in ihrer (Ex-)Beziehung von körperlicher Gewalt betroffen war (BMFSFJ 2004; FRA 2014). In 2019 wurde an jedem dritten Tag eine Frau von ihrem (Ex-)Partner getötet (BKA 2020 a). Der polizeilich erfasste Anteil der weiblichen Opfer von Partnerschaftsgewalt liegt seit Jahren um 80 Prozent (Hellfeld), wobei insgesamt ein Anstieg der Straftaten in diesem Bereich zu verzeichnen ist, zuletzt auch im Kontext der Corona-Pandemie. Bei Vergewaltigung, sexueller Nötigung, Bedrohung, Stalking, Nötigung sowie Freiheitsberaubung ist der prozentuale Anteil weiblicher Opfer an allen Opfern von Partnerschaftsgewalt mit weit über 90 Prozent besonders hoch, die Tatverdächtigen sind zwischen 81 Prozent und 99 Prozent männlich (BKA 2020 a, S. 6, 9, 22).

Häusliche Gewalt trifft Frauen aller Altersgruppen und Gesellschaftsschichten. So sind Frauen über 45 Jahren vor allem dann von Gewalt betroffen, wenn sie über höhere Bildungsabschlüsse verfügen oder wenn sie hinsichtlich Bildung, Beruf und Einkommen dem Partner gleichwertig bzw. überlegen sind. Osteuropäische und türkische Migrantinnen erleiden häufiger bzw. schwerere Formen und Ausprägungen von körperlicher Gewalt, die große Mehrheit der Männer und Frauen in Gewaltbeziehungen haben jedoch keinen Migrationshintergrund (Schröttle/Ansorge 2008). Überdurchschnittlich betroffen von allen Formen der Gewalt sind Frauen mit Behinderungen (Schröttle et al. 2013), für Männer ließ sich das hierzu nicht in gleichem Maße bestätigen (Hagemann-White et al. 2011).

Männern widerfährt jedoch insgesamt deutlich häufiger körperliche Gewalt als Frauen. Die polizeilich erfassten Opfer von Straftaten gegen die persönliche Freiheit (53,4 Prozent), Körperverletzungen (62,4 Prozent) und auch bei Mord und Totschlag (71 Prozent) sind weit überwiegend männlich (BKA 2020 b, S. 12). Als tatverdächtig gelten dabei zu über 80 Prozent andere Männer (BKA 2020 c, S. 40). Männliche Gewaltbetroffenheit unterscheidet sich u. a. darin, dass die Gewalt eher im (halb-)öffentlichen Raum und in hierarchisch strukturierten Organisationen, z. B. im Gefängnis, beim Militär stattfindet (Mosser 2016); weitaus seltener, aber dennoch auch im häuslichen Bereich bzw. in Partnerschaften. Hier weist die PKS 24 Prozent der Opfer als männlich und 22,7 Prozent der Tatverdächtigen als weiblich (BKA 2020a) aus.

Eine Gendersymmetrie, d. h., dass Männer von ihren Partnerinnen ebenso viel Gewalt erfahren wie umgekehrt, lässt sich wissenschaftlich nicht seriös belegen. Wenn die Frequenz, Bedrohlichkeit, die Art und die Schwere der körperlichen Verletzungen einbezogen werden, sind Frauen deutlich häufiger systematischen Misshandlungen ausgesetzt (Schröttle/Glade 2020). Gleichzeitig werden Männer als Opfer noch viel zu wenig in den Blick genommen (Fiedeler 2020). Zur männlichen Gewaltbetroffenheit existieren hierzulande bislang noch keine aussagekräftigen Studien, allenfalls ältere Pilotstudien (Jungnitz et al. 2007).

Dies gilt auch für die Gewalt in cis-gleichgeschlechtlichen Beziehungen und insbesondere trans* Partner*innenschaften. Eine Studie aus Großbritannien (Donovan/Hesters 2015) sowie andere internationale Untersuchungen belegen, dass Partnergewalt und vor allem sexualisierte und psychische Gewalt ein erhebliches Problem darstellen: so widerfuhr 44 Prozent der lesbischen Frauen und 26 Prozent der schwulen Männer sexuelle, physische Gewalt und/oder Stalking durch ihre*n Partner*in (zit. nach Ohms 2020, S. 83)

Massiv betroffen von häuslicher Gewalt sind, wenn sie mit im Haushalt leben, in der Regel Kinder. Die Mehrzahl von ihnen ist sowohl indirekt (hören) als auch direkt (dabei sein, selbst angegriffen werden) in die Gewaltsituation involviert, mit einschneidenden Folgen für das Aufwachsen und die Gesundheit (de Andrade/Gahleitner 2020; Henschel 2019).

Formen/Auswirkungen: Generell umfasst häusliche Gewalt körperliche, sexualisierte, psychische, ökonomische und soziale Dimensionen. Neben physischen Übergriffen, massiven Drohungen oder permanenten Abwertungen finden sich Beschränkungen des Haushaltsgeldes und Arbeitsverbote sowie die Kontrolle sozialer Kontakte und gezielte Isolierung durch Einsperren oder Einschüchterung von Bekannten und Freund*innen. Zunehmend spielt digitale Gewalt wie Cyberstalking oder Überwachung durch Spyware eine Rolle (Hartmann 2017). Charakteristisch für häusliche Gewalt gegen Frauen ist, dass die verschiedenen Gewaltformen oftmals miteinander verbunden sind. Eine verbreitete Darstellung dafür ist das ‚Rad der Gewalt‘, das diese Formen in Beziehung zu Macht und Kontrolle setzt (Pence/Shepard 1999), eine aktualisierte, komplexere Fassung bezieht die intersektionale Perspektive ein (Donovan/ Hesters 2015).

Häusliche Gewalt ist sowohl auf der Ebene der Individuen als auch gesamtgesellschaftlich mit gravierenden Auswirkungen verbunden. Zu den gesundheitlichen Folgen gehören körperliche Verletzungen bis hin zum Tod, chronische Schmerzsyndrome, posttraumatische Belastungsstörungen, Scham- und Schuldgefühle sowie der Verlust von Selbstwertgefühl bis hin zum Suizid. Zu erwähnen sind auch gesundheitsgefährdende (Überlebens-)Strategien wie Rauchen, Alkohol- und Drogengebrauch oder risikoreiches Sexualverhalten sowie Beziehungs- und Sexualitätsprobleme als auch Störungen der reproduktiven Fähigkeiten (Schröttle/Glade 2020). Für Kinder werden zudem körperliche und kognitive Entwicklungsverzögerungen sowie Lernschwächen und Schulversagen beschrieben (Kindler 2013). Zu den sozio-ökonomischen Konsequenzen zählen u. a. der Verlust des Arbeitsplatzes, ein steigendes Armutsrisiko, Verlust der Aufenthaltserlaubnis, Wohnungslosigkeit, Kosten im Gesundheits-, Sozial-, Justizsystem sowie ein wirtschaftlicher Produktivitätsverlust. Berechnungen kommen auf eine Gesamtsumme für direkte und indirekte Kosten häuslicher Gewalt gegen Frauen von mindestens 3,8 Milliarden Euro pro Jahr (Sacco 2017). Häusliche Gewalt zerstört Leben und soziale Beziehungen, auch über den

Kreis der unmittelbar Betroffenen hinaus. Sie verletzt grundlegende Menschenrechte und ist damit alles andere als eine Privatsache.

Ursachen: Generell besteht weitgehende Einigkeit darüber, dass es nicht die eine Ursache gibt, sondern von einem multifaktoriellen Ursachengeflecht auszugehen ist. Spezifische, biografisch erworbene Verhaltensmuster im Umgang mit Aggressionen und Frustrationen oder die eigene Gewaltbetroffenheit in der Kindheit sind hier von Bedeutung ebenso wie der Umstand, dass häusliche Gewalt eingebettet ist in eine Gesellschaft, in die Sexismus und Rassismus institutionell eingewoben sind, in der Gewalt bis heute als Mittel zur Aneignung von Ressourcen und zur Konfliktaustragung gilt. Eine Ursachenklärung muss deshalb Struktur und Kultur sowie Individuum, Interaktionen und Institutionen in den Blick nehmen. Häusliche Gewalt ist nicht ohne eine geschlechtertheoretische Analyse zu ergründen, denn sie ist eng verknüpft mit gesellschaftlich verankerten Hierarchien zwischen den Geschlechtern sowie dichotomen, komplementären Konstruktionen von Männlichkeit und Weiblichkeit. Diese sind kulturell tradiert, werden über unterschiedliche Sozialisationsinstanzen vermittelt und sowohl leiblich als auch psychisch von den Individuen erfahren und aktiv angeeignet (Hagemann-White et al. 2011). Die Analyse gilt es allerdings in intersektionaler Perspektive zu erweitern, insbesondere ‚Klasse', ‚Race' oder sexuelle Orientierung sind neben ‚Gender' als Faktoren einzubeziehen. Festzuhalten ist, dass in der kulturell dominanten, wirkmächtigen Vorstellung von Zweierbeziehung Liebe und Anerkennung eng mit Dominanz und Abhängigkeit verwoben sind und zwar unabhängig von sexueller Orientierung und Geschlecht (Hagemann-White 2020).

Interventionen: Maßgeblich initiiert und getragen von engagierten Feministinnen wurden in den vergangenen Jahrzehnten Unterstützungsmaßnahmen und Interventionen in verschiedenen Bereichen etabliert: zunächst Frauenhäuser, vereinzelt auch Männerschutzwohnungen, und Beratungsstellen, d. h. Opferarbeit, später vermehrt auch Täter*innenarbeit, sodann erfolgte die Vernetzung verschiedenster professioneller Akteure und Akteurinnen im Rahmen der Interventionsprojekte und die Einbeziehung neuer Berufsgruppen, die mit den Opfern dieser Gewalt konfrontiert sind, z. B. im Gesundheitsbereich (Kavemann 2012b; Büttner 2020). Zugleich wurden wichtige gesetzliche Veränderungen auf den Weg gebracht, Aktionspläne existieren in Bund, Ländern und Gemeinden und es gibt spezielle EU-Programme. Mit dem Ansatz der Gemeinwesenarbeit werden gegenwärtig erstmals auch die sozialräumlichen Potenziale zur Prävention und Reduktion häuslicher Gewalt systematisch einbezogen (Stövesand 2020).

Sabine Stövesand

Zum Weiterlesen
Büttner, Melanie (Hrsg.) (2020): Handbuch Häusliche Gewalt. Stuttgart: Schattauer

Hagemann-White, Carol/Kavemann, Barbara/Kindler, Heinz/Meysen, Thomas/Puchert, Ralf/Busche, Mart/Grafe, Bianca/Schmitz, Karolina (2011): Faktoren, die die Täterschaft von Gewalt gegen Frauen, Gewalt gegen Kinder und Gewalt aufgrund der sexuellen Orientierung begünstigen. Ein interaktives Modell auf mehreren Ebenen. Brüssel: Europäische Kommission

Stövesand, Sabine (2018): Gewalt gegen Frauen und Gemeinwesenarbeit: StoP – das Nachbarschaftskonzept. In: Lenz, Gaby/Weiss, Anne (Hrsg.): Professionalität in der Frauenhausarbeit. Aktuelle Entwicklungen und Diskurse. Wiesbaden: Springer VS, S. 205–237

Hegemoniale Männlichkeit

Der von Carrigan, Connell und Lee (1985) geprägte und durch die Schriften Connells (1987; 2015) populär gewordene Begriff der hegemonialen Männlichkeit hat sich schnell zu einer Leitkategorie der sozial- und kulturwissenschaftlichen Männlichkeitsforschung entwickelt. Diese ‚Erfolgsgeschichte' ist allerdings von Beginn an von einer kritischen Diskussion zum einen darüber begleitet, nach welchen Kriterien sich bestimmen lässt, welcher Typus von Männlichkeit hegemoniale Männlichkeit verkörpert. Zum anderen werden begriffliche Mehrdeutigkeiten moniert: Das Konzept beziehe sich auf verschiedene Dimensionen sozialer Wirklichkeit – kulturelle Repräsentationen, alltägliche Handlungspraxen, institutionelle Strukturen –, ohne deren Beziehungen bzw. Verweisungszusammenhänge zu explizieren (Hearn 2004; Hearn/Morrell 2012). In jüngerer Zeit wird vor dem Hintergrund eines zum Teil deutlichen Wandels der Geschlechterverhältnisse zunehmend die Frage nach der Angemessenheit des Konzepts aufgeworfen (Anderson/McCormack 2018; Elliott 2016; Meuser 2021).

Hegemoniale Männlichkeit ist ein sozialtheoretisch elaboriertes Konzept. Es rekurriert auf den von Gramsci geprägten Hegemoniebegriff und verknüpft diesen mit einem praxistheoretischen Verständnis sozialer Strukturen (Connell 1987). Der Begriff der Hegemonie bezeichnet eine Form von Herrschaft, die nicht auf manifestem Zwang beruht, sondern darauf, dass über eine Verpflichtung auf allgemeine kulturelle Werte ein implizites Einverständnis der Untergeordneten und Benachteiligten mit ihrer inferioren sozialen Position hergestellt wird. Hegemoniale Männlichkeit ist ein Modus von Herrschaft, der sich sowohl auf die heterosoziale (Männer in Relation zu Frauen) als auch die homosoziale Dimension (Männer untereinander) der Geschlechterverhältnisse bezieht. Hegemonialer Männlichkeit ist mithin eine doppelte Distinktions- und Dominanzlogik eigen: a) In der heterosozialen Dimension ist hegemoniale Männlichkeit durch die symbolische und institutionelle Verknüpfung von Männlichkeit und Autorität markiert. Dies ist für Connell die Hauptachse männlicher Macht. Die korrespondierende bzw. komplementäre Weiblichkeitsposition bezeichnet Connell als ‚betonte Weiblichkeit' (,emphasized femininity'); eine hegemoniale Weiblichkeit könne es angesichts der strukturellen gesellschaftlichen Machtrelation zwischen den Geschlechtern nicht geben. b) In der homosozialen Dimension erlangt hegemoniale Männlichkeit ihre Position in Relation zu anderen Männlichkeiten, die Connell in ‚komplizenhafte', ‚untergeordnete' und ‚marginalisierte' differenziert. Hegemoniale Männlichkeit ist keine Eigenschaft von Personen, sondern ein Orientierungsmuster, das nur von einer Minderheit der Männer, wenn überhaupt, in vollem Umfang realisiert werden kann. Als kulturelles Männlichkeitsideal wird es allerdings von den meisten Männern gestützt – auch von solchen, die es aufgrund ihrer sozialen Lage nicht realisieren können –, da es ein effektives symbolisches Mittel zur Reproduktion gegebener Machtrelationen zwischen den Geschlechtern darstellt (Donaldson 1993). Dies kennzeichnet insbesondere die – vermutlich den Regelfall darstellende – komplizenhafte Männlichkeit, deren Gewinn darin besteht, an der „patriarchalen Dividende" (Connell 2015, S. 133) teilzuhaben. Als untergeordnet bezeichnet Connell die homosexuelle Männlichkeit, als marginalisiert die Männlichkeiten untergeordneter Klassen oder ethnischer Gruppen. Dieser Unterscheidung mangelt es an Trennschärfe und empirischer Evidenz. Untergeordnet sind all diese Männlichkeiten, und marginalisiert ist eher die homosexuelle Männlichkeit als diejenige der Arbeiterklasse, die sich im Sinne Connells durchaus als ‚komplizenhaft' verstehen lässt. So begreifen sich viele Männer aus der Arbeiterklasse auch dann als Ernährer der Familie, wenn sie nicht in der Lage sind, das Familieneinkommen alleine oder überwiegend zu erwirtschaften (für ein empirisches Beispiel vgl. Meuser 2010a, S. 203 ff.).

Als kulturelles Männlichkeitsideal erzeugt hegemoniale Männlichkeit einen normativen Druck, dem man sich nur schwer entziehen kann. Selbst alternative Männlichkeitsentwürfe kommen nicht umhin, sich insofern auf das hegemoniale Muster zu beziehen, als sie gezwungen sind, sich davon abzugrenzen (Meuser 2010a, S. 236 ff.; Lengersdorf/Meuser 2022). Dies kann zu Verunsicherungen, einem Leiden an der Männerrolle und ambivalenten Identitäten führen. Jenseits davon, im Rahmen tradierter Männlichkeitsentwürfe, erzeugt der auch hier nicht fehlende normative Druck typischerweise keinen Leidensdruck; vielmehr lässt sich eine weitgehende selbstbewusste Zustimmung zum auferlegten ‚Schicksal' erkennen, vor allem dazu, die mit der Position des Ernährers der Familie verbundene Verantwortung zu übernehmen. Dies zu tun trägt entscheidend zur Reproduktion hegemonialer Männlichkeit bei. Allerdings deutet sich in jüngerer Zeit eine Bedeutungsverschiebung männlicher Verantwortungsübernahme an. Zur in ökonomischen Kategorien definierten Position des Ernährers der Familie tritt – zumindest ansatzweise und im Zuge eines Wandels von Vaterschaft – ein die Dimension der Sorge einschließendes Verständnis von Verantwortung hinzu (Lengersdorf/Meuser 2022). Ob damit entweder ein Bedeutungsverlust oder ein Strukturwandel hegemonialer Männlichkeit einhergeht, ist eine empirisch offene Frage.

Hegemoniale Männlichkeit lässt sich, in Weiterführung der Connell'schen Analysen, als das generative Prinzip der Konstruktion von Männlichkeit begreifen (Meuser 2006; Meuser/Scholz 2005). Im Rahmen der Geschlechterordnung der bürgerlichen Gesellschaft wird (anerkannte) Männlichkeit im Bestreben um eine hegemoniale Position geformt – gegenüber Frauen und gegenüber anderen Männern –, auch wenn eine solche Position nicht erreicht wird. In der heterosozialen Dimension dokumentiert sich dies sowohl in einer Abwertung von Frauen als auch in prosozialen Akten des Beschützens und der Zuvorkommenheit. In der homosozialen Situation kommt dem Wettbewerb der Männer untereinander eine entscheidende Bedeutung zu. Dieser findet in zahlreichen sozialen Feldern in vielfältigen Formen statt, z. B. in sportlichen und beruflichen Konkurrenzen, in den Beleidigungsritualen der Hip-Hop-Kultur und den Fights der Hooligans.

Welche Formen von Männlichkeit hegemonial werden, variiert sowohl historisch als auch kulturell. Als generelles Prinzip ist festzuhalten, dass hegemoniale Männlichkeit durch die soziale Praxis der gesellschaftlichen Elite bzw. gesellschaftlicher Eliten definiert wird, also durch die Praxis einer Minderheit (Meuser/Scholz 2005). In modernen Gesellschaften kommt dem technokratischen Milieu des Managements und den Professionen eine hervorgehobene Bedeutung zu (Connell 1993). In dem einen Fall basiert hegemoniale Männlichkeit auf interpersonaler Dominanz, in dem anderen auf Wissen und Expertise. Mit Blick auf Globalisierungsprozesse haben Connell und Wood (2005, S. 347) eine „transnational business masculinity" als das neue Muster hegemonialer Männlichkeit identifiziert.

Hegemoniale Männlichkeit ist kein starres Gebilde, sondern eine historisch-gesellschaftlich variable Konfiguration vergeschlechtlichter Praktiken, die mit immer neuen Herausforderungen konfrontiert ist und sich in Auseinandersetzung damit beständig neu formiert. Gleichwohl ist hegemoniale Männlichkeit kein transhistorisches Gebilde. Sie ist entstanden im Kontext der modernen, nachfeudalen Gesellschaft und deren Konzept des bürgerlichen Individuums. Vor dem Hintergrund des gegenwärtigen Wandels von einer Industrie- zu einer globalisierten Wissensgesellschaft ist zu fragen, ob aktuelle Männlichkeitspositionen weiterhin mit dem Begriff der hegemonialen Männlichkeit beschrieben werden können (Böhnisch 2003). Insbesondere die Auflösung des Normalarbeitsverhältnisses stellt tradierte, auf die Erwerbsarbeit fokussierte Männlichkeitskonstruktionen in Frage, nicht zuletzt die Figur des Ernährers der Familie (Lengersdorf/Meuser 2010). Es ist eine auf dem Wege empirischer Forschung zu entscheidende Frage, ob das Konzept der hegemonialen Männlichkeit eine geeignete Heuristik darstellt, die aktuellen Herausforderungen und Neuformierungen von Männlichkeitspositionen begrifflich-analytisch zu erfassen (Meuser 2010b). Erkennbar ist zumindest eine gewisse Relativierung der Bezugnahme auf das Ideal der hegemonialen Männlichkeit. Sie findet weiterhin statt, aber immer weniger in einer fraglosen Weise, sondern vermehrt begleitet von Rechtfertigungsdiskursen (Meuser 2021).

Die empirisch zu beobachtenden Herausforderungen tradierter Männlichkeitspositionen und damit einhergehende Bemühungen, ein männliches Selbstverständnis jenseits des Ideals der hegemonialen Männlichkeit zu etablieren, haben auf (männlichkeits-)theoretischer Ebene eine Vielzahl neuer Männlichkeitsbegriffe entstehen lassen, u. a. „alternative", „hybrid", „inclusive", „caring", „personalized", „flexible" masculinities. (Anderson/McCormack 2018, S. 555 ff.). Ihnen ist gemeinsam, dass sie in Auseinandersetzung mit der (bisherigen) Leitkategorie der hegemonialen Männlichkeit gebildet werden. Der theoretische (analytische) Gehalt der neuen Männlichkeitsbegriffe variiert beträchtlich. Manche verstehen sich als Ergänzung zum Konzept der hegemonialen Männlichkeit, andere als einen Gegenentwurf, wie der der „caring masculinities" (Elliott 2016; Heilmann/Scholz 2017), der u. a. auf die wachsende Beteiligung von Männern an Kinderbetreuung und Familienarbeit bezogen und auch für Soziale Arbeit als „caring profession" (Christie 2006, S. 391) relevant ist, sowie insbesondere der der „inclusive masculinity" (Anderson 2009; Anderson/McCormack 2018), der vor allem auf die wachsende Akzeptanz von Homosexualität fokussiert. Diese beiden Begriffe sind neben dem der hegemonialen Männlichkeit die gegenwärtig am meisten diskutierten Männlichkeitsbegriffe. Sie sind freilich nicht weniger umstritten als der der hegemonialen Männlichkeit. Gleichwohl sind sie ein Ausdruck dessen, dass das Spektrum legitimer Männlichkeitspositionen sich erweitert hat.

Michael Meuser

Zum Weiterlesen
Connell, Raewyn W. (2015): Der gemachte Mann. Konstruktion und Krise von Männlichkeiten. 4. Auflage. Wiesbaden: Springer VS
Connell, Raewyn W./Messerschmidt, James W. (2005): Hegemonic Masculinity. Rethinking the Concept. In: Gender & Society 19, S. 829–859
Hearn, Jeff (2004): From Hegemonic Masculinity to the Hegemony of Men. In: Feminist Theory 5, S. 49–72

Hilfen zur Erziehung

Hilfen zur Erziehung (HzE) sind, angefangen von beratenden ambulanten Angeboten über die Erbringung der Leistung in der Familie bis hin zu der Fremdplatzierung von jungen Menschen, beispielhaft im Gesetz expliziert: Erziehungsberatung, soziale Gruppenarbeit, Erziehungsbeistand und Betreuungshilfe, Sozialpädagogische Familienhilfe, Erziehung in einer Tagesgruppe, Vollzeitpflege, Heimerziehung und anderen betreute Wohnformen sowie Intensive Sozialpädagogische Einzelbetreuung, die auch als Eingliederungshilfe für Kinder und Jugendliche mit seelischer Behinderung gewährt werden kann (§§ 28-35a SGB VIII; vgl. Moch 2018).

Stationäre HzE wie Erziehungsheime waren in Zeiten des Jugendwohlfahrtsgesetzes (JWG) bis in die 1970er und 1980er Jahre nach Geschlechtern getrennt und auf Disziplinierung von Mädchen und Jungen ausgerichtet. Die Perspektive Gender findet erstmalig mit dem 6. Jugendbericht „Verbesserung der Chancengleichheit von Mädchen in der Bundesrepublik Deutschland" (vgl. Sachverständigenkommission Sechster Jugendbericht 1984) Eingang in den Erziehungshilfediskurs. Insbesondere wurde in diesem Bericht die Orientierung der Erziehungshilfe an Geschlechterstereotypen und einem tradierten Familienbild kritisiert und auf die spezifischen Problemlagen von Mädchen hingewiesen. Auch mit Inkrafttreten des Sozialgesetzbuchs VIII: Kinder- und Jugendhilfegesetz (SGB VIII) im Jahre 1990/1991 setzte sich die Koedukation als vorherrschendes pädagogisches Prinzip weiter durch. Ausnahmen bildeten feministische Projekte wie Mädchenhäuser, Mädchenzufluchten und Mädchenwohngemeinschaften. Geprägt wird die Fachdebatte von Entwicklungen wie der ‚Ambulantisierung' der Erziehungshilfen in den 1990er Jahren (vgl. Pothmann 2000), der Zunahme stationärer Hilfen für unter 6-Jährige zu Beginn des 21. Jahrhundert (vgl. Forschungsverbund DJI/TU Dortmund 2016) sowie der inklusiven Öffnung für Kinder und Jugendliche mit Behinderungen (vgl. Bretländer 2013, S. 158). Die Vernachlässigung der Genderperspektive wird als Ausdruck einer „Familialisierung der Jugendhilfe" (Hartwig/Kriener 2007) kritisiert, die sich stärker am tradierten Familienbild als an aktuellen Lebens- und Problemlagen von Mädchen und Jungen orientiert. Aktuell bestimmt vor allem die Diskussion um Kindeswohlgefährdung (§ 8a SGB VIII) und Schutzkonzepte den Diskurs in den HzE. Dass hier nach vorangegangenen ‚§ 8a Verfahren' Mädchen deutlich überrepräsentiert sind (Tabel 2020, S. 58), verweist auf geschlechtsspezifische Wahrnehmungen wie eine erhöhte Aufmerksamkeit für die Bedrohung von sexueller Gewalt von Mädchen, die nicht selten mit einer verstärkten Kontrolle korrespondiert, sowie eine geringere Achtsamkeit für die Vulnerabilität von Jungen.

Gesetzesgrundlage: In Anlehnung an das Grundgesetz wird die Erziehung der Kinder in § 1, Abs. 2 SGB VIII als das natürliche Recht und die Pflicht der Eltern festgelegt, über deren Betätigung die staatliche Gemeinschaft wacht (Art. 6 Abs. 2 Satz 2 GG). Das Wächteramt beinhaltet einen staatlichen Schutzauftrag gegenüber den Kindern und soll Gefahren für ihr Wohl und ihre Entwicklung abwenden sowie Eltern bei der Ausübung ihrer Erziehungsaufgabe unterstützen. Diese Aufgabe obliegt der Kommune, in der Regel dem Jugendamt als öffentlichem Träger, während die Leistungen vorwiegend von freien Trägern erbracht werden. HzE werden im Einzelfall gewährt, wenn eine dem Wohl des Kindes oder Jugendlichen entsprechende Erziehung nicht gewährleistet und die Hilfe für die Entwicklung geeignet und notwendig ist (§ 27 Abs. 1 SGB VIII). Einen Rechtsanspruch auf HzE haben Eltern bzw. Personensorgeberechtigte (§ 27 Abs. 1 SGB VIII) und junge Volljährige (§ 41 SGB VIII), nicht aber Kinder und Jugendliche.

Die im Kinder- und Jugendstärkungsgesetz 2021 neu gefasste Generalklausel § 9 Abs. 3 SGB VIII regelt das Erfordernis der geschlechtergerechten Entwicklung der Hilfen zur Erziehung auf drei Ebenen: (a) die Berücksichtigung der unterschiedlichen Lebenslagen von Mädchen, Jungen sowie transidenten, nicht binären und intergeschlechtlichen jungen Menschen; der Lebenslagen von Vätern und Müttern bzw. anderen Personensorgeberechtigten; (b) die geschlechtsbezogene Problembeschreibung und Indikation für erzieherische Hilfen, die ein geschlechterreflexives Fallverstehen und eine geschlechtergerechte Hilfeplanung (§ 36 SGB VIII) beinhaltet; sowie (c) eine geschlechtsbezogene Ausgestaltung der Hilfen mit dem Ziel, geschlechtsbedingte Benachteiligungen abzubauen. Folglich beinhaltet die Generalklausel den rechtlichen Auftrag für die Entwicklung und Ausgestaltung einer geschlechtergerechten Erziehungshilfe zum Abbau ungleicher Lebensverhältnisse (vgl. Weber 2020, S. 157 f.).

Des Weiteren hat der öffentliche Träger eine Planungsverpflichtung (§ 80 SGB VIII) unter Beachtung geschlechtergerechter Aspekte (§ 9 Abs. 3) hinsichtlich der Sicherstellung eines rechtzeitigen, ausreichenden und erforderlichen Angebots in den HzE. Dabei spielen sowohl die Wahrnehmung der Problemlagen als auch die Bewältigungsstrategien der Mädchen*, Jungen* und queeren jungen Menschen sowie adäquate geschlechtsspezifische Konzepte im Hilfesystem eine bedeutsame Rolle. Dies gilt insbesondere auch für geschlechtsspezifische Schutzkonzepte im Rahmen einer Gefährdung des Kindeswohls (Tabel 2020, S. 39, 54).

HzE umfassen familienunterstützende, -ergänzende und -ersetzende Leistungen. Dabei überlagert die Ausrichtung der Hilfen am familialen System, hier vorrangig an den Eltern als Leistungsbeziehenden (Elternrecht), die Orientierung an den Kindern und Jugendlichen (Kindeswohl, Schutz des Individuums) (vgl. Hartwig/Hensen 2008, S. 48 f.). Auch sind die Methoden der Sozialen Arbeit in den HzE vorrangig an systemischen, familientherapeutischen (-beratenden) sowie gruppenpädagogischen und weniger an parteilichen geschlechtsbezogenen Handlungskonzepten ausgerichtet.

In allen ambulanten erzieherischen Hilfen sind Mädchen deutlich und in den stationären Hilfen tendenziell gegenüber den Jungen unterrepräsentiert (vgl. auch folgend Fendrich/Tabel 2019; AKJStat 2018). Dieser Sachverhalt kann auf die Verkennung geschlechtsspezifischer Problemlagen zurückgeführt werden; d. h., dass Mädchen nicht unbedingt weniger Probleme haben, sondern ihren Problemlagen weniger Aufmerksamkeit geschenkt wird. Mädchenspezifisches Bewältigungshandeln zeigt sich deutlicher im privaten Raum (familiale Konflikte) und führt häufiger zunächst ins Gesundheitswesen und darauffolgend in die HzE. Jungenspezifisches Bewältigungshandeln manifestiert sich deutlicher im öffentlichen Raum (z. B. Kriminalität; Leistungs- und Sozialverhalten in der Schule) und führt eher zu staatlicher Intervention durch das Jugendamt (vgl. Rosenbauer 2014, S. 127 f.). Mädchen erhalten erzieherische Hilfen später als Jungen und initiieren Maßnahmen häufiger selbst, indem sie zum Jugendamt gehen und auf ihre Lebenslage aufmerksam machen. Mädchen und junge Menschen mit Migrationshintergrund verlassen stationäre Erziehungshilfen häufiger ohne Zielerreichung gemäß der Hilfeplanung, was an der kürzeren Verweildauer von Mädchen in den HzE, an der mangelnden Passung der Zielformulierungen und/oder daran liegen kann, dass Handlungskonzepte in den Einrichtungen weniger an diesen Adressat*innen ausgerichtet sind. Eine Benachteiligung zeigt sich bei den familienunterstützenden und -ergänzenden Hilfen, wie Soziale Gruppenarbeit, Erziehungsbeistandschaft, Betreuungshelfer*in, Tagesgruppe und Intensive Sozialpädagogische Einzelbetreuung. Im Jahr 2017 machten Mädchen 43 Prozent und Jungen 57 Prozent der Inanspruchnahme der genannten Hilfen aus (vgl. Fendrich/Tabel 2019, S. 138).

Aktuell sind in den HzE zwei Handlungsbereiche auch unter genderspezifischer Betrachtung bedeutsam. Zum einen geht es um Mädchen* und junge Frauen*, die als ‚Care Leaver' die HzE verlassen und ohne soziale Absicherung in eine selbständige Lebenssituation wechseln. Da sie insgesamt weniger Zeit als Jungen* in HzE verbringen, erhalten sie auch eine geringere Förderung (Weber 2019, S. 148 ff.). Zum anderen zeigt sich bei den Hilfen für unbegleitete minderjährige Geflüchtete (UMA), die seit 2015 eine große Gruppe in den HzE darstellen, die unbedingte Notwendigkeit einer geschlechtsbezogenen Aufmerksamkeit. So ist die Lebenslage von Mädchen* häufig besonders prekär und es müssen sexuelle Ausbeutung auf der Flucht, fehlende Sicherheit in den Gemeinschaftsunterkünften und Prostitution zur Finanzierung der Flucht Ansatzpunkte für mädchengerechte Schutz- und Betreuungsangebote in den HzE sein (vgl. Hartwig 2018, S. 390 ff.).

Geschlechtsspezifische Bewältigungsformen verlangen entsprechende Leistungen der Jugendhilfe, die im Rahmen erzieherischer Hilfen die Aufarbeitung familialer Gewalt und Gefährdungen ermöglichen, neue Konfliktlösungsmodelle und Kommunikationsstrukturen in Familien aufzeigen, die Beziehungsgestaltung aufarbeiten und gegebenenfalls neu regeln (Sorgerecht). Dazu müsste die Ausgestaltung der HzE geschlechtshomogene Angebote wie Mädchenhäuser, Jungenschutzstellen, Mädchen- und Jungenwohngruppen, aber auch gezielt koedukative und auf Diversität ausgerichtete Angebote bereitstellen. Dabei gilt es, bestehende traditionelle geschlechtsspezifische Zuschreibungen an beide Geschlechter zu hinterfragen und die Vielfalt möglicher geschlechtlicher Identitäten und sexueller Orientierungen zu beachten: Lesben, Schwule, Bisexuelle, Trans, Inter und Queer (vgl. Meinhold 2019). Der notwendigen Berücksichtigung diverser Differenzkategorien ist mit der Neufassung des § 9 Abs. 3 SGB VIII entsprochen worden, was im Übrigen schon zuvor galt, auch wenn nicht alle Kategorien explizit benannt waren (vgl. Häbel 2017, S. 10).

Nach wie vor ist eine stärkere Verschränkung der Genderforschung mit der Kinder-, Jugend- und Familienforschung erforderlich, um eine geschlechtergerechte Qualitätsentwicklung in den HzE zu realisieren (Hartwig 2014; Feldhoff/Hartwig 2019). In der Praxis gilt es, auf Gender Mainstreaming bei der Personalentwicklung und den institutionellen Rahmenbedingungen zu achten, sowie die Diskurse zu Diversity und Intersektionalität verstärkt in den Blick zu nehmen. Nur durch die Verknüpfung der Differenzlinie Geschlecht mit anderen Differenzlinien wie Ethnie/Herkunft, soziale Lage, Religion oder Körperlichkeit kann es gelingen, passende und ausgehandelte Hilfen für alle Mädchen, Jungen und divers geschlechtlichen Kinder und Jugendlichen zu realisieren.

Luise Hartwig und Martina Kriener

Zum Weiterlesen
Bronner, Kirsten/Behnisch, Michael (2007): Mädchen- und Jungenarbeit in den Erziehungshilfen. Einführung in die Praxis einer geschlechterreflektierenden Pädagogik. Weinheim, München: Juventa
Feldhoff, Kerstin/Hartwig, Luise (2019): ASD und Gender. In: Merchel, Joachim (Hrsg.): Handbuch Allgemeiner Sozialer Dienst (ASD). 3. Auflage. München: Ernst Reinhardt, S. 172–187
Weber, Monika (2020): Gender matters – Mädchen* und Jungen* in der Inobhutnahme. In: Fachgruppe Inobhutnahme (Hrsg.): Handbuch Inobhutnahme. Grundlagen – Praxis und Methoden – Spannungsfelder. Frankfurt/M.: Eigenverlag IGfH, S. 150–173

Historische Perspektiven auf Soziale Arbeit bis 1945

Die angesichts der Defizite des bestehenden Sozialsystems und des Anwachsens sozialer Notlagen dringlich gewordene Modernisierung von Armenpflege und freier Liebestätigkeit entwickelte sich am Ende des 19. Jahrhunderts zunehmend zu einem Arbeitsfeld der Frauenbewegung: Die Suche nach geeigneten Tätigkeiten für die wachsende Zahl qualifizierter Frauen traf sich mit dem Anliegen der Sozialreformer, ‚Helfen' zu einem Beruf zu machen und damit individuelle Fürsorglichkeit in eine strukturierte und qualifizierte Fürsorge überzuleiten. 1893 wurden zu diesem Zweck in Berlin die ‚Mädchen- und Frauengruppen für soziale Hilfsarbeit' gegründet, die eine praktische Tätigkeit in sozialen Einrichtungen mit der notwendigen Schulung dafür verbinden sollten. Aus diesen ‚Jahreskursen' für ehrenamtlich arbeitende ‚höhere Töchter' entstanden noch vor dem Ersten Weltkrieg mehrere Soziale Frauenschulen, welche die fachlichen Voraussetzungen für die Verberuflichung der Sozialen Arbeit schufen. Bei Kriegsausbruch 1914 gab es bereits 12 solcher Einrichtungen.

Auch die Jugendbewegung hat einen wichtigen Beitrag zur Weiterentwicklung der Sozialen Arbeit geleistet: Aus ihr sind viele Protagonist*innen hervorgegangen, welche im Rahmen der Reformpädagogik versuchten, dem konservativen Geist der Wilhelminischen Ära, der Massengesellschaft und der Verstädterung Elemente wie Naturnähe und Gruppengeist entgegenzusetzen.

Obwohl die Jugendbewegung als eine Männergemeinschaft aufbrach, über weite Strecken männlich dominiert und teilweise auch frauenfeindlich geblieben ist (vgl. Bruns 2008), gelang es einigen jungen Frauen durchaus, in der Jugendbewegung Fuß zu fassen und dort entweder das ‚Gemischtwandern' einzuführen oder eigenständige Mädchenbünde zu gründen (vgl. Klönne 2020). Den neuen Professionstyp der damaligen Nachkriegszeit verkörperten dann die Fürsorgerin und der männliche Sozialbeamte, die an entsprechenden Fachschulen ausgebildet wurden. Die überwältigende weibliche Dominanz in der Ausbildung zeigte sich darin, dass es Mitte der 1920er Jahre in Deutschland 35 staatlich anerkannte soziale Frauen(fach)schulen gab, die in der Konferenz sozialer Frauenschulen zusammengeschlossen waren (vgl. Salomon 1927) und nur eine zentrale Ausbildungsstätte für männliche Sozialbeamte in Berlin, die von Carl Mennicke geleitet wurde. Mit der „Deutschen Akademie für soziale und pädagogische Frauenarbeit" in Berlin wurde darüber hinaus eine Hochschule gegründet, die man durchaus als Vorläufer für die späteren Fachhochschulen bezeichnen kann, die im dritten Drittel des 20. Jahrhunderts in Westdeutschland gegründet wurden: „Man konnte sich nicht damit begnügen, im sozialen Beruf einen neuen Typus mittleren weiblichen Beamtentums geschaffen zu haben. Die Frauen, die für eine von weiblicher Art geprägte Kulturleistung besonders begabt sind, streben über die ‚mittlere Leistung' hinaus. Sie suchen sowohl den Weg zu einem äußeren Aufstieg wie zu einem tieferen Eindringen in die geistigen Grundlagen ihres Berufs, einen Weg, der nur durch wissenschaftliche Weiterbildung gefunden werden kann" (Salomon 1931, S. 313).

Entsprechend beschrieb Marie Baum in ihrer Bilanz „Zehn Jahre soziale Berufsarbeit" (1926) die fürsorgerische Tätigkeit schon durchaus im modernen Sinne des Case Work (‚Überblick über das Ganze') verbunden mit einem frauenspezifischen Care Work: Die Fürsorgerin sollte gleichzeitig rational-methodisch arbeiten und den Klienten mit ‚Wärme und Liebe' entgegentreten, damit sie nicht als ‚Fall' im behördlichen Apparat nur ‚bearbeitet' würden. Helene Weber griff Ende der 1920er Jahre diese Bilanz auf und beklagte die geschlechtstypisch geteilte Struktur der Jugend-, Wohlfahrts- und Gesundheitsämter, in denen den Frauen der praktische Außendienst, den Männern der administrative, letztentscheidende Innendienst zugewiesen war: „Die Frage der Eingliederung der Frauen in die Verwaltung ist noch längst nicht gelöst. […] Es gibt eine einfache, aber falsche Lösung, die nur zwischen Außen- und Innendienst unterscheidet, die der Frau in der fürsorgerischen Tätigkeit nur den Außendienst zuerteilt und den Innendienst als die davon reichlich getrennte Verwaltungsarbeit auffasst" (Weber 1930, S. 306). Alice Salomon begründete die Einrichtung der Sozialakademie für Frauen ebenfalls geschlechtsspezifisch: „Bestimmte Gebiete der Wissenschaften, die vor allem die schöpferische Kraft der Frau auslösen, sollen hier in einer besonderen Form behandelt und mit besonderem Geist erfasst werden, etwa in dem Sinne, in dem Gertrud Bäumer einmal davon gesprochen hat, daß die geistige Höherentwicklung der Frau ihre ursprüngliche Geschlechtsindividualität, ihre unauslöschbare Wesensart steigern wird" (Salomon 1931, S. 313).

Gegen die einseitig weibliche Definition der Sozialen Arbeit wehrte sich die ‚männliche' Sozialpädagogik, wie sie sich in der Nachfolge der (überwiegend männlichen) Jugendbewegung im Umkreis der Universitätspädagogik und in der jugendbewegt methodischen Arbeit (Führer- und Gemeinschaftsprinzip) mit meist männlichen Fürsorgezöglingen und Strafgefangenen, aber auch in der Jugendpflege entwickelt hatte, indem sie ihr die Figur des ‚männlichen Sozialbeamten' entgegenhielt. Dessen sozialadministrative Leitungstätigkeit sowie die gruppen- und gemeinschaftsbezogene Führungspädagogik wurden nun ebenfalls geschlechtstypisch legitimiert. So übertrug sich das herrschende System der geschlechtsspezifischen Arbeitsteilung auf die Wohlfahrtspflege und ihre sozialpädagogischen Arbeitsfelder. Gleichzeitig lieferte er eine Legitimation für die inzwischen auffällige Dominanz der Männer in den damaligen Leitungspositionen der Jugendhilfe und Sozialarbeit. Im Jahre 1928 betrug der Frauenanteil an den rund tausend Leitungsstellen in deutschen Jugendämtern ca. drei Prozent. Der männliche Tätigkeitskreis sei der der ‚Wohlfahrtspolitik', gegenüber dem weiblichen der ‚Wohlfahrtspflege'.

Ihren Beitrag zur Emanzipation der Frau über die Soziale Arbeit in den 1920er Jahren leistete vor allem auch die an Frauen und Mädchen gerichtete Sexualberatung, die sich in deutschen Großstädten und vor allem in Wien entwickelte. Neben der beruflichen Selbstständigkeit der Frau sollte auch ihre sexuelle Befreiung gelingen. In Deutschland war es Helene Stöcker mit ihrem „Bund für Mutterschutz", der sich vor allem gegen das Abtreibungsverbot engagierte (vgl. Wickert 1991). In Wien baute Sofie Lazarsfeld Sexualberatungsstellen auf, in denen die Frauen die Chance hatten, über ihre Partner- und Gewalterfahrungen zu berichten und entsprechende Hilfe zu erhalten (vgl. Lazarsfeld 1931). Auch die international verbreitete Open Door – die die materielle und soziale Selbstständigkeit der Frau in der Ehe propagierte – hatte im deutschsprachigen Raum ihre Initiativen.

In der Zeit des Nationalsozialismus wurde der Emanzipationsprozess der Frau gestoppt und ein mutterzentriertes, familiengebundenes Frauenbild verordnet. Die Soziale Arbeit war an der NS-Ideologie ausgerichtet sowie organisatorisch dem Führungsanspruch der Partei unterworfen. Für die NS-Ideologie war die Pflege des ‚Volkskörpers' von zentraler Bedeutung, ein Tätigkeitsbereich, an dem sowohl weibliche wie männliche Fürsorger beteiligt waren und damit die rassistischen Ziele der Partei aktiv unterstützten. Konkret hieß das, dass eine ganze Reihe von Maßnahmen umgesetzt wurde, um den ‚Volkskörper' gesund zu erhalten, störende Einflüsse fernzuhalten und ‚Schädlinge auszumerzen'. Die zu diesem Zweck geschaffenen Gesetze sollten die ‚Erbgesunden' fördern und die ‚Minderwertigen' eliminieren. Die Freie Wohlfahrtspflege wurde, soweit sie nach dem Verbot der Arbeiterwohlfahrt und der Unterwerfung der Zentralwohlfahrtsstelle der deutschen Juden (ZWST) unter die Kontrolle der Gestapo noch existierte, der ‚Nationalsozialistischen Volkswohlfahrt' (NSV) unterstellt. Jugendpflege und Jugendverbände wurden weitgehend durch die Hitler-Jugend ‚aufgesogen'. Die Qualität der Sozialen Arbeit wurde über diese Einschränkungen hinaus durch einen Abbau der Ausbildungsstandards weiter abgesenkt.

Der Zweite Weltkrieg bedeutete nicht nur Zerstörungen ungeahnten Ausmaßes, sondern auch die Auflösung traditioneller Lebensformen durch Flucht und Vertreibung. Für die Soziale Arbeit in beiden Teilen Deutschlands waren diese Verhältnisse eine enorme Herausforderung, auf welche mit unterschiedlichen Konzepten und Maßnahmen reagiert wurde: Während man in der Bundesrepublik nun institutionell an die Wohlfahrtsstaatstraditionen der Weimarer Republik anknüpfte, versuchte man in der DDR nach dem Vorbild des Sozialstaatskonzepts der UdSSR die individuellen Hilfen so weit wie möglich zugunsten allgemeiner sozialpolitischer Versorgungsstrukturen einzuschränken. Die Verstrickung der Sozialen Arbeit in das NS-Programm der Eugenik und in weitere bevölkerungspolitische Verbrechen fiel angesichts der vielbeschworenen Überzeugung, selber nicht Täter, sondern Opfer gewesen zu sein, der ‚Vergessenheit' anheim (vgl. Hering 2013).

Sabine Hering

Zum Weiterlesen
Hering, Sabine (Hrsg.) (2013): Was ist Soziale Arbeit? Traditionen – Widersprüche – Wirkungen. Opladen: Barbara Budrich
Hering, Sabine/Münchmeier, Richard (2014): Geschichte der Sozialen Arbeit. Eine Einführung. Weinheim, München: Beltz Juventa
Hering, Sabine/Münchmeier, Richard (2015): Geschichte der Sozialen Arbeit – Quellentexte. Weinheim, München: Beltz Juventa

Historische Perspektiven auf Soziale Arbeit ab 1945

Im zweiten Band seiner Schrift „Wie Helfen zum Beruf wurde" (1988) behandelt C. W. Müller auch die unmittelbare Nachkriegszeit ab 1945. Dabei stellt er für die Jahre des ‚Wiederaufbaus' zum einen die Bedeutung der ‚Reeducation-Programme' der Alliierten, die Entwicklung von Jugendbegegnungsstätten und der Gruppenpädagogik wie auch der Sozialen Gruppenarbeit (Konopka 2000) heraus. Zum anderen markiert er die Weiterentwicklung der Einzelhilfe durch die Rezeption des – nunmehr – amerikanischen Casework (Kraus 1950) und die Entwicklung der Gemeinwesenarbeit, die ihre Impulse aus der Praxis des Community Organizing bezieht. Es ist kein Zufall, dass in diesem Zusammenhang weibliche Akteur*innen prominent Erwähnung finden, denn diese setzen entscheidende Akzente im Versuch der Rekonstruktion einer demokratisch orientierten Sozialen Arbeit nach dem Zusammenbruch des NS-Regimes. Doch welche Rolle spielt dieser Befund, wenn es um eine systematische Betrachtung Sozialer Arbeit in der unmittelbaren Nachkriegszeit ab 1945 in einer geschlechtergeschichtlichen Perspektive geht? Folgende Aspekte wären hierfür zu berücksichtigen: die real existierende zeitgenössische Geschlechterarbeitsteilung (zwischen ‚Ausnahmezustand' und Normalitätsvorstellungen); die vorherrschenden Männlichkeits- und Weiblichkeitsbilder; die alltäglich konkret gelebten Geschlechterbeziehungen – und zwar auf Seiten der Adressat*innen ebenso wie auf Seiten der Fachkräfte; die Thematisierungsweisen von ‚Geschlecht' im Kontext des Nachdenkens über Soziale Arbeit; die ‚statistischen Geschlechterverhältnisse' in Trägerorganisationen und Sozialverwaltungen; die Ebene von Arbeitskonzepten und Praktiken Sozialer Arbeit (z. B. Problemdeutungen mit ‚Geschlechter-Bias'). Auch wenn sich in bisherigen – sehr verstreuten – Beiträgen zu dieser Epoche der gesellschaftlichen Entwicklung immer wieder Hinweise zu den komplexen Verschränkungen und Wechselwirkungen der genannten Aspekte finden, so weist die Forschungslage doch noch etliche Desiderata auf. Dies mag auch dem Umstand geschuldet sein, dass entsprechende Studien sich auf verschiedene Wissenschaftsgebiete verteilen, wie etwa die historische Geschlechterforschung, die regionale Wohlfahrtsgeschichtsforschung, die Alltags-, Sozial- und Kulturgeschichte.

Für die Soziale Arbeit bieten die beiden Bände von Amthor/Kuhlmann/Bender-Junker (2022) erstmalig ein wichtiges ‚Gesamttableau', das insbesondere eine Auseinandersetzung mit den personellen, konzeptionellen wie institutionellen Kontinuitäten und Diskontinuitäten in der Sozialen Arbeit nach 1945 ermöglicht. Damit geraten Mittäterschaft und Verstrickung von individuellen wie kollektiven Akteur*innen Sozialer Arbeit ebenso in den Blick wie das Problem der Vertreibung von Menschen und Ideen aus der Geschichte Sozialer Arbeit. Im Hinblick auf die Geschlechterdimension dieser spannungsgeladenen Geschichte bleibt es allerdings noch weitgehend bei biografischen Zugängen (Maurer 2022).

Eine systematische Betrachtung würde z. B. den Blick darauf noch schärfen müssen, wie sich frauenbewegtes und sozial(politisch)es Engagement im Wirken der Protagonist*innen überlagern oder sogar gegenseitig bedingen (Hering/Waaldijk 2002; Kruse/Tegeler 2007). Interessante Hinweise dazu finden sich in lokal- oder regionalgeschichtlichen Studien, in den Publikationen von Geschichtswerkstätten und den entsprechenden feministischen Initiativen. Sie finden sich auch in den Archiven und Materialsammlungen einzelner Wohlfahrtsverbände, Religionsgemeinschaften oder Parteien – doch auch hier bleibt der Blick meist ein eher spezifischer: Die verschiedenen Kontexte des Wirkens der Protagonist*innen sind dabei oft nicht im Blick oder werden lediglich als ‚biografische Daten' erwähnt, aber nicht systematisch aufeinander bezogen.

Was macht es für eine Historiographie der Nachkriegsgeschichte so schwierig, die ‚frauenbewegten Anteile' im Wirken von Akteur*innen Sozialer Arbeit zu identifizieren? Hier wirken verschiedene Faktoren: 1945 waren viele der bekannte(re)n frauenbewegten Protagonist*innen Sozialer Arbeit aus der Zeit vor 1933 – wie z. B. Marie Baum (Lauterer 1995) – schon in einem höheren Lebensalter; das wirkte sich auch auf ihre Aktivitäten nach 1945 aus. Viele derjenigen, die die Verfolgung durch das NS-Regime in der Emigration überlebt hatten, kehrten nicht mehr nach Deutschland zurück, auch wenn manche der Emigrierten dann über Besuche in Deutschland, Fachliteratur, aber auch gezielte Fort- und Weiterbildung von Fachkräften in der Sozialen Arbeit dennoch auf vielfältige Weise an der Rekonstruktion Sozialer Arbeit in Deutschland nach 1945 sehr aktiv beteiligt waren (Wieler/Zeller 1995).

Diejenigen, die beruflich (oder über verbands- bzw. parteipolitisches Engagement) ‚weiterhin' oder erneut im Feld Sozialer Arbeit tätig waren, verknüpften dies meist nicht (mehr) mit frauenbewegten Orientierungen und Positionen. Hierfür können wiederum verschiedene Gründe vermutet werden: Die zum Teil auch programmatische Verknüpfung des Engagements in einer zeitgenössischen Frauenbewegung mit dem Tätigwerden in der Sozialen Arbeit, wie es sich für die Zeit bis 1918/19 noch deutlich erkennen lässt, verlor – vor allem für jüngere Frauen* – in der Zeit der Weimarer Republik an Bedeutung. Neben dem ‚Generationen-Übergang' spielen hier auch Prozesse der Institutionalisierung – in Bezug auf Soziale Arbeit ebenso wie in Bezug auf Frauenrechte – eine wesentliche Rolle. Wie geschlechtergeschichtliche Studien zur Nachkriegszeit – zum Teil auch implizit – aufzeigen (Dörr/Siebert 1996; Hauser 1996), konnte der Bezug auf ‚Geschlecht' im Zusammenhang mit Sozialer Arbeit nach 1945 anscheinend nicht mehr erfolgreich politisiert werden.

Explizit frauen*- bzw. geschlechterpolitisches Engagement findet sich hingegen im Kontext der nach 1945 fast sofort wieder – gerade auch im Sinne einer Sozialen Arbeit, aber eben nicht ‚als' (professionelle) Soziale Arbeit – tätig werdenden Frauenorganisationen (Hauser 1996): „Not, wohin wir blicken" – „Wir Frauen müssen es machen", diese beiden Motti sind in gewisser Weise charakteristisch für die Situation nach 1945. Während das erste Motto auf die zugespitzten, vor allem materiellen Notlagen der Nachkriegssituation bezogen werden kann, verweist das zweite nicht nur auf eine – in gewisser Weise unterstellte und tradierte – Zuständigkeit für Hilfe und Sorge ‚qua Geschlecht', sondern auch auf die tatsächlich (nicht zuletzt von den Besatzungsmächten) konkret adressierten und ‚verfügbar' erscheinenden Kräfte in der Gesellschaft.

Zu unterscheiden ist also zwischen der – auch frauen*politisch motivierten – Hilfeorganisation und -praxis durch ‚andere' Akteur*innen und den Praxen im Kontext und in den unterschiedlichen Feldern Sozialer Arbeit selbst. Gleichwohl finden sich auch hier – insbesondere wieder in den biografischen oder verbands- und institutionengeschichtlichen Darstellungen – durchaus

Spuren einer geschlechterpolitischen Reflexion. So kann etwa danach gefragt werden, inwieweit der starke Bezug auf Demokratie, auch der Entwurf einer konkreten demokratischen Praxis in den Handlungsvollzügen Sozialer Arbeit bei vielen bedeutenden Akteur*innen der Zeit (z. B. Kraus 1950; Siegel 1981; Siemsen 1948) sich u. a. solchen Reflexionen verdankt.

Diejenigen, die nach 1945 in der Sozialen Arbeit berufspraktisch oder auch (aus)bildend noch aktiv sein konnten, gehörten überwiegend einer etwas jüngeren Generation an, die nicht zuletzt auch von der Jugendbewegung geprägt war (Hering/Kramer 1984). Viele aus dieser ‚etwas jüngeren Generation' hatten die ‚frauenbewegten Pionier*innen der Sozialen Arbeit' zum Teil aber noch persönlich gekannt oder wussten zumindest über die Fachliteratur von ihnen. In ihren beruflichen und gesellschaftspolitischen Orientierungen konnten daher Perspektiven und Positionen, die sich den Erfahrungen aus frauenbewegtem Engagement verdankten, durchaus noch wirksam sein. So hatte z. B. Elisabeth Siegel auch an den Sozialpädagogischen Frauenschulen der Stadt Breslau gearbeitet, bevor sie 1933 aus dem Dienst entlassen wurde (gemäß § 4 des Gesetzes „zur Wiederherstellung des Berufsbeamtentums"). Ihr Weg war insgesamt zwar sehr deutlich vom Engagement in der 1925 gegründeten „Gilde Soziale Arbeit" geprägt – einem partei- und konfessionsunabhängigen Zusammenschluss von Personen aus unterschiedlichen Disziplinen, Berufen und Tätigkeitsgebieten, die von der Jugendbewegung inspiriert worden waren –, ihre Schriften und Aktivitäten weisen dennoch auch ein frauenpolitisches Bewusstsein auf. Über verschiedene Stationen ihres beruflichen Werdeganges nach 1945 war sie in sozialpädagogischen (Aus-)Bildungskontexten aktiv (zuletzt und bis zu ihrer Emeritierung 1967 als Professorin für Pädagogik und Sozialpädagogik an der Universität in Osnabrück).

Ein anderes Bild ergibt sich in Bezug auf den Werdegang von Hertha Kraus, die von etlichen Autor*innen als bedeutende Wegbereiterin der modernen Sozialen Arbeit (auch) in Deutschland nach 1945 gewürdigt wird (Berger 2004; Bussiek 2002). Hertha Kraus gehörte ebenfalls zu der ‚jüngeren Generation' in der Sozialen Arbeit der Weimarer Republik, die – wie Siegel – bereits von ersten fürsorgewissenschaftlichen Studienangeboten profitieren konnte. Über ihre Tätigkeit in der frühen Gemeinwesenarbeit der 1920er Jahre in Berlin, aber auch im Zuge weiterer beruflicher Stationen kam Hertha Kraus mit vielen bedeutenden Protagonist*innen Sozialer Arbeit in Kontakt, darunter auch Gertrud Bäumer, Elly Heuss-Knapp, Siddy Wronsky und Alice Salomon; von Salomon, die als Begründerin des sozialen Frauenberufs in Deutschland gilt, war sie offenbar besonders beeindruckt. Durch das Einsetzen des NS-Regimes bedroht und zur Emigration gedrängt, setzte Kraus ihre Arbeit dann in den USA fort, was durch ihre Zugehörigkeit zu den Quäkern erleichtert wurde. Für ihr Wirken ab 1945 bildete sowohl der ‚Quäker-Geist' (historisch bedeutsam auch in Bezug auf das Engagement für Sklavenbefreiung und Frauenemanzipation) als auch die Unterstützung der vom NS-Regime vertriebenen Emigrant*innen einen wichtigen Hintergrund. Als Mitarbeiterin der amerikanischen Militärregierung und als Quäkerin stieß sie maßgeblich den Aufbau von Nachbarschaftsheimen im Nachkriegsdeutschland an, wo u. a. auch soziale und pädagogische Fachkräfte fortgebildet werden sollten. So wurden auf Anregung von Hertha Kraus z. B. internationale Treffen organisiert, bei denen „sich die Wohlfahrtsbeamten der drei westlichen Besatzungsmächte mit deutschen Sozialarbeitern über die jeweiligen Probleme aussprachen und einander verstehen lernten" (Bussiek 2002, S. 57). Kraus unterstützte nicht nur die Reorganisation der 1933 aufgelösten „Arbeiterwohlfahrt", sie war auch an Maßnahmen zur ‚Reeducation' von sozialen Fachkräften beteiligt, die zu autoritär auftraten, und brachte Perspektiven ein, die dazu beitragen sollten, die Individualität und Würde der ‚Klienten' zu achten und zu fördern (durchaus korrespondierend mit den Gedanken Alice Salomons zur „Kunst des Helfens"; Salomon 1926). Es ging ihr um nichts weniger als um eine demokratische Haltung in der konkreten Sozialen Arbeit. Ein Verdienst von Hertha Kraus war nicht zuletzt, dass sich ab 1950 deutsche Akteur*innen wieder an der „Internationalen Konferenz für Sozialarbeit" sowie an der „Internationalen Konferenz der Schulen für Sozialarbeit" beteiligen konnten.

Susanne Maurer

Zum Weiterlesen
Amthor, Ralph/Kuhlmann, Carola/Bender-Junker, Birgit (Hrsg.) (2022): Kontinuitäten und Diskontinuitäten Sozialer Arbeit nach dem Ende des Nationalsozialismus. 2 Bände. Weinheim: Beltz Juventa
Hering, Sabine/Waaldijk, Berteke (Hrsg.) (2002): Die Geschichte der Sozialen Arbeit in Europa (1900–1960). Wichtige Pionierinnen und ihr Einfluss auf die Entwicklung internationaler Organisationen. Opladen: Leske + Budrich
Müller, C. Wolfgang (1988): Wie Helfen zum Beruf wurde – Eine Methodengeschichte der Sozialarbeit. 1945–1985. Weinheim, Basel: Beltz

Homo*- und Trans*feindlichkeit

Definition und fachliche Einordnung: Die Begriffe Homo*- und Trans*feindlichkeit umfassen alle Formen der Abwehr, Diskriminierung und Gewalt gegenüber Personen, die als Homosexuelle*, trans* oder geschlechtlich nonkonforme Menschen gelesen werden. Homo*- und Trans*feindlichkeit sind geschlechtsbezogene Diskriminierungs- und Gewaltphänomene. Diese Formen der Diskriminierung und Gewalt interagieren mit anderen Diskriminierungsformen wie Rassismus, Misogynie und Klassismus. Häufig werden die Begriffe Homo- und Transphobie genutzt. Etymologisch stammen diese Bezeichnungen von der ‚Angst, Furcht' (griech. *phóbos*) vor dem ‚Mann/Mensch' (griech. *homo*). Diese Begriffe fokussieren eine Angst vor Geschlecht und sexueller Orientierung, die nicht heteronormativ gelesen wird. ‚Trans' steht für ‚jenseits, darüber hinausweisend' und meint eine Geschlechtlichkeit, die nicht der Geburtsgeschlechtszuweisung entspricht. Beide Bezeichnungen individualisieren so die Gewaltphänomene der Homo*- und Trans*feindlichkeit und reduzieren sie auf Identitäten und Zuschreibungen der von Gewalt und Diskriminierung Betroffenen.

Demgegenüber verweisen die Bezeichnungen Homo*- und Trans*feindlichkeit zusätzlich auf die Bedeutung der strukturellen Gewalt im Kontext von Heteronormativität. Dabei ist unter Heteronormativität die strukturelle Norm von zwei binären Geschlechtern, deren hierarchischem Verhältnis und die Dominanz der Heterosexualität in der Begehrensstruktur zu verstehen (Warner 1991; Hark 2013). Es existieren neben Homosexualität als sexueller Orientierung und trans*geschlechtlicher Verortung zahlreiche weitere geschlechtliche und sexuelle Existenzweisen, die Diskontinuitäten zu binären Geschlechtern aufweisen oder geschlechtlich nonkonform gelesen werden. Sie sind ebenfalls der Bedrohung durch Homo*- und Trans*feindlichkeit ausgesetzt.

Formen der Diskriminierung und Gewalt: Homo*feindlichkeit umfasst alle Formen der Abwertung, Diskriminierung, der interpersonalen und strukturellen Gewalt gegenüber lesbisch, schwul und bisexuell lebenden Personen und gegenüber jenen Menschen, die lesbisch, schwul oder bisexuell von Dritten gelesen werden. Ergänzend existieren die Konkretisierungen: Lesben-, Schwulen- und Bisexuellenfeindlichkeit (Biphobie). Homo*feindlichkeit ist ein „konsistenter Bestandteil" der Gesellschaft und dient der Durchsetzung geschlechtlicher und sexueller Normativitätsvorstellungen (Soine 2002, S. 147, 153). Trans*feindlichkeit meint die Abwertung, Diskriminierung, interpersonale und strukturelle Gewalt, die sich gegen transsexuelle und/oder trans*geschlechtliche Personen und alle, die als trans*geschlechtliche Person gelesen werden, richtet. Trans*feindlichkeit reagiert auf die Imagination eines ‚wahren Geschlechts' im Rahmen der Binarität und Hierarchie von Geschlecht (vgl. Bettcher 2007; Pohlkamp 2015b). Der Begriff Trans*Inter*feindlichkeit inkludiert die Ablehnung, Diskriminierung und Gewalt von inter*geschlechtlich geborenen Personen und gegenüber jenen, die als inter*geschlechtlich geborene Personen gelesen werden.

Alle hier genannten Formen der Diskriminierung und Gewalt werden durch Vorurteile, politische Haltung und Heterosexismus hervorgerufen und zeigen sich in verschiedenen Dimensionen der Diskriminierung und Gewalt. Diese reichen von Hate Speech, Cybermobbing über psychische, körperliche und sexuelle Gewalt bis hin zu struktureller Diskriminierung.

Historie: Die Abwertung von Homosexualität als sexuelle Praxis und Trans*geschlechtlichkeit als vielfältiger Geschlechterausdruck verweisen auf eine Jahrtausende alte komplexe Geschichte von Moral, Dethematisierung, Exklusion, Anerkennung, Pathologisierung und Kriminalisierung. Die Begriffe

Homosexualität, Transsexualität, Intersexualität oder Intergeschlechtlichkeit wurden erst im 19. und 20. Jahrhundert sprachlich gefasst und zum Gegenstand wissenschaftlicher und medialer Diskurse. Die Vielfalt zu Erzählungen über geschlechtliche und sexuelle Existenzweisen sind allerdings jahrhundertealt (z. B. Feinberg 1996; Feustel 2003; Garber 1993; Bleibtreu-Ehrenberg 1981; Klöppel 2010; Gregor 2015). Mit Blick auf die neuere Geschichte ist festzuhalten, dass bereits mit der Gründung des Deutschen Reichs 1871 unter Kaiser Wilhelm II. männliche Homosexualität im §175 Strafgesetzbuch unter dem Begriff „Sodomie" für das Deutsche Reich kriminalisiert wurde. Der eigentliche Begriff der Homosexualität löste dann nach und nach den Begriff der Sodomie ab. Hier vollzog sich der Paradigmenwechsel in der Betrachtung Homosexueller von der Ablehnung einer sexuellen Praxis hin zu der Ablehnung von Subjekten, denen die Homosexualität als Identität eingeschrieben wurde: „Der Sodomit war ein Gestrauchelter, der Homosexuelle ist eine Spezies." (Foucault 1977/1997), S. 58; vgl. auch Hirschauer1993) Gleichsam war im 17. Jahrhundert die Bezeichnung „Hermaphroditen" (vgl. Hierschauer 1993, S. 67), später die Benennung „Zwitter" für Vielgeschlechtlichkeit bis 1927 dem Preußischen Landrecht immanent (vgl. Plett 2003). Die Begriffe verschoben sich unter dem Eindruck der zunehmenden Wissenschaften und der rassistischen Kolonialpolitiken. Es entstanden „heterogene Anfänge und Abbrüche der neueren Erzählung der genealogischen Geschichte von Geschlecht und Sexualität" (Foucault nach Hirschauer 1993, S. 67). Die ersten medizinisch-psychologischen Dimensionen der Trans*geschlechtlichkeit erfasste Magnus Hirschfeld Anfang des 20. Jahrhunderts, als u. a. die Disziplin der Sexualwissenschaften entstand. Das Institut für Sexualwissenschaft (1919 – 1933) legte wichtige Grundsteine für Forschung, Beratung, Aufklärung und Behandlung ‚sexueller Zwischenstufen', wie Trans*geschlechtlichkeit, Hermaphrodismus und Homosexualität genannt wurden (Kotowski/Schoeps 2004). Das Institut wurde 1933 von Nationalsozialist*innen verboten und geplündert. Im Nationalsozialismus kommt es zur Verfolgung Homosexueller, zur Kastration von Männern, zur Inhaftierung in Konzentrationslagern und zur Tötung vorwiegend männlicher Homosexueller (vgl. Grau/Schoppmann 2004). Nach dem Nationalsozialismus blieb die strafrechtliche Verfolgung in beiden deutschen Staaten bestehen. In der DDR wurde der §175 allerdings 1968 (BRD: 1994) abgeschafft (Eschebach 2012). Der Begriff Transsexualität hatte seinen medizinischen und gesellschaftlichen Durchbruch in den USA erst 1966, als Harry Benjamin das Buch „*The transsexual phenomenon*" veröffentlichte (Benjamin 1966). Nach Stefan Hirschauer ist die soziale Konstruktion der Transsexualität eine Folge der starren binären Geschlechtszugehörigkeiten und des Wirkens der Diskursmächte von Medizin, Psychologie und Wissenschaft im 20. Jahrhundert (Hirschauer 1993). Das Transsexuellengesetz (kurz: TSG) in Deutschland erkannte 1981 erstmalig eine Diskontinuität von Geschlecht als Option an.

Dies setzte bei vollständiger Personenstandsänderung die „dauerhafte Fortpflanzungsunfähigkeit" der transsexuellen Personen voraus. Am 11. Januar 2011 wurde diese Menschenrechtsverletzung durch das Bundesverfassungsgericht gestoppt. Inter*geschlechtlichkeit („divers') wird seit 2018 im Personenstandsgesetz (PStG) anerkannt (BVerfG, Beschluss des Ersten Senats vom 10. Oktober 2017).

Seit den 2000er Jahren wurde das Thema geschlechtliche und sexuelle Vielfalt dank queerer, inter*-, homo*-, trans*geschlechtlicher Aktivist*innen zunehmend sichtbarer. Die rechtliche Anerkennung von homosexuellen „eingetragenen" Lebenspartnerschaften (2001), die Ehe für Alle (2017), die Geschlechtseintragung „divers" im Personenstandsgesetz (2018), die Reform des ICD-10 (ICD-11 geplant für 2022) sind historische Marker für eine zunehmende Liberalisierung der Geschlechterverhältnisse. Parallel entwickelte sich in den späten 2000er Jahren im deutschsprachigen Raum eine Diskussion um neue Anerkennungskulturen (vgl. Honneth 2003) für geschlechtliche und sexuelle Diversität. Aktuell ist allerdings eine Gleichzeitigkeit von Anerkennung und Akzeptanz, geschlechtlichem Konservatismus und antifeministischem Anti-Genderismus, Homo*- und Trans*sexuellenfeindlichkeit zu verzeichnen. Letztere ist mit Rassismus und Nationalismus interdependent verwoben (Hark/Villa 2015).

Forschungstand: In Europa entwickelte sich erst jüngst die Forschung zur Diskriminierung von Trans*personen (z. B. Whittle et al. 2007; Human Rights Watch 2008; Human Rights Watch 2011; Motmans et al. 2010; European Union Agency for Fundamental Rights (FRA) 2013; European Union Agency for Fundamental Rights (FRA) 2020. Im Zuge vermehrter Anerkennung von geschlechtlicher und sexueller Vielfalt im Menschenrechtsdiskurs wurden Forschungen zu Homo*- und Trans*feindlichkeit und queeren Lebenswelten im deutschsprachigen Raum interessant (z. B. Maneo 2007; LesMigraS 2012; Staudenmeyer et al. 2013; Pohlkamp 2015). Die Studien zeigen die Alltäglichkeit von Diskriminierung und Gewalt, die Wirkmächtigkeit von Heteronormativität, die strukturellen Diskriminierungen durch Bildung, Erziehung, Medizin, Recht, Rechtswissenschaft und Biologie. Außerdem zeigen sie die Diversität der homo*- und trans* Lebenswelten und die Komplexität der Diskriminierung und Gewaltphänomene auf. In der jüngsten Studie der European Union Agency for Fundamental Rights (FRA 2020) wurden erstmalig 140.000 LSBTQI-Menschen in 28 EU-Mitgliedstaaten befragt. 66 Prozent der trans* Befragten waren in den letzten 12 Monaten von Diskriminierung betroffen. 90 Prozent haben den letzten Vorfall nicht offiziell gemeldet (FRA 2020). Trotz der Zunahme an Studien existieren Forschungslücken: Dazu zählen exemplarisch die Auseinandersetzung mit Inter*feindlichkeit oder die Analyse des theoretischen Verhältnisses von Homo*- und Trans*sexuellenfeindlichkeit und Misogynie. Auffällig ist ebenso der Mangel an intersektionaler Gewaltforschung, die das komplexe Verhältnis von Gewalt, Sexualität und Geschlecht aus postkolonialer und mehrfach-diskriminierter Perspektive erfasst.

Interventionen der Sozialen Arbeit: Die Soziale Arbeit kann in ihren Handlungsfeldern das Empowerment von queeren, homo*- und trans*- und inter*geschlechtlichen Menschen und Angehörigen, die Sensibilisierung der Klientel und der Mehrheitsgesellschaft für die Diversität von Geschlecht und Sexualität fördern. Dazu zählt auch die Implementierung von trans*inter*homo*sensiblen Räumen und Angeboten. Hierfür ist ein Ausbau der geschlechter- und queerreflektierten Sozialen Arbeit notwendig. In der konsequent geschlechter- und queerreflektierten Sozialen Arbeit sind erste Präventions-, Sensibilisierungs- sowie Empowermentkonzepte in ausgewählten Handlungsfeldern bereits entwickelt worden (z. B. Busche et al. 2010; Spahn/Wedl 2018; Hackbart 2020; Queerformat/sfbb 2021). Im Bereich der Kinder- und Jugendhilfe begründet der § 9.3 des Kinder- und Jugendstärkungsgesetzes (KJSG) die Bestrebungen geschlechter- und queersensibler Angebote. Zur Prävention von Homo* und Trans*Inter*-feindlichkeit zählt die Akzeptanz geschlechtlicher und sexueller Vielfalt in der Sozialen Arbeit und Sozialpädagogik. Dies setzt die Anerkennung aller geschlechtlichen und sexuellen Existenzweisen voraus. Diese müssen auf Konsens, Respekt und Freiwilligkeit beruhen und normative geschlechtliche und sexuelle Lebensweisen, wie zum Beispiel Cis-Geschlechtlichkeit und Heterosexualität inkludieren. Diese Anerkennung benötigt die Repräsentation der Diversität von Geschlecht und Sexualität in Konzeption, Teamstruktur, Wissen und Haltung.

Internationaler Gedenktag: Seit 2005 wird jedes Jahr am 17. Mai der *International Day Against Homophobia and Transphobia* – IDAHOT* als internationaler Tag gegen Homo-, Bi-, Inter- und Trans*sexuellenfeindlichkeit begangen. An diesem Tag wird an die Verstorbenen, die Opfer von Homo*- und Trans*sexuellenfeindlichkeit und an die Kämpfe der Aktivist*innen queerer Bewegung erinnert.

Ines Pohlkamp

Zum Weiterlesen
Styker, Susan/Whittle, Stephen (Hrsg.) (2006): The Transgender Studies Reader. New York, London: Routledge
Castro Varela, María do Mar/Dhawan, Nikita/Engel, Antke (Hrsg.) (2011): Hegemony and Heteronormativity. Revisiting ‚The Political' in Queer Politics (Queer Interventions). Aldershot: Ashgate
Schmidt, Renate-Berenike/Sielert, Uwe (Hrsg.) (2013): Handbuch Sexualpädagogik und sexuelle Bildung. 2. Auflage. Weinheim, Basel: Beltz Juventa

Homosexualität

Homosexualität ist eine mögliche sexuelle Orientierung und beschreibt als solche das Begehren einer Person hinsichtlich des Geschlechts potenzieller Partner*innen. Homosexualität (Gleichgeschlechtlichkeit) bezieht sich dabei auf das Begehren gleichgeschlechtlicher Partner*innen (vgl. Rauchfleisch 2011). Erklärungsansätze zur Entstehung von Homosexualität wie etwa die fortlaufenden Versuche der Neurobiologie, Homosexualität genetisch zu erklären, liefern keine eindeutigen Ergebnisse. Die entsprechende Forschung ist in ihrer Anlage dazu geeignet, den Eindruck zu erwecken, dass sexuelle Vielfalt nicht akzeptiert, sondern als pathologisches, zu veränderndes Phänomen erforscht wird. Erfahrungen der Abwertung, Diskriminierung und Verfolgung homosexueller Personen wurden und werden nicht zuletzt auch durch die Medizin und Psychologie gestützt, die Homosexualität lange Zeit als Krankheit einstuften (vgl. ebd.). Soziale Arbeit ist als „Projekt sozialer Gerechtigkeit" (Höblich 2020b) im Umgang mit Differenz im Kontext sexueller Orientierung weniger an medizinischen, psychologischen oder biologischen Erklärungsansätzen interessiert, sondern richtet ihr Augenmerk auf die soziale Funktion, die mit der wirkmächtigen Unterscheidung von Hetero- und Homosexualität sowie von Weiblichkeit und Männlichkeit einhergeht. Diese Differenzierungen werden häufig zunächst als eine vermeintlich natürlich bestehende Unterteilung inszeniert, jedoch bekommen diese erst im Kontext moderner Lebensweisen die grundlegende Funktion der Identitätsstiftung (vgl. Quindeau 2014, S. 39). In diesem Zusammenhang ist festzustellen, dass die Begriffe Homosexualität oder homosexuell oftmals als medizinisch-pathologisierend erlebt und damit von vielen Lesben und Schwulen abgelehnt werden, da sie zu sehr auf Sexualität fokussieren und sozial-emotionale Dimensionen und vielfältige Lebensweisen ausblenden (vgl. Höblich 2019). Um der Vielfalt homosexueller Lebensweisen gerecht zu werden, wird im Fachdiskurs Homosexualität zunehmend in der Pluralform gefasst (z. B. Homosexualität_en bei Lottmann/Lautmann/Castro Varela 2016). In weiten Teilen des deutschsprachigen Raumes und auch der Europäischen Union legen die öffentlichen Diskurse in Medien, Politik und Wissenschaft die Erkenntnis nahe, dass gegenwärtig mit der Pluralisierung von Lebensformen auch die Akzeptanz homosexuellen Lebens gestiegen ist. Dies kann als Ergebnis von sozialen Bewegungen, wie der Lesben- und Schwulenbewegung, und daraus folgenden politischen und juristischen Initiativen betrachtet werden (vgl. J. Hartmann 2020). In der BRD können die Einführung der ‚Ehe für alle' im Jahr 2017 und damit die Möglichkeit für gleichgeschlechtliche Paare, zu heiraten und gemeinsam ein Kind zu adoptieren, als Symbol für eine größere Akzeptanz gelesen werden. Bestehende Unterschiede zur Ehe wurden durch Beschlüsse des Bundesverfassungsgerichts aufgehoben (Ehegattensplitting, Erbschaft, Stiefkindadoption etc.). Insgesamt kann zwar festgestellt werden, dass Homosexualität und homosexuelle Lebensweisen gegenwärtig deutlich positiver wahrgenommen werden als noch in den 1970er Jahren (vgl. Küpper/Klocke/Hoffmann 2017). Die durchgängig hohe mediale und gesellschaftliche Aufmerksamkeit für das Thema zeigt allerdings auch, dass die Realitäten komplexer und widersprüchlicher sind und dass homosexuelle Leben zumindest in einigen Feldern und insbesondere in von bestimmten Männlichkeitsbildern geprägten Institutionen wie dem Militär oder dem Profisport nach wie vor keine Selbstverständlichkeit sind (vgl. Eggeling 2010). Nach wie vor gibt es Forschungsbedarf mit Blick auf die Dimension des Alter(n)s von homosexuellen Menschen, „ohne Homosexualität als Identitätskategorie zu vereindeutigen und homosexuelle ältere Menschen zu ‚den Anderen' zu machen" (Schütze 2020, S. 413).

Ein Konzept von Homosexualität ist ohne ein Konzept von Heterosexualität nicht zu denken, d. h. die Grundlage für beides ist die Annahme der Binarität von Hetero- und Homosexualität. Schmidt liefert mit der Frage, ob es Heterosexualität überhaupt gibt, Argumente gegen die gesellschaftliche Vorstellung einer „monosexuellen Ordnung" (Schmidt 2004, S. 122). Allerdings ist diese Ordnung sehr wirkmächtig und verfestigt die mit Zweigeschlechtlichkeit und Heterosexualität einhergehenden Privilegierungen und Marginalisierungen. Der durch queertheoretische Arbeiten fundierte Begriff der Heteronormativität stellt die Binarität von Hetero- und Homosexualität mit dem ihr zugrunde liegenden System der Zweigeschlechtlichkeit infrage. Heteronormativität ‚organisiert' hegemoniale Heterosexualität und markiert damit Homosexualität immer als Abweichung (vgl. Hark 2009a). Die mit der historischen Verschränkung von Sexualität und Geschlecht einhergehende Konstruktion einer „geschlechtsspezifisch definierten ‚Normalfunktion' des (heterosexuellen) Geschlechtstriebs" (Bührmann/Mehlmann 2010, S. 618) fungiert auch gegenwärtig als normativer Bezugsrahmen für die Pathologisierung sexueller und geschlechtlicher Abweichungen, wie sie zum Beispiel in nationalkonservativ-politischen Debatten um gleichgeschlechtliche Ehen immer wieder hervorgebracht wird. Soziale Arbeit ist in ihrem Handeln immer auch bezogen auf geschlechtliche und sexuelle Differenzen und läuft dabei Gefahr, das dominierende Verständnis einer unveränderlichen, quasi natürlichen geschlechtlichen Identität und sexuellen Orientierung zu reifizieren. Schütte-Bäumner plädiert daher für ein auf Reflexivität, Offenheit und Unabgeschlossenheit ausgerichtetes Professionalitätsverständnis Sozialer Arbeit (vgl. Schütte-Bäumner 2017). Hartmann, J. (2020) markiert die Reflexion und den Ausweis des eigenen theoretischen Bezugsrahmens als zentrales Kriterium für Professionalität und problematisiert in diesem Zusammenhang die Unschärfe des theoretischen Fundaments für Anerkennung und Ermöglichung geschlechtlicher und sexueller Vielfalt. Schmauch (2014) beschreibt die Gefühle der Verunsicherung oder der Ratlosigkeit, aber auch normative Reaktionen bei sozialpädagogischen Fachkräften, wenn sie auf der Handlungsebene mit homosexuellen Lebensweisen konfrontiert sind: „Hinter diesen Reaktionen stecken oft Normalitätsvorstellungen und Einstellungen zu Geschlechterrollen und Homosexualität, die nur zum Teil bewusst sind. Dies gilt sowohl im Blick auf Klientinnen und Klienten wie auf Kolleginnen und Kollegen" (Schmauch 2014, S. 41). Eine queere Professionalität als Haltung des Infragestellens und Dynamisierens betrachtet geschlechtliche und sexuelle Identitäten nicht als gegebene Tatsachen, sondern als Phänomene, die fortwährend diskursiv hervorgebracht und verhandelt werden, und erkennt dabei ihr eigenes Verstricktsein (vgl. Hartmann, J. 2020). Vor diesem Hintergrund ist weitere Forschung von Interesse, die zeigen kann, auf welche Weise Konstruktionen von sozialpädagogischer Professionalität und Geschlecht in diskursiven Praxen eng aneinander gekoppelt werden (Fegter/Sabla 2020) und auf welche Weise dabei Identitätskategorien wie Homosexualität relevant gemacht werden.

Kim-Patrick Sabla-Dimitrov

Zum Weiterlesen
Hartmann, Jutta/Messerschmidt, Astrid/Thon, Christine (Hrsg.) (2017): Queertheoretische Perspektiven auf Bildung – Pädagogische Kritik der Heteronormativität. Jahrbuch Frauen- und Geschlechterforschung in der Erziehungswissenschaft. Opladen: Barbara Budrich
Quindeau, Ilka (2014): Wie wird man heterosexuell? In: Sozialmagazin 39. H. 4, S. 38–45
Rauchfleisch, Udo (2011): Schwule, Lesben, Bisexuelle: Lebensweisen, Vorurteile, Einsichten. 4., neu bearbeitete Auflage. Göttingen: Vandenhoeck & Ruprecht

Identität

Der Begriff der Identität bezeichnet psychologisch die Kontinuität des Selbsterlebens einer Person – einschließlich derjenigen Aspekte, die mit dem Geschlecht verbunden sind –, wie sie sich aus der biografischen Aufschichtung von Selbsterfahrungen in der Zeit und ihrer reflexiven Verarbeitung ergibt. Aus soziologischer Sicht sind darin verschiedene soziale Rollen enthalten; Identität wird insofern auch als Ergebnis von Sozialisation gefasst und metatheoretisch als historisch und kulturell variierende soziale Konstruktion.

Theoretische Verortungen und Konzeptionen: Aus sozialisationstheoretischer Sicht hat Erikson (1959) hervorgehoben, dass Identitätsbildung, wie auch die Ausgestaltung von Geschlechtsidentitäten, lebensgeschichtlich folgenreich insbesondere aus der adoleszenten reflexiven Verarbeitung kindlicher Erfahrungen resultieren. Analog verknüpfen verschiedene entwicklungstheoretische Ansätze, die den spezifischen Qualitätssprung der mentalen oder kognitiven, der emotionalen und psychophysischen, sozialen und moralischen Kompetenzen in der Adoleszenz betonen, Identität mit zunehmender Fähigkeit zur Reflexivität. Identität gründet demnach zentral in den Fähigkeiten, sich selbst aus der Sicht von anderen zu sehen (Perspektivenübernahme und

Dezentrierung, vgl. Piaget/Inhelder 1980), sowie in der Fähigkeit, über eigene Gefühle und Gedanken und diejenigen von anderen nachzudenken und sie zu integrieren (Mentalisierung, vgl. Fonagy et al. 2002). Aus einer soziologischen Perspektive akzentuiert der Begriff der Ich-Identität, anknüpfend an Goffman (1975), das Resultat der Vermittlung von Individuum und Gesellschaft: Über Identifizierungen mit sozialen Rollen entwickelt sich die soziale Identität (z. B. Geschlecht), über diejenige mit personalen Rollen die personale Identität. In der Ich-Identität werden die verschiedenen Aspekte subjektiv ausbalanciert. Das Konzept der Ich-Identität beinhaltet zugleich Verhaltensstabilisierungen über soziale und personale Identitätsaspekte, aber auch kritische innere Auseinandersetzung mit oder mögliches Leiden unter gesellschaftlichen Normen, z. B. der Geschlechterordnung.

Übergreifend wird Identität zumeist dynamisch, interaktiv und reflexiv gefasst, als eine „kommunikative Struktur der Selbstbeziehung der Person" (Joas 1994, S. 113).

Empirische Veränderungen des Konzepts: Aktuelle Debatten zur Identität befassen sich z. B. mit Folgen gesellschaftlicher Wandlungen. Eine kontrovers diskutierte Frage besteht darin, welche Auswirkungen die fortschreitende Individualisierung und Flexibilisierung auf Identitätsbildung von jungen Männern und Frauen haben. In dem Maße, wie soziale Bindungen fragiler werden oder Risiken in den Lebenslagen ansteigen, während zugleich der Optimierungsdruck zunimmt, werden Bedingungen für Autonomieentwicklung auch erschwert (King/Gerisch/Rosa 2021). Kulturelle Tendenzen in Richtung einer Kultivierung von Einzigartigkeit (Reckwitz 2019) verändern ebenfalls die sozialen Rahmungen für Identitätsentwürfe. Gerade die Bewegungen des Suchens und Ringens unter unwägbaren, sich rasch wandelnden kulturellen Bedingungen werden daher als Merkmale von Identitätsbildungsprozessen angesehen (Leccardi 2009). Darauf bezogene Stichworte der Sozialwissenschaften sind u. a. ‚Bastelbiografie' oder ‚Patchwork-Identitäten' (Keupp et al. 1999). Gegenüber Konzepten, die die Vorstellung beliebiger Wahlmöglichkeiten der Identität nahe legen, wurde eingewendet, dass Psychisches sich nicht einfach willkürlich ändern lässt (Bohleber 2009; King et al. 2018). In jeder Biografie schält sich vielmehr heraus, welche Themen, hinter denen sich mitunter familial Unbewältigtes oder biografisch Bedrängendes verbirgt, nachhaltig bedeutsam werden (King 2004). Als maßgeblich gelten aus dieser Sicht überdies Ressourcen und Kompetenzen der psychischen Konfliktverarbeitung, die größere innere Beweglichkeit schaffen kann – auch im Umgang mit Geschlechtsidentitäten.

Stand der Forschung zur Geschlechtsidentität im engeren Sinne: Geschlechtsidentität umfasst die Gesamtheit jener Aspekte des Selbst, die als mit dem Geschlecht genuin verbunden angesehen werden. Aus zeitgenössischer sozialisationstheoretischer Sicht beeinflusst eine Vielzahl von Faktoren die Ausgestaltung der Geschlechtsidentität: Beziehungsqualitäten, Identifizierungen und kulturelle Zuschreibungen. Identitätskonstituierende Bedeutungen des Geschlechtskörpers entstehen in Interaktion mit signifikanten Anderen und der Umwelt (Dahl 1988). Auffassungen zur Genese der Geschlechtsidentität in verschiedenen entwicklungstheoretischen Schulen lassen sich anhand der Frage differenzieren, ob sie Stollers (1968) Annahme einer konfliktfreien Entstehung der Kerngeschlechtsidentität folgen – eine Vorstellung, die eher mit Konzepten der Selbstpsychologie und der Säuglingsforschung konvergiert – oder ob sie eher von der Konflikthaftigkeit der damit verbundenen Integrationsanforderungen ausgehen (Person/Ovesey 1993; Reiche 1997). Übergreifend setzt sich in der Betrachtung der Geschlechtsidentität eher eine Perspektive durch, die die Geschlechtsidentität als eine zu erwerbende erachtet und weniger als eine vorausgesetzte. Ein empirischer Befund von Abelin (1980) besteht etwa darin, dass kleine Jungen, um Getrenntheit zu konzipieren, eher auf Geschlechts-, Mädchen eher auf Generationenkategorien zurückgreifen – Jungen demnach eher eine gender identity, Mädchen eine generational identity ausbilden. Diese These unterstützt die vielfach rezipierte, aber auch als zu vereinfachend kritisierte Annahme, dass Männlichkeit durch Des-Identifizierung im Verhältnis zum mütterlichen Liebesobjekt konstituiert wird (Greenson 1982). Die Untersuchung männlicher Identitätsbildung, auch in der Adoleszenz, ist seitdem verstärkt ins Zentrum der Forschung gerückt (King/Flaake 2005). Gerade die Adoleszenzforschung hat gezeigt, dass bei beiden Geschlechtern Trennungs- und Individuierungskonflikte die Entwicklung der Identität prägen sowie die basale Anforderung besteht, väterliche und mütterliche Identifizierungen zu integrieren.

Insofern Geschlechtsidentität von zahlreichen Faktoren beeinflusst wird, spielt die interdisziplinäre Perspektive auf das Zusammenspiel von Körperlichem und Mentalem, von Individuum und Gesellschaft eine große Rolle. Bereits die körperliche Dimension setzt sich nicht nur aus vielfältigen Komponenten zusammen (Formanek 1982), sondern die Definitionen des Biologischen stellen darüber hinaus stets kulturelle Interpretationen dar. So wurden um 1900 die Geschlechtshormone in ‚männliche' und ‚weibliche' begrifflich eingeteilt (Money 1994; Walch/Stoff 2019). Philosophisch-dekonstruktive Analysen (Butler 1997a) verbinden diese genealogische Erforschung und Kritik von Geschlechternomenklaturen und Sexualitätsnormen mit der Perspektive der Aufhebung von Zweigeschlechtlichkeit. Hinsichtlich der in diesem Zusammenhang kontrovers diskutierten Frage der Relevanz von Zweigeschlechtlichkeit wurde darauf hingewiesen, dass die Figur des Elternpaars – einschließlich des charakteristisch differenten Beitrags von Vater und Mutter zur Zeugung oder Geburt eines Kindes – eine zentrale Matrix der psychosexuellen und Geschlechtsidentität bildet. Der sexuelle Ursprung kann insofern als ein zentraler Ursprung auch der psychischen Zweigeschlechtlichkeit betrachtet werden. Zugleich ist zu vermuten, dass in der Folge der Weiterentwicklung von

Reproduktions- und Biotechnologien auch Körper- und Geschlechterbedeutungen verändert werden, die, auch im Sinne eines notwendigen Transfers zwischen Kultur- und Naturwissenschaften (Bath et al. 2005), hinsichtlich ihrer konstruktiven oder destruktiven Folgen für Identitätsbildung weiter untersucht werden müssen.

Vera King

Zum Weiterlesen
Becker-Schmidt, Regina/Knapp, Gudrun Axeli (Hrsg.) (2005): Das Geschlechterverhältnis als Gegenstand der Sozialwissenschaften. Frankfurt/M.: Campus
Reckwitz, Andreas (2019): Die Gesellschaft der Singularitäten. Zum Strukturwandel der Moderne, Berlin: Suhrkamp
Straub, Jürgen/Renn Joachim (2002): Transitorische Identität. Der Prozesscharakter des modernen Selbst. Frankfurt/M.: Campus

Inklusion

Ausgehend von der Wertschätzung menschlicher Vielfalt stellt Inklusion als menschenrechtlicher Auftrag die Würde und Freiheitsrechte eines jeden Menschen ins Zentrum. Selbstachtung als Bewusstsein der eigenen Würde (sense of dignity) entsteht gleichzeitig nur in Verbindung mit dem Erleben von sozialer Zugehörigkeit und Anerkennung (vgl. Bielefeldt 2009). Unter Bedingungen von Stigmatisierung, Abwertung und Ausschließung wird Selbstachtung beschädigt, können Teilhabe und Partizipation nicht verwirklicht werden. Inklusion verweist somit auf Diskriminierung und Prozesse der Ausschließung (Exklusion) als ihren Gegenpol. Sie fordert dazu auf, verschiedene Heterogenitätsdimensionen und das Zusammenwirken verschiedener Exklusionsmechanismen in den Blick zu nehmen (vgl. Gummich/Feige 2013, S. 149).

Die aus der Behindertenbewegung hervorgegangenen Disability Studies (vgl. Waldschmidt/Schneider 2007) stellen heraus, dass – analog zu Geschlecht/gender oder Ethnizität/race – auch Behinderung/disability als soziale und kulturelle Konstruktion zu verstehen ist, die auf einer abwertenden Naturalisierung von Differenz basiert. Feministische Strömungen machen hier bereits seit den 1980er Jahren auf die Verwobenheit von Behinderung und Geschlecht aufmerksam (vgl. Jacob/Köbsell/Wollrad 2010). In Bezug auf Handlungsbezüge Sozialer Arbeit kann Inklusion daran anschließend als kritische Perspektive aufgefasst werden, die auf eine Analyse und den Abbau von differenzbasierter Diskriminierung und gesellschaftlichen Teilhabeausschlüssen abzielt (vgl. Dannenbeck 2017).

In der Sozialen Arbeit wird Inklusion auch als normative Leitkategorie diskutiert (vgl. Balz/Benz/Kuhlmann 2012; Spatscheck/Thiessen 2017). Als zentraler Impuls kann das Übereinkommen der Vereinten Nationen über die Rechte von Menschen mit Behinderungen (UN-BRK) angesehen werden, das

2006 durch die UN ratifiziert wurde und 2009 in Deutschland in Kraft trat. Neben seiner menschenrechtlichen Fundierung zentrieren sich um den Inklusionsbegriff verschiedene pädagogische und sozialwissenschaftliche Diskussionsstränge.

Als pädagogische Leitkategorie ist Inklusion eng mit Reformdebatten verknüpft, die eine Überwindung der im Erziehungs- und Bildungssystem historisch verfestigten Segregation von Kindern und Jugendlichen mit oder ohne Beeinträchtigungen fordern. Das durch die UN-BRK gestärkte Prinzip der inklusiven Bildung (vgl. Deutsche UNESCO-Kommission e. V. 2014) schließt an die bereits 1994 durch die UNESCO verabschiedete „Salamanca-Erklärung" an, die programmatische Forderungen nach inklusiver, an individuellen Lernvoraussetzungen ausgerichteter Bildung und Erziehung für alle Kinder (inclusive education) ausformulierte. Innerhalb der Heil-, Integrations- und Sonderpädagogik wird Inklusion als Weiterentwicklung von Integration diskutiert und bezieht sich vorrangig auf den Adressat*innenkreis Menschen mit Beeinträchtigungen. Davon lassen sich ‚weite' Inklusionsauffassungen unterscheiden, die Differenz und Vielfalt als mehrdimensionalen Bezugshorizont für Erziehung und Bildung betrachten und Heterogenität in Verbindung mit strukturellen Machtverhältnissen und sozialer Ungleichheit reflektieren (z. B. Budde/Hummrich 2014). Diesen liegt ein demokratie- und menschenrechtsbasiertes Verständnis ‚egalitärer Differenz' (Prengel 1993; Prengel 2006) zugrunde, das auf der gleichheitsorientierten Anerkennung von Vielfalt und Verschiedenheit beruht. In diesem Spektrum finden sich Bezüge zu Konzepten der vorurteilsbewussten, diskriminierungskritischen Pädagogik, z. B. dem Anti Bias oder Social Justice Ansatz (vgl. Wagner 2013; Bretländer/Heil 2015) sowie zu diversity education (Prengel 2008).

Sozialwissenschaftliche Theorien betrachten Inklusion in Relation zu Exklusion als dynamische Prozesse der Ein- und Ausschließung in kapitalistischen Gesellschaften im Zusammenhang mit Armut und marginalisierten Zugängen zu Erwerbsarbeit (vgl. Kronauer 2009). Ausgehend von der Beschreibung einer ‚Innen- und Außenspaltung', welche die vertikale Ungleichheit der Gesellschaft (im Sinne eines Oben und Unten sozialer Klassen) quasi durchquert, werden soziale Positionierungen von Menschen oder gesellschaftlichen Gruppen als mehrdimensionale Prozesse aufgefasst. Das Verhältnis von sozialer Inklusion und Exklusion beschreibt in dieser Hinsicht kein einfaches ‚Drinnen' oder ‚Draußen-Sein', wie der Begriff ‚Ausgrenzung' nahelegt. Es wird vielmehr als gleichzeitiges Drinnen- und Draußen-Sein konzipiert, das sich in verschiedenen gesellschaftlichen Bereichen sozialer (Nicht-)Zugehörigkeit abspielt (z. B. Arbeit/Beschäftigung, sozialstaatliche Ansprüche, soziale Kontakte; vgl. ebd., S. 378 ff.). Sozialwissenschaftliche Perspektiven der Exklusion (auf Inklusion) verweisen damit auf Diskrepanzen zwischen sozialstaatlichen Teilhaberechten und ihrer individuellen Realisierbarkeit (vgl. Bartelheimer 2007). Systemtheoretische Ansätze im Anschluss an Niklas Luhmann (1984) konzipieren Inklusion und Exklusion abgekoppelt von subjektbezogenen Positionen sozialer Teilhabe oder Ausschließung abstrakt als rationale Funktionslogik gesellschaftlicher Teilsysteme (z. B. Wirtschaft, Politik, Bildung). Eine Anschlussfähigkeit an menschenrechtsorientierte Perspektiven der Sozialen Arbeit wird allerdings kontrovers diskutiert (vgl. Degener/Mogge-Grotjahn 2012, S. 61).

Die allgemeinen Menschenrechte stellen einen zentralen normativen Bezugspunkt Sozialer Arbeit dar (vgl. Spatscheck/Steckelberg 2018; Staub-Bernasconi 2018b). In der UN-BRK ist Inklusion ausgehend von historischen Erfahrungen der Missachtung von als behindert deklarierten Menschen ausformuliert; als menschenrechtlicher Grundsatz hat sie jedoch allgemein richtungsweisenden Charakter. Inklusion im Sinne der UN-BRK umfasst das Recht auf Diskriminierungsschutz sowie umfassende Partizipation und Teilhabe in allen Lebensbereichen (Wohnen, Bildung, Erwerbsarbeit, politische Mitsprache, Familie, Mobilität usw.). Im Wortlaut spricht der Vertragstext von „… full and effective participation and inclusion in society …" (Art. 3) und „… full inclusion and participation in the community …" (Art. 19). Individuelle Freiheitsrechte stehen damit in direkter Verbindung zu sozialer Inklusion als Möglichkeit, das eigene Leben in sozialen, gemeinschaftlichen Bezügen selbstbestimmt gestalten zu können. Weitere Schlüsselbegriffe sind Chancengleichheit, Zugänglichkeit (Barrierefreiheit) und Empowerment (vgl. Wansing 2015). Wegweisend ist die in der Konvention verankerte menschenrechtliche Auffassung von Behinderung (vgl. Degener 2015). Ein an medizinischen Klassifikationen orientiertes Behinderungsverständnis wurde damit abgelöst durch ein offen gehaltenes Verständnis von Behinderung als Resultat gesellschaftlicher Strukturen und Praktiken, durch die Menschen mit Beeinträchtigungen diskriminiert werden (Bielefeldt 2009, S. 8 f.). Für die Weiterentwicklung einer gendersensiblen, diversitätsbewussten Sozialen Arbeit sind die in der Konvention verankerten genderpolitischen und intersektionalen Referenzen von besonderem Interesse (vgl. Gerner/Smykalla 2017, S. 229 f.). Betont werden die Unterschiedlichkeit der Lebenslagen von Menschen mit Beeinträchtigungen sowie eine anerkennende Sicht auf das Leben mit Beeinträchtigungen als Teil menschlicher Vielfalt. Behinderung wird zudem als mit weiteren Faktoren (Geschlecht, Hautfarbe, Armut u. a.) verschränkte, mehrdimensionale Kategorie (vgl. Hermes 2015) aufgefasst. Die Bedeutung des Diskriminierungsschutzes von Frauen und Mädchen wird in Artikel 6 besonders betont; zudem verankert sind der Grundsatz der Gleichberechtigung von Mann und Frau (Art. 3 Buchstabe g) sowie Gender Mainstreaming als Querschnittsaufgabe (Präambel Buchstabe s). Umsetzungsprozesse der Konvention sind demnach unter Beachtung der Genderperspektive auszugestalten (vgl. Arnade/Häfner 2009).

Durch die UN-BRK wurden die Teilhabe- und Partizipationsrechte von

Menschen mit Beeinträchtigungen maßgeblich gestärkt. Angestoßen wurden umfängliche sozialrechtliche Reformen, die auf eine menschenrechtskonforme Ausgestaltung von Teilhabeleistungen für Menschen mit Beeinträchtigungen (Bundesteilhabegesetz) sowie der Kinder- und Jugendhilfe abzielen (Kinder- und Jugendstärkungsgesetz). Als Differenz- und Ungleichheitskategorie erhält Behinderung auch verstärkte Aufmerksamkeit in Debatten um Intersektionalität und Diversität (z. B. Waldschmidt 2014). Festzustellen ist dennoch, dass die Querschnittsaufgabe einer geschlechtergerechten sowie gendersensiblen Ausrichtung von Inklusion in theoretischen Beiträgen und professionellen Handlungsbezügen nicht konsequent mitgedacht wird. Menschen mit Beeinträchtigungen drohen hier weiterhin als „geschlechtliches Neutrum" (Hermes 2015, S. 255) betrachtet und genderbasierte Diskriminierungen von Menschen mit Beeinträchtigungen übersehen zu werden. Soziale Arbeit ist daher gefordert, ihre Wissensbestände in die entsprechenden Fachdebatten einzubringen. Anschlussstellen zu Perspektiven der Disability Studies, feministischen Frauen- und Genderforschung, kritischen Männlichkeitsforschung, Intersektionalitätsforschung, Queer Studies sowie Inklusionspädagogik sollten dazu weiter ausgelotet werden. Gendersensible Inklusionsorientierung erfordert die Erweiterung des Blicks auf die Verwobenheit von Behinderung und differenzbasierter Diskriminierung mit der Wirksamkeit von Geschlechternormen und genderbasierten Zuschreibungsprozessen. Eine professionelle Herausforderung ist an dieser Stelle, Differenz-Sensibilität, die auf eine Berücksichtigung von lebensweltlich-spezifischen Ressourcen und Bedarfen abzielt, mit Differenz-Kritik im Sinne einer Analyse und Dekonstruktion von Differenz als kulturelle und soziale Konstruktionen zu verbinden. Eine wichtige Aufgabe im Bereich gleichstellungspolitischer Steuerungsprozesse liegt zudem in der Verzahnung von Maßnahmen des Gender und Disability Mainstreaming. Diese setzt ein Verständnis von Geschlecht und Behinderung als mehrdimensionale Strukturkategorien voraus (vgl. Schildmann/Schramme/Libuda-Köster 2018), auf deren Basis Lebensverhältnisse von Menschen mit Beeinträchtigungen differenziert und teilhabeorientierte Handlungsansätze genderreflektiert angepasst werden können.

Susanne Gerner

Zum Weiterlesen
Bernstein, Julia/Inowlocki, Lena (2015): Soziale Ungleichheit, Stereotype, Vorurteile, Diskriminierung. In: Bretländer, Bettina/Köttig, Michaela/Kunz, Thomas (Hrsg.): Vielfalt und Differenz in der Sozialen Arbeit. Perspektiven auf Inklusion. Stuttgart: Kohlhammer, S. 15–26
Gummich, Judy/Feige, Judith (2013): Inklusion – ein menschenrechtlicher Auftrag. In: Betrifft Mädchen. H. 04, S. 148–154
Raab, Heike (2011): Inklusive Gender?: Gender, Inklusion und Disability Studies. In: Zeitschrift für Inklusion, H. 01. www.inklusion-online.net/index.php/inklusion-online/article/view/104 (Abfrage: 10.02.2021)

Intergeschlechtlichkeit

Der Bildungs- und Erziehungsbereich ist an der Formung von Geschlechterverständnissen beteiligt und wirkt an der Unsichtbarkeit und Diskriminierung intergeschlechtlicher Personen mit. Es gibt zudem in der Pädagogik und Sozialen Arbeit kaum Literatur und Material zum Thema Intergeschlechtlichkeit. Es wird, wenn überhaupt, als „Minderheitenthema" gesehen (vgl. Hechler 2015), womit eine reduzierte Sensibilisierung, Wissensaneignung und Handlungsbereitschaft einhergehen.

Begriffsdiskussion: Intergeschlechtlichkeit ist eine Form der körperlichen und geschlechtlichen Vielfalt und hat sich als Begriff Anfang der 2010er-Jahre in der deutschsprachigen Inter*-Community gebildet. Er ist „die korrekte deutsche Übersetzung des englischen Begriffs ‚Intersex', der vormals als medizinische Definition und seit 2005 weltweit von DSD (Disorders of Sex Development – Störung der Geschlechtsentwicklung) abgelöst wurde" (IVIM/OII Germany 2020b, o. S.). Er beschreibt Körper, die „den normativen Vorstellungen von männlich/Mann und weiblich/Frau nicht [entsprechen]" (IVIM/OII Germany 2020a, o. S.).

Inter* wird als emanzipatorischer und inklusiver Dachbegriff für die Vielfalt intergeschlechtlicher Realitäten bezeichnet (vgl. TransInterQueer/IVIM/OII Germany 2015, S. 15). In Abgrenzung dazu wird Intersexualität als Begriff wegen seines medizinischen Ursprungs einerseits und seiner fälschlichen Konnotation mit Sexualität andererseits von der menschenrechtsorientierten Inter*-Bewegung nicht mehr verwendet.

‚Varianten der Geschlechtsentwicklung' ist eine häufig verwendete Begrifflichkeit in Anlehnung an das englische DSD (Disorders/Differences of Sex Development). Die deutschsprachige Inter*-Bewegung setzt dem medizinischen Terminus den Begriff ‚Variationen der Geschlechtsmerkmale' entgegen und kritisiert die dem Varianten-Begriff inhärente implizite Setzung von Norm (Männer und Frauen) und Abweichung (Inter*) (vgl. IVIM/OII Germany 2020b, o. S.).

Endogeschlechtlich und dyadisch sind Begriffe, die nicht-intergeschlechtliche Menschen bezeichnen und entwickelt wurden, um die unsichtbare Norm zu markieren und zu dezentrieren (vgl. Bödeker 2016, S. 127; Intersex Human Rights Australia 2020).

Es gibt eine Fülle weiterer Begriffe, die von Inter* als Selbstbezeichnung verwendet werden, u. a. Zwitter, Herm und zwischengeschlechtlich. Teils sind diese Begriffe dem allgemeinen Verständnis nach abwertend, werden aber von Inter* in empowernder Weise verwendet. Endogeschlechtliche Menschen sollten darauf verzichten, sie zu verwenden (vgl. TransInterQueer/IVIM/OII Germany 2015).

Inter* sind kein drittes Geschlecht und sind nicht zu verwechseln mit

Transgeschlechtlichkeit, Nicht-Binarität, Homo- oder Bisexualität. Intergeschlechtlichkeit beschreibt die körperlichen Merkmale eines Menschen (engl.: sex). Inter* kann auch eine Geschlechtsidentität (engl.: *gender identity*) sein, muss es aber nicht. Inter* können auch (manchmal zusätzlich oder nur) eine männliche, weibliche, trans* oder nicht-binäre Identität haben. Das sexuelle Begehren von Inter* ist so vielfältig wie das endogeschlechtlicher Menschen.

In Medien häufig verwendete Begriffe wie ,uneindeutig' oder ,zwischen den Geschlechtern' setzen implizit eine zweigeschlechtliche Norm (vgl. Hechler 2019).

Diskriminierung: Menschliche Körper sind vielfältig, so auch biologische Geschlechtsmerkmale auf chromosomaler, hormoneller, gonadaler und genitaler Ebene (vgl. Voß 2010). Diese Vielfalt (engl. sex) kollidiert mit der Annahme, es gäbe nur zwei Geschlechter. Als Folge wird Intergeschlechtlichkeit als Verworfenes hervorgebracht, das angepasst werden muss (vgl. Kessler/McKenna 1978, S. 113 f.; Dietze 2003; Butler 1991).

Befinden sich die Variationen körperlicher Geschlechtsmerkmale außerhalb des männlichen respektive weiblichen Normbereichs, kann ein Spektrum an diskriminierenden biopolitischen Praxen zur Anwendung kommen: von Abtreibung und pränatalen Hormontherapien über kosmetische Operationen an (Klein-)Kindern bis hin zur Sterilisierung und der lebenslangen Verabreichung von Hormonpräparaten. Ziel ist, Körper autoritär an Geschlechternormen anzupassen (vgl. TransInterQueer/IVIM/OII Germany 2016; OII Europe 2015; AGGPG/Reiter 2000).

Intergeschlechtlichkeit hat auf vielen Ebenen mit einer aufgezwungenen Form von Medizin zu tun, die sich des Themas ermächtigt hat (vgl. Klöppel 2010). Sie stellt eine vermeintlich ,natürliche' Zweigeschlechtlichkeit durch chirurgische und hormonelle Eingriffe her (vgl. Hoenes/Januschke/Klöppel 2019). Faktisch findet eine ,Geschlechtsveränderung' statt und nicht, wie häufig fälschlicherweise bezeichnet, eine ,Geschlechtsangleichung' oder ,Geschlechtsanpassung' (vgl. TransInterQueer/IVIM/OII Germany 2015, S. 12).

Dominierender medizinischer Logik zufolge sollen intergeschlechtliche Menschen durch Anpassung vor gesellschaftlicher Diskriminierung geschützt werden. Tatsächlich schützt jedoch dieser Präventionsgedanke die Gesellschaft in ihrem bipolaren geschlechtlichen Selbstverständnis. Ziel der ,Behandlung' von ,Intersexualität' ist heterosexuelle Penetrationsfähigkeit, bei Vermännlichungen auch, im Stehen urinieren zu können. Zentrales Motiv ist Identitätsverlustangst in einer zweigeschlechtlich und heteronormativ strukturierten Gesellschaft.

Widerstand: Die Gemeinsamkeiten intergeschlechtlicher Menschen sind oft Widerfahrnisse von Pathologisierung, medizinischer Gewalt, innerfamiliärer und öffentlicher Tabuisierung, Traumatisierung wie auch Leugnung und Bagatellisierung dieser Gewalt und eine allgemeine Benachteiligung in allen

Lebensbereichen, die eine Zuordnung bipolarer Geschlechtlichkeit verlangen. Die Folgen können Traumatisierung, Entfremdung vom eigenen Körper, existenzielle Verunsicherung etc. sein.

Hiergegen regt sich seit den 1990er Jahren Widerstand von Inter*-Organisationen, deren Kernforderung das Selbstbestimmungsrecht intergeschlechtlicher Menschen über ihren eigenen Körper und unmittelbar daraus abgeleitet ein Verbot geschlechtsverändernder kosmetischer Eingriffe bei nicht-einwilligungsfähigen Kindern und Jugendlichen ist.

Pädagogik: In den Erziehungswissenschaften und pädagogischen Theorien ist Intergeschlechtlichkeit weitestgehend unsichtbar (vgl. Enzendorfer/Haller 2020, S. 262; Bittner 2011, S. 81). Die Studien zu Lebenswelten von Jugendlichen in Deutschland basieren auf der Annahme zweigeschlechtlicher Identitäten (vgl. Focks 2014, S. 3 ff.). Eine pädagogische Fachdebatte gibt es im deutschsprachigen Raum erst seit den 2010er-Jahren (vgl. Hechler 2012; Hechler 2016; Groß/Niedenthal 2021).

Inter* in Bildungssettings: Inter*-Kindern und -Jugendlichen kann aus verschiedenen Gründen in Erziehungs- und Bildungseinrichtungen Diskriminierung widerfahren, auch wenn sie nicht geoutet sind, beispielsweise aufgrund ‚untypischer' Pubertätsverläufe und körperlicher Merkmale, die aus der zweigeschlechtlichen Norm herausfallen, des erzwungenen Versteckens der eigenen Geschlechtlichkeit oder wegen Fehlzeiten aufgrund von medizinischen Behandlungen. Zugleich kann die Resilienz, Diskriminierung zu widerstehen, aufgrund eines geringen Selbstbewusstseins und einer Tendenz zur Selbstisolation als Folgen medizinischer Eingriffe und gesellschaftlichen Schweigens minimiert sein. Dazu können mangelnde Identifikationsmöglichkeiten mit Peers kommen. Diese Gemengelage kann zu Stress, Verhaltensauffälligkeiten, überangepasstem Verhalten, Ablenkungsstrategien, Mobbing- und Diskriminierungswiderfahrnissen, Leistungseinbußen, Meidung von Jugendfreizeiteinrichtungen und Schulausfall bis hin zum Schulabbruch führen. In der Folge schneiden intergeschlechtliche Menschen häufig unterdurchschnittlich ab und können ihre Potenziale nicht voll entwickeln (vgl. Nachtigall/Ghattas 2021; Barth et al. 2017; Enzendorfer/Haller 2020, S. 270 f.).

Wenn darüber hinaus das pädagogische Material und die pädagogische Settings umgebenden Diskurse intergeschlechtliche Menschen dethematisieren oder pathologisieren, sendet dies die Botschaft an Inter*-Heranwachsende, dass sie „vernachlässigbar und nicht für das eigene Leben oder Lehren oder Lernen von Interesse […] [sind]." (Ghattas 2015, S. 88 f.).

Handeln: Pädagogische Fachkräfte sollten sich der zuvor ausgeführten Umstände bewusst sein. Kernziel ist die Affirmation geschlechtlicher Vielfalt und dass Intergeschlechtlichkeit angst- und diskriminierungsfrei gelebt werden kann. Es ist wichtig zu verstehen, dass

- Inter* nicht krank sind,
- kaum eine der geschlechtsverändernden Behandlungen notwendig, sondern rein kosmetischer Natur sind,
- der Präventionsgedanke der Medizin (Eingriffe, damit das Kind später keine Probleme hat) überhaupt erst die Probleme schafft,
- Kinder/Jugendliche/Erwachsene immer noch intergeschlechtlich sind, auch wenn es Eingriffe durch die Medizin gegeben hat,
- sich Intergeschlechtlichkeit pränatal, direkt nach der Geburt, in der Pubertät, nach der Pubertät oder auch postnatal zeigen kann,
- viele intergeschlechtliche Menschen aufgrund von mangelnder Aufklärung nichts von ihrer Intergeschlechtlichkeit wissen,
- intergeschlechtliche Menschen sich nicht unbedingt als ‚intergeschlechtlich' identifizieren,
- es nicht die eine Inter*-Erfahrung oder -Lebensrealität gibt,
- die zentralen Forderungen intergeschlechtlicher Organisationen die nach körperlicher Unversehrtheit und geschlechtlicher Selbstbestimmung sind,
- die Wissensproduktion zu Intergeschlechtlichkeit umkämpft ist und Selbstzeugnisse und Theorieproduktion intergeschlechtlicher Menschen von zentraler Bedeutung sind,
- sowohl inter- als auch endogeschlechtliche Menschen Teil von pädagogischen Settings sind, also eine Haltung eingenommen werden sollte, die grundsätzlich davon ausgeht, dass Inter* anwesend sind,
- es sowohl um (endogeschlechtliche) Sensibilisierung als auch um (intergeschlechtliches) Empowerment geht,
- die zentrale pädagogische Frage ist, was Inter*-Kinder/-Jugendliche brauchen, um teilnehmen zu können,
- Inter* niemals ohne ihr Einverständnis geoutet werden dürfen,
- Peer-Beratung und -Kontakte von herausragender Wichtigkeit für heranwachsende Inter* sein können,
- Materialien, die sich nicht von medizinischen Paradigmen und binären Normen lösen, ungeeignet sind,
- Eltern verdeutlicht werden sollte, dass sie als Verbündete und Anwält*innen ihrer intergeschlechtlichen Kinder gefragt sind und dass sie hierfür Unterstützung benötigen,
- es auch um die eigene Sprache und verwendete Begriffe geht; nicht als Selbstzweck, Kosmetik oder Erfüllung von Codes, sondern aus einer Haltung der Vielfalt,
- Intergeschlechtlichkeit (lediglich) ein Aspekt geschlechtlicher Vielfalt ist (vgl. Hechler 2020a-c; TransInterQueer 2014; Rothuber 2015, S. 26).

Andreas Hechler

Zum Weiterlesen
Barth, Elisa/Böttger, Ben/Ghattas, Dan Christian/Schneider, Ina (Hrsg.) (2017): Inter – Erfahrungen intergeschlechtlicher Menschen in der Welt der zwei Geschlechter. Berlin: NoNo Verlag
Groß, Melanie/Niedenthal, Katrin (Hrsg.) (2021): Geschlecht: divers. Die „Dritte Option" im Personenstandsgesetz – Perspektiven für die Soziale Arbeit. Bielefeld: transcript
Texte zu Intergeschlechtlichkeit und Pädagogik auf inter-nrw: inter-nrw.de/category/educators/ (Abfrage:10.01.2021)

Intersektionalität

Der Begriff ‚Intersektionalität' ist vom englischen ‚intersectionality' abgeleitet und wurde von der US-amerikanischen Rechtswissenschaftlerin Kimberlé W. Crenshaw in die Debatten der Gender-Forschung eingeführt (vgl. Crenshaw 1989a). Um die spezifischen Diskriminierungserfahrungen von Schwarzen Frauen erfassen zu können, schlägt sie die Metapher einer Straßenkreuzung vor. In einer deutschen Übersetzung des Textes wird dieses sprachliche Bild wie folgt begründet: „Nehmen wir das Beispiel einer Straßenkreuzung, an der der Verkehr aus vielen Richtungen kommt. Wie dieser Verkehr kann auch Diskriminierung in mehrere Richtungen verlaufen. Wenn es an einer Straßenkreuzung zu einem Unfall kommt, kann dieser vom Verkehr aus jeder Richtung verursacht worden sein – manchmal gar von Verkehr aus allen Richtungen gleichzeitig – ähnliches gilt für eine Schwarze Frau, die an einer Kreuzung verletzt wird; die Ursache könnte sowohl sexistische als auch rassistische Diskriminierung sein" (Crenshaw 2010, S. 38).

Diese Argumentation steht zum einen im Kontext des US-amerikanischen Antidiskriminierungsrechts: Crenshaw argumentiert als Juristin und kritisiert eine Rechtsprechung, die die Wechselbezüglichkeit von ‚Rasse' und Geschlecht nicht berücksichtigt, was zur Konsequenz hat, dass die rassistischen Diskriminierungserfahrungen von Schwarzen Frauen (wie auch Männern) unsichtbar bleiben und das Recht privilegierte Gruppen bevorteilt. Zum anderen ist das Gewicht ihrer Argumente nur im Zusammenhang mit der amerikanischen Bürgerrechts- und Frauenbewegung und den damit verbundenen Befreiungskämpfen von Schwarzen und Feministinnen umfassend zu verstehen. Dabei handelt es sich um Entwicklungen, die bis ins 19. Jahrhundert zurückverfolgt werden können, was beispielsweise darin zum Ausdruck kommt, dass in aktuellen Texten immer wieder Bezug auf die Rede der Schwarzen Sklavin Sojourner Truth genommen wird, die den sexistischen Zwischenrufen der Männer bei einer 1851 in Ohio abgehaltenen Frauenrechtskonferenz entgegentritt und fragt: ‚Ain't I a Woman?' (‚Bin ich etwa keine Frau?'). In ihrer anschließenden Rede schildert sie ihre Stärke und Durchsetzungskraft fordernden Lebens- und Arbeitsbedingungen, um dem Weiblichkeitsmythos der empfindlichen und schwachen (und deshalb für die Politik nicht geeigneten) Frau entgegenzutreten. Damit entlarvt Truth die Gleichsetzung von Weiblichkeit mit Weiß-Sein und problematisiert die Generalisierung von Aussagen über Frauen als homogene Gruppe (vgl. Crenshaw 2010, S. 42; Walgenbach 2012; Winker/Degele 2009a, S. 11) – eine Kritik, die feministische Politik und Theorie zu einer fortlaufenden kritischen Befragung ihrer eigenen Konzepte und Strategien herausfordert. Diese grundsätzliche Debattenkultur findet ihren Widerhall auch in den lebhaften und kontroversen Debatten über Intersektionalität für Theoriebildung und Forschungsansätze (McCall 2005; Benseler et al. 2013; Bereswill/Degenring/Stange 2015) und ist mittlerweile mit Ansätzen der postkolonialen Herrschaftskritik verknüpft (Mauer/Leinius 2021).

Rückblickend ist zu erkennen, dass die Kritik, Weiblichkeit würde in feministischen Bewegungen implizit mit Weiß-Sein gleichgesetzt, in der feministischen Bewegung in den USA bereits ab den 1960er Jahren laut wurde. Feministische Konzepte vernachlässigten demnach die Verflechtungen von race und gender und ignorierten die Lebenslagen und Erfahrungen Schwarzer Frauen (Combahee River Collective 1981; Hull et al. 1982; Davis 2008; Davis 2010). Vor diesem Hintergrund ist Crenshaws Bild von der Straßenkreuzung nicht der erste und auch nicht der einzige Begriff, der die Wechselwirkung verschiedener Benachteiligungsdynamiken erfassen soll. Die US-amerikanische Wissenschaftlerin Patricia Hill Collins (1990) spricht von einer ‚matrix of domination' und einem ‚interlocking system of oppression' und kritisiert Ansätze, die verschiedene Unterdrückungsverhältnisse einfach nur addieren (und damit davon ausgehen, dass Schwarze Frauen oder Frauen der Arbeiterklasse ‚doppelt' oder ‚mehrfach' diskriminiert wären).

Solche Grundsatzdebatten über die Verwobenheit verschiedener Formen der Ungleichheit und die damit verbundene Suche nach einer Überwindung von additiven Modellen der Geschlechtertheorie beschränken sich keineswegs auf die USA. In Großbritannien diskutieren u. a. Floya Anthias und Nira Yuval-Davis Anfang der 1980er Jahre über die Verflechtungen von ‚Ethnic, gender and class divisions' und nennen ihr 1992 erscheinendes Buch „Racialized Boundaries" – ein Sprachbild, das sich nur sinngemäß ins Deutsche bringen lässt: ‚rassifizierte Grenzziehungen'. Sie kritisieren Crenshaws Bild von der Straßenkreuzung als zu statisch und plädieren dafür, die unterschiedlichen historischen Entwicklungslinien verschiedener Ungleichheiten zu untersuchen und zugleich deren wechselseitige Beeinflussung zu erfassen. Solche Ansätze finden sich auch in den deutschsprachigen Ansätzen zu Intersektionalität. In der deutschsprachigen Diskussion schlagen Katharina Walgenbach et al. in diesem Zusammenhang vor, von ‚interdependenten Kategorien' auszugehen, also nicht von der wechselseitigen Abhängigkeit zwischen getrennten Kategorien, sondern soziale Kategorien als in sich heterogen zu konzipieren (Walgenbach et al. 2007; Walgenbach 2012). Dabei ist generell umstritten, ob es sich um eine „travelling theory" (Knapp 2005) handelt, die nach ihrer Überquerung des Atlantiks nicht ohne Weiteres auf europäische Gesellschaften übersetzt werden kann, oder um ein Konzept, das sich im internationalen Austausch sozialer Bewegungen herausgebildet hat (Lutz/Herrera Vivar/Supik 2010, S. 12). Ebenso kontrovers ist, ob sich die theoretische Konzeption der Überschneidungen, Überkreuzungen oder Verflechtungen von Ungleichheitsdimensionen auf die klassische Trias ‚race, class, gender' beschränken sollte. Müssen nicht viel mehr Differenzlinien, die die Lebenslagen und Zugehörigkeiten von Menschen prägen, erfasst werden (vgl. Leiprecht/Lutz 2005)? Diese schon länger zurückliegenden Kontroversen sind mit grundlegenden Fragen der Geschlechterforschung verbunden, die auch gegenwärtig von Bedeutung sind: Geschlechtertheoretische Analysen stehen auch aktuell vor der Herausforderung, die komplexen Dynamiken von Wandel und Beharrungsvermögen sozialer Ungleichheitsverhältnisse zu erfassen.

Auch in Deutschland begannen die Kontroversen über feministische Konzepte und Strategien nicht im akademischen Raum. Spätestens seit den 1980er Jahren thematisieren Migrantinnen, Schwarze Frauen, Jüdinnen und „Krüppelfrauen" (Walgenbach 2012, S. 7) ihre gesellschaftlichen Ausgrenzungserfahrungen und kritisierten feministische Politik und Praxis als Ausdruck einer „weißen Selbstbezogenheit" (Schultz 1990, S. 45; Bereswill 1997; Walgenbach 2012). Es gründet sich die Gruppe Afro-Deutsche Frauen (Adefra, siehe die aktuelle homepage: adefra.com), die in ihrer einflussreichen Publikation „Farbe bekennen" (Oguntoye/Ayim/Schultz 1986) ausdrücklich darauf hinweist, dass ihre Ansätze von den anglo-amerikanischen Debatten geprägt sind. Wissenschaftlerinnen, die in der Migrations- und Geschlechterforschung tätig sind, kritisieren die sozialwissenschaftliche Konzeption von Geschlecht als eindimensionale Struktur- und Masterkategorie. Sie weisen darauf hin, dass Geschlecht keineswegs eine für alle sozialen Verhältnisse tragende Achse der Differenz sei: Die Herrschaft von Männern über Frauen gälte so ungebrochen nur für weiße Mittelschichtfrauen. Ein systematisches Argument, das die Soziologin Sedef Gümen in diesem Zusammenhang formuliert, bringt die theoretische und methodologische Herausforderung auf den Punkt, Geschlecht konsequent als eine relationale Kategorie zu konzipieren, und verweist damit zugleich auf das Ziel einer kritischen Revision und Erweiterung von sozialwissenschaftlichen Theorien: Wenn eine Strukturkategorie wie Geschlecht alle sozialen Verhältnisse durchdringt, so wird das Geschlechterverhältnis ebenfalls von diesen durchdrungen. „Das Soziale der Kategorie Geschlecht" (Gümen 1998) ist ein komplexes Geflecht, in dem verschiedene Dimensionen von Hierarchie und Differenz zusammenwirken.

Die Feststellung, dass Geschlecht eine intersektionale und relationale soziale Kategorie ist, dürfte mittlerweile zur Grundausstattung geschlechtertheoretischer Annahmen und geschlechterpolitischer Strategien gehören. Seit den intensiven wissenschaftlichen Debatten und Kontroversen hat Intersektionalität im deutschsprachigen Kontext erkennbar Karriere gemacht. Hiervon zeugen zahlreiche Publikationen, Forschungsansätze und Praxiskonzepte, die sich auf Intersektionalität berufen. Auch das Erscheinen eines „Handbuchs Intersektionalitätsforschung" (Biele Mefebue et al. 2022) bezeugt den Erfolgskurs von Intersektionalität. Gleichwohl sind viele der grundsätzlichen Fragen, die Anfang der 2000er Jahre verhandelt wurden, immer noch aktuell und es sind neue Fragen hinzugekommen, beispielsweise: Wie ist das Verhältnis zwischen Intersektionalität und Diversität zu bestimmen?

Die Erörterungen und Debatten über Intersektionalität setzen starke Impulse für die Weiterentwicklung feministischer Theorien. Für die Praxis und Theorie der Sozialen Arbeiten öffnet die Auseinandersetzung mit Intersektionalität den Blick für die Vielschichtigkeit und die Widersprüchlichkeit von Ungleichheitsverhältnissen, Benachteiligungsdynamiken und multiplen Zugehörigkeiten. Eine große Herausforderung ist dabei, verfestigte Strukturen der Ungleichheit zu erkennen und zugleich auf starre Gruppen- und Identitätszuschreibungen zu verzichten.

Mechthild Bereswill

Zum Weiterlesen
Benseler, Frank/Blanck, Bettina/Keil, Reinhard/Loh, Werner (Hrsg.): Erwägen Wissen Ethik (EWE), 24. Jg., H. 3
Bronner, Kerstin/Paulus, Stefan (2021): Intersektionalität: Geschichte, Theorie und Praxis. 2. Auflage. Opladen, Berlin, Toronto: Barbara Budrich (utb)
Walgenbach, Katharina (2012): Intersektionalität – eine Einführung. www.portal-intersektionalität.de, S. 1–38 (Abfrage: 18.09.2021)

Jugend

Der Begriff und die gesellschaftliche Bedeutung von ‚Jugend' entwickelten sich als Anforderung der fortschreitenden industriellen Arbeitsteilung im Zusammenhang mit der Entstehung von Institutionen zur schulischen und beruflichen Ausbildung in der ersten Moderne. ‚Jugend' als biografischer Lebensabschnitt zwischen Kindheit und Erwachsenenalter erlangte ab Mitte des 20. Jahrhunderts zunehmend den Status einer eigenständigen Lebensphase, deren Kern soziale und biologische Entwicklungsprozesse, insbesondere die Entwicklung einer eigenen Identität, sowie die Ablösung vom Elternhaus bei fortbestehender (ökonomischer) Abhängigkeit bilden. Heute gilt die Jugendphase als gesonderter Experimentierraum mit eigenen Integrationsrisiken, die erhebliche soziale Differenzierungen nach Milieus aufweisen und demnach viele Anteile am Ernstcharakter des Erwachsenenalters enthalten (Schröer 2004). Kennzeichnend für die gegenwärtige Jugendphase sind zudem der hohe Stellenwert von Selbstverantwortung und Leistung auf der einen Seite und das Streben nach Sicherheit, Orientierung und Geborgenheit auf der anderen Seite (vgl. Calmbach et al. 2020, S. 565 ff.). Häufig wird ‚Jugend' auch synonym für

Adoleszenz oder Pubertät verwendet. Während der Adoleszenzbegriff für die Verknüpfung von Psychischem und Sozialem steht, der Begriff der Pubertät hingegen für körperliche Entwicklungsimpulse in der Jugendphase, fokussiert der Jugendbegriff die übergreifenden biografisch und sozialräumlich rückgebundenen Bewältigungsaufgaben von Mädchen und Jungen. Damit verknüpft sind insbesondere Konstruktionsprozesse von Geschlecht, die sich sowohl auf die Akzeptanz des Körpers, die Entwicklung einer (sexuellen) Identität im Zusammenhang mit entsprechenden Erfahrungen mit Sexualität als auch auf soziale Kompetenzen beziehen. Trotz der Bedeutung von Geschlecht wird der Jugendbegriff in Vergangenheit und Gegenwart weitgehend geschlechtsneutral verwendet, oder aber er ist einseitig männlich konnotiert.

Im Zeitalter entgrenzter gesellschaftlicher Verhältnisse verlieren typische Markierungen von ‚Jugend' – insbesondere das Alter – durch die Verlängerung und Diversifizierung von Ausbildungen seit etwa den 1990er Jahren an Bedeutung (vgl. Bütow 2011). Bei einer zeitlichen Ausweitung der Jugendphase und risikovollen Übergängen in das Erwachsenenalter entstehen eigene Anforderungen an biografische Orientierungs-, Bewältigungs- und Konstruktionsleistungen. Auch Gender/Geschlecht verliert scheinbar seinen platzanweisenden, vereindeutigenden Charakter durch vielfältige Formen von ‚Grenzverwischungen' in Hinblick auf vielfältige, auch queere (sexuelle) Identitäten und sozialräumliche Selbstinszenierungen (vgl. Gaupp 2018; Maurer 2019b; Schröter 2003). In diesem Kontext haben digitale Medien, Netzwerke und Peers – und die Gestaltung von sozialen Beziehungen in digitalen Medien und darin eingebettet das Kennenlernen und Experimentieren mit der eigenen (sexuellen) Körperlichkeit bzw. Identität – immens an Bedeutung gewonnen (vgl. Bütow/Schär 2019; DJI 2018; Grunert/Krüger 2020; Götz 2010; Harring 2007; Karsch/Sander 2020), während generationsprägende Jugendkulturen eher der Vergangenheit angehören (vgl. Calmbach et al. 2020, S. 565 f.). Darüber hinaus ist für die Jugendphase einerseits zu konstatieren, dass diese in einer Vielfalt von Lebenswelten – zum Teil mit mannigfaltigen Verwischungen von Grenzen sozialer Distinktionskategorien – gestaltet wird, andererseits aber strukturelle Ungleichheitskategorien nichts an ihrer Bedeutung eingebüßt haben, sondern sich intersektional verstärken (können) (vgl. z. B. BMFSFJ 2013a).

Die Gleichaltrigenorientierung war im Zusammenhang mit Ablöseprozessen vom Elternhaus immer schon typisches Kennzeichen von Jugendlichen. Im Hinblick auf Geschlechterunterschiede hat sich dies seit den 1990er Jahren nicht nur immens gewandelt. Vielmehr unterliegen die soziale Kategorie Geschlecht und die damit verknüpfte Geschlechterdualität selbst einem grundlegenden Differenzierungsprozess. In den 1970er/1980er Jahren galten Mädchen in Gleichaltrigengruppen als ‚Anhängsel' von Jungen, fixiert auf Freundinnen und Innenräume (vgl. Savier/Wildt 1978; Savier et al. 1984). Heute haben Peers mit ihren jeweiligen sozialräumlichen Rahmungen gleichermaßen für Mädchen wie Jungen gegenüber Institutionen von Schule, Ausbildungseinrichtungen und Familie an Bedeutung gewonnen (vgl. Bütow/Wensierski 2002; Grunert/Krüger 2020). Geschlecht erhält eine eigene Bedeutung als Zugehörigkeitskategorie mit diffusen und ambivalenten Anforderungsstrukturen: Komplexe Verschlüsselungen und Widersprüche müssen dechiffriert und in eigene Identitätskonstruktionen integriert werden. Dabei spielen körper-leibbezogene Inszenierungen und Bildungsprozesse eine wichtige Rolle (vgl. z. B. Bütow 2013; Kirchhoff/Zander 2018). Parallel dazu bilden die Integration und Anerkennung von Mädchen und Jungen in Peer Groups bzw. andere soziale Zugehörigkeitsmuster (etwa in digital communities und Netzwerken) den zentralen sozialräumlichen Rahmen. Im Spannungsfeld von Integration in die Gruppe der Gleichaltrigen und Anerkennung einerseits und der Anforderung andererseits, eigene Wege zu finden, entstehen so Widersprüche und Konflikte. Dabei müssen jugendliche Sozialräume als Rahmungen verstanden werden, die auf fiktiver Reziprozität aufbauen, wo ‚Gemeinsinn' kollektiv handelnd hergestellt und daher biografische Bildungsprozesse ermöglicht werden (vgl. Bohnsack 1989; Bütow 2006). Diese bieten gerade durch digitale Medien mit ihren Darstellungs- und Kommunikationsmöglichkeiten für Jugendliche queere, fluide, biografisch nicht abgeschlossene, sondern veränderbare Identitäten jenseits polarer Zuschreibungen, die aber dennoch mit vielfältigen Ambivalenzen verbunden sind (vgl. Krell/Oldemeier 2017).

In Anbetracht dieser wirkmächtigen Strukturen von Gender ist zu konstatieren, dass bei Mädchen Beziehungen zu Freundinnen und sozialräumliche Erfahrungen unter Mädchen nach wie vor von hoher Bedeutung für die weibliche Identitätsentwicklung und die Ablösung vom Elternhaus sind. Dies gilt analog für Jungen. Es sind allerdings (eher territorial, sozial, auch digital hergestellte) Räume und Netzwerke, in denen Beziehungen zu anderen Jungen gestaltet werden können (vgl. Jösting 2005; Toprak 2013, S. 143 ff.). Von Bedeutung sind auch die männliche Außenorientierung in ‚ernsten Spielen' von Wettbewerben sowie (körperliche) Auseinandersetzungen (Meuser 2008; Calmbach et al. 2020, S. 204 ff.). In der Bewältigung der Jugendphase sind Normierungen, Ambivalenzen und Widersprüche des Lebenslaufs enthalten, in denen geschlechterbezogene Aus- und Abgrenzungen, auch latenter und offener Sexismus gegenüber Mädchen und auch gegen Jungen eine Rolle spielen (Bütow 2006; Hippmann/Aktan 2017; Naezer/van Oosterhout 2020). Obschon gegenwärtig von einer gewissen Normalisierung hinsichtlich einer Vielfalt von sexuellen Orientierungen bei Mädchen und Jungen in der Adoleszenz auszugehen ist (vgl. z. B. Kleiner 2016), so scheint Heteronormativität nach wie vor eine große Bedeutung zu haben und eine jederzeit aktivierbare Ressource zur Stigmatisierung und Ausgrenzung unter Jugendlichen zu sein, insbesondere jener, die sozial benachteiligt sind (vgl. z. B. Domann/Rusack 2016). Sozialräume von Gleichaltrigen sind demnach keine gesellschaftlich entlasteten Moratorien, in denen bipolare Geschlechterrollenzuweisungen und Sexismen scheinbare Eindeutigkeiten bieten (vgl. Rohmann 2007). Die Bewältigung von Geschlecht bleibt entgegen der Debatten um die Angleichung von Lebensorientierungen und Lebenslagen von Mädchen und Jungen eine besondere Herausforderung. Insofern schaffen (digitale und reale) Sozialräume, in denen Geschlecht besonders offenkundig thematisiert wird – egal mit welchen Implikationen – eine Möglichkeit zur Bearbeitung, die in einem sozialpädagogischen Auftrag Platz haben muss und eigene Anknüpfungspunkte bietet.

Medien: Die selbst bestimmte Nutzung von Medien gehört heute zu den wichtigen Bewältigungsherausforderungen von Mädchen und Jungen in der Jugendphase, in wachsendem Maße auch bereits in der Kindheitsphase. Medien wie Fernsehen, Internet, Computer, Smartphone mit diversen Formen von Social Media sind – neben Peers – zu zentralen, höchst dynamischen, digitalen, meist sozialräumlich rückgebundenen Bildungsorten avanciert (vgl. z. B. Götz 2010; Karsch/Sander 2020; Kirchhoff/Zander 2018). Gleichwohl sich beide Geschlechter heute in der Häufigkeit der Mediennutzung kaum mehr unterscheiden, differieren die jeweiligen Inhalte und Funktionen. In der Fernseh- und Computernutzung zeigen sich eklatante Unterschiede in den Inhalten bei Mädchen und Jungen: Während erstere im Jugendalter beispielsweise Casting-Shows (vgl. Prokop et al. 2009; Bütow/Kahl/Stach 2013) bevorzugen, ziehen Jungen Action-Filme und entsprechende Computer- und Konsolenspiele vor. Der TV-Konsum bietet Kommunikationsanlässe innerhalb verschiedener sozialräumlicher Kontexte von Mädchen wie Jungen. Dadurch können Identifikationsangebote und Vorbilder beider Geschlechter evaluiert werden. Bei Mädchen spielen diese im Rahmen von parasozialen Beziehungen zu Medienstars eine wichtige Rolle (vgl. Götz 2010, S. 235). Zugleich können sich Mädchen gegenüber Erwachsenen wie auch Jungen abgrenzen (vgl. Prokop et al. 2009, S. 159 ff.). Gleichzeitig gewinnen mediale Selbstinszenierungen von Mädchen und Jungen in sozialen Netzwerken an Bedeutung (Bütow/Schär 2019). Für Jungen kann Mediennutzung nach wie vor als Teil ihrer ambivalenten, auf Konkurrenz und Stärke sowie auf Abspaltung innerer Bedürftigkeiten abzielenden ‚Umwegsozialisation' (Böhnisch 2004) charakterisiert werden.

Schul- und Berufsbildung: Im Hinblick auf die Schul- und Berufsbildung und spätere Integration in den Arbeitsmarkt werden Mädchen auch gegenwärtig benachteiligt, obwohl sie die besseren Ausbildungen und Noten haben. Dies beginnt bereits mit spezifischen Interessen für Schulfächer und mit der gegenüber Jungen eingeschränkten, tradierten Berufswahl (vgl. z. B. Budde/Debus/Krüger 2011; Cornelißen 2005; Faulstich-Wieland 2016) – und wird neueren Studien zufolge auch durch geschlechtsspezifische Körpernormen mitdeterminiert (vgl. Micos-Loos/Plößer 2020). Nach der Ausbildung werden deutlich mehr Jungen als Mädchen von ihrem Ausbildungsbetrieb übernommen. Andererseits ist der Jungenanteil in den berufsvorbereitenden und anderen Maßnahmen für benachteiligte Jugendliche gegenüber Mädchen höher. Dennoch ist von einer strukturellen Diskriminierung bei Mädchen auszugehen, die sich erst später im Erwachsenenalter in einer deutlichen Abhängigkeit vom (Ehe-)Partner und durch ihre stärkere Einbindung in Familie und Kindererziehung dokumentiert (Fend 2009). Während sich bei jungen Männern die elterlichen Bildungs- und Unterstützungsinvestitionen sowie soziale Kompetenzen, Leistungsmotivation und personale Selbstwirksamkeit in der Jugend später in Verdiensthöhe und beruflicher Karriere positiv auswirken, ist bei jungen Frauen das Gegenteil der Fall.

Birgit Bütow

Zum Weiterlesen
Bütow, Birgit/Kahl, Ramona/Stach, Anna (Hrsg.) (2013): Körper, Geschlecht, Affekt. Selbstinszenierungen und Bildungsprozesse in jugendlichen Sozialräumen. Wiesbaden: Springer VS
BMFSFJ (Hrsg.) (2013): Jungen und ihre Lebenswelten – Vielfalt als Chance und Herausforderung. Bericht des Beirats für Jungenpolitik. Berlin
Krell, Claudia/Oldemeier, Kerstin (2017): Coming-out und dann…? Coming-out-Verläufe und Diskriminierungserfahrungen von lesbischen, schwulen, bisexuellen, trans* und queeren Jugendlichen und jungen Erwachsenen. Opladen, Toronto: Barbara Budrich

Junge Erwachsene

Spät-moderne Lebensverhältnisse zeichnen sich u. a. dadurch aus, dass sich institutionalisierte Lebensläufe zunehmend ausdifferenzieren. Das junge Erwachsenenalter ist dabei ein Beispiel für sich verändernde, verlängerte und reversibel gewordene biografische Übergänge (Stauber/Walther 2018). Phänomene der Entstandardisierung gehen allerdings mit solchen der Restandardisierung einher – am offensichtlichsten ist dies im Kontext der immer kürzer werdenden und immer stärker getakteten Bildungskarrieren. Sowohl in Ent- als auch in Restandardisierungsprozessen werden soziale Ungleichheiten eher wieder akzentuiert. Dabei ist Gender zwar weiterhin als soziale Differenzkategorie wirksam, sprich: als machtvolle Ordnung, nach der Chancen ungleich verteilt und somit Unterschiede nach Geschlecht immer wieder hervorgebracht werden. Doch gleichzeitig wächst die Einsicht, dass Geschlecht nie ‚in Reinform', sondern immer in vielfältiger intersektionaler Überlagerung mit ökonomischen und soziokulturellen Herkunftseffekten, vor allem im Hinblick auf Bildungsmilieus, zu untersuchen ist. Neben einer zunehmenden intersektionalen Analyseeinstellung dominieren in gesellschaftlichen Diskursen (und bisweilen durchaus auch in der Wissenschaft) dichotomisierende Vorstellungen von Geschlecht. Gerade junge Erwachsene werden sehr stark in solchen binären Logiken adressiert, wenn es um Fragen ihrer Lebensgestaltung geht. Nicht-binäre Genderpositionen werden häufig übergangen oder aber ‚besondert', nicht selten auch exotisiert.

Diese beharrlichen Prozesse der Herstellung von Geschlecht im binären Modus können an den Übergängen ins Erwachsensein exemplarisch aufgezeigt werden. Zu fragen ist, wie institutionell (auch durch die Institutionen Sozialer Arbeit) Unterscheidungen gemacht werden, die Unterschiede – zum Beispiel nach Geschlecht, aber auch entlang anderer sozialer Differenzkategorien – erst hervorbringen (Gildemeister 2010). Es kann gezeigt werden, dass diese Unterscheidungen nie neutral sind, sondern mit Hierarchisierungen einhergehen, d. h.: mit Platzierungen auf unterschiedlichen Statuspositionen. Es lässt sich aber auch fragen, inwieweit die Strategien und Praktiken, mit denen junge Frauen* und Männer* auf die Anforderungen im Übergang zum Erwachsensein antworten, Prozesse eines ‚doing gender' (West/Zimmerman 1987) verstärken – oder relativieren. Am Übergang von der Schule in den Beruf, an den Übergängen in die Elternschaft und an jugendkulturellen Übergängen soll dies in aller Kürze aufgezeigt werden:

Am Übergang von der Schule in den Beruf zeigt sich immer noch und weiterhin das Phänomen, dass sich junge Frauen* europaweit auf allen Bildungsstufen bessergestellt haben als junge Männer*, dass aber dieselben jungen Frauen* ihren Bildungsvorsprung nicht in verbesserte berufliche Perspektiven umsetzen können, sondern weit unter ihren potenziellen Möglichkeiten bleiben. Für junge Frauen* aus Familien mit einer Migrationsgeschichte spitzt sich dieses Problem, das mit dem Begriff des „Amortisierungsdefizits der Bildungsinvestitionen" (Granato 2013) nur unvollständig wiedergegeben ist, weil dieser die Tragweite von Enttäuschung und Zurücksetzung kaum erfassen kann, noch zu. Ganz offensichtlich sind im Übergang von der Schule in den Beruf soziale Mechanismen wirksam, die geschlechter- und herkunftsbezogene Unterscheidungen machen, welche nicht in den mitgebrachten schulischen Voraussetzungen der jungen Erwachsenen begründet sind. Versuche einer nonkonformen Berufswahl können hierbei durchaus als widerständige Praktiken gelesen werden, auch wenn sich später in den Resultaten von Berufsfindungsprozessen häufig die bekannten Muster einer ‚geschlechtertypischen Berufswahl' wiederfinden (Kleinert/Schels 2020).

Auch am Übergang in die Elternschaft lässt sich zeigen: Es sind verschiedene ineinandergreifende Übergangsthemen, die im Kontext der Familiengründung eine Rolle spielen – Themen, die die Familiengründung hinausschieben lassen, die sie verkomplizieren und manchmal auch verunmöglichen: verlängerte Ausbildungszeiten, die Prekarisierung des Berufseinstiegs, eine späte ökonomische Selbständigkeit im Verein mit monetären, infrastrukturellen und zeitpolitischen Rahmenbedingungen erschweren eine partnerschaftliche Gestaltung von Familie und haben durchaus unterschiedliche Implikationen für diejenigen, die die Care-Arbeit übernehmen – und das sind immer noch und immer wieder junge Frauen*. Nach wie vor – und aktuell in der Pandemie umso deutlicher (Speck, S. 2020) – werden junge Frauen* in die Zuständigkeit für Care hineingerufen, junge Männer* fühlen sich hingegen (auch von ihren Arbeitgeber*innen) weiterhin sehr stark als Familienernährer* adressiert.

Am Beispiel jugendkultureller Übergänge lässt sich zeigen, dass hier immer wieder Räume entstehen, in denen bekannte Geschlechter-Konstruktionen reproduziert, modifiziert oder ganz infrage gestellt werden können (Stauber 2014). Jugendkulturelle Selbstinszenierungen machen deutlich, dass zumindest auf der Ebene der Performanz und des symbolischen Handelns vieles, was in anderen gesellschaftlichen Bereichen stärkeren Zuschreibungen unterliegt, im Fluss ist. So werden hier nicht nur Weiblichkeiten und Männlichkeiten modifiziert, karikiert oder neu ausbuchstabiert. Es entsteht auch Raum für nicht-binäre Positionierungen und Identifikationen als trans* oder genderqueer – ein Raum, den allmählich auch die Jugendarbeit zu nutzen beginnt (www.transjaund.de).

Gleichzeitig wird in Zeiten starker gesellschaftlicher Umbrüche, in denen es permanent zu Verwerfungen in den Arbeits- und Lebensbedingungen kommt, die Anforderung, mit der junge Erwachsene konfrontiert sind, nämlich sich bestmöglich zu orientieren, für viele zur Überforderung. Im Hinblick auf die hochgradig kontingenten Übergänge in Ausbildung und Beruf kam diese Planungsanforderung schon immer einem Paradox gleich – einem Paradox, das sich unter den Bedingungen der Pandemie noch zuspitzt, weil Ausbildungs- und berufliche Zukunft in vielen Bereichen gänzlich unplanbar geworden sind. Solche Planungsanforderungen sind nie ohne Gender-Botschaft: Wann welche Schritte zu erfolgen haben, ist eng verwoben mit zumeist heteronormativen Vorstellungen eines gelingenden Arbeits- und Familienlebens. Auch sind sie systematisch verkoppelt mit Ideen der Machbarkeit von Übergängen, obwohl letztere doch so deutlich von einer ganzen Reihe unkalkulierbarer Faktoren und eigenwilligen Akteur*innen abhängen. Unvorhersehbarkeiten und strukturelle Bedingtheiten werden jedoch systematisch dethematisiert; stattdessen werden die jungen Erwachsenen selbst für Gelingen oder Scheitern ihrer Übergänge verantwortlich gemacht. Diese einseitige Responsibilisierung ist eine Facette der Individualisierung von Übergängen – eine andere ist ein Gleichberechtigungsmythos, der Gelingen, vor allem aber Scheitern von jungen Frauen* an ihren Ansprüchen zur individuell verantworteten (Fehl-)Leistung macht. Der Mythos eingelöster Gleichberechtigung ist in vielfältiger Hinsicht folgenreich – er trägt auch dazu bei, dass rassistische oder sexistische Diskriminierung individuell ausgehalten wird, dass Erfahrungen von sexualisierter Gewalt im Kontext von Schule, Ausbildung und Beruf immer noch viel zu wenig (mit)geteilt werden können.

In Zeiten, in denen sich junge Erwachsene auf keine Lebenslaufmuster mehr verlassen können oder wollen, werden Gleichaltrigenmilieus umso wichtiger (vgl. Köhler et al. 2016). Sie können Experimentierräume bieten, gerade auch für sexuelle oder geschlechtliche Orientierungen, sie können Rückhalt und Solidarität bedeuten, wo diese sonst vermisst werden, sie können nicht zuletzt für Entlastung sorgen, wenn der Optimierungsdruck in den Übergängen zum Erwachsensein zu stark wird. Denn die Anforderungen, die an junge Erwachsene gestellt werden, sind durchaus komplex. Sie reichen weit über die Orientierungen im Kontext von Schule, Ausbildung und Beruf hinaus, betreffen die (Neu-)Gestaltung familialer Beziehungen und Wohnformen und sind bei peer- und jugendkulturellen Anforderungen, bei der Gestaltung von Liebesbeziehungen noch lange nicht zu Ende. Was leicht übersehen wird: Auch in diesen informellen Zusammenhängen werden Übergänge gestaltet, auch hier finden wichtige Orientierungsleistungen statt und auch hier warten nicht nur Entspannung, sondern mitunter auch Stress. Zwar scheinen hinsichtlich der Normative, was wann im Lebensverlauf passieren sollte, peerkulturelle Übergänge eine gewisse Eigenwilligkeit zu genießen. Doch spätestens, wenn es um Übergänge in romantische Beziehungen geht, unterliegen diese höchst ‚chrononormativen' Vorstellungen davon, wann es zu früh, wann es an der Zeit oder wann es höchste Zeit ist, eine*n erste*n Freund*in zu haben; wann es zu früh, wann es an der Zeit oder wann es höchste Zeit ist für Datings oder für das ‚erste Mal' (Riach/Rumens/Tylor 2014).

In all diesen gleichzeitig ablaufenden Übergängen ins Erwachsensein mit ihren teils widersprüchlichen Anforderungen zeigen junge Erwachsene, dass sie diese Übergänge nicht nur bewältigen, sondern auch gestalten. Sie sind es, die immer wieder ‚die ersten' sind, die Lebensformen verändern, neu ausprobieren oder auch an Vergangenes neu anschließen (wie etwa die neu belebten Ideen gemeinschaftlichen Wohnens, solidarischen Lebens und Arbeitens, den Kampf um Anerkennung von Care-Arbeit, Fragen politischer Organisierung und Gestaltung).

Eine intersektionale gendertheoretische Perspektive ist für alle diese Bereiche hochbedeutsam: Wie wird hierbei Geschlecht inszeniert und repräsentiert, wo werden Genderstereotype und dichotomisierende Vorstellungen zurückgewiesen, wo werden sie restauriert? Wie sind sie verwoben mit Rassismen, Klassismen, Ageismen und anderen -ismen mehr? Und inwiefern muss auch Soziale Arbeit mit ihren Angeboten diesbezüglich immer wieder diskriminierungskritisch in den Blick genommen werden (Bauer et al. 2021)? Hier liegen zentrale Herausforderungen, aber auch Potenziale für Reflexivität und Professionalisierung.

Barbara Stauber

Zum Weiterlesen
Butler, Judith (2009): Die Macht der Geschlechternormen und die Grenzen des Menschlichen. Frankfurt/M.: Suhrkamp
Riegel, Christine (2016): Bildung – Intersektionalität – Othering. Pädagogisches Handeln in widersprüchlichen Verhältnissen. Bielefeld: transcript

Stauber, Barbara/Walther, Andreas (2018): Übergänge im Lebenslauf und Übergangsforschung. In: Otto, Hans-Uwe/Thiersch, Hans/Treptow, Rainer/Ziegler, Holger (Hrsg.): Handbuch Soziale Arbeit, 6. überarbeitete Auflage. München: Ernst Reinhardt, S. 1790–1802

Jungen*arbeit

Die BAG Jungen*arbeit e. V. fasst diese als „soziale und pädagogische Arbeit mit cis-Jungen, jungen cis-Männern, Trans*, Inter* und queeren* Jungen*/Männern* sowie denen, die sich dieser Gruppe zugehörig fühlen" (BAG Jungenarbeit 2016, Fußnote 2).

Geschichte: Das Erstarken der zweiten Frauen*bewegung und erste Ansätze feministisch-parteilicher Mädchen*arbeit in den 1970er Jahren (vgl. u. a. Savier/Wildt 1978) gelten als wesentliche Antriebskraft der „Jungenarbeit als Männlichkeitskritik" (Forster 2002) in den 1980er Jahren (vgl. u. a. Connell 2000; Forster 2004). Mit dem Ziel der Veränderung bestehender Geschlechterverhältnisse waren der Dissens mit der herrschenden Männlichkeit (vgl. u. a. Dissens e. V. 1996; Zieske 1997) bzw. die kritische Auseinandersetzung mit hegemonialer Männlichkeit (vgl. u. a. Heimvolkshochschule „Alte Molkerei Frille" 1987) sowie mit Perspektiven der feministischen Pädagogik (vgl. u. a. Savier/Wildt 1978; Prengel 1990; Prengel 1996; Enders-Dragässer 1996) wegweisend in der deutschsprachigen Entstehung einer sich auf die Kategorien ‚Geschlecht und Geschlechterverhältnisse' beziehenden Pädagogik mit Mädchen* und Jungen*, wie sie z. B. von der Heimvolkshochschule „Alte Molkerei Frille" konzeptualisiert wurde (vgl. u. a. Cremers/Busche 2016; Busche et al. 2010; Jantz/Grote 2003; Rauw et al. 2001; Rauw/Reinert 2001; Glücks/Ottemeier-Glücks 1996). Ausdrückliche Merkmale waren eine gemeinsame Praxis, der Dialog und die Kooperation zwischen der Mädchen*- und Jungen*arbeit sowie die kontinuierliche Entwicklung einer seit 1989 initiierten Weiterbildungsreihe (vgl. u. a. Rauw/Drogand-Strud 2010). Bis in die Gegenwart hinein verknüpfen Vertreter*innen dieser Ansätze praxisrelevante Fragestellungen, insbesondere aus den Feldern der politischen Bildungsarbeit, Schule und Sozialer Arbeit, mit unterschiedlichen Theorieperspektiven aus den Gender- und Queer-Studies (vgl. u. a. Budde/Rieske 2022; Budde/Rieske 2020; Busche/Cremers 2021; Rieske et al. 2018, Debus/Stuve 2016; Drogand-Strud/Wallner 2012; Hechler/Stuve 2015; Rieske 2021; Rieske 2015; Budde 2014; Busche/Stuve 2012; Dissens e. V. 2012).

Simultan zur Entwicklung der von Dialog und Kooperation getragenen ‚parteilichen' Mädchen*- und ‚antisexistischen' Jungen*arbeit entstanden weitere Ansätze, die weniger oder gar nicht auf einer solchen Zusammenarbeit basierten und z. B. mit den Adjektiven ‚bewusst', ‚reflektiert', ‚emanzipatorisch' oder ‚identitätsorientiert' präzisiert wurden (vgl. u. a. Wienforth 2015; Sielert 2007; Tiemann 1999; Wegner 1995). Vertreter* dieser Ansätze differenzierten deutlich(er) zwischen einer sozialwissenschaftlichen Männlichkeitskritik (vgl. u. a. Böhnisch 2015; Böhnisch 2004; Böhnisch/Winter 1993) und einer Jungen*arbeit als Kinder- und Jugendhilfe bzw. Sozialpädagogik (vgl. u. a. Sturzenhecker 2009; Sturzenhecker 2001; Sturzenhecker 1996; Sielert 2002; Sturzenhecker/Winter 2002; Scherr 1997; Kindler 1993; Winter 1993). Ausdrückliche Merkmale sind bis in die Gegenwart hinein die Auseinandersetzung mit männlicher Sozialisation respektive den „Strukturierungen von Männlichkeit" (Böhnisch 2018b, S. 151 ff.), die maßgeblich durch Geschlechterpraxen, den „Zwang zur ökonomischen Verfügbarkeit" (Böhnisch 2020a, S. 502) sowie damit im Zusammenhang stehenden Unsicherheiten und Bedürfnissen geprägt seien und von den Adressaten* der Sozialen Arbeit oftmals mit Strategien „klar männlich konnotierter Werte, welche Stärke und Sicherheit versprechen" (Bernhard 2016, S. 37), bewältigt werden (vgl. u. a. Böhnisch 2016a; Stecklina/Wienforth 2020a; Stecklina/Wienforth 2017; Stecklina/Wienforth 2016a; Wienforth/Stecklina 2020; Wienforth/Stecklina 2016; Huber 2016; Klöck 2016; Winter/Krohe-Amann 2016).

Im Zuge des sogenannten ‚Pisa-Schocks' im Jahr 2000 etablierte sich ein medialer und fachlicher Krisendiskurs schulischer Jungenbenachteiligung, in dem u. a. auch explizit antifeministische Männerrechtsstimmen laut wurden (vgl. u. a. kritisch Lang/Peters 2018; Bereswill/Ehlert 2015; Tervooren 2007). In diesem Kontext wurde dem deutschsprachigen Feminismus ein obsessives Festhalten am „einseitigen Täter-Bild von Männlichkeiten" (Hollstein/Matzner 2007, S. 33) unterstellt, sozialwissenschaftliche „Einsichten der Geschlechterforschung" (Bereswill/Ehlert 2015, S. 93) zurückgewiesen (vgl. u. a. Matzner/Tischner 2008a, S. 8) und „Geschlecht als biologische Tatsache" (ebd.) vordiskursiv gesetzt. Jungen und Männer wurden als das „vernachlässigte Geschlecht" (Matzner 2007b, S. 13 ff.) in der Sozialen Arbeit postuliert, die „Macht-Seite von Männlichkeit" (Hollstein/Matzner 2007, S. 34 ff.) zwar nicht ausgeblendet, aber auf den „Ohnmachts-Aspekt der traditionellen Männerrolle" (ebd., S. 36 ff.) sowie auf die damit im Zusammenhang stehenden potenziellen Problem- und Handlungsbereiche einer jungen- und männerspezifischen Sozialarbeit fokussiert (vgl. u. a. Hollstein/Matzner 2007; Matzner/Tischner 2008b).

Zusammengefasst ist die bisherige Geschichte der Jungen*arbeit von heterogenen Positionierungen im Spannungsfeld zwischen (de-)konstruktivistischen und ontologischen Perspektiven geformt. Zugleich lässt sich diese Geschichte als eine unabgeschlossene und produktive lesen (vgl. u. a. BAG Jungenarbeit 2017; BAG Jungenarbeit 2016; BAG Jungenarbeit 2011; Dell'Anna 2013), die zu gegenseitigen Inspirationen der unterschiedlichen Ansätze führte (vgl. u. a. Bienwald/Donath 2020; Bienwald 2016; Voigt-Kehlenbeck 2009; Höyng 2009; Grote/Jantz 2003) und nicht nur in der politischen Bildungsarbeit und in der „Praxis von Jugendhilfe und Schule […] von Kommunen, freien Trägern und privaten Organisationen getragen und politisch gewollt ist" (Stecklina/Wienforth 2016b, S. 8). Sie gilt auch als Impulsgeberin z. B. für die Theoriebildung Sozialer Arbeit (vgl. u. a. Bienwald/Donath 2020; Sabla/Damm 2016), die Täter*- und Opfer*arbeit (vgl. u. a. Bereswill/Neuber 2020; Rieske et al. 2018) sowie die bundesdeutsche Gleichstellungspolitik, die nunmehr auch Jungen* und Männer* mit einbezieht (vgl. u. a. BMFSFJ 2020; Beirat Jungenpolitik 2013).

Mit der Ausrichtung auf Erfahrungen von Spaß, Aktion, Erlebnis, Gemeinsamkeit, Zugehörigkeit und solidarisch-kollektivem Handeln (vgl. u. a. Krisch/Schröer 2020) sowie Anerkennung, Selbstwert, Selbstwirksamkeit, Selbstorganisation, Teilhabe und Einmischung (vgl. u. a. Klöck 2016, S. 73 ff.) wird mittels des Zusammenwirkens von Jungen*arbeit und Jungen*politik der zivilgesellschaftliche Status von Jungen* und männlichen Jugendlichen* gestärkt und „der Gestaltungsauftrag der Kinder- und Jugendhilfe ernst genommen" (Klöck 2016, S. 81). Auf der Basis eines sozialräumlichen Monitorings wird zudem ermöglicht (ebd., S. 83), gegen skandalöse gesellschaftliche Verhältnisse und Ausgrenzungspolitiken zu agieren (Bienwald/Donath 2020). Ferner richtet sich Jungen*politik explizit gegen maskulinistische Deutungen und den Versuch der männerrechtlichen Parteinahme (vgl. u. a. Bienwald 2016; Winter 2014).

Geschlecht: ‚Geschlecht und Männlichkeit' bilden den fachlichen Reflexionsrahmen theoretischer sowie methodisch-didaktischer Überlegungen (vgl. u. a. Busche/Cremers 2021). Vor diesem Hintergrund gilt es, Adressat*innen der Jungen*arbeit explizit und implizit (vgl. u. a. Kempf/Unterforsthuber 2016; Prüfer 2016; Debus 2012a) „darin zu begleiten, sich in Geschlechterbeziehungen zurechtzufinden, geschlechtliche Ordnungen zu verhandeln und sich von eigenen oder vorgegebenen Geschlechterbildern zu entfernen, sich anzunähern oder auch ihren Rahmen zu sprengen" (Busche/Cremers 2021, S. 665). Jungen*arbeit bezieht sich dabei klassischerweise auf „Männlichkeitsanforderungen" (Stuve/Debus 2012) respektive männliche „Anforderungsimperative – jene Anforderungen, die auch männlich-dominante Bewältigungsstrukturen stärken" (Bienwald/Donath 2020, S. 128 f.). Adressat*innen auf kritische Aspekte stereotyper Handlungen hinzuweisen und „alternative, funktional äquivalente Handlungsstrategien" (Böhnisch 2020b, S. 510) bzw. auch „nicht geschlechterstereotype Bewältigungsstrategien" (vgl. Bienwald/Donath 2020, S. 129) zur Entdeckung neuer „Facetten von Geschlechterinszenierungen" (Wienforth/Stecklina 2016, S. 90) anzubieten, ist dabei ebenso hilfreich wie die Kenntnis und „Akzeptanz der Fachkräfte gegenüber der Bewältigungsqualität traditioneller Geschlechterorientierung" (Bienwald/Donath 2020, S. 125; nach Böhnisch 2016b, S. 46).

Inhalte und Methoden: Politischer Gestaltungswille und institutionelle Ziele, die mit der Sozialen Arbeit vor dem Hintergrund des doppelten Mandats zwischen Hilfe und Kontrolle verfolgt werden (müssen) (vgl. u. a. Wienforth/Stecklina 2016), sowie Arbeitsbedingungen, Selbstverständnis, Wissen und Fähigkeiten der jeweiligen Professionellen rahmen Arbeitskonzepte und Settings (vgl. u. a. Debus/Stuve 2016; Drogand-Strud/Wallner 2012; Sielert 2007). Insbesondere im Rahmen von Hilfeplanverfahren und individuenzentrierter Jungen*arbeit muss im Zusammenhang von Diagnosen, Bedarfsklärungen, Hilfeformen und -prozessen (vgl. u. a. Wienforth/Stecklina 2016; Klöck 2016) diskutiert werden, ob tatsächlich Männlichkeitsanforderungen oder andere Themen, wie z. B. „prekäre Lebenssituationen, familiäre Gewalt, Kindeswohlgefährdungen, gesellschaftliche Begrenzungen – in ihrer geschlechtlichen Dimension im Vordergrund" (ebd., S. 96) stehen.

Fazit und Ausblick: Jungen*arbeit, die nunmehr *ohne* engführende Adjektive auskommt bzw. auskommen sollte (vgl. u. a. Bienwald 2016; Wienforth/Stecklina 2016), ist mittlerweile sehr ausdifferenziert (vgl. u. a. Stecklina/Wienforth 2016b, S. 8) und in der Praxis gut etabliert (vgl. u. a. Sabla/Damm 2016, S. 212). Als gegenwärtige Aufgabe besteht die flächendeckende, sozialräumlich differenzierte und regional koordinierte Implementierung einer Jungen*arbeit in allen Bereichen der Kinder- und Jugendhilfe, die geschlechtliche und sexuelle Vielfalt, Alter sowie Milieu und Peers berücksichtigt (vgl. u. a. Klöck 2016; Stecklina/Wienforth 2016c).

Michael Cremers

Zum Weiterlesen
Busche, Mart/Cremers, Michael (2021): Genderorientierung in der Offenen Kinder- und Jugendarbeit. Theoretische und handlungspraktische Perspektiven auf Gender in der Offenen Kinder- und Jugendarbeit. In: Deinet, Ulrich/Sturzenhecker, Benedikt/von Schwanenflügel, Larissa/Schwerthelm, Moritz (Hrsg.): Handbuch Offene Kinder- und Jugendarbeit. 5., komplett überarbeitete und erneuerte Auflage. Wiesbaden: Springer VS, S. 663–676
Stecklina, Gerd/Wienforth, Jan (Hrsg.) (2016): Impulse für die Jungenarbeit. Denkanstöße und Praxisbeispiele. Weinheim, Basel: Beltz
Stuve, Olaf/Debus, Katharina (2012): Männlichkeitsanforderungen. Impulse kritischer Männlichkeitstheorie für eine geschlechterreflektierte Pädagogik mit Jungen. In: Dissens e. V./Debus, Katharina/Könnecke, Bernard/Schwerma, Klaus/Stuve, Olaf (Hrsg.): Geschlechterreflektierte Arbeit mit Jungen an der Schule. Texte zu Pädagogik und Fortbildung rund um Jungen, Geschlecht und Bildung. Berlin: Hinkelstein, S. 43–60

K Kasuistik

Fallarbeit ist zu einem zentralen Element der Übersetzung von vorgängigem Wissen und theoretischen Konzepten in Professionalität und in praxisbegleitenden Ansätzen auch zur Basis für die Entwicklung eines Teams und einer Organisation geworden (Hollenstein/Kunz 2019). Dazu gehören vielfältige kreativ-spielerische Übungen genauso wie die Erfahrungen der Professionellen. Praktisches Umgangswissen (in vielfältigen institutionellen Bezügen) und theoretisch begründete wissenschaftliche Aussagen müssen zuerst in offene

Fragen zu einer Einzelfallkonstellation in Beziehung gesetzt werden. Damit daraus nicht allein (fachlich begründet) auf den Einzelfall geschlossen wird, sondern sich in Praxissituationen auch ein (lösungsorientierter) Dialog eröffnen kann, müssen in weiteren Schritten offene (schließlich auch alltagssprachlich gefasste) Fragen und Perspektiven für alle Beteiligten formuliert werden. In der Reflexion im Team, in die ja auch die Perspektiven der ‚Betroffenen' eingehen sollen, kommt es zu Begegnungen mit sich selbst und anderen unter jeweils neuem (verunsicherndem) Blick auf vielfältige Grenz- und Konflikterfahrungen. Dafür braucht es Verfahrensschritte und Übungen, die vor allem dazu dienen, den Rahmen für ein „Höchstmaß an Respekt und Wertschätzung" (Czollek et al. 2009, S. 138) abzusichern.

Denn Fallarbeit im engeren Sinn eröffnet einen entlasteten Raum zur multiperspektivischen Reflexion der Problemlagen und krisenhaften Ereignisse und bestimmt zugleich, wie diese in den Feldern der Sozialen Arbeit professionell aufgenommen werden sollen. Das exemplarische und übertragbare Lernen in der Fallarbeit dient hier nicht der Standardisierung von Störbildern und Interventionen. Doch kommen in dieser Reflexion ethische Regeln, institutionelle Rahmungen, unterschiedliche Wissensbestände und vorgängige professionelle Entscheidungen zusammen. Die Suche nach Problemlösungen soll Offenheit erzeugen und helfen, die Ungewissheit und Konflikthaftigkeit biografischer und sozialer Prozesse zu bewältigen. Durchgängige Struktur-Elemente der Kasuistik sind seit Beginn professioneller Sozialer Arbeit der Bericht (Text), der Erfahrungs- und Selbstbildungsprozess aller Beteiligten sowie die „perspektivische Verlagerung in eine andere Ordnung, […] indem man das primäre alltägliche Geschehen neu konstruiert und mit einem alternativen Sinn versieht" (Hörster 2010, S. 380). In der sozialpädagogischen Literatur zum ‚Fallverstehen' hat sich ein komplexes Modell herauskristallisiert, in dem drei Ebenen in einem Spannungsverhältnis aufeinander bezogen sind: (1) die Art und Weise, wie im beruflichen Alltag der Sozialen Arbeit etwas zum Fall wird und professionell angenommen werden muss; (2) ob und wie die Hintergründe der Entstehung im beruflichen Handeln aufgeschlossen werden können und (3) wie sich das Fallverstehen in den Beziehungen zwischen Sozialarbeiter*innen und Klient*innen und darüber hinaus entwickelt. Man spricht von einer ‚Vorderbühne' und einer ‚Hinterbühne': „Die unbewusst wirksamen Beziehungsphänomene des dynamischen Hintergrundes zu zeigen und deutlich zu machen, wie die Bedeutung des Geschehens auf der Vorderbühne der beruflichen Situation hiervon jeweils in unterschiedlicher Weise abhängt, ist das zentrale Anliegen dieser kasuistischen Tätigkeit" (Hörster 2001, S. 920).

In der Fallarbeit ist eine geschlechtsbezogene Rekonstruktion notwendig, einerseits, um die in den geschlechtshierarchischen Normierungen verschlüsselten Konfliktkonstellationen erfahrbar zu machen, und andererseits, um die so in den geschlechtsspezifischen Codierungen vermittelten Ambivalenzen aufzuklären und mit ihnen umgehen zu können. Dennoch gibt es kaum Ansätze einer durchgängig geschlechterreflektierenden Kasuistik. Ein solches Fallverstehen steigert aber nicht nur deswegen die professionellen Anforderungen, weil in die äußere Symptomatik und in ihre Definitions- und Interpretationsmuster geschlechtstypische Bezüge eingelagert sind, sondern weil darüber hinaus im Bereich der inneren Erfahrung die Klient*innen und Sozialarbeiter*innen zumindest emotional miteinander verbunden sind und dadurch Ambivalenzen entstehen, die nicht linear auflösbar sind. So ist es zwar wichtig, die geschlechtsdifferent wirksamen ‚Diskurse', die Familienhelfer*innen in der Trennungsproblematik heranziehen, zu beschreiben und kritisch wahrzunehmen (Halatcheva-Trapp 2018). Es braucht auch Konzepte oder die Einfühlsamkeit, um die in dieser Polarisierung verdeckten, nicht zugelassenen Befindlichkeiten gegen die öffentlich-institutionellen Zuschreibungen (geschlechtersensibel und) konfliktoffen ins Spiel zu bringen. Das Spannungsfeld der drei Ebenen, welches für ein kasuistisches Problem charakteristisch ist, lässt sich beschreiben als Spannungsfeld von äußerer Symptomatik, innerer Diskrepanzerfahrung bei den Klient*innen und in der Entwicklung der Beziehungen zwischen Sozialarbeiter*innen und Klient*innen. Nehmen wir den Fall eines auffälligen Jungen: Sein Verhalten steht unter dem Druck, dass ihm der Vater die Anerkennung verweigert und ihn dies massiv spüren lässt. In dieser Verweigerung liegt gleichzeitig die Bedürftigkeit des Vaters, die der Sohn wiederum spürt, aber genauso nicht zulassen darf, wie er seine Ohnmacht gegenüber dem Vater über eigenes antisoziales Verhalten bis hin zur Gewalttätigkeit abspalten muss. Die fehlende Anerkennung des Jungen wird oft nachempfunden, ist aber schwer thematisierbar, wenn die Sozialarbeiter*innen die Anerkennungsthematik zu vermeiden suchen, weil darin geschlechtstypisierend übergangene Verletzungsdimensionen berührt werden. Deshalb ist es wichtig, nach Reflexionsschritten zu suchen, in denen diese Spannung nicht zur Black Box wird, sondern erst einmal im Raum der Fallarbeit sozial vermittelt sichtbar und entlastet werden kann: Spielerisch kann ein Anerkennungsraum gebaut werden, in dem es möglich ist, die Beziehung zum Vater aufrecht zu erhalten und neu zu ordnen. In einem zweiten Rollenspiel müsste aber sichtbar werden, dass sich für den Vater, der den Auszug des Sohnes in der Regel als Kontrollverlust bzw. Versagen des Sohnes begreift, die eigene Bedürftigkeit nur noch steigert. Die Konzepte, mit denen die Diskrepanzerfahrungen bei Vater und Sohn erfasst werden können, sind ‚Bedürftigkeit' und ‚Abspaltung', die im Kontext eines geschlechtsreflexiven Bewältigungskonzepts ihren subjektiven Sinn und ihre interpretative Gestalt erhalten.

Erscheint es heute schwierig, männliche Bedürftigkeit aufzuschließen, so ist es gesellschaftlich gesehen ebenso schwer, Konfliktkonstellationen z. B. hinter mütterlichem Versagen wahrzunehmen, Verstrickungen zu vermeiden und biografische Belastungen von Frauen konstruktiv aufzunehmen. Im Frauenbild wirken vordringlich der gesellschaftliche Druck zur Übernahme von Mutterpflichten und der Vorwurf der Verantwortungslosigkeit, der durch schwierige Lebenslagen und die Jugendhilfe eher noch verstärkt wird: Eine junge Mutter in schwierigen Lebensverhältnissen, ohne Ausbildung und Arbeit kann, aus zunächst nicht bekannten Gründen, alle wichtigen Mutterpflichten nur unter intensiver Mithilfe ihrer eigenen, berufstätigen Mutter sichern. Beide Frauen – auch die nach der Scheidung selbst alleinlebenden Mutter, die Sorge um Tochter und Enkel, aber kaum noch Zugang zu ihrer Tochter hat –, leben in einer Konflikt- und Überforderungssituation, die von einer engagierten Sozialarbeiterin intensiv erlebt, thematisiert und auch eine Zeit mitgetragen werden kann. Gleichzeitig drängen sich immer wieder (institutionell, aber auch emotional verstärkt) die Anzeichen einer Gefährdungslage des Kindes und mögliche Fehler der jungen Mutter bei der Versorgung ihres Kindes in den Mittelpunkt. Ein eigener Reflexionsraum kann nun die Leistungen und Belastungen beider Frauen anerkennen und zugleich die verdeckt belastenden Erfahrungen im Hintergrund des Scheiterns, z. B. in der Bearbeitung von Ablösungskonflikten aufnehmen.

Eines eigenen Zugangs bedarf die geschlechtstypisch erzeugte (weibliche) Bedürftigkeit, um sozial und individuell tabuisierte innere Konflikte gegenüber Mutterpflichten, Probleme, die es verwehren, eine gute Mutter zu sein, oder auch eine Ablehnung der Mutterrolle zuzulassen und thematisieren zu können. Es kommt nun darauf an, inwieweit es zunächst in der Fallarbeit gelingt, ein Leiden der jungen Frau daran, keine gute Mutter zu sein, zu erkennen. Das heißt, ihr Recht auf das Kind muss anerkannt werden und gleichzeitig soll aufgenommen werden können, dass sie an Grenzen geraten ist. Durch die verengten institutionellen und seelisch aufgeladenen eigenen Mutterbilder hindurch muss erfahrbar werden, dass beides nebeneinander bestehen kann, damit erste Schritte der jungen Frau auf zu entwickelnde Aufträge entworfen werden können. In der Reflexion muss ein neues Bild entstehen, sodass sie handlungsfähig bleiben und aus ihrem jetzigen Bewältigungsgleichgewicht – Gleichgültigkeit, Nichts-Tun, Depression – heraus neue Wünsche und Schritte suchen kann.

Gerade am Beispiel des Scheiterns von Frauen als Klientinnen der Sozialen Arbeit verstärken sich heute die öffentlichen Programmatiken der Responsibilisierung, wenn sie z. B. in das Konzept der ‚Risikomutter' oder auch des verantwortungslosen Vaters bei der Bewertung von Gefährdungslagen übersetzt werden (Klein et al. 2018). Damit wird eine moralische Bewertung auf Lebensverhältnisse gelenkt, die jedoch mehrfach durch die Verwehrungen einer eigenständigen Lebensgestaltung und/oder durch einen diskriminierten, prekären Migrationsstatus bestimmt sein können. Wenn es darum geht, sich auch hier den Verwehrungen und der Lebbarkeit queerer Lebensweisen zu stellen, muss es möglich sein, offene Fragen dazu und erfahrungsgesättigte Positionen stellvertretend in die Runde einzubringen (vgl. Czollek et al. 2009).

Wichtig ist aber auch, dass Widersprüche und Spaltungen nicht auflösbar sind, dass Konflikte präsent bleiben, wenn es darum geht, die Konfliktkonstellationen zu entlasten und durch die Organisation neuer Interaktionsformen zu entflechten. Diese verweisen auf den gesellschaftlichen Geschlechterkonflikt und seine inneren Spaltungen. Wenn es gilt, die Hilfe entsprechend der ambivalenten Struktur des Konfliktes zu organisieren, muss es möglich werden, Diskrepanzerfahrungen und Bedürftigkeiten aus der Verstrickung zwischen den einzelnen beteiligten Personen und Institutionen, aber auch in der Sozialarbeiter*innen-Klient*innen-Beziehung zu lösen. Das kann durch den Aufbau eigener Beziehungen in einem Netzwerk außerhalb der Klient*innen-Beziehung gelingen. Unter Blockaden und Begrenzungen braucht es mehr Zeit für die sensibilisierende Begegnung der eigenen inneren Welt mit Anderen und deren biografischen Wegen durch Brüche und Konflikte. Deshalb ist es eine Aufgabe in gemeinsamer Verantwortung, zeitlich und mental entlastete Räume zu schaffen, die Ohnmacht, Scham und Schuldgefühle, aber auch widerständige Praxen angesichts vielfacher Einbindungen in hierarchische, einseitig normierende Ordnungen und strukturell vorgegebene Grenzen aushalten. Denn auch hier wirken geschlechtshierarchisch verdeckte Spaltungen: in der Unterordnung von Offenheit unter Schnelligkeit und standardisierte Effektivitätskriterien. Für eine ‚genderkritische Professionalisierung' (Balzer/Klenk 2018) in der Spannung zwischen der geforderten Proklamierung von Gender-Kompetenzen und eingeschränkten Umsetzungsbedingungen in der Ausbildung braucht es mehr nachgefragte Qualifikationen.

Lothar Böhnisch und Heide Funk

Zum Weiterlesen
Böhnisch, Lothar/Funk, Heide (2002): Soziale Arbeit und Geschlecht. Weinheim, München: Juventa
Hörster, Reinhard (2010): Kasuistik. In: Bock, Karin/Miethe, Ingrid (Hrsg.): Handbuch Qualitative Methoden in der Sozialen Arbeit. Opladen, Farmington Hills: Barbara Budrich, S. 377–386
Hörster, Reinhard (2001): Kasuistik/Fallverstehen. In: Otto, Hans-Uwe/Thiersch, Hans (Hrsg.): Handbuch Sozialarbeit Sozialpädagogik. Neuwied, Kriftel: Luchterhand, S. 916–926

Kinder- und Jugendhilfe

Die Kinder- und Jugendhilfe ist als dritte Sozialisationsinstanz neben Familie und Schule Teil des gesellschaftlichen Integrationsprozesses von Kindern und Jugendlichen mit dem Auftrag, entwicklungsfördernde Lebensbedingungen für die heranwachsende Generation sicherzustellen. Kinder- und Jugendhilfe umfasst nach dem Sozialgesetzbuch VIII (Kinder- und Jugendhilfegesetz) ein breites Spektrum an Aufgaben- und Handlungsfeldern, das sich aus verschiedenen historischen Strömungen entwickelt hat und sich bis heute in drei zentrale Leistungsbereiche unterscheiden lässt: die Kindertagesbetreuung (Kindergärten, Tagespflege, Offener Ganztag), die Jugendarbeit und Jugendsozialarbeit (Offene Jugendarbeit, Jugendverbandsarbeit, Schulsozialarbeit, Jugendberufshilfe) und die Erziehungshilfe (Tagesgruppen, Familienhilfe, Heimerziehung und Kinderschutz als hoheitliche Aufgabe des öffentlichen Trägers). Des Weiteren gehören Angebote zur Förderung der Erziehung in der Familie (Familienbildung, frühe Hilfen, Trennungs-/Scheidungsberatung) sowie die anderen Aufgaben (Inobhutnahme, Beistand- und Vormundschaften) zum Leistungsspektrum der Kinder- und Jugendhilfe. Die Gesamtverantwortung für die Umsetzung des SGB VIII liegt beim öffentlichen Träger, dem Jugendamt, das mit der Jugendhilfeplanung die regionale Angebotsstruktur steuert.

Den Auftrag zur Gestaltung von mehr Geschlechtergerechtigkeit hat der Gesetzgeber für die Jugendhilfe mit der Einführung des SGB VIII im Oktober 1990 in den neuen und im Januar 1991 in den alten Bundesländern rechtlich verankert. Der betreffende § 9.3 SGB VIII wurde im Juni 2021 im Rahmen des Kinder- und Jugendstärkungsgesetzes neu gefasst. Nach Kritik an der Norm der Zweigeschlechtlichkeit sowie Forderungen nach Akzeptanz sexueller und geschlechtlicher Vielfalt legt § 9.3 SGB VIII nun fest, dass bei allen Aktivitäten „die unterschiedlichen Lebenslagen von Mädchen, Jungen sowie transidenten, nichtbinären und intergeschlechtlichen jungen Menschen zu berücksichtigen, Benachteiligungen abzubauen und die Gleichberechtigung der Geschlechter zu fördern" sind.

Dass die Kinder- und Jugendhilfe den Anspruch einer präventiven, von den Adressaten*innen mitgestalteten sozialen Dienstleistung wenig geschlechtergerecht einlöste, prangerte für Mädchen* Ende der 1970er Jahre insbesondere die neue Frauenbewegung an. Sie brachte ihre zentralen Themen Selbstbestimmung und Autonomie, Gewalt gegen Frauen* im privaten Nahraum sowie geschlechtsspezifische Arbeitsteilung und mangelnde Chancen autonomer Existenzsicherung in die Jugendhilfe ein. Die Thematisierung von Geschlechtergerechtigkeit vollzog sich in den verschiedenen Handlungsfeldern ungleichzeitig. Zunächst kritisierten Pädagoginnen die Angebote, Räumlichkeiten und Zuschreibungseffekte in der offenen Jugendarbeit als Ausschlussfaktoren für Mädchen („Jugendarbeit ist Jungenarbeit'). Etwa zeitgleich versuchten erste Projekte in der Jugendberufshilfe die Konzentration von Mädchen auf wenige typische Frauenberufe aufzuweichen. Seit den 1980er Jahren etablierten sich Ansätze einer geschlechtsbezogenen Jungenarbeit – überwiegend in der Jugendarbeit, zum Teil auch in Erziehungshilfe und Jugendsozialarbeit. In der Erziehungshilfe wurde die fortdauernde Orientierung an tradierten Geschlechtsrollen in den Problemwahrnehmungen und Interventionen kritisiert, die die Verkennung realer Problemlagen, wie sexueller Missbrauch oder die Stigmatisierung von Überlebensstrategien (z. B. ‚Weglaufen'), bedeutete. Mit der Jahrtausendwende wurde in der Kindertagesbetreuung die ‚Gleichheitsideologie' von Erzieherinnen, d. h. das Ausblenden von Geschlechtsunterschieden thematisiert. Vorwiegend in Städten entstehende Angebote für lesbische, schwule, bi- und transgeschlechtliche Jugendliche und junge Erwachsene, vor allem im Bereich Beratung und Jugendarbeit, markieren eine wachsende Wahrnehmung sexueller und geschlechtlicher Vielfalt.

Auch die theoretische Rahmung der Konzepte für Mädchen- und Jungenarbeit oder zu geschlechterbezogenen bzw. geschlechtergerechten Ansätzen wandelte sich bzw. differenzierte sich aus. Die anfängliche Orientierung an der Gleichheitstheorie wich bereits in den 1980er Jahren der Differenztheorie, mit der Forderungen nach geschlechtsspezifischen Angeboten fundiert wurden. Entsprechend fand als so genannter Ressourcenansatz die Stärkung der Individuen Eingang in die feministische Mädchen- und emanzipatorische Jungenarbeit. In den 1990er Jahren wurde dieser Ansatz milieu- und soziallagenspezifisch differenziert, wobei Mädchen* und Jungen* bei Migration, früher Mutterschaft, Behinderung, Gewaltbereitschaft oder Kriminalität unterschiedlich wahrgenommen und adressiert wurden. Dabei galt es, orientiert am Konzept einer egalitären Differenz, geschlechts-, ethnie- und fähigkeitsspezifische Differenzen als gleichwertig zu respektieren (vgl. Maurer/May 2018, S. 478). Vertreter*innen des Konstruktivismus lenk(t)en den Blick gegen heteronormative Festschreibungen auf die soziale Konstruktion von Geschlechtlichkeit, die im Zusammenspiel biologistischer und sozialer Faktoren kulturell und historisch geprägt und damit veränderbar ist (vgl. Weber 2020, S. 150). Mädchen* und Jungen* entwickeln eine eigene Persönlichkeit, indem sie in der Vielfalt vorfindbarer und erfahrener Vorstellungen von Weiblichkeit und Männlichkeit ihre eigene geschlechtliche Identität verorten („(un)doing gender"; ebd.). Der Fokus auf interaktiv hergestellte Konstruktionen und Identitätskategorien (vgl. Frühauf 2014, S. 21 f.) oder auf soziale Problemlagen (Plößer 2010, S. 226) darf dabei nicht zur Vernachlässigung gesellschaftlicher Strukturierungs- und Differenzverhältnisse führen. „Schließlich sind Genderkonstruktionen auf der gesellschaftlichen Ebene mit Macht, Einfluss und Ressourcen verbunden" (Weber 2020, S. 150), sind Arbeitsmarkt und familiale Arbeitsteilung geschlechtsspezifisch segregiert, fehlen gleichberechtigte Möglichkeiten der Existenzsicherung, sind Mädchen* häufiger als Jungen* und queere junge Menschen häufiger als andere von Diskriminierung und geschlechtsbezogener Gewalt betroffen (vgl. ebd.).

Die zentralen Aufgaben einer geschlechtergerechten Jugendhilfe sind eine geschlechterreflexive Orientierung der Jugendhilfeangebote und -leistungen an den realen sozioökonomischen und psychosozialen Lebenslagen von Kindern, Jugendlichen, jungen Erwachsenen und ihren Familien; die Verbreitung und institutionelle Verankerung geschlechtsbezogener Angebote wie Mädchen*-/Jungen*gruppen und geschlechtsreflexiver Koedukation sowie die Förderung genderkompetenten Personals (Ausbildung- und Weiterbildung) und einer geschlechtergerechten Personalentwicklung. Mit dem Gender Mainstreaming wurde ein Instrument entwickelt, das anschlussfähig an den § 9.3 SGB VIII diese Aufgaben unterstützen kann. Auf kommunaler Ebene ist die Jugendhilfeplanung zentraler Ansatz, sowohl strukturell als auch konzeptionell Geschlechtergerechtigkeit anzuregen, wie dies in Arbeitskreisen (gem. § 78 SGB VIII) und geschlechtergerechten Planungsberichten geschieht. Noch ist Gender Mainstreaming in der Jugendhilfeplanung nicht durchgängig umgesetzt (vgl. Daigler 2020).

Ein Blick auf die zentralen Handlungsfelder macht die spezifischen Entwicklungslinien deutlich. In der Jugendarbeit haben sich neben sozialräumlichen und sozialintegrativen Konzepten vor allem zielgruppenspezifische Angebote weiterentwickelt. Diese gilt es mit einer geschlechtsbezogenen Pädagogik (Rauw/Drogand 2013) zu verknüpfen, die mit ihrem Ansatz insbesondere bedürfnisorientierte und geschlechtersensible Gruppenangebote für Jugendliche fokussiert. Plößer (2013) unterstreicht dazu die Notwendigkeit, Mädchen*- und Jungen*pädagogik um die Differenzlinien Armut/soziale Lage, Migration und Körperlichkeit/Gesundheit zu erweitern, diese Kategorien bei der Angebotsentwicklung der offenen Kinder- und Jugendarbeit zu beachten und damit eine Anerkennung von Vielfalt mit Mädchen und Jungen zu ermöglichen. In der Erziehungshilfe werden geschlechterdifferenzierende und -bewusste Angebote eher punktuell umgesetzt, beziehen sie sich eher auf wahrgenommene geschlechtsbezogene Problemlagen und steht eine konsequent geschlechterreflexive Ausgestaltung koedukativer Angebote aus (vgl. Hartwig 2014). Für die Kindertageseinrichtungen wird im „Gemeinsamen Rahmen der Länder für die frühe Bildung in Kindertageseinrichtungen" eine „geschlechtsbewusste pädagogische Arbeit" (JMK/KMK 2004, S. 4) als Querschnittsaufgabe benannt. Der aktuelle Diskurs verläuft zwischen einerseits einer geschlechtsneutralen Pädagogik und andererseits einer geschlechtsbewussten Pädagogik, die in Wahrnehmung des wirkmächtigen kulturellen Systems der Zweigeschlechtlichkeit auf institutioneller, didaktischer und Beziehungsebene ansetzt (vgl. Kubandt 2017). Als Grundvoraussetzungen wird die Selbstreflexion der Fachkräfte bzgl. eigener Einstellungen zu Geschlecht (vgl. ebd.) und eine stärkere Präsenz männlicher Pädagogen (vgl. Rohrmann 2009) betont.

Der Genderaspekt bezüglich der Fachkräfte ist auch in der Kinder- und Jugendhilfe insgesamt relevant. So sind in der Kinder- und Jugendhilfe 2018/19 zu etwa 88 Prozent Frauen* beschäftigt gewesen. Diese seit vielen Jahren konstante Größe variiert zum Teil deutlich in den einzelnen Aufgabenbereichen (Kindertagesbetreuung 95 Prozent; in den anderen Bereichen 72 Prozent: HzE 71 Prozent oder Kinder- und Jugendarbeit 58 Prozent) (vgl. Mühlmann/Olszenka/Fendrich 2020, S. 4). In leitenden Positionen sind Männer* hingegen nach wie vor deutlich überrepräsentiert (vgl. Hölzle 2017, S. 37). Offensichtlich ist die Jugendhilfe nach wie vor ein geschlechtsspezifisch und -hierarchisch strukturiertes

Arbeitsfeld. Gleichzeitig ist damit für die Adressat*innen deutlich ein geschlechtervielfältiges Lernen am Modell eingeschränkt (vgl. Focks 2010, S. 5).

Geschlechtergerechte Jugendhilfe weist auch Spannungsfelder aus. Als Teil Sozialer Arbeit befindet sich Kinder- und Jugendhilfe sozialpolitisch zwischen einerseits sozialstaatlicher Regelungsinstanz (Kontrollauftrag durch staatliches Wächteramt, Kompensations- und Normalisierungsfunktionen von Hilfeleistungen) und andererseits kritischer Innovation. Zudem geht es darum, mit einer alltäglichen geschlechterreflexiven Haltung Praxen zu verwirklichen, in denen Kinder und Jugendliche als Mädchen, Jungen und queere junge Menschen auch je eigene Räume erleben können, die weniger die Besonderheit qua Geschlecht betonen, sondern Gelegenheit bieten, eigene Wahl- und Verwirklichungsmöglichkeiten zu verfolgen. Gleichzeitig braucht es einen kämpferischen Feminismus, eine kritische Männerarbeit und queere Bewegungen, die im Alltag vernachlässigte Themen sichtbar machen, Ungleichheitsverhältnisse skandalisieren und so die in Geschlechterverhältnissen enthaltenen Konfliktdimensionen präsent halten (vgl. Maurer 2016c, S. 361).

Luise Hartwig und Martina Kriener

Zum Weiterlesen
LAG Mädchen* und junge Frauen* in Sachsen e. V./LAG Jungen- und Männerarbeit Sachsen e. V./Landesarbeitsgemeinschaft Queeres Netzwerk Sachsen e. V. (2020): Fachexpertise zur geschlechterreflektierenden Arbeit mit jungen Menschen im Rahmen des SGB VIII. www.queeres-netzwerk-sachsen.de/wp-content/uploads/2020/02/Fachexpertise_Sachsen_GRFE.pdf (Abfrage: 9.3.2021)
Maurer, Susanne (2016c): Geschlecht – Mädchen. In: Schröer, Wolfgang/Struck, Norbert/Wolff, Mechthild (Hrsg.): Handbuch Kinder- und Jugendhilfe. 2. Auflage. Weinheim, Basel: Beltz Juventa, S. 348–364
Stecklina, Gerd/Wienforth, Jan (2016): Geschlecht – Jungen. In: Schröer, Wolfgang/Struck, Norbert/Wolff, Mechthild (Hrsg.): Handbuch Kinder- und Jugendhilfe. 2. Auflage. Weinheim, Basel: Beltz Juventa, S. 365–386

Kindertageseinrichtungen

Kindertageseinrichtungen sind Orte, an denen überwiegend weibliche Fachkräfte die Verantwortung für die Bildung, Betreuung und Erziehung von Kindern übernehmen. Lange Zeit wurde dies kaum hinterfragt, weil davon ausgegangen wurde, dass Frauen einen selbstverständlichen Zugang zu kleinen Kindern haben. Raumgestaltung, Materialauswahl und Angebote werden in der Praxis überwiegend von Frauen bestimmt und umgesetzt, auch wenn der Anteil männlicher Fachkräfte sich im letzten Jahrzehnt auf inzwischen sieben Prozent verdoppelt hat (Statistisches Bundesamt 2020b). Auf allen Hierarchieebenen wird das Arbeitsfeld überwiegend von Frauen dominiert. Mit dem Charakter des Erzieherinnenberufs als ‚Frauenberuf' geht einher, dass Status,

Gehälter und Karriereoptionen im Arbeitsfeld eher gering sind – was möglicherweise zum geringeren Interesse von Männern an diesem Bereich beiträgt.

Die Entwicklung des Berufsbildes der Erzieherin hat ihren historischen Hintergrund in gesellschaftlichen Veränderungen im 19. Jahrhundert. Ausgehend von den polarisierten bürgerlichen Geschlechterverhältnissen wurde das Ideal einer ‚geistigen Mütterlichkeit' für soziale und pflegerische Berufe formuliert. So wurde das Berufsbild der ‚Kindergärtnerin' als dem ‚natürlichen Wesen' der Frau entsprechend konstruiert (Sachße 2003). Erst nach dem Zweiten Weltkrieg setzte eine stärkere Professionalisierung ein. Zusammenhänge zwischen weiblicher Sozialisation und Professionalität werden in geschlechtsbezogenen Analysen des Arbeitsfeldes seit ca. 30 Jahren thematisiert (Dräger 2008; Rabe-Kleberg 2003). Dabei ist auch zu berücksichtigen, dass der kontinuierliche Ausbau der Kindertagesbetreuung in Westdeutschland in den letzten Jahrzehnten wesentlich im Zusammenhang mit der zunehmenden Berufstätigkeit von Frauen und dem damit steigenden Betreuungsbedarf zu sehen ist.

Bis heute ziehen Ausbildungsberufe und Studiengänge für das Arbeitsfeld Kindertageseinrichtungen tendenziell (junge) Frauen an, die ‚gern mit Kindern zu tun haben'. Seit zwei Jahrzehnten gibt es jedoch ein wachsendes Interesse an männlichen Pädagogen in Kindertageseinrichtungen. Ausgehend von einer bundesweiten Studie (Cremers/Krabel/Calmbach 2010) wurden im Rahmen des Bundesprogramms „Männer in Kitas" Initiativen im Kontext der Berufswahl, der Ausbildung, der Zusammenarbeit von Frauen und Männern in Teams, der Unterstützung männlicher Fachkräfte sowie vielfältige Maßnahmen der Öffentlichkeitsarbeit entfaltet (Koordinationsstelle „Männer in Kitas" 2014). Das mit einem zweistelligen Millionenbetrag geförderte Programm führte auch zu kontroversen Diskussionen, in denen u. a. die Befürchtung einer Re-Traditionalisierung von Geschlechterverhältnissen formuliert wurde (Rose/Stibane 2013; Rohrmann/Brandes 2015).

Männliche Fachkräfte werden einerseits idealisiert, müssen sich andererseits mit Skepsis und pauschalen Verdächtigungen auseinandersetzen (Rohrmann 2014). In der Praxis unterscheiden sich Frauen und Männer eher wenig in ihrem pädagogischen Verhalten (Brandes et al. 2016). Unterschiede lassen sich insbesondere in Bezug auf Risikoverhalten sowie bei wildem körperlichem Spiel feststellen, das häufiger bei Jungen und Männern beobachtet wird. In gemischten Teams können sich geschlechtstypische Muster verstärken (Aigner/Rohrmann 2012; Breitenbach/Bürmann 2014). Anderseits können sich egalitäre Geschlechtereinstellungen von Fachkräften sowie geschlechtergemischte Teams positiv auf Bildungsprozesse von Kindern auswirken (Drange/Rønning 2017; Wolter/Braun/Hannover 2016). Insgesamt ist mit Projekten zu Männern in Kitas die Hoffnung verbunden, dass mehr männliche Fachkräfte zu einer Reflexion von Geschlechterverhältnissen und mehr Geschlechtergerechtigkeit führen (Brody et al. 2021; Rohrmann 2020).

Eine entscheidende Motivation für die Gewinnung von mehr männlichen Fachkräften ist der zunehmend dramatischer werdende Fachkräftemangel in Kitas (OECD 2019). Ein umfangreiches Anschlussprogramm an das Bundesprogramm „Männer in Kitas" unterstützte Ausbildungen für berufserfahrene Quereinsteiger*innen (Koordinationsstelle „Chance Quereinstieg" 2017) und beförderte damit die Entwicklung hin zu bezahlten dualen Ausbildungsgängen im Arbeitsfeld. Aus Geschlechterperspektive ist dies ein Schritt hin zur Überwindung der Polarisierung zwischen eher frauendominierten Fachschulausbildungen und dem eher männerdominierten System der dualen Ausbildungen in Deutschland.

Die Aufgabe von Kindertageseinrichtungen wird als Erziehungs-, Betreuungs- und Bildungsauftrag umrissen. Die Definition dieser Begriffe wandelt sich historisch ständig. Ausgehend von den durch die PISA-Studien ausgelösten Diskussionen um das deutsche Bildungswesen wurde an der Wende zum 21. Jahrhundert Bildung zum zentralen Thema in den Diskursen um den Auftrag von Kindertageseinrichtungen. Forschungen zu Bildungsprozessen von Kindern haben den Blick auf die frühe Kindheit verändert und zu einer gesellschaftlichen Aufwertung der Bildungsinstitutionen beigetragen (Laewen/ Andres 2002; Schäfer 2003). Bemühungen um eine Professionalisierung des Arbeitsfeldes sollen der Tradition des statusniedrigen ‚Frauenberufs' Erzieherin entgegenwirken (Balluseck 2016). Damit einher geht die beginnende Akademisierung des Berufs, die in den meisten europäischen Ländern längst vollzogen ist. Erwartungen, dass dies zu einem stärkeren Interesse von Männern an der Ausbildung führen würde, erfüllten sich jedoch bislang nicht (Pasternack 2015).

Im Rahmen der Bildungsoffensive in Kindertageseinrichtungen wurden seit 2004 in allen Bundesländern Bildungs- und Orientierungspläne entwickelt, die sich allerdings aufgrund von unzureichenden Arbeitsbedingungen und Qualifikationswegen nur teilweise umsetzen lassen (Viernickel et al. 2013). Auf Genderaspekte wird in den Bildungsplänen meist nur wenig und/oder sehr allgemein eingegangen (Kubandt 2017; Rohrmann/Wanzeck-Sielert 2018).

Bereits seit Mitte der 1990er Jahre wurden etliche Forschungs- und Praxisprojekte zu Genderthemen in Kitas durchgeführt (vgl. im Überblick Rohrmann 2009; Kubandt 2018). Auch in der pädagogischen Praxis werden geschlechtsbezogene Fragen inzwischen zunehmend thematisiert (Walter 2005; Focks 2016; Rohrmann/Wanzeck-Sielert 2018; Hubrig 2019). Im fachwissenschaftlichen Diskurs ist das Thema damit inzwischen ‚angekommen'. Dennoch fehlt sowohl in der Ausbildung als auch in der Praxis nach wie vor vielerorts ein Bewusstsein für die Berücksichtigung von Gender als Querschnittsaufgabe.

Kindertageseinrichtungen sind zunehmend ein interkultureller Ort. Mehr als ein Viertel der Kinder in deutschen Kindertageseinrichtungen hat einen Migrationshintergrund (Statistisches Bundesamt 2021d). Die wachsende Vielfalt kultureller Hintergründe zeigt sich dabei auch in unterschiedlichen geschlechtsbezogenen Orientierungen in den Familien. Bei Fachkräften sind diesbezüglich oft Voreingenommenheit und eine Tendenz zur Stereotypisierung festzustellen, die der tatsächlichen Vielfalt von Jungen und Mädchen, Müttern und Vätern nicht gerecht werden (Wagner 2017). Eine Integration von Konzepten interkultureller und geschlechtsbezogener Pädagogik im Arbeitsfeld steht bislang noch aus.

In jüngster Zeit haben Diskurse um Intersexualität und Transidentität das Arbeitsfeld erreicht. Eine Auseinandersetzung mit geschlechtlicher und sexueller Vielfalt wird auch von pädagogischen Fachkräften in Kindertageseinrichtungen eingefordert (Kubandt 2019; Nordt/Kugler 2018).

Die aktuell größte Herausforderung im Arbeitsfeld ist der Ausbau von Einrichtungen für Kinder unter drei Jahren, der den Fokus der Diskurse über die Aufgaben von Kindertageseinrichtungen wieder in Richtung Betreuung verschoben hat. Allerdings sind in dieser Altersgruppe aufgrund der körpernahen Tätigkeiten Vorbehalte gegen männliche Fachkräfte besonders hoch. So führen ‚Wickelverbote' zur Verunsicherung von Männern, auch wenn diese gegen das Antidiskriminierungsgebot verstoßen (Krabel/Frauendorf 2019). Insgesamt werden geschlechtsbezogene Aspekte im Kontext des U3-Ausbaus bislang kaum reflektiert (Rohrmann 2012).

Eine wesentliche Aufgabe von Kindertageseinrichtungen ist schließlich die ‚Erziehungspartnerschaft' mit Eltern im Kontext vielfältiger werdender Familien (Albers/Ritter 2015; Rohrmann 2021). In den arbeitsfeldbezogenen Ausbildungen wird das Thema der professionellen Kommunikation mit Erwachsenen bislang zu wenig berücksichtigt. In der Praxis wird die Zusammenarbeit mit Eltern weiterhin oft als Kontaktpflege zu Müttern realisiert, denen so auch die überwiegende Verantwortung für die Kindererziehung zugeordnet wird. Allerdings führt das steigende Engagement von Vätern in der Erziehung ihrer Kinder (BMFSFJ 2018b; Walter/Eickhorst 2012) zunehmend zu mehr Präsenz von Vätern im Alltag von Kindertageseinrichtungen (Selzer 2017). Vielfältige Praxiskonzepte für Väterarbeit liegen inzwischen vor (Haas/Rams 2016; Koordinationsstelle Männer in Kitas 2013; Reyhing 2016). Dabei müssen neu zusammengesetzte Familien genauso in den Blick genommen werden wie die Situation alleinerziehender Mütter und Väter. Vielfalt bedeutet schließlich, auch gleichgeschlechtliche Eltern anzuerkennen und damit traditionelle Familienbilder in Frage zu stellen.

Die Überwindung stereotyper Vorstellungen von Geschlecht im Arbeitsfeld Kindertageseinrichtungen bleibt eine herausfordernde Aufgabe. Manchmal stellt dies eine Gratwanderung zwischen dem Bestehen auf Chancengerechtigkeit und der Akzeptanz bestehender Geschlechterbilder in Familien dar. Geschlechterbewusste Pädagogik kann daher nicht als Programm verwirklicht werden, sondern erfordert eine stetige Reflexion eigener Haltungen und einen konstruktiven Dialog mit allen Menschen in der Kita – Kindern, Fachkräften und Eltern.

Tim Rohrmann und Melitta Walter (†)

Zum Weiterlesen
Brandes, Holger/Andrä, Markus/Röseler, Wenke/Schneider-Andrich, Petra (2016): Macht das Geschlecht einen Unterschied? Ergebnisse der „Tandem-Studie" zu professionellem Erziehungsverhalten von Frauen und Männern. Opladen: Barbara Budrich
Brody, David/Emilsen, Kari/Rohrmann, Tim/Warin, Jo (Hrsg.) (2021): Why men leave and stay in ECEC. Career Trajectories of Men in the ECEC Workforce. London: Routledge
Rohrmann, Tim/Wanzeck-Sielert, Christa (2018): Mädchen und Jungen in der KiTa. Körper – Gender – Sexualität. 2., erweiterte und überarbeitete Auflage. Stuttgart: Kohlhammer

Kindeswohl

Der Begriff ‚Kindeswohl' stammt aus dem Familienrecht und umfasst hier das gesamte Wohlergehen junger Menschen. Als Rechtsbegriff bleibt er allerdings unbestimmt und wird negativ über ‚Kindeswohlgefährdung' abgegrenzt (vgl. Schrapper 2008). Eine kritische fachlich-inhaltliche Klärung ist darum unerlässlich. Das Verständnis von Kindeswohl unterliegt zudem einem historischen Wandel und wird durch gesellschaftliche Normen und Werte geprägt, die wiederum je nach soziokulturellem Kontext unterschiedlich interpretiert und ausgefüllt werden. In diesem Zusammenhang wird die Dimension Geschlecht im Blick auf Öffnungen und Schließungen gesellschaftlicher und damit immer auch entwicklungsbezogener Möglichkeiten für die Heranwachsenden, ebenso wie für die Erziehungspersonen, hinsichtlich der jeweils eigenen Geschlechtsidentität sowie der geschlechtsbezogenen Erwartungen an sich selbst und an andere bedeutsam.

Rechtliche Einordnung: Nach dem Grundgesetz (GG) der BRD ist es ‚zuvörderst' das Recht, aber auch die Pflicht der Eltern, für die Pflege und Erziehung ihrer Kinder und somit für das Kindeswohl Sorge zu tragen. Diese Elternverantwortung bleibt allerdings nicht unbegrenzt, sondern „über ihre Betätigung wacht die staatliche Gemeinschaft" (GG Art. 6). Dieses Wächteramt umfasst eine doppelte staatliche Verantwortung. Zum einen geht es um die Wahrung der Kinderrechte, wie sie in der UN-Kinderrechtskonvention verankert sind. Kinder sind Grundrechtsträger. Auch für sie gilt das Recht auf Menschenwürde und Entfaltung der eigenen Persönlichkeit (GG Art. 1 und 2). Zum anderen umfasst die staatliche Verantwortung die Unterstützung der Eltern in der Wahrnehmung ihrer Erziehungsverantwortung sowie die Gewährleistung von positiven Lebensbedingungen. Aufgabe der Jugendämter ist es, in Kooperation mit den freien Trägern der Kinder- und Jugendhilfe notwendige Hilfen zur Förderung der jungen Menschen in ihrer Entwicklung sowie zur Beratung und Unterstützung der Eltern bereitzustellen (vgl. § 1 SGB VIII).

Eingriffe in das Sorgerecht der Eltern sind dagegen seitens der Familiengerichte zu klären und zu entscheiden.

Begriffsbestimmung Kindeswohl: Der Begriff des Kindeswohls ist sowohl auf Förderung als auch auf Schutz ausgerichtet (vgl. Schmid/Meysen 2006, S. 3). Dies bringt auch das Bundeskinderschutzgesetz zum Ausdruck, das den Schutz des Wohls von Kindern und Jugendlichen mit der Förderung ihrer körperlichen, geistigen und seelischen Entwicklung verbindet (vgl. § 1 Abs. 1 Gesetz zur Kooperation und Information im Kinderschutz).

Eine weitere Bestimmung des Kindeswohls kann über die Bezugnahme auf Grundbedürfnisse von Kindern einerseits und ihre Grundrechte andererseits erreicht werden. Nach Maywald wäre danach ein am Wohl des Kindes ausgerichtetes Handeln dasjenige, „das die an den Grundbedürfnissen und Grundrechten von Kindern orientierte, jeweils am wenigsten schädigende Handlungsalternative wählt" (Maywald 2002, o. S.). Zur Beschreibung von Grundbedürfnissen liegen verschiedene Systematisierungen vor, wie beispielsweise die so genannte Maslow'sche Bedürfnispyramide (vgl. Schrapper 2008, S. 59), die Beschreibung von Basic Needs of Children von Fegert (2002, zit. nach Maywald 2002) oder auch „Die sieben Grundbedürfnisse von Kindern" von Brazelton und Greenspan (vgl. Maywald 2002, o. S.). Bezogen auf die Grundrechte von Kindern kann auf die UN-Kinderrechtskonvention („Übereinkommen über die Rechte des Kindes") verwiesen werden, die Schutz-, Förder- und Beteiligungsrechte von Kindern umfasst und seit 1992 in Deutschland gilt.

Die Klärung und Konkretisierung des Begriffs Kindeswohl ist eng verbunden mit der Verhältnisbestimmung zwischen Erwachsenen und Kindern. Dieses zeichnet sich durch die Spannung „zwischen Gleichheit einerseits – Kinder sind Menschen – und Differenz andererseits – Kinder haben altersbedingte spezifische Bedürfnisse" (Maywald 2002, o. S.) aus.

Begriffsbestimmung Kindeswohlgefährdung: Wie eingangs aufgezeigt, wird der Rechtsbegriff des Kindswohls negativ über den Rechtsbegriff der Kindeswohlgefährdung abgegrenzt. Kindeswohlgefährdung ist kein beobachtbarer Sachverhalt, sondern ein rechtliches und normatives Konstrukt, das in jedem Einzelfall einen entsprechenden Einschätzungsprozess erfordert. So versteht die Rechtsprechung unter Kindeswohlgefährdung „eine gegenwärtige in einem solchen Maße vorhandene Gefahr, dass sich bei der weiteren Entwicklung eine erhebliche Schädigung mit ziemlicher Sicherheit voraussagen lässt" (BGH FamRZ 1956, S. 350). Es werden vier Formen der Kindeswohlgefährdung unterschieden: Vernachlässigung, körperliche und seelische Misshandlung sowie sexueller Missbrauch (Deegener 2005). Sie lassen sich ihrem jeweiligen Bedingungszusammenhang und der familiären Dynamik nach aufschließen. So sind Vernachlässigung und Misshandlung stärker mit verdichteten Problemlagen verbunden, während bei sexuellem Missbrauch die Ausnutzung von Machtpositionen relevant wird.

Kindeswohl durch soziale Infrastruktur fördern: Die Maßgabe des Grundgesetzes, dass die Pflege und Erziehung der Kinder zuvörderst das Recht und die Pflicht der Eltern ist, bedeutet zugleich, dass ihnen in erster Linie die Bestimmung obliegt, „was dem Wohl eines Kindes oder Jugendlichen dient" (Kindler et al. 2006, S. 19). Damit korrespondiert der Beschluss des OLG Hamm vom 12. Juli 2013, „dass kein Kind Anspruch auf ‚Idealeltern' und optimale Förderung hat und sich die staatlichen Eingriffe auf die Abwehr von Gefahren beschränken." Dem steht die zentrale Zielsetzung der Kinder- und Jugendhilfe gegenüber, junge Menschen in ihrer individuellen und sozialen Entwicklung zu fördern sowie dazu beizutragen, dass Benachteiligungen vermieden oder abgebaut werden (§ 1 Abs. 3 SGB VIII). Auch sieht die Kinder- und Jugendhilfe ein differenziertes System an Unterstützungs- und Hilfeangeboten vor, das dazu beitragen soll, dass möglichst viele junge Menschen zu eigenständigen und gemeinschaftsfähigen Persönlichkeiten (vgl. § 1 Abs. 1 SGB VIII) heranwachsen können. Dafür soll auch den Eltern Beratung und Unterstützung angeboten werden, damit sie bestmöglich ihrer Erziehungsverantwortung zum Wohle ihrer Kinder gerecht werden können. Hierzu gehören präventive Leistungen der Kinder- und Jugendhilfe, die grundsätzlich allen Kindern und Jugendlichen und/oder ihren Eltern ohne Antrag und damit niedrigschwellig zur Verfügung stehen (sollen), wie beispielsweise die Familienbildung (allgemeine Förderung der Erziehung in der Familie), die Kindertagesbetreuung oder die Kinder- und Jugendarbeit. Bezogen auf (werdende) Eltern mit Kleinkindern ergänzen die Frühen Hilfen als lokale und regionale Unterstützungssysteme im Schnittfeld der Kinder- und Jugendhilfe und des Gesundheitswesens das Angebot. Ist eine dem Wohl des Kindes oder Jugendlichen entsprechende Erziehung nicht gewährleistet, besteht ein individueller Rechtsanspruch der Sorgeberechtigten auf Hilfe zur Erziehung gem. §§ 27 ff. SGB VIII. Damit steht rechtlich ein breites Spektrum an Unterstützungsmöglichkeiten zur Verfügung, das es entsprechend bereitzustellen und zu nutzen gilt. Liegen gewichtige Anhaltspunkte für eine Kindeswohlgefährdung vor, ist ein Einschätzungsprozess nach den Maßgaben des § 8a SGB VIII erforderlich. Zielperspektive dieses Einschätzungsprozesses ist immer, notwendige Schutzmaßnahmen bereitzustellen und zugleich Unterstützungsstrukturen zu erarbeiten, die zu einer möglichst sicheren und positiven weiteren Entwicklung des Kindes beitragen (vgl. Kindler 2013, S. 25).

Empirische Befunde aus geschlechterdifferenzierender Perspektive: Zu den Maßgaben des Kinder- und Jugendhilfegesetzes gehört auch die Vermeidung und der Abbau von Benachteiligungen. § 9 Abs. 3 SGB VIII konkretisiert hierzu, dass die unterschiedlichen Lebenslagen von Mädchen und Jungen zu berücksichtigen sind, Benachteiligungen abgebaut und die Gleichberechtigung von Mädchen und Jungen gefördert werden soll. Im Fachdiskurs rund um das Thema Kindeswohl und Kindeswohlgefährdung steht die Dimension Geschlecht und daran entlang sich differenzierende Entwicklungs- und Teilhabechancen (bislang) wenig im Fokus. Befunde aus dem Monitoring zu den Hilfen zur Erziehung sowie zu den Gefährdungsmeldungen gem. § 8a SGB VIII bieten Bezugspunkte für eine kritische Reflexion, wie das Wohl junger Menschen wahrgenommen, mit dem Instrumentarium der Kinder- und Jugendhilfe gefördert und möglicher Benachteiligung entgegengewirkt wird. So zeigt die so genannte 8a-Statistik (Destatis 2020a), dass der Anteil der Jungen, die insgesamt im Fokus einer Gefährdungseinschätzung stehen, etwas höher liegt als der der Mädchen. Im Vergleich der Altersgruppen stellt sich dies allerdings differenzierter dar. So kehrt sich das Verhältnis ab 14 Jahre um. In der Altersgruppe der 14- bis 18-Jährigen sind die Mädchen deutlich überrepräsentiert. Ein ähnliches Bild zeigt sich bei den vorläufigen Schutzmaßnahmen. Hier sind Mädchen ab 12 Jahren deutlich überrepräsentiert (vgl. Fendrich/Pothmann/ Tabel 2018, S. 49). Darüber hinaus zeigt die 8a-Statistik, dass Mädchen wesentlich häufiger um Schutz und Hilfe nachfragen. So waren zwei Drittel der erfassten Selbstmelder*innen Mädchen. Ein Befund, der ähnlich auch aus den Hilfen zur Erziehung bekannt ist (vgl. Finkel 2000) und einmal mehr Anlass zur kritischen Reflexion gibt, wie die Lebenslagen von jungen Menschen sowie Gefährdungen ihres Wohls auch bezogen auf ihre jeweilige geschlechtliche Identität gleichermaßen rechtzeitig und angemessen wahrgenommen werden.

Ausblick: Die Ähnlichkeit der Befunde zu den Gefährdungsmeldungen wie auch zu den Hilfen zur Erziehung gibt Anlass zur Reflexion: Inwieweit wird das Wohl aller jungen Menschen und jeden Geschlechts gleichermaßen gefördert? Wie wird bei Eltern bzw. Sorgeberechtigten für die Inanspruchnahme von Beratung und Unterstützung geworben? Wie wird auf diese Weise eine möglichst umfassende Gewährleistung der Kinderrechte für alle jungen Menschen auch hinsichtlich der Dimension Geschlecht angeregt? Die Stärkung der Geschlechtssensibilität in der Einschätzung von Bedarfslagen hinsichtlich der Gewährleistung und Förderung des Kindeswohls kann so Impulse für das fachliche Handeln auf mehreren Ebenen setzen: bezogen auf die Berücksichtigung der Dimension Geschlecht in den Einschätzungsprozessen, die Ausgestaltung der Zusammenarbeit mit den jungen Menschen und ihren Eltern bzw. Sorgeberechtigten oder weiteren Bezugspersonen, die (Weiter)Entwicklung von präventiven wie unterstützenden Angeboten sowie die Qualifizierung und fachliche Beratung der Fach- und Leitungskräfte in den entsprechenden Handlungsfeldern.

Elisabeth Schmutz

Zum Weiterlesen
Deegener, Günther/Körner, Wilhelm (Hrsg.) (2005): Kindesmisshandlung und Vernachlässigung. Ein Handbuch. Göttingen: Hogrefe
Institut für Sozialarbeit und Sozialpädagogik e. V. (Hrsg.) (2008): Vernachlässigte Kinder besser schützen. Sozialpädagogisches Handeln bei Kindeswohlgefährdung. München, Basel: Ernst Reinhard

Kindler, Heinz/Lillig, Susanne/Blüml, Herbert/Meysen, Thomas/Werner, Annegret (Hrsg.) (2006): Handbuch Kindeswohlgefährdung nach § 1666 BGB und Allgemeiner Sozialer Dienst (ASD). München: DJI

Kindheit

Kinder werden in eine Welt hineingeboren, die sie zunächst selbst wenig beeinflussen können. Zum Kindsein gehört die Abhängigkeit vom Wohlwollen anderer, in der Regel erwachsener Menschen. Die Lebensphase Kindheit verweist somit stets auch auf die Phase des Erwachsenenseins, denn wie auf Kinder und ihre Angewiesenheit und Verwundbarkeit reagiert wird, hängt maßgeblich davon ab, was jeweils als angemessen oder richtig gilt. Erwachsene reagieren nicht nur auf das fürsorgebedürftige Kind in ihrer unmittelbaren Nähe, sie agieren auch im Sinne einer sozialen Gestaltung der Lebensphase Kindheit. Was lange Zeit außer Acht blieb und durch die neuere Kindheitsforschung stark gemacht wurde, ist die Aktivität von Kindern selbst, ihre darauf bezogenen Fähigkeiten und ihre Agency (Eßer et al. 2016).

Mit Kindern und Kindheit befassen sich bis heute unterschiedliche Forschungsdisziplinen und Professionen, sie bilden Kindheit und Kinderbilder nicht lediglich ab, sondern tragen selbst zu spezifischen, von Zeit und Raum abhängigen Vorstellungen und Erscheinungsformen bei. Historisch weit zurück reicht die Tradition der Medizin mit ihren Bemühungen, spezifische Aspekte der kindlichen Physiologie zu verstehen und Erkrankungen zu behandeln. Dabei wurden häufig auch pädagogische Überlegungen einbezogen. Im Laufe des 19. Jahrhunderts bildete sich ein psychologisches Verständnis heraus und die Psychoanalyse leistet ebenfalls bis heute ihren eigenen Beitrag zum Verständnis von Kindern im Verhältnis zu anderen Altersgruppen und zur Reichweite von Erfahrungen in der Kindheit. Auch in der Erziehungswissenschaft und in der Soziologie ist Kindheit Gegenstand der Forschung. Im internationalen Kontext hat sich in der zweiten Hälfte des zwanzigsten Jahrhunderts ein interdisziplinäres Forschungs-Netzwerk, das der ‚Childhood Studies', international entwickelt (Qvortrup/Corsaro/Honig 2009).

Kindheit adressiert zuerst eine Altersdifferenz, aber analog zu den folgenden Lebensphasen Jugend, junges, mittleres, höheres Erwachsenenalter sowie die späte Lebensphase (Alter) ist auch Kindheit durch vielfältige Unterscheidungen und soziale Unterschiede geprägt. Hier ist insbesondere die Geschlechterdifferenz hervorzuheben, weil sie in der heteronormativen und dichotomen sozialen Ordnung eine wesentliche Rolle für das Aufwachsen, die Gestaltung von Kindheit, für Erziehung, Bildung und Sozialisation spielt. Geschlechterdifferenz gilt als eine zentrale Differenzkategorie in der Kindheitsforschung, anhand derer Ungleichheiten beschrieben und analysiert werden können. Allerdings ist Ungleichheit von Lebensverhältnissen, Chancen, Zugängen zu

Bildung, von Rechten und finanziellen Ressourcen in der Kindheit, auch von Klasse bzw. Milieu, von traumatischen Erfahrungen in der Familie, vom rechtlichen Status des Kindes und seiner Eltern, von geographischen, regionalen und/oder kulturellen Gegebenheiten abhängig. Vielfach wirken mehrere Differenzphänomene zusammen. Die Bedeutung von Geschlechterungleichheit und weiteren Machtungleichgewichten ist auch für die dem Kind nahestehenden Erwachsenen zu reflektieren. Der Begriff ‚Erwachsene' verdeckt häufig geschlechtsspezifische und andere soziale Unterscheidungen, obwohl sie für das Aufwachsen eines Kindes und die Gestaltung der Lebensphase relevant sind. Dies verdeutlichen beispielsweise Studien über Mütter, ihre Rolle und die politische Aufmerksamkeit für die Erfüllung der ihnen zugewiesenen Aufgaben (Badinter 1981).

Kindheit hat also eine Geschichte und dafür hat nicht zuletzt die Kontroverse über zwei paradigmatische Deutungsmuster sensibilisiert. Philip Ariès hat mit seiner „Geschichte der Kindheit" (1992) auf der Basis französischer Quellen historische Übergänge gesellschaftlicher Vorstellungen von Kindheit untersucht und insbesondere unterschiedliche Modi der Interaktionen im Alltag zwischen Erwachsenen und Kindern analysiert. Er kommt zu der Einschätzung, dass Kinder im Lauf der Geschichte vom eigentlichen gesellschaftlichen Geschehen immer stärker isoliert und in Kinderzimmer und Schulen verbannt wurden. Es finden sich zahlreiche Belege dafür, dass im Zuge der Durchsetzung bürgerlicher Lebensformen der sozial organisierte Generationenunterschied durch die Separierung der Kinder von der Welt der Erwachsenen erfolgte (ebd.). Daran haben die romantische Liebes- und Familienauffassung ihren Anteil (Illouz 2013) sowie die Etablierung und Ausweitung der Pädagogik und das Bemühen um eine wissenschaftliche Erforschung des Kindes (Kirchner/Andresen/Schierbaum 2018). Während Ariès die Entwicklungen hin zu einer von den Praktiken der Erwachsenen auf Distanz gebrachten Kindheit eher als Verlustgeschichte beschreibt, wertet der Sozialwissenschaftler und Psychohistoriker Lloyd deMause (1977) die im Zuge von Aufklärung und Modernisierung eingerichteten Schutz- und Bildungsräume für Kinder als Fortschritt. Diese Kontroverse verweist darauf, dass die Gestaltung des Generationenverhältnisses umstritten ist und bis heute vielfältige Diskussionen darüber stattfinden, ob mit den jüngsten Menschen in der Gesellschaft prinzipiell anders umzugehen sei und ob eine dem Kind gerechte Umgangsweise in ihrer Separierung liege (Honig 1999).

In der historischen Forschung finden sich jenseits des skizzierten paradigmatischen Streits um eine Verlust- oder Fortschrittsgeschichte facettenreiche Varianten der Betrachtung der ersten Lebensphase und der empirischen Lebens- und Ausdrucksformen in der Kindheit. Darüber hinaus zeigt sich, dass die Verhäuslichung von Kindern in der Familie und die Pädagogisierung dieser Lebensphase durch den Ausbau von Kindergärten, anderen Einrichtungen der Kinder- und Jugendhilfe und vor allem durch die Ausweitung einer mehrjährigen Schulpflicht erstens zur Professionalisierung und zweitens zu einer erweiterten Forschung über Kinder und Kindheit beigetragen hat. Letztere ging zumindest zu Beginn des zwanzigsten Jahrhunderts und der ersten Phase der Kinder- bzw. Kindheitsforschung häufig von Fachkräften der Pädagogik und auch der Sozialen Arbeit aus.

Im Zuge einer intensiveren wissenschaftlichen Auseinandersetzung einerseits und einer stärkeren Orientierung an einem ‚normalen' Lebenslauf andererseits entstand auch ein Verständnis von Übergängen in der Kindheit und vor allem zwischen den Lebensphasen. Hier war insbesondere der Übergang von der Kindheit in die Jugend von Interesse. Wissen und Diskurse über körperliche Veränderungen, über Geschlechtsreife, psychische Dispositionen in der Pubertät und Problematisierungen sozialen Verhaltens enthalten Sichtweisen auf das Kindsein ebenso wie auf die Jugendphase. In diesen Hervorbringungen von Wissen wird auch Geschlechterdifferenz thematisierbar (Rendtorff 2016). Am Beispiel des Übergangsdiskurses um 1900 lassen sich zudem in wohlfahrtsstaatlich organisierten Gesellschaften zugerechnete Aspekte der Lebensphase Kindheit und des Übergangs in die Jugend verdeutlichen. Hierzu zählen etwa der Einfluss sozialer Bewegungen wie die der Jugendbewegung, kritische sozialpolitische Auseinandersetzungen mit der wirtschaftlichen Ausbeutung von Kindern und Jugendlichen oder Diskurse über Kinder- und Jugendschutz als Anforderungen an die Gesetzgebung. Verschiedene Akteure der Kindheitsforschung, wie beispielsweise der in Hamburg ansässige William Stern, trugen zudem in den 1920 Jahren zu gesellschaftlichen Klärungsprozessen über das angemessene Alter für eine Strafmündigkeit und über die Möglichkeiten, Kinder und Jugendliche bei Gerichtsverhandlungen als Zeugen zu vernehmen, bei.

Pädagogik und Soziale Arbeit unterscheiden mehrere Phasen innerhalb der Kindheitsphase und diese sind auch auf entsprechende Institutionen im Betreuungs-, Hilfe- und Bildungssystem bezogen. So wird zwischen dem Säuglings- und Kleinkindalter, der frühen Kindheit, der mittleren Kindheit und der Kindheit im Übergang zur Jugend unterschieden. Klare Grenzziehungen sind nur schwer möglich und es zeigt sich, dass die soziale Gestaltung von Kindheit an institutionelle Organisationsformen gebunden ist. Diese korrespondieren aber nicht quasi automatisch mit den Bedürfnissen und Möglichkeiten eines einzelnen Kindes.

In der neueren kindheitstheoretisch angelegten Forschung etwa zur Vulnerabilität von Kindern aufgrund des Spezifischen der Lebensphase (Andresen/König/Koch 2015; Straub 2014) wird die existenzielle Abhängigkeit von Fürsorge und Schutz des Kindes untersucht sowie die Tragweite sozialer Risiken auf Kinder beschrieben. Hier schließen Forschungen zu Armut und Ausbeutung, zu Vernachlässigung und Gewalt, zu Kriegs- und Fluchterfahrungen an und es werden auch Fragen nach besonderen Verwundbarkeiten weiblicher, männlicher oder diverser Kinder gestellt.

In kindheitstheoretischer Perspektive sind jedoch auch die Potenziale von Kindern und ihre Handlungsfähigkeit relevant. Kinder werden als aktive Menschen betrachtet, ihnen widerfährt ihre Kindheit nicht einfach, sondern sie selbst sind Akteur*innen, die allerdings von den gegebenen Rahmenbedingungen abhängen. Besonders angewiesen sind sie auf die Qualität sozialer Beziehungen, in denen ihnen Schutz und Fürsorge gewährt wird, sie Wissen und Informationen vermittelt bekommen, emotionale Resonanz erleben und in denen sie sich auch als autonom erfahren können. Zwischen den Polen Autonomie und Abhängigkeit, Freiheit und Fürsorge, aber auch Macht und Ohnmacht müssen Kinder sozial navigieren und auch hier machen sie wiederum entlang normativer Geschlechtszuschreibungen unterschiedliche Erfahrungen.

Für freie Entfaltung, für die Ausbildung ihrer Potenziale und Fähigkeiten, für Bildung und Sozialisation benötigen Kinder geeignete soziale Rahmenbedingungen, die auch an Altersunterschieden orientiert sein müssen. Zu diesen gehören, folgt man heute den Angaben von Kindern selbst, echte Wahlmöglichkeiten, die Befriedigung ihrer Bedürfnisse, qualitätsvolle Beziehungen zu Eltern, Geschwistern und anderen Menschen, die Möglichkeit, entwicklungsgerechte Erfahrungen zu machen, Sprache zu entwickeln, mit Konflikten umzugehen, aber auch der Zugang zu Schulen und anderen Bildungsangeboten (Lee/Yoo 2017; Rees et al. 2020). Ein normatives Gerüst bietet inzwischen die UN-Kinderrechtskonvention mit ihren Überlebens- und Schutzrechten sowie Entwicklungs- und Partizipationsrechten.

Hier schließt das an der Schnittstelle von Forschung, Politik und Pädagogik angesiedelte Konzept von Child Well-Being an. Dieses wird als multidimensionales Konzept verstanden, über welches Erfahrungen von Kindern u. a. mit familiären und anderen sozialen Beziehungen, mit Interaktionen unter Gleichaltrigen, Bildungs- und Entwicklungsangeboten, materiellen und anderen Ressourcen, gewaltfreier oder gewaltförmiger Erziehung erfasst werden. Angelehnt an den Kinderrechteansatz geht es dabei um die subjektiven Eindrücke von Kindern selbst. In den meisten empirischen Studien zeigen sich Unterschiede zwischen Kindern unterschiedlichen Geschlechts (World Vision 2018; Rees et al. 2020). So ist der Anteil von Mädchen zwischen sechs und elf Jahren, die den Eindruck haben, ihre Meinung würde in Familie und Schule respektiert, im Vergleich zu Jungen höher (World Vision 2018). Mit zunehmendem Alter, so die repräsentative, global vergleichende Studie „Children's Worlds" (Rees et al. 2020), die nach dem subjektiven Well-Being von Acht- bis Zwölfjährigen fragt, geht die Zufriedenheit der Mädchen mit dem Selbstbild und den Wahlmöglichkeiten zurück.

Im Kontext von Sozialer Arbeit und Geschlecht stellt sich besonders die

Frage nach ungleichen Kindheiten, ihren Ursachen und den Interventionsformen. Kindheit ist nämlich trotz aller Bemühungen, die Bedürfnisse von Kindern zu berücksichtigen, ihr Wohlbefinden zu erforschen und ihre rechtliche Stellung zu sichern, nach wie vor im hohen Maße durch Ungleichheit und Ohnmacht geprägt.

Sabine Andresen

Zum Weiterlesen
Rendtorff, Barbara (2016): Bildung – Geschlecht – Gesellschaft. Eine Einführung. Mit Elke Kleinau und Birgit Riegraf. Weinheim: Beltz
Eßer, Florian/Baader, Meike Sophia/Betz, Tanja/Hungerland, Beatrice (Hrsg.) (2016): Reconceptualising Agency and Childhood. New perspectives in Childhood Studies. London: Routledge
Andresen, Sabine/Koch, Claus/König, Julia (Hrsg.) (2015): Vulnerable Kinder. Interdisziplinäre Annäherungen. Wiesbaden: Springer VS

Klassismus

Klassismus bezeichnet die Diskriminierung aufgrund der Klassenherkunft oder der Klassenzugehörigkeit. Er ist als Unterdrückungsform, als Abwertung, Ausgrenzung und Marginalisierung entlang von Klasse wirksam. Von Klassismus betroffenen Menschen wird der Zugang zu materiellen Ressourcen verwehrt, sie werden von politischer Partizipation ausgeschlossen und ihnen wird Respekt und Anerkennung verweigert (vgl. Kemper/Weinbach 2009; Roßhart 2016; Seeck/Theißl 2021). Klassismus richtet sich gegen Menschen aus der Armuts- oder Arbeiter*innenklasse und deren Nachkommen sowie gegen Care Leaver. Er trifft zum Beispiel einkommensarme, erwerbslose oder wohnungslose Menschen sowie Arbeiter*innenkinder, die im Bildungssystem großen Hürden ausgesetzt sind. Klassismus hat konkrete Auswirkungen auf die Lebenserwartung und begrenzt den Zugang zu Wohnraum, Bildungsabschlüssen, Gesundheitsversorgung, Macht, Teilhabe, Anerkennung und Geld (vgl. Seeck 2021).

Im deutschsprachigen Raum fungieren meist die Werke von Karl Marx, Max Weber und Pierre Bourdieu als zentrale Bezugspunkte für die Auseinandersetzung mit Klasse.

Wie die Soziologin Carina Altreiter (vgl. Altreiter 2018) nachzeichnet, lässt sich in den deutschsprachigen Sozialwissenschaften ein Bedeutungsverlust des Klassenbegriffs ausgehend von den 1980er-Jahren feststellen. Fragen sozialer Klassen verschieben sich zum Individuum; Bildungsexpansion, die Ausweitung der Freizeit und eine wachsende Mittelschicht werden zu zentralen Bezugspunkten einer individualisierten Gesellschaft, deren ‚Milieus' und ‚Lebensstile' erforscht werden.

Wie Kemper und Weinbach in ihrem 2009 veröffentlichten Einführungsbuch analysieren, stützen sich Klassismusanalysen auf keinen bestimmten etablierten Klassenbegriff wie den marxistischen, der Klassengrenzen anhand des (Nicht-)Eigentums an Produktionsmitteln zieht. Zwar wird auch im Rahmen klassismuskritischer Analysen die ökonomische Stellung im Produktionsprozess als Ausgangspunkt genommen, jedoch werden „Aberkennungsprozesse auf kultureller, institutioneller politischer und individueller Ebene" (Kemper/Weinbach 2009, S. 13 f.) fokussiert. Dieses Konzept von Klasse beschreibe Menschen, die „ökonomisch und kulturell in der Gesellschaft verortet sind bzw. werden und daraus resultierend Diskriminierungs- und Unterdrückungserfahrungen machen" (ebd.). Britische Autor*innen plädieren vor diesem Hintergrund dafür, working class nicht zu definieren und sich damit einem autoritativen Bezugspunkt zu verweigern. So stammen die zentralen Klassentheorien von Männern aus der Mittel- und Oberschicht, ihre Bedeutung wurde in einem klassenstrukturierten Herrschaftssystem konstruiert (ebd.).

Erfahrungen und Widerstandsstrategien würden von (marxistischen) Kritiker*innen des Klassismuskonzepts häufig beiseite gewischt, so Julia Roßhart, zugleich appelliert die Autorin, antiklassistische, kapitalismuskritische sowie intersektionale feministische Theoretisierungen zusammenzudenken und stärker in einen Dialog zu bringen (vgl. Roßhart 2016, S. 36).

Klassismus interagiert mit verschiedenen anderen Diskriminierungsformen, so sind beispielsweise cis Frauen und queere Personen in spezifischer Weise und stärker von Klassismus betroffen. In Deutschland sind Frauen quer durch alle Altersschichten stärker als Männer von Armut bedroht, besonders hoch ist die Armutsbetroffenheit von Frauen über 65 Jahren. Hildegard Mogge-Grotjahn (2020) gibt einen Überblick über die wesentlichen Gründe dafür. Zunächst ist festzuhalten, dass das Armutsrisiko in industriekapitalistischen Staaten eng mit Erwerbsarbeit verknüpft ist, auch Transferleistungen sind vielfach an die Teilhabe am Arbeitsmarkt gekoppelt. Der Erwerbsarbeitsmarkt wiederum ist geschlechtlich segregiert, dasselbe gilt für die Bildungschancen, die eine zentrale Voraussetzung für die Teilhabe am Arbeitsmarkt darstellen. ‚Typische Frauenberufe' werden durchschnittlich deutlich schlechter entlohnt. Zudem orientiert sich die Arbeitsteilung innerhalb von Hetero-Familien nach wie vor an den Rollen des ‚Ernährers' und der ‚Zuverdienerin': Frauen arbeiten sehr viel häufiger in Teilzeit und reduzieren ihre Erwerbsarbeitszeit aufgrund von Sorgeverpflichtungen. Besserverdienende Frauen wiederum lagern das Problem der Vereinbarkeit von Erwerbs- und Carearbeit an meist atypisch beschäftigte Migrantinnen aus, wodurch globale Care-Chains entstehen. Heike Weinbach (2020) beleuchtet Frauenarmut aus einer klassismustheoretischen Perspektive; dabei zeigt sie, wie sich klassistische Aberkennungsstrategien gegenüber armen Frauen in abwertenden, sexistischen Bezeichnungen entlarven. Die Bezeichnung ‚Welfare Queen' für Frauen, die Sozialleistungen in Anspruch nehmen, dient im angloamerikanischen Raum als zentrales sexistisch-klassistisches (und oft auch rassistisches) Stereotyp, das sowohl von Politiker*innen instrumentalisiert als auch medial ausgeschlachtet wird, wie unter anderem die britische Kulturwissenschaftlerin Angela McRobbie analysiert (vgl. Theißl 2021).

Die Geschichte des Klassismusbegriffs ist eng mit der Frauen- und Lesbenbewegung verknüpft. Eine der ersten Aufzeichnungen findet sich in Texten der US-amerikanischen Lesben-Gruppe „The Furies", die Klassendifferenzen innerhalb der eigenen Bewegung thematisierte (Kemper/Weinbach 2009). Einflussreiche Arbeiten entstanden auch im Umfeld Schwarzer Feministinnen, die im Rahmen ihrer Kritik am *weißen* Mittelschichtsfeminismus Überschneidungen von Race, Class und Gender ins Zentrum ihrer Analysen rückten. Roßhart (2016) verweist auf Bücher und Aufsätze afroamerikanischer Feministinnen, die Anfang der 1990er-Jahre auf Deutsch erschienen und die Theorieproduktion in der BRD prägten (z. B. hooks 1990; Lorde 1993). So setzte sich bell hooks in zahlreichen Publikationen mit Klassenverhältnissen, Race und Geschlecht auseinander; ihre Buchpublikation „Where We Stand: Class Matters" wurde kürzlich ins Deutsche übersetzt (hooks 2000 bzw. hooks 2020).

Tanja Abou (2021) zeichnet in einem Aufsatz zwei aktivistische Interventionen der 1980er-/1990er-Jahre in den feministischen Mainstream nach: Arbeiter*innentöchter, die sich an Hochschulen organisierten, und Prololesben, die Klassenunterschieden innerhalb der eigenen Gruppe mit einem Umverteilungskonto begegneten.

Auseinandersetzungen mit Klassismus sind auch für die Theorie und Praxis der Sozialen Arbeit von höchster Relevanz. Trotzdem wird die Diskriminierung aufgrund der Klassenherkunft oder Klassenzugehörigkeit im Kontext der Wissenschaft Sozialer Arbeit bisher nur am Rande thematisiert (vgl. Kessel/Reutlinger/Ziegler 2007; Anhorn/Bettinger/Stehr 2008; Rießen, van 2016). Laut Philipp Schäfer (2021) sind die Mechanismen klassistischer Ausgrenzung und Marginalisierung in der Wissenschaft Sozialer Arbeit wenig bekannt, wie er im Rahmen seiner Dissertation aufzeigt.

Viele Adressat*innen Sozialer Arbeit sind massiv von klassistischer Diskriminierung betroffen, beispielsweise wohnungslose und erwerbslose Menschen sowie Care-Leaver*innen. Soziale Arbeit hat, insbesondere wenn sie sich als Menschenrechtsprofession versteht, den Auftrag, Klassismus zu thematisieren und ihm entgegenzuwirken. Gleichzeitig jedoch bringt die Praxis und Theorie Sozialer Arbeit klassistisch aufgeladene stigmatisierte Subjektpositionen hervor oder stabilisiert sie, wenn sie defizitorientierte Klient*innen-Kategorien wie ‚benachteiligte Jugendliche', ‚bildungsferne Familien' oder ‚Brennpunkt-Schulen' entwickelt oder nutzt.

Klassismus prägt als Diskriminierungskategorie verschiedene Handlungsfelder der Sozialen Arbeit ganz grundlegend. Philipp Schäfer (2020) zeigt auf, dass in stationären Einrichtungen der Sozialen Arbeit bei der Familienanamnese häufig klassistische Stereotype wirken und von Sozialarbeiter*innen reproduziert werden. Heike Weinbach (2020) plädiert dafür, Klassismus als Analysekategorie für Frauenarmutskontexte anzuwenden, da sich dort Sexismus und Klassismus miteinander verweben. Melinda Carstensen, Christiane Micus-Loos, Lena Oeverdiek und Kathrin Schrader (2020) untersuchen in einer qualitativen Studie zur Lebenssituation gewaltbetroffener Frauen mit Psychiatrieerfahrung im Frauenhaus, wie Klassismen und Psychiatrieerfahrung verbunden sind. Ebenso zeigt Kathrin Schraders (2014) qualitative Studie, in der drogengebrauchende Sexarbeiter*innen interviewt wurden, dass die Ausgrenzungsmechanismen in Handlungsfeldern der Sozialen Arbeit einer intersektionalen klassismussensiblen Analyse bedürfen. Leah Czollek, Gudrun Perko und Heike Weinbach (2012) liefern mit ihrem Konzept zu ‚Social Justice und Diversity' zahlreiche Impulse, um die eigene Haltung und Praxis in der Bildungsarbeit und in weiteren Praxisfeldern der Sozialen Arbeit auch aus einer klassismuskritischen Perspektive zu reflektieren.

Klassismus sollte als Diskriminierungskategorie auch in der Hochschullehre der Sozialen Arbeit berücksichtig werden. Studierende aus hochschulfernen Elternhäusern erleben im Studium klassistische Ausschlüsse, und obwohl in der Sozialen Arbeit Menschen unterschiedlicher Klassenherkünften und -zugehörigkeiten aufeinandertreffen, ist das Studium der Sozialen Arbeit nach bildungsbürgerlichen Normen aufgebaut (vgl. Schmitt 2019). Einen produktiven Ansatz, um dem entgegenzuwirken, entwickelt Lars Schmitt (2019) in seinem Beitrag „Der Herkunft begegnen ... – Habitus-Struktur-Reflexivität in der Hochschullehre". Der Ansatz zielt zum einen darauf ab, klassistische Ausschlüsse an der Hochschule abzubauen, zum anderen befähigt er – durch die Auseinandersetzung mit der eigenen sozialen Herkunft – zu einer Ressourcen- und Subjektorientierung in der späteren sozialarbeiterischen Praxis.

Francis Seeck und Brigitte Theißl

Zum Weiterlesen
Schmitt, Lars (2014): Habitus-Struktur-Reflexivität – Anforderungen an helfende Professionen im Spiegel sozialer Ungleichheitsbeschreibungen. In: Sander, Tobias (Hrsg.): Habitussensibilität. Eine neue Anforderung an professionelles Handeln. Wiesbaden: Springer VS, S. 67–84
Seeck, Francis/Theißl, Brigitte (2021): Solidarisch gegen Klassismus. Organisieren, intervenieren, umverteilen. 3. Auflage. Münster: Unrast
Weinbach, Heike (2020): „Klassismus": eine Analysekategorie für Frauenarmutskontexte? In: Dackweiler, Regina-Maria/Rau, Alexandra/Schäfer, Reinhild (Hrsg.): Frauen und Armut – Feministische Perspektiven. Opladen, Berlin, Toronto: Barbara Budrich, S. 105–124

Koedukation

In den 1980er und 1990er Jahren hat es um die zumindest teilweise Wiederaufhebung der Koedukation heftige Debatten gegeben, die vor allem motiviert waren von dem Wunsch, Benachteiligungen von Mädchen aufzuheben (Faulstich-Wieland 1991). Zu Beginn des 21. Jahrhunderts drehte sich die Kritik an den Maßnahmen um, indem nunmehr eine Bildungsbenachteiligung von Jungen (Rieske 2011) bzw. sogar eine „Krise der Jungen" konstatiert wurde (kritisch: Fegter 2012a). Danach schien das Thema weitgehend erledigt zu sein, bis es Anfang 2020 erneut aufflammte (Vahle 2020): Die Präsidentin der Kultusministerkonferenz, Stefanie Hubig, hatte angesichts der geschlechterdifferenten Berufswünsche der Jugendlichen vor allem im Blick auf IT-Berufe gefordert, zumindest in den naturwissenschaftlichen Fächern eine Trennung von Mädchen und Jungen vorzunehmen. Tatsächlich scheint es so zu sein, dass ohne große Diskussionen in einer Reihe von Schulen eine solche Trennung praktiziert und dies allgemein als positiv konstatiert wird. Evaluationen dazu gibt es so gut wie nicht, die Verfechter*innen sind jedoch überzeugt davon, das Richtige zu tun. Wie lässt sich eine solche Entwicklung erklären?

Im 19. Jahrhundert gab es nur für Jungen höhere Schulen in staatlicher Verantwortung. Mädchen konnten private Schulen besuchen, die ihnen jedoch keine Berechtigungen, vor allem kein Abitur und damit keinen Hochschulzugang, ermöglichten. Die erste Frauenbewegung kämpfte um diese Berechtigung, war sich aber keineswegs einig darin, ob dies mit der Einführung koedukativer Schulen verbunden werden sollte. Der bürgerliche Teil der Frauenbewegung sprach sich eher für eine getrennte Bildung aus. Zum einen sah sie die Arbeitsmöglichkeiten der Lehrerinnen gefährdet, da diese nicht an koedukativen Schulen unterrichten durften. Zum anderen war dieser Teil der Frauenbewegung aber auch von einer grundlegenden Differenz der Geschlechter überzeugt, die durch Mädchenschulen gewahrt bleiben sollte. Der radikale Flügel der Frauenbewegung sah dagegen Koedukation als Bedingung für eine Gleichberechtigung an.

Bis nach dem Zweiten Weltkrieg gab es keine akzeptierte Einführung der Koedukation, sehr wohl aber eine Reihe von koedukativen höheren Schulen. In der DDR wurden die Schulen von Anfang an koedukativ geführt, in den Schulen der alten Bundesrepublik wurde erst seit den Reformen der 1970er Jahre überwiegend koedukativ unterrichtet. Da ein wesentlicher Grund für die Bildungsreformen die Expansion von Bildung war, ließ diese sich wesentlich leichter durch eine Öffnung der Jungenschulen als durch weitere Gründungen von Mädchenschulen erreichen. In der Konsequenz wurde über die notwendigen curricularen und didaktischen Veränderungen so gut wie nicht nachgedacht.

Dies führte zu einer „diskreten Diskriminierung" (Kauermann-Walter/Kreienbaum/Metz-Göckel 1988) von Mädchen, die weit weniger beachtet wurden und mit ihren Interessen zum Zuge kamen als die Jungen, an denen die Schulen ausgerichtet waren. Im Zuge der neuen Frauenbewegung geriet die Koedukation entsprechend auch schnell in die Diskussion. Neben ein paar ‚Träumen von feministischen Mädchenschulen' (Strobl 1981) ging es vor allem um fachspezifische und zeitweilige Trennungen in naturwissenschaftlichen Fächern. Von diesen versprach man sich eine Leistungs- und Interessensteigerung bei den Mädchen (vgl. Faulstich-Wieland/Horstkemper 1996). Evaluationen gab es nur wenige, die zudem – wie sowohl quantitativ als auch qualitativ angelegte Studien auch im internationalen Kontext verdeutlichen – widersprüchliche Ergebnisse zeigen (Faulstich-Wieland 2011). Allerdings nahmen Bundesländer, die vorher die Koedukation als Norm festgeschrieben hatten, einen Passus in ihre Schulgesetze auf, wonach Trennungen dann möglich seien, wenn sie ‚pädagogisch sinnvoll' wären.

Was könnte sie sinnvoll machen? Aus psychologischer Sicht wird argumentiert, dass sich Mädchen in einem getrennten Kontext weniger auf das Geschlecht beziehen müssten: Sie müssen sämtliche Aufgaben selbst erledigen, besetzen auch die guten Leistungspositionen und müssen sich nicht gegenüber den Jungen behaupten. Mit anderen Worten: Geschlecht sei dann weniger salient (bedeutsam) und Mädchen könnten ihre Stärken erfahren (vgl. Kessels 2002). Hierauf basiert die heutige Praxis der Geschlechtertrennung in einer Reihe von Schulen. Die theoretische Begründung funktioniert dort jedoch nur bedingt: Die symbolische Wertung von Naturwissenschaften als ‚männlich' wird keineswegs automatisch außer Kraft gesetzt. Dann können gute Leistungen unter Umständen paradox wahrgenommen werden, nämlich als solche, die gebunden sind an die fehlende Konkurrenz mit Jungen (vgl. Faulstich-Wieland/Horstkemper 1995).

Die Begründung für eine geschlechterbezogene Trennung dramatisiert in jedem Fall das Geschlecht: Das heißt, sie muss sich auf Argumente beziehen, die mit dem Geschlecht zu tun haben. Solche sind häufig, dass Jungen Mädchen dominieren würden, indem sie sich der Materialien bemächtigten und Mädchen beispielsweise beim Experimentieren auf die ‚Sekretärinnenrolle' verwiesen – nicht zuletzt hat Stefanie Hubig auf genau solche Argumente zurückgegriffen (Vahle 2020). Eine derartige Behauptung stellt die Jungen jedoch unter Generalverdacht und macht sie zudem ‚gleich': Alle Jungen verhielten sich so. Einher geht damit eine Zuschreibung, die durch die Unterstellung der ‚Natürlichkeit' männlichen Dominanzverhaltens gerade zu einem entsprechenden Bild hegemonialer Männlichkeit beiträgt – letztlich also mit produziert, was eigentlich verändert werden soll. Umgekehrt schreibt sie die Opferrolle für die Mädchen fest, zeigt diesen gegenüber protektionistische Haltungen, die ihnen Selbstbestimmung und ‚Selbstverteidigung' nicht zutrauen, macht auch sie damit ‚gleich' (vgl. Faulstich-Wieland et al. 2004).

Eine solche „Gleichheitsvorstellung" spiegelt sich in der Äußerung der Staatsministerin für Kultur, Monika Grütters, die im Interview über ihre Schulzeit „ohne Jungs" sagt: „Nur unter Mädchen ist man einfach freier" (Lau/Spiewak 2020). Entsprechend plädiert sie für den Erhalt von reinen Mädchenschulen. „Starke Gemeinschaftsgefühle" stellen sich durchaus in monoedukativen Kontexten ein, sie lösen jedoch die Ambivalenzen der gesellschaftlichen Geschlechterverhältnisse nicht auf und verbleiben zumeist in der Heteronormativität und der mit ihr einhergehenden höheren Wertschätzung von Männlichkeit befangen (Waburg 2009).

Organisationsmodelle von Schulen, die innerhalb einer Institution sowohl mono- wie koedukative Angebote machen, stehen deutlich in der Gefahr, Stereotype zu verstärken, statt sie abzubauen: Dichotomien zu überwinden, indem man dies in dichotomen Umgebungen versucht, muss nahezu zwangsläufig dazu führen, dass die Differenzen dramatisiert werden – dies konnten wir für eine monoedukative Klasse innerhalb einer koedukativen Schule in Österreich ebenso aufzeigen (Faulstich-Wieland 2004), wie Budde et al. es für ein monoedukatives Gymnasium verdeutlichen, in dem in einem Jahrgang je eine Mädchen-, eine Jungen- und eine koedukative Klasse eingerichtet wurde (Budde/Kansteiner/Bossen 2016).

Veränderungen sind weniger durch Aufhebung der Koedukation als vielmehr durch Arbeit an der symbolischen Zuschreibung von Bereichen zum männlichen oder weiblichen Geschlecht zu erreichen – einer Entdramatisierung von Geschlecht. Es geht nicht um die Rückkehr zu einer Haltung, die Geschlecht für irrelevant hält und damit den eigenen Beitrag an der Aufrechterhaltung bestehender Geschlechterverhältnisse nicht erkennt, sondern um eine reflexive Gestaltung von Koedukation. Die beinhaltet mindestens zwei Zielrichtungen: Zum einen gilt es, die Interessen und Bedürfnisse von Kindern und Jugendlichen ernst zu nehmen – darauf verweist auch Wiebke Waburg in ihrer Studie über Mädchenschulen als explizite Forderung an monoedukative wie an koedukative Kontexte (Waburg 2009, S. 292 ff.). Zum anderen erfordert eine reflexive Koedukation von den Lehrkräften Genderkompetenz, die den eigenen Anteil am Doing Gender reflektieren kann und in eine Praxis umsetzt, die an der Heterogenität der Kinder orientiert ist, d. h. sie nicht in erster Linie als Repräsentanten des Geschlechts, sondern als Individuen wahrnimmt. Letztlich steht nicht die Organisationsform im Vordergrund, sondern die Schulkultur der einzelnen Schule.

Angesichts der verstärkten Forderung nach Inklusion geht es darum, „eine individualisierte, Heterogenität zulassende und fördernde, partizipative und entdramatisierende Schule" (Budde et al. 2008, S. 281) zu ermöglichen, in der neben Gender andere Heterogenitäten Beachtung finden müssen: „Gender verliert in dieser Öffnung seinen exponierten Status, gewonnen wird eine Perspektive auf die Vielfältigkeit von Schülerinnen und Schülern. Es bleibt dabei die Notwendigkeit der Balance bestehen, die verhindert, dass eine Entdramatisierung jeglicher Kategorie nicht zu einer Neutralisierung als doxischer [unhinterfragter] ‚Nicht-Beachtung' wird, da letztere eine Verfestigung von Stereotypen und gerade nicht eine Ermöglichung von Heterogenität bewirken würde" (ebd.). In Verbindung mit der Forderung nach Inklusion bietet die zunehmende Einführung von Ganztagsbildung die Möglichkeit, die Kategorie Geschlecht „zu einem wegweisenden Querschnittsthema fachlicher Diskurse" (Stecklina 2020, S. 108) zu machen. Stecklina benennt vier Aspekte, die einer entsprechenden Reflexion bedürfen: 1. das Verhältnis von Organisationsentwicklung und Diversität; 2. die interaktiven und institutionellen Doing Gender Prozesse; 3. die Berücksichtigung von Geschlecht in den vielfältigen Kooperationsformen von Schule und außerschulischen Partnern und 4. die geschlechtliche Identitätsentwicklung der Jugendlichen (ebd., S. 106 f.). In all diesen Bereichen ist nicht nur die pädagogische Praxis, sondern nach wie vor die weitere Forschung gefragt.

Hannelore Faulstich-Wieland

Zum Weiterlesen
Budde, Jürgen/Scholand, Barbara/Faulstich-Wieland, Hannelore (2008): Geschlechtergerechtigkeit in der Schule. Eine Studie zu Chancen, Blockaden und Perspektiven einer gender-sensiblen Schulkultur. Weinheim: Juventa
Budde, Jürgen/Kansteiner, Katja/Bossen, Andrea (2016): Zwischen Differenz und Differenzierung. Erziehungswissenschaftliche Forschung zu Mono- und Koedukation. Wiesbaden: Springer VS
Faulstich-Wieland, Hannelore/Scholand, Barbara (2010): Eine Schule für alle – aber getrennte Bereiche für Mädchen und Jungen? In: Schwohl, Joachim/Sturm, Tanja (Hrsg.): Inklusion als Herausforderung schulischer Entwicklung. Widersprüche und Perspektiven eines erziehungswissenschaftlichen Diskurses. Bielefeld: transcript, S. 159–177

Konfliktorientierung

Der soziale Konflikt gilt in den Sozialwissenschaften als Grundelement demokratisch verfasster Industriegesellschaften. Über Konflikte reguliert sich die Gesellschaft, über Konflikte werden soziale Probleme öffentlich. Gerade die Soziale Arbeit ist auf die gesellschaftliche Anerkennung und Austragung von Konflikten angewiesen, wenn sie über beziehungsbegrenzte Hilfe hinaus auf sozialstrukturelle Bedingungen psychosozialer Gefährdungen verweisen und Ansprüche von Klienten und Klientinnen erweitern will.

Der soziale Konflikt wird seit Marx vor allem im Umkreis des Grundwiderspruchs von Arbeit und Kapital, des Strukturkonflikts industriekapitalistischer Gesellschaften thematisiert. Georg Simmel (1992/1908) hat den Konflikt als allgemeines Vergesellschaftungsprinzip aufgeschlossen. Für Ralf Dahrendorf (1964) ist der soziale Konflikt aus der Widersprüchlichkeit und Begrenzung des menschlichen Lebens heraus schon sozialanthropologisch angelegt. Lewis Coser (1972) hat das dialektische Prinzip der Konfliktaustragung herausgearbeitet: Widerstreitende Interessen finden sich in einem Dritten, Gemeinsamen, ohne dabei grundsätzliche Positionen aufgeben zu müssen. Die sozialintegrative Funktion des Konflikts ist von Eduard Heimann (1929) als Grundprinzip sozialstaatlicher Vergesellschaftung eingeordnet worden: Arbeit und Kapital prallen in ihrer Ge-

gensätzlichkeit aufeinander, der Kapitalismus ist aber auf zunehmend qualifizierte Arbeit und damit auf die Verbesserung der Lebensverhältnisse angewiesen, wenn er sich weiterentwickeln und modernisieren will. So entstanden – in immer noch einseitiger Synthese dieses Widerspruchs – die Sozialpolitik und ihre Institutionalisierung im Sozialstaat. Mit der Entgrenzung des Sozialstaats – im Sinne der Schwächung sozialstaatlicher Regulations- und Integrationsfähigkeit einerseits und der neokapitalistischen Durchdringung der Gesellschaft anderseits – hat sich die gesellschaftliche Konfliktlandschaft verändert. Der globalisierte (Finanz-)Kapitalismus versucht, sich auf verschiedenen Wegen von der Ausschöpfung des nationalen Arbeitskräfteangebots unabhängig zu machen. Die (sozialpolitisch) flankierte Verlagerung von Verantwortung auf die Einzelnen hat den globalen Konflikt um Verwertungsinteressen des Kapitals als innere Ambivalenz (innerer Markt) in die abhängig Beschäftigten hinein verschoben. Praktisch wirksame Diskurse empfehlen als Schutz vor Arbeitslosigkeit gesteigerte Bildungsanstrengungen (vgl. Bosančić 2014). Daran zeigen sich die Grenzen der Thematisierbarkeit des Konflikts zwischen Kapital und Arbeit als Verwehrung bzw. „Enteignung von Möglichkeiten, um die eigene gesellschaftliche Positionierung zu verhandeln und die eigenen Interessen zur Geltung zu bringen" wie Stehr/Anhorn (2018, S. 3) mit Verweis auf Adorno (Adorno 2015) formulieren. Strukturell fortbestehende Grundkonflikte bilden potenzielle Konfliktlagen, die erst auf Initiative von sozialen Bewegungen oder medial vermittelten Aktionen öffentlich werden. Sie können dann nach institutionalisierten Regeln bearbeitet, unterdrückt oder zu Herausforderungen für sozialen Wandel werden. Sozialstrukturelle Gefährdungslagen, die nicht offen als Konflikt, sondern als innere Bedrohung erlebt werden, können als übergangenes Gefühl der eigenen Ohnmacht und Wut in Depression eingehen oder zu menschenfeindlicher Gewalt gegen Schwächere oder Rassismus antreiben.

Umfassende Konfliktanalysen von Galtung (1975) rücken das Konzept der strukturellen Gewalt, aber auch die Asymmetrien zwischen Konfliktmanagern und Konfliktbetroffenen in unterschiedlich hierarchischen Status-Positionen in den Mittelpunkt. Mit dem Ziel der wirksamen Öffnung und Unterstützung von Konfliktbearbeitung entwickelte Galtung eine Reihe von Schritten, die Verantwortung für den Austausch von Wissen, für die Bearbeitung von Emotionen und für die Vermittlung von Lösungen ermöglichen sollen.

Den Konflikttheorien wurde und wird von feministischer Seite vorgehalten, dass sie den Geschlechterkonflikt, wie er im System der geschlechtshierarchischen Arbeitsteilung angelegt und historisch erst durch die Frauenbewegungen freigesetzt worden ist, übergehen bzw. unterschlagen. Vom letzten Drittel des 20. Jahrhunderts bis heute hat sich der Sozialstaat über die Gleichstellungspolitik auch zum sozialintegrativen Mediator des Geschlechterkonflikts entwickelt. Die feministische Kritik konnte an der Sozialpolitik immer wieder aufzeigen, dass sie zwar die geschlechtshierarchische Arbeitsteilung entschärfe, in der Struktur aber weiter stütze, indem Sorgearbeit verlangt und gleichzeitig weiter abgewertet werde. Entsprechend sind Geschlechterkonflikte und damit Konflikte um die Sicherung von Reproduktionsbedingungen in der neoliberalen Programmatik ins Private und in die Dienstleistungssphäre verwiesen (Hartmann, A. 2020). Das auf viele Bereiche ausstrahlende Grundproblem der Vereinbarkeit von Familie und Arbeit, das Frauen und zunehmend auch Männer bewältigen müssen, wird zwar sozialpolitisch thematisiert, von der Ökonomie aber zurückgewiesen. In den Industriegesellschaften der zweiten Moderne hat sich seitdem jedoch verstärkt ein Verdeckungszusammenhang entwickelt, in dem Folgekosten der geschlechtshierarchischen Arbeitsteilung in private Umdeutungs-, Aushandlungs- und Konfliktprozesse verwiesen sind.

Diese Prozesse zeigen sich auch in der Verräumlichung sozialer Konflikte. Vor allem die sozialen Segregationstendenzen in den Städten schneiden sozial benachteiligte Bevölkerungsgruppen von der städtischen aufstrebenden Entwicklung ab und setzen soziale Binnenkonflikte frei. Die daraus sich zuspitzenden Belastungen (ungesunde, zu enge Wohnungen, Fahrzeiten, fehlende Infrastruktur), verteilen sich untereinander nach – nicht immer einheitlichen – geschlechtsspezifischen Mustern, und die oft aggressiven Bewältigungsstrategien z. B. zwischen Eltern und Kindern oder unter Jugendlichen werden in Kauf genommen und oft solange ignoriert, bis Toleranzgrenzen des Umfeldes oder anderer Institutionen wie z. B. der Schule überschritten werden. Eine Veränderung von Lebens- und Lernbedingungen im Wohnviertel kann erst dann beginnen, wenn sich Schule, Eltern und soziale Einrichtungen unter neuem Vorzeichen zusammenschließen, die Rollen der Mädchen und Mütter gestärkt, die Jungen und Väter einbezogen und der Status aller Beteiligten und ihre Gestaltungsmöglichkeiten im Stadtteil gesichert werden (Heinemann 2000; Bitzan 2007; Stövesand 2010).

Die Soziale Arbeit wird mit diesen Problemen in Form von Beziehungskonflikten konfrontiert, der sozialstrukturelle Hintergrund sozialer Ungleichheit kann nur mehr schwer rekonstruiert werden. Sie selbst verliert die – auch von ihr selbst gering veranschlagte – Verhandlungsmacht, die in ihren eigenen Reihen ebenso eine Möglichkeit der Hierarchisierung von Konflikten entlang von Geschlechtergrenzen enthält (Bitzan/Klöck 1993).

Konfliktorientiertes Arbeiten (vgl. Arend/Hekele/Rudolph 1993; Crain 2005) in der Sozialen Arbeit findet sich in der Kritischen Sozialarbeit, in psychoanalytisch angeleiteter Praxis und in Sozialraum-Ansätzen. Die Aufgabe, Konfliktorientierung und damit auch Konfliktfähigkeit in der Ausbildung und in der Praxis zu entwickeln, wird vor allen Dingen in Verbindung mit einem lebensweltorientierten Ansatz von Maria Bitzan (Bitzan 2018b; Bitzan/Herrmann 2018) eingefordert. Daraus folgt die Anforderung, sich für Konflikte zu sensibilisieren, die laut Auftrag ja bearbeitbar sein und eher unsichtbar gehalten werden sollen. Schon der Anlass und die Umstände können von Adressat*innen im ersten Kontakt mit Sozialer Arbeit als Konflikt erlebt werden. Dazu kommt die Asymmetrie der Hilfebeziehung, die für Erwachsene, aber auch für Jugendliche mit einer Einbuße an Integrität verknüpft sein kann. Schließlich vermittelt sich in der Sozialen Arbeit ein immer schon vorhandener Normalisierungsdruck, wenn individuelle Handlungsfähigkeit durch strukturelle Überforderung bedroht ist (ebd.).

Für eine Konfliktorientierung müssen Sozialarbeiter*innen gegen diese Tendenzen eine offene Aufmerksamkeitshaltung nicht nur für verdeckte Konfliktkonstellationen entwickeln, sondern auch für die Schwierigkeiten, innere Konflikte und soziales Konfliktgeschehen zu thematisieren. Hier erweist sich eine von Bitzan (2021) für die Forschung formulierte Handlungsanweisung auch in Praxissituationen anwendbar. In beiden Fällen stellt sich vergleichbar zuerst die Frage, wie mit dem Anlass und der institutionellen Rahmung Offenheit und thematisches Interesse signalisiert werden kann. Weiter gilt es, unterschiedliche Perspektiven, unterschiedliche Verständnisse der Situation und damit verbundene Bewertungen, wie sie zwischen den beteiligten Personen zutage treten, zuzulassen und diese nicht schnell einseitig zu glätten, sondern als einen Zugang zu Konflikten zu nutzen (ebd.).

Ein konfliktorientiertes Vorgehen muss sich auf der institutionellen wie auch auf der Beziehungsebene geschlechtsreflexiv für mögliche Konfliktkonstellationen öffnen und ein Interesse für (verdeckte) Konflikterfahrungen und Widerständigkeiten entwickeln. Auf der Grundlage einer bewussten Positionierung, der Ermöglichung von Gegenerfahrung und der Stärkung von Netzwerken bei Klient*innen können ihre eigensinnigen Lösungswege zum Zuge kommen. Aber es ist nicht leicht, dafür einen anerkannten Raum im Professionsverständnis zu schaffen (Brückner 2011a).

Sensibilisierung für professionellen Umgang mit Konflikten im Zusammenhang mit Geschlecht: Insbesondere in den von Asymmetrie gekennzeichneten Praxissituationen der Sozialen Arbeit muss damit gerechnet werden, dass ein Normalisierungsdruck auch daraus entstehen kann, dass Professionelle und Adressat*innen bei der Bewältigung von Konflikten in Konkurrenzsituationen geraten und dabei mit geschlechtsspezifischen Mustern der Selbstdarstellung reagieren (Richter 2013).

Dabei ist die Soziale Arbeit zusammen mit Klient*innen in vielseitige Konfliktkonstellationen involviert, die ihren Ursprung in eigenen biografischen Geschichten haben und sich intersektional mit anderen Konfliktlagen überschneiden können. Nicole von Langsdorff (2013) untersucht, wie eine von Diskriminierung geprägte Migrationsgeschichte, in der sich die Hoffnung der Eltern auf ein besseres Leben nicht einlösen konnte, dazu führt, dass sie mit ihren Töchtern nicht mehr zusammenfinden und als sichere Bezugspersonen für ihre Kinder nicht mehr einstehen können. Die Einschränkung ihrer Handlungsspielräume werten ihre Position als Eltern den Kindern gegenüber in ihren Netzwerken und in der Öffentlichkeit ab, dennoch wollen sie als „Eltern symbolische Anerkennung behalten" (Langsdorff 2013, S. 120).

(Geschlechts)hierarchisch gespaltene Bewältigungsmuster – Harmonie trotz Ungleichheit, verbunden mit defensiven Konfliktstrategien und einer ‚Moral des Nichtverletzens' (Altenkirchen 1986) auf der einen Seite; Durchsetzungsfähigkeit als gefordertes/anerkanntes Mittel der Dominanzkultur auf der anderen – erzeugen auf beiden Seiten Ambivalenzen und sind mit Angst um den Verlust von Anerkennung und Zugehörigkeit verbunden. Hinter beiden Bewältigungsformen können sich Verletzlichkeiten verbergen, die – wenn sie keinen angemessenen Ausdruck finden – in Schuld, Scham und Hass abgespalten werden können. Da, wo in der Sozialen Arbeit Verletzlichkeit mit dem Verlust von Handlungsfähigkeit einhergeht, bedarf es besonderer Räume, damit erst einmal Hilflosigkeit und Verletztheit zum Ausdruck kommen kann (Böhnisch 2021). Gerade die Akzeptanz der Ohnmacht ist eine wichtige Basis für den Beginn von Empowermentprozessen (Seckinger 2018).

Unter dem gesellschaftlichen Auftrag, Rechte und Anerkennung für LGBTIQ+ Lebensformen abzusichern und der Diskriminierung entgegenzuwirken, muss Soziale Arbeit den Normalisierungsdruck, der von belasteten Lebenssituationen ausgeht, mit bedenken. Es fehlt bisher an sensibilisierenden Einsichten, wie hier Jugendliche und Erwachsene ihr Anderssein leben und die daraus entstehenden Konflikte bewältigen können. Die Unterstützung und Begleitung durch fundierte queere und heteronormativitätskritische Soziale Arbeit findet sich erst in Ansätzen.

Lothar Böhnisch und Heide Funk

Zum Weiterlesen
Bitzan, Maria/Herrmann, Franz (2018): Konfliktorientierung und Konfliktbearbeitung in der Sozialen Arbeit. Mit einer kasuistischen Erörterung. In: Stehr, Johannes/Anhorn, Roland/Rathgeb, Kerstin (Hrsg.): Konflikt als Verhältnis – Konflikt als Verhalten – Konflikt als Widerstand: Widersprüche in der Gestaltung Sozialer Arbeit zwischen Alltag und Illusion. Wiesbaden: Springer VS, S. 43–54
Galtung, Johan (1975): Strukturelle Gewalt. Beiträge zur Friedens- und Konfliktforschung. Reinbek: Rowohlt
Langsdorff, Nicole von (2014): Im Dickicht der Intersektionalität. Münster: Unrast

Konstruktivismus[1]

Insbesondere in der Geschlechterforschung, in zunehmendem Ausmaß aber auch in Untersuchungen und Reflexionen der Sozialen Arbeit, dienen Konzepte und Perspektiven des Konstruktivismus als Grundlagen oder Bezugspunkte. Im

---

1 Der Beitrag wurde aus dem „Wörterbuch Soziale Arbeit und Geschlecht" (2011) übernommen.

Kontrast zu verbreiteten Missverständnissen stellt der Konstruktivismus als solcher dabei keine Theorie über gegebene, bereits spezifizierte Gegenstände oder Inhalte dar, wie etwa ‚das Geschlecht' oder ‚die Geschlechterverhältnisse'. Vielmehr bezeichnet Konstruktivismus im Sinne eines – dabei sehr unterschiedliche Ausprägungen umfassenden – Sammelbegriffs zuvorderst universalistisch angelegte Positionierungen zur Wirklichkeitskonstitution des Menschen. Diese formulieren erkenntniskritische Überlegungen und Befunde. Als Grundlagentheorie richtet sich Konstruktivismus auf als spezifisch menschliche, anthropologisch verstandene Bezüge zur Welt, insbesondere zu den Voraussetzungen und Wegen von Wahrnehmung und Erkenntnis. Diese werden zentral aus der Annahme entwickelt, dass Welt und Wirklichkeit dem Menschen nicht ‚unmittelbar' gegeben oder zugänglich sind, sondern als Ergebnisse von Prozessen der praktischen und kommunikativen Herstellung und/oder Aneignung aufgefasst werden müssen. Wirklichkeit erscheint als Resultat voraussetzungsvoller und zugleich als solche nicht hintergehbarer Konstruktionen. Auffassungen von ‚dem' Geschlecht etwa repräsentieren daher nicht in einem einfachen Sinne ‚Natur', sondern werden sichtbar als sozial hergestellte.

Verschiedene natur-, geistes- und sozialwissenschaftliche Disziplinen bildeten konstruktivistische Perspektiven aus. In den Sozialwissenschaften bekannt und einflussreich geworden sind vor allem die folgenden Ansätze: Der ‚genetische Konstruktivismus' (Piaget 1975) formuliert auf der Grundlage empirischer Untersuchungen vor allem kindlicher Entwicklungsprozesse ein Konzept der Kognitionsbildung als Leistung des Subjekts und bezieht solche Konstruktionen dabei systematisch auf im Handeln gewonnene Erfahrungen mit der Welt. Der ‚kognitionstheoretische (‚radikale') Konstruktivismus' (z. B. Glasersfeld 1996) schließt an Piaget an, argumentiert aber dezidiert mit dem Verweis auf die Geschlossenheit des Sinnesempfindungen verarbeitenden Gehirns. Eine reale Außenwelt kann in dieser Sicht nur allgemein unterstellt, muss aber als in ihrer Spezifik prinzipiell unzugänglich gedacht werden. Vielmehr ist die Verarbeitung von Sinneseindrücken ein Prozess innerer Konstruktionen. Im ‚systemtheoretischen Konstruktivismus' (z. B. Luhmann 1990) werden solche Konzepte einer ‚Autopoiesis' des Bewusstseins mit kommunikationstheoretischen Überlegungen verbunden und in eine Gesellschaftstheorie integriert. Auch der ‚Sozialkonstruktivismus' verankert Erkenntnis und Wissen anders als etwa der ‚radikale Konstruktivismus' in kommunikativem Handeln. Ohne symbolisch vermittelte kommunikative Interaktionen lässt sich weder soziale Wirklichkeit denken, noch subjektive Wirklichkeit aufbauen und stabil halten (Schütz 1971; Berger/Luckmann 1969). Wirklichkeit basiert unverzichtbar auf Symbolsystemen als Medien der Kommunikation, vor allem der Sprache. Im ‚empirischen Konstruktivismus' wird insbesondere der grundlagentheoretisch-grundbegriffliche Konstruktivismus kritisiert, der sich auf eine Benennung ‚genealogischer Voraussetzungen' (Knorr Cetina

1989) sozialer Wirklichkeiten und Ordnungen beschränke, ohne deren Genese selbst empirisch zu erfassen. Konsequenz dieser Kritik ist es, Fragen nach dem ‚Was' und ‚Warum' sozialer Konstruktionen in solche nach dem ‚Wie' ihrer Herstellung zu überführen (Garfinkel 1967). In einer solchen Sichtweise werden weniger spezifische Bedeutungen und Gehalte relevant (etwa von Unterschieden) als Praktiken (des Unterscheidens). Der ‚diskurstheoretische Konstruktivismus' knüpft an die poststrukturalistische Konzeption (Foucault 1974) von Diskursen als Formen der Herstellung und Organisation von Wissen an. Regel- und Kategoriensysteme haben orientierende und handlungsleitende Funktionen und bestimmen zugleich den Raum des historisch Denkmöglichen (für Gender: Butler 1991). Sprache und Sprechen – verstanden als diskursive Praxis – kennzeichnen den Ort der Herstellung von Wirklichkeit.

Wichtige Differenzen werden in diesem Spektrum durch das jeweils unterschiedliche Verständnis vom Stellenwert und den Besonderheiten sozialer Prozesse bei der Formung von Wissen und der Herstellung von Wirklichkeit markiert. Entsprechend variieren die Konzeptualisierungen von Kommunikation, der jeweilige Status des ‚erkennenden Subjekts', nicht zuletzt die Verweise auf die Implikationen von und für Macht- und Herrschaftsverhältnisse.

Bezogen auf die soziale Arbeit sind konstruktivistische Perspektiven unverzichtbar. Hinsichtlich von Zielsetzungen und Handlungsaufgaben bieten sie etwa die Möglichkeit, normative Ansprüche und Normalitätsvorstellungen reflektierend zu relativieren oder auch zu kritisieren. Das betrifft gerade auch die Gender-Dimension sozialer Wirklichkeit: Nicht zuletzt durch die Naturalisierungen von Geschlechterverhältnissen weisen diese immer noch einen hohen Grad an Selbstverständlichkeit auf, und zwar paradoxerweise gerade dort, wo sie als kontingente, d. h. auch in anderer Form mögliche, sichtbar werden. Konstruktionen zu den Formen ‚natürlicher' Geschlechtlichkeit durchziehen in vielfältiger Weise das Geflecht des alltäglichen, aber auch des beruflichen Handelns. Sie können nicht zuletzt dazu beitragen, Ungleichheit und Herrschaftsverhältnisse in dieser Dimension zu legitimieren und der Kritik zu entziehen. Auf diesen Umstand hat der Feminismus seit langem gerade unter Verwendung konstruktivistischer Positionen aufmerksam gemacht.

Regine Gildemeister und Günther Robert

Zum Weiterlesen
Berger, Peter/Luckmann, Thomas (1969): Die gesellschaftliche Konstruktion der Wirklichkeit. Frankfurt/M.: Fischer
Gildemeister, Regine (2009): Soziale Konstruktion von Geschlecht: Theorieangebote und offene Fragen. In: Faulstich-Wieland, Hannelore (Hrsg.): Enzyklopädie Erziehungswissenschaft online (EEO), Fachgebiet Geschlechterforschung. Weinheim, München. www.erzwissonline.de
Knorr-Cetina, Karin (1989): Spielarten des Konstruktivismus. In: Soziale Welt 40, H. 1+2, S. 88–96

Körper

Der menschliche Körper ist biologisch vorfindlich, zugleich aber ein Produkt gesellschaftlicher Prozesse und Strukturen – und damit immer auch Ausdruck der herrschenden Geschlechterverhältnisse. Männer- und Frauenkörper werden dadurch zum Medium, das ästhetische, politische und ideologische Inhalte transportiert, ohne diese je ganz erreichen zu können: Der Körper bleibt letztlich unzulänglich und sperrt sich gegen seine Perfektion durch Modellierung und Manipulation. Der Körper ist teils auch tabuisiert, er ist unzugänglich und unerforschlich, er schweigt (Ceronetti 1990). Körperbezogene Normen und Ideale, Einflüsse von Religion, Macht sowie Körper-Politiken führen dabei zu einer mehr oder weniger geschlechtertypischen Überformung des Biologischen; das Geschlecht ist nicht (mehr) körperlich verbürgt (Meuser 2005a). Als elementarer Gestaltungsraum für Geschlechtsidentität ist der Körper aber auch positives Bewältigungsmedium und Sinnressource, etwa im Bereich persönlicher und sozialer Körperpraxis oder in der Sexualität. Für die Soziale Arbeit ist es unerlässlich, sich mit der körperlichen Situation ihrer Klientinnen und Klienten und insgesamt mit körperlichen Aspekten ihres Aufgabenfelds auseinanderzusetzen. Besonders wichtig ist das dort, wo Prozesse der Exklusion und Benachteiligung aufgrund körperlicher Merkmale oder Zuschreibungen stattfinden (Junge/Schmincke 2007).

Die Frage, was der Körper für den Menschen sei, findet kulturgeschichtlich und zeitbedingt die unterschiedlichsten Antworten (Wendt 2008). Sie bewegen sich zwischen Autonomiewünschen gegen den Körper und dem Wunsch nach Integration, zwischen der Annahme eines grundlegenden Leib-Seele-Dualismus und monistischen Ansätzen. Je nachdem, ob das Geschlecht dabei als eher biologische Tatsache (,sex') oder als wesentlich soziokulturelles Phänomen (,gender') aufgefasst wird, bestimmt sich dann auch das Verständnis des Geschlechtskörpers – etwa als durch und durch geschlechtlichem Leib bei ,menschlicher' (geschlechtsloser) Seele oder als geschlechtlich relativ offene Ganzheit usw. Interessant in diesem Zusammenhang ist auch die häufig gebrauchte Unterscheidung: Wir haben einen Körper – und sind ein Leib. Dieses Konzept deutet an, dass über das Körperliche instrumentell verfügt werden kann, dass das Leibliche als Raum und Ganzheit des subjektiven inneren Erlebens letztlich jedoch unverfügbar bleibt (Jäger 2004).

Während die wissenschaftlich-materialistische Vermessung des Körpers den Blick vom Körperganzen hin zur Vorstellung einer Apparatur aus einzelnen Körperteilen, zu Körperfunktionen und -prozessen verschoben hat, finden sich gegenwärtig wieder vermehrt integrierende Ansätze. ,Embodiment' (Storch et al. 2006) etwa meint die Wechselwirkung zwischen Körper und Psyche: Psychische Zustände drücken sich körperlich aus – Körperzustände beeinflussen umgekehrt die Psyche. Dabei entsteht das ,Körpergedächtnis' als inkorporierte Biografie, die wiederum durch geschlechterbezogene Lebenslagen bestimmt ist. Mit der entsprechenden Auflösung einer als hart gedachten Differenz zwischen Tier und Mensch verbindet sich auch eine weitgehende Naturalisierung des Geistes: Alles Menschliche gilt als prinzipiell körpergebunden (und nicht meta-physisch), alle psychischen und Bewusstseinsprozesse gelten auf hirnphysiologischer Ebene als neuronal materialisiert (nicht mehr ‚Ich habe einen Körper.' sondern ‚Ich bin mein Körper.') – der Körper ist die Welt. Der Blick auf ihn vergegenwärtigt nicht zuletzt die Endlichkeit der eigenen Existenz.

Auch im Prozess der Industrialisierung, Medialisierung und Digitalisierung verschiebt sich der Bedeutungshorizont von Körperlichkeit: Der Körper wird zur Lebensbewältigung weniger unmittelbar gebraucht als früher, er steht in einem zunehmend globalen Zusammenhang von Trends und Moden, und es kommt zu einer Separierung von ‚Körperzeit' (Sport, Studios usw.). Trotz einer gewissen Virtualität und Körperferne der Alltagserfahrung lässt sich bei Männern wie Frauen zugleich auch eine ‚neue' Körperbezogenheit feststellen. Der Körper wird mehr und mehr zum personalen Ausdrucks- und Gestaltungsmittel, zum Identitätswerkzeug. Bei allem Zugewinn an individuell-körperbezogener Freiheit ist seine Perfektionierung ein Projekt, das nicht nur gestaltet werden kann, sondern letztlich auch gemanagt werden muss (‚Ich mache meinen Körper.'). Der Körper gilt nun nicht mehr als ein Spiegel der Seele, sondern vielmehr als sichtbares Zeichen von Erfolg und Anerkennung. Unter diesen Vorzeichen hat er vorrangig als Instrument der sozialen Positionierung zu dienen; er steht entsprechend unter dem Druck einer Selbstoptimierung und Ästhetisierung, die traditionelle Geschlechterstereotypen teils reproduzieren und neue erst generieren (Posch 2009). In den letzten Jahren haben sich vor allem die medizinisch-operativen Techniken einer Formbarkeit des Körpers erweitert – als selbstbestimmte Möglichkeit, aber immer auch abhängig von zugestandenen Ressourcen. Dass es dabei gleichzeitig „um Anerkennung, Inklusion, Teilhabe, Sichtbarkeit und Normalität geht (...) wie (...) auch um Unterwerfung und um den Versuch der Überwindung von Verwundbarkeit", sieht Villa als Zeichen einer unauflöslichen Paradoxie von „body-politics" (Villa 2017, S. 79).

Vor der Tatsache lebenslanger körperlicher Veränderung ist dieses Projekt unabschließbar; fragwürdig ist dabei nicht zuletzt der steigende Anspruch an körperliche Perfektion und Verfügbarkeit gerade auch im fortgeschrittenen Alter oder bei körperlichen Einschränkungen und Behinderungen.

Da der Körper Möglichkeitsbedingung menschlicher Existenz ist, findet Körpersozialisation eigentlich immer und überall statt. Menschliche Lebenspraxis ist stets auch Körperpraxis und damit – insofern Menschen Geschlechtswesen sind – geschlechtlich und in einem weiteren Sinn sexuell. Geschlecht und Körper stehen hier in einem unauflöslichen Wechselverhältnis: Es gibt ‚Verkörperlichungsprozesse', die das Geschlecht und das männlich-weibliche Erleben des Körpers formen, und ‚Vergeschlechtlichungsprozesse', die den Körper und das leibliche Erleben der Geschlechtlichkeit beeinflussen, wobei beides durch eine sozial und geschlechterbezogen ungleiche Verteilung gesellschaftlicher Ressourcen geprägt ist (Villa 2006a). Der gesellschaftlich-geschlechterbezogene Zugriff auf den Körper zeigt sich alltäglich, etwa bei Fragen der Körperkultur und körperlicher Etikette oder beim jeweils unterschiedlichen Umgang mit Nacktheit und Bedeckung bei Männern und Frauen. Er zeigt sich ebenso in ungleich zugestandener und ungleich bewerteter Freizügigkeit und Mobilitätserwartung oder bei der körperlichen (Nicht-)Inanspruchnahme für sogenannte reproduktive Tätigkeiten. Besonders deutlich wird er aber auch bei der geschlechtstypischen Zumutung und ‚Inanspruchnahme' von körperlichen Risiken und Extremsituationen wie z. B. berufliche Gesundheits- und Lebensgefahren, Militär- und Sicherheitsdienst, Inhaftierung oder geschlossene Unterbringung.

Der gesellschaftliche Wandel verändert oder überformt die entsprechenden Männlichkeits- und Weiblichkeitsbilder wie die Lebenspraxis und die Geschlechtskörper von Männern und Frauen nur langsam. Im Hintergrund wirken nicht zuletzt traditionelle körperliche Zuschreibungen wie hart, aktiv, stark, die mit männlich verbunden werden; während weich, sanft, passiv, schwach mit weiblich assoziiert werden. Das gilt auch dann, wenn wir davon ausgehen, dass sich ‚somatische Kulturen' – ein Konzept, das Kolip (1997) in den jugendkulturellen Diskurs eingeführt hat – durchaus volatiler, kurzlebiger und flexibler ausbilden. Im Begriff der somatischen Kultur bündelt Kolip umfassend alle Aspekte des Umgangs mit dem Körper in einem bestimmten sozialen Zusammenhang – von Bewegung, Gestik und Mimik über Kleidungs- und Schminkstile bis hin zu Sexualpraktiken und gesundheitsrelevantem Verhalten. Somatische Kulturen unterziehen den Körper einer sublimen Kultivierung, sie sind gleichsam Bedingung für Selbsterfahrung und -darstellung nicht nur auf körperlicher Ebene. In der Erfahrung von Zugehörigkeit einerseits und der Abgrenzung nach außen andererseits differenzieren sie sich u. a. nach Schicht, Geschlecht und ethnischer Herkunft. In der Praxis der Sozialen Arbeit ist entsprechend auf die konkret anzutreffenden, äußerst differenzierten somatischen Kulturen im Zusammenhang mit der allgemein-gesellschaftlichen Situation von Geschlechtskörpern (d. h. auf körperbezogene ‚Vergeschlechtlichungsprozesse') zu reflektieren.

Dabei ist ein kritischer Umgang mit gängigen Erklärungsmustern zu pflegen. Für Mädchen und Frauen wird, vor dem Hintergrund ihres reproduktiven Potenzials (Schwangerschaft, Geburt, Stillen), eine weiblich-natürliche Verbundenheit mit dem Körper angenommen – und erwartet. Körperliche Unkultiviertheit, Nachlässigkeit oder ‚Verwahrlosung' fallen umso mehr auf. Jungen und Männern dagegen wird ein tendenziell instrumenteller Umgang mit dem eigenen Körper unterstellt, aber auch abgefordert. Sie würden sich über

Körpergrenzen hinwegsetzen, könnten und wollten sich nicht spüren, keinen pfleglichen Umgang mit dem eigenen Körper entwickeln usw. Körperliche Nähe lehnten sie ab, Homophobie (die Angst des Mannes vor dem Mann, zugleich die Angst und Abwehr der eigenen Homosexualität) wird als ubiquitäres Phänomen betrachtet. Unter Berücksichtigung des Konzepts der somatischen Kulturen dürfen wir uns mit solchen Formeln nicht begnügen, auch wenn sich immer wieder eigene Alltagserfahrungen bestätigend dazugesellen mögen. Auf der Strecke bleibt sonst der Blick für die körperliche Vielfalt der Geschlechter und für Einflüsse, die nicht allein den geschlechtlichen, sondern mindestens genauso den sozialen Verhältnissen unterliegen. Dazu kommt, dass eine Überschreitung körperbezogener Forderungen und Zumutungen nicht nur verunsichernd auf Person und Umfeld wirken muss, sondern auch mit Respekt und Selbstbewusstsein anerkannt werden kann.

Geschlechterbezogene Körpersozialisation kann dabei jedoch nicht nur als gesellschaftliche Zumutung, sondern muss auch als aktive Aneignung und Bewältigung durch Körperpraxis betrachtet werden. Geschlechtskörper entstehen demnach durch Prozesse von Integration und Ausschluss bestimmter körperlicher Praxis in kulturellen Zusammenhängen (,Tun und Lassen'). Dieser Prozess ist offen; für die Soziale Arbeit kommt es deshalb darauf an, körperlichen Signale wahrzunehmen und gegebenenfalls Spielräume für den Geschlechtskörper zu eröffnen, um Benachteiligungen, körperliche Engführungen und fehlende Optionen auszugleichen. Das hat immer auch gesundheitliche Bezüge. Allerdings wird der Körper oft nur mittelbar angesprochen, weil sich soziale Nöte in den Vordergrund schieben. Unmittelbar körperliche Missstände gelten dagegen als weniger interventionsbedürftig.

In der Sozialen Arbeit geht es zentral um Lebenslagen und Lebensverhältnisse. Diese wirken immer auch auf den Körper, wobei nicht nur geschlechterbezogene Ungleichheit zu verzeichnen ist. So gesehen, müsste Körperlichkeit in einer geschlechterdifferenzierenden Betrachtungsweise ein wesentliches Konzeptelement in allen Arbeitsbereichen sein. Dabei wäre der Körper grundlegend als Geschlechtskörper, und zwar nicht nur als Problem, sondern als Ressource für Soziabilität und Lebenssinn zu betrachten.

Gunter Neubauer und Barbara Göger

Zum Weiterlesen
Junge, Torsten/Schmincke, Imke (Hrsg.) (2007): Marginalisierte Körper. Zur Soziologie und Geschichte des anderen Körpers. Münster: Unrast
Posch, Waltraud (2009): Projekt Körper. Wie der Kult um die Schönheit unser Leben prägt. Frankfurt/M.: Campus
Villa, Paula-Irene (2006a): Sexy Bodies. Eine soziologische Reise durch den Geschlechtskörper. Wiesbaden: VS

Körperarbeit

Körperarbeit ist ein Begriff, der den methodisch gestützten, ganzheitlichen und eigenaktiven Zugang zum Körper meint. Er grenzt sich von eher funktionalen, segmentierenden oder finalistischen Zugängen wie Gymnastik, Leibesübungen, Sport, Fitness, Wellness usw. ab. Um die Einheit körperlich-geistiger Bewusstheits- und Lernprozesse hervorzuheben, wird auch von somatopsychischen Methoden gesprochen. Insofern der Körper Geschlechtskörper ist, sind Zugänge zur Körperarbeit, ist körperliche Selbsterfahrung immer geschlechterbezogen konnotiert. Auch die Geschichte der Körperarbeit muss als Geschlechtergeschichte verstanden werden – in ihr spielen Frauen oft eine Pionierrolle. In der methodischen Entwicklung und Differenzierung gibt es zahllose Verästelungen bis hin zum Sektiererischen; viele Ansätze pflegen zugleich einen ideologischen Überbau – von fernöstlich bis esoterisch. Der Professionalisierungsgrad ist recht unterschiedlich.

Körperarbeit kann so verstanden werden, dass vor allem selbst geübt und, gegebenenfalls unter Anleitung, mit dem eigenen Körper gearbeitet wird – im Gegensatz zur Körpertherapie, die einem eher medizinischen Behandlungskonzept folgt. Anleitung versus Behandlung verdeutlicht, dass Körperarbeit sich von einem primär pädagogischen Konzept leiten lässt. Körperpsychotherapie wiederum meint psychotherapeutische Ansätze, die Körpererfahrung als ein wesentliches methodisches Element integrieren und bearbeiten (Wienands 2010). Im Unterschied zu jenen setzt Körperarbeit keine psychosomatischen Beschwerden oder physische Krankheitsbilder, keine Krisen und psychischen Traumata voraus, sondern versteht sich als Angebot zur Körperselbsterfahrung und Körperbildung ‚für alle'. Darüber hinaus dienen manche Ansätze als Komplementärmethoden, d. h. in der Ergänzung konventioneller Körpermethoden wie Krankengymnastik oder Physiotherapie (Steinmüller/Schäfer/Furtwängler 2001).

Aufgabe von Körperarbeit ist es zunächst, eigene Körperstrukturen, Funktionen, Beweglichkeiten, Spannungszustände sowie Haltungs- und Bewegungsmuster übend zu vergegenwärtigen. In der körperlichen Selbsterfahrung geht es auch darum, sich für die eigene Körperwahrnehmung (Propriorezeption) zu sensibilisieren und Körperbewusstsein auszubilden (Juhan 2005). Diese Form körperlichen Selbstbezugs ist kein Selbstzweck, sie ermöglicht alltägliche, körperliche wie soziale Situationen adäquat oder besser zu bewältigen. Das entsprechende ‚bei sich Sein', ‚mit sich Umgehen' und ‚sich Spüren' wird kulturell eher mit Weiblichkeit verbunden bzw. einer Weiblichkeit zugeschrieben. Als Prinzipien männlichen Körperzugangs gelten dagegen Kontrolle, Leistung, Krafteinsatz (‚schneller, höher, stärker'). Anders als etwa im Sport finden sich in körperpädagogischen Zusammenhängen so meist deutlich mehr Frauen als Männer, sowohl als Übende als auch als Anleitende. Nichtsportliche

Körperbildung ist jedoch eine Aufgabe, die sich über alle Lebensalter hinweg stellt. Körperarbeit müsste umso mehr ihre Zugänglichkeit für Männer generell, aber auch für bislang nicht erreichte Frauen verbessern.

Die Entstehung von Körperarbeit lässt sich in der Tendenz als erziehungs- und bildungsbezogen und als eher elitär beschreiben, während der Sozialen Arbeit vor allem hygienische Aufgaben bis hin zur körperlichen Disziplinierung zugewiesen wurden.

Eine erste Blütezeit – Frauen waren hier maßgeblich (Moscovici 2005; Steinaecker 2000) – sehen wir im Zusammenhang mit der europäischen Lebensreformbewegung seit Mitte des 19. Jahrhunderts (kulminierend auf dem ‚Monte Verità') und reformpädagogischen Ansätzen bis in die Weimarer Republik. Der Nationalsozialismus nahm manches davon auf, propagierte letztlich aber ein konträres Körperleitbild, das von Leibesübung, Ertüchtigung, Körperbeherrschung und Wehrhaftigkeit, d. h. von ideologischer Indienstnahme und Vorbereitung auf den Krieg geprägt war. Auch der freiere Umgang mit Geschlechtergrenzen und Geschlechterkörpern wurde – mit Auswirkungen bis in die 1950er und 1960er Jahre hinein – wieder zurückgedrängt. Erst in den 1970er Jahren kam es, nicht zuletzt durch Re- und Neuimporte von Körpermethoden, zu einem nennenswerten Neuansatz und zur Erweiterung um fernöstliche Ansätze, welche inzwischen etwa im Bereich Frauengesundheit der Volkshochschulen oft überwiegen. Aktuell sehen wir eine große Vielfalt von Körpermethoden – bei allerdings geringer sozialer Reichweite. Vornehmlich erreicht werden Teile der Mittel- und Oberschicht, das Bildungsbürgertum und vor allem Frauen. Kritik gilt daneben auch der oft unsicheren Wirkung (Wird ‚evidenzbasiert' gearbeitet?) und den aus physiologischer Sicht fragwürdigen Vorannahmen. So gibt es zunehmend Versuche, seriöse von unseriösen, suggestive von reellen Methoden zu unterscheiden.

Auch in den Ausbildungen der Körperarbeit finden wir einen Frauenüberhang – das gilt insbesondere für tendenziell ‚esoterische' Ansätze. Es kann deshalb nicht verwundern, dass Körperarbeit vor allem dort angeboten wird, wo Frauen tätig sind, etwa im Bereich von Erziehung, Bildung und Pflege, im Reha-Bereich oder in der Gesundheitsförderung. Dabei ergibt sich immer wieder die herausfordernde Crossover-Situation: Als Frau mit Männern körperbezogen zu arbeiten, bedarf besonderer Achtsamkeit, Frauen dagegen lassen sich von ihresgleichen teils leichter aktivieren. Gute Wirkung zeigen insofern auch von Männern angeleitete körperpädagogische Aktivitäten in ‚männlichen' Zusammenhängen. In der Praxis der Körperarbeit ist bei aller individueller Vielfalt eine Tendenz zur geschlechtertypischen Wahrnehmung und Artikulation körperlicher Phänomene ersichtlich; es zeigen sich etwa andere Assoziationen und Bewertungen zu Anspannung oder Entspannung. Während es Frauen oftmals leichter gelingt, direkt zur Entspannung zu kommen, führt der Weg für einen großen Teil der Männer über die Anspannung zur

Entspannung. Letztlich geht es dabei aber für beide um eine gute Balance, eine angemessene Körperspannung (Tonus). Geschlechteraspekte der Körperarbeit begründen sich nicht zuletzt in der je subjektiven Erfahrung geschlechterbezogener Körpersozialisation (z. B. sich Raum nehmen versus sich eng zusammenhalten). Erfahrungen im körperlich-sensitiven Selbstbezug werden dabei ungleich ausgebildet, Körpergrenzen verbinden sich für Frauen und Männer mit unterschiedlichem Bedeutungsgehalt usw. Eine Erweiterung bringen auch Ansätze der Körperarbeit für Transgender und gender-nonkonforme Menschen, die Körperwahrnehmung und körperpraktische Übungen in einem Konzept zwischen „Selbstsorge, Fürsorge und Versorgung" verbinden, da „aktuell die Lage und die Erfahrungen von Trans-Personen hinter den Begriffen wie sexuelle Vielfalt und Diversität" noch eher verdeckt bleiben (vgl. Stern/Hahne 2019).

Einzelne Körperübungen sind heute fast überall anzutreffen, z. B. als sogenannte Warm-ups oder als Interaktionsspiele in Sport und Erlebnispädagogik. Deutlichere Körperbezüge gibt es im Bereich von Prävention und Verhaltenstraining (z. B. bei Gesundheit, Sucht, Gewalt, aber auch Training von Selbstbehauptung und Selbstverteidigung) oder etwa bei Bewegungsprogrammen für Ältere. Zwar gab es schon früh Ansätze, Körperarbeit umfänglicher in die Soziale Arbeit zu integrieren – etwa als Sozialgymnastik (Schmitz 2009) –, diese blieben jedoch randständig. Damit wird deutlich, dass für Zugänge zur Körperarbeit neben dem Geschlechteraspekt auch die soziale Lage entscheidend ist: Körperarbeit muss nicht nur wertgeschätzt, sondern in der Regel auch bezahlt werden. Dazu kommt, dass eine Ausbildung in Körperarbeit oft weniger in die eigene Berufstätigkeit im Bereich der Sozialen Arbeit integriert wird, sondern zu beruflicher Weiterentwicklung und Veränderung führt (vielfach im ‚weiblichen' Zuerwerbsmodell). So ist Ausbildung in Körperarbeit gleichsam ein mögliches berufliches Ausstiegsszenario. Als besonders wichtig, auch solange sich das methodische Haupt-Instrumentarium auf das körperferne (Problem-)Gespräch bezieht, erscheint deshalb die Integration von Körperbezügen in die Grundausbildungen der Sozialarbeiterinnen und Sozialarbeiter. Dabei richtet sich eine Doppelperspektive zwar auch auf das jeweilige Klientel, vor allem aber auf die eigene körperliche Bewusstheit in professionellen Situationen. Für das Konzept einer Körperbildung sind dabei vielfältige Anleihen aus Theorie und Praxis der Körperarbeit möglich. Ihr emanzipatorischer Anspruch findet Anschluss in dem Bestreben, problematisch-inkorporierte Lebenslagen, die durch soziale Benachteiligung entstanden sind, zu minimieren.

Barbara Göger und Gunter Neubauer

Zum Weiterlesen
Juhan, Deane (2005): Handbuch für psychophysische Integration. Friedrichsdorf: Trager Verband Deutschland

Schmitz, Henriette Margareta (2009): Sozialgymnastik. Körperarbeit als soziale Arbeit. Freiburg: Centaurus

Steinaecker, Karoline von (2000): Luftsprünge. Anfänge moderner Körpertherapien. München, Jena: Urban und Fischer

Krankheit

Was als ‚krank' gilt und wie Leiden bewertet wird, unterliegt einem historischen Wandel und ist immer auch Austragungsort gesellschaftlicher Machtverhältnisse. ‚Krankheit' definiert körperliche und psychische Zustände als ‚regelwidrige Abweichung' von (einer inhaltlich weitgehend unbestimmten Vorstellung von) Gesundheit und ist damit ein Konstrukt, das eng mit normativen Vorstellungen von Körper und Geschlecht verknüpft ist. Die Pathologisierung von nicht-normkonformen Körpern, Identitäten und Lebensformen spiegelt sich in Krankheitskonzepten, diagnostischen Methoden und Behandlungsansätzen und wirkt auf die Lebensmöglichkeiten der als behandlungsbedürftig erklärten Frauen* und Männer*.

Krankheitsbegriff: Im allgemeinen, medizinisch geprägten Begriffsverständnis bezeichnet Krankheit eine Einschränkung der körperlichen und/oder seelischen Funktionsfähigkeit. Zu unterscheiden sind ein subjektiver (Einschränkung des Wohlbefindens: ‚illness') von einem medizinischen (Vorliegen eines medizinischen oder psychiatrischen Befundes: ‚disease') und einem sozialrechtlichen Krankheitsbegriff (Einschränkung der sozialen Funktionsfähigkeit: ‚sickness'). Gesellschaftliche Relevanz entfaltet der Krankheitsbegriff vor allem als rechtlicher Zweckbegriff in den sozialen Sicherungssystemen, wo er das versicherte Risiko und die Schwelle des individuellen Leistungsanspruchs definiert. Krankheit ist demnach ein regelwidriger Körper- oder Geisteszustand, der entweder Behandlungs- bzw. Pflegebedürftigkeit, Erwerbsminderung und/oder Arbeitsunfähigkeit zur Folge hat. Die Medizin diagnostiziert Krankheiten auf der Grundlage von Symptom(komplex)en. Das Spektrum der definierten Krankheitsbilder wird mit der Internationalen statistischen Klassifikation der Krankheiten und verwandter Gesundheitsprobleme (ICD-10) erfasst. Welche Geschlechterkonstruktionen der medizinischen Diagnostik zugrunde liegen, war zuletzt vor allem Gegenstand der Auseinandersetzung um die Bewertung von Inter- und Transsexualität: Während diese im ICD-10 als „Störung" der Geschlechtsentwicklung bzw. -identität definiert werden, spricht der bis Ende 2021 in nationales Recht zu überführende ICD-11 von „Zustandsformen der sexuellen Gesundheit" und von Varianten der Geschlechtsentwicklung. Das im März 2021 verabschiedete „Gesetz zum Schutz von Kindern mit Varianten der Geschlechtsentwicklung" soll inter*-Kinder besser vor geschlechtsangleichenden Operationen schützen.

Aus der Kritik an einem medizinischen Modell von Krankheit, das vor allem Funktionsstörungen in den Mittelpunkt stellte, hat sich mittlerweile – befördert maßgeblich durch die Ottawa-Charta der Weltgesundheitsorganisation (WHO 1986) und das Konzept der Salutogenese (Antonovsky 1997) – ein komplexeres Verständnis von Gesundheit und Krankheit durchgesetzt. Statt auf die Entstehung von Krankheiten zu fokussieren (Pathogenese) setzt dieses vor allem auf eine inhaltliche Bestimmung des Gesundheitsbegriffs (Gesundheit ist mehr als die Abwesenheit von Krankheit). Gesundheit und Krankheit werden ganzheitlich als Zusammenwirken von Körper, Psyche und sozialer Umwelt (bio-psycho-soziales Modell) und nicht als Dichotomie, sondern als ein Kontinuum verstanden. Für die Einordnung auf diesem Kontinuum gilt das Verhältnis von Risiko- (Stressoren) und Schutzfaktoren (Ressourcen) als ausschlaggebend. Ein Mensch ist demnach niemals ausschließlich krank, sondern mehr oder weniger gesund; sobald die Stressoren die Ressourcen überwiegen, verschiebt sich die Waage in Richtung Krankheit.

Soziale Arbeit und Krankheit: Soziale Arbeit hat in vielen Handlungsfeldern mit Menschen mit einer medizinischen Krankheitsdiagnose zu tun; zum Teil markiert diese eine der Leistungsvoraussetzungen (wie u. a. in der Eingliederungshilfe). Die gesundheitsbezogene oder klinische Sozialarbeit richtet ihren Fokus auf die sozialen Bedingungs- und Folgenzusammenhänge von Gesundheit, Krankheit, Behinderung oder Pflegebedürftigkeit (Dettmers/Bischkopf 2019). In den Blick geraten sowohl die sozialen und gesellschaftlichen Lebensverhältnisse, die zu einer entsprechenden Diagnose geführt haben, wie auch der Umgang mit der (chronischen) Krankheit und deren Begleitaspekten wie Rollenverlust, Angst, Stigmatisierung, Abhängigkeit und Einschränkungen der Teilhabe. Der Bezugspunkt für sozialarbeiterisches/-pädagogisches Handeln ist der individuelle Hilfe- oder Unterstützungsbedarf. So kann ein Mensch subjektiv das Gefühl haben, krank zu sein, ohne dass ein diagnostischer Befund vorliegt, oder er/sie kann sich trotz vorliegender Diagnose (z. B. aufgrund von Hilfs- und Heilmitteln, sozialer Integration) nicht funktional eingeschränkt fühlen. Unter der salutogenetischen Fragestellung ‚Was hält Menschen gesund?' geht es vor allem darum, Selbstwirksamkeit zu ermöglichen (Empowerment) und Ressourcen auch im Umgang mit Erkrankungen zu stärken, sowie gleichermaßen Diskriminierung und gesellschaftliche – auch geschlechtsbezogene – Zumutungen aufzudecken und Teilhabechancen zu eröffnen.

Gender und Krankheit: Die Frauengesundheitsbewegung/-forschung hat sich wesentlich aus der Kritik an einem patriarchalen und androzentrischen Krankheitsbegriff entwickelt („Weiblichkeit ist keine Krankheit", Kolip 2000). Durch die Einflüsse von Medizin und Pharmaindustrie werden weibliche Lebensphasen (Pubertät, Schwangerschaft und Geburt) oder zugeschriebene Verhaltensweisen (‚Hysterie') zu krankhaften Krisen (Pathologisierung) stilisiert, die dann in Folge medizinische Behandlung nahezu zwangsläufig erforderlich erscheinen lassen

(Medikalisierung). In den jüngeren Debatten um Männergesundheit (vgl. Altgeld 2004) lassen sich ähnliche Tendenzen ablesen, wenn die Wechseljahre des Mannes (Andropause) als Krankheit konstruiert und Forderungen nach ‚Männerärzten' (Andrologen) erhoben werden. Und auch für die Bewegung von Inter* und Trans*Personen war der Kampf gegen die Pathologisierung ihrer Körper bzw. Identitäten als Krankheit bzw. psychische Störung durch die Medizin ein zentraler Motor (Klöppel 2010; Rauchfleisch 2019).

Es ist ein Verdienst der Frauengesundheitsforschung, Gesundheit und Krankheit systematisch unter Berücksichtigung der Kategorie Geschlecht zu betrachten (‚Geschlechts(in)sensibilität', vgl. Eichler et al. 2002). Erst eine Differenzierung nach Geschlecht macht Unterschiede im Krankheitsspektrum sichtbar: So sind Frauen* von psychischen Krankheiten doppelt so häufig betroffen, bei Essstörungen sind 90 Prozent, bei Medikamentenabhängigkeit 75 Prozent der Betroffenen weiblich; Alkoholabhängigkeit hingegen betrifft zu 75 Prozent Männer* (vgl. RKI 2020 und 2014).

Die Ursachen dafür weisen über die Einflüsse des biologischen Geschlechts (‚sex') hinaus und verweisen u. a. auf genderbezogene Lebensverhältnisse (‚(De-)Kontextualisierung', vgl. Eichler et al. 2002): Psychische Erkrankungen oder Suchterkrankungen sind bei Frauen* z. B. überproportional auf Gewalterfahrungen im häuslichen Umfeld zurückzuführen; die höheren Unfallquoten von Männern* sind auch Folge eines höheren Verletzungsrisikos in ‚Männerberufen', wie Kraftfahrer o. Ä.

Und im Krankheitserleben, in der Krankheitsbewältigung sowie in der Arzt*Ärztin-Patient*in-Kommunikation manifestieren sich Einflüsse der sozialen Konstruktion von Geschlecht (‚Doing Gender'), die sich u. a. dahingehend auswirken, dass Männer* tendenziell häufiger organisch, Frauen* hingegen eher psychosomatisch diagnostiziert werden (‚(De-)Konstruktivismus').

Über die Sichtbarmachung von Differenzen konnte die Bedeutung der Kategorie Geschlecht für Medizin, Gesundheitswissenschaften u. a. untermauert werden. Ebenso wurden aber Geschlechterstereotypen, die Differenz unterstellen, obwohl Gleichheit vorliegt, auch im Umgang mit Krankheiten aufgedeckt (‚doppelter Bewertungsmaßstab', vgl. Eichler et al. 2002). So konnte z. B. nachgewiesen werden, dass die Krankheitskosten für Frauen* keine erhöhten Tarife in der privaten Krankenversicherung rechtfertigen, sobald die Kosten für Schwangerschaft und Geburt nicht mehr einseitig den Frauen zugerechnet werden, oder dass sich die allgemeine Einschätzung von Herzinfarkt als ‚Männerkrankheit' für betroffene Frauen* als Zugangsbarriere zu einer angemessenen gesundheitlichen Versorgung auswirkt (vgl. u. a. Wattenbach/Lätzsch/Hörnberg 2019; Landtag NRW 2004). Umgekehrt hat die Männergesundheitsbewegung darauf aufmerksam gemacht, dass die enge Verknüpfung mit der Gynäkologie in der Geburtshilfe dazu führt, dass Väter* in ihrer Elternschaft nur wenig berücksichtigt werden oder dass die Prävalenz psychischer Erkrankungen bei Männern* tendenziell unterschätzt wird, weil standardisierte Diagnoseinstrumente Symptome wie erhöhte Aggressivität oder erhöhten Alkoholkonsum – beides Hinweise auf depressive Verstimmungen bei Männern* – nicht erfassen.

Krankheitskonzepte und -definitionen spiegeln und prägen Geschlechterkonstruktionen: Wie sehr das vorherrschende Verständnis von Krankheit implizit von patriarchalen, geschlechterhierarchisierenden Normen geprägt ist ('Androzentrismus'), demgegenüber Funktionsweisen des weiblichen Körpers als weiblich geltende Verhaltensweisen, als Abweichung oder gar als defizitär gelten, konnte die Frauengesundheitsforschung an medizinischen Studien und Diagnostikverfahren nachweisen. So wurden z. B. Normwerte wie Blutdruck, Blutzucker oder Cholesterin teilweise allein auf der Basis männlicher Probanden festgelegt. Diagnostischen Verfahren zur psychischen Gesundheit liegt zum Teil ein autonomes Selbst als Maßstab zugrunde, demgegenüber tendenziell eher weiblich konnotierte Verhaltensweisen wie z. B. die Orientierung an anderen als Störung erscheinen.

Die Berichte von Inter*, Trans* und queer-Personen haben darüber hinaus offengelegt, wie Krankheitskonzepte die Konstruktion einer starr dichotomen Zweigeschlechtlichkeit stützen und zu einer Tabuisierung der Vielfalt geschlechtlicher Lebensformen und -identitäten beitragen (vgl. BMFSFJ 2017b). Die Sensibilität für die in Krankheitskonzepten eingewobenen Geschlechterkonstruktionen ist eine relevante Perspektive für die Soziale Arbeit.

Monika Weber

Zum Weiterlesen
Hurrelmann, Klaus/Kolip, Petra (Hrsg.) (2016): Handbuch Geschlecht, Gesundheit und Krankheit. Männer und Frauen im Vergleich. 2. Auflage. Bern: Hogrefe
Weber, Monika (2006): Soziale Arbeit und Gesundheit – Innovationspotenziale einer genderbezogenen Betrachtungsweise. In: Zander, Margherita/Hartwig, Luise/Jansen, Irma (Hrsg.): Geschlecht Nebensache? Zur Aktualität einer Gender-Perspektive in der Sozialen Arbeit. Wiesbaden: VS, S. 311–330
Zehetner, Bettina (2019): Konstruktionen und Kulturen von Krankheit aus Gender-Perspektive. In: Psychotherapie Forum 23, S. 11–17

Kriminalität

Kriminalität gilt als besondere Form von Devianz und stellt einen Verstoß gegen eine gesellschaftlich gesetzte Norm dar, die Eingang in die Strafgesetzgebung gefunden hat. Meist wird durch vom Staat verhängte formale Sanktionen (z. B. Geldstrafe, Gefängnisstrafe) auf Delinquenz reagiert. Wie abweichendes Verhalten allgemein ist auch Kriminalität eine sozial definierte Kategorie, die je nach Kontext und Zeit variiert (vgl. Sack 2020, S. 291 f.).

Normen, Sanktionen und soziale Kontrolle sind eng mit der Kategorie Geschlecht verbunden, denn die gesellschaftliche Ordnung ist eine Geschlechterordnung und die Auseinandersetzung mit Normen ist vergeschlechtlicht (Bereswill 2008; Seus 2014). In kaum einem anderen Feld ist Geschlecht so überdeterminiert wie im Feld der Kriminalität (und Devianz). Wird sie rein quantitativ betrachtet, dann zeigen die aktuellen Zahlen der Polizeilichen Kriminalstatistik (PKS) 2020 (Bundeskriminalamt 2021) dies deutlich. So sind bezogen auf die Straftaten insgesamt 75,2 Prozent der Tatverdächtigen Männer und 24,8 Prozent Frauen. Zu berücksichtigen ist dabei jedoch, dass die PKS ein verzerrtes und irreführendes Bild vermittelt: Sie gibt Aufschluss über Tatverdächtige und nicht über Täter*innen, sie bezieht sich ausschließlich auf das Hellfeld – also die offiziell registrierte Kriminalität – und im Falle eines Anstiegs der Kriminalitätsraten lässt sich fragen, ob die Kriminalität in dem Maße zugenommen hat oder die Anzeigebereitschaft der Bevölkerung. Trotz dieser kritischen Einschränkungen legen die Zahlen dieser Statistik auch über die Jahre hinweg nahe, Kriminalität als ein mehrheitlich männliches Phänomen zu betrachten. Die grundlegende Tendenz dieser Zahlen – mit einer deutlich höheren Anzahl männlicher Tatverdächtiger – zeigt sich über alle Deliktgruppen hinweg. Es lässt sich sagen, dass der Abstand zwischen den Geschlechtern sich bei minder schweren Delikten verringert und bei schwerwiegenderen zunimmt (Micus-Loos 2018, S. 221).

Im Dunkelfeld, das sich auf die Delikte bezieht, die nicht in der Kriminalstatistik erscheinen, weil sie den Strafverfolgungsorganen nicht bekannt werden – die sogenannte selbstberichtete Kriminalität –, fallen geschlechtsbezogene Unterschiede niedriger aus. Allerdings bestätigt sich die Tendenz des Hellfeldes, dass mit steigender Häufigkeit und Schwere der Delikte der Abstand zwischen den Geschlechtern größer wird (Silkenbeumer 2018). Ebenso wie das Hellfeld hat jedoch auch das Dunkelfeld Grenzen und Einschränkungen, die ‚Kriminalitätswirklichkeit' abzubilden, und ein direkter Vergleich zwischen Hell- und Dunkelfelddaten ist nicht möglich (Neubacher 2020).

Den Unterschieden der Kriminalitätsraten zwischen den Geschlechtern im Hellfeld, aber auch den Befunden des Dunkelfeldes bezogen auf Geschlecht, liegt eine differenztheoretische Betrachtung und damit Anerkennung von Geschlechterdifferenz zugrunde, die Auswirkungen auf die Forschungen und Aussagen zu Kriminalität und Geschlecht hat (Micus-Loos 2018, S. 220).

Die Zahlen vor allem des Hellfeldes zeigen eine klare Überbelichtung von Männlichkeit und Kriminalität. Kriminalität von Frauen – darauf hat die Frauen- und Geschlechterforschung seit den 1970er Jahren hingewiesen – wird gesellschaftlich anders bewertet und behandelt als die von Männern. Kriminalität wird einerseits mit Männlichkeit gleichgesetzt und kulturell sind Männlichkeit mit Täterschaft und Weiblichkeit mit Opferschaft verwoben. Übersehen wird dabei, dass besonders bei der Gewaltkriminalität Männer in gleichem Maße Opfer wie Täter sind (Neuber 2014). Begehen andererseits Frauen Gewaltdelikte, erhält diese Form von Kriminalität besondere Aufmerksamkeit. Sie wird als Abweichung von der Abweichung bezeichnet, nicht nur als Verstoß gegen das Gesetz, sondern auch gegen kulturelle Zuschreibungen von Weiblichkeit.

Die Erkenntnis, dass die unterschiedlichen Kriminalitätsraten in Bezug auf Geschlecht mit der unterschiedlichen Wahrnehmung und Sanktionierung durch Öffentlichkeit, Polizei und Justiz zusammenhängen, ist einem bis heute bekannten und auch kontrovers diskutierten Erklärungsansatz von Kriminalität zuzurechnen: dem labeling approach oder Etikettierungsansatz. Aus dieser sozialkonstruktivistischen Perspektive ist Kriminalität immer ein sozial konstruierter Gegenstand. Das Attribut kriminell ist somit nicht beschreibend, sondern zuschreibend. Diese Perspektive wird auch auf Geschlecht angewandt. Der Zusammenhang von Kriminalität und Geschlecht lässt sich demnach als ein komplexer Prozess von Zuschreibungen verstehen: Gewalt beispielsweise wird Männern gesellschaftlich eher zugerechnet und zugetraut als Frauen.

Die Verknüpfung von Männlichkeit und Gewalt scheint auch in medialen Inszenierungen weniger erklärungsbedürftig zu sein. Dies lenkt den Blick auf die diskursive Herstellung des Zusammenhangs von Kriminalität und Geschlecht. Aus poststrukturalistischen Perspektiven ermöglicht Sprache, „das Gesagte zugleich als soziale Bedeutung zu erzeugen" (Micus-Loos 2018, S. 226). Den Geschlechternormen wird dabei eine große Bedeutung zugeschrieben, weil sichtbar wird, wie „entlang dieser Normen die Anerkennung und der Ausschluss von Identitätspositionen reguliert wird" (ebd.). Identität wird als ein „Effekt diskursiver Praktiken" (Butler 1991, S. 39) gedacht. Somit sind Diskurse produktiv – sie bringen das hervor, was sie scheinbar nur bezeichnen. Mit Bezug zu Foucault sind diskursive Konfigurationen immer auch eine Form von Macht. Sie sind repressiv, denn alternative Definitionen oder Ordnungen werden ausgeschlossen. „Diskurse stecken also den Bereich des denk- oder lebbaren [des intelligiblen, A.N.] ab, indem andere Optionen nicht denk- oder lebbar erscheinen" (Villa 2004, S. 144). Wer wird in welchen Diskursen von wem als kriminell hervorgebracht? Wer wird diskursiv als nichtkriminell markiert? Die Darstellung und Benennung des Zusammenhangs von Männlichkeit und Kriminalität scheint nach wie vor intelligibler zu sein als der Zusammenhang von Weiblichkeit und Kriminalität (Micus-Loos 2018, S. 227). Aufschlussreich ist aber auch Foucaults (1976) Anliegen, die strategische Verknüpfung von Diskursen sichtbar zu machen. So verknüpft sich der Diskurs über Gewalt junger Männer medial ab dem Ende des ersten Jahrzehnts der 2000er Jahre mit rassistischen oder diskriminierenden Diskursen, in denen männliche Jugendliche mit sogenanntem Migrationshintergrund in den Fokus der medialen und politischen Aufmerksamkeit gerückt werden (Spies 2010). Wenige Jahre später spitzt sich dies in den Debatten um (sexualisierte) Gewalt in der Kölner Silvesternacht zu (Althoff 2020). Deutlich hieran wird, dass Kriminalitätsdiskurse nicht selten eine Stabilisierung der sozialen Ordnung bewirken (Micus-Loos 2018, S. 227).

Die auf diskursiver Ebene sichtbar werdende Verknüpfung verschiedener Diskurse zeigt sich auch mit Blick auf gesellschaftliche Strukturen. Nicht nur Geschlecht ist eine Strukturkategorie in unserer Gesellschaft, sondern auch Klasse und Ethnizität. Besonders in der kritischen Kriminologie wird auf die Ungleichbehandlung sozialer Klassen und die damit verbundene Selektivität sozialer Kontrolle verwiesen, die unter dem Thema „Klassenjustiz" (Althoff 2013, S. 263) verhandelt wird. Diese selektive soziale Kontrolle zeigt sich auch bei der Betrachtung der PKS 2020 mit Blick auf den Zusammenhang von Kriminalität von ‚Nicht-Deutschen': 33,7 Prozent der Tatverdächtigen werden der Kategorie ‚Nicht-Deutsche' und 66,3 Prozent der Kategorie ‚Deutsche' zugeordnet. Zeitweise wurden und werden die Statistiken herangezogen, um das Thema der ‚Ausländerkriminalität' politisch und medial zu instrumentalisieren (kritisch hierzu Sack 2012; Sommer 2012). Neben der bereits angeführten Kritik an der PKS kommen für die Angaben zu Kriminalität von ‚Nicht-Deutschen' noch zusätzliche Verzerrungsfaktoren hinzu. Wird eine Straftat begangen, geraten ‚Nicht-Deutsche' aufgrund von Vorurteilen schnell unter Tatverdacht und die Anzeigebereitschaft ihnen gegenüber ist höher als gegenüber ‚Deutschen' (Sommer 2012). Das heißt, ‚Deutsche' und ‚Ausländer' haben eine unterschiedliche Wahrscheinlichkeit, unter Tatverdacht zu geraten. Da in der PKS die Staatsbürgerschaft als unterscheidendes Merkmal für ‚Nicht-Deutsche' und ‚Deutsche' herangezogen wird, erfasst sie auch in Deutschland geborene Menschen als ‚nicht-deutsch', wenn sie eine andere Staatsbürgerschaft besitzen. Zudem ist zu berücksichtigen, dass gegen ‚nicht-deutsche' Tatverdächtige auch wegen ausländerrechtlicher Delikte ermittelt wird, die von ‚deutschen' Staatsangehörigen nicht begangen werden können. Dunkelfeldstudien bestätigen, dass bei der Strafverfolgung, aber auch bei der Anzeigebereitschaft durch die Bevölkerung ethnische Selektionseffekte zugunsten der ‚Deutschen' und zu Lasten der Migrant*innen existieren.

Ähnlich wie die unterschiedlichen Kriminalitätsraten in Bezug auf Geschlecht scheinen auch die Kriminalitätsraten in Bezug auf die Kategorie Ethnizität mit der unterschiedlichen Wahrnehmung und Sanktionierung zusammenzuhängen und verweisen auf die Konstruktions- und Zuschreibungsprozesse bezüglich Geschlecht, Ethnizität und Kriminalität.

Aus wissenschaftlicher Sicht ist damit die Herausforderung verbunden, die Gleichsetzung von Männlichkeit mit Kriminalität sowie Ethnizität und Kriminalität (und in ihren intersektionalen Interdependenzen) nicht zu reproduzieren, sondern zu analysieren und zu verstehen. Solche differenzierten Perspektiven sind für die Praxis der Sozialen Arbeit im Bereich der Straffälligenhilfe (wie die sozialen Dienste im Justizvollzug, die Bewährungshilfe oder die Jugendhilfe im Strafverfahren) bedeutsam, denn sie werfen offene Fragen nach der eigenen Verwicklung in Prozesse der sozialen Kontrolle, nach geschlechtsbewussten Konzepten der (pädagogischen) Arbeit sowie im Hinblick auf das Verhältnis von Prävention, Intervention und Geschlechterperspektiven auf. Ein besonderes Augenmerk ist darauf zu lenken, ob und wie im Kontext dieser Kontroll-, Unterstützungs- und Hilfemaßnahmen strukturelle Ungleichheiten, individuelle Orientierungs- und Handlungsmuster und diskursive Normierungen verstärkt oder eingeschränkt werden.

Anke Neuber

Zum Weiterlesen
Bereswill, Mechthild/Neuber, Anke (2010): Jugendkriminalität und Männlichkeit. In: Dollinger, Bernd/Schmidt-Semisch, Henning (Hrsg.): Handbuch Jugendkriminalität. Kriminologie und Sozialpädagogik im Dialog. Wiesbaden: VS, S. 307–317
Micus-Loos, Christiane (2018): Geschlecht und Kriminalität. In: Hermann, Dieter/Pöge, Andreas (Hrsg.): Kriminalsoziologie. Handbuch für Wissenschaft und Praxis. Baden-Baden: Nomos, S. 219–232
Neuber, Anke (2022): Der Zusammenhang von Devianz und Geschlecht – eindeutig mehrdeutig. Geschlechtertheoretische Perspektiven in der Kriminologie. In: AK HochschullehrerInnen Kriminologie/Straffälligenhilfe in der Sozialen Arbeit (Hrsg.): Kriminologie und Soziale Arbeit. Ein Lehrbuch (im Erscheinen)

Kultur

Kultur ist ein umstrittener und schillernder Begriff und trotz anhaltender Diskussionen bleibt ihm eine gewisse Unschärfe eigen. Die Frage nach Kultur – teils wird Ethnie synonym verwendet – ist dabei eng mit jener nach Identität verknüpft. „Es ist geradezu verblüffend, wie häufig und intensiv Fragen der Kultur – von den ‚Parallelkulturen' bis zur ‚Leitkultur' – heute in den öffentlichen Debatten zum Streitthema werden", so eine Zeitdiagnose (Reckwitz 2020, S. 23). In diesen Auseinandersetzungen wird oft mit Vorstellungen von abgrenzbaren gesellschaftlichen Gruppen, die bestimmte Kulturen repräsentieren, als fundamentale Analyseeinheiten und grundlegende Konstituenten der gesellschaftlichen Welt gearbeitet; Brubaker (2007) kritisiert dies als „Gruppismus". In Wirklichkeit haben wir es jedoch nicht mit einem imaginierten „Kampf der Kulturen" (Huntington 1998) zu tun: Nicht Frauen versus Männer, Christen versus Muslime versus Juden oder unterschiedliche Nationen betreten das Konfliktfeld, sondern Gewerkschafts- und Stadtteilgruppen, zivilgesellschaftliche Organisationen und politische Institutionen, soziale und religiöse Bewegungen verhandeln darüber, was für sie Kultur bedeutet und wie damit umgegangen werden soll.

Kulturbegriff in den Sozialwissenschaften: Seit der Aufklärung haben sich unterschiedliche wissenschaftliche Konzeptionen von Kultur herausgebildet. Das Herzstück der modernen Kulturtheorien ist ein bedeutungs- und wissensorientierter Kulturbegriff. Er zielt auf die Auslegungen, Wahrnehmungen und

Beurteilungen, mit denen Menschen ihren Handlungen Sinn und Bedeutung verleihen. Diese Entwicklung der Sozialwissenschaften wird Ende der 1980er Jahre als cultural turn (Bachmann-Medick 2006) gedeutet: Die soziale Welt wird nicht als ‚objektiv' gegeben gesehen, sondern im Mittelpunkt des Forschungsinteresses steht die Rekonstruktion der Sinnsysteme, der interpretativen ‚Schemata' oder der ‚Habitus' (Bourdieu), die das Handeln der Akteur*innen zugleich ermöglichen und einschränken. Kultur fungiert hier als eine Art Werkzeugkiste mit Sinn- und Deutungsmustern.

Kultur wird zudem im Wechselbezug zu anderen Differenzkategorien wie Gender konstruiert. Im Alltagsverständnis werden kulturelle (bzw. ethnische) Kategorien gegenwärtig sogar stärker als geschlechtliche Zuordnungen als biologisch fix und unveränderbar gedacht, wie Brubaker beobachtet (Brubaker 2015; Brubaker 2016). Ähnlich wie sich die Genderforschung für das doing gender interessiert, fragt ein sozialkonstruktivistisches Kulturverständnis, wie Kultur ‚geschieht', und nicht, wie oder was Kultur ‚ist'. Diese relationale und prozessuale Perspektive blickt folglich nicht auf gute oder schlechte Eigenschaften und auf vermeintliche Gemeinsamkeiten oder Differenzen zwischen verschiedenen Kulturen bzw. Geschlechtern, sondern darauf, wie die Vorstellungen von Kultur bzw. Geschlecht zustande kommen. Statt zu fragen ‚Was ist (legitime) Kultur?', lautet die Frage: ‚Wie, wann und warum wird kulturalisierend gedeutet?'. Dieser distanzierte Blick auf Kultur jenseits jeglicher Faszination durch ‚Fremdheit' vermag die ungleichen Geschlechterverhältnisse und die sozialen Ursachen für Konflikte klarer ins Visier zu nehmen, die – meist unbewusst – kulturalisiert und gruppenbezogen interpretiert werden.

Soziale Bewegungen und transkulturelle (Geschlechter-)Konzepte: Die kritische Reflexion von Kultur (und Geschlecht) wird durch soziale Kämpfe angestoßen. Es sind die Auseinandersetzungen von sozialen Bewegungen gegen koloniale Ausbeutung, gegen Rassismus und Diskriminierung, gegen Sexismus und für die Anerkennung und Gleichberechtigung aller Geschlechter. Es sind die Erzählungen von Frauen und Männern, von Personen mit einer trans*Biografie, von Lesben und Schwulen, von Geflüchteten, Vertriebenen, Arbeitsmigrantinnen und Sklaven, von in der Diaspora und transnational lebenden Menschen, die ein neues Kulturkonzept eingefordert haben, das nicht naturalisiert, homogenisiert und normalisiert und die ambivalenten Verflechtungen von Rassismus, Sexismus und Feminismus erhellt (Hark/Villa 2017).

Aus postkolonialer, postmigrantischer und feministischer Perspektive geht es vor allem um die mit einem statischen Kulturbegriff verknüpften Machtverhältnisse. Kultur und Geschlecht werden als Differenz- und Identitätssetzungen thematisiert, die in der (Kolonial-, National-, Geschlechter-) Geschichte Ungleichheit und Diskriminierung bewirken und legitimieren. Dies geschieht z. B., wenn Geschlechter im Sinne von weiblichen und männlichen Kulturen mit – meist zugleich ab- oder aufgewerteten – Lebensweisen begriffen werden.

In verschiedenen Ansätzen von Intersektionalität und Transkultur werden Kultur und Geschlecht hingegen so gedeutet, dass sie je nach Kontext unterschiedlich wirkmächtig sind. Aus dieser Perspektive beeinflussen sie auf vielfältige, ambivalente Weise die konkreten Praktiken von Individuen und Gruppen sowie die jeweiligen Auseinandersetzungen zwischen den Akteur*innen um die Verteilung öffentlicher Güter, um Anerkennung, Partizipation und Gleichberechtigung (Lenz 2019b; Mae 2007).

Die Geschlechterforschung knüpft hier an und macht Transkulturalität zu ihrem Bezugsrahmen. „Durch Transkulturalität kann vor allem das Problem des Eingesperrtseins in eine spezifische Kultur überwunden werden, da die Kulturen füreinander durchlässiger und offener werden und Frauen und Männer sich nicht mehr von einer bestimmten Kultur(-alität) definieren lassen müssen" (Mae 2019, S. 320). Alle Geschlechter mit unterschiedlichen selbst gewählten oder zugeschriebenen kulturellen Zugehörigkeiten können bei einer transkulturellen Verfasstheit von Kultur freier und offener selbst bestimmen, welche Genderordnungen sie als traditionell und kulturell bedingt anerkennen oder verwerfen oder ob sie die eigenen (immer auch) kulturell- und geschlechterorientierten Lebensentwürfe zur Privatsache erklären möchten. In diesem transkulturellen Verständnis von Geschlecht bzw. transgeschlechtlichen Verständnis von Kultur werden sowohl die eingängige Rhetorik von der ‚eigenen' Kultur, welche stets in Abgrenzung zu einer ‚anderen' Kultur funktioniert, als auch die Frage nach Geschlechterpraxen in der jeweils ‚anderen' Kultur, angeblich um die ‚eigene' Kultur zu schützen, obsolet.

Plurale Identitäten: Menschen machen Erfahrungen mit ihrer Herkunft (wie Räume, Sprache, Religion, Traditionen und Geschichten) sowie mit herrschenden Praktiken, die Menschen nach zugeschriebenen Merkmalen (wie Dialekt, Körper und Hautfarbe) einteilen – sie interpretieren diese Erfahrungen auch als kulturelle Identität. Wie Kultur kann Identität sinnvoll nur als soziale Konstruktion und als divers und mehrdeutig gedacht werden: Jeder Mensch besitzt viele Identitäten. Wer sich prekär beschäftigt oder erwerbslos zu den Armen gestellt sieht, kann gleichwohl Privilegien als deutsche Staatsbürgerin oder als Weiß markierter Mann besitzen. Wer als Schwarze Deutsche, Muslima oder Jude von Rassismus betroffen ist, genießt vielleicht zugleich die Anerkennung als akademisch gebildete Führungskraft. Daher taugt Identität nicht dazu, Prognosen über das Verhalten kulturell definierter Kollektive zu machen; Sen (2020) warnt vor einer Identitätsfalle. Im persönlichen Erleben und in der politischen Aktion kann die wahrgenommene kulturelle Identität jedoch durchaus eine Quelle von Selbstvertrauen, Empowerment und Emanzipation sein (Dyke 2019) – aber auch von Hass und Gewalt: „Gewalt wird dadurch angefacht, dass man leichtgläubigen Leuten, die in die Hände von kundigen Fachleuten des Terrors fallen, ausschließliche Identitäten aufschwatzt" (Sen 2020, S. 18).

Wiedemann (2020) schlägt vor, zwischen Analyse und Aktivismus zu unterscheiden, wobei sie sich auf Diskurse und Kämpfe zu Schwarz- und Weißsein in dieser Gesellschaft bezieht. Die zum Teil sehr unterschiedlichen Erfahrungen von Schwarzen Deutschen und Personen of Color auf der einen und von Weißen Menschen auf der anderen Seite widersprechen nicht der Einsicht, dass wir es mit jeweils pluralen Identitäten zu tun haben. Schwarzsein und Weißsein bzw. allgemeine kulturelle Identität (auch: Ethnie, Religion, Community) werden hier nicht als Stempel, sondern als Instrument für Analyse und Selbsterkenntnis begriffen. Nicht nur die Black Lives Matter Bewegung in den USA, sondern auch die – historisch und sozial anders kontextualisierte – postmigrantische und antirassistische Bewegung in Europa und in Deutschland haben zugleich deutlich gemacht, dass die Betroffenheit von Rassismus, Antisemitismus, Antiziganismus und jeglicher Form von systematischer und alltäglicher Diskriminierung den Widerständigen im aktiven Handeln eine eigene Autorität verleiht, vor der Weiße Menschen allenfalls Verbündete sein und Solidarität zeigen können. Auf der Suche nach einer nicht-toxischen Weißen Existenz fällt der Abschied von einer Weißen Dominanz allerdings schwer (Wiedemann 2019). Auch um eine Balance zwischen einer (identitäts-) politischen Praxis, die Partei ergreift für eine diskriminierte Minderheit (wie Transmenschen, Schwarze, People of Color, Muslime oder Jüdinnen) und einer (allgemein-)politischen Praxis, die für die Partizipation aller und für Werte der Gleichberechtigung der Geschlechter, der Solidarität und des demokratischen Zusammenlebens eintritt, muss immer wieder gerungen werden.

Soziale Arbeit in der postmigrantischen Gesellschaft: Auch in der Sozialen Arbeit halten sich hartnäckig ontologische Denkfiguren von den Kulturen – z. B. von religiösen Gruppen oder nationalen Minderheiten; ihnen werden bestimmte kulturelle Identitäten und damit einhergehende Verhaltensweisen und Vorlieben zugeschrieben (Hasenjürgen 2019). So stehen unter dem Label ‚interkulturell' firmierende sozialpädagogische Ansätze in der Kritik, ein eingeübtes Gegenüber von zwei als homogen konstruierten Gruppen zu reproduzieren: ein (Weißes) ‚wir' – zu dem sich die meisten Sozialarbeiter*innen unbewusst selbst zählen – und die (migrantischen) ‚anderen'. Gruppismus und Othering sind jedoch das Gegenteil von einer gelungenen „Gegenwartsbewältigung" (Czollek 2020) der postmigrantischen Gesellschaft. In Deutschland leben Menschen mit und ohne (eigene oder familiäre) Migrationsgeschichte, Nachkommen von Arbeitsmigrant*innen und Geflüchteten, religiös und anders sozialisierte Einwohner*innen, sie bezeichnen sich als Deutsche oder Ostdeutsche, manche als Neue Deutsche, Schwarze Deutsche, Personen of Color, Sinti und Roma, Polnisch-Deutsche, Türkisch- oder Kurdisch-Deutsche und vieles mehr (ndo 2020). Um in dieser pluralen Gesellschaft anzukommen, braucht es Professionelle, die sich kontinuierlich mit kultur-, identitäts- und rassismuskritischem Wissen auseinandersetzen und eigene Normalitäts- und Kulturvorstellungen problematisieren.

Brigitte Hasenjürgen

Zum Weiterlesen
Mae, Michiko (2019): Transkulturalität: ein neues Paradigma in den Kulturwissenschaften, der Geschlechterforschung und darüber hinaus. In: Kortendiek, Beate/Riegraf, Birgit/Sabisch, Katja (Hrsg.): Handbuch Interdisziplinäre Geschlechterforschung. Wiesbaden: Springer VS, S. 313–322
Sen, Amartya (2020): Identität und Gewalt. München: C.H.Beck
Wiedemann, Charlotte (2019): Der lange Abschied von der weißen Dominanz. München: dtv

Lebensbewältigung

Mit dem Konzept Lebensbewältigung kann das Bewältigungsverhalten in kritischen Lebenssituationen und -konstellationen neu aufgenommen werden. Als ein transdisziplinäres Grundkonzept vereinigt es mehrere Perspektiven auf soziales Handeln: Entwicklungstheoretisch bezeichnet es die Erfahrung und Erarbeitung von Balance in Risikokonstellationen, wie sie an Übergängen im Lebenslauf (Erikson 1959), als Vermittlungsleistung zwischen institutionellen Erwartungs-Rahmungen und inneren Entwicklungen entstehen (Böhnisch 2019). Somit kann man Lebensbewältigung als ‚biografisches Konzept' verstehen: Es eröffnet den Zugang zu biografischen Stationen und Brüchen angesichts des möglichen Scheiterns eines generalisierten Lebensentwurfs. Es ist also immer auf den Hintergrund der jeweiligen Lebenslage zu beziehen. Als psychosoziales Antriebsmuster setzt die Dynamik der Lebensbewältigung vor allem dann ein, wenn ‚Balancearbeit', die notwendig ist, um Identität aufrechtzuerhalten, nicht mehr leistbar ist. In diesem engeren Sinne meint ‚Lebensbewältigung' das Streben nach subjektiver Handlungsfähigkeit in Lebenskonstellationen, in denen das psychosoziale Gleichgewicht – als Zusammenspiel von positivem Selbstwertgefühl, sozialer Anerkennung und erfahrbarer Selbstwirksamkeit – gefährdet ist. Lebenskonstellationen werden dann als kritisch bezeichnet, wenn die Betroffenen in Lebensschwierigkeiten und Konflikten nicht mehr auf bislang verfügbare psychische und soziale Ressourcen und Lösungsmuster zurückgreifen können oder diese nicht mehr ausreichen, um handlungsfähig zu bleiben (vgl. Filipp 2007). Sie sind dann gleichsam auf sich selbst – hilflos – zurückgeworfen und stehen unter dem Druck, Handlungsfähigkeit um jeden Preis zu erlangen. In diesem Streben nach Handlungsfähigkeit, das somatisch (aus körperlichem Druckempfinden heraus) angetrieben ist, werden – in der Tendenz – geschlechtsdifferente Bewältigungsmuster freigesetzt, die im Alltagsverhalten verdeckt vorhanden, nivelliert oder auch offen verhandelbar sind.

In diesem Zusammenhang wird bei Frauen ein eher ‚innengeleitetes', bei Männern dagegen häufiger ein nach außen gerichtetes Bewältigungsverhalten aktiviert. Danach spalten Männer innere Hilflosigkeit eher ab, rationalisieren diese, indem sie nach (allgemeinen) Gründen suchen, die außerhalb ihrer Betroffenheit liegen, oder projizieren ihre eigene Hilflosigkeit auf Schwächere und verfolgen diese dann an ihnen bis zur Gewalt. Unter diesen Bewältigungsmustern sind sowohl erfolgreiche und anerkannte Strategien zu finden als auch risikoreiches und sozial-destruktives Verhalten. Die kriminalstatistischen Daten weisen auch deutlich auf diesen männlichen Bewältigungstypus hin. Männer dominieren hier in außen gerichteten gewalthaltigen Delikten: Körperverletzung, Randale, Sachbeschädigung. Aus der Beratungspraxis wird immer wieder berichtet, wie schwierig es für die betroffenen Männer ist, über innere Hilflosigkeit zu sprechen, und wie viele Umwege und alternative, neue Konstellationen es braucht, bevor sie in der Lage sind, ihre Gefühle zur Sprache zu bringen (vgl. Neumann/Süfke 2004). Körperferne und Kontrollzwang, aber auch die Reaktionen des Umfeldes verstärken männliche ‚Stummheit'. Alles möglichst unter Kontrolle behalten zu wollen und nichts an sein Inneres herankommen zu lassen, steuern das eigene Bewältigungsverhalten. Aber auch nahe Personen stützen oft ein solches Verhalten, weil die Benennung ihrer Hilflosigkeit die Betroffenen erst einmal weiter beschädigen könnte. Dagegen fehlt die Aufmerksamkeit und Anerkennung für Gelegenheiten und Milieus, in den Männer – gerade in der Rückschau auf besonders kritische Lebenssituationen – untereinander, privat und gegenüber Professionellen ihre inneren Befindlichkeiten benennen.

Bei Frauen hingegen wird ein Bewältigungsmodus in kritischen Lebenssituationen freigesetzt, der – allerdings ambivalent – nach innen ausschlägt; sie sind zwar erfahrungsgemäß eher in der Lage, ihre innere Befindlichkeit zu thematisieren, spalten aber ihre Hilflosigkeit gegen sich selbst ab. Schuldübernahme (z. B. für Probleme der Kinder, Konfliktkonstellationen im Umfeld) und Zurücknahme der nach außen gerichteten Impulse oder Interessen sind in solcher Lage gängige Grundhaltungen. Leidens- oder Belastungsanzeigen (mit aggressiven Anteilen), die daraus entstehen, werden abgewertet oder übergangen. Extreme Formen sind autoaggressive Bewältigungsmuster, die sich in Medikamentenmissbrauch oder Essstörungen äußern können. Bei dieser frauentypischen Gewalt gegen sich selbst muss bedacht werden, dass Mädchen und Frauen weniger über anerkannte bzw. tolerierte Modelle verfügen, kritische Befindlichkeiten für sich einzuordnen und dann selbstbewusst und entsprechend durchsetzungsfähig nach außen oder in die Öffentlichkeit zu tragen. Sie brauchen Rückhalt und Orientierung in sich entwickelnden Konfliktstationen. Es gibt Beispiele dafür, wie schwer von Magersucht betroffene junge Frauen in der Rückschau von der Suche nach Halt in der Magersucht und danach von einer dahinterliegenden massiven Wut berichten.

Aber auch soziale Organisationen müssen bewältigungstheoretisch analysiert werden. So muss Schule nicht nur absolviert, sondern auch bewältigt werden. Die Spannung zwischen Schulfähigkeit und alltäglicher Handlungsfähigkeit durchzieht das Schulgeschehen, die institutionelle Schülerrolle und das personale Schülersein können auseinanderdriften. Schule als Bewältigungskultur zu analysieren bedeutet auch, danach zu fragen, wie in der Organisation Schule nicht nur innerschulische Konflikte, sondern auch kritische Lebensereignisse thematisiert werden können oder unter Abspaltungsdruck geraten. Auch die Geschlechtertypiken des Alltags wirken in der Schule. Lehrer*innen gehen oft von einem ‚typischen' männlichen und weiblichen Verhalten aus und verfestigen damit nicht nur die Geschlechterstereotype, sondern engen auch den Raum für alternative Orientierungen ein. Dabei kann sich ein verdecktes soziales Curriculum entwickeln: Jungen erfahren so unbewusst, dass sie durch antisoziales Verhalten Aufmerksamkeit auf sich ziehen, das Unterrichtsklima ändern und sich – indem sich Lehrer*innen und Klasse ihnen zuwenden – zumindest situativ durchsetzen können. Eine unterschiedliche Erwartungsstruktur bewirkt, dass z. B. bei Jungen Rückzug und Isolation als Folge der Verletzung von Selbstwertgefühl nicht ernst genommen wird, solange sie nicht auffallen, bis die angesammelte Wut sich spät in massivem Gewalthandeln entlädt. Stille Mädchen, die aus dem Unterricht aussteigen, aber als unauffällig und diszipliniert gelten, werden ebenso übergangen. Aggressive Bewältigung von Schulversagen bei Mädchen irritiert und führt schließlich zu formellen Sanktionen.

In der Struktur der Schule ist also angelegt, dass sie eine männliche Durchsetzungskultur und eine Kultur der weiblichen Zurücknahme fördert. Die Mädchen erbringen zwar im Durchschnitt die besseren Leistungen, wenn es aber um das Sozialverhalten und das soziale Durchsetzungsvermögen geht, vor allem nach der Schule in der Konkurrenz um die beruflichen Chancen, wirkt sich die männliche Dominanz- und Durchsetzungskultur deutlich aus. Insofern verwundert nicht der folgende Befund zur schulischen Geschlechterkultur: „Bemerkenswert ist, dass sich Jungen wie Mädchen in der unfreiwilligen Situation der Schule geschlechtsstereotyper verhalten als im privaten Rahmen. Viele Jungen und Mädchen erlernen u. a. in der Schule, wie man sich geschlechtskonform verhält. [...] Der verpflichtende Charakter scheint also nicht zum Abbau von Geschlechterdifferenzen und -hierarchien beizutragen, sondern kann diese – entgegen dem Anspruch des Abbaus der Ungleichheit in der Schule" – sogar noch verschärfen (Budde/Venth 2010; S. 70). Wieder ist anzunehmen, dass das Leistungs-, Konkurrenz- und Selektionsprinzip der Schule sich verdeckt im Geschlechtervergleich und in der Geschlechterkonkurrenz – im bildungspolitisch übergangenen Wissen um die Überschneidung mit Klassenlage und prekärem, niedrigem Migrationsstatus – verstärkt (El Mafaalani 2020).

Geschlechtsdifferente Bewältigungsmuster entwickeln sich im Verlauf der Sozialisation. Sie werden immer noch in einem – bei allen behaupteten Nivellierungstendenzen – weiterbestehenden, gleichsam versteckten Curriculum weitergegeben. Über Generationen hinweg sind sie in einem Prozess der sozialen Vererbung entstanden und deshalb zwar sozial veränderbar, aber gleichzeitig kulturgenetisch resistent. Soziale Arbeit begleitet Betroffene in Lebenszusammenhängen, in denen sie sowohl mit geschlechtshierarchisch-brüchigen als auch rigiden Bewältigungsmustern ‚überleben'. Die Reflexion und die (beispielhaft ermöglichte, begleitete) praktische Überwindung dieser Bewältigungsmuster erst schaffen den Raum, neu auf erlebte, aber tabuisierte Befindlichkeiten zu schauen und daraus eine eigene Offenheit für Alternativen und im Umgang mit ‚Hilflosigkeit' zu erarbeiten bzw. für sich neu zu entfalten.

Lothar Böhnisch

Zum Weiterlesen
Böhnisch, Lothar (2010b): Abweichendes Verhalten. Weinheim, München: Juventa
Böhnisch, Lothar/Funk, Heide (2002): Soziale Arbeit und Geschlecht. Weinheim, München: Juventa
Neumann, Wolfgang/Süfke, Björn (2004): Den Mann zur Sprache bringen. Tübingen: dgvt

Lebenslagen

Der in der Sozialpolitik entwickelte theoretische Ansatz der Lebenslagen hat durch die Armuts- und Reichtumsberichterstattung der Bundesregierung wissenschaftlich und sozialpolitisch an Bedeutung gewonnen. Der Begriff „Lebenslage" wurde von Neurath (1931; vgl. auch Haller/Rutter 1981) geprägt und von Weisser (1956) in die Sozialpolitikforschung eingeführt. Glatzer und Hübinger (1990) haben die „Lebenslage" in Anlehnung an Nahnsen (1975) definiert als einen multidimensionalen individuellen Handlungsrahmen aus „Handlungsspielräumen", die von einer Vielzahl von individuell nicht beeinflussbaren äußeren bzw. strukturellen Merkmalen der Existenz begrenzt werden. Auf unterschiedlichen Handlungsebenen sind das z. B. „Spielräume" für Versorgung und Einkommen, Kontakte und Kooperation, Lernen und Erfahrung, Muße und Regeneration, Disposition und Partizipation/Teilhabe. In der Lebenslage sind daher sowohl die ökonomischen und objektiven als auch die nicht-ökonomischen, immateriellen und subjektiven Dimensionen individueller Handlungsspielräume enthalten, wie sie für Möglichkeiten, aber auch Grenzen persönlichen Handelns bestimmend sind (vgl. Enders-Dragässer/Sellach 1999).

Die objektiven Determinanten von Lebenslagen sind in der Mehrzahl individuell eher nicht steuerbar, z. B. die Höhe der Regelsätze des Arbeitslosengeldes II. Steuerbar ist jedoch, inwieweit der individuelle Handlungsrahmen bzw.

die jeweiligen Handlungsspielräume ausgeschöpft bzw. erweitert werden können. Insofern sind neben den objektiven materiellen und immateriellen Dimensionen auch die subjektiven Elemente von Entscheidungen und Handlungen in den Lebenslagen-Ansatz einbezogen, also die individuellen Strategien von Steuerung und Bewältigung im Lebensverlauf.

Diesen steuerbaren Spielraum haben Einzelne bzw. Paare oder Familien für die Befriedigung der Gesamtheit ihrer materiellen und immateriellen Bedürfnisse und Interessen zur Verfügung und füllen ihn jeweils individuell und in ihrem sozialen und kulturellen Kontext mit ihren individuellen Fähigkeiten und Ressourcen aus. Mit diesem theoretischen Modell können neben ökonomischen Faktoren, die in der Regel quantifiziert dargestellt werden, z. B. Einkommensgrößen, auch qualitative Faktoren in die Analyse einbezogen werden.

Inzwischen sind auch die geschlechtsspezifischen Unterschiede in den Lebenslagen von Frauen und Männern von der Frauen- und Genderforschung eingearbeitet worden (vgl. Enders-Dragässer/Sellach 1999). Dadurch können die Lebenslagen und damit die Handlungsspielräume von Frauen wie Männern auch geschlechtsbezogen beschrieben werden. Geschlechtsspezifische soziale Ungleichheit und Ausgrenzung werden dann erkennbar in ihren Ausprägungen und auch in den Wechselwirkungen zwischen den Geschlechtern.

Vor dem Hintergrund der geschlechtlichen Arbeitsteilung, einschließlich der geschlechtsspezifischen Segregation der Erwerbsarbeit, der Geschlechterhierarchie sowie der Gewalt, etwa in gewaltgeprägten Familien- und Beziehungssituationen, wurden weitere Handlungsspielräume definiert. Mit dem Geschlechtsrollen-Spielraum können offene und verdeckte Handlungs- und Entscheidungsmöglichkeiten und verdeckte Benachteiligungen von Frauen erfasst sowie die Beschränkungen ihrer Handlungs- und Entscheidungsmöglichkeiten und materiellen Rechte aufgrund der unbezahlten Haus- und Familienarbeit (Carearbeit) analysiert werden (vgl. Enders-Dragässer/Sellach 2006).

Der Schutz- und Selbstbestimmungs-Spielraum bezieht sich auf die sexuelle Selbstbestimmung, auf körperliche, seelische und mentale Integrität, Sicherheit vor Gewalt und Nötigung, Schutz vor wirtschaftlichen und sozialen Folgen von Gewalt. Er ist auch der Spielraum für ein selbstbestimmtes Leben bei körperlichen, seelischen und geistigen Beeinträchtigungen (Ender-Dragässer/Sellach 1999; Ender-Dragässer/Sellach 2002; Ender-Dragässer/Sellach 2006).

Den Auswirkungen einer durch Geschlechtszugehörigkeit bestimmten Identität trägt der Sozialbindungsspielraum Rechnung. Er umfasst die Versorgungsfestlegungen mit ihren materiellen und immateriellen Belastungen bzw. Entlastungen sowie Gewaltbedrohung bzw. Gewaltausübung in sozialen Bindungen. Soziale Bindungen entscheiden über den Zugang zu Ressourcen, den Zugang zur Befriedigung von materiellen und sozialen Bedürfnissen und über Schutz vor Armut bzw. Gewalt. In dieser Wirkungsrichtung sind soziale Bindungen für Frauen und deren Handlungsspielräume möglicherweise von ebenso zentraler Bedeutung wie Einkommen. Sie beinhalten aber auch materielle Verpflichtungen zur Bedürfnisbefriedigung und Ressourcengewährung für andere, z. B. für Kinder und Angehörige.

Im Konzept des Sozialstaats-Spielraums wird der Blick gelenkt auf Chancen bzw. Begrenzungen im Zugang zu sozialstaatlichen Dienstleistungen, wie z. B. zu materiellen und persönlichen Hilfen in Notfällen oder zu Kinderbetreuungseinrichtungen (Knab 2001). Mit der Dimension des „Körpers" werden geschlechtsbezogene körperliche Dispositionen, Umgangsweisen und Effekte, gesundheitliche Beeinträchtigungen und Behinderungen als soziale Ungleichheiten (mit-)produzierende Faktoren erschlossen (Abraham 2002). Durch Recht strukturierte bzw. begrenzte Handlungsspielräume, etwa im Fall von Behinderung oder Migration, sind für die Lebenslage ebenfalls von Bedeutung. Sie verweisen auf das Vorhandensein eines politischen Handlungsspielraums mit Möglichkeiten bzw. Beschränkungen, sich aktiv individuell oder kollektiv an politischen Prozessen um den Abbau von Benachteiligungen und die Erweiterung von Handlungsmöglichkeiten zu beteiligen.

Mit der Integration von Geschlecht als Analysekategorie aus der Frauen- und Genderforschung wurde auch die individualistische Fassung des Konzepts der Lebenslage aufgegeben. Die für weibliche und männliche Individuen gleichermaßen bedeutsame Frage von Familie und sozialen Bindungen wurde in die Handlungsspielräume einbezogen, um die Auswirkungen von sozialen Verpflichtungen bzw. Entpflichtungen etwa bei Mutterschaft und Vaterschaft berücksichtigen zu können.

Der geschlechtsspezifische Blick auf die Lebenslagen geht bisher jedoch von einer binären Geschlechteridentität aus, die Transgeschlechtlichkeit bzw. die unterschiedlichen queeren Lebensweisen sind noch nicht einbezogen. In allen Lebensgemeinschaften werden die Handlungsspielräume, insbesondere der Sozialbindungsspielraum, durch die strukturell vermittelten Einschränkungen, z. B. durch die unbezahlte Carearbeit, für die begrenzt, die Kinder oder pflegebedürftige Angehörige zu versorgen haben und z. B. deswegen keiner Vollzeitbeschäftigung nachgehen können (vgl. Enders-Dragässer/Sellach 2006).

Lebenslagen mit ihren Handlungsspielräumen müssen auch in ihrer Veränderung im Lebenslauf abgebildet werden. Dabei können fünf zentrale Lebensabschnitte ausgemacht werden, in denen die Handlungsspielräume jeweils unterschiedlich gewichtet werden: Kindheit und Jugend, Adoleszenz, die aktive Elternphase, die passive Elternphase und die Altersphase. Z. B. liegt in der mittleren Lebensphase der Schwerpunkt der Aktivitäten bei der Erwerbsarbeit und in der Familie, wobei Frauen mit Kindern ihren Schwerpunkt eher bei der Vereinbarkeit von Familie und Beruf setzen, während der Schwerpunkt der Aktivitäten von Männern eher in der Erwerbsarbeit liegt (BMFSFJ 2009; BMFSFJ 2011).

In der Frauen- und Genderforschung konnten mit dem um Gender erweiterten Lebenslagen-Ansatz qualitativ wie quantitativ strukturelle Benachteiligungen von Frauen untersucht werden, u. a. auf der Grundlage der Zeitbudgeterhebungen (vgl. Sellach et al. 2004; Sellach et al. 2006; Sellach et al. 2017) oder einer Sonderauswertung des Mikrozensus zu den Lebensverhältnissen behinderter Frauen (vgl. BMFSFJ 2009). Entsprechende Analysen zu den Lebenslagen und Handlungsspielräumen von Männern und geschlechtsbezogene Kumulationen von objektiv und subjektiv vermittelten Problemlagen bzw. sozialstrukturelle Defizite bei Männern stehen noch weitgehend aus (vgl. Fichtner et al. 2005).

Das Besondere und Weitreichende am Lebenslagen-Ansatz ist, dass Frauen und Männer als handelnde Subjekte im Mittelpunkt stehen, die ihr Leben im Rahmen ihrer individuellen Möglichkeiten und Fähigkeiten und der ihnen objektiv zur Verfügung stehenden sozialen und ökonomischen Ressourcen gestalten. Sie werden nicht nur als ‚Opfer ihrer Verhältnisse' gesehen. Ihre subjektive Verarbeitung von strukturell vorgegebenen Lebensbedingungen, Bewältigungsstrategien und ihre sozialen Orientierungen, Befindlichkeiten und subjektiven Deutungen auf der Grundlage von kompetenter Geschlechterkonstruktion sind ebenso bedeutsam wie die objektiven ‚gesellschaftlichen Verhältnisse', in denen sie handeln.

Im theoretischen Rahmen des Lebenslagen-Ansatzes sind soziale Notlagen und persönliche Krisen bei Männern wie Frauen immer auch als geschlechtsspezifisch begründet zu sehen. Das gilt ebenso für ihre Bewältigungsmuster, in denen im Sinne des Doing Gender Geschlechtszugehörigkeit und Geschlechtszuschreibung verknüpft werden. Dem daraus erwachsenden geschlechtsspezifisch begründeten Hilfebedarf muss in der Sozialarbeitspraxis entsprochen werden, indem die Angebote an den frauen- bzw. männerspezifischen Deutungsmustern der Betroffenen ebenso wie an ihren tatsächlichen Handlungsspielräumen und Ressourcen orientiert werden. Dies ist noch eine Herausforderung für die Sozialarbeit, denn auch die Fachkräfte müssen ihr eigenes Doing Gender reflexiv in die Hilfepraxis einbeziehen.

Brigitte Sellach

Zum Weiterlesen
Enders-Dragässer, Uta/Sellach, Brigitte (2006): Der Lebenslagen-Ansatz in der Frauenforschung – Nutzen und Erkenntnisgewinn. In: Zeitschrift für Frauenforschung und Geschlechterstudien, H. 2 und 3, S. 129–140
Hammer, Veronika/Lutz, Ronald (Hrsg.) (2002): Weibliche Lebenslagen und soziale Benachteiligung. Theoretische Ansätze und empirische Beispiele. Frankfurt/M., New York: Campus
Sellach, Brigitte (2020): Armut von Frauen mit Behinderung. In: Dackweiler, Regina-Marie/Rau, Alexandra/Schäfer, Reinhild (Hrsg.): Frauen und Armut – Feministische Perspektiven. Opladen, Berlin Toronto: Barbara Budrich, S. 279–300

Lesben und Schwule

Lesben und Schwule sind zunächst Menschen, die homosexuell leben und gleichgeschlechtlich begehren: Lesbische Frauen begehren Frauen, schwule Männer begehren Männer. Bisexuelle Menschen hingegen begehren gegen- und gleichgeschlechtliche Personen (vgl. Schmauch 2015). Gleichgeschlechtliche Lebensweisen, die nicht nur historisch als Abweichung von der Norm geordnet werden, werden in der gesellschaftlichen Wahrnehmung oftmals auf Sexualität reduziert. Sie zeichnen sich jedoch ebenso durch vielfältige soziale und emotionale Beziehungen aus und lassen sich daher aus der Sicht der Sozialen Arbeit sowohl als konflikthafte Verhältnisse als auch als Fürsorgeverhältnisse betrachten (vgl. Brückner 2011b). So wachsen Bisexuelle, Schwule und Lesben in Familien auf oder gründen selbst Familien. Auch wenn diese Lebensformen durch die gesetzlichen Rahmenbedingungen in den letzten Jahren im deutschsprachigen Raum mehr Rechte eingeräumt bekommen haben und zunehmend sichtbar werden, kann das vor allem in den Medien gängige Label ‚Regenbogenfamilie' zugleich als Indiz dafür verstanden werden, dass ihre Anerkennung als Familie und als Orte des Aufwachsens von Kindern und Jugendlichen keineswegs selbstverständlich ist (vgl. Riegel 2019; Monse/Sabla 2017). Sowohl in fachwissenschaftlichen Diskursen der Sozialen Arbeit als auch in der professionellen Sozialen Arbeit mit Familien besteht die Gefahr, dass angesichts der nach wie vor bestehenden Dominanz traditioneller Familienbilder diejenigen Familien, die einer heteronormativen Ordnung nicht entsprechen, entweder unsichtbar bleiben oder „zu besonderen Anderen" (Riegel 2019, S. 369) gemacht werden. Aus der Sicht der Ratsuchenden lassen die verschiedenen sozialpädagogischen Einrichtungen oftmals deutlich wahrnehmbare Signale der Offenheit und Kompetenz im Umgang mit Fragen der sexuellen Identität vermissen (vgl. LSVD 2014). Ähnliches lässt sich auch mit Blick auf die Auseinandersetzungen in sozialpädagogischer Forschung und Praxis mit dem Thema Alter(n) und gleichgeschlechtliche Lebensweisen feststellen. Vor dem Hintergrund der These einer Hetero- oder Asexualisierung des Alters durch Pflege- und Versorgungseinrichtungen werden immer mehr neue Wege diskutiert, wie sexuelle Individualität und Vielfalt auch im Alter besser berücksichtigt werden können (vgl. Lottmann/Lautmann/Castro Varela 2016; Schütze 2020).

Anders als heterosexuelle Menschen durchlaufen homosexuelle Menschen altersunabhängig sowohl im nahen Umfeld als auch in alltäglichen Situationen mit Blick auf ihre sexuelle Orientierung stets Prozesse des Coming-out. Göth und Kohn beschreiben damit den Zeitpunkt, an dem sich jemand zur eigenen sexuellen Orientierung bekennt bzw. nach außen („out") erkennbar macht. Die Autor*innen unterscheiden das innere und das äußere Coming-out. Das innere Coming-out beschreibt den Prozess, in dem sich eine Person ihrer homo- oder bisexuellen Orientierung bewusst wird, während sich das äußere

Coming-out auf das Bekennen zur eigenen sexuellen Orientierung in der Familie, vor Freund*innen, in der Schule oder bei der Arbeit bezieht (Göth/Kohn 2014, S. 22; vgl. Schmauch 2015). Diese Prozesse verlaufen nicht immer freiwillig und konfliktfrei, so dass es aus sozialpädagogischer Sicht sinnvoll ist, wenn Jugendliche handlungsmächtig werden und lernen, eigenständig Normalität zu hinterfragen (vgl. Vogler 2021). Trotz der gestiegenen gesellschaftlichen Akzeptanz von homosexuellen Menschen bleiben stigmatisierende und diskriminierende Praktiken in allen sozialen Bezügen, darunter wichtige Sozialisationsinstanzen wie Familie oder Schule, bestehen (vgl. Kleiner 2020; Höblich 2019). Lesbische, schwule und bisexuelle Jugendliche und junge Erwachsene gelten daher als vulnerable Personengruppen und das erste Coming-out gilt für sie weiterhin als kritisches Lebensereignis, weil sie sich in einer Lebensphase befinden, in der sie in starken finanziellen oder emotionalen Abhängigkeitsverhältnissen stehen und sich diesen kaum bzw. nur mit schwerwiegenden Folgen entziehen können (vgl. Watzlawik 2004; LSVD 2014). Die Anerkennung von lesbischen, schwulen und bisexuellen Jugendlichen stellt Soziale Arbeit vor ein Dilemma, wenn diese Jugendlichen durch sozialpädagogische Angebote als Adressat*innen entworfen werden, denen vor allem dabei geholfen werden soll, zu ihrem Anderssein zu stehen und in einer heteronormativen Welt ihren Platz zu finden, ohne dass sich diese Welt verändern muss (vgl. Schirmer 2017). Prozesse der Adressierung in der Sozialen Arbeit, für die der Bezug auf Andersheit konstitutiv ist, sind nicht nur aus anerkennungstheoretischer Perspektive eine Herausforderung. Jenseits einer Selbstbezeichnung ist die Bezeichnung einer Person als Lesbe, Bisexuelle*r oder Schwuler durch Dritte häufig negativ konnotiert und nicht zuletzt in der Jugendsprache Ausdruck von Herabwürdigung der so Bezeichneten. Die Begriffe schwul und lesbisch sind jedoch im Laufe der Lesben- und Schwulenbewegung als positive Selbstbezeichnungen übernommen worden, um sowohl die eigene Identität beschreiben als auch politische Ziele wie gesellschaftliche Akzeptanz und Gleichberechtigung für schwule und lesbische Lebensweisen zu verfolgen (vgl. Höblich 2019). Gerade die Lesbenbewegung in der BRD hatte und hat in Verschmelzung mit der Frauenbewegung als feministischer Raum „positiver Selbstverortung und gesellschaftlicher Kritik" (Münst 2010, S. 904) daran einen großen Anteil.

Mit der Kategorisierung von Menschen als schwul oder lesbisch gehen allerdings Vorstellungen einher, wonach alle Menschen hinsichtlich ihrer sexuellen Identität als klar voneinander unterscheidbar weiblich oder männlich und vor diesem Hintergrund auch hinsichtlich ihrer sexuellen Orientierung dauerhaft festgelegt sind. Für eine queertheoretisch informierte Soziale Arbeit (vgl. Plößer 2014), die die weitere Marginalisierung vom Ausschluss bedrohter Gruppen verhindern will, bietet sich für ihre theoretischen und praktischen Reflexionen die Übernahme einer der vielfältigen Varianten der englischen Abkürzung für lesbian, gay, bisexual, trans, inter und queer an. Um der von vielen gewünschten Uneindeutigkeit sexueller und sozialer Geschlechtsidentität gerecht zu werden, wird der Abkürzung ein Sternchen angehängt oder eingefügt (z. B. LGBTI*Q). Sie wird seit den 1990er Jahren in politischen, internationalen Diskursen von Menschenrechtsorganisationen (z. B. www.ilga-europe.org), aber zunehmend auch in fachwissenschaftlichen Diskursen verwendet (z. B. Riegel 2019). Das Gefühl der Zusammengehörigkeit, als LGBTI*Q-Mensch Teil einer vielfältigen, internationalen Gemeinschaft (LGBTI*Q-Community) zu sein, verleiht zum einen Sichtbarkeit und Sicherheit, kann aber kaum darüber hinwegtäuschen, dass die lebensweltlichen Unterschiede von Teilen dieser Gemeinschaft erheblich sein können, so dass sie sich durch Angehörige anderer Untergruppen nicht vollständig repräsentiert sehen. Allen gemein ist, dass sie nach wie vor zu Opfern von mehr oder weniger subtilen Diskriminierungs-, Ausgrenzungs- und Beschämungspraxen gemacht werden können. Dazu zählen strukturelle Diskriminierung und Ungleichbehandlung in verschiedenen Kontexten wie der beruflichen Karriere, dem Zugang zu Wohnungen und anderen Gütern sowie zu Bildungseinrichtungen oder Dienstleistungen. In Fällen von homosexuellen Menschen können diese Diskriminierungspraktiken als homophob bezeichnet werden, bei LGBTI*Q-Menschen als LGBTI*Q-feindlich. Der Begriff der Homonegativität ersetzt in den Fachdiskursen immer häufiger den Begriff der Homophobie. Schmauch erkennt das Konzept der Homophobie als nicht geeignet an, da dieses eine Angstzuschreibung fokussiert, obwohl die ablehnende Haltung sich meist nicht in Form von „ängstlicher Vermeidung, sondern in feindseliger Verachtung und aktiven Angriffen" (Schmauch 2015, S. 101) äußert.

Die Praxis Sozialer Arbeit steht bei LGBTI*Q-spezifischen Angeboten vor der Herausforderung, die adressierten Menschen nicht auf ihr Begehren zu reduzieren und dabei „eine Kontinuität und Kohärenz über die gesamte Lebensspanne zu unterstellen, die empirisch kaum eingelöst wird" (Höblich 2020b, S. 126). Damit bestünde auch weiterhin die Gefahr, Identitätspositionen als wesensmäßige Merkmale von Subjekten anzuerkennen und dabei das Anderssein als von Normen erzeugte Position zu übersehen (vgl. Plößer 2014). Für Praxisreflexion und Forschung Sozialer Arbeit lässt sich in Anlehnung an Kleiner eine Perspektive ableiten, bei der die Analysen der Lebenslagen von lesbischen, schwulen, bisexuellen, trans* und inter*geschlechtlichen sowie queeren Menschen die Verschränkungen von Geschlecht und Begehren mit weiteren Differenzkategorien (wie natio-ethno-kulturelle Zugehörigkeit, Bildung und soziale Herkunft, Behinderung) in den Blick nehmen: „Wenn Untersuchungen von Heteronormativität systematisch solche Verschränkungen und dadurch marginalisierte Subjekte berücksichtigen, werden Normen, die Geschlecht und Sexualität – auch in subkulturellen Kontexten – strukturieren, besser erklärbar" (Kleiner 2020, S. 50).

Kim-Patrick Sabla-Dimitrov

Zum Weiterlesen
Höblich, Davina (2020b): Soziale Arbeit als Projekt sozialer Gerechtigkeit. Dilemmata im Umgang mit Differenz am Beispiel sexuelle Orientierung. In: Cloos, Peter/Lochner, Barbara/Schoneville, Holger (Hrsg.): Soziale Arbeit als Projekt. Konturierungen von Disziplin und Profession. Wiesbaden: Springer VS, S. 119–129
Riegel, Christine (2019): Selbstverständlich nicht selbstverständlich. Zur ambivalenten Anerkennung von LSBTI*Q-Eltern und ihren Familien in pädagogischen Kontexten. In: Sozial Extra 43. H. 6, S. 367–371
Watzlawik, Meike (2020): Sexuelle Orientierungen und Geschlechtsidentitäten: Thinking outside the box(es)? Überlegungen aus entwicklungspsychologischer Perspektive. In: Timmermanns, Stefan/Böhm, Maika (Hrsg.): Sexuelle und geschlechtliche Vielfalt. Interdisziplinäre Perspektiven aus Wissenschaft und Praxis. Weinheim, Basel: Beltz Juventa, S. 22–39

Macht

Als „Grundstoff […], der alles politische Handeln begleitet" (Rohe 1994, S. 82), wird Macht seit jeher als Basiskonzept des Politischen und als „Fundamentalbegriff der Sozialwissenschaften" (Hanke 2000, S. 364) verhandelt. In der politischen Theorie ist die Bedeutung des Begriffs ‚Macht' sehr unterschiedlich und vielschichtig angelegt, die Ansätze lassen sich u. a. nach normativen (z. B. Aristoteles), ‚realistischen' (z. B. Machiavelli), systemtheoretischen (z. B. Luhmann) oder poststrukturalistischen (z. B. Foucault) unterscheiden.

Eine der bekanntesten Definitionen von Macht stammt von Max Weber. Er definiert Macht „als jede Chance, innerhalb einer sozialen Beziehung den eigenen Wunsch auch gegen Widerstreben durchzusetzen, gleichviel, worauf diese Chance beruht. […] Alle denkbaren Qualitäten des Menschen und alle denkbaren Konstellationen können jemand in die Lage versetzen, seinen Willen in einer gegebenen Situation durchzusetzen" (Weber 1922, S. 28 f.). Diesen amorphen Begriff von Macht grenzt er von dem präziseren Begriff der Herrschaft ab, der beinhaltet, „für einen Befehl bestimmten Inhalts […] Fügsamkeit zu finden" (ebd.). Während Herrschaft im Sinne institutionalisierter geronnener Macht innerhalb einer hierarchisch geprägten sozialen Ordnung stattfindet und der Legitimation bedarf, ist Macht ausgehend von den Handlungsfähigkeiten und Abhängigkeiten des Menschen omnipräsent, unvermeidbar, aber auch ‚machbar' (vgl. Popitz 1992). Der Gedanke, dass menschliches Zusammenleben durch Macht veränderbar wird, findet sich auch bei Arendt (1970), die Macht als das Zusammenwirken von freien Menschen im politischen Raum definiert und damit die mobilisierenden und sozial integrierenden Effekte von Macht sichtbar macht. Macht resultiere nicht aus Gewalt oder Zwang, sondern aus einer kommunikativ-konsensuellen Praxis. Das duale Modell von Subjekt/Objekt wird auch von Foucault (1978) kritisiert, der eine historisch neue Form von Machtausübung fokussiert und Macht als dynamisches Kräfteverhältnis definiert, in dem Menschen aufeinander einwirken. Macht ist keine Eigenschaft und keine durch ein Subjekt gesetzte Handlung, sondern existiert nur in actu, auch wenn sie sich auf bestehende Strukturen stützen kann.

Die zeitgenössischen Machttheorien unterstreichen vier Punkte, die auch in der Thematisierung von Macht und Geschlechterverhältnis von Bedeutung sind: Macht ist ein gesellschaftliches Phänomen, das nicht zu beseitigen, aber inhaltlich wandelbar ist. Sie ist gebunden an Beziehungen und erscheint zunehmend interaktiv. Gegenüber älteren Definitionen entsubstantialisiert sie sich und wird zu einem Teil des sozialen Prozesses. Macht löst sich aus der engen Verbindung zu Gewalt und wird zunehmend als neutral oder produktiv aufgefasst.

In den frühen feministischen Diskussionen wurden die Machtasymmetrien und die Gewaltförmigkeit in den Geschlechterbeziehungen unter dem Begriff des Patriarchats gefasst und die (Vor-)Herrschaft des Mannes in der Gesellschaft kritisiert. Die einende Parole der divergierenden Neuen Frauenbewegung: ‚Das Private ist politisch!' verdeutlichte den politischen Charakter privater Verhältnisse und intimer Beziehungen, stellte den Gegensatz von Macht und Liebe in Frage und verwies darauf, dass die durch die politische Ideengeschichte tradierte Einteilung in Öffentlich und Privat mit Geschlechterzuschreibungen verbunden ist. Diese schlagen sich z. B. in geschlechtshierarchischer Arbeitsteilung nieder und führen dazu, dass in der politischen und sozialen Praxis vielen Frauen der Zugang zu Macht und Selbstbestimmung verweigert ist. Die Leistung dieser feministischen Diskurse war es, die androzentrische Verzerrung in den Macht- und Herrschaftstheorien und den Zusammenhang zwischen gesamtgesellschaftlichen Herrschaftsverhältnissen und Geschlechterverhältnis aufzuzeigen. Bei aller Unterschiedlichkeit der Konzeptionen (radikalfeministisch, differenztheoretisch, liberal, marxistisch) zielte die Perspektive auf die Kritik und Negation von Macht und schrieb diese einseitig den Männern zu.

Nach der Berliner Konferenz zum Thema ‚Frauen und Macht' (vgl. Schaeffer-Hegel 1984) wurde die Thematisierung von Macht, Herrschaft und Geschlechterbeziehung sowohl bezüglich der Machtphänomene als auch in Bezug auf Theorielinien komplexer und facettenreicher (vgl. Knapp 1992). Mit dem Begriff der ‚Mittäterschaft' (vgl. Thürmer-Rohr 1983) wurde auch die Mitgestaltung und aktive Verstrickung der Frauen in patriarchalische Strukturen thematisiert. Angeregt durch kulturanthropologische und ethnologische Forschungen (vgl. Lenz/Luig 1990) sowie Elias' (1986) Überlegungen zu den ‚Machtbalancen' wurde die Feinverteilung von Macht zwischen den Geschlechtern und auch Frauenmacht in den Blick genommen (vgl. Beard 2018).

Postkoloniale Ansätze forderten, Macht- und Ungleichheitsverhältnisse entlang der Kategorien Geschlecht, Klasse, Race/Ethnizität, Behinderung und sexuelle Orientierung in ihrem Zusammenwirken zu analysieren (vgl. Crenshaw 1991; Walgenbach 2014), und führten so die Kritik an eindimensionalen Analyseperspektiven auf männliche Macht und weibliche Ohnmacht weiter. Im Kontext der zunehmenden Übernahme von Care Arbeit durch transnationale Dienstleister*innen, die unter dem Stichwort „global care chains" (Hochschild 2000) diskutiert werden, findet z. B. eine Verschiebung von Reproduktionsarbeit zwischen Frauen statt. Damit kommen Machtstrukturen zwischen ‚einheimischen' und zugewanderten Frauen bzw. neue transnationalisierte Ungleichheiten in den Blick (vgl. Lutz/Amelina 2017; Bomert 2020). Gesellschaftlich zeigen sich aktuell neue kulturalisierende Spaltungen z. B. in der (medialen) Gegenüberstellung eines ‚freien Westens' und eines ‚unfreien Islams', durch die Misogynie und Homophobie in eine rückschrittliche nichtwestliche Welt externalisiert werden (Dhawan 2015).

Connell (1987) differenzierte mit dem Konzept der Hegemonialen Männlichkeit die Kategorien der Geschlechterherrschaft weiter aus und öffnete den Blick auch für Machtverhältnisse zwischen Männern. Angelehnt an Gramscis Hegemoniebegriff geht er davon aus, dass hegemoniale Männlichkeit nicht vorrangig durch gewaltförmige Herrschaft, sondern in sozialen Kämpfen unter Männern reproduziert wird und sich transformieren kann. Im letzten Jahrzehnt entstand zudem eine Diskussion, ob Connells Ansatz um ein Konzept „hegemonialer Weiblichkeit" (Scholz 2010; Grenz 2018) ergänzt werden müsste, um die zunehmende ‚weibliche' Teilhabe an der sozialen Elite theoretisch einzufangen. Böhnisch (2018) kritisiert an Connells Konzept, dass dabei nur die Herrschaftsseite männlicher Hegemonialität im Fokus steht, die Seite der männlichen Verfügbarkeit und Verletzlichkeit aber verdeckt bleibt. Er verweist darauf, dass Männer zwar Machtverhältnisse herstellen, ihnen im kapitalistischen Verwertungsprozess aber gleichzeitig unterworfen sind. Hegemoniale Männlichkeit konstituiert sich nach Böhnisch demnach stärker in der Dialektik von männlicher Dominanz und Verfügbarkeit.

Im Zuge des Erfolgs poststrukturalistischer Theoriebildung innerhalb feministischer Diskussionszusammenhänge hat sich die Machtthematik auf die Metaebene der symbolischen Ordnung und der Wissensdiskurse ausgedehnt. Ausgehend von der dichotomen Struktur des abendländischen Denkens (Kultur/Natur, Geist/Körper, Vernunft/Gefühl), in die der Geschlechterdualismus eingelagert ist, wurde der Konstruktionsmodus der Hierarchiebildung aufgedeckt und die Kategorie Geschlecht einem Dekonstruktionsprozess unterworfen (vgl. Butler 1991). In Konzeptualisierungen von Subjektivierungsmacht wird der Fokus weg von der von vergeschlechtlichten Subjekten ausgehenden Macht verschoben hin zur Macht der Geschlechternormen, die subjektive Praktiken strukturieren (vgl. Butler 2009; Meyer/Schälin 2019). Anknüpfend an Foucaults Machtanalyse machte queere Bewegung und Theoriebildung (vgl. z. B. Hark 1993; Jagose 2001) insbesondere die Einbettung von Geschlecht und Sexualität in Macht- und Herrschaftsstrukturen zum Thema. Dabei zielte die Thematisierung zu Anfang insbesondere auf die Auflösung der machtasymmetrischen Binaritäten hetero-/homosexuell bzw. männlich/weiblich, wird aber inzwischen um weitere hierarchische Differenzen ergänzt (vgl. Laufenberg 2019).

Die Machtanalyse von Foucault hat trotz der Kritik, die Geschlechterdifferenz zu vernachlässigen, der Geschlechterforschung viele Impulse gegeben. Über seine Untersuchung der Diskurse und Normen schließt er die Verbindung von Macht und Wissen sowie Sexualität auf. Über die Disziplinierung der Körper lässt sich die Teilhabe des Subjekts an der Verinnerlichung der Macht in körperlichen Praxen aufzeigen. Foucaults dynamischer Machtbegriff ermöglicht es, die Widersprüchlichkeit, die Komplexität und die Veränderungspotenziale in den Geschlechterverhältnissen zu erfassen, kann aber auch zu einer Desorientierung und einem Handlungsdilemma der politischen Praxis führen, da jede Idee von etwas außerhalb der Reichweite der Macht Liegendem problematisch wird. So stellt sich z. B. die Frage, wie neue Formen widerständiger Praxen, Kritik und Gegenmacht hierin zu denken sind (Lorey 2011).

Die erweiterte Konzeptualisierung von Macht und die damit verbundenen Erkenntnisfortschritte, sich von der Einseitigkeit und der Überlagerung durch das Thema Herrschaft befreit zu haben, bergen zugleich die Gefahr, dass damit die sozialstrukturelle Dimension des Geschlechterverhältnisses aus dem Blick gerät. Die im Feld der Machtanalyse erreichten Erkenntnisse müssen also mit einer Wiederaufnahme der Analyse des Geschlechterverhältnisses als Herrschaftsverhältnis verbunden und politisch fruchtbar gemacht werden (vgl. Klinger 2004; Knapp 2012).

Die Analysen zur „Mikrophysik der Macht" bergen auch Reflexionspotenzial für die Soziale Arbeit (vgl. Sagebiel/Pankofer 2015). Die frühen Studien von Foucault und die damit verbundenen Fragen von Normalität und Abweichung, Disziplinierung und Individualisierung, Hilfe und Kontrolle weisen nicht nur eine thematische Nähe zur Sozialen Arbeit auf, sondern sensibilisieren auch für Machtpraktiken in sozialpädagogischen Institutionen und deren Normalisierungs- und Disziplinierungseffekte (vgl. Maurer 2001a; Anhorn/Bettinger/Stehr 2007a). Fokussiert man auf die Produktivität der Macht, so lassen sich auch Bezüge zu einer Repolitisierung Sozialer Arbeit schlagen (vgl. Herrmann/Stövesand 2009). Durch die Bündelung von Handlungsmacht und das kritische Nicht-Einverstanden-Sein mit dominanten Macht- und Regierungslogiken lassen sich – wie die Frauenbewegung gezeigt hat – Veränderungen in den Geschlechterverhältnissen vornehmen und Brüche und Handlungsspielräume sichtbar machen.

Theresa Lempp

Zum Weiterlesen
Sagebiel, Juliane/Pankofer, Sabine (2015): Soziale Arbeit und Machttheorien. Reflexionen und Handlungsansätze. Freiburg/Breisgau: Lambertus

Meyer, Katrin/Schälin, Stefanie (2019): Macht und Ohnmacht: umstrittene Gegensätze in der Geschlechterforschung. In: Kortendiek, Beate et al. (Hrsg.): Handbuch Interdisziplinäre Geschlechterforschung, Geschlecht und Gesellschaft. Wiesbaden: Springer, S. 135–143

Klinger, Cornelia (2004): Macht – Herrschaft – Gewalt. In: Rosenberger, Sieglinde K./Sauer, Birgit (Hrsg): Politikwissenschaft und Geschlecht. Konzepte – Verknüpfungen – Perspektiven. Wien: UTB, S. 83–105

Mädchenarbeit

Mädchenarbeit, begrifflich analog zu Jugendarbeit, ist ein Konzept der Sozialen Arbeit/Sozialpädagogik, das Mädchen geschlechterreflektierend wahrnimmt. Sie ist dabei mit einer zentralen Antinomie konfrontiert: Sie bezieht sich auf eine Kategorie, die sie in ihrem normierenden Charakter überwinden will. Daher wird mit einem queer-feministischen Verständnis häufig der Begriff Mädchen*arbeit verwendet, um die Unbestimmbarkeit und Vielfältigkeit von Mädchen* zu markieren (vgl. Busche/Wesemüller 2010).

Mädchenarbeit ist im Zuge der neuen Frauenbewegung in Westdeutschland entstanden, die Patriarchatskritik an vermeintlich realisierter Gleichberechtigung übte. Beteiligte Frauen aus Gewerkschaften, Verbänden, Parteien und autonomen Frauengruppen stellten im Kontext ihrer Sozialen Arbeit u. a. fest, dass Jugendarbeit weitgehend Jungenarbeit war, dass ‚sittliche Verwahrlosung' als mädchenspezifischer Einweisungsgrund in die Heimerziehung galt (vgl. Kieper 1980) und dass in der Jugendsozialarbeit Hauswirtschaft das Standardangebot für Mädchen war. In der feministischen Mädchenarbeit gab es von Anfang an einen doppelten, parteilichen Blick auf Mädchen in ihrer Stärke im Umgang mit und als Betroffene von Zuschreibungen, d. h. auf „Anpassung und Widerstand" (Savier/Wildt 1978). Wesentliche Errungenschaft war eine ‚autonome' Mädchenarbeit in Gruppen und Projekten ohne Jungen (d. h. geschlechtshomogen statt koedukativ; vgl. Graff 2014). Autonom wird hier wie in der Bezeichnung ‚Autonome Frauenbewegung' verwendet. Pädagogisch wurde dies z. B. mit Paolo Freires „Pädagogik der Unterdrückten" (1975) begründet, die sagt, dass für Befreiungsprozesse eigene Orte der Selbsterfahrung, der Solidarität und des Lernens notwendig sind. Aus diesem Zusammenhang emanzipatorischer Bildung bedeutet das Konzept der Parteilichkeit in der feministischen Mädchenarbeit, dass in der Regel Pädagoginnen mit Mädchen arbeiten, da sie – in Anerkennung generationaler und individueller Verschiedenheit – strukturell von gleichen geschlechterbezogenen Zuschreibungen betroffen sind.

Mit Blick auf die Rezeption der Geschichte der Mädchenarbeit ist festzuhalten, dass Mädchen nicht lediglich als Opfer der Verhältnisse angesehen wurden (vgl. Naundorf/Savier 1978), dass die ersten pädagogischen Konzepte, die im Kontext der Mädchenarbeit entstanden, übergreifende Modelle einer geschlechterreflektierenden Praxis für Mädchen und Jungen entwarfen und dabei eine kritische Jungenarbeit durch Pädagogen reklamierten (vgl. Berliner Pädagoginnengruppe 1979), dass Geschlecht binär gedacht und lesbisches Begehren bereits früh thematisiert wurde (vgl. Nava 1982).

Stationen der Mädchen(*)arbeit: Entstehungsphase ab 1975; Veröffentlichung des 6. Jugendberichts der Bundesregierung ‚Zur Verbesserung der Chancengleichheit von Mädchen in der Bundesrepublik Deutschland' (1984); gesetzliche Legitimierung durch § 9, Abs. 3 KJHG (1990/1991); Aufbau von Mädchenarbeit in den neuen Bundesländern und Beginn des Bundesmodellprogramms ‚Mädchen in der Jugendhilfe' (1990); Entwicklung von Leitlinien zur strukturellen Absicherung von Mädchenarbeit durch Mädchenarbeitskreise und Landesarbeitsgemeinschaften ab 1994; kritische Reflexion von ‚Doing Gender-Prozessen in der eigenen Praxis' durch die Debatten zur Dekonstruktion von Geschlecht ab 1999 und Gründung der BAG Mädchenpolitik; Auseinandersetzung mit der ambivalenten Bedeutung des ‚Gender Mainstreaming' ab 2000; Dialog mit der Jungenarbeit ab 2005; Erweiterung der Perspektiven hin zu Genderpädagogik in den Varianten geschlechtersensible Koedukation, geschlechtshomogene Mädchen- und Jungenarbeit und Cross Work (geschlechterreflektierende Arbeit von Frauen mit Jungen und Männern mit Mädchen) ab 2007. Ab 2002 beginnt ein vor allem medial geführter Diskurs um Jungen als Bildungsverlierer, in dem unter Überschriften wie ‚Die neuen Prügelknaben' (Zeit 2002, Nr. 31) Erfolge der Mädchenarbeit gegen eine vermeintliche Benachteiligung von Jungen ausgespielt werden (dazu klärend: Bundesjugendkuratorium 2009; Fegter 2012a).

Folgende theoretische Konzepte haben die Mädchen(*)arbeit vor allem fundiert: Carol Hagemann-White (1984) hat das kulturell-hierarchische System der Zweigeschlechtlichkeit als entscheidende Sozialisationsbedingung für das Aufwachsen von Mädchen beschrieben; mit Bezug auf den Sozialkonstruktivismus wurde danach gefragt, wie Geschlechterverhältnisse (re-)produziert werden und dies lenkte den pädagogisch-praktischen und forscherischen Blick auf Mädchen als Akteurinnen im Doing Gender (vgl. Kelle 2001); mit der Perspektive des Dekonstruktivismus konnte deutlich gemacht werden, dass Mädchenarbeit sich nicht aus einer essentialistischen Unterschiedlichkeit von Mädchen und Jungen begründet, sondern aus dem Kontext (gesellschafts-)kritischer Pädagogik, die weitergeführt in der ‚Pädagogik der Vielfalt' (Prengel 1993) Geschlechterdifferenz im Sinne Derridas als strukturelles Phänomen begreift und egalitär denkt (vgl. Plößer 2005). Die queere Gendertheoretikerin Judith Butler (2009) analysierte, dass sich Gesellschaft auf Grundlage einer heteronormativen Matrix konstituiert, d. h. der Annahme, es gäbe nur zwei Geschlechter, die je gegengeschlechtlich begehren. (Mädchen*)pädagogisch interessant ist Butlers Metapher für Doing Gender als „Improvisation im Rahmen des Zwangs" (Hartmann 2012).

Die Konzepte in der Mädchen*arbeit haben sich ab etwa 2000 weiter ausdifferenziert. Sie wurden vor allem inspiriert durch postkoloniale/antirassistische (vgl. Arapi/Lück 2005; Castro-Varela 2016) und queer-feministische Theorien und Bewegungen (vgl. Howald 2001; Pohlkamp 2015). Durch die politischen Bewegungen wird die ‚alte' Frage nach der ‚Raumplanung' nun innerhalb der Mädchen*arbeit neu und anders relevant. Es geht nicht mehr nur um ‚sichere' (in den Anfängen ‚autonome') Mädchen*räume auf Grund von geschlechterbezogener Ungleichheit, sondern entlang intersektionaler gesellschaftlicher Diskriminierungen werden verschiedene Empowerment-Räume geschaffen, z. B. für Mädchen* of Color und lgbtiq Mädchen*, analog für Pädagog*innen of Color (vgl. Mai 2020) und für *weiße* Pädagog*innen für Privilegienreflexion (vgl. Reher 2015). Im Sinne von Sprachhandeln (vgl. Betrifft Mädchen 2/2020) ist das Sternchen/Asterisk in der Mädchen*arbeit eine Irritation und will die Unbestimmtheit von ‚Mädchen*' symbolisch markieren. Für pädagogisches Handeln ist daher davon auszugehen, dass Räume zwar deklariert, ausgestattet und ‚bespielt' werden, aber Identitäten, Selbstverständnisse und sexuelle Begehren derer, die die Räume aufsuchen, immer auch vielfältiger und letztlich ungewiss sind. Mädchen*arbeit richtet sich an Mädchen* in ihrer kulturellen, ethnischen, körperlichen, sexuellen, geschlechtlichen Vielfalt und hat lebensweltorientierte, intersektionale Angebote entwickelt. Sie ist ein eigenständiges Handlungsfeld der Sozialen Arbeit/Sozialpädagogik mit eigenen Einrichtungen oder Angeboten in Einrichtungen, wie z. B. Mädchen*treffs, Mädchen*gruppen in der Offenen Jugendarbeit, Mädchen*wohngruppen in den erzieherischen Hilfen, Mädchen*zufluchten und Beratungsstellen gegen ‚sexuellen Missbrauch' und Gewalt, Projekten zu Berufsorientierung, Kulturarbeit, Selbstverteidigung (WenDo), Sport, tiergestützter Pädagogik, Ökologie und Umwelttechnik, neuen Medien und Partizipation. Gleichzeitig ist sie Querschnittsaufgabe aller Angebote der Sozialen Arbeit/Sozialpädagogik, indem gemäß § 9.3 SGB VIII mädchen*spezifische Lebenslagen zu berücksichtigen sind.

Im Sinne feministischer Parteilichkeit hat Mädchen*arbeit das Ziel, Mädchen* in Selbstbestimmungsprozessen zu unterstützen (vgl. Bitzan/Daigler 2001). Daher gilt ein reflexiver Umgang mit eigenen Mädchen*bildern als zentrale pädagogische Handlungskompetenz in der Mädchen*arbeit (vgl. Welser 2015; Schmechel 2019).

Hier ein Beispiel: moderne Mädchen* tragen T-Shirts z. B. mit der Aufschrift: ‚Too pretty to learn maths! – zu hübsch um Mathe zu lernen!' Diese kleine jugendsoziologische Empirie kann den professionellen Blick auf Mädchen* als Akteur*innen im ‚doing gender' schärfen. Sie zeigt eine kulturelle Praxis, die vielleicht irritiert, weil aktuell gesellschaftlich eher der Spruch ‚I'm pretty and I love maths!' angesagt wäre. Insofern ist dies eine interessante Folie

für die eigene Selbstreflexion. Was das Mädchen* damit verbindet, ist völlig offen:
Vielleicht will sie sagen: ‚Ich weiß, heutzutage ist Mathe angesagt für Mädchen*, aber da pfeif ich drauf, ich mach, was ich will, ich bin selbstbewusst!' oder

- sie ist genervt von einem Mathelehrer, der sie nicht ernst nimmt und sie sagt: ‚Ich zeig euch das Klischee: Im Grunde zählt doch immer noch eher Schönheit für Mädchen*, nicht Mathe!' oder
- sie hat an einem Projekt der Mädchen*arbeit teilgenommen, das sie zu diesem Selbstausdruck ermuntert hat.

Das Beispiel verweist auch auf gegenwärtige gesellschaftliche Sozialisationsbedingungen von Mädchen*: Mädchen*- und auch Jungen*bilder sind im Umbruch, sie sind uneindeutig und vielschichtig. Mädchen* sind widersprüchlichen Erwartungen ausgesetzt (vgl. McRobbie 2010): Einerseits sollen sie in der Öffentlichkeit stark und selbstbewusst sein, andererseits erleben sie nach wie vor, dass das nette, beziehungsorientierte Mädchen* gefragt ist. Um diese Vervielfältigung der Geschlechterbilder, die zugleich attraktiv und Zumutung ist, bewältigen zu können, brauchen Mädchen* Raum und Zeit, sie brauchen pädagogische Beziehungen, die sie ernst nehmen und sie im Prozess des Erwachsenwerdens begleiten.

Ulrike Graff

Zum Weiterlesen
Kauffenstein, Evelyn/Vollmer-Schubert, Brigitte (Hrsg.) (2014): Mädchenarbeit im Wandel. Bleibt alles anders?! Weinheim: Beltz Juventa
Landesarbeitsgemeinschaft Mädchen*arbeit in Nordrhein-Westfalen e. V. (Hrsg.) (2019): Mädchen*arbeit reloaded. Qualitäts- und Perspektiventwicklung (queer)feministischer und differenzreflektierter Mädchen*arbeit. Wuppertal
Maedchenarbeit.de: Portal für die Soziale Arbeit mit Mädchen und jungen Frauen: www.maedchenarbeit.de

Mädchenzuflucht

Zufluchtstellen wurden entwickelt und aufgebaut in dem Wissen um die familiäre Gewalt und sexuelle Gewalt an Mädchen*. Sie sollen Mädchen* eine Möglichkeit bieten, sich aus diesen Situationen zu lösen und Hilfe zu bekommen. Hier erfahren sie oft zum ersten Mal in ihrem Leben, dass sie mit ihren Nöten ernst genommen werden. Sie können sich in einem Schutzraum weiblichen Betreuerinnen anvertrauen und spüren die Solidarität anderer Betroffener. Die Mädchen*/jungen Frauen* werden darin unterstützt, sich ihre aktuelle Situation und ihre Möglichkeiten bewusst zu machen, Perspektiven für sich zu entwickeln und Schritte zu deren Verwirklichung einzuleiten (IMMA Jahresberichte 1995/96; IMMA Jahresberichte 1997).

Geschichte: Mädchen* kamen bis in die 1960er Jahre häufig auch dann in Heime und Waisenhäuser, wenn sie den strengen moralischen und disziplinarischen Anforderungen nicht entsprachen, sie wurden als ‚sexuell verwahrlost' bezeichnet. Nicht die Probleme des Elternhauses oder Konflikte wurden thematisiert, sondern die Mädchen* wurden die Problemträgerinnen. Ihre Wünsche und Bedürfnisse wurden abgewertet und sanktioniert, um die engen Grenzen der zeitgenössischen Frauenrolle durchzusetzen. Heime waren für Mädchen* Orte der Strenge, Disziplin, Kargheit, Unterordnung und Bestrafung, in denen sie lieblos behandelt wurden. Sie konnten die Einrichtung nicht auf eigenen Wunsch aufsuchen oder wieder verlassen. Die Geschlechtertrennung hatte damals im Wesentlichen ‚moralische' Gründe, heute geschieht dies zum Schutz. Mädchen* und junge Frauen* sollen sich in einem männerfreien Raum sicher fühlen können. Anstelle von Eingesperrt sein, Strenge und harten disziplinarischen Maßnahmen stehen heute Freiwilligkeit, Wertschätzung, Parteilichkeit und Beziehungsarbeit. In der Zeit von 1920 bis 1990 konnte das Vormundschaftsgericht gemäß dem geltenden Jugendwohlfahrtsgesetz die Maßnahme der Fürsorgeerziehung dann anordnen „wenn sie erforderlich ist, weil der Minderjährige zu verwahrlosen droht oder verwahrlost ist" (Stadler 2009). Das Jugendhilferecht war bis dato geprägt von eingriffs- und ordnungsrechtlichen Vorstellungen.

Vor diesem Hintergrund ist es nachvollziehbar, dass Mädchen*/junge Frauen* sich nicht freiwillig in die Obhut des Jugendamtes begaben, auch wenn die Situation in der Familie für sie unerträglich wurde. Mit der Reformpädagogik in den 1960er und 1970er Jahren entstanden zahlreiche Initiativen im Bereich des Kinderschutzes und ein Konzept, das auf einem fürsorglichen Schutzgedanken basierte mit der Haltung einer parteilichen Jugendarbeit. Diese Entwicklungen berücksichtigten allerdings nicht die ungleichen Machtverhältnisse zwischen den Geschlechtern. Selbst die ‚parteiliche Jugendarbeit' orientierte sich im Wesentlichen an den Bedürfnissen von Jungen, die Problemlagen von Mädchen* wurden als solche nicht wahrgenommen oder Mädchen* wurden weiterhin selbst dafür verantwortlich gemacht. Erst Ende der 1970er Jahre lenkte die Zweite Frauenbewegung den Blick auf die Situation von Mädchen* und jungen Frauen* (§ 218, ‚das Private ist politisch', ‚mein Körper gehört mir', sexueller Missbrauch usw.). Mädchen*- und Frauen*projekte entstanden, jungen- und männerfreie Schutzräume für Mädchen und Frauen wurde geschaffen.

Anfang der 1980er Jahre wurden 35 Expertisen für den 6. Jugendbericht der Bundesregierung zur Situation von Mädchen*/jungen Frauen* erstellt (BMFSFJ 1984). Darin fanden sich zum einen die Berichte zur Situation von Mädchen* in öffentlicher Erziehung und zum anderen die ersten Erkenntnisse zum umfangreichen Vorkommen von sexueller Gewalt innerhalb der Familie. Mit den Erkenntnissen der in diesen Expertisen beschriebenen Situation von Mädchen* wurde das Konzept ganzheitlicher autonomer Mädchenhäuser entwickelt (Kavemann 1985). Neben den niedrigschwelligen Angeboten für Beratung, Freizeit, Kultur und Bildung sollten auch Zufluchtstellen Mädchen* in den unterschiedlichsten Lebenssituationen und Bedürfnislagen Schutz und Unterstützung geben und mögliche Alternativen zum Elternhaus vermitteln.

Wenn Mädchen* zu Hause Misshandlungen, Unterdrückungen und Einschränkungen unterworfen sind und sich daraus befreien wollen, brauchen sie einen Ort, an dem sie ernst genommen werden, den sie freiwillig aufsuchen und auch wieder verlassen können bzw. in dem sie mit Hilfe des Jugendamtes eine Obhut bekommen.

Es gab und gibt kein bundesweit einheitliches Mädchenhaus- oder Zufluchtstellenkonzept. Die Entwicklungen in den verschiedenen Städten und Regionen verliefen unterschiedlich. Wie heute auch gab es verschiedene Angebote, die bei einem Mädchenhaus unter einem Dach verortet und in einer möglichst autonomen Trägerschaft geführt wurden, und in einer anderen Region waren sie auf verschiedene Träger aufgeteilt. Autonom ist so zu verstehen, dass die Organisation in der Hand von Frauen* bzw. Vereinen von Frauen* für Mädchen* liegt. Die Frauen* sind die Expertinnen für die Situation von Mädchen* und jungen Frauen*. Der männliche hierarchische Einfluss auf die Ausgestaltung des Angebotes wird dabei abgelehnt. Um das zu erreichen, haben viele Mädchen- und Frauenhäuser versucht, sich ohne Förderung durch den öffentlichen Träger zu finanzieren, was ihnen über viele Jahre auch gelang.

Die meisten Konzepte der Zufluchtstellen basieren seitdem auf Prinzipien wie Geschlechtshomogenität, Anonymität und einem kultursensiblem und parteilichem Arbeitsansatz. Mädchen* im Alter von ca. 12 bis 20 Jahren können rund um die Uhr und auf eigenen Wunsch bzw. über die Bezirkssozialarbeit nach § 42 SGB VIII aufgenommen werden. Sie definieren ihre Krise oder Notsituation selbst. Ausschlusskriterien sind Drogen- und Alkoholmissbrauch, akute Suizidalität oder eine akute psychiatrische Erkrankung.

In den Schutzstellen sollen die Mädchen* ausreichend Zeit haben, um zur Ruhe zu kommen und durch einfühlsame und explorierende Gesprächsangebote ihre familiäre Situation benennen zu können. Die Mädchen* sind nicht nur auf Grund psychischer, körperlicher und/oder sexueller Gewalt in einer Krise, auch das Verlassen der Familie führt bei den Mädchen* häufig zu großer Instabilität. Viele sorgen sich um die Mutter oder die Geschwister, für die sie sich trotz der erlebten Gewalt und des Bedürfnisses nach Schutz verantwortlich fühlen. Diese Krisen können sich in den verschiedensten Verhaltensweisen und psychischen Befindlichkeiten äußern wie z. B. im Sozialverhalten, in psychosomatischen Symptomen wie Schlafstörungen, Selbstverletzungen, Angstzuständen, Dissoziationen bis hin zu schizo-affektiven Symptomen – abhängig von der

Intensität, je nachdem in welchem kindlichen oder frühkindlichen Alter die traumatischen Ereignisse begannen und wie lange diese anhielten. Medikamentenmissbrauch, übermäßiger Alkohol- und Drogenkonsum können Begleiterscheinungen und vermeintliche Hilfsmittel sein, um den Zustand aushalten zu können. Dennoch sollen die Mädchen* auch während ihres Aufenthaltes weiterhin die Schule besuchen oder der Ausbildung bzw. Arbeit nachgehen.

Im Gegensatz zu den Gründungsjahren sind die Zufluchtstellen inzwischen finanziell adäquat ausgestattet. Entsprechend den Vorgaben des SGB VIII werden die Schutzstellen über einen zwischen Träger und Jugendamt ausgehandelten Tagessatz/ein Entgelt finanziert.

Der im SGB VIII festgeschriebene Schutzauftrag des Jugendamtes (§ 8a), die Berücksichtigung der unterschiedlichen Lebenslagen von Mädchen* und Jungen* (§ 9) und die Möglichkeit der Inobhutnahme für Kinder und Jugendliche (§ 42) führten zur Anerkennung der speziellen Zufluchtstellen für Mädchen*, die häufig von feministisch orientierten Teams geführt werden. Sie sind inzwischen fester Bestandteil des Jugendhilfesystems. Die Spezialistinnen-Kompetenz der Mitarbeiterinnen, mit Mädchen* in schwierigen Lebenssituationen, mit Traumatisierungen bzw. den entsprechenden Bewältigungsstrategien und mit Gruppen- bzw. familiären Dynamiken zu arbeiten, wird geschätzt und genutzt. Auch die Anonymität vieler Zufluchtstellen wird über Stadt- und Bundesländer-Grenzen hinweg gesucht, um Mädchen* vor der nachstellenden Familie zu schützen. Bei drohender Gewalt im Namen der Ehre und drohendem Ehrenmord werden die Mädchen* und jungen Frauen* bundesweit in anonymen Schutzstellen untergebracht.

Die feministische Mädchen*arbeit und damit auch viele Zufluchtstellen haben sich in den letzten 15 Jahren intensiv mit Qualitätssicherung, interkultureller Öffnung und LGBT auseinandergesetzt. Inhaltlich wurde die Zufluchtstellenarbeit um systemische Perspektiven erweitert und es wurden Modelle für eine verbesserte und mädchen*orientierte Arbeit mit den Eltern erprobt. Inzwischen werden die zum Teil strengen Regeln, die für Orientierung und Sicherheit sorgen sollten, von einer beziehungsorientierten und motivierenden Pädagogik abgelöst, die individuelle Regeln zulässt und sich an den Ressourcen und Bedarfen des einzelnen Mädchens* orientiert. Parteilichkeit für das Mädchen* und eine systemische Perspektive, die z. B. auch die Arbeit mit den Eltern einschließt, sind mittlerweile kein Widerspruch mehr, sondern eine fachliche Erweiterung.

Darüber hinaus sind die Problemlagen der Mädchen* und ihrer Eltern komplexer geworden und fordern eine hohe Fachlichkeit und Belastbarkeit bei den Mitarbeiterinnen. So befinden sich im Durchschnitt 63 Prozent der Mädchen* mit vielfachen psychosozialen Problemlagen, wie z. B. Wohnungslosigkeit, Schulprobleme und -verweigerung, autoaggressives Verhalten (z. B. Ritzen), Essstörungen, Traumafolgesymptome, bedroht von Ehrenmord, sexuelle, psychische und/oder körperliche Gewalterfahrungen u.v.m. (IMMA Jahresbericht Statistik 2019) in der Zufluchtstelle.

98 Prozent der Mädchen* sind von psychischer und 79 Prozent von körperlicher Gewalt betroffen (IMMA Jahresbericht Statistik 2019). Der Anteil von sexueller Gewalt betroffener Mädchen* stieg von 18 Prozent auf 25 Prozent, bei häuslicher Gewalt stieg der Wert von 18 Prozent auf 21 Prozent an. Im Bereich Bedrohung von Leib und Leben ist eine Zunahme der Betroffenen von 13 Prozent auf 30 Prozent zu verzeichnen. Rund die Hälfte der Mädchen* konnte nicht in die Familie zurückkehren, sondern wurde in einer geeigneten Anschlussmaßnahme wie z. B. in Wohngruppen untergebracht. Die Mehrfachbelastung und die Folgesymptomatik erschweren die Weitervermittlung in eine geeignete Anschlussmaßnahme. Eine enge Kooperation mit der Kinder- und Jugendpsychiatrie ist zum alltäglichen Bestandteil der Zufluchtstelle geworden. In den letzten Jahren entwickelten sich Schutzstellen auf Grund ihrer rund um die Uhr Betreuung mit einer 24 Stunden Aufnahmebereitschaft zu einer Unterbringungsmöglichkeit für Mädchen*, die das Jugendhilfesystem herausfordern.

So genannte Drehtüreffekte sind entstanden: Mädchen* mit verschiedenen Symptomen und Problemlagen, die nicht in der Lage sind, sich einigermaßen in die Schutzstelle einzufügen und an Regeln zu halten, werden von Einrichtung zu Einrichtung gereicht. Wenn sich auch die finanzielle und somit auch die personelle Ausstattung verbessert haben, so ist die Unterbringung von Systemsprengerinnen (Baumann 2010) für die Mitarbeiterinnen weiterhin eine große fachliche Herausforderung. Umso mehr als es sich als wichtig erwiesen hat, dass Mädchen* mit komplexen Problemlagen auch bei Regelbrüchen in der Einrichtung bleiben können und Anschlussmaßnahmen mit einer geeigneten personellen und fachlichen Ausstattung konzipiert werden, in denen diese Mädchen* die Zuwendung und die Zeit bekommen, um eine positive Form der Bindung zu erleben und anzunehmen lernen (von Langsdorff 2014).

Gundula Brunner

Zum Weiterlesen
Stadler, Bernhard (2009): Therapie unter geschlossenen Bedingungen – ein Widerspruch? Juristische Grundlagen der geschlossenen Heimunterbringung. Baden-Baden: Nomos
Bitzan, Maria/Daigler, Claudia (1999): Beteiligung von Mädchen – warum ein extra Thema? Überlegungen aus Ansätzen mädchengerechter Jugendhilfeplanung. In: Kriener, Martina/Petersen, K. (Hrsg.): Beteiligung in der Jugendhilfepraxis, Sozialpädagogische Strategien zur Partizipation in Erziehungshilfen und bei Vormundschaften. Münster: Votum, S. 208–220
IMMA Jahresberichte: über Info@imma.de anfordern

Männer*arbeit

Männer*arbeit ist ein Theorie-Praxis-Konzept der Sozialen Arbeit, in dessen Fokus die Auseinandersetzung mit männlicher* Identität steht. Zentral sind die individuellen und gesellschaftlichen Aneignungs- und Aushandlungsprozesse über kulturell-gesellschaftlich geprägte Vorstellungen von Verhaltensweisen und Eigenschaften.

Männer*arbeit bezeichnet in der Praxis Angebote von Männern* für Männer*:

- die sich mit Themen, Wünschen, Sehnsüchten und Problemen der Männer* beschäftigen,
- die Freiräume schaffen, sich individuell zu entwickeln und die eigenen Potenziale zu ergründen,
- die die Möglichkeit bieten, Männer*bilder zu hinterfragen und Zuschreibungen aufzulösen,
- die die Annahme eigener Männlich*keit und deren Veränderbarkeit beinhalten und
- die mit der Vielfalt von Männlich*keiten leben und individuell Männer* in und mit ihren Sozialisationsverläufen und Männlich*keitserfahrungen in ihren Identitätsprozessen unterstützen.

Die Auflösung homogener gesellschaftlich getragener männlicher Identität stellt die Aufgabe nach Neu(er)findung in den Mittelpunkt. Dabei sind Männer* mit ihren eigenen inneren und mit äußeren Konflikten konfrontiert. In der Auseinandersetzung mit sich widersprechenden Männlich*keitsanforderungen ist eine „modularisierte" Männlichkeit (Böhnisch 2018b, S. 198 ff.) zu beobachten. In der Praxis haben sich Varianzmodelle (Winter/Neubauer 2001) als gute Möglichkeit erwiesen, Offenheit für Veränderung zu erzeugen. Zentral sind zudem strukturelle Rahmenbedingungen. So entfalten ökonomische, infrastrukturelle, soziale und politische Umgestaltungen eine schnelle Wirkung. Im Veränderungsprozess von Geschlechterstereotypen sind folgende vier Ebenen relevant:

- Männlich*keit im eigenen Erwachsenwerden und -sein (eigene Identität),
- Männlich*keit im Lebensverlauf (gesellschaftliche Identität),
- Gesellschaftlich kulturelle Entwicklung von Geschlechterdefinitionen (Anpassung und Abgrenzung) und
- Männlich*keit im Lebensverlauf der eigenen Kinder (Auseinandersetzung mit eigener Erfahrung und aktuellen Herausforderungen als ‚Rucksack' eigener Sozialisation).

Männer*arbeit ist in ihrer Entstehung stark mit den Ausprägungen und Einflüssen der Männerbewegung verbunden. Sie entstand in Westdeutschland Mitte der 1970er Jahre und wurde durch den Feminismus geprägt. Verschiedene Ansätze entwickelten sich in der Auseinandersetzung mit einem sich verändernden männlichen Selbstbild und den Anforderungen, mit denen die Frauen- die Männerbewegung konfrontierte. Anfang der 1990er Jahre verdeutlichen sich vier Strömungen, die profeministische, die ‚Neue-Mann-Bewegung', die spirituelle und die Männerrechtsbewegung/Maskulismus. In den neuen Bundesländern kam es Mitte der 1990er Jahre zu den ersten Entwicklungen. Informationsnetzwerke, wie „switchboard" als Fachzeitschrift für Männer- und Jungenarbeit, begleiteten lange Zeit die Männerbewegung. Die Zeitschrift „Männerforum" thematisiert das Arbeitsfeld im kirchlichen Bereich und zahlreiche Online-Portale (www.maenner-online.de; www.maennerarbeit-bayern.de; www.maennerfragen.de) stellen heute Wissen und Vernetzung bereit. Eine weitere Institution sind die seit 1975 stattfindenden bundesweiten Männertreffen.

Dabei erreichte die Männerbewegung nicht die Öffentlichkeit und kämpfende Unterstützung, wie etwa die Frauenbewegung oder Queere Bewegungen. Eine Ursache hierfür ist sicher darin zu finden, dass sie nicht zentral eigene Benachteiligungen thematisiert, sondern das Thema Gleichberechtigung mit der Abgabe von Privilegien der patriarchalen Dividende der Männer* und einer Vielfalt von Männer*bildern verknüpft. Welchen Zugewinn Männer* dabei erfahren können, ist inhaltlich-fachliche Aufgabe und wichtig zu beschreiben, um ganz unterschiedliche Sinusmilieus zu erreichen (www.sinusinstitut.de). Beispiele hierfür sind eine längere Lebenserwartung im Fokus der Männer*gesundheit, die Stärkung eigener Sozialer Netzwerke sowie eine verbesserte Work-Life-(Family)-Balance für eine bessere Resilienz oder die Stärkung der Beziehung zu den eigenen Kindern.

Angebote der Männer*arbeit können in Selbsterfahrungs-, Beratungs-, Bildungs-, Begegnungs- und Schutzangebote unterteilt werden. Sie werden von privaten, öffentlichen oder kirchlichen Trägern betrieben, z. B. in Familienberatungsstellen oder als eigenständiges Männer*angebot. Männer*arbeit ist heute zwar Bestandteil sozialer Versorgungsnetzwerke, führt jedoch immer noch ein Nischendasein. Sie ist zahlenmäßig und in ihrer Differenzierung nur gering und oft nur in Großstädten vertreten. Eine wichtige Ressource bildet daher die Vernetzung.

Neben den Jungen* und Männern* sind Frauen* eine wichtige Zielgruppe in Bezug auf die Senkung der Eingangsschwelle. Sie informieren sich zu Angeboten und leiten diese Informationen an die Männer* in ihrem sozialen Umfeld weiter. Einen weiteren niedrigschwelligen Zugang stellen Internet bzw. Soziale Medien dar.

Themenschwerpunkte der Männer*arbeit sind u. a.:

- Selbstbild, Identität, Kultur, Lebensübergänge und Ressourcen,
- Leistungsdruck und Körperferne,
- Sexualität und Homophobie,
- Arbeit, Familie und Work-Life-(Family)-Balance,
- Sexueller Missbrauch, Traumata sowie
- Aggression, Gewalt und Machtverhältnisse.

Hieraus ergeben sich zentrale Arbeitsfelder: Jungen*arbeit, allgemeine Männer*beratung (u. a. als Zugangsweg), Männer*-, Väter*-, Täter*-, Opferarbeit, Ältere Männer*/Senioren*arbeit, Selbsthilfegruppen, Soziale Medien, Lobbyarbeit und Vernetzung sowie Weiterbildung und Forschung. Mit der Definition von Jungen*arbeit als Querschnittsaufgabe (z. B. Landesjugendhilfeausschuss Sachsen 2009) hat die Männer*arbeit in der Jugendhilfepolitik schon länger einen eigenen Stellenwert erhalten. In der Folge hat sie die Arbeitsfelder Migration (Geflüchtete Männer in Deutschland; www.movemen.org), Männer*gesundheit (Männergesundheitsberichte; www.stiftung-maennergesundheit.de), Väter*arbeit (Väter: Argumente – Diskussionen – Positionen; www.bundesforum-maenner.de) und Opferschutz (Qualitätsstandards für Männer*schutzeinrichtungen; www.maennergewaltschutz.de) erreicht und bereichert. In der Gleichstellungsarbeit hat sie Niederschlag in Berichten, Qualitätskriterien oder Aktionsplänen zur Europäischen Charta gefunden.

Seit 10 Jahren existiert das Bundesforum Männer – Interessenverband für Jungen, Männer & Väter e. V. mit derzeit 38 Mitgliedsorganisationen, das die bundesweite Vernetzung und Professionalisierung der Jungen*-, Väter*- und Männer*arbeit betreibt. Es stellt hierfür vielfältige Dialog- und Diskursräume zur Verfügung. Die inhaltliche Entwicklung orientierte sich in den ersten Jahren an vier Themenfeldern mit eigenen Arbeitsgruppen: Jungen*, Männer*, Väter* und ältere Männer*. Aktuelle Schwerpunkte sind: Arbeit, Gesundheit, Gewalt, Jungen*, Familie und aktive Vater*schaft, Ältere Männer* und Pflege, Flucht und Migration, Männerpolitik und Corona.

Für Teilbereiche (z. B. Jungen*-, Väter*-, Täter*- oder kirchliche Männer*arbeit, Männer*gesundheit) existieren auf Länder- und Bundesebene Vernetzungen oder Facharbeitsgemeinschaften. Fachaustausch findet über Tagungen und Publikationen statt. Vereinzelt gibt es männer*spezifische Ausbildungsangebote. Regional und bundesweit bestehen thematische Zusammenarbeit und Kooperationen mit Frauen*projekten und -netzwerken. Diese gestalten sich kooperativ bis konträr. Sie sind oft durch den Diskurs der Patriarchatskritik und der Akzeptanz eines männlichen* Selbstverständnisses geprägt.

In der Kinder- und Jugendhilfe, spezifischen sozialen Arbeitsfeldern oder der Gleichstellung erfolgen einzelne Finanzierungen. Nach wie vor ist zu beobachten, dass eher negative Auswirkungen traditioneller Männlichkeitsbilder, wie sie Zulehner und Volz (1999) beschreiben, angefordert werden, so z. B.

in der Täter*- oder der Jungen*arbeit in Konfliktkonstellationen. Noch immer gibt es keine eigenen Förderbedingungen für die Männer*arbeit.

Forschung zu Männer*themen aus Sicht der Männer* gibt es wenig. Nicht selten ist Männer*arbeit mit Frauen*forschung konfrontiert, die die bestehenden Gesellschaftsphänomene zwar beschreibt, aber eben aus dem Gender-Konstrukt der Frauen*bewegung definiert. Im Sinne einer Professionalisierung besteht weiterhin ein enormer Nachholbedarf. Genderforschung kann diesem Anliegen nur teilweise gerecht werden.

Heute stellt sich der Männer*arbeit die Frage, mit welchem Selbstverständnis sie auftritt. Grundlegend benötigt es eigenständige Positionen, um mit den Anforderungen der Frauen*arbeit und queeren Standpunkten in Austausch-, Aushandlungs- und Entwicklungsprozesse zu gehen.

Gleichstellungsbeauftragte setzen sich mit Männer*arbeit auseinander und suchen Anknüpfungspunkte. Jedoch zielen Förderrichtlinien zur Gleichberechtigung noch immer auf die direkte Benachteiligung ab. Benachteiligung von Männern* wird kaum definiert oder akzeptiert. Dies hat u. a. Ursachen in Doing-Gender-Prozessen, die ein traditionelles Opfer-Täter*-Bild beschreiben, wobei sich Benachteiligung konträr zu einem eher traditionellen Männerverständnis verhält. Wegweisend ist zu sagen, dass es erste politische Entwicklungen gibt, die den Jungen* und Mann* mit seinen Bedürfnissen in den Blick nehmen und moderne Lebensentwürfe von Männern, Rollenmodelle in Job und Familie oder für Jungen* in Schule, Berufsorientierung und Lebensplanung beschreiben (BMFSFJ 2020). Eine Basis schafft dabei die Anerkennung der Benachteiligung von Frauen* und queeren Menschen bei gleichzeitiger Anerkennung der Benachteiligung von Männern* sowie deren jeweiliger Dividende. Die systemerhaltende Relevanz pauschaler geschlechtsbezogener Opferzuschreibungen und Bewältigungsprozesse müssen im Geschlechterdiskurs gleichberechtigt ihren Platz erhalten.

Männer*arbeit, die in ihrer Vielfalt anerkannt und mit ihren Impulsen zum Prozess der Konstruktion und Dekonstruktion bzw. der Neuerschaffung geeigneter und von Gleichberechtigung geprägter Männer*bilder akzeptiert ist, muss in Theorie und Praxis ebenso integriert sein, wie in der Alltagskultur.

Sie benötigt Männer*, die sich dem anstehenden Diskurs offen stellen und aktiv mitbestimmen, wohin der Geschlechterdiskurs die Gesellschaft führt. Der Politik sollte dabei die Rolle zukommen, den Diskurs auf Augenhöhe zu befördern. Themen für Männer* sind dabei u. a.:

- Individualisierungs- und Differenzierungsprozesse im Blick auf Vielfalt und Gleichheitsbestrebung,
- machtabgebende Männer* und Frauen*,
- neue Generation ohne Rucksack traditioneller Rollenbilder sowie
- Gleichstellungsbeauftragte im Trio: Mann*, Frau*, Queer.

Die heutige Herausforderung ist mehr denn je die Gleichberechtigung in den Köpfen. Wir müssen lernen, mit den eigenen Doing Gender Prozessen umzugehen und diese reflektiert zu bewegen. Schlussendlich gilt es, Auseinandersetzungsprozesse offen zu suchen und vielfältige Männlich*keiten zu leben.

Holger Strenz

Zum Weiterlesen
Böhnisch, Lothar (2018): Der modularisierte Mann. Eine Sozialtheorie der Männlichkeit. Bielefeld: transcript
Graf, Ursula/Knill, Thomas/Schmid, Gabriella/Stiehler, Steve (Hrsg.) (2015): Männer in der Sozialen Arbeit – Schweizer Einblicke. Berlin: Frank & Timme
Hüter, Gerald (2009): Männer – Das schwache Geschlecht und sein Gehirn. Göttingen: Vandenhoeck & Ruprecht

Männlichkeit(en)

Männlichkeit ist ein relationales Konzept. Männlichkeit erfährt ihre soziale Gestalt allerdings nicht allein in Relation zu Weiblichkeit, sondern auch in den sozialen Beziehungen der Männer untereinander. Einer der wesentlichen Impulse, der von den Men's Studies für die Geschlechterforschung ausgegangen ist, ist die Einsicht, dass Geschlechterverhältnisse immer auch die Binnenverhältnisse eines Geschlechts umfassen. Kimmel (1996, S. 7) hebt den Stellenwert des homosozialen Zusammenhangs für die Konstruktion von Männlichkeit hervor. Die unterschiedlich hohe Bedeutung, die dem homosozialen Kontext, den Reaktionen und Bewertungen der Mitglieder der eigenen Genusgruppe, zukommt, ist ein zentrales Unterscheidungskriterium der Konstruktion von Männlichkeit und Weiblichkeit. Bourdieu zufolge wird der männliche Habitus „konstruiert und vollendet […] nur in Verbindung mit dem den Männern vorbehaltenen Raum, in dem sich, *unter Männern*, die ernsten Spiele des Wettbewerbs abspielen" (Bourdieu 1997, S. 203, H. i. O.).

In der homosozialen Dimension folgt die Konstruktion von Männlichkeit einer auf Wettbewerb beruhenden (kompetitiven) Logik. Diese zeigt sich in der agonalen, auf wechselseitiges Überbieten ausgerichteten sowie Rangordnungen produzierenden Struktur des Spiels von Jungen, in typischen Männersportarten, insbesondere im Fußball, in den Beleidigungsritualen männlicher Jugendlicher wie in beruflichen Statuskämpfen. Diese Konstruktionslogik wird sowohl in historischen (Mosse 1997) als auch in kulturvergleichenden Studien sichtbar (Gilmore 1991).

Männlich-homosoziale Settings sind durch zwei ineinander verwobene Merkmale gekennzeichnet: eine Distinktion gegenüber Frauen wie gegenüber anderen Männern und eine Konjunktion der einer homosozialen Gemeinschaft angehörenden Männer untereinander. Arbeiten zur männlichen Sozialisation zeigen übereinstimmend, dass sich die männliche Geschlechtsidentität über eine Abgrenzung gegenüber Frauen ausbildet sowie (zumindest phasenweise) gegenüber allem, was weiblich konnotiert ist (Friebertshäuser 1995). Diese Abgrenzung äußert sich nicht selten in Gestalt einer Abwertung des Weiblichen (Böhnisch/Winter 1993; Hagemann-White 1984). Die Grenzziehung gegenüber den Frauen konstituiert grundlegende Gemeinsamkeiten bzw. Konjunktionen zwischen den Männern. Da aber nicht allen Männern gleichermaßen der Zutritt zu einer bestimmten homosozialen Gemeinschaft gewährt wird, vielmehr bestimmte (milieuspezifisch, ethnisch oder durch andere soziale Zugehörigkeiten und Zuschreibungen definierte) Kategorien von Männern ausgeschlossen werden, kennzeichnen Distinktionen (in Gestalt von sozialer Schließung) auch die geschlechtlichen Binnenverhältnisse.

Die Wettbewerbsförmigkeit von Männlichkeit hat zur Folge, dass Männlichkeit ständig unter Beweis gestellt werden muss. Dies zeigt sich insbesondere während der Adoleszenz. Das in dieser Lebens- und Entwicklungsphase in gesteigertem Maße praktizierte Risikohandeln wie auch die deutlich erhöhte Gewaltbereitschaft lassen sich als tägliche Verteidigung einer herausgeforderten Männlichkeit begreifen. Männlichkeit ist in dem Sinn unsicher, dass sie durch kompetitive Praktiken, zu denen nicht nur das Riskieren der Unversehrtheit des eigenen Körpers und Gewalthandeln gehören, situativ hergestellt werden muss. Sie ist kein unverbrüchlicher ‚Besitz'. Zugleich vermittelt die homosoziale Männergemeinschaft eine habituelle Sicherheit, indem sie keinen Zweifel lässt hinsichtlich der angemessenen Performanz einer anerkannten Männlichkeit: sich den ernsten Spielen des Wettbewerbs stellen zu müssen (Meuser 2006a). Die homosoziale Gemeinschaft sorgt dafür, dass die Spielregeln in das inkorporierte Geschlechtswissen der männlichen Akteure eingehen. Das Ergebnis ist eine ‚fragile Sicherheit': Die Klarheit hinsichtlich der kollektiv gültigen Spielregeln vermag den prekären Status der individuellen Geschlechtsidentität nicht nur nicht zu beseitigen, sie befördert ihn zugleich.

Mit der Wettbewerbsförmigkeit ist ein Strukturprinzip der Konstruktion von Männlichkeit benannt. Ein zweites, mit diesem eng verknüpft, ist das der hegemonialen Männlichkeit (Connell 1987; Conell 2015). Die Orientierung an diesen beiden Prinzipien lässt sich bei unterschiedlichen Ausprägungen von Männlichkeit beobachten. Sie liegen als strukturelle Gemeinsamkeit einander ansonsten fremden Männlichkeiten – wie der eines der gesellschaftlichen Elite angehörenden Managers und der eines unterprivilegierten, von sozialer Deklassierung bedrohten Migranten – zugrunde. Sie machen das „Gemeinsame im Verschiedenen" (Mannheim 1970, S. 121) aus.

Moderne Gesellschaften kennen keine uniforme Männlichkeit. Die Frage nach unterschiedlichen Männlichkeiten ist allerdings nicht in einem voluntaristischen Sinne zu verstehen, so als könne man aus verschiedenen zur Verfügung stehenden Angeboten beliebig eine bestimmte Form von Männlichkeit wählen. Eine spezifische Männlichkeit bildet sich vielmehr als eine Konfiguration unterschiedlicher sozialer Lagen aus. Es sind vor allem die Zugehörigkeiten zu einem sozialen Milieu, einer ethnischen Gemeinschaft, einer Generation sowie sexuellen Orientierungen, die, sich wechselseitig überschneidend, den Möglichkeitsraum männlicher Subjektpositionen bestimmen (Meuser 1999). Je nach Schichtzugehörigkeit wird Männlichkeit z. B. stärker über körperliche Stärke oder über berufliche Karriereerfolge definiert. In dem einen wie dem anderen Fall sind damit spezifische Erwartungen und Anforderungen verbunden, denen die individuellen Männer mehr oder minder zu genügen vermögen oder auch zu genügen bereit sind.

Worauf die soziale Konstruktion von Männlichkeit fokussiert ist, variiert des Weiteren zwischen verschiedenen Kulturen und historischen Epochen. Das Männlichkeitsverständnis in westlichen kapitalistischen Gesellschaften ist in hohem Maße in der Geschlechterordnung der bürgerlichen industriellen Gesellschaft verankert. Bestimmend für diese Ordnung sind die Trennung und die Hierarchisierung der Sphären von Produktion und Reproduktion sowie die mehr oder minder stringent vollzogene Zuweisung der Geschlechter zu einer der beiden Sphären. Berufs- statt Familienorientierung, Vollerwerbstätigkeit im Rahmen des sogenannten Normalarbeitsverhältnisses und eine Karriereorientierung machen den Kern industriegesellschaftlicher bürgerlicher Männlichkeitskonstruktionen aus. Dies bildet die industriegesellschaftliche Normalitätsfolie männlicher Lebenslagen, ist die Basis männlicher Vorherrschaft und hat(te) den Charakter des fraglos Gegebenen. Auch die tradierte Position des Mannes in der Familie als deren Ernährer ist Teil dieser Normalitätsfolie.

Mit dem sich verstärkenden Strukturwandel der Erwerbsarbeit seit Ende des 20. Jahrhunderts, der Auflösung des Normalarbeitsverhältnisses und der Prekarisierung von Beschäftigungsverhältnissen wird die materielle Basis einer berufszentrierten Männlichkeitskonstruktion brüchig. Männlichkeit ist mit wachsenden Herausforderungen konfrontiert. Institutionell verankerte Grenzen zwischen ‚männlichen' und ‚weiblichen' Sphären, z. B. zwischen ‚Männerberufen' und ‚Frauenberufen', auch zwischen den Sphären der Produktion und der Reproduktion lösen sich auf. Der nach wie vor gegebenen Erwartung, die Ernährerrolle auszufüllen, ist eine weitere, neue Anrufung an die Seite gestellt, die sich auf die Rolle des Mannes im Binnenraum der Familie bezieht. Gefordert ist nicht mehr nur ein, durch die Erwirtschaftung des Haushaltseinkommens vollzogenes, Engagement für die Familie, sondern auch ein Engagement in der Familie, das sich vor allem in der Übernahme von Care-Arbeit ausdrückt (vgl. Meuser 2013). Auf begrifflicher Ebene kommt dies in dem Konzept der ‚caring masculinities' zum Ausdruck, das als Ergänzung, von manchen auch als Alternative zum Konzept der hegemonialen Männlichkeit begriffen wird (Elliott 2016; Heilmann/Scholz 2017). Von den Erwartungen an die Ernährerfunktion nicht entlastet, entwickelt sich eine neue Erfahrungsmodalität eines

Getriebenseins in dem Sinne, „zu wenig Zeit für Beruf und Familie" (Höyng 2012, S. 275) zu haben. Dies erzeugt vielfältige Suchbewegungen.

In der Folge beginnt Männlichkeit kontingent zu werden. Die Grenzen zu Weiblichkeit sind immer weniger institutionell vorausgesetzt, sie müssen zwischen Männern und Frauen ausgehandelt werden (Böhnisch 2003; Böhnisch 2018b, S. 26 ff.). Männlichkeit wird von einer Vorgabe zu einer (Gestaltungs-)Aufgabe. Das industriegesellschaftliche Männlichkeitskonstrukt entfaltet zwar weiterhin, trotz gravierender Veränderungen seiner institutionellen Grundlagen sowohl im Feld der Erwerbsarbeit als auch in der Familie, eine beträchtliche Wirkung. Allerdings weist es sichtbare Erschöpfungserscheinungen auf. Daraus resultiert, dass tradierte Positionen, insbesondere wenn sie Macht und Herrschaft repräsentieren, legitimiert werden müssen. Sie sind nicht mehr fraglos gegeben. Dies erzeugt einen wachsenden Bedarf nach Rechtfertigungs- und Reflexionswissen (Lengersdorf/Meuser 2017), vielfach auch Verunsicherungen. Sichtbarer Ausdruck dessen ist der Diskurs einer Krise des Mannes bzw. von Männlichkeit (Meuser 2015). Böhnisch, dessen Einschätzung zufolge „Männerdiskurse – in den letzten einhundert Jahren – immer auch Krisendiskurse" waren, betont den engen Zusammenhang von Krisendiagnosen und gesellschaftlichen Transformationsprozessen, „wie vor allem die Veränderungen im arbeitsgesellschaftlichen System, in der Arbeitsteilung der Geschlechter und damit im Geschlechterverhältnis" (Böhnisch 2018b, S. 9). Der Wandel der Geschlechterverhältnisse stellt gewiss nicht nur Männer vor Herausforderungen. Es fällt aber auf, dass Herausforderungen und deren Bewältigung bei Männern, anders als bei Frauen, mehr als Leidens- und Krisengeschichte denn als Emanzipationsgeschichte erzählt werden. Hintergrund ist der drohende Verlust von Macht und Privilegien. Der Krisendiskurs stellt eine Semantik bereit, in der vielfach diffuse subjektive Veränderungserfahrungen, vor allem solche, die mit Verunsicherungen einhergehen, sprachfähig werden.

Für eine geschlechtersensible Soziale Arbeit spielt die Auseinandersetzung mit der Kategorie Männlichkeit eine wichtige Rolle (Hammerschmidt/Sagebiel/Stecklina 2020). Männlichkeitskonstruktionen sind in der Sozialen Arbeit auf zwei Ebenen bedeutsam. Die Sozialarbeiter sehen sich gefordert zu reflektieren, wie ihr professionelles Handeln von den eigenen Männlichkeitskonstruktionen – durchaus unbemerkt – beeinflusst wird. Bei ihrer männlichen Klientel ist die Soziale Arbeit vor die Aufgabe gestellt, deren Probleme auch mit Blick auf deren Geschlechtszugehörigkeit, die gesellschaftlichen Herausforderungen tradierter Männlichkeitsmuster und die wachsende Verunsicherung insbesondere junger Männer zu reflektieren.

Michael Meuser

Zum Weiterlesen
Connell, Raewyn W. (2015): Der gemachte Mann. Konstruktion und Krise von Männlichkeiten. 4. Auflage. Wiesbaden: Springer VS
Meuser, Michael (2010): Geschlecht und Männlichkeit. Soziologische Theorie und kulturelle Deutungsmuster. 3. Auflage. Wiesbaden: VS
Scholz, Sylka (2012): Männlichkeitssoziologie. Studien aus den sozialen Feldern Arbeit, Politik und Militär im vereinten Deutschland. Münster: Westfälisches Dampfboot

Massenmedien

Mit dem Begriff Massenmedien werden in der Regel publizistische Medien wie Radio, Fernsehen und Zeitung verknüpft, also „technische Instrumente oder Apparate, mit denen Aussagen öffentlich, indirekt und einseitig an ein disperses Publikum verbreitet werden" (Maletzke 1963, S. 35). Für die Soziale Arbeit sind die Massenmedien relevant, da sie einerseits Einfluss auf die Sichtbarkeit und Akzeptanz sozialpolitischer Themen zu Geschlechterfragen in der Öffentlichkeit nehmen, als auch darauf, wie Geschlechter insgesamt sichtbar und wahrgenommen werden und somit auch Einfluss darauf, wie Menschen sich den Geschlechtern zuwenden, mit ihnen interagieren und sie beraten und unterstützen. Anknüpfungspunkte zur Einordnung der Funktion und Bedeutung der Kategorie Geschlecht in den Massenmedien eröffnet für die Soziale Arbeit die Kommunikationswissenschaftliche Geschlechterforschung mit dem Konzept der Aneignung (Hepp 2005) und Öffentlichkeit (Klaus 2001) sowie die medienpädagogische Forschung mit ihrem Blick auf die Relevanz von Medien für Bildungs- und Sozialisationsprozesse (Vollbrecht/Wegener 2010).

Öffentlichkeiten und (Queer-)Feministische Öffentlichkeiten: Einen für die Soziale Arbeit ersten relevanten Ansatzpunkt in der Medienforschung liefert der feministische Öffentlichkeitsdiskurs. Dieser geht zurück auf die Frauenbewegung, die das Private zum Politikum machte und die hierarchische Unterscheidung zwischen öffentlichem und privatem Handeln in Frage stellte. In Auseinandersetzung mit den vielzitierten Werken „Strukturwandel der Öffentlichkeit" (Habermas 1990) und „Vita activa" (Arendt 1960) hat die kommunikationswissenschaftliche Geschlechterforschung aufgezeigt, dass die Verwirklichung des Öffentlichkeitsideals den Ausschluss von Frauen zur Voraussetzung hatte (Klaus 2001). In Abgrenzung zu dualistischen und ideologischen Oppositionen wie ‚Familie' und ‚Ökonomie' oder ‚Privatsphäre' und ‚Öffentlichkeit' (vgl. Fraser 1994b, S. 18) und dem normativen Ideal einer gleichberechtigten Teilhabe wird seither für eine Analyse vielfältiger, konkurrierender, um Deutungsmacht ringender Öffentlichkeiten plädiert. Vorgeschlagen wird eine Differenzierung, die eine Unterteilung in einfache Öffentlichkeiten (Kommunikation in begrenzten, abgeschlossenen Räumen), mittlere Öffentlichkeiten (Kommunikation in organisationalen Strukturen) und komplexe (Medien-)Öffentlichkeiten (einseitige Kommunikation über institutionalisierte und ausdifferenzierte Rollen wie z. B. Rundfunkanstalten) vorsieht (vgl. Klaus 2001; Klaus 2005). Die gesellschaftliche Legitimation von Öffentlichkeit erfolgt in diesem Ansatz durch den beständigen wechselseitigen Austausch zwischen den unterschiedlichen Ebenen. Einfluss auf Themen und Diskurse der (Medien-)Öffentlichkeit nehmen Menschen über die kleinen und mittleren Öffentlichkeiten. Eine demokratische und damit auch geschlechtergerechte Öffentlichkeit konstituiert sich dem Modell folgend, wo Durchlässigkeit zwischen den Ebenen gewährleistet ist. Ergänzend dazu zeichnet sich eine (queer-)feministische Öffentlichkeit dadurch aus, dass auf Macht- und Hierarchieverhältnisse aufmerksam gemacht und sich für Emanzipation und Geschlechtergerechtigkeit eingesetzt wird (Drüeke/Klaus 2019).

Hinsichtlich der einfachen Öffentlichkeiten verdeutlichte jüngst eine Langzeituntersuchung zur Mediatisierung des Zuhauses, dass Geschlechterordnungen im Zusammenleben als heterosexuelles Paar oder als Familie in hohem Maße auch in Bezug auf das Medienhandeln ausgehandelt werden (Röser et al. 2019). Bezogen auf die mittleren und komplexen Öffentlichkeiten hat sich die kommunikationswissenschaftliche Geschlechterforschung seit den 1980er Jahren mit Bezug zum Gleichheitsansatz mit der marginalisierten Rolle der Frauen in der Medienproduktion auseinandergesetzt – zunächst im Journalismus, wo sie eine sowohl horizontale (Verteilung auf und innerhalb unterschiedliche(r) Ressorts) als auch vertikale Segregation (Verteilung auf unterschiedlichen Hierarchieebenen) im Geschlechterverhältnis festgestellt hat (Neverla/Kanzleiter 1984). Anfang des 21. Jahrhunderts präsentiert sich die vertikale Struktur weiterhin hierarchisch (Weischenberg/Malik/Scholl 2006). Auch in der Zeitungsbranche zeigt sich eine große Schieflage in den Führungsetagen, insbesondere bei überregionalen Zeitungen und Regionalzeitungen (ProQuote Medien 2019). Das 1995 gestartete Global Media Monitoring Projekt weist ebenfalls auf eine anhaltende Marginalisierung, Stereotypisierung und Diskriminierung von Frauen in Nachrichtenmedien hin (GMMP 2015).

Ein Effekt des dominierenden Einflusses von Männern auf die Medienproduktion ist aus Sicht der Geschlechterforschung, dass Frauen in den Medien entweder unsichtbar sind, marginalisiert oder stereotyp dargestellt und als das „andere Geschlecht" (de Beauvoir 1951) konstruiert werden (Mühlen Achs 1995). Gaye Tuchman (1978) spricht in diesem Kontext auch von der symbolischen Annihilierung von Frauen in Massenmedien. Zurückgeführt wird dies unter anderem auf den ‚male gaze' bzw. ‚männlichen Blick' (Mulvey 1975). Ergänzt wurde diese Perspektive später durch den Hinweis auf den ebenfalls zugrundeliegenden Heterosexismus (vgl. Braidt 2016, S. 29) und die Ausblendung der Rezeptionserfahrungen afroamerikanischer Frauen (hooks 1992; hooks 2016).

Die Unterrepräsentanz von Frauen findet sich auch in deutschen Presseorganen. Einer Langzeituntersuchung zur vergleichenden Geschlechterdarstellung (1976–1996) zufolge werden Frauen und deren soziale und politische Belange sowie gesellschaftliche und wirtschaftliche Leistungen kaum bzw. teils gar nicht thematisiert (Schmerl 2003). Wenn über Frauen berichtet wird, dann: „[m]it einem *anderen* Blick auf sie (Körper, Alter, Kleidung), mit *anderen* Interessen an ihnen (Privates, Emotionales, Sexuelles) und mit *anderen* Zuschreibungen (Motive, Kompetenzen, Leistungen)" (Schmerl 2003, S. 202, H. i. O.). Einen gut untersuchten Bereich stellt zudem die Werbung dar. Der höhere Status und die führende Position von Männern manifestieren sich hier über den Bildaufbau, die Körpersprache und im gestischen Zueinander der Geschlechter (Goffman 1981). Inszeniert wurden Frauen in der Werbung anfangs vor allem in der Rolle der Hausfrau und der jungen, verführerischen Frau – beides Rollen, die in ihren Funktionen auf den Mann bezogen sind (Friedan 1963; Schmerl 1980; Schmerl 1984). Die Betonung der Körperlichkeit und sexuellen Attraktivität von Frauen ist auch im 21. Jahrhundert ein relevanter Teil von Werbung (Marschik/Dorer 2002; Nickel 2012). Bezogen auf den Filmbereich wird 2016 anhand des „Bechdel-Tests" deutlich, dass nur 43 Prozent der Filme im deutschen Fernsehen und Kino die folgenden Fragen positiv beantworten können: Gibt es zwei Frauen in tragenden Rollen, die erkennbare Namen haben, die miteinander und über etwas Anderes sprechen als Männer/Beziehungen? Wird die Frage hinsichtlich der Männerrollen umdefiniert, bestehen 87 Prozent der Filme den Test (Prommer/Linke 2017). Programmkonzepte in Film und Fernsehen werden somit auf ein weibliches oder männliches Publikum zugeschnitten; zwei Kommunikationsstile stehen sich hier gegenüber: Interaktion/Beziehung/Gemeinschaft vs. Aktion/Besonderung/Sieg (Klaus/Röser 1996). Aufgebrochen wird diese Geschlechterdualität, indem zum ‚queer reading' kanonischer Filme eingeladen wird (Sedgwick 1985; Heller 2011) und vermehrt Filme und vor allem Serien mit schwulen, bisexuellen, transgender und queeren (LGBTQI-)Charakteren gezeigt werden (Achilles 2018). Ziel ist es, die heteronormative Sicht der Dinge auf unterschiedliche Weisen herauszufordern und ungewohnte Erfahrungsweisen zuzulassen (Tedjasukmama 2016; Köppert 2019).

Identitäten, Körper und Affekte: Aus der Forschungsperspektive des Gleichheitsansatzes kann nicht beantwortet werden, warum Frauen sich weiterhin den als besonders trivial geltenden Angeboten wie Liebesromanen, Frauenzeitschriften und Soap Operas zuwenden. In differenztheoretisch angelegten Rezeptionsstudien werden die Präferenzen und das Vergnügen von Frauen dabei nicht nur ‚frauenspezifisch'" und als eine Form des Eskapismus interpretiert, sondern auch als ein Mittel zur Positionierung im zweigeschlechtlichen Geschlechterverhältnis dargestellt – eine Möglichkeit, den bestehenden gesellschaftlichen und kulturellen Beschränkungen zu entkommen (Radway 1984; Ang 1985; Seiter 1987). Erklärt wird dies mit unterschiedlichen Alltags- und gesellschaftlichen (Diskriminierungs- und Macht-)Erfahrungen der Geschlechter (Haug/Hipfl 1995; McRobbie 2009; Thomas/Stehling 2012), in der Pädagogik über den Bezug zur Mediensozialisationsforschung (Luca 2003).

In der Auseinandersetzung mit de-konstruktivistischen und queeren Ansätzen (Butler 1991) ist der Blick stärker auf Ausschlüsse von Identitäten und Körpern in Medien sowie auf Strategien und Taktiken der Mediennutzung und Medienproduktion gerichtet worden, die das zweigeschlechtliche System, regulierte Körperordnungen und normative Geschlechterzuschreibungen zu durchkreuzen versuchen (De-Gendering) (Hipfl/Klaus/Scheer 2004; Maier 2007). Im Rahmen einer Studie über Musikvideos und deren Rezeption wurde z. B. deutlich, dass sich neben hegemonialen Inszenierungen von Männlichkeit und Weiblichkeit auch oppositionelle Strategien und solche finden, die das Konstruktionsprinzip der heteronormativen Zweigeschlechtlichkeit durchbrechen. In der Rezeptionsstudie reagierte die Mehrheit der jungen Menschen allerdings mit Ignoranz und Desinteresse, Abwehr und Kritik auf De-Gendering-Praktiken. Nur eine Minderheit zeigte sich davon fasziniert – weitaus mehr junge Frauen als Männer (Bechdolf 1999).

Einen Interpretationsansatz liefert hier, in Anknüpfung an (neue) materialistische Ansätze (Coole/Frost 2010) und das Konzept der „Assemblage", eine Sichtweise auf das affektive Potenzial von Medien bzw. die Affekte, die in und durch ein besonderes relationales Arrangement von unterschiedlichen Körpern, Dingen und damit auch Medien erzeugt werden (Hipfl 2018). Medien generieren hier dann nicht mehr nur allein auf der Ebene von Aussagen und Diskursen Bedeutung, sondern auch unmittelbar – affektiv (Kavka 2008). Eine Analyse des Reality TV zeigt z. B., wie Inklusion und Exklusion im audiovisuellen Medientext für Zuschauende körperlich spürbar werden und welche Spuren Affekte in den Körpern und den Diskursen des Publikums hinterlassen (Lünenborg 2020; Lünenborg et al. 2021). Ergänzend hierzu werden Ungleichheitsaspekte in der Medienforschung in den letzten Jahren nicht mehr allein auf die Kategorie Geschlecht, mit Fokus vor allem auf Frauen*, sondern stärker bezogen auch auf alle Geschlechter, Klassismus, Ethnisierung, Rassismus und Ableismus analysiert und finden auch im Kontext der Intersektionalitätsforschung und praxeologischen Forschung Beachtung (Carstensen/Winker 2012).

Für die Soziale Arbeit geht es bezogen auf Massenmedien und Öffentlichkeiten somit einerseits darum, Medien sozialpolitisch in den Dienst zu nehmen, um verstärkt auch Geschlechterfragen zu thematisieren und die Vielfalt der Lebenslagen abzubilden sowie insbesondere minorisierte Gruppen sichtbar zu machen. Weiterhin gilt es, die medialen Konstruktionsprozesse kritisch zu reflektieren und das Potenzial von Medien für einen erweiternden Umgang mit Geschlechterrollen, -identitäten und -körpern auszuloten – Empowerment und Vielfalt im Medienhandeln zu fördern.

Angela Tillmann

Zum Weiterlesen
Drüeke, Ricarda/Klaus Elisabeth (2019): Feministische Öffentlichkeiten: Formen von Aktivismus als politische Intervention. In: Kortendiek, Beate/Riegraf, Birgit/Sabisch, Katja (Hrsg.): Handbuch Interdisziplinäre Geschlechterforschung. Wiesbaden: Springer VS, S. 931–939
Lauffer, Jürgen/Röllecke, Renate (Hrsg.) (2011): Gender und Medien. Schwerpunkt: Medienarbeit mit Jungen. Beiträge aus Forschung und Praxis. Prämierte Medienprojekte. München: kopaed
Lünenborg, Margreth/Maier, Tanja (2013): Gender Media Studies. Eine Einführung. Konstanz: UVK

Matriarchat und Geschlechtssymmetrische Gesellschaften[1]

Die europäischen Kolonialmächte, die auf patriarchalen Herrschaftsverhältnissen beruhten, stießen bei ihrer Ausweitung auf Gesellschaften, in denen die Herrschaft des Vaters oder des Mannes nicht vorhanden oder nur wenig ausgeprägt war. Nach den Beschreibungen solcher Gruppen, vor allem von Missionaren in Nordamerika, nahmen entsprechende Berichte im 19. Jahrhundert rasch zu. Da die konservative politische Theorie und die christliche Weltsicht in Europa damals die patriarchale Herrschaft als überlegenes Ordnungsmodell sahen, wurde sie durch diese frühen Ethnografien hinterfragt.

Kritische Wissenschaftler, Schriftsteller und Vordenker demokratischer und sozialistischer Bewegungen beschäftigten sich ab dem 19. Jahrhundert intensiv mit dem Problem des ‚Mutterrechts' in außereuropäischen und in frühen Gesellschaften (vgl. Lenz 1990 und dort zitierte Literatur). Der Rechtshistoriker Johann Jakob Bachofen (1815–1887) untersuchte in seinem Grundlagenwerk ‚Das Mutterrecht' (1861) erstmals systematisch matrilineare Abstammung und Erbfolge bei einigen Gruppen im antiken Kleinasien und beschrieb den Wechsel zum Vaterrecht. Der Schriftsteller und Unternehmer Lewis Henry Morgan (1818–1881) legte seinen Untersuchungen zu den Irokesen in Nordamerika und zur Antike seine Evolutionstheorie zugrunde: In dieser behauptet er den Übergang von einer frühen matrilinearen Gesellschaft mit gemeinsamem Besitz zum Privateigentum und zum Vaterrecht in Familie und Staat (Morgan 1987). Gestützt u. a. auf Morgan und Bachofen verfasste Friedrich Engels die klassische Schrift „Der Ursprung der Familie, des Privateigentums und des Staates" (1884), in der er die Matriarchatstheorie als ursprüngliche Herrschaft der Mütter begründete. Engels benennt vor allem die matrilineare Abstammung, das Nicht-Wissen um die Vaterschaft in der frühen Gruppenehe und die kommunistische Gemeinwirtschaft als Merkmale des Matriarchats. Er kritisierte auch die eurozentrischen Vorstellungen von Frauen bei den ‚Wilden'. Erst mit der Herausbildung des Privateigentums und der Klassen seien das Patriarchat und

---

1 Der Beitrag wurde aus dem „Wörterbuch Soziale Arbeit und Geschlecht" (2011) übernommen.

der Staat als Machtinstrument entstanden. Die Befreiung der Frau sei also auch erst mit der Überwindung der Klassengesellschaft und des Privateigentums im Sozialismus möglich. So lassen sich als Grundlagen der Matriarchatstheorie im 19. Jahrhundert vor allem die Evolutionstheorie, im Sinne eines universalen Übergangs vom Mutterrecht zum Vaterrecht, die matrilineare Abstammung, eine freizügige Sexualität gegenüber der bürgerlichen Ehe und das Gemeineigentum festhalten. Vor allem Engels' systematischer Entwurf des Matriarchats und der Frauenbefreiung hat die folgenden Debatten und auch die feministischen Ansätze grundlegend beeinflusst.

Die Ethnologie kritisierte ab dem frühen 20. Jahrhundert den Evolutionismus und die Vorstellung des Matriarchats aus dem 19. Jahrhundert. Sie stellte in empirischen Feldforschungen fest, dass Frauen in vielen matrilinearen Gesellschaften untergeordnet waren. Die Forschung ging überwiegend von der Universalität patriarchaler Strukturen aus (vgl. Lenz 1990).

Diese universale Patriarchatsthese wurde im Zusammenhang der Neuen Frauenforschung aus zwei Richtungen hinterfragt. Ein Flügel strebte eine Rekonstruktion der Matriarchatstheorie an. Er orientierte sich an der evolutionären Tradition des 19. Jahrhunderts, so an der matrilinearen Abstammung, dem Gemeinbesitz und dem matriarchalen Eros, für den das Bild der Göttin und ihres Heros steht (vgl. Göttner-Abendroth 1980; Göttner-Abendroth 1999; Göttner-Abendroth 2000; Rentmeister 1985).

Die feministische Ethnologie entwickelte ab etwa 1970 den Ansatz der geschlechtssymmetrischen Gesellschaft für die Untersuchung von sozialen Gruppen, in denen keine Geschlechterherrschaft besteht. Die Matriarchatsthese nahm demgegenüber eine Herrschaft oder Vormacht der Mütter an. Geschlechtssymmetrische Gesellschaften zeichnen sich dadurch aus, dass die erwachsenen Mitglieder gleichwertigen oder gleichen Zugang zu den Chancen und wertvollen Gütern einer Gesellschaft haben (vgl. Lenz/Luig 1990). Symmetrie umschreibt die prozesshafte Balance von unterschiedlichen Einflüssen, die auf den Fähigkeiten von Personen oder ihrer Verfügung über Machtfelder beruhen. Frauen oder Männer können verschiedene Machtfelder stärker bestimmen, ohne dass dies zur Asymmetrie führt. Aus der Kontrolle verschiedener Machtfelder ergibt sich also insgesamt eine Balance der diffusen und multifokalen Macht. Als wichtigste Machtfelder wurden identifiziert: (1) die Kontrolle über die eigenen Produktionsprozesse, also der Besitz an Produktionsmitteln und die Verfügung über das Produkt, (2) die Kontrolle über die Reproduktion, also eigenständige Verfügung über die Ehe und die Gebärfähigkeit, (3) eine eigenständige Bestimmung über die Sexualität und über den Körper, (4) (proto-)politische Autorität, (5) Autonomie und Anerkennung in Religion und Ritualen.

Die geschlechtliche Balance der Machtfelder wird schließlich durch eine Balance in der Kontrolle der zentralen Institutionen abgestützt, die noch nicht in einem hierarchischen Verhältnis zueinander stehen. Die Kontrolle der Frauen über das Haus und ihre oft informelleren Treffen setzen Gegengewichte zu den politischen Versammlungen der Männer. Geschlechtssymmetrische Gesellschaften treten vor allem in zwei Kontexten auf: (1) Wildbeutergruppen mit starker ökonomischer, sozialer und politischer Stellung der Frauen und (2) Geschlechtssymmetrische bäuerliche Gesellschaften mit einer klaren Geschlechterdifferenzierung, die sich mit einer geschlechtsspezifischen Kontrolle unterschiedlicher Machtfelder verbindet (gegenseitige Abhängigkeit oder geschlechtlicher Parallelismus). Die stärkere repräsentative politische Rolle der Männer etwa kann durch ökonomische Verfügungsmacht der Frauen über die Ernte und die Speicher ‚aufgewogen' werden. Dies sind vor allem matrilineare, matrilokale Gesellschaften mit weiblichen Anbausystemen und einer starken Autorität der älteren Frau im Haushalt und der Lineage (Hopi, Irokesen, Minangkabau u. a.).

Die Geschlechterdifferenz kann also nicht per se als Ursache der Geschlechterdiskriminierung gesehen werden, wie in der konstruktivistischen Debatte teils angenommen wird. Susanne Schröter hat die Vielgeschlechtlichkeit in einigen vormodernen Gesellschaften untersucht und kam zu dem Ergebnis, dass diese meist Spielarten einer allgemeinen Differenzierung nach Geschlechtern bilden (Schröter 2002). Die Kernfrage lautet, ob die Geschlechterdifferenz mit egalitären Verhältnissen verbunden wird oder ob sie grundlegende Hierarchien begründet, wie in der Mehrheit der historischen Gesellschaften und der europäischen Entwicklung.

Ilse Lenz

Zum Weiterlesen
Göttner-Abendroth, Heide (1999/2000): Das Matriarchat. Bände 1 und 2. Stuttgart: Kohlhammer
Lenz, Ilse/Luig, Ute (1990): Frauenmacht ohne Herrschaft. Geschlechterverhältnisse in nichtpatriarchalischen Gesellschaften. Berlin: Orlanda
Schröter, Susanne (2002): FeMale. Über Grenzverläufe zwischen den Geschlechtern. Frankfurt/M.: Fischer

Menschenhandel

Menschenhandel ist sowohl ein rechtlich als auch sozial schwer einzugrenzendes Phänomen. Erschwert wird die Untersuchung des Themas zusätzlich durch das große Dunkelfeld. Mangels repräsentativer Statistiken lassen sich kaum fundierte und einheitliche Aussagen über das tatsächliche Ausmaß und über die aktuellen Tendenzen des Menschenhandels treffen: „Wir sehen nur die Spitze des Eisbergs', warnte der Direktor der UN-Organisation gegen Drogen- und Menschenhandel (UNODC), Antonio Maria Costa, in New York, als er im Februar 2009 den internationalen Untersuchungsbericht ‚Trafficking in Persons' vorstellte" (ZEIT ONLINE 2009). Die einzigen belegbaren Zahlen in

Deutschland liefert jährlich der Bundeslagebericht des Bundeskriminalamts (BKA). Doch auch diese Zahlen sind nur begrenzt aussagekräftig, da sie ausschließlich die Fälle widerspiegeln, die der Polizei gemeldet werden. Im Jahr 2018 wurden insgesamt 675 Opfer des Menschenhandels polizeilich erfasst, davon 172 minderjährige Opfer von Ausbeutung und 430 Opfer des Menschenhandels zum Zwecke der sexuellen Ausbeutung (vgl. BKA 2018). Im Bereich der sexuellen Ausbeutung handelte es sich zu 96 Prozent um weibliche Opfer. „Das Durchschnittsalter aller im Jahr 2018 identifizierten Opfer betrug, wie im Vorjahr, 23 Jahre" (BKA 2018, S. 9).

Rechtlich ist heute weltweit eine Definition der Vereinten Nationen maßgebend, die das Zusatzprotokoll zur Verhütung, Bekämpfung und Bestrafung des Menschenhandels, insbesondere des Frauen- und Kinderhandels, zum Übereinkommen der Vereinten Nationen gegen die grenzüberschreitende organisierte Kriminalität von 2000, das so genannte ‚Palermo-Protokoll', liefert. Es bezeichnet Menschenhandel in Artikel 3 als „die Anwerbung, den Transport, die Übersendung, die Unterbringung oder die Entgegennahme von Personen zum Zwecke ihrer Ausbeutung und zwar mittels Drohung oder Anwendung von Gewalt oder anderer Formen von Zwang, durch Entführung, Betrug, Täuschung, den Missbrauch von Macht oder einer Position der Verwundbarkeit oder durch das Geben oder Empfangen von Geld oder Begünstigungen, um so die Zustimmung einer Person zu erwirken, die die Kontrolle über eine andere inne hat. Ausbeutung umfasst mindestens die Ausnutzung der Prostitution anderer oder andere Formen sexueller Ausbeutung, Zwangsarbeit oder Zwangsdienstbarkeit, Sklaverei oder sklavereiähnliche Praktiken, Leibeigenschaft oder die Entnahme von Organen." Sowohl die Konvention des Europarates zur Bekämpfung des Menschenhandels von 2005 (SEV Nr. 197 von 2005) als auch die EU-Richtlinie zur Bekämpfung des Menschenhandels und zum Schutz seiner Opfer (2011/36/EU) haben diese Definition übernommen. Letztere hat einen besonders hohen Stellenwert, da sie alle Mitgliedsstaaten dazu verpflichtet, die dort definierten Handlungen als Menschenhandel unter Strafe zu stellen, was als Folge zu grundlegenden Änderungen im deutschen Strafgesetzbuch führte.

2005 wurde erstmals der Straftatbestand des Menschenhandels zum Zwecke der sexuellen Ausbeutung in § 232 StGB aufgenommen. In §§ 233–236 StGB wurden zudem die Begriffe Menschenhandel zum Zwecke der Ausbeutung der Arbeitskraft, Förderung des Menschenhandels, Menschenraub, Verschleppung und Kinderhandel strafrechtlich verankert. Infolge der Umsetzung der EU-Richtlinie zur Bekämpfung des Menschenhandels und zum Schutz seiner Opfer (2011/36/EU) wurden im Jahr 2016 dann schließlich auch das Ausnutzen strafbarer Handlungen, das Ausnutzen von Bettelei und Menschenhandel zur Organentnahme als Formen der Ausbeutung dem Strafgesetzbuch hinzugefügt.

Die Änderung und Erweiterung der Gesetzgebung bedeutete auch für die Praxis zusätzliche Aufgaben und Herausforderungen: „Dazu zählen eine wachsende Zahl Schutzsuchender insgesamt oder die Entwicklung neuer Beratungsansätze und Unterbringungskonzepte für Betroffene von Menschenhandel (z. B. Männer, trans* Menschen, minderjährige Betroffene oder auch Familien), die zuvor weniger im Blickfeld standen" (KOK e. V. 2020a, S. 19). Dadurch wird auch eine Beschreibung der Umstände und der höchst vielseitigen Lebensweltrealitäten der von Menschenhandel und Ausbeutung betroffenen Personen zunehmend schwieriger und komplexer. „Menschenhandel und Ausbeutung sind weder auf ein bestimmtes Geschlecht noch auf bestimmte Altersgruppen beschränkt. Betroffen sind Kinder, Frauen, Männer, trans* Personen jeglichen Alters" (KOK e. V. 2020a, S. 27). Entsprechend der Entwicklung in den letzten Jahren in Deutschland stammte auch im Jahr 2018 der Großteil der Opfer aus dem europäischen Raum und hier insbesondere aus Bulgarien, Ungarn und Rumänien. Aber auch eine stark zunehmende Tendenz von Betroffenen nigerianischer Staatsangehörigkeit ist zu verzeichnen (vgl. BKA 2018, S. 7).

Grundsätzlich kann der Ablauf des Menschenhandels zum Zwecke der sexuellen Ausbeutung in drei Phasen unterteilt werden: die Anwerbung, die Schleusung und die Ausbeutung (vgl. Paulus 2014, S. 87 ff.). Die Betroffenen werden oft mit dubiosen Jobversprechen in die westeuropäischen Industrienationen gelockt und landen statt am versprochenen Arbeitsplatz in Bordellen oder GoGo-Bars; durch Schläge, Vergewaltigungen, die Verabreichung von Drogen misshandelt, bedroht und abhängig gemacht; ohne Geld und Papiere, die ihnen meist gleich nach der Ankunft abgenommen werden. Die sogenannte ‚Loverboy Masche' ist ein weiteres Beispiel dafür, wie Frauen durch gezielte Täuschung, Manipulation und vor allem psychische Druckausübung dazu gedrängt werden können, sich vermeintlich ‚freiwillig' und ‚aus Liebe' zu ihren Partnern zu prostituieren (vgl. Scheele 2016, S. 146 ff.).

Wer einmal in die Hände von Menschenhändlern gelangt, dem ist es so gut wie unmöglich, sich aus ihrer Gewalt wieder zu befreien. Mit allen Tricks und Möglichkeiten wird dafür gesorgt, die Betroffenen unterwürfig und gefügig zu machen: (Mord-)Drohungen gegen sie selbst und ihre Familien, Vergewaltigung, Gewalt, Hunger, Drohung mit Illegalität und Voodoo-Zauber sind nur Beispiele dafür, wie die gehandelten Menschen kontrolliert werden sollen (vgl. Kreutzer/Milborn 2008, S. 49 ff.). Zudem werden für den ‚Transport' nach Europa enorm hohe Rückzahlungen, meist zwischen 30.000 und 60.000 Euro, verlangt, die die Betroffenen dann ‚abarbeiten' müssen (vgl. Kreutzer/Milborn 2008, S. 40 f.).

Die Profiteure dieser Praktiken sind nicht nur die Zuhälter*innen, welche direkt an der Ausbeutung verdienen, sondern auch die Zwischenhändler*innen, welche die Frauen und Männer in ihren Herkunftsländern anwerben bzw. verschleppen und dann über gut organisierte Händlerringe ihrer vorgesehenen ausbeuterischen und menschenverachtenden Tätigkeit zuführen. Insofern kann man davon ausgehen, dass das Phänomen Menschenhandel fest in einem Kontext mit Strukturen organisierter Kriminalität zu betrachten ist. Diese Netzwerke sind, wie der Name schon sagt, systematisch organisiert und entwickeln sich stetig weiter: „Im 21. Jahrhundert lässt sich ein gewaltiger Aufschwung und eine Professionalisierung des organisierten Verbrechens beobachten. Unter Ausnutzung der Spielregeln der kapitalistischen Marktwirtschaft hat sich die Mafia neue Wege eröffnet, um in bespiellosen Umfang Waren und Dienstleistungen zwischen Ländern und Kontinenten zu verschieben. Die Mafiosi machen ihre Geschäfte mit der Gewalt und dem Schutz vor Gewalt. Zweck ihrer Unternehmungen sind Geld, Lust und Macht" (Cacho 2011, S. 19).

Menschenhandel und Prostitution sind eng miteinander verbunden. Die Betroffenen berichten von verschiedenen Ländern oder Städten, in denen sie arbeiten. Sie nennen es ‚Vermittlung' oder bezeichnen es als Urlaubsreise mit dem Freund, der eigentlich ihr Zuhälter ist, wenn sie von einer bordellähnlichen Einrichtung in die andere oder auf den Straßenstrich gebracht werden. Und die meisten werden bereits als Minderjährige in die Prostitution gezwungen.

Es gibt verschiedene Hilfsangebote für Betroffene von Menschenhandel: von Ausstiegshilfen, Schutzmaßnahmen, psychosozialer Beratung und Therapie, Vermittlung und Begleitung zu Behörden bis hin zur Unterstützung bei der Arbeits- und Wohnungssuche oder gegebenenfalls auch bei der Rückführung ins Heimatsland. Die besondere Schwierigkeit für Hilfsorganisationen, welche im Kontext von Menschenhandel und kommerzieller sexueller Ausbeutung agieren und versuchen, Hilfe zu leisten, besteht allerdings auch darin, dass ein hohes Gefährdungspotenzial für die Helfer*innen gegeben ist. Durch einen ständigen ‚Austausch' der Frauen innerhalb der Prostitutionsszene ist es darüber hinaus sehr schwer für Hilfsorganisationen, ein für höherschwellige Hilfsangebote notwendiges Vertrauensverhältnis mit den Opfern aufzubauen bzw. auch einen Zugang zu den Freiern zu finden, da diese sich wohl bewusst sind, in illegalen Strukturen ihre sexuellen Bedürfnisse zu befriedigen.

Mit einer kurzfristig eintretenden nachhaltigen Veränderung der Lage im Bereich des Menschenhandels ist aufgrund der oben genannten Rahmenbedingungen jedoch nicht zu rechnen. Die Schwierigkeiten der Strafverfolgungsbehörden, Opfer des Menschenhandels zu identifizieren und entsprechende Ermittlungen gegen die Täter einzuleiten, sind bekannt und unverändert. Die Mehrzahl der ausländischen Opfer stammt zwischenzeitlich aus EU-Mitgliedstaaten und besitzt damit legale Aufenthaltsmöglichkeiten in Deutschland. Der Personenbeweis in Form von belastenden Aussagen der Opfer ist weiterhin von zentraler Bedeutung und damit auch die Opferbetreuung und Zusammenarbeit der Strafverfolgungsbehörden mit den Nichtregierungsorganisationen.

Cathrin Schauer-Kelpin und Hannah Drechsel

Zum Weiterlesen
Schauer, Cathrin/UNICEF Deutschland (Hrsg.) (2003): Kinder auf dem Strich – Bericht von der deutsch-tschechischen Grenze. Bad Honnef: Horlemann
Heinrich, Frank/Heimowski, Uwe (Hrsg.) (2016): Der verdrängte Skandal – Menschenhandel in Deutschland. Moers: Brendow
Paulus, Manfred (2020): Menschenhandel und Sexsklaverei – Organisierte Kriminalität im Rotlichtmilieu. Wien: Promedia

Menschenrechte

Menschenrechte werden in Form von völkerrechtlichen Verträgen (Konventionen, Übereinkommen) oder Völkergewohnheitsrecht erzeugt. Das Völkerrecht regelte zunächst die hoheitlichen, nicht-privatrechtlichen Beziehungen zwischen Völkerrechtssubjekten wie Staaten, internationalen Organisationen (UN, WTO, WHO) und anderer Völkerrechtssubjekte (z. B. IKRK). Der einzelne Mensch konnte keine völkerrechtlichen Rechte und Pflichten haben. Er*sie war kein Völkerrechtssubjekt, sondern profitierte lediglich von Rechtsreflexen aus den Rechten und Pflichten des Staates. Nach dem Zweiten Weltkrieg wurden durch die Schaffung von Menschenrechtsverträgen zunehmend Rechte und Pflichten von Individuen im Völkerrecht anerkannt.

Ende des 20. Jahrhunderts hat sich die Stellung des Individuums im Völkerrecht immer weiter verdichtet und zu einem Paradigmenwechsel geführt, der auch als „Humanisierung des Völkerrechts" bezeichnet wird. Der*die Einzelne ist nun ein originäres und nicht mehr nur abgeleitetes Subjekt im Völkerrecht und damit Träger*in subjektiver internationaler Rechte. Soziale Arbeit als eine Menschenrechtsprofession muss daher Menschenrechte also nicht nur als Reflexionsrahmen des eigenen Handelns nutzen, sondern Klient*innen ermächtigen, die ihnen zustehenden (Menschen)Rechte einzufordern und geltend zu machen.

Menschenrechte gewährleisten Freiheits-, Gleichheits-, Teilhabe- und Schutzrechte als Individualrechte. Mit der Allgemeinen Erklärung der Menschenrechte von 1948 wurden Menschenrechte konzeptionell universalisiert, d. h. jede*r Mensch, unabhängig von Staatsbürger*innenschaft, Colour, Geschlecht, Sprache, Religion, nationaler oder sozialer Herkunft, kann sich in Verfahren der Verwaltung oder der Justiz direkt auf Menschenrechte berufen, soweit der jeweilige Nationalstaat, in dem er*sie sich aufhält, die relevante menschenrechtliche Konvention ratifiziert hat.

Das Prinzip der Gleichberechtigung der Geschlechter und das Verbot der Geschlechterdiskriminierung gehören zur Grundausstattung aller menschenrechtlichen Texte und sind zentraler Modus Operandi. Das Themenfeld „Sex and Gender Based Violence" findet sich auf der Tagesordnung von UN-Gremien, in „Emergency Handbooks" und in Einsatz- wie Trainingsmanualen (www.unhcr.org/sexual-and-Gender-based-violence).

Geschlecht ist – wie sexuelle Orientierung und Identität – ein bedeutsamer Strukturgeber von Ungleichheit und konstruiert als Differenzlinie sozio-politische Diskriminierungsrelationen. Bis in die 2000er Jahre beschäftigen sich menschenrechtliche Konventionen nur mit der Kategorie „Geschlecht", nicht jedoch mit sexueller Orientierung und Identität.

In den zentralen menschenrechtlichen Verträgen der 1960er Jahre, wie dem UN-Zivilpakt und dem UN Sozialpakt, wird der Begriff „Geschlecht" an einigen Stellen benannt. So findet sich z. B. im UN Zivilpakt der Begriff „Geschlecht" in Art. 2 I (Akzessorisches Diskriminierungsverbot), Art. 4 I (Notstand), Art. 24 I (Kinderschutz) und Art. 26 I (Diskriminierungsverbot). Darüber hinaus jedoch finden sich „Frauen und Männer" als binärer Code, z. B. in Art. 3 I (Gebot der Gleichberechtigung), Art. 6 V (Verbot der Todesstrafe) und Art. 23 II (Recht auf Ehe).

Das UN Übereinkommen zur Beseitigung jeder Form von Diskriminierung der Frau (CEDAW) aus dem Jahr 1979 verurteilt „jede mit dem Geschlecht begründete Unterscheidung, Ausschließung oder Beschränkung, die zur Folge oder zum Ziel hat, dass die auf die Gleichberechtigung von Mann und Frau gegründete Anerkennung, Inanspruchnahme oder Ausübung der Menschenrechte und Grundfreiheiten durch die Frau – ungeachtet ihres Familienstands – im politischen, wirtschaftlichen, sozialen, kulturellen, staatsbürgerlichen oder jedem sonstigen Bereich beeinträchtigt oder vereitelt wird" (Art. 1 CEDAW).

Die Istanbul-Konvention zum Schutz vor häuslicher und geschlechtsspezifischer Gewalt aus dem Jahr 2011 versteht Gewalt gegen Frauen als Menschenrechtsverletzung sowie als Ausdruck struktureller Diskriminierung. Um Frauen effektiv gegen Gewalt zu schützen, umfasst der Konventionstext alle Formen geschlechtsspezifischer Gewalt, „die zu körperlichen, sexuellen, psychischen oder wirtschaftlichen Schäden oder Leiden bei Frauen führen oder führen können" (Artikel 3a Istanbul-Konvention). Nur im Feld der „häuslichen Gewalt" sind von Gewalt betroffene Männer und Kinder in den Schutzradius dieser Konvention miteingeschlossen (Artikel 2, Artikel 3b Istanbul-Konvention).

Menschenrechtstexten liegt also bis in die 2000er Jahre ein binäres, heteronormatives Geschlechter-Modell zu Grunde. Das Themenfeld ‚Doing Gender and Human Rights' ist bis heute als Forschungs- und Handlungsfeld eher im englischsprachigen Raum etabliert. Einzig der Schutz von Frauen und Mädchen vor geschlechtsspezifischer Gewalt findet weltweit bei Praktiker*innen wie Forscher*innen nachhaltiges Interesse. Das Völkerstrafrecht und Überlegungen zu geschlechtergerechter Aufarbeitung von Unrecht in Postkonfliktgesellschaften im Rahmen von Transitional Justice Prozessen spielen hierbei eine wichtige Rolle.

Um das universelle Transformationspotenzial von Menschenrechten jedoch nachhaltig zu öffnen, müssen mit postkolonialen, queeren und feministischen Ansätzen gesellschaftliche Macht- und Ungleichheitsverhältnisse sichtbar gemacht und exklusive, diskriminierende Setzungen zu Sex, Gender, Geschlecht, Geschlechterdifferenz und Geschlechterordnung – auch in menschenrechtlichen Verträgen oder deren Auslegung – dechiffriert und dekonstruiert werden.

Bislang wurden lesbische, schwule, bisexuelle, transGender, intersexuelle und queere Menschen als Adressat*innen sowie sexuelle Orientierung und Geschlechtsidentität als Diskriminierungstatbestand in den Menschenrechtsdokumenten der UN nicht berücksichtigt und kaum explizit geschützt. Nur Art. 21 I der Charta der Grundrechte der Europäischen Union verbietet die Diskriminierung „aus Gründen des Geschlechts […] oder der sexuellen Ausrichtung". Der Europäische Gerichtshof für Menschenrechte subsumiert das Merkmal der sexuellen Orientierung bislang unter das Verbot der Diskriminierung auf Grund eines „sonstigen Status" in Art. 14 EMRK. Damit ist sie zwar ein Diskriminierungstatbestand, aber eben kein explizites Diskriminierungsmerkmal (www.echr.coe.int/Documents/FS_Sexual_orientation_DEU.pdf).

Erst in den letzten Jahren rückt der menschenrechtliche Schutz sexueller Orientierung und sexueller Identität stärker in den Blick. Eine teleologische Auslegung im Licht des Diskriminierungsverbots als Grundachse aller menschenrechtlichen Überlegungen legt jedoch eine offene, inklusive und dynamische Auslegung des Begriffs „Geschlecht" nahe, der auch die Dimensionen der sexuellen Orientierung und Identität umfasst. Dies belegen auch Ergebnisse zu Individualbeschwerde-Verfahren, wie z. B. Young versus Australia (UN Doc CCPR/C/78/D/941/2000, 18.09.2003), die zeigen, dass das Verbot der Diskriminierung nach Geschlecht auch das Verbot der Diskriminierung im Hinblick auf die sexuelle Orientierung umfasst.

Einen wichtigen Beitrag zu diesem Diskurs liefern die *Yogyakarta Prinzipen*, die als nicht-bindendes Dokument von einer Gruppe Rechtsexpert*innen aus allen Teilen der Welt in Yogyakarta/Indonesien 2007 verabschiedet wurden, um die Anwendung der internationalen Menschenrechte um die Dimensionen der sexuellen Orientierung und Geschlechtsidentität als mögliche Differenz- und Diskriminierungslinien zu erweitern.

Die Verabschiedung der UN Resolution 17/19 „Human Rights, Sexual Orientation and Gender Identity" im Jahr 2011 ebnete dann den Weg für die erste systematische Untersuchung zu diesem Themenfeld. 2012 folgten daraus die UN Empfehlungen "Born Free and Equal. Sexual Orientation and Gender Identity in International Human Rights Law", die Staaten umfassend in die Pflicht nehmen, LGTBIQ Menschen vor Gewalt und Diskriminierung auf Grund ihrer sexuellen Orientierung und sexuellen Identität zu schützen.

2017 wurden die Yogyakarta Prinzipen zu den „Yogyakarta Prinzipen plus

10" weiterentwickelt und verabschiedet. Das Dokument schließt nun auch Geschlechtsausdruck und Geschlechtsmerkmale als eigenständige Schutzbereiche mit ein, berücksichtigt die Lebenslagen intersexueller Menschen und verschränkt sexuelle Identität und sexuelle Orientierung mit der Kategorie Geschlecht.

Wenn Geschlecht, Gender, sexuelle Orientierung und sexuelle Identität also nicht ‚einfach gegeben' sind, sondern in komplexen sozialen und performativen Prozessen konstruiert und reproduziert werden, dann ergibt sich daraus die Möglichkeit, hegemoniale Geschlechterrollen und -relationen sowie die daraus resultierenden Machtverhältnisse ins Visier zu nehmen, zu dekonstruieren und zu gestalten, um einen egalitären Raum für diverse Identitätsentwürfe und Lebensformen zu schaffen. Ausgehend von Butlers Überlegungen zur „elementaren Verletzlichkeit und Gefährdung" des menschlichen Lebens (vgl. Butler 2005) greift eine kategoriale Zuschreibung von Gender oder Geschlecht in menschenrechtlichen Überlegung zu kurz. Die Prinzipien von Autonomie und Würde als Kerngehalt aller Menschenrechte verlangen daher, den Menschen als Menschen zu sehen und zu beschreiben und Kategorien wie Geschlecht und Gender als relationale, konstruierte Diskriminierungstatbestände zu lesen.

Cornell entwickelt aus der von Amartya Sen formulierten „equality of capability and well-being" ein Modell der Äquivalenzrechte (vgl. Cornell 1993b). Capability wird hier verstanden als „a person's freedom to choose between different ways of living" (vgl. Sen 1993). Jede*r Mensch hat einen psychischen, sozialen und rechtlichen Möglichkeitsraum, die „imaginary domain" (Cornell 1993a, S. 5), in dem er*sie sich als „sexuate being" (ebd.) selbst entwerfen kann. Recht und insbesondere Menschenrechte sind dazu in der Lage, aber auch mandatiert, diese Domäne des Imaginären zu gewähren und zu schützen.

Menschenrechtliche Texte sollten daher auf binäre Codierungen wie Mann oder Frau verzichten und an diese Stelle den Begriff des Menschen setzen. Geschlossene Begriffe wie Geschlecht oder Gender können durch offene, selbst zu bestimmende Begriffe wie Identität und sexuelle Orientierung ersetzt werden. Menschenrechtliche Konventionen müssen den Balanceakt wagen, als (völker)rechtliche Normierungen Diversität abzubilden und dadurch zu schützen. Menschenrechte zielen auf eine Emanzipation aller Menschen und in allen Gesellschaften.

Susanne Nothhafft

Zum Weiterlesen
Elsuni, Sarah (2011): Geschlechtsbezogene Gewalt und Menschenrechte. Baden-Baden: Nomos
Leicht, Imke (2016): Wer findet Gehör? Kritische Reformulierung des menschenrechtlichen Universalismus. Opladen, Berlin, Toronto: Barbara Budrich
Lembke, Ulrike (2014): Menschenrechte und Geschlecht. Baden-Baden: Nomos

Methodische Leitlinien

Methoden in der Sozialen Arbeit sollen geeignet sein, für die Klient*innen – ihre Erfahrungen und ihren sozialen Ort – respektierende Möglichkeiten selbständigen Handelns (wieder)herzustellen. Der soziale Rahmen für Austausch und Veränderungsprozesse muss einerseits gegen herrschende Strukturen und Normalitätsdruck abgesichert werden. Andererseits braucht die Öffnung des inneren Erfahrungshorizonts Rückhalt und Bereitschaft, neue Erfahrungen zuzulassen. Erweiterte und ethisch begründete Methoden sind immer wieder von sozialen Bewegungen, von wissenschaftlich begründeten theoretisch-kritischen Konzepten und Sozialberichterstattungen in die Soziale Arbeit hineingetragen worden (vgl. Müller 2001).

So entwickelten Initiativgruppen der Frauen- und Mädchenarbeit – zum Teil in bewusster Abkehr und Kritik von der Praxis der Sozialen Arbeit – Orte und Wege der Selbstthematisierung gegen verweigerte Persönlichkeitsrechte und Schutzräume gegen tabuisierte Gewalterfahrungen. Den Raum dazu eröffneten die kritischen Auseinandersetzungen mit herrschenden Mädchen- und Frauenbildern, mit Formen verdeckter (struktureller) Gewalt, das offene, anerkennende Interesse und die Erlaubnis zur Äußerung von Ambivalenzen, Konflikten, Wünschen und Ängsten. Es entstanden bildnerische Methoden z. B. zur Lebensplanung (Biografiearbeit, Kunstproduktion z. B. mit Körperbildern, Körperarbeit). Zur Formulierung und Durchsetzung von Perspektiven wurden Rollenspiele, öffentliche Foto-Aktionen und Sozialraum-Inszenierungen entwickelt. Dabei sollten aber nicht einseitige Opferbilder aufgebaut, sondern zugleich die versteckte Wut, der Überlebenswille und schwierige Bewältigungsformen bearbeitet werden. Jungen- und Männerarbeit setzte zu Beginn ebenso an der kritischen Auseinandersetzung mit Frauen- und Mädchenbildern an. Die Freiheit zur Selbstthematisierung und die darauf aufbauende Öffnung enger Jungen- und Männerbilder erforderten aber andere Voraussetzungen, da sich Jungen an dieser Stelle eher entziehen, zunächst etwas verlieren und ungeschützt verletzbarer werden. Der Zugang zum Hintergrund von eigenen Gewalthandlungen wie auch zur (manchmal gleichzeitigen) eigenen Betroffenheit von Gewalt braucht vor allen Dingen die Zuwendung erwachsener Begleitpersonen, die Organisation von Halt und das Setzen sicherer Grenzen. Die Konfrontation mit der Gefährdung durch sexuelle Übergriffe in den Institutionen der Bildungs- und Betreuungsarbeit führte hier schließlich zur Formulierung von entsprechenden Anforderungen an eine Organisationskultur (vgl. Helfferich et al. 2017; Nagel et al. 2021).

An dieser Stelle sind mehrere Fragen bedeutsam: Wo wird der soziale Rahmen in der Sozialen Arbeit selbst eingeschränkt, wo entsteht Normalisierungsdruck, den sie zusammen mit Verantwortlichkeit an die auf Hilfe angewiesenen Personen und die von ihr bearbeiteten Fälle weitergibt? Wo entstehen

Spannungen bei konflikthaften eigensinnigen Lösungen, die mehr Zeit und Umwege brauchen (vgl. Brückner 2018b)? Initiativen zum Schutz vor Gefährdungen für LGTBIQ* Lebensformen oder gegen die Leugnung von Diskriminierung bei prekärem Migrant*innen-Status verlangen, dass sich Soziale Arbeit für diese Konflikte sensibilisiert und alternative Räume absichert und/oder Zugang dazu organisieren kann. Verweigerung von Schutz, Erfahrung von Entwertung und Verletzung verbunden mit alltäglichen Prozessen der Einschränkung von Lebens- und Handlungsperspektiven gefährden den Status der Betroffenen und brauchen die Praxis von Initiativen und die Kooperation von Instanzen, die ihre Anerkennung als Akteur*innen zusammen mit ihren Beteiligungsrechten absichern helfen. An dieser Stelle soll z. B. die immer wieder übergangene soziale Lage von Frauen und Männern benannt werden, die aus Armut und Diskriminierung fliehen und auf illegalem Wege in Gewaltverhältnisse sexueller Ausbeutung und den ungesicherten Rechtsstatus von Prostitution gelangen.

Die Übernahme von beispielhaft entwickelten Ansätzen in die Soziale Arbeit war und ist damit konfrontiert, dass soziale Prozesse in Gemeinden und Einrichtungen, innerhalb von Gruppendynamiken, aber auch das Bewältigungsverhalten in kritischen Lebenskonstellationen und die Reaktionen der Institutionen darauf geschlechtshierarchische und normierende Diskriminierungen, Zumutungen und Ausschluss-Muster aufweisen, ohne deren Kenntnis diese nicht hinreichend aufzuschließen sind. Das heißt, eine Veränderung der einmal entwickelten Bewältigungsformen hin zu mehr Autonomie muss immer beachten, dass diese weiter auf die realen Möglichkeiten und Restriktionen, die im Leben und Umfeld der Adressat*innen dagegenstehen, angewiesen bleiben (vgl. Brückner 2010b). Schwierige Konfliktkonstellationen haben eine tiefer liegende Gender-Struktur, die sie als ausweglos erscheinen lassen können. Gleichzeitig verengen die Erwartungen an männliche und weibliche Muster eines Inszenierungs- und Bewältigungsverhaltens Handlungsspielräume und die Auseinandersetzung mit Lebensproblemen und Konflikten. Sie bestimmen zusammen mit den besonderen, im sozialen Umfeld entwickelten Fähigkeiten die biografischen Optionen und können aber auch bis zu antisozialem Verhalten oder Selbstschädigung führen. Unter einem Normierungsdruck von Eltern, Schule, Arbeitswelt, bei gleichzeitig selbst zu verantwortender Freizügigkeit entwickeln sich aber auch mehr Unsicherheit und schwankendes Bewältigungsverhalten (aggressiv und selbstverletzend) oder dies führt zu Überforderung und Schwinden von Lebenskraft und Lebensperspektive, zu Rückzug und Selbstverlust.

Mit Einbeziehung zentraler Praxisregeln (Entwicklung von Arbeitsbündnissen, Auftragsformulierung gemeinsam mit den Klient*innen) und hilfreicher Gender-Konzepte lassen sich folgende methodische Grundsätze formulieren: (1) *Das Prinzip der akzeptierenden Haltung*: Darin kommt zum

Ausdruck, dass Sozialarbeiter*innen erst einmal verstehen und akzeptieren (nicht gutheißen!) müssen, dass Rückzug, Verstummen oder die als zu eng und extrem identifizierten maskulinen und femininen Verhaltensprobleme Bewältigungsformen dahinterliegender kritischer Lebenskonstellationen sein können, und dass sie von daher auch als entlastend und positiv erlebt werden. Es hat also wenig Zweck, Personen kognitiv erreichen und ihnen ihr Verhalten mit Erklärungen und Regeln ‚ausreden' zu wollen. Ein erster Rahmen zur Bearbeitung entsteht in kritischen Situationen dadurch, dass in der eigenen professionellen Haltung eine vorläufige Einordnung der aktuellen Erfahrungen oder Handlungsweisen der Betroffenen in den Raum von Recht/Unrecht oder Gewalt/Übergriff/Verletzung/Verantwortlichkeit gesucht wird. (2) *Das Arbeitsprinzip der funktionalen Äquivalente:* Die Betroffen sollen in Beziehungs- und Projektangeboten erfahren, dass sie Selbstwert und Anerkennung erhalten können und dabei nicht auf antisoziales und selbstzerstörerisches Verhalten angewiesen sind. Die neue Qualität ‚geschützter' Räume muss es ermöglichen, gerade die Vielseitigkeit in der Begegnung mit sich selbst und anderen nebeneinander bestehen zu lassen und eine offene Aufmerksamkeit gegenüber eigenen und fremden Erfahrungen erreichen zu können. Dies erst bildet die Basis dafür, spüren und formulieren zu können, was ‚anders' sein könnte; aber auch dafür, dass der Nutzen von Grenzen und Normen erfahrbar wird. Dann kann sich zusammen mit Orientierung zugleich Halt entwickeln. Die Entschlüsselung des Gender-Ungleichgewichts in tieferliegenden Konflikten kann am ehesten in einfacher zugänglichen Parallel-Situationen oder durch Alternativ-Erfahrungen gelingen. Verdeckte Konflikte müssen dabei in geeigneter Weise stellvertretend und neutral als offene Möglichkeit angesprochen werden. (3) *Das Prinzip Reframing* schließlich bedeutet, dass man (a) nicht auf die Defizite schaut, die – in geschlechtsstereotyper Überzeichnung – zum Ansatzpunkt der Problemdefinition und Intervention werden, sondern auf die Fähigkeiten und Leistungen, die ihnen gerade als Frau oder als Mann entweder wie selbstverständlich eigen sind oder gerade entgegen binären geschlechtsstereotypen Erwartungen angeeignet werden. Damit ist verbunden, dass (b) selbst- oder fremd zugeschriebene Schwächen zu Stärken umgedeutet werden. Als Jungen und Männer sollen sie erfahren können, dass es guttut, sich für diffuse Gefühle zu öffnen, dass dadurch persönliche Stärke gewonnen werden kann. Mädchen und Frauen wiederum können erleben, dass als weiblich erlebter Selbstzweifel produktiv wird, wenn dieser von ihnen selbst in die Suche nach einer anderen geschlechtlichen Orientierung oder lebbaren Formen von Weiblichkeit in soziale Konflikte übersetzt werden kann. Reframing gelingt nur, wenn es sozial abgebildet und im Rahmen von praktischen Normen und Regeln eingeübt werden kann. Dabei kann es günstig sein, diese Erfahrungen innerhalb jeweils geschlechtshomogener Gruppen in der Jugendhilfe und in der Arbeit mit Erwachsenen zu organisieren. Die geschlechtshomogene Gruppe kann als ein geschützter Raum organisiert werden, in dem Jungen und Männer lernen können, sich gegenseitig ihre Gefühle zu zeigen, ohne Angst haben zu müssen, negativ etikettiert und ausgeschlossen zu werden. Mädchen und Frauen sollen entsprechend die Chance erhalten, aus sich heraus zu gehen, ohne Gefahr zu laufen, sexistisch entwertet und missverstanden zurückgewiesen zu werden. Geschlechtshomogene Gruppen sind dabei nicht als konfliktfreier, aber von Positionierungen, Bewertungen und Normierungen entlasteter und neu zu definierender Raum zu verstehen. In diesem Raum können die verschiedenen riskanten, alternativen Erfahrungen von unterschiedlichen und ähnlichen Biografien als Mann* oder als Frau* aus in gegenseitiger Klärung und Bestärkung vermittelt werden. Eine Erweiterung bieten Ansätze wie Körperarbeit für Transgender und gender-nonkonforme Menschen, die, so der Untertext zum Sammelband ‚Selbstsorge, Fürsorge und Versorgung' verbinden, um die „Lage und die Erfahrungen von Trans-Personen hinter den Begriffen wie sexuelle Vielfalt und Diversität" zur Geltung zu bringen (vgl. Stern/Hahne 2019).

Reframing im Rahmen des Empowerment ist ein Schritt zur Selbsterfahrung und Eigenermächtigung, dass das, was im Innern individuell verleugnet/abgewertet oder in der eigenen Erfahrung eingeschlossen ist, aufgeschlossen und produktiv gewendet werden kann. Welche Handlungsperspektiven und Konflikte daraus im sozialen Umfeld erwachsen, bleibt weiteren Schritten vorbehalten, die begleitet und/oder abgesichert werden müssen. Es gibt Lebens- und Entwicklungsphasen, allgemeine und besondere Übergangsphasen, in denen Orientierung gesucht wird, in denen etwas aufbricht; diese sind zugleich riskant für Neuorientierung, aber auch unter guten Bedingungen geeignet, innere und äußere Konflikte, die aus engen Geschlechterverhältnissen erwachsen, neu zu bearbeiten.

Lothar Böhnisch und Heide Funk

Zum Weiterlesen
Ehlert, Gudrun (2022): Gender in der Sozialen Arbeit. 2., völlig neu bearbeitete Auflage. Schwalbach/Taunus: Wochenschau-Verlag
Leiprecht, Rudolf (2018): Diversitätsbewusste Perspektiven für eine Soziale Arbeit in der Migrationsgesellschaft. In: Blank, Beate/Gögercin, Süleyman/Sauer, Karin E./Schramkowski, Barbara (Hrsg.): Soziale Arbeit in der Migrationsgesellschaft. Grundlagen – Konzepte – Handlungsfelder. Wiesbaden: VS, S. 209–220
Böhnisch, Lothar (2019): Lebensbewältigung. Weinheim, Basel: Beltz Juventa

Migration

Migration bezeichnet Wanderungsbewegungen von Menschen, die nationalstaatliche, politische, juristische, linguistische und kulturelle Grenzen überschreiten aus strukturellen, politischen, ökonomischen sowie durch Kriege,

(Umwelt-)Katastrophen, Vertreibung und Verfolgung, auch in Zusammenhang mit ihrem Geschlecht, bedingten Gründen.

2019 lebten 21,2 Millionen Menschen mit Migrationshintergrund oder „Eingewanderte und ihre (direkten) Nachkommen" (wie die Fachkommission Integrationsfähigkeit (2020) vorschlägt) in Deutschland. Damit verfügen 26 Prozent der Gesamtbevölkerung über eine eigene oder von mindestens einem Elternteil mitgebrachte Migrationsgeschichte; mehr als 50 Prozent von ihnen besitzt die deutsche Staatsangehörigkeit (Statistisches Bundesamt 2020d). 2019 betrug der Wanderungssaldo plus 327.060 Zugewanderte (Migrationsbericht 2019).

Deutschland blickt auf eine lange Migrationsgeschichte zurück (Alexopoulou 2020; Migration in der DDR siehe Bade/Oltmer 2005), doch erst mit dem Anfang der für den wirtschaftlichen Aufbau in Westdeutschland notwendigen Immigration von Arbeitsimmigrant*innen aus den armen Regionen Europas seit den 1950er Jahren begann die gesellschaftliche Auseinandersetzung mit Migration, die seitdem die politischen Diskurse bestimmt. Nach der lange verweigerten gesellschaftlichen und politischen Anerkennung der Migration, verbunden mit der Tatsache, ein Einwanderungsland zu sein, hat sich die Bundesrepublik zu einer postmigrantischen Gesellschaft entwickelt (Foroutan 2019), in der es um die Neu-Gestaltung der gesamten Gesellschaft geht. Etablierte Strukturen, privilegierende Verteilungen werden hinterfragt, Chancengleichheit, Teilhabe, Partizipation sowie Rechte von Menschen mit und ohne Migrationshintergrund werden in politischen, sozialen, kulturellen und emotionalen Prozessen neu ausgehandelt und umkämpft. Obwohl sich die Verbindung von Menschen ohne und mit Migrationshintergrund in allen Bereichen des gesellschaftlichen Zusammenlebens immer mehr vollzieht, bewegt sich die gesellschaftliche Auseinandersetzung über Migration zwischen Zustimmung und Ablehnung in einem konfliktreichen, hoch emotionalisierten Feld, in dem Fragen nach Zugehörigkeit, Identität und Geschlecht polarisierend verhandelt und zu zentralen, Differenz markierenden Kategorien werden.

Im medialen Umgang mit Migration, im öffentlichen sozialpolitischen Diskurs, auch in der Sozialarbeit werden ‚Geschlecht' und ‚Ethnizität' als soziale Konstruktionen miteinander verbunden, um das Ungleichheitsverhältnis zwischen einheimischer Mehrheit (Autochthonen) und eingewanderten Minderheiten (Allochthonen) aus kultureller Differenz zu begründen. In Aussagen, die Geschlechterverhältnisse in Migrantenfamilien verallgemeinernd als patriarchale stereotypisieren, machohaftes Männlichkeitsgebaren junger, als migrantisch markierter Männer und die als sicher angenommene Unterdrückung der muslimischen Frau skandalisieren, wird Migrant*innen eine ‚fremde', patriarchale, autoritäre, rückständige Traditionalität zugeschrieben, die mit dem autochthonen, kulturellen Selbstverständnis einer demokratischen, emanzipierten, vermeintlich geschlechtergerechten Gesellschaft nicht vereinbar sei. So wird die unzureichend verwirklichte Gleichstellung aller Frauen verschleiert und die allgemein immer größer werdende soziale Ungleichheit verdeckt. Gleichzeitig werden soziale Ungleichheit und politische Ungleichbehandlung zwischen Eingewanderten und Nicht-Eingewanderten kontinuierlich neu konstruiert und legitimiert (Munsch/Gemende/Weber-Unger-Rotino 2007). Diese Kulturalisierung von Geschlecht wird als Ethnosexismus definiert (Dietze 2016b).

Die Migrations- und Integrationsdebatte speist sich aus der fortgesetzten Instrumentalisierung stereotyper und rassistischer Geschlechterbilder, die zusätzlich pauschal als muslimisch verallgemeinert vor allem ‚türkischen' und arabisch aussehenden Männern und Frauen zugeschrieben werden und sie auf herkunftsorientierte ethnische und religiöse Zugehörigkeit reduziert. Die in den letzten Jahren stattgefundene Verschiebung und Fokussierung des öffentlichen Integrationsdiskurses auf die Frage nach der Vereinbarkeit von Islam und westlicher Lebensweise ist von der Vorstellung eines fundamentalistisch markierten Islams geprägt und hat ihn zu einem sicherheitspolitischen Problem stilisiert. Das muslimische Kopftuch symbolisiert diesen als bedrohlich dargestellten Islam. Muslime und Muslima werden zur ‚gesellschaftlichen Problemgruppe' (Rommelspacher 2007).

Diese kulturalistisch verengte Vorstellung basiert auf einem homogenen, hegemonialen Kulturbegriff, verbunden mit Abwertung der ‚Anderen' und Abwehr der ‚Fremden' (Castro Varela/Mecheril 2016). Er ignoriert die gesellschaftliche Positionierung von ‚Etablierten' und ‚Außenseitern' (Elias/Scotson 1990), in ihrer Bedingtheit durch soziale Klassenlagen und durch strukturelle, institutionelle, wie individuelle Diskriminierungs- und Rassismuserfahrungen. Die verbreitete Islamophobie (Mediendienst Integration 2021) ist neben Antisemitismus, Anti-Ziganismus, Rassismus gegen People of Colour eine von vielen Formen des in der Mitte der Gesellschaft verankerten Rassismus (Brähler/Decker/Kiess 2016), der das Leben Betroffener stark beeinflusst. So haben 48 Prozent der Zugewanderten mit sichtbarem Migrationshintergrund Diskriminierung erlebt, wenn ein Akzent hinzukommt, sogar 59 Prozent, bei Zugewanderten ohne sichtbaren Migrationshintergrund erleben 17 Prozent Diskriminierungserfahrungen (SVR 2018). Frauen mit Kopftuch sind besonders stark von Diskriminierung betroffen. Im 6. ECRI-Bericht wird von einem strukturell verankerten Rassismus in Deutschland gesprochen, der ein wesentliches Integrationshindernis darstellt (ECRI 2020). Bestehende Integrationshindernisse durch nicht gewährleistete Chancengleichheit und Benachteiligung sind umfangreich belegt: u. a. in der Bildung (SVR 2020), auf dem Arbeitsmarkt (Mikrozensus 2019), in Elitepositionen (neun Prozent) (DeZIM 2020a), beim Wohnen, bezogen auf das doppelt so hohe Armutsrisiko (Mikrozensus 2019) und die vulnerable gesundheitliche Situation (Berliner Senat

2020), durch verweigerte Teilhabe und verwehrte soziale Nähe (Decker/Brähler 2018, S. 102; Zick et al. 2016, S. 44).

Sozialpädagogische Unterstützung und Förderung und angebotene ‚Hilfen' bei der Bewältigung von sozialen Problemlagen sind oft beeinflusst von stereotyp ethnisierenden Zuschreibungen, wenn sie Eingewanderte und ihre Nachkommen betreffen. Das religiöse, konservative und streng rigiden Wertevorstellungen folgende Milieu ist mit nur sechs Prozent der Menschen mit Migrationshintergrund (Sinus 2018) demografisch wie soziokulturell marginal. Ihre angeblichen Defizite werden aber verallgemeinernd auf Migrant*innen übertragen. Diese defizitäre, pauschalisierende Sicht verhindert die gesellschaftliche Anerkennung der enormen Integrationsleistungen, die Eingewanderte und ihre Nachkommen seit Jahrzehnten in allen gesellschaftlichen Bereichen erbringen. Ergebnisse der umfangreichen empirischen Forschung zeigen dagegen ein differenziertes Bild der vielfältigen Lebenslagen und Bewältigungsstrategien von Menschen mit Migrationshintergrund: So fühlen sich 84 Prozent der Befragten Deutschland verbunden und gleichzeitig 61 Prozent ihrem Herkunftsland; sie verstehen sich als mehrfachzugehörig, integriert und als Teil der deutschen Gesellschaft. Ähnlich wie in der einheimischen Bevölkerung spielt Religion eine größere Rolle in den traditionellen Milieus und eine geringere in den (post)modernen Milieus. 29 Prozent sind Muslime und 49 Prozent Christen (Sinus 2018). Die meisten Untersuchungen zeigen Menschen mit Migrationshintergrund als Akteur*innen, die in transnationalen und -kulturellen Räumen ihr Leben gestalten, sich Netzwerke schaffen, schwierige Lebenslagen und -situationen bewältigen und eigene Vorstellungen von Familie, Geschlechterverhältnissen, Arbeit und Religion entwickeln. Ihre Ablehnung, ethnizistisch reduziert zu werden, und ihr Selbstverständnis als hybride Identitäten verweisen auf ihr kosmopolitisches Selbstkonzept (Sinus 2018; Mecheril 2003). Die verstärkte Mobilität in transnationalen Räumen produziert aber nicht nur Mobilitätsgewinner*innen. Zu den Verliererinnen gehören vor allem die erzwungen migrierenden Frauen; sie verfügen meistens nicht über einen rechtlich gesicherten Status und arbeiten illegal, ungeschützt und unsichtbar in privathäuslichen und Pflegebereichen, in der Textilbranche, sowie in der Prostitution (World Migration Report 2000; Adams et al. 2008). Ein Viertel der Beschäftigten in systemrelevanten Berufen sind Menschen mit Migrationshintergrund, besonders in prekären Arbeitsverhältnissen und im Niedriglohnsektor mit einem sehr hohen Frauenanteil, überproportional im Reinigungsbereich, bei der Altenpflege, im Gesundheitsbereich, bei der Saisonarbeit (DeZIM 2020 a).

Bis in die 1960er Jahre konzentrierte sich die Migrationsforschung auf theoretische Erklärungsmodelle, die nur den männlichen Gastarbeiter als Migranten im Blick hatten. Erst durch die feministisch orientierte Frauen- und Geschlechterforschung der 1970er Jahre wurden die Frauen in der Migration sichtbar und ihre Lebenssituation zum Gegenstand zahlreicher Untersuchungen. Seit Mitte der 1980er Jahre werden die Macht- und Herrschaftsdimensionen in den Geschlechterverhältnissen in der Migrationssituation thematisiert (Bednarz-Braun/Heß-Meining 2004). Neuerdings wendet sich die Männerforschung den Konstruktionen und Repräsentationen von Männlichkeiten bei Migranten aus der Perspektive der Geschlechterverhältnisse zu (Huxel 2008), beleuchtet intersektionale Diskriminierungen (Cetin 2020), ihre (emotionalen) Bewältigungsstrategien (Potts/Kühnemund 2008) wie auch die Konstruktionsprozesse von Väterlichkeit, Männlichkeit und Ethnizität (Tunc 2020). In der aktuellen Migrationsforschung werden aus feministischer, poststrukturalistischer, postkolonialer und queerer Perspektive gesellschaftliche Macht- und Hierarchieverhältnisse, auch zwischen autochthonen und allochthonen Frauen, intersektional erörtert, bei denen Differenzen und Ungleichheiten durch ein europäisch geprägtes Verständnis von Kultur/Ethnizität und Geschlecht erzeugt werden (Gutiérrez Rodriguez 2001; Lutz/Amelina 2017).

Die Forschungserkenntnisse der trans-kulturellen, -nationalen, intersektionalen Migrations- und Geschlechterforschung bilden die Grundlage Sozialer Arbeit mit der Aufgabe, die strukturellen Bedingungen für die Entstehung individueller Problemlagen von Frauen und Männern sowie LSBTQI, mit und ohne Migrationshintergrund, zu erkennen und sich gegen Marginalisierung, Exklusion und Diskriminierung zu stellen. Mit geschlechter- und kulturreflexivem Verständnis sollte Soziale Arbeit Prozesse der Ent-Ethnisierung und Gleichstellung befördern und Sensibilität gegenüber Diskriminierung und Rassismus entwickeln. Dazu gehört die Fähigkeit, die eigenen stigmatisierenden und diskriminierenden Anteile an den Zuschreibungen von Hilfebedürftigkeit der Adressat*innen mit dem eigenen professionellen Legitimationsbedürfnis selbstkritisch in Verbindung zu bringen, ebenso wie die Anerkennung ihrer Bewältigungsfähigkeiten, die Orientierung an ihren Bedürfnissen und ihre anwaltschaftliche Vertretung. In der postmigrantischen Gesellschaft ist Soziale Arbeit der sozialen Gleichstellung und sozialen Gerechtigkeit aller Menschen, ob mit oder ohne Migrationshintergrund, gleichermaßen verpflichtet.

Steffi Weber-Unger-Rotino

Zum Weiterlesen
Foroutan, Naika (2019): Die postmigrantische Gesellschaft. Bielefeld: transcript
Huxel, Katrin/Karakayali, Juliane/Palenga-Möllenbeck, Ewa/Schmidbaur, Marianne/Shinozaki, Kyoko/Spies, Tina/Supik, Linda/Tuider, Elisabeth (2020): Postmigrantisch gelesen. Transnationalität, Gender, Care. Bielefeld: transcript
Ogette, Tupoka (2019): exit RACISM. Rassismuskritisch denken lernen. Münster: Unrast

Mobbing

Mobbing (engl. bullying) bezeichnet einen spezifischen Typus aggressiven, schädigenden Verhaltens. Es besteht Konsens, dass es einen gezielten, systematischen Machtmissbrauch repräsentiert, welcher wiederholte aggressive, oft erniedrigende Handlungen gegenüber einer unterlegenen Person beinhaltet (vgl. Olweus 1993). Wurde Mobbing zunächst als schulisches Phänomen bei Kindern und Jugendlichen verstanden, zeigt neuere Forschung, dass es auch Erwachsene in Organisationen betrifft (Attell et al. 2017). Geläufige Definitionen stimmen in den basalen Merkmalen mit denen zum schulischen Mobbing überein: anhaltende schädigende Handlungen, gezielt auf eine Person gerichtet, und Ausnützung eines Macht-Ungleichgewichts. Beim schulischen Mobbing wird das Kriterium für die Täter- respektive Opferrolle meist beim mindestens wöchentlichen Ausüben/Erleiden negativer Handlungen in den letzten zwei bis drei Monaten gesetzt (Olweus 2010). Bei Mobbing am Arbeitsplatz wird meist ein Zeitraum von sechs Monaten mit ein bis zwei Ereignissen pro Woche vorausgesetzt (Ciby/Raya 2015).

Schulisches Mobbing betrifft nicht nur Täter*in und Opfer, sondern die ganze Gruppe/Klasse. Ein Hauptmotiv der Täter*innen besteht in der Ausübung von Macht und der damit verbundenen Erhöhung des eigenen sozialen Status, wozu sie die Mitwirkung der Mitglieder brauchen. Direkt involviert sind neben Täter*in und Opfer die Mitläufer*innen, wobei letztere als so genannte Assistent*innen aktiv mitmobben oder als Verstärker*innen der Täterschaft positives Feedback geben. Weniger direkt involviert sind die Zeug*innen (meist die größte Teilgruppe), welche passiv zuschauen oder weggehen, sowie die (seltenen) Helfer*innen der Opfer, die das Ganze zu stoppen versuchen oder Hilfe holen (Salmivalli et al. 1996). Weiter spielen die Erwachsenen im System (Lehrkräfte, Schulleitung usw.) sowie das schulische Umfeld (u. a. Kultur, Klima) eine entscheidende Rolle bei Entstehung und Aufrechterhaltung von Mobbing, weshalb die Einnahme einer sozial-ökologischen Perspektive für erfolgreiche Prävention und Intervention essenziell ist (Ttofi/Farrington 2011).

Schulisches Mobbing zeigt sich unterschiedlich. Die aggressiven Handlungen können direkt und offensichtlich sein und beinhalten beispielsweise physische Formen wie Schlagen, Treten oder verbale Formen wie Beleidigen und Bedrohen. Indirekte Formen ohne ersichtliche Konfrontation beinhalten beispielsweise das Verbreiten von Gerüchten oder den sozialen Ausschluss (Olweus 1993). Im Vorschul- und frühen Grundschulalter überwiegen direkte Formen. Über die Schulzeit nehmen sie zugunsten der indirekten Formen ab. Direkte und indirekte Formen finden sich auch beim Cybermobbing, d. h. Mobbing mit elektronischen Kommunikationsmitteln (Slonje/Smith 2008). Zwischen Offline- und Cybermobbing gibt es eine hohe Überschneidung: Wer offline involviert ist, ist es höchstwahrscheinlich auch online und umgekehrt.

Oft werden Merkmale wie Kleidung, Sprache oder Körpergewicht bzw. irgendeine Form von ‚Anderssein' als Grund angegeben, weshalb identitätsbasiertes Mobbing zunehmend als eigener Bereich beforscht wird. Weltweit gibt rund ein Drittel der 13- bis 17-Jährigen an, dass sie im letzten Monat an einem oder mehreren Tagen gemobbt wurden, während rund ein Zehntel Cybermobbing erfuhr und rund ein Sechstel angab, aufgrund des Aussehens gemobbt worden zu sein (UNESCO 2019). Das ‚Anderssein', vor allem bezüglich Geschlechternormen, körperlicher Erscheinung, Ethnie, Nationalität oder aufgrund von Beeinträchtigungen ist ein bedeutender sozialer Risikofaktor für Gemobbt-Werden. Der soziale Kontext spielt eine bedeutsame Rolle (Alsaker 2016), da neben Faktoren wie dem Sozialklima dem Individuum zugeordnete Faktoren, wie beispielsweise das Aussehen, erst in einer entsprechenden Umgebung relevant bzw. zum Risikofaktor werden.

Die gravierenden psychosozialen, gesundheits- und schulleistungsbezogenen Folgen von Mobbing für Opfer und Täter*innen sind auch längsschnittlich belegt (z. B. die Meta-Analyse von Moore et al. 2017 für Offline- und von Kowalski et al. 2014 für Cybermobbing), für Zeug*innen mehren sich die Belege (z. B. Midgett/Doumas 2019). Opfer zeigen vor allem internalisierende Probleme wie niedrigen Selbstwert, Einsamkeit, Leistungsabfall, körperliche Symptome (z. B. Bauchweh, Schlafprobleme), depressive Symptome, Ängste oder Suizidalität. Bei Täter*innen treten vor allem externalisierende Probleme auf wie verstärktes aggressives Verhalten, Zusammenschluss mit aggressiven Peers, späterer Substanzabusus und Gesetzesbrüche. Die Zeug*innen zeigen internalisierende und externalisierende Probleme wie Schulangst, Wut, Schulabbruch, Leistungsabfall, Depressivität oder Alkoholabusus.

Die frühe Forschung in den 1980er Jahren suchte u. a. nach Alters- und Geschlechtsunterschieden bezüglich der Verhaltensweisen, Persönlichkeitsmerkmale, Rollen und Outcomes. Später wurde vor allem das Geschlecht zunehmend als moderierende Variable einbezogen, um nach unterschiedlichen (Wirkungs-)Zusammenhängen für die Geschlechter zu suchen. Internationale Befunde zeigen auf, dass Mädchen und Jungen im Schnitt etwa gleich häufig Opfer von Mobbing werden, es jedoch zwischen einzelnen Ländern große Unterschiede gibt (UNESCO 2019). Unterschiede finden sich u. a. auch bezüglich der Mobbingformen und Rollen: Während Jungen eher direkt und physisch gemobbt werden, erfahren Mädchen häufiger indirektes, vor allem relationales (Beziehungen beschädigendes) Mobbing. Jungen scheinen andere öfter zu mobben und dies eher direkt, vor allem physisch, während Mädchen eher indirekte Formen verwenden (Carbone-Lopez et al. 2010). Ein möglicher Grund wird in Erziehungsunterschieden gesehen, z. B. hinsichtlich der Geschlechtsrollenerwartungen. Mädchen sollen beliebt und nett, Jungen stark und draufgängerisch sein. Da Mädchen dazu erzogen werden, ihre Wut und Aggressionen nicht offen zu zeigen (Zahn-Waxler 2000), würden direkt und physisch mobbende Mädchen aus der Rolle fallen (Felix/Green 2010). Alternativ wird vermutet, dass indirekte/relationale Formen soziale und sprachliche Fertigkeiten erfordern, worin Mädchen gewöhnlich weiter entwickelt sind als gleichaltrige Jungen (Carbone-Lopez et al. 2010). Unter den Assistent*innen und Verstärker*innen finden sich häufiger Jungen, während Mädchen häufiger das Opfer verteidigen oder Zeug*innen sind (Pouwels et al. 2016), was u. a. mit geschlechtsspezifischen Normen bezüglich Empathie, prosozialen Verhaltens und Aggression erklärt wird. Es ist wichtig, diese Erklärungsansätze kulturell und historisch zu betrachten und kritisch zu hinterfragen, da sich beispielsweise (geschlechtsbezogene) Konzepte von Mobbing und Aggression unterscheiden können (Smith et al. 2019). Geschlechts- sowie kulturelle Unterschiede müssen bei der Wirkung von Präventions- und Interventionsprogrammen mehr Beachtung erhalten. Neuere Forschung zu Mobbing bezieht Intersektionalität ein, z. B. Geschlecht und Diskriminierungsfaktoren, wie Körpergewicht, sexuelle Orientierung oder Ethnie, und richtet den Blick auf den Zusammenhang zwischen Mobbing und Diskriminierung sowie multiple Mobbings- und Diskriminierungserfahrungen bei Kindern und Jugendlichen (vgl. Garnett et al. 2014).

Mobbing in Organisationen lässt sich ebenfalls nach Rollen und Formen charakterisieren. Bisher wurden hauptsächlich die Täter*innen- ('actors') und Opferrolle ('targets') untersucht. Obwohl die Zeug*innen ('bystanders') ebenfalls eine bedeutende Rolle spielen, fehlen hierfür validierte Messinstrumente (Escartín et al. 2021). Namie und Lutgen-Sandvik (2010) sprechen von aktiven (d. h. ebenfalls aggressiven) und passiven (nicht eingreifenden) Kompliz*innen. Letztere fanden sich in ihrer Studie im oberen Management, bei HR-Mitarbeitenden sowie bei Kolleg*innen der Täter*innen und der Opfer. Ähnlich dem Participant Role-Ansatz von Salmivalli et al. (1996) postulieren die Autor*innen, dass Mobbing in Organisationen über die reine Täter*innen-Opfer-Beziehung hinausgeht (Namie/Lutgen-Sandvik 2010). Befunde, die einen Einfluss der Organisationskultur (z. B. das Ausmaß an Konkurrenz und Wettbewerb) sowie allgemeiner Normen und Praktiken auf die Häufigkeit des Auftretens und die Intensität von Mobbing belegen, legen eine sozial-ökologische Betrachtungsweise nahe (vgl. Köllner 2017). Bei den Formen wird zwischen 'traditionellem' Arbeitsplatz-Mobbing und -Cybermobbing unterschieden. Letzteres wird erst seit kurzem vor allem für die Opferrolle erforscht (Escartín et al. 2021). Weiter wird zwischen arbeitsbezogenen (z. B. exzessivem Überwachen der Arbeitsleistung, Überhäufen mit Aufgaben) und personenbezogenen Verhaltensweisen (z. B. Gerüchte streuen, soziale Isolation) unterschieden. Mobbing am Arbeitsplatz (als Opfer) betrifft weltweit rund 15 Prozent der Arbeitnehmenden (Nielsen/Matthiesen/Einarsen 2010), wobei es länder- und branchenspezifische Unterschiede gibt und die Intensität des Mobbings sowie die hierarchische Position der Täter*innenschaft (Vorgesetze*r, Kolleg*in) mit eine Rolle spielen.

Prävalenzraten bezüglich der Täter*innenschaft werden selten untersucht, scheinen jedoch niedriger zu sein als diejenigen für die Opfer. Die negativen psychosozialen (z. B. Depression, Burnout, somatische Beschwerden) und arbeitsbezogenen (z. B. Leistungsminderung, sinkende Arbeitszufriedenheit) Folgen für die Opfer sind breit belegt, auch längsschnittlich (Boudrias et al. 2021). Mobbing wirkt sich zudem schädlich auf die Organisation selbst aus, da z. B. häufigere Krankschreibungen und Kündigungen seitens der Opfer zu höheren Betriebskosten führen (Giorgi et al. 2016).

Aufbauend auf Theorien zur sozialen Dominanz, Geschlechtsrollensozialisation sowie sozialen Identität untersucht eine wachsende Forschung Fragen des Geschlechts bei Mobbing am Arbeitsplatz. Salin und Hoel (2013) argumentieren dezidiert, dass Mobbing als ‚gendered' und nicht ‚gender-neutral' zu sehen ist, wobei Geschlecht als soziale Kategorie alle Organisationsebenen durchdringt. Geschlechtsunterschiede finden sich u. a. bezüglich der Prävalenzraten (als Täter*in und Opfer) und Formen. Frauen werden eher von Kolleg*innen und Männer eher von Vorgesetzten gemobbt. Nicht-geschlechtskonformes Verhalten sowie Minderheitsstatus stellen Risikofaktoren für Gemobbt-Werden dar. Neuere Forschung bezieht die Intersektionalität von Geschlecht mit weiteren sozialen Kategorien ein. Beispielsweise zeigt Hollis in ihrer Studie zu Arbeitnehmenden in der höheren Bildung auf, dass mit komplexerer Intersektionalität („female, black, religious minority, and gender/sexual orientation"; Hollis 2018, S. 73) das Risiko, Opfer von Mobbing zu werden, steigt.

Die systemisch-ökologische Sicht auf Mobbing fokussiert das Zusammenspiel zwischen den Normen und damit verbundenen Rollen- und Verhaltenserwartungen in einem gegebenen Umfeld und den gezeigten Verhaltensweisen der Individuen und Gruppen (Hawley/Williford 2015). Im Sinne eines ‚whole school approach' (z. B. Smith 2019) respektive eines ‚whole organization approach' (wie bei Escartín 2016 impliziert) bedeutet dies für Prävention und Intervention, dass Kultur und Klima durch systematische Anti-Mobbing-Arbeit unter Einbezug aller Akteur*innen und Stakeholder nachhaltig so beeinflusst werden, dass Mobbing sich nicht etablieren kann. Dafür braucht es u. a. eine Analyse der Machtdynamiken, den Einbezug einflussreicher Personen im System (vgl. Hawley/Williford 2015) sowie deren Bereitschaft, eine mobbingfreie Organisationskultur zu schaffen. Eine besondere Bedeutung erhält Mobbing bei sozialen und pädagogischen Berufen, wo es unter den anvertrauten Personen oder den Betreuenden/Ausbildenden sowie von den Betreuenden/Ausbildenden gegenüber den anvertrauten Personen stattfinden kann (vgl. Dietl 2015). Internationale Befunde beschreiben ein höheres Mobbingrisiko für in sozialen Berufen Tätige (z. B. Drüge/Schleider/Fuchs 2015), es fehlen aber Studien, die systematisch die drei genannten Beziehungsebenen untersuchen.

Eveline Gutzwiller-Helfenfinger

Zum Weiterlesen
Alsaker, Françoise D. (2016): Mutig gegen Mobbing in Kindergarten und Schule. Göttingen: Hogrefe
Hawley, Patricia H./Williford, Anne (2015): Articulating the theory of bullying intervention programs. Views from social psychology, social work and organizational science. In: Journal of Applied Developmental Psychology 37, S. 3–15
Köllner, Volker (2017): Mobbing am Arbeitsplatz. In: Badura, Bernhard/Ducki, Antje/Schröder, Helmut/Klose, Joachim/Meyer, Markus (Hrsg.): Fehlzeiten-Report 2017: Krise und Gesundheit – Ursachen, Prävention, Bewältigung. Berlin, Heidelberg: Springer, S. 121–129

Mütterlichkeit

Es gibt kaum einen Begriff, der so zum Mythos erhoben wird, wie Mütterlichkeit. Sie ist ein soziales Konstrukt, das in patriarchalen Gesellschaften der Rolle der Frau zugeschrieben wird und nach wie vor als deren Kern gilt. Die gesellschaftliche Bewertung der Mütterlichkeit ist jeweils abhängig von den ökonomischen, politischen und militärischen Verhältnissen und der sozialen Lage der Frau (Bildung, Beruf, Herkunft, Wohngegend, soziale Integration), der sie zugeschrieben wird.

Das weibliche Prinzip der Mütterlichkeit galt seit der Entstehung der Moderne als kritischer Gegenpol zur kalten Rationalität und zerstörerischen Technisierung der männlichen Sphäre von Produktion und Verwaltung, es sollte einen Schutzwall von Wärme, Emotionalität und sozialer Ganzheit aufrichten. Die Ideologie der Mütterlichkeit als Berufung führte zu allen Zeiten zu der Behauptung, dass Mutterschaft mit der Ausübung eines Berufs nicht vereinbar und die Erwerbstätigkeit der Mütter schädlich sei. Lediglich zu Zeiten, in denen die Wirtschaft die Arbeitskraft der Frauen brauchte, wurde auch die konservative Mütterlichkeit (vorübergehend) außer Kraft gesetzt. Das war zum Beispiel zu Kriegszeiten, in denen Frauen in der Rüstungsindustrie gebraucht wurden, der Fall.

Die Ideologisierung der Mütterlichkeit führte im 19. Jahrhundert dazu, dass kinderlose Frauen wie Ausgestoßene behandelt wurden. Dass ein Leben auch ohne Kinder sinnerfüllt sein kann, wird gesellschaftlich bis heute kaum akzeptiert. Nicht selten wurden und werden ‚kinderlose' Frauen der Flucht aus der Verantwortung bezichtigt (Diehl 2014).

Der 1894 als Dachverband der bürgerlichen Frauenverbände gegründete Bund Deutscher Frauenvereine war es, der als ‚gemäßigte' Variante der bürgerlichen Frauenbewegung die bloße Forderung nach gleichem Recht für Frauen als Gleichmacherei und Frauenrechtlerei ablehnte und ihr das ‚spezifisch weibliche Wesen' der Frau entgegensetzte. Zu diesem ‚spezifisch weiblichen Wesen' sollten die Mütterlichkeit als Inbegriff der hegenden und pflegenden Potenzen der Frau sowie ihre Fähigkeit, Verantwortung zu übernehmen, ihre Emotionalität und ihre Wärme gehören. Besonders ‚unvermählte' Frauen, denen der eigene Kindersegen versagt blieb, sollten die Möglichkeit erhalten, durch soziale Arbeit ihre mütterlich-dienenden Fähigkeiten zu entwickeln. Diese Mütterlichkeit als konservatives Emanzipationsideal prädestinierte die Frau, durch freiwillige Hilfe dazu beizutragen, dass die drohende soziale Revolution der ausgebeuteten und verarmten Arbeiterschaft abgewendet und der ‚soziale Frieden' sichergestellt wurde (Sachße/Tennstedt 1984). ‚Geistige' oder ‚soziale Mütterlichkeit' war jedoch weiterhin der leiblichen Mütterlichkeit und der eigentlichen Bestimmung zu Ehe und Familie nachgeordnet, blieb also Ersatzkonzept zur traditionellen Familienrolle.

Mütterlichkeit als Beruf wurde dennoch zur tragenden Säule des gesellschaftlichen Emanzipationskonzepts der gemäßigten bürgerlichen Frauenbewegung im wilhelminischen Deutschland. Kern des Konzepts war die kulturelle Mission von Frauen, die ihre Verpflichtungen gegenüber den unteren Volksklassen betonten, basierend auf dem Prinzip der ‚geistigen Mütterlichkeit'. Praktischen Ausdruck fand dieses u. a. im Aufbau sozialer Berufsarbeit für Frauen, die neben der Lehrerinnenarbeit zu den ersten ‚höheren Berufen' für Frauen führte (Sachße 2003).

Biologische Mütterlichkeit außerhalb des ideologisierten Status wurde zu allen Zeiten diskriminiert. Mit der rechtlichen Stabilisierung der bürgerlichen Familie wurde die gesellschaftliche Ausgrenzung der ledigen Mütter festgeschrieben und die ‚außerehelichen Kinder' als ‚Bastarde' beschimpft. Teile der bürgerlichen Frauenbewegung wollten dies nicht hinnehmen. 1905 wurde zur Verbesserung der Stellung lediger Mütter und außerehelicher Kinder durch Helene Stöcker (1869–1943), der ‚Bund für Mutterschutz', später ‚Bund für Mutterschutz und Sexualreform', gegründet (Wickert 1991). Der Bund engagierte sich für selbstbestimmte Mutterschaft und für alleinstehende Mütter und ihre Kinder. Da viele Krankenhäuser ledige Mütter nicht zur Entbindung aufnahmen, richtete der Bund Mütterheime ein. Erst gut 90 Jahre später, im Jahre 1998, wurden uneheliche Kinder de jure den ehelichen gleichgestellt.

Seit 1908 entstanden Schulen für Sozialarbeit, in denen fachliche Gesichtspunkte und soziale Gesinnung in der Ausbildung zusammenwirken sollten. Mütterlichkeit wurde konzeptionell zu einem Beruf, der eine persönlich-betreuende Dienstleistung erbringen sollte. Ehrenamtliche soziale Arbeit wurde Zug um Zug mit systematischer Qualifizierung unterlegt. Bezahlung war kein notwendiges Ziel. Der Beruf wurde nur sehr zögerlich mit Erwerbsförmigkeit in Verbindung gebracht (Notz 2012a). Auch ein Ehrenamt entsprach den Vorstellungen der teilweise wohlsituierten Frauen der bürgerlichen Frauenbewegung. Leitvorstellung blieb die Emanzipation und ihre soziale Mission. Dennoch wurde bald ein Berufsfeld erschlossen, das bürgerlichen Frauen eine eigenständige Existenz mit einer selbstbewussten Deutung ihrer öffentlichen Rolle ermöglichte.

Mütterlichkeit wurde von der biologischen Mutterschaft getrennt und allen Frauen, also auch ‚kinderlosen', aufgrund ‚naturgegebener' Gebärfähigkeit eine geistige Mütterlichkeit zugesprochen. Mit der geistigen (auch sozialen oder organisierten) Mütterlichkeit warben einflussreiche Teile der bürgerlichen Frauenbewegung für eine Expansion des weiblichen Kultureinflusses auf Familie und Gesellschaft. Die Idee speiste sich zum einen aus Rousseaus Ansichten über die Natur der Frau mit ihren natürlichen Gefühlen für die Erziehung, zum anderen war sie bereits ein wichtiger Motor zur Entwicklung des nationalsozialistischen Mutterbildes.

Während des Nationalsozialismus erreichte die Mütterlichkeitsideologie ihren Höhepunkt. Das Frauenbild des Hitlerfaschismus war kein Frauen- sondern ein Mütterbild. Eine wesentliche Funktion der deutschen Frau war die Weitergabe ‚hochwertigen Erbguts'. Nach der NS-Ideologie wurden ‚rassisch minderwertige Frauen' sterilisiert oder zur Abtreibung gedrängt. Arische Frauen mit ‚überdurchschnittlicher Gebärleistung', das mussten mindestens vier Kinder sein, erhielten ab 1938 das ‚Mutterkreuz' als Auszeichnung verliehen. Mutterkreuze bekamen nur ‚vollwertig rassische deutschblütige Frauen', die dem Führer zur Verfolgung seiner Blut- und Bodenideologie ‚arische' und ‚erbgesunde' Kinder schenkten. Das Mutterkreuz sollte eine ähnliche Funktion für die Mütter erfüllen wie das Eiserne Kreuz für die Soldaten, indem es einen Ehrenplatz in der Volksgemeinschaft symbolisierte. Die ‚kinderreiche' Mutter wurde für ihren Einsatz von ‚Leib und Leben' bei der Geburt und Kinderaufzucht ausgezeichnet. Reichkanzler Adolf Hitler, in dessen Namen die Auszeichnung verliehen wurde, bezeichnete die Mutterschaft analog zum männlichen Schlachtfeld als das ‚Schlachtfeld' der Frau (Frauengruppe Faschismusforschung 1981; Notz 2015, S. 49 f.). Nur wenige Mütter lehnten die Verleihung ab. In der neugegründeten Bundesrepublik stand die bürgerliche Kleinfamilie im Mittelpunkt der konservativen Familienpolitik. Obwohl Witwen, Waisen, ‚Mutterfamilien' und ‚Besatzungskinder' an der Tagesordnung waren, blieben ledige Mütter diskriminiert und ihre Kinder galten als illegitim. Es waren die ‚neuen' Frauenbewegungen der 1970er Jahre, die die komplizierten Verhältnisse in den ‚eigenen vier Wänden' nicht vom öffentlichen Bereich abgetrennt sehen wollten. Die Frauenfrage – und damit die Mütterfrage – sollte Teil der öffentlichen Politik werden. Noch immer war es die Mutterschaft, die Frauen ans Haus fesselte. Simone de Beauvoir (1976) sagte: „Ich glaube, eine Frau sollte sich vor der Falle der Mutterschaft hüten […] Mutterschaft ist heute eine wahre Sklaverei" (zit. nach Schwarzer 2007, S. 81). Um das zu ändern, braucht es Rahmenbedingungen. Dafür kämpften Mütter und andere Frauen: „Frauen wollen alles, Beruf, Kinder, Partnerschaft, Politik", war ein Slogan der ‚neuen Frauenbewegungen'.

Mit dem ‚Müttermanifest' vom Februar 1987 haben grüne Politikerinnen erneut eine neue Ideologie der Mütterlichkeit propagiert (Müttermanifest

1987). Es war kein Zufall, dass sich diese neue Mütterlichkeitsdebatte gleichzeitig mit der sich immer schwieriger gestaltenden Teilhabe der Mütter an existenzsichernden Arbeitsverhältnissen herausgebildet hat.

Heute wird die Krise der Familie beklagt. Vor allem, weil Frauen – auch wenn sie Mütter sind – nicht auf Berufstätigkeit verzichten wollen. Eine Neuverteilung aller bezahlt und unbezahlt geleisteten sinnvollen Arbeiten und die dafür notwendige Infrastruktur sowie das Leben in Gemeinschaften (Notz 2012b, S. 137 ff.) sind Wege aus der ‚Mütterfalle'.

Der bis heute ungebrochene Mythos der Mütterlichkeit hat dazu geführt, dass die bundesdeutsche Politik sich immer mehr um die Familie als um die Ebenbürtigkeit der Frauen gekümmert hat und dass Familienpolitik immer noch eher auf (un-)bezahlte Haus- und Familienarbeit als auf staatlich unterstützte Kinderbetreuung setzt. Nur 56,2 Prozent aller Mütter mit Kindern im Vorschulalter sind erwerbstätig, 63,6 Prozent davon in Teilzeitarbeit (Statistisches Bundesamt 2019). Die Corona-Krise in den Jahren 2020/21 unterstützte die Verfechterinnen der neuen Mütterlichkeit: „Die ersetzbare Mutter – ein Mythos hat Pause" (Kelle 2020), so die rechtskatholische Medienunternehmerin Birgit Kelle, die sich 2017 einen Namen mit Büchern wie „Muttertier" gemacht hat. Deutlich würde, dass „die Mutter als Hüterin von Heim und Herd unvermittelt wieder sichtbar" wird, weil sie gebraucht wird. „Millionen von Familien stellen gerade fest, dass dann, wenn der Staat als Nanny ausfällt, die Familie und ja, die Mutter, wieder in den Mittelpunkt des Haushaltes rückt", schreibt Kelle (Kelle 2020, o. S.). Versucht wird wieder einmal ein Roll-Back; Wissenschaftlerinnen sagen: ‚Zurück in die 1950er Jahre'. Erste Forschungsergebnisse zeigen, dass die Krise besonders Mütter belastet, weil sie es sind, die Haushalt und Kinderbetreuung schultern müssen, ihre Erwerbsarbeit reduzieren, während Männer weiter ihrer Erwerbsarbeit nachgehen und die Kinder den Müttern überlassen (Allmendinger 2020).

Gisela Notz

Zum Weiterlesen
Notz, Gisela (2015): Kritik des Familismus. Stuttgart: Schmetterling
Sachße, Christoph (Hrsg.) (2003): Mütterlichkeit als Beruf. Sozialarbeit, Sozialreform und Frauenbewegung 1871–1929. Weinheim, Basel, Berlin: BeltzVotum
Vinken, Barbara (2001): Die deutsche Mutter. Der lange Schatten eines Mythos. München: Piper

Mutterschaft

Unter Mutterschaft werden biologische, psychische oder soziale Dimensionen des Gebärens sowie der Versorgung, Betreuung und Erziehung eines Kindes verstanden. Diese Dimensionen sind jeweils juristisch gerahmt. Dabei müssen nicht alle Dimensionen auf eine Person fallen. Noch gilt die Person, die ein Kind geboren hat, als Mutter (§ 1591 BGB). Künftig könnte diese Person aber als Vater bezeichnet werden, wenn es sich um einen trans* Mann mit Uterus handelt (Arbeitskreis Abstammungsrecht 2017). Die sozialen Funktionen der Versorgung, Betreuung und Erziehung (Care-Tätigkeiten) können und konnten schon immer von anderen Personen übernommen werden, als jenen, die das Kind geboren haben. Bislang ist es rechtlich auch unerheblich, ob die Keim- und Eizelle oder der Embryo gespendet wurden oder von der gebärenden Person selbst stammen. Hieran zeigt sich, dass Mutterschaft nicht auf Biologie, Natur oder Instinkte reduziert werden kann, sondern schon immer eine Gemengelage (mikro-)biologischer, körperlicher, emotionaler sowie kultureller, rechtlicher und sozioökonomischer Prozesse darstellt, die vielfach – in historischen und sozialen Prozessen entwickelt – geschlechtlich codiert sind (Zingeler 2005). Ob daher der Begriff Mutterschaft obsolet geworden ist und stattdessen der geschlechtsneutrale Begriff der Elter(n)schaft künftig verwendet werden soll, wird gegenwärtig vielfach diskutiert (Janssen 2016). Malich (2014) plädiert angesichts bestehender geschlechtsbezogener Dominanzverhältnisse für die Beibehaltung eines Begriffs, der die gesellschaftliche Positionierung von weiblich konnotierter Elternschaft in Ungleichheitsrelationen weiterhin für Analysen und Politiken ermöglicht. Eine in diesem Sinne kritisch verstandene Mutterschaft ist ebenso eine leiblich-biologische wie psychosoziale Erfahrung, die zugleich in historisch vielfach gewandelten, kulturell und sozialisatorisch vorgegebenen Mustern interpretiert, angeeignet sowie performativ reformuliert wird (Malich 2017). Die Frage nach einer emanzipatorischen Mutterschaft ist historisch bereits mehrfach gestellt worden (Dohm 1903; Müller 1989).

In der Evolutionsbiologie und Anthropologie wird Mutterschaft heute nicht mehr mit Natur- und Instinktbegriffen belegt, sondern vielmehr werden in genetischen Anlagen und hormonellen Prozessen im Kontext von Geburt und Mutterschaft Voraussetzungen, Spielräume und Möglichkeitsfelder gesehen, die individuelle, soziale und kulturelle Ausprägungen von Mutterschaft bedingen (Hrdy 2000; Villa et al. 2011). Im historischen Vergleich zeigt sich, dass das Verhältnis von Müttern zu ihren Kindern stets in je spezifische zeitgenössische sozialökologische und soziokulturelle Rahmungen eingebunden ist, die zugleich die ökonomischen Erfordernisse einer Gesellschaft spiegeln (Vinken 2001). Mit der Entdeckung von Kindheit als eigenständiger Lebensphase und der Notwendigkeit von Erziehung zum bürgerlichen Subjekt (Ariès 1975) geht mit Beginn der Neuzeit, insbesondere ab dem 18. Jahrhundert, ein Diskurs um Mutterschaft als ‚natürliche' Aufgabe von Frauen und um den ‚Beruf als Weib' (Campe 1779, zit. nach Toppe 1996) einher. Erst im 19. und 20. Jahrhundert wird daraus ein Verständnis von Mutterliebe als Geschlechtscharakter (Badinter 1984; Schütze 1986). Im Falle devianter Mutterschaft fahndeten Mediziner im 19. Jahrhundert bei hingerichteten ‚Kindsmörderinnen' nach einem anatomisch veränderten ‚Organ der Kindesliebe' (Uhl 2008; vgl. dazu auch Michalik 1994; Mauerer 2002). Trotz dieser Bemühungen einer Naturbestimmung zur Mutterschaft ist auch die Kinderlosigkeit keineswegs ein moderner Lebensentwurf von Frauen. Vielmehr förderten Heiratsbeschränkungen und klösterliche Lebensweisen im Mittelalter und der frühen Neuzeit kulturell akzeptierte Formen weiblicher Kinderlosigkeit (Correll 2010). Als eine Form verordneter Kinderlosigkeit für Frauen kann das bis 1953 in der Bundesrepublik geltende Beamtinnenzölibat genannt werden, welches Frauen im Beamtenverhältnis weder Ehe noch Mutterschaft gestattete. Der Anteil kinderloser Frauen liegt heute bei ca. 21 Prozent (Pötzsch 2021).

Die psychische Dimension von Mutterschaft ist mit der Ambivalenz von Bindung und Autonomie zu beschreiben. In der Schwangerschaft entwickelt sich im mütterlichen Leib ein Lebewesen, das bis zur Geburt Teil der Mutter bleibt. Erst mit dem Gebären entsteht ein eigenständig lebensfähiges Individuum, das jedoch zunächst auf intensive Pflege und Versorgung (Care) angewiesen ist. Bindung als emotionale Beziehung, die von Angewiesenheit einerseits, Präsenz und Feinfühligkeit andererseits gekennzeichnet ist, kann als kindliches Grundbedürfnis beschrieben werden (Ahnert 2010). Die Bindungsbeziehung, die maßgeblich durch care-bezogene Praxen entsteht (Jurczyk/Thiessen 2020), ist jedoch nicht notwendigerweise an biologische Mutterschaft geknüpft. Noch bis zur Wende zum 19. Jahrhundert etwa galten Stillen und Säuglingspflege als abgewertete Tätigkeiten, die zumindest Frauen vermögender Schichten an Ammen und Kindermädchen abtraten (Seichter 2014). In der Diskussion um Frühe Hilfen und in der Bindungsforschung wird heute vielfach Bezug auf das ‚Bindungshormon', das Neuropeptid Oxytocin, genommen (Ahnert 2010, kritisch dazu: Fleischer 2002). Dieses wird als wesentlich für den Bindungsaufbau gesehen und kann auch bei Pflegemüttern sowie Vätern und Pflegevätern nachgewiesen werden, da es nicht nur beim Gebären freigesetzt wird, sondern auch beim care-bezogenen Kontakt zum Säugling entsteht. Mit der Entwicklung des Kindes nimmt die Angewiesenheit ab und vergrößert sich sein Bedürfnis nach Eigenständigkeit. Mutterschaft kann vor diesem Hintergrund als stete Trennung und Neufindung in der Beziehung zum Kind verstanden werden. Diese doppelte Aufgabe von Mutterschaft wurde von Winnicott (1953) im Konzept einer ‚good-enough mother' gefasst. Dies kann auf jede Bindungsperson eines Kindes bezogen werden. Verstanden wird darunter die Fähigkeit, auf die Bedürfnisse des Kindes einzugehen, so dass sich das Kind nie komplett verlassen fühlt. Zugleich wird damit aber auch die Anforderung angesprochen, diese enge Bindung im Laufe der kindlichen Entwicklung zu lösen, so dass das Kind begreifen kann, dass die Bindungsperson nicht Teil von ihm ist und zunehmend eigenständiger und unabhängiger wird. Benjamin (1990) hat zudem deutlich gemacht, dass die mit der westlichen Moderne hervorgebrachte Geschlechterpolarisierung die Figur der Mutter zum Objekt macht. Die grundlegende Ambivalenz im Empfinden von Mutterschaft ist bis heute tabuisiert, wie sich dies an den Debatten um ‚Regretting Motherhood' ablesen lässt (Donath 2015; Mundlos 2017).

Wesentliche Parameter der Gestaltung und des Erlebens von Mutterschaft sind neben der psychischen auch die soziale und sozioökonomische Rahmung. Hier zeigen sich in der späten Moderne durch ökonomische Erfordernisse qualifizierter Arbeitskräfte, Individualisierungsprozesse und erfolgreiche Bildungspartizipation von Frauen erhebliche Veränderungen im Leitbild der ‚guten Mutter'. Die Zustimmung zu einer traditionellen Arbeitsteilung in der Familie hat sich in den letzten drei Dekaden mehr als halbiert (Diabaté 2021). Die ‚gute Mutter' ist längst nicht mehr die Hausfrau und Gattin, sondern die erwerbstätige Mutter, die ihre Kinder fördern, anregen und sie auch – nicht nur im Trennungsfall – versorgen kann (Thiessen 2017). Die Ernährerehe, eine der wesentlichen Grundlagen des traditionellen Geschlechterarrangements, hat durch anhaltend hohe Scheidungsquoten und dem reformierten Unterhaltsrecht an Plausibilität verloren (Leitner/Ostner/Schratzenstaller 2004). Gleichzeitig beharren bislang die deutschen Steuer- und Transfersysteme sowie die bildungs- und wohlfahrtsstaatlichen Institutionen weiterhin auf einem traditionellen Familienbild: Ehegattensplitting, Minijobregelung, die kostenlose Mitversicherung der Ehefrau in der Krankenversicherung und die nach wie vor unzureichende Betreuungsstruktur für Kinder fördern Zuverdienstmodelle, die sich spätestens im Scheidungsfall sowie beim Eintritt in die Rente erheblich negativ auswirken und weibliche Armut begründen (Wimbauer/Henniger/Gottwald 2007). Mütter stehen zwischen der verblassenden, aber immer noch wirksamen Rhetorik der vollzeitlichen Verfügbarkeit für Kinder und der gleichzeitigen Anforderung, sich bei Bedarf selbst zu ernähren, um eine ‚gute Mutter' sein zu können (Thiessen/Villa 2010). Gleichzeitig sind die Anforderungen an gelungene Erziehung im Kontext der Wissensgesellschaft gestiegen. Kinder sollen bereits vor Eintritt in die Schule vielfältige Bildungsanregungen und Lernmöglichkeiten erhalten. Diese Anforderung wird faktisch an Mütter adressiert. Insbesondere für sozial benachteiligte Mütter und Mütter mit Migrationsgeschichte stellt dies eine Anforderung dar, die angesichts schwieriger Lebensumstände (prekarisierte Beschäftigung, Niedriglohn und/oder Sozialtransfers, Wohnverhältnisse, (Pendel-)Migration, Bildungsferne) kaum zu leisten ist (Speck 2016). Weitere Herausforderungen stellen Mutterschaften in Lebensverlaufsmustern dar, die entgegen ‚normalisierten' Praxen gelebt werden. Hierzu zählen insbesondere die alleinerziehende Mutterschaft (Rinken 2010; Kasten 2019) sowie jugendliche Mutterschaft (Spies 2010).

Für Soziale Arbeit stellt Mutterschaft in vielen Handlungsfeldern einen wesentlichen Anknüpfungspunkt dar. Durch den Anspruch von Eltern auf Unterstützung bei der Erziehung über die Förderung von Kindern und Jugendlichen bis zur Prüfung des Kindeswohls setzt Soziale Arbeit am Familienalltag an. Mutterschaft ist damit Praxis und Grundlage Sozialer Arbeit. Im Falle jugendlicher Mutterschaft kommt ihr im doppelten Sinne die Kindeswohlsicherung zu (Friese 2020a). Mit dem Anliegen Sozialer Arbeit, fürsorgliche Praxen zu fördern, um Eigenständigkeit der Adressat*innen (wieder-)herzustellen, besteht die Notwendigkeit, Familienleitbilder und Vorstellungen ‚guter Mutterschaft' geschlechterkritisch und kultursensibel aufzuarbeiten (Thiessen/Sandner 2012; Bauer/Wiezorek 2017). Familiale Care-Arbeit kann ebenso von Vätern wie Müttern ausgeübt werden. Ihre Qualität ist neben emotionalen Fähigkeiten abhängig von Zugängen zu Ressourcen wie materieller Ausstattung, ausreichendem Wohnraum, unterstützenden Netzwerken, professionellen Angeboten und einem zufriedenstellenden Leben, das Eigenständigkeit (wie etwa erfüllende Erwerbsarbeit) einschließt. Hilfreich kann hierbei das Konzept der ‚ausreichend guten Mutter' – im Sinne einer guten Balance von Bindung und Autonomie – sein. Bereits heute stellt die zunehmende Pluralisierung von Familienformen und Mutterschaften Fachkräfte vor die Aufgabe, eigene Leitbilder zu reflektieren, wesentliche Aspekte gelingender Elternschaft zu stärken und dabei diversitätssensibel zu agieren.

Barbara Thiessen

Zum Weiterlesen
Badinter, Elisabeth (1984): Die Mutterliebe. Geschichte eines Gefühls vom 17. Jahrhundert bis heute. München: Piper
Thiessen, Barbara (2017): „Entlastet von häuslichen Pflichten" – ein trügerisches Emanzipationsideal. In: Kursbuch 192, Frauen II, S. 62–78
Tolasch, Eva/Seehaus, Rhea (Hrsg.) (2017): Mutterschaften sichtbar machen: sozial- und kulturwissenschaftliche Beiträge. Opladen: Budrich

Mütterzentren

Mütterzentren entstanden als Zentren von Müttern für Mütter im Zuge der neuen Frauen- und Selbsthilfebewegung seit den 1980er Jahren in der Bundesrepublik Deutschland. „Die Neuen Frauen- und Mütterbewegungen haben die Fragen von Kindern, Beziehungen und Mutter-/Elternschaft neu gestellt" (Lenz 2008b, S. 622) und den Muttermythos hinterfragt. Ihren sozialen Ursprung haben die Zentren in der stark auf Mutter und Kind ausgerichteten Familienform in Westdeutschland. Diese mütterzentrierte Familienform und der damit häufig einhergehende befristete Ausstieg von Müttern aus der Erwerbsarbeit sowie die isolierte Lebensform von Frauen mit kleinen Kindern begünstigten das Entstehen der Mütterzentrumsbewegung.

Begleitet wurde die neu entstandene Mütterbewegung durch Mitarbeiterinnen am Deutschen Jugendinstitut (DJI München), die im Rahmen eines Forschungsprojektes ein Konzept für ein Mütterzentrum entwickelten. In einer Modellprojektphase wurde das Zentrumskonzept erprobt und evaluiert.

Monika Jaeckel, die als DJI-Mitarbeiterin das Konzept mitentwickelte, fasste ein zentrales Ergebnis folgendermaßen zusammen: „Im Mütterzentrum ist die Schwellenangst gegenüber Fachkräften überwunden. Dort sind die Mütter selbst die Expertinnen" (Jaeckel 2002, S. 8). Das Forschungs- und Praxisprojekt wurde vom damaligen Bundesfamilienministerium gefördert (1976–1980). Ausgangspunkt war die Erfahrung, dass Elternbildung und Familienhilfe im Rahmen der Sozialen Arbeit häufig defizitorientiert ausgerichtet waren und bestimmte Gruppen von Müttern nicht erreichten.

Das Konzept eines Mütterzentrums basiert auf den folgenden vier Eckpunkten (Jaeckel et al. 1997):

- Hilfe zur Selbsthilfe/Kompetenzansatz von Laiinnen
- Offene und flexible Angebotsstruktur
- Kinderfreundliche Kultur
- Finanzielle Anerkennung von Arbeit im Mütterzentrum

Die Selbsthilfe in den Zentren geht nicht per se mit unbezahlter ehrenamtlicher Arbeit einher, sondern es besteht vielmehr der Anspruch, geleistete Arbeit zu honorieren. Mittlerweile sind viele Mütterzentren soziale Dienstleistungsunternehmen, die auch im Kontext Sozialer Arbeit (z. B. Familienhilfe in Krisensituationen, Qualifizierung von Tagesmüttern oder Nachbarschaftshilfe) anzusiedeln sind, mit zum Teil hohem Budget. Das Laiinnen-Prinzip wurde im Zuge eines Institutionalisierungsprozesses erweitert und aktuell arbeiten in den Zentren teilweise hauptamtliche Beschäftigte. „Inzwischen findet man vielfältige neue Mischungen von Selbsthilfe, bürgerschaftlichem Engagement, Semiprofessionalität und professioneller sozialer Arbeit in vielen ursprünglich aus der Familienselbsthilfe entstandenen Projekten" (Gerzer-Sass/Helming 2008, S. 189).

Im Jahr 2021 gibt es ca. 400 Mütterzentren in Deutschland. Sie sind über drei Landesverbände (Baden-Württemberg, Bayern, Nordrhein-Westfalen) und auf nationaler Ebene im Mütterzentren Bundesverband e. V. (Sitz in Limburg) organisiert. Der nationale Zusammenschluss ist wiederum Teil des internationalen Netzwerks Mother Centers International Network for Empowerment (MINE), in dem sich ca. 1.000 Mother Centers aus 20 Ländern vernetzen.

Ein typisches Mütterzentrum ist als eingetragener Verein (e. V.) organisiert und verfügt über Räume bis zu einer Größe von 100 qm. Das Kernangebot jedes Zentrums besteht aus einem offenen Café-Bereich und einem Bereich zur Kinderbetreuung (Kortendiek 1999). Der Bundesverband der Mütterzentren beschreibt das Zentrum als „[ö]ffentliches Wohnzimmer gegen Isolation und Einsamkeit" und strebt in diesem Kontext auch eine „Milieumischung" an (vgl. www.muetterzentren-bv.de/verband/themen). Anne-Katrin Schührer hat in einer Studie aktive Frauen mit Migrationshintergrund in Mütterzentren befragt und kommt zu dem Ergebnis, dass Mütter aufgrund der „Ankommenssituation in einer als fremd empfundenen Lebenswirklichkeit oder aufgrund diskriminierender Zuschreibungen als nicht-zugehörige Fremde […] im Engagement einen Beitrag gegen Vorurteile und Diskriminierungen […] leisten, selbst in der Aufnahmegesellschaft anzukommen bzw. andere Frauen in ähnlichen Lebenssituationen zu unterstützen" (Schührer 2019, S. 401). Mütterzentren agieren als niedrigschwellige Anlaufstelle für Menschen mit vielfältigen sozialen Hintergründen – die Beziehung zum Kind erweist sich als gemeinsame Klammer und kollektive Strategie in der alltäglichen Lebensführung.

Mütterzentren stellen Räume bereit, die sich zwischen Öffentlichkeit und Privatheit befinden. So treffen vor allem Frauen mit Kleinkindern auf einen öffentlichen Raum, der sich gegen die isolierte Lebensweise der Kleinfamilie abgrenzt (vgl. Sozialpädagogisches Institut im SOS-Kinderdorf e. V. 2000). Zugleich sind Mütterzentren auch Zentren für Kinder, denn das aktive Ermöglichen von Spiel- und Sozialkontakten zwischen Kindern besitzt eine hohe Relevanz. Da Kinder immer seltener in der eigenen Familie gemeinsam mit Geschwistern aufwachsen, kann das Organisieren von Kontakten zwischen Kindern als eine neue Form der Alltagsarbeit von Müttern/Eltern angesehen werden. Die Möglichkeiten zur Kommunikation, zum Erfahrungsaustausch und zur gegenseitigen Unterstützung sind für Frauen mit kleinen Kindern zentrale Motive für den Besuch. Zugleich begegnen Mütterzentren dem Defizit der Anerkennung, indem sie durch den Kompetenzansatz, der den Zentren zugrunde liegt, explizit die Fähigkeiten jeder Einzelnen betonen.

Darüber hinaus versteht sich die Mütterzentrumsbewegung als soziales und politisches Projekt. Im Mittelpunkt stehen hier Themen wie familienfreundliches Arbeiten und die Anerkennung von Familienarbeit. Mütterliche Lebensverhältnisse als spezifische Ausdrucksformen des Geschlechterverhältnisses sind geprägt durch ambivalente Erfahrungen von Frauen mit Mutterschaft (beispielsweise in der Beziehung zum Kind, zum Partner oder zum eigenen Körper). Die Ambivalenz mütterlicher Lebensverhältnisse fördert nicht nur individuelle Strategien in der alltäglichen Lebensführung, sondern die Entwicklungsgeschichte der Mütterzentren zeigt, dass Frauen auch kollektive Antworten entwickeln können. Frauen schaffen sich durch die Gründung und Nutzung von Mütterzentren einen sozialen und materiellen Raum, der sich als Ort von ‚Frauenöffentlichkeit' (Klaus/Drüeke 2008) charakterisieren lässt. Sie ermöglicht Geselligkeit, Entlastung, Beratung und Erfahrungsaustausch im Sinne von Selbsthilfe zur Bewältigung von problematischen Situationen und zur Erweiterung der eigenen Kompetenz. Diese Frauenöffentlichkeit ist die Basis, auf der informelle und formelle soziale Netzwerke (z. B. in Form von Selbsthilfegruppen) sowie mütter-, frauen- und familienpolitische Initiativen gebildet werden. Sie bildet auch die Basis für eine modernisierte Form von ehrenamtlicher Sozialer Arbeit im Sinne von Selbsthilfearbeit. Netzwerkbildung findet dabei auf unterschiedlichen räumlichen Ebenen (lokal, national, global) statt und sie umfasst sowohl den Nahraum des Stadtteils als auch bundesweite oder internationale Aktivitäten.

Mütterzentren als soziale Bewegung sind Produkt und gleichzeitig Produzentinnen von Modernisierung und bieten Frauen eine kollektive Strategie zur alltäglichen Lebensführung. Als Kommunikations- und Handlungsräume für und von Frauen mit Kindern bewegen sie sich im Spannungsfeld von ‚Frauenöffentlichkeit' und ‚feministischer Öffentlichkeit' und damit auch im Spannungsfeld von Reproduktion und Wandel des Geschlechterverhältnisses. Im Unterschied zur Frauenöffentlichkeit zeichnet sich eine feministische Öffentlichkeit insbesondere durch die Reflexion des Geschlechterverhältnisses aus. Mütterzentren können so eine Plattform für Mütterpolitik sein.

Seit den 1990er Jahren wurde die Angebotsstruktur der Zentren zunehmend ausgeweitet. Ein nicht unerheblicher Teil der Mütterzentren versteht sich heute als Familienzentrum oder als Mehrgenerationenhaus; diese Entwicklung geht einher mit einer Ergänzung an Angeboten, die sich an Familien – einschließlich Väter und alte Menschen – richten. Hier findet also eine Neuausrichtung auf Familie, Nachbarschaft und Generationen statt, die sich teilweise auch in der Namensgebung der Zentren widerspiegelt, z. B. beim Familienzentrum Müze e. V. Limburg (Müze steht für Mütterzentrum). Zugleich kommt aktuell stärker die Vervielfältigung von Geschlecht und von Elternschaft jenseits von Heteronormativität zum Tragen. „Mütterlichkeit hat kein Geschlecht" lautet ein Slogan der Mütterzentren: „Für uns ist Mütterlichkeit nicht geschlechtsgebunden, sondern Ausdruck einer Haltung" (www.muetterzentren-bv.de/verband/leitbild). Stand zu Beginn der Mütterzentrumsbewegung das Sichtbarmachen eines Lebens von Frauen mit Kindern im Zentrum, wird zunehmend der geschlechterübergreifende Blick auf Menschen mit Care-Verantwortung gerichtet.

Beate Kortendiek

Zum Weiterlesen
Jaeckel, Monika/Schooß, Hildegard/Weskamp, Hannelore (Hrsg.) (1997): Mütter im Zentrum – Mütterzentrum – Bilanz einer Selbsthilfebewegung. München: DJI
Kortendiek, Beate (1999): Mütterzentren. Selbsthilfeprojekte und Frauenöffentlichkeit. Studie über ambivalente Mutterschaft und alltägliche Lebensführung. Bielefeld: Kleine
Sozialpädagogisches Institut im SOS-Kinderdorf e. V. (Hrsg.) (2000): Die Rückkehr des Lebens in die Öffentlichkeit. Zur Aktualität von Mütterzentren. Neuwied: Luchterhand

Nachhaltigkeit

Der Begriff der Nachhaltigkeit, ursprünglich aus der Forstwirtschaft stammend, beschreibt einen Umgang mit Ressourcen, der ihre Regenerationsfähigkeit und damit ihre zukünftige Verfügbarkeit sichert. Er wird im Deutschen als Übersetzung für den Terminus ‚Sustainability' gebraucht, der seit den 1980er Jahren vor allem in der internationalen Politik Karriere gemacht hat (angefangen von der Brundtland-Kommission 1987 bis hin zur „Agenda 2030 for Sustainable Development" der UN) und sich den globalen Dimensionen der Ausbeutung natürlicher Ressourcen sowie auch den Ungleichheitsverhältnissen zwischen globalem Norden und Süden zuwendet (vgl. Bormann 2011, S. 3 f.). Gegenwärtig wird der Begriff zunehmend beliebig in unterschiedlichsten Kontexten gebraucht (z. B. in der Werbung). Insbesondere angesichts von Klimakrise und ‚Peak Oil' bzw. ‚Peak everything' haben sich Debatten um die Vereinbarkeit von Nachhaltigkeit und Wachstum zugespitzt. Während Modelle eines ‚Green Growth' darauf setzen, dass durch technologische Innovationen z. B. bei Energiegewinnung oder Güterproduktion ein unproblematischer Konsum und weiteres Wirtschaftswachstum möglich sind, verweisen Kritiker*innen darauf, dass auch die Produktion mit grünen Technologien nicht von einem Verbrauch natürlicher Ressourcen zu entkoppeln ist. Entstehende ökologische Schäden werden oft nur verlagert; durch Rebound-Effekte wachsen auch im Zuge einer ‚grünen' Effizienzsteigerung Erträge, Verbrauch und Emissionen (vgl. Paech 2020, S. 15 f.). Insofern wäre tatsächliche Nachhaltigkeit nur im Rahmen einer Postwachstumsökonomie zu erzielen (vgl. Paech 2020, S. 22 ff.)

Neben diesen ökologischen und ökonomischen Dimensionen von Nachhaltigkeit rückt aktuell insbesondere durch die ‚Fridays for Future'-Proteste eine dritte Perspektive in den Fokus, die in klassischen Modellen von Nachhaltigkeit als Säule der sozialen Nachhaltigkeit bezeichnet wird (vgl. Böhnisch 2020c, S. 18 f.). Hier geht es um Fragen sozialer Gerechtigkeit, vor allem im Blick auf künftige Generationen, denen durch die gegenwärtige Ausbeutung natürlicher Ressourcen Lebensgrundlagen entzogen werden. Zum Thema werden auch unterschiedliche Betroffenheiten privilegierter und benachteiligter Gruppen, sowohl von den Folgen des Klimawandels als auch von Klimaschutzmaßnahmen. Beides kann für marginalisierte Gruppen schneller existenzbedrohende Konsequenzen haben als für andere, wodurch nicht nur ökonomische, sondern auch ökologische und soziale Nachhaltigkeit in ein Spannungsverhältnis geraten (vgl. Opielka 2016, S. 36). Unter der Perspektive der sozialen Nachhaltigkeit geht es jedoch auch um die Stärkung sozialer und kultureller Ressourcen wie Bildung, Demokratie und Solidarität, die mehr Gerechtigkeit herstellen und Lebensgrundlagen sichern sollen.

Nachhaltigkeit und Geschlecht: Geschlecht wird in Diskursen über Nachhaltigkeit und nachhaltige Entwicklung in verschiedener Hinsicht thematisiert. In Bezug auf eine nachhaltige Nutzung natürlicher Ressourcen werden die ungleichen Betroffenheiten von Männern* und Frauen* durch Krisen infolge der Zerstörung dieser Ressourcen skandalisiert und die Notwendigkeit geschlechtersensibler Entwicklungsstrategien, insbesondere die Bedeutung eines Empowerments von Frauen*, betont. In der Skandalisierung der stärkeren Betroffenheit von Naturkatastrophen oder alltäglichen Folgen des Klimawandels wird jedoch häufig die Vulnerabilität von Frauen* naturalisiert und kulturalisiert, statt nach den sozialen und ökonomischen Ungleichheitsstrukturen zu fragen, die Ursachen für ihre Marginalisierung sind (vgl. Bauriedl/Hackfort 2015, S. 96). Sowohl als Opfer von Klimawandelfolgen als auch als Adressatinnen eines Empowerments, das Frauen* bevorzugt zu Protagonistinnen des Klimaschutzes machen soll, werden sie auf eine Zuständigkeit für das Reproduktive reduziert und als „Kollektivsubjekt" homogenisiert (Bauriedl/Hackfort 2015, S. 97; vgl. ebd., S. 98 f.).

Im Blick auf Nachhaltigkeit als eine Frage von Mensch-Natur-Verhältnissen wird deren Verwobenheit mit Geschlechter- und anderen Ungleichheitsverhältnissen zum Thema. Feministische Kritik markiert, dass auch Nachhaltigkeitsdiskurse natürliche Ressourcen auf ein ökonomisch nutzbares ‚Naturkapital' reduzieren, ebenso wie sie Arbeit auf Erwerbsarbeit reduzieren. Damit wird die Bedeutung des Reproduktiven sowohl im Hinblick auf natürliche Ressourcen als auch im Zusammenhang menschlicher Arbeit und Ökonomie ausgeblendet. In der Identifizierung des Reproduktiven als ‚natürlich' und ‚weiblich' und mit seiner Bewertung lediglich als Voraussetzung des Produktiven im engeren Sinn werden Hierarchisierungen in Mensch-Natur-Verhältnissen ebenso reproduziert wie in Geschlechterverhältnissen. Die Folge sind ökologische und soziale Krisenphänomene wie die Care- und die Klimakrise, in denen Grundlagen menschlichen Lebens durch Ausbeutung zerstört und verknappt werden. Mit Biesecker/Hofmeister (2013, S. 241) lassen sich diese Krisen „als gleichursprünglich – als Ausdrucksweisen einer einzigen Krise des ‚Reproduktiven'" betrachten. Die Autorinnen insistieren darauf, die artifizielle Unterscheidung zwischen dem Produktiven und dem Reproduktiven aufzuheben, indem die tatsächliche Produktivität von Natur und von als reproduktiv kategorisierter, weil unbezahlter Arbeit sichtbar gemacht wird. Sie führen dafür den Begriff der „(Re)Produktivität" als „prozessuale, nicht durch Abwertungen getrennte Einheit aller produktiven Prozesse in Natur und Gesellschaft, bei gleichzeitiger Unterschiedenheit" (Biesecker/Hofmeister 2006, S. 19) ein.

Pädagogik und Nachhaltigkeit: In Kontexte von Sozialer Arbeit und Bildung hat Nachhaltigkeit vor allem durch die Programmatik der Bildung für nachhaltige Entwicklung (BNE) Einzug gehalten, forciert durch die gleichnamige UN-Dekade (Bormann 2011, S. 4 f.). In der Umsetzung dieser Programmatik steht (zumindest in der BRD) weniger eine soziale Nachhaltigkeit etwa im Sinne umfassender Bildungsteilhabe im Vordergrund. Der Schwerpunkt liegt auf einer Vermittlung von Werthaltungen und Wissen für ökologisches und faires Handeln und Wirtschaften. Dazu wurden Kompetenzmodelle und didaktische Prinzipien formuliert (vgl. Rieckmann 2020, S. 62 ff.). BNE soll im gesamten Bildungssystem als Querschnittsthematik verankert werden. Der „Nationale Aktionsplan Bildung für nachhaltige Entwicklung" (Nationale Plattform BNE 2017) weist als relevante Felder frühkindliche Bildung, Schule, Berufsbildung, Hochschule und non-formale und informelle Bildung aus. Durch die Verankerung in Curricula hat BNE insbesondere in das Schulsystem Einzug gehalten. Bormann (2011, S. 9 f.) verweist neben der Präsenz von BNE in Schule und Hochschule auf die Bedeutung von Feldern nonformaler und informeller Bildung. Damit sind auch sozialpädagogische Tätigkeitsfelder angesprochen. Soziale Arbeit wird dabei jedoch kaum explizit adressiert.

Für die Theoriebildung in der Sozialpädagogik lässt sich das Konzept der (vor allem sozialen) Nachhaltigkeit jedoch produktiv zur Anwendung bringen. Böhnisch (2020c) zeigt, wie sich unter der Perspektive insbesondere einer sozialen Nachhaltigkeit grundlegende Probleme und Spannungsverhältnisse in Arbeitsfeldern der Sozialpädagogik diskutieren lassen, darunter auch Fragen von Sorge (vgl. Böhnisch 2020c, S. 18 ff.) und „geschlechtshierarchische[r] Arbeitsteilung" (Böhnisch 2020c, S. 61; vgl. ebd., S. 61 ff.).

Während also im Kontext von BNE die Dimension des Reproduktiven in Form von Sorgearbeit eher unterbelichtet bleibt, weisen sozialpädagogische Ansätze auf die Bedeutung von Care-Perspektiven im Zusammenhang von Nachhaltigkeit hin. Dies lenkt die Aufmerksamkeit auf Konzepte von Selbst-Welt-Verhältnissen in Diskursen von Nachhaltigkeit und Pädagogik allgemein.

Wenn darin Subjektformierungen zugrunde gelegt werden, die menschliche Bedürftigkeit und das Angewiesensein auf Sorge ausblenden, bleiben zum einen die damit verbundenen Konflikte, Schieflagen und Ausbeutungslogiken im Geschlechterverhältnis unsichtbar. Unter den bestehenden gesellschaftlichen und ökonomischen Bedingungen wird Sorgearbeit nach wie vor weitgehend als Privatangelegenheit an Frauen* delegiert. Trotz der seit der Corona-Krise gesteigerten Anerkennung von Sorgetätigkeiten als ‚systemrelevant' sind Menschen, die in dieser Form Verantwortung für andere übernehmen, systematisch benachteiligt. Es zeigt sich nicht nur, dass die Kommodifizierung von Sorgearbeit ihre Umverteilung zwischen den Geschlechtern nicht ersetzen kann, sondern auch, dass die gegenwärtige „Entsorgung der Sorge" (A. Hartmann 2020) ein grundlegendes Problem gesellschaftlicher und pädagogischer Verhältnisse darstellt.

Zum anderen muss es vor dem Hintergrund einer generellen Krise des ‚Reproduktiven' auch im Zusammenhang von pädagogischer Arbeit und Bildung um eine Infragestellung von Ausbeutungs- und Wachstumslogiken gehen, die sich nicht nur auf den Umgang mit natürlichen Ressourcen bezieht, sondern auch auf die Selbstverhältnisse von Subjekten. Aus einer Nachhaltigkeitsperspektive werden die mit dem Zwangscharakter von Selbstentfaltung und -gestaltung verbundenen Selbststeigerungslogiken fragwürdig, die der ‚Ordnung der Bildung' eingeschrieben sind (Ricken 2006; vgl. ebd., S. 339 f.; Thon 2021). Sie müssen sowohl aus einer ökonomischen und ökologischen als auch aus einer geschlechterreflektierenden, die Bedeutung des (Re)Produktiven in den Vordergrund rückenden Perspektive einer Wachstumskritik unterzogen werden. Das kann Möglichkeiten einer postwachstumstheoretischen Reformulierung des Bildungsbegriffs und von Sorgebeziehungen eröffnen, die auch andere Formen von Subjektverhältnissen einschließen.

Christine Thon

Zum Weiterlesen
Bauriedl, Sybille (Hrsg.) (2015): Wörterbuch Klimadebatte. Bielefeld: transcript
Biesecker, Adelheid/Hofmeister, Sabine (2013): Zur Produktivität des „Reproduktiven". Fürsorgliche Praxis als Element einer Ökonomie der Vorsorge. In: Feministische Studien, 31. Jg., H. 2, S. 240–252
Kminek, Helge/Bank, Franziska/Fuchs, Leon (Hrsg.) (2020): Kontroverses Miteinander. Interdisziplinäre und kontroverse Positionen zur Bildung für eine nachhaltige Entwicklung. Norderstedt: BoD

O Offene Jugendarbeit

In der Offenen Jugendarbeit Westdeutschlands begannen sich in den frühen 1970er Jahren feministische Ansätze mit ihrem Slogan „Jugendarbeit ist Jungenarbeit" und mit ihrer Kritik am Defizitblick auf Mädchen für die Bedürfnisse von Mädchen zu öffnen und in eigenen Mädchenräumen Methoden für die Stärkung ihrer Interessen zu entwickeln (Wallner 2006). Der vorliegende Text stellt das Praxismodell der Wiener Jugendzentren und seine Entwicklung bis heute vor.

Jugendarbeit in Wien entstand in der Nachkriegszeit und orientierte sich zunächst an den Bedürfnissen junger Männer* aus der Arbeiter*innengesellschaft (vgl. Böhnisch/Plakolm/Wächter 2015). Heute richtet sie sich an alle jungen Menschen im Alter von 6 bis 24 Jahren in Wien, unabhängig ihrer Genderidentität und Herkunft, und findet sowohl in Jugendzentren und Jugendtreffs statt als auch im öffentlichen Raum und online in Sozialen Netzwerken. Die Angebote der offenen und aufsuchenden Jugendarbeit sind freiwillig und niederschwellig, dennoch werden sie tendenziell ungleich genutzt, wenn der Blick auf Gender gerichtet wird. In einer Studie der Wiener Magistratsabteilung für Bildung und Jugend zeigt sich auch weiterhin eine ungleiche Verteilung der Geschlechter in der offenen Jugendarbeit (ca. 40 Prozent der Zielgruppen sind weiblich*; Magistrat der Stadt Wien 2014). Mit einem queeren Blick auf die Zielgruppen der offenen Jugendarbeit zeigt sich eine Zielgruppe jenseits der heteronormativen Zuschreibungen und der Geschlechterdualität (vgl. Dalia Research 2016). Um die Aufmerksamkeit auf vielfältige Lebensentwürfe zu lenken, müssen queere Themen aus der Theorie in der Praxis zur Anwendung kommen (vgl. Holzhacker/Mangl 2020).

Gender als Prinzip der Jugendarbeit: Aus einer intersektionalen Perspektive, die Ungleichheiten und Machtverhältnisse veranschaulicht, lassen sich die unterschiedlichen sozialen Kategorien differenzieren. Zu berücksichtigen sind Diversitätsfaktoren, die von Unterschiedlichkeit und Vielfalt geprägt sind. Zentral dafür ist ein Genderbewusstsein, das auf die Chancengleichheit aller, unabhängig ihrer Geschlechteridentität, abzielt und über das vorherrschende Dualitätsdenken hinausgeht. Durch die differenzierte Betrachtung werden gesellschaftliche Ausschlussmechanismen sichtbar. Dies unterstützt das Streben nach breiter gesellschaftlicher Inklusion (Verein Wiener Jugendzentren 2020).

Das Genderkompetenzmodell (vgl. Verein Wiener Jugendzentren 2019) – Theoretische Grundlage und Anleitung für die Praxis der offenen Jugendarbeit: Genderkompetenz (Böllert/Karunsky 2008) kann anschaulich beschrieben werden. Die vier Bausteine sind: Wollen, Dürfen, Wissen und Können. Sie sind eingebettet in Organisationsstrukturen, Politik sowie gesellschaftspolitische Verhältnisse. Diese sind eng miteinander verbunden. Daraus wird eine Haltung abgeleitet, die Grundlage für die pädagogische Praxis darstellt und eine Querschnittsfunktion hat. Es wird vorausgesetzt, dass Jugendarbeiter*innen bereit sind, sich mit genderrelevanten Themen sowie der eigenen Sozialisation, dem eigenen Handeln und der Reflexion von Interaktionen im Team auseinanderzusetzen (Wollen). Zusätzlich braucht es die Bereitschaft, Methoden und Settings kennenzulernen, die eine gendersensible Praxisgestaltung unterstützen (Können). Darüber hinaus sind auch genderspezifisches Fachwissen (Wissen) notwendig sowie Rahmenbedingungen und Strukturen am Arbeitsplatz, die ein genderkompetentes Arbeiten ermöglichen (Dürfen).

Haltung – Die Basis für Genderkompetenz: Entscheidend ist es, dass alle Mitarbeiter*innen über ein gewisses Maß an Genderkompetenz verfügen. Nicht derselbe Wissenstand und die theoretischen Zugänge sollen gleich sein, sondern das Bewusstsein über die Vorbildwirkung gegenüber jungen Menschen und die damit einhergehende Verantwortung. Wichtig ist auch die Bereitschaft, sich neues Wissen anzueignen und sich laufend mit der eigenen Person auseinanderzusetzen und die eigene Sozialisation sowie konkrete Handlungen selbst zu reflektieren.

Jede Situation der offenen Jugendarbeit verlangt eine genderreflektierte Planung. Es ist wichtig, in allen Angebotsformen auf Stereotype und Abwertungen zu reagieren, Sozialisationsprozesse anzuleiten und Handlungsmöglichkeiten zu erweitern (Gestaltung von Turnieren, Rollen- und Aufgabenverteilung unter den Kolleg*innen, achten auf Sprechzeiten bei Diskussionen etc.).

Beispiele aus der Praxis: Einladungspolitik mit Asterisk (*) zu verwenden, ist ein wichtiges (gender)politisches Signal. Um diese Form der Einladungspolitik konsequent leben zu können, braucht es eine Auseinandersetzung von Genderidentitäten. Ein Beispiel zur Formulierung: ‚Mädchenabend'. Damit werden (Cis-) Mädchen und alle, die als Mädchen gelesen werden, angesprochen und eingeladen. Cis sind Frauen und Männer, bei denen das bei der Geburt zugewiesene Geschlecht mit der gelebten Genderidentität übereinstimmt. Dieser Begriff wurde von der Trans*bewegung eingeführt, um Heteronormativität aufzuzeigen. Cis (Latein) meint diesseits (der Genderbinärität). Im Vergleich: Trans*gender schließt alle Menschen mit ein, die eine andere Geschlechtsidentität haben, als ihnen bei der Geburt zugewiesen wurde. Trans (Latein) meint hier über die binären Gendergrenzen hinaus (vgl. Kauffenstein/Vollmer-Schubert 2014; Quix 2016). ‚Mädchen*abend': Damit werden Mädchen* und alle, die sich als Mädchen* identifizieren, also auch Trans*Inter*Non-binary*Mädchen* angesprochen und eingeladen. Situationen, in denen Jungen* am Mädchen*abend auftauchen und darlegen, sie fühlen sich wie ein Mädchen*, stellen die Mitarbeiter*innen vor Herausforderungen. Dies kann ein Akt der Provokation oder der Forderung nach Aufmerksamkeit sein und erfordert klare Argumentation und Erklärung. Kommt hingegen z. B. ein Trans*mädchen*, das als Junge* gelesen wird, zum Mädchen*abend, ist dies eine Wirkung der Einladungspolitik, als Mädchen* partizipieren zu können. Darüber hinaus muss mit allen Jugendlichen über das Thema ‚Sternchen' gesprochen werden, um Irritationen vorzubeugen und einen Raum zu schaffen, in dem sich alle Mädchen* wohlfühlen können.

In der Praxis zeigt sich, dass die Besucher*innen interessiert sind an der Diskussion um Genderidentitäten. Sie fragen nach der Bedeutung der Einladungspolitik und prüfen sie auf die Alltagstauglichkeit. Queere Jugendliche fühlen sich eingeladen und nehmen an den Aktivitäten der Jugendzentren teil. In Gesprächen erzählen die Jugendlichen von ihren eigenen Genderidentitäten und lernen die eigenen Rollen zu hinterfragen und neue Lebensentwürfe kennen.

Homogene Räume als ‚Safe Spaces': Wenn von Genderkompetenz und queeren Aspekten in der Jugendarbeit als grundlegende Haltung ausgegangen wird, darf nicht ausgeblendet werden, dass Unterdrückungsmechanismen unter Gruppen von Menschen weiterhin gegeben sind. Sexismus und strukturelle Benachteiligung von Mädchen* und Frauen* sind weiterhin zu bekämpfen, besonders wenn sie intersektional wirken. Daher braucht es homogene Settings, Beratung, Information und ein adäquates Angebot für die Jugendlichen.

*Mädchen*räume:* In den meisten Angebotsformen der offenen Jugendarbeit werden mehr Jungen* und junge Männer* erreicht als junge Frauen*. Das bedeutet eine Schieflage, unter anderem in der Ressourcenverteilung. Ob ein ganzes Jugendzentrum, ein Zimmer, ein Teil des öffentlichen Raumes oder andere Angebotsformen gewählt werden (z. B. Onlineangebote) – ein exklusiver, geschützter Ort für Mädchen* eröffnet Chancen. Rückzug, Freiwilligkeit und Niedrigschwelligkeit sind dabei wichtig sowie die Möglichkeit, abseits von Stereotypen, Druck und Bewertung in Beziehung miteinander zu sein. Mädchen*- und Frauen*räume sind wichtiger Teil von Mädchen*politik und (queer-)feministischer Mädchen*arbeit. Diese ist ein Meilenstein auf dem Weg zur Gleichberechtigung aller Menschen.

*Jungen**runden und Räume für Jungen* sind wichtige Orte, um in homogenen Settings zu (jungen*-)spezifischen Themen zu diskutieren. Vielfalt von Genderidentitäten und Genderrollen sowie Zuschreibungen und Druck sollen thematisiert werden und zur Entlastung dienen.

Fazit: Der Blick auf Gender in der offenen Jugendarbeit hat sich weiterentwickelt und bezieht unterschiedliche Kategorien mit ein. Dadurch entsteht zwar eine Komplexität, die zunächst irritierend wirken könnte, doch sie eröffnet Freiräume, einen persönlichen wie auch einen gesellschaftlichen. Konzepte von Beziehung, Freund*innen und Familie können neu gedacht und Grenzen aufgemacht werden.

Dabei braucht es motivierte, kreative Mitarbeiter*innen, die sich auf allen Ebenen in Diskussionen begeben. Es soll mit queeren Themen an die Lebenswelt der Jugendlichen Anschluss gefunden werden. Gegen Diskriminierung, Abwertungen und für Sichtbarkeit und Respekt sollen dies die wichtigsten Schritte sein. Genderkompetenz in der Offenen Jugendarbeit bedeutet, auch neue Dinge und Wege auszuprobieren, zu reflektieren, zu evaluieren, Fehler zu machen und daraus zu lernen.

Parallel dazu sind die Arbeit im Team und Weiterbildung wichtig, um am Thema zu bleiben und die neuen wissenschaftlichen Ergebnisse und politischen Diskussionen zu verfolgen. Heteronormativitätskritische, antisexistische, antirassistische Diskussionen in vielfältigen Kontexten und auf allen Ebenen sind dabei eine große Vorbildwirkung für die Jugendlichen. Im Sinne der Lobbyarbeit für Jugendliche soll das Thema auch öffentlich gemacht werden (vgl. Holzhacker/Mangl 2020).

Magdalena Mangl

Zum Weiterlesen
Böhnisch, Lothar/Plakolm, Leonhard/Waechter, Natalia (Hrsg.) (2015): Jugend ermöglichen. Zur Geschichte der Jugendarbeit in Wien. Mandelbaum
Holzhacker, Christian/Mangl, Magdalena (2020): Zur Entwicklung genderkompetenter Jugendarbeit im Verein Wiener Jugendzentren. Von geschlechtssensibel zu genderkompetent. In: Krisch, Richard/Schröer, Wolfgang (Hrsg.): Entgrenzte Jugend – Offene Jugendarbeit. Weinheim: Beltz Juventa, S. 156–170

Verein Wiener Jugendzentren (2020): Wirkungskonzept: Qualität und Wirkung der offenen Jugendarbeit im Verein Wiener Jugendzentren. www.jugendzentren.at/publikationen-blog/publikationen/ (Abfrage: 15.12.2020)

Ökonomie

Als soziale Konstruktion verweist *Gender* auf die geschlechterbezogene Struktur einer Gesellschaftsordnung. Diese erzeugt Positionszuweisungen und eine segregierte Arbeitsteilung, welche den Zugang zu knappen Ressourcen beeinflusst. Die sozialen Strukturen von Geschlechterverhältnissen (Macht- und Herrschaftsverhältnisse) sind somit eng verknüpft mit Fragen der Ökonomie, d. h., unter welchen Bedingungen und nach welchen Kriterien Güter und Dienstleistungen produziert, bewertet und verteilt werden.

Ökonomie beschreibt und erklärt die Entstehung und Verwendung von Waren und Dienstleistungen. Grundsätzlich können diese Güter von Unternehmen (bzw. dem Staat) erzeugt werden, die ihren Beschäftigten hierfür einen ausgehandelten Lohn bezahlen, oder unentgeltlich in den Familien hergestellt werden. Die Reproduktionsarbeit (Erziehung, Pflege, Haushalt), die den Hauptteil der Produktion in den Haushalten darstellt, ist in der Regel unbezahlt. In der Ökonomik (Methode der Ökonomie) wird nach Wegen und Strukturen gesucht, wie knappe Ressourcen am besten verwendet und verteilt werden. Diese Aufgaben können entweder dem Staat oder dem Markt übertragen werden. Während die Verteilung der Güter am Markt durch den Preismechanismus bestimmt wird, orientiert sich der Staat bei der Zuteilung an gesellschaftlichen Werten und den Bedürfnissen der Bürger*innen. Im Hinblick auf die Effizienz, die sparsame Verwendung von Ressourcen, gilt der Markt in der Regel als überlegen (Stobbe 1991). Tatsächlich ist das Marktergebnis jedoch nur unter gewissen Voraussetzungen effizient. So kommt es z. B. bei Marktmacht von Unternehmen (Lebensmittelhandel, Digitalkonzerne) oder durch Umweltbelastungen zu Marktversagen, das Eingriffe des Staates nötig macht, um ein effizienteres Marktergebnis zu erzielen. Darüber hinaus erzeugt der Markt nicht zwangsläufig Verteilungen, die dem Gerechtigkeitsempfinden der Gesellschaft entsprechen (z. B. hohe Mieten, geringe Löhne, ungleiche Bezahlung von Männern und Frauen). Daher wird die Verteilung der (knappen) Ressourcen in der sozialen Marktwirtschaft nicht nur über den Markt, sondern regelmäßig auch durch den Staat vorgenommen, der im Idealfall sein Handeln an gesellschaftlichen Werten wie sozialer Gerechtigkeit orientiert.

Auf welchem Weg das idealtypische Bild der Verteilung erreicht werden kann, hängt wiederum von den Vorstellungen über menschliches Handeln ab. Seit den 1980er Jahren findet in Deutschland eine zunehmende Ökonomisierung der Sozialpolitik auf Basis des Leitbilds des (geschlechtsneutralen) Homo Oeconomicus (dem Herzstück des neoklassischen Referenzmodells) statt

(Sesselmeier/Friedrich/Krekeler 2017). Unter dieser Prämisse sollen sozialpolitische Maßnahmen so konzipiert werden, dass sie klare Anreize zur Erwerbstätigkeit setzen und teure Mitnahmeeffekte (z. B. beim einkommensunabhängigen Kindergeld) vermeiden. Im Sinne dieser neoliberalen Ziele erfolgten ein Um- und Abbau der sozialen Schutz- und Sicherungssysteme sowie die Privatisierung sozialer Dienstleistungsbereiche, die vormals vom Sozialstaat bereitgestellt wurden. Bemerkenswert, denn entstanden Sozialpolitik und Soziale Arbeit ursprünglich, „um die Ergebnisse von Marktversagen zu kompensieren, so soll nunmehr Sozialstaatsversagen durch marktliche Mechanismen kompensiert werden" (Hammerschmidt et al. 2017, S. 22).

Der Nationalökonom Jasper Klumker entwickelte 1918 eine ökonomische Theorie der Fürsorge, die Armut als Ergebnis wirtschaftlicher Prozesse verstand. Arm (bzw. ‚unwirtschaftlich') war ihm zufolge eine Person, die unter den jeweils aktuellen und spezifischen wirtschaftlichen Bedingungen nicht in der Lage war, ihren Lebensunterhalt selbst zu bestreiten (vgl. Compagna/Hammerschmidt/Stecklina 2022). Daher sei es Aufgabe der Fürsorgearbeit, den unwirtschaftlichen Teil der Bevölkerung – die Armen – zu befähigen, wieder am Wirtschaftsleben teilzunehmen (vgl. Klumker 1918, S. 25). Parallelen zum aktivierenden Sozialstaat und dem Leitmotiv ‚Fördern und Fordern' liegen nahe.

Markteingriffe sind nie geschlechtsneutral: Alle sozialpolitisch motivierten Markteingriffe sind normativ, stehen in Konflikten zwischen Arbeit und Kapital und basieren auf demokratischen Werten wie beispielsweise Chancengleichheit, Gleichberechtigung, Eigenverantwortung. Somit ist jedes nationale Wohlfahrtsregime – d. h. die Regulierungen des Verhältnisses zwischen Markt, Staat und Familie – auch geprägt durch die geschlechtsspezifische Arbeitsteilung, das Angebot an Kinderbetreuung und bestimmte Rollenerwartungen an Frauen und Männer. Deutschland wird als konservativer Wohlfahrtsstaat (Esping-Andersens 1990) bezeichnet, in dem eine starke Verbindung von Lohnarbeit mit sozialen Ansprüchen besteht, sodass Menschen (häufig Frauen), die nicht im Erwerbsleben stehen, von bestimmten Leistungen (z. B. Kinderbetreuung, Rente) ausgeschlossen werden. Darüber hinaus trägt das deutsche Einkommenssteuersystem zum Erhalt traditioneller Familienstrukturen bei, da im Rahmen des Ehegattensplittings insbesondere Familien entlastet werden, in denen die Einkommensunterschiede besonders groß sind. Zahlreiche Studien zeigen daher, dass vom Ehegattensplitting negative Arbeitsanreize für Zweitverdiener – in Deutschland typischerweise Ehefrauen – ausgehen (Bonin et al. 2013), was der Gleichstellung von Frauen und Männern im Wege steht (Sachverständigenkommission zum Zweiten Gleichstellungsbericht der Bundesregierung 2017). Andererseits fördert der Gesetzgeber die Durchsetzung der Gleichstellung durch zahlreiche Maßnahmen zur Förderung von Frauen auf dem Arbeitsmarkt (z. B. das Entgelttransparenzgesetz, das Allgemeine Gleichbehandlungsgesetz, Elterngeldansprüche für Männer, Frauenquoten für Vorstände).

Geschlechtsspezifische Arbeitsteilung und Ungleichbehandlung: Im Verlauf der Entstehung einer kapitalistischen Ökonomie fand eine ‚Entbettung' (Karl Polanyi 1944/1978) von produktiver und reproduktiver Arbeit statt. Diese Trennung bewirkte nicht nur eine starke geschlechtsspezifische Arbeitsteilung, sondern auch eine Hierarchisierung im Geschlechterverhältnis. Mit der Auflösung der Haushalte als Lebens- und Wirtschaftsgemeinschaft fand Erwerbsarbeit überwiegend außerhäuslich durch Männer statt, während die reproduktiven Tätigkeiten im Haushalt von Frauen unentgeltlich verrichtet wurden. Auch wenn die Frauen mit ihrer Reproduktionsarbeit im Haushalt Gebrauchswerte und Dienstleistungen schufen, die für den Erhalt des Lebens wie der Arbeitskraft unverzichtbar waren, lenkt die kapitalistische Wirtschaftspolitik ihren Blick in erster Linie auf die am Markt produzierten Werte, das Bruttoinlandsprodukt und entwertet somit den gesellschaftlichen Beitrag von Frauen. Der von Männern besetzte sichtbare, marktgängige Produktionsbereich rangiert somit dominant vor dem unsichtbaren Bereich der unbezahlten Care-Arbeit von Frauen. Die Ignoranz gegenüber weiblicher Reproduktionsarbeit wurde in der klassischen Volkswirtschaftslehre lange Zeit vernachlässigt. Feministische Ökonomik als neue Forschungsrichtung innerhalb der Wirtschaftswissenschaften wurde erst 1992 mit Gründung der International Association for Feminist Economics institutionalisiert. Ökonomiekritik aus feministischer Perspektive hat jedoch eine weitaus längere Tradition (Bauhardt/Çağlar 2010): So promovierte die Nationalökonomin und Sozialarbeiterin Alice Salomon bereits 1906 mit einer empirischen Studie über „Die Ursachen der ungleichen Entlohnung von Männer- und Frauenarbeit". Die niedrigen Verdienstmöglichkeiten für Frauen führte sie auf die traditionelle Teilung der Familienaufgaben zurück. Leider bestehen diese Ungleichheiten national wie global auch nach 100 Jahren weiter. Im europäischen Vergleich liegt der Gender Pay Gap in Deutschland derzeit bei (unbereinigt) 18 Prozent und gehört damit zu den Schlusslichtern. Salomon konnte weiterhin zeigen, dass in Berufsbereichen, in die Frauen vordringen oder in denen sie mehrheitlich beschäftigt sind (Erziehung, Pflege), das Lohnniveau sinkt und sie somit für Männer unattraktiv werden – ausgenommen Führungspositionen. Dieser Befund trifft nach wie vor für die Soziale Arbeit zu (Hammerschmidt et al. 2020). Mittlerweile werden in vielen volkswirtschaftlichen Analysen geschlechter- und genderspezifische Aspekte berücksichtigt (z. B. Gender Pay, Care und Pension Gap, Repräsentanz in Führungspositionen, Auswirkungen sozial- und familienpolitischer Maßnahmen, female entrepreneurship). Feministische Ökonominnen verweisen jedoch weiterhin auf ein verkürztes markt- und unternehmensorientiertes (männerdominiertes) Wirtschaftsverständnis, das auf einer ‚Tischlein-deck-dich-Illusion' (Knobloch 2021) basiert, die unbezahlte Haus- und Versorgungsarbeit in ihren Analysen systematisch unter den Tisch fallen lässt.

Ökonomie des Versorgens: Das kulturelle Geschlechterarrangement hat sich auch bei einer Frauenerwerbsquote von 77 Prozent (2019) in Deutschland nicht gravierend verändert (Statistisches Bundesamt 2021c). Einerseits zeigt sich, dass die bisher unbezahlten Tätigkeiten der Frauen vermehrt zugekauft werden. So verfünffachte sich die Zahl der Beschäftigten in der Kinderbetreuung in Westdeutschland zwischen 1974 und 2018 (Autorengruppe Fachkräftebarometer 2017). Dadurch wird eine Erhöhung des Bruttoinlandsprodukts – welches die auf den Märkten erwirtschafteten Güter und Dienstleistungen erfasst – ausgewiesen, ohne dass tatsächlich mehr geleistet wird. Gleichzeitig leisten laut ILO (2019, S. 28) Frauen täglich immer noch 4,5 Stunden unbezahlte Hausarbeit, Männer nur 108 Minuten. Die zunehmende finanzielle Freiheit der vermeintlich wirtschaftlich unabhängigen Frauen erzeugt somit keine wirkliche Chancen- und Entscheidungsfreiheit, sondern erweist sich angesichts persistenter Geschlechterstereotype und fehlender Betreuungsmöglichkeiten für Kinder und alte Menschen als Mogelpackung. Der zusätzliche Bedarf an Beschäftigten in der Care-Ökonomie wird in erster Linie durch Frauen, zunehmend auch aus Niedriglohnländern, gedeckt. Die dadurch ausgelösten Migrationsbewegungen beschreibt Hochschild (2001) als ‚global care-chain', welche Versorgungsdefizite in den Herkunftsländern erzeugen.

Auch wenn die moderne Frau sich von der Hausarbeit emanzipiert, finanziell unabhängig wird, löst das nicht die Struktur geschlechterbezogener ungleicher Arbeitsteilung auf, sondern verlagert sie nur (vgl. Rauschenbach 2012a, S. 13). Denn Frauen delegieren die Hausarbeit an andere Frauen, Männer bleiben weiterhin außen vor. Eine geschlechtergerechte Ökonomie setzt jedoch voraus, dass Care-Arbeit gesellschaftlich und monetär aufgewertet wird.

Juliane Sagebiel und Elke Wolf

Zum Weiterlesen
Hammerschmidt, Peter/Sagebiel, Juliane/Yollu-Tok, Aysel (Hrsg.) (2017): Soziale Arbeit im Spannungsfeld der Ökonomie. Neu-Ulm. AG Spak
Haidinger, Bettina/Knittler, Käthe (2019): Feministische Ökonomie. Eine Einführung. 3. Auflage. Wien: Mandelbaum
Maier, Friederike (2006): Wirtschaftswissenschaften. In: Braun, Christina v./Stephan, Inge (Hrsg.): Gender Studien – Eine Einführung. Stuttgart, Weimar: J. B. Metzler. doi.org/10.1007/978-3-476-05047-2_7 (Abfrage: 11.06.2021)

Organisation

Aus der heutigen Perspektive der Organisationspädagogik und -soziologie sind Organisationen soziale Systeme und selbstlernende kulturelle Gebilde mit eigenen Strukturen, die von ihrer Umwelt abgrenzbar sind, die über eine bestimmbare Anzahl an Mitgliedern verfügen und deren Interaktionen und Beziehungen arbeitsteilig, bewusst geplant und funktional auf die Erreichung eines definierten Ziels ausgerichtet sind. Das organisationale Lernen bezieht sich sowohl auf die Individuen, die Kollektive und das System als auch auf interorganisationales Lernen (Göhlich/Schröer/Weber 2018, S. 6 ff.). Zu Organisationen Sozialer Arbeit zählen insbesondere

- alle formal organisierten, in der Regel staatlich bzw. kommunal lizensierten Einrichtungen, die Aufgaben im Spektrum Sozialer Arbeit leisten,
- deren Träger; das sind entweder freie Träger (Wohlfahrtsverbände überregionalen Zuschnitts, Vereine mit zumeist kommunaler bzw. regionaler Reichweite, privat-gewerbliche Träger) oder öffentliche Träger (Teilbereiche der Sozialverwaltung, insbesondere Sozialämter sowie Jugendämter) und
- Berufsverbände und fachspezifische akademische Vereinigungen.

Im Mittelpunkt neuerer Organisationstheorien steht ein ganzheitliches Verständnis von Organisation, das sich beständig dem gesellschaftlichen Wandel anpasst und so auf äußere und innere Change-Bedürfnisse antwortet. Die Wandlungsprozesse geschehen durch das Lernen der Individuen einer Organisation und richten sich auf die Strukturen sowie die Organisationskultur (ebd.). Insofern ist das Verständnis von den handelnden Akteur*innen einer Organisation in einem kommunikativen, an Partizipation orientierten sozialen System fundamental.

Die heute überwiegend vertretene Definition von Sozialer Arbeit als lebensweltorientierte Dienstleistung nimmt diese Deutung auf und bezieht Adressat*innen und sonstige Ansprechgruppen in die Legitimation und Auslegung von Organisationszielen ein. In Ansätzen der Neuorganisation sozialer Dienste finden sich diese Prinzipien wieder. Allerdings konkurriert in der Praxis, insbesondere der Sozialverwaltungen und großer Wohlfahrtsverbände, dieses demokratie-orientierte Verständnis mit neuen Steuerungsmodellen, die mit Output-Orientierung, dezentraler Ressourcenverantwortung und Kontraktmanagement mit Betonung der Amtlichkeit, Hierarchie und Kontrolle, neuen Führungsstrukturen und Ökonomisierung verbunden sind und die insgesamt eine verstärkte Technologisierung beinhalten (Schröer/Wolf 2018, S. 63). Damit verbunden ist die Ausdifferenzierung des Sozialmanagements. Das bedeutet eine Engführung sozialpädagogischer Definitions- und Handlungsvollzüge in ökonomisch-technologisch definierte Zugänge und die Gefahr, in eine Sozialtechnologie transformiert zu werden, was einer Selbstabschaffung gleichkäme (ebd.). Die Dienstleistungsorientierung, Bürgernähe und das darauf bezogene Interesse der Mitarbeiter*innen an Professionalisierung und Verbesserung der Arbeitsbedingungen liegen mit dem Wirtschaftlichkeitsinteresse der Träger der Organisation im ständigen Widerstreit – insbesondere unter krisenhaften Bedingungen der öffentlichen Haushalte (Göhlich/Schröer/Weber 2018, S. 59).

Organisation und Geschlecht: Organisationen sind, wie die feministische und intersektionale Organisationsforschung herausarbeitet, nicht geschlechtsneutral, sondern schaffen als ‚gendered organization' (Acker 1990) auf der Makroebene Grenzen entlang der Geschlechterlinie, die zur Exklusion von Frauen führen. Ursachen sind ungleiche Macht- und Dominanzstrukturen, vergeschlechtlichte Substrukturen sowie genderbasierte Entscheidungsstrukturen. Darüber hinaus sorgen ‚inequality regimes' dafür, dass Chancen gegenüber Frauen und anderen benachteiligten Gruppen (z. B. sozial benachteiligte Schichten und Menschen mit Migrationsgeschichte) ungleich verteilt werden. In symbolischen Repräsentationen und Artefakten wird eine Gender- und Diversity-Struktur verdeutlicht: Es gelten beispielsweise Macht-Dispositive, die Ungleichheit zum Ausdruck bringen wie ‚Frauen streben keine Karriere zur Führungsposition an' oder Vorbehalte gegenüber Menschen mit Migrationsgeschichte. Exklusion führt zu sozialstrukturellen Ungleichheiten in Bezug auf Bezahlung, Teilhabe und Anerkennung und ist strukturell verankert, sie zeigt sich in der Sozialen Arbeit z. B. in bestehenden hierarchischen Leitungs- und Beschäftigtenstrukturen, die Männer überproportional auf Leitungs- und Steuerungsebene beschäftigt (Klein/Wulf-Schnabel 2007, S. 139); in Führungspositionen der Wohlfahrtsverbände und Amtsleitungen sind Frauen erheblich unterrepräsentiert. Geschlecht und andere Differenzkategorien gelten demnach als gesellschaftliche Strukturkategorien, die Macht, Geld und Einfluss regulieren.

Auf der Mikroebene der Organisation wird in Interaktionen das ‚Doing Gender' und ‚Doing Difference' aktiv ausgeübt, indem Zuschreibungen an das Geschlecht und weitere Differenzkategorien wie Klasse und Ethnie wirksam werden, die Unterschiede herstellen (Macha et al. 2017, S. 20 f.). Diese können jedoch auch in Interaktionen, z. B. in der Weiterbildung, wieder verändert werden, indem die scheinbar naturalisierten Differenzkategorien enttarnt und ersetzt werden: Führungskräfte und Mitarbeitende können ihre mentalen Modelle und Vorurteile reflektieren und neue humane und inkludierende Regeln verbindlich machen. Auch Homepages und Führungsleitlinien können gender- und diversitygerecht gestaltet werden.

Soziale Arbeit ist ein Berufsbereich mit einer historisch gewachsenen und verfestigten Tiefenstruktur mit Segregation und Hierarchisierung geschlechtlicher und weiterer Differenzkategorien. Soziale Arbeit ist eine Profession, die mit den von der UNO als ‚vulnerabel' bezeichneten Individuen und Gruppen befasst ist wie Kindern, Frauen, Armen, Erwerbslosen, Migrant*innen, Geflüchteten, ethnischen, religiösen und sexuellen Minoritäten. Zugleich ist sie gefährdet, selber Menschenrechte zu verletzen (Staub-Bernasconi 2019). Der produktive Umgang mit Heterogenität in den Organisationen Sozialer Arbeit ist deshalb besonders wichtig. Große Berufsbereiche (etwa die Kinder- und Jugendhilfe) erweisen sich als jeweils nach Geschlecht, Klasse und Ethnie differenziert (Fendrich et al. 2006). Es herrschen noch exkludierende Normen vor: Je jünger etwa in der Kinder- und Jugendhilfe die Klientel, desto größer die Gruppe der in diesem Sektor – vielfach prekär – beschäftigten Frauen. Das Segment beziehungs- und pflegebezogener Tätigkeiten wird gegenüber administrativen und Managementtätigkeiten in Ausbildung, Tarifsystem und öffentlicher Wahrnehmung geringer bewertet. Teilzeit- und prekäre Arbeitsverhältnisse werden eher von Frauen eingenommen und der Zugang zu Leitungsfunktionen ist erschwert. Auch die Inhalte der Sozialen Arbeit sind geschlechter- und diversityrelevant aufgeladen und prägen alltägliche Arbeitspraxen und Routinen (pädagogische Entscheidungen, Arbeitsanweisungen, Hilfepläne). Konfliktgeschehen und Entscheidungen beinhalten einen vergeschlechtlichten und diversityrelevanten Subtext, der als Verdeckungszusammenhang fungiert. So machen Böhnisch/Funk (2002, S. 62 f.) darauf aufmerksam, dass in der Sozialen Arbeit mit Erwachsenen oft die traditionelle Sichtweise auf Frauen als Mütter und Zuständige für die Familienarbeit und auf Männer als Erwerbsarbeitende und Familienernährer dominiert, unabhängig von deren subjektiven Bedürfnissen und Ressourcen. Verstärkend wirken dabei Geschlechterkodierungen in für die Organisation Sozialer Arbeit bedeutsamen Rechtsmaterien (etwa durch das an hierarchisch-geschlechtlicher Arbeitsteilung orientierte Sozialrecht). Auch auf der symbolischen Ebene (Bilder, Symbole, Ideologien) werden in Organisationen exkludierende Zuschreibungen und Konnotationen transportiert. So etwa scheinen dichotome Attribuierungen in der Kinder- und Jugendhilfe gegenüber differenzierten, Unterschiede verflüssigenden Geschlechter- und ethnischen Bildern zu dominieren: Aggressionen werden eher von Jungen erwartet und bei Mädchen eher negativ bewertet. Es wird zudem von Heteronormativität ausgegangen. Auf der Interaktionsebene geht es in den Interaktionen zwischen den Organisationsmitgliedern und der Klientel z. B. darum, Strategien zu verwenden, die Mütter und Väter in den pädagogischen Alltag einer Kindertagesstätte aktiv einbeziehen und dabei einen produktiven Umgang mit Heterogenität als Norm praktizieren.

Organisationaler Wandel: Organisationen Sozialer Arbeit sind angesichts der wachsenden Bedeutung geschlechter- und diversitydemokratischer politischer Debatten und Reflexionen in Profession und Wissenschaft seit geraumer Zeit zur Einbeziehung diversitysensibler Perspektiven aufgefordert. Mit Interventionen zu Gender Mainstreaming und Gender- und Diversity Management werden Strategien der Gleichheit der Geschlechter, Klassen und Ethnien durch Weiterbildung umgesetzt (Macha et al. 2017, S. 32 ff.). Die Instrumente der gleichstellungspolitischen Maßnahmen werden sowohl auf der Ebene der Individuen, der Kollektive als auch der Gesamtorganisation mit Wirkung auf die

Organisationskultur durchgeführt (Macha et al. 2017, S. 66 f.): Es liegen strukturierte Interventionsmodelle aus der feministischen Diversityforschung vor, die eine Diversity-Daten-Analyse zum Status quo der Organisation als Ausgangspunkt für Veränderungen enthalten ebenso wie die partizipative Entwicklung von Visionen und Zielen des Change. Maßnahmepläne werden entsprechend dem Bedarf ermittelt, Weiterbildungsworkshops zu den Themen des Doing Diversity durchgeführt, Potenzialanalysen und individuelle Förderung Einzelner umgesetzt sowie Evaluationsdesigns zur Sicherung der Ergebnisse entworfen (ebd., S. 66 ff.). Als Grundlage werden Lernkonzepte des Transformativen Organisationalen Lernens empfohlen, die es gestatten, die mentalen Modelle und Vorurteile der Beteiligten hinsichtlich der Diskriminierungsfaktoren zu überprüfen, vertiefte Lernprozesse zu ermöglichen und neue Regeln festzulegen, die anschließend in die Leitbilder und Konzepte, in das Personalmanagement, in die Zielvereinbarungen und in das Controlling der Organisation verbindlich einfließen (ebd., S. 67). Es werden so Praxen diversitykritischer Sozialer Arbeit etabliert, die sich zunehmend zur geschlechter- und diversitybewussten, reflektierenden Praxis ausweiten und mit Konzepten geschlechter- und diversity-reflexiver Sozialer Arbeit die Inhalte des Handelns einer kritischen Revision unterziehen.

Hildegard Macha und Heike Fleßner (†)

Zum Weiterlesen
Macha, Hildegard/Brendler, Hildrun/Römer, Catarina (2017): Gender und Diversity im Unternehmen. Opladen: Barbara Budrich
Schröer, Wolfgang/Wolf, Stephan (2018): Sozialpädagogik und Organisationspädagogik. In: Göhlich, Michael/Schröer, Andreas/Weber, Susanne Maria: Handbuch Organisationspädagogik. Wiesbaden: Springer VS, S. 59–70
Staub-Bernasconi, Silvia (2019): Menschenwürde – Menschenrechte – Soziale Arbeit. Die Menschenrechte vom Kopf auf die Füße stellen. Opladen: Barbara Budrich

Parteilichkeit

Das Prinzip der Parteilichkeit meint zunächst ganz allgemein das uneingeschränkte und solidarische Engagement für die Interessen von Adressat*innen in Konflikten. Seine wissenschaftliche Begründung stützt sich auf das Postulat, dass eine objektive und wertfreie Beobachtung und Interpretation der Realität (und damit auch der Zielgruppen) nicht möglich, sondern diese immer von dem eingenommenen Standpunkt und damit verbundenen Interessen bestimmt seien. In diesem Sinn manifestiert sich Parteilichkeit in der Sozialen Arbeit als kritisches, konfliktorientiertes Konzept, denn die Erfahrungen und Interessen von Adressat*innen haben unterschiedliche Chancen, zur Geltung zu kommen, weil sie in gesellschaftlichen Ungleichheits- und damit Konfliktfeldern verankert sind. Thematisiert wird Parteilichkeit meistens erst dann, wenn sie marginalisierten, diskriminierten oder verdeckten Sichtweisen zur Geltung verhelfen will – Parteilichkeit für dominante Sichtweisen oder soziale Gruppen erscheint als Normalität und ist somit meistens nicht als Positionierung in einem Konflikt erkennbar (zur Konfliktorientierung Bitzan 2018).

In der feministischen Sozialarbeit gilt Parteilichkeit als wichtigstes Arbeitsprinzip. Durch die Frauenbewegungen wurden Erfahrungen von Frauen (und Mädchen) in die Öffentlichkeit gebracht, die bisher übergangen und teilweise den Betroffenen selbst nicht bewusst oder nicht sprechbar waren. Deutlich wurde, dass Frauen oftmals in der Wahrnehmung ihrer eigenen bisher tabuisierten Empfindungen und Erlebnisse verunsichert waren. Parteilichkeit hieß zunächst und vor allem, den Mädchen und Frauen ihre eigenen Erfahrungen zu glauben, über diese zu sprechen und in der gemeinsamen Arbeit von ihren Erlebnissen und Interpretationen auszugehen. Es ging nicht darum, alles unhinterfragt hinzunehmen, sondern die Aktivitäten und Sichtweisen der Betroffenen als Bewältigung von Herausforderungen und Widersprüchen in ihrem Lebenszusammenhang zu interpretieren. Das hieß, über die hintergründigen konflikthaften Grundstrukturen in Auseinandersetzung zu gehen. Es ging zudem um Kritik an den herkömmlichen Blickwinkeln und Methoden der Sozialen Arbeit, die Frauen und Mädchen eher funktionalisierten (für die Familie, für das Funktionieren von Gruppen etc.) oder in traditionellen Zuschreibungen bestätigten. Die Erkenntnis der dahinterliegenden allgemeinen patriarchalischen Grundstrukturen führte dazu, dass immer auch nach Dimensionen ‚gleicher Betroffenheit' aller Frauen gefragt wurde oder diese selbstverständlich vorausgesetzt wurden.

Hatte der Begriff ‚Parteilichkeit' im feministischen Diskurs insbesondere bei der Mädchenarbeit eine grundlegende und prominente Stellung, ist er in der Jungenarbeit immer schon randständig gewesen. Versuche, eine besondere Qualität von Jungenarbeit als ‚parteilich' zu etikettieren (vgl. Schenk 1991), stießen auf wenig Resonanz und konnten sich historisch nicht durchsetzen. In einer der ersten Veröffentlichungen zur Jungenarbeit wurde der Begriff ‚parteilich' explizit als Qualitätsmerkmal der Mädchenarbeit gegenüber einer ‚antisexistischen' Jungenarbeit verwendet (Heimvolkshochschule Frille 1987). So blieb ‚Parteilichkeit' in Bezug auf die soziale und pädagogische Arbeit mit Jungen oder Männern ein marginaler Begriff. Hier wurde ‚Parteilichkeit' weder theoretisch entwickelt, noch als praxisrelevantes Schlagwort verankert (vgl. u. a. Jantz 2003, S. 63). In neueren sozialpolitischen Diskursen, wo sich heute revisionistische Männlichkeitsfanatiker ‚parteilich' mit Jungen und Jungenarbeit positionieren, ist eine energische und bisweilen auch so definierte ‚Parteilichkeit' erkennbar, die sich auch auf Soziale Arbeit auswirkt. Diese begrifflichen Füllungen und Ausdeutungen sind fachlich und fachpolitisch äußerst fragwürdig, da sie sich parteilich für ein traditionelles Bild von Männlichkeit positionieren, aggressiv antifeministisch auftreten und pauschal Genderforschung und genderbezogene Pädagogik entwerten. Sie sind somit deutlich zurückzuweisen.

Dennoch ließe sich ein Verständnis von Parteilichkeit für die Arbeit mit Jungen formulieren (vgl. u. a. Wieland 2000). Aus der Jungen- und Männerperspektive wäre diese Ausdeutung von Parteilichkeit geleitet vom Interesse an Jungen und dem Wunsch, gesellschaftlichen Strukturen der hegemonialen Männlichkeit entgegenzuwirken. Allerdings hat sich eine solche mehrdeutige Füllung des Begriffs in Bezug auf die Arbeit mit Jungen nicht bewährt, da er dadurch seine Wirkkraft verliert und in Gefahr steht, Abwehr- und Spaltungsprozesse zu verstärken.

Heute kann das feministische Postulat der gemeinsamen Betroffenheit und daraus gefolgerten grundsätzlichen Parteilichkeit für Frauen* und Mädchen* trotz weiterwirkender geschlechtshierarchischer Strukturen nicht mehr uneingeschränkt formuliert werden: die darin liegende Dethematisierung von Differenz zwischen Frauen* und damit die Negierung von differenten Interessen zwischen unterschiedlichen Frauen*gruppierungen sind zu offensichtlich geworden. Vielmehr müssen heute die professionellen Konzepte immer wieder daraufhin überprüft werden, inwiefern sie sich letztlich doch einbinden in die „Logik und Aktion des Patriarchats" (Kavemann 1997, S. 203), indem sie Vereindeutigungen und/oder vermeintlich emanzipatorische, letztlich aber doch bevormundende oder individualisierende Konzepte verfolgen (Bitzan et al. 2014; vgl. zur Kritik Bitzan/Herrmann 2018). Auch der ‚Blick von unten' kann „keine Unmittelbarkeit oder Privilegierung [mehr] beanspruchen" (Schlücker 2003, S. 28). Vielmehr müssen die Verstricktheiten der Adressat*innen ebenso wie die der Fachkräfte in die verschiedenen Dimensionen der herrschenden Geschlechterverhältnisse reflektiert werden. Staub-Bernasconi (2018) verweist in diesem Zusammenhang darauf, dass auch mit potenziell illegitimen Ansprüchen von Adressat*innen zu rechnen ist und nur eine intersektionale Perspektive die ethische Legitimität von Ansprüchen entscheiden kann. Es bleibt also immer die Prüffrage, in wessen Interesse die Akteur*innen (Adressat*innen wie Fachkräfte) auftreten. In diesem Sinn ist darum auch eher von aufdeckender Parteilichkeit zu sprechen (Bitzan 2001), die hinter die Erscheinungen der glatten modernen Bilder von Bewältigung und erreichter Anerkennung schaut und mit den Adressat*innen an der Herausarbeitung ihrer Interessen zusammenarbeitet.

Parteilichkeit wird auch dann obsolet, wenn sie von einem gleichgeschlechtlichen Ansatz als biologisierende Orientierung ausgeht (‚Frauen sind parteilich mit Frauen und Mädchen; Männer mit Männern und Jungen'). Das wäre ein Rückfall in binäre Konstruktionen, die seit dem Erstarken der Kämpfe der Anerkennung von Personen aus dem LGBTIQ-Bereich fachlich nicht mehr uneingeschränkt gelten können. Gerade in Bezug auf Jungen* und Männer* ist ein solcher Ansatz besonders problematisch. Die begriffsimmanente bipolare Rekonstruktion trägt verdeckt dazu bei, Geschlecht als gegensätzlich und auf zwei mögliche Geschlechter reduziert zu verstehen. Wo es Parteilichkeit gibt, gibt es Parteien, das binäre ‚Geschlecht' impliziert zwei Parteien. Die Vorstellung solcher Fraktionen stellt Trennung her. Die Konstruktion von Trennung und Differenz erleichtert es, Hierarchie zu produzieren. Dies aber – Hierarchiebildung in Bezug auf Frauen* und auf unterlegene Männlichkeitskategorien – ist eine traditionelle Form der Konstruktion von Männlichkeit. Diese genderbezogene Verführung einer Parteilichkeit verbietet sich geradezu.

Parteilichkeit gewinnt an Radikalität, wenn ihre Protagonist*innen reflektieren, dass Einzelpersonen in der Regel zu mehreren Gruppen gehören, die in unterschiedlichem Maße mit Macht ausgestattet sind bzw. denen Zugänge in unterschiedlichen gesellschaftlichen Bereichen verwehrt sind und/oder die durch Benachteiligung und/oder Diskriminierung verletzt werden.

Als expliziter und genderspezifischer Begriff in der Perspektive auf bzw. in der Arbeit mit Jungen* und Männern* taugt Parteilichkeit, wie schon oben angedeutet, daher nicht. Gefordert und gefragt sind anstelle von differenzschaffenden Begriffen und Positionierungen aus geschlechterbezogener und -politischer Perspektive viel stärker integrierende Sichtweisen. Als Alternative für ‚Parteilichkeit' könnten dementsprechend in Bezug auf Jungen* und Männer* eher Begrifflichkeiten wie solidarisches Engagement, Empathie und Verständnis dienen. Neben dem rationalen Verstehen öffnet Empathie einen Verbindungskanal zu Jungen* und Männern*, der ein tieferes Begreifen und bessere pädagogische Interventionen ermöglicht. Solidarisches Engagement benötigen Adressaten, die infolge von Männlichkeitsstrukturen in Bezug auf ihre Geschlechtlichkeit Entwertungen, Marginalisierungen und Diskriminierungen ausgesetzt sind. Auch wenn sie als Jungen oder vor allem als Männer privilegiert sind und von männlichen Machtstrukturen profitieren, lässt solidarisches Engagement Opferseiten, Abwertungen und Ausgrenzungen erkennbar werden, die durch Männlichkeiten gleichermaßen erzeugt und verdeckt werden (etwa in Bezug auf Gewalt, Sexualitäten, Gesundheit).

Auch in der Frauen*- und Mädchen*arbeit sind die Adressatinnen nicht (mehr) pauschal zu Opfern zu erklären, sondern auch wahrzunehmen als Frauen*, die in die jeweiligen Machtstrukturen unterschiedlich verwoben sind (zur Mittäterschaft schon Thürmer-Rohr 1989). Diese, zur genderbezogenen hinzukommende, intersektionale Perspektive verlangt Differenzierungen: Parteilichkeit gilt nun weniger spezifischen (Genus)Gruppen, sondern Adressat*innen, die in Bezug auf je bestimmte Lebenssituationen diskriminierende Erfahrungen machen und deren eigene Erfahrungen in der Mainstream-Erzählung verdeckt bleiben, marginalisiert durch Hierarchien und Einspurungen von Lebensentwürfen aufgrund der zentralen Ungleichheitslinien der Gesellschaft. Diese verlaufen auch, aber eben nicht nur, entlang der Kategorie Geschlecht. Die Analyse der Lebenssituationen vor dem Hintergrund des geschlechtshierarchischen Verdeckungszusammenhangs als Leugnung von widersprüchlichen konflikthaften Erfahrungen aus den modernisierten Geschlechterverhältnissen heraus (Bitzan 2020a) ist dabei eine zentrale Komponente der parteilichen Arbeit und nach wie vor gefordert. Dennoch kann sie nicht mehr einfach als ‚uneingeschränktes Gemeinmachen' mit den Adressat*innen praktiziert werden. Das bedeutet z. B. in der Arbeit mit Mädchen*, parteilich mit ihnen an den Zumutungen und Vereinseitigungen moderner Mädchenbilder des starken, alles checkenden Mädchens zu arbeiten (analog mit Frauen* an den immer noch ambivalenten und teilweise nicht zu lösenden Zumutungen, mit denen die Moderne sie konfrontiert).

In der Arbeit mit Jungen* und Männern* wird noch stärker deutlich, dass es generell um ein Eintreten im Hinblick auf Machtprozesse und Nichtwahrnehmungen geht. Parteilichkeit springt so zurück auf ein allgemeines Prinzip Sozialer Arbeit – definiert etwa als unbedingter und zuverlässiger Einsatz im Interesse von Zielgruppen oder Adressat*innen. Nur dort, wo es ein sinnvolles und mögliches ‚Gegen' gibt, ist Parteilichkeit als professionelles Prinzip hilfreich. In der Arbeit mit Jungen* könnte dies beispielsweise angebracht sein in der Positionierung gegen Erwachsene in der Lokalpolitik, etwa wenn Jungen* sich in ihrer Clique im öffentlichen Raum versammeln und eigene Räume benötigen; gegen ältere Jugendliche, die im Jugendtreff Räume besetzen; gegen Männer, die traditionalistisch enge Bilder der Männlichkeit einfordern; sogar gegen Frauen*, wenn etwa Erzieherinnen oder Grundschullehrerinnen Jungen weder verstehen, noch ihre Lebensäußerungen akzeptieren können. In diesem Sinn kann also auch in der Männer*- und Jungen*arbeit parteilich gearbeitet werden (u. a. Böhnisch/Schröer 2007, S. 227; Winter 2018).

Im Laufe der Entwicklung hat sich der Parteilichkeitsbegriff somit zunehmend ausgeweitet zu einem Prinzip politisch engagierter und machtstrukturell orientierter Sozialer Arbeit. Sie ist dabei keine Sache des Gefühls, sondern einer klaren Analyse hinsichtlich verdeckter und marginalisierter Interessen und Artikulationsmöglichkeiten (Bitzan 2020b). Parteilichkeit ist demnach ebenso auf einer strukturelleren Ebene (nicht nur in der Zielgruppenarbeit) gefordert, in den öffentlichen Konflikten um die Interpretation von Lebenssituationen und Angemessenheit von Arbeitsansätzen und zeigt dabei Vereindeutigungen, Vereinnahmungen und Verdeckungen auf.

Maria Bitzan und Reinhard Winter

Zum Weiterlesen
Bitzan, Maria/Bolay, Eberhard (2018): Adressatin und Adressat. In: Otto, Hans-Uwe/Thiersch, Hans/Treptow, Rainer/Ziegler, Holger (Hrsg.): Handbuch Soziale Arbeit, 6. überarbeitete Auflage. München: Ernst Reinhardt, S. 42–48
Bitzan, Maria (2001): Aufdeckende Beteiligung – eine politische Handlungskompetenz (nicht nur) der Mädchenarbeit. In: Forum Erziehungshilfen, 7. Jg., H. 1, S. 14–22

Winter, Reinhard (2016): Lebensweltorientierte Jungenpädagogik. In: Grunwald, Klaus/Thiersch, Hans (Hrsg.): Praxishandbuch Lebensweltorientierte Soziale Arbeit. Handlungszusammenhänge und Methoden in unterschiedlichen Arbeitsfeldern. 3., vollständig überarbeitete Auflage. Weinheim, Basel: Beltz Juventa, S. 109–118

Partizipation

Partizipation ist in den letzten Jahren zu einem ‚Mode'-Anspruch in der Gesellschaft und somit auch in Sozialer Arbeit avanciert. Die Anliegen und die Füllung des Begriffs bleiben bei der aktuellen Anrufung in vielen Bereichen aber schillernd und oft unpräzise. So ist Partizipation aufs engste verbunden mit Ansprüchen der unmittelbaren Demokratie, die allerdings in den letzten Jahren populär und darin oft auch abgeflacht werden in den Debatten um Kommunitarismus und Bürgergesellschaft. Traditionell wird Beteiligung in der Politik eher als das kooperative ‚Mitmachen im Gegebenen' (affirmativ gedacht) verwendet. Jedoch wird im Zuge der Neuen Sozialen Bewegungen und der Frauenbewegungen ab Ende der 1960er Jahre Partizipation im Gegensatz dazu als radikale Gerechtigkeitsoption politisiert. Partizipation bedeutet in diesem Sinn, auf allen gesellschaftlichen Ebenen Einfluss nehmen zu können auf Entscheidungen, die das eigene Leben betreffen. Teilhabe wird häufig als Aspekt der partizipatorischen Demokratie verstanden, ja synonym zu Partizipation gesetzt. Nach einer Definition der Weltgesundheitsorganisation 2001 bedeutet Teilhabe das „Einbezogensein in eine Lebenssituation" (imh plus o. J.). Doch der Begiff ‚Teilhabe' ist ebenfalls schillernd. In ihm steckt ebenso wie in dem Einbezogensein etwas Passives, als ginge es um etwas, das dem Subjekt gewährt oder nicht gewährt wird. In verschiedenen Konzepten (capability approach, insbesondere aber in der kritischen Inklusionsdebatte) wird Teilhabe dagegen emanzipatorisch als sozialpolitisches Konzept für Selbstbestimmung und Eigenverantwortung definiert und löst damit alte Konzepte der Fürsorge ab. In diesem Sinne ist Teilhabe als Aspekt der selbstbestimmten Integration zu verstehen. Das heißt, jeder* betroffene Mensch* entscheidet (mit), welche Leistungen sie* in welcher Art und Weise erbracht haben möchte (vgl. Fossgreen o. J.).

Da dies in der Gesellschaft im Allgemeinen und in der Sozialen Arbeit im Besonderen nur begrenzt zugelassen ist, verweist Partizipation auf die Frage nach der Wirkung von Hierarchisierungen, versteckten Ge- und Verboten und somit Machtdifferenzen und Auseinandersetzungen. Im Geschlechterverhältnis – aber nicht nur da – können immer noch unterschiedliche Zugänge zu und Reichweiten von gesellschaftlicher, ökonomischer und kultureller Teilhabe festgestellt und skandalisiert werden.

Darum wenden sich die angesprochenen Politisierungsprozesse gegen Bevormundungen und Stigmatisierungen aller Art und setzen den Anspruch von

Selbstvertretung und sozialem Miteinander in die Tat um. Dies geschieht in einer gesellschaftskritischen Haltung, die letztlich Rechte der Subjekte vor allgemeinen Regelabläufen und Unterordnungen durchzusetzen sucht. Früchte dieser Bewegungen finden sich auch im fachlichen Diskurs, der die Beteiligung von Adressat*innen an den ‚Hilfen' der Sozialen Arbeit einfordert, ebenso wie die Revision ihrer Zielsetzungen.

In der Sozialen Arbeit zielt kritisch gemeinte Partizipation auf die Demokratisierung der Einrichtungen und die Überwindung von repressiven, entmündigenden und auf Machtausübung basierenden Handlungsstrategien zugunsten von partnerschaftlichen Aushandlungen sowie auf die Stärkung der Ausdrucksfähigkeit der Zielgruppen, besonders derjenigen, die übergangen, überhört und ohne Einfluss sind. Denn unkritische Partizipation verkennt sowohl den wechselseitigen Wirkungszusammenhang von Verletzlichkeit und Handlungsfähigkeit (Heinze 2020, S. 59) als auch die unterschiedliche Akzeptanz von Artikulationsmöglichkeiten und -orten – und führt daher leicht zu Überforderungen, die den Subjekten als Vorwurf der Verweigerung der Wahrnehmung von Chancen wieder auf die Füße fallen (vgl. auch Bitzan/Bolay 2017).

Für die Arbeit mit Frauen* und Mädchen* wurde (kritisch gemeinte) Partizipation zu einem zentralen Arbeitsprinzip: Partizipative Konzepte zielen darauf, dass Mädchen* und Frauen* (und andere nicht dominante Gruppen) sich als Subjekte ihres eigenen Lebens erfahren – auf den Ebenen der körperlichen Integrität (Selbstbestimmung über den eigenen Körper, Skandalisierung von Übergriffen: Vertrauen, Schutz, Hilfe), der Rechte (gleiche Teilhabe an ökonomischen Ressourcen, z. B. Entlohnung; gleiche Zugangschancen zu Berufen, zu Leistungen der Sozialen Arbeit: z. B. offene Jugendarbeit für Mädchen*), der sozialen Anerkennung (Anerkennung von Care-Arbeit und der daraus erwachsenden Bedürfnisse und Konflikte: Wertschätzungen weiblicher Leistungen der Beziehungsarbeit) sowie der politischen Mitbestimmung bei institutionellen und kommunalen Entscheidungen, von denen Frauen* und Mädchen* klassischerweise mehr ausgeschlossen waren und sind als dominante ‚männliche' Gruppen.

Ein solcher Anspruch kann nur durch die Beteiligung von entsprechenden Protagonistinnen realisiert werden. „Grundsätzlich bestätigt sich die Annahme, dass der Berücksichtigung von Mädchen dann […] Bedeutung zugemessen und damit auch Offenheit für entsprechende Verfahren eingeplant wird, wenn a) in der Mädchenarbeit versierte Fachfrauen von Anfang an und maßgeblich beteiligt sind und b) Geschlechterdifferenzierung zu einem Leitprinzip […] erhoben wird" (Bitzan 2002, S. 195). Es geht also auf allen professionellen Ebenen um eine Bewusstwerdung der Hierarchielinien und die Findung von Strategien der Umwertung der Problem- und Bedarfsdeutungen. „Dies bringt […] allen Beteiligten in der Jugendhilfe Möglichkeiten, ihre verdeckten Seiten bzw. nicht erlaubten Seiten zu entdecken und zu entwickeln" (Bitzan/Funk 1995, S. 73). Im Zentrum dieser Überlegungen stehen Erkenntnisse, dass vielen Erfahrungen und Wahrnehmungen wenig Relevanz beigemessen wird, obwohl sie doch im Alltag als bestimmend spürbar sind (Erfahrungen der Bedeutung der sozialen Bindungen; der geschlechtsspezifischen Arbeitsteilung in Elternhäusern, den Jugendhäusern, in der Arbeitswelt; Erfahrungen von Übergriffen und Sexualisierungen usw.). Es geht um das Anliegen, mit der praktischen Arbeit ebenso wie mit Forschung durch Beteiligungsverfahren diese ‚Wissensbestände' zu heben und zur Geltung zu bringen – wobei das inhaltliche Wissen nur die betroffenen Mädchen* und Frauen* einbringen können, das theoretische Wissen um Verdeckungen und Methoden der Hebung des Wissens (also Partizipation) aus der Fachlichkeit kommen muss.

Die praktische feministische Arbeit hat gezeigt, dass eine zentrale Voraussetzung für Partizipation zunächst im subjektiven Zugang zu den eigenen Interessen besteht. Der ist in der patriarchalischen Gesellschaft verfremdet, teilweise verwehrt oder kanalisiert in sozialstaatlich gewünschte Formen. Geschlechterdemokratische emanzipatorische Soziale Arbeit beschäftigt sich daher systematisch mit den Bedingungen für Partizipation und favorisiert Empowermentkonzepte mit dem Ziel der konsequenten Befähigung zu selbstbestimmtem Handeln: ökonomische Absicherung und Schaffung von Räumen zur Entwicklung des eigenen Ausdrucksvermögens.

Daraus ergeben sich Ideen für Beteiligungsverfahren, die Zugänge zu den verdeckten, nicht öffentlich so leicht erkennbaren Bedürfnissen aufschließen können. Die feministische Forschung hat gelernt, „anders zu fragen" (Bitzan 2004), hat gelernt, die spontanen Wiederholungen bekannter Rollenbilder und Verhaltensmuster, die bei einfachen Erhebungen von Wünschen geäußert werden, nicht für das Ganze der Bedürfnisse zu nehmen. Beteiligung geht nicht auf in Abfragen der vordergründig benennbaren Interessen, die weitgehend das widerspiegeln, was als Realität sowieso erlebt wird: Erfahrungen der Zuschreibungen von Interessen, Bewegungsradien, Rollenbildern und subjektiven Entfaltungshorizonten – in Geschlechterverhältnissen als Formung vereindeutigter, binärer Geschlechterbilder – mit den entsprechenden Verhaltensweisen und subjektiven Selbstkonzepten. Partizipation erfordert in diesem Sinn also zunächst die Produktion von (neuer) Erfahrung (erstmals zusammengefasst in Bitzan 1999). So ist es wichtig, Settings herzustellen, in denen das Bekannte überschritten werden kann. Wenn Mädchen* nicht nur die vorhandene Realität modernisieren sollen, müssen sie die Chance bekommen, sich damit auseinanderzusetzen, was denn potenziell in diesem Rahmen möglich wäre (Mädchen* hatten z. B. wenig Lust, sich bei der Planung der Außenflächen eines neu zu bauenden Jugendhauses zu beteiligen – es war keine Erfahrung vorhanden, dass diese Flächen auch zu den ihren werden könnten.) So finden sie andere Zugänge zu sich selbst, so können auch andere Bedürfnisse laut werden (vgl. auch von Schwanenflügel 2015). Beteiligungsform und Beteiligungsthemen hängen also eng miteinander zusammen.

Für die Mädchen*- und Frauen*arbeit heißt dies: Offenheit in den Inhalten der Arbeit, Einhaltung eines geschützten sicheren Rahmens (in der Regel geschlechtshomogens), Parteilichkeit von Vertrauenspersonen. Geeignet sind dafür offene projektförmige und eher nicht formale Vorhaben.

Partizipative Konzepte zielen nicht nur auf eine konsequente Adressat*innenorientierung, sondern auch auf die Partizipation der Mitarbeiter*innen in den Einrichtungen und der kommunalen Planung. Das erfordert als zweite Voraussetzung die Chance für Mitarbeiterinnen*, ihre eigenen Wahrnehmungen, ihre eigenen Vorstellungen von Normalität und Erwartungen an ihre Adressat*innen überdenken zu können – in einem geschützten Raum, der nicht unmittelbar auf Erfolg und Effektivität ausgerichtet ist, sondern der Selbstreflexion dient und sodann einen gemeinsamen Suchprozess mit den beteiligten Adressat*innen ermöglicht.

Die heute im ‚aktivierenden Sozialstaat' propagierte Beteiligung wird mehr dem Individuum als der Gesellschaft zur Aufgabe gemacht und damit von einem emanzipatorisch geforderten Recht zu einer normalisierenden sanktionsbewehrten Pflicht verkehrt: Partizipation als ‚Teilnahme' oder ‚Mitbestimmung' kürzt ‚Teilhabe' oder ‚Selbstbestimmung' um den emanzipatorischen Gehalt (Wagner 2012). So findet sich in der Arbeitsverwaltung und im Diskurs um das Ehrenamt ebenso wie in manchen Hilfeplangesprächen Partizipation als Zustimmung durch Einbindung wieder, die nicht von den Interessen der Betroffenen ausgeht, sondern sie zu vorgegebenen Lösungen ‚aktivieren' will und dabei nicht zuletzt auch eher alte Geschlechtererwartungen (in modernisiertem Gewand) aktiviert.

Maria Bitzan

Zum Weiterlesen
Bitzan, Maria (1999): „...ihren Fähigkeiten entsprechend zu beteiligen.' Voraussetzungen und Möglichkeiten zur Beteiligung von Mädchen an Planungsprozessen. In: SPI Berlin in Kooperation mit dem Tübinger Institut für frauenpolitische Sozialforschung e. V. (Bitzan, Maria/Daigler, Claudia/Rosenfeld, Edda) (Hrsg.): Neue Maßstäbe. Mädchen in der Jugendhilfeplanung. Berlin: SPI, S. 103–114
Bitzan, Maria (2018): „...sind angemessen zu beteiligen". Mit Beteiligung und Gendersensibilität Jugendhilfeplanung profilieren? In: Daigler, Claudia (Hrsg.): Profil und Professionalität der Jugendhilfeplanung. Edition Professions- und Professionalisierungsforschung. Band 8.Wiesbaden: Springer VS, S. 55–75
Schwanenflügel, Larissa von (2015): Partizipationsbiographien Jugendlicher. Zur subjektiven Bedeutung von Partizipation im Kontext sozialer Ungleichheit. Wiesbaden: Springer VS

Personal in der Sozialen Arbeit

Einen Überblick über das Personal in der Sozialen Arbeit zu erhalten, erweist sich als komplexes Unterfangen. Das liegt zum einen an den zahlreichen und heterogenen Abschlüssen sowie den unterschiedlichen Arbeitsfeldern und Anstellungsträgern der Sozialen Arbeit, zum anderen an den amtlichen Statistiken und verschiedenen Berufsklassifikationen, mit denen diese Heterogenität immer nur in Teilen abgebildet wird. Sprechen wir von der Sozialen Arbeit im Sinne der Studienabschlüsse an Hochschulen für angewandte Wissenschaften (HAW) und Universitäten haben wir es mit Sozialarbeiter*innen und Sozialpädagog*innen mit Diplom-, Bachelor- und Masterabschluss zu tun sowie mit Absolvent*innen der (Diplom-)Pädagogik und Erziehungswissenschaft mit dem Schwerpunkt Sozialarbeit/Sozialpädagogik. Ist jedoch von „Sozialen Berufen" beispielsweise in der Kinder- und Jugendhilfe die Rede, spielt hier bereits eine Bandbreite an unterschiedlichen Berufen eine Rolle, deren Ausbildungen sowohl beruflich als auch akademisch angelegt sind. So finden die beruflichen Ausbildungen von Erzieher*innen, Sozialassisten*innen, Kinderpfleger*innen und Heilerziehungspfleger*innen an Fachschulen statt, Sozialarbeiter*innen und Kindheitspädagog*innen erlangen an den HAW und Universitäten einen akademischen Abschluss, dazu kommen noch verschiedene Studiengänge in den Erziehungswissenschaften an Universitäten. Die Komplexität erhöht sich zudem, wenn zu den „Sozialen Berufen" oder „Personenbezogenen Dienstleistungen" auch die Gesundheits- und Pflegeberufe hinzugezählt werden.

Für alle diese Berufe gilt, dass sie historisch als Frauen*berufe entstanden sind und bis heute mehrheitlich von Frauen* ausgeübt werden. Die Aufgaben und Tätigkeiten sind mit Konstruktionen von Geschlechterdifferenzierungen verwoben, gehen mit geschlechterbezogenen Bewertungen von Tätigkeitsfeldern sowie mit verdeckten und offenen Hierarchisierungen einher, z. B. dem höheren Anteil von Männern* in Leitungspositionen. Aufwertungen von männlich konnotierten Planungs- und Leitungstätigkeiten stehen Abwertungen von weiblich konnotierten alltagsnahen Erziehungs- und Betreuungstätigkeiten gegenüber. Diese Überlegungen zu Hierarchie und Differenz in Sozialen Berufen unter Einbezug der Kategorie Geschlecht bedürfen einer Erweiterung. So fehlen bislang Untersuchungen sowie Erhebungsalternativen, die nicht-binäre Personen und die Vielfalt der Geschlechter mit einbeziehen (Pangritz 2021). Die Statistiken zu sozialversicherungspflichtig Beschäftigten und Studierenden an Hochschulen weisen bislang die dritte Option, neben männlich und weiblich, nicht aus.

Die Sozialen Frauen*berufe werden schlecht(er) bezahlt, erscheinen prädestiniert für Teilzeitarbeit und deren ökonomische und gesellschaftliche Anerkennung steigt nach wie vor nicht (AGJ 2019). Forderungen nach der Wertschätzung und Aufwertung von Sorge- oder Carearbeit, von immer noch weiblich konnotierten Tätigkeiten im sozialen und Gesundheitsbereich werden von Protagonist*innen der Neuen Frauenbewegung, von Geschlechterforscher*innen sowie Gleichstellungsbeauftragen seit Jahrzehnten erhoben. Auch die Gewerkschaften (ver.di, GEW, DGB), der Berufsverband DBSH und Fachverbände wie die AGJ haben entsprechende Kampagnen ins Leben gerufen und Positionspapiere verfasst (AGJ 2019; DGB 2019; GEW 2017; ver.di 2015). Durch die Corona-Pandemie 2020/21 haben die Forderungen noch einmal Fahrt aufgenommen, auch im Zusammenhang mit der ‚Systemrelevanz' von Berufen. Bei der Betrachtung der Ausweitung von Beschäftigungsverhältnissen für Frauen* und Männer* in der Sozialen Arbeit in den letzten Jahrzehnten müssen gleichzeitig die steigende Zunahme von Teilzeitarbeitsverhältnissen sowie die Verschlechterung von qualitativen Bedingungen der Beschäftigung betont werden, wie zeitlich befristete Verträge, tarifliche Verschlechterungen und eine zunehmende Arbeitsverdichtung. Diese Rahmenbedingungen bestimmen die relativ konstant bleibende (binär ausgewiesene) Geschlechterverteilung in den Sozialen Berufen (Ganß 2020; DGB 2019; GEW 2017).

Statistische Daten über Berufsstrukturen und die Anzahl sozialversicherungspflichtig Beschäftigte*r werden von der Bundesagentur für Arbeit (BA) auf der Grundlage der Klassifikation der Berufe 2010 (KldB 2010) zusammengestellt. In der 2020 überarbeiteten Klassifikation werden knapp 18.600 Berufe nach der Ähnlichkeit der sie auszeichnenden Tätigkeiten, Kenntnisse und Fertigkeiten zusammengefasst sowie nach dem Anforderungsniveau im Hinblick auf die Komplexität der auszuübenden Tätigkeit unterschieden. In der Berufsgruppe 831 finden sich die Berufe in Erziehung, Sozialarbeit und Heilerziehungspflege (vgl. Bundesagentur für Arbeit 2020, S. 1202). Deren Anzahl an sozialversicherungspflichtig Beschäftigten beträgt für alle Anforderungsniveaus im gesamten Bundesgebiet zum Stichtag 30.06.2020 1.590.028, bei einem Frauen*anteil von 83,3 Prozent. 932.303 der Beschäftigten arbeiten in Teilzeit, das entspricht einer Teilzeitquote von 58,6 Prozent (vgl. Bundesagentur für Arbeit 2021). 361.307 Beschäftigte (22,7 Prozent) verfügen über einen akademischen Abschluss. In einer Extraauswertung der Arbeitsmarktdaten von Akademiker*innen wird die wachsende Bedeutung des Beschäftigungsbereichs der Sozialarbeit, Sozialpädagogik und Sozialberatung betont: „Allein die Zahl der Erwerbstätigen mit einem akademischen Abschluss in der sozialen Arbeit hat sich seit 2008 um ein Drittel erhöht: Waren 2008 noch etwa 235.000 Menschen in Deutschland erwerbstätig, die über einen (Fach-)Hochschulabschluss in der Sozialen Arbeit verfügten, stieg diese Zahl bis zum Jahr 2017 auf rund 316.000 Personen" (Bundesagentur für Arbeit 2019, S. 97). Dabei wird auch hier auf den hohen Anteil von Teilzeitarbeitsplätzen hingewiesen.

Für die (binäre) Geschlechterverteilung in der Sozialen Arbeit zeichnet sich in Deutschland im Hinblick auf das Studium in den Bachelorstudiengängen seit 2007 ein Anteil von 77 Prozent Frauen* gegenüber 23 Prozent Männer* ab (vgl. Ganß 2020, S. 61 f.). In den Masterstudiengängen ist der Anteil der studierenden Männer* in den letzten Jahren gesunken, dort sind 81 Prozent der Studierenden weiblich und 19 Prozent männlich (ebd.). Dieser Trend widerspricht der geschlechter- und berufssoziologischen Erkenntnis, dass mit steigenden Qualifikations- und Hierarchiestufen der Frauen*anteil sinkt und entsprechend der Anteil der Männer* steigt. Hier besteht ein weiterer Forschungsbedarf für die Soziale Arbeit, um die verschiedenen Bedingungen und Ursachen der beruflichen Zugänge, Pfade sowie Auf- und Ausstiegsoptionen zu untersuchen.

Einen Einblick in die horizontale und vertikale Geschlechtersegregation in der Sozialen Arbeit ermöglicht die Auswertung der Einrichtungs- und Personalstatistik der Kinder- und Jugendhilfe (ohne Tageseinrichtungen für Kinder) (vgl. Ganß 2020). Im Jahr 2016 sind dort 94.672 Sozialarbeitende mit akademischem Abschluss beschäftigt, 67.361 Frauen* (71 Prozent) und 27.311 Männer* (29 Prozent) (vgl. Ganß 2020, S. 67). Der Anteil der Männer* variiert je nach Arbeitsfeld und Position. So sind im Gruppendienst der Heimerziehung 28 Prozent männlich und im Allgemeinen Sozialen Dienst 21 Prozent gegenüber einem Anteil von 43 Prozent in der Freizeitbezogenen Offenen Jugendarbeit und 46 Prozent in dem Bereich Leitung/Geschäftsführung (vgl. Ganß 2020, S. 68). Im Rahmen von gleichstellungspolitischen Initiativen werden (junge) Männer* gezielt für Soziale Berufe angesprochen, für den Beruf der Erzieher*in gibt es seit 2010 gezielte Projekte für „Mehr Männer in Kitas". Im Jahr 2020 waren 47.695 Männer* in Kindertageseinrichtungen tätig. Damit hat sich in absoluten Zahlen ihre Anzahl seit 2010 (15.276 Beschäftigte) mehr als verdreifacht. Prozentual ist der Anteil der männlichen Beschäftigten im pädagogischen und leitenden Personal in dieser Zeit von 3,6 Prozent auf 7,1 Prozent gestiegen. Demgegenüber stehen mit einer Frauen*quote von 92,9 Prozent 627.950 Frauen* im Jahr 2020 (alle Zahlenangaben: Autorengruppe Fachkräftebarometer 2021a). Für den Bereich der Frühen Bildung in Kindertageseinrichtung und Tagespflege werden Personal-, Ausbildungs- und Arbeitsmarktdaten seit 2014 im „Fachkräftebarometer Frühe Bildung" aufbereitet. Alle zwei Jahre gibt die „Autorengruppe Fachkräftebarometer" des Deutschen Jugendinstituts und des Dortmunder Forschungsverbunds DJI/TU Dortmund im Rahmen der „Weiterbildungsinitiative Frühpädagogische Fachkräfte" (WiFF) die umfassende Bestandsaufnahme „Fachkräftebarometer Frühe Bildung" heraus. Auf der Internetseite des Fachkräftebarometers werden laufend Daten aktualisiert. Dabei wird beispielsweise unter der Rubrik „Zahl des Monats" ein Thema exemplarisch gebündelt und aufbereitet. So geht es im März 2021 um den geringen Anstieg von Fachkräften in Kindertagesstätten mit einem Hochschulabschluss. 2020 hatten nur 5,7 Prozent des pädagogischen Personals (38.631 Beschäftigte) in Kindertageseinrichtungen einen Hochschulabschluss in Sozialer Arbeit, (Sozial)Pädagogik, Früh-/Kindheitspädagogik oder Heilpädagogik, damit ist deren Anteil in den letzten Jahren kaum mehr gestiegen. Die Hälfte (49,9 Prozent) der akademisch ausgebildeten Fachkräfte in Kindertageseinrichtungen verfügt über einen Abschluss in Sozialer Arbeit (HAW). 21,3 Prozent sind Früh-/Kindheitspädagog*innen und 22,2 Prozent Pädagog*innen (Universitäten) (alle Zahlenangaben: Fachkräftebarometer 2021b).

Insgesamt ist die Zahl der Beschäftigten in den Sozialen Berufen, insbesondere in den Kindertageseinrichtungen und der Kinder- und Jugendhilfe, seit Mitte der 2000er Jahre kontinuierlich gestiegen (Pothmann 2019). Steigende Geburten- und Zuwanderungszahlen sowie der seit 2013 gültige Rechtsanspruch auf einen Betreuungsplatz für Kinder ab dem vollendeten ersten Lebensjahr haben zu einem zusätzlichen Bedarf an Fachkräften geführt. Außerdem ist die Soziale Arbeit gegenwärtig und in den kommenden Jahren mit einem Ausscheiden aus Altersgründen der zwischen 1956 und 1966 Geborenen (Pothmann 2019) konfrontiert, was zu einem weiteren Fachkräftebedarf führt. Soziale Arbeit und die Erziehungs- und Pflegeberufe sind also auf dem Erwerbsarbeitsmarkt gefragt und die Arbeitsplätze sind gesichert. Trotz dieser Arbeitsmarktentwicklung mit dem bereits konstatierten Fachkräftemangel ändert sich an der Geschlechterverteilung und der Entlohnung in den Sozialen Berufen bislang wenig. Hier zeigt sich „das bekannte Bild einer relativ dauerhaften Geschlechterungleichheit" (Gottschall 2009a, S. 120), gekennzeichnet durch geringe Löhne in den feminisierten sozialen Dienstleistungen im Zusammenspiel mit vertikaler Segregation. Allein durch (mehr) Männer* in der Sozialen Arbeit findet keine Aufwertung der Sozialen Berufe statt (Bereswill 2016). Die Forderungen nach einer besseren Vergütung und mehr Anerkennung der Sozialen Berufe müssen im Zusammenhang mit der konstant bleibenden Abwertung weiblich codierter Tätigkeiten und Arbeitsfelder reflektiert und artikuliert werden.

Gudrun Ehlert

Zum Weiterlesen
Autorengruppe Fachkräftebarometer (2019): Fachkräftebarometer Frühe Bildung 2019. Weiterbildungsinitiative Frühpädagogische Fachkräfte. München
Ehlert, Gudrun (2020a): Das Verhältnis von Beruf und Geschlecht. In: sozialmagazin. Die Zeitschrift für Soziale Arbeit, H. 9–10, S. 32–37
Ganß, Petra (2020): Wo sind die Männer? Einblicke in die Datenlage zur Geschlechtersegregation in der Sozialen Arbeit. In: Hammerschmidt, Peter/Sagebiel, Juliane/Stecklina, Gerd (Hrsg.): Männer und Männlichkeiten in der Sozialen Arbeit. Weinheim, Basel: Beltz Juventa, S. 56–74

Pflege

Begriffliche Verständnisweisen: Der Begriff Pflege hat viele Bedeutungsnuancen, die in der alltagssprachlichen Verwendung zum Ausdruck kommen. Etymologisch betrachtet, bedeutet das Verb pflegen, althochdeutsch ‚pflegan', ‚für etwas einstehen', ‚sich für etwas einsetzen'. Um diese Wortbedeutung gruppiert sich im deutschen Sprachgebrauch das Substantiv Pflege mit der Bedeutung von „Sorge, Obhut, Betreuung" (Duden Herkunftswörterbuch 2001, S. 603). Die Sorge für etwas gilt nicht nur dem Menschen, sondern auch Tieren, Pflanzen und Gegenständen, die pfleglich behandelt werden sollen. In einem engeren Begriffsverständnis bezieht sich Pflege auf sich selbst und auf andere Menschen. Reichen die Fähigkeiten zur Selbstpflege nicht aus, dann wird die Pflege durch Angehörige, Ehrenamtliche, Pflegeassistent*innen und/oder professionelle Pflegefachkräfte notwendig. Pflege umfasst damit informelle und formelle Bereiche und bezieht sich auf Menschen, die bedingt durch – episodische oder sich weit erstreckende – Erkrankungen, Behinderungen, Leiden, Gebrechen und Einschränkungen bis hin zum Verlust ihrer bio-psycho-sozialen Integrität auf Hilfe angewiesen sind (vgl. Remmers 2006, S. 185). Das pflegerische Handeln wird von den beteiligten Subjekten, ihren biografischen Erfahrungen und Alltagsinterpretationen, die gesellschaftlich und kulturell in starkem Maße beeinflusst werden, bestimmt. Damit kann Pflege als eine Sonderform sozialen Handelns bezeichnet werden.

Merkmale pflegerischen Handelns: Pflege findet in informellen Strukturen sowie professionell in ambulanten, teilstationären und stationären Einrichtungen statt. Professionelle pflegerische Maßnahmen beziehen sich auf die Handlungsfelder der Gesundheitsförderung und Prävention, Kuration, Rehabilitation und der Pflege im sozialen Raum (PflBG 2017, § 5, Abs. 2). Zentrale Merkmale pflegerischen Handelns sind eine hohe Interaktionsdichte, diffuse Rollenanteile, teilweise flüchtige Begegnungen, ein spezieller Körper- und Leibbezug sowie ein Handeln in Ungewissheit. Pflegerische Interaktionen lassen sich demnach nicht als vollständig zweckrationales Handeln abbilden, denn diese werden von der situativen Befindlichkeit des zu Pflegenden bestimmt, begleitet von Atmosphären emotionaler Beteiligung, und finden nicht nur auf der verbalen, sondern vielmehr auf der taktilen und leiblichen Ebene statt (vgl. u. a. Friesacher 2008; Uzarewicz/Uzarewicz 2005). Das Angewiesen-Sein des zu versorgenden Menschen auf Andere nimmt in diesem Prozess eine zentrale Rolle ein. Für den zu pflegenden Menschen ist dies besonders dann fühlbar, wenn eigene Kräfte nicht mehr ausreichen, um die Selbstversorgung allein bewältigen zu können. Gleichzeitig beeinflussen das Krankheitserleben und die biografisch geprägten Vorstellungen von Gesundheit, Krankheit und gutem Leben die jeweilige pflegerische Situation und die Interaktion mit den Professionellen, die durch Asymmetrie und ungleiche Verteilung von Macht und Autonomie gekennzeichnet sind.

Berufliche Pflege ist jedoch auch in ein „gesellschaftliches Programm" eingebettet „mit juristisch und administrativ institutionalisierter Verregelung, einem hochgradig funktional ausdifferenzierten Organisationsgrad und unterschiedlichen, sich zum Teil diametral entgegenstehenden Macht- und Interessenkonstellationen der Akteure" (Friesacher 2008, S. 333). Durch eine derartige ökonomische Rationalität, die sich in standardisierten Programmen niederschlägt wie beispielsweise in bürokratischen Normierungen von Pflegezeiten, standardisierten Behandlungspfaden, die einer Abrechnungslogik folgen, oder in Pflegediagnosen und Klassifikationssystemen, wird jedoch eine am Subjekt und an der Lebenswelt des zu pflegenden Menschen ausgerichtete Pflege verzerrt. Der normative Bezugsrahmen lässt sich demnach nicht unabhängig von der Beantwortung gesellschaftlicher Werte und Normen klären. So bleibt zu hoffen, dass diese Engführungen relativiert werden durch ethische Fragen und mit „einem neuen Verständnis menschlicher Leiblichkeit und Gesundheit", in dem es „um eine gemeinsame Re-Involvierung der modernen Gesellschaft in die Fragen des Menschlichen" geht (Wettreck 2001, zit. nach Friesacher 2008, S. 341).

Mit Blick auf die aktuellen Ereignisse der COVID-Pandemie wird deutlich, wie verletzlich die Gesellschaft ist und wie sehr die Menschen aufeinander angewiesen sind. Die Sorge für sich selbst und für die anderen bedarf einer breiten Debatte und einer gesellschaftlichen Anerkennung. Es zeigt sich, dass die Versorgungssicherheit und -qualität im Gesundheitsbereich äußerst instabil sind und eine Neuausrichtung erfordern, in der die Anerkennung der sorgenden Tätigkeiten im Pflegeberuf sowie verbesserte Rahmenbedingungen, in denen eine menschenwürdige Pflege möglich wird, in den Blick kommen. Hierbei nehmen ethische Fragen, die auf drei Ebenen angesiedelt sind, eine zentrale Rolle ein: 1) die Mikroebene pflegerischen Handelns, 2) die Mesoebene mit den jeweiligen strukturellen Bedingungen der Gesundheitseinrichtungen und 3) die Makroebene mit den gesundheitspolitischen Gesetzgebungen und gesellschaftlichen Werthaltungen sowie wissenschaftlichen Diskursen.

Geschlechterreflexive Perspektive: Geschlecht und Pflege sind eng miteinander verwobene Kategorien. Pflegearbeit – informelle als auch beruflich organisierte – wird weitgehend von Frauen geleistet. Das Bild von Pflege verweist auch heute noch auf ein Frauenbild, das Frausein mit Herzensbildung in dienenden Berufen verbindet. Historisch betrachtet, ist in diesen Berufen die Polarisierung der Geschlechter konstant, „die als Polarisierung zwischen Gefühl und Verstand bis in alle Verästelungen der Gesellschaft ausgelebt wird" (Gieseke 2009, S. 191). Diese Zuschreibungen – und diese gelten für alle personenbezogenen Dienstleistungsberufe, die Care Work leisten – haben Auswirkungen sowohl auf die horizontale als auch vertikale Geschlechtersegregation. Berufliche Pflege ist durch eine ausgeprägte Geschlechterungleichheit gekennzeichnet. Beispielsweise weist die Bundesagentur für Arbeit auf der horizontalen Ebene einen Anteil von Frauen in der Krankenpflege mit 80 Prozent, in der Altenpflege mit 83 Prozent aus (Stand 2019, Statistik der Bundesagentur für Arbeit 2020). Bei der vertikalen Verteilung zeigt sich ein anderes Bild: Hier sind Männer häufiger in Leitungspositionen vertreten. Gleichwohl zeigen Befunde in der Altenpflege, dass die vertikale Geschlechtersegregation etwas abnimmt und Frauen häufiger als bisher leitende Positionen übernehmen (vgl. Dangendorf/Hucker/Sander 2017, S. 176). Abzuwarten bleibt, inwieweit die Akademisierung der Pflege dazu beitragen kann, dass sich bei der Besetzung von Leitungspositionen in Pflegeeinrichtungen zunehmend bildungsbasierte Kriterien durchsetzen. Schon jetzt ist zu erkennen, dass sich diese dahingehend auswirken, dass „bildungsbezogene Zuschreibungen geschlechtsbezogene ersetzen und sich die Verteilung von Männern und Frauen in Leitungspositionen derjenigen unter den Pflegeakademiker/innen – gewissermaßen automatisch, weil Geschlecht ‚nicht mehr zählt' – annähert" (Dangendorf/Hucker/Sander 2017, S. 176, H. i. O.).

Aktuelle Entwicklungen: Demografischer Wandel, Globalisierung von Arbeit, rasante Entwicklungen im Bereich der Digitalisierung und Technisierung sowie die zunehmende Bedeutung pflegeberuflicher Dienstleistungsberufe erfordern neue Qualifikations- und Tätigkeitsprofile (vgl. Friese 2020b, S. 15). Mit dem neuen PflBG (2017), einer generalistischen Pflegeausbildung, die die drei ehemals getrennten Abschlüsse (Altenpflege, Gesundheits- und Krankenpflege, Gesundheits- und Kinderkrankenpflege) zusammenführt, sollen die Auszubildenden und Absolvent*innen grundständiger Studiengänge dazu befähigt werden, Menschen aller Altersstufen in unterschiedlichen pflegerischen Handlungsfeldern zu versorgen. Damit wurden die Grundlagen für eine umfassende Reform der Pflegeausbildung gelegt. Zum ersten Mal in der Geschichte der Pflegeberufe erfolgt eine Aufwertung des selbstständigen Verantwortungsbereichs der Pflege, in dem vorbehaltene Aufgaben gesetzlich definiert werden. Diese Aufgaben beziehen sich auf die Feststellung des Pflegebedarfs, die Organisation, Gestaltung und Steuerung des Pflegeprozesses sowie die Analyse, Evaluation, Sicherung und Entwicklung der Qualität der Pflege. Sie sind Pflegenden mit der neuen Berufsbezeichnung Pflegefachfrau/Pflegefachmann vorbehalten und beschreiben zugleich die berufsspezifische Arbeitsmethode des Pflegeprozesses. Zudem besteht die Möglichkeit der Absolvierung eines Pflegestudiums (vgl. PfBG 2017, PflAPrV 2018). Diese gesetzlichen Reformen zeigen mögliche Innovationspotenziale für Professionalisierungsprozesse in der Pflege auf. Inwieweit sich diese in einer gesellschaftlichen Aufwertung der Pflegeberufe und verbesserten Rahmenbedingungen sowie einer menschenwürdigen gesundheitlichen Versorgung zeigen, bleibt abzuwarten.

Pflege und Soziale Arbeit: In allen oben genannten Handlungsfeldern der Pflege nimmt die Zusammenarbeit in einem multiprofessionellen Team eine zentrale Rolle ein. Die zunehmende Komplexität pflegerischer Versorgungssituationen erfordert den Austausch der beteiligten Professionen, um so Pflege- und Therapiepläne gemeinsam mit den zu pflegenden Menschen abzustimmen. Beispielsweise erfordert Multimorbidität von den Betroffenen und ihren Bezugspersonen kontinuierliche Reorganisationen in der Gestaltung der individuellen Lebenswelt und gesellschaftlichen Teilhabe. Darüber hinaus wird das Handlungsfeld Pflege im sozialen Raum in den kommenden Jahren zunehmend an Bedeutung gewinnen und neue Aufgabenzuschnitte der sozialen Dienste werden erforderlich. Die Soziale Arbeit bietet hierfür Potenziale, Bedarfe individueller Lebensentwürfe und sozialer Teilhabe zu eruieren und erforderliche Umgestaltungen beispielsweise des Wohnumfeldes gemeinsam mit den zu pflegenden Menschen und ihren Bezugspersonen zu erarbeiten. Betroffen sind oftmals auch pflegende Bezugspersonen, ihre Lebensentwürfe und die des Familiensystems neu auszurichten und situativ anzupassen. Dieser Prozess wird u. a. auch von biografisch gewachsenen Familiendynamiken und sich verändernder Familienkonstellationen beeinflusst. Eine professionelle Begleitung durch die Soziale Arbeit kann in diesem Prozess eine angemessene Hilfe ermöglichen. Dazu sind jedoch Abstimmungsprozesse zwischen den beteiligten professionellen Akteur*innen notwendig, um einer Fragmentierung der Problembearbeitung zwischen den verschiedenen Hilfesystemen entgegenzuwirken (vgl. Oppermann/Schröder 2020, S. 1). Damit Synergieeffekte erzielt werden können, bedarf es einer gemeinsamen Haltung zu Diagnostik und Hilfeplanung, der Erkundung eines spezifischen Aufgabenprofils und definierter Zuständigkeiten sowie einer Differenzakzeptanz der jeweiligen professionellen Ansätze (vgl. Homfeldt 2018, S. 1196). Entsprechende Strukturen sind zu schaffen, damit das jeweilige vorhandene professionelle Wissen und Können in interprofessionell ausgerichteten Fallbesprechungen genutzt werden kann.

Roswitha Ertl-Schmuck

Zum Weiterlesen
Dangendorf, Sarah/Hucker, Tobias/Sander, Tobias (2017): Akademisierung und Geschlechtersegregation in der Altenpflege. In: Pflege & Gesellschaft 22, H. 2, S. 165–178
Friese, Marianne (2015): Gender in Care Berufen. In: Ertl-Schmuck, Roswitha/Greb, Ulrike (Hrsg.): Pflegedidaktische Forschungsfelder. Weinheim, Basel: Beltz Juventa, S. 15–32
Hülsken-Giesler, Manfred (2008): Der Zugang zum Anderen. Zur theoretischen Rekonstruktion von Professionalisierungsstrategien pflegerischen Handelns im Spannungsfeld von Mimesis und Maschinenlogik. Göttingen: V&R

Planung

Planung als Aufgabe und Methode der freien wie öffentlichen Träger Sozialer Arbeit bezeichnet ein strukturiertes und prozesshaftes Vorgehen (Datenerfassung/Bestandsaufnahme, Bedarfsfeststellung, rechtzeitige und ausreichende Maßnahmenplanung, Evaluation), mit dem ein bedarfsgerechtes Angebot an sozialer Infrastruktur und Dienstleistungen sichergestellt und gestaltet werden soll. Planung besteht dabei aus einer Kombination von sozialwissenschaftlichen Erhebungen und Analysen sowie darauf aufbauenden – oft konfliktreichen – Aushandlungs- und Entscheidungsprozessen. Planungsprozesse, die über einzelne Einrichtungen hinausgehen und Entwicklungsprozesse und Steuerungsaufgaben in kreisfreien Städten, Stadt- und Landkreisen betreffen, finden überwiegend als sogenannte Fachplanung in den jeweiligen Ressorts (Kinder- und Jugendhilfe, Altenhilfe, Behindertenhilfe, Wohnen bzw. Bauen, Verkehr, Gesundheit etc.) statt. Diese Fachplanungen verantwortet der öffentliche Träger, der umfangreich und frühzeitig die freien Träger und weitere relevante Akteur*innen zu beteiligen hat. Auch wenn Themen wie Demografie, Zuwanderung, Armut, Inklusion, Ganztagsbildung und Digitalisierung in unterschiedliche Bereiche des kommunalen Zusammenlebens hineinreichen und eine kooperative Zusammenarbeit sowie eine Verknüpfung von Expertisen unterschiedlicher Ressorts erfordern, ist die Realität noch weitgehend von versäulten und damit isolierten Fachplanungen bestimmt. Die Notwendigkeit sowie die Herausforderungen integrierter Planung zeigen sich immer deutlicher. Unter ‚integrierte Planung' werden Ansätze kommunaler Gesamtkonzepte und Arbeitsansätze verstanden, die einen gemeinsamen Blick auf den Sozialraum, das Gemeinwesen aus der jeweiligen Perspektive und Expertise entwickeln. Im Fokus stehen das (Zusammen-)Leben im Stadtteil/Sozialraum und die Vielfalt an Lebenslagen, Bedürfnissen und Interessen sowie die ressortübergreifende Gestaltung von Übergängen im Lebensverlauf (z. B. prekäre Übergänge Schule – Beruf, Berentung und Altersarmut). Die umfangreichsten Erfahrungen hierzu liegen bislang in der regionalen Bildungsplanung, der integrierten Schulentwicklungs- und Jugendhilfeplanung oder der Gemeinwesenarbeit (vgl. Bitzan 2018) und der Stadtentwicklung (vgl. Gottwald/Schröder 2018; Daigler/Miller/Rukavina-Gruner 2018) vor. Integrierte Planung ist also Schnittstellenarbeit. Sie erfordert innerhalb der Verwaltung das Interesse an Planungslogiken und -traditionen anderer Ressorts, das Zurückstellen von Ressentiments und eigenen Machtansprüchen und eine Organisationsform, die ein demokratisches Zusammenarbeiten ermöglicht. Nicht zuletzt ist eine Klärung notwendig, wer den koordinierenden Part übernimmt (den Hut auf hat) und ob koordinierende Aufgaben von Stabsstellen, einzelnen Ressorts oder von externen Instituten übernommen werden sollen.

Integrierte Planungsprozesse sind hochkomplexe kommunikative Prozesse, die vielerlei (Interessens-)Konflikte beinhalten und in denen entsprechend Interessenslagen von Verwaltung/Politik, zivilgesellschaftlichen Gruppen/Bürger*innen, freien Trägern, Wohnbaugesellschaften, Gewerbetreibenden und andere mehr miteinander zu vermitteln sind. Der Jugendhilfeplanung (§ 80 SGB VIII) als Teil der kommunalen Sozialplanung kommt mit ihrem gesetzlich verankerten Einmischungsauftrag (§80 Abs. 4 SGB VIII) und den großen Schnittflächen zu anderen Planungsbereichen hierbei eine wichtige Rolle zu. Neben der rechtzeitigen Bereitstellung von Leistungen und Angeboten und der damit verbundenen Erfüllung der Rechtsansprüche gemäß SGB VIII hat Jugendhilfeplanung einen Beitrag zur Schaffung positiver Lebensbedingungen für Kinder, Jugendliche und deren Eltern zu leisten und eine kinder- und familienfreundliche Umwelt sicherzustellen (§ 1 Abs. 3 SGB VIII). Dieser Auftrag geht weit über das Handeln innerhalb der Kinder- und Jugendhilfe hinaus. Zudem ist die frühzeitige und umfangreiche Beteiligung von Adressat*innen festgeschrieben sowie die Berücksichtigung der Vielfalt der Geschlechter in allen Planungsschritten (§ 9 Abs. 3 SGB VIII).

Den hohen Erwartungen und Anforderungen an das Instrument kommunaler Sozialplanung steht in der Regel eine eher unterkomplex betriebene Praxis mit begrenzten Planungsressourcen gegenüber (vgl. BJK 2012; Merchel 2016). Soweit ein Überblick besteht, kann bilanziert werden, dass eine systematische genderreflexive Betrachtungsweise in Planungsprozessen nicht existiert. Ansätze reduzieren sich weitgehend auf die quantitative Erhebung der Nutzung von Angeboten durch Mädchen*/Frauen* und Jungen*/Männer*. Daraus ergeben sich bestenfalls Forderungen nach veränderten Konzepten, die verbesserte Zugänge ermöglichen sollen. Diese Praxis läuft Gefahr, Tendenzen zu befördern, Geschlechterzuschreibungen erneut zu bedienen, statt Differenzierungen und Widersprüchlichkeiten zuzulassen und weiterführende quer liegende Fragestellungen und Handlungsansätze zu entwickeln.

Zwei kurze Einblicke in die Praxis: Beispiel 1 – Integrierter Schul- und Jugendhilfeplanungsprozess in einem Landkreis: Die Ausgangsfrage war, ob im Zuge der Ganztagsentwicklungen Tagesgruppen nach § 32 SGB VIII direkt an Schulen und nicht mehr in Räumlichkeiten der freien Träger stattfinden sollen, um Schüler*innen, die an Tagesgruppen teilnehmen, nicht zu exkludieren und Jugendhilfeangebote in Ganztagsschulen zu integrieren. Schulverwaltung und Jugendhilfeplanung versuchten, eine gemeinsame Datenlage und Datensätze zu entwickeln, Lehrer*innen sowie Sozialarbeiter*innen wurden befragt und Gespräche mit Kindern und Eltern geführt. Deutlich wurden Adressierungsprozesse der Sozialen Arbeit dergestalt, dass die befragten Eltern allesamt (überwiegend alleinerziehende) Mütter und die Kinder allesamt Jungen* waren. Im Zentrum ihrer Erzählungen standen Erfahrungen des Othering, die jedoch nichts mit der örtlichen Platzierung der Tagesgruppe zu tun hatten, sondern damit, dass die Kinder mit medizinisch-psychiatrischen Diagnosen gelabelt sind, die Mütter örtlich nicht verwurzelt sind und über ein geringes Grundeinkommen verfügen, ihnen Netzwerke fehlen und ihnen der ‚Makel' anhaftet, ein ‚verhaltensauffälliges' Kind und damit ihre Erziehung nicht im Griff zu haben. Zum Vorschein kommen andere Relevanzen, die nicht in einer organisatorischen Frage (Wo sollen Tagesgruppen zukünftig angesiedelt sein?) aufgehen (vgl. Daigler et al. 2015).

Beispiel 2 – Verdeckte Wohnungslosigkeit: Hinlänglich bekannt ist, dass sich Mädchen* und Frauen* wie auch LSBTIQ-Personen* vorrangig in verdeckter Wohnungslosigkeit in Form von Sofa-Hopping und Unterschlupfprostitution oder anderen Abhängigkeiten bewegen. Die Wohnungslosenstatistik vermag dies bis heute nicht realistisch abzudecken und spiegelt ein Bild von Wohnungslosigkeit, das überwiegend Männer* betrifft. In der Angebotslandschaft der Wohnungslosenhilfe (in der Männerwohnheime nach wie vor keine männerspezifischen Konzepte haben) fallen Transgender-Personen bzw. Menschen, die sich nicht eindeutig der dichotomen Trennung zuordnen wollen oder können, aus dem Zielgruppenraster. Die nur begrenzt und fast ausschließlich in urbanen Räumen vorgehaltenen frauenspezifischen Angebote bzw. Plätze werden in der Regel mit der Notwendigkeit von Schutzräumen für Frauen* mit Gewalterfahrungen begründet. Diese – parteilichen – Begründungen decken sich nicht unbedingt mit den Selbstbildern bzw. den Strategien der betroffenen Frauen*, mit denen sie u. a. versuchen, ihre Würde aufrechtzuerhalten. Vielmehr gehen sie gegebenenfalls mit Beschämung und ‚Widerstand' einher. Sowohl Bestandserhebungen als auch Bedarfsbestimmungen benötigen deshalb theoriegestützte Sensibilitäten, um Zuschreibungen und Verdeckungen (selbstkritisch) zu erkennen und in Maßnahmenplanungen einfließen zu lassen.

In den Diskursen um ‚Careleaver*innen' und ‚Systemsprenger*innen' und damit zu Übergängen, in denen junge Menschen aus den Hilfesystemen fallen, wird zu Recht der große Bedarf an Schnittstellenarbeit zwischen der Jugendhilfe und Sozialhilfe/Wohnungsnotfallhilfe betont, jedoch ohne jeglichen Genderbezug (vgl. Weber 2019).

Ansatzpunkte und Fazit: Die weitgehend fehlende Berücksichtigung der Wirkung der Kategorie Gender – noch dazu im intersektionalen Zusammenspiel mit anderen Kategorien – wird meist mit fehlenden Zeitkapazitäten, gegebenenfalls auch mit geringerer Relevanz begründet. Wer jedoch meint, geschlechtsneutral arbeiten zu können, darauf haben Heide Funk und Lothar Böhnisch bereits Anfang der 2000er Jahre hingewiesen, läuft Gefahr, unprofessionell zu arbeiten und Wirklichkeiten und Bewältigungsweisen zu übersehen (vgl. Böhnisch/Funk 2002, S. 18). In den Anstrengungen einer veränderten und verstärkt integrierten Planungspraxis ist also ebenso dem Sachverhalt Rechnung zu tragen, dass in Deutungsmustern, Bewertungen sowie in Adressierungsprozessen bewusst oder unbewusst (enggeführte) geschlechtsspezifische Annahmen und Wertungen eingelassen und wirksam sind. Planungspraxen haben die Optionen, diese zu reproduzieren und zu stabilisieren oder sie aufzudecken und zu verändern.

Bereits mit Beginn der Planungsverpflichtung in den 1990er Jahren wurden aus der Mädchen*forschung und -arbeit heraus Ansatzpunkte entwickelt, (1) wie Lebenslagen und Interessen von Mädchen* (in ihrer Heterogenität) erhoben und geschlechtsspezifische Benachteiligungen vor Ort eruiert werden, (2) wie Mädchen* und Jungen* an Planungsprozessen partizipieren und (3) wie Fachkräfte bzw. Träger der Mädchen*arbeit und Jungen*arbeit sich mit ihrem Wissen in Planungsprozesse einbringen und in kommunalpolitische Aushandlungsprozesse einmischen können (Mädchen*- und Jungen*arbeitskreise, Leitlinien zur Mädchen*arbeit bzw. zur genderreflexiven Arbeit etc.). Konzepte einer mädchengerechten Planung insistieren darauf, dass es nicht genügt, in Erhebungs- und Beteiligungsprozessen phänomenologische Unterschiede zu beschreiben, sondern dass Fragen so zu formulieren sind, dass Widersprüchlichkeiten und Ungleichzeitigkeiten von Emanzipation und Benachteiligung sichtbar werden können (vgl. Bitzan/Daigler/Rosenfeld 1997; Bitzan 2018).

Die Berücksichtigung und Analyse von Genderaspekten in Planungen erfordert in der Umsetzung Genauigkeit und eine theoretische Unterlegung, um nicht einer Verflachung Vorschub zu leisten. Denn es geht darum, Genderwirksamkeit auf der Vorder- und Hinterbühne, also im Gezeigten und im Nicht-Gezeigten bzw. im Subjekt selbst bereits Vermittelten und Geglätteten zu berücksichtigen und gleichsam an der Auflösung einer dichotomen Geschlechterdifferenz und den damit einhergehenden Zuschreibungen zu arbeiten. Solche Planungsansätze zielen darauf, zu einer Veränderung dahingehend beizutragen, was als Bedarf in den Vordergrund rückt. (Integrierte) Planungen werden sich damit zu beschäftigen haben, wie es gelingen kann, Gendergerechtigkeit herzustellen, Wirkungsweisen und Deutungen, die dem entgegenstehen, entgegenzutreten und gleichzeitig Gender und deren Bedeutungen nicht festzuschreiben. Es wird immer auch wichtig bleiben, Orte für Frauen* und Mädchen* in öffentlichen Räumen und in Angeboten der Sozialen Arbeit zu schaffen und vorzuhalten wie auch jungen*- und männer*spezifische Konzepte zu fördern. Gleichsam sind die systematisch auf zwei Geschlechter reduzierten Perspektiven zu erweitern und zu irritieren. Das ist nicht neu, aber in den Forderungen der LSBTIQ- und Queer-Bewegungen mittlerweile unüberhörbar. Ein Rückschritt und falsch verstanden wäre dabei, mit der Stärkung queerer Perspektiven Wirkweisen entlang von gesellschaftlichen Zuschreibungen von Frau-Sein und Mann-Sein als obsolet anzusehen und männerspezifische und frauenspezifische Angebote als veraltet zu betrachten. Vielmehr wird nochmals sichtbar, dass sich erst mit der Beteiligung von Betroffenen, die sich für ausgeschlossene Perspektiven öffnen, sowohl die Planungssituation als auch der Planungsgegenstand verändern lässt, und Ausgeschlossenes einen Platz finden kann. Hier haben nicht zuletzt auch einzelne Einrichtungen der Sozialen Arbeit, die die (gegebenenfalls nicht gehörten oder unterlegenen) Stimmen von unterschiedlichen Betroffenen stärken und stützen, einen hervorgehobenen Auftrag.

Claudia Daigler

Zum Weiterlesen
Bitzan, Maria/Daigler, Claudia/Rosenfeld, Edda (1997): Jugendhilfeplanung im Interesse von Mädchen. In: Neue Praxis, Jg. 27, H. 5, S. 455–464
Daigler, Claudia (Hrsg.) (2018): Profil und Professionalität der Jugendhilfeplanung. Wiesbaden: Springer VS

Daigler, Claudia/Miller, Steffen/Rukavina-Gruner, Christoph (2018): „Man muss Brücken bauen, um Neues zu ermöglichen". Im Gespräch zu Jugendhilfeplanung und Stadtentwicklung. In: Daigler, Claudia (Hrsg.): Profil und Professionalität der Jugendhilfeplanung. Wiesbaden: Springer VS, S. 179–188

Pornografie

Pornografie ist im engeren Sinn konsumentenorientierte, d. h. mit der Absicht, sexuell zu stimulieren, hergestellte deskriptive oder visualisierte Sexualität. Pornografie wird nicht mit künstlerischer Absicht produziert, sie isoliert lediglich einen Teilbereich menschlichen Daseins und macht ihn damit kommerziell verwertbar. Der Preis für die leichte Konsumierbarkeit ist die Reduktion auf unterkomplexe narrative Strukturen. Während partnerschaftlich orientierte Sexualität in differenzierte psychosoziale Zusammenhänge eingebunden ist, treten diese beim pornografischen Produkt in den Hintergrund. Die psychosoziale Realität von Sexualität verschwindet hinter schemenhaften Erzählstrukturen, zu denen insbesondere stereotype und klischeehafte, bis zur Karikatur geratene Geschlechterdarstellungen gehören. Diese sollen ein Eintauchen des – vor allem männlichen – Konsumenten in die Darstellungen und sein Identifizieren mit der isolierten Pornosexualität mit dem Ziel der sexuellen Stimulierung bewirken.

Besonders problematisch in der gängigen, auf Heterosexualität bezogenen Pornografie ist aus geschlechtshierarchischer Sicht die narrative Reduktion der Frauen auf allzeit willige Empfängerinnen von männlicher genitaler Sexualität und die der Männer auf ständig physiologisch bereite ‚Herrenreiter'. Vor allem entsprechende Selbstauskünfte von Jugendlichen, deren Geschlechtsrollenverständnis noch ungefestigt ist, deuten hier auf eine ausgesprochen negative Einflussnahme hin (Siggelkow/Bücher 2007).

Während Pornografie Ende der 1960er und Anfang der 1970er Jahre auch von Feministinnen als Vehikel der sexuellen Selbstbestimmung interpretiert wurde, änderte sich die Einstellung mit der Liberalisierung der Pornografiegesetzgebung und dem Wandel vom Nischen- zum Massenprodukt. Bis zum Ende der 1980er Jahre wurde Pornografie von Soziologinnen und Publizistinnen wie Andrea Dworkin (1987), Catharine MacKinnon (1988) und Alice Schwarzer (1988) als frauenverachtend und das Machtgefälle zwischen den Geschlechtern zementierend beschrieben. Unter Bildung von Allianzen mit religiös und moralisch konservativen Gruppen wurde der Versuch unternommen, ihre Legalisierung zurückzunehmen. Ohne diesen verbal teils sehr eindrücklich geführten Kampf (etwa Alice Schwarzers ‚PorNo'-Kampagne) hätte es jedoch keine Diskussion über die frauenfeindlichen Tendenzen der Pornografie gegeben, die traditionelle sexuelle Geschlechterrollen im Spannungsfeld von weiblicher Unterwürfigkeit und männlichen Machtposen positiv konnotiert und durch die Unterlegung mit einer Bildsprache der sexuellen Ekstase zum Idealtypus sexueller Geschlechterverhältnisse an sich macht.

Seit den 1990er Jahren äußerten sich besonders in den USA verstärkt liberale Feministinnen, die auch in der visualisierten Sexualität ein Mittel zur Stärkung von Frauen sahen. Bahnbrechend wirkte vor allem Linda Williams (1995) filmwissenschaftliche Einordnung der Pornografie in die ‚Body Genres' wie Action, Horror und Melodram. In den letzten Jahren ist ein zunehmender Konsum von Pornografie auch bei Frauen festzustellen. Dennoch ist der Gender Gap nach wie vor groß: Während in der Sex-Studie (Pastötter et al. 2008) 66 Prozent der Männer angaben, täglich oder wöchentlich zu konsumieren, betrug der Anteil der Frauen lediglich 10 Prozent. 82 Prozent der weiblichen Konsumentinnen gibt an, dass sie männlich-homosexuelle Pornografie bevorzugen, da diese authentischer und weniger geschlechterstereotyp sei (Neville 2015).

In Deutschland besteht ein Verbot, explizite Sexualität in Gewaltzusammenhängen, in Verbindung mit Minderjährigen und mit Tieren zu zeigen, aber auch Pornografie Kindern und Jugendlichen zugänglich zu machen (§ 184 StGB). Umstritten ist in der psychologischen Wirkungsforschung, ob selbst ‚normale' Pornografie die Gewaltbereitschaft erhöht. Internationale Vergleichsstudien zwischen Liberalisierung von Pornografie und sexueller Gewalt gegen Frauen scheinen eine Tendenz zur Abnahme sexueller Angriffe nahezulegen. Als Erklärung bieten sich hier die ‚Theorie vom Zivilisationsprozess' (Elias 1995; Elias 1997) und die These vom ‚Informalisierungsprozess' (Wouters 1999; Wouters 2004) an: Diese besagen, dass sich im Laufe der letzten Jahrhunderte in westlichen Gesellschaften der mediale Konsum von tabuisierten Verhaltensweisen als Mechanismus etabliert hat, der zu einer Verstärkung des psychischen Zwangs zum Selbstzwang führte. Da die Realität schwächere Stimuli zur Verfügung stellt als die Medien, schwächt deren Konsum in Konsequenz die Bereitschaft, auf reale Stimuli zu reagieren. Dies setzt jedoch den ‚normalen' erwachsenen Konsumenten voraus. Gleichwohl kann Pornografie auch als Verstärker sexueller Wünsche und Impulse funktionieren bzw. sexuelle Hemmschwellen herabsetzen. Dies gilt z. B. für pädophile Tendenzen beim Konsum von Kinderpornografie, aber auch beim gezielten Einsatz von Pornografie durch pädophile Erwachsene, um ihre Opfer zu sexualisieren. Ein Problem vieler pornografischer Wirkungs- und empirischer Studien ist, dass nicht definiert wird, aber davon auszugehen ist, dass es sowohl einen Unterschied macht, welches Subgenre konsumiert wird, als auch, welche Funktion Pornografie für den Konsumenten hat. Neben Darstellungen des Geschlechtsakts finden sich selbst bei flüchtiger Sichtung des Angebots der großen pornografischen Online-Plattformen Videos, die Vergewaltigungen zeigen, Sex mit Minderjährigen thematisieren, Anleitungen zu sadomasochistischen Praktiken bieten oder Asphyxie als ultimatives Erregungsmittel darstellen. Bei einem der größten Anbieter stehen mittlerweile 10 Millionen Videos und Clips unterschiedlichster Längen und Inhalte zum kostenlosen Abruf bereit, ohne dass eine Alterskontrolle stattfindet (XVideos.com 2021). Erst im Dezember 2020 hat ein anderer Dienstleister auf öffentlichen Druck hin (Kristof 2020) zugesichert, das Problem kinderpornografischer Inhalte und des sogenannten Revenge Porn anzugehen (Turner 2020).

Eine Analyse der narrativen Strukturen zeigt, wie eingangs erwähnt, dass vor allem mit Blick auf männliche Konsumenten produziert wird. Pornografie erscheint in diesem Zusammenhang wechselweise als visuelles Viagra und physiologisches wie psychologisches Entlastungsmittel: Sie führt zu sexueller Stimulierung, ermöglicht das Ausagieren und kann den Konsumenten in seiner Sexualität sowohl positiv als auch negativ bestätigen, ohne dass er sich in Frage gestellt fühlt. Problematisch ist hingegen die Konfrontation mit einer phantasmagorischen Sexualität, die u. a. in den physiologischen Durchschnittswerten wie Aussehen der Genitalien, Dauer und Art des Geschlechtsverkehrs, Menge und Art des Ejakulats keine Entsprechung findet und dementsprechend zu einer Verstärkung von Minderwertigkeitskomplexen, aber auch einer Steigerung des Aggressionspotenzials (Malamuth 2018) führen kann.

Frauen, die Pornografie konsumieren, beklagen den einseitig männlichen Blick auf die Sexualität (Hans/Lapouge 1990; Kuckenberger 2011), der sich in versatzstückartigen Erzählstrukturen und einer genitalen Fixierung widerspiegelt. Sie machen die Erfahrung, dass pornografisierte Sexualität sie zu Sexualobjekten macht, zu reinen Ausführungsorganen männlicher Sexualphantasien, die wenig Raum für weibliche Sexualwünsche lässt und geringe Frustrationstoleranz aufweist.

In der Debatte um Pornografie fällt häufig der Ausdruck Pornoindustrie, um die treibenden Kräfte hinter der Produktion von Pornografie zu beschreiben. Ein genauerer Blick zeigt jedoch, dass die Mehrheit der Produktion von Kleinstproduzenten und einigen wenigen mittelständischen Firmen stammt. Dazu passt die stilistische und qualitative Heterogenität des Produktes. Bis 2005 stieg der Umsatz in den USA auf etwa vier Milliarden US-Dollar bei einem jährlichen Ausstoß von ca. 12.000 Filmen; in Deutschland wurden im Vergleich etwa eine halbe Milliarde Euro mit ca. 6000 Filmen umgesetzt. Obwohl schwer vorzustellen, ist die Mehrzahl der männlichen wie der weiblichen Akteur*innen heute freiwillig in diesem Metier tätig, nachdem sich die bis in die 1970er Jahre vorwiegend darin aktiven kriminellen Verbindungen aus Rentabilitätsgründen zurückgezogen hatten. Einen besonders großen Anteil der weiblichen Akteurinnen bilden vor allem in den USA, dem Hauptproduktionsland von Pornografie, sogenannte Table-Dancer, die sich von ihrem Mitwirken einen Werbeeffekt und damit kommerziellen Mehrwert erwarten. Die Gagen für Frauen sind generell etwas höher als für Männer, da sich die Filme vor allem über die Darstellerinnen verkaufen. Die Mehrzahl der pornografischen Filme wird heute an einem einzigen Tag produziert.

Während man annehmen kann, dass sich ein Großteil der (männlichen) Erwachsenen und Jugendlichen bedingt durch die leichte Verfügbarkeit von Pornografie auf Videokassetten spätestens seit Mitte der 1970er Jahre auch mit diesem Medium sexuell ‚informiert' hat, wurde durch die nochmals gesteigerte leichte Verfügbarkeit durch Internet-Pornografie eine völlig neue Situation geschaffen: Alle Variationen menschlicher sexueller Phantasie, eingeschlossen der vom Gesetzgeber verbotenen gewalttätigen, pädophilen und zoophilen Inhalte stehen auf Knopfdruck zur Verfügung. Untersuchungen zeigen, dass bei vielen Konsumenten der Eindruck entsteht, es handele sich hierbei um ‚normale' und ‚häufige' Praktiken. Die Sex-Studie (Pastötter et al. 2008) hat festgestellt, dass der Kontakt zu Pornografie oft bereits vor dem 10. Lebensjahr einsetzt. Vor allem Mädchen berichten zunehmend vom Einfluss der Pornografie auf die sexuellen Wünsche ihrer Freunde. Obwohl die im Internet massenweise vertretene ‚Amateur-Pornografie' häufig nur das Nachspielen professionell produzierter Pornografie-Skripts beinhaltet oder selbst von professionellen Pornografen hergestellt ist, wird sie als ‚authentischer' wahrgenommen als reale Sexualität. Es ist nicht auszuschließen, dass sich durch diese Veränderungen auch die Wirkmechanismen und Auswirkungen der Pornografie verändern. War Pornografie lange Zeit ein Randphänomen mit entsprechend bescheidener Wirkung auf das reale Sexualleben und die Geschlechterverhältnisse, muss nun von einem verstärkten Einfluss auf diese Lebensbereiche ausgegangen werden, der eine Bestätigung in den Aussagen von Sexual- und Paartherapeuten findet (Huntingdon/Markman/Rhoades 2021).

Jakob Pastötter

Zum Weiterlesen
Grimm, Petra/Rhein, Stefanie/Müller, Michael (2010): Porno im Web 2.0. Die Bedeutung sexualisierter Web-Inhalte in der Lebenswelt von Jugendlichen. Berlin: Vistas
Lautmann, Rüdiger/Schetsche, Michael (1990): Das pornographierte Begehren. Frankfurt/M., New York: Campus
Pastötter, Jakob (2003): Erotic Home Entertainment und Zivilisationsprozess. Analyse des postindustriellen Phänomens Hardcore-Pornographie. Wiesbaden: VS

Postheteronormativität

Der Begriff der Postheteronormativität geht auf poststrukturalistische Gender- und Queer-Studies im Anschluss an Judith Butler (1991; 1997) und Michel Foucault (2014; 1977) zurück. Mit dem Begriff wird die Kritik und Überwindung heteronormativer Zuschreibungen, Normierungen und Verhältnisse in Wissenschaft, Praxis und Denken beschrieben. Postheteronormativität zielt auf eine Infragestellung der vorherrschenden Ordnung heterosexueller Zweigeschlechtlichkeit. Insbesondere in den Gender und Queer Studies werden mithilfe kritisch-dekonstruktivistischer Methodologie Mechanismen und Effekte diskursiver Normalisierungs- und Naturalisierungsverfahren analysiert, welche Geschlecht und Begehren als gesellschaftliche ‚Tatsachen' erst herstellen:

„Queer Theory ist insofern als normalisierungs- und gesellschaftskritische Perspektive zu verstehen, als damit erstens in machttheoretischer Perspektive Produktionen von Wissen und Normalität in Frage gestellt werden und zweitens der Fokus weniger auf die Individuen und deren Identitäten als auf die gesellschaftlichen Bedingungen und Mechanismen der Differenzierung und Subjektwerdung gelegt wird" (Kleiner/Klenk 2017, S. 98).

Der Begriff der Heteronomativität ist eng verbunden mit dem Konzept der heterosexuellen Matrix von Judith Butler (Butler 1990/1991, S. 37 ff.). Hierunter versteht Butler ein Raster kultureller Intelligibilität, durch das Körper, Geschlechter und Begehrensstrukturen und deren Verbindung naturalisiert werden. Für Butler sind „‚intelligible' Geschlechtsidentitäten solche, die in bestimmtem Sinne Beziehungen der Kohärenz und Kontinuität zwischen dem anatomischen Geschlecht (sex), der Geschlechtsidentität (gender), der sexuellen Praxis und dem Begehren stiften und aufrechterhalten. [...] Die kulturelle Matrix, durch die die geschlechtlich bestimmte Identität (*gender identity*) ‚intelligible' wird, schließt die ‚Existenz' bestimmter Identitäten aus, nämlich genau jene, in denen sich die Geschlechtsidentität (gender) nicht vom anatomischen Geschlecht (sex) herleitet und in denen Praktiken des Begehrens weder aus dem Geschlecht noch der Geschlechtsidentität ‚folgen'. ‚Folgen' bezeichnet in diesem Kontext eine politische (notwendige) Konsequenz, instituiert durch jene kulturellen Gesetze, die die Form und Bedeutung von Sexualität regulieren" (Butler 1991, S. 38 f., H. i. O.).

Der Begriff der Heteronormativität wurde von Michael Warner in seiner Einleitung zum Sammelband Fear of a queer Planet (Warner 1993, S. xxi ff.) geprägt. Ausgehend von Butlers Konzept der heterosexuellen Matrix als Normalisierungs- und Naturalisierungsverfahren von Geschlecht und Begehren zielt der Begriff auf eine machtkritische Analyse der damit einhergehenden Hierarchisierungen von geschlechtlichen Positionen, Begehrensformen sowie Normen „binärer Regulation von Sexualität" (Butler 1991, S. 41) und wendet sich dagegen, die menschliche Existenzweise als ausschließlich heterosexuelle zu verstehen: „culture's assurance (read: insistence) that humanity and heterosexuality are synonymous" (Warner 1993, S. xiv).

Heteronormativität beschreibt somit das gesellschaftliche Normierungsverfahren der eigenen Zuordnung zu einem von zwei jeweils „körperlich und sozial voreinander unterschiedlichen Geschlechtern (Frau/Mann) und einer sexuellen Orientierung, die jeweils auf das andere Geschlecht ausgerichtet ist (Heterosexualität)" (Wagenknecht 2004, S. 17). Sie fungiert als machtvolle Alltagskategorie: Entlang gesellschaftlicher Gesetze und Gewohnheiten werden Räume der Anerkennung und Nichtanerkennung von Identitätskonstruktionen in der Einteilung in ‚normal' – ‚nicht normal' konstruiert und hierüber Zugehörigkeit und Ausschluss zum Mainstream definiert (vgl. Wagenknecht 2007, S. 17).Wem eine eindeutige Geschlechtsidentität in Übereinstimmung mit dem bei Geburt zugewiesenen Geschlecht (männlich/weiblich) zugeschrieben wird und dessen sexuelles Begehren und Lebenskonzept auf das jeweils andere Geschlecht (weiblich/männlich) ausgerichtet ist, gilt hiernach als ‚normal'. Dagegen gelten schwule, lesbische, bisexuelle, pansexuelle oder trans* und inter* Menschen als nicht ‚normal' und werden zu den von der Norm abweichenden ‚Anderen' konstruiert (vgl. Wilkinson/Kitzinger 1996). Heteronormativitätskritik lässt sich daher als „kritische Beschreibung der Privilegierung geschlechtlicher und sexueller Identitäten und Lebensweisen" (Woltersdoff 2020, S. 3; vgl. Busche et al. 2019; Höblich 2018; Hartmann/Messerschmidt/Thon 2017) verstehen.

Postheteronormativität bzw. postheteronormative Pädagogik nutzt Dekonstruktion als queertheoretische Methode, um die Herstellungsweisen von Geschlechterbinaritäten und -hierarchien sowie Begehrensregimen als gesellschaftlich und historisch gewordene (Differenz-)Kategorien als permanentes ‚doing difference' (West/Fenstermaker 1995) zu entlarven, diese kritisch zu analysieren und Implikationen für eine kritische (Bildungs-)Praxis Sozialer Arbeit abzuleiten. Das Konzept der Postheteronormativität stellt eine Kritik und Weiterentwicklung der Thematisierungsweisen geschlechtlicher und sexueller Vielfalt dar. Jutta Hartmann und Mart Busche konzeptionalisieren diesen Begriff in Weiterentwicklung einer heteronormativitätskritischen Pädagogik. Das Konzept intendiert, „für subtile Mechanismen zu sensibilisieren, über die Befürworter*innen des Themenkomplexes ‚geschlechtliche und sexuelle Vielfalt' in der Bildung – in der Regel entgegen besserer Absicht – Heteronormativität reproduzieren" (Hartmann 2016, S. 106). Der Fokus (sozial-)pädagogischer Intervention richtet sich somit nicht (mehr nur) auf die gleichwertige Anerkennung vermeintlich existenter Unterschiede und Gemeinsamkeiten innerhalb geschlechtlicher und sexueller Vielfalt, sondern vielmehr auf die Dekonstruktion der machtvollen Prozesse der Erzeugungen von Unterscheidungen und ihrer Relevanz für die Alltagsbewältigung, (Subjekt-)Bildung und Identitäten. Es geht um das Infragestellen und Dynamisieren von Kategorien, das einer Reproduktion oder Festschreibung vermeintlich eindeutiger und unveränderbarer Identitäten eine klare Absage erteilt: „Das Zentrale einer postheteronormativen Perspektive ist es, Heteronormativität in einer Weise kritisch zum Gegenstand der Auseinandersetzung zu machen, die diese nicht wiederholend aufruft, sondern an etwas über sie Hinausweisendem ansetzt. […] Indem er die gesellschaftliche Ordnung nicht reproduziert, sondern durchbricht, enthält ein solcher Zugang bereits ein kritisch-dekonstruktives

Moment und das Potenzial, empowernde Wirkung zu entfalten" (Hartmann/Köbsell/Schäuble 2018, S. 4).

Ähnlich dem Konzept der postmigrantischen Gesellschaft (Yildiz/Hill 2019; Foroutan 2019) geht es einer postheteronormativen Pädagogik daher nicht um die unkritische Reproduktion oder auch kritische Analyse von Differenzkategorien – hier Gender und sexuelle Orientierung/Begehren. Vielmehr wird das System der Produktionsweisen der Kategorien als gesellschaftlicher Konstruktionsprozess entlarvt und selbst zur Disposition gestellt (Höblich 2020a).

Anstelle eines unreflektierten Diversitybegriffs, der Toleranz für Andersheiten reklamiert, werden die Konstruktionsprozesse als ,doing heteronormativity' (Hartmann 2016) zum Gegenstand kritischer Reflexion auch der eigenen Positionierung in Bezug auf Geschlecht und Begehren sowie der internalisierten gesellschaftlichen Diskurse. Busche und Hartmann plädieren daher für die Entwicklung von Konzeptionen der Geschlechter-, Sexualitäts- und Beziehungsvielfalt, „die diese nicht als das bunte Beiwerk zu der Norm von Cisgeschlechtlichkeit – also wenn gefühltes und bei der Geburt zugewiesenes Geschlecht übereinstimmen – , Heterosexualität und Paarbeziehung begreift, sondern auch letztgenannte ganz selbstverständlich als Teil dieser Vielfalt versteht und ihre Widersprüchlichkeit und Brüchigkeit wahrnimmt" (Busche 2021; vgl. Hartmann et al. 2018). Das Konzept plädiert dafür, Vielfalt von der Vielfalt aus zu denken. Dies kann (sozial-)pädagogisch darüber erfolgen, indem unterschiedliche Lebensweisen wie lesbische, heterosexuelle, schwule, bisexuelle, cisgeschlechtliche, transgeschlechtliche und weitere mögliche als selbstverständlicher Teil gelebter geschlechtlicher und sexueller Vielfalt sichtbar, anerkennenswert und gleichwertig betrachtet werden. Eine solche Pädagogik überschreitet ein Denken in Dualismen wie Norm und Abweichung, allerdings ohne in ein unkritisches „Alles schön bunt hier" zu verfallen. So können z. B. im Rahmen von Bildungsangeboten die Vielfalt, Widersprüchlichkeit und Wandelbarkeit geschlechtlicher und sexueller Lebensweisen (z. B. über Lebensgeschichten, visuelle Medien, die unterschiedliche Geschlechter und sexuelle Begehrens- und Lebensweisen darstellen, etc.) zum Gegenstand gemacht werden. Hierüber können scheinbare Normalitäten als gesellschaftliche Diskurse offengelegt und hinterfragt werden. Als grundlegende Infragestellung kann diese Arbeit auch eine Einladung zum post-normalistischen Denken und Infragestellen weiterer vermeintlicher Gewissheiten sein (vgl. Hartmann/Köbsell/Schäuble 2018; Busche 2021).

Postheteronormativität geht es daher um eine dreifache Perspektive: erstens um die Etablierung neuer Selbstverständlichkeiten, zweitens um eine gleichzeitige kritische Betrachtung weiterhin bestehender Ungleichheiten und Fragen des Empowerments und schließlich drittens um eine Absage an ein essentialistisches Verständnis von Geschlecht, sexuellem Begehren, romantischen Beziehungen und Lebensweisen, das diese biologisch oder über frühkindliche Prägung festschreibt und als lebensgeschichtlich invariant behauptet. Postheteronormativität ermöglicht eine entessentialisierte und enthierarchisierte Betrachtung vielfältiger Lebensweisen sowie ihrer lebensgeschichtlichen Veränderung und das Hinterfragen gesellschaftlicher Narrative sowie Wahrnehmungs- und Denkgewohnheiten, indem Ermöglichungsräume geschaffen werden.

Davina Höblich

Zum Weiterlesen
Busche, Mart (2021): Next Stop: Postheteronormativität. In: Sozial Extra 45, H. 2, S. 85–89
Hartmann, Jutta/Busche, Mart/Nettke, Tobias/Streib-Brzič, Uli (2018): Where to go on? Mögliche nächste Schritte im Professionalisierungsprozess. In: Busche, Mart/Hartmann, Jutta/Nettke, Tobias/Streib-Brzič, Uli (Hrsg.): Heteronormativitätskritische Jugendbildung. Reflexionen am Beispiel eines museumspädagogischen Modellprojekts. Bielefeld: transcript, S. 177–192
Kleiner, Bettina/Klenk, Florian Cristobal (2017): Genderkompetenzlosigkeitskompetenz. Grenzen pädagogischer Professionalisierung in der Perspektive der Queer Theory. In: Hartmann, Jutta/Messerschmidt, Astrid/Thon, Christine (Hrsg.): Queertheoretische Perspektiven auf Bildung. Pädagogische Kritik der Heteronormativität. Jahrbuch Frauen- und Geschlechterforschung in der Erziehungswissenschaft, Folge 13. Opladen, Berlin: Barbara Budrich, S. 97–119

Postkoloniale Theorie

Nach langem Widerstand gegen die Postkoloniale Theorie im deutschsprachigen Raum ist dieselbe nun nicht mehr aus den Sozialwissenschaften, Politikwissenschaften, sowie den Sozialarbeitswissenschaften wegzudenken (Castro Varela/Dhawan 2020). Ein Nachdenken über Postkolonialität kommt dabei nicht umhin, auch Gender in den Blick zu nehmen.

Feministische Postkoloniale Theorie ermöglicht es, koloniale Kontinuitätslinien mit Blick auf Gender und Sexualität aufzuzeigen. Sie stellt ein politisch-theoretisches Projekt dar, welches das Ziel verfolgt, tragbare transnationale Widerstandsstrategien zu formulieren, die Dekolonisierungsprozesse vorantreiben können. Eine feministische Postkoloniale Theorie stellt heraus, dass die koloniale Herrschaft ein gewalttätiges Zusammentreffen westlicher und in den kolonisierten Territorien bereits präkolonial existierender patriarchaler Hegemonien darstellt. Kolonisierte Frauen wurden zumeist bereits vor einer kolonialen Herrschaft in den später kolonisierten Gesellschaften unterdrückt. Diese Tatsache gab ihrer sozialen, politischen, kulturellen Ausgrenzung sowie ihrer ökonomischen Ausbeutung einen anderen Charakter, als dies für die koloniale Unterjochung von cis-Männern auszumachen ist. Frauen mussten sich nicht nur mit den Ungleichheiten in Bezug zu den ebenso kolonisierten Männern auseinandersetzen, sondern sich auch innerhalb der gewalttätigen Strukturen imperialer Herrschaftsverhältnisse positionieren – und zwar gegenüber weißen europäischen Frauen und allen cis-Männern. Gleichzeitig sind, wenig überraschend, postkoloniale Regierungen, die nach Beendigung der Kolonialzeit die imperialen Herrschaften ersetzt haben, überwiegend cis-Männer. Wir können entsprechend nicht nur nicht von einer gemeinsamen kolonialen Bedingung ausgehen, sondern müssen auch feststellen, dass die Erfahrung von Postkolonialität ebenfalls höchst genderspezifisch ist.

Geschlechtergewalt und Geschlechtergerechtigkeit: Eine wichtige Feststellung feministischer Postkolonialer Theorie ist, dass die heteronormativen Geschlechterdynamiken der ‚Anderen' dem Westen seit der Kolonialzeit quasi als Symbol der Barbarei der Kolonisierten dienen. Die Gewalt an Frauen und ihre Unterdrückung in den kolonisierten Territorien stellen eine wichtige Legitimation für die Etablierung imperialistischer Herrschaft dar. Es waren auf beiden Seiten der kolonialen Grenzziehung insbesondere heterosexuelle cis-Frauen, die als Marker für nationale und kulturelle Differenz instrumentalisiert wurden. Die untergeordnete soziale Stellung der anderen Frau galt den hegemonialen Kolonialfrauen und -herren als Beweis für die Rückständigkeit der beherrschten Kultur, weswegen die Reform ihrer sozialen Position als eine entscheidende Aufgabe innerhalb des Kolonisierungsprozesses bestimmt wurde. In der nationalistischen Deutung der Kolonisierten wurde diese Herrschaftsstrategie wiederum als unmöglicher Eingriff beschrieben, dem mit eigenen Reformen des weiblichen Rollenverständnisses begegnet wurde. Auf diese Weise wurden Narrative von ‚Tradition' und ‚Kultur' kontinuierlich auf beiden Seiten der kolonialen Grenzziehung (re-)artikuliert und neu definiert.

Die Rolle, die der westliche Feminismus während des Kolonialismus und auch während der anhaltenden Dekolonisierung gespielt hat, ist dabei keineswegs durchweg emanzipatorisch positiv. Deshalb ist zuweilen von einem ‚imperialistischen Feminismus' die Rede, der bestehende Gewalt- und Herrschaftsverhältnisse nicht irritiert, sondern reifiziert (hat). Vonseiten postkolonialer Feministinnen wird darauf insistiert, dass die Emanzipation der westlichen heterosexuellen cis-Frau ohne die Unterdrückung der kolonisierten Frauen nicht möglich gewesen wäre. Und es war gerade die Gleichzeitigkeit dieser Prozesse, die es der hegemonialen europäischen cis-Frau letztlich erlaubte, aus der Position der Autorität zu sprechen.

Gayatri Chakravorty Spivak (2007) etwa stellt fest, dass heute offenbar immer noch die Weißen ‚die Bürde zu tragen haben', ‚die braune Frau vor dem braunen Mann zu retten' – ähnlich der Selbstdarstellung der Kolonialfrauen und -herren als diejenigen, die verantwortlich dafür seien, die unterdrückte kolonisierte Frau zu retten. Es kann auch aus diesen Gründen kaum überraschen, dass innerhalb westlicher Debatten um den Islam die sozialen Positionierungen muslimischer heterosexueller cis-Frauen im Mittelpunkt stehen, ist doch die Viktimisierung der ‚anderen Frau' durchaus funktional: Die Andere fungiert innerhalb dieser machtvollen Diskurse als Folie, gegen die sich die hegemoniale weiße, christliche cis-Frau als emanzipiert abheben kann. Ähnlich der Selbstdarstellung der Kolonialherrinnen, die behaupteten, dass sie die unterdrückte kolonisierte Frau retten müssten, ist es Teil der dominanten Selbstrepräsentation Europas, sich als die rettende Instanz der Migrantin, respektive Muslima, zu verstehen, die immer als hilfsbedürftiges Opfer dargestellt wird. So zeigen die mehrheitskonformen und stereotypen Repräsentationen muslimischer Frauen diese durchweg als Opfer ihrer Religion und Kultur. Obendrein tendiert der dominante Mediendiskurs in Europa dazu, den Dualismus zwischen den vermeintlich Unterdrückten und den angeblich Emanzipierten zu verstärken, sodass z. B. die orientalistische Perspektive auf das Kopftuch als unterdrückend der islamistischen Perspektive auf das Kopftuch als befreiend gegenübersteht. Tatsächlich ist es komplizierter: Weder kann gesagt werden, dass das Tragen eines Kopftuches per se befreiend wäre, noch ist dies per se unterdrückend. Die Suche nach Strategien gegen sexistische und rassistische Gewalt gerät zu einer schwierigen und komplexen Praxis. Die feministische Postkoloniale Theorie sieht sich darum in der Not, immer wieder darlegen zu müssen, dass es wenig sinnvoll ist, von einem ‚traditionellen Patriarchat' zu sprechen. Vielmehr gilt es, die Brüche herauszuarbeiten, die durch wechselnde Herrschaftsformen entstehen und die sozialen Verhältnisse kontinuierlich transformieren. So erweist sich etwa die den hegemonialen Frauen innerhalb des nationalistischen Projekts zugewiesene Zuständigkeit für die Reinhaltung der nationalen Identität als geradezu schicksalsträchtig, denn das postkoloniale weibliche Subjekt besetzt seither eine äußerst schwierige Position zwischen Geschlecht und ethnischer/religiöser Zugehörigkeit. Dieses Dilemma muss ins Zentrum der Analyse genommen werden, um zu verstehen, warum einige Frauen den Kampf für die eigene kulturelle und religiöse Identität über den Kampf um Geschlechtergerechtigkeit stellen.

Postkoloniale Menschenrechtskritik: Innerhalb Postkolonialer Studien findet sich auch eine wichtige Kritik an einer hegemonialen ‚Entwicklungspolitik' (etwa Kapoor 2008) als auch einer Menschenrechtsbewegung, die unreflektiert die Argumente der Aufklärung weiterführt. Der Rechtswissenschaftler Makau Mutua (2002) kritisiert etwa eine Menschenrechtsbewegung, die erneut beweisen will, dass der globale Süden barbarisch und keiner eigenen Regierung fähig ist. Mutua illustriert dies anhand der bestimmenden Metapher „Wilde-Opfer-Retter" (savage-victim-savior). Die ‚Wilden' sind diejenigen, die die Menschenrechte brechen und typischerweise als ein nicht-westlicher Staat bzw. eine nicht-wesentliche Kultur repräsentiert werden. Dass im Zentrum der Menschrechtspolitiken zumeist die ‚Opfer' stehen, befördert dazu einen viktimisierenden Blick, der Handlungsmacht bei den als ‚Opfer' Gedachten nahezu undenkbar macht. Es sind vor allem Nichtregierungs- und Wohlfahrtsorganisationen wie auch westliche Regierungen, die die ‚Opfer' (meistens Frauen ehemals kolonisierter Länder) vor den ‚Wilden' retten (müssen).

Das Problem mit der Universalisierung und Instrumentalisierung der Menschenrechte ist besonders offensichtlich im Feld der Frauenrechte. Das

Hauptproblem in diesem Zusammenhang ist, dass Frauenrechtsdiskurse zumeist außereuropäische lokale Kulturen schlichtweg als frauenfeindlich essentialisieren, während der Fokus auf kulturelle und politische Rechte dazu tendiert, die Frage nach den ökonomischen Verhältnissen zu übersehen. Aus einer feministisch-postkolonialen Perspektive ist einer der Einwände gegen den hegemonialen Menschenrechtsdiskurs, dass die Debatte sich auf den ‚notwendigen Universalismus' konzentriert und den ausufernden Kulturrelativismus gelassen betrachtet.

Das Übereinkommen zur Beseitigung jeder Form von Diskriminierung der Frau (CEDAW) wurde mittlerweile von den meisten Staaten der Vereinten Nationen ratifiziert. Gleichzeitig können wir beobachten, wie Frauenmenschenrechte als Alibi für einen imperialistischen Feminismus instrumentalisiert werden, um die westliche Überlegenheit zu stärken. Die Mitglieder einer globalen Elite befinden sich in einer Position, aus der sie als Wohltäter*innen der Allgemeinheit aufzutreten vermögen. Es entstehen so paternalistische Argumentationsmuster und -strukturen, die insbesondere die internationale Soziale Arbeit negativ beeinflussen, insoweit Menschen im globalen Süden erneut als ‚Opfer' wahrgenommen werden, die der Hilfe des Westens bedürfen.

Zusammenfassung: Postkoloniale Studien stellen wichtige Perspektiven, Methoden und Konzepte zur Verfügung, um kritisch über Soziale Arbeit und Geschlecht nachzudenken. Ein Postkolonialer Feminismus supplementiert in produktiver Weise feministische wie auch postkoloniale Perspektiven. Postkoloniale feministische Analysen stellen wichtige Interventionen dar, die Konzepte wie ‚Emanzipation', ‚Geschlechtergerechtigkeit' und ‚sexuelle Befreiung' einer differenzierten Machtanalyse zuführen. Sie können postkoloniale Perspektiven in den feministischen Mainstream-Diskurs einbinden und zugleich feministische Fragestellungen in die Konzeptualisierungen (post-)kolonialer Studien einlassen. Für die feministische Theorie und Praxis ergeben sich hieraus wichtige neue kritische politische Impulse. Die interdisziplinäre Postkoloniale Theorie ist heute aus feministischen Studien nicht mehr wegzudenken. Ihre Analysen etwa im Feld des transnationalen Feminismus wie auch Untersuchungen zum Zusammenspiel von Rassismus, Gender, Sexualität und Disability wurden durch feministisch postkoloniale Perspektiven nicht nur erweitert, sondern auch notwendigerweise dynamisiert.

María do Mar Castro Varela und Nikita Dhawan

Zum Weiterlesen
Castro Varela, María do Mar/Dhawan, Nikita (2020): Postkoloniale Theorie. Eine kritische Einführung. Bielefeld: transcript
McClintock, Anne (1995): Imperial leather: race, gender and sexuality in the colonial contest. New York: Routledge
Spivak, Gayatri Chakravorty (2007): Can the Subaltern Speak? Postkolonialität und subalterne Artikulation. Wien: Turia + Kant

Prekarisierung

Debattenkontexte: Das Begriffsfeld Prekarität/Prekarisierung wird in drei Kontexten debattiert: Prekarität ist erstens ein Mobilisierungsbegriff sozialkritischer Bewegungen wie der Anti-Globalisierungs- und Euromayday-Bewegung in Italien (Mailand) und Spanien (Barcelona), die um die Jahrtausendwende zunächst im westeuropäischen Raum und dann zunehmend transnational wirksam waren (Raunig 2007; Marchart 2013a). Für die Reformulierung von Kapitalismuskritik und Fragen politischer Handlungsfähigkeit spielten Gruppen wie beispielsweise die Precarias a la deriva eine große Rolle. Von Aktivist*innen des feministischen Sozialzentrums La Eskalera Karakola in Madrid gegründet, sind die Precarias eine Assoziation von Frauen*, deren Leben unterschiedlich – hinsichtlich ihrer Erwerbsarbeit als Sorge- und/oder Sexarbeiter*innen, ihres Staatsbürger*innenstatus und ihrer Situation als Migrant*innen, ihrer Sexualitäten und Geschlechtsidentitäten – prekarisiert waren. Anlässlich des spanischen Generalstreiks 2002 kritisierten sie die ausschließlich männliche ‚Normalarbeitsverhältnisse' adressierenden Proteste und erprobten Streikformen, die die Beteiligung von unterschiedlich situierten Frauen* ins Zentrum rückten (vgl. Lorenz/Kuster 2007). Ihr Eintreten für eine nicht-essentialisierende, politische Auffassung von Sorge als Ausgangspunkt für die Auseinandersetzung mit Prekarisierung ist für den queerfeministischen Diskurs maßgebend (vgl. Precarias 2011).

Prekarisierung als Begriff der zeitdiagnostischen Sozialwissenschaften bezeichnet zweitens komplexe Transformationen westeuropäischer Gesellschaften seit den 1990er Jahren im Hinblick auf soziale Ungleichheiten, soziale Einbindung und die Entsicherung von Erwerbsarbeitsverhältnissen. Mit Bezug auf die Arbeiten der Frauen- und Geschlechterforschung seit den 1970er Jahren (Motakef/Wimbauer 2019) thematisierte die Geschlechterforschung Prekarisierung als Gegenwartsphänomen, das mit Erwerbsarbeits- wie Sorgeverhältnissen, Lebensarrangements und intersektional differenten Konstellationen (vgl. zum Überblick Motakef 2015) ebenso wie mit globalen, transnationalen Ungleichheitsverhältnissen (Aulenbacher/Décieux 2019) verwoben ist.

Prekarisierung wird drittens als kritischer Begriff in der angloamerikanischen queertheoretischen Theoriebildung (Butler 2010; Butler 2016) sowie in gouvernementalitätstheoretischen (Lorey 2012; Lorey 2015), praxistheoretischen (Völker 2013a; Völker 2015) und in post-operalistischen Perspektiven (Pieper 2015) diskutiert.

Prekarisierung als komplexe Transformation des Sozialen – Perspektiven der Soziologie und der Geschlechterforschung: Im französischen und deutschsprachigen Diskurs werden unter dem Begriff der Prekarisierung vor allem Prozesse sozialer Entsicherung als ‚transversales', also alle gesellschaftlichen Sphären durchquerendes Phänomen (Marchart 2013a) beschrieben. Dies meint sowohl die institutionelle Aufkündigung und Erosion von gesellschaftlichen Vereinbarungen und Interessenausgleichen, als auch den subjektiv als Verunsicherung erlebten Verlust der Deutbarkeit des ‚Laufs der Welt' und der Antizipierbarkeit von Zukunft. Dabei lassen sich drei Zugänge erkennen:

1. Aus arbeits- und geschlechtersoziologischer Perspektive rücken Veränderungen in der Organisation von (Erwerbs-)Arbeit (Dörre 2006; Dörre 2018; Castel/Dörre 2009) und damit verbundener Geschlechterregime (Völker 2009; Völker 2013b) in den Mittelpunkt. In Abkehr vom fordistischen Normalarbeitsverhältnis und den Sozialfiguren des ‚männlichen Familienernährers' und der ‚weiblichen Familienerhalterin' (Krüger 1995) vermehren sich seit den 1990er Jahren rasant die sogenannten ‚atypischen Beschäftigungsformen' (befristet, Teilzeitarbeit, Leih- und Zeitarbeit, geringfügige Beschäftigung u. a.); der Niedriglohnbereich expandiert ebenfalls – und in beiden sich überlappenden Bereichen ist die intersektional heterogen situierte, weibliche* Genusgruppe weit überproportional vertreten. Entsprechend betonen Geschlechterforscher*innen, dass ‚Prekarisierung' zumindest vordergründig kein neues Phänomen ist – sogenannte ‚atypische' Beschäftigungsverhältnisse waren bereits in der fordistischen Hochphase die Normalität ‚weiblicher' Arbeitsmarktintegration. Prekarität würde vielmehr dann zum soziologischen und politischen Problem, wenn die männliche Genusgruppe betroffen sei (vgl. Aulenbacher 2009b). Hark und Völker (2010) argumentieren, dass die aktuellen Prekarisierungsprozesse weit über die Gestaltung konkreter Beschäftigungs- und Erwerbsarbeitsverhältnisse hinaus Transformationen sozialer Institutionen wie Ehe, Familie, (Sozial)Staat motivieren und insofern durchaus auch ‚neu' seien. Für die Frage der Prekarisierung seien die (Erwerbs)Arbeits- und Lebensarrangements insgesamt von Belang; sie betreffen vergeschlechtlichte Arbeitsteilungen (Klammer et al. 2012; Klenner et al. 2011) ebenso wie prekarisierte rechtliche Lagen (vgl. zu Staatsbürger*innenschaft Scherschel 2015; zur Konstruktion des ‚Flüchtlings' Niedrig/Seukwa 2010) oder restriktive Migrationspolitiken (vgl. Amacker 2011; Karakayali 2013).

2. Ungleichheitssoziologische Zeitdiagnosen in einer breiteren gesellschaftsanalytischen Perspektive haben die wieder neu aufgeworfene ‚soziale Frage' (Castel 2000) nach Integration und Kohäsion, nach desintegrativen Effekten (Kronauer 2002) zum Gegenstand gemacht. Dabei werden veränderte Konfigurationen sozialer Ungleichheiten analytisch neu gefasst: etwa durch das Castelsche Zonen-Modell (2000) oder einen prozessorientierten Exklusionsbegriff (Kronauer 2006). Zugleich ist mit der Fokussierung der Integrationsproblematik und des Container-Nationalstaats mitunter eine Perspektive verknüpft, die bisher gültige Integrationsmechanismen als zu erreichende Norm setzt und – teils in durchaus herrschaftskritischer Perspektive – aus ‚desintegrierten' Lagen Gruppen als Abweichende, ‚Überflüssige' (Bude) konstru-

iert und damit in die Nähe von personalisierten Zuschreibungen und Stigmatisierungen gerät.

Zusammenfassend werden aus Perspektive von Geschlechterforscher*innen arbeitssoziologische und ungleichheitssoziologische Debatten hinsichtlich ihrer androzentrischen Engführung (von Arbeit), ihrer nationalstaatlichen Begrenzung (durch das Integrationsparadigma) und ihres Eurozentrismus' hinsichtlich der Phänomene von Prekarisierung kritisiert (Aulenbacher/Décieux 2019) und grundlegend erweitert. Dies zeigt sich in intersektionalen Forschungszugängen, die Prekarisierung gerade auch in ihrer Verknüpfung von Ungleichheitsdimensionen wie class, gender, race, migration, sexuality herausarbeiten (vgl. Precarias 2011; Winker/Degele 2009b; Lutz 2007a; Lutz 2007b; Lutz 2018 zur transnationalen Care-Migration).

3. Der dritte, die ‚Prekarisierungsforschung' kennzeichnende Zugriff fragt nach der (Re-)Produktion von Herrschaftsstrukturen und fasst „Prekarität [als] Teil einer neuartigen *Herrschaftsform*" (Bourdieu 1998, S. 100, H. i. O.). Die veränderte Herrschaftslogik beruht dabei maßgeblich auf der Vervielfältigung von Unsicherheiten und Undeutbarkeiten, die die Handlungsfähigkeit der ‚Subjekte' einschränkt, aber auch Handlungsräume eröffnet. So werden im Anschluss an die praxeologische Perspektive Bourdieus die ‚Erschöpfung' (Trinkaus/Völker 2007; Völker 2009) sozialer Formate und die Fragilität von bislang gültigen Herrschaftskonstellationen in den Vordergrund gerückt und veränderte soziale Einbindungen zum Analysegegenstand erhoben. Der Frage, wie das Geschlechterverhältnis von dem prekären Aufbrechen sozialer Gefüge berührt ist, wird in der Herausarbeitung der den Umbrüchen inhärenten sozialen Unbestimmtheiten und Paradoxien (Völker 2013a) nachgegangen.

Prekarisierung zeigt sich also keineswegs ‚überall' in gleicher Weise: so sind diskontinuierliche Erwerbsarrangements in den oberen Regionen des sozialen Raums, in dem sich beispielsweise akademisch gebildete, hochqualifizierte Freiberufler*innen und Soloselbständige (vgl. Manske 2015) befinden, zugleich mit sozialen Gefährdungen und mit Freiheitsgewinnen verbunden. In der Männlichkeitsforschung werden neuen Varianten hegemonialer Männlichkeit, wie die der ‚transnationalen Unternehmermännlichkeit' (Connell, vgl. in Scholz 2009, S. 87), dominierten Männlichkeiten gegenübergestellt, die als lokal gebundene (zu erheblichen Teilen) Ex-Normalarbeitnehmer ihr Dasein wesentlich durch das „Festhalten an traditionellen Mustern" fristen (Lengersdorf/Meuser 2010, S. 97). Gleichzeitig weisen Egert et al. (2010) darauf hin, dass sich gerade auch in unteren, stark prekarisierten Zonen des sozialen Raumes sozial neue, wenn auch fluide und flüchtige ‚Praktiken der Nichtmännlichkeit' (ebd.) finden, die sich nicht allein als Effekte von Herrschaft durch Prekarisierung sondern zugleich als Prekarisierung der (männlichen) Herrschaft beschreiben lassen.

Verletzbarkeit/Prekarität als kritischer Begriff: Eine grundlegende Erweiterung des Prekarisierungsbegriffs hat Judith Butler in ihren seit 2004 publizierten Texten zu prekären und queeren Leben, zu Kriegen, Gewalt und zu den Möglichkeiten performativer Politik vorgelegt: ‚Leben' ist in seiner Körperlichkeit und seinem Ausgesetztsein in der und an die Welt prinzipiell prekär, relational, nicht begrenzbar auf ein über sich selbst verfügendes, ‚autonomes' Subjekt – dies zeichnet seine grundlegende Gefährdetheit (precariousness) aus. Von dieser Gefährdetheit, die Butler zur Grundlage einer ‚neuen Ontologie des Körpers und einem neuen Verständnis von wechselseitiger Abhängigkeit' nimmt (Butler 2010, S. 10), von der grundlegenden ‚Nicht-Garantiertheit' und Angewiesenheit von Leben unterscheidet sie den Begriff der Prekarität (precarity). Prekarität verweist auf einen dezidert politisch bedingten und zu verantwortenden Zustand (ebd., S. 32) der Gefährdung bestimmter Bevölkerungsgruppen, der Gegenstand der kritischen Analyse, des Widerstands und der infrastrukturellen Absicherung (Butler 2016) sein muss. An die materielle (d. h. ontologische) und soziale precariousness wie an die Frage der Politikhaftigkeit des Prekären knüpft Isabell Lorey (2012) mit ihrer Analyse von Regierungsweisen der Immunisierung gegen Angewiesenheit und der Prekarisierung und des Ausschlusses von Leben in ihrer stärker gouvernementalitätstheoretischen Perspektive an.

Susanne Völker

Zum Weiterlesen
Aulenbacher, Brigitte/Riegraf, Birgit/Völker, Susanne (2015): Feministische Kapitalismuskritik. Einstiege 23. Grundbegriffe der Sozialphilosophie und Gesellschaftstheorie. Münster: Westfälisches Dampfboot
Lorey, Isabell (2012): Die Regierung der Prekären. Wien: Turia + Kant
Motakef, Mona (2015): Prekarisierung. Bielefeld: transcript

Profession

Professionen gelten als gehobene Berufe mit einer spezifischen akademischen Ausbildung, sie orientieren sich an zentralen gesellschaftlichen Grundwerten, wie Gerechtigkeit und Gesundheit, und stützen sich auf eine eigenständige wissenschaftliche Basis. Der Begriff ‚Profession' geht auf das lateinische Verb ‚profiteri', d. h. ‚öffentlich bekennen, erklären' zurück. So weist schon die Etymologie des Begriffs auf den Sonderstatus von Berufen hin, die als etablierte Professionen gelten: Geistliche, Ärzt*innen und Jurist*innen. Die klassischen, traditionsreichen akademischen Professionen und Disziplinen sind bis zu Beginn des 20. Jahrhunderts Männern* vorbehalten. Im traditionellem Professionsverständnis und der Ausformung der ‚klassischen' Professionen im (bildungs-)bürgerlichen Arbeitsethos galt nur der Mann* mit den entsprechenden Meriten als autonomes Subjekt eines ‚freien Berufes', „in dem er seine durch Erziehung, Bildung und Wissenschaft begründete Persönlichkeit entfalten kann und in dem er individuelle Leistung, Erfolg, Anerkennung und Einfluss garantiert" (Rabe-Kleberg 1996, S. 288). So werden Mädchen* und junge Frauen* erst ab 1894 zum externen Abitur (an Jungenbildungsanstalten) zugelassen, damit stellt sich in der Folge auch die Frage nach der Zulassung von Frauen* zum höheren Lehramtsstudium. Mit der Öffnung des Arztberufs für Frauen* im Jahr 1899, der Verleihung des Abiturs durch die höheren Mädchenbildungsanstalten und dem Zugang von Frauen zum Universitätsstudium (beides 1908 in Preußen) und zu allen akademischen Berufen betreten Frauen* die Bühne der ‚male professions' (Ehlert 2020c).

Frauen* fanden sich zeitgleich in den sich parallel entwickelnden Frauen*berufen wieder, wie der Krankenpflege, der Kindererziehung und der Sozialen Arbeit. Indem Frauen* der bürgerlichen Frauen*bewegung, wie auch Alice Salomon, das bereits von Henriette Schrader-Breymann im Kontext der Kindergartenerziehung postulierte Prinzip der ‚Geistigen Mütterlichkeit' und die natürlichen Fähigkeiten von Frauen* für die Berufstätigkeit betonten, verschafften sie (bürgerlichen) Frauen* den Zugang zu den neu entstehenden Berufen. So verweist die Geschichte der Sozialen Arbeit beispielhaft auf eine spezifische Entwicklung und Professionalisierung von Frauenberufen. Dabei zeigt sich, dass die Entwicklung des männlichen Professionsideals und die Entstehung der Frauenberufe auf dem geschlechtdifferenzierenden Konstruktionsmodus der gesellschaftlichen Arbeitsteilung im Rahmen eines hierarchisierten Geschlechterverhältnisses basieren. Mit der Gründung der ersten sozialen Frauenschule 1908 durch Alice Salomon auf dem Gelände des Pestalozzi-Fröbel-Hauses in Berlin-Schöneberg wird eine zweijährige Ausbildung etabliert. Die Vorstellung von natürlichen weiblichen Eigenschaften und Eignungen für den Beruf wird so zu Beginn des 20. Jahrhunderts mit der Förderung der ‚Potenziale' von Frauen durch eine Ausbildung weiterentwickelt. Die Qualifizierung und Professionalisierung Sozialer Arbeit beginnt damit in Deutschland unterhalb der Universitäten und bleibt bis Ende der 1960er Jahre formal auf der Ebene von höheren Fachschulen.

Der Beginn der gegenwärtigen Professionsdebatte in der Sozialen Arbeit geht einher mit der Anhebung der Ausbildung durch die Überführung von höheren Fachschulen in Fachhochschulen (1970) und der Einführung von Diplom-Pädagogik Studiengängen mit dem Schwerpunkt Sozialpädagogik an Universitäten und Pädagogischen Hochschulen (1969). Seitdem werden die Diskussionen über den Professionsbegriff, Professionalität und Professionalisierung im Kontext der theoretischen Einordnung sowie der gesellschaftspolitischen Bewertung Sozialer Arbeit geführt, mit dem Ziel der Etablierung und Positionierung Sozialer Arbeit als Profession und Disziplin. Die Professionsdebatte gilt als ein Motor der disziplinären Selbstfindung der deutschsprachigen Sozialarbeit und Sozialpädagogik (Bereswill/Ehlert 2012; Motzke 2014; Becker-Lenz 2018; Völter et al. 2020). Dabei bleibt die Frage der Etablierung eines eigenen Fachs kontrovers. So verstehen Vertreter*innen der universitären Erziehungswissenschaft die Sozialpädagogik als eine Subdisziplin der Erziehungswissenschaften, die Fachwissenschaft Soziale Arbeit wird 2001 von der Hochschulrektorenkonferenz (HRK) im Kontext der Verabschiedung einer Rahmenprüfungsordnung für den Studiengang Soziale Arbeit an Fachhochschulen anerkannt (Kraus 2018). Wie Soziale Arbeit als eigenständige Disziplin wissenschaftstheoretisch fundiert sein soll, ob als Sozialpädagogik, inter- bzw. transdisziplinäre Sozialarbeitswissenschaft oder als (empirische) Handlungswissenschaft, ist offen (Becker-Lenz 2018; Völter et al. 2020). Dabei unterscheidet sich, je nach Position, das Verhältnis von Disziplin und Profession. In dem Verständnis einer Sozialen Arbeit als Handlungswissenschaft, das eher an Hochschulen für angewandte Wissenschaften zu finden ist, wird eine enge Verbindung einer arbeitsteiligen Kooperation zwischen Disziplin und Profession vorausgesetzt, mit dem Ziel (berufs-)praktische Probleme zu lösen. Die Disziplin soll Wissen für die Profession bereitstellen, „die Funktion von Wissenschaft [wird] also in ihrem Beitrag zur praktischen Innovation gesehen" (Becker-Lenz 2018, S. 67). Forschungsergebnisse und wissenschaftliche Erkenntnisse lassen sich jedoch nicht eins zu eins in praktische Problemlösungen und Handlungsempfehlungen übersetzen, Wissenschaft lässt sich in dem Sinne nicht ‚anwenden'. Dieses Relationierungsproblem zwischen wissenschaftlichem Wissen und berufspraktischem Wissen soll durch eine Kooperation beider Systeme übersetzt und bearbeitet werden (Göppner 2017, S. 306). In den Erziehungs- und Sozialwissenschaften und auch in den Gender Studies wird von einer Differenz zwischen Disziplin und Profession ausgegangen. In diesem Wissenschaftsverständnis sollen gesellschaftliche Probleme und Problemlösungen sowie Aufgaben von Professionen kritisch reflektiert und auch in Frage gestellt werden. „Die Verantwortung für die praktische Problemlösung liegt bei der Profession, das Relationierungsproblem ebenfalls" (Becker-Lenz 2018, S. 67). Das wissenschaftliche Wissen soll durch die Professionellen für die Begründung und Reflexion ihres Handelns genutzt werden.

Die eigenständige wissenschaftliche Basis und Fachterminologie zählt im merkmalbezogenen soziologischen Modell als ein Kriterium für den Status und die Anerkennung als Profession. Weitere Kriterien sind eine spezifische akademische Ausbildung, die exklusive Berechtigung der Berufsausübung, d. h. eine rechtlich formalisierte Lizenzierung sowie berufsständische Normen (‚code of ethics') und kollegiale Selbstkontrolle sowie die Orientierung an zentralen gesellschaftlichen Grundwerten wie beispielsweise Gerechtigkeit und Gesundheit. Professionen verfügen über einen hohen gesellschaftlichen Status und über Autonomie bei der Berufsausübung. Vor dem Hintergrund des merkmalorientierten Modells wird die Frage, ob die Soziale Arbeit als Profession angesehen werden kann, unterschiedlich beantwortet (Becker-Lenz 2018; Völter et al. 2020). Im Fachdiskurs der Sozialen Arbeit bejahen zahlreiche Vertreter*innen die Frage, im soziologischen Professionsdiskurs wird der Professionsstatus der Sozialen Arbeit eher „zurückhaltend" (Becker-Lenz 2018, S. 66) beurteilt. Auf konzeptioneller Seite existieren in der Sozialen Arbeit sehr unterschiedliche Professionskonzepte, wie beispielsweise die Soziale Arbeit als Menschenrechtsprofession (Staub-Bernasconi 1995), Postmoderne Profession (Kleve 2007), Bescheidene Profession (Schütze 1992; Schütze 2021), Beziehungsprofession (Gahleitner 2017; Gahleitner 2020).

In der gegenwärtigen Professionsforschung wird außerdem zwischen den Bedeutungen von Profession, Professionalisierung und Professionalität differenziert (Mieg 2016; Nittel/Seltrecht 2008). Unter Professionalität wird eine gekonnte Fachlichkeit als Ausdruck qualitativ hochwertiger Arbeit verstanden. Dabei hat Professionalität sowohl eine normative als auch eine handlungstheoretische Dimension mit einer auf konkrete Situationen bezogenen Perspektive. Professionalisierung bezieht sich auf die individuelle Fähigkeit der einzelnen Fachkraft und auf den Prozess der Qualifizierung, aber auch auf kollektive Prozesse der fachlichen Entwicklung von Berufsfeldern (Ehlert 2019). Die Professionalisierungsprozesse von Berufen und die Etablierung und Anerkennung von Professionen sind Teil gesellschaftlicher Machtstrukturen, Verteilungskämpfe und Aushandlungsprozesse. So sind die nach wie vor mehrheitlich von Frauen* ausgeübten Sozial-, Erziehungs-, Gesundheits- und Pflegeberufe mit einer relativ geringen gesellschaftlichen Anerkennung und – im Vergleich zu mehrheitlich von Männern* ausgeübten Berufen der gleichen Qualifikationsstufe – geringen Vergütung verbunden (Rabe-Kleberg 1996; Bereswill/Ehlert 2018). Daher verweist der allgemeine Professionalisierungsanspruch der Frauen*berufe implizit auch auf die langfristige Notwendigkeit der Veränderung von Anerkennungsverhältnissen in der gesellschaftlichen Arbeitsteilung. Explizit werden solche Forderungen nach gesellschaftlichen Veränderungen der geschlechtlichen Arbeitsteilung und der Aufwertung und Anerkennung von weiblich konnotierten Care-Tätigkeiten im Kontext der allgemeinen Debatten allerdings kaum. Diese Analyseperspektive wird gegenwärtig fast ausschließlich im Kontext der Geschlechterforschung zu Care und zu personenbezogenen Dienstleistungen eingenommen. Die Frage, was Soziale Arbeit als Profession ausmacht, kann aber nicht ohne die Bedeutung von Geschlechterverhältnissen und -konstruktionen beantwortet werden. Um der fehlenden Anerkennung von professioneller Sozialer Arbeit in der Berufspraxis, in Profession und Disziplin entgegenzuwirken, ist es deshalb zwingend notwendig, die theoretische, empirische und sozialpolitische Basis zu öffnen und Soziale Arbeit als Wissenschaft inter- und transdisziplinär zu begreifen. Das bedeutet, dass die Erkenntnisse aus der Geschlechterforschung, den Queer und Postcolonial Studies systematisch in die Theorie und Empirie Eingang finden müssen.

Gudrun Ehlert

Zum Weiterlesen
Becker-Lenz, Roland (2018): Die Professionskultur der Sozialen Arbeit. In: Müller-Hermann, Silke/Becker-Lenz, Roland/Busse, Stefan/Ehlert, Gudrun (Hrsg.) (2018): Professionskulturen. Charakteristika unterschiedlicher professioneller Praxen. Wiesbaden: Springer VS, S. 63–84
Bereswill, Mechthild/Ehlert, Gudrun (2012): Frauenberuf oder (Male)Profession? Zum Verhältnis von Profession und Geschlecht in der Sozialen Arbeit. In: Bütow, Birgit/Munsch, Chantal (Hrsg.): Soziale Arbeit und Geschlecht. Herausforderungen jenseits von Universalisierung und Essentialisierung. Münster: Westfälisches Dampfboot, S. 92–107
Völter, Bettina/Cornel, Heinz/Gahleitner, Silke Birgitta/Voß, Stephan (Hrsg.) (2020): Professionsverständnisse in der Sozialen Arbeit. Weinheim, Basel: Beltz Juventa

Professionalität

Im Fokus der Debatten um Professionalisierung stehen zum einen Prozesse der Bildung und Entwicklung von Professionalität in einer (berufs-)biografischen Perspektive. Zum anderen kann die kollektive Professionalisierung als Akademisierung und strategische Platzierung von Berufen und deren gesellschaftliche Anerkennung in der beruflichen Hierarchie rekonstruiert werden. Professionalisierungsprozesse und die Etablierung von Professionen sind Teil gesellschaftlicher Machtstrukturen, Verteilungskämpfe und Aushandlungsprozesse. Das bedeutet auch, dass Formen der gesellschaftlichen Arbeitsteilung, der Professionalisierung und des professionellen Handelns nicht geschlechtsneutral sind.

Unter Professionalität wird eine gekonnte Fachlichkeit als Ausdruck qualitativ hochwertiger Arbeit verstanden. Dabei hat Professionalität sowohl eine normative als auch eine handlungstheoretische Dimension mit einer auf konkrete Situationen bezogenen Perspektive. Professionalität wird in der Praxis häufig zur normativen Folie, um ‚richtiges' oder ‚gutes' berufliches Handeln von ‚falschem' oder ‚schlechtem' Handeln abzugrenzen. Sowohl im beruflichen Alltag von Sozialarbeiter*innen als auch in den wissenschaftlichen Diskussionen gilt Professionalität der Bestimmung und Beschreibung professionellen Handelns. Die Perspektive von Adressat*innen Sozialer Arbeit in die Auseinandersetzung um Professionalität einzubeziehen, bleibt im deutschsprachigen Raum dabei eher die Ausnahme (Graßhoff 2015; Wigger 2009). Als Grundlage von Professionalität gilt ein eigenständiges professionelles Wissen, das sich aus praktischem Handlungswissen und systematischem wissenschaftlichem Wissen speist, wie es beispielsweise im Konzept der ‚Reflexiven Professionalität' formuliert wird: „Mittels Fallrekonstruktion und wissenschaftlicher Reflexion wird der Alltag des Klienten bzw. ein Problemzusammenhang gewissermaßen dekomponiert, wobei im Prozess der Relationierung von Wissens- und Urteilsformen das ‚Neue' in Gestalt einer handhabbaren und lebbaren Problembearbeitung/-lösung gemeinsam hervorgebracht wird. Darin besteht das *‚Konstruktionsprinzip' reflexiver Professionalität*" (Dewe/Otto 2011, S. 1150, H. i. O.).

Professionalität ist an konkrete Handlungsvollzüge gebunden, die situativ-interaktiv hergestellt und aufrechterhalten werden. Professionalität auf individueller Ebene erlaubt somit Rückschlüsse auf die Befähigung der oder des professionell Handelnden, auf deren oder dessen jeweilige berufsbiografische Entwicklung. Professionalität als kollektives Phänomen verweist auf die Qualität von personenbezogenen Dienstleistungen. Im Zentrum der aktuellen Debatten und auch der empirischen Forschungen zu Professionalität stehen die Binnenlogiken professionellen Handelns und deren Rekonstruktion. „Professionelles Handeln ist im Kern immer dann gefordert, wenn komplexe Problemlagen vorliegen, für die es keine einfachen und eindeutigen Lösungen gibt sowie wenn für das Verständnis der Problemlagen mehr als Alltagswissen und für mögliche Formen des Umgangs mit diesen spezialisiertes Fachwissen und Methodenkenntnisse erforderlich sind" (Scherr 2018, S. 9). In einer idealtypischen Konstellation ist die*der Professionelle in der Sozialen Arbeit in der Lage, mit ihrem*seinem Wissen, Können und ihrer*seiner Reflexion, die Problemlagen der Adressat*innen zu analysieren und zu verstehen und mit den Adressat*innen gemeinsam Schritte zur Problemlösung sowie Unterstützungsoptionen zu entwickeln. Professionalität bzw. professionelles Handeln soll sich dabei an berufsethischen Maßstäben orientieren. In einer solchen Perspektive wird Professionalität aber immer als individuelle Kompetenz verstanden, ohne dass die Bedingungen und Voraussetzungen professionellen Handelns thematisiert werden. Professionalität ist jedoch auch von den Kontextbedingungen des professionellen Handelns abhängig, dabei gelten Organisationen als „struktureller Garant gelingender Sozialer Arbeit" (Busse et al. 2016, S. 4). Profession und Organisation (häufig gleichgesetzt mit Bürokratie) sind kein Gegensatz, sondern Professionalität ist auf ermöglichende Organisationsstrukturen angewiesen: Soziale Arbeit muss „organisiert" werden, „damit sie professionell ausgeübt werden kann" (ebd.). Das bedeutet, dass professionspolitisch die Aushandlung sowie die rechtliche und organisatorische Absicherung fachlicher Mindeststandards unabdingbar sind (Scherr 2018).

Wie würde sich die Auseinandersetzung um die Professionalität von Fachkräften der Sozialen Arbeit verändern, wenn man geschlechtertheoretische Erkenntnisse und die verschiedenen Dimensionen der Kategorie Geschlecht in die Analyse mit einbezieht? Wenn die Bedeutung von Geschlechterverhältnissen und Geschlecht als intersektionale, relationale Ungleichheitskategorie mit einbezogen wird, werden sowohl ein mehrheitlich von Frauen* besetztes Berufsfeld als auch die horizontale und vertikale Segregation in der Sozialen Arbeit und generell in sozialen Berufen deutlich. In der Professionssoziologie und auch in den Professionsdiskursen der Sozialen Arbeit spielt aber die Tatsache, dass ca. 80 Prozent der Sozialarbeitenden Frauen* sind, keine Rolle. Berücksichtigen wir jedoch die Geschlechterverhältnisse und -differenzen in der Sozialen Arbeit, geraten die (verborgenen) Mechanismen gesellschaftlicher Arbeitsteilung in den Blick und damit die subtile Verknüpfung von Differenz und Hierarchie im Zusammenhang mit Arbeit, Professionalität und Geschlecht. In den Professionsdebatten der Sozialen Arbeit wird jedoch die latente Abwertung von weiblich konnotierten Tätigkeiten nicht aufgegriffen: „Statt die Bedeutung von Geschlechterdifferenz für die Charakterisierung und Bewertung der Sozialen Arbeit zu reflektieren, wird diese Bedeutung übergangen und durch vermeintlich neutrale, sachbezogene Konzepte von Professionalität überschrieben" (Bereswill/Ehlert 2012, S. 101). Die Gründe für die fehlende Anerkennung Sozialer Arbeit werden im gegenwärtigen Professionalisierungsdiskurs noch viel zu wenig analysiert und zudem weder im historischen noch im gegenwärtigen Kontext gesellschaftlicher Arbeitsteilung reflektiert. In den Blick rücken müsste die fehlende Anerkennung auf der gesellschaftlichen Ebene, auf der institutionellen und der Mikroebene des professionellen Handelns. Betrachten wir die letztgenannte Ebene, wird hier eine erweiterte Perspektive auf Professionalität durch eine Analyse der Mikroprozesse interaktiver Arbeit im professionellen Handeln in der Sozialen Arbeit notwendig.

Professionalität in der Sozialen Arbeit sollte zukünftig mit Blick auf historisch und kulturell herausgebildete Geschlechterkonstrukte und einer Thematisierung von Geschlecht untersucht werden. Für die Soziale Arbeit wurden in der Geschichte Mütterlichkeit und Fürsorglichkeit als naturwüchsige weibliche Eigenschaften vorausgesetzt. Diese Fundierung des Berufs im Konstrukt der ‚Geistigen Mütterlichkeit' ist bis heute wirkmächtig (Nadai et al. 2005, S. 48) und gleichzeitig im Wandel begriffen. „Typische Handlungsmuster und Institutionalisierungsformen" (Nadai et al. 2005, S. 49) von Frauen*berufen entsprechen nicht dem klassischem Modell von Professionen, das auf Expertise und spezifische Problemlösungen setzt. Die Alltagsnähe vieler Tätigkeiten der Sozialen Arbeit und die damit verbundene Gestaltung von diffusen sozialen Beziehungen werden mit dem Fachwissen von Expert*innen nicht in Verbindung gebracht. Gleichzeitig werden solche Tätigkeiten, die dazu führen, dass Soziale Arbeit immer wieder als Semi-Profession abgewertet wird, auch gegenwärtig mit Weiblichkeit assoziiert. So bleiben zwei miteinander verflochtene Perspektiven verdeckt: die spezifische Professionalität Sozialer Arbeit und deren Vergeschlechtlichung. An dieser Stelle gilt, es die Untersuchungen zu Professionalität, Profession und Geschlecht weiterzuführen. Hinsichtlich der Geschlechterkonstruktionen und geschlechtsbezogenen Codierungen ist zu untersuchen, wie sich durch den allgemeinen Gleichheitsanspruch der Geschlechter und die Neutralisierung von Geschlecht im Professionsdiskurs die Wahrnehmungen von Professionalität entwickeln.

Durch dekonstruktive, poststrukturalistische, heteronormativitätskritische und intersektionale Ansätze verändern sich die Professionalisierungsdebatten in der Sozialen Arbeit und auch die Perspektiven auf Geschlechterwissen und -kompetenz (Hartmann, J. 2020; Klenk 2019). Geschlechterreflexive Professionalität soll neben Cis-Geschlechtlichkeit und Heterosexualität geschlechtliche und sexuelle Vielfalt als selbstverständlich aufgreifen. Im Kontext einer intersektionalen Perspektive auf Professionalität gilt es, neben LGBTIQ⁺ Lebensweisen auch weitere Ungleichheitskategorien einzubeziehen und Diskriminierungsmechanismen aufzudecken (Völter et al. 2020).

Gudrun Ehlert

Zum Weiterlesen
Baar, Robert/Hartmann, Jutta/Kampshoff, Marita (Hrsg.) (2019): Geschlechterreflektierte Professionalisierung – Geschlecht und Professionalität in pädagogischen Berufen. Jahrbuch erziehungswissenschaftliche Geschlechterforschung. Band 15. Opladen, Berlin, Toronto: Barbara Budrich
Ehlert, Gudrun (2020): Professionalität und Geschlecht – Perspektiven der Geschlechterforschung und geschlechtertheoretische Überlegungen zum Professionalisierungsdiskurs in der Sozialen Arbeit. In: Rose, Lotte/Schimpf, Elke (Hrsg.): Sozialarbeitswissenschaftliche Geschlechterforschung: Methodologische Fragen, Forschungsfelder und empirische Erträge. Opladen, Berlin, Toronto: Barbara Budrich, S. 23–38
Völter, Bettina/Cornel, Heinz/Gahleitner, Silke Birgitta/Voß, Stephan (Hrsg.) (2020): Professionsverständnisse in der Sozialen Arbeit. Weinheim, Basel: Beltz Juventa

Prostitution

Die Geschichte der Prostitution (vgl. Feustel 1993) geht einher mit Bestrebungen, Prostitution als gesellschaftliches Phänomen zeit- und raumgebunden immer wieder neu zu verorten und gesetzlich zu verankern. Erschwert wird die Einordnung der Prostitution durch die Komplexität und Diffusität der Thematik. Ganz allgemein kann Prostitution als das „Anbieten des eigenen Körpers zur sexuellen Befriedigung einer anderen Person gegen materielle Entlohnung" definiert werden (Paulus 2016, S. 5). Allerdings lassen die verschiedenen Lebensumstände der Menschen in der Prostitution nur in beschränktem Maße klare und einheitliche Aussagen über deren Lebensweltrealitäten zu.

Dies zeigt sich unter anderem an den unterschiedlichen Orten, an denen Prostitution stattfindet. Neben Bordellen und Laufhäusern zählen auch Clubs, Hotels, unscheinbare Privatwohnungen, Massagesalons sowie Wohnwagen und der Straßenstrich zu den gängigen Prostitutionsorten. Zudem gehen der Prostitution Menschen unterschiedlichster Nationalitäten und jeden Alters nach. Den aber wohl größten Anteil machen – bezogen auf Deutschland – sehr junge Migrantinnen osteuropäischer Herkunft aus. Sie kommen insbesondere aus den EU-Staaten Bulgarien, Rumänien, Ungarn, Polen und Tschechien. Armut und Perspektivlosigkeit zählen neben Zwang durch Zuhälter*innen zu den maßgeblichen Ausübungsgründen.

Weiter gibt es die vermutlich kleineren Segmente der Prostitution von Männern und trans*Personen, sowie die kommerzielle sexuelle Ausbeutung von Kindern verschiedener Geschlechter. Und auch andere Unterformen wie

Telefonsex, Webcams oder Pornografie sollten bei der Auseinandersetzung mit Prostitution berücksichtigt werden, da sie in Zeiten des Internets einen immer größeren Stellenwert einnehmen.

Prostitution kann je nach Land, Kultur und Gesetzgebung weitere vielfältige Facetten annehmen. Denn obwohl sich Prostitution in einer sogenannten „Parallelgesellschaft" abspielt (vgl. Wege 2015, S. 75), steht sie dennoch mit der bürgerlichen Gesellschaft in stetiger Wechselwirkung, um sich den gesellschaftlichen und gesetzlichen Veränderungen anzupassen. Demnach ist die Prostitution als ein System zu verstehen, welches sich permanent weiterentwickelt (vgl. Wege 2015, S. 82 f.). Folglich muss sich auch die Soziale Arbeit in ihrer praktischen Tätigkeit mit Prostituierten stetig an diese Veränderungen anpassen, was ein hohes Maß an Flexibilität erfordert. Des Weiteren treffen im Kontext von Prostitution eine Vielzahl unterschiedlichster Problemlagen aufeinander: von (ungewollter) Schwangerschaft, Wohnungslosigkeit, Schulden, Sucht, Gewalt bis hin zu schweren physischen sowie psychischen Erkrankungen. Die Soziale Arbeit mit Menschen in der Prostitution setzt daher zudem ein hohes Maß an Geduld, Ausdauer und Belastbarkeit voraus. Eine gesunde Selbstfürsorgepolitik sowie die Einübung einer Balance von professioneller Nähe und Distanz (vgl. Spiegel 2013, S. 105) sind ebenfalls unentbehrlich.

Aufgrund der Pluralität und Komplexität der Thematik bedarf es in der Praxis multiperspektivischer Zugänge (vgl. Müller 2012). Soziale Arbeit im Feld der Prostitution erfordert daher „ein hohes Maß an Integration sämtlicher Methoden und reicht von der Einzelfallhilfe über Prävention bis hin zu Gemeinwesenarbeit" (Albert 2015, S. 25).

Wie bereits erwähnt, gibt es unterschiedliche Möglichkeiten, wie Prostitution gesetzlich geregelt werden kann. Generell lassen sich vier verschiedene Ansätze beschreiben (vgl. Vorheyer 2010, S. 70 ff.):

In Ländern, in denen das ‚Prohibitionsprinzip' gilt, ist Prostitution verboten. Folglich werden alle mit Prostitution in Verbindung stehenden Handlungen und Personen bestraft.

Die Abschaffung der Prostitution als langfristiges Ziel ist auch im ‚Abolitionsprinzip' verankert. Allerdings ist hier die Prostitution an sich nicht gesetzeswidrig, wohl aber alle damit in Zusammenhang stehenden Handlungen wie Zuhälterei, Menschenhandel, die Unterhaltung von Bordellen und der Sexkauf an sich. Die Prostituierten selbst werden dabei aber nicht rechtlich belangt. Die Umsetzung des Abolitionsprinzips spiegelt sich im sogenannten Nordischen Modell wider, welches 1999 erstmalig in Schweden eingeführt wurde.

Beim ‚Regulationsprinzip', wird Prostitution als ‚notwendiges Übel' toleriert, aber unter staatliche Kontrolle gestellt (ebd., S. 71). Zu den regulierenden Maßnahmen gehören unter anderem staatliche Genehmigungen von Bordellen, Registrierung und Einkommenssteuerpflicht für Prostituierte und vorgeschriebene Gesundheitskontrollen.

Bei dem ‚Entkriminalisierungsprinzip' wird Prostitution als Erwerbsarbeit anerkannt und als ein Beruf wie jeder andere gehandhabt. Dementsprechend werden Prostitution und Menschenhandel strikt auseinandergehalten. Denn während Prostitution entkriminalisiert werden soll, versucht man der Ausbeutung von Menschen in dieser rechtlich entgegenzuwirken.

In Deutschland ist Prostitution als Arbeit legal und anerkannt. Mit der Einführung des Gesetzes zur Regelung der Rechtsverhältnisse von Prostituierten zum 01.01.2002 (ProstG) hat sich jedoch keine abschließende Rechtsklarheit für die Branche und die darin unterschiedlich Beteiligten ergeben. Auch das neue Prostituiertenschutzgesetz (ProstSchG), das seit dem 1. Juli 2017 gilt und, wie der Name schon sagt, die Menschen in der Prostitution eigentlich schützen sollte, hat nur bedingt etwas an den widrigen Umständen geändert, denen die Betroffenen nach wie vorausgesetzt sind. Vielmehr erschwert die Gesetzgebung sogar die Ermittlungen und Strafverfahren von Menschenhandel zum Zwecke der sexuellen Ausbeutung erheblich: „Die Polizei hat geringe Chancen inmitten der legalen Situation von Sexkauf, Zuhälterei und Prostitution, Ausbeutung und Frauenhandel nachzuweisen. Der regulierte Prostitutionsmarkt bietet somit die perfekte Einbettung für Zwang und Druck jeder Art und gerade keinen Schutz davor" (Paulus 2019, o. S.). Zudem spielt sich die Prostitution, wie bereits festgestellt, ohnehin in einer Parallelgesellschaft ab und folgt somit ihren eigenen Gesetzen, Wertvorstellungen, Spielregeln und Normen (vgl. Paulus 2016, S. 12).

In der Europäischen Union wird das Nordische Modell als grundlegend für den gesetzgeberischen und politischen Umgang mit Prostitution angesehen. So vertritt das Europäische Parlament die Auffassung, „dass Prostitution, Zwangsprostitution und sexuelle Ausbeutung stark geschlechtsspezifisch determiniert sind und Verstöße gegen die Menschenwürde sowie einen Widerspruch gegen die Menschenrechtsprinzipien wie beispielsweise die Gleichstellung der Geschlechter darstellen und daher mit den Grundsätzen der Charta der Grundrechte der Europäischen Union, einschließlich des Ziels und des Grundsatzes der Gleichstellung der Geschlechter, unvereinbar sind" (Absatz 1, 2013/2103(INI)). Zu Beginn des 20. Jahrhunderts erhielten die Bemühungen um die weltweite Regulierung von Menschenhandel und Zwangsprostitution im Völkerbund eine internationale institutionelle Anbindung. 1949 wurde die Konvention der Vereinten Nationen „zur Verfolgung von Menschenhandel und Ausbeutung der Prostitution anderer" um den Absatz „Prostitution und ihre Begleiterscheinungen wie Menschenhandel sind mit der Würde des Menschen unvereinbar" erweitert.

In den unterschiedlichen feministischen Strömungen herrschte bzw. herrscht nicht immer Einigkeit darüber, wie mit Prostitution umzugehen und wie sie zu bewerten ist. Auf der einen Seite stehen die Selbsthilfegruppen von „Sexarbeiter*innen" und die „Hurenbewegung", die sich „zum Schutz der

Frauen für legale, freiwillige Prostitution" einsetzen und Prostitution als „Ausdruck einer individuellen Entscheidung von Frauen über ihren Lebensunterhalt" anerkennen (Brückner/Oppenheimer 2006, S. 18). Auf der anderen Seite stehen die Gegner*innen der Prostitution, welche die tatsächliche Entscheidungsfreiheit und Freiwilligkeit, eine solche Tätigkeit anzunehmen, infrage stellen. Sie argumentieren damit, dass die Frauen „in einem kulturellen Kontext der extremen Unterdrückung und Ungleichheit" überhaupt nicht in der Lage seien, eine freie Entscheidung zu treffen, denn: „fast 60 Prozent aller Betroffenen treten im Alter von 15 bis 21 Jahren in die Prostitution ein, und zwar unter Gewaltandrohung, Betrug und Nötigung" (Cacho 2011, S. 192). Für sie stellt die Prostitution eine Verletzung der Menschenwürde und damit der Menschenrechte dar (vgl. Brückner/Oppenheimer 2006, S. 18).

Mögen die Differenzen in der Bewertung in den unterschiedlichen Gegebenheiten der diesen Aussagen zugrundeliegenden Studien begründet sein, so ist doch zumindest Einigkeit darüber zu erkennen, dass jegliche kommerzielle sexuelle Ausbeutung strikt abzulehnen ist. Jegliche sexuelle Ausbeutung ist ein Verbrechen gegen die Menschlichkeit und muss für unsere Gesellschaft nur unerträglich und inakzeptabel sein. Dafür gibt es keine Alternative.

Cathrin Schauer-Kelpin und Hannah Drechsel

Zum Weiterlesen
Moran, Rachel (2015): Was vom Menschen übrig bleibt. Die Wahrheit über Prostitution. Marburg: Tectum
Piasecki, Stefan/Schurian-Bremecker, Christiane/Angelina, Carina (Hrsg.) (2018): Prostitution heute: Befunde und Perspektiven aus Gesellschaftswissenschaften und Sozialer Arbeit. Baden-Baden: Tectum
Feministisches Bündnis Heidelberg (Hrsg.) (2020): Was kostet eine Frau? Eine Kritik der Prostitution. Aschaffenburg: Alibri

Psychiatrie

Der Blick auf die Psychiatrie aus der Gender-Perspektive verdeutlicht, dass die Institution Psychiatrie ein gesellschaftliches Ordnungsmuster mit sozial disziplinierender Funktion darstellt (Foucault 1977; Blasius 1980; Rufer 2009; Rufer 2017), wobei hierarchische Geschlechterverhältnisse und traditionelle stereotypische Rollenbilder eine zentrale Bedeutung einnehmen (Wimmer-Puchinger et al. 2016).

Die feministische Frauenforschung hat seit den 1970er Jahren nicht nur die Pathologisierung weiblicher Lebensphasen durch die Medizin deutlich gemacht, sondern auch die damit einhergehende Kontrolle weiblichen unangepassten Verhaltens durch die Psychiatrie offengelegt (Chesler 1977; Benjamin 1990; Schneider/Tergeist 1993; Duda/Pusch 1992; Duda/Pusch 1996; Duda-Pusch 1999). Der nachgewiesene Gender-Bias als doppelter Standard psychischer Gesundheit entspricht den traditionellen Geschlechtsrollenzuschreibungen: Psychische Störung werden mit stereotypischen weiblichen Verhaltensmustern beschrieben und psychische Gesundheit mit stereotypischen männlichen Verhaltensmustern. Was männlich/menschlich ist, gilt als normal und gesund, und wird bei Frauen zur Normabweichung erklärt, die dazu führen kann, dass sie für ‚verrückt' erklärt werden. Die traditionellen, stereotypischen Vorstellungen von Weiblichkeit und Männlichkeit mit ihren geschlechtsspezifischen Rollenanforderungen haben sich mit den gegenwärtig beschleunigten gesellschaftlichen Transformationsprozessen zwar stark verändert, doch in den gewandelten, vielfältigen Anforderungen an die Geschlechterrollen, die Frauen und Männer heute zu bewältigen haben, sind geschlechterstereotype Zuschreibungen verdeckt enthalten. Die dadurch entstehende Verunsicherung und Ambivalenz kann verstärkt zu psychischen Belastungen führen, die für Frauen und Männer jeweils unterschiedliche Konsequenzen haben (Wimmer-Puchinger et al. 2016; Möller-Leimkühler 2007; Möller-Leimkühler 2016). Männer müssen die Spannung aushalten, zwar zum gesellschaftlich privilegierten Teil zu gehören, aber gleichzeitig selbst stark verunsichert zu sein (Connell 1999). Dieser Rollenkonflikt wird abgewehrt durch rollenkonformes externalisiertes Verhalten wie Aggressivität und Alkoholmissbrauch. Die Verunsicherung und Desorientierung von Männern aufgrund der veränderten Bilder von Männlichkeit und der daraus entstehenden Identitätsproblematiken scheint sich auch in der Zunahme von Depressionen und Suiziden bei dieser Zielgruppe niederzuschlagen (Möller-Leimkühler 2003; Möller-Leimkühler 2016). Laut Angaben des Statistischen Bundesamtes wurden 2019 76 Prozent der Selbsttötungen von Männern begangen (www.destatis.de). Arbeitslose Männer sind häufiger von psychischen Problemen betroffen als nicht arbeitslose.

Seit den 1970er Jahren ist nachgewiesen, dass die meisten Frauen mit psychischem Leiden sexuelle und psychische Gewalt sowie Missbrauch häufig schon in der Kindheit erfahren haben. Gewalt- und Missbrauchserfahrungen von Frauen sind als Ursache psychischen Leidens statistisch erfasst (FRA 2014; WHO 2013), werden aber in der wissenschaftlichen Forschung stark vernachlässigt und in der diagnostischen Praxis ignoriert. Es fehlen ausreichend adäquate, gut vernetzte Maßnahmen und Angebote zur psychosozialen Versorgung für von Gewalt betroffene Frauen (und Kinder) (AKF 2017). Die ab 2010 von Männern einsetzende Veröffentlichung ihrer Missbrauchserfahrungen als Jungen in klerikalen und schulischen Einrichtungen führte zur Enttabuisierung und Wahrnehmung der männlichen Betroffenheit von sexualisierter und psychischer Gewalt im institutionellen, öffentlichen und häuslichen Bereich. Doch gibt es bisher weder genug gendersensible Unterstützungsangebote für Männer mit Gewalterfahrungen in den verschiedenen psychosozialen Einrichtungen – außer in der Männerberatung – noch finden die sozialisationsbedingten Bewältigungsformen und psychischen Auswirkungen dieser Gewalterfahrungen in der Diagnostik von männlichem psychischen Leiden die notwendige Beachtung.

Heteronormative Vorstellungen bestimmen nach wie vor die psychiatrischen Diagnosen und etikettieren Frauen dabei auf doppelte Weise: durch die Zuschreibung stereotyp-konformen weiblichen Verhaltens in der medizinisch-psychiatrischen Definition von Gesundheit und Krankheit. Das begrenzt die Selbstwahrnehmung betroffener Frauen und Männer, bestimmt das Handeln der Professionellen, beeinflusst die Diagnosestellung, beeinträchtigt die epidemiologische Forschung und führt zu nicht unerheblichen Nachteilen in der Therapie. Psychische Störungen mit den Diagnosen Depression, Schizophrenie, Angst- und Zwangsstörung, Demenz, sowie Alkohol- und Drogenabhängigkeit nehmen bei Frauen wie Männern kontinuierlich zu (WHO 2004; DAK 2013; DAK 2020), werden aber geschlechtsneutral behandelt (BMG 2006). Dabei werden vegetative, psychosomatische und psychische Beschwerden von Frauen signifikant häufiger benannt als von Männern, was von der Frauengesundheitsforschung als ‚Frauensyndrom' bezeichnet wird. Der Anteil der Frauen bei psychischen Leiden wie Depressionen, Neurosen und Angststörungen ist doppelt so hoch wie bei Männern, der Frauenanteil bei der Agoraphobie beträgt sogar 80 Prozent (Möller-Leimkühler 2007). Die Annahme liegt nahe, dass diese Befunde mit Gewalterfahrungen zu tun haben, aber die Signifikanz dieser Korrelation ist bislang weder quantitativ noch qualitativ ausreichend erforscht. Insgesamt treten psychische Störungen bei Frauen zwei- bis vierfach erhöht auf, Frauen erhalten doppelt so häufig Psychopharmaka wie Männer. Vor allem Frauen in schwierigen sozialen Lagen, arm und alleinerziehend, sind besonders von psychischen Störungen bzw. Problemen betroffen. Alkohol- und drogenindizierte psychische Störungen, Suizidraten und Persönlichkeitsstörungen überwiegen dagegen bei Männern. Viele Symptome, die auf psychisches Leiden bei Männern hinweisen, werden nicht diagnostisch erfasst, da sie außerhalb der typischen psychiatrischen Krankheitsbeschreibungen liegen (Wolfersdorf et al. 2006) und nicht in das männliche Rollenbild passen wie Depressionen, unter denen Männer sehr viel häufiger leiden, als bisher angenommen (Möller-Leimkühler 2016).

Frauen- und Männergesundheitsforschung machen deutlich, dass die Psychiatrie und das psychosoziale Versorgungssystem psychisches Leiden von Frauen und Männern individualisiert behandelt, statt es im Kontext ihrer sozialen Problemlagen zu thematisieren. Psychisches Leiden wird pathologisiert und einem als krank definierten geschlechtsneutralen Individuum zugeschrieben. Durch die Individualisierung des psychischen Leidens sind die auslösenden und/oder bedingenden psycho-sozialen Auswirkungen gesellschaftlicher Ungleichheit, auch in den Geschlechterverhältnissen, die sich für Frauen und Männer auf verschiedene Weise dramatisch zuspitzen können, verdeckt und in ihren komplexen Verursachungsprozessen für die Betroffenen weder zugänglich noch biografisch erfahrbar. Das führt zu weiterer Desorientierung, Verunsicherung und Verlust der Selbstdefinition und Selbstbestimmung der Betroffenen: eine Spirale, die das psychische Leiden weiter verstärkt.

Solange die geschlechtersensible Perspektive innerhalb der Psychiatrie und in der psycho-sozialen Versorgung, in Theorie, Praxis und Forschung schwach ausgebildet bleibt, werden die unterschiedlichen Notsituationen und Bedürfnisse von Frauen und Männern in schwierigen Lebenslagen nicht ausreichend wahrgenommen. Die Überwachung normativer Abweichung durch die Psychiatrie geht einher mit ihrer Aufgabe der (Wieder-)Herstellung von Konformität und geschlechter-adäquatem Verhalten. Aus diesen Gründen ist es für queer-Personen besonders schwierig, ihren Bedürfnissen entsprechende Unterstützung im psychiatrischen und psychosozialen Hilfesystem zu finden (Zehms 2019).

Daran haben die theoretischen Auseinandersetzungen über die Psychiatrie (Enquete, Enthospitalisierung, anti-institutioneller Diskurs, Kritik an den psychiatrischen Diagnosen), wie sie innerhalb der Bewegungen seit den 1970er Jahren geführt wurden, grundsätzlich nichts geändert. Es wurden neue Versorgungsstrukturen geschaffen, („ambulant vor stationär", Sozialpsychiatrische Einrichtungen, Betreute Wohnformen) und bedingt hat sich innovative Praxis entwickelt, die in ihrer Ambivalenz nicht widersprüchlicher sein könnte: Frauengesundheitszentren mit kostenlosen Angeboten – geschlossen; Selbsthilfebewegung und Selbstvertretung – wird ‚angehört', aber oft ohne reale Mit-Bestimmungsmöglichkeit; gemeindepsychiatrische Versorgung – ausgebremst; ambulante Begleitung – gekürzt. Gleichzeitig wird in den stationären Bereich investiert und die pharmakologische Behandlung intensiviert und ausgeweitet.

Es existieren aber auch Alternativen zur Psychiatrie, die vor allem aus den Psychiatrie-Betroffenen-Verbänden und Initiativen entstanden sind. Sie bieten ein breites Spektrum an theoretischen Analysen und praktischen Unterstützungs- und Hilfeformen an, auch spezifiziert für Frauen, Männer und Queers. Pilot-Projekte zur Einstellung von psychiatrieerfahrenen Menschen als Expert*innen in psychiatrischen und psychosozialen Einrichtungen und ihre professionelle Verankerung in den professionellen Teams betonen zwar den großen Gewinn von ‚Peer-Support', aber tatsächlich sind psychiatrie-erfahrene Menschen als Expert*innen noch längst nicht in der Psychiatrie und psychosozialen Versorgung anerkannt (Utschakowski 2015). Auch ihre Forderung nach Beteiligung an gesundheits- und sozialpolitischen Entscheidungen und der psychosozialen Unterstützungspraxis stößt auf erheblichen Widerstand der etablierten institutionellen Psychiatrie (Kempker/Lehmann 1993; Lehmann/Stastny 2007) ebenso wie die Diskussion über Menschenrechtsverletzungen in der Psychiatrie, das bestehende Machtgefälle zwischen Professionellen und ‚Patient*innen' – um nur zwei herausragende Thematiken zu nennen.

Hintergrund hierfür ist die Definition von Gesundheit und Krankheit im Sinne des biomedizinischen, geschlechtsneutralen Paradigmas, welches immer noch vorherrschend ist. Obwohl die determinierende Bedeutung sozialer, geschlechtsrollentypischer und psychologischer Faktoren bei der Entstehung von psychischem Leiden (Kolip/Hurrelmann 2016; Wimmer-Puchinger et al. 2016) durch sozialwissenschaftliche und psychologische Theorien wie Konzepte nachgewiesen ist, findet dieses Wissen nur sehr schwer Eingang in die Psychiatrie und psychosoziale Versorgung. Soziale Arbeit verfügt über dieses komplexe Wissen, welches erst einen geschlechtersensiblen Zugang zu psychischem Leiden eröffnet, wird als Profession jedoch abgewertet und auf die Zuständigkeit für die administrativen, organisatorischen und formalrechtlichen Aufgaben reduziert, die ihr in Bezug auf die Betroffenen durch die institutionellen Strukturen zugewiesen werden.

Durch die Anerkennung dieses Wissens und der umfassenden Handlungskompetenzen, muss Soziale Arbeit als zentrale Profession innerhalb des Systems der psychosozialen Unterstützung von Menschen mit psychischem Leiden aufgewertet werden. Damit würde ein Paradigmenwechsel eingeleitet, der betroffene Frauen und Männer in die Lage versetzt, sich in ihrer subjektiven Wirklichkeit zu verstehen und ihre unterschiedlichen sozialen Lebenslagen und Lebenswelten biografisch zu erfahren.

Wenn ihre Bewältigungsstrategien und Fähigkeiten Anerkennung erfahren und die soziale Ausgrenzung, von der sie betroffen sind, offenkundig wird, können sie sich als handelnde Subjekte innerhalb sich wandelnder Geschlechterverhältnisse verstehen und agieren.

Steffi Weber-Unger-Rotino

Zum Weiterlesen
Burgard, Roswitha (2002): Frauenfalle Psychiatrie. Wie Frauen verrückt gemacht werden. Berlin: Orlanda Frauenverlag
Möller-Leimkühler, Anne Maria (2016): Vom Dauerstress zur Depression. Wie Männer mit psychischen Belastungen umgehen und sie besser bewältigen können. Munderfing: Fischer & Gann
Wimmer-Puchinger, Beate/Gutiérrez-Lobos, Karin/Riecher-Rössler, Anita (Hrsg.) (2016): Irrsinnig weiblich – Psychische Krisen im Frauenleben. Hilfestellung für die Praxis. Berlin, Heidelberg: Springer

Queer

Das Wort ‚queer' bedeutet ursprünglich aus dem Englischen stammend ‚seltsam', ‚sonderbar' oder ‚fragwürdig'. Umgangssprachlich ist ‚queer' ein beleidigendes Wort für diejenigen, die von der (heterosexuellen und cisgeschlechtlichen) Norm abweichen. Im Laufe der 1980er und 1990er Jahre, vor allem im Zuge des Aktivismus der ACT-UP-Bewegung (AIDS Coalition to Unleash

Power) während der Aidskrise, gelang der politischen Bewegung, die sich für die Respektierung non-normativer Sexualitäten und Geschlechter engagierte, eine Resignifizierung, d. h. Umwertung, Umdeutung des Begriffs ‚queer'. Heute findet der Begriff im politischen, aktivistischen wie im akademischen Bereich Verwendung. Er beschreibt und bezeichnet non-normative Praxen, Diskurse und Subjekte und verweigert sich dabei gleichzeitig einer geradlinigen Identitätspolitik. Die Offenheit des Begriffs liegt in der dekonstruktivistischen Praxis begründet, die nach dem exkludierten Außen mit dem Ziel der Pluralisierung und Heterogenisierung bestehender Kategorien und Räume fragt. Der Queertheoretiker David M. Halperin (2002) beschreibt ‚queer' als Widerstand gegen das Normale und Normalisierungspraxen und deutet damit auf die Konstruiertheit von Identitäten hin, die innerhalb der Queer Studies als dynamisch und provisorisch beschrieben werden.

Geschlecht und Sexualität werden über eine „heterosexuelle Matrix" (Butler 1991, S. 21) hervorgebracht. In Konsequenz wird die potenzielle Diversität geschlechtlicher und sexueller Existenzweisen eingeschränkt und eine naturalisierte Vorstellung von Geschlecht und Sexualität und gleichbleibenden Identitäten vermittelt. Die gegenseitige Verwiesenheit von Geschlecht und Sexualität zeigt sich eingeschrieben in die soziale Ordnung beispielsweise über die Institution der heterosexuellen Ehe und Familie, und zwar selbst dort, wo die gleichgeschlechtliche Ehe juristisch möglich ist (etwa Mesquita 2011).

Im deutschsprachigen Raum wurde der Begriff ‚queer' zum ersten Mal im Jahre 1993 in dem Aufsatz „Queer Interventionen" von Sabine Hark genannt und führte zu heftigen Debatten innerhalb der feministischen Forschungslandschaft (vgl. Feministische Studien 2/1993; Castro Varela 2003).

Vordenker*innen und Entwicklungen: Als eine Errungenschaft feministischer Theorie bezeichnet die Philosophin Antke Engel (Engel 2002, S. 9) eine Historisierung und Denaturalisierung der Kategorien „Geschlecht" und „Sexualität". Es war die französische Theoretikerin Monique Wittig (1935–2003) die in ihren Schriften explizit sowohl klassische als auch feministische Denkmodelle des Geschlechterverhältnisses darstellte, die auf der heterosexuellen Grundannahme (‚straight pensée') beruhen. Dabei bemerkte sie, dass immer von zwei deutlich voneinander zu trennenden Geschlechtern ausgegangen wird. Wittig zufolge sind Geschlechtergrenzen konstruiert (Heteronormativität) und es gilt sie aufzulösen. In ihrem Buch ‚Gender Trouble' (1990) greift die*der US-amerikanische Philosoph*in Judith Butler diesen Gedanken auf und radikalisiert ihn. Für Butler gibt es keinen Unterschied zwischen dem anatomischen Geschlecht (sex) und der Geschlechtsidentität, vielmehr ist die Kategorie Gender immer bereits schon kulturell hervorgebracht. Selbst das anatomische Geschlecht ist für Butler politisch besetzt und obschon naturalisiert, eben nicht natürlich. Nach Teresa de Lauretis (1991), auf die der Begriff der Queer Theory zurückgeht, ist Geschlecht immer eine Imitation, für das es kein Original gibt.

Neben Wittig ist die Queer Theory stark vom Denken Michel Foucaults beeinflusst, der in seinen Schriften eine Historisierung von Geschlecht und Sexualität vornahm (Foucault 1977a). (Homo-)sexuelle Identität ist, so Foucault, abhängig von den jeweiligen gesellschaftlichen Rahmen- und Denkbedingungen (Foucault 1987). Die Historisierung ermöglicht es, die europäische, moderne Konzeption der Zweigeschlechtlichkeit und Liebe als nur eine von vielen möglichen Konzeptionen von Sexualität zu begreifen. Dabei muss angemerkt werden, dass Kategorien wie etwa ‚Rasse' und Gender nicht unabhängig voneinander analysiert werden können (vgl. Castro Varela/Dhawan 2009). Der Anthropologin und postkolonialen Theoretikerin Ann Laura Stoler (1995) zufolge ist Sexualität im westlichen Denken gar nach dem Konzept der ‚Rasse' modelliert worden. Vor diesem Hintergrund bleibt auch eine weiße ‚queere Identität' Gegenstand kritischer Untersuchung. In Anlehnung an Lisa Duggans Begriff der ‚Homonormativität', der eine apolitische, von Häuslichkeit und Konsum bestimmte schwul-lesbische Kultur beschreibt, die letztlich hegemoniale (heteronormative) Diskurse stabilisiert, hat die Queertheoretikerin Jasbir Puar (2007) den Begriff des ‚Homonationalismus' eingeführt. Darunter versteht sie homonormative Ideen, welche die Mainstream-Ideale von ‚Rasse', Gender, Klasse und Nation reproduzieren, anstatt sie zu hinterfragen. Queerness wird mithin von Puar nicht zwangsläufig als progressiv oder transgressiv gedacht. Mit Hilfe von homonationalistischen Ideologien wird im Gegenteil diskursiv zwischen einer ‚aufrechten' homo- und heterosexuellen Dominanzbevölkerung und ‚rassifizierten' wie sexuell als ‚pervers klassifizierten' Anderen differenziert.

‚Queer' hat als ein stark von poststrukturalistischen und psychoanalytischen Theorien beeinflusster Theoriekomplex eine unübersichtliche Anzahl an Schriften hervorgebracht. Von besonderem Interesse für das Feld der Sozialen Arbeit erscheinen jene Queer-Theoriekonstrukte, die die Beziehungen zwischen unterschiedlichen Kategorien fokussieren und in den theoretischen Überschneidungen (Intersektionen) neue Konzepte entwickeln. Exemplarisch sei hier auf Postkolonial Queer (Hawley 2001; Rao 2020), die Crip Theory (McRuer 2006), eine queere Migrationsforschung (Castro Varela/Dhawan 2009; Luibhéid/Chávez 2020; Manalansan 2006) und queere Diasporaforschung (Gopinath 2005) verwiesen.

Queere Soziale Arbeit: Jutta Hartmann et al. (2007) versuchen die Debatten um den Begriff der Heteronormativität zu kontextualisieren und diskutieren hierfür methodische Konsequenzen, die aus der Heteronormativitätskritik erwachsen. Konkreter noch tritt Christian Schütte-Bäumner (2007) für ‚Queer Professionals' als ein Konzept Kritischer Sozialer Arbeit ein, das eine identitäre Verunsicherung denkbar macht und eine notwendige Reformulierung der Profession (und Theorie) ermöglicht.

Insbesondere im Zuge einer Zunahme von Flucht von Menschen aus außereuropäischen Ländern nach Europa im sogenannten „Sommer der Migration" im Jahre 2015 kam es zu Überlegungen bezüglich der Solidarität mit geflüchteten Queers. Diese Auseinandersetzungen beeinflussten nachhaltig differente Debatten innerhalb der Sozialen Arbeit. Sie forderten beispielsweise die selbstverständliche Annahme, dass geflüchtete Menschen immer heterosexuell und cis-geschlechtlich seien, heraus (vgl. Küppers/Magnus Hirschfeld Stiftung 2019). Während gleichsam Diskussionen um queeres Altern (Castro Varela/Lottmann 2020) oder Trans Gesundheit (Appenroth/Castro Varela 2020) die Felder der Sorgearbeit, Pflege und der Sozialen Arbeit produktiv irritieren konnten. So wird es dadurch notwendig, Fragen etwa nach Sexualität im Alter neu zu diskutieren. Dies hat allgemein Konsequenzen für die Soziale Arbeit, von der eine heteronormativitätskritische Reflexion verlangt werden kann. Hier werden u. a. die Felder der besonderen Verletzlichkeit queerer Jugendlichen berührt. So konnte die „Coming-Out-Studie" des Deutschen Jugendinstituts noch 2016 feststellen, dass 45 Prozent der befragten Jugendlichen „in der engeren Familie Diskriminierung aufgrund der sexuellen Orientierung oder geschlechtlichen Identität erfahren […] haben" (Krell/Oldemeier 2016).

Queere Konzeptionen in der Sozialen Arbeit haben diese in jeder Beziehung bereichert und rufen nach einer heteronormativitätskritischen Sozialarbeitsforschung.

María do Mar Castro Varela

Zum Weiterlesen
Hartmann Jutta/Klesse, Christian/Wagenknecht, Peter/Fritzsche, Bettina/Hackmann, Kristina (Hrsg.) (2007): Heteronormativität: Empirische Studien zu Geschlecht Sexualität und Macht. Wiesbaden: VS
Laufenberg, Mike/Trott, Ben (Hrsg.) (2021): Queer Studies: Schlüsseltexte. Frankfurt/M.: Suhrkamp
Schütte-Bäumner, Christian (2007): Que(e)r durch die Soziale Arbeit. Professionelle Praxis in den AIDS-Hilfen. Bielefeld: transcript

Rassismus

Rassismus ist ein Gesellschaft strukturierendes Machtverhältnis. Sein Fundament bilden machtvolle Diskurse und Praktiken der Unterscheidung, die vor dem Hintergrund von Vorstellungen über ‚Abstammung' und ‚Herkunft' tatsächliche oder zugeschriebene Differenzen mit sozial konstruierten Bedeutungen in Form von angeblichen Wesensmerkmalen, Fähigkeiten oder Eigenschaften versehen (Hall 2000; Miles 1989a). Diese wertenden Bedeutungszuschreibungen führen zur Herstellung von als unterschiedlich behaupteten sozialen Gruppen und setzen sie in ein hierarchisches Verhältnis zueinander. Menschen werden auf diese Weise in soziale Gruppen eingeteilt und mittels

Zuschreibungen, die als natürlich und kaum veränderbar vorgestellt werden, kann ihre grundsätzliche Unterschiedlichkeit, ihre Unvereinbarkeit und ihre Ungleichwertigkeit behauptet werden. Über die Trennung, Auf- und Abwertung sozial konstruierter Gruppen etablieren Unterscheidungspraktiken eine soziale Ordnung und fungieren so als soziale ‚Platzanweiser'. Hegemoniale Strukturen und ungleiche Machtverhältnisse sowie daraus hervorgehende ungleiche Zugänge zu symbolischen und materiellen Ressourcen, Praktiken des Ein- und Ausschlusses und der Ungleichbehandlung werden auf diese Weise sowohl möglich gemacht als auch legitimiert. Rommelspacher bezeichnet Rassismus daher ebenso wie Sexismus als eine „Legitimationslegende" (Rommelspacher 2009, S. 26), mit deren Hilfe die Ungleichbehandlung von Menschen in einer prinzipiell von der Gleichheit aller Menschen ausgehenden Gesellschaft ‚rational' erklärt werden soll.

Verschränkungen: Sexismus und Rassismus verweisen also auf ähnliche Mechanismen und Funktionen, und schon sehr früh wurde Rassismus in seinem Zusammenwirken mit ungleichen Geschlechterverhältnissen thematisiert: Sojourner Truth, Schwarze Abolitionistin und Frauenrechtlerin, fragt in einer Rede 1851 ‚Ain't I a Woman?' und fordert damit weiße Frauenrechtlerinnen auf, sich mit den Rechten Schwarzer Frauen auseinanderzusetzen. Ihre Rede gilt als zentraler Bezugspunkt des Black Feminism (vgl. hooks 1981; The Combahee River Collective 1982). In Deutschland skandalisieren Migrantinnen im Zuge von Arbeitskämpfen die Verflechtung von Rassismus, Sexismus und Kapitalismus in den 1970er Jahren (vgl. Bojadžijev 2008) und gründet sich die Schwarze Frauenbewegung in den 1980er Jahren (Oguntoye et al. 1986, www.adefra.com). In den 1980er und 1990er Jahren schreiben u. a. Schwarze Frauen, Romnja und Sintezze, jüdische, migrierte und exilierte Frauen Texte und initiieren Kongresse und Bündnisse (Gutiérrez Rodríguez 2019), so etwa die Gruppe Feministische Migrantinnen (FeMigra 1994) oder ‚Frauen gegen Antisemitismus' (Antmann 2015). Die Forderung sozialer Bewegungen, soziale Ungleichheitsverhältnisse zusammenzudenken, wird wissenschaftlich zunächst in den Gender Studies aufgegriffen, erfährt aber auch in rassismustheoretischen Auseinandersetzungen bald Aufmerksamkeit (z. B. Miles 1989a; Hall 1994; Gilroy 1994) und wird mittlerweile meist unter dem Begriff Intersektionalität (Crenshaw 1994) diskutiert. Dass Soziale Arbeit auf die Auseinandersetzung mit Rassismus als ein systematisch diskriminierendes Phänomen nicht verzichten kann, betonen in Deutschland 1986 erstmals Annita Kalpaka und Nora Räthzel als Sozialarbeiterinnen in der damaligen ‚Migrantinnen- und Ausländerarbeit' – und dies gilt ungebrochen: Will Soziale Arbeit Rassismus, auch in seiner Verflechtung mit weiteren Ungleichheitsverhältnissen wie Geschlechterverhältnissen, erkennen, analysieren und verändern, ist zunächst ein differenziertes Verständnis von Rassismus unabdingbar.

Entstehungsgeschichte: Das Aufkommen von Rassismus als umfassendes

System der Unterscheidung und Legitimierung von Ungleichheit wird meist auf die Zeit der Aufklärung im Europa des 18. Jahrhunderts datiert (vgl. Mosse 1990; Geulen 2007; Miles 1989b; Miles 1999): als die Naturwissenschaften entstanden und die Existenz von verschiedenen ‚Rassen' systematisch als wissenschaftlich nachweisbar und natürlich behauptet und hegemoniale Ordnungen etabliert wurden. Vor dem Hintergrund der sich ebenfalls in dieser Zeit durchsetzenden Ideen von Demokratie und der Gleichheit aller Menschen fungierten ‚Rasse'-Konstruktionen dann zur Legitimation von real existierender sozialer Ungleichheit und Ausbeutung (Miles 1999, S. 11 ff.). Sie sind insofern nicht Grundlage, sondern Produkt von Rassismus (Solomos 2002, S. 160). Unterdrückung, Ausbeutung, Genozid und Vernichtung etwa im Kolonialismus und im Nationalsozialismus wurden und werden so legitimiert (Miles 1999; Messerschmidt 2009). Ab Mitte des 20. Jahrhunderts nimmt das rassistische Ordnungssystem eine neue Gestalt an: Der ‚kulturelle', von Balibar (1989) als ‚Neo-Rassismus' bezeichnete Rassismus verzichtet auf den ‚Rasse'-Begriff (ebd., S. 373; Hall 2000, S. 1). Es findet eine Verschiebung zu ‚Kultur' statt, die Leiprecht (2001) in Anschluss an Adorno als „Sprachversteck für ‚Rasse' (Adorno 1955, S. 28 f.) bezeichnet. Konstruktionen statischer und essentialisierender ‚kultureller' Unterschiedlichkeiten dienen nun ebenfalls der Rechtfertigung von sozialer Ungleichheit – wobei das, was mit ‚Kultur' gemeint ist, vage bleibt, und Bezüge zu vermeintlichen nationalen, ‚ethnischen' und/oder religiösen Zugehörigkeiten hergestellt oder nahegelegt werden.

Repräsentationen: Essentialisierendes und homogenisierendes ‚Wissen' über konstruierte soziale Gruppen wird also in sozio-historisch situierten Diskursen und Praktiken fortlaufend produziert und aktualisiert (Hall 2000, S. 11). Es ist entsprechend vielfältig in seinen Ausprägungen und Formen, nicht statisch und nie nur Resultat eines individuellen Bewusstseins oder individueller Absichten (Hall 1989a, S. 151). Rassismus ist demzufolge weniger als kohärente Theorie zu verstehen, sondern vielmehr als fluide Ansammlung „von Stereotypen, Bildern, Zuschreibungen und Erklärungen […], die konstruiert und benutzt werden, um den Alltag zu bewältigen" (Miles 1989a, S. 360). Es steht als Erklärungswissen und ‚Sinngebungsinstanz' für Erfahrungen, von Widersprüchlichem und Problemen jederzeit zur Verfügung (ebd.), ohne dass die Funktionen dieser Deutungen und Interpretationsfolien den Subjekten, die auf sie zurückgreifen, immer bewusst wären (vgl. Hall 1989b; Hall 2000; Miles 1989a; Miles/Brown 2003). Gemein ist den verschiedenen Formen von Unterscheidungswissen, dass es als „Strategie der ‚Spaltung'" (Hall 2004, S. 144) machtvoll wirkt: Es errichtet eine symbolische Grenze, die das ‚Normale' vom ‚Nicht-Normalen' trennt, Personen entsprechend als ‚normal' oder als ‚abweichend' konstruiert (vgl. ebd., S. 144 f.) und zwischen einem ‚Wir' und einem ‚Nicht-Wir' unterscheidet (vgl. ebd.; Hall 2000, S. 13 ff.; Miles 1999, S. 11). Das ‚Andere' wird hergestellt und zugleich „das ‚Zusammenbinden' und ‚Zusammenschweißen' zu einer ‚imaginierten Gemeinschaft' [vereinfacht]" (Hall 2004, S. 144). Der Vorgang der Hervorbringung von sozialen Gruppen und Personen als ‚Andere' mittels Beschreibungen und Benennungen von einer normalisierten, meist unmarkiert bleibenden, weißen Position aus, wird im Rahmen postkolonialer Theoriebildung in Anschluss an Studien von Edward Said (1978) und begrifflich von Gayatri C. Spivak (1985) als Othering bezeichnet, findet sich in vielfältigen Praktiken auf allen Ebenen gesellschaftlichen Zusammenlebens – in Medien und Wissenschaft und auch in der Sozialen Arbeit – und wirkt mit vergeschlechtlichten Repräsentationen zusammen. Dieser machtvolle Ort ist Gegenstand rassismuskritischer Auseinandersetzungen (z. B. Wachendorfer 2001/2006; Eggers et al. 2005), auch in seiner Verbindung mit der Hervorbringung vergeschlechtlichter Repräsentationen (Frankenberg 1993; Wollrad 2005; Tißberger 2017).

Subjekte: Für die Konstitution von Gesellschaft und die Gesellschaftsmitglieder ist Rassismus ebenso bedeutsam wie patriarchale oder heteronormative Strukturen. Er manifestiert sich in Verhältnissen von Auf- und Abwertung, Ein- und Ausgrenzung, Teilhabemöglichkeiten und -begrenzungen in, u. a. mit Geschlechterverhältnissen, vielfach verwobener Weise (z. B. Fuchs/Habinger 1996; Gümen 1998; Çetin/Voß 2016): als rechtliche (De-)Privilegierung, in institutionalisierten Formen (der Begrenzung) von Zugangsmöglichkeiten und Ressourcen (z. B. Flam 2007; Gomolla/Radtke 2009), als Aspekt von Subjektivierungsweisen und der Ausbildung von Zugehörigkeiten und Selbstverständnissen (z. B. Hall 2000; Hall 1994; Broden/Mecheril 2010; Velho 2015; Bergold-Caldwell 2020), als alltägliche Erfahrung und Handlungsherausforderung (z. B. Leiprecht 2001; Scharathow 2014) und Bestandteil Sozialer Arbeit (Melter 2006; Tißberger 2020). Wirkungsweisen sind dabei weder binär noch ungebrochen. Zum einen, weil gesellschaftliche Ungleichheitsverhältnisse vielschichtig sind und Rassismus als Gesellschaft strukturierendes Machtverhältnis mit weiteren Ungleichheitsverhältnissen, u. a. in Form vergeschlechtlichter und klassenbezogener rassistischer Zuschreibungen, zusammenwirkt. Zum anderen, weil in diesen komplexen Verhältnissen auch Subjektpositionen mehrdeutig und vielschichtig sind. Die Gesellschaftssubjekte sind entsprechend zwar in gesellschaftliche Ungleichheitsstrukturen eingebunden, erfahren und deuten die mit ihnen einhergehenden diskursiven, sprachlichen und strukturellen Manifestationen jedoch sehr unterschiedlich und sind im Rahmen der ihnen zur Verfügung stehenden, unterschiedlichen, u. a. mit der Position im gesellschaftlichen Machtgefüge und je nach Situation variierenden, Handlungsspielräumen in der Lage, sich zu diesen zu verhalten (Scharathow 2014; Leiprecht 2013). Dabei sind sie zugleich an der Hervorbringung, Reproduktion, Verschiebung oder Dekonstruktion von Unterscheidungswissen beteiligt. Letzteres gilt selbstverständlich ebenso für Organisationen. Sozialer Arbeit, ihren Einrichtungen und Fachkräften obliegt es entsprechend, in den beschriebenen Verhältnissen Rassismus – auch in seinen nicht-intendierten und subtilen Formen und in seinen Verschränkungen mit heteronormativen Geschlechterverhältnissen – zu erkennen und zu adressieren.

Wiebke Scharathow

Zum Weiterlesen
Blank, Beate/Süleyman, Gögercin/Sauer, Karin E./Schramkowski, Barbara (Hrsg.) (2018): Soziale Arbeit in der Migrationsgesellschaft. Grundlagen – Konzepte – Handlungsfelder. Wiesbaden: Springer
Fereidooni, Karim/El, Meral (Hrsg.) (2017): Rassismuskritik und Widerstandsformen. Wiesbaden: Springer
Hall, Stuart (1994): Rassismus und kulturelle Identität. Ausgewählte Schriften 2. Hamburg: Argument

Rechtsextremismus

Rechtsextremismus kann als der Begriff angesehen werden, der sich im wissenschaftlichen und alltäglichen Gebrauch am ehesten durchgesetzt hat. Eine einheitliche Definition ist jedoch offen (vgl. Decker et al. 2010). Neben ‚Rechtsextremismus' finden auch noch weitere Begriffe wie ‚Rechtsradikalismus', ‚Rechtspopulismus', ‚extreme Rechte' ‚Neonazismus', ‚Rassismus' Anwendung. Jeder dieser Begriffe hat eigene Hintergründe und Traditionen und für bzw. gegen ihre Verwendung gibt es eine Anzahl von Argumenten (vgl. Virchow 2016). In diesem Beitrag wird der Begriff ‚extreme Rechte' verwendet, um extrem rechte Orientierungen und Aktivitäten als Teil der gesellschaftlichen Mitte verstanden zu wissen. Aus politikwissenschaftlicher Perspektive werden auf der Ebene der Einstellungen folgende Dimensionen zur Definition von Rechtsextremismus herangezogen: Nationalismus, Ethnozentrismus, Sozialdarwinismus, Antisemitismus, Pro-Nazismus, die Befürwortung einer Rechts-Diktatur sowie Sexismus. Diese Einstellungen werden über Protest, Provokation, das Wahlverhalten sowie Partizipation, Mitgliedschaft und Gewalt/Terror ausgedrückt (vgl. Stöss 2010, S. 21). Wenn alle Einstellungsdimensionen bei einer Person zutreffen, wird von einem ‚geschlossenen rechtsextremen Weltbild' gesprochen. Insbesondere im Hinblick auf Soziale Arbeit birgt das Zugrundelegen aller Dimensionen jedoch die Gefahr, einzelne Aspekte als zu vernachlässigende Randerscheinungen einzustufen und ihnen zu wenig Beachtung beizumessen. Dies kann zur Folge haben, dass ausgrenzende, undemokratische und menschenverachtende Äußerungen und Aktivitäten zur gesellschaftlichen Normalität werden.

Forschungsentwicklung: Etwa seit Beginn der 1990er Jahre lässt sich ein verstärkter wissenschaftlicher Diskurs, verbunden mit erhöhter Forschungsaktivität, im Hinblick auf Mädchen/Frauen in der extremen Rechten feststellen (vgl. Birsl 1994; Bitzan 1997; Siller 1991; Siller 1997; Holzkamp/Rommelspacher 1991). Es konnte aufgezeigt werden, dass Mädchen und Frauen in allen Kontexten der extremen Rechten präsent sind und in den unterschiedlichsten Funktionen auftreten, wenngleich in einem quantitativ geringeren Ausmaß als Jungen/Männer. Mädchen/Frauen werden als politische Akteurinnen in der öffentlichen Wahrnehmung wie im wissenschaftlichen Diskurs oft unterschätzt. Es engagieren sich Mädchen und Frauen mit sehr unterschiedlichen Rollenverständnissen, auch mit als ‚emanzipativ' zu bezeichnenden Lebensentwürfen im extrem rechten Spektrum (vgl. Bitzan 2016).

Hinsichtlich der Quantität extrem rechter Einstellungen konnten kaum Unterschiede zwischen Frauen und Männern festgestellt werden (vgl. Neureiter 1996; Stöss 2010; Zick/Küpper/Krause 2016). Obwohl sich viele der allgemeinen Untersuchungen zur extremen Rechten auf männliche Befragte beziehen, wird der Bedeutung von ‚Männlichkeit' bisher noch immer zu wenig nachgegangen. Die wenigen empirischen Analysen, die sich mit ‚Männlichkeiten' in der extremen Rechten beschäftigen, heben auf in der Sozialisation tradierte Männlichkeitsvorstellungen ab, verbunden mit Gewaltakzeptanz (Möller 1993; Möller 2010) und der Bedeutung von Machterhalt sowie einem strategischen Diskurs, sich als Opfer der Frauenemanzipation zu präsentieren (vgl. Geden 2004). In diesem Zusammenhang ist in den letzten Jahren zu beobachten, dass sich diese Opferhaltung zu Formen des Antifeminismus (Lang/Peters 2018) bis hin zum extrem Frauenhass weiterentwickelt hat. Antifeminismus kann als verbindende Thematik zwischen unterschiedlichen Strukturen innerhalb der extremen Rechten wie auch als Brücke in andere gesellschaftliche Kontexte (wie beispielsweise zur Männerrechtsbewegung) angesehen werden (Agena/ Rahner 2021).

In einer Untersuchung zur Erklärung der Hinwendung von Mädchen und jungen Frauen zur extremen Rechten konnte das Zusammenwirken unterschiedlicher Dimensionen herausgearbeitet werden (vgl. Köttig 2004). Erst die Verflechtung de-thematisierter Familienvergangenheiten (insbesondere bezogen auf den Nationalsozialismus), biografischer Erfahrungen (hier speziell problematische Elternbeziehungen) sowie Rahmenbedingungen im sozialen Umfeld, die die Hinwendung (bewusst oder unbewusst) stützen, bringen extrem rechte Handlungs- und Orientierungsmuster hervor. Welche Themen von der jeweiligen Frau/dem Mädchen explizit aufgegriffen werden und in welcher Weise sie sich in der extremen Rechten engagiert, ist eng mit der Familien- und Lebensgeschichte verbunden. Diese Ergebnisse konnten in einer Studie mit gemischtgeschlechtlichen Befragten (Gabriel 2008) und einer zu Biografien von Aussteiger*innen (Sigl 2018) untermauert werden.

Gewalt spielt in unterschiedlichen Facetten innerhalb der extremen Rechten eine nicht zu vernachlässigende Rolle. Mädchen und Frauen motivieren männliche Mitglieder zu gewalttätigen Handlungen, üben selbst körperliche Gewalt aus und beteiligen sich an terroristisch und rassistisch motivierten Gewalttaten (vgl. Birsl/Kette/Jäckel 2018; Bitzan/Köttig/Schröder 2003). Und obwohl sie Gewalt in jeder Form einsetzen, können im Hinblick auf die Quantität bei der Dimension ‚Gewalt' die markantesten Geschlechterunterschiede beschrieben werden. Extrem rechte Gewalt geht zu einem weit größeren Anteil von Männern aus (Rahner 2020). Dies zeigt sich auch in den Dynamiken zwischen Jungen/Männern und Mädchen/Frauen innerhalb der extremen Rechten. Im Hinblick auf eine extrem rechts orientierte Jugendgruppe konnte festgestellt werden, dass weibliche Jugendliche von Gewalt bedroht sind, sofern sie Partnerschaften innerhalb einer Gruppe eingehen. Eine Reaktion darauf kann darin gesehen werden, dass Liebesbeziehungen von den jungen Frauen innerhalb der Gruppe vermieden werden und/oder sich geschlechtshomogene weibliche Ingroups bilden (vgl. Köttig 2004). Sexualisierte Gewalt in Paarbeziehungen innerhalb der extremen Rechten ist generell ein Thema, welches bisher noch kaum systematisch wissenschaftlich bearbeitet wurde (vgl. Köttig 2018; Betzler/Degen 2016).

Die strategische Ausrichtung, extrem rechte Ideologie(fragmente) in der gesamten Gesellschaft zu verbreiten und damit eine Diskursverschiebung zu erzielen, führte in den letzten beiden Jahrzehnten zur Etablierung von Parteien wie der AfD, diversen Pegida-Zusammenhängen oder der Identitären Bewegung. Diesen Kontexten ist gemein, dass inhaltlich variabel Diskurse aufgegriffen und flexibel themenbezogene Bündnisse eingegangen werden. Eins der zentralen Bündnisthemen kann im Antifeminismus gesehen werden (vgl. Lang/Peters 2018; Henninger/Birsl 2020).

Soziale Arbeit: Konzepte der Sozialen Arbeit konzentrieren sich vorwiegend auf die Arbeit mit Jugendlichen und sowohl der ‚akzeptierende Ansatz' (Heim et al. 1991) als auch ‚konfrontierende' Herangehensweisen (Scherr 1992; Scherr 1993; Hafeneger 1993) sind umstritten, da sie jeweils einseitig spezifische Bereiche des Problems – entweder angenommene persönliche Problemlagen oder politische Argumentationen – fokussieren (vgl. Köttig 2020). Eine Haltung des ‚systematischen Wahrnehmens und Verstehen-Wollens' (Köttig 2014) wird zu wenig eingenommen. In den letzten Jahren nimmt die Aufmerksamkeit in der Sozialen Arbeit zu, dies zeigen diverse Broschüren, Schwerpunkthefte in Fachzeitschriften und Handreichungen, die in unterschiedlichen Feldern Sozialer Arbeit herausgegeben sowie etliche Fachbücher und Studien, die bereits publiziert wurden oder im Entstehen sind (vgl. nur aus den letzten beiden Jahren eine Auswahl: Bertelmann/Mayerle/Negnal 2020; DV 2020; Farrokhzad et al. 2021; Gille/Jagusch 2019; Haase/Nebe/Zaft 2020; Köttig/Meyer 2020; Köttig/Röh 2019; Meyer/Köttig 2020), allerdings ist in vielen Handlungsfeldern noch immer kaum ein Problembewusstsein für extrem rechte Tendenzen sowohl im Hinblick auf die Adressat*innen als auch im eigenen Team oder bezogen auf die Einflussnahme durch extrem Rechte Akteur*innen vorhanden. Ein Grund hierfür ist auch, dass die Auseinandersetzzung mit extrem rechten Tendenzen in den Curricula der Studiengänge Sozialer Arbeit nicht verankert ist.

In den Bereichen geschlechterspezifischer und gendersensibler Sozialer Arbeit mit Jugendlichen fand eine breite theoretische Auseinandersetzung und Grundlegung statt, die in die Entwicklung von Konzepten und Methoden, deren Umsetzung und differenzierte Reflexion mündete (vgl. Debus/Laumann 2014; Hechler/Stuve 2015). Darüber hinaus wurden Handreichungen zur Unterstützung professionellen Handelns publiziert und ein Arbeitskreis Geschlechterreflektierende Rechtsextremismusprävention bei der Fachstelle Gender und Rechtsextremismus (Amadeu-Antonio Stiftung) angesiedelt, in dem bundesweit Projekte zusammengeschlossen sind und im intensiven Austausch miteinander stehen. Unter anderem wurde von ihnen ein Positionspapier zu fachlichen Standards erarbeitet. Dennoch wird eine geschlechtersensible Perspektive in der breiten Präventionspraxis, der Arbeit mit extrem Rechten und den Regelstrukturen der Offenen Kinder- und Jugendarbeit sowie der außerschulischen Jugendbildung noch nicht flächendeckend ein- bzw. umgesetzt.

Gegenwärtige Herausforderungen können insbesondere in der Einflussnahme der extremen Rechten durch die Übernahme von Aufgaben im Kontext Sozialer Arbeit gesehen werden (vgl. Grigori 2020). Rechtsextremist*innen engagieren sich ehrenamtlich oder übernehmen in ‚freier Trägerschaft' soziale Einrichtungen (z. B. Jugendeinrichtungen, Kindertagesstätten). Soziale Arbeit, die auf Vielfalt, Demokratie, die Bekämpfung sozialer Ungleichheit und insbesondere auf feministische Ziele ausgerichtet ist, wird durch Anfeindungen, Bedrohungen und Infragestellungen bekämpft.

Michaela Köttig

Zum Weiterlesen
Bitzan, Renate (2016): Geschlechterkonstruktionen und Geschlechterverhältnisse in der extremen Rechten. In: Virchow, Fabian/Langebach, Martin/Häusler, Alexander (Hrsg.): Handbuch Rechtsextremismus. Wiesbaden: Springer VS, S. 325–373
Hechler, Andreas/Stuve, Olaf (Hrsg.) (2015): Geschlechterreflektierte Pädagogik gegen Rechtsextremismus. Opladen, Berlin, Toronto: Barbara Budrich
Lang, Juliane/Peters, Ulrich (Hrsg.) (2018): Antifeminismus in Bewegung. Aktuelle Debatten um Geschlecht und sexuelle Vielfalt. Hamburg: Marta Press

Reproduktionstechnologien

Reproduktionstechnologien umfassen „assistierende Verfahren" (Franklin 1997) und „selektive Verfahren" (Katz-Rothmann 1989). Die „assistierenden Verfahren" zielen auf die Herstellung von Schwangerschaft durch z. B. In-Vitro-Fertilisation (IVF = Befruchtung der Eizelle im Reagenzglas und anschließend deren Einsetzung in die Gebärmutter), Eizell- und Samen-Spende,

Leihmutterschaft sowie Kryokonservierung von Eizellen, Spermien und Embryonen in sogenannten Bio-Banken zum Zwecke der Verwendung zu einem späteren Zeitpunkt. Die „selektiven Verfahren" haben die Vermeidung von Krankheit zum Ziel. Um chromosomale Besonderheiten bei Embryonen und Föten zu entdecken, kommen neben Fruchtwasseruntersuchungen auch Bluttests bei der Schwangeren (PraenaTest®) zum Einsatz sowie die Präimplantationsdiagnostik (PID), die künstlich erzeugte Embryonen auf genetische Anomalien hin untersucht, bevor sie in den Uterus transferiert werden.

Reproduktionstechnologien sind mittlerweile Bestandteil einer globalen „Bio-Ökonomie" (Cooper 2008), die mit Frauen-Körpern und reproduktiven Körpersubstanzen erfolgreich Handel betreibt (Almeling 2007). Dies erzeugt zwischen denjenigen, die ihren Körper als Ressource anbieten und verkaufen, und den Frauen und Paaren, die die Produkt-Palette der Reproduktionstechnologie nachfragen und nutzen, neue, transnationale Formen der Geschlechter-Ungleichheit und befestigt bestehende soziale Ungleichheiten zwischen Nord und Süd und zwischen West und Ost (Harrison 2016). Zudem haben die reproduktionstechnologischen Möglichkeiten sowohl die Vorstellungen und Bilder von Zeugung, Empfängnis, Schwangerschaft, Geburt und Elternschaft als auch die konkrete Praxis und Erfahrung von Mutterschaft und Vaterschaft verändert (Thompson 2005). So ist Mutterschaft heute dreifach differenziert: in die Abgabe von Eizellen zum einen, die Austragung des Fötus zum zweiten und die soziale Mutterschaft zum dritten. Darüber hinaus lassen sich Mutterschaft und Elternschaft mit Hilfe von Reproduktionstechnologien auch zeitlich-biografisch von biologischen Gegebenheiten entkoppeln (Stichwort: späte Elternschaft) und befördern ein Verständnis von Schwangerschaft als verfügbar, planbar und gestaltbar (Stichwort: Projekt Kind).

Die reproduktionstechnologischen Verfahren werden inzwischen in vielen Ländern routinemäßig angewendet (Dietrich 2008), obgleich ihre Ausbreitung weltweit begleitet war von kontroversen gesellschaftlichen Debatten um die politischen, gesellschaftlichen und ethischen Implikationen dieser Technologien (Hofmann 1999). Die Frage, wie das Verhältnis von wissenschaftlicher Entwicklung und gesellschaftlichen Veränderungen bei Wahrung von Schutz- und Freiheitsrechten normativ und rechtlich neu zu gestalten sei (Strathern 2019), stellt sich angesichts der reproduktionstechnischen Neuerungen immer wieder. In Deutschland sind bis heute vergleichsweise strikte Regelungen in Kraft. Zwar werden hier pro Jahr mehr als 105.000 künstliche Befruchtungen durchgeführt (Deutsches IVF-Register 2019, S. 16), aber noch gilt das Embryonenschutzgesetz von 1990, das Eizell-Spende wie auch Leihmutterschaft verbietet und viele Frauen und Paare dazu veranlasst, reproduktionsmedizinische Angebote im Ausland wahrzunehmen. Aber der Ruf nach einem „aktualisierten" – und das bedeutet: liberalisierten – „Fortpflanzungsmedizingesetz" wird auch in Deutschland lauter (Leopoldina 2017).

Diese Ausweitung von Technik auf und in die Körpernatur hat Familienplanung und familiale Lebensformen verändert und neue Konfliktfelder, lebensweltliche Probleme und konfligierende alltagskulturelle Deutungen mit sich gebracht, die geschlechtertheoretisch diskutiert werden und auf deren grundlagen- und praxistheoretische Reflexion die Soziale Arbeit nicht verzichten kann. Das Wissen um die mit den Reproduktionstechnologien verbundenen Ambivalenzen und Widersprüche ist sowohl in sozialarbeiterischen Beratungskontexten (z. B. Schwangerschaftskonfliktberatung, psychosoziale Beratung bei Pränataldiagnostik, Paar- und Elternberatung) als auch in der Familienarbeit, der sexuellen Bildung und der sozialen Gesundheitsarbeit ein grundlegendes Element professioneller Praxis. Hierbei sind zwei Aspekte zentral.

1. Technologische Veränderungen von Körper- und Naturverhältnissen zwischen ‚Entkörperung' und ‚Normalisierung' neuer technisch-sozialer Verbindungen: Die Gen- und Reproduktionstechnologien entnehmen Keimzellen, Embryonen und Stammzellen aus Körpern, um sie im Labor zu manipulieren und zu reproduzieren. Diese bio-technisch erzeugten Objekte zirkulieren in den Laboratorien sowie auf dem Markt der Bio-Ökonomie und werden in medizinisch-klinischen Kontexten wieder in den Kreislauf der Natur zurückgebracht, beispielsweise indem sie in weibliche Körper transferiert werden. Ein Strang der feministischen Kritik versteht diese Prozeduren als Aneignung, Ausbeutung und Kontrolle von Frauenkörpern und weiblicher Fortpflanzungsfähigkeit (Corea 1986), kritisiert die Fragmentierung weiblicher Körper und plädiert dafür, die technikbasierte Entäußerung von Körpersubstanzen und die marktförmige, globale und patriarchale Inbesitznahme weiblicher Körper grundlegend zu bekämpfen (Mies 1995). Problematisiert wird zudem die wachsende Dominanz genetischer Begrifflichkeiten und Diagnoseverfahren, die verbunden sei mit der Verdrängung leiblicher und haptischer Wahrnehmung und einer ‚Entkörperung' der Schwangeren, die Schwangerschaft zu einer technologie- und dienstleistungsvermittelten Erfahrung werden lasse (Duden 2007).

Gleichermaßen gibt es aber auch Stimmen, die für Differenzierung plädieren und eine pauschalisierende Verdammung von Technik zurückweisen (z. B. Saupe 2002), oder umgekehrt solche, die Varianten künstlicher Befruchtung als Mittel zur Befreiung vom ‚Gebärzwang' und der patriarchalen Abstammungsfamilie ansehen (Firestone 1975).

Ein weiterer Strang der Forschung untersucht die Handlungen der Nutzer*innen sowie die Lebensweisen von denen, die ihre Körper und Körpersubstanzen zur Verfügung stellen, und arbeitet die Bedeutung nationaler Regularien und lokaler Praktiken heraus. Er zeigt, wie Körper durch und mit Technik diszipliniert und vergeschlechtlicht werden, plausibilisiert die These von der ‚Ko-Konstitution', der Verwobenheit von Körpern, Technik und den Institutionen der Reproduktionstechnologien (Thompson 2005; Ullrich 2012) und macht sichtbar, wie der lebensweltliche Wunsch, Kinder zu haben, allmählich zu einem medizinisch behandelbaren Problem wird und als ein Effekt der Etablierung und ‚Normalisierung' von IVF in Erscheinung tritt (Franklin 1997).

Die Vielfalt der Positionen lässt die dem Themenfeld inhärenten Spannungen und Widersprüche erahnen. Die Frage, wann Reproduktionstechnologien reproduktive Rechte und Gesundheit ermöglichen, muss über biomedizinische, ökonomische und individuelle Interessen hinaus auch unter Einbezug der Perspektive beantwortet werden, was unter welchen sozialen und gesellschaftlichen Bedingungen verhandelt wird. Dementsprechend fällt auch die Einschätzung, inwiefern die Technik den Lebensbedingungen von Frauen und Eltern gerecht werden kann, weltweit unterschiedlich aus.

2. Neue Normen im Umgang mit Technik zwischen ‚reproduktiver Selbstbestimmung' und ‚moral pioneering': Die Reproduktionstechnologien nähren die Hoffnungen, das eigene Leben samt Kinderwünschen selbst bestimmen und gestalten zu können. Dazu haben sich eine Reihe von Institutionen herausgebildet, in denen Expert*innen beratend und tätig über Möglichkeiten und Maßnahmen informieren, Kontrollen durchführen und darauf achten, dass existierende und werdende Körper dem anvisierten Nutzen entsprechen. Strittig war schon mit Beginn des Einsatzes dieser Techniken die Frage, wie reproduktive Autonomie zu bestimmen und gegebenenfalls zu begrenzen sei; konkret: wer unter welchen Bedingungen reproduktive Autonomie realisieren kann und welche Ausgrenzungen, Ausbeutungen und Normierungen im Zuge dessen entstehen. Dabei bildet die Position, dass Menschen Eigentümer*innen ihres Körpers seien, die eine Seite der Debatte (Andrews 1986). Auf der anderen Seite steht die Kritik des Verständnisses von Autonomie als individualisiertes Recht auf ein ‚eigenes', also genetisch verwandtes und gesundes Kind bzw. als Recht, den eigenen Körper zu vermieten oder Körpermaterialien zu verkaufen. Moniert werden die Polarisierung von Selbst und Kollektiv sowie die von Körper und Gesellschaft. Vorgeschlagen wird stattdessen, Selbstbestimmung als kollektive und solidarische Formen von Ermächtigung und Gestaltung gesellschaftlich zu ermöglichen (Mies 1986b; Petchesky 1995).

Insbesondere im Feld der Pränataldiagnostik und der Präimplantationsdiagnostik (PID) ist die Adressierung von weiblicher Autonomie und Selbstbestimmung durch die Produktpalette der reproduktionsmedizinischen Maßnahmen mit schwerwiegenden Ambivalenzen und weitreichenden Folgen verbunden. In pränataldiagnostischen Untersuchungen wird die Entscheidung über das genetische Make-up von Embryo und Fötus als Frage von Autonomie und Selbstbestimmung gehandhabt und in den Verantwortungsbereich der jeweiligen werdenden Mutter gelegt. Damit sind zum einen ethische Dilemmata, soziale Zwänge, gesellschaftliche Erwartungen und individuelle Belastungen verbunden (Beck-Gernsheim 1995; Rödel 2015). Zum anderen werden die Fragen und Vorstellungen von Machbarkeit und Gestaltbarkeit von Leben in den

Verantwortungsbereich von Frauen gestellt. Sie entscheiden, welche körperlich-genetischen Merkmale als sozial erwünscht und welche als zu vermeidende gelten. Schwangere, so argumentiert die Anthropologin Rayna Rapp, werden so zu „moral pioneers" (Rapp 1999, S. 306) und (müssen) entscheiden, welche Kinder geboren werden und welche nicht.

Entsprechend treten die bevölkerungspolitischen und eugenischen Implikationen der Pränataldiagnostik vorrangig in individualisierter Form in Erscheinung. Ihre soziale Sprengkraft ist damit scheinbar entschärft (Lippman 1992). Da so aber auch institutionelle sowie soziale Strategien des Umgangs und der Problembewältigung von Abweichung, Behinderung und Krankheit marginalisiert werden, werden die gesellschaftlich erzeugten Ambivalenzen den werdenden Müttern überantwortet. Dies ist weniger ein Zugewinn an Autonomie als eine Problemdelegation und erhöht die Wahrscheinlichkeit, dass die neue weibliche Definitionsmacht wieder an das von Expert*innen kontrollierte Terrain der Reproduktionsmedizin zurückverwiesen und mittels medikalisierter Bewältigungsmuster zu beruhigen versucht wird.

Katharina Liebsch

Zum Weiterlesen
Rödel, Maleika (2015): Geschlecht im Zeitalter der Reproduktionstechnologien. Natur, Technologie und Körper im Diskurs der Präimplantationsdiagnostik. Bielefeld: transcript
Kuster, Friederike/Liebsch, Katharina (Hrsg.) (2019): feministische studien. Zeitschrift für interdisziplinäre Frauen- und Geschlechterforschung. Jahrg. 37. H. 1: Reproduktionstechnologien, Generativität, Verwandtschaft
Sänger, Eva (2020): Elternwerden zwischen „Babyfernsehen" und medizinischer Überwachung. Eine Ethnografie pränataler Ultraschalluntersuchungen. Bielefeld: transcript

Schule

Eine ‚geschlechtergerechte Schule' ist eine aktuelle Herausforderung. Im Zuge der Transformationen des Bildungssystems finden erhebliche Neujustierungen der pädagogischen Ausrichtung von Schule statt. Diese betreffen nicht nur die Schulstrukturen (Tillmann 2013), die Einführung von Ganztagsschulen (BMFSFJ 2017a) oder die Verpflichtung zur Berufs- und Studienorientierung für alle Schüler*innen (Faulstich-Wieland/Scholand 2017) – womit sich für Akteur*innen der Sozialen Arbeit das Feld wieder oder neu öffnet –, sondern auch die Frage des Umgangs mit Geschlecht (KMK 2016).

Geschlechtergerechtigkeit beginnt zumeist damit, dass die scheinbare Geschlechtsneutralität der Schule aufgedeckt wird: Es zeigt sich, dass Individuen, Interaktionen und die Institution Schule vergeschlechtlicht sind. Entsprechend werden Fähigkeiten und Probleme von Jungen wie Mädchen nunmehr in ihrer geschlechtlichen Differenzierung wahrgenommen, z. B. in der Feststellung von ‚den lauten Jungen' und ‚den braven Mädchen'. Dem Problem der Geschlechtsblindheit folgt eine Homogenisierung der Bilder von Jungen wie Mädchen – die damit aber ebenfalls „dem pädagogischen Handeln im Weg stehen" (Stuve 2012, S. 18).

Die Fokussierung der Aufmerksamkeit auf die Differenz führt zwangsläufig zur Dramatisierung, d. h. zur Hervorhebung von Geschlecht (vgl. Goffman 1994). Im Bereich Schule geschah dies z. B. institutionell durch geschlechtergetrennten Unterricht, individuell dadurch, dass eine Lehrkraft bestimmte Aussagen geschlechtsgruppengebunden trifft – ‚ich möchte auch mal die Mädchen hören' – oder Maßnahmen entsprechend anlegt, wie das abwechselnde Aufrufen von Mädchen und Jungen. Maßnahmen zur Jungen- oder Mädchenförderung dramatisieren, weil sie ihre Begründung aus dem Bezug auf Geschlecht beziehen. Das kann sinnvoll sein, wenn es darum geht, Einengungen gezielt anzusprechen (‚Warum traue ich mich etwas nicht, wenn Mädchen oder Jungen dabei sind?') oder durch handelnde Erprobungen Kompetenzerweiterungen zu erfahren (‚Ich traue mich, eine sportliche Übung zu versuchen, weil ich mich unter Gleichgeschlechtlichen sicherer fühle.'). Unterstellt ist allerdings hierbei, dass Gleichgeschlechtlichkeit größere Gleichheit und damit Offenheit bedeutet. Der ‚heimliche Lehrplan' vermittelt zugleich die oppositionelle Bestimmung von Geschlecht: ‚Weibliches' kann nicht gleich ‚Männlichem' sein und umgekehrt. Häufig wird zudem eine Täter-Opfer-Rolle festgeschrieben, da den Jungen negative Charakterisierungen zugeschrieben werden, die sie verändern sollen (Abbau von Dominanz), während die Mädchen positiv durch Stärkung ihres Selbstbewusstseins gefördert werden sollen. Entscheidende Weiterentwicklungen erfordern stattdessen eine geschlechterreflektierende Arbeit, die in geschlechtshomogenen wie in koedukativen Kontexten möglich ist.

Der neue Weg bedeutet, Geschlechtergerechtigkeit nicht als Maßnahmen der Mädchen- oder Jungenförderung, sondern als Gestaltungsaufgabe von Schulkultur insgesamt zu betrachten. Damit dies jedoch nicht unter der Hand doch zu einer Fortsetzung des ‚heimlichen Lehrplans' einer oppositionellen – in der Regel damit einhergehend auch hierarchischen – Geschlechtererziehung wird, muss die Frage geklärt werden, welche Bedeutung dem Geschlecht zukommt: Warum ist es sinnvoll, Geschlecht und Geschlechterdifferenzen nicht in den Mittelpunkt zu stellen und zu dramatisieren?

Am Beispiel eines Forschungsprojektes, in dem in einer sich als geschlechtergerecht verstehenden Schule die Sozialisation des ersten Jahrgangs in einem Gymnasium begleitet wurde (Budde/Scholand/Faulstich-Wieland 2008), lässt sich zeigen, dass die Dramatisierung von Geschlechterdifferenzen nicht zu dem führt, was eigentlich beabsichtig ist, sondern teilweise sogar ein gegenteiliger Effekt erreicht wird, indem Stereotype transportiert werden. Einengende Bilder von ‚den störenden Jungen' und ‚den lieben Mädchen' werden durch die Lehrkräfte mit konstruiert und weiter festgeschrieben. Dies zeigte sich an der untersuchten Schule insbesondere bei Projekten und Maßnahmen, die auf soziales Lernen abzielten.

Perspektiven liegen in einer Entdramatisierung der Kategorie Geschlecht im schulischen Alltag sowie in einem verstärkten Austausch innerhalb der Schule darüber, welche Ziele für Jungen und Mädchen erreicht werden sollen (Debus 2017).

Entdramatisierung von Geschlecht findet in jenen Situationen statt, in denen es Lehrkräften gelingt, das Augenmerk auf vorhandene (und nicht auf Basis geschlechtlicher oder sonstiger Zuordnungen unterstellte) Kompetenzen und Defizite der individuellen Schüler*innen zu richten. Daher bietet die Strategie der Individualisierung des Lernens, so paradox es klingen mag, Perspektiven für eine geschlechtsbezogene Förderung. Wenn anstelle von Geschlecht die Kinder und Jugendlichen mit ihren individuellen Strategien des Lernens im Mittelpunkt stehen, ergeben sich neue Chancen, die Heterogenität der Klassen als Ressource zu nutzen (vgl. Kampshoff/Scholand 2017).

Für die Auswahl und Bearbeitung von Fachinhalten bietet ein lebensweltlicher Bezug für Jungen und Mädchen sinnvolle Möglichkeiten der Individualisierung. Methoden- und Materialreichtum schaffen Abwechslung und damit die Möglichkeit für alle, an ihren Fähigkeiten, Stärken und Schwächen zu arbeiten (vgl. Kampshoff/Wiepcke 2016). Anstatt also im Deutschunterricht oder in Arbeitsgemeinschaften Lektüren nach vermeintlich geschlechtlichen Interessen auszusuchen, könnten sich die Kinder aus verschiedenen Angeboten das auswählen, was sie interessiert. So können sie zu expansivem Lernen angeregt werden, wie es im Interesse des Einzelnen zur Welterweiterung liegt (vgl. Holzkamp 1995).

Auch in Bezug auf soziale Kompetenzen liegen in der Entdramatisierung von Geschlecht Perspektiven: z. B. in dem inzwischen an zahlreichen Schulen eingeführten Modell konstruktiver Streitschlichtung. Der Geschlechteraspekt kann, muss aber nicht Thema bei Konfliktlösungen sein. Im Vordergrund steht vielmehr die Frage danach, welche Bedürfnisse (nach Anerkennung, körperlicher Unversehrtheit etc.) verletzt wurden.

Regelmäßige sachbezogene Projekte, Streitschlichtung und individualisiertes Lernen tragen bei zu einer Verstetigung eines entdramatisierenden Umgangs mit Geschlecht. Gerade für Ganztagsschulen gilt noch weit mehr als bisher, dass für die meisten Schüler*innen dies der zentrale, lebensweltliche Ort ist, an dem sie einen großen Teil ihrer Kinder- und Jugendzeit verbringen. Daher besteht für diesen Bereich in der Regel ein großes Interesse sowohl an einem friedlichen Miteinander wie auch daran, die Chancen des Miteinanders einer Vielzahl von unterschiedlichen Individuen produktiv und konstruktiv zu nutzen. Dies geht weit über den eigentlichen Unterricht hinaus. Insofern sind auch nicht nur die Lehrkräfte gefragt, sondern die im Kontext von Ganztagsschulen agierenden Erwachsenen, die mit unterschiedlichen Kompetenzen an der Gestaltung der Schulkultur mitwirken. Sie alle sind beteiligt an den sozialen Konstruktionen – nicht nur von Geschlecht – in Schule und Unterricht (vgl. Bräu/Schlickum 2015). Gerade für sozialpädagogische Aktivitäten gilt es, die bisherigen außerschulischen Ansätze freiwilliger getrennter Förderung von Mädchen oder Jungen zu überdenken und auf die koedukative Situation einer Schule zu beziehen. Schulsozialarbeit als bisher weitgehend ungeklärter Arbeitsbereich erhält hier eine Chance auf eigenständige Gestaltung. Gefragt ist dafür eine Umorientierung von der geschlechtsspezifischen Pädagogik mit einer Fokussierung auf Differenzen hin zu einer gendersensiblen Pädagogik, welche die Bedeutung der sozialen Kategorie Gender reflexiv konzeptioniert (Debus et al. 2012). Zweifellos sind die Kinder und Jugendlichen am Doing Gender beteiligt, d. h., ihre Entwicklungen beinhalten auch die Suche nach geschlechtlichen Identitäten (vgl. Budde/Thon/Walgenbach 2014; Faulstich-Wieland/Weber/Willems 2004). Insofern haben Geschlechterstereotype auch orientierenden Charakter. Problematisch werden sie dort, wo sie zu Einengungen führen und individuelle Entwicklungen behindern. Gendersensibilität kann deshalb nicht heißen, die orientierenden Aspekte der gesellschaftlichen Übereinkünfte für ‚genderangemessenes' Verhalten einfach außer Kraft zu setzen. Sie erfordert von den Erwachsenen Genderkompetenz, d. h. Wissen um die Prozesse der Konstruktion von Geschlecht und den eigenen Anteil daran. Haltung, Wissen sowie Methodik und Didaktik müssen zusammenkommen (Debus et al. 2012). Auf einer solchen Basis kann eine (sozial)pädagogische Begleitung von Kindern und Jugendlichen bedeuten, mit ihnen gemeinsam ihren je individuellen Weg zu finden, ohne ihre Bedürfnisse nach geschlechtlicher Identität zu ignorieren (vgl. Voigt-Kehlenbeck 2008). Das ermöglicht auch die Berücksichtigung all jener Jugendlichen, die sich nicht in das Schema der Zweigeschlechtlichkeit einordnen können oder wollen (vgl. Krell/Oldemeier/Austin-Cliff 2018).

Hannelore Faulstich-Wieland

Zum Weiterlesen
Bräu, Karin/Schlickum, Christine (Hrsg.) (2015): Soziale Konstruktionen in Schule und Unterricht. Zu den Kategorien Leistung, Migration, Geschlecht, Behinderung, Soziale Herkunft und deren Interdependenzen. Leverkusen: Barbara Budrich
Budde, Jürgen/Scholand, Barbara/Faulstich-Wieland, Hannelore (2008): Geschlechtergerechtigkeit in der Schule. Eine Studie zu Chancen, Blockaden und Perspektiven einer gender-sensiblen Schulkultur. Weinheim: Juventa
Glockentöger, Ilke/Adelt, Eva (Hrsg.) (2017): Gendersensible Bildung und Erziehung in der Schule. Grundlagen – Handlungsfelder – Praxis. Münster, New York: Waxmann Verlag

Schulsozialarbeit

Schulsozialarbeit ist in vielfältigen Formaten im Kontext von Schulen der Primar- und Sekundarstufen platziert. Als sozialpädagogisches Handlungsfeld bezieht sie sich im Wesentlichen auf sozialpädagogische Einzelfallhilfe/Beratung, sozialpädagogische Gruppenarbeit und Gemeinwesenarbeit (vgl. u. a. Speck 2020; Spies/Pötter 2011; Stüwe/Ermel/Haupt 2017). Diese zentralen methodischen Zugänge werden auf Schüler*innen als Adressat*innen bezogen, deren institutionell regulierte Bildungsbiografien durch sozialpädagogische Expertise unterstützt werden sollen. Das schulpädagogische Setting des curricular gesteuerten, formellen Unterrichts wird also um sozialpädagogische Settings in nicht- (bzw. weniger) formellen Formaten ergänzt, die sowohl präventiven als auch intervenierenden sowie vernetzenden Charakter haben können, dabei aber in der Regel in Wechselwirkung zu schulischen Praxen und Wissensordnungen stehen.

Wenngleich das Handlungsfeld mit einer Vielzahl an Begrifflichkeiten (vgl. Spies/Pötter 2011) und Positionierungsversuchen zur fachlichen Verortung außerhalb von Schule (u. a. BMFSFJ 2005a; Speck 2020) umrissen wird, ist seine Reichweite letztlich von der im Rahmen schulischer Gegebenheiten erreichbaren pädagogischen Kohärenz abhängig. Unabhängig von der Trägerschaft (Jugendhilfe oder Schule) werden von Schulsozialarbeit Konzepte und Praxen zur Entschärfung von institutionell konstruierten und konstituierten Ungleichheiten erwartet (u. a. Kooperationsverbund Schulsozialarbeit 2013). So deutet sich im Schulsozialarbeitsdiskurs und ihren Praxisvariationen letztlich eine Annäherung der teildisziplinären pädagogischen Diskurse und Expertisen an, die Gertrud Bäumer als Vision formulierte, als sie davon ausging, dass „zwischen den Grundgedanken des Schulwesens und denen der staatlichen Erziehungsfürsorge innere Verbindungen herzustellen und eine höhere Einheit zu schaffen" (Bäumer 1926, S. 45, zit. nach Stecklina 2005, S. 214) sei, damit diese „sich ergänzenden Systeme [die] in ihren sozial-pädagogischen Grundgedanken wie auch in ihrem praktischen Zusammenwirken eine größere Einheit bilden" (Bäumer 1926, S. 52 ff., zit. nach Stecklina 2005, S. 214) können. Mit der Etablierung von Schulsozialarbeit ist Sozialpädagogik nun also dabei, mit dem Schulsystem „in einer Synthese zusammen(zu)wachsen", nachdem sich zwischenzeitlich „die soziale Erziehungsfürsorge [...] selbst ausgestaltet, durchgebildet und abgerundet hat" (Bäumer 1929, S. 4, zit. nach Stecklina 2005, S. 214).

Für Schulsozialarbeit als Kooperationskonstrukt zwischen Schule und Sozialer Arbeit (Spies 2018a) sind Lehrkräfte, Schulleitungen, Eltern und Familien sowie die außerschulischen sozialpädagogischen Handlungsfelder der Jugendhilfe Partner*innen ihres pädagogischen Handelns, dessen Kohärenzkriterien (noch) ausgehandelt werden (müssen), weil sie u. a. vom Kooperationsniveau (Spies/Pötter 2011) abhängig sind. Auf der organisationalen Ebene der Einzelschule ist die Position der Akteur*innen des Handlungsfeldes – je nach Trägerschaft – die einer internen oder externen Erweiterung des Personaltableaus und entsprechend von den rechtlichen Grundlagen des föderalistischen Bildungssystems oder jenen des Sozialrechts (SGB VIII) abhängig. Ihre Platzierung setzt dabei zwangsläufig auch Schulentwicklungsprozesse in Gang

(Spies 2018b; Spies 2018c). Ob und wie eindeutig diese (auch) den Maximen der Sozialen Arbeit folgen (können), ist ebenso eine Frage des professionellen Selbstverständnisses aller beteiligten Akteur*innen, die in bildender Absicht (Ehrenspeck-Kolasa 2018) in den Settings der Einzelschule wirken, wie auch eine Frage der bildungs- und sozialpolitischen Absicht, mit welcher das sozialpädagogische Handlungsfeld im schulpädagogischen Kontext platziert wird bzw. eine Funktion in einer regionalen Bildungslandschaft (u. a. Spies/Wolter 2018) erhält.

In der Praxis stehen sich sozial- und schulpädagogische Handlungslogiken zum Teil widersprüchlich gegenüber, weil sozialpädagogische Verständnisse von Lebenswelt- und Adressat*innenorientierung, Parteilichkeit, Niederschwelligkeit oder Lebensbewältigungsstrategien im Kontrast zu schulischen Selektions- und Allokationsfunktionen (Leistungsorientierung, homogenisierendes Klassensystem, hochschwellig segregierende Bildungssystemstruktur in Wechselwirkung mit sozialer, kultureller und ökonomischer Kapitalabhängigkeit des Zertifikatserwerbs etc.) stehen.

So ist kohärentes pädagogisches Handeln im Verständnis der Wechselwirkungen zwischen Bildungs(system)anforderungen und Bewältigungsstrategien (Spies/Steinbach 2020) mit Blick auf ‚Angelegenheiten' der Genderperspektive auch im Handlungsfeld der Schulsozialarbeit sowohl eine Frage ihres professionellen Fachlichkeits- und Selbstverständnisses, als auch vom genderreflexiven Konzept der beteiligten schulpädagogischen Akteur*innen und ihrer organisationalen Repräsentanz abhängig und in Widersprüchen gefangen, wie die folgenden Beispiel zeigen.

Primarstufe: Mit einem, von der Schulsozialarbeit begrifflich z. B. als ‚Sozialtraining' markierten, halbjährlichen, monoedukativen Gruppenkonzept zweigeschlechtlich polarisierender ‚Angebote' (Mädchen- und Jungengruppe) wird den emotionalen Bedürfnissen von – unterschiedlich lebensweltlich belasteten – sechs- bis zehnjährigen Kindern einer Grundschule entgegenzukommen versucht. Indem die Unterrichtsteilnahme der so unterstützten bzw. markierten Kinder partiell nachrangig gesetzt wird, werden Wohlbefinden (BMFSFJ 2013b) und soziale Interaktion institutionell als Voraussetzung für inhaltliche Lernprozesse anerkannt, um langfristig die Bildungsbiografie zu sichern. Aber: Trotz aller positiven Wahrnehmungen und Rückmeldungen von Kindern und Erwachsenen und deren Betonung, hier ein ‚genderbewusstes' Konzept zu verfolgen, werden mit diesem Setting letztlich

a) Zweigeschlechtlichkeit als Norm präsentiert und die Bewältigungsanforderungen der Kinder entlang einer bipolaren Differenzlinie dramatisiert, während

b) das schul- (und sonder-)pädagogisch konnotierte Konstrukt des zugewiesenen Trainierens von (sozialen) Anpassungsleistungen die Freiwilligkeitsmaxime von sozialpädagogischen Gruppenformaten strukturell ‚überschreibt'. Außerdem wird

c) mit der inszenierten Differenzierung des Wissenserwerbs im Unterricht und der nach außen delegierten sozial-emotionalen Unterstützung durch Schulsozialarbeit Unterricht von Störungen entlastet, wodurch aber die Wechselwirkungen zwischen emotionalen bzw. sozialen Bedürfnissen und Lernprozessen organisational als zwei räumlich, personell und professionell separate ‚Angelegenheiten' inszeniert werden.

Durch diese Verantwortungsdifferenzierung werden die unauflösbaren Normenkonflikte zwischen Sinn- (Erziehung und Beziehung) und Sachnormen (Inhaltsbestand und -erwerb) pädagogischen Handelns (Bokelmann 1965) augenscheinlich ‚gelöst' – stehen aber letztlich im Widerspruch zur Absicht, mit Hilfe von Schulsozialarbeit die Wechselwirkungen zwischen authentischen lebens- und konstruierten lernweltlichen Anforderungen strukturell abzubilden, weil die konzeptuelle Anstrengung der kohärenten ‚Handlungssynthese' (Spies/Steinbach 2020) vermieden wird.

Sekundarstufe I: Einen aufgrund seiner sexuellen Orientierung von seiner Klassengruppe diskriminierten Jugendlichen kann Schulsozialarbeit in ihrer eigenen Wahrnehmung weder in Einzelberatung noch im Klassensetting hilfreich unterstützen, weil ihr sowohl fachliche Kenntnisse als auch strukturelle Beteiligungsmöglichkeiten aufgrund der Unterrichtshoheit (Lehrkraft) fehlen, so dass der Jugendliche seine Ausgrenzung schließlich durch einen Schulwechsel zu bewältigen versucht (Spies/Rainer 2016). Die Differenzlinie Geschlecht ist in diesem Beispiel mit jener der Sexualität intersektional verschränkt und drückt sich in der bildungsbiografisch folgenreichen Diskriminierung durch Mitschüler*innen und Erwachsene aus, denn der Fall wird von einer Schulsozialarbeiterin als Beispiel für die Grenzen ihrer Möglichkeiten, Genderperspektiven zu berücksichtigen, geschildert. Sowohl individuelle Beratung als auch das Gewahrsein um die Gefahr der Fortsetzung bzw. Verschärfung der Diskriminierung im Klassenkontext hätten fachliche Sachkenntnis und Reflexivität für kohärentes Handeln beider Professionen erfordert, weil individuell und gesellschaftlich konsequenzenreiche, fachliche Defizite weder durch das sozialpädagogische Handlungsfeld noch ohne eine strukturelle Rahmung im Sinne einer konzeptionellen Einbettung in Klassen- bzw. Unterrichtskonzepte ‚geheilt' werden können.

Die Wechselwirkungen zwischen Schulsozialarbeit als sozialpädagogisches Handlungsfeld und den Schulstufen und -formaten des staatlichen Schulsystems reichen von dessen Zusammenarbeit mit der Kindertagesbetreuung über offene und verbandliche Kinder- und Jugendarbeit (z. B. in Ganztagsformaten), präventive Beratungsangebote (u. a. gemäß § 17 SGB VIII) und intervenierende Maßnahmen der Jugendhilfe (z. B. Kinderschutz) bis hin zur Zusammenarbeit mit der Jugendberufshilfe und der Arbeitsverwaltung am Übergang zwischen Schule und Beruf (Spies 2018a). Kooperations-konzeptionelle Entscheidungen, die sich auf die Infragestellung des dualistischen Blicks im Kontext Gender einlassen, müssten folglich auch stets die gelebte wie auch die formulierte pädagogische Gesamtkonzeption (Eder 2015) einer Schule beinhalten, die sich in Haltungen repräsentiert und auf soziale Konstruktionen rekurriert. Professionelle Konzepte (kohärenten) pädagogischen Handelns erfordern unabhängig von Berufsgruppenzugehörigkeiten fundierte Wissensbestände (Rendtorff 2017) und systematische Handlungsreflexion, um „Normalitätsannahmen" bzw. vermeintliche „Anerkennung als Ziel ohne Hinterfragen der gesellschaftlichen Voraussetzungen" (Bliemetsrieder/Fischer/Weese 2020, S. 434) erkennen und unabhängig(er) von geschlechtsbezogenen Zuschreibungen ent-diskriminierend handeln zu können.

Anke Spies

Zum Weiterlesen
Ahmed, Sarina/Baier, Florian/Fischer, Martina (Hrsg.) (2018): Schulsozialarbeit in Grundschulen. Konzepte und Methoden für eine kooperative Praxis mit Kindern, Eltern und Schule. Opladen, Berlin, Toronto: Barbara Budrich
Spies, Anke (2020): Gendersensibilität als Querschnittsaufgabe für Schulsozialarbeit. In: Speck, Karsten/Olk, Thomas/Hollenstein, Erich/Nieslony, Frank (Hrsg.): Handbuch Schulsozialarbeit. Band 2. Weinheim, Basel: Beltz Juventa (in Druck)
Spies, Anke (2017): Geschlecht als Strukturkategorie professionellen Handelns in der Schulsozialarbeit. In: Speck, Karsten/Olk, Thomas/Hollenstein, Erich/Nieslony, Frank (Hrsg.): Handbuch Schulsozialarbeit. Band 1. Weinheim, Basel: Beltz Juventa, S. 220–227

Schutzkonzepte

Nachfolgend werden unter Schutzkonzepten alle Maßnahmen verstanden, die zur Stärkung der Rechte vor allem junger Menschen in Organisationen dienen (Oppermann et al. 2018). Ihre Notwendigkeit wurde vor dem Hintergrund des Machtmissbrauchs durch Erwachsene gegenüber jungen Menschen in allen Kontexten der Erziehung, Bildung, Pflege, Therapie, psychosozialer Versorgung und Freizeit vom Runden Tisch Sexueller Kindesmissbrauch (2011) gefordert. Inzwischen werden Schutzkonzepte auch auf alte Menschen oder Menschen mit Behinderung aufgrund ihrer potenziellen Vulnerabilität ausgeweitet. Schutzkonzepte sollen dazu beitragen, Unrechtssituationen in professionellen, intergenerativen, aber auch in Peer-to-Peer-Beziehungen auszuschließen, sie fungieren als Seismograf für Unrechtsverhältnisse. Um vor allem in Organisationen zur Achtsamkeit für unveräußerliche Rechte junger Menschen und anderer vulnerabler Gruppen auf Schutz/Sicherheit, Beteiligung/Beschwerde sowie Entwicklung/Förderung beizutragen, werden vielfältige arbeitsfeld- und zielgruppenspezifische Maßnahmen diskutiert, die insgesamt ein Schutzkonzept ausmachen. Sie werden in Organisationsentwicklungsprozessen partizipativ entwickelt und lassen sich in vier Schlüsselprozesse unterteilen: aus partizipativen Potenzial- bzw. Gefährdungsanalysen ergeben sich passgenaue Präventionsbestrebungen für Akteur*innen in Organisationen. Diese werden von Interventionserfordernissen begleitet, die nötig sind, wenn Verdachts- oder bestätigte Fälle jeglichen Machtmissbrauchs auftreten, die dann juristisch, pädagogisch und emotional mit allen Beteiligten aufgearbeitet und aufgeklärt werden müssen (Oppermann et al. 2018).

Schutzkonzepte genderreflektiert betrachten: Seit den 1980er Jahren wird in den Genderstudies darauf verwiesen, dass alle Alltagsvollzüge eingebettet sind in die Kategorien „women, race and class" (Davis 1981) und damit eine politische Dimension beinhalten. Bereits die Zuordnung zu einem sozialen Geschlecht (weiblich, männlich, divers, kein) spielt auch im Kontext von Schutzkonzepten eine Rolle. Es bestehen Interdependenzen zwischen ‚gender, race and class' sowie zu Aspekten von Hierarchie und Machtasymmetrie. Unter einer intersektionalen Perspektive führen all diese Überschneidungen und Gleichzeitigkeiten zu einer Ungleichverteilung, Teilhabebeeinträchtigung und Ungerechtigkeiten zwischen den Geschlechtern (Helma 2010). Bezogen auf Schutzkonzepte hat bereits der Anlass, warum Schutzkonzepte nötig sind, etwas mit ungleicher Machtverteilung zwischen Geschlechtern, Herkunft, gesellschaftlichem Status und Zugang zu wertvollen gesellschaftlichen Gütern wie Macht etc. zu tun. In den zugrundeliegenden Problemen der Gewalt in Organisationen können sich z. B. Rollenzuschreibungen von Täter*innen und Opfern abbilden, die mit einem Genderbias einhergehen können: ‚Frauen sind Opfer – Männer sind Täter'. Auch das Zustandekommen organisationaler Verfahren und Methoden zur Prävention und Intervention von Gewalt in Organisationen in Form von Schutzkonzepten muss genderreflektiert analysiert werden. Professionelle Vorgehensweisen und Vollzüge in der Sozialen Arbeit können nie wert- und theoriefrei betrachtet werden. In ihnen bildet sich eine dahinterliegende Gesellschafts- und Geschlechteranalyse ab, die auf die eigene Biografie, Psyche und professionelle Haltung stößt. Nachfolgend werden Interdependenzen aufgeschlossen, gefragt wird, warum es überhaupt Schutzkonzepte gibt und was dies mit Gender zu tun hat.

Diskursentstehung, Gender und Definitionsmacht: Dass und wie sexualisierte Gewalt gegen Männer in der katholischen Kirche einer systematischen Verdeckung unterzogen wurde und wie dies mit Männlichkeitsbildern zusammenhängt, wurde bereits untersucht (Lenz 2014, S. 15 ff.). Im Jahr 2011 waren es Männer in katholischen Internaten aus privilegierten familialen Milieus, denen es gelang, sexuellen Missbrauch in Organisationen zu skandalisieren. Männer sind die Protagonisten, dies könnte verwundern, zumal es seit Jahrzehnten ein Bestreben der Frauenbewegung und ihrer initiierten Forschung ist, sexuellen Missbrauch, Gewalt gegen Frauen und Mädchen als Ausdruck von gesellschaftlichen Machtverhältnissen in den Mainstream der Debatte zu bringen. Zudem hat die Geschlechterforschung der Heimerziehung der Nachkriegszeit seit langem einen Geschlechterbias attestiert. Diagnosen in den Heimen wurden als pädagogische Zurichtungsversuche von Mädchen und jungen Frauen entlarvt, die sich an Geschlechterstereotypien orientierten. Mit Gewalt, Entwürdigung und mit Bestrafung und Sanktion wurde versucht, Mädchen das vorherrschende Frauenbild wieder anzutrainieren (Gehltomholt/Hering 2006). Die hier zugrundeliegenden geschlechterstereotypen Erziehungsziele wurden kritisiert. Auf diese kritische Geschichtsanalyse als Spiegelbild gesellschaftlicher und gender-bedingter Ungleichheiten wurde nicht weiter rekurriert. Es bedurfte der Männer, die sich als Opfer outeten, um einen Diskurs anzuschieben. Durch diese Enttabuisierung ist eine neue Diskursqualität aufgekommen, denn seither wird die Verletzbarkeit von Männern in Organisationen und die Notwendigkeit spezifischer Ansätze in der psychosozialen Bearbeitung des Themas mit Männern offenbar (Mosser 2014, S. 263 ff.). Vulnerabilität galt eher Mädchen und Frauen und vor allem Frauen mit einer Behinderung in einem stationären Betreuungssetting (BMFSFJ/Schröttle/Hornberg 2014). Sicher geglaubte gendertypische Zuschreibungen wurden somit auf den Kopf gestellt.

Vulnerabilitäten in geschlechtlich konstruierten Sozialräumen: Die Gründe von Machtmissbrauch und allen Formen von (sexualisierter) Gewalt gegenüber jungen Menschen in Organisationen durch Erwachsene oder Gleichaltrige sind in der Ungleichverteilung von Macht und sozialen Ungleichheiten zu suchen. Risiken stehen in Verbindung mit der Aufforderung zur geschlechtstypischen Aneignung von Sozialräumen, die damit auch durch Gender- und Machtverhältnisse bestimmt sind. Das heißt, es könnte naheliegen, dass Mädchen aufgrund höherer Risiken in Organisationen diese eher meiden oder von Eltern eher von Organisationen ferngehalten werden. Sozialräumliche und sozialisationstheoretische Analysen haben ergeben, dass sich Jungen öfter in Organisationen befinden, dort häufiger aktiv sind (z. B. im Sport), dort dann jedoch gleichzeitig ein höheres Risiko für sexuellen Missbrauch durch Erwachsene, aber auch durch Peers haben. Mädchen und junge Frauen haben ein höheres Risiko, dass ihnen innerhalb der Familie Gewalt widerfahren kann. Da sich die Sozialräume gender-typisch unterscheiden, kommt es zu geschlechterdifferenzierenden Risiken bzw. Wahrscheinlichkeiten, von Gewalt durch Erwachsene oder Peers betroffen zu sein (Wucherpfennig 2010). Mit unterschiedlichen Raumaneignungsweisen könnten auch Selbstbilder einhergehen, d. h. Mädchen und junge Frauen können das Bild einer höheren Vulnerabilität annehmen und verinnerlichen und Orte darum weniger frequentieren. Dies kann wiederum mit einem größeren Schutzbedürfnis korrespondieren und in einem geschlechtstypischen Selbstbewusstsein und Selbstverständnis münden. Darüber hinaus können derartige Genderbilder auch typische Erziehungsinterventionen reproduzieren, die auf unterschiedlichen Schutzvorstellungen bzw. Schutzerwartungen basieren. Wenn Mädchen als vulnerabler und schutzbedürftiger eingestuft werden als Jungen, sind sie möglicherweise auch mehr Sanktionen, Kontrolle und erzieherischen Interventionen ausgesetzt, die mit ihrem Schutz gerechtfertigt werden. Zu fragen ist auch, welche erhöhten Risiken für queere junge Menschen in Organisationen entstehen. Da der Umgang mit Diversität in professionellen Organisationen keine Selbstverständlichkeit ist, kann von einem erhöhten Risiko ausgegangen werden.

Ob die Schutzkonzeptdebatte Gender-Bilder reproduziert, sie forciert, auf den Kopf stellt oder Auslassungen (re-)produziert, kann hier nicht bewertet werden. Es ist offenkundig, dass Haupt- und Nebenaspekte immer ein Spiegelbild von offenen und verdeckten Gender- und Diversitätsdiskursen sind. Insofern hat die Schutzkonzeptdebatte in der Frage gender-typischer Opfer- und Täterschaften einiges durcheinandergewirbelt und gleichzeitig reproduziert. All dies ist in Organisationen eingebettet.

Macht in Organisationen: In Organisationen der Erziehung, Bildung, Pflege, Therapie, psychosozialer Versorgung und Freizeit reproduzieren sich mehr oder weniger gesellschaftliche Verhältnisse der Ungleichverteilung von Macht zwischen Männern, Frauen und Diversen, zwischen Habenden und Nicht-Habenden, Inkludierten und Exkludierten. Die katholische Kirche ist z. B. eine männerdominierte, streng hierarchische Organisation, ohne Geschlechtergerechtigkeit und mit vielen Tabuthemen. Schutzkonzepte stellen die Machtfrage, weil sie denen zu mehr Verteilungsgerechtigkeit und Teilhabe an Macht verhelfen wollen, die über wenig verfügen. Schutzkonzepte enttabuisieren Themen wie Körperkontakt, Grenzen, Beschwerden und Beteiligung und fordern zur Aushandlung auf. Ob und wie solche Diskurse zugelassen werden, ob sich daraus Anforderungen für nötige Schutzmaßnahmen ergeben, ist eine Frage der Macht in Organisationen. Führungs- und Leitungsverantwortung ist erforderlich, denn Schutzprozesse werden von Leitungskräften als Organisationsentwicklungsprozesse angeschoben. Leitungen müssen Haltung zeigen, wenn sie Innovationen anschieben wollen. Rahmenbedingungen müssen geschaffen werden, so dass sich Prozesse in Organisationen vollziehen. Dafür bedarf es Zeit und Gelegenheiten für Reflexion und Konzeptentwicklung. Wer verfügt über Machtmittel in Organisationen, wer hat die Deutungshoheit über Probleme sowie für deren Lösung und wer hat das Sagen in übergeordneten Behörden, in Lobbyorganisationen in der Politik? Solange ein Übergewicht von Männern in Leitungs- und Führungspositionen in gesellschaftlichen Bereichen wie Behörden, Politik und zum Teil in der Praxis Sozialer Arbeit vorherrscht, lassen sich Machtstrukturen schwieriger aufweichen. Um Schutzkonzepte umsetzen zu können, müssen Organisationen grundsätzlich ihre Hierarchien hinterfragen, Machtstrukturen entlarven und Machtmittel der Akteur*innen offenlegen und sich für eine Demokratisierung ‚von unten' offenhalten und letztlich gendergerechter werden (Hofmann 2014). An der katholischen Kirche kann man erkennen, wie schwerfällig Organisationen für Veränderung sein können. Solange Macht in unserer Gesellschaft mit Geschlechtszugehörigkeit gekoppelt ist, darf man nicht nachlassen, diese Zusammenhänge in allen Bereichen des Lebens zu hinterfragen und aufzudecken. Schutzkonzepte sind eine Form, mit Tabuthemen zu brechen. Methoden und Maßnahmen, die ein Schutzkonzept ausmachen, können nur dann partizipativ entstehen, wenn Organisationen auch vorher offen für Partizipation waren bzw. wenn sie eine demokratische und genderreflexive Weiterentwicklung zulassen.

Mechthild Wolff

Zum Weiterlesen
Hofmann, Roswitha (2014): Organisationen verändern Geschlechterverhältnisse?! Queer-theoretische Perspektiven für eine geschlechtergerechte Entwicklung von Organisationen. In: Funder, Maria (Hrsg.): Gender Cage – Revisited. Handbuch zur Organisations- und Geschlechterforschung. Baden-Baden: Nomos, S. 387–410
Oppermann, Carolin/Winter, Veronika/Harder, Claudia/Wolff, Mechthild/Schröer, Wolfgang (Hrsg.) (2018): Lehrbuch Schutzkonzepte in pädagogischen Organisationen. Mit Online-Materialien. Weinheim: Beltz Juventa
Mosser, Peter/Lenz, Hans-Joachim (Hrsg.) (2014): Sexualisierte Gewalt gegen Jungen: Prävention und Intervention. Ein Handbuch für die Praxis. Wiesbaden: VS

Schwangerschaft

Schwangerschaft ist exklusiv an den weiblichen Körper gebunden. Dies kann erklären, warum sie – wie auch Menstruation, Geburt und Stillen – schon lange im Fokus der Frauenforschung und Gender Studies war und ist. Bereits in den Anfängen der Frauenforschung entstanden zahlreiche kritische Beiträge, die kulturhistorisch die Medikalisierungen und männliche Aneignung von Schwangerschaft und Geburt nachzeichneten und die damit verbundene Entmächtigung von Frauen anprangerten (Duden 1991; Fischer-Homberger 1979). Dies ging einher mit der Forderung nach der weiblichen ‚Zurückeroberung' der Natalität. Seit den 1970er Jahren formierten sich mit der feministischen Frauengesundheitsbewegung Praxisansätze, die auf De-Medikalisierung und Re-Naturalisierung von Schwangerschaft und Geburt, Selbstbestimmung der Gebärenden und Aufwertung der Hebammen abzielten (Rose/Schmied-Knittel 2011).

Bis heute ist das Forschungsinteresse in den Sozialwissenschaften und Gender Studies zur Natalität groß (Wulf et al. 2008; Wulf/Hänsch/Brumlik 2008; Villa/Möbius/Thiessen 2011; Heimgartner/Sauer-Kretschmer 2017; Mitscherlich-Schönherr/Anselm 2021), wobei jetzt stärker die Institutionalisierungen und Technologisierungen der Schwangerschaft als (Geschlechter-)Praxis und speziell Väter (Schadler 2013) in den Blick genommen werden. Dabei lassen sich drei empirische Schwerpunkte ausmachen.

Erstens gibt es kritische Beiträge zu Reproduktionstechnologien und Präimplantationsdiagnostik (u. a. Rödel 2015). Zwei Prozent aller Schwangerschaften entstehen durch medizinische Interventionen, z. B. Hormonbehandlungen oder In-Vitro-Fertilisation, vorzugsweise bei Müttern mit höherem Haushaltseinkommen oder höherer Bildung (Kottwitz/Spies/Wagner 2011, S. 134). In besonderer Weise darauf angewiesen sind lesbische Paare mit Kinderwunsch. Dabei entsteht ein regelrechter „Medizintourismus" (Ullrich 2016, S. 9), weil nicht nur gesetzliche Regelungen und Behandlungskosten international unterschiedlich sind, sondern auch die Bereitschaft zur Gametenspende oder Leihmutterschaft dort höher ist, wo Armut herrscht.

Ein zweites Forschungsfeld sind die medizinischen Vorsorgemaßnahmen in der Schwangerschaft. Für Deutschland sind hierzu soziale Differenzen nachweisbar: Die am besten informierten und gesündesten Frauen sind eher überversorgt, während die tatsächlich risikoexponierten Frauen nur teilweise von den Vorsorgemaßnahmen erreicht werden (Schwarz/Schücking 2004; Lange/Ullrich 2018). Während 75 Prozent der schwangeren Frauen ohne Migrationshintergrund Vorsorgeuntersuchungen durchlaufen, gilt dies nur für 43 Prozent der Frauen mit Migrationshintergrund (Brenne et al. 2013). Das Risiko einer Unterversorgung nimmt zu bei Migrantinnen der ersten Generation, Frauen mit geringen Deutschkenntnissen, Fluchterfahrungen und unsicherem Aufenthaltsstatus (Ernst/Wattenberg/Hornberg 2017, S. 49). Auch drogenkonsumierende Schwangere nutzen selten die vorgeburtlichen Vorsorgeangebote, was das Risiko von ernsthaften Komplikationen während und nach der Geburt erhöht (Tschudin 2012, S. 31). Die Studie zur Inanspruchnahme der Vorsorgeangebote von Versicherten der Barmer Ersatzkasse (Schäfers/Kolip 2015) kann zwar nur schwache Korrelationen zwischen sozioökonomischer Lage, Bildungsgrad und Vorsorgepraktiken ausmachen, jedoch ist die Klientel der Barmer Ersatzkasse sozial nicht repräsentativ. Fast alle Befragten haben Präventionsmaßnahmen in Anspruch genommen, die im Rahmen der Schwangerenvorsorge nicht als Standard vorgesehen sind, viele davon auch verbunden mit eigenen Zuzahlungen.

Im besonderen Blick sind die Ultraschalluntersuchungen, die für Eltern eine hohe emotionale Bedeutung als Praxis des ‚Doing Family' haben (Heimerl 2013; Sänger 2020). Auf der Grundlage ethnografischer Beobachtungen zeichnen die Studien nach, wie die medizindiagnostische Technologie das vorgeburtliche soziale Elternwerden mitgestaltet und das werdende Kind auf magische Weise real werden und emotional besetzen lässt – gerade auch durch die Geschlechtsidentifizierung, die mittlerweile mehrheitlich gewünscht ist. Gleichzeitig wird deutlich, wie kindliche Entwicklung bereits pränatal weitreichend und selbstverständlich normalisiert wird und historisch neuartige Stressoren in der Schwangerschaft entstehen, wenn Abweichungen festgestellt werden. In diesem Fall folgen weitere Untersuchungen wie auch ethisch belastende Entscheidungen, die von den Eltern zu Behandlungen bis hin zur möglichen Abtreibung zu treffen sind.

Als drittes Forschungsfeld sind die Geburtsvorbereitungskurse zu nennen. Sie finden ein hohes Maß an Akzeptanz (Lange/Ullrich 2018), bei genauerem Blick sind es aber auch hier wieder vor allem die gut ausgebildeten, ökonomisch abgesicherten und verheirateten Frauen, die diese „gezielte Bildungsleistung" (Krahl 2012, S. 2) nutzen. Die Kurse werden primär von Hebammen angeboten, die damit für Mütter und Eltern – neben dem gynäkologischen Fachpersonal – eine zentrale Stellung als Bezugsobjekte in der pränatalen Phase erhalten.

Sie haben ihre Wurzeln in den Mütterschulen des frühen 20. Jahrhunderts mit ihrem breiten Curriculum an pflegerischen, hauswirtschaftlichen und medizinischen Qualifizierungen. Ab Mitte der 1950er Jahre breiten sich dann die spezialisierten Angebote zur Schwangerschaftsgymnastik aus, deren Ziel die Gesundheitsförderung und Minimierung von körperlichen Beschwerden, aber auch die Optimierung des Geburtsverlaufs durch Wissensvermittlung und Gymnastikübungen ist. Sukzessive steigen jedoch im Laufe der Zeit die Ansprüche an die Vorbereitung auf die Geburt (Hauffe 1987, S. 316). Weil die Gymnastikkurse dem wachsenden Wissensbedürfnis der Schwangeren nicht mehr gerecht werden (ebd.), entstehen in den 1970ern geburtsvorbereitende Selbsthilfegruppen, die sich als „eine ganzheitliche Methode der Begleitung in der Schwangerschaft und der Vorbereitung auf die Geburt sowie auf die Still- und Wochenbettzeit" (Albrecht-Engel 2007, S. 14) verstehen. Aus dieser Bewegung resultiert schließlich die Gründung der „Gesellschaft für Geburtsvorbereitung" 1980, die ab diesem Zeitpunkt Geburtsvorbereiterinnen ausbildet. Dies führt zur Etablierung der Geburtsvorbereitung als Standardangebot der Familienbildung (ebd.).

Diese institutionelle Entwicklung ist elementar getragen von dem Ziel, eine „,selbstbestimmte' und entscheidungsbewusste Mutter" (Schumann 2006, S. 137) zu fördern, die über Interventionen zu Geburtserleichterungen und Entbindungsverfahren Bescheid weiß und eine informierte Entscheidung in ihrem Interesse treffen kann. Dass sich diese propagierte Vision in der Krise der Geburt dann doch häufig für die betroffenen Frauen nicht einlöst, führt wiederum zu besonderen und historisch neuartigen psychischen Kränkungs- und Leidensdimensionen (Rose 1993).

Die sozialen Praktiken in den Geburtsvorbereitungskursen sind an verschiedenen Stellen geschlechterkritisch in den Blick genommen worden. Elsbeth Kneuper problematisiert, dass die Kurse soziale Arenen darstellen, in denen den schwangeren Frauen der Ausstieg aus dem Beruf und der „Einstieg in die ungeliebte traditionelle Frauenrolle" erleichtert wird (Kneuper 2004, S. 86, 100). Margot Müller und Nicole Zillien arbeiten in ihrer Ethnografie zu Geburtsvorbereitungskursen heraus, dass die Praxis eine strikte Geschlechterdifferenzierung organisiert, indem stets die „Naturwüchsigkeit einer primären Verantwortung der Mutter für ihr Kind" (Müller/Zillien 2016, S. 430) kommuniziert wird. Damit werden bereits vor der Geburt entscheidende „Pflöcke für eine geschlechterdifferenzierende Arbeitsaufteilung" (ebd.) eingeschlagen, die auch postnatal weiterwirken.

In eine ähnliche Richtung verweisen die Ergebnisse einer ethnografischen Studie zur Positionierung des Vaters in Geburtsvorbereitungskursen und Informationsabenden in Kliniken für werdende Eltern (Rose/Seehaus 2015; Rose/Pape 2020). Auch wenn Väter heutzutage selbstverständlich in die Vorgänge von Schwangerschaft und Geburt integriert werden und sie ihre Frauen zu den entsprechenden Veranstaltungen begleiten, ist ihre Situation dort prekär. Ihnen wird die Aufgabe zugewiesen, die Interessen der Gebärenden gegen klinische Zumutungen souverän verteidigen zu müssen. Damit wird tabuisiert, dass auch Väter unter der Geburt in eine Krise geraten und hilfebedürftig werden können. So werden denn Artikulationen väterlicher Ängste von den Kursleitungen konsequent de-thematisiert. In Bezug auf das zukünftige Kind wird der Vater in die ‚zweite Reihe' gerückt. Dabei spielt das Narrativ des ‚Bondings' eine prominente Rolle, das als existenzielle Aufgabe für die Mutter nach der Entbindung exponiert wird. In der ‚zweiten Reihe' landen Väter auch beim Üben der Säuglingspflege. Während hier die Mütter bereitwillig mitmachen, scheuen die Väter eher zurück. Wenn sie es ausprobieren, werden sie von ihren Frauen genau beobachtet und häufig korrigiert. Dass es für Väter in den Kursen sozial schwierig ist, lässt sich zu guter Letzt auch an den Witzen ablesen, die über sie gemacht werden und die sie selbst machen (Rose 2017).

Die Phase der Schwangerschaft erweist sich nicht nur als körperliche Metamorphose, sondern auch als eine soziale mit deutlichen geschlechterkonservativen Zügen. Diese wird institutionell organisiert in Vorsorge- und Geburtsvorbereitungsmaßnahmen, die kontrollieren, normalisieren, qualifizieren und behandeln. Mütter werden auf diese Weise responsibilisiert für den Geburtsverlauf, die Gesundheit von Mutter und Kind, die Bindung zwischen Mutter und Kind und die Entwicklungschancen des Kindes. Väter werden zwar einbezogen, aber immer in nachrangiger Position. Gleichzeitig wandeln sich Schwangerschaft und Geburt, die „einst die natürlichste Sache der Welt" (Beck/Beck-Gernsheim 1990, S. 146) waren, zu einem weiteren Projekt des ‚unternehmerischen Selbst' in der neoliberalen Gesellschaft, das es gekonnt zu managen gilt (Villa/Moebius/Thiessen 2011, S. 12) – und das Klassendifferenzen schafft. Gruppen mit geringem Kapital finden jedenfalls in der Schwangerschaft schwieriger Zugang zu den gesellschaftlich bereitgestellten Ressourcen der pränatalen Gesundheitsprävention für Mutter und Kind.

Lotte Rose

Zum Weiterlesen
Schadler, Cornelia (2013): Vater, Mutter, Kinder werden. Eine posthumanistische Ethnographie der Schwangerschaft. Bielefeld: transcript

Heimgartner, Stephanie/Sauer-Kretschmer, Simone (Hrsg.) (2017): Erfüllte Körper. Inszenierungen von Schwangerschaft. Paderborn: Wilhelm Fink

Seehaus, Rhea (2015): Schwangerschaft und Geburt als individuelles Projekt. Zur institutionellen Anrufung schwangerer Frauen in Informations- und Bildungsveranstaltungen. In: Freiburger Zeitschrift für GeschlechterStudien, H. 2, S. 51–67

Schwangerschaftskonfliktberatung

Im fachlichen Sinn ist die Schwangerschaftskonfliktberatung eine auf Wunsch der Schwangeren, die ihre – meist ungewollte – Schwangerschaft im Konflikt mit ihrer Lebenslage erlebt, freiwillig in Anspruch genommene, auf wissenschaftlicher Grundlage beruhende Beratung. Ziel einer Schwangerschaftskonfliktberatung ist die Erweiterung des persönlichen Entscheidungsspielraumes und die Stärkung der Fähigkeit, die Folgen der Entscheidung, sei es für oder gegen einen Schwangerschaftsabbruch, tragen zu können. Schwangerschaftskonfliktberatung wird von Beratungseinrichtungen zur Familienberatung angeboten und umfasst auch die Beratung über Schwangerschaftsverhütung und verschiedene Methoden des Schwangerschaftsabbruchs.

Allerdings ist die Beratung für ungewollt schwangere Personen, die einen Schwangerschaftsabbruch wünschen, nicht nur ein Recht, sondern seit 1976 in der BRD auch eine gesetzlich vorgeschriebene Pflicht, ohne die kein straffreier Abbruch möglich ist. Das ‚Gesetz über die Unterbrechung der Schwangerschaft' in der DDR (ab 9. März 1972) sah keine Zwangsberatung vor. Seit der Neuregelung durch das Schwangeren- und Familienhilfeänderungsgesetz (SchKG) vom 01.10.1995 sehen die §§ 218, 219 StGB für das gesamte Bundesgebiet neben der kriminologischen und der medizinischen Indikation eine Fristenregelung von drei Schwangerschaftsmonaten mit Beratungspflicht in einer staatlich anerkannten Schwangerschaftskonfliktberatungsstelle vor. Inhalt und Rahmen der Schwangerschaftskonfliktberatung sind in § 219 des StGB und in den §§ 5 bis 11 des SchKG geregelt.

Im Jahr 2020 gab es insgesamt 99.948 Schwangerschaftsabbrüche in der BRD. Davon 3.809 nach der medizinischen Indikation, 29 nach kriminologischer Indikation und 96.110 nach der Beratungsregelung. Sieht man sich die Entwicklung seit 2012 an, so ist ein kontinuierlicher Rückgang zu verzeichnen: 2012 gab es insgesamt 106.815 Schwangerschaftsabbrüche – medizinische Indikation: 3.326, kriminologische Indikation: 27, Beratungsregelung: 103.462 (Statistisches Bundesamt 2021). Im europäischen Vergleich belegt Deutschland einen der hinteren Plätze. Damit ist dem Argument der europa- und weltweit agierenden und sich ständig ausbreitenden Abtreibungsgegner*innen entgegenzutreten, die Schwangerschaftsabbrüche generell verbieten wollen, weil sie den Frauen kein Selbstbestimmungsrecht zutrauen (Notz 2012, S. 49 ff.). Dabei ist die Erkenntnis längst bestätigt, dass Bestrafung oder Strafandrohung sich vor allem auf arme Bevölkerungsschichten katastrophal auswirken; wohlhabende finden immer einen Arzt*eine Ärztin, die*der den Abbruch vornimmt (Notz 2016, S. 166 f.).

Nach § 219a, der 1933 ins StGB eingefügt wurde und das sogenannte „Werbeverbot" für Schwangerschaftsabbrüche regelt, wenn sie „eigene oder fremde Dienste zur Vornahme von Schwangerschaftsabbrüchen anbieten", wurden seit vielen Jahren Ärzte und Ärztinnen von selbsternannten ‚Lebensschützer*innen' angeklagt. Der nachhaltige Kampf von angeklagten Ärztinnen und die Unterstützung der Pro Choice Bewegung führten zwar Ende des Jahres 2019 zu einer Änderung, nach der Praxen darüber informieren können, dass sie Abtreibungen durchführen. Weitere Informationen über die Methode sind jedoch nach wie vor strafbar (Bündnis für sexuelle Selbstbestimmung 2010). Mit Werbung ist das, was zur gesundheitlichen Aufklärung gehört, sicher nicht zu bezeichnen. Das Gesetz ist aber geeignet, den Frauen einen gewünschten Abbruch zu erschweren.

Die Ausgestaltung der Schwangerschaftskonfliktberatung als strafgesetzliche Pflicht verhindert zudem, dass schwangere Personen ein Recht haben, auf Beratung zu verzichten. Das widerspricht den Grundregeln psychosozialer Beratung, weil es die Vertrauensbeziehung und Offenheit in der Schwangerschaftskonfliktberatung beeinträchtigen kann. Im SchKG ist geregelt, dass die Beratung einerseits ergebnisoffen geführt werden und von der Verantwortung der Frau ausgehen soll, andererseits dem Schutz des ungeborenen Lebens dient. Eine qualifizierte Schwangerschaftskonfliktberatung sieht das Beratungsgespräch als ein Angebot, im persönlichen Gespräch über die Gründe zu sprechen, die eine Frau zum Abbruch bewegen. Beratende werden von der Schwangeren keinerlei Rechtfertigung verlangen und sie nicht bedrängen, eine bereits getroffene Entscheidung zu ändern. Sie werden der Schwangeren klar machen, dass es allein bei ihr liegt, ob sie die Schwangerschaft abbrechen lassen oder fortführen will. Auf Wunsch der Schwangeren kann ihr Partner oder ihre Partnerin oder eine andere Person an dem Gespräch teilnehmen. Pro familia bietet auch spezielle kultursensible Beratung für Migrantinnen an. Durch migrantische Beraterinnen kann der kulturellen Vielschichtigkeit und der Vielsprachigkeit der Ratsuchenden Rechnung getragen werden (pro familia 2011). Die Beratung umfasst die im konkreten Fall erforderliche medizinische, soziale und juristische Information – medizinische Aufklärung hinsichtlich eines operativen oder medikamentösen Eingriffs, die Erläuterung der Rechtsgrundlage und der praktischen Hilfen für die Fortsetzung der Schwangerschaft, z. B. Informationen über staatliche und andere Sozialleistungen und Unterstützungen, die Darlegung der Rechtsansprüche von Mutter und Kind wie Elterngeld, Unterhalt, Wohngeld, existenzielle Leistungen, Kosten und Finanzierung eines Schwangerschaftsabbruchs.

Ferner soll der Frau das Angebot von Unterstützung, Nachbetreuung und Beratung über Schwangerschaftsverhütung unterbreitet werden. Die Schwangerschaftskonfliktberatung ist absolut vertraulich. Die Mitarbeiterinnen der Beratungsstellen gelten nach § 203 StGB als besondere Geheimnisträgerinnen und im SchKG ist das Recht auf Wahrung der Anonymität festgeschrieben. Ohne ihr Wissen und ihre Zustimmung dürfen keine Daten über Klientinnen erhoben und weitergegeben werden. Schwangere, die aufgrund von emotionalen, seelischen, partnerschaftlichen und lebensplanerischen Problemen, Sorgen und Lebensumständen einen Abbruch der Schwangerschaft erwägen, werden bei der Lösung durch die Beratung ebenso unterstützt wie Schwangere, die erwägen, die Schwangerschaft fortzusetzen. Beratende Personen sind gesetzlich verpflichtet, den wesentlichen Inhalt der Beratungsgespräche in einer anonymisierten Aufzeichnung festzuhalten. Diese Aufzeichnungen dienen ausschließlich dazu, die Arbeit der Beratungsstellen für die im Schwangeren- und Familienhilfeänderungsgesetz festgeschriebene Überprüfung zu dokumentieren.

Die Schwangerschaftskonfliktberatung kann auf Wunsch anonym durchgeführt werden. Die Schwangere muss weder bei der Anmeldung noch gegenüber der beratenden Person ihren Namen angeben. Das Beratungsgespräch ist kostenlos. Es kann auf Wunsch der Schwangeren auch mehrere Termine umfassen. Nach der Schwangerschaftskonfliktberatung erhält sie eine Beratungsbescheinigung mit Namen und Datum der Schwangerschaftskonfliktberatung. Am vierten Tag nach der Ausstellung dieser Bescheinigung kann ein Schwangerschaftsabbruch durchgeführt werden. Bei einer anonymen Schwangerschaftskonfliktberatung kann die Bescheinigung von einer anderen Person der Beratungsstelle ausgestellt werden als von der Person, die die Beratung durchgeführt hat.

Seit dem 01.01.2010 ist das SchKG für die gesamte medizinische Indikation geändert. Danach ist die Ärztin oder der Arzt nach einem auffälligen pränataldiagnostischen Befund, der auf eine Erkrankung oder Behinderung des Fötus schließen lässt, oder nach einer Erkrankung der Mutter nach § 2a, Absatz 1 SchKG verpflichtet, eine fachübergreifende medizinische und ergänzende psychosoziale Beratung sowie Information anzubieten, die die schwangere Person allerdings ablehnen kann. Die schriftliche Indikation darf erst ausgehändigt werden, wenn zwischen dem Tag der Beratung durch die Ärztin*den Arzt und der Aushändigung drei volle Tage liegen.

Das nach § 7 SchKG vorgeschriebene flächendeckende plurale Netz anerkannter Beratungsstellen besteht aus Einrichtungen freier, nicht konfessionell gebundener Träger (z. B. pro familia), konfessionellen Einrichtungen (z. B. Diakonisches Werk), Einrichtungen des öffentlichen Gesundheitsdienstes oder des besonderen Sozialdienstes. Die katholische Kirche hat sich im Jahre 2000 nach innerkirchlichen Auseinandersetzungen weitestgehend aus der gesetzlichen Schwangerschaftskonfliktberatung zurückgezogen. An ihre Stelle sind Beratungsstellen katholischer Laienorganisationen (z. B. Donum vitae) getreten.

Auch beratende Ärzte und Ärztinnen können anerkannt werden. Ein dichtes Netz gut finanzierter und ausgestatteter Beratungsstellen ist unverzichtbar. Es muss auch Menschen in strukturschwachen Regionen erreichen, aber die Beratung muss freiwillig und unabhängig sein. Durch den Beratungszwang und durch die Tatsache, dass der Schwangerschaftsabbruch im StGB steht, wird eine wertfreie und akzeptierende Beratung erschwert (pro familia 2006).

Gisela Notz

Zum Weiterlesen
Kitzinger, Susanne (2003): Frauen im Schwangerschaftskonflikt. Die Rolle der Schwangerschaftskonfliktberatung, die Entscheidung zum Schwangerschaftsabbruch und seine Folgen. Diplomarbeit. Agentur diplom.de
pro familia Bundesverband (2006): Standpunkt. Schwangerschaftsabbruch. 4. Auflage. Frankfurt/M.: pro familia
pro familia magazin (2015): Schwangerschaftsberatung – 20 Jahre Schwangeren- und Familienhilfeänderungsgesetz. H. 02

Selbsterfahrung

Der Begriff Selbsterfahrung bezeichnet Prozesse, in denen Individuen im Rahmen sozialer Bewegungen sich ihrer gesellschaftlichen Situation in den herrschenden Ausbeutungs- und Unterdrückungsverhältnissen bewusst werden. Es handelt sich um eine kollektive, politische Praxis, in der die Selbst- und Weltverhältnisse der Individuen durch sie selbst neu bestimmt werden. So kann ein kollektives Bewusstsein und Wissen über Unfreiheit und Ungerechtigkeit entstehen, das sowohl zur Veränderung individueller Handlungsmuster der Einzelnen als auch zum gemeinsamen politischen Handeln führen kann, das auf ein Mehr an Selbstbestimmung und Freiheit zielt. Diese Bedeutungsgehalte des Begriffs Selbsterfahrung werden heute oftmals überlagert von anderen Bestimmungen, beispielsweise wenn der Begriff in pädagogischen oder therapeutischen Kontexten zur Bezeichnung von rein individuellen Entwicklungsprozessen, zur Beschreibung von persönlichen Extrem- und Grenzerfahrungen oder im Zusammenhang mit beruflicher Supervision verwendet wird (Scheffler 2011). In den Hintergrund tritt dann, dass Konzepte der Selbsterfahrung als politische Praxis aus den Befreiungsbewegungen der 1960er und 1970er Jahre wie dem Civil Rights Movement in den USA und den autonomen Frauenbewegungen weltweit entstammen. Dieser Entstehungszusammenhang zeigt sich im genuin politischen Gehalt der Selbsterfahrungskonzeptionen.

Das im US-amerikanischen Civil Rights Movement erprobte Konzept des Consciousness-Raising zur Bewusstwerdung der rassistischen Abwertung von People of Color innerhalb der ökonomischen und sozialen Ungleichheit in der kapitalistischen Klassengesellschaft wird Ende der 1960er Jahre von den erstarkenden autonomen Frauenbewegungen aufgegriffen und hinsichtlich der

Geschlechterverhältnisse weiterentwickelt (vgl. Norman 2006, S. 38 f.). Für die Consciousness-Raising Gruppen lassen sich im deutschsprachigen Kontext die Bezeichnung „Selbsterfahrungsgruppen" (Krechel 1983, S. 43), „Emanzipations-Gesprächsgruppe" (Wagner 1973, S. 145), „bewußtseinsveränderne Gruppe" (ebd.) oder „Kleingruppe" (Frauen aus der Frauengruppe Freiburg 1975, S. 184) finden. Consciousness-Raising bzw. Selbsterfahrung wird zur charakteristischen politischen Praxis der autonomen Frauenbewegung. In den Selbsterfahrungsgruppen werden persönliche Erlebnisse und Erfahrungen beispielsweise aus Kindheit und Familie, das Verhältnis zum eigenen Körper und zu Sexualität sowie die Beziehungen zu anderen Frauen und zu Männern besprochen. Aus der Artikulation von Gefühlen, Erlebnissen und Erfahrungen entsteht die Möglichkeit, scheinbar individuelle Schwierigkeiten als aus den gesellschaftlichen Verhältnissen und den androzentrischen Wertebeziehungen entstehende geteilte Probleme zu erkennen. Der Zweck der Selbsterfahrungspraxis liegt darin, die Isolation und Vereinzelung der Frauen aufzubrechen, ein Bewusstsein und Wissen über die soziale und ökonomische Lage, die geschlechtsspezifische Abwertung und Unterdrückung zu erarbeiten, so dass sowohl individuelle Selbstbilder und Handlungsmuster verändert als auch politische Ziele der Frauenbewegung als Teil und „innerhalb der sozialen Revolution" (Allen 1972, S. 69) gemeinsam bestimmt werden können. Da Selbsterfahrung eine Form feministischer Wissensproduktion ist, wurde sie in den autonomen Frauenbewegungen auch zum Ausgangspunkt für feministische Theoriebildung (vgl. Allen 1972; Firth/Robinson 2016).

Die Selbsterfahrungspraxis der autonomen Frauenbewegungen der 1960er und 1970er Jahre stellt sowohl den Inhalt als auch die Form von Politik in Frage: Den Inhalt, da die Gruppen die in die Privatsphäre abgedrängten gesellschaftlichen Belange wie Sexualität oder Gewalt thematisieren und enttabuisieren, indem die gesellschaftliche strukturelle Dimension der ‚persönlichen' Probleme verdeutlicht wird. Durch die Thematisierung und Politisierung vormals als ‚unpolitisch' und ‚persönlich' apostrophierter Probleme in der Öffentlichkeit stellt die Selbsterfahrungspraxis auch die Form der Politik in Frage: Die Aufteilung gesellschaftlicher Sphären in Privatheit und Öffentlichkeit, deren Vergeschlechtlichung und die damit einhergehenden Auswirkungen auf Frauen werden sichtbar und kritisierbar. Zudem organisieren sich die Selbsterfahrungsgruppen basisdemokratisch und dezentral und grenzen sich von ‚traditionellen' Formen der Politik, beispielsweise in Parlamenten, Verbänden und Korporationen, ab. Die Selbsterfahrungspraxis stellt die politisch praktische Seite der Forderung der autonomen Frauenbewegungen nach Selbstbestimmung dar, wobei Selbstbestimmung die Bestimmung über die eigene Lebensgestaltung und Lebenszeit unter der Bedingung demokratischer, kollektiver Bestimmung der Belange des gesellschaftlichen Lebens (der sozialen, ästhetischen, psychischen, sexuellen, ökonomischen Produktion und Reproduktion der Individuen wie der Gesellschaft als Ganzer) meint (vgl. Gerhard 1995; Haug 2008). Insofern sich die Selbsterfahrungspraxis gegen die kapitalistische Produktionsweise richtet, die auf Vereinzelung und Konkurrenz der Einzelnen, wie auf der Ausbeutung unbezahlter Sorge- und Pflegearbeit, auf androzentrischen Anerkennungsverhältnissen und auf der Abwertung des Weiblichen und der Frauen als weiblich markierten Individuen, ihren Tätigkeiten, Zielen und Werteorientierungen beruht, ist die Selbsterfahrungspraxis eine kulturrevolutionäre Praxis. Denn sie verbindet Gesellschaftsveränderung und Veränderung der Subjekte.

Schon Ende der 1970er Jahre wurde aus den Reihen der autonomen Frauenbewegungen Kritik an der Selbsterfahrungspraxis formuliert: Krechel kritisiert, dass die Thematisierung von Erfahrung nicht zwangsläufig zur Analyse der Gesellschaft und zur Veränderung des eigenen wie des gemeinsamen Handels führen muss (vgl. Krechel 1983, S. 44). Auch besteht die Gefahr, die geteilte „gemeinsame Erfahrung, in einer androzentrischen Gesellschaft Frau zu sein" (Studer 2011, S. 41), zu einem nicht mehr hinterfrag- und kritisierbaren Fixpunkt zu machen. Der Schritt von einer als Evidenz genommenen Erfahrung des Frauseins zur Annahme eines scheinbar wahren und wesentlichen Kerns einer sexuellen Identität ist dann nicht weit. Darüber hinaus kann die Berufung auf die eigene Erfahrung als Ausgangspunkt feministischer Gesellschaftskritik und Praxis darauf hinauslaufen, den Bereich der Politik auf den Horizont persönlicher Erfahrungen einzuschränken. Damit geraten die gesellschaftlichen Konflikte aus dem Blick, die sich nicht unmittelbar in den Erfahrungen der Teilnehmer*innen der Selbsterfahrungsgruppen niederschlagen (vgl. Lux 2019, S. 67). Vor allem in der autonomen Frauenbewegung in Italien wurde die Vorstellung einer Gleichheit der Erfahrungen von Frauen kritisiert. Die Praxis der Selbsterfahrung wird zwar als ein erster Schritt auf dem Weg zur Entwicklung „weiblicher Freiheit" (vgl. Libreria delle Donne di Milano 1988, S. 176) verstanden. Allerdings soll es im Weiteren um die Reflexion der sexuellen Differenz gehen, wodurch Frauen sich und ihre Erfahrungen auf eine allgemeine Vermittlungsinstanz beziehen können sollen. Erst vor dem Horizont einer allgemeinen symbolischen Ordnung, die nicht mehr androzentrisch wäre, könnten Frauen ihre Erfahrungen in ihrer Individualität deuten. Von Seiten feministischer Persons of Color, des migrantischen Feminismus und der Prololesben-Bewegung wurde kritisiert, dass die autonome Frauenbewegung von mehrheitlich der Mittelschicht angehörigen, weißen, gut ausgebildeten Frauen und ihren Vorstellungen einer gemeinsamen, geteilten Erfahrung des Frauseins dominiert wurde. Erfahrungen von Unterdrückung und Abwertung aufgrund von Klassenzugehörigkeit und Rassismus hätten kaum Eingang in diese Vorstellungen gefunden. Diese Kritiken zielen darauf, nicht allein auf eine geteilte Erfahrung, sondern auf Anerkennung der Differenzen und auf die Fähigkeit zu Empathie und zu Koalition zu setzen (Hügel et al. 1993).

Im Verlauf der 1970er Jahre gründeten sich aus der Einsicht in die eigenen Verstrickungen in androzentrische Geschlechterverhältnisse auch Männergruppen, welche die Erfahrungen mit der begrenzenden und zurichtenden Männerrolle thematisierten. Sie waren mit spezifischen Schwierigkeiten konfrontiert: Der Suche nach einer geteilten männlichen Erfahrung und einem Männerstandpunkt fehlt in einer androzentrischen Gesellschaft, in der Männlichkeit mit einer Machtposition verbunden ist, das emanzipatorische Potenzial. Denn es besteht ein „Widerspruch zwischen einer männlichen Identität und dem Anspruch, gegen ein Machtverhältnis vorzugehen, das auf männlicher Herrschaft beruht" (Kadritzke 2014, S. 247).

Selbsterfahrung ist nicht per se eine kulturrevolutionäre Praxis, die Autonomie, Freiheit, Individualität und Anerkennung von Differenzen befördert. Mit dem Verebben der sozialen und kulturellen Bewegungen der Neuen Linken in der zweiten Hälfte des 20. Jahrhunderts fällt der politische Zusammenhang weg, der es ermöglichte, Selbstveränderung und Gesellschaftsveränderung zu verbinden. Die Möglichkeit zu dieser Verbindung liegt darin, dass die Bewegungen der 1960er und 1970er Jahre auf die Herstellung sozialer und ökonomischer Gleichheit und Gerechtigkeit durch die Abschaffung kapitalistischer Ausbeutung und Herrschaft zielten. Somit adressierten sie die objektiven, materiellen gesellschaftlichen Bedingungen der Subjektwerdung, wodurch die subjektive Selbstveränderung durch Selbsterfahrung ihren politischen Gehalt erhalten konnte. Vor dem Hintergrund der postfordistischen Umgestaltung der Arbeitsverhältnisse bei gleichzeitigem Angriff auf die Arbeiter*innenorganisationen und dem Niedergang der Neuen Linken ab den 1980er Jahren gerät die Selbsterfahrungspraxis in Gefahr, zur individualistischen Strategie der Selbstoptimierung zu verkommen. Selbstbestimmung wird dann mit Selbstbehauptung in der (ökonomischen) Konkurrenz verwechselt (vgl. Fraser 2013, S. 29 f.). Ob Selbsterfahrung eine kulturrevolutionäre Praxis ist oder nicht, hängt von der Stärke der Emanzipationskämpfe, der feministischen Bewegungen, der Arbeiter*innenbewegungen und der antirassistischen Bewegungen ab.

Die seit dem Jahr 2015 wiedererstarkenden globalen feministischen Bewegungen (z. B. in Spanien, Argentinien, Polen) thematisieren neben Anerkennungsfragen ebenfalls vehement die ökonomischen Bedingungen der androzentrischen Geschlechterverhältnisse. In den Versuchen, einen feministischen Streik auch in der BRD zu organisieren, kommt es neuerdings wieder zur Verknüpfung von persönlicher Erfahrung, ökonomischen Bedingungen und kollektivem politischem Ziel (vgl. Trillian/Ford/Arthur 2020) und auch die Rolle der Selbsterfahrungspraxis für politische Kämpfe in der Gegenwart wird erneut thematisiert (vgl. Firth/Robinson 2016, S. 343 ff.).

Katharina Lux

Zum Weiterlesen
Firth, Rhiannon/Robinson, Andrew (2016): For the Revivial of Feminist Consciousness Raising. Horizontal Transformation of Epistemologies and Transgression of Neoliberal TimeSpace. In: Gender and Education 28, H. 3, S. 343–358
Krechel, Ursula (1983): Selbsterfahrung und Fremdbestimmung. Bericht aus der Neuen Frauenbewegung. Erweiterte Neuausgabe. Darmstadt/Neuwied: Luchterhand
Lux, Katharina (2019): „Es liegt nicht in unserem Interesse, Erfahrungen in eine vorgefasste Theorie einzupassen…". Erfahrung und feministisches Bewusstsein in der autonomen Frauenbewegung der 1970er Jahre. In: outside the box. Zeitschrift für feministische Gesellschaftskritik, H. 7, S. 64–72

Selbsthilfe

Selbsthilfe und Gender sind eng verwobene Aspekte einer Bewegung, die aber erst durch den Versuch der Umsetzung des Gender Mainstreaming konkreter analysiert wurde. Durch diese Sensibilisierung verschärfte sich der Blick auf Geschlechtergerechtigkeit und Partizipation beispielsweise in Gruppenzusammenhängen oder deren Vertretung nach außen. Die Idee der gemeinschaftlichen Selbsthilfe ist modern, historisch aber nicht neu (Balke 1993, S. 19 f.) – von Männern auf den Weg gebracht und genutzt. Bereits Ende des 19. Jahrhunderts wurden Vorläufer der Selbsthilfeverbände wie das Blaue Kreuz 1885, der Kreuzbund 1896 oder der Guttempler-Orden 1889 gegründet – all das waren Suchtverbände. Unmittelbar nach dem Zweiten Weltkrieg entstanden in der BRD Kriegsopfer-Verbände, die sich in den 1950er und 1960er Jahren durch Gründungen von Organisationen Behinderter und chronisch Erkrankter durch Betroffene und vor allem durch Angehörige komplettierten (Geene/Bauer/Hundertmark-Mayser 2011, S. 19 f.). Entstanden ist diese Selbsthilfebewegung aufgrund erfahrener Bevormundung und Fremdbestimmung vornehmlich im Gesundheitsbereich. Selbsthilfeengagierte wollten als mündige Patient*innen wahrgenommen werden, deren aktive und eigenverantwortliche Rolle gefördert wird. Dies taten Betroffene in selbstorganisierten Zusammenhängen. Die Selbsthilfe, heute organisiert in verbandlich und nicht verbandlich organisierten Selbsthilfegruppen, gilt rückblickend als Emanzipationsbewegung der 1960er Jahre und verlief nahezu zeitgleich mit der Zweiten Frauenbewegung. So legte beispielsweise die Selbsthilfegruppe „Wildwasser" sexuellen Missbrauch an Mädchen offen und sorgte für die notwendige Form der Hilfen. Aus feministischen Selbsthilfeprojekten wurden in den vergangenen vier Jahrzehnten anerkannte (öffentlich geförderte) Einrichtungen. Es scheint, dass sich der Selbsthilfegedanke durch die Institutionalisierung stark wandelte und diese Projekte in der heutigen Selbsthilfebewegung eine zumeist untergeordnete Rolle spielen. Eine andere, heute bedeutsame und dominante Bewegung der Selbsthilfe beruht auf einer aus Krankheit bezogenen Betroffenheit – sei sie chronisch, psychisch und/oder psychosomatisch, suchtspezifisch. Im Jahr 2019 gab es bundesweit zwischen 70.000 und 100.000 Selbsthilfegruppen mit etwa 3,5 Millionen Engagierten zu fast jedem gesundheitlichen und sozialen Thema. Unterstützt werden sie auf lokaler Ebene von nahezu 300 Selbsthilfekontaktstellen an 350 Orten in Deutschland (vgl. NAKOS 2019, S. 31). In den sogenannten neuen Bundesländern entstanden Selbsthilfegruppen größtenteils erst nach 1990. Interessant sind die in den letzten Jahren vermehrt auftretenden emanzipatorischen, selbsthilfeähnlichen Zusammenschlüsse von Betroffenen, beispielsweise aus den Bereichen LSBTI*, Migrant*innen, der Klima- und Black-Lives-Matter-Bewegung (vgl. Lauwaert 2015; Oldemeier 2017). Gleichzeitig stellt sich die Frage, inwiefern die gesundheitsbezogene Selbsthilfe als vierte Säule des Gesundheitswesens von der „Medizinindustrie und politischen Entscheidungsfindung instrumentalisiert werde" (Rosenbrock 2015, zit. nach Sander 2017, S. 73).

Gesundheitsbezogene Selbsthilfegruppen werden zu ca. zwei Dritteln von Frauen genutzt, wobei es durchaus Unterschiede bei den Krankheitsbildern gibt. Zu nennen ist hier beispielhaft die Teilnahme in Suchtgruppen, die bei ausdrücklich nicht geschlechtlich getrennten Gruppen fast ausnahmslos von Männern genutzt werden, Rheumagruppen dagegen von Frauen. Hier liegt die Vermutung nahe, dass es neben der geschlechtsspezifischen Verteilung von Krankheit offensichtlich auch eine geschlechtsspezifische Bereitschaft zur Inanspruchnahme und öffentlichen Profilierung von Selbsthilfegruppen gibt. Die Selbsthilfebewegung findet immer wieder neue Nuancen, die im engen Zusammenhang mit den gesellschaftlichen Veränderungen und der Geschlechterrollenverteilung stehen.

Der Bedarf an Selbsthilfegruppen im psychischen, psychosomatischen und/oder psychosozialen Bereich steigt (Hauth/Schneller 2016, S. 138). Es ist zu vermuten, dass die Anerkennung von Selbsthilfe mit der Entwicklung der sogenannten Zivilisationskrankheiten einhergeht. Somit scheinen sich auch die Zugänge für Männer zu erleichtern, diese Veränderungen werden bei der Kontaktaufnahme und dem Besuch von Selbsthilfegruppen sichtbar. Dennoch suchen immer noch Frauen eher den Zugang zur Selbsthilfe und sehen in ihr eine mögliche Bewältigungsstrategie. Weiterhin scheinen Frauen die Selbsthilfegruppenangebote über einen längeren Zeitraum zu nutzen. Sie sind sichtlich flexibler bei der Suche nach Angeboten. Mit dem Aufkommen des Internets und digitaler Zugangswege finden Männer häufiger den Weg in die Selbsthilfe und engagieren sich auch mehr: Männer mit Krebs wurden sogar Mitglied bei der Frauenselbsthilfe nach Krebs. Spannend ist in diesem Zusammenhang die Übernahme von Leitungs- oder Sprecher*innenfunktionen (vgl. Sander 2017, S. 74). Immer öfter und selbstverständlicher übernehmen Frauen diese Verantwortung, offensichtlich aus der Erfahrung und sozialen Motivation, in der Selbsthilfegruppe oftmals für den Zusammenhalt und Inhalt zu sorgen. Während patriarchale und hierarchische Strukturen eher in den Selbsthilfegruppenalltag ‚älterer Gruppen' übernommen werden, gestalten ihn junge Frauen und Männer selbstbestimmter und reflektierter.

Insbesondere Selbsthilfegruppen, die sich mit bisher als tabuisiert und stigmatisiert geltenden Themen auseinandersetzen, arbeiten als ausschließliche Frauen- oder Männergruppen und bieten den benötigten Schutzraum. So können z. B. nur Frauen unter sich ihre selbstbestimmte Handlungsfähigkeit nach erlittenen Traumata, z. B. durch sexualisierte Gewalt, wiedererlangen.

Ein weiterer wichtiger Aspekt ist die Organisation von Selbsthilfegruppen in ländlicher Lage im Vergleich zu Großstädten. In den Städten können sich (geschlechts-)spezifische Selbsthilfegruppen viel selbstverständlicher treffen. Gerade bei stark tabuisierten oder stigmatisierten Themenfeldern ist die Initiierung und Betreibung einer Selbsthilfegruppe in dünn besiedelten Landstrichen schwer möglich, diese dann noch geschlechtsspezifisch zu organisieren fast unmöglich. So entstehen im ländlichen Raum beispielsweise kaum Selbsthilfegruppen für psychische Erkrankungen, Transgender oder für Opfer sexualisierter sowie häuslicher Gewalt. Ist das Opfer zudem noch männlich, gelten die Zugänge als kaum überwindbar. Hier wird die Digitalisierung in den nächsten Jahren eine entscheidende Rolle spielen. Die Selbsthilfeberatung (persönlich, telefonisch oder online) hat sich in ihrer Komplexität und im Inhalt in den vergangenen Jahren stark verändert: Es kommen jüngere Frauen und Männer, oftmals mit mehr als einer Diagnose und mit hohem Leidensdruck. Nicht selten sind soziale Aspekte (Partnerschaftsprobleme, Arbeitslosigkeit, Isolation oder Trennung) gekoppelt mit existentiellen Lebensproblemen und/oder Krankheit.

Bei der Krankheitsbewältigung in der gesundheitsbezogenen Selbsthilfe sollte die Trennung zwischen Sex (biologisches Geschlecht) und Gender (soziales, kulturelles Geschlecht) mehr Beachtung finden. Je nach Krankheitsverlauf verändern sich die Strategien der selbsthilfeinteressierten Frauen und Männer oftmals. Suchen sie beim Erstgespräch noch eine Beratung und den ‚goldenen Weg‘, haben sie nach längerem Besuch einer Selbsthilfegruppe nicht selten den Wunsch nach Veränderung. So kommt es vor, dass Menschen mit einer chronischen Erkrankung Selbsthilfegruppen für psychische Gesundheit besuchen. Sie haben Selbstbewusstsein tanken können, gelernt, über sich zu reden, und oftmals selbstbestimmte Handlungsstrategien für sich gefunden. Männer gehen dann größtenteils zum ‚Tagesgeschäft‘ über und individualisieren sich wieder. Auch deshalb benötigen Selbsthilfeberater*innen ein geschlechts- und diversitätssensibles Handwerkszeug in Beratungs- und/oder Vermittlungszusammenhängen. Ferner sollte in der Selbsthilfegruppenvermittlung der lebensweltliche Blick angewendet werden. Nur die Krankheit mit ihren spezifischen Symptomen als Beratungsgegenstand zu sehen, ist verkürzt gedacht (vgl. Löhmer/Standhardt 2015). Entsprechend den Lebenswelten verändert sich auch die Selbsthilfe und nimmt an Komplexität zu. Eine informierte gender- und diversitätssensible Orientierung der Selbsthilfeunterstützung kann neue Zugangswege eröffnen, die Formen der digitalen Selbsthilfe, Zugangswege über das Internet und rein digitale Selbsthilfegruppen einschließen. Dabei bleiben der Wunsch und die Forderung nach Selbstbestimmung und Selbstermächtigung unter den gegebenen gesellschaftlichen Verhältnissen bestehen.

Bisher sind der Genderaspekt und die Kategorie Geschlecht in der Selbsthilfe wenig erforscht. Dabei wäre es lohnend zu fragen, welche Zugangswege es gibt, was sich hemmend oder fördernd auf die Inanspruchnahme von Selbsthilfe als Chance zum Umgang mit den individuellen Herausforderungen auswirkt. Was hindert Frauen und Männer, Selbsthilfestrukturen zu nutzen, und welche Strategien kommen dabei zur Anwendung? Gibt es Unterschiede zwischen gesundheitsbezogener und sozialer Selbsthilfe? Inwieweit ist das binäre Geschlechtersystem überholt und welche Veränderungen ergeben sich daraus für die Geschlechtsidentität und die soziale Rolle? Gibt es darüber hinaus Zusammenhänge der Lebenswelt, die sich auf die Gesundheit auswirken? Es könnten Erkenntnisse der Gendermedizin zu unterschiedlichen Auswirkungen und der Behandlung von Krankheiten auf Frauen, Männer, Inter- und Trans-Menschen einbezogen werden, aber auch Wechselwirkungen zwischen Selbsthilfe und gesellschaftlichen (Emanzipations-)Bewegungen wie Frauen- und Antirassismusbewegungen. Daraus und aus den sich verändernden Lebenswelten könnte abgeleitet werden, welche Strukturen für Selbsthilfeunterstützungseinrichtungen perspektivisch notwendig sind, um den vielfältigen Bedarfen gerecht zu werden.

Sabine Klemm und Silke Gajek

Zum Weiterlesen
Deutsche Arbeitsgemeinschaft Selbsthilfegruppen e. V. (2005): Geschlechterperspektive in der Selbsthilfe. Gender AG der Deutschen Arbeitsgemeinschaft Selbsthilfegruppen e. V. Gießen
www.nakos.de/
www.dag-shg.de/

Sexismus

Sexismus bezeichnet die Diskriminierung aufgrund des (zugeschriebenen) Geschlechts – verankert in der patriarchalen Ordnung und basierend auf hierarchischen, heteronormativen Vorstellungen von (Zwei-)Geschlechtlichkeit. In sexistisch und patriarchal strukturierten Gesellschaften werden nicht nur Frauen, sondern wird Weiblichkeit insgesamt abgewertet, also auch Eigenschaften, Symbole und Dinge, die als ‚typisch weiblich' gelten. Sexismus umfasst demnach nicht nur die Privilegierung von Männern (vor allem heterosexuellen weißen Cis-Männern) gegenüber Frauen, sondern auch die Privilegierung von als männlich konstruierten Eigenschaften/Verhaltensweisen/Berufen etc. (vgl. Debus/Laumann 2019, S. 163). Mit Einführung des Sexismusbegriffs von Feminist*innen in den 1960er Jahren sollte dieses spezifische

Macht- und Herrschaftsverhältnis benannt, in seiner strukturellen und systemischen Dimension analytisch erfasst und kritisiert werden mit dem Ziel, die Diskriminierung sowie die bis dato ignorierte alltägliche Gewalt gegen Frauen zu beenden.

Seit seiner Einführung hat sich die Vorstellung davon, was der Begriff Sexismus bedeutet und umfasst, deutlich ausdifferenziert. Nicht nur die strukturelle Diskriminierung von Frauen, sondern auch die zugrundeliegende Annahme einer ‚naturgegebenen' Geschlechterdifferenz, die lediglich zwei Geschlechter als Norm anerkennt, wird heute als Ausdruck sexistischer Machtverhältnisse in die Definition einbezogen. Sexismus bezeichnet demnach ein umfassendes Denk-, Macht- und Herrschaftssystem, das auf dem Postulat einer binären Zweigeschlechtlichkeit beruht und zugleich Heterosexualität als Norm setzt. Susan Arndt definiert Sexismus als „Ideologie, die heterosexuelle Zweigeschlechtlichkeit erfindet und dabei (ein enges Konzept von) ‚Männlichkeit', Cis-Geschlechtlichkeit und Heterosexualität (in gegebener Verschränkung) als Norm setzt" (Arndt 2020, S. 49). Sexismus diskriminiert daher nicht nur Frauen, sondern auch homosexuelle, trans*, nicht-binäre und intergeschlechtliche Menschen (LSBTIQ⁺). Im Gegenzug stattet Sexismus „Männer* und heterosexuelle Menschen, kollektiv und strukturell gesehen, mit Macht und Herrschaft aus" (ebd., S. 19). Sexismus ist somit untrennbar mit Heteronormativität verbunden, woraus wiederum spezifische Körper-, Verhaltens-, Begehrens- und Beziehungsnormen resultieren (vgl. Czollek et al. 2019, S. 238). Darüber hinaus ist Sexismus oftmals mit anderen Macht- und Diskriminierungsformen wie Rassismus, Antisemitismus, Klassismus, Ableismus und Ageismus verwoben. Um Sexismus zu bekämpfen, sind also intersektionale Analysen, die den Fokus auf das Zusammenspiel verschiedener Diskriminierungsrealitäten richten, gefordert.

Sexismus gegen Männer? Versteht man Sexismus als umfassendes Macht- und Herrschaftssystem, wird klar, dass Sexismus nicht analog auf Männer übertragen werden kann. Zwar wirken sich patriarchale und sexistische Normen bzw. Normierungen auf alle Menschen aus und alle müssen Konsequenzen fürchten, wenn sie ihnen nicht entsprechen (vgl. Arndt 2020, S. 48). Auch Männer sind „dem Diktat der sexistischen Grammatik, konkret der Erfindung von heterosexueller Männlichkeit, und dessen Sozialisationsmustern und Erwartungen ausgesetzt – und werden diesen entsprechend gemaßregelt, normiert oder gar gebrochen" (ebd.). Systemisch und strukturell gesehen, sind Männer (zumindest solange sie den heteronormativen Erwartungen entsprechen) jedoch mit Macht und Privilegien ausgestattet – „egal, ob und wie sie sich zur Normierung individuell verhalten" (ebd., S. 50). Dies als Sexismus zu bezeichnen, wäre jedoch unzutreffend (vgl. auch Debus/Laumann 2019, S. 163).

Geschichte und Theorie-Entwicklungen: Der Begriff Sexismus leitet sich vom englischen *sex* (‚biologisches' Geschlecht) ab und geht zurück auf die US-amerikanische Frauenbewegung der 1960er Jahre, wo er – in Analogie zu anderen Macht- und Herrschaftsverhältnissen, z. B. Rassismus – eingeführt wurde, um die strukturelle Diskriminierung aufgrund des Geschlechts zu analysieren und zu bekämpfen (vgl. Salmhofer 2011, S. 364; Kerner 2009). Von Beginn an ist der Sexismusbegriff jedoch – analog zur Geschichte und Entwicklung feministischer Bewegungen und Forschung – politisch und theoretisch umkämpft und hat sich seither stetig weiterentwickelt, insbesondere durch den Einfluss konstruktivistischer, poststrukturalistischer, post-/dekolonialer und intersektionaler Geschlechtertheorien.

Bereits in den 1970er und 1980er Jahren kritisierten Schwarze Feminist*innen und Women of Color wie bell hooks, Angela Davis, Audre Lorde u. a. (vgl. Kelly 2019) das vorherrschende Verständnis von Feminismus und Sexismus als implizit rassistisch und ausschließend, weil es sich primär an den Interessen und Perspektiven weißer, heterosexueller, mittelständischer, nicht-behinderter Frauen orientiere und damit Hierarchien zwischen Frauen unsichtbar mache (vgl. Walgenbach 2007, S. 28). Parallel dazu entstand der Begriff Heterosexismus, um die Diskriminierung von Menschen, die nicht der heterosexuellen Norm entsprechen, zu benennen (vgl. Schiff 2019, S. 65). Angestoßen insbesondere durch die Interventionen Schwarzer Feminist*innen, gerieten zunehmend auch das Zusammenwirken und gleichzeitige Ineinandergreifen von Sexismus mit Rassismus, Klassismus und Heterosexismus in den Blick (vgl. Crenshaw 1989a; für die deutschsprachige Debatte z. B. Meulenbelt 1988).

Eine weitere wichtige Perspektivverschiebung erfolgt im Verlauf der 1990er Jahre im Zuge der Rezeption poststrukturalistischer Geschlechtertheorien (vgl. Butler 1991), wodurch die Sexismusdefinition um eine Kritik der binären und heterosexuellen Normierung von Geschlecht erweitert wird. Sexismus bezieht sich nunmehr auf ein Verständnis von Geschlecht als sozialer und kultureller Konstruktion (Gender). In den 1990er Jahren entstehen weitere Ansätze, Sexismus theoretisch zu differenzieren, so z. B. die Unterscheidung zwischen ‚traditionellem' und ‚modernem' Sexismus bzw. ‚Neosexismus'. „Die zentrale Dimension des modernen Sexismus ist die *Leugnung fortgesetzter Diskriminierung* von Frauen" (Eckes 2010, S. 183, H. i. O.) und damit verbunden die rigide Ablehnung von Gleichstellungspolitiken. (Neo-)Sexismus und Antifeminismus sind heute im Gewand des ‚Anti-Genderismus' – in Diskursen der (extremen) Rechten, Rechtspopulisten und Konservativen bis weit in die gesellschaftliche Mitte hinein – wieder höchst aktuell und richten sich diffamierend gegen Gender Mainstreaming, Genderforschung und Queer/Feminismus (vgl. Hark/Villa 2015; Lang/Peters 2018).

Aktuelle Erscheinungsformen: Sexismus ist vielschichtig und zeigt sich auf verschiedenen Ebenen: epistemisch, strukturell, institutionell, individuell (vgl. Kerner 2009, S. 37 ff.). Er äußert sich offen und direkt, z. B. in Einstellungen und Äußerungen der Missachtung und Abwertung von Frauen/Weiblichkeit oder der Gewalt gegen Frauen und Mädchen. Diese reicht von der gezielten Tötung (Femizid), Vergewaltigung, häuslicher und sexualisierter Gewalt und Frauenhandel bis zu Stalking, Beleidigung, Mobbing, Herabwürdigung und Nicht-Ernstnehmen weiblicher Erfahrungen. Sexismus umfasst aber auch subtilere Formen von (Alltags-)Sexismus, z. B. stereotype Repräsentation von Frauen und Männern in den Medien.

Sexismus manifestiert sich in sozialen, rechtlichen, religiösen, politischen, pädagogischen und wirtschaftlichen Institutionen. Sexistische Denkmuster prägen z. B. die Vorstellungen von Ehe, Familie und Mutterschaft (vgl. Arndt 2020, S. 167 ff.) oder von Arbeit und Arbeitsteilung (vgl. Schiff 2019, S. 101 ff.). Sexismus äußert sich in reproduktiven Rechten, die auf die Normierung und Kontrolle des weiblichen Körpers und der weiblichen Sexualität gerichtet sind. Das Recht auf Selbstbestimmung über den eigenen Körper (Sexualität, Schwangerschaft und Verhütung, Sexarbeit/Prostitution, Kritik vorherrschender Schönheits- und Kleidungsnormen etc.) gehörte bereits zu den zentralen Forderungen der Zweiten Frauenbewegung (vgl. Karl 2020, S. 135; Gerhard 2020).

Dass sexuelle Belästigung und andere Formen sexualisierter Gewalt keine Einzelfälle sind, belegt z. B. eine große EU-weite Studie von 2014. Die Ergebnisse zeigen, dass jede zehnte Frau sexualisierte Gewalt erlebt hat und sogar jede zwanzigste Frau vergewaltigt wurde (FRA 2014, zit. nach Schiff 2019, S. 78).

Sexismus äußert sich in Form weitreichender ökonomischer und sozialer Ungleichheiten (Verdienstungleichheit, Sorgearbeit) (vgl. Hobler et al. 2020). Des Weiteren drückt sich Sexismus in Form stereotyper Geschlechterbilder und Zuschreibungen, vorurteilsbehafteter Einstellungen und spezifischer Rollenerwartungen aus (vgl. Eckes 2010; Wallner 2013). Sexismus schreibt vor, was als ‚weiblich' und ‚männlich' gilt und wie sich Männer und Frauen zu verhalten haben. Er setzt damit z. B. Jugendliche erheblich unter Druck (vgl. Rahner 2021, S. 96; Debus 2012; Stuve 2012). Insbesondere queere (lsbtiq⁺) Jugendliche, die der binärgeschlechtlichen und/oder heterosexuellen Norm(ierung) nicht entsprechen, sind noch immer mit vielfältigen Diskriminierungen oder sogar Gewalt konfrontiert (vgl. Krell/Oldemeier 2015; Kleiner 2015).

Anti-Sexismus und Soziale Arbeit: Handlungsfelder und Konzepte, die sich seit langem explizit mit (Anti-)Sexismus und Geschlechtergerechtigkeit beschäftigen, sind unter dem Oberbegriff ‚feministische Soziale Arbeit' zu finden (vgl. Brückner 2012). Pädagogische Antworten auf die oben skizzierten Anforderungen wurden seit den 1970er Jahren z. B. im Rahmen der „feministischen bzw. parteilichen Mädchenarbeit" (vgl. Bitzan/Daigler 2004; Busche et al. 2010) sowie der „antisexistischen Jungenarbeit" (vgl. Heiliger 2000a; Stecklina/Wienforth 2016c) entwickelt und weitergeführt. Darüber hinaus steht die

Soziale Arbeit vor der Herausforderung, sexistisch-heteronormativer Diskriminierung (in ihrer intersektionalen Wechselwirkung) in allen ihren Angeboten und Handlungsfeldern entgegenzutreten und sexuelle und geschlechtliche Vielfalt als selbstverständlichen Bestandteil ihrer Arbeit zu etablieren und zu fördern (vgl. Groß 2020).

Kritisch bleibt anzumerken, dass die Soziale Arbeit von diesem Ideal und Anspruch noch weit entfernt ist. Heteronormative Vorstellungen von Zweigeschlechtlichkeit werden auch innerhalb der Sozialen Arbeit reproduziert und Machtverhältnisse unbemerkt fortgeschrieben. Menschen, die den heteronormativen Vorstellungen nicht entsprechen, erfahren Diskriminierung und/oder werden unsichtbar gemacht – auch innerhalb sozialarbeiterischer und pädagogischer Institutionen (vgl. Klocke/Salden/Watzlawik 2020; Nachtigall/Ghattas 2021). So gelten Schule und Jugendarbeit selbst als homo-, inter- und transfeindliche Orte; zudem sind sie entlang binärer, heteronormativer Vorstellungen von ‚Mädchen' und ‚Jungen' organisiert (siehe z. B. SGB VIII, § 9). Häufig fehlt es an Wissen, spezifischen Angeboten und Unterstützung für LSBTIQ⁺ – die Kritik daran ist nicht neu (vgl. u. a. Bochert/Focks/Nachtigall 2018; Groß/Niedenthal 2021; Kugler/Nordt 2015; Hartmann 2018). Ein kritisch-selbstreflexiver Blick auf gesellschaftliche Machtverhältnisse und die eigene Positionierung sowie eine kritische Reflexion des eigenen Handelns sind daher für Sozialarbeiter*innen unerlässlich.

Andrea Nachtigall

Zum Weiterlesen
Arndt, Susan (2020): Sexismus. Geschichte einer Unterdrückung. München: C.H.Beck
Groß, Melanie (2021): Intersektionale Mädchenarbeit und/oder queer-feministische Soziale Arbeit. In: Betrifft Mädchen, H. 3, S. 121–125
Schiff, Anna (2019): Sexismus. Köln: PappyRossa

Sexualität

Gesellschaftliche Einbindungen: In der Genderforschung wird davon ausgegangen, dass Sexualität zwar eine somatische Basis hat, dass die konkrete Ausformung der sexuellen Wünsche und Fantasien, des Begehrens, Erlebens und Verhaltens, die „sexuelle Sozialisation" (Stein-Hilbers 2000, S. 9) aber ein von der gesellschaftlichen und kulturellen Umgebung abhängiger Prozess ist, der sich für die Einzelnen in aktiver Auseinandersetzung mit den Botschaften, Regeln und Normen der sozialen Umgebung vollzieht. Wegen der großen Bedeutung, die die soziale Kategorie ‚Geschlecht' und das kulturelle Sinnsystem der Zweigeschlechtlichkeit in modernisierten Gesellschaften haben, unterscheiden sich diese Botschaften, Regeln und Normen für Personen, die als Mädchen bzw. Frauen klassifiziert werden, von denen, die als Jungen bzw. Männer eingeordnet werden (Hagemann-White 2010). Dabei wird ‚Geschlecht' wirksam in einem Zusammenspiel mit anderen sozialen Differenzlinien, insbesondere der sozialen Herkunft (Schichtzugehörigkeit, Bildung) und dem kulturellen Hintergrund (etwa dem Vorhanden- bzw. Nichtvorhandensein eines familialen Migrationshintergrundes).

Es gibt eine große sexuelle Vielfalt – unterschiedliche sexuelle Orientierungen ebenso wie differierende Ausdrucksformen von Sexualität. Gänzlich asexuelle Menschen gibt es genauso wie hochaktive. Auch die Selbst- und Fremdzuschreibungen in Bezug auf Geschlechtszugehörigkeiten variieren. Sexualitäten von Personen, die sich nicht mit dem ihnen bei der Geburt zugewiesenen Geschlecht identifizieren, etwa von trans- oder intersexuellen Menschen, sind bislang nicht erhoben (und aufgrund geringer Fallzahlen auch schwer zu erfassen); hier besteht dringender Forschungsbedarf. Vor diesem Hintergrund stehen im Folgenden sexualitätsbezogene Orientierungs- und Verhaltensmuster von Personen im Vordergrund, die sich mit dem ihnen bei der Geburt zugewiesenen Geschlecht identifizieren.

Sexuelle Sozialisation geschieht lebenslang, es gibt jedoch besonders prägende Phasen. So werden Kindern von Geburt an in den Interaktionen mit ihren frühen nahen Bezugspersonen Botschaften über sexuell erregbare Körperzonen und Tabuisiertes vermittelt (Quindeau 2017). Eine besonders wichtige Phase ist dann die Adoleszenz, in der sich sexuelle Wünsche, Fantasien und Erregungen – ausgelöst durch die körperlichen Veränderungen dieser Zeit – mit neuer und jetzt auch stark auf die Genitalien bezogener Intensität entfalten. Homo- und heterosexuelle Wünsche und Phantasien haben dabei gleichermaßen Bedeutung.

Das heftiger als bisher sich Ausdruck verschaffende Begehren muss von den Jugendlichen innerpsychisch erst angeeignet werden. Es müssen eigene Formen des Umgehens mit der Spannung zwischen Lust und Angst und eigene Wege des Ausprobierens und Experimentierens auch in Beziehungen zu anderen gefunden werden. In diesen Prozessen haben gesellschaftliche Angebote – etwa die soziale Norm der Heterosexualität – eine große Bedeutung für die Kanalisierung sexueller Wünsche und Fantasien in sozial akzeptierte Bahnen.

Sexuelle Wünsche und Fantasien, sexuelles Erleben und Verhalten verändern sich auch im Verlaufe des Erwachsenenlebens. Je nach Lebenssituation und innerpsychischen Entwicklungen sind freiere Entfaltungen sexuellen Begehrens möglich, so auch der Wechsel des Geschlechts der Sexualpartner*innen, oder aber phasenweise reduzierte sexuelle Interessen, zum Beispiel durch Elternschaft. Seit den 2000er Jahren gibt es zunehmend auch Veröffentlichungen, die das Thema „Sexualität und Alter" aufgreifen und dem gesellschaftlich vorherrschenden Bild der asexuellen älteren und alten Menschen entgegenwirken (z. B. BZgA Forum 1/2 2003: Alter und Sexualität).

Für Jugendliche, die innerlich im kulturellen Kontext westlich-industrieller Gesellschaften wie der BRD verankert sind, haben sich seit den 1960er Jahren die Spielräume für ein Experimentieren mit sexuellen Wünschen und Beziehungen deutlich erweitert. Verbote bezüglich vorehelicher Sexualität sind entfallen, auch von Seiten der Eltern wird Jugendlichen meist ein Freiraum für sexuelle Erfahrungen zugestanden. Das ‚erste Mal', der erste Geschlechtsverkehr, hat für die meisten an Dramatik verloren, er wird als Beginn weiterer Erfahrungs- und Gestaltungsprozesse gesehen, eine damit verbundene wenig befriedigende Erfahrung in ihrer Bedeutung dadurch relativiert. Ängste vor früher Schwangerschaft haben insbesondere für junge Frauen ihre reale Basis durch sozial akzeptierte Möglichkeiten zur Empfängnisverhütung und notfalls zur Abtreibung weitgehend verloren. Homosexuelle Beziehungen haben den Weg zu öffentlicher Wahrnehmung und zumindest partieller Akzeptanz gefunden (Flaake 2019, S. 101 ff.; Matthiesen/Mainka/Martyniuk 2013; Heßling/Bode 2015).

Studien zur Jugendsexualität sprechen für ein insgesamt entspanntes, für neue Erfahrungen offenes Verhältnis Jugendlicher zur Sexualität. Viele Geschlechtsunterschiede im heterosexuellen Verhalten von Jugendlichen haben sich in den letzten Jahrzehnten reduziert (Matthiesen/Mainka/Martyniuk 2013, S. 23). Deutliche Unterschiede zwischen jungen Frauen und jungen Männern finden sich jedoch weiterhin bezogen auf Erfahrungen mit Selbstbefriedigung und auf das Erleben von sexueller Gewalt, zudem bezogen auf das Erleben sexueller Befriedigung und die Möglichkeit, sich gegenüber dem Partner in der sexuellen Beziehung mit eigenen Wünschen durchzusetzen.

Mädchen/Frauen: Viele junge Frauen erfahren – anders als junge Männer – ihren Körper in der Beziehung zu einem Partner, bevor sie ihn selbst durch Selbstbefriedigung („Solosexualität": Böhm/Matthiesen 2017, S. 109 ff.) erforscht und Vorlieben und Erregbarkeiten kennen gelernt haben. Lustvolle Selbstberührungen scheinen für viele junge Frauen weiterhin ein Tabu zu sein, für einige sind sie erst nach ersten Beziehungen zu Männern möglich (Böhm/Matthiesen 2017, S. 112 ff; Heßling/Bode 2015, S. 119 ff.; Wermann/Mainka/Martyniuk 2013, S. 233 ff.). Eher indirekt zeigen sich Schwierigkeiten junger Frauen, Sexualität in der Beziehung zu ihrem Partner als befriedigend zu erleben. So erleben weniger junge Frauen als junge Männer in ihrer Beziehung einen Orgasmus (Böhm/Matthiesen 2017, S. 123 ff.; Matthiesen/Mainka/Martyniuk 2013, S. 51 ff.). Dass dieses Erleben bedeutsam ist, zeigt sich, wenn viele junge Frauen berichten, dass sie gerne mehr darüber wüssten, wie Sexualität mehr Spaß machen und befriedigender sein kann (Matthiesen et al. 2017, S. 36). Komplementär dazu berichten viele junge Männer, dass sie bei ihren ersten sexuellen Erfahrungen gerne mehr über Frauenkörper wüssten (ebd.). Zudem vermissen viele junge Frauen Informationen über Strategien, wie sie deutlich ‚nein' sagen können, wenn sie sich keine oder eine andere Sexualität wünschen (Matthiesen et al. 2017, S. 36).

So scheinen sich trotz zahlreicher Angleichungen zwischen den Geschlechtern, bezogen auf Sexualität, dennoch einige Elemente erhalten zu haben, die darauf hindeuten, dass viele junge Frauen bereit sind, ihre Wünsche und Interessen zugunsten denen des Partners zurückzustellen, und sich scheuen, über körperliche Selbsterforschungen eigene Vorlieben ohne Gegenwart eines anderen zu entdecken. Zugespitzt zeigen sich Differenzen zwischen den Geschlechtern in der deutlich häufigeren Betroffenheit junger Frauen von oft gewalttätigen sexuellen Übergriffen durch Männer (Heßling/Bode 2015, S. 196 ff.; vgl. zusammenfassend Flaake 2019, S. 216 ff.).

Für einige Aspekte sexuellen Verhaltens zeigen sich Verknüpfungen der sozialen Differenzlinie ‚Geschlecht' mit der des ‚kulturellen Hintergrundes/des Vorhanden- bzw. Nichtvorhandenseins eines familialen Migrationshintergrundes'. Da es eine große Bandbreite von Migrationsbiografien und eine Vielzahl unterschiedlicher Migrationskulturen und sozialer Milieus gibt, in denen Migration eine Rolle spielt, ist es notwendig, Differenzierungen vorzunehmen. So unterscheidet eine Studie zwischen Jugendlichen mit einem „geschlechtskonservativen oder geschlechtstraditionellen kulturellen Migrationshintergrund" und denen mit einem „geschlechtsliberalen kulturellen Migrationshintergrund" (Wermann/Matthiesen 2013, S. 247) und kommt zu dem Ergebnis, dass junge Frauen sehr viel stärker betroffen sind von Konflikten zwischen der familialen Herkunftskultur und den Normen und Werten insbesondere der Peers in der deutschen Mehrheitsgesellschaft. Jungen Männern aus geschlechtskonservativen bzw. geschlechtstraditionellen kulturellen Milieus gelingt die Orientierung an freizügigen sexuellen Einstellungen und Verhaltensweisen der sie umgebenden Peerkultur relativ leicht, sexuelle Freiheiten werden ihnen auch in der familialen Herkunftskultur häufig zugestanden (ebd., S. 275). Für junge Frauen aus Familien mit einem geschlechtskonservativen bzw. geschlechtstraditionellen Migrationshintergrund stellt sich die Situation komplizierter dar, es werden jedoch unterschiedliche Möglichkeiten deutlich, mit denen junge Frauen mit dieser Konstellation umgehen können. Die „Rebellischen" (ebd., S. 252) lehnen sich gegen Verbote ihrer familialen Herkunftskultur und ihres Elternhauses auf, sie versuchen – häufig verbunden mit heftigen Konflikten – für sich sexuelle Freiheiten und sexuelle Selbstbestimmung zu erkämpfen. Die „traditionsgebundenen" jungen Frauen vermeiden Konflikte mit der Herkunftsfamilie, indem sie deren Wertesystem weitgehend folgen, zum großen Teil auch aus Überzeugung (ebd., S. 252 ff.; zu weiteren Ergebnissen zur Bedeutung eines familialen Migrationshintergrunds vgl. Heßling 2010).

Jungen/Männer: Im Leben der meisten Jungen und Männer stellt Sexualität ein wesentliches Moment ihrer männlichen Praxis und ihres genderbezogenen Selbstbildes dar. Ihr spezifisch oder relativ Männliches entsteht einerseits durch den Körper mit seinen Organen, Bedingungen und Erlebnismöglichkeiten, andererseits als Facette und Ausdruck sozialer und kultureller Geschlechtlichkeit, die mit Männlichkeiten korrespondieren. Traditionell stellt Sexualität vor allem mit ihren reproduktiven Aspekten ein zentrales Moment von Männlichkeitsvorstellungen und -ideologien dar (Gilmore 1991). Durch ihre kulturelle Verankerung ist männliche Sexualität immer und unausweichlich durch Männlichkeitsbilder besetzt.

Körperliche Bedingtheiten definieren – neben kulturellen Einflüssen und Männlichkeitsbildern – das Spezifische der Sexualität von Jungen und Männern (Winter 2017, S. 129). Symbolisch haben nach wie vor der Penis und seine Funktion Bedeutung. Schon in der Kindheit erfahren Penis, Erektion oder kindliche Selbstbefriedigungspraxen Aufmerksamkeit (Flaake 2021; Neubauer 2017). Die Koordinaten, innerhalb derer Aneignung und Praxis der Sexualität stattfinden, haben sich in den vergangenen Jahrzehnten erheblich verändert. Stellte die Sexualforschung in den 1990er Jahren eine „Familialisierung" jugendlicher Sexualität fest (Schmidt 1993, S. 30), muss neuerdings von einer „Medialisierung" insbesondere der männlichen Sexualität gesprochen werden. Im Prozess der sexuellen Bildung von Jungen erhalten Medien ein Übergewicht an Bedeutung. Jungen gebrauchen das Internet für die Suche nach Informationen, nach Sexualpartner*innen und für das Nutzen von Pornografie (Matthiesen 2013). Medialisierung bedeutet auch Pornografisierung, neben lustorientierter Sexualität werden reduzierte Bilder von Männlichkeit und sexuelle Standardisierungen fixiert. Jungen beginnen früher damit, Pornografie wird in allen Altersgruppen deutlich häufiger von Jungen und Männern genutzt (Matthiesen et al. 2017, S. 42). Ob das Nutzen pornografischer Medien bei Jungen negative Auswirkungen hat, wird kontrovers diskutiert. Manche Untersuchungen können keine problematischen Folgen erkennen (Matthiesen et al. 2013), möglicherweise führt aber eine intensive Nutzung zu Desensibilisierung (Martellozzo et al. 2016) oder Überforderung (Winter/Neubauer 2004, S. 268). Jugendliche, die als Aggressoren sexueller Gewalt in Erscheinung treten, scheinen sich öfter Pornos anzuschauen (Maschke/Stecher 2017).

Sexualität transportiert und rekonstruiert Herrschaftsverhältnisse. Männliche Dominanz kann sich auch in sexueller Gewalt manifestieren. Mit ihrer sozialen hegemonialen Wirkung strahlt sexuelle Gewalt immer auch auf Sexualität generell aus und beeinflusst unterschiedliche Haltungen zu Sexuellem. Einstellungen und Überzeugungen, wie Dominanz als zentrales Moment traditioneller Männlichkeit oder ein phantasiertes Recht auf Sexualität, lassen Jungen oder Männer als Täter sexueller Gewalt wahrscheinlicher werden. Umgekehrt tragen Männlichkeitsbilder maßgeblich dazu bei, Jungen und Männer als Opfer sexueller Gewalt nicht wahrzunehmen oder aber auszugrenzen und zu entwerten.

Sexualität als Thema der Sozialen Arbeit: Sexuelle Bildung ist eine Aufgabe sozialer Arbeit. In allen Feldern der Sozialen Arbeit und Sozialpädagogik spielt die Sexualität der Adressierten eine mehr oder weniger bedeutsame Rolle: in der Arbeit mit Kindern oder Jugendlichen, mit Obdachlosen oder Frauen und

Männer mit Behinderungen, im Strafvollzug, in Alten- oder Pflegeeinrichtungen, in der Ehe- oder Lebensberatung. Klassischerweise beschränkt sich die Beschäftigung mit Sexualität auf soziale Arbeit mit Kindern und Jugendlichen und trägt damit indirekt zur Verdeckung und Tabuisierung des Sexuellen bei. Überall dort, wo Hilfen und Dienste zur sozialen Lebensbewältigung oder Bildung angeboten werden, müsste Sexualität als integrales Thema proaktiv vor einem geschlechterreflektierenden Horizont einbezogen werden. Allerdings steht Sexualität nicht im Vordergrund sozialarbeiterischen Handelns (Lautmann 2005, S. 237). Das Thema Sexualität ist im Schnittfeld von Feldern Sozialer Arbeit und geschlechtlicher Differenzierung bislang nicht entwickelt. Ohne positive Substanz und Perspektiven kann Soziale Arbeit keine förderliche Orientierung geben. Ein professioneller Umgang mit männlicher und weiblicher Sexualität ist vor diesem Hintergrund kaum möglich. Unterschiede beim Nutzen von Pornografie legen es nahe, auch die Vermittlung von Pornografie-Kompetenz (Döring 2011) – im Schnittfeld zwischen Medien- und Sexualkompetenzen – geschlechterbezogen zu denken und auszurichten. Weil Sexualität eine geschlechtliche Verdichtungszone darstellt, empfiehlt es sich hier besonders, Zuschreibung zu vermeiden und dabei die empirischen Wirklichkeiten der Geschlechter zu respektieren.

„Das Sprechen über Sexualität hat sich in der Familie und noch prägnanter in der Schule umfassend verbreitet" (Matthiesen et al. 2017, S. 33). Feststellbar ist jedoch „eine leichte Benachteiligung der Jungen/Männer: Sowohl in Familien als auch in der Schule werden offensichtlich weniger Gesprächsangebot an Jungen als an Mädchen gemacht" (ebd.). Eine deutliche Benachteiligung wird festgestellt für Jugendliche mit Migrationsgeschichte und mit einem niedrigen formalen Bildungsstatus: „Junge Männer, Menschen mit Migrationsgeschichte und schlechter gebildete Jugendliche [haben] offensichtlich immer noch einen schlechteren Zugang zu sexuellen Bildungsangeboten" (ebd., S. 37).

Karin Flaake und Reinhard Winter

Zum Weiterlesen
Sigusch, Volkmar (2013): Sexualitäten. Eine kritische Theorie in 99 Fragmenten. Frankfurt/New York: Campus
Stein-Hilbers, Marlene (2000): Sexuell werden. Sexuelle Sozialisation und Geschlechterverhältnisse. Opladen: Leske + Budrich
Schmidt, Renate-Berenike/Sielert, Uwe (2013): Handbuch Sexualpädagogik und sexuelle Bildung. Weinheim: Beltz

Sexuelle Dienstleistungen

Dieser Beitrag beschäftigt sich mit cis-männlich-migrantischer und queer-migrantischer Prostitution/Sexarbeit. In den niedrigschwelligen Anlaufstellen und in der Beratungsarbeit stellen migrantische cis-Männer und trans*Personen mit Migrationsgeschichte die Mehrheit. Sie sind, obwohl EU-Bürger*innen, von einem prekären Aufenthalt betroffen, wenn sie nicht innerhalb von drei Monaten eine sozialversicherungspflichtige Arbeit in Deutschland gefunden haben und damit nachweisen können, geregelte Lebensverhältnisse aufzubauen. Grundsätzlich besitzen sie keinen Anspruch auf Sozialleistungen und vorsorgende Gesundheitsdienstleistungen. Um sich und ihre Familien abzusichern, gehen viele von ihnen prekäre Beschäftigungsverhältnisse, etwa im Bau- und im Dienstleistungsgewerbe, in der Landwirtschaft, in lebensmittelverarbeitenden Betrieben, in der Gastronomie, in Reinigungsfirmen etc. ein. Häufig werden sie dort, unter Umgehung der Sozialversicherungspflicht und ohne Krankenversicherung, beschäftigt, unangemessen bezahlt oder gar nicht entlohnt. Diese prekären Beschäftigungsverhältnisse führen zu einem irregulären Aufenthalt, der sich im gesellschaftlichen Dunkelfeld abspielt. Aufgrund dessen sind unzählige junge Männer* zudem im Bereich der Armutsprostitution tätig, weil eben der Verdienst nicht ausreicht, nicht angemessen ist oder sie nicht entlohnt wurden. Häufig weisen gerade diese migrantischen cis-Männer keine Identität als Prostituierte/Sexarbeiter auf.

Aufgrund dessen ist es wichtig, sich die Begriffsdefinitionen etwas genauer anzuschauen, um auf Missstände aufmerksam zu machen, die aus Gründen nicht-stigmatisierenden Sprachgebrauchs untergehen. Durch die Etablierung des Begriffs der Sexarbeit (www.bayswan.org/sexwork-oed.html) soll eine nicht-stigmatisierende Bezeichnung geschaffen und der Fokus auf den Aspekt der Arbeit und auf den ökonomischen Charakter gelegt werden. Politisch geht die Forderung mit Anerkennung und Entkriminalisierung einher.

Sexarbeit wird in diesem Verständnis freiwillig, selbstbewusst sowie selbstbestimmt ausgeführt und kommt ohne Opferstatus aus (vgl. Brüker 2011, S. 18 f.). Sie gilt als eine professionell ausgeführte, selbstbestimmte Tätigkeit zwischen Erwachsenen gegen Entgelt oder geldwerte Dinge.

Der Begriff Sexarbeit bildet hiermit aber nur einen Teilbereich des sexuellen Dienstleistungssektors ab, er relativiert und legt den Fokus nur auf das Tauschgeschäft und nicht auf Missstände (vgl. Vorheyer 2014, S. 74; Schreiter/Angelina 2018, S. 11). Menschenhandel und die sogenannte Zwangsprostitution sind kein Sektor des sexuellen Dienstleistungsgewerbes, sondern stellen Menschenrechtsverletzungen dar. So bieten Substanzmittelgebrauchende, so genannte Beschaffungsprostituierte, sexuelle Handlungen gegen Entlohnung an, weil sie kaum über andere Handlungsspielräume verfügen. Hier stehen folglich Erkrankungen und nicht die selbstbestimmte Prostitution/Sexarbeit im Vordergrund. Der Begriff der „Zwangsprostitution" ist in diesem Kontext euphemistisch.

Prostitution/Sexarbeit ist per se nicht kriminell, sondern findet häufig in einem Umfeld statt, das kriminell aufgestellt ist. Prostitution/Sexarbeit ist in Deutschland gesetzlich erlaubt, steuerpflichtig und stellt eine Dienstleistung dar. Werden Menschen aber zu sexuellen Handlungen gezwungen, sind sie extremer körperlicher und psychischer Gewalt ausgesetzt. Dass diese Straftatbestände in Verbindung mit Prostitution/Sexarbeit gebracht werden, wird den Menschen nicht gerecht, im Gegenteil, die eigentliche Straftat (Zwang, Gewalt, Vergewaltigung, Ausbeutung etc.) rückt in den Hintergrund.

Einen Graubereich stellt die so genannte Armuts- oder Notlagenprostitution dar. Hier stehen zwei unterschiedliche Personengruppen im Fokus: Die eine Gruppe bietet sich aus einer empfundenen oder konkret erlebten Hilflosigkeit für Geld, Essen, Unterkunft, Kleidung etc. an und hat eingeschränkte Perspektiven und Wahlmöglichkeiten, so dass sie sich nicht frei für oder gegen bezahlte sexuelle/erotische Handlungen aussprechen kann. Hingegen entscheidet sich die andere Gruppe mit gleicher Ausgangssituation ganz bewusst für diese Tätigkeit im sexuellen/erotischen Dienstleistungssektor (vgl. BMFSFJ 2005b, S. 19).

Armutsprostitution und Zwangsprostitution sind also nicht gleichzusetzen. Dennoch können Bedingungen und das Umfeld, unter denen die Prostitution/Sexarbeit stattfindet, ausbeuterisch, brachial und gewaltsam sein. Deshalb bedarf es gesetzlicher Rahmenbedingungen, nicht in Form restriktiver Gesetzgebung, sondern durch Entkriminalisierung, um größtmögliche Sicherheit zu bieten. Ebenso bedarf es weiterer unbürokratischer Zugänge zu niedrigschwelligen medizinischen, psychosozialen, psychotherapeutischen Versorgungsleistungen sowie differenzierte Beratungs-, Präventions- und Hilfsangebote, um individuell passende Hilfen und Unterstützungen auch beim Aus- bzw. Umstieg anbieten zu können.

Aus den genannten Gründen sind „Sexarbeit", „Sexarbeiter*innen", „Prostituierte*r" oder „Prostitution" keine Synonyme. Sexarbeit steht für den professionellen Bereich, wird als Erwerbs- und Lohnarbeit verstanden und nicht mit Unfreiwilligkeit, Unterdrückung oder Gewalt in Verbindung gebracht. Prostitution steht für den nicht- bzw. semi-professionalisierten Bereich, um auch auf Ungleichheitsverhältnisse, eingeschränkte Wahlmöglichkeiten, Diskriminierungen, Armut, ökonomischen Zwang etc. aufmerksam zu machen. Aber: Beide Begriffe stehen für Personen, die sexuelle/erotische Dienstleistungen in einem legalen Rahmen ausführen und die sich für diese Tätigkeit mehr oder weniger bewusst entscheiden. Personen, denen kommerzielle, sexuelle Ausbeutung widerfährt, und Personen, die zu sexuellen Handlungen gezwungen werden, sind nicht der Prostitution/Sexarbeit ausgeliefert, sondern extremer, sexueller Gewalt ausgesetzt, die einen Straftatbestand darstellt.

Auch der Sektor sexuell-erotischer Dienstleistung ist tief in gesellschaftlichen Vorstellungen von Geschlechterrollen und heteronormativen Geschlechterbeziehungen verwurzelt. Selbst wenn darin geschlechtliche und sexuelle Minderheiten auftreten, werden die sich Anbietenden fast durchgängig als weiblich, ihre Freier*innen/Kund*innen, Zuhälter*innen hingegen als männlich beschrieben. Dadurch werden insbesondere die sich als cis-männlich, trans*, genderfluid, nicht-binär Verortenden sowie die sich als Shemales, Ladyboys etc. Bezeichnenden weitestgehend unsichtbar gemacht, denn auch in der Prostitution/Sexarbeit stellen sich Geschlechterverhältnisse und -beziehungen oftmals diverser dar, als in ihrer gesellschaftlichen und medialen Auseinandersetzung aufgearbeitet.

Trans*-Prostitution oder Trans*-Sexarbeit ist marginalisiert, wenig sichtbar und intransparent. Trans*Personen sind beständig Diskriminierungen und Stigmatisierungen ausgesetzt. So können z. B. in manchen Hilfseinrichtungen, die sich speziell um männliche* Prostituierte/Sexarbeiter kümmern, trans*Frauen keinen Einlass finden, weil sie dort als Frauen „gelesen" werden. Einlass bekommen nur jene, die phänotypisch männlich wirken. Wiederum kann es sich in Frauenberatungsstellen zutragen, dass trans*Frauen abgewiesen werden, weil sie als Männer „gelesen" werden. Gleichermaßen finden sie auch keinen Zugang in Strukturen der Selbsthilfe, weil ihnen dort mit Intoleranz und einer Entsolidarisierung begegnet wird.

Biografische und soziale Brüche unterschiedlicher Ausprägung prägen die Lebensverläufe transidenter Menschen. Der Verlust von familiärer Anbindung, der Wohnung oder des Arbeitsplatzes, Mobbing im schulischen Umfeld, vorzeitig abgebrochene Bildungskarrieren und vieles mehr führen dazu, dass trans*Personen sich häufig Nischenerwerbsmöglichkeiten suchen müssen. Gleichzeitig bestehen langwierige, kostenintensive und formale Hürden im Verfahren nach dem Transsexuellengesetz sowie über die von den Krankenkassen getragenen Leistungen hinaus mit kosmetisch-chirurgischen Eingriffen, den Körper nach eigenen Vorstellungen entsprechend anzugleichen. Vor diesem Hintergrund entscheiden sich zahlreiche trans*Frauen für die Prostitution/Sexarbeit.

Beratungsbedarfe: In großstädtischen Regionen wie beispielsweise dem Rhein-Main-Gebiet ist das Angebot für die allgemeinen Beratungsbedarfe transidenter Menschen relativ groß, nicht aber für den Bereich der trans*Prostitution/trans*Sexarbeit und weiterer Gruppen, wie der Ladyboys/Shemales. Prostitution/Sexarbeit wird in den Aus- und Fortbildungsseminaren von trans*Beratenden ausgeklammert, da häufig Erfahrungen und Wissen fehlen und selbst in Berater*innenkreisen diese Zielgruppe(n) Diskriminierungen und Stigmatisierungen ausgesetzt sind.

Gleichzeitig macht es der Arbeits- und Lebensalltag von Menschen im sexuellen Dienstleistungssektor schwer, Termine in Beratungsräumen zu werktäglichen Büroöffnungszeiten wahrzunehmen. Des Weiteren sollte aber auch ein Fokus auf die aufsuchenden Kontaktangebote gelegt werden. Allerdings lässt es die Arbeitssituation in den Laufhäusern nicht immer zu, dass die trans*Frauen, Ladyboys/Shemales mit den Pädagog*innen ins Gespräch kommen können. Darüber hinaus wäre eine regelmäßige Präsenz vor Ort notwendig, um Vertrauen aufzubauen. Damit diesem Umstand Rechnung getragen werden kann, könnte angedacht werden, Beratungszimmer in großen Laufhäusern einzurichten. In den Beratungsangeboten für trans*Personen sowie Ladyboys/Shemales in der Prostitution müssen gesundheitsfördernde Maßnahmen inkludiert sein. Gerade in Bezug auf die trans*Personen sollten diese nicht nur auf geschlechtsangleichende Maßnahmen (nicht jede Transition beinhaltet die Einnahme von Hormonen oder eine geschlechtsangleichende Operation), die Entwicklung der Geschlechterrollen und auf den Alltagstest ausgerichtet sein, sondern sich auf körperliche, seelische und sexuelle Gesundheit im viel umfassenderen Sinne beziehen. Trans*-Migrant*innen, die geschlechtsangleichende Maßnahmen anstreben, vernachlässigen aufgrund fehlender Krankenversicherung ihre Gesundheit. Weil ihnen der medizinische Zugang verwehrt bleibt, die Eigenfinanzierung der Kosten einer geschlechtsangleichenden Operation nicht möglich ist, nehmen sie beispielsweise Hormone ohne medizinische Indikation, auch wenn irreversible Nebenwirkungen die Folge sein können.

Zudem fehlen Präventionskonzepte, die auf die spezifischen Belange von trans*Personen und Ladyboys/Shemales in der Prostitution ausgerichtet und kultur- sowie trans*-sensibel aufgearbeitet sind. Dringend erforderlich wäre auch ein erweiterter Ein- und Überblick über die bislang wenig bekannte Lebenssituation von Ladyboys/Shemales in der Prostitution/Sexarbeit. Würde dies ermöglicht, könnten durch die Kontaktanbindung auch gesundheitliche, psychosoziale, psychodynamische und präventive Aspekte zum Tragen kommen. Damit könnte eine weitere vulnerable Gruppe langfristig auch für andere Hilfs- und Präventionsangebote erreichbar sein.

Karin Fink

Zum Weiterlesen
Steffen, Elfriede/Körner, Christine (2016): Mann-männlichen Sexarbeit in NRW 2015/2016 – Studie zur Lebenslage von male* Escorts in Dortmund, Essen Düsseldorf und Köln. SPI Forschung gGmbH
Schreiter, Lisa/Angelina, Carina (2018): Ein Milieu im Wandel – Zugänge zum Thema Prostitution. In: Carina Angelina/Stefan Piasecki/Christiane Schurian-Bremecker (Hrsg.): Prostitution heute. Befunde und Perspektiven aus Gesellschaftswissenschaften und Sozialer Arbeit. Baden-Baden: Tectum, S. 11–33
Vorheyer, Claudia (2014): Prostitution und Menschenhandel als Verwaltungsproblem. Eine qualitative Untersuchung über den beruflichen Habitus (Gender Studies). Bielefeld: transcript

Sexueller Missbrauch

Unter sexuellem Missbrauch versteht man sexuelle Handlungen vor oder an Kindern und Jugendlichen, bei denen der Täter oder die Täterin eine Macht- und Autoritätsposition ausnutzt, um eigene Bedürfnisse zu befriedigen. Sexueller Missbrauch umfasst ein breites Spektrum einmaliger oder wiederholter sexueller Handlungen ohne Körperkontakt bis hin zu invasiver, penetrierender Gewalt, die sich über Jahre erstrecken kann. Der Begriff wird auch bei erwachsenen Schutzbefohlenen, beispielsweise in Beratungs-, Behandlungs- oder Betreuungsverhältnissen, verwendet. Während sexueller Missbrauch somit vor allem die sexuelle Handlung in das Zentrum rückt, wird durch (zumeist) synonym gebrauchte Begriffe wie sexualisierte Gewalt oder sexuelle Misshandlung die Gewalt in den Vordergrund gestellt. Sexuelle Aggression im Jugendalter beschreibt sexuelle Gewalt unter Jugendlichen.

Sexueller Missbrauch wird sowohl von Personen aus dem familiären Nahbereich (Familienangehörige, Bekannte) als auch aus dem außerfamiliären Umfeld (Schule, Freizeit) und nur selten von Fremden verübt. Die Täter sind überwiegend männlich und kommen aus allen sozialen Schichten. Frauen handeln sowohl eigenständig als auch als Mittäterinnen oder lassen als Mütter den Missbrauch zu. Sexueller Missbrauch geht nicht nur von Erwachsenen, sondern auch von Kindern und Jugendlichen gegenüber Jüngeren oder Gleichaltrigen aus. Sexuell abweichendes Verhalten im Jugendalter korreliert mit späteren Sexualstraftaten im Erwachsenenalter. Sexualisierte Missbrauchshandlungen werden in der Regel geplant. Bei Wiederholungstaten steigern sich Intensität und Häufigkeit.

Mädchen haben im Verhältnis zu Jungen ein größeres Risiko, Opfer zu werden, wobei sexueller Missbrauch an Mädchen eher von gegengeschlechtlichen, an Jungen eher von gleichgeschlechtlichen Tätern verübt wird. Gefährdet sind alle Alters- und sozialen Gruppen. Ein höheres Risiko besteht für Kinder aus gewaltbelasteten Familien, für Mädchen und Jungen, die über wenige Ressourcen verfügen, emotional vernachlässigt sind, sowie für diejenigen mit Behinderungen.

Über das Ausmaß sexuellen Missbrauchs lassen sich aufgrund unterschiedlicher Definitionen (z. B. in Bezug auf Altersgrenze, Altersunterschied, Körperkontakt, Gewalt) und Untersuchungsdesigns nur unzureichend zusammenfassende Angaben machen. Für das Jahr 2018 wurden in der Polizeilichen Kriminalstatistik 12.321 Fälle sexuellen Missbrauchs von Kindern (gemäß § 176 StGB) erfasst (Hellfeld). Die Dunkelziffer liegt wesentlich höher. Vor allem Taten an Säuglingen und Vorschulkindern, in der Familie und im näheren Umfeld werden selten angezeigt, da sie schwer nachzuweisen sind und eine Anzeige mit erheblichen Belastungen verbunden ist.

Den größten Vorhersagewert haben multifaktorielle Erklärungsansätze. Das Drei-Perspektiven-Modell von Brockhaus und Kolshorn (1993) verweist auf Täter, Opfer und das soziale Umfeld sowie die jeweiligen Faktoren, die die Ausübung von Gewalt (z. B. Alkoholkonsum), effektiven Widerstand für das Opfer (wie Drohungen) und eine adäquate Intervention durch das Umfeld (Ausschalten sozialer Kontrolle) begünstigen oder hemmen. Insbesondere im sozialen Nahbereich gelingt es leichter, das Vertrauen des Opfers zu gewinnen, es zu isolieren und das Einschreiten Außenstehender zu verhindern. Dies gilt insbesondere für überstrukturierte hierarchische und unterstrukturierte Institutionen mit unklaren Regeln und Grenzen. Sexueller Missbrauch bildet nicht nur ein individuelles, sondern auch ein verbreitetes gesellschaftliches Problem, welches sowohl mit dem Verständnis von Geschlechter- als auch Generationenverhältnissen zusammenhängt.

Sexualisierte Gewalt bedeutet eine große Belastung, eine schmerzhafte oder sogar traumatische Erfahrung für die Betroffenen und ihre Vertrauenspersonen. Folgen und Bewältigung des sexuellen Machtmissbrauchs sind abhängig von Dauer, Intensität und Gewalttätigkeit, von Alter, Geschlecht und Persönlichkeit des Opfers sowie von Erfahrungen sozialer Unterstützung. Während ein Teil der Betroffenen keine Symptome zeigt, leiden die meisten unter Folgen wie emotional-kognitiven Reaktionen (z. B. vermindertes Selbstwertgefühl, gestörte Körperwahrnehmung, Schuld- und Schamgefühle, Ängste, Aggressionen, Posttraumatische Belastungsstörung), Verhaltensproblemen (selbstverletzendes Verhalten, Suizidversuche, gestörtes Essverhalten, Alkohol- und Drogenmissbrauch, sexualisiertes Verhalten) und psychosomatischen Reaktionen, etwa Schlafstörungen. Zu den Folgen können auch erzwungene Schwangerschaften oder Geschlechtskrankheiten gehören. Besonders belastend sind die zwischenmenschlichen Konsequenzen, beispielsweise der Verlust von Vertrauen in Beziehungen oder Störungen der Sexualität. Das Risiko, im Jugend- und Erwachsenenalter sexualisierte oder häusliche Gewalt zu erleben, erhöht sich für die Betroffenen deutlich. Problematisch für die Bewältigung langfristiger Belastungen ist es, wenn der Zusammenhang zu der zugrundeliegenden sexuellen Traumatisierung nicht hergestellt und damit auch nicht bearbeitet werden kann.

Sexueller Missbrauch wird in Aufmerksamkeitswellen thematisiert. Anfang des 20. Jahrhunderts formulierte Freud seine später verworfene Hypothese, dass so genannte hysterische Symptome seiner Patientinnen auf sexuellen Missbrauch zurückzuführen seien. Erst in den 1970er Jahren wurde ‚Sexual Abuse' (Sexueller Missbrauch) von Mädchen und Frauen durch die amerikanische Frauenbewegung zum öffentlichen Thema. In den 1980er Jahren wurde die Problematik in Deutschland aufgegriffen. 1982 gründete sich die erste Initiative ‚Wildwasser'. Zwei Jahre später erschien u. a. das Buch „Väter als Täter" von Kavemann und Lohstöter. 1985 stellte die Partei DIE GRÜNEN eine erste große Anfrage an die Bundesregierung.

Im Laufe der Jahrzehnte wurden weitere Aspekte sexualisierter Gewalt thematisiert. Diese umfassten besondere Formen (z. B. ritueller Missbrauch, Darstellung sexualisierter Gewalt an Kindern in Bild und Film sowie ‚Kinderpornografie', Zwangsverheiratung, Mädchenhandel), Folgen wie Traumatisierungen, weitere Täter- (Frauen, Kinder, Jugendliche, Autoritätspersonen) und Opfergruppen (auch Jungen oder Menschen mit Behinderungen) und Rahmenbedingungen in Institutionen, zum Beispiel in Sportvereinen, Jugendhilfe, Therapie, Schule, Kirche sowie mittels Internet oder Handy. Bei der Gestaltung des Diskurses spielen die Medien eine wichtige Rolle, wie 2010 bei der Skandalisierung des Missbrauchs in kirchlichen und reformpädagogischen Schulen. Fortschritte in der Weiterentwicklung von Prävention, Intervention und Aufarbeitung wurden mit der Institutionalisierung des Unabhängigen Beauftragten für Fragen des sexuellen Kindesmissbrauchs (beauftragter-missbrauch.de/) durch die Bundesregierung erzielt. Auch aufgrund der öffentlichen Problematisierung und Reflexion von Sexualstraftaten an Kindern, die trotz institutioneller Kontakte zunächst nicht geschützt wurden (z. B. die Fälle ‚Staufen' und ‚Lügde') werden Phasen der Aufdeckung seitdem nicht mehr durch Versuche, das Thema zu marginalisieren, die Opfer zu diskreditieren oder Missbrauch als verbreitetes gesellschaftliches und individuelles Problem zu leugnen, abgelöst.

Aufklärung, Präventions- und Interventionsstrategien wurden fortlaufend, zunächst vor allem von Feministinnen, inzwischen aber auch im Rahmen von Institutionen, weiterentwickelt (z. B. Landeshauptstadt Stuttgart 2019). Straf-/Rechtsnormen im Strafgesetzbuch (StGB), im Bürgerlichen Gesetzbuch (z. B. § 1631 BGB „Recht auf gewaltfreie Erziehung") oder im Achten Buch Sozialgesetzbuch (z. B. § 8a SGB VIII „Schutzauftrag bei Kindeswohlgefährdung") und im Bundeskinderschutzgesetz (BKiSchG) wurden präzisiert, verschärft und hinzugefügt. Im Jahr 2020 legte die Regierung den Entwurf des Gesetzes zur Bekämpfung sexualisierter Gewalt gegen Kinder vor. In allen gesetzlichen Verbesserungen des Gewaltschutzes für Kinder und Jugendliche kommt den Jugendämtern in Kooperation mit den freien Trägern (der Jugendhilfe), der Polizei, dem Gesundheits- und Bildungswesen sowie der Justiz eine zentrale Rolle zu.

Präventions- und Hilfsangebote zielen im Sinne einer Primärprävention auf (a) Handlungsmotivation und innere Barrieren potenzieller Täter und Täterinnen, (b) Handlungskompetenzen und Ressourcen möglicher Opfer und (c) Sensibilität und Verantwortungsbereitschaft Erwachsener. Wichtige Grundlagen hierfür sind vertrauensvolle Eltern- bzw. Erwachsenen-Kind-Beziehungen und kindliche Selbstwirksamkeitsüberzeugungen. Auf Druck von Betroffenen, der zweiten Frauenbewegung sowie engagierten Fachleuten wurden gesellschaftliche Institutionen wie Fachberatungsstellen geschaffen, die dazu beitragen, Opfer zu unterstützen und zu begleiten. Zu den konkreten (geschlechtsspezifischen) Ansätzen der Prävention, Intervention und Unterstützung, vor allem im Feld der Sozialen Arbeit, gehören unter anderem:

- Aufklärung und Sensibilisierung der (Fach-)Öffentlichkeit (etwa durch Bildmaterialien, Literatur, Medienarbeit);
- Prävention in Kindertageseinrichtungen, Schulen, Jugendverbänden und Jugendhilfeeinrichtungen;

- Informationsweitergabe zum Schutz von betroffenen Kindern und Jugendlichen an das Jugendamt (im Rahmen des BKiSchG und des SGB VIII);
- Gefährdungseinschätzungen gemäß § 8a SGB VIII durch Fachkräfte freier und öffentlicher Träger der Jugendhilfe;
- Beratung, Begleitung, Unterstützung und Therapie für Opfer und Vertrauenspersonen;
- Opfer- und Zeugenbegleitung in Straf- und familiengerichtlichen Verfahren;
- Tätigkeiten als Sachverständige oder Verfahrensbeistand;
- ambulante Angebote für jugendliche und erwachsene Täter*innen;
- teil-/vollstationäre Jugendhilfen;
- spezifische ambulante und stationäre Therapien im Gesundheitswesen.

Oberstes Ziel aller Ansätze ist es, die Gewalt zu beenden und die betroffenen Kinder und Jugendlichen zu schützen und zwar gemäß des jeweiligen Arbeitsauftrags, in Abstimmung mit den Betroffenen, ihren Vertrauenspersonen und den beteiligten Institutionen.

Während in den 1980er Jahren das Engagement der Aufklärung und Etablierung erster Hilfen diente, wird sexueller Missbrauch inzwischen in allen Institutionen, die im Kontakt mit Kindern und Jugendlichen stehen, in Kinderschutz und Jugendhilfe als eine Dimension der Kindeswohlgefährdung ernstgenommen. Es wird weiterhin darum gehen, das Bestehende abzusichern und den Kenntnisstand, unter anderem durch eine repräsentative Dunkelfeldstudie und Aufarbeitung (u. a. Unabhängige Kommission zur Aufarbeitung sexuellen Kindesmissbrauchs), zu erweitern. Darüber hinaus müssen interdisziplinäre Perspektiven und integrierte Konzepte weiterentwickelt werden, die sowohl die Verflechtungen von verschiedenen Gewaltphänomenen und Belastungen als auch unterschiedliche rechtliche Grundlagen, Arbeitsansätze, Fristen und Anforderungen, etwa von Strafverfolgungsbehörden und Justiz auf der einen Seite und Opferschutz und Jugendhilfe auf der anderen Seite, integrieren.

Susanne Heynen

Zum Weiterlesen
Brockhaus, Ulrike/Kolshorn, Maren (1993): Sexuelle Gewalt gegen Mädchen und Jungen: Mythen, Fakten, Theorien. Frankfurt/M.: Campus
Egle, Ulrich T./Hoffmann, Sven O./Joraschky, Peter (Hrsg.) (2015): Sexueller Missbrauch, Misshandlung, Vernachlässigung. Erkennung, Therapie und Prävention der Folgen früher Stresserfahrungen. 4. Auflage. Stuttgart: Schattauer
Landeshauptstadt Stuttgart (Hrsg.) (2019): Fach- und Führungskräfte in besonderer Verantwortung: Verbindlicher Leitfaden zur Prävention von und Umgang mit grenzverletzendem Verhalten und sexualisierter Gewalt durch Mitarbeitende des Jugendamtes. Stuttgart: Landeshauptstadt Stuttgart, Jugendamt

Soziale Arbeit

Soziale Arbeit ist in den 1990er Jahren in Deutschland als eine Bezeichnung, die bereits in den 1920er Jahren existierte, wiederaufgenommen worden, um verschiedene Theorie- und Praxistraditionen der Sozialarbeit und Sozialpädagogik unter einem Fachbegriff zusammenzuführen. Unter diesem Dach versammelt sich eine große Bandbreite wissenschaftlicher Grundlagen, theoretischer Diskurse und praktischer Handlungsansätze (Thole 2010; Otto/Thiersch 2011; Graßhoff et al. 2018; Hammerschmidt/Aner 2022).

Aufgaben und Ziele Sozialer Arbeit zu bestimmen, ist kein leichtes Unterfangen. Als eine allgemeine Bestimmung der Aufgaben Sozialer Arbeit schlägt Albert Scherr vor, diese als „Reaktion auf gesellschaftlich bedingte Problemlagen" (Scherr 2015, S. 179) zu fassen. Er betont dabei, dass solche Problemlagen, aber auch die Antworten der Sozialen Arbeit auf diese gesellschaftlich hervorgebracht werden. Umgekehrt bedeutet das, dass nicht alle Problemlagen von Menschen aus staatlich-politischer Sicht als unterstützungsbedürftig anerkannt und bearbeitet werden (vgl. ebd., S. 194). Dies zeigt der historische Wandel der gesellschaftlichen Hervorbringung sozialer Probleme und deren Umdeutungen eindrucksvoll (Groenemeyer 2001; Hammerschmidt et al. 2019).

Professionstheoretisch stellen sich für die Soziale Arbeit Fragen nach spezifischen Wissensbeständen, Handlungskonzepten und ethischen Grundsätzen, auch im Verhältnis zu anderen Professionen (Thole 2010; Becker-Lenz 2018). Wissenschaftsgeschichtlich zeigt sich eine Bandbreite an theoretischen Grundlagen der Sozialen Arbeit, verbunden mit unterschiedlichen Forschungstraditionen und Verortungen zwischen Sozialer Arbeit und Sozialpolitik. Für die Praxis der Sozialen Arbeit stellt sich die Frage nach dem Transfer zwischen theoretischem Wissen und alltäglichen Handlungsroutinen für sehr unterschiedliche Handlungsfelder. Dies ist auch mit der Anforderung verbunden, in einer hierarchischen Struktur mit anderen Professionen zu kooperieren und komplexe Prozesse der Hilfe und Kontrolle sozialbürokratisch zu moderieren. Normative Bestimmungen sehen Soziale Arbeit als eine Menschenrechtsprofession (Staub-Bernasconi 2000; Staub-Bernasconi 2013b), andere betonen ihre advokatorischen Aufgaben in der Gesellschaft (Brumlik 2004).

Mit Bezug zu gesellschaftstheoretischen Überlegungen werden die Position und die Aufgaben Sozialer Arbeit in der Gegenwartsgesellschaft aus unterschiedlichen und kontroversen Perspektiven bestimmt. Aus der Perspektive marxistischer Denktraditionen und mit Bezug zu Ansätzen einer kritischen Theorie Sozialer Arbeit wird deren Aufgabe vornehmlich darin gesehen, Gesellschafts- und Herrschaftskritik zu üben, indem die zunehmende Prekarisierung von Lebensverhältnissen in der neoliberalen kapitalistischen Gesellschaft aufgedeckt und bekämpft werden soll (Anhorn/Bettinger/Stehr 2007b). Im Kontrast dazu reflektieren systemtheoretische Ansätze die Aufgaben Sozialer

Arbeit im Zusammenhang der wechselnden Exklusion und Inklusion von Menschen in verschiedene Teilsysteme der funktional differenzierten Gesellschaft (vgl. Luhmann 1997; Scherr 2015; Scherr 2016; Bommes/Scherr 2000). Soziale Ausschlüsse und Einschlüsse aus verschiedenen Teilsystemen sind aus dieser Sicht keine normativen, sondern funktionale Mechanismen und können sowohl positive als auch negative Folgen für Menschen und ihre Problemlagen haben. Soziale Arbeit zielt grundsätzlich darauf, Exklusion zu vermeiden und Inklusion zu ermöglichen sowie die Folgen von dauerhafter Exklusion zu bearbeiten (vgl. Scherr 2015, S. 191). Aus der Sicht modernisierungs- und individualisierungstheoretischer Zeitdiagnosen (vgl. u. a. Beck 1986; Giddens 1996) ist Soziale Arbeit eine intermediäre Instanz zwischen System und Lebenswelt (vgl. Rauschenbach 1999), die Menschen im Umgang mit den Chancen und Risiken von Individualisierungsprozessen in der „reflexiven Moderne" (Beck) unterstützt. Demnach setzen Individualisierungsprozesse die Menschen frei und eröffnen ihnen mehr Handlungs- und Entscheidungsspielräume. Zugleich wird das Individuum auf sich selbst zurückgeworfen, wenn es an die Grenzen der gesellschaftlichen Chancenstrukturen, beispielsweise im Bildungssystem, stößt.

Solche Standortdebatten und Theoriediskurse werden weitgehend ohne Bezüge zu Einsichten der Geschlechterforschung geführt (vgl. Böhnisch/Funk 2002; Ehlert et al. 2011). Geschlechtertheoretische Ansätze können aber nicht einfach als ein weiterer Theorie- und Forschungsstrang hinzuaddiert werden. Die konsequente theoretische Auseinandersetzung mit der Bedeutung von Geschlecht für Soziale Arbeit setzt vielmehr eine grundlegende Revision theoretischer Blickwinkel voraus. In den Fokus rückt dann das Verhältnis zwischen Sozialer Arbeit, gesellschaftlichen Geschlechterverhältnissen, Geschlechterordnungen, Geschlechterdiskursen und Identitätszumutungen (Bereswill/Ehlert 2018).

So korrespondiert die Prekarisierung von Lebens- und Arbeitsverhältnissen mit der gesellschaftlichen Arbeitsteilung der Geschlechter, Armutsrisiken treffen Frauen* stärker als Männer*, unbezahlte und niedrig entlohnte Sorgetätigkeiten werden weltweit mehrheitlich an Frauen* delegiert. Ebenso sind Mechanismen der Inklusion und Exklusion gesellschaftlicher Teilsysteme nicht geschlechterneutral, wenn Mädchen* beispielsweise in bestimmten Segmenten des Bildungssystems besser abschneiden als Jungen*, dieser Erfolg aber nicht auf eine breite Inklusion in das Ausbildungssystem und den Arbeitsmarkt durchschlägt (Bereswill/Liebsch 2019). Auch die Chancen und Risiken von Individualisierung korrespondieren mit gesellschaftlichen Erwartungshorizonten und Grenzen. Im gesellschaftlichen Diskurs über die Chancengleichheit der Geschlechter wird dabei von einer starken Angleichung der Chancen und Lebensentwürfe von Menschen jenseits ihres Geschlechts ausgegangen. Gleichzeitig sehen wir, wie Geschlechterdifferenz betont (und kommerzialisiert) wird, beispielsweise in der Spielzeugindustrie, in den Sozialen Medien, der Werbung oder in entwicklungspsychologischen Theorien, die Geschlechterunterschiede als natürlich festschreiben. Diese widersprüchliche Konstellation führt auch dazu, dass als geschlechtstypisch bewertete Handlungsorientierungen nicht mehr als Ausdruck von gesellschaftlichen Normierungen, sondern nur noch als individuelle Optionen gesehen werden. Das bedeutet, die Auseinandersetzung mit sozialen Ungleichheiten wird ausgeblendet und deren Überwindung wird gleichzeitig als subjektive Verantwortung und Aufgabe aufgefasst. Die skizzierten Beispiele verdeutlichen, dass geschlechtertheoretische Analysen und Reflexionen die Theoriediskurse der Sozialen Arbeit verändern und deren Differenzierungspotenziale erhöhen. Gesellschaftlich bedingte Problemlagen können im Zusammenhang von strukturellen Ungleichheitslagen von Frauen* und Männern*, von dominanten Geschlechterordnungen und Diskursen sowie mit Bezug zu biografischen Identitätskonflikten von Menschen analysiert werden.

Professionstheoretische Ansätze, die Erkenntnisse der Geschlechterforschung einbeziehen, reflektieren, dass Soziale Arbeit immer noch mehrheitlich von Frauen* studiert und praktiziert wird. Dann beziehen sich Wissensbestände und Handlungskonzepte der Sozialen Arbeit auf diversitäts- und geschlechterbewusste Ansätze und entwickeln diese weiter. Das erfordert eine Sensibilisierung der Sozialen Arbeit in mehrfacher Hinsicht. Das theoretische Wissen und die empirischen Befunde der Geschlechterforschung sensibilisieren für verdeckte Zusammenhänge von Differenz und Ungleichheit. Der reflexive Umgang mit den eigenen Konzepten und Begriffen, der die meisten Ansätze der Geschlechterforschung auszeichnet, schärft den Blick für die Reichweite und die Grenzen von Wissen. Dieser reflexive Umgang mit Bedeutungen von Geschlecht hilft zugleich die unterschiedlichen Logiken von Theorie und Praxis nicht zu vermischen und den Transfer zwischen Theorie, Forschung und Alltagshandeln in der Sozialen Arbeit weiterzuentwickeln (vgl. Bereswill 2016, S. 53).

Mechthild Bereswill und Gudrun Ehlert

Zum Weiterlesen
Bereswill, Mechthild (2016): Hat Soziale Arbeit ein Geschlecht? Antworten von Mechthild Bereswill. Reihe Soziale Arbeit Kontrovers. Freiburg/Breisgau: Deutscher Verein für öffentliche Fürsorge e. V.
Ehlert, Gudrun (2022): Gender in der Sozialen Arbeit. 2., völlig neu bearbeitete Auflage. Schwalbach/Taunus: Wochenschau-Verlag
Rose, Lotte/Schimpf, Elke (Hrsg.) (2020): Sozialarbeitswissenschaftliche Geschlechterforschung: Methodologische Fragen, Forschungsfelder und empirische Erträge. Opladen, Berlin, Toronto: Barbara Budrich

Soziale Bewegungen

In Sozialen Bewegungen engagieren sich Menschen, um mit Mitteln des kollektiven Protests bestimmte gesellschaftliche Entwicklungen zu forcieren, zu verändern oder zu verhindern. Das Besondere an Sozialen Bewegungen ist, dass sie sich zwischen einzelnen Protestaktionen und festen Strukturen und Organisationen, wie beispielsweise Gewerkschaften und Parteien, bewegen. Oft lassen sich auch für Soziale Bewegungen Beginn und Ende nicht mit einem genauen Datum fixieren. Soziale Bewegungen sind durch ihre Aktivitäten sichtbar, sie sind auf die Mobilisierung von Menschen und Öffentlichkeit angewiesen (Wagner 2009). In der Bewegungs- und Protestforschung wird von sozialen Bewegungen gesprochen, „wenn ein Netzwerk von Gruppen und Organisationen, gestützt auf eine kollektive Identität, eine gewisse Kontinuität des Protestgeschehens sichert, das mit dem Anspruch auf Gestaltung des gesellschaftlichen Wandels verknüpft ist, also mehr darstellt als bloßes Neinsagen" (Roth/Rucht 2008, S. 12). Unter diese allgemeine Begriffsbestimmung fallen im historischen Rückblick sehr unterschiedliche Bewegungen und politische Kräfte, wie die Arbeiter*innenbewegung und die Frauenbewegungen des 19. und beginnenden 20. Jahrhunderts, die Jugendbewegung Anfang des 20. Jahrhunderts sowie die faschistischen Bewegungen in Deutschland und Italien, die die Machtübernahme der Nationalsozialist*innen bzw. der Faschist*innen vorbereiteten.

Nach 1945 kommt es in der jungen DDR 1953 im Zuge von ökonomischen und Versorgungskrisen zu Streiks, Protesten und Demonstrationen, die mit der gewaltsamen Niederschlagung durch die sowjetische Armee am 17. Juni 1953 ein Ende finden. In der Folge werden die Überwachungs- und Sicherheitsstrukturen ausgebaut, Gegenbewegungen erhalten in der DDR keine Öffentlichkeit und sind staatlichen Repressionen ausgesetzt. Widerstand und Opposition formieren sich überwiegend unter dem Dach der evangelischen Kirche in den 1980er Jahren: Frauen-, Friedens-, Lesben-, Schwulen-, Umwelt- und Bürgerrechtsbewegung (Miethe 1999; Nöthling 2009). 1989 gelingt es den Akteur*innen die Bürgerrechtsbewegung als „einen gemeinsamen Denk- und Handlungszusammenhang zu konzeptualisieren, der es erlaubt, die verschiedenen ‚Wege in die Opposition' als eine zusammenhängende und gleichzeitig nach außen abgrenzbare soziale Bewegung zu begreifen" (Kell 2019, S. 13). Die ‚friedliche Revolution' führt zur Grenzöffnung und demokratischen Wahlen im März 1990.

In den Anfangsjahren der Bundesrepublik fanden nach 1945 insbesondere Proteste gegen die sogenannte Wiederbewaffnung, die Gründung der Bundeswehr und die Einführung der Wehrpflicht im Jahr 1956 statt. Von Protest im Kontext Sozialer Bewegungen ist aber in der Protest- und Bewegungsforschung erst für die 1960er Jahre die Rede (Wagner 2009). Dabei steht der

Kampf der Bürgerrechtsbewegung in den USA gegen Rassismus und Diskriminierung der People of Color in den USA im Zentrum, und Mitte der 1960er Jahre beginnen sich dort weitere Protestbewegungen im Kontext der Rock- und Beat-Generation zu formieren, die für eine Gegen- und Alternativkultur stehen (Wendt 2017). Die Auflehnung gegen Sexismus, eine Wortschöpfung, die in Analogie zum Rassismus die Diskriminierung aufgrund des Geschlechts ausdrückt, wird Ende der 1960er Jahre zum Motor einer neuen Frauenbewegung in den USA. Ein weiterer Kristallisationspunkt des Protests ist der Vietnamkrieg (1955–1975), in den die USA seit 1964 mit flächendeckenden Bombardements der Zivilbevölkerung involviert sind. Der Protest und die Protestformen der Sozialen Bewegungen in den USA beeinflussen auch die Entwicklungen in Europa.

In Westdeutschland wird das Jahr 1968 zur ‚Chiffre' für Protest und gesellschaftliche Veränderungen. Gegen die verkrusteten Gesellschaftsstrukturen der 1960er Jahre, die fehlende Auseinandersetzung mit der NS-Vergangenheit, den Vietnamkrieg und die Politik einer großen Koalition richtet sich ein wachsender Unmut und Protest von Studierenden, Auszubildenden und Schüler*innen. Durch die sich formierenden Protestbewegungen wie die der Lehrlingsbewegung und der Studentenbewegung werden unterschiedliche Protest- und Aktionsformen (weiter-)entwickelt: Demonstrationen, Störungen von Veranstaltungen, die Besetzung und Belagerung von (Hochschul-)Räumen und öffentlichen Plätzen, bei denen mit Reden, Transparenten und Plakaten auf die jeweiligen Themen und Forderungen aufmerksam gemacht wird. Durch Sit-ins, Go-ins und Streiks sowie bundesweite Mobilisierungen und Kampagnen werden Missstände in der Gesellschaft angeprangert. Herrschafts-, Zivilisations- und Konsumkritik gehen einher mit Forderungen nach Demokratisierung, Mitbestimmung, einer Liberalisierung der Gesellschaft und alternativen Lebensformen. Dabei sind 1968 drei Viertel der Studierenden Männer, Frauen werden nicht als gleichberechtigter Teil der Studentenbewegung gesehen (Rendtorff 2020). Vielmehr dominierten auch an den Universitäten geschlechtstypisierende Zuschreibungen, mit denen Frauen die Kindererziehung und die Hausarbeit zugewiesen wurden. Aus der Kritik an der männlich dominierten Studentenbewegung konstituiert sich in Westdeutschland die Neue Frauenbewegung, auch im Kontext von Frauenbewegungen in anderen Industriestaaten. Im Unterschied zu den Sozialen Bewegungen des 19. und beginnenden 20. Jahrhunderts wird für die Protestbewegungen der 1960er, 1970er und 1980er Jahre von den „Neuen" Sozialen Bewegungen gesprochen (Wagner 2009; Wendt 2017). Zu diesen zählen eine Vielzahl von Bewegungen, die sich gegenseitig beeinflusst haben, wie die Studenten-, die Lehrlings-, die Frauen-, die Schwulen-, die Lesben-, die Friedens-, die Antiatomkraft- und die Hausbesetzer*innenbewegung. Für die Weiterentwicklung der Sozialen Arbeit spielen die Heimkampagne, die Kinderladenbewegung, die Jugendzentrumsbewegung, die Gesundheits- und Selbsthilfebewegung sowie die Anti-Psychiatriebewegung der 1970er Jahre eine spezifische Rolle (Thole/ Wagner/Stederoth 2020). Diese Bewegungen fordern alternative Erziehungs-, Bildungs- und Gesundheitskonzepte und entwickeln und erproben diese in Projekten. Bis heute sind Frauenbewegungen, Ökologiebewegungen, globalisierungskritische Bewegungen, Migrant*innenbewegungen, LGBTIQ⁺-Bewegungen, Klimabewegungen wie „Fridays for Future" und „Ende Gelände" wichtige Akteur*innen der Zivilgesellschaft. In allen Sozialen Bewegungen sind jeweils nur kleinere Gruppen im Verhältnis zur Mehrheit der Gesellschaft engagiert. Die Sozialen Bewegungen wirken jedoch immer in die Gesellschaft hinein, sie führen zu veränderten Einstellungen gegenüber sozialen, ökonomischen und ökologischen Problemen, zu politischen Reformen, gesetzlichen Neuregelungen, insbesondere auch in der Sozialpolitik und in Feldern der Sozialen Arbeit (Wagner 2009; Wendt 2017).

Soziale Bewegungen und Soziale Arbeit stehen in Wechselbeziehungen zueinander. Von Sozialen Bewegungen gehen wichtige Impulse für die Entwicklung Sozialer Arbeit aus, schließlich ist die Geschichte und Entstehung der Sozialen Arbeit als Frauenberuf unmittelbar mit den Aktivitäten der bürgerlichen Frauenbewegung verbunden. Ebenso ist die Weiterentwicklung der Sozialen Arbeit in Westdeutschland ohne die gesellschaftlichen Umbrüche und Impulse durch die Neuen Sozialen Bewegungen in Folge der ‚68er' nicht denkbar. Umgekehrt sind es Sozialarbeitende und Adressat*innen, die ihre Erfahrungen mit und aus ihrer Praxis in Soziale Bewegungen einbringen und in politische Forderungen verwandeln. Durch Soziale Bewegungen wird Soziale Arbeit aber auch immer wieder infrage gestellt und sogar vollständig abgelehnt (Wagner 2009). Die durch die verschiedenen Bewegungen angestoßenen politisch-theoretischen Debatten und Konfliktlinien sowie ihr jeweiliger Beitrag zur Veränderung von Sozialer Arbeit unterscheiden sich. So entwickeln die Kritik und das Innovationspotenzial der Neuen Frauenbewegung eigene Dynamiken, die sich in den 1970er und 1980er Jahren gegen die patriarchalen Strukturen der Gesellschaft richten und das Selbstbestimmungsrecht von Frauen in den Mittelpunkt stellen. Die Lesben- und Schwulenbewegungen skandalisieren zeitgleich die auf die sexuelle Orientierung von Menschen bezogenen Diskriminierungen. Anfang der 1980er Jahre erfahren schwule Männer durch die ‚AIDS-Krise' eine massive Anfeindung und Ausgrenzung, die AIDS-Hilfe-Bewegung und der Bedarf an professioneller Beratung und Unterstützung führt zur Gründung der ersten AIDS-Hilfen. Die Frauen- und Geschlechterbewegungen haben mit ihrer grundlegenden Kritik an diskriminierenden Institutionen und Handlungspraxen, mit neuen Fragestellungen, konkreten Projekten und Beratungsangeboten, dem Infragestellen von Geschlechterkonstruktion, dem Anspruch auf Parteilichkeit, Selbstbestimmung, Partizipation und egalitäre Team- und Leitungsstrukturen zur Entwicklung von neuen Arbeitsansätzen und Feldern der Sozialen Arbeit beigetragen (Ehlert 2016).

Auch in der Sozialen Arbeit selbst, insbesondere in der Jugendhilfe, entwickelt sich Ende der 1960er Jahre „eine breite und heterogene Protestbewegung, die substanzielle Veränderungen nicht nur einforderte, sondern auch umzusetzen gedachte" (Steinacker 2016, S. 206). 1968 findet im Sommer die Gründung des Berliner „Arbeitskreises Kritische Sozialarbeit" statt. Nach diesem Vorbild organisieren sich in der Bundesrepublik weitere Gruppen, die auf ihren Treffen kritische, politische Diskussionen führen, auf Missstände aufmerksam machen und sich für Veränderungen und neue Arbeitsformen der Sozialen Arbeit engagieren. Die Vernetzung der Proteste der Sozialarbeitenden steht insbesondere im Zusammenhang mit den ‚Heimkampagnen' (Kappeler 2016). Mit spektakulären Aktionen werden „die überall herrschenden Erziehungspraktiken des blinden Gehorsams, der Triebunterdrückung, der Gefühlskälte, Härte und Bindungslosigkeit in Frage gestellt" (Wolff 2016, S. 112). Die Protestbewegungen richten sich gegen Stigmatisierung, Repression und Strafe in der öffentlichen Erziehung und sind der Beginn eines langen Reformprozesses in der Kinder- und Jugendhilfe (Stange 2018). Auch durch die Kinderladenbewegung werden, mehrheitlich von Frauen, Erziehungspraxen in Frage gestellt. Die Protagonist*innen kritisieren sowohl die autoritären Erziehungskonzepte in der bürgerlichen Kleinfamilie als auch in den Kindertagesstätten sowie die traditionellen Zuschreibungen der Kinderziehung an Frauen (Bock et al. 2020). Sie gründen Initiativen, um neue, alternative, an den Bedürfnissen der Kinder orientierte Formen der Erziehung zu etablieren, in den Großstädten zum Teil in den Räumen leerstehender Geschäfte (Kinderläden). So haben zahlreiche Projekte und Konzepte aus den Neuen Sozialen Bewegungen zu einem veränderten Grundverständnis Sozialer Arbeit und Erziehung geführt. Angesichts der aktuellen gesellschaftlichen Herausforderungen und Krisen der 2020er Jahre sind Soziale Bewegungen und Soziale Arbeit erneut und kontinuierlich gefordert, Einfluss zu nehmen auf menschenverachtende Positionen und Praxen in der Migrations-, Gesundheits- und Sozialpolitik, auf nachhaltiges Wirtschaften und eine die globale Erwärmung stoppende Klimapolitik.

Gudrun Ehlert

Zum Weiterlesen
Franke-Meyer, Diana/Kuhlmann, Carola (Hrsg.) (2018): Soziale Bewegungen und Soziale Arbeit. Von der Kindergartenbewegung zur Homosexuellenbewegung. Wiesbaden: Springer VS
Miethe, Ingrid (1999): Frauen in der DDR-Opposition. Lebens- und kollektivgeschichtliche Verläufe in einer Frauenfriedensgruppe. Opladen: Leske + Budrich
Thole, Werner/Wagner, Leonie/Stederoth, Dirk (Hrsg.) (2020): ‚Der lange Sommer der Revolte'. Soziale Arbeit und Pädagogik in den frühen 1970er Jahren. Wiesbaden: Springer VS

Soziale Medien

Aus kommunikationswissenschaftlicher Perspektive sind Soziale Medien Teil einer „computergesteuerten digitalen Infrastruktur" (Krotz 2017, S. 29), in der Einzel- bzw. Massenmedien in technischer, organisatorischer und ästhetischer Hinsicht neu verknüpft werden und Medien nicht mehr nur Mittel der Kommunikation, sondern auch Mittel der Datensammlung und -auswertung sind (Hepp 2018). Die Besonderheit der Sozialen Medien ist, dass Einzelpersonen ein öffentliches oder halböffentliches Profil innerhalb eines Sozialen-Netzwerk-Dienstes erstellen und sich mit Menschen austauschen, Informationen teilen, kommentieren und verbreiten können. Dabei kommt es einerseits zu einer Neukonfiguration der Beziehungen zwischen Nachrichtenhersteller*innen, Nachricht und Publikum und einer Neukonfiguration von Vorstellungen von öffentlichem und privatem Raum (Boyd/Ellison 2007; Schmidt 2018). Gleichzeitig eröffnen sich neue Handlungsräume für die Sozialisations- und Identitätsbildungsprozesse. Darüber hinaus können Soziale Medien als Intermediäre fungieren, die angebotene Inhalte nach Geschlechterkriterien filtern können.

Für die Soziale Arbeit eröffnen sich im Rahmen der Kommunikation über Soziale Medien damit neue Formen der Teilnahme und Teilhabe an der Gesellschaft – differenzieren sich Öffentlichkeiten weiter aus. Zudem ergibt sich ein weiterer kommunikativer Zugang zu Adressat*innen, womit sich neue Unterstützungsmöglichkeiten abzeichnen. Parallel dazu entwickeln sich kommunikationskulturelle Praktiken und Problemlagen wie z. B. Cybergewalt oder sexualisierte Gewalt mittels digitaler Medien. Geschlecht kann in diesem Kontext weiterhin als eine hierarchische Ordnungskategorie verstanden werden, die wirksam wird einerseits im Hinblick auf die (Re-)Organisation von Öffentlichkeiten und andererseits als Prozesskategorie im Rahmen permanenter Wahrnehmungs-, Zuschreibungs- und Darstellungspraktiken sowie alternativer Körper- und Identitätsentwürfe.

Wandel von Öffentlichkeit(en): Im Unterschied zu den Massenmedien ist bei Sozialen Medien nicht mehr allein von einer linearen Beziehung von Produzent*in zum Publikum auszugehen, sondern werden Nachrichten fließend, dynamisch und zyklisch zwischen einer Vielzahl von Personen und Zielgruppen verteilt. Die Steuerung obliegt somit in erster Linie den Nutzer*innen, die im Brecht'schen Sinne selber senden (Brecht 1932/33). Gleichzeitig sortieren Programme, die so genannten Algorithmen, im Hintergrund vor.

Feminist*innen haben in den sozialen Online-Welten von Beginn an ein emanzipatorisches Potenzial gesehen. In Auseinandersetzung mit neu-materialistischen Ansätzen und unter Bezugnahme insbesondere auf die Figur des „Cyborg" (Haraway 1995), agieren Cyberfeministinnen politisch im Netz, jenseits binärer Oppositionen von Geist und Körper, Organismus und Maschine und damit der Zweigeschlechtlichkeit (Zobl 2008; Scharff/Smith-Prei/Stehle 2016) – werden Medien zu „Technologien des Geschlechts" (Angerer 1997; Angerer 1999).

Parallel dazu finden sich in Sozialen Medien weiterhin Ansätze hegemonialer Männlichkeit. Erklärt wird dies differenztheoretisch über die geschlechtsspezifische Arbeitsteilung in Informations- und Kommunikationstechnologien (Bath 2000; Bath/Schelhowe/Wiesner 2008) als auch über die symbolische Verbindung von Männlichkeit und Technik (Dorer 2017). Untersucht wird infolgedessen, wie mit digitalen Kommunikationstechnologien Geschlechterverhältnisse (re-)strukturiert werden und Geschlechterarrangements den Prozess der Aneignung neuer Technologien prägen (Röser et al. 2019).

Ein weiterer Fokus wird auf die Entwicklungen neuer Öffentlichkeiten, Sichtbarkeiten und Möglichkeiten von Empowerment gelegt. Öffentlichkeit für Belange von Frauen* wird beispielsweise seit 2013 über Hashtag-Kampagnen hergestellt. Aufmerksamkeit erregte insbesondere der Hashtag #aufschrei, über den weltweit sexualisierte Gewalt an Frauen* thematisiert wurde (Drüeke/Zobl 2016), gefolgt von #metoo. Von feministischer Seite werden Potenziale Sozialer Medien auch in der selbstbestimmten und humorvollen Produktion von Bildern (z. B. Selfies, Memes) sowie der ironischen oder subversiven Aneignung bestehender Medienangebote gesehen (Kohout 2019). Diese Adhoc-Proteste gegen Sexismus und Diskriminierung finden Resonanz auch in massenmedialen Öffentlichkeiten (Stehling/Brantner/Lobinger 2018), die letztlich zur Aufrechterhaltung der Diskurse beitragen (Gsenger/Thiele 2014). Diskutiert werden diese neuen Öffentlichkeiten u. a. im Hinblick auf ihr Affizierungspotenzial (Lünenborg 2020). Demnach sind es nicht mehr vordergründig geteilte Lebensrealitäten, politische Ziele und moralische Vorstellungen, die die „affective publics" (Papacharissi 2015) auszeichnen, sondern eine geteilte Bewegtheit und Affizierung (Schankweiler 2016; Lünenborg/Maier 2018), über die allerdings auch weiterhin strukturelle Gewalt und Ungleichheit sichtbar gemacht werden können (Clark 2016; Dreher 2015).

Einfluss auf Öffentlichkeiten nehmen nunmehr aber nicht nur Menschen, die in Sozialen Medien agieren, sondern die Sozialen Medien bzw. Intermediäre selbst, indem sie mit Hilfe von Algorithmen Informationen filtern, bewerten und personalisieren und ihren Nutzer*innen damit nur spezifische Informationen zukommen lassen – das soziale Netzwerk vorstrukturieren. Ein Beispiel liefert YouTube, das sich vor allem an heteronormativen Idealen und feminisiertem, kommerziell ausgerichtetem Content orientiert (Bishop 2018). Algorithmen wirken somit nicht einfach beschreibend, sondern sind vorhersagend und performativ. Sie können für die Soziale Arbeit auf der Makro-Ebene, im Rahmen sozialpolitischer Steuerung der Meso-Ebene, im Kontext datengestützter Dienstleistungen und organisationsinterner Analysen als auch der Mikro-Ebene bedeutsam werden (Gapski 2020). Auf allen Ebenen zeichnen sich neue Kontroll-, Stigmatisierungs- und Exklusionsrisiken ab, die es bezogen auf die Kategorie Geschlecht und in intersektionalen Überschneidungen und Überlagerung mit anderen Kategorien weiter zu untersuchen gilt (Hoffmann 2019; Peil et al. 2020).

Digital Doing Gender und Digital De-Gendering: Die Kategorie Geschlecht wird nicht nur in der Entwicklung, Produktion und Vermarktung neuer Medientechnologien wirksam, sondern auch im Aneignungsprozess (Klaus 1997; Carstensen 2007). Da das Internet zunächst vor allem technisch gerahmt wurde, fühlten sich in den 1990er Jahren deutlich weniger Frauen als Männer motiviert, es zu nutzen (Röser/Peil 2010). Sie brachten sich demzufolge auch weniger in die Netz-Öffentlichkeiten ein (Dorer 1997). Zudem pflegten sie einen anderen Kommunikationsstil (Herring 1997). Beobachtet wurden allerdings auch Schließungsmechanismen, z. B. in Form von herabwürdigenden Äußerungen gegenüber Mädchen/Frauen und der Infragestellung ihres technischen Knowhows (Schachtner/Duval 2004). Eine Erklärung dafür, warum sich Mädchen/Frauen in Sozialen Medien selbst auch immer wieder in einer binären Geschlechterordnung verorten (Schiano 1999; Funken 2002; Carstensen 2012), liefert u. a. die Aneignungsforschung mit dem Hinweis auf die unterschiedlichen Aufgaben, Handlungsräume, Kompetenzen, Interessen etc., die den Geschlechtern im Kontext eines sozial gelebten Alltags und in spezifischen Aneignungssituationen zugeschrieben werden (vgl. Klaus/Pater/Schmidt 1997; Röser/Roth 2015). Bis heute gehören Geschlechterfragen zu den besonders umkämpften Themen (Ganz/Meßmer 2015) in Sozialen Medien, insbesondere auch in der digitalen Spielszene (Robertson 2014; Cross 2014; Kidd/Turner 2016; Groen/Tillmann 2019). Beobachtet wird zudem, dass offensiv von rechtspopulistischer und rechtsextremer Seite gegen Feminismen und Gleichstellungspolitik mobilisiert wird (Martini 2020). Darüber hinaus stoßen Frauen* und LGBTQI-Personen auch in Sozialen Medien auf Gegenwehr, antifeministische Tendenzen und Cybergewalt, die über Hate Speech, Cybermobbing, Trolling und Shitstorms zum Ausdruck kommen (Hark/Villa 2015; Ganz/Meßmer 2015; Illgner 2018; Drüeke/Peil 2019). In Zuschauerkommentaren auf Videoplattformen sind sie ebenfalls überproportional häufiger von Sexismus betroffen als Männer (Wotanis/Mc Millan 2014; Döring/Mohseni 2019) und werden eher Opfer von Doxxing (Eckert/Metzger-Riftkin 2020). In der digitalen Spielszene gehören sexualisierte Diskriminierungen gegenüber Frauen zu den Hauptgründen, warum Spieler*innen aus Multiplayer-Netzwerken aussteigen (Fox/Tang 2016). Gleichermaßen zeigt sich, dass Gewalt online als symbolisch und im Mediendiskurs als weniger ernst und weniger wirkungsvoll behandelt wird als in der Offline-Interaktion (Robins 1995). Das Phänomen ‚Sexting' verdeutlicht zudem, dass die ‚Opferrolle' von Mädchen und Frauen ein Ergebnis auch des asymmetrischen Geschlechterverhältnisses ist (Ringrose et al. 2013) und es sich hier um einen Diskurs der Sexualisierung von weißen Mittelschichts-Mädchen handelt (Hipfl 2015).

Umstritten ist weiterhin das Empowermentpotenzial von ‚Sexy Selfies' bzw. ‚Beauty Politics' in Sozialen Medien, da vor allem ein unternehmerisches, sich selbst optimierendes, nicht feministisches Subjekt angerufen werde (Banet-Weiser 2017; Tillmann 2017).

Gleichermaßen wurden von Beginn an Potenziale auch für einen Wandel des Geschlechterverhältnisses gesehen (Harcourt 1999; Schachtner/Winker 2005). Soziale Medien ermöglichen es, sich jenseits von Diskriminierungserfahrungen auszutauschen (Tillmann 2008; Leurs 2015), an der eigenen Person und Identität zu arbeiten (Grisso/Weiss 2005; Tillmann 2008; Keller 2013), Coming-Out-Geschichten zu erzählen (vgl. Roth 2015; Wuest 2014) und Debatten über Feminismen zu führen (Hansen 2013). Auch Möglichkeiten zum Geschlechtertausch wurden identifiziert (Bruckman 1992; Turkle 1995). Aus der Gender- und Queerforschung ist der Blick dann insbesondere auf Identitäten und Körper und das transformative Potenzial des Internets gerichtet worden. Das Netz wurde als „Identitätsraum" (Hipfl 2004) konzeptualisiert, in dem sich immer wieder auch Zwischenräume auftun und nicht-normierte Körper und Sexualitäten sichtbar werden (Tillmann 2008; van Doorn/van Zoonen 2008; Paasonen 2011), in jüngerer Zeit beispielsweise in Memes (Zebracki 2017, S. 466), in „queer/feminist porn" (Fotopoulou 2017, S. 79) oder Web-Videos (Tedjasukmana 2018).

Conclusio: Für die Soziale Arbeit stellt sich insgesamt die Frage, wie die medialen Räume und Öffentlichkeiten zukünftig stärker in den Dienst genommen werden können, um Diskriminierungen und soziale Ungleichheiten aufzuzeigen, feministische und queere Positionen sichtbar und lebbar zu machen, Orientierungs- und Handlungsspielräume zu erweitern und Vielfalt zu fördern. Es gilt, neue Optionen zur datensicheren Kontaktaufnahme und -pflege sowie für Unterstützung zu eröffnen, Spielräume und Möglichkeiten abweichender Bedeutungsproduktionen auch im Miteinander auszuloten, als auch (Interventions-)Strategien im Umgang mit digitaler Gewalt zu entwickeln.

Angela Tillmann

Zum Weiterlesen
Drüeke, Ricarda (2019): Digitale Medien: affirmative Geschlechterordnungen und feministische Interventionen. In: Kortendiek, Beate/Riegraf, Birgit/Sabisch, Katja (Hrsg.): Handbuch Interdisziplinäre Geschlechterforschung. Wiesbaden: Springer VS, S. 1377–1384
Kohout, Annekathrin (2019): Netzfeminismus. Wagenbach: Berlin
Peil, Corinna/Müller, Kathrin Friederike/Drüeke, Ricarda/Niemand, Stephan/Roth, Raik (2020): Technik – Medien – Geschlecht revisited. Gender im Kontext von Datafizierung, Algorithmen und digitalen Medientechnologien – eine kritische Bestandsaufnahme. In: Medien & Kommunikationswissenschaft 68, H. 3, S. 211–238

Soziale Netzwerke

Als soziales Netzwerk werden Beziehungsstrukturen bezeichnet, die zwischen einem einzelnen Individuum und anderen Personen oder Gruppen bestehen. Seit Anbeginn des Netzwerkdenkens und in zahlreichen Arbeiten wurden Unterschiede zwischen Frauen und Männern in der Gestaltung von persönlichen Beziehungen und Netzwerken beschrieben. In empirischen Untersuchungen im Feld der Netzwerkforschung ist das Geschlecht von Personen als Einflussfaktor auf die Strukturen und Qualitäten ihrer Beziehungssysteme jedoch erst ab den 1980er Jahren stärker und differenziert berücksichtigt worden. Seitdem fanden viele Studien geschlechtsspezifische Unterschiede sowohl im Hinblick auf strukturelle Merkmale als auch auf relationale und funktionalen Eigenschaften sozialer Netzwerke, die diese für die Lebensgestaltung, Lebensbewältigung und damit auch für die Soziale Arbeit interessant machen. Begründet wurden die Differenzen im Wesentlichen mit unterschiedlichen Sozialisationserfahrungen, tradierten Rollenerwartungen und Interaktionsmustern bis hin zu spezifischen biologischen Dispositionen (Fischer/Oliker 1983; Schütze/Lang 1993). Allerdings sind die vorliegenden empirischen Befunde nicht durchgehend konsistent. Zudem ist einschränkend zu sagen, dass sich Analysen bis heute primär auf die Binarität der Geschlechter Mann und Frau beziehen und kaum Datenmaterial zu transgender, transsexuellen, intergeschlechtlichen und queeren Personen vorliegt.

Mehrere Untersuchungen der 1980er und 1990er Jahre beschreiben größere soziale Netzwerke bei Frauen als bei Männern (z. B. Antonucci/Akiyama 1987), während andere diesbezüglich keine nennenswerten Differenzen feststellen konnten (z. B. Dunbar/Spoors 1995). Cornwell et al. (2009) finden in ihrer Studie sozialer Beziehungen von Menschen im mittleren und späten Erwachsenenalter bei Frauen größere und dichtere Netzwerke, die zudem mehr „Reichweite" generieren können. Auch sei die Kontaktfrequenz in den Netzwerken der Frauen höher und sie fühlen sich ihren Netzwerkangehörigen stärker verbunden als Männer.

Eindeutiger scheinen die Ergebnisse, wenn es um die Zusammensetzung der sozialen Netzwerke geht. Hier belegen Studien mehrheitlich, dass der Anteil von Nachbarn (Coulthard/Walker/Morgan 2002) und von Verwandten in den Netzwerken von Frauen größer ist als in denen von Männern (Fischer/Oliker 1983; Wellman/Wellman 1992) und Frauen zudem mehr Beziehungen zu unterschiedlichen und auch entfernter verwandten Personen pflegen (Moore 1990). Neben diesen, auf Normalpopulationen bezogenen Studien, fanden sich größere soziale Netzwerke mit einem höheren Anteil von Verwandten und mehr engen Vertrauensbeziehungen auch bei Studentinnen (Stokes/Wilson 1984).

Ältere Netzwerkanalysen kommen vielfach zu dem Schluss, dass Männer mehr soziale Kontakte zu nicht-verwandten Personen, etwa zu Arbeitskollegen und Vereinsmitgliedern und auch mehr Freunde (Moore 1990) haben. In der Untersuchung von Caldwell/Peplau (1982) fanden sich bei Männern zwar nur geringfügig mehr Freunde als bei Frauen; deutliche geschlechtsspezifische Differenzen zeigten sich jedoch in den Interaktionen mit diesen. Männer trafen ihre Freunde etwas häufiger und stellten dabei gemeinsame Aktivitäten in den Vordergrund. Frauen legten stärkeren Wert auf Kommunikation und führten mehr Gespräche über persönliche Angelegenheiten mit ihren Freunden.

McPherson et al. (2006) kommen nach einem Langzeitvergleich zu dem Ergebnis, dass die Gendereffekte von 1985 bis 2004 an Dominanz verloren haben. Frauen zählen weiterhin mehr Verwandte zu ihren Vertrauten als Männer. Der Anteil nicht-verwandter Bezugspersonen hat sich jedoch dem der Männer angenähert.

Viele Studien zeigen, dass das Alter und insbesondere die Lebensphase bei beiden Geschlechtern Einfluss auf die Netzwerkstrukturen haben. Fischer/Oliker (1983) analysieren Freundschaftsnetzwerke von Frauen und Männern und finden eine Abhängigkeit der Netzwerkgröße vom Ehe- und Familienstatus. Junge, ledige Frauen haben größere Netzwerke als ledige Männer, wobei sich dieses Verhältnis nach einer Heirat umkehrt. Leben Kinder im Haushalt, verkleinern sich die Netzwerke der Frauen weiter.

Bei über 70-jährigen Teilnehmer*innen der Berliner Altersstudie finden Schütze/Lang (1993) hingegen keine geschlechtsspezifischen strukturellen und funktionalen Unterschiede von Freundschaftsnetzwerken. Sie kommen zu dem Schluss, dass soziale Integrationsmuster von Männern und Frauen sich im Alter angleichen und eher von anderen Faktoren wie dem Bildungsstand und der gesellschaftlichen Partizipation abhängig sind.

Eine Langzeitstudie sozialer Netzwerke älterer Menschen in ost- und westdeutschen Bundesländern zeigt, dass vor allem der Familienstand bei Frauen und Männern die Größe des Netzwerks und die Wahl der wichtigsten Bezugsperson beeinflusst. In Partnerschaften lebende Frauen haben größere Netzwerke als alleinlebende Personen. Die kleinsten sozialen Netzwerke fanden sich bei alleinstehenden Männern. Die Unterschiede sind primär auf die größeren Familiennetze in Partnerschaft lebender Personen zurückzuführen. Alleinstehende Frauen pflegen mehr familiäre Beziehungen als alleinlebende Männer. Beide Geschlechter rekrutieren die wichtigste Vertrauensperson, in der Regel Ehe- bzw. Lebenspartner, im familialen Umfeld. Frauen nennen darüber hinaus oft Kinder sowie Freunde und Bekannte als nahestehendste Person (Runge 2007).

Relativ eindeutig zeigen Analysen eine starke Tendenz zu einer geschlechtshomogenen Netzwerkstruktur sowohl bei Männern als auch bei Frauen. Das Phänomen, vornehmlich Beziehungen zu Angehörigen des gleichen Geschlechts zu pflegen, zeigt sich bereits im Kindesalter. Nestmann et al. (2008) fanden in einer Vergleichsstudie sechs- bis zwölfjähriger Mädchen und

Jungen deutlich geschlechtshomogene Netzwerke und Freundschaften, unabhängig davon, ob die Kinder in Heimen, Pflegefamilien oder bei ihren Eltern lebten. Auch im Erwachsenenalter sind vor allem Bekanntschafts- und Freundschaftsnetzwerke geschlechts- und altershomogen (Veiel/Herrle 1991). Schütze/Lang (1993) stellen zudem fest, dass mit höherem Bildungsstand bei beiden Geschlechtern der Anteil von Frauen im Netzwerk der Freunde sinkt.

Bislang liegen nur wenige empirische Studien sozialer Netzwerke vor, die auch die individuelle Ebene der Geschlechtsidentität, d. h. das geschlechtliche Selbstkonzept, als moderierenden Faktor der Netzwerkintegration berücksichtigen. Eine der wenigen Analysen, die Daten des Sozio-oekonomischen Panels (SOEP) nutzt, findet keinen statistisch signifikanten Unterschied zwischen lesbischen, schwulen, bisexuellen (LGB) und heterosexuellen Personen in der grundsätzlichen Existenz eines unterstützenden Netzwerks. Jedoch finden sich signifikante Unterschiede hinsichtlich der Relevanz von Familie, Freunden und Bekannten. Homo- und bisexuelle Personen nennen rund zehn Prozent weniger Familienangehörige (z. B. Eltern, Geschwister) als unterstützende Netzwerkangehörige als heterosexuelle. Der Anteil derjenigen, die Freunde und Bekannte zu ihrem Unterstützungsnetzwerk zählen, liegt jedoch bei den LGBs um zehn Prozentpunkte höher als bei den heterosexuellen Befragten (Kroh et al. 2017).

Geschlechtsspezifische Differenzen werden seit langem vor allem im Hinblick auf qualitativ-funktionale Dimensionen sozialer Netzwerke berichtet. Tendenziell scheinen Frauen zufriedener mit ihrem Netzwerk und insbesondere mit Freundschaften und Verwandtschaftsbezügen zu sein als Männer (Coulthard/Walker/Morgan 2002).

Zahlreiche Studien finden, dass Frauen mehr soziale Unterstützung für Andere leisten als Männer (Nestmann/Schmerl 1991). Dem entspricht auch der Befund, dass beide Geschlechter eher Frauen um Hilfe bitten (Helgeson 2003). Widersprüchlicher sind die Ergebnisse bezüglich des Erhalts sozialer Unterstützung. Während in älteren Arbeiten oft auf die reichhaltigeren Unterstützungsbezüge von Frauen verwiesen wird, insbesondere wenn es um emotionale Hilfeleistungen geht (z. B. Stokes/Wilson 1984), finden jüngere Analysen oft keine nennenswerten Differenzen (z. B. Gillespie et al. 2015). Einen signifikanten Unterschied bei krankheitsbezogenen Hilfen stellen Hoffer-Pober/Strametz-Juranek (2020) im Erleben positiver Unterstützung fest, wobei von Männern vor allem sach- und von Frauen eher emotions- und kommunikationsbezogene Hilfen als unterstützend empfunden werden. Insgesamt nehmen Frauen hier weniger positive Unterstützung wahr als Männer. Dies sollte in gendersensiblen Konzeptionen und Unterstützungsangeboten Sozialer Arbeit Berücksichtigung finden, die für Frauen stärker emotions- und für Männer mehr problemfokussierende Hilfen beinhalten, aber auch Eingang finden in die Arbeit mit Angehörigen.

In einer der wenigen Studien mit erwachsenen Transpersonen fanden Factor/Rothblum (2007) bei einem Vergleich sozialer Netzwerke niedrigere Unterstützungswerte und mehr wahrgenommene Belastungen bei Transpersonen als bei deren nicht-transgeschlechtlichen Geschwistern.

Markante Geschlechterunterschiede finden Studien, die sich mit der ‚Nutzung' sozialer Netzwerke etwa im Kontext politischer oder beruflicher Laufbahnen in Unternehmen oder der Wissenschaft befassen. Hier kommen Analysen mehrheitlich zu dem Schluss, dass Männer stärker von ihren Netzwerken profitieren als Frauen. Sie haben größere berufsbezogene Netzwerke, sind mit weitreichenderen Clustern verbunden und schöpfen mehr Ressourcen aus diesen Beziehungen, da sie höhere Positionen in hierarchischen Organisationen besetzen (McGuire 2000). Aber auch informelle, vorwiegend unter Männern geknüpfte Beziehungssysteme fungieren als „bruderschaftlich strukturierte Karrierenetzwerke", die bessere Chancen in Auswahl- und Aufstiegsverfahren bewirken (Gruhlich 2019; Gruhlich/Riegraf 2016).

Tendenziell scheinen geschlechtsspezifische Unterschiede in der Gestaltung sozialer Netzwerke abzunehmen. Im Zuge von gesellschaftlichem Wandel und Modernisierung haben tradierte Geschlechterrollen an Verbindlichkeit verloren. Geschlechterstereotype und Erwartungen, wonach Männer diese und Frauen jene Eigenschaften und Verhaltensweisen zeigen, brechen auf zu Gunsten einer stärkeren Flexibilität und Pluralität auch hinsichtlich der Gestaltung sozialer Beziehungen und Netzwerke. Mit der Verringerung dieser Differenzen scheint die Sensibilität gegenüber den – vor allem in qualitativer und inhaltlicher Hinsicht – noch bestehenden Unterschieden zu wachsen, die zunehmend als Ausdruck und Form sozialer Ungleichheit und als Herausforderung für die Soziale Arbeit wie auch die Sozialpolitik in den Blick geraten.

Die daraus resultierenden Handlungsanforderungen an die Soziale Arbeit sind dabei äußerst komplex. Sie variieren von der Berücksichtigung gendersensibler Methoden und Handlungskonzepte in der netzwerkorientierten Sozialen Arbeit über die Förderung der Netzwerkkompetenz von Frauen, z. B. im Rahmen von beratungs- und coachingorientierter Arbeit, bis hin zur Stärkung der Anerkennung und Aufwertung der zumeist von Frauen in informellen Netzwerken erbrachten Sorgeleistungen.

Julia Günther

Zum Weiterlesen
Fischer, Jörg/Kosellek, Tobias (Hrsg.) (2019): Netzwerke und Soziale Arbeit: Theorien, Methoden, Anwendungen. 2. Auflage. Weinheim: Beltz
Holzer, Boris/Stegbauer, Christian (Hrsg.) (2015): Schlüsselwerke der Netzwerkforschung. Wiesbaden: Springer VS
Nestmann, Frank (2012): Netzwerkintervention und soziale Unterstützungsförderung – konzeptioneller Stand und Anforderungen an die Praxis. In: Gruppendynamik und Organisationsberatung. 31, H. 3, S. 259–275

Soziale Ungleichheiten

Soziale Ungleichheiten sind zentrales Thema in den Gender Studies und in der geschlechterbezogenen Soziologie. Dies ist der Tatsache geschuldet, dass die Ungleichheit der Geschlechter die Organisation aller gesellschaftlichen Bereiche (wie Wirtschaft und Erwerbssystem, Staat und politisches System, Ehe und Familie) und alle sozialen Verhältnisse (wie Staatsbürgerschaft und private Beziehungen) in modernen Gesellschaften durchzieht (Gottschall 2000). Demnach ist Geschlecht in Ungleichheitsanalysen als zentrale Strukturkategorie immer zu berücksichtigen.

Die strukturelle Benachteiligung aufgrund der Zugehörigkeit zu einem Geschlecht wurde allerdings in Theorien zu sozialen Ungleichheiten lange Zeit nicht systematisch integriert. Die Analyse gesellschaftlicher Ungleichheits- und Differenzverhältnisse ist aufs Engste mit der Suche nach Entwicklungsmöglichkeiten hin zu einer gerechten Gesellschaft verknüpft (Aulenbacher/ Riegraf/Völker 2015). Ungleichheitsanalysen bieten somit Ansatzpunkte für politische Interventionen zur Herstellung eines symmetrischen Geschlechterverhältnisses.

Soziale Ungleichheiten liegen dann vor, wenn eine Gruppe von Gesellschaftsmitgliedern von allgemein begehrten und knappen Gütern regelmäßig mehr als andere erhält und damit über bessere Chancen zur Verwirklichung ihrer Vorstellungen von einem guten Leben verfügen. Dieser privilegierte Zugang zu gesellschaftlichen Ressourcen muss sich nicht allein auf materielle Güter (wie Einkommen und Vermögen) beziehen, sondern kann auch immaterielle Güter (wie Bildungstitel, Mitspracherechte oder Sozialprestige) einschließen oder die Chancen, diese Güter in absehbarer Zeit zu erlangen, beispielsweise über Aufstiegschancen am Arbeitsplatz (vgl. Kreckel 2004, S. 17). Um den Ursprung und die Bedeutung sozialer Ungleichheiten für moderne Gesellschaften analysieren zu können, entwickelten soziologische Klassiker wie Karl Marx, Max Weber oder Theodor Geiger klassentheoretische und schichtensoziologische Konzepte (Gottschall 2000). Diese Konzeptionen basieren auf einem erwerbsarbeitsvermittelten Verständnis von sozialen Ungleichheiten. Das bedeutet, dass Erwerbspositionen als zentrale Strukturkategorie galten und die gesellschaftliche Positionierung aufgrund der Übernahme von gesellschaftlich notwendigen, aber nicht-erwerbsarbeitsbezogenen Arbeiten wie Haus-, Pflege- und Erziehungsarbeit entweder gar nicht in den Blick kamen oder als nachrangig zum Verständnis sozialer Ungleichheiten galten.

Zu zeigen, dass gerade für die Ungleichheit im Geschlechterverhältnis und für ungleiche Lebenschancen zwischen den Geschlechtern die unterschiedliche Zuweisung in die Erwerbs- und Reproduktionsarbeit zentral ist, ist ein Verdienst der Gender Studies. Geschlecht wurde in den Ungleichheitstheorien bis dahin lediglich als Differenzierung innerhalb einer Klassenlage oder Schichtzugehörigkeit betrachtet (vgl. Knapp 2014). Ungleiche und ungerechte Verteilung gesellschaftlicher Ressourcen zwischen den Geschlechtern, z. B. aufgrund der unterschiedlichen Verantwortlichkeiten für reproduktive Tätigkeiten (z. B. Hausarbeit) und für produktive Tätigkeiten (Erwerbsarbeit) und den damit verbundenen ungleichen Sozialisations-, Lebensbedingungen und Teilhabechancen, kamen als eigenständige Quelle sozialer Ungleichheiten zunächst nicht in den Blick. Dies änderte sich erst, als die nicht erwerbsarbeitszentrierten Tätigkeiten und sozialen Verhältnisse jenseits der Erwerbsarbeit, wie die in Paarbeziehungen oder in der Familie, mit in die Gesellschaftsanalysen aufgenommen wurden. Dass mit klassentheoretischen und schichtsoziologischen Konzeptionen die geschlechtlichen Ungleichheiten nicht adäquat analysiert werden konnten, bedeutete nicht nur eine systematische Schwächung in der Erhebung sozialer Lagen von Frauen, wie etwa ihre geringeren finanziellen Absicherungen aufgrund ihrer Unterrepräsentanz im Erwerbssystem und ihrer Zuständigkeit für Hausarbeit. Vielmehr ging es auch um die Frage, wie Gesellschaftsentwicklung überhaupt theoretisch begriffen wird. Die Genderforschung blieb aber nicht ‚nur' bei der Kritik der Geschlechtsblindheit der sozialen Ungleichheitsforschung stehen, sondern legte eigene Ansätze, wie das Konzept der ‚doppelten Vergesellschaftung' vor (vgl. Weber 2019; Knapp 2014). Die Kategorie Geschlecht hat inzwischen in den meisten Ungleichheitsforschungen als zentrale Strukturkategorie Eingang gefunden, was sich nicht zuletzt darin zeigt, dass sich eine intensive Diskussion zwischen der Geschlechterforschung und der Ungleichheitssoziologie darüber entsponnen hat, wie Geschlecht in die bisherigen Ungleichheitstheorien integriert werden kann. Diese Debatte führt dazu, dass sich der Blick der Ungleichheitsforschung auf bislang nicht erfasste Ungleichheitslagen weitet wie für den Zusammenhang zwischen weiblicher Migration und prekären Versorgungslagen, die im Konzept der Intersektionalität aufgenommen werden (Aulenbacher/Décieux 2019; Seeliger/Gruhlich 2020).

Nicht nur soziologische Konzepte von Ungleichheit entwickeln sich im Zuge wissenschaftlicher Auseinandersetzungen weiter. Zugleich unterliegen soziale Ungleichheiten als soziale Phänomene immer wieder sozialem Wandel. Aufgrund gesellschaftlicher Umbruch- und Umbauprozesse und den Verwerfungen, die damit für die Positionierungen von Gesellschaftsmitgliedern entstehen, müssen immer wieder Fragen danach gestellt werden, welche ‚alten' Ungleichheiten sich im Laufe gesellschaftlicher Veränderungen auflösen und welche ‚neuen' sozialen Ungleichheiten entstehen (vgl. Kohlrausch/Schildmann/Voss 2019). Gesellschaftliche Phänomene wie die Entstehung neuer Armut vorwiegend in den Großstädten, gewandelte Formen der Prekarisierung von Lebens- und Beschäftigungsverhältnissen, transnationale Mobilitäten oder Prozesse von Verstädterung verändern die Landschaft sozialer Ungleichheiten nachhaltig und wirken sich auf die Geschlechter in unterschiedlicher Weise aus. So verlassen Akademikerinnen aus osteuropäischen Ländern ihre Heimat und ihre Familien, um als Putzfrauen Geld in deutschen Haushalten der akademischen Mittelschicht zu verdienen (Aulenbacher/Lutz/Schwiter 2021). Zentrale Grundlagen in der Soziologie sozialer Ungleichheit und der Genderforschung werden auch durch transnationale Bewegungen herausgefordert, weil sie bislang zum Beispiel in den theoretischen Perspektiven und methodologischen Grundlagen auf den Nationalstaat bezogen waren. Aber auch politische Interventionen mit dem Ziel, Geschlechtergerechtigkeit herzustellen, können Ungleichheitsbeziehungen verändern. Den Bezugsrahmen der Theoriebildung und der empirischen Forschung gilt es also immer wieder entlang gesellschaftlicher Entwicklungen zu überprüfen und sie kritischen Reflexionen zu unterziehen, um damit gesellschaftliche Veränderungen entsprechend aufnehmen zu können. Können die bisherigen Ungleichheitskonzepte und -kategorien den Wandel sozialer Ungleichheiten zwischen den Geschlechtern noch angemessen erfassen? Müssen neue Konzepte und Begriffe entwickelt werden, um das Zusammenspiel zwischen ‚alten' und ‚neuen' Ungleichheiten begreifen zu können? Wie genau könnten diese aussehen? Wie ist das Zusammenspiel zwischen Geschlecht und den anderen Kategorien sozialer Ungleichheit neu zu denken?

Die Gender Studies und Teile der sozialen Ungleichheitsforschung beschäftigten sich in den letzten Jahren zudem damit, in welcher Weise sich Ungleichheiten und Differenzierungen aufgrund ihrer Überschneidungen gegenseitig abschwächen oder verstärken können. In dieser Diskussion wird der in den 1980er Jahren aufgeworfene Begriff der Intersektionalität wiederentdeckt und damit auch der Frage nach den Differenzen innerhalb eines Geschlechts nachgegangen (vgl. Degele 2019; Winker/Degele 2009a; Crenshaw 1989b). Demnach lassen sich gesellschaftliche Ungleichheitslagen nicht angemessen erfassen, solange lediglich eine Dimension sozialer Ungleichheitslagen wie Klasse und Geschlecht isoliert betrachtet wird, da sich Machtwege gegenseitig kreuzen, überlagern und überschneiden können. Erst mit einem erweiterten Blick kann erfasst werden, dass sich die geschlechtsspezifische Arbeitsteilung im Haushalt zwar verändert, sie aber zugleich durch eine Umverteilung von Arbeit zwischen Frauen verschiedener Herkunft stabil bleibt. So sind Muster der Umverteilung der Hausarbeit zwischen Frauen erkennbar, nämlich ihre teilweise Delegation an Migrantinnen. Globale ungleiche Lebens- und Erwerbschancen, damit verbundene Migrationsbewegungen, national regulierte Bürgerrechte und Grenzöffnungen bzw. -schließungen werden durch gesellschaftliche Veränderungen zu einem neuen gesellschaftlichen Arrangement verknüpft, in dem sich unterschiedliche Ungleichheitslagen überkreuzen.

Birgit Riegraf

Zum Weiterlesen
Kortendiek, Beate/Riegraf, Birgit/Sabisch, Katja (Hrsg.:) (2019): Handbuch Interdisziplinärer Geschlechterforschung. Band 1 und Band 2. Wiesbaden: Springer VS

Meyer, Katrin (2017): Theorien der Intersektionalität zur Einführung. Hamburg: Junius
Kohlrausch, Bettina/Schildmann, Christina/Voss, Dorothea (2019): Neue Arbeit – neue Ungleichheiten. Folgen der Digitalisierung. Weinheim, Basel: Beltz Juventa

Sozialisation

Unter Sozialisation wird der biografisch eingelagerte Aneignungsprozess von Handlungskompetenzen verstanden, die erforderlich sind, um die volle Mitgliedschaft in der Gesellschaft bzw. in gesellschaftlichen Teilbereichen zu erwerben. Dies schließt die Aneignung der grundlegenden Wissensbestände und Handlungsmuster ebenso ein wie die der geltenden sozialen Werte und wirksamen sozialen Normen. Sozialisation ist prinzipiell ein lebenslanger Prozess. Sicherlich nehmen die ‚frühen Jahre' eine Sonderstellung ein, da es um den Erwerb grundlegender Handlungskompetenzen geht. Dennoch ist Sozialisation nicht auf die Kindheit und Jugend begrenzt, sondern erstreckt sich über das gesamte Leben (vgl. May/Scherr 2019). Im Erwachsenenalter ergeben sich besondere Anforderungen an das Bewältigungsverhalten durch Lebensereignisse, die auf der subjektiven Ebene mit gravierenden Veränderungen verbunden sind. Das können z. B. Familiengründung, Trennungen, Krankheiten oder Unfälle ebenso sein wie Migrationsprozesse, Berufseintritt oder Arbeitslosigkeit.

Die moderne Sozialisationsforschung hat inzwischen deutlich Abstand genommen von deterministischen Modellvorstellungen, demzufolge das Subjekt durch die Umwelt einseitig geprägt wird. Menschen sind nicht einfach ‚Opfer' ihrer Sozialisation, sondern sie setzen sich aktiv mit der Umwelt auseinander. Klaus Hurrelmann hat schon in den 1980er Jahren – aufbauend vor allem auf George H. Mead – die Formel geprägt, dass die Sozialisationsforschung vom Modell der produktiven Realitätsverarbeitung auszugehen habe (Bauer/Hurrelmann 2015). Auch wenn es um den Erwerb von Mitgliedschaft und Handlungskompetenz geht, darf Sozialisation nicht als eine bloße gesellschaftliche Vereinnahmung des Subjekts gesehen werden. Wie schon Émile Durkheim (1983) betont hat, ist es in modernen Gesellschaften mit der Vergesellschaftung der menschlichen Natur nicht getan. Die hohe funktionale Differenzierung schafft zugleich Raum für Individualität und Autonomie und erzwingt diese auch. Es geht also nicht nur um die Übernahme von vorgefundenen Kulturtechniken und Kulturmustern, sondern immer auch um die kritische und reflexive Auseinandersetzung mit diesen, um dadurch ein möglichst hohes Maß an Eigen- und Selbstständigkeit zu gewinnen. Ein Grundmerkmal von Sozialisation in modernen Gesellschaften ist daher die unauflösbare Spannung zwischen sozialer Integration und persönlicher Individuation. Zugleich wird erwartet und gefordert, so wie die anderen, aber auch anders zu sein.

Aufgrund anthropologischer Spezifika ist der Mensch in seiner Ontogenese zwingend auf einen sozialen Kontext angewiesen (vgl. Hettlage 2008) und wird dadurch auch nachhaltig geformt. Der neugeborene Mensch ist eine ‚physiologische Frühgeburt' (Portmann 1962). Anders als Tiere verfügen Menschen über eine schwache instinktive Absicherung ihres Verhaltens und ihrer Anpassung an eine artgemäße Umwelt. Diese ‚defizitäre' biologische Ausstattung eröffnet dem Menschen eine große Weltoffenheit und hohe Plastizität. Sie ‚zwingt' zugleich zum Handeln und zur Kulturschöpfung, die in vielfältiger Weise sprachlich vermittelt ist. Was die Natur nicht vorgibt, muss von den Menschen als Kollektiv hervorgebracht und von den neuen Mitgliedern angeeignet werden. Eine hohe Flexibilität wird durch die sprachliche Form der Weltaneignung gewonnen. Das Neugeborene braucht soziale Unterstützungsstrukturen, um überhaupt überleben und in der jeweiligen Gesellschaft zu einem handlungsfähigen Mitglied werden zu können. Beispiele von sogenannten Wolfskindern und von Kindern, die unter starker Vernachlässigung aufwachsen müssen, liefern erschütternde und zugleich eindrucksvolle Belege dafür, wie sehr Neugeborene auf ein soziales Unterstützungssystem angewiesen sind. Eine bloße physische Pflege reicht nicht aus; Kinder brauchen eine liebevolle Zuwendung von Erwachsenen und das Eingebundensein in eine altersgerechte Kommunikation. Erst dadurch wird die Grunderfahrung einer sicheren Bindung ermöglicht (vgl. Hopf 2005). Ob das soziale Unterstützungssystem von der (biologischen) Mutter getragen wird, ist dagegen lediglich eine Frage der sozialen Organisation; für das Überleben und die Menschwerdung ist sie unerheblich. Auch wenn im Kindesalter die Familie weiterhin in aller Regel die wichtigste Sozialisationsinstanz ist, haben in der Gegenwartsgesellschaft zusätzlich Kitas, Schulen, Peers und Medien in dieser Lebensphase eine hohe soziale Relevanz. Familie darf dabei nicht auf biologische Elternschaft verengt, sondern muss als eine Sorgegemeinschaft verstanden werden. Unverzichtbar ist es zudem, die Vielfalt gelebter Familienformen zu beachten, die sich – wie beim Wechselmodell bei Trennungsfamilien – über mehr als einen Haushalt erstrecken können. Gerade bei der Rezeption älterer Literatur ist immer auch die vielfach stillschweigend unterstellte Geschlechterkonstellation in Form des Ernährermodells kritisch zu hinterfragen.

Nicht nur das Individuum, auch eine Gesellschaft ist auf Sozialisation angewiesen. Sie steht immerfort vor der Aufgabe, die angehäuften Wissenssysteme einschließlich der geltenden Werte und Normen an die nächste Generation weiterzugeben, nur so kann der Fortbestand der Gesellschaft und ihrer Kultur gesichert werden (vgl. Durkheim 1983). Für die Kontinuität der Gesellschaft besteht eine Notwendigkeit, dass die kulturellen Vorgaben von den Individuen verinnerlicht und somit zur Grundlage des eigenen Handelns, Denkens und Fühlens gemacht werden. Verdeutlicht wird damit auch, dass Sozialisation nicht nur – wie es heute in der Sozialisationsforschung stark verbreitet ist – von der Seite des handelnden Subjekts, sondern auch von der Gesellschaft aus konzeptualisiert werden kann. In Sinne eines Mehrebenenmodells wird davon ausgegangen, dass durch die jeweilige Gesellschaftsformation Sozialisationsprozesse grundlegend geformt werden. Um darüber Aussagen machen zu können, bedarf es der Kenntnisse über Grundmerkmale und -prozesse der modernen Gesellschaft. Neben der bereits erwähnten Differenzierung und Individualisierung wird vielfach auf die Rationalisierung, Beschleunigung und Domestizierung (verstanden als zunehmende Technisierung und Naturbeherrschung) verwiesen (vgl. Rosa/Strecker/Kottmann 2018). Betrachtet wird auch der Übergang von der ersten zur zweiten Moderne, den u. a. Ulrich Beck 1986 konstatiert hat. Die zweite Moderne ist durch vielfältige Prozesse der Entgrenzung und Entbettung gekennzeichnet. Dadurch werden kontinuierlich Bewältigungsaufforderungen für die Subjekte freigesetzt, „die in ihrer biografischen Vermittlung das Streben nach Handlungsfähigkeit fortlaufend herausfordern" (Böhnisch/Lenz/Schröer 2009, S. 70). Eine breite Aufmerksamkeit hat auch die Weitergabe von sozialen Ungleichheitslagen durch die Sozialisation von der älteren zur jüngeren Generation gefunden. War in den 1960er Jahren noch die Rede davon, dass das katholische Arbeitermädchen vom Lande am stärksten benachteiligt sei, ist es heute dagegen der Sohn einer Migrationsfamilie (Geißler 2005).

Vor allem ausgelöst durch die (zweite) Frauenbewegung und die dadurch angestoßene Frauenforschung hat der Zusammenhang von Geschlecht und Sozialisation eine breite Aufmerksamkeit gefunden. Für eine sozialwissenschaftliche Geschlechterforschung ist die Abkehr von einem Natur-Modell der Geschlechter konstitutiv (vgl. Lenz/Adler 2011). Mit dem Sozialisationskonzept wird die im Alltagsdenken weiterhin gängige Auffassung verworfen, dass die Geschlechterdifferenzen primär aus der vorgegebenen Biologie resultieren (vgl. auch Bereswill/Ehlert 2020). Gezeigt wird, dass die Subjekte – in loser Verwendung des berühmten Wortes von Simone de Beauvoir (1908–1986) – nicht als Frauen und Männer geboren, sondern erst dazu ‚gemacht' werden. Das hohe sozialwissenschaftliche Interesse an Geschlecht ergibt sich daraus, dass mit der Geschlechtszugehörigkeit weiterhin ausgeprägte Unterschiede in den Lebenswegen und Lebenschancen verknüpft sind. Dem sozialen Merkmal Geschlecht wird oftmals eine Omnipräsenz attestiert; es ist – ähnlich wie Ethnizität – im besonderen Maße sichtbar und werde daher vorrangig zur „kategorialen Identifikation" (Goffman 1994, S. 59) verwendet. Je stärker ausgeprägt in einer Gesellschaft die Geschlechterdifferenz bzw. -hierarchie, desto unterschiedlicher gestalten sich die Sozialisationsprozesse für Frauen und Männer. In Anerkennung der fortbestehenden Relevanz der Geschlechterkategorie ergibt sich – in den Worten von Helga Bilden und Bettina Dausien (2006, S. 9) – die Leitfrage für das Forschungsfeld: „Wie wird man handlungsfähiges Mitglied in einer Gesellschaft, in der Geschlecht relevant ist?" Lange Zeit hat die Sozialisationsforschung trotz kritischen Anspruchs eine strikte

Zweigeschlechtlichkeit re- und mitproduziert (Problem der Reifizierung). Inzwischen hat sich eine hohe Sensibilität entwickelt, über eine binäre Codierung hinaus – neben den beiden Hauptgruppen der Geschlechter – auch andere, ‚dazwischen' oder ‚quer dazu liegende' Identitätsentwürfe anzuerkennen und zum Thema zu machen (vgl. Maurer 2019a). Anstatt Geschlecht als eine einzelne Ungleichheitskategorie zu betrachten, wird im Sinne der Intersektionalität verstärkt die Mehrfach-Zugehörigkeit in den Blick genommen. Grundlage bilden empirische Befunde, wonach sich die Lebenschancen der Geschlechtergruppen im starken Maße unterscheiden, wenn diese mit anderen sozialen Merkmalen, wie z. B. Ethnizität und soziale Herkunft, verknüpft sind.

Karl Lenz

Zum Weiterlesen
Böhnisch, Lothar/Lenz, Karl/Schröer, Wolfgang (2009): Sozialisation und Bewältigung. Eine Einführung in die Sozialisationstheorie der zweiten Moderne. Weinheim: Juventa
Hurrelmann, Klaus/Bauer, Ullrich/Grundmann, Klaus/Walper, Sabine (Hrsg.) (2015): Handbuch Sozialisationsforschung. 8. Auflage, Weinheim, Basel: Beltz
Grendel, Tanja (Hrsg.) (2019): Sozialisation und Soziale Arbeit. Studienbuch zu Theorie, Empirie und Praxis. Wiesbaden: VS Springer

Sozialmanagement

Sozialmanagement beschreibt die Steuerung, Leitung und Führung von Einrichtungen und Diensten der Sozialen Arbeit im Spannungsfeld zwischen Effizienzanforderungen und der Sicherstellung von personenbezogenen Versorgungsleistungen. Gegenstand des Sozialmanagements ist die Organisation Sozialer Arbeit in einem betrieblichen Rahmen (Merchel 2015, S. 64). Dafür sind technokratisch ausgerichtete betriebswirtschaftliche Konzepte aus der gewinnorientierten Privatwirtschaft in der Regel nur bedingt geeignet (Kolhoff 2018, S. 391). Der Begriff ‚Management' ist vielschichtig und kann aus zwei grundlegenden Perspektiven betrachtet werden: Zum einen aus der funktionalen Perspektive, welche die Wahrnehmung von Aufgaben zur Erfüllung des Unternehmenszwecks betont. Dazu gehören Bereiche wie Organisationsgestaltung (Aufbau- und Ablauforganisation), Personalmanagement, Finanzierung, Marketing, Öffentlichkeitsarbeit, Controlling und Qualitätsmanagement. Zum anderen aus der institutionellen Perspektive, die das Handeln der Organisationsmitglieder innerhalb formeller und informeller Strukturen in den Blick nimmt (Böhmer 2020, S. 83; Schreyögg/Koch 2020, S. 5). Letztere eignet sich, um Geschlechterarrangements und damit verbundene Machtverhältnisse in Organisationen der Sozialen Arbeit offenzulegen und zu beschreiben. Auch wenn Organisationen der Sozialen Arbeit einen betrieblichen Charakter aufweisen, zeichnen sie sich vor allem durch ihre Sachziel- und Werteorientierung aus (Grunwald/Steinbacher 2007, S. 38), d. h. in erster Linie verfolgen sie ideelle oder gemeinwohlorientierte Zwecke, wie z. B. Bildung, Beratung und Betreuung für Menschen in schwierigen Lebenslagen. Ein weiteres konstitutives Merkmal sind nicht-schlüssige Tauschbeziehungen (Wöhrle 2017, S. 16; Merchel 2015, S. 64), was bedeutet, dass Finanzierer*innen und Konsument*innen sozialer Dienstleistungen nicht identisch sind. Leistungen der Sozialen Arbeit, die im Kern aus Interaktionen bestehen, sind Vertrauensgüter, deren Wirkung die Adressat*innen erst im Nachhinein beurteilen können (Merchel 2017, S. 287; Grunwald/Steinbacher 2007). Damit ergeben sich spezifische Anforderungen an das Management für Einrichtungen und Dienste der Sozialen Arbeit: Personenbezogene Versorgungsleistungen müssen möglichst effektiv im Sinne der Hilfeleistung für die Adressat*innen erbracht werden. Zugleich unterliegen Organisationen der Sozialen Arbeit der Notwendigkeit, mit begrenzt zur Verfügung stehenden Ressourcen möglichst effizient zu wirtschaften. Verfolgt werden sollte deshalb eine „Zusammenführung von Managementlogik und Fachlichkeit" (Merchel 2017, S. 284). Managementhandeln, das sich einseitig an ökonomischen Kriterien ausrichtet, wie z. B. an Wettbewerbs- und Umsatzzielen, wird von Wissenschaftler*innen der Sozialen Arbeit kritisch als „Managerialismus" bezeichnet (Merchel 2017, S. 282).

Leistungen der Sozialen Arbeit werden von sehr unterschiedlichen Organisationstypen erbracht, wie z. B. öffentlichen, privat-gemeinnützigen oder privat-gewerblichen Trägern (Bieker 2011, S. 19). Damit lässt sich Sozialmanagement nicht einem bestimmten Organisationstypus wie ausschließlich Nonprofit-Organisationen zuordnen. Im wissenschaftlichen Diskurs zum Sozialmanagement sind die Grenzen fließend: Während der Begriff zum Teil recht breit für Organisationen der gesamten Sozialwirtschaft verwendet wird (z. B. bei Böhmer 2020, S. 80 f.), verstehen andere Autor*innen darunter ausschließlich die Steuerung von Sozialer Arbeit (Wöhrle 2017, S. 13).

Geschlechterarrangements finden sich in Organisationen der Sozialen Arbeiten in allen Arbeitsbereichen und auf allen Arbeitsebenen. Da Organisationen nie geschlechtsneutral sein können, ist in der ‚gendered organization' Geschlecht als binäre Kategorie in sämtliche Strukturen und Prozesse eingelassen und bildet damit eigene Substrukturen (Acker 1990, S. 139 ff.). Noch immer werden im Rahmen der geschlechtsspezifischen Arbeitsteilung weibliche und männliche Funktionsbereiche unterschieden. Weibliche Stärken werden gleichgesetzt mit Helfen, Beraten, Ausführen; männliche dagegen mit Verhandeln, Entscheiden, Leiten und Kontrollieren. Diese gesellschaftlichen Zuschreibungen werden im Sinne von Doing Gender (West/Zimmermann 1987) im Organisationskontext hergestellt und laufend reproduziert (Wetterer 2008, S. 131 f.).

Nach dieser Logik sind Führungs- und Leitungsaufgaben im Sozialmanagement männlich konnotiert und werden auch in der Praxis mehrheitlich von

Männern übernommen, während die Fachkräfte an der Basis des Sozialwesens zu 75 Prozent Frauen sind (IAB 2019, S. 3). In Vorständen und Aufsichtsräten der großen Wohlfahrtsverbände beträgt der Frauenanteil oftmals weniger als 20 Prozent (für die Caritas vgl. Schramkowksi/Kricheldorff 2015, S. 6). Als typischer ‚Frauenberuf' erfährt Soziale Arbeit weniger Anerkennung und eine schlechtere Bezahlung im Vergleich zu technischen Berufen. Trägerorganisationen der Sozialen Arbeit versuchen zwar, Männer als Fachkräfte gezielt anzuwerben, offenbar setzen sie sich jedoch nicht kritisch mit der Verschränkung von Gender und Care Work auseinander, wie eine Diskursanalyse kirchlicher Träger zeigte (Booth 2020). Sozialmanagement sollte das Spannungsfeld zwischen der gesellschaftlichen Bedeutung von Sorgearbeit einerseits und der Unterbewertung von bezahlten und nicht bezahlten Care-Tätigkeiten (Meier-Gräwe 2015, S. 13) andererseits adressieren und aktiv bearbeiten, vor allem durch gezielte Einflussnahme auf die politische Umwelt.

Zuschreibungen von geschlechterspezifischen Eigenschaften, Merkmalen und Kompetenzen wirken sowohl auf der formellen als auch der informellen Organisationsebene (Moss Kanter 1977, zit. nach Riegraf 2013, S. 19). ‚Männlich' geprägte Normen, Regeln und Verhaltensweisen dominieren das Arbeitsleben, wie z. B. das Normalarbeitsverhältnis in Vollzeit oder eine lückenlose Erwerbsbiografie als Voraussetzung für den beruflichen Aufstieg. Weibliche Lebenskontexte erfahren dagegen weniger Akzeptanz oder werden als das ‚Andere' gar nicht erst anerkannt (Riegraf 2013, S. 20). In Folge entstehen organisationale Hürden, die den Aufstieg von Frauen behindern. Dazu zählen:

- unsystematische Rekrutierungs- und Beförderungsprozesse,
- andere Wahrnehmung und Beurteilung von Frauen, z. B. in Bezug auf Körperlichkeit, Leistung oder Lebensentwürfe,
- ungleiche Bezahlung bzw. Abwertung von Frauenberufen,
- männliche Spielregeln, die Frauen abschrecken oder ausgrenzen.

Eine mögliche Erklärung für diese Phänomene sind wirkmächtige Rollenerwartungen, Mechanismen zur Sicherung von Macht und Status, aber auch Wahrnehmungs- und Beurteilungsfehler, wie der sogenannte Similar-to-me-Effect: Danach bevorzugen Menschen den Austausch mit anderen, die ihnen besonders ähnlich und damit auch sympathisch sind. So werden unbewusst Männer von männlichen Führungskräften mit ähnlichen Eigenschaften und Verhaltensweisen befördert (Grant 2018). Im Ergebnis müssen aufstiegsorientierte Frauen deutlich höhere Anpassungsleistungen erbringen.

Vor diesem Hintergrund hat Sozialmanagement die Aufgabe, Geschlechtergerechtigkeit auf allen Ebenen der Organisation sowie in allen sozialen, wirtschaftlichen und politischen Entscheidungen herzustellen (Dorst 2001, S. 69). Maßnahmen und Programme zur Förderung von Chancengleichheit können auf der Ebene des normativen Managements, des strategischen Managements und des operativen Managements (Kolhoff 2018, S. 392) ansetzen:

Das *normative Management* beschreibt die auf längere Dauer ausgerichtete Unternehmensphilosophie mit Leitbildern, Normen, Werten und Regeln. Ein ganzheitlicher Ansatz, der den organisationalen Wandel hin zu einer geschlechtergerechten Organisation befördern soll, ist Gender Mainstreaming. Geschlechtergerechtigkeit und Chancengleichheit werden demnach als Querschnittsthema in Leitsätzen und Philosophie von sozialen Einrichtungen und Diensten verankert. Damit verbunden ist der Anspruch, sämtliche Ziele, Entscheidungen und Prozesse einer Organisation auf ihre geschlechtsspezifischen Auswirkungen hin überprüfbar zu machen. Damit diese Leitlinien tatsächlich Anwendung in der Praxis finden, müssen sie Top-Down in Führungsleitlinien übersetzt werden und sowohl von Führungs- als auch Fachkräften in Grundannahmen und Handlungsmuster integriert werden. Dazu gehört z. B. die Fähigkeit zur Dekonstruktion von Vorurteilen und Geschlechterstereotypen mit dem Ziel, ein entsprechendes gendersensibles Bewusstsein bei Mitarbeiter*innen und Netzwerkpartner*innen herzustellen. Geeignete Instrumente sind Supervision sowie Öffentlichkeitsarbeit nach innen und außen. Dabei sollte sich Gender Mainstreaming nicht nur auf die soziale Kategorie von Geschlecht beziehen, sondern auch das biologische Geschlecht als fluide und nicht immer eindeutige Kategorie berücksichtigen (Voigt-Kehlenbeck 2008, S. 101).

Das *strategische Management* umfasst die langfristige Festlegung und Verfolgung der Sach- und Wirtschaftsziele einer Organisation. Daraus abgeleitet ergeben sich für die Herstellung von Geschlechtergerechtigkeit die Festlegung von Quoten und Kennziffern für die Rekrutierung und Beförderung, transparente Auswahlkriterien, wie z. B. standardisierte Gesprächsleitfäden, die paritätische Besetzung von Auswahlkommissionen, die Einführung von lebensphasenorientierter Personalpolitik oder eine stärkere Berücksichtigung von Kompetenzen, die außerhalb des beruflichen Kontexts erworben wurden. Für Fachkräfte der Sozialen Arbeit stellt Genderwissen und Genderreflexivität eine zentrale Kompetenz dar, die in allen Arbeitsfeldern zur Anwendung kommt. Relevant sind Kenntnisse über geschlechtsspezifische Gemeinsamkeiten und Unterschiede in der Sozialisation, im Gesundheitsverhalten, Gewalthandeln oder in Bezug auf Lebensentwürfe und Lebenslagen. Dazu gehört jedoch auch grundlegendes Verständnis für Identitätskonzepte außerhalb der Zweigeschlechtlichkeit. In diesem Kontext kommt Sozialmanagement die Aufgabe zu, die Weiterentwicklung von Genderkompetenz dauerhaft in Personalentwicklungskonzepte zu integrieren.

Das *operative Management* beschäftigt sich mit der eher kurzfristig ausgerichteten Ausführungs- und Prozessebene. Auf dieser Ebene lassen sich eine Reihe von Maßnahmen für die Beschäftigten umsetzen, wie z. B. Mentoring- und Karriereprogramme, Bottom-Up Netzwerke und Arbeitsgruppen, z. B. zu

LGBTQ, Gender-Trainings oder die Verwendung geschlechtergerechter Sprache. Um die Verbindlichkeit dieser Maßnahmen zu erhöhen, sollten sie im Rahmen des Qualitätsmanagement-Systems in Prozessbeschreibungen der Organisation aufgenommen werden.

Susanne A. Dreas

Zum Weiterlesen
Dorst, Brigitte (2001): Sozialmanagement aus der Frauenperspektive. Förderung von weiblichem Führungskräftenachwuchs. In: Schubert, Herbert (Hrsg.): Sozialmanagement. Wiesbaden: Springer, S. 67–79
Müller, Ursula (2014): Frauen in Führungspositionen der Sozialwirtschaft. Mering: Rainer Hampp
Merchel, Joachim (2015): Management in Organisationen der Sozialen Arbeit. Eine Einführung. Weinheim, Basel: Beltz Juventa (Kap. 3)

Sozialpolitik

Mit Sozialpolitik werden Maßnahmen, Leistungen und Dienste bezeichnet, die auf eine Verbesserung der Arbeits- und Lebensverhältnisse der Bevölkerung (meist in einem Nationalstaat) abzielen, indem sie soziale Risiken ausgleichen, soziale Probleme bearbeiten und Chancengleichheit bzw. Teilhabe- und Verwirklichungschancen befördern. Das kann im Sinne der Vorbeugung bzw. der Bearbeitung akuter Probleme oder im Sinne der Umverteilung bzw. des Ausgleichs von Folgen geschehen. Während bei dem allgemeinen Ziel ein (gewisses) Einverständnis zu bestehen scheint, ist die Frage, welche Akteure mit welchen Instrumenten die Probleme und Risiken welcher Personengruppen bearbeiten, durchaus umstritten. Damit verbunden sind auch die Fragen, was als gerechte Lösung begriffen wird, welche Ungleichheiten toleriert werden sollten und wie Verantwortlichkeiten verteilt werden.

Sozialpolitik entwickelte sich in den prosperierenden Nationalstaaten seit dem 19. Jahrhundert; es waren Gesellschaften, deren Produktions- und Reproduktionsprozess durch ausgeprägte Muster der geschlechtsspezifischen Arbeitsteilung und durch damit verbundene Geschlechterbilder und Legitimationslegenden geprägt waren. Dementsprechend hat die vergeschlechtlichte Ordnung der Welt von Beginn an Sozialpolitik geprägt, umgekehrt hat Sozialpolitik dann aber stets auch auf die Affirmation, die Reproduktion und die Veränderung dieser Geschlechterordnung Einfluss genommen.

Aus den obigen Fragen ergeben sich unterschiedliche Abgrenzungen des Feldes der Sozialpolitik. Im Grundgesetz findet sich die Sozialstaatsklausel, nach der Deutschland ein „demokratischer und sozialer Bundesstaat" (Art.20 Abs. 1) ist. Eng ausgelegt, beschränkt sich Sozialpolitik auf soziale Sicherung. Weiter ausgelegt, greift der Staat stärker in das Marktgeschehen ein, betreibt z. B. die Umverteilung von Einkommen und Vermögen oder eine aktivere Arbeitsmarktpolitik. Dabei beschränkt sich der Begriff Sozialstaat auf den deutschen Sprachraum, während international und auch in Deutschland inzwischen zunehmend von Wohlfahrtsstaat (welfare state) gesprochen wird.

Bäcker/Naegele/Bispinck (2020, S. 24) rechnen folgende Politikfelder der Sozialpolitik im engeren Sinne zu: Sozialversicherungen, Grundsicherung, steuerfinanzierte Transfers (z. B. Kindergeld, Elterngeld oder BAföG), Gesundheitswesen, soziale Dienste (z. B. für Pflegebedürftige, Menschen mit Behinderungen oder Kinder), Kinder- und Jugend- sowie Familienpolitik, Tarifvertragswesen, Betriebsverfassung, Arbeitsrecht und Arbeitsschutz, Arbeitsförderung und Arbeitsmarktpolitik und schließlich die Beamtenversorgung. Hinzu kommen die Maßnahmen von nichtstaatlichen Trägern (z. B. betriebliche Versorgung, berufsständische und private Versicherungen). Mittelbar werden auch das Steuersystem, die kommunale Daseinsvorsorge, das Bildungssystem und die Wohnungspolitik hinzugerechnet. An dieser Abgrenzung sozialpolitischer Politikfelder wird deutlich, dass sich aus einer geschlechterorientierten Perspektive durchaus andere Abgrenzungen und Schwerpunktsetzungen ergeben können.

Feministische Analysen der Sozialpolitik: Die Frauenbewegungen der 1960er und 1970er Jahre standen zunächst vor der großen Aufgabe, eine Geschlechterperspektive auf Sozialpolitik durchzusetzen und aufzuzeigen, wie eng die Wechselbeziehungen zwischen Geschlechterordnung und Sozialpolitik sind. Diese Interventionen waren einerseits sehr erfolgreich, indem heute in vielen sozialpolitischen Debatten eine „genderawareness" (Laperrière/Orloff 2018) zu beobachten ist, dieser Erfolg lässt sich auch an den antifeministischen Stellungnahmen ablesen. Andererseits wird deutlich, dass die systematische Verschränkung von Sozialpolitik und Geschlechterordnung sowie die Analyse der dabei wirksamen Machtverhältnisse im Mainstream der sozialpolitischen Debatte noch nicht angekommen sind. Esping-Andersen (2009) spricht von einer ‚incomplete revolution'. Auch die Weiterentwicklung der feministischen Diskurse, die Reflexion von Intersektionalität, Geschlechterbinarität, Debatten um ein Degendering oder Undoing Gender spiegeln sich in den vorherrschenden sozialpolitischen Diskursen nur bedingt wider.

Leibetseder (2014, S. 25 f.) unterscheidet drei Typen von vergeschlechtlichten Leitbildern der Sozialpolitik: einen Differenzansatz, der bestehende oder frühere Muster der Teilung von Erwerbs- und Haushaltsarbeit bzw. die damit verbundenen Geschlechterbilder fortschreibt; einen Gleichheitsansatz, der auf eine hohe Erwerbsbeteiligung beider Geschlechter und die Teilung der Haushaltsarbeit zielt; einen Transformationsansatz, der eine Auflösung der binären Geschlechterbilder und Arbeitsteilungen anstrebt. Dieser Typisierung entsprechen dann bei der Teilung von Erwerbs- bzw. Reproduktionsarbeit das Male-Worker-/Female-Carer-Modell, das Adult-Workermodell und schließlich ein Modell der geschlechtsunabhängigen Teilung von Reproduktions- und Erwerbsarbeit.

Gottschall unterscheidet drei Konzepte, mit denen sich der Zusammenhang von Wohlfahrtstaatlichkeit und Gender analysieren lässt: in der klassischen Typologisierung von Sozialstaaten (Esping-Andersen 1990; Schröder 2013) werden geschlechterspezifische Ungleichheiten allenfalls mittelbar erfasst, sie müsste um den Grad der De-Familialisierung erweitert werden; die Analyse von Gender Regimen ermöglicht es politikfeldübergreifend, „die normativen Gehalte und Wirkungen von (varianter) Sozialpolitik auf die Geschlechterverhältnisse bzw. soziale Lage von Frauen" (Gottschall 2019, S. 475 f.) zu rekonstruieren; mit eher kulturalistisch orientierten Ansätzen können verschiedene Wohlfahrtsarrangements (Pfau-Effinger 2019) unterschieden werden, indem das Zusammenspiel von sozialpolitischen Institutionen, kulturellen Orientierungen und öffentlichen Diskursen analysiert wird.

Viele Autor*innen benennen neben dem Fortbestand der klassischen Probleme einer geschlechtergerechten Sozialpolitik auch vielerlei neue Herausforderungen. So gilt es, die widersprüchlichen Effekte der Transnationalisierung von Erwerbs- und Sorgearbeit (Gottschall 2019, S. 486; Lutz 2018), die Verschränkung von Sozialpolitik und Ungleichheit und die dabei auftretenden Intersektionen (Leibetseder 2014, S. 37), die Veränderungen der Sozialpolitik im Kontext von Aktivierung (Dingeldey 2015, S. 122), Eigenverantwortung (Ott 2019, S. 322) und Vermarktlichung in den Blick zu nehmen. Laperrière und Orloff (2018, S. 232) betrachten auch die (nicht intendierten) Ungleichheitseffekte, die mit einer im Sinne der Frauen erfolgreichen Sozialpolitik zusammenhängen können. Nach wie vor werden die spezifischen Risiken, die sich aus dem noch immer vorherrschenden Muster weiblicher Lebensverläufe ergeben, nur unzureichend abgesichert.

Historische Entwicklung: Der Beginn einer (staatsorientierten) Sozialpolitik liegt in den Arbeitsschutzbestimmungen in den Industrieländern des 19. Jahrhunderts. Die Sozialversicherungsgesetzgebung (gesetzliche Kranken-, gesetzliche Unfall- und Rentenversicherung) im Deutschen Reich in den Jahren 1883–1889 wurde Vorbild für viele andere Staaten. Damit wurde ein ungleiches Geschlechterverhältnis zementiert. Die Bismarckschen Gesetze setzten typischerweise einen männlichen Normalarbeiter (Vollzeit, unbefristet) voraus. Er sollte als Familienernährer durch seine Lohnarbeit eigenständig Invalidität und Alter absichern (Erwerbsprinzip), während die Familienmitglieder abgeleitet versorgt sein sollten. Auch wenn in der Realität besonders in den Arbeiterschichten Frauen ebenso zur Existenzsicherung beitrugen, setzte sich das bürgerliche Leitbild des männlichen Familienernährers und der Hausfrauenehe durch. Unterstützt wurde es vom Bürgerlichen Gesetzbuch 1900 mit seinen Regelungen zur Geschlechtsvormundschaft durch den Mann und zur Hausfrauenehe. Dieses Ideal der geschlechtlichen Arbeitsteilung findet sich auch in der Arbeiterbewegung und in Teilen der Ersten Frauenbewegung.

Die feministische Wohlfahrtsstaatsforschung zeigt, dass der Höhepunkt des Ernährer-Modells in westlichen Ländern Mitte des 20. Jahrhunderts erreicht war. Die Frau war bestenfalls Zu- oder Mitverdienerin und vom Einkommen des Ehemannes abhängig. Bis heute hat sich die deutsche Sozialpolitik nicht vollständig von diesen traditionellen Geschlechterbildern gelöst. So basieren die Sicherungssysteme weitgehend auf einer durchgehenden vollzeitigen Erwerbsbiografie. Wegen höherer Erwerbsunterbrechungen aufgrund des mangelnden Ausbaus der öffentlichen Kinderbetreuung besonders in Westdeutschland und wegen höherer Teilzeittätigkeiten ist die eigenständige ökonomische Absicherung vieler Frauen im Alter oder bei Arbeitslosigkeit geringer. Dies wird besonders bei Alleinerziehenden deutlich, einer Gruppe, die ein hohes Armutsrisiko trägt. Die Care-Arbeit ist bis heute unbezahlt bzw. in der Form der Sozialberufe unterbezahlt.

In Deutschland erschwert eine Reihe von Regelungen die eigenständige ökonomische Existenzsicherung von Frauen. So bewirkt beispielsweise das Ehegattensplitting eine Steuerersparnis bei Ehepaaren mit unterschiedlich hohen Einkommen und wirkt als negativer Anreiz für die Erwerbsarbeit von Frauen. Auch die beitragsfreie Mitversicherung in der gesetzlichen Kranken- und Pflegeversicherung fußt auf dem traditionellen Geschlechterarrangement. Aus gleichstellungspolitischer Sicht wird gefordert, beim Umbau der Steuermodelle und Sicherungssysteme eine grundlegende Veränderung der Geschlechterverhältnisse zu berücksichtigen. Besonders die ehezentrierten und abgeleiteten Leistungen sind heute anachronistisch, da die Zahl der Alleinerziehenden steigt, die Phasen der Nicht-Erwerbstätigkeit bei Müttern sinken und ein erheblicher Teil der Frauen kinderlos bleibt. Auch sehen viele Männer ihre Zukunft nicht mehr in der Funktion als Familienernährer. Ein Gender Mainstreaming in der Sozialpolitik müsste darauf abzielen, die soziale Sicherheit von der Erwerbskarriere zu entkoppeln, die Vereinbarkeit von Familie und Beruf für beide Geschlechter zu erhöhen und die geschlechtstypische Arbeitsteilung in private, unbezahlte Care-Arbeit und bezahlte Berufsarbeit abzubauen. Absicherungen müssen individualisiert, d. h. unabhängig vom Familienstatus, konzipiert sein.

Christoph Weischer und Uta Klein (†)

Zum Weiterlesen
Gottschall, Karin (2019): Gender und Sozialpolitik. In: Obinger, Herbert/Schmidt, Manfred G. (Hrsg.): Handbuch Sozialpolitik. Wiesbaden: Springer Fachmedien, S. 473–491
Laperrière, Marie/Orloff, Ann Shola (2018): Gender and Welfare States. In: Risman, Barbara/Froyum, Carissa/Scarborough, William J. (Hrsg.): Handbook of the Sociology of Gender. o. O.: Springer Medien, S. 227–244
Leibetseder, Bettina (2014): Gender und Sozialpolitik. Ein Transformationsansatz. In: Österreichische Zeitschrift für Soziologie, 39, S. 23–41

Sozialraum

Der Sozialraumbegriff hat seit Ende der 1990er Jahre in der sozialwissenschaftlichen Diskussion stark an Relevanz gewonnen. In der Sozialen Arbeit hat sich die Orientierung am Sozialraum inzwischen als inhaltliche und organisierende Ausrichtung etabliert. Insbesondere für die Kinder- und Jugendhilfe ist eine Art ‚Omnipräsenz sozialräumlicher Bezüge' zu konstatieren (Kessl/Reutlinger 2019b, S. V). Mittlerweile wurde die Sozialraumorientierung auch auf zahlreiche andere Handlungsfelder übertragen (Becker 2020; Fürst/Hinte 2019). Sozialraum wird geradezu als Ordnungsprinzip einer programmatischen Neuausrichtung Sozialer Arbeit beschrieben (Drilling/Oehler/Schnur 2015, S. 21).

Auch wenn die Definitionen nicht einheitlich sind, so verweist ‚Sozialraum' inhaltlich auf die Zusammenhänge und Wechselwirkungen von räumlichen und sozialen Prozessen; auf die grundlegende Einbettung der Menschen in physische und soziale Strukturen, die sie einerseits selbst herstellen, von denen sie zugleich aber auch bestimmt werden (Kessl/Reutlinger 2010; Löw/Sturm 2019).

Ein physischer Raum ist beispielsweise ein Frauenhaus für gewaltbetroffene Frauen und Kinder. Frauenhäuser gab es jedoch nicht immer schon, sondern sind im Kontext einer sozialen Bewegung gegen patriarchale Gewaltverhältnisse erkämpft worden. Raum kann also einerseits materiell als Ort vorhanden sein, andererseits ist er ein gesellschaftliches Produkt und kommt durch Handlungen zustande. Sozialräume müssen allerdings nicht notwendigerweise nur physisch existieren. Menschen verbringen ihre Zeit mit steigender Tendenz in virtuellen Räumen. Web-basiert bilden sich neue Formen von Kommunikation, Nähe und Distanz aus, der Alltag und analoge soziale Praktiken werden medial erweitert, transformiert (Kergel 2020).

In der einschlägigen Fachliteratur wird allgemein davon ausgegangen, dass Raum immer schon Sozialraum ist, der in gesellschaftlichen Prozessen produziert wird, wobei wirkmächtige, nachhaltige Strukturen (materielle, normative, soziale, digitale) entstehen. Menschen finden zwar einerseits spezifische räumliche Gegebenheiten vor: klimatisch, geographisch, physikalisch. Andererseits bearbeiten sie diese Gegebenheiten seit jeher. Räume sind nicht ‚absolut', nicht einfach da, Menschen stellen sie her, indem sie Grenzen ziehen, Wälder roden, Eigentumstitel vergeben, Graffiti sprühen, Algorithmen programmieren und Personen, Regionen und Länder wirtschaftlich, kulturell, digital vernetzen; indem sie erfinden, bauen, zonieren, zerstören, verändern. Die so produzierten Räume wirken auf die Menschen zurück, ermöglichen oder beeinträchtigen Kommunikation, Wohlbefinden und Handlungsmöglichkeiten; sie erzeugen gesellschaftliche Hierarchien, Ein- und Ausschlüsse (Läpple 1991).

Fragen nach gesellschaftlicher Teilhabe und sozialer Ungleichheit sind Fragen nach räumlichen Verhältnissen (Meier/Schlenker 2020). In der Produktion von und dem Umgang mit Raum bilden sich gesellschaftliche und damit immer auch Macht- und Herrschaftsverhältnisse ab (Lefebvre 1991). Macht zu haben, heißt in der Regel auch, über Raum zu verfügen, Einfluss auf die eigene Platzierung und die von anderen sowie auf die Regulation von (An)Ordnungen und Symbolisierungen von und im Raum zu haben (Bourdieu 1997a; Löw 2001): Wer darf welchen Raum betreten, wem wird ein öffentliches Denkmal gesetzt, wer hat ein ‚Recht auf Stadt'? Auch der virtuelle Raum ist kein egalitärer, sondern durch machtvolle Interessen strukturiert (Zuboff 2019).

Die geschlechtsbezogen ungleiche Verteilung der Möglichkeiten, Räume zu schaffen, zu nutzen und zu gestalten ist durch zahlreiche Studien belegt (Brandao/Rütten 2020; Frank 2019). ‚Macht', ‚Raum' und ‚Geschlecht' sind relational miteinander verwobene Kategorien, d. h. Geschlechterverhältnisse bilden sich gleichzeitig als räumliche Verhältnisse und Raumverhältnisse als vergeschlechtlicht und damit immer als soziale Verhältnisse heraus (Ruhne 2019). Der dichotomen Geschlechterkonstruktion männlich/weiblich und den damit assoziierten Dispositionen und Tätigkeiten entsprach die dichotome, asymmetrische Aufteilung in einen öffentlichen und privaten Raum (Lembke 2017). Über die Bindung an den privaten Raum wurden Frauen zu ‚Hausfrauen', die symbolisch und in vieler Hinsicht auch faktisch, z. B. durch Ausgehverbote und Aufenthaltsbeschränkungen, aus dem öffentlichen Leben ausgeschlossen waren (Ruhne 2011). Die traditionelle Arbeitsteilung entlang der Geschlechterlinien hat sich als Trennung von Produktions- und Reproduktionsbereich in die räumlichen Arrangements eingeschrieben – heteronormative Vorstellungen von Kleinfamilie, Lebens- und Begehrensweisen prägen den Wohnungsbau und die räumlich-funktionale Aufteilung der Städte (Huning 2018).

Die heteronormative, binäre Geschlechterkonstruktion wird allerdings zunehmend in Frage gestellt, Lebens- und Arbeitsmodelle haben sich verändert und ausdifferenziert (z. B. Patchworkfamilien, gleichgeschlechtliche Lebensgemeinschaften, ‚Doppelverdiener', Homeoffice). Transnationalität und Diversität prägen die Gesellschaft (Priess/Kurtenbach 2019; Schuster 2016) ebenso wie globalisierter Kapitalismus und eine neue soziale Segregation (Kronauer/Häußermann 2019). Frauen, Queers, behinderte Menschen, diejenigen mit geringem ökonomischen Kapital, People of Colour waren und sind jedoch teilweise bis heute aus bestimmten Räumen direkt oder indirekt ausgeschlossen. Sie können sich nicht selbstbestimmt oder angstfrei bewegen, wie und wo sie wollen – ob in Wahlkabinen, im Vatikan, in Businessclubs, im öffentlichen Raum oder über Ländergrenzen hinweg. Von daher kann die Geschlechterperspektive allein die Dynamiken ungleichheitsgenerierender Raumproduktionen nicht erfassen. Dazu braucht es eine intersektionale Analyse, die weitere Differenzkategorien, insbesondere Klasse und Ethnizität/Race als miteinander verwobene berücksichtigt (Behrens et a. 2016; Frank 2019).

Eine Sozialraumperspektive einzunehmen, bedeutet in der Sozialen Arbeit, die Orientierung auf die einzelne Person durch die analytische und handlungspraktische Einbeziehung von Restriktionen und Ressourcen sozialer Netzwerke, Quartiere und übergreifender gesellschaftlicher Strukturen zu erweitern. Es geht um die Stärkung von Partizipation und Kooperation bezüglich der Gestaltung von Hilfearrangements und/oder die Aneignung, Veränderung von Umwelt und Lebensverhältnissen (Becker 2020; Fürst/Hinte 2019; Herrmann 2019; Schönig 2020). Sozialraumorientierung steht dabei auch für ein administratives Steuerungs- und Ordnungsprinzip, für die Neuausrichtung sozialer Dienste vom ‚Fall zum Feld' (Hinte/Litges Springer 1999). Institutionelle Kontexte und Finanzierungsformen werden umstrukturiert, die ‚Entsäulung' von Hilfesystemen wird zugunsten einer vernetzten Struktur und der Einführung von Sozialraumbudgets vorangetrieben (Groppe/Noack 2019).

Der Sozialraumbezug in der Sozialen Arbeit ist jedoch kein neues Phänomen. Die Gestaltung und Wirkung räumlicher Arrangements (ob als ‚totale Institution' oder selbstverwaltetes Jugendzentrum), die subjektive Aneignung und Schaffung von Räumen im Prozess des Aufwachsens, ihre Bedeutung als Ressource, als Erfahrungs-, Beziehungs- und Lernraum spielen in der Sozialen Arbeit seit jeher eine zentrale Rolle (vgl. Hüllemann/Reutlinger/Deinet 2019; Kessl/Maurer 2019). Insbesondere in der Gemeinwesenarbeit bildet Sozialraumorientierung ein zentrales Handlungsprinzip (Bingel 2011; Stövesand 2019). Ein frühes Beispiel ist das Settlement Hull House, gegründet in Chicago 1889 von Ellen Gates Starr und Jane Addams. Sie und ihre Mitstreiter*innen erkundeten die Lebensbedingungen von Frauen, Männern, Kindern als Migrant*innen und Arbeiter*innen im lokalen Gemeinwesen und gingen sie gemeinsam mit ihnen praktisch an (Residents of Hull House 1895). Soziale Probleme, wie schlechte Wohnverhältnisse, unzureichende Löhne, geschlechtsbezogene Diskriminierung etc., wurden mittels Forschung, Bildungs-, Öffentlichkeits-, Organisierungs- und Lobbyarbeit, z. B. für Gesetzesreformen und Frauenrechte, als Themen sozialer Gerechtigkeit und notwendiger gesamtgesellschaftlicher Veränderungen adressiert (Staub-Bernasconi 2013a).

Die Sozialraumorientierung ist insgesamt nicht unumstritten (Fehren/Kalter 2019). Kritik bezieht sich auf territoriale Engführungen, in denen Sozialraum doch wieder nur als klassischer (Behälter-) Raum verstanden und seine gesellschaftliche Vermitteltheit unkenntlich wird. Problematisiert wird die Konjunktur des Sozialraumbegriffs insbesondere vor dem Hintergrund einer ‚Neuprogrammierung des Sozialen' (Kessl/Krassmann 2019), eines Paradigmenwechsels von der „aktiven Sozialstaatsorientierung hin zur aktivierende(n) Sozialraumorientierung" (Kessl/Otto 2005, S. 59). Das führt dazu, dass soziale Probleme an einem Gebiet festgemacht werden, welches dann als ‚Problemfall' und entsprechend ‚behandlungsbedürftig' gilt. Durch diese ‚Territorialisierung des Sozialen' (Kessl/Otto 2007) geraten übergreifende Verursachungszusammenhänge und Verantwortlichkeiten aus dem Blick. Thematisiert wird außerdem eine mögliche Funktionalisierung der Sozialraumorientierung als Einsparmodell und zur Einschränkung individueller Hilfeansprüche im Rahmen dieser wohlfahrtsstaatlichen Transformationsprozesse.

Abschließend festzuhalten ist dennoch: Das Potenzial der Sozialraumorientierung lag und liegt in der emanzipatorischen Überschreitung des ‚Dogma des Individuellen' (Drilling/Oehler/Schnur 2015, S. 24).

Sabine Stövesand

Zum Weiterlesen
Fürst, Roland/Hinte, Wolfgang (Hrsg.) (2019): Sozialraumorientierung. Ein Studienbuch zu fachlichen, institutionellen und finanziellen Aspekten. 3., aktualisierte Auflage. Stuttgart: utb
Kessl, Fabian/Reutlinger, Christian (Hrsg.) (2019): Handbuch Sozialraum. 2., überarbeitete Auflage. Wiesbaden: VS
Sozialraum.de – Online Magazin. www.sozialraum.de

Sozialversicherungen

Definition: Sozialversicherungen (SozV) sind beitrags- und zum Teil steuerfinanzierte, staatlich kontrollierte Kollektiv- bzw. Pflichtversicherungen. Sie sind generell umlagefinanziert, d. h. eingehende Ressourcen werden zur Deckung gegenwärtiger Ausgaben verwendet, und sie sind mehr oder weniger paritätisch finanziert. Dabei haben SozV eine zum Teil stark ausgeprägte Genderdimension.

Im europäischen Vergleich unterscheiden sich SozV-Systeme zum Teil stark voneinander (Schmid 2010). Sie sind in ihrer Organisation, Finanzierung, Verwaltung, Inklusion, Verknüpfung mit anderen SozV etc. sehr unterschiedlich angelegt und dabei einem stetigen Wandel unterworfen. Eine Genderdimension haben sie alle (Frericks 2020).

In Deutschland beruhen die Leistungen der SozV meist auf beitragsorientierten Ansprüchen (auf Grundlage des so genannten Äquivalenzprinzips bei Renten oder Krankengeld), die an verschiedene Kriterien gebunden sein können, wie beispielsweise die Dauer des vorherigen Bezugs von Erwerbseinkommen beim Arbeitslosengeld. Des Weiteren gibt es beitragsunabhängige Sachleistungen nach dem so genannten Solidarprinzip (Beispiel Krankenversicherung). Bei breiter Lesart kann die SozV eine Grundsicherung beinhalten; diese ist dann im Allgemeinen, wie auch in Deutschland, bedarfsgeprüft. Das jeweilige Niveau der Leistungen ist je nach wirtschaftlicher, demografischer und politischer Lage im Rahmen des rechtlich Möglichen dynamisch bzw. je nach politischer Legitimation variabel.

Die gesetzliche Grundlage der verschiedenen SozV in Deutschland bilden die Sozialgesetzbücher (Krankenversicherung: § 5 SGB V und § 2 KVLG 1989, Pflegeversicherung: §§ 20 f. SGB XI, Rentenversicherung: §§ 1 f. SGB VI, Arbeitslosenversicherung: § 25 ff. SGB III, Unfallversicherung: § 2 SGB VII). Versicherungspflichtig sind alle Arbeiter*innen und Angestellten; versicherungsbefreit sind in Deutschland beispielsweise Beamte, Freiberufler, Minijobber und zum Teil Selbständige. Die neueste SozV in Deutschland ist die 1995 eingeführte Pflegeversicherung. Ihre neuartige Verknüpfung von Finanzierung und Anspruchsberechtigung ist auch im internationalen Vergleich einzigartig und für gegenwärtig ältere Frauen eher vorteilhaft.

Historie: Erste SozV nach der oben angeführten Definition wurden, je nach Land und Bereich der Versicherung, ab der zweiten Hälfte des 19. Jahrhunderts eingeführt. In Zeiten der Industrialisierung lag ihnen das Prinzip der Kollektivversicherung der Arbeiterschaft zugrunde. Neben sozialen Zielen wurde mit ihrer Einrichtung auch die Stabilisierung der politischen Verhältnisse verfolgt. SozV können als gesetzliche Institution zur Umsetzung sozialer Rechte betrachtet werden. Nach Marshall (1992) handelt es sich bei sozialen Rechten um staatsbürgerliche Rechte auf soziale Sicherung, die sich historisch im Zuge der Entwicklung moderner Gesellschaften nach den zivilen und politischen Rechten herausbildeten.

Schon bei Marshall wird deutlich, dass soziale Rechte eine Geschlechterdimension haben, da sie, wie einst auch zivile und politische Rechte, an das (männliche) Familienoberhaupt geknüpft waren und sich von dem für die gesamte Familie durch den Familienernährer erworbenen Familiengehalt bzw. vom Arbeiterstatus des Familienoberhauptes herleiteten. Frühe Forschung hat vor allem die Wirkungen der verschiedenen SozV-Systeme für Arbeiter und Arbeitnehmer unterschiedlicher sozialer Klassen bzw. Schichten herausgestellt. Umfassendere sozialstrukturelle Studien, die auch andere Ungleichheiten und (Teil-)Exklusionen umfassen, analysieren verschiedene Faktoren wie Migration, Alter, Geschlecht etc., die sich je nach System und Versicherung stärker oder schwächer auf den Versicherungsschutz auswirken.

Durch die Teilverschiebung von SozV zu steuersubventionierten Privatversicherungen sowie durch den teilweisen Ausbau von steuerfinanzierten Versicherungsleistungen ändert sich das Gesamtgefüge von SozV zum Teil grundlegend – mit bisher nicht absehbaren Folgen für die gesellschaftliche Ordnung und die verschiedenen sozialen Ungleichheiten.

Sozialversicherungen und Geschlecht: SozV-Systeme sind im Allgemeinen am Normalarbeitsverhältnis ausgerichtet, und die Grundlage von SozV ist die Erwerbsarbeit. Dabei richtete sich die in der SozV institutionalisierte gesellschaftliche Einheit ursprünglich an der Familie aus – mit der Einteilung in Tätigkeiten der ‚privaten' und der ‚öffentlichen' Sphäre und die an sie geknüpften Geschlechterrollen. Frauen waren in den meisten Ländern und SozV familienversichert und erwarben Sozialrechtsansprüche über den Ehestatus. Da Frauen weiterhin recht umfangreich die Betreuung und Pflege von Familienangehörigen übernehmen, ist ihre Erwerbsbiografie zumeist ‚unvollständig', wodurch sie eine gegenüber den Männern nachteilige Stellung in SozV innehaben. Denn auch heute arbeiten insbesondere die Frauen, die familiale Pflegeverantwortung übernehmen, in den meisten Ländern nicht in voller Arbeitszeit: Teilzeitbeschäftigung und Erwerbsunterbrechung für Familienphasen sind noch immer vornehmlich mit Frauenlebensläufen verbunden und führen dazu, dass Frauen den arbeitsmarktorientierten Anforderungen der SozV nicht gerecht werden.

Der umfassende soziale Wandel der letzten 40 Jahre hat dazu geführt, dass Frauen auch in ehedem konservativen Ländern zunehmend am Erwerbsleben teilnehmen und Ideen der Gleichstellung von Frauen und Männern stärker akzeptiert werden. In Teilen hat dies dazu geführt, dass auch die SozV reformiert wurden. Zu diesen Änderungen zählen:

- Verbot von (auch indirekter) Diskriminierung, z. B. durch Wartezeiten, die sich vor allem für Mütter negativ auswirken, und
- eine zunehmende sozialrechtliche Anerkennung sozial als sinnvoll erachteter reproduktiver Tätigkeiten (z. B. Kindererziehung oder Pflege Angehöriger, vor allem in Deutschland, Frankreich und Österreich).
- *Gegenwärtige Geschlechterungleichheit:* Trotz der genannten Änderungen sind die neuesten Trends in SozV unzureichend und zum Teil kontraproduktiv für eine Angleichung des SozV-Schutzes der Geschlechter.

Erstens werden zahlreiche so genannte geschlechtsneutrale Regelungen eingeführt (Indexierungen, Teilvermarktlichungen etc.), die auf der Annahme individualisierter Arbeitnehmer*innen beruhen. Auch die Verschiebung von Teilen der SozV hin zu privaten Zusatzversorgungen, die Arbeitnehmer*innen vor allem vom Nettolohn finanzieren, bewirkt, dass die Bindung an eine ‚vollständige' Arbeitsbiografie weitgehend unangetastet bleibt. Diese vermeintlich geschlechtsneutrale Norm bezieht sich nun allerdings nicht mehr nur auf das Familienoberhaupt, sondern auf alle arbeitsfähigen Individuen. Die fehlende oder unzureichende Beachtung der nicht geschlechtsneutralen Implikationen dieser Änderungen wird auch von der EU stark kritisiert. Immerhin setzte sie durch, dass nachteilige Rentenverträge aufgrund des Geschlechts bei staatlich geförderten Versicherungsprodukten nicht zulässig sind.

Zweitens sind die Maßnahmen, Frauen in den SozV – trotz stärker mit Betreuung und Pflege verbundener Erwerbsverläufe – mit Männern gleichzustellen, aufgrund der meist geringen Anrechnungszeiten von familialen Pflege- und Betreuungstätigkeiten bisher unzureichend. Positive Diskriminierungen von Frauen in SozV (Renteneintrittsalter, Partner- bzw. Witwen-Ansprüche), die sich der früheren Anerkennung von Familienleistungen und Haushaltsabhängigkeiten schuldeten, werden abgeschafft oder gesenkt. Hierbei wird jedoch übersehen, dass negative Diskriminierungen sowie kumulative Effekte von Familienarbeit im Gesamtsystem durch neue Regelungen, wie Ansprüche aufgrund von familialer Pflegetätigkeit, höchstens abgemildert werden.

Drittens leiten sich bei der Mehrzahl der Bedarfsprüfungen SozV-Ansprüche vom Haushaltseinkommen ab, wodurch gerade Frauen oft keine individuellen Ansprüche haben. Auch der gegenwärtige sozialpolitische Diskurs zur Altersarmut richtet sich zumeist explizit auf die mögliche Armut alleinlebender Frauen. So genannte angemessene, also den Lebensstandard sichernde SozV-Ansprüche hingegen sind, auch im sozialpolitischen Diskurs, weiterhin an männlich-idealtypischer Arbeitsmarktpartizipation ausgerichtet. Sozialpolitische Zielsetzungen und die Definition von ‚Verbesserung' von Ansprüchen unterscheiden also nach Geschlecht, beispielsweise in Deutschland, Großbritannien oder den Niederlanden. Auch die in Deutschland neu eingeführte „Lebensleistungsrente" (Grundrente) ist hier zu nennen: Sie verbessert zwar die katastrophalen Renten vieler Frauen, gleichzeitig zementiert sie jedoch die in der SozV vorherrschenden Konzepte der geschlechtsspezifisch unterschiedlichen Höhe von Ansprüchen.

Und viertens sind SozV und Steuersysteme in den meisten europäischen Ländern eng verzahnt. Das Phänomen der ‚umgekehrten' Umverteilungen, also der Umverteilungen von ‚unten nach oben' durch beispielsweise steuerliche Vergünstigungen, wird noch immer unzureichend untersucht oder thematisiert. Gerade Arbeitnehmer*innen mit geringerem Einkommen können zahlreiche steuerliche Vergünstigungen nicht nutzen.

Kurz: Da sich alle europäischen Wohlfahrtsstaaten, wenn auch zu verschiedenen Graden, weiterhin durch geschlechtsspezifische Familienpausen, Lohngefälle, Teilzeitarbeit, Arbeitsverträge und Berufe auszeichnen, sind soziale Sicherungssysteme, die auf dem SozV-Prinzip mit Orientierung an ‚vollständigen' Arbeitsbiografien und entsprechender Einkommensäquivalenz beruhen, nicht geeignet, die Geschlechterungleichheit zwischen den Sozialversicherten nachhaltig zu reduzieren. Und selbst wenn Frauen mit gleicher Intensität am Arbeitsmarkt partizipierten wie Männer, werden sie in absehbarer Zukunft sozial- und vor allem rentenrechtlich weiterhin maßgeblich schlechter dastehen als Männer. Dies ist in Politik und Wissenschaft gemeinhin bekannt.

Patricia Frericks

Zum Weiterlesen
Frericks, Patricia (2020): Die Absicherung familialer Sorgearbeit in der Rente. Entwicklungen und Konzepte im internationalen Vergleich. In: Blank, Florian/Buntenbach, Annelie/Hofmann, Markus (Hrsg.): Neustart in der Rentenpolitik: Analysen und Perspektiven. Baden-Baden: Nomos, S. 139–156
Marshall, Thomas H. (1992): Bürgerrechte und soziale Klassen. Zur Soziologie des Wohlfahrtsstaates. Frankfurt/M.: Campus
Schmid, Josef (2010): Wohlfahrtsstaaten im Vergleich. Soziale Sicherung in Europa: Organisation, Finanzierung, Leistungen und Probleme. 3., aktualisierte Auflage. Wiesbaden: VS

Sprache

Sprache ist das Medium aller Medien; es liegt allen anderen Medien zugrunde. Ohne Sprache keine Zeitung, kein Rundfunk, kein Fernsehen, kein Internet, keine Social Media. Dieses Medium war bis zum Aufkommen der feministischen Sprachkritik so organisiert, dass Frauen darin kaum vorkamen, weil ein paar Grammatikregeln sie unsichtbar machten.

Sprache und Soziale Arbeit: Soziale Arbeit, besonders Beratungs- und therapeutische Arbeit, ist ohne Sprache, Sprechen, Besprechen und Gespräche nicht denkbar. Die feministische Gesprächsanalyse untersucht das Verhalten von Frauen und Männern in Gesprächen (vgl. Trömel-Plötz 1982; Trömel-Plötz 1984; Trömel-Plötz 1996; Lakoff 1990; Coates 1993; Kotthoff/Nübling 2018) und stellt fest, dass es der Geschlechterhierarchie gehorcht: In Wettbewerbssituationen (Talk-Shows, Geschäftsbesprechungen, Konferenzen) reden Männer länger als Frauen; sie unterbrechen und ignorieren (sogar ranghöhere) Frauen öfter als umgekehrt etc. Inzwischen haben viele Frauen durch die feministische Gesprächsanalyse hinzugelernt und überlassen – anders als früher – Unterbrechenden nicht mehr automatisch das Rederecht. Männer haben ebenfalls dazugelernt und versuchen, ihren geschlechtstypischen Dominanzdrang in gemischtgeschlechtlichen Gesprächen zu zügeln.

Ohne Sprache undenkbar ist auch die Arbeit an der Theorie und den Begriffen. Neues Denken und Neubewertungen schlagen sich nieder in neuen Definitionen, Begriffen und Übernahmen aus anderen Sprachen (besonders aus dem Englischen): ‚Teilhabe/Partizipation', ‚Peer Counseling', ‚Peer Support', ‚Gender Mainstreaming', ‚Migrationshintergrund', ‚barrierefrei', ‚Stalking' etc. ‚Familiäre Streitigkeit' wurde zu ‚häuslicher Gewalt'; schon lange wird gefordert, dass die überwiegend männliche Täterschaft sprachlich sichtbar wird: ‚Häusliche Männergewalt gegen Frauen und Kinder'. Das ‚Züchtigungsrecht der Eltern' wich dem ‚Recht auf gewaltfreie Erziehung', aus ‚Patient*innen' wurden ‚Adressat*innen' und ‚Klient*innen'. Eine der wichtigsten begriffsanalytischen Leistungen der Neuen Frauenbewegung war die Unterteilung des Begriffs ‚Arbeit' in ‚Erwerbsarbeit' und ‚unbezahlte bzw. erwerbslose Arbeit', wodurch der riesige Bereich unbezahlter, von Frauen geleisteter Arbeit für die ökonomische Theorie erstmals sichtbar wurde.

Sprache und Geschlecht(er): Zweigeschlechtlichkeit und Geschlechterhierarchie werden in vielen Sprachen penibel abgebildet und also in jeder sprachlichen Äußerung, sei sie schriftlich oder mündlich, neu eingeübt bzw. neu verkündet. Dadurch wird das patriarchale Wertesystem den Kindern schon im Säuglingsalter ins Unbewusste quasi unerbittlich eingeträufelt und unentrinnbar verabreicht. Wie genau geschieht das?

Die Wörter für ‚Mann' und ‚Mensch' sind in vielen Sprachen identisch, vgl. engl. ‚man', frz. ‚homme', ital. ‚uomo', span. ‚hombre'. Im Deutschen sind sie verschieden, aber ‚Mensch' ist maskulin und geht auf ‚mannisco' > ‚mennisco' (männlich) zurück. Wir sehen hier das Prinzip MAN am Werk: der Mann als Norm (und Standardversion des Menschen; die Frau als Abweichung davon).

Das deutsche Namensrecht sah bis 1993 vor, dass der Name des Mannes zum Ehe- und Familiennamen wurde. Folge (und Zweck?) dieser Festlegung ist die symbolische Auslöschung der weiblichen Abstammungslinie. Eine Familie konnte noch so viele Töchter haben – sie war ‚vom Aussterben bedroht', wenn der ‚Stammhalter' ausblieb. Die Botschaft dieses Namensrechts (das bis heute in den meisten Familien fortlebt) an Frauen ist: Ihr seid der namentlichen Erinnerung nicht wert.

Die Kategorie Geschlecht bzw. Genus ist zentral für das Deutsche und viele andere indoeuropäische Sprachen, d. h. die Sprachen unseres europäischen Kulturkreises, die sich durch die Kolonialisierung in der ganzen Welt verbreitet haben. Zweigeschlechtlichkeit wird dadurch abgebildet, dass Personenbezeichnungen mit wenigen Ausnahmen entweder dem maskulinen oder dem femininen Genus angehören, vgl. ‚die/der Angestellte'. Personen, deren Geschlecht (noch) unbekannt, unwichtig oder unklar ist, werden nicht, wie es in einer egalitären Gesellschaft zu erwarten wäre, dem Genus neutrum zugeordnet (etwa ‚das Angestellte'), sondern dem Genus maskulinum: ‚der Zwitter', ‚der Hermaphrodit', ‚Wer wird Millionär?', ‚Fragen Sie Ihren Arzt oder Ihren Apotheker'.

Wird das Maskulinum verallgemeinernd gebraucht, spricht man vom ‚generischen Maskulinum'. Die traditionelle Grammatik und Linguistik behaupten, beim generischen Maskulinum seien Frauen mitgemeint. Das Problem ist, dass Frauen sich immer häufiger nicht mitgemeint fühlen (Stahlberg/Sczesny 2001) und oft handfeste Gründe dafür anführen können (Pusch 1979).

Die Geschlechterhierarchie, wonach Männer das herrschende Geschlecht sind und Frauen das untergeordnete, wird auch dadurch abgebildet und fortgeschrieben, dass feminine Personenbezeichnungen aus den maskulinen abgeleitet werden, womit eine Abhängigkeitsbeziehung zum Ausdruck gebracht wird, denn ohne die männlichen Bezeichnungen gäbe es die weiblichen nicht: ‚der Jurist', ‚die Juristin', etc. Ableitung eines Maskulinums aus einem Femininum gibt es im Deutschen – mit Ausnahme des Paares ‚Witwe' > ‚Witwer' – nur für Tiere: ‚Ente' > ‚Enterich'; ‚Gans' > ‚Gänserich', etc.

Geschichte der feministischen Linguistik und Sprachkritik in Deutschland und weltweit: Die Ursprünge der modernen feministischen Sprachkritik liegen in der Bürgerrechtsbewegung der USA. Die Schwarzen protestierten nicht nur gegen die Bezeichnung ‚negro' (ursprünglich eine Benennung portugiesischer Sklavenhändler), sondern auch dagegen, dass erwachsene männliche Schwarze herablassend ‚boy' gerufen wurden. Die Frauen, schwarze wie weiße, merken auf: Was war denn die gängigste Bezeichnung für erwachsene Frauen, seien sie schwarz oder weiß, Sekretärinnen, Hausfrauen oder Schauspielerinnen? – ‚Girl'!

1971 erschien im ersten Heft des Ms Magazine der erste Artikel mit feministischer Sprachkritik, „Desexing the English Language" von Casey Miller und Kate Swift; 1973 erregte Robin Lakoff mit ihrem Aufsatz „Language and Women's Place" weltweites Aufsehen in der männlich dominierten Linguistik; weitere inzwischen klassische Studien zum Thema von Miller/Swift (1975), Key (1975), Thorne/Henley (1976) u. v. a. folgten.

Während also die US-Amerikanerinnen gegen sprachlichen Sexismus kämpften – der im Englischen nur einen sehr kleinen Teil der Sprache betrifft, nämlich das Wort ‚man', Wörter wie ‚chairman' und den Vorrang des Pronomens ‚he' vor ‚she' – begann auch die deutschsprachige Frauenbewegung, sich mit den patriarchalen Auswüchsen ihrer Sprache zu befassen. Verena Stefan stellt 1975 in „Häutungen" fest, dass das Indefinitpronomen ‚man' für Frauen ungeeignet sei und schlug stattdessen ‚frau' vor. Außerdem kritisierte sie die Wörter für den weiblichen Körper als klinisch oder pornografisch und für weibliche Sexualität als nicht vorhanden.

Die deutschen Universitäten waren damals fest in Männerhand, und so blieb feministische Sprachforschung lange verpönt; noch nicht fest angestellte Pionierinnen (Trömel-Plötz, Pusch, Braun) wurden nicht berufen oder eingestellt; deshalb konnte sie sich in Deutschland universitär kaum etablieren und entwickelte sich im Widerstand gegen das Establishment.

Feministische Sprachkritik als Bestandteil des Aktivismus der Frauenbewegung hingegen blieb lebendig und gewann dank der seit Mitte der 1980er Jahre in Ländern, Städten, Kommunen, Institutionen und Betrieben tätigen Frauenbeauftragten immer größere Resonanz und veränderte über die zur Gerechtigkeit verpflichtete Amtssprache bald auch die Alltagssprache. Frauen wollten und sollten sprachlich sichtbar und nicht mehr nur ‚mitgemeint' sein. Der neue, frauenfreundlichere Sprachgebrauch prägt auch die Erstauflage dieses Lexikons von 2011: Das generische Maskulinum scheint ausgestorben; an seine Stelle tritt eine Fülle inklusiver Schreibweisen, wie ‚Mitarbeiterinnen und Mitarbeiter', ‚MitarbeiterInnen', ‚Mitarbeiter/innen', ‚Biograf(inn)en'. Für den vorliegenden Band wurden die AutorInnen aufgefordert, den sog. Genderstern einzusetzen: ‚Autor*innen'. Pusch (2021a und 2021b) schlägt zur Vereinfachung das generische Femininum mit einer Fusion aus Genderstern und Binnen-I vor: ‚jede Autorİn' statt ‚jede*r Autor*in'.

Ab Anfang der 1990er Jahre erschienen amtliche Richtlinien zur Vermeidung sexistischen Sprachgebrauchs (Braun 1991; Hellinger/Bierbach 1993). Ab 2003 meldete sich die Queer Community mit ihrer Sprachkritik zu Wort, die das binäre Geschlechtersystem und die Heteronormativität bekämpft. Um Intersexuelle, Nichtbinäre und Transgender sprachlich sichtbar zu machen, schlugen sie zunächst den Unterstrich – zwischen dem männlichen Stamm und der weiblichen Endung – vor: ‚Unternehmer_innen'. Der Unterstrich kam aus der Mode und machte dem Genderstern, später dem Doppelpunkt Platz:

,Pilot*innen', ,Sportler:innen'. Derzeit (April 2021) gibt es eine ungewöhnliche Vielfalt von Schreibweisen und eine lebhafte öffentliche Debatte sowohl um die Schreibvarianten als auch um das ‚Gendern' der Sprache überhaupt. Diese Debatte wurde angestoßen durch das Urteil des Bundesverfassungsgerichts von 2017, der Gesetzgeber möge bis Ende 2018 den beiden amtlichen Geschlechtsbezeichnungen ‚männlich' und ‚weiblich' eine dritte hinzuzufügen, nämlich ‚divers'. So geschah es. Die Gleichstellungsstellen wollten alle Menschen korrekt ansprechen und benennen und beschlossen schließlich den offiziellen Gebrauch des Gendersterns. Hannover machte im Januar 2019 den Anfang, und bis heute (April 2021) greifen diese Schreibweise und die erhitzte Debatte um sie immer weiter um sich. Seit Anfang 2020 benutzen viele Sprecher*innen der Rundfunkanstalten und bekannte Fernseh-Moderator*innen wie Anne Will, Petra Gerster und Claus Kleber den Genderstern auch in der gesprochenen Sprache. Lautliche Entsprechung des Gendersterns (wie auch des Binnen-Is) ist der für das Deutsche typische Knacklaut oder Glottisschlag, der allerdings bis dahin noch nie vor Suffixen, sondern nur nach Präfixen (,bearbeiten') und in Komposita vor Vokalen auftrat: ,Ost-ufer', nicht ‚Os-tufer'.

Luise F. Pusch

Zum Weiterlesen
Hellinger, Marlis/Bußmann, Hadumod (Hrsg.) (2001–3; 2015): Gender Across Languages. The Linguistic Representation of Women and Men. 4 Bände. Band 4: Hellinger, Marlis/Motschenbacher, Heiko (Hrsg.). Amsterdam, Philadelphia: Benjamins
Pusch, Luise F. (1984): Das Deutsche als Männersprache. Aufsätze und Glossen zur feministischen Linguistik. Frankfurt/M.: Suhrkamp
Trömel-Plötz, Senta (Hrsg.) (1996): Frauengespräche. Sprache der Verständigung. Frankfurt/M.: Fischer

Sucht

Der Begriff Sucht steht als Bezeichnung für den exzessiven Konsum von psychoaktiven Substanzen wie Alkohol, Nikotin (Tabak), THC-Cannabis, Schmerzmittel und Opioide usw. und von exzessiven Verhaltensweisen z. B. im Umgang mit Glücksspielen, mit Angeboten von social media usw. Der Konsum von psychoaktiven Substanzen, mit denen man das subjektive Befinden und das Bewusstsein kurzfristig verändern kann, ist in vielen Kulturkreisen akzeptiert, ebenso das Glücksspiel oder – heute – die Nutzung von social media. Auch ist das Verständnis und die Einordnung von Konsummustern und Verhaltensweisen als problematisch, riskant und gefährlich nichts ‚Starres' oder ‚Objektives', sondern wird in stetiger Auseinandersetzung um das jeweils ‚richtige' Maß bzw. ‚richtige Verhalten' und die jeweils ‚angemessene' Lebensweise zwischen verschiedenen Gruppen von ‚Share- und Stakeholdern' ausgehandelt. Was letztlich als süchtiger Konsum oder als süchtige Verhaltensweise definiert wird, ist also abhängig von der historischen Zeit, vom kulturellen Kontext und der Zugehörigkeit zu einer sozialen Schicht. Eine zentrale Rolle spielt bei den Zuweisungen ‚süchtig' und ‚süchtiges Verhalten' die (subjektiv definierte) Zugehörigkeit zu einem Geschlecht, insofern Menschen männlichen Geschlechts mehr Freiheiten im Umgang mit einer Vielzahl von psychoaktiven Substanzen und mit exzessiven Verhaltensweisen eingeräumt werden als Menschen weiblichen Geschlechts.

Alle Menschen werden in der Kindheit und Jugend in der Familie, in der Schule, in Sportgruppen usw. mit psychoaktiven Substanzen und mit Verhaltensweisen, die süchtig entgleisen können, konfrontiert. Kinder beobachten Erwachsene, die im realen Leben oder in den Medien z. B. Alkohol konsumieren oder Bilder von Alkoholexzessen posten oder sich in Verhaltenssüchten verlieren. Auf dieser Grundlage formen sie erste Konzepte über die Wirkungen von psychoaktiven Substanzen und von Verhaltensweisen, die exzessiv entgleisen können (Ernst/Kuntsche 2012; Wiedig/Weber 2002). In komplexen Prozessen lernt die Mehrheit, im Rahmen von Traditionen und Normen mit den Substanzen, mit den Glücksspielen und anderen verführerischen Angeboten gesundheitsförderlich umzugehen. Auf dem Weg dahin kann es in verschiedenen Lebensabschnitten zu kurzfristigen exzessiven Episoden kommen, die die Betroffenen meist aus eigener Kraft oder mit informellen Hilfen überwinden können. Bei einer Minderheit entwickeln sich jedoch in der Jugend, im jungen Erwachsenenalter oder später im Leben langdauernde Gewohnheiten im Umgang mit psychoaktiven Substanzen und mit einer Reihe von Verhaltensweisen, die zu psychischen sowie physischen Abhängigkeiten führen. Aus fachlicher Sicht hat man es in diesen Fällen mit Sucht als Krankheit zu tun.

Medizinische Kriterien von Sucht: Die wichtigsten medizinischen Kriterien von Sucht als Krankheit sind: ein starker innerer Drang zum Konsum oder zum Verhalten (craving), der sich durch eine beeinträchtigte Fähigkeit zur Kontrolle des Konsums bzw. des Verhaltens zeigt; eine zunehmende Priorisierung des Konsums oder des Verhaltens gegenüber anderen Aktivitäten; eine anhaltende Fortsetzung des Konsums oder des Verhaltens trotz erkennbaren Schadens oder negativer sozialer oder gesundheitlicher Folgen. Bei einigen Substanzen oder Verhaltensweisen können auch körperliche Merkmale der Abhängigkeit vorliegen und bei einigen Substanzen kann sich Toleranz gegenüber deren Wirkungen einstellen. Beim Absetzen der Substanzen oder der Verhaltensweisen kann es zu Entzugserscheinungen kommen, die durch den wiederholten Konsum der Substanz oder von pharmakologisch ähnlichen Substanzen bzw. bei erneutem Gebrauch von social media oder von Glücksspielen gemildert werden können. Um Substanzkonsumstörungen oder süchtige Verhaltensweisen als Krankheitszeichen zu diagnostizieren, müssen die hier genannten Merkmale über einen Zeitraum von mindestens 12 Monaten nachweisbar sein (WHO 2020).

Geschlecht, Risikofaktoren: Für die Entwicklung einer substanzbezogenen Sucht bzw. einer Verhaltenssucht spielen auf der kollektiven Ebene, wie bereits beschrieben, die Geschlechtszugehörigkeit und auf der individuellen Ebene die Risikofaktoren eine wichtige Rolle. Generell haben Männer und Menschen, die sich als Männer identifizieren, ein höheres Risiko als Frauen, süchtig zu werden. Das liegt u. a. an den herrschenden Männerbildern und den damit verknüpften Traditionen und Normen, die Männern den exzessiven Konsum von psychoaktiven Substanzen und von exzessiven Verhaltensweisen eher erlauben als Frauen. Die herrschenden Frauenbilder sind gewissermaßen spiegelbildlich angelegt; sie verlangen von Frauen entweder Abstinenz oder Mäßigung im Umgang mit einer Vielzahl von psychoaktiven Substanzen und von exzessiven Verhaltensweisen. Ausnahmen bilden die ärztlich verordneten psychoaktiven Medikamente, die Frauen leichter erhalten als Männer und von denen sie etwas häufiger als diese abhängig werden. Kommen auf der individuellen Ebene dazu noch Risikofaktoren (Franzkowiak 2015), erhöht sich die Gefahr einer Suchtentwicklung insbesondere in der Jugend bzw. im frühen Erwachsenenalter. Als Risikofaktoren, die unabhängig von einer Geschlechterzugehörigkeit sind, gelten Armut, schlechte Umweltbedingungen und Vernachlässigung in der Kindheit. Zu den Risikofaktoren, die bei männlichen Jugendlichen und Erwachsenen eine Suchtentwicklung wahrscheinlicher machen, gehören das Aufwachsen in einem kriminellen Milieu, Schulversagen und geringe Bildung sowie Probleme auf dem Arbeitsmarkt. Zu den Risikofaktoren, die in Zusammenhang mit Suchtentwicklungen bei Frauen stehen, gehören physische, psychische und vor allem sexuelle Gewalterfahrungen in der Kindheit und Jugend. Bei Frauen, die Opfer von physischer, psychischer oder sexueller Gewalt geworden sind, wirkt sich das in der Regel auf ihr Selbstbild und ihr Selbstbewusstsein aus. Studien belegen, dass Frauen psychoaktive Substanzen sowie die Flucht z. B. in mediale Welten besonders dann einsetzen, wenn sie die Belastungen durch Gewalterfahrungen ausblenden wollen. Die hier herausgestellten individuellen Risikofaktoren schließen bei allen Geschlechtern andere Ursachen und Hintergründe, die zur Entwicklungen von Suchtproblemen geführt haben, nicht aus. Daher ist es sehr wichtig, die Hintergründe und möglichen Ursachen, die zur Entwicklung einer Sucht beigetragen haben, in explorierenden Beratungsgesprächen herauszuarbeiten (Vogt/Hansjürgens 2020).

Soziale Arbeit: Zur Prävention von süchtigen Entwicklungen und zur Behandlung von Menschen mit Suchtproblemen hat sich in Deutschland ein differenziertes Netzwerk etabliert, in das sozialarbeiterisches Handeln fest eingebunden ist. Das gilt sowohl für die Prävention im Kindergarten oder in Schulen und die Frühintervention bei ersten Anzeichen von süchtigen Exzessen als auch für die Beratung z. B. von Menschen mit Suchtproblemen in Suchtberatungsstellen oder an ihrem Arbeitsplatz, für Angebote zur ambulanten oder stationären Behandlung von Süchtigen sowie für die Nachsorge und für die

Wiedereingliederung in das Alltagsleben (u. a. Laging 2018). Die Mehrzahl dieser Angebote sind ‚geschlechterneutral', d. h. nicht differenziert auf die unterschiedlichen Problemlagen von süchtigen Männern oder süchtigen Frauen angelegt. Immerhin gibt es heute jedoch zunehmend mehr Ansätze, die die geschlechterspezifischen Differenzen stärker in der Beratung und Behandlung berücksichtigen (Bockhold/Stöver/Vosshagen 2017; Tödte/Bernard 2016).

Sozialarbeiterisches Handeln ist angelegt auf die multiperspektivische Fallarbeit (Müller 2012). Unter Berücksichtigung der Dimensionen Geschlecht, Alter, der kulturellen Einbettung usw. geht es zunächst darum zu klären, was aus der Sicht eines Klienten oder einer Klientin die Probleme sind, die sie belasten. Die Problemerfassung ist breit angelegt; sie zielt ab auf ein Verständnis der Person in ihrer Lebenswelt. Auf der Grundlage der Mitteilungen der Ratsuchenden soll am Ende dieses Prozesses eine Soziale Diagnose formuliert werden (Hansjürgens 2020). In diese fließen die Ergebnisse der Problemerfassung in der Lebenswelt zusammen mit denen von medizinischen ICD-Diagnosen von Substanzkonsumstörungen, süchtigen Verhaltensstörungen (und – je nach Fall – weiteren psychischen Störungen) ein. Darauf folgen Gespräche mit den Ratsuchenden über die weiteren Arbeits- und Behandlungsschritte. Die Ergebnisse werden in einem ersten Behandlungsplan zusammengefasst. Soweit möglich, begleiten die Beratenden die Klient*innen durch den gesamten Behandlungsprozess. Sie übernehmen dann die Funktion von Case Management (Schmid et al. 2012), d. h., sie sind aktiv in die Vernetzung ihrer Klientel mit anderen Hilfesystemen und Professionen involviert. In dieser Funktion übernehmen sie zusätzlich die Rollen als Vermittelnde und als anwaltliche Vertretung ihrer Klientel. Besonders gefragt sind sie an den Schnittstellen der Hilfesysteme, also z. B. beim Übergang von der ambulanten Beratung in eine stationäre Einrichtung zur Behandlung ihrer Substanzkonsumstörung sowie bei deren Beendigung und der Planung der weiteren Schritte zurück in das Alltagsleben. Case Management lässt sich sehr gut mit dem Ansatz der Sozialen Diagnostik verbinden. Zudem fußt es auf einem methodischen Konzept, das seit den 2000er Jahren Eingang in die Soziale Arbeit gefunden hat.

Die evidenzbasierte Behandlungsforschung belegt, dass die stationären suchttherapeutischen Interventionen bei Menschen z. B. mit alkoholbezogenen Störungen zwar Erfolge aufweisen, sich aber verbessern lassen. Nimmt man dauerhafte Abstinenz von Alkohol als Erfolgskriterium, dann erreichen vier von zehn Personen, die an einer stationären Suchttherapie teilgenommen haben, dieses Ziel (Bachmeier et al. 2020). Geschlechtsspezifische Unterschiede zeigen sich nicht. Allerdings sind in den stationären Einrichtungen die Angebote der Psychotherapie und der Arbeitstherapie, aber auch der Sozialen Arbeit bislang nicht ausreichend auf geschlechtsspezifische und altersspezifische Hilfebedarfe ausgerichtet. Im Sinne einer Qualitätsverbesserung sowie der Zielgenauigkeit der Hilfen müssen gendergerechte und allgemeine Diversity-

Ansätze stärker betont werden. Schließlich muss die Forschung über die Wirksamkeit dieser Ansätze in Deutschland erheblich ausgebaut werden.

Irmgard Vogt

Zum Weiterlesen
Laging, Marion (2018): Soziale Arbeit in der Suchthilfe. Grundlagen – Konzepte – Methoden. Stuttgart: Kohlhammer
Müller, Astrid/Wölfling, Klaus/Müller, Kai W. (2018): Verhaltenssüchte – Pathologisches Kaufen, Spielsucht und Internetsucht. Göttingen: Hogrefe
Vogt, Irmgard (2021): Geschlecht, Sucht, Gewalttätigkeiten. Die Sicht der Süchtigen auf ihr Leben und auf formale Hilfen. Weinheim: Beltz

Suizid

Typik: Ein Suizid ist eine seltene Todesart, doch seine Wirkung auf das soziale Umfeld ist immens, oft traumatisierend. Angehörige können sich stigmatisiert fühlen, ihre Schuld-, Scham-, auch Wutgefühle können ihren Trauerprozess nachhaltig stören bis hin zur Entstehung eigener Suizidalität.

Charakteristisch für einen Suizid ist seine Ambivalenz. Suizidale wollen selten wirklich tot sein, sondern meist nur so nicht weiterleben. In der Außenperspektive unterliegt die Bewertung eines Suizids dem gesellschaftlichen Wandel zwischen Anprangerung als Selbstmord und Verherrlichung als Frei-Tod. Die jetzt häufig allgemein verwendeten Begriffe Suizid oder Selbsttötung sind wertneutral.

Mehr als 9000 Menschen nehmen sich jährlich in Deutschland das Leben. Für 2019 weist das Statistische Bundesamt 9041 Todesfälle durch Suizid aus. 2199 Suizide von Frauen stehen 6842 (drei Viertel aller Suizide) von Männern gegenüber (vgl. Destatis – Statistisches Bundesamt 2021 f.). Dagegen entfallen drei Viertel der geschätzten jährlichen 100.000 bis 200.000 nicht tödlichen suizidalen Handlungen (sogenannte Parasuizide) auf Frauen (vgl. Israel/Felber/Winiecki 2001). Die prozentuale Häufigkeit von Suiziden steigt mit zunehmendem Lebensalter stark an. Bei Jugendlichen ist ein Suizid zwar selten, doch – neben Unfällen – die häufigste Todesursache. Diese Fakten weisen auf unterschiedliche Krisenbewältigungsmuster von Männern und Frauen hin und auf die Notwendigkeit, darauf in Forschung und Praxis der Suizidprävention einzugehen. 2019 haben sich in Deutschland 471 Menschen unter 25 Jahren das Leben genommen, davon 367 Männer und 104 Frauen. Junge Frauen unternehmen sehr viel häufiger parasuizidale Handlungen als junge Männer. Männliche Jugendliche unterliegen offenbar einem gängigen Männlichkeitsanspruch, Probleme allein lösen zu müssen, und sie tun es, ‚wenn, dann richtig' (todsicher). Mädchen hingegen geben möglicherweise ihrem Umfeld noch eine Rettungschance durch ihren ‚stummen Schrei um Hilfe' (vgl. Rachor 2001).

Suizidprävention: In der Primärprävention geht es um die Erforschung suizidalen Verhaltens, die Entwicklung von Beratungsmodellen und deren Verbreitung. Ebenso geht es darum, die Zugänglichkeit von Mitteln und Orten, die einen Suizid begünstigen, zu reduzieren und unüberlegte Berichterstattungen in den Medien zu minimieren. Die Sekundärprävention widmet sich den Bedürfnissen akut Suizidaler. Sie sorgt dafür, dass Gesprächsangebote niedrigschwellig erreichbar und die Helfenden gut ausgebildet und interdisziplinär vernetzt sind. Im Vergleich zur leichten Erreichbarkeit von Online-Beratung und Telefonseelsorge ist die Versorgung vieler Regionen mit spezialisierten ambulanten oder stationären Krisendiensten noch sehr lückenhaft. Deren Aufbau kann sich auf eine Reihe nachahmenswerter Vorbilder stützen. In der Tertiärprävention geht es um die Belange der unmittelbar Mitbetroffenen nach einem Suizid, das Vorbeugen von Posttraumatisierungen und den Aufbau von Trauergruppen. Entsprechende Aktionen gelten den Angehörigen, Schulgemeinschaften, den Rettungsdiensten und den unfreiwillig Beteiligten.

Selbstwertkrisen als Auslöser: Jeder Suizid hat seinen lebensgeschichtlichen Ort, seine Vorgeschichte sowie einen speziellen Auslöser. Einem Suizid geht oft eine Krise voraus, die das Selbstbild des Individuums durch tiefgreifende Veränderungen in seinem Leben in Frage stellt und gleichzeitig sein bisheriges Muster zur Krisenbewältigung überfordert. Diese Ressourcenverengungen lassen sich normalerweise in jeder Identitätskrise beobachten. Die suizidale Gefährdung wächst jedoch, wenn das Individuum sehr verletzbar ist oder sein Selbstwertgefühl instabil und das soziale Umfeld wenig unterstützend sind, wenn seine seelischen Ressourcen schwach sind, alte Traumata oder Verlustängste durch die Krise neu belebt werden und selbstzerstörerische ‚Überlebensregeln' von der Elterngeneration ‚vererbt' wurden. In schätzungsweise 30 Prozent der Fälle kann eine psychische Erkrankung diagnostiziert werden (Borderline, Depressionen, Psychosen u. a.). Gedanken an einen Suizid als Flucht aus der Konfliktsituation in ein besseres Dasein können sich entwickeln. Pöldinger (1968) unterscheidet dabei die Phasen: Erwägung, Ambivalenz und endgültiger Entschluss.

Aus analytischer Sicht geht es in der suizidalen Krise bei den Geschlechtern um das Selbstwerterleben, jedoch mit unterschiedlicher Akzentsetzung. Frauen beziehen nach Jürgen Kind ihren Selbstwert aus der Beziehung zu einer anderen Person und finden darüber ihre Bestätigung (vgl. Kind 1998).

Männern geht es meist um das narzisstische Selbstbild, um die Spiegelung ihrer Tüchtigkeit in dem, was sie erschaffen oder leisten. Verliert das Selbstbild seinen Glanz durch eine Niederlage, eine schwere narzisstische Kränkung, so scheint sich manchmal nur noch ein Suizid als Ausweg vor Schuld und Scham anzubieten. „Männer haben anscheinend mehr Probleme mit Kränkungen, Frauen mehr mit Trennungen" (Kind 1998, S. 97). Thesen, wie die von Kind, unterstreichen die Notwendigkeit einer geschlechtsspezifischen Analyse und Behandlung von Konfliktsituationen.

Suizidales Verhalten im Jugendalter: Vor dem Hintergrund traumatischer Gewalt- und Missbrauchserfahrungen in der Kindheit oder symbiotischer Eltern-Kind-Beziehungen kann die Veränderungsaufgabe der Lebensphase Jugend als nur schwer zu bewältigen und als lebensbedrohliche Krise erlebt werden. Bei jungen Menschen mit Migrationshintergrund sind es besonders die Mädchen und jungen Frauen, die zwischen den Werten ihrer Familie und Herkunftskultur und der deutschen Jugendkultur zerrissen werden. Adoleszenztypische Konflikte werden vor dem Hintergrund unterschiedlicher Kulturbewertungen zu existenziellen Konflikten, die in suizidale Gedanken und Handlungen münden können.

Geschlechtsrollen-Identität und geschlechtliche Minorität als Risikofaktor: In den letzten Jahrzehnten weisen verschiedene Autor*innen auf das erhöhte Risiko für suizidale Handlungen bei LSBT*Q-Jugendlichen hin. Plöderl (2016) stellt dar, dass Jugendliche, die von den stereotypen Geschlechtsrollen abweichen, häufiger Bullying und ähnlichen Formen von Diskriminierung und Gewalt ausgesetzt sind. Untersuchungen zu dem erhöhten Suizidrisiko sind schwierig, zumal die betroffene Gruppe relativ klein und damit wenig repräsentativ ist. Plöderl berichtet von den Ergebnissen einer US-Studie (Bostwick/Meyer/Aranda et al. 2014), in der 9 Prozent der untersuchten Jugendlichen als LGB benannt werden, jedoch lag ihr Anteil unter den Suizidversucher*innen deutlich höher bei 25 Prozent. Von einer Arbeitsgruppe des DJI wurden die LGBT*Q-Jugendlichen zu Diskriminierungserfahrungen befragt. Oldemeier (2018, S. 13 ff.) berichtet von häufig erlebten Diskriminierungen und damit verbundenen Ängsten dieser Jugendlichen.

An der Hochschule Luzern wurde im Jahr 2020 eine Vorstudie zu der suizidalen Gefährdung von LGBTIQ-Jugendlichen gestartet. Diese besondere Problematik der suizidalen Gefährdung von LGBTIQ-Jugendlichen rückt also auch in den deutschsprachigen Ländern nun mehr in den Blick der Forschung und erfordert auch in der Prävention spezifische Hilfsangebote.

Alarmzeichen: Es gibt keine eindeutigen Hinweise auf suizidale Gedanken und Vorbereitungen auf einen Suizid. Alle Alarmzeichen bedürfen zur Klärung des Gespräches! Berücksichtigt werden sollten gravierende Veränderungen im sozialen Umfeld, z. B. der Verlust einer wichtigen Bezugsperson durch Tod oder Trennung oder der Suizid eines alters- und geschlechtsgleichen ‚Vorbildes'. Ebenso können auffällige Verhaltens- und Stimmungsänderungen, direkte verbale oder schriftliche Hinweise, psychosomatische Beschwerden, selbstverletzendes Verhalten und praktische Vorbereitungen einen Hinweis auf akute Suizidalität geben.

Beratungsziele: Die Beratungseinrichtungen werden überwiegend von Frauen aufgesucht, die geduldige Gesprächspartner*innen suchen, in deren

Schutz sie Stress abbauen und wieder Kontakt zu ihren Ressourcen finden können. Für Männer gehört es nicht zum gängigen Selbstbild, sich bei anderen Rat zu holen. Auch sind Beratungsangebote, die sich speziell an Männer richten, noch sehr rar. Das gesamte Beratungssetting ist nicht geschlechtsneutral. Die Beratenden reagieren immer mit geschlechtsspezifisch eigenen Verarbeitungsmustern auf ihre Klientel und deren Einengungen und Ohnmachtsgefühle.

Für Betroffene ist es meist sehr entlastend, über quälende Suizidphantasien offen reden zu können. Die beobachteten Alarmsignale können dabei ein Thema sein, in jedem Fall aber die Frage, ob der Andere tot sein oder nur *so* nicht leben will. Gemeinsam mit den Betroffenen kann überlegt werden, wie sich Bilder von einem ‚anderen Dasein' in lebbare Wirklichkeit übersetzen lassen. Zu bedenken ist, dass manche Menschen erst die Option am Leben hält, sich jederzeit das Leben nehmen zu können.

Offensichtliche oder nur vermutete Suizidalität löst im Helfersystem viele Ängste aus: etwas Falsches zu sagen, keine ‚richtige' Antwort zu wissen, zu versagen und den anderen nicht retten zu können. Die notwendige entspannende Haltung im Umgang mit Suizidalen erfordert von den Beratenden die Auseinandersetzung mit den Übertragungsgefühlen, vor allem das Akzeptieren der eigenen Ohnmacht, ein tiefes Interesse für den suizidgefährdeten Menschen als Person und den Verzicht auf jeden unangebrachten Aktivismus. Dazu bedarf es der ständigen Unterstützung durch Supervision oder kollegiale Intervision.

Regula Freytag und Michael Witte

Zum Weiterlesen
Giernalczyk, Thomas (2003): Lebensmüde – Hilfe bei Selbstmordgefährdung. Tübingen: dgvt
Ortiz-Müller, Wolf/Gutwinski, Stefan/Gahleitner, Silke Birgitta (Hrsg.) (2021): Praxis Krisenintervention. Handbuch für helfende Berufe: Psychologen, Ärzte, Sozialpädagogen, Pflege- und Rettungskräfte. 3. überarbeitete Auflage. Stuttgart: Kohlhammer
Sonneck, Gernot (Hrsg.) (1995): Krisenintervention und Suizidverhütung – ein Leitfaden für den Umgang mit Menschen in Krisen. Wien: Facultas

Supervision

Begriff: Supervision ist ein personenbezogenes Beratungsformat zur systematischen Reflexion beruflicher Praxis bezogen auf die Klientel, das Team oder die Organisation und dient der Erweiterung beruflicher Sicht- und Zugangsweisen sowie der Erhöhung psychosozialer Kompetenz. Im Vordergrund steht die oftmals unbewusste, aber auch die bewusste Dynamik in professionellen Beziehungen mit dem Fokus auf Handlungsmöglichkeiten in beruflichen Kontexten. Supervision ist subjektorientiert und setzt auf gelingenden Kontakt zwischen Klientel und Mitarbeitenden, im Team und zwischen den hierarchischen Organisationsebenen, wobei dem institutionellen Rahmen eine ermöglichende respektive behindernde Funktion zukommt (Boeckh 2017). Ziel ist die Verbesserung der Arbeitsergebnisse und der Arbeitsbeziehungen, einschließlich organisatorischer Zusammenhänge (Pühl 2017). Der jeweilige Arbeitsauftrag in Form von Einzel-, Team-, Gruppen- oder Leitungssupervision wird zwischen Supervisor*in und Supervisand*innen kontraktiert und das Setting festgelegt, indem zu bearbeitende Themen und Arbeitsweisen sowie Art und Häufigkeit der Sitzungen in Rückkoppelung mit dem (zahlenden) Auftraggeber als dritter Partei abgesprochen werden (Belardi 2020). Die Hauptrichtungen inhaltlicher und methodischer Arbeit entstammen der Psychoanalyse, humanistischen Psychologie und systemischen Therapie, wobei integrative Ansätze zunehmen. Es wächst die Erkenntnis, dass die verschiedenen Richtungen auf unterschiedlichen Ebenen ansetzen, die als Beiträge zur Problemanalyse, zum Verstehen, zu methodischen Verfahrensweisen und zur Lösungssuche fruchtbar sein können und zudem der Verknüpfung mit soziologischem und organisationstheoretischem Wissen bedürfen, da die Arbeitswelt immer komplexer wird. Eine qualifizierte Aus- oder Weiterbildung zur*m Supervisor*in ist Voraussetzung für die Tätigkeit. Zentrale Standards hat die 1989 gegründete Deutsche Gesellschaft für Supervision und Coaching (DGSv) (4.300 Mitglieder) entwickelt, was zur Professionalität und Qualitätssicherung beiträgt (www.dgsv.de).

Entwicklung bis heute: Supervision hat sich nach dem Zweiten Weltkrieg, geprägt von amerikanischen und niederländischen Einflüssen, für Berufsgruppen im therapeutischen und sozialarbeiterischen Feld entwickelt (Belardi 2020). Heute findet Supervision in vielen Berufsfeldern statt, im Profit-Bereich zumeist in der Variation des Coaching, das vor allem von Leitungskräften wahrgenommen wird und stärker lösungsnah als reflektierend ausgerichtet ist. Etablieren konnte sich Supervision Ende der 1960er Jahre zunächst in Form von Praxisberatungen im Kontext sozialer Ausbildungen, 1975 wurde ein erster Studiengang, 1982 die erste Fachzeitschrift ‚Supervision' gegründet. Inzwischen ist Supervision als berufliche, teils nebenberuflich ausgeübte, Tätigkeit und als wissenschaftliches Feld anerkannt (Pühl 2017). Durch Coaching, Organisationsentwicklung u. a. berufsbezogene Beratungsformate hat Supervision Konkurrenz erhalten. Um Abgrenzungen, aber auch Kooperationsformen und Gemeinsamkeiten wird sowohl disziplinär als auch professionell gerungen (Iser 2018). Dabei fällt auf, dass psychoanalytisch orientierte Verbände eher Supervision und Organisationsberatung zusammendenken, während andere Verbindungen zwischen Supervision und Coaching herstellen: Im Vordergrund steht bei Ersteren, dass Supervision in unterschiedlichen Ausmaßen eine organisationsbezogene Ebene zukommt, bei Letzteren, dass sich Coaching aus Leitungssupervision entwickelt hat und zwei sich aufeinander zu entwickelnde Arbeitsfelder – Profit- und Non-Profit-Bereich – berufspolitisch erfasst werden. Ökonomisierungstendenzen in allen Bereichen führen zunehmend zu Kurzzeit-, niedrigfrequenten und lösungsorientierten Supervisionen, die langfristige, beziehungsorientierte Formate ablösen und mit einer stärker betrieblichen Zweckbindung einhergehen, die Supervisor*innen einem Anpassungsdruck aussetzen (Heltzel/Weigand 2012). Eine weitere Neuerung ist Onlineberatung, die von textbasierten Formen wie Chats bis zu videobasierten Formen reicht und durch den Corona-Lockdown im Frühjahr 2020 einen Schub erfahren hat (Engelhardt 2020).

Die eher geringe Thematisierung der Geschlechterdimension in der Supervision trägt dazu bei, die Geschlechterdynamik häufig unbewusst zu halten, wodurch sie ihre Wirkung unbemerkt entfalten kann. Ein genderspezifischer Blick auf die Entwicklung von Supervision im sozialen Bereich zeigt, dass erste Schritte wesentlich von Frauen gegangen wurden. Professionalisierung und Verwissenschaftlichung von Supervision gingen allerdings – wie in der Sozialen Arbeit – mit einem überproportionalen Männeranteil in hierarchisch bedeutsamen Positionen einher (Brückner 2004). Seit gut zwanzig Jahren machen Autor*innen auf die Relevanz von Gender als Qualitätsmerkmal von Supervision aufmerksam, da nur so die Macht- und Arbeitsverhältnisse in Organisationen umfassend in den Blick genommen und die jeweiligen Geschlechterverhältnisse, bezogen auf Strukturen, Inhalte und Interaktionen, erfasst und reflektiert werden können (z. B. Scheffler1999). Erste Vorstöße zur Thematisierung von Gender unternahm Marianne Hege, Mitherausgeberin der Zeitschrift ‚Supervision', schon 1991. Ihr Ansatz ist auch heute noch gültig: Supervisor*innen haben mit Berufskonflikten von Supervisand*innen zu tun, in denen das Geschlechterthema einschließlich unterschiedlicher Lebenslagen und Beziehungsgestaltungen eine Rolle spielt. Diese nicht selten auf Ungleichheit basierenden Unterschiede sind gefühlsbesetzt, da sie eigene biografische Erfahrungen – auch der Supervisor*innen – berühren, wodurch die notwendige professionelle Distanz erschwert wird (Hege 1991). Das macht Wissen über soziale Geschlechterverhältnisse und geschlechtsbezogene Selbst- und Fremdbilder zum notwendigen Handwerkszeug der Supervision. In der Sozialen Arbeit als wichtigem Feld der Supervision konnten der Einfluss von Gender auf Problemanalysen sowie die Auswirkungen der Geschlechtszugehörigkeit von Professionellen und von Adressat*innen auf die jeweiligen Interaktionsprozesse in schwedischen Studien von Elionor Brunnberg und Christian Kullberg früh empirisch aufgezeigt werden (Gruber/Fröschl 2001). In einem neueren deutschen Forschungsprojekt wurden besonders hinsichtlich geschlechtsnaher Lebensbereiche und Problemlagen geschlechtsbezogene Einstellungen von Supervisor*innen sichtbar, die Einfluss auf innere Bilder von Geschlecht und die Art des Verstehens und der Umgangsweisen in der Supervision hatten (Schigl 2014). Unterschiede zeigten sich ebenfalls bezogen auf geschlechtsgleiche oder geschlechtsheterogene Einzel- oder Gruppenkonstellationen, ohne diese essentialistisch festzuschreiben. Diese Unterschiede basieren auf sozialen Konstruktionen, die an soziale Praxen von Doing Gender gebunden sind und historischem Wandel unterliegen. Brigitte Mittelsten Scheid – eine wissenschaftlich und berufspolitisch einflussreiche Supervisorin – folgert angesichts vorhandener Geschlechtsrollenzuweisungen und -übernahmen in einem bis heute grundlegenden Beitrag: „Geschlechtsspezifische Aspekte in den Strukturen der Erwerbstätigkeit und den inneren Strukturen der an diesem Prozess beteiligten Personen sind oft ein unbewusster Anteil der Konflikte, die Gegenstand von Supervision sind" (Mittelsten Scheid 2001, S. 65). 2012 verfasste die österreichische Supervisorin, Coachin und Organisationsentwicklerin Surur Abdul-Hussain (2012), engagiert in Diversity Management und Gender Mainstreaming, ein umfassendes Werk zu „Genderkompetenz in Supervision und Coaching", in dem sie theoretische Ansätze zu Gender mit praxisbezogenen Fragen der Supervision verknüpft und diese anhand von Supervisionsbeispielen z. B. aus dem Gender Mainstreaming Bereich erläutert. Dabei verknüpft sie – dem aktuellen Wissensstand feministischer Forschung hinsichtlich Intersektionalität und Diversität entsprechend – Gender mit anderen Strukturkategorien wie Ethnie und Schicht.

Geschlechterreflexive Perspektiven: Auf der Ebene der Institutionalisierung von Gender in der Arbeitswelt ist die Europäische Union (Amsterdamer Vertrag von 1999) die treibende Kraft, da sie Gender Mainstreaming als Regel durchgesetzt hat (Ehrhard/Jansen 2003). In der DGSv trug eine auf Geschlechterreflexivität drängende Projektgruppe zur Implementierung von Gender Mainstreaming im Vorstand bei (Affeldt 2003), die auch zur genderbewussten Sprache und zu ethischen Leitlinien u. a. gegen Sexismus führte. Auf der Ebene der Prozessgestaltung gilt es, Gender als genuinen Bestandteil von Supervision zu sehen: die beruflichen Wirkungen von Geschlechterhierarchien und geschlechtsbezogenen Lebenslagen; geschlechtsbezogene Strukturen des eigenen Handelns, einschließlich Übertragungen und Gegenübertragungen; Widerspiegelung von Geschlechterkonstruktionen in Beziehungsdynamiken und Gefahren der Reproduktion von Geschlechterstereotypisierungen (Gröning et al. 2015). Geschlechtsbezogene Zugehörigkeiten und Zuordnungen bewirken – wie alle Zugehörigkeiten und Zuordnungen – Grenzen des Verstehens ebenso wie vorschnelles Verstehen und bedürfen der Selbstreflexion, damit sie nicht als Teil des Supervisionsgeschehens übersehen werden. So können die Wirkungsweisen von Gender im beruflichen Prozess und der supervisorischen Bearbeitung bewusst gemacht und damit einhergehende Begrenzungen überwunden werden.

Margrit Brückner

Zum Weiterlesen
Belardi, Nando (2020): Supervision und Coaching. Freiburg: Lambertus
Mittelsten Scheid, Brigitte (2001): Geschlechtsspezifische Perspektiven in der Supervision. In: Oberhoff, Bernd/Beumer, Ulrich (Hrsg.): Theorie und Praxis psychoanalytischer Supervision. Münster: Daedalus, S. 65–82

Schigl, Brigitte (2014): Welche Rolle spielt die Geschlechtszugehörigkeit in Supervision und Coaching? In: Möller, Heidi/Müller-Kalkstein, Ronja (Hrsg.): Gender und Beratung. Göttingen: Vandenhoek & Ruprecht, S. 89–105

Täter*innenarbeit

Soziale Arbeit mit gewaltbereiten Menschen kann sowohl in der Arbeit mit Täter und Täterinnen als auch in der Prävention auf der Basis systemischen Handelns nachhaltig gelingen. Mit dem Bewusstsein für die eigene professionelle sowie persönliche Haltung kann im Zusammenspiel mit weiteren Akteur*innen aus anderen Bereichen ein wesentlicher Teil zum Gewaltschutz beigetragen werden. Notwendig dabei ist, dass von der individuellen über die gesellschaftliche bis hin zur politischen Ebene eine Wahrnehmung der Notwendigkeit der multiprofessionellen, gemeinschaftlichen Arbeit mit Tätern und Täterinnen stattfindet.

In dem erstmals 2002 vorgelegten Bericht der Weltgesundheitsorganisation (WHO 2002) „Gewalt und Gesundheit" wird weltweit von etwa 1,6 Millionen Todesopfern von Gewalteinwirkung für das Jahr 2000 ausgegangen. Von den an Tötungsdelikten, wie durch Kriege, verstorbenen Menschen waren zwei Drittel Männer. Hinzu kommen tagtäglich körperliche, sexuelle und psychische Misshandlungen, die Auswirkungen auf Millionen von Menschen haben (vgl. WHO 2002, S. 9 ff.). Bei Delikten wie Mord, Totschlag, Raub sowie gefährlicher und schwerer Körperverletzung – mit Ausnahme von Sexualstraftaten – richtet sich, laut der Polizeilichen Kriminalstatistik (PKS) in Deutschland, die Gewalt durch Männer überwiegend gegen das eigene Geschlecht (vgl. Lenz 2004). In heterosexuellen Paarbeziehungen hingegen sind die Frauen deutlich häufiger von schwerer, bedrohlicher und lebensgefährlicher Gewalt durch den (Ex-)Partner betroffen und bedroht (vgl. Schröttle 2010, S. 135). „Die Opfer sind in der Regel Frauen, die Täter meistens Männer" (Backes/Bettoni 2021, S. 12).

In Deutschland gibt es seit den 1970er Jahren mit der Entstehung der ersten Frauenhäuser eine Vielzahl von Ereignissen, die die psychosoziale Arbeit mit Tätern, im Kontext der häuslichen Gewalt, in den gesellschaftlichen und politischen Fokus rückte. So ermöglichte das Gewaltschutzgesetz von 2001 eine gerichtliche Anordnung, nach welcher der Täter nicht mehr die Wohnung der verletzten Person betreten darf (vgl. Bundesamt für Justiz, 2001). Dies betrifft oftmals nicht nur die Paar- sondern auch die Elternebene und hat meist erhebliche Auswirkungen auf Kinder. Das bedeutet, dass das Gewaltschutzgesetz indirekt weitere Tätigkeitsfelder der Sozialen Arbeit, wie die Kinder- und Jugendhilfe, betrifft. Die vom Bundesministerium für Familie, Senioren, Frauen und Jugend (BMFSFJ) beauftragte Wissenschaftliche Begleitung der Interventionsprojekte gegen häusliche Gewalt (WiBIG) unterstrich die Forderung, Täter in die Verantwortung zu nehmen und Täterprogramme weiter auf- und auszubauen (vgl. WiBIG 2004, S. 177). Ebenso wird die notwendige Vernetzungs- und Präventionsarbeit der Interventionsstellen sowie deren Auswirkung auf andere Bereiche, wie das Gesundheitswesen oder den Kinderschutz, betont (vgl. WiBIG 2004, S. 36 und 166).

Die Zusammenarbeit von Fachstellen für Täterarbeit mit Vertreterinnen und Vertretern aus Gesellschaft und Politik mündete 2007 in die Verabschiedung von Mindeststandards und Empfehlungen für die Arbeit mit männlichen Tätern (vgl. BMFSFJ 2008). Im gleichen Jahr gründete sich die Bundesarbeitsgemeinschaft Täterarbeit Häusliche Gewalt e. V. (BAG TäHG e. V.), u. a. mit dem Ziel, die Täterarbeit in Deutschland kontinuierlich weiterzuentwickeln und verbindliche Leitlinien für Mitgliedseinrichtungen festzulegen (vgl. Steingen 2020, S. 15).

Die Zielgruppe der Arbeit mit Tätern sind nach den aktuellen Standards „erwachsene männliche Täter, die gegenüber (Ex-)Partnerinnen gewalttätig geworden sind. Es wird sowohl mit Selbstmeldern als auch mit institutionell vermittelten bzw. zugewiesenen Männern [...] gearbeitet." (BAG TäHG e. V. 2021, S. 10) Die gewaltzentrierte Arbeit hat das Ziel einer Verhaltensänderung, um eine erneute Gewaltausübung zu verhindern und weitere Opfer zu vermeiden. In Gruppensettings werden Themen wie der Gewaltbegriff, Männer- und Frauenbild, Vaterrolle bis hin zur eigenen Opfererfahrung verwandelt (vgl. BAG TäHG e. V. 2021, S. 10 ff.). Der Ausrichtung der Täterarbeit in der Sozialen Arbeit auf eine Änderung des Verhaltens liegt die Annahme zugrunde, dass Gewalthandlungen erlernbar sind und ebenso auch wieder verlernt werden können. „Dies wirft einige grundsätzliche Fragen auf: Ist Gewalt immer rational? Verändert sich die Selbstwahrnehmung von Menschen nur über den Einsatz von Sprache und kognitiver Reflexion" (Bereswill/Neuber 2020, S. 277)?

Eine weitere Rechtsgrundlage zur Stärkung der Täterarbeit in Deutschland stellt das 2012 verabschiedete Gesetz zur Stärkung der Täterverantwortung dar. Im § 59a (2) StGB kann das Gericht den Verwarnten anweisen, unter anderem an einem sozialen Trainingskurs teilzunehmen (vgl. Bundesgesetzblatt 2012). Dies hat somit den Anspruch einer gelingenden nachhaltigen Täterarbeit im Rahmen eines Zwangskontextes.

Die Fragen nach der Arbeit mit Tätern, die beispielsweise generationsübergreifende Gewalt oder Gewalt unter Geschwistern ausüben oder deren Handlungen nicht unter das Verständnis von häuslicher Gewalt fallen, bleiben derzeit noch offen (vgl. Paratore 2019, S. 12).

Der Europarat verabschiedete am 11.05.2011 in Istanbul das Übereinkommen des Europarats zur Verhütung und Bekämpfung von Gewalt gegen Frauen und häuslicher Gewalt, bekannt als Istanbul Konvention, die am 01. April 2014 in Kraft trat. Obwohl die Bundesrepublik Deutschland diese bereits 2011 unterzeichnete, erfolgte erst 2017 die Ratifizierung durch Deutschland und die Istanbul Konvention trat mit dem Gesetz zu dem Übereinkommen des Eurorates vom 11. Mai 2011 zur Verhütung und Bekämpfung von Gewalt gegen Frauen und häuslicher Gewalt am 01.02.2018 in Kraft. Dort wird in einigen Artikel explizit die Formulierung von Täter und Täterinnen verwendet. So sollen die Vertragsparteien gemäß Artikel 16 ‚Vorbeugende Interventions- und Behandlungsprogramme' erforderliche gesetzgeberische oder sonstige Maßnahmen treffen, um Programme einzurichten bzw. zu unterstützen, die darauf abzielen, dass Täter und Täterinnen häuslicher Gewalt bzw. Sexualstraftäter und -täterinnen keine weitere Gewalt mehr ausüben (vgl. BMFSFJ 2019a, Artikel 16, S. 14). Artikel 18 ‚Allgemeine Verpflichtungen' spricht von Maßnahmen, die „auf einem umfassenden Ansatz beruhen, bei dem das Verhältnis zwischen Opfern, Tätern beziehungsweise Täterinnen, Kindern und ihrem weiteren sozialen Umfeld berücksichtigt wird" (BMFSFJ 2019a, Artikel 18 (3), S. 15).

Durch die Verpflichtung zur Bereitstellung für Angebote von Täterarbeit stellt dieses Gesetz auch eine Grundlage für den derzeit beginnenden Ausbau von „Fachstellen für Täterarbeit" zu „Fachstellen für Täter- und Täterinnenarbeit" dar, welche den Bereich der häuslichen Gewalt umfasst (vgl. Steingen 2020, S. 311).

In der Polizeilichen Kriminalstatistik (PKS), die das sogenannte Hellfeld abbildet, zeigt sich bei der Partnerschaftsgewalt ein deutliches Ungleichgewicht zwischen Frauen und Männern. So sind es bei Straftatverdächtigen etwa 75 Prozent Männer und 25 Prozent Frauen (vgl. PKS 2019). Hellfeldstatistiken bestätigen keine hohe Gewaltbelastung von Männern durch ihre (ehemaligen) Partnerinnen. Dies kann jedoch darin begründet sein, dass die Bilder von ‚Männlichkeit' und ‚Opfer sein' nicht vereinbar sind (vgl. Leuschner 2020, S. 134 f.). Gerade bei häuslicher bzw. sexualisierter Gewalt liegt ein hohes Dunkelfeld vor, da hier die Bereitschaft zur Anzeige aus Scham, Angst oder anderen Gründen weniger hoch ist (vgl. Paratore 2019, S. 18).

Im Bereich des sexuellen Missbrauchs gab es Ende der 1980er Jahre erste Diskussionen über Sexualstraftäterinnen. Es entspricht keinesfalls dem gesellschaftlichen Weiblichkeitsideal, das keine feminine Gewalt gegen Männer, Frauen und Kinder vorsieht (vgl. Grünwald 2012, S. 7). So zeigten sich bei dem Forschungsprojektes MiKADO, dass bis zu einem Drittel der Betroffenen, insbesondere Jungen, von Täterinnen berichteten. „Die Häufigkeit, mit der Frauen insbesondere von Jungen als Täterinnen identifiziert wurden, [...], sollte in bestehende Aufklärungen zu Missbrauchsstrukturen verschiedener Beziehungskontexte, Missbrauchsszenarien und protektiven Interventionen und Täterstrategien integriert sein" (MiKADO 2015).

Im Januar 2016 wurde die Unabhängige Kommission zur Aufarbeitung sexuellen Kindesmissbrauchs berufen, die auch Täterinnen in den Blick nimmt (vgl. Aufarbeitungskommission 2021). Die immer noch bestehende gesellschaftlich vorherrschende Rollenzuschreibung erschwert eine vorurteilsfreie

Wahrnehmung weiblicher Gewalt. Sowohl die Täterinnen als auch die Opfer sind dann oftmals mit einem gesellschaftlichen Ausschluss konfrontiert, statt mit den Ursachen und Auswirkungen angenommen und wertfrei gesehen zu werden (vgl. Geißler 2020, S. 171).

Es kann ein Aufgabenbereich der Sozialen Arbeit im Rahmen der Prävention sein, Menschen zu ermöglichen, sich ohne Scham und Schuld und ohne geschlechtliche Zuschreibungen sowohl Gewaltbetroffenheit als auch Gewaltbereitschaft einzugestehen. Dies impliziert, dass in jedem Menschen sowohl Täter- aus auch Opferanteile angelegt sind und setzt unter anderem vorurteils- und bewertungsfreie Fachkräfte voraus.

Unterschiedliche gesellschaftliche wie politische Entwicklungen zeigen in den letzten Jahren eine Veränderung in den Rollenstereotypen. So greift der Film „Die Hände meiner Mutter" von 2016 das Tabuthema sexuelle Gewalt durch Mütter auf (vgl. www.diehaendemeinermutter.de).

Das seit 2020 bestehende Männerhilfetelefon und die stetig zunehmenden Angebote für Männer, die von häuslicher und/oder sexualisierter Gewalt betroffen sind, wie das in Bayern seit 2019 bestehende Beratungs-/Präventions- und Schutzangebot, könnte Männern, die Opfer von häuslicher Gewalt geworden sind, helfen, auf ihre Not aufmerksam zu machen (vgl. StMAS o. J.).

Grundsätzlich scheint es – möglicherweise nicht nur – im Bereich der Täter- und Täterinnenarbeit notwendig zu sein, zuerst professionelle Unterstützungsangebote zu schaffen, damit Betroffene durch eine beginnende Enttabuisierung die Möglichkeit haben, Hilfsangebote wahrzunehmen (vgl. Geißler 2020, S. 172).

Wissenschaftliche Erkenntnisse und die Praxis der Täter- und Täterinnenarbeit zeigen deutlich, dass es hinsichtlich der Hilfesysteme eines kooperativen und interdisziplinären Ansatzes bedarf. Dies erfordert institutionell notwendige Rahmenbedingungen, die einen zeitnahen Austausch zum Wohle des gewaltbetroffenen Menschen möglich machen.

„Ein ‚Wir' in einer Weise zu denken, welche die Menschenrechte aller Menschen einbezieht, kann sich auf die vornehmste Tradition Sozialer Arbeit berufen: sich aktiv – praktisch und forschend – gegen Unrecht zu stellen und entsprechend Position zu beziehen" (Brückner 2020, S. 52).

Maria Eckl

Zum Weiterlesen

BMFSFJ (Bundesministerium für Familie, Senioren, Frauen und Jugend) (Hrsg.) (2019): Verhütung und Bekämpfung von Gewalt gegen Frauen und häuslicher Gewalt. Gesetz zu dem Übereinkommen des Europarats vom 11. Mai 2011 (Istanbul-Konvention). Berlin

Stecklina, Gerd/Wienforth, Jan (Hrsg.) (2020): Handbuch Lebensbewältigung und Soziale Arbeit. Praxis, Theorie und Empirie. Weinheim, Basel: Beltz Juventa

Backes, Laura/Bettoni, Margherita (2021): Alle drei Tage. Warum Männer Frauen töten und was wir dagegen tun müssen. München: Deutsche Verlags-Anstalt

Theorien Sozialer Arbeit

Die theoretische Reflexion und systematische Berücksichtigung der Geschlechterdimension in der Theoriediskussion Sozialer Arbeit und die Relevanz derselben in der Praxis Sozialer Arbeit ist durchaus zwiegespalten. Während – nicht zuletzt durch vielfältige Projekte und Diskurse im Kontext der Zweiten Frauenbewegung – geschlechtsreflexiven Überlegungen in (theoretischen Diskursen) der Praxis der Sozialen Arbeit eine relevante Position zukommt (vgl. Bütow/Munsch 2012, S. 7), wird diese Dimension in den vorliegenden Theorien Sozialer Arbeit bislang nur vereinzelt berücksichtigt.

Soziale Arbeit als Profession ist „durchdrungen von emotional aufgeladenen Genderfragen und […] prägt […] die Geschlechterverhältnisse mit" (Brückner 2018d, S. 89). Dies spiegelt sich sowohl in den gesellschaftlich hergestellten und überformten Geschlechterverhältnissen und deren vielfältiger Verdeckung wie auch in der alltäglichen Ausgestaltung professioneller Praxis wider (vgl. Bitzan 2021a; Brückner 2013; Ehlert 2013). Insbesondere die professionelle Praxis Sozialer Arbeit ist durch eine geschlechterstrukturierte Verteilung von Tätigkeiten und Arbeitsfeldern, geschlechterbezogene Deutungen sowie offene wie verdeckte Hierarchisierungen charakterisiert. Über und mit dem sozialwissenschaftlichen Begriff Gender „verbinden sich Theorie und Forschung zu Geschlecht als Strukturkategorie, zur sozialen Herstellung von Geschlecht, zu Geschlecht als subjektkonstituierender Dimension und als handlungsleitendem Prinzip" (Heite 2013, S. 13). In den letzten Jahrzehnten wurden im Kontext der Geschlechterforschung vielfältige empirische Studien unter einer Geschlechterhierarchie(n) aufdeckenden Perspektive sowie darauf bezogene theoretische Überlegungen vorgelegt, dennoch gilt das Verhältnis von Geschlechtertheorien und Theorien Sozialer Arbeit als weitgehend unbestimmt (vgl. Sabla 2014, S. 305). Entgegen der Empirie von Geschlechterverhältnissen im wissenschaftlichen Diskurs und in der Praxis Sozialer Arbeit werden diese in den einschlägigen Theorien Sozialer Arbeit strukturell wenig systematisch berücksichtigt. Die Thematisierung von Geschlechterdifferenzierungen und Geschlechterverhältnissen erscheint primär als ein ergänzender Aspekt (vgl. Sabla 2014, S. 306), mit dem die wechselseitige Beziehung von Geschlechtertheorien und Theorien Sozialer Arbeit weitgehend ausgeblendet wird. Im Weiteren wird von daher insbesondere die Frage gestellt, inwiefern sich im bisherigen Theoriediskurs Sozialer Arbeit entsprechende Öffnungsstellen auffinden lassen.

Der Blick auf die gegenwärtige Theoriediskussion zeigt, dass diese sich in den vergangenen Jahrzehnten in ihrem Selbstverständnis vielfältig differenziert und etabliert hat. In entsprechenden Einführungsbänden (z. B. Hammerschmidt/Aner/Weber 2019; Lambers 2020; May/Schäfer 2021; Sandermann/Neumann 2018) werden u. a. folgende Theoriepositionen unterschieden: Lebenswelt- und Bewältigungstheorien (Böhnisch, Thiersch), Systemtheoretische bzw. Konstruktivistische Positionen (Bommes/Scherr, Hosemann, Kleve, Krauss, Staub-Bernasconi), Professionstheoretisch-reflexive Perspektiven (Dewe/Otto, Heiner), Dienstleistungstheorien (Oelerich/Schaarschuch, Olk) sowie Diskurstheoretische Positionen (Anhorn/Bettinger, Kessl, Winkler). Der Theoriediskurs Sozialer Arbeit ist durch eine Vielfalt unterschiedlicher Positionen (Theorienpluralismus) geprägt; die unterschiedlichen Theorien thematisieren Soziale Arbeit jeweils unter einem spezifischen Blickwinkel (Gegenstand Sozialer Arbeit). Soziale Arbeit wird so einerseits in der Beschreibung unterschiedlicher Theorien zu etwas Differentem, andererseits nehmen Theorien durchaus vergleichbare Dimensionen in den Blick. Wenn Soziale Arbeit als eine Wissenschaft und Profession zu verstehen ist, die soziale Desintegrationsprozesse und subjektbezogene Exklusionen lebensweltlich bearbeitet (vgl. Füssenhäuser/Thiersch 2018, S. 1720), gilt es in den entsprechenden Theorien sowohl gesellschaftliche Ungleichheits- und Machtverhältnisse wie auch die Subjekte selbst in den Blick zu nehmen. Beide Aspekte erfordern den Bezug auf Geschlechter- und Differenztheorien sowie eine kritische Analyse der damit verknüpften Ungleichheitsverhältnisse jenseits von Universalisierung und Essentialisierung (vgl. Bütow/Munsch 2012; Walgenbach 2017).

Theoriedimensionen: Um mögliche Öffnungsstellen für eine geschlechterbewusste Differenzierung von Theorien Sozialer Arbeit anzuzeigen, wird zunächst an zentrale Dimensionen der Theoriebildung erinnert: 1) Theorien der Sozialen Arbeit bestimmen den Gegenstand Sozialer Arbeit als Wissenschaft und Profession; 2) sie beschreiben die spezifische Identität Sozialer Arbeit in ihren erkenntnistheoretischen Bezügen, in ihrem Verhältnis zu anderen Disziplinen sowie in der Relationierung unterschiedlicher Wissensformen zwischen Disziplin und Profession; 3) Theorien Sozialer Arbeit differenzieren die gesellschaftlichen und sozialen Rahmenbedingungen Sozialer Arbeit und beziehen dabei gesellschaftliche Macht- und Ungleichheitsverhältnisse mit ein; 4) sie differenzieren die Lebenslagen der Adressat*innen in der Vielfältigkeit von Normalität, Differenz und Anderssein; 5) sie formulieren Überlegungen zu den organisationalen Bedingungen Sozialer Arbeit, zu ihren Programmen, Handlungsansätzen und Methoden und 6) Theorien Sozialer Arbeit vergegenwärtigen die berufsethischen Anforderungen professionellen Handelns sowie die in der Profession vorfindlichen (un)bewussten normativen Konzepte. Für alle Dimensionen gilt: Soziale Arbeit ist ein historisch konkretes und gesellschaftlich-soziales Produkt und: Soziale Arbeit ist verwiesen auf eine systematische Berücksichtigung unterschiedlicher Differenzkategorien und damit verbundenen Schließungsmechanismen und Grenzziehungen (z. B. Geschlecht, Sexualität, Lebensalter, Religion, Sozialer Status, Behinderung, Nation/Staatsangehörigkeit) (vgl. Füssenhäuser 2018, S. 1735 ff.). Entsprechend – und hier ist eine weitgehende Leerstelle der bisherigen Theorieentwicklung zu konstatieren – wären hierfür in den einzelnen Theorien Sozialer Arbeit die unterschiedlichen Differenzkategorien konkret durchzuarbeiten und die in den einzelnen Theorien durchaus auffindbaren Öffnungsstellen systematisch auszuleuchten, wie dies z. B. bereits in einzelnen theoriekonkretisierenden Publikationen (z. B. Grunwald/Thiersch 2016; Stecklina/Wienforth 2020) in einzelnen Beiträgen erfolgt.

Obwohl Theoriepositionen wie die Lebensweltorientierung (Thiersch) oder die Lebensbewältigungstheorie (Böhnisch) der Analyse von Geschlechterverhältnissen durchaus einen systematischen Stellenwert einräumen (vgl. Stecklina 2012; Stecklina 2013, S. 51 f.), erschließt sich die Produktivität einer solchen verbindenden Perspektive bislang erst über den ‚Umweg' einer Rezeption von Diskursen der Geschlechterforschung (z. B. Bitzan, Funk, Maurer, Stauber). Dies überrascht, da sich in den genannten Positionen durchaus Öffnungsstellen finden, wenngleich diese nachfolgend nur angerissen werden können.

Lebensweltorientierung: Die Doppelspur von Alltag und Alltagswelten als Hintergrund lebensweltorientierter Sozialer Arbeit, das Verständnis von Alltag als Schnittstelle von gesellschaftlichen bzw. institutionellen Bedingungen und subjektiven Bewältigungsmustern, der Begriff der „Pseudokonkretheit" (Füssenhäuser 2021, S. 119 f.) und der Rekurs auf Alltäglichkeit „als Vorderbühne der Bewältigungsaufgaben […], die durch die Hinterbühne der Lebenslagen bestimmt ist" (Thiersch 2020, S. 48), verweisen sowohl auf subjektive Deutungsmuster wie auch auf gesellschaftlich verankerte konkrete Geschlechterverhältnisse und Geschlechterordnungen.

Lebensbewältigung: Die Lebensbewältigungstheorie knüpft an Prozesse einer gesellschaftlichen Entstrukturierung wie Pluralisierung der Geschlechterdimension an und arbeitet dezidiert heraus, wie sich in der Konstitution von Geschlechterverhältnissen spezifische Verdeckungen niederschlagen, „die unter der Oberfläche des alltäglichen Handelns wirken" (Böhnisch 2001, S. 46) und sich konkret in den spezifischen Bewältigungsmustern niederschlagen. Soziale Arbeit hat es entsprechend mit vielfältigen Verdeckungen zu tun, wobei diese auf der individuellen Bewältigungsebene oftmals nicht in ihrer Geschlechterdimension sichtbar werden (vgl. Böhnisch/Schröer/Thiersch 2005, S. 171).

Ontologische Systemtheorie: Der Rekurs auf soziale Probleme als zentraler Gegenstand Sozialer Arbeit sowie die Analyse von Machtquellen und Machtstrukturen schließt explizit Machtproblematiken aus individueller, gesellschaftsstruktureller und kultureller Perspektive und damit z. B. auch geschlechtshierarchisch vermittelte Machtverhältnisse und unterschiedliche Ebenen der Machtdurchsetzung mit ein (vgl. Staub-Bernasconi 2018a).

Ebenso finden sich in weiteren theoretischen Positionen, wie z. B. den systemtheoretischen Überlegungen von Hosemann sowie diskurstheoretischen Positionen, mögliche Zugänge für eine geschlechterkritische Weiterführung und Öffnung.

Konfliktorientierung und (geschlechtshierarchischer) Verdeckungszusam-

menhang: Das insbesondere von Maria Bitzan vorangebrachte theoretische Konstrukt des Verdeckungszusammenhangs ermöglicht den Zusammenhang und die Wechselwirkungen von „Subjektkonstruktionen und sozialpolitischen Konstruktionen von Normalität und gesellschaftlicher Verantwortung" (Bitzan 2021a, S. 183) differenziert wahrzunehmen und in ihrer Relevanz für Theorien Sozialer Arbeit zu entschlüsseln. Eine konfliktorientierte Soziale Arbeit widersetzt sich sowohl Zuschreibungen bezüglich ihrer Zuständigkeit wie auch normativen Vorgaben hinsichtlich akzeptierter Lebensmuster. Sie identifiziert gesellschaftliche wie institutionelle Verdeckungen und öffnet darin eingelassene Konfliktstrukturen für den professionellen wie öffentlichen Diskurs auf (vgl. Bitzan 2021b, S. 187). Die Figur des Verdeckungszusammenhangs macht zugleich die Verschleierung gesellschaftlicher und sozialer Konflikte sichtbar und verdeutlicht, wie sich diese in subjektiven biografischen Deutungen wiederfinden. Vielfältige Verweise auf die Figur des Verdeckungszusammenhangs finden sich insbesondere in der Position der Lebensbewältigung, aber auch in einzelnen, die Lebensweltorientierung weiterführenden Überlegungen.

Arbeit an den Grenzen: Neben der Konfliktorientierung ist die Denkfigur der Grenzbearbeitung ein geeignetes Instrument „gesellschaftliche Verhältnisse als ‚gegebene' und machtvoll wirksame zu konturieren" sowie „diese in kritisch-utopischer Absicht zu problematisieren" (Maurer 2018c, S. 113). Soziale Arbeit als Grenzbearbeitung bezieht dabei sowohl Perspektiven einer Kritischen Sozialen Arbeit wie auch gouvernementalitätskritische Reflexionen im Anschluss an die Arbeiten von Foucault mit ein. Die Figur der Grenzbearbeitung ist eng mit unterschiedlichen Ordnungen der Differenz und den damit einhergehenden Praktiken der Grenzziehung verknüpft (vgl. Maurer 2018c, S. 116). Soziale Arbeit als „Grenzbearbeitung ermöglicht dabei drei Perspektiven: das Wahrnehmen und Aufzeigen von Grenzen in der (Re-)Produktion von gesellschaftlichen Verhältnissen" (Maurer 2018c, S. 120), „Kritik der Verhältnisse" in den unterschiedlichen Dimensionen, „die Soziale Arbeit hervorbringen, bedingen und ausmachen" (ebd., S. 121), sowie „Praktiken der Transformation bzw. der Subversion" (ebd.).

Zentrale Herausforderung des Theoriediskurses Sozialer Arbeit bleibt die Gegenstandsbestimmung, Soziale Arbeit systematischer mit Diskursen im Kontext von Differenz, Heterogenität, Intersektionalität und Diversity (vgl. Sabla 2014; Walgenbach 2017) zu verknüpfen: Denkbar ist, an Öffnungsmomente wie der Denkfigur der ‚Grenzbearbeitung' sowie einer konfliktorientierten Sozialen Arbeit als Rahmenkonzept einer geschlechterreflektierenden, selbstreflexiven und kritischen Theorie und Praxis Sozialer Arbeit anzuschließen, um so – aus der jeweiligen Theorieperspektive heraus – unterschiedliche Ungleichheitsverhältnisse (Geschlecht, Sexualität, Lebensalter, Religion, Sozialer Status, Behinderung, Nation/Staatsangehörigkeit) sowie die damit einhergehenden Verdeckungen (Bitzan 2018; Bitzan 2021a) aufzuschließen und zugänglich zu machen.

Cornelia Füssenhäuser

Zum Weiterlesen
Bitzan, Maria (2021): Konfliktorientierte geschlechterreflektierende Perspektiven. In: May, Michael/Schäfer, Arne (Hrsg.): Theorien für die Soziale Arbeit, 2. aktualisierte Auflage, Baden-Baden: Nomos, S. 183–204
Maurer, Susanne (2018): Die Perspektive der Grenzbearbeitung im Kontext des Nachdenkens über Verhältnisse und Verhalten. In: Anhorn, Roland/Schimpf, Elke/Stehr, Johannes/Rathgeb, Kerstin/Spindler, Susanne/Keim, Rolf (Hrsg.): Politik der Verhältnisse – Politik des Verhaltens. Wiesbaden: Springer VS, S. 113–125
Stecklina, Gerd (2013): Geschlecht als Kategorie sozialarbeiterischer Theorieentwicklung. In: Sabla, Kim-Patrick/Plößer, Melanie (Hrsg.): Gendertheorien und Theorien Sozialer Arbeit. Bezüge, Lücken, Herausforderungen. Opladen, Berlin, Toronto: Barbara Budrich, S. 41–59

Transgender

Der Begriff ‚Transgender' bezeichnet zum einen Menschen, die sich mit dem Geschlecht, das ihnen bei der Geburt, in der Regel anhand der äußeren Geschlechtsmerkmale, zugewiesen wurde, nur unzureichend oder gar nicht beschrieben fühlen, und stellt zum anderen eine Selbstbezeichnung für Menschen dar, die sich mit ihren primären und sekundären Geschlechtsmerkmalen nicht oder nicht vollständig identifizieren können. ‚Transgender' wird zumeist als Oberbegriff verwendet, unter den so unterschiedliche Phänomene subsumiert werden wie Transsexualität/Genderdysphorie/Transidentität, Transvestitismus, Intergeschlechtlichkeit, Cross-Dresser, bewusst androgyne Menschen, Bigender, Drag Kings und Drag Queens (soweit das Verkleiden für sie nicht Travestie im Sinne einer öffentlich zur Schau gestellten Verkleidungskunst bedeutet, sondern dem Tragen der Kleidung des anderen Geschlechts ein originäres Bedürfnis zugrunde liegt).

Im Hinblick auf die Geschlechtsidentität unterscheiden wir eine Cisidentität bzw. Cisgeschlechtlichkeit und eine Transidentität bzw. Transgeschlechtlichkeit. Dabei bezeichnet der Begriff „Identität" die innerpsychische Seite, während der Begriff der „Geschlechtlichkeit" die körperliche Dimension betrifft. Mitunter werden die beiden Begriffe gegeneinander ausgespielt. Im Grunde stellen sie aber zwei Seiten desselben Phänomens dar, nämlich die psychisch wie körperlich sich artikulierende Geschlechtsidentität.

Bei den Menschen mit einer Cisidentität entspricht das innere Bild, ihre Identität, dem Geschlecht, dem sie nach der Geburt zugewiesen worden sind. Bei Menschen mit einer Transidentität hingegen entspricht das innere Bild, das sie von sich haben, ihre Identität, nicht dem Geschlecht, dem sie nach ihrer Geburt zugewiesen worden sind. Ein Teil der Transgenderpersonen fühlt sich – im Sinne der binären Auffassung der Geschlechter – dem ‚anderen' Geschlecht zugehörig. Ein keineswegs kleiner Teil von Transgenderpersonen hat jedoch eine nichtbinäre Identität (genderqueer). Diese Personen können sich keinem der beiden dichotom gedachten Geschlechter, Mann oder Frau, zuordnen, sondern empfinden sich ‚dazwischen'. Dies kann eine mehr oder weniger stabile Identität sein. Sie kann aber auch genderfluid sein, d. h. zwischen dem weiblichen und dem männlichen Pol fluktuieren.

Diese Situation zwingt dazu, die psychologischen Konzepte der Entwicklung der Geschlechtsidentitäten kritisch zu überdenken und zu erweitern. Denn die in unserer Kultur vorherrschende Binarität hat ihren Niederschlag auch in den Modellen gefunden, die wir zur Beschreibung der Geschlechtsidentitäten entwickelt haben. Dort ist etwa bei der Kerngeschlechtsidentität die Rede von der Gewissheit des Kindes, weiblich oder männlich zu sein. Tatsächlich müssen wir aber auch innerhalb der Kerngeschlechtsidentität von einem größeren Spektrum ausgehen und die Möglichkeit von nichtbinären, genderqueeren und genderfluiden Identitäten in Betracht ziehen (Rauchfleisch 2021).

In der medizinischen Literatur werden einige der Transgender-Formen als ‚Geschlechtsidentitätsstörungen' bezeichnet. Dies ist jedoch eine überholte pathologisierende Sicht, da wir heute davon ausgehen, dass alle genannten Transgender-Formen nichts mit psychischer Gesundheit oder Krankheit zu tun haben, sondern ebenso wie Cisgender in sich das ganze Spektrum von Gesundheit bis Krankheit enthalten (Fiedler 2004; Rauchfleisch 2016; Rauchfleisch 2019a; Rauchfleisch 2019b). Hinsichtlich der Ätiologie der Transgender-Entwicklung lassen sich keine allgemeingültigen psychologischen oder somatischen Ursachen eruieren. Sie stellen Varianten der Identitätsentwicklung dar.

Ein Teil von Transgender-Personen (z. B. Transidente; in alter Terminologie: „Transsexuelle") streben körperliche Veränderungen in Form von Hormontherapien und chirurgischen Maßnahmen zur Angleichung an das andere Geschlecht an. Andere wünschen sich keine oder nur geringfügige körperliche Veränderungen. Sie möchten ihre Geschlechterrollen ihren inneren Bildern entsprechend gestalten und sich von den gesellschaftlich vorgegebenen, an das binäre, ihnen ursprünglich zugewiesene Geschlecht gebundenen Rollenvorstellungen befreien.

Mit Ekins/King (2001) gehen wir davon aus, dass es sich beim Transgendering um einen sozialen Prozess handelt, der stark bestimmt ist von der Vorstellung binärer Geschlechter (Mann oder Frau). Transgender streben danach, diese Binarität zu überwinden. Ekins/King (2001) beschreiben vier Erscheinungsformen respektive persönliche Entwicklungsstile: 1) Migration (Wechsel von einer Seite binärer Entscheidungen zur anderen auf einer permanenten Basis, z. B. binäre trans* Personen); 2) Oszillation (Hin- und Herpendeln zwischen den Möglichkeiten der Mann-Frau-Polarität, z. B. genderfluid); 3) Negation (der Zwang, sich zwischen ‚Mann' und ‚Frau' entscheiden zu müssen, wird aktiv eliminiert, z. B. genderqueer, nicht-binär, agender); 4) Transzendenz (sie stellt den Binarismus in Frage, geht über ihn hinaus und sucht nach den ‚unbegrenzten' Möglichkeiten ‚voller Geschlechtlichkeit', Ekins/King 2001, z. B. polygender, pangender).

Transgender sind in unserer cis-heteronormativen Gesellschaft oft mit Vorurteilen und Diskriminierungen konfrontiert, die erhebliche Belastungen für sie darstellen können. Je weiter sie sich in ihrem äußeren Erscheinungsbild und in ihrem Rollenverhalten vom gesellschaftlichen Mainstream entfernen, desto ausgeprägter sind zumeist die Ablehnung und die Ausgrenzungen, die sie erfahren.

Die rechtliche Situation weicht in den verschiedenen Ländern stark voneinander ab. Um etwa offizielle Änderungen des Vornamens oder des Geschlechtseintrags vornehmen zu lassen und für allfällige körperliche Angleichungsmaßnahmen müssen Transgenderpersonen im Allgemeinen diverse Gutachten und Berichte von Fachleuten beibringen. Daraus ergibt sich eine extreme Fremdbestimmung, der Transgenderpersonen in unserer Gesellschaft ausgesetzt sind. Auch in dieser Hinsicht kann vor allem eine auf die sozialen Aspekte fokussierte fachliche Begleitung eine große Hilfe sein.

Da Transgender keine psychische Erkrankung darstellt, gibt es dabei nichts zu ‚therapieren'. Versuche, mit sogenannten ‚Konversionstherapien' Transgender dazu zu bringen, das ihnen bei Geburt zugewiesene Geschlecht zu akzeptieren, sind therapeutisch unzulässig und stellen eine Menschenrechtsverletzung dar. Die internationalen Fachverbände der Psychiatrie und Psychologie haben sich eindeutig gegen derartige Maßnahmen ausgesprochen.

Transgender haben wie alle anderen Menschen das Recht, ihrem primären inneren Bedürfnis entsprechend zu leben, d. h. die sozialen Geschlechterrollen aufzulösen und sich nicht mit dem ihnen bei der Geburt zugewiesenen Geschlecht und mit den daran gebundenen Rollen zu identifizieren.

Therapeutische Hilfe suchen Transgender, wenn sie Traumatisierungen durch feindselige Aktionen ihrer Umgebung erlitten haben, wenn es zu Konflikten in ihren Beziehungen kommt (z. B. wenn ein*e Cisgender Partner*in die Lebensform der Transgender Partner*in nicht akzeptiert) oder im Verlauf von Coming Out-Prozessen.

Das Durchlaufen des Transitionsprozesses stellt hohe Anforderungen an die betreffende Transgenderperson. Um angemessen mit den Schwierigkeiten umgehen zu können, welche die cis-heteronormative Umgebung Transgendern oft bereitet, braucht es Ich-Stärke, Empathie und ein stabiles Selbstwertgefühl. Im Transitionsprozess ist eine fachliche Begleitung, die vor allem auf die Stärkung der sozialen Beziehungen und die berufliche Integration fokussiert, oft sinnvoll.

In derartigen Begleitungen ist insbesondere auf Zeichen verinnerlichter Trans*negativität (Günther/Teren/Wolf 2019), d. h. auf eine Verinnerlichung negativer Bilder und Einstellungen gegenüber Transgender, zu achten, da diese das Selbstwertgefühl schwächt und die Person dadurch bei äußeren Belastungen vulnerabler wird. Es kommt dabei wesentlich darauf an, Ressourcen zu erschließen, die Resilienz der Transgenderperson zu stärken und mit dem Konzept des Empowerments Selbstbefähigung, Stärkung der Autonomie und Eigenmacht der Transgenderperson zu fördern (Rauchfleisch 2021). Grundlage aller Begleitungen und Therapien muss eine trans*affirmative Haltung, analog der gay-affirmativen Haltung, sein (Fiedler 2004; Frank 2006; Rauchfleisch 2019a; Rauchfleisch 2019b).

Udo Rauchfleisch

Zum Weiterlesen
Günther, Mari/Teren, Kirsten/Wolf, Gisela (2019): Psychotherapeutische Arbeit mit trans* Personen. Handbuch für die Gesundheitsversorgung. München: Ernst Reinhardt Verlag
Rauchfleisch, Udo (2019b): Sexuelle Identitäten im therapeutischen Prozess. Zur Bedeutung von Orientierungen und Gender. Stuttgart: Kohlhammer
Rauchfleisch, Udo (2021): Sexuelle Orientierungen und Geschlechtsentwicklungen im Kindes- und Jugendalter. Stuttgart: Kohlhammer

Transidentität

Der Begriff ‚Transidentität' bezeichnet ein Phänomen, das in der medizinisch-psychologischen Literatur zumeist ‚Transsexualität' genannt wurde (ICD-10 „Transsexualismus") und den „Störungen der Geschlechtsidentität" zugeordnet war. Das DSM-IV ersetzte ‚Transsexualismus' durch die Diagnose „Geschlechtsidentitätsstörung". Den Kern der Diagnose bilden die Überzeugung der betreffenden Person, dem Gegengeschlecht anzugehören, und der Wunsch, als Angehörige des anderen anatomischen Geschlechts zu leben und anerkannt zu werden.

In dem 2013 veröffentlichten DSM-5 ist der Störungsbegriff fallen gelassen worden zugunsten der Diagnose ‚Genderdysphorie'. Damit wird signalisiert, dass nicht die Identität krankhaft ist, sondern bei einer gegengeschlechtlichen Identifikation ein Unbehagen (‚Dysphorie') wegen der Diskrepanz zwischen dem der Person bei Geburt zugewiesenen Geschlecht und der Identität besteht. Dies ist ein Schritt in Richtung Entpathologisierung (Rauchfleisch 2016; Rauchfleisch 2019a; Rauchfleisch 2019b).

Im Januar 2022 ist die ICD-11 in Kraft getreten. Dort ist die Diagnose ‚Transsexualismus' nicht mehr vertreten. Es wird vielmehr von einer „Genderinkongruenz" gesprochen, die nicht unter die psychiatrischen Diagnosen subsumiert wird, sondern sich in einem neuen Kapitel „Probleme/Zustände im Bereich der sexuellen Gesundheit" befinden wird. In neuerer Zeit wird auch der Begriff ‚Transgeschlechtlichkeit' verwendet, der frei von negativen Konnotationen ist.

Im Hinblick auf die Geschlechtsidentität unterscheiden wir eine Cisidentität bzw. Cisgeschlechtlichkeit und eine Transidentität bzw. Transgeschlechtlichkeit. Dabei bezeichnet der Begriff ‚Identität' die innerpsychische Seite, die inneren Bilder im Sinn der Ich-Identität (Erikson 1966), während der Begriff der ‚Geschlechtlichkeit' die körperliche Dimension betrifft. Mitunter werden die beiden Begriffe gegeneinander ausgespielt. Im Grunde stellen sie aber zwei Seiten desselben Phänomens dar, nämlich die psychisch wie körperlich sich artikulierende Geschlechtsidentität.

Bei den Menschen mit einer Cisidentität entspricht das innere Bild (ihre Identität) dem Geschlecht, dem sie nach der Geburt zugewiesen worden sind. Bei Menschen mit einer Transidentität hingegen entspricht das innere Bild, das sie von sich haben (ihre Identität), nicht dem Geschlecht, dem sie nach ihrer Geburt zugewiesen worden sind. Ein Teil der Transidenten fühlt sich – im Sinne der binären Auffassung der Geschlechter – dem ‚anderen' Geschlecht zugehörig. Ein keineswegs kleiner Teil von ihnen hat jedoch eine nichtbinäre Identität (genderqueer). Diese Personen können sich keinem der beiden dichotom gedachten Geschlechter, Mann oder Frau, zuordnen, sondern empfinden sich ‚dazwischen'. Dies kann eine mehr oder weniger stabile Identität sein. Sie kann aber auch genderfluid sein, d. h. zwischen dem weiblichen und dem männlichen Pol fluktuieren.

Zur Häufigkeit der Transidentität liegen nur vage Schätzungen vor (vanKesteren et al. 1996; Weitze et al. 1996): Die Inzidenzrate soll bei etwa 1 : 40.000 liegen, wobei diese Zahl in Anbetracht einer großen Dunkelziffer sicher zu tief geschätzt ist. Olyslager et al. (2008) kommen zu Schätzungen von 1 : 1 000 bei trans Frauen (Personen, die ursprünglich dem männlichen Geschlecht zugewiesen worden sind und von sich sagen, dass sie Frauen sind) und 1 : 2. 000 bei trans Männern (Personen, die ursprünglich dem weiblichen Geschlecht zugewiesen worden sind und von sich sagen, dass sie Männer sind). Zudem ist zu berücksichtigen, dass in der Gegenwart vermehrt auch Kinder und Jugendliche ihre Transidentität wahrnehmen und kommunizieren (Preuss 2016; Rauchfleisch 2021).

Wie der Begriff „Geschlechtsidentitätsstörung" zeigt, betrachteten die ICD-10 und das DSM-IV die Transidentität als eine psychische Krankheit. Aufgrund unserer heutigen Kenntnisse entspricht dies jedoch nicht der Realität. Wir finden bei transidenten Menschen vielmehr – wie bei Menschen mit einer Cisidentität – das ganze Spektrum von psychischer Gesundheit bis Krankheit (Fiedler 2004; Rauchfleisch 2016; Rauchfleisch 2019a; Rauchfleisch 2019b; Günther et al. 2019). Sind psychische Störungen erkennbar, können diese, wie bei allen Menschen, reaktive Störungen auf die speziellen belastenden Lebensumstände sein (z. B. Depressionen, Angsterkrankungen, Suizidalität). Es kann sich aber auch um primäre Störungen handeln, die jedoch in keinem ursächlichen Zusammenhang mit der Transidentität stehen (z. B. Erkrankungen aus dem schizophrenen Formenkreis, Persönlichkeitsstörungen).

Seit 1952/53 (Hamburger et al. 1953) besteht für transidente Menschen die Möglichkeit, den Körper durch hormonelle und chirurgische Maßnahmen dem Gegengeschlecht angleichen zu lassen. Transidente mit einer nicht-binären (genderqueer) und mit einer genderfluid oder gender-free Identität streben oft keine oder eine nur teilweise Angleichung des Körpers an das andere Geschlecht an.

Die Begleitung und Behandlung Transidenter umfasst eine sorgfältige diagnostische Abklärung, zum Teil noch einen – heute eigentlich obsoleten – Alltagstest (Leben in der gewünschten Geschlechtsrolle vor körperlichen Angleichungen), Behandlung mit gegengeschlechtlichen Hormonen und chirurgische Angleichung an das ‚andere' Geschlecht. Während dieses ganzen Prozesses kann eine psychotherapeutische Begleitung den Betreffenden behilflich sein, sich mit der eigenen Identität auseinanderzusetzen, erfolgreich ein Coming Out zu durchlaufen und die Beziehungen zu Freund*innen, Familienangehörigen und Berufskolleg*innen zu klären.

Bei der Behandlung und Begleitung von trans* Kindern und Jugendlichen ist eine enge Zusammenarbeit mit den Eltern, aber auch mit den verantwortlichen Personen in Kindergärten, Schulen und im Freizeitbereich notwendig. Hier ist der Einbezug von Fachleuten der Sozialarbeit und der Sozialpädagogik angezeigt.

In somatischer Hinsicht ist bei trans* Kindern die Frage zu klären, ob – im Allgemeinen zwischen dem 12. oder 13. und dem 16. Lebensjahr – mit Hilfe einer Pubertätsblockade mit Gonadotropin-Analoga (GnRH-Analoga) (Preuss 2016; Pauli 2018; Rauchfleisch 2021) die Pubertätsentwicklung gestoppt werden soll, um den Kindern die in der Pubertät einsetzenden körperlichen Veränderungen (den trans Jungen die Menstruation und das Brustwachstum, den trans Mädchen den Stimmbruch und den Beginn des Bartwuchses) zu ersparen und Zeit für eine definitive Entscheidung über geschlechtsangleichende Maßnahmen zu gewinnen. Die Vorteile der Pubertätsblockade sind eine wesentlich höhere Lebenszufriedenheit, eine bessere soziale Integration und deutlich weniger psychopathologische Symptome der Jugendlichen (Preuss 2016; Pauli 2018; Rauchfleisch 2021).

Die Pubertätsblockade ist reversibel. Im Alter von 16 Jahren kann dann die Frage geklärt werden, ob eine Behandlung mit gegengeschlechtlichen Hormonen gewünscht wird. Wenn sich die Jugendlichen dann gegen die Behandlung mit gegengeschlechtlichen Hormonen entscheiden, wird nach Absetzen der Mittel für die Pubertätsblockade die Pubertät durchlaufen.

Bezüglich *Behandlungsempfehlungen* besteht in Deutschland seit Oktober 2018 die S-3-Leitlinie „Geschlechtsinkongruenz, Geschlechtsdysphorie und Trans-Gesundheit". In der Schweiz hat eine Arbeitsgruppe Empfehlungen für den Umgang mit trans* Personen erarbeitet (Garcia et al. 2014). In Österreich liegen seit 2015 neue „Empfehlungen für den Behandlungsprozess bei Geschlechtsdysphorie bzw. Transsexualismus nach der Klassifikation in der derzeit gültigen DSM- bzw. ICD-Fassung" vor. Alle diese Leitlinienstellen stellen jedoch lediglich Empfehlungen dar, die keinen bindenden Charakter haben.

Trotz mancher Verbesserungen, die diese Leitlinien gebracht haben, ist festzuhalten, dass Transidente nach wie vor in einem erheblichen Maße fremdbestimmt sind, indem sie nicht selbst frei über die von ihnen gewünschten Schritte im Transitionsprozess entscheiden können. Für jeden Schritt im Behandlungsverlauf benötigen sie fachliche Stellungnahmen für die Indikation der entsprechenden Maßnahmen.

Hinsichtlich der *rechtlichen Regelung* finden sich unterschiedliche Bedingungen in den deutschsprachigen Ländern: In Deutschland gibt es ein allerdings veraltetes, dringend zu veränderndes, wenn nicht sogar total zu streichendes Transsexuellengesetz. In Österreich liegen seit 2015 neue „Empfehlungen für den Behandlungsprozess bei Geschlechtsdysphorie bzw. Transsexualismus nach der Klassifikation in der derzeitig gültigen DSM- bzw. ICD-Fassung" vor. In der Schweiz besteht keine einheitliche rechtliche Regelung, und die Zivilgerichte urteilen denn auch in unterschiedlicher Weise darüber, welche Bedingungen eine trans* Person erfüllen muss, wenn sie eine Vornamens- und Personenstandsänderung vornehmen will. Auch bei diesen rechtlichen Schritten sind Transidente in erheblichem Maße fremdbestimmt, indem sie auch hier fachliche Stellungnahmen brauchen, die diese Schritte gutheißen.

Transidente, insbesondere Menschen mit nichtbinären und genderfluid Identitäten, lösen in ihrem privaten und beruflichen Umfeld wie auch bei Professionellen oft große Irritation aus, da sie die für unsere Gesellschaft typische Dichotomisierung und Kategorisierung der Geschlechter radikal in Frage stellen. An ihnen wird sichtbar, dass die herkömmliche Trennung zwischen dem biologischen (sex) und dem sozialen Geschlecht (gender) mit der mit dieser Trennung verbundenen Neigung zur „Ontologisierung" und „Naturalisierung" der Zweigeschlechtlichkeit (Gildemeister 1992; Gildemeister/Wetterer 1992; Maihofer 1995) fragwürdig ist. Die Folge der Irritation ist, dass Transidente häufig Diskriminierungen und Ausgrenzungen bis hin zu manifester gegen sie gerichteter Gewalt erleben.

Der Transitionsprozess stellt in unserer cis-heteronormativen, stark von der Vorstellung der Binarität geprägten Gesellschaft große Anforderungen an die Transidenten. Zum einen müssen sie sich im Verlaufe ihrer Entwicklung ihres ‚Anders'-Seins bewusst werden und es akzeptieren, damit sie ein positives Selbstwertgefühl aufbauen können. Zum anderen müssen sie sich mit den vielfachen Ausgrenzungen und der enormen Fremdbestimmung (Beibringen von Gutachten und von Fachleuten erstellten Berichten bei den Anträgen zur Änderung des Vornamens und des Personenstandes sowie bei Anträgen zur Kostengutsprache von somatischen Behandlungen) auseinandersetzen und konsequent ihren Weg gehen. Um angemessen mit diesen Schwierigkeiten umgehen zu können, brauchen sie Ich-Stärke, Empathie und ein stabiles Selbstwertgefühl.

Da die soziale Integration (Beziehungen zur Herkunftsfamilie und zu Freund*innen sowie die berufliche Integration) ein wesentlicher Resilienzfaktor ist, sind oft Begleitungen durch Sozialarbeiter und Sozialpädagogen wichtig. In solchen Begleitungen werden Ressourcen erschlossen und aktiviert und es werden mit Hilfe des Empowerments Selbstbefähigung, Stärkung der Autonomie und Eigenmacht der Transidenten gefördert (Rauchfleisch 2021).

Die Professionellen, die bei der Behandlung Transidenter und bei der Begleitung ihrer Transition beteiligt sind, müssen eine trans*affirmative Haltung haben. Das heißt, sie müssen die Transidentität als eigenständige, nicht-pathologische Identitätsvariante anerkennen und die trans* Person in der Akzeptanz ihrer Identität stärken und sie beim Aufbau eines positiven Selbstbildes unterstützen (Günther et al. 2019; Rauchfleisch 2019b). Es ist wünschenswert, dass gerade die in der Transbehandlung und -begleitung erfahrenen Fachleute eng mit den Transvereinigungen zusammenarbeiten und sich für die gesellschaftliche und rechtliche Gleichstellung von trans* Menschen einsetzen.

Udo Rauchfleisch

Zum Weiterlesen
Gildemeister, Regine/Wetterer, Angelika (1992): Wie Geschlechter gemacht werden. In: Knapp, Gudrun Axeli/Wetterer, Angelika (Hrsg.): Traditionen, Brüche. Freiburg: Kore, S. 201-254
Günther, Mari/Teren, Kirsten/Wolf, Gisela (2019): Psychotherapeutische Arbeit mit trans* Personen. Handbuch für die Gesundheitsversorgung. München: Ernst Reinhardt
Rauchfleisch, Udo (2016): Transsexualität – Transidentität. Begutachtung, Begleitung, Therapie. 5. Auflage. Göttingen: Vandenhoeck & Ruprecht

(Trans-)Patriarchat

Etymologisch verweist das Patriarchat auf das mittellateinische patriarchatus, verstanden als die Würde oder den Amtsbereich eines Patriarchen; ebenso gibt es einen Bezug zu der im 19. Jahrhundert entstandenen Vorstellung von einer gesellschaftlichen Entwicklungsstufe mit der herausragenden Stellung des Vaters als (Sippen-)Oberhaupt. Innerhalb der Sozialwissenschaften beschreibt der Patriarchatsbegriff gesellschaftliche Verhältnisse, denen eine Ungleichbehandlung von Frauen in Ökonomie, Politik, Recht, Wissenschaft, Erziehung etc. zugrunde liegt. Seine Popularität erlangte er vor allem durch die feministische Theoriebildung wie auch durch seine Rolle im Zusammenhang der Zweiten Frauenbewegung. Inhaltsbezogen steht das Patriarchat nicht in Opposition zum Matriarchat. Historische wie gegenwärtige Matriarchatsgesellschaften werden als Ausgleichsgesellschaften mit einer clanhaften matrilinearen Verwandtschaftsordnung, gelebten Praktiken der egalitären Konsensbildung sowie als sakrale Gesellschaften mit Göttinkultur verstanden (Göttner-Abendroth 2010).

Geschichte: Historische Forschungen im Umfeld des Feminismus (Borneman 1991; Lerner 1995) weisen darauf hin, dass sich erste patriarchale Strukturen bereits vor über 5000 Jahren entwickelten, und zwar am Übergang von der Jäger- und Sammlergesellschaft zu landwirtschaftlich organisierten Gesellschaften (vgl. Radford Ruether 2007, S. 1104). Friedrich Engels macht, stellvertretend für die marxistische Theorieperspektive, deutlich, dass die Entstehung des Patriarchats aufs Engste mit der Ausbildung des Privat- und dem Zurückdrängen des Gemeinschaftseigentums verbunden war, und ergänzt: „Der erste Klassengegensatz, der in der Geschichte auftritt, fällt zusammen mit der Entwicklung des Antagonismus von Mann und Weib in der Einzelehe, und die erste Klassenunterdrückung mit der des weiblichen Geschlechts durch das männliche" (Engels 1884, S. 68). Für Max Weber wiederum repräsentiert die patriarchale Herrschaft das wichtigste vorbürokratische Strukturelement von Gesellschaften, welches auf der „normale[n] Ueberlegenheit der physischen und geistigen Spannkraft des Mannes", auch gegenüber dem „haushörige[n] Weib" (Weber 1922, S. 680), begründet ist.

Innerhalb der Zweiten Frauenbewegung hat der Patriarchatsbegriff eine doppelte Relevanz, denn er fungiert hier zum einen als analytische Kategorie, zum anderen als Kampfparole gegen die Geschlechterungleichheit. Problematisiert wird dabei, dass Frauen, nachdem sie zurückliegend ebenso an der Bildungsexpansion partizipieren und selbstverständlich(er) Ausbildungs- und Studiermöglichkeiten nutzen konnten, im Feld der Erwerbsarbeit und bezüglich der hierin eingelagerten Anerkennungsstrukturen systematisch benachteiligt werden. Damit korrespondiert die Tatsache, dass Frauen nahezu ausschließlich die private Familien- und Haushaltssorge obliegt. Der ursprüngliche Patriarchalismus, in dem Frauen für ihre Arbeit allenfalls Liebe und Unterhalt erhoffen konnten, hatte sich so zum verdeckungsaffinen „Sekundärpatriarchalismus" (Beer 2010) fortentwickelt. Ein zweites, ab 1971 hinzutretendes Motiv der Frauenbewegung stellte die Diskussion um den §218 StGB und das Verbot von Abtreibungen dar. In diesem drücke sich, so die unter feministisch bewegten Frauen geteilte Einschätzung, die Verfügungsgewalt einer patriarchalen Gesellschaft und eines patriarchal-kapitalistischen Staates über den weiblichen Körper aus.

Dass das Patriarchat nicht nur innerhalb der kapitalistischen Wirtschafts- und Gesellschaftsstrukturen Bestand hat, zeigt das Beispiel der DDR. Die Emanzipation der Frau war hier Teil einer ‚Emanzipation von oben' (Geißler 2014, S. 403). Zwar wurden – im Vergleich zur BRD – dabei auch fortschrittliche Ideen entwickelt, vor allem was die tendenzielle Gleichberechtigung im Erwerbsleben und die Vereinbarkeit von Arbeit und Kinderbetreuung anbelangt. Unberührt blieb jedoch das Problem der privaten Haushaltssorge, was Frauen eine unthematisiert gebliebene Doppelbelastung von (Vollzeit-)Erwerbs- und Hausarbeit auferlegte (ebd.; vgl. Schröter/Ullrich 2005, S. 135).

Seit den 1990er Jahren hat der Begriff des Patriarchats deutlich von seinem

Zauber und seiner Zugkraft verloren. Entscheidend war zum einen die Einsicht, dass mit dem alleinigen Geschlechterfokus der Patriarchatskritik eine nicht mehr hinreichende Debatte um gesellschaftliche Ungleichheitsverhältnisse geführt werden konnte. Benachteiligungskonstellationen, so der Vorwurf, bilden sich nicht nur auf der Grundlage der Kategorie Geschlecht, sondern auch im Hinblick auf den sozioökonomischen Status, die Ethnizität etc. ab. Insbesondere Ansätze zur Intersektionalität (Crenshaw 1989) haben dieses Desiderat fruchtbar reflektiert, insofern sie auch andere gesellschaftliche Strukturkategorien, wie Race und Class, berücksichtigen und – dies ist wichtig – in Relation zueinander setzen, statt sie nur aufzuaddieren (Degele und Winker 2011). Zum anderen drängen seit den 1990er Jahren verstärkt poststrukturalistische und queertheoretische Interpretationsangebote in den Vordergrund, wenn es darum geht, vergeschlechtlichte Hegemoniekritik zu betreiben. Diese gehen nicht (mehr) davon aus, dass es ein vermeintlich natürliches Geschlecht gibt, sondern dass auch dieses – neben dem sozialen Gender – unter Rekurs auf hegemoniale Wissensordnungen konstruiert ist. Performative diskursive Praktiken und ihre iterative (Re-)Produktionsweisen erzeugen so Geschlechter und Geschlechterordnungen, die eng mit Programmen der politischen Regierung wie Regulierung verknüpft sind (Butler 1991; Butler 2009).

Transpatriarchat: Ungeachtet des Bedeutungsrückgangs der (klassischen) Patriarchatsdiskussion lässt sich mit dem ‚Transpatriarchat' eine wichtige Weiterentwicklung der Frage um patriarchale Strukturen ausmachen. Die Theoretisierung dessen geht auf Jeff Hearn (vgl. Hearn 2012; Hearn 2016) zurück, wird aber auch in der Sozialen Arbeit rezipiert (vgl. Böhnisch 2018b, S. 186 ff.). Mit dem Transpatriarchat versucht Hearn eine gleichzeitige Verschränkung von Patriarchaten, Intersektionalitäten und Transnationalisierungen zu erfassen: „Der Begriff der Transpatriarchate nimmt die strukturelle Tendenz und die individuelle Neigung zur transnationalen Geschlechterherrschaft von Männern auf; er nimmt vor allem nicht-determinierte Strukturen, Kräfte und Prozesse in den Blick, keine totalisierende oder fixierte Einheit" (Hearn 2016, S. 20). Für Hearn liegt das Neue des (Trans-)Patriarchalen in der Erhebung von Männern bzw. ‚hegemonialer Männlichkeit' (Connell 2000) auf globalem Niveau, die sich durch die Aufgabe historisch sozialer Bindungen und Verantwortungsnahmen auszeichnet. Ungeachtet der damit einhergehenden Entfremdung wirkt das Transpatriarchat aber qua (un)freiwilliger Komplizenschaft in die ‚reale Welt' zurück, insofern „die Masse der Männer, die den hegemonialen Status der [transnationalen] Eliten nicht erreichen kann, diese dennoch stützt, indem sie ihre Leitbildfunktion anerkennt und sich dadurch selbst in einem besonderen Status wähnt" (Böhnisch 2018b, S. 190).

Ebenfalls aktuell, gleichwohl (noch) feuilletonistisch diskutiert (Kaiser 2020a, 2020b), zeichnen sich Debatten um eine mögliche Neo-Patriarchalität ab. Das Besondere hierbei ist, dass diese auf einem ‚Feindbild Frau' (Pohl 2002) aufbaut und längst überkommen geglaubte Geschlechterbilder mobilisiert werden. Die gesellschaftliche Herausforderung dieser Diskursivierung liegt vor allem darin, dass sie zu einem Gutteil von neokonservativen und rechtspopulistischen Kreisen ausgeht und zunehmend in die Mitte der Gesellschaft drängt.

Soziale Arbeit: Für die Soziale Arbeit stellen ‚Patriarchat' und patriarchale Strukturen einen nicht unwichtigen Bezugspunkt innerhalb ihrer historischen Entwicklung dar. Die Entstehung des auf Fürsorge rekurrierenden Strangs der Sozialen Arbeit ist eng geknüpft an die erste bürgerliche Frauenbewegung: „Die ersten Ausbildungsstätten für Fürsorgerinnen, so die alte Bezeichnung für Sozialarbeiterinnen, wurden Anfang des 20. Jahrhunderts von sozial engagierten bürgerlichen Frauen begründet und boten ihnen eine der wenigen Möglichkeiten, aus den engen Grenzen der Frauenrolle durch eine qualifizierte Betätigung auszusteigen und ein eigenständiges Leben zu führen" (Brückner 2017, S. 189). In Anbetracht der Sozialen Frage mobilisierten die engagierten Aktivistinnen um Alice Salomon die der Frau zugeschriebenen Eigenheiten, wie Fürsorglichkeit, Empathie und Aufopferungsgabe, um sie auf die Behebung der sozialen Not hin zu verlängern. Die ‚soziale Mütterlichkeit' war somit ein Motiv, das gleichzeitig den Frauen Teilhabe am öffentlichen Leben ermöglichen wie auch ihre gesellschaftliche Emanzipation vorantreiben sollte (Sachße 2003). Mit dem Ausbau und der Ausdifferenzierung des Sozialstaates in der Weimarer Republik wuchs der Bedarf an Fachkräften in der ‚Socialen Fürsorge', die nun auch nicht mehr allein ehrenamtlich organisiert war. So fanden auch andere, nicht nur bürgerliche Frauen einen Zugang zum Arbeitsfeld. Entscheidender ist jedoch, dass unter diesen neuen Bedingungen „nur einer Handvoll von Frauen [...] der Aufstieg in Leitungspositionen [gelang]. Soziale Arbeit veränderte sich so von einem Konzept weiblicher Emanzipation zu einem Dienstleistungsberuf unter männlicher Leitung" (Sachße 2001, S. 679). Auch die Geschehnisse der Zweiten Frauenbewegung und ihre Reflexion auf das Patriarchat haben auf Profession und Disziplin nachhaltig eingewirkt. Auf praktischer Ebene wurden vor allem neue ‚Projekte von Frauen für Frauen' entwickelt. Ebenso wurde eine verstärkte Geschlechtersensibilität eingefordert, die sich später in der (Fort-)Entwicklung der Mädchenarbeit widerspiegelte. Vor allem aber wurde nun ‚Gewalt gegen Frauen' nachhaltig zum Thema gemacht, der es mit adäquaten Schutzmöglichkeiten und -räumen zu begegnen galt.

Marek Naumann

Zum Weiterlesen
Butler, Judith (1991): Das Unbehagen der Geschlechter. Frankfurt/M.: Suhrkamp
Cyba, Eva (2010): Patriarchat: Wandel und Aktualität. In: Becker, Ruth/Kortendiek, Beate (Hrsg.): Handbuch Frauen- und Geschlechterforschung. Theorie, Methoden, Empirie. 2. Auflage. Wiesbaden: VS, S. 17–22

Hearn, Jeff (2016): Zum Zusammenhang von Männern, Männlichkeiten und Arbeitsmärkten. Trans(-nationale) Patriarchate, transnationale Männer und transnationale Männlichkeiten. In: Lengersdorf, Diana/Meuser, Michael (Hrsg.): Männlichkeiten und der Strukturwandel von Erwerbsarbeit in globalisierten Gesellschaften. Diagnosen und Perspektiven. Weinheim, Basel: Beltz Juventa, S. 15–36

Trauererleben und Trauerverhalten

Feldmann, ein deutscher Thanatologe, definiert Trauer wie folgt: „Trauer ist eine Form von psychischem Sterben, ein tatsächlicher oder antizipierter Verlust von identitätsrelevanten Personen oder Objekten" (Feldmann 2010, S. 242). Für ihn umfasst Trauer im Zusammenhang mit dem Tod einer nahen Bezugsperson Gefühle, Gedanken und Verhaltensweisen (ebd.). Es gibt viele unterschiedliche Modelle zum Trauerprozess als Erklärungsversuche für körperliche und seelische Befindlichkeiten nach einem Todesfall, welche die Wirklichkeit jedoch nur teilweise abbilden können. Heller schreibt, „... dass es kein Schema für ein gutes Sterben, einen guten Tod, geben kann" (Heller 2012, S. 9). Ebenso verhält es sich mit der Trauer, sie ist persönlich und individuell und zutiefst menschlich zu jedem Leben dazugehörend. Bei der Suche nach Fachliteratur oder Studien zum Thema Trauer findet sich eine Vielzahl an Beiträgen auch im deutschen Sprachraum. Hingegen befasst sich fast ausschließlich Betroffenenliteratur mit dem Thema Männer, Verlust und Trauer. Achenbach, ein Trauerbegleiter, überschreibt die Einführung zu seinem Buch mit „Männertrauer – ein unerforschtes Phänomen" (Achenbach 2019, S. 7).

Den Trauerprozess beeinflussende Faktoren und geschlechtsspezifische Unterschiede: Bowlby (1991) formuliert dazu Variablen und Worden (1999) Determinanten, beide bewerten deren Einfluss auf den Trauerverlauf nach einem Todesfall. Zusammenfassend beschreiben sie die Faktoren: Persönlichkeit und Verletzlichkeit der Hinterbliebenen, soziales Umfeld, Art der Beziehung oder Bindung zur verstorbenen Person, sozioökonomische Lebensumstände, Art und Umstände des Todes sowie Alter und Geschlecht der Hinterbliebenen. Sowohl Bowlby wie auch Worden nennen im Zusammenhang mit dem Faktor Geschlecht nur wenige Fakten. Im Klassiker von Bowlby (1991) „Verlust, Trauer und Depression", trotz seines Erscheinungsdatums in den 1980er Jahren immer noch aktuell, stehen einer Vielzahl von Forschungen zu Witwen eine geringe Anzahl von Forschungen zu Witwern gegenüber. Glick untersuchte Anfang der 1970er Jahre in der Havard Stichprobe über drei Jahre 22 Witwer aus allen sozioökonomischen und größeren religiösen und ethischen Gruppen. Im Vergleich mit den Witwen ergaben sich Ähnlichkeiten bezüglich der emotionalen und psychologischen Reaktionen (Schmerz und Sehnsucht), jedoch Unterschiede, wie diese ausgedrückt und verarbeitet wurden. Im Bereich Erleben gaben die Witwer nach einem Jahr an, mehr unter Spannung und Rastlosigkeit zu leiden als die Vergleichsgruppe der Witwen. Männer äußerten mehrheitlich das

Gefühl, einen Teil von sich verloren zu haben, die Frauen beschrieben eher Verlassenheitsgefühle. Unterschiedlich waren auch der Realitätsbezug und die Akzeptanz des Todes der Partner*innen acht Wochen nach dem Verlust. Die Frauen äußerten zu fast 50 Prozent das Gefühl, als würde der Partner zurückkehren, sowie die Angst vor einem Nervenzusammenbruch. Die Witwer gaben an, Tränen als unmännlich zu empfinden, und versuchten, ihre Gefühle zu kontrollieren. Das Gefühl sexueller Entbehrung wurde wesentlich häufiger von Witwern formuliert. Als signifikanten Unterschied dachten Männer wesentlich häufiger und schneller über eine neue Partnerschaft nach. Die Hälfte von ihnen hatte nach einem Jahr wieder geheiratet oder befand sich in einer festen Beziehung; bei den Frauen waren es hingegen nur 18 Prozent (Bowlby 1991, S. 136 ff.). Das schnelle Eingehen einer neuen Beziehung erwähnt auch Kreuels, der nach dem Tod seiner Frau vergeblich Männer in Trauergruppen suchte und sie auch mit der Gründung eines eigenen Trauercafés nicht fand. Selbst Aufrufe in Funk und Fernsehen und viele Briefe an Hospizvereine zeigten kaum Erfolge (Kreuels 2017). Bödiker und Theobald (2008) berichten aus ihrer jahrelangen Arbeit mit Trauernden, wie Partnerschaften häufig durch unterschiedliches Trauerverhalten scheitern. Männer scheinen schlechter auf den Tod einer Partnerin vorbereitet, da sie sich eher jüngere Frauen suchen und von deren statistisch längerer Lebensdauer ausgehen. Frauen sind durch Rollenwechsel (z. B. Mutter/Berufstätige) und biologische Umständen (z. B. Schwangerschaft/Wechseljahre) eher gewohnt, sich an neue Lebensumstände anzupassen als Männer. Alltagsdinge überfordern Witwer in der Regel stärker als Witwen, da sie sich immer noch häufig von ihren Frauen versorgen lassen. Freizeitgestaltung und die Pflege sozialer Kontakte organisieren meist die Partnerinnen und mit eigenen männlichen Freunden wird kaum über Gefühle und Befindlichkeiten gesprochen. „Der patriarchale Traum von Kontrolle und Macht über das Leben ist zerbrochen" (Bödiker/Theobald 2008, S. 71). Kontrollverlust und das Zeigen von Gefühlen widerspricht den männlichen Rollenerwartungen, dies behindert jedoch die Trauerverarbeitung und begünstigt Sucht und suizidales Verhalten. Kontrolliertes, rationelles, eher aktives Verhalten, wie Sport, Hobbys, die schnelle Rückkehr in die Arbeit, führen dazu, dass Männer weniger Hilfe erhalten als Frauen.

Männer üben häufiger Berufe wie Priester, Bestatter, Sargträger, Friedhofsverwalter etc. aus. Frauen kümmern sich eher um Sterbebegleitung und Totenwachen und können sich dadurch besser auf den nahen Tod vorbereiten sowie auf die Trauer einlassen. Bödiker und Theobald schlagen männliche Trauerbegleiter für Männer vor und eine Loslösung von durch Sozialisation bedingten weiblichen Trauermustern (Bödiker/Theobald 2008, S. 69 ff.).

Trauerverhalten in unterschiedlichen Kulturen und Religionen: Dass auch nach dem Tod nicht alle gleich sind, beschreibt Birgit Heller in ihrem Beitrag über den Sozialcharakter des Todes. So kommt in vielen Kulturen den Männern, die als Helden sterben, ein besonderer Platz auch im Jenseits zu. In der aztekischen Religion erhalten Frauen, welche im Kindbett sterben, als Ausnahme ebenso einen Ehrenplatz im Leben nach dem Tod (Heller 2017, S. 6).

Der Tod wird in beiderlei Geschlechtern dargestellt, z. B. die Tödin, der Gevatter Tod. Die Rolle der Frauen bestand schon immer darin, bei Geburt und Sterben zu begleiten, jedoch wurden sie gleichzeitig – früher und in bestimmten Kulturen bis heute – für den Tod verantwortlich gemacht und mit Verbrennen auf dem Scheiterhaufen bestraft (Heller 2012, S. 7 ff.). Heute repräsentieren Männer eher die Palliativmedizin, während Frauen sich mehr mit der Hospizarbeit und mit Palliative Care identifizieren. Die Dominanz des eher männlich besetzten medizinischen Bereichs des Rationellen führt zu einer Abwertung des als weiblich definierten Care Begriffs mit weitreichenden Folgen, u. a. einer Medikalisierung des Todes (ebd., S. 21 f.).

Aus der Betrachtung unterschiedlicher Kulturen und Religionen zeigt sich immer noch eine Trennung in Bezug darauf, wer wo und wie trauern darf, wobei fortschrittliche religiöse Strömungen sich mehr und mehr von traditionell geprägten Geschlechtertrennungen lösen. Die folgenden Beispiele sollen diesen Aspekt beleuchten, erheben jedoch keinen Anspruch auf Vollständigkeit. Im Hinduismus wird die Ehefrau noch weitgehend für den Tod des Ehemanns verantwortlich gemacht. Frauen dürfen traditionell an der Verbrennung der Toten nicht teilnehmen. Nur in Ausnahmefällen führt die älteste Tochter rituelle Handlungen durch, welche sonst dem ältesten Sohn vorbehalten sind. Die Frau, welche als triebhaft und beziehungsverhaftet gesehen wird, soll ihre Trauer in heftigen Reaktionen zeigen, während der Mann als wissender Teil seine Gefühle kontrolliert, er gilt als spirituell und intellektuell höher entwickelt (ebd., S. 48 f.). Im Christentum gehören Leben und Tod zusammen, das „Mementi mori" erfordert ein bewusstes und geordnetes Leben (Antes 2012, S. 119). Geschlechtertrennung bei Trauerritualen findet sich im Christentum kaum. Bekannt sind Klageweiber, welche jedoch auch in anderen kulturellen und religiösen Richtungen vorkommen. Teilweise können Frauen im Christentum als Märtyrerinnen auf ein besonderes Jenseitserleben hoffen. Die Sorge um die Toten wurde vor allem früher den Frauen überlassen, mit der Ökonomisierung des Bestattungswesens übernahmen die Männer diese Domäne (Heller 2017, S. 6 f.).

Islam bedeutet Hingabe bzw. Hingabe an Gott und umfasst viele unterschiedliche kulturelle Ausrichtungen. Religiös gesehen ist im Islam der Tod die Rückkehr zu Gott und nicht negativ behaftet. Der Dienst am Toten – die rituelle Waschung, das Einhüllen in das Totentuch sowie das Begräbnis – ist Pflicht und wird getrennt nach Geschlechtern vorgenommen. Bei der Einkleidung werden Frauen in der Regel in fünf Totentücher gehüllt und Männer in drei. An der Beerdigung nehmen Frauen traditionell nicht teil, sie beklagen zu Hause die Toten, teilweise sehr laut, oft verbunden mit Haare raufen, sich am Boden wälzen oder sich das Gesicht zerkratzen. Dass emotionales Trauern die Toten zurückhalten könnte, wird in manchen Schriften als Grund genannt, warum Frauen am Begräbnis nicht teilnehmen sollen (Eisingerich 2012, S. 140 ff.).

Rituelle Unterschiede zwischen den Geschlechtern finden sich auch im Judentum, welches sich von den Ausprägungen in die Hauptrichtungen orthodox, konservativ und Reformjudentum einteilen lässt. Das Judentum bezeichnet sich auch als Religion des Lebens. Juden und Jüdinnen sind nicht nur religiös, sondern auch kulturell und von Geburt an dem Judentum zugehörig (Heller 2012, S. 87 f.). Durch die lebensbejahende Haltung beeinflusst, wird weitgehend auch am Sterbebett nicht über das nahe Ende gesprochen, es soll eine heitere Stimmung verbreitet werden. Da Frauen mit der ihnen zugeschriebenen mangelnden Gefühlskontrolle die Atmosphäre von Gelassenheit und Ruhe stören könnten, sind sie gewöhnlich auch im Judentum beim Begräbnis nicht mit dabei (ebd., S. 103).

Als Fazit aus dem religiösen und kulturellen Vergleich bleibt: Gefühle zu zeigen ist unerwünscht und schambehaftet. Männern kommen im Zusammenhang mit Sterben, Tod und Trauer weitgehend andere Rollen zu, von ihnen wird erwartet, ihre Gefühle kontrollieren zu können.

Die Soziale Arbeit wird zwar zunehmend als wichtige Profession im Bereich des Palliativ Care und der Hospizarbeit verstanden, der Satz von Domenico Borasio – „die Soziale Arbeit gehört zu den wichtigsten und am meisten unterschätzten Berufen in der Betreuung Schwerstkranker und Sterbender" (Borasio 2011, S. 82) – hat jedoch leider nicht an Gültigkeit verloren. Gronemeyer und Heller beklagen die zunehmende Pathologisierung von Sterben und den Ausschluss der Ehrenamtlichen (Gronemeyer/Heller 2014, S. 70 f.), dasselbe gilt für die Trauer. Ebenso wie Ciceley Saunders Sterben als total pain beschrieben hat, ist Trauer nur in umgekehrter Reihenfolge ein Prozess auf der spirituellen, psychischen, sozialen und physischen Ebene. Die Soziale Arbeit ist deshalb sowohl in der Sterbe- wie in der Trauerbegleitung als Profession unverzichtbar und auch geeignet, die Ehrenamtlichen und Betroffenen entsprechend einzubeziehen. Als sozialwissenschaftliche Profession könnte sie in der Trauerforschung z. B. zum Thema Männer und Trauer einen wichtigen Beitrag leisten.

Katharina Anane-Mundthal

Zum Weiterlesen
Bödiker, Marie-Luise/Theobald, Monika (2008): Trauer-Gesichter. Hilfe für Trauernde – Arbeitsmaterial für die Trauerbegleitung. Schriftenreihe Praxisforschung Trauer. Wuppertal: der hospiz verlag
Bowlby, John (1991): Verlust, Trauer und Depression. Geist und Psyche. Frankfurt/M.: Fischer
Heller, Birgit (2012): Wie Religionen mit dem Tod umgehen. Grundlagen für die interkulturelle Sterbebegleitung. Freiburg: Lambertus

Trennung

‚Trennung' ist ein umfassendes menschliches Thema, das weit mehr als nur die Trennung aus Partnerschaften umfasst (Weischedel 1984). Doch auch hier ist sie allgegenwärtig: Im Jahr 2018 wurden 148.066 Ehen geschieden (Statistisches Bundesamt 2020c). Hinzu kommen Trennungen aus nichtehelichen Lebensgemeinschaften und weiteren Partnerschaften jeglicher Lebensform und -gestaltung, die zum Alltag in unserer Gesellschaft gehören.

Es sind die individuellen Schicksale und der jeweils eigene Umgang mit dem zumeist kritischen Lebensereignis, die bei einer Trennung in den Blick geraten. Während ‚Scheidung' als Rechtsakt zwangsläufig ein Wechselspiel zwischen Öffentlichkeit und Privatheit nach sich zieht, ist ‚Trennung' zunächst erst einmal eine private Angelegenheit, wenngleich sie eine Vielzahl sozialer Folgen nach sich ziehen kann. Eine Folge dieser Privatheit ist, dass das Thema ‚Trennung' im Gegensatz zu ‚Scheidung' selten als sozialpädagogisches Problem wahrgenommen wird. Gleichzeitig finden sich beispielsweise im Internet zahlreiche Ratgeberseiten, die sich an den Einzelnen, die Einzelne wenden und ihnen Hilfe in einer schwierigen Lebenssituation geben wollen.

Unter Genderperspektive werden zu ‚Trennung aus Partnerschaften' immer wieder zwei Aspekte hervorgehoben: Zum einen streben mehr Frauen als Männer Trennungen an, zum anderen scheinen Männer unter Trennungen stärker zu leiden (Höpflinger 2002). Doch bei genauer Betrachtung verbindet das Thema ‚Trennung' die Geschlechter stärker, spiegeln die Unterschiede eher den Umgang als die Ursachen wider.

Um dies zu erkennen, muss verstanden werden, was Paare – egal ob hetero- oder homosexuell orientiert – zusammenführt und dann wieder trennt. Der Paartherapeut Jürg Willi hat dafür mit dem Kollusionsprinzip ein prominentes Verständniskonzept entwickelt (Willi 1975). Unter Kollusion ist das unbewusste Zusammenspiel der Partner zu verstehen, wobei die intrapsychischen Ressourcen und Grenzen bei beiden fast immer identisch sind, sonst hätten sie nicht als Paar zusammengefunden. Das bedeutet nicht, dass es im Zusammensein eines Paares nicht Unter- und Überordnung geben kann. Willi verweist vielmehr darauf, dass gerade das Sich-Finden in Dominanz und Anpassung in der Regel Bestandteil von Kollusion ist. Der Irrtum liegt nur oftmals darin, einen der beiden Partner für sein Verhalten zu verurteilen und den anderen als Opfer zu identifizieren. Das Zusammenspiel in einer Partnerschaft ist jedoch als ein von beiden gesuchtes zu sehen – auch wenn es sich dabei zumeist um unbewusste Prozesse handelt.

Grundlage des gemeinsamen Arrangements ist die Hoffnung beider auf Entwicklung und Überwindung der aus der Biografie resultierenden Defizite und intrapsychischen Nöte. Kollusion kann in dieser Sicht durch Bewusstmachung eigener Verhaltensmuster als Entwicklungschance gesehen werden. Voraussetzung ist jedoch, die Probleme und Nöte in der Partnerschaft nicht dem Partner oder der Partnerin anzulasten (Stiehler 2016).

Paarkonflikte entstehen vor allem dann, wenn für die Enttäuschung über die nicht erfolgte eigene Entwicklung der/die jeweils andere verantwortlich gemacht wird. Dies lässt sich als Spirale beschreiben, die in immer stärkere Konflikte und/oder Resignation führt. Denn so, wie das Ausbleiben eigener innerseelischer Entwicklung Partnerschaftskonflikte provoziert, verhindern gegenseitige Schuldzuweisungen die eigentlich angestrebte Entwicklung.

In Paartherapien/Paarberatungen lassen sich in der Reaktion auf diese Situation geschlechtsspezifische Verhaltensmuster feststellen, die durch eine eigene Untersuchung geschlechtsspezifischer Gestaltung von Partnerschaften und Partnerschaftskonflikten bestätigt wurde (Stiehler/Stiehler 2007). Während sich Männer häufiger in stummer Resignation aus der Beziehung zurückziehen, suchen Frauen eher den offenen Konflikt, zumeist jedoch in destruktiven Schuldzuweisungen. Dies führt dazu, dass Männer einerseits länger problematische Situationen aushalten, andererseits Trennungen mehr provozieren, als dass sie sie aktiv betreiben. Frauen sind hingegen schneller bereit, Trennungen aktiv anzugehen – jedoch oft in der illusionären Hoffnung, dass es allein dadurch schon besser würde.

Hintergrund der geschlechtsspezifischen Muster sind Erfahrungen mit dem elterlichen Umgang mit Konflikten und eigenes Trennungserleben in der Kindheit (Stiehler 2018). Die Unterschiede zwischen den Eltern, die sich grob mit einer emotional Grenzen überschreitenden Mutter und einem abwesenden Vater beschreiben lassen (Chodorow 1994), führen zu geschlechtsspezifischem Verhalten auch bei den Kindern. Allerdings treffen die beschriebenen Muster nicht auf alle Paare gleichermaßen zu. Sie geben eher eine Tendenz wieder.

Für die Begleitung von Paaren in Trennungssituationen ergeben sich folgende wesentliche Gesichtspunkte: Zunächst ist Trennung als jeweilige individuelle Krise zu erkennen und zu akzeptieren. Selbst wenn der eigentliche Trennungsschritt für den Einzelnen, die Einzelne als Befreiung erlebt wird, war zumindest der Weg dahin durch einen krisenhaften Prozess gekennzeichnet. Die Trennungskrise ist sowohl in ihrem intrapsychischen Destabilisierungs- als auch in ihrem Entwicklungspotenzial ernst zu nehmen. Hierfür ist beraterische Professionalität unabdingbar. Diese braucht neben methodischem Wissen die Reflexion eigener Partnerschafts- und Trennungserfahrungen sowie die Reflexion der eigenen Kindheitsmuster (Stiehler 2018). Das schließt auch die eigene Sozialisation und das eigene geschlechtsspezifische Verhalten ein. Therapeutinnen und Therapeuten, Beraterinnen und Berater treten selbst immer als Frau bzw. Mann auf und sind nur soweit in der Lage, gut zu helfen, wie sie die eigene Geschlechtsspezifik reflektieren. Ansonsten besteht die Gefahr, die Klientinnen und Klienten die eigenen unbewältigten Konflikte – auch auf

Geschlechterebene – austragen zu lassen. Dies geschieht in der Praxis vor allem durch falsche Solidarisierungen und einseitige Schuldzuweisungen.

Vor der Gefahr, den Mangel an Geschlechtsreflexion destruktiv auszuagieren, kann das Hilfsangebot als Berater – bzw. Therapeutpaar schützen. Erfahrungsgemäß sind in dieser Konstellation auch die Klientinnen und Klienten offener für kritische Interventionen, da sie sich vor falschen Bündnissen sicherer wähnen. Allerdings setzt solch ein Angebot ein erhebliches Maß an gemeinsamer partnerschaftlicher und professioneller Entwicklung voraus, da sich Konflikte sofort auf die Hilfeleistung niederschlagen. So wünschenswert dieses Angebot ist, so selten existiert es daher in der Praxis.

Bei der Begleitung von Paaren in einer Trennungssituation ist in jedem Fall auf eine unparteiliche Grundhaltung zu achten. Das Verständnis, dass nicht nur das Zusammenkommen von Paaren, sondern ebenso das Trennungsgeschehen durch kollusive Arrangements geprägt ist, bewahrt davor, sich zu schnell und vor allem ideologiegeleitet für eine Seite zu positionieren. Selbstverständlich kann es Situationen geben, in denen eine Seite der besonderen Unterstützung und des Schutzes bedarf. Jedoch darf nicht bereits vor einer intensiven Exploration feststehen, wem eine besondere Fürsorge gilt: Mann oder Frau, Verlassenem oder Verlassendem. Wichtig ist dieser Punkt, weil zum einen die Gleichartigkeit destruktiven Agierens in Trennungssituationen die Regel ist. Zum anderen führt parteiliche Beratung dazu, dass gerade das Entwicklungspotenzial desjenigen, derjenigen, für den, die Partei ergriffen wird, behindert wird.

Bei all dem ist die Erkenntnis wichtig, dass Kommunikationsübungen, wie sie in vielen Paarberatungen, -therapien und -übungen angeboten werden, zwar positive Auswirkungen auf das Zusammenleben von Paaren haben können, aber die eigentlichen Problemlagen, wie sie oben aufgezeigt wurden, nicht erfassen (Schnarch 2006). Wichtiger ist die Arbeit an der Entwicklung beider Beteiligten wie auch des Paares. Dafür sind Professionalität in der Beratung und die Reflexion der eigenen Entwicklung unablässig (Stiehler 2018).

Matthias Stiehler und Sabine Stiehler

Zum Weiterlesen
Möller, Michael L. (1992): Die Wahrheit beginnt zu zweit. Das Paar im Gespräch. Reinbeck: Rowohlt
Stiehler, Matthias (2016): Partnerschaft ist einfach. Hamburg: tradition
Stiehler, Matthias (2018): Partnerschaft geht anders. Mit Paarberatung zu einem guten Miteinander. Hamburg: tradition

Unterhalt

Unterhalt und damit auch die einzelnen Unterhaltsansprüche sind als privatrechtliche Versorgungsansprüche im BGB geregelt. Unterhalt stellt den Kernbereich der wirtschaftlichen Absicherung von Ehe und Familie dar und dient der Sicherung sowohl der existenziellen Grundbedürfnisse, wie Wohnen, Nahrung und Kleidung, als auch dem Recht auf das sogenannte ‚relative Existenzminimum', das sich nach den jeweiligen gesellschaftlichen Bedingungen, dem individuellen sozialen Standort des Unterhaltsberechtigten und der Leistungsfähigkeit des Unterhaltspflichtigen bestimmt. Ein so definiertes Recht auf Unterhalt kann sich prinzipiell auf Individuen, auf die Familie als Gruppe oder den Staat beziehen (vgl. Bauer/Schimke/Dohmel 2001, S. 225). Deshalb besteht vor allem bei der Subsidiarität von Sozialleistungen ein Spannungsverhältnis zwischen den privatrechtlichen Unterhaltsansprüchen einerseits und Ansprüchen auf Sozialleistungen andererseits.

Das BGB kennt neben dem Familienunterhalt nach § 1360 – Pflicht der Ehegatten, die Familie angemessen zu unterhalten – den Unterhalt zwischen getrennt lebenden (§ 1361) und geschiedenen Ehegatten (§§ 1569 ff.) und den Betreuungsunterhalt zwischen nicht miteinander verheirateten Eltern aus Anlass der Betreuung ihres gemeinsamen Kindes (§ 1615), auch die allgemeine Unterhaltspflicht zwischen Verwandten, die insbesondere den Unterhalt zwischen Eltern und ihren Kindern umfasst und diese Pflicht im Übrigen auf Verwandte in gerader Linie beschränkt (vgl. Beitzke 1988, S. 225 ff.).

Mit der rechtlichen Möglichkeit für gleichgeschlechtliche Paare, zunächst eine eingetragene Lebenspartnerschaft (Lebenspartnerschaftsgesetz vom 16.02.2001) und seit 18.12.2018 auch die Ehe zu begründen, erstreckt sich diese gegenseitige Unterhaltspflicht auch auf diese Gemeinschaften.

Unter Genderaspekten spielt der Ehegattenunterhalt sowohl bei bestehender Ehe/Lebenspartnerschaft als Teil des sogenannten ‚Familienunterhalts' als auch bei Trennung und Scheidung der Ehepartner*innen (entsprechend der Lebenspartner*innen) eine besondere Rolle. Diese gründet darauf, dass Ehegatt*innen unabhängig vom jeweiligen Güterstand nach § 1360 Satz 1 BGB „einander verpflichtet sind, durch ihre Arbeit und mit ihrem Vermögen die Familie angemessen zu unterhalten" (vgl. Schleicher 2007, S. 378). Derjenige bzw. diejenige der Ehepartner*innen bzw. der Lebenspartner*innen, der oder die den Haushalt führt, erfüllt in der Regel damit die Pflicht nach § 1360 Satz 2 durch Arbeit zum Familienunterhalt beizutragen (vgl. Schleicher 2007, S. 378).

Die Regelung suggeriert eine gemeinsame Entscheidungsfreiheit der Ehepartner*innen bzw. Lebenspartner *innen, weil diese während bestehender Ehe „frei bestimmen können, wer und in welcher Weise Unterhalt z. B. auch durch den Einsatz von Arbeitskraft erbringt" (vgl. Gernhuber/Coester-Waltjen 2010, S. 187), und nach dem Grundsatz der Vertragsfreiheit auch für die Zeit nach der Scheidung Vereinbarungen, insbesondere in Unterhaltsverträgen und durch Unterhaltsverzicht, treffen (vgl. Münder/Ernst 2009, S. 47) können. Von den tatsächlichen ökonomischen Rahmenbedingungen wird dabei abstrahiert.

„Während der Ehegattenunterhaltsanspruch bei bestehender Ehe meist nur symbolischen Gehalt hat, entfaltet er nach der Trennung der Ehepartner seine Funktion für den ökonomisch schwächeren, meist die Ehefrau, als Gnadenbrot – der vollständig auf das Haus und die Kinderaufzucht eingestellt war" (vgl. Martiny 1987, S. 33). Das trifft auch auf die Lebenspartnerschaften zu. Nach der Scheidung bzw. offizieller Trennung der Lebenspartner*innen ist jede*r für sich selbst verantwortlich. „Dieser Grundsatz ist nunmehr ausdrücklich gesetzlich festgehalten (§ 1569 BGB). Dementsprechend betont § 1574 Abs. 1 BGB, dass der geschiedene Ehegatte verpflichtet ist, eine angemessene Erwerbstätigkeit auszuüben" (Lorenz 2013, S. 302). Damit treten Konflikte beim Ehegattenunterhalt vor allem nach der Ehescheidung auf. Mit der Unterhaltsrechtsreform von 2008 sollte das Unterhaltsrecht an die geänderten gesellschaftlichen Verhältnisse und den eingetretenen Wertewandel angepasst werden, die gekennzeichnet sind durch geänderte Rollenverteilung innerhalb der Ehe, Zunahme der Erwerbstätigkeit beider Eltern, steigende Scheidungszahlen, vermehrte Gründung von ‚Zweitfamilien' mit Kindern, Zunahme von Eltern, die in nichtehelichen Lebensgemeinschaften leben oder alleinerziehend sind (vgl. Schleicher 2007, S. 246). Insbesondere sollte die ‚neue Familie' (Ehepartner*in und Kinder in der neuen Ehe) durch die Entlastung von Unterhaltsansprüchen aus früheren Ehen mehr Geld zur Verfügung haben (vgl. Marx 2014, S. 239). Erklärte Ziele der Unterhaltsreform war neben der Betonung des Grundsatzes der Eigenverantwortung geschiedener Ehegatten die Stärkung des Kindeswohls und die Vereinfachung des Unterhaltsrechts (vgl. Schleicher 2007, S. 246). Dementsprechend erhielten die Unterhaltsansprüche von minderjährigen bzw. in schulischer Ausbildung befindlichen Kindern absoluten Vorrang und die Ansprüche von Kinder betreuenden Elternteilen, unabhängig davon, ob verheiratet oder geschieden, wurden gleichrangig (vgl. Schleicher 2007, S. 246). Das Ziel der Vereinfachung des Unterhaltsrechts wurde nicht erreicht (vgl. Marx 2014, S. 239). Die Reform ist darüber hinaus auch umstritten, da die Vereinbarkeit von Familienleistungen und Beruf nach wie vor problematisch sind.

Ebenfalls kompliziert stellen sich Legitimation und Definition von Unterhaltsansprüchen zwischen Eltern dar, wenn diese nicht miteinander verheiratet sind oder waren: Grundsätzlich besteht keine gegenseitige Pflicht des Eintretens füreinander, sofern keine Ehe oder eingetragene Partnerschaft bestand. Die unverheiratete Kindesmutter konnte nach dem BGB bis zur Kindschaftsrechtsreform 1998 nur einen Schadensersatz gegen den Kindesvater geltend machen. Im Zuge der Gleichstellung von ehelich und nichtehelich geborenen Kindern wurde unter dem Aspekt der Betreuung des Kindes der Betreuungsunterhalt für nicht verheiratete Mütter etabliert und ausgestaltet. Entsprechend der Feststellung des Bundesverfassungsgerichts vom 28.02.2007, dass die unterschiedliche Ausgestaltung des Anspruchs auf Unterhalt wegen der Betreuung eines Kindes bei ehelicher und außerehelicher Kindschaft gegen Art.

6 Abs. 5 GG verstößt (Budzikiewicz 2007, S. 353), wurde mit der Unterhaltsreform von 2008 auch dieser Bereich geändert. Nunmehr nehmen Elternteile, die wegen der Betreuung eines Kindes unterhaltspflichtig wären – z. B. nicht miteinander verheiratete Elternteile – oder es im Falle eine Scheidung wären, im reformierten § 1609 BGB den gleichen Rang ein. Da die nicht mit dem Kindesvater verheiratete Mutter keinen Anspruch auf Familienunterhalt hat, kann sie für sechs Wochen vor der Geburt sowie acht Wochen nach der Geburt und für besondere Kosten, die sie mit der Geburt hat, Unterhalt vom Kindesvater verlangen (§ 1615l BGB) (vgl. Schwab 2012, S. 407).

Gleichzeitig geht die Neuregelung für beide Gruppen unterhaltsberechtigter Elternteile davon aus, dass mit dem Rechtsanspruch auf einen Kinderbetreuungsplatz im Regelfall mit Vollendung des dritten Lebensjahres des Kindes eine Betreuung durch Dritte erfolgen kann. Ein grundsätzlicher Anspruch des Kindes auf persönliche Betreuung durch einen Elternteil – häufig die Mutter – besteht damit auch nach der Ehescheidung nicht mehr (vgl. Lorenz 2018, S. 303). Geschiedene wie nichtverheiratete Elternteile werden damit gleichermaßen auf die Inanspruchnahme von Kinderbetreuungsmöglichkeiten verwiesen, von der nur dann abgesehen werden kann – mit entsprechenden Betreuungsunterhaltsansprüchen –, wenn dies aus kindbezogenen Gründen nicht oder nur teilweise möglich sein sollte (vgl. Lorenz 2018, S. 303).

Für beide Gruppen wird davon ausgegangen, dass Kinderbetreuung und Erwerbstätigkeit gleichermaßen möglich sind, nicht zuletzt, um Unterhaltsansprüche zu reduzieren (Lorenz 2018, S. 303) Im Übrigen hat auch der Kindesvater, sofern er die überwiegende Betreuung des Kindes leistet, hier einen Anspruch auf Betreuungsunterhalt (vgl. Lorenz 2018, S. 322).

Christina Niedermeier

Zum Weiterlesen
Martiny, Dieter (1987): Des widerspenstigen Schuldners Zähmung – Zur Soziologie des Unterhaltsrechts. In: Zeitschrift für Rechtssoziologie, 8, H. 1, S. 24–56
Schleicher, Hans (2007): Jugend- und Familienrecht. 12. Auflage. München: C.H. Beck
Marx, Ansgar (2014): Familienrecht für soziale Berufe. Köln: Bundesanzeiger

Väterlichkeit

Während sich eine wissenschaftliche Väterforschung erst in jüngerer Vergangenheit zu entwickeln begonnen hat (vgl. Meuser 2013, S. 93), stellen Väter und Väterlichkeit an sich einen historisch weiter zurückreichenden Untersuchungs- wie Interessensgegenstand dar (vgl. u. a. Cyprian 2007; Walter 2002).

Geschichte: Gemessen an den Wertmaßstäben der 2020er Jahre erscheinen Väter zurückblickend meist negativ attribuiert. Im Fachdiskurs lassen sich drei vorherrschende Konstruktionsfiguren historischer Väterlichkeit identifizieren

– der ‚autoritäre', der ‚abwesende' sowie der ‚traditionelle Vater' (vgl. dazu kritisch Drinck 2005). Alle drei Bestimmungsweisen eint, dass sie dem Vater eine Distanziertheit in Bezug auf die affektive Beziehungsarbeit innerhalb der Familie unterstellen.

Seit den 1980er Jahren werden diese Bilder sowie die gelebten individuellen Vaterschaftsentwürfe zunehmend problematisiert: Forderungen nach einer ‚neuen Väterlichkeit' (Dunde 1986) verschaffen sich Gehör und reihen sich ein in die sozialbewegte Aufbruchstimmung der Zeit. In den Männlichkeitsdiskursen, vor allem innerhalb der florierenden Sachbuch- und Ratgeberliteratur, finden sie insofern ihren Niederschlag, dass nun Bestrebungen sichtbar werden, männliche (Selbst-)Erfahrungsräume zu erweitern und auf traditionell weiblich konnotierte Bereiche auszudehnen. Männer wollen (und sollen) mehr am Familienleben teilhaben (können), nicht nur, was die Freizeitaktivitäten (mit ihren Söhnen) anbelangt, sondern auch Carearbeit gegenüber dem Nachwuchs übernehmen. Ein Teil der Männer erprobt sich fortan auf unbekanntem Terrain, nämlich „männliche Mutter" (Schreiber 1982) oder Ähnliches zu sein.

Moderne Väterlichkeit: Zu Beginn der 1990er Jahre machte Dieter Lenzen, stellvertretend für viele andere, seinem Unbehagen ob dieser Entwicklung Luft, als er der „so konstituierte[n] ‚neue[n] Väterlichkeit' [...] eine ‚alte Mütterlichkeit'" (Lenzen 1991, S. 246) unterstellte. Damit monierte er einen Trend, der wenig später in einen größeren Diskussionsrahmen Eingang fand, nämlich eine grundlegende Kritik an der ‚Feminisierung in der Erziehung' (Rabe-Kleberg 2005). Im Gefolge dessen begann sich nun ein neuer Diskurs um ‚moderne Väterlichkeit' zu entwickeln, der weniger auf das Konkurrenz- und Nachahmungsverhältnis von Vätern zu Müttern abstellte, sondern darauf fokussierte, den eigenen Wert der Väterlichkeit im Zusammenhang gelingender Aufwachsensbedingungen von Kindern auszuloten. Die Mutter-Kind-Beziehung wird in entsprechenden Debatten als eine exklusive zu Beginn der Elternschaft betrachtet, deren Sinnfälligkeit sich aus dem Umstand der über die Schwangerschaft entstandenen pränatalen Bindung sowie postnatalen Versorgungsnotwendigkeit ergibt. Der Vater kann eine solche nicht für sich reklamieren. Er kann allenfalls derjenige sein, der einer schon bestehenden Beziehung beitritt. Allerdings hat dieses Hinzutreten eine wichtige Funktion: Das Beziehungsband zwischen Mutter und Kind wird durch den präsenten Vater gelockert und um eine dritte Person erweitert. Dieser Prozess der Triadifizierung oder auch Triangulierung der Mutter-Kind-Dyade ist insofern von Bedeutung, dass eine Entlastung der Mutter in Anbetracht steigender Bedürfnisse des Kindes erfolgen kann, ebenso aber auch, dass sich die kindliche Erfahrungswelt substanziell erweitert: „Auf dem Arm des Vaters entdeckt das Kind [so], dass es von der Mutter unterschieden ist. Damit entwickelt sich für das Kind Beziehungsvielfalt und Beziehungsdifferenzierung. Ein Kind erfährt sich in Beziehung zur Mutter und in Beziehung zum Vater und erlebt dabei Unterschiede" (Stiehler 2017, S. 3). Während sich der ‚unväterliche Vater' (Stiehler 2012) seiner Grenzen und Möglichkeiten nur unzureichend bewusst ist, drückt sich ‚wahre Väterlichkeit' darin aus, seine gerahmte Rolle anzunehmen und dem Kind Halt, Führung und Struktur zu geben. Damit ist aber keineswegs gesagt, dass allein die (real nicht mehr existierende) ‚Normalfamilie' angemessene Aufwachsensbedingungen für Kinder bieten kann. In einschlägigen Studien, sowohl zu Ein-Eltern-Familien (Ziegler 2011) als auch Regenbogenfamilien (Rupp 2009), konnte kein Beweis erbracht werden, dass ein abwesender (oder auch doppelt verfügbarer) Vater sich negativ auf die kindliche Entwicklung auswirken muss. Entscheidender ist, dass Kindern eine förderliche Umwelt und differenzierte personale Erfahrungsräume dargeboten werden.

Die Entwicklungsgeschichte der Väterlichkeit kann so gesehen auf der Grundlage eines Dreiphasenmodells verstanden werden – der Vater als „distante, periphere Figur in der Kindererziehung" (Seiffge-Krenke 2009, S. 196), der Vater als derjenige, der sich in nachahmender Mütterlichkeit entwirft, sowie der Mann, der eine selbstbestimmte moderne Väterlichkeit lebt, die ihren spezifischen Eigenwert für eine positive Kindesentwicklung hat (ebd., S. 196 f.). Die hier beschriebenen hegemonialen Konstruktionsweisen von Väterlichkeit können aber nicht nur chronologisch betrachtet, sondern auch als polyphone Anrufungen an (heutige) Männer gelesen werden: Väter (ebenso wie Mütter) sind mehr denn je aufgefordert, ihre Lebensentwürfe konsistent zu gestalten und den Herausforderungen von Erwerbsarbeit, Partner- und Elternschaft sowie eigenen Bedürfnissen gerecht zu werden. Neu geschaffene sozialpolitische Instrumente, wie die sogenannten Vätermonate oder Wiedereinstiegsprogramme für (qualifizierte) Frauen nach der Elternzeit, unterstützen dies durchaus und sollen familienfreundliche Ermöglichungsräume schaffen. Allerdings relativiert sich deren Durchschlagskraft nicht selten in Anbetracht der Eigendynamik des Arbeitsmarktes: „Im Verlauf des gemeinsamen Lebens führen Zäsuren wie die Geburt eines Kindes oder ein Karrieresprung des Mannes oft dazu, dass die gleichgestellte Vision, die sie vorher (teilweise) schon realisiert hatten, oft schlagartig in ein traditionelles Rollenmodell kippt – nicht weil dies das von beiden gewollte und verabredete Lebensmodell ist, sondern aus *rationalen, ökonomischen Erwägungen aufgrund äußerer Anreizstrukturen*" (Wippermann 2014, S. 10, H. i. O.; ähnlich Mühling/Rost 2006, S. 162 f.). Bei Männern mündet dieser Umstand dann nicht selten in eine ‚Krise der Väterlichkeit' (Knijn 1995), weil ‚Wunsch und Wirklichkeit' (BMFSFJ 2018b, S. 35) auseinanderklaffen.

Die keineswegs einheitliche Männerbewegung hat in den letzten Jahrzehnten viel erreicht, was die Entwicklung einer modernen Väterlichkeit anbelangt. Gleichwohl zeigt sich aktuell ein gewachsenes Problem immer deutlicher, das vor allem in (digitalen) Manosphäre-Netzwerken sichtbar wird (vgl. Ging 2017). Der ursprünglich linksliberale Emanzipationsdiskurs der Männer-

(rechts)bewegung lässt heute in unterschiedlichen Schattierungen auch antifeministische bis offen frauenfeindliche Positionierungen erkennen (vgl. Pohl 2002; 2015), die nicht davor gefeit scheinen, gegebenenfalls auch von der ‚Neuen Rechten' durchdrungen zu werden (Rosenbrock 2012, S. 132 f.).

Soziale Arbeit: Richtet man den Blick auf die Thematisierungen von Väterlichkeit in der Sozialen Arbeit, so zeigt sich, dass auch hier eine weiter zurückreichende Traditionslinie aufgefunden werden kann. Denn schon Herman Nohl hatte der Väterlichkeit eine wichtige Funktion in Bezug auf kindliche Entwicklungsprozesse zugewiesen, insofern er Mütterlichkeit und Väterlichkeit in einem komplementären Verhältnis zueinanderstehend sieht, das sich – analog zu „Sein und Norm, Subjekt und Objekt, Gegenwart und Zukunft" – als „Grundantinomie der Pädagogik" charakterisieren lässt (Nohl 1963, S. 129).

Jüngere Debatten in Disziplin und Profession nehmen ihren Ausgangspunkt zumeist bei der Einsicht, dass sich die Soziale Arbeit bis dato nur unzureichend mit Vätern und Väterlichkeit befasst habe (Matzner 2005; Matzner 2008) bzw. dass Väter – mit Verweis auf das Thema häusliche Gewalt – zumeist negativ verhandelt wurden. Dies korrigierend, werden Väter heute auch als Adressaten sozialarbeiterischer Unterstützungsangebote angesehen, etwa wenn es um Väterberatung, erweiterte Männerberatungsangebote oder auch um Väter (und ihre Kinder) als Nutzer von Gewaltschutzeinrichtungen geht. Darüber hinaus erfährt die diskursive Figur ‚Väterlichkeit als Ressource in der Sozialen Arbeit' wenigstens in zwei Zusammenhängen eine Resonanz. Zum einen lassen sich Bestrebungen finden, Männer vermehrt in die Handlungsfelder Sozialer Arbeit zu integrieren, was vor allem die Kinder- und Jugendarbeit anbelangt, aber auch im Hinblick auf gemischtgeschlechtliche Teams in der Familienhilfe rege diskutiert wird. Zum anderen findet sich das Potenzial ‚pädagogischer Väterlichkeit' im Zusammenhang der konstatierten Bildungskrise thematisiert: „Mit den wachsenden Anforderungen an Kindertagesstätten[,] sich verstärkt zu (frühkindlichen) ‚Bildungsinstitutionen' [...] weiterzuentwickeln[,] geht häufig die Forderung nach (mehr) männlichen Fachkräften einher" (Gintzel 2006, S. 1). Der Ruf nach mehr Männern in der (früh)pädagogischen Arbeit ist aber nicht unproblematisch. Denn zumeist fungiert die ‚Krise der Jungen' (Fegter 2012a) als Problemmarker, die dann mit männlicher Erziehungskompetenz bewältigt werden soll. Diese Argumentation droht aber sowohl die Professionalität von Frauen im Feld abzuwerten als auch die Bedarfe von Mädchen (abermals) hintanzustellen. Zielführender wäre es, die quantitative Frage nach mehr Männern qualitativ zu wenden und zu diskutieren, welche Voraussetzungen es braucht, damit Männer wie Frauen gute pädagogische Arbeit leisten können (Fegter 2012b, S. 9).

Aktuelle Forschungen innerhalb der Verschränkung von Väterlichkeit und Sozialer Arbeit fokussieren darüber hinaus auf Selbstverständnisse transformierter Väterlichkeit (Wolde 2007), Aktivitäten und Zeitverwendungen von

Vätern (Li et al. 2015) sowie auf Fragen von Väterlichkeit in interkulturellen Spannungsfeldern (Tunç 2018; Niermann 2011).

Marek Naumann

Zum Weiterlesen
Bereswill, Mechthild/Scheiwe, Kirsten/Wolde, Anja (Hrsg.) (2006): Vaterschaft im Wandel. Multidisziplinäre Analysen und Perspektiven aus geschlechtertheoretischer Sicht. Weinheim, München: Juventa
Li, Xuan/Zerle-Elsäßer, Claudia/Entleitner-Phleps, Christine/Schier, Michaela (Hrsg.) (2015): Väter 2015: Wie aktiv sind sie, wie geht es ihnen und was brauchen sie? Eine aktuelle Studie des Deutschen Jugendinstituts. München: DJI
Meuser, Michael (2013): Vom Ernährer der Familie zum ‚involvierten' Vater? Zur ambivalenten Modernisierung von Männlichkeit. In: figurationen 6 (2), S. 91–106

Vaterschaft

Vaterschaft erweist sich in ihrer sozialkulturellen Legitimation als vergleichsweise ‚unsicheres Konstrukt': Während die Frau/Mutter qua Geburtsvorgang eindeutig bestimmbar ist und aufgrund ihrer reproduktiven Fähigkeiten (vor allem Schwangerschaft und Geburt, später Stillen) für die Kindespflege als natürlich-kompetent(er) begriffen wird, eröffnet sich für den Mann/Vater ein eher unbestimmtes Feld an sozial nicht eindeutig normierten Rollen, Konstruktionen und Leitbildern von Vaterschaft. Entsprechend sind die genetisch-biologische Vaterschaft (der Erzeuger des Kindes), die juristische Vaterschaft (der rechtlich anerkannte Vater) und die soziale Vaterschaft (die männliche Person mit primärer Fürsorgefunktion für ein Kind) Gegenstand vielfältiger und teils kontroverser Definitions- und Aushandlungsprozesse in Gesellschaft, Familien- und Sozialpolitik sowie im Rechtssystem.

Vater-Kind-Interaktion: Internationale entwicklungstheoretische Väterstudien konnten besonders durch die seit Einführung der Videotechnik sichtbaren Ergebnisse der beobachtenden Eltern-Kind-Interaktionsforschung zeigen, dass Väter für ihre Kinder bedeutsame Beziehungs- und Bindungspersonen sind, gleichsam kompetent und feinfühlig mit ihnen umzugehen vermögen und dies bereits von Lebensbeginn des Kindes an (vgl. Walter/Eickhorst 2012; Lamb 2010). Der entwicklungssensitive Umgang mit Neugeborenen und Kleinkindern wird sowohl von Müttern als auch Vätern – sofern sie nicht psychisch belastet sind – intuitiv richtig praktiziert (vgl. Papoušek 1987). Gleichwohl müssen diese Fürsorgekompetenzen von beiden Geschlechtern von früh an geübt werden.

Gesellschaftliche Geschlechterordnungen: Trotz dieser geschlechtsunabhängig evolutionär angelegten Fürsorgedispositionen finden sich in der konkret-individuellen Ausgestaltung der Vaterrolle geschlechtsbezogene Zuschreibungs- und Herstellungsprozesse, in die – offen oder verdeckt – eine binäre und teils hierarchische Geschlechterordnung von Mann und Frau eingeschrieben ist. Vaterschaft kann deswegen nicht entkoppelt vom Wandel der Geschlechterverhältnisse umfassend verstanden werden. Traditionell wurde dem Mann in der Familie die Funktion der ‚instrumentellen Führerschaft' zugeordnet, innerhalb der seine berufliche Stellung zentraler Bestandteil seiner Familienrolle war. Vaterschaft manifestierte sich demzufolge nicht in einem Engagement in der Familie, sondern für die Familie (d. h. als ökonomischer Versorger). Die ‚expressiven Funktionen' der alltäglichen Betreuung und Erziehung der Kinder wurden im Gegenzug der Frau bzw. Mutter zugeordnet (vgl. Parsons 1956). Die durch die Frauenbewegung aufgebrachte Kritik am Modell des Vaters als (Allein-)Ernährer der Familie war zugleich eine Kritik an der patriarchalen Identitätskonstruktion des Mannes. Infolge gesellschaftlicher Pluralisierungs- und Individualisierungsprozesse (z. B. ökonomische Emanzipation von Frauen, zunehmende Brüchigkeit männlicher Erwerbsbiografien etc.) ist die Entscheidungsmacht in familiären Erziehungsfragen mittlerweile nicht mehr zwangsläufig an die ökonomische Alleinversorger-Funktion gekoppelt (vgl. Meuser 2008b).

Der öffentlich-mediale Vaterschaftsdiskurs verläuft entlang dichotomer Verhaltenskategorien (Ernährer-Vater versus Erzieher-Vater), häufig unter Ausblendung des indirekten bzw. nicht sichtbaren väterlichen Engagements (z. B. Sorgen um ein Kind, alltägliche Planungsaktivitäten) sowie durch Fokussierung auf ‚männliche' Spiel- und Sportaktivitäten. Eine Neudefinition männlicher Geschlechtsidentität, welche gleichfalls fürsorglich-pflegende, kindzugewandte Einstellungen und Verhaltensweisen des Mannes/Vaters umfasst, wird vordergründig zwar häufig eingefordert, öffentlich-strukturell aber selten anerkannt. Beispielhaft sei die in manchen Branchen (z. B. Politik, Wirtschaft, Hochschule) nach wie vor rigide Anwesenheitskultur angeführt, die dem Mann (noch) weniger Freiraum zur Ausübung seiner Erziehungsaufgaben zugesteht, weswegen in diesem Kontext von einem ‚verborgenen' Vereinbarkeitsdilemma gesprochen wird. Mögliche Identitätskonflikte bezüglich der männlichen Ausübung traditionell ‚weiblicher' Fürsorgeaufgaben haben somit kaum Gelegenheit, Gegenstand bewusster Reflexionen und öffentlicher Diskussionen zu werden, wodurch die ‚engagierte', ‚neue', ‚aktive', ‚involvierte' etc. Vaterschaft für Männer zu einem ambivalenten und individualisierten Unterfangen werden kann.

Im Generationenvergleich sind heutige (vor allem junge) Väter auf der Einstellungsebene belegbar als deutlich kindbezogener einzuschätzen (vgl. Li et al. 2015), wenngleich sich dieses Mehr an praktischer Ausübung von Care-Aufgaben unter geschlechtertheoretischer Perspektive zumeist innerhalb der Grenzen eines traditionellen Männlichkeitskonzepts vollzieht (vgl. Meuser 2008). Die bei Männern nach wie vor anzutreffende Diskrepanz zwischen der einerseits hohen kindzentrierten Einstellung und dem andererseits geringen tatsächlichen Fürsorgeverhalten muss somit (auch) als Ausdruck widersprüchlicher Botschaften in Gesellschaft und Arbeitswelt sowie – theoretisch gesehen – fehlender Anschlussmomente zwischen Männlichkeits- und Vaterschaftsdiskurs verstanden werden. Auf intrafamilialer Ebene können entsprechende Uneindeutigkeiten zum Ausdruck kommen, wenn der Vater z. B. einerseits zum väterlichen Engagement aufgefordert, ihm andererseits der Zugang zum ‚weiblichen Terrain' der Kinderbetreuung von der Mutter doch wieder verwehrt oder sein Fürsorgeengagement subtil unter Kontrolle des mütterlichen Idealmaßstabs gesetzt wird (vgl. gatekeeping-Konzept von Allen/Hawkins 1999).

Vater-Kind-Programme: Um Männern den Einstieg in die Vaterschaft sowie die verantwortliche Ausübung der Vaterrolle im Lebensverlauf zu erleichtern, haben sich im deutschsprachigen und internationalen Kontext zahlreiche Väterinitiativen und Pilotprojekte gebildet, die an normativen und nicht-normativen Übergängen einer Väterbiografie ansetzen (vgl. auch Gaag, van der et al. 2019). Obwohl diese väterbezogene Entwicklung in den letzten zwei bis drei Dekaden im öffentlichen Raum sichtbarer geworden ist (z. B. Väterzentren, lokal-kommunale Programminitiativen, väterfreundliche Betriebe und Unternehmen etc.; vgl. Huber/Schäfer 2012, S. 134 ff.), sind entsprechende Programmmaßnahmen in Deutschland vielfach vom Engagement einzelner Protagonist*innen sowie vom finanziell-strukturellen Förderwillen abhängig. Eine systematische Integration und Berücksichtigung von Vätern als bedeutsame Bezugsperson von Kindern und potenzielle Ressource für die Familie ist im Kontext der Familienbildung, Kinder- und Jugendhilfe sowie Gesundheitsversorgung bislang nicht konsequent verwirklicht (vgl. Huber 2021).

Psychodynamik: Neben gesellschaftlichen Strukturmomenten bedarf es für den von Männern zu bewältigenden Übergang zur Vaterschaft eines tiefer greifenden Verständnisses der Entwicklung männlicher Geschlechtsidentität. So postuliert die psychodynamische Entwicklungstheorie die (frühe) Triangulierung als bedeutsamen Entwicklungsschritt (vgl. Grieser 2015; Mertens 1997). Durch die temporäre identifikatorische Abgrenzung des Jungen von der Mutter bei gleichzeitiger Hinwendung zum Vater als gleichgeschlechtlichem Identifikationsobjekt erlebt ein Junge idealerweise Differenz- und Kontrasterfahrungen, welche für die Konsolidierung seines Geschlechtserlebens und die Ablösung von der Mutter förderlich sind.

Während der Schwangerschaft und frühen Elternschaft erleben Männer im nahen Kontakt zur Partnerin und zum (werdenden) Kind eine (unbewusste) Reaktivierung dieses frühkindlichen Ablösungsprozesses von der eigenen Mutter. Bei frisch gebackenen (Erst-)Vätern kann sich dies nach der Geburt des Kindes subjektiv in einem Nähe-Distanz-Konflikt ausdrücken, indem sie eine Art innerer Zerrissenheit zwischen einerseits dem Wunsch nach Nähe und ‚symbiotischer Einheit' mit der Mutter/Partnerin, und andererseits der Furcht vor Verlust der persönlichen/‚männlichen' Grenzen in eben diesem Annäherungsprozess erleben. Je nach erlebter Sicherheit und Integrität der eigenen männlichen Identität besteht im Übergang zur Vaterschaft bei Männern die Tendenz, persönliche Grenzen durch übermäßige Rationalität, Leistungs- und Vernunftorientierung oder Kontrolle wiederherzustellen und tiefer liegende symbiotisch-regressive Wünsche durch Externalisierung (Verlagerung nach außen) abzuwehren (vgl. Neumann/Süfke 2004). Eine für die Partnerin und das Kind emotional spürbare Präsenz des Vaters setzt voraus, triadische Beziehungen kompetent zu gestalten, ohne sich als ‚Dritter im Bunde' ausschließen zu lassen oder selbst auszugrenzen. Die für diese triadische Fähigkeit erforderliche intrapsychische Triangulierung kann bereits vorgeburtlich auf der mentalen Vorstellungsebene erfasst werden (vgl. Seifert-Karb 2015; Schwinn/Frey 2012) und ihr kommt für die langfristige Kindesentwicklung eine hohe prognostische Relevanz zu (vgl. Klitzing/Stadelmann 2011; Klitzing 2002).

Auch wenn die Kopplung von Triangulierung und biologischem Geschlecht zu einseitig ist bzw. entsprechende Differenz- und Kontrasterfahrungen vermutlich ebenso mit gleichgeschlechtlichen Elternpaaren erfahren werden können (vgl. Konzept der strukturalen Triade; Lang 2011), ist das Wissen um unterschiedliche Formen männlicher Psychodynamiken für die Arbeit mit (werdenden) Vätern von großer Bedeutung. So können Interventionen, welche den hinter der ‚männlichen' Fassade verborgenen Mann/Vater durch übermäßige Thematisierung emotionaler Inhalte direkt zu adressieren suchen, seine Abwehrhaltung unter Umständen verstärken; zugleich kann auch ein rational-‚männlicher' bzw. emotional-‚oberflächlicher' Zugang seinen eventuell verborgenen Wunsch nach zwischenmenschlichem Kontakt und Nähe übergehen (vgl. Kölling 1993).

Johannes Huber

Zum Weiterlesen
Cabrera, Natasha J./Tamis-LeMonda, Catherine S. (2012): Handbook of father involvement. Multidisciplinary perspectives. 2nd edition. London: Routledge
Huber, Johannes (2019): „Vater, wo bist Du?" Eine interdisziplinäre Spurensuche zum relationalen Phänomen väterlicher An- und Abwesenheit. Weinheim, Basel: Beltz Juventa
Huber, Johannes/Walter, Heinz (Hrsg.) (2016): Der Blick auf Vater und Mutter. Wie Kinder ihre Eltern erleben. Göttingen: Vandenhoeck & Ruprecht

Verantwortung

In einem umfassenden alltagssprachlichen Verständnis bedeutet Verantwortung, Aufgaben und Pflichten zu übernehmen und für die Folgen von Handlungsweisen einzustehen. Ihre Übernahme kann aus einer beruflichen oder rechtlichen Verpflichtung, aber auch auf der Grundlage eines freiwillig angenommenen Ideals erwachsen. Wird einer Person oder einer Gruppe die Verantwortung für einen bestimmten Aufgabenbereich übertragen, so lässt sich der Begriff der Verantwortlichkeit anwenden. Dem Aufgabenbereich angemessen wird ein Inhalt definiert, eine Aufgabenfülle festgelegt und der Umfang der Zuständigkeit in Verbindung mit den gesellschaftlich wirksamen Normen entschieden (vgl. Heidbrink 2017, S. 4 f.). Das Einstehen für das eigene Handeln und dessen Folgen wird dabei ebenso als Verantwortung bezeichnet wie die gesellschaftliche Verpflichtung, die sich aus dem komplexen Zusammenwirken von Faktoren und Bestimmungsbedingungen der menschlichen Zivilisation ergeben.

Die erforderliche Reife wird mit Verantwortungsbewusstsein verbunden und gründet auf dem Gewissen des Menschen, das es erlaubt, über Wertvorstellungen zu reflektieren. Die Reflexionsfähigkeit des Menschen wirft die Frage auf, wer unter welchen Umständen wem gegenüber verantwortungspflichtig und ob jemand tatsächlich verantwortungsfähig ist. In sozialpsychologischen Theorien, wie der von Kegan (1986), findet sich hierzu ein Modell der aufeinander aufbauenden, voraussetzungsvollen Stufen der Selbst- und Moralentwicklung. Mit ihrem Ansatz intersubjektiver Psychoanalyse fragt Benjamin, wie die Fähigkeit zur Identifikation mit Leidenden in ‚empathischer Zeugenschaft' und damit Verantwortungsfähigkeit verloren geht (Benjamin 2019). Diese muss die Spannung im Konflikt zwischen Selbstschutz und Mitgefühl und die Möglichkeit von Schuld aushalten können. Sonst kennt die eigene Angst nur den Gegensatz von Opfer oder Täterschaft, von stark oder schwach, von schuldig oder unschuldig, von eigenem oder fremden Leiden. Dagegen steht das ‚emotional gegründete Vertrauen', in gemeinsamer Verantwortung eine Verbundenheit in einem ‚moralischen Dritten' herstellen zu können.

Vom klassischen Modell eines ‚relationalen Verantwortungsbegriff' aus ist Verantwortung in philosophiegeschichtlicher Rückschau bis heute zu einer immer umfassenderen Kategorie geworden. Die Ablösung des Pflicht-Begriffs durch die Möglichkeit und Fähigkeit zur Verantwortung verbreitete sich historisch mit der Geltung von Willensfreiheit und setzt die Fähigkeit zu Vernunft, Einsicht und Empathie voraus. Der Mensch muss dafür neben Handlungsfreiheit und -fähigkeit auch über Wissen verfügen (vgl. Bayertz/Beck 2017). Mit der Einsicht in unkontrollierbare Risiken veränderte sich Verantwortung unter der Norm, zukünftige Schäden zu vermeiden und positive Ergebnisse abzusichern, zu einer vorausschauenden Kategorie (ebd.). Jonas richtet den Verantwortungsbegriff auf die Verletzlichkeit von Mensch und Natur aus – in sozialen Beziehungen und im Umgang mit der Natur – und begründet Verantwortung als der im menschlichen Wesen verinnerlichten Überlebensaufgabe (vgl. Jonas 1979). Heute geht es einerseits um Selbstverantwortlichkeit, die sich zwischen Selbstoptimierung und Selbstsorge bewegt, anderseits um Facetten einer systemischen Verantwortung und um Verantwortung in Organisationen (Banzhaf 2017).

Gesellschaftliche Verantwortung als kritische Kategorie: Im Kapitalismus wird gesellschaftliche Verantwortung zunehmend auf die Individuen übertragen und der Gefahr der Entsolidarisierung ausgesetzt. Wirtschaftliches Wachstum wird zum Hauptziel der gesellschaftlichen Bemühungen und lässt soziale Verantwortung zurückstehen (vgl. Nida-Rümelin 2011, S. 143 f.). Unter der Komplexität moderner Gesellschaften verliert sich die Erfahrung gegenseitiger Abhängigkeit. Immer wieder muss neu ins Bewusstsein gehoben werden, wie Wachstumszwang und Reichtumsgewinnung die ‚Folgekosten' als Gefährdungen – wie Armut, Plastik- und Giftmüllverbreitung, Rohstoffgewinnung aus Autowracks – global auslagert, d. h. externalisiert (Lessenich 2016). In der soziologisch-handlungstheoretischen Definition von Verantwortung schlägt sich dies in einer neutralen (für unterschiedliche funktionale Erfordernisse passenden) Definition von Verantwortung nieder: Zwischen nachträglicher Verantwortung und Zuweisung von Aufgaben und Sorgepflichten wird Verantwortung hier definiert als „Mobilisierung von Selbstverpflichtung im Sinne nicht programmierbarer Handlungsbereitschaft" (Kaufmann 1989, S. 207) in offenen risikoreichen Situationen.

Dagegen setzen andere Ansätze einen dialektischen Begriff von Verantwortung und verorten diesen in seiner Entstehung und seinen Bedingungen in der Spannung zwischen Freiheit und Angewiesenheit als „sozial zu verantwortende Freiheit" (Arndt 2005, S. 15). In der Problematisierung eines einseitigen Verständnisses von Freiheit und Autonomie und der Verleugnung von Verletzbarkeit und Angewiesenheit schließen sich hier u. a. Kritiker*innen (vgl. Butler 2002) geschlechterhierarchischer Lösungen an (vgl. Böhnisch/Funk 2021).

Geschlechternorm: Verantwortung ist immer eingebettet in Macht- und Herrschaftsverhältnisse (vgl. Weber 1984). Die Vorstellung von Verantwortung unterliegt in der patriarchal-kapitalistischen Gesellschaft einer männlich definierten Moral, die Dimensionen einer Fürsorge-Ethik einschließt (vgl. Gilligan 1984), welche dem Postulat einer hegemonialen Männlichkeit (vgl. Connell 1995) entspringt. Sie verweist auf einen Zustand von Abhängigkeit, deren Verhältnisse durch patriarchale Wertvorstellungen definiert und ausformuliert werden. In der heteronormativen androzentrischen Gesellschaft wird alles nicht-männliche abgewertet. Die Frau brauche, in der Annahme eines binären und heteronormativen Geschlechtersystems, den Mann, um vollkommen zu werden. Durch den ihr zugewiesenen Bereich des Haushalts und der Reproduktion wird ihr die Verantwortung für die Familie übertragen. Der Mann hingegen hat das Überleben der Familie durch die Erfüllung materieller Grundbedürfnisse zu sichern und ist zugleich selbst auf die Fürsorge der Frau angewiesen (vgl. Wieck 1990). Die traditionalistischen Rollenbilder werden über die Norm legitimiert, durch soziale Praxis internalisiert und reproduziert.

Care-Arbeit: Die Folgen einer biologistischen Zuschreibung von Geschlechterrollen zeigen sich besonders im Bereich der Sorgearbeit. Sie wird als weiblich festgelegt, dethematisiert und abgewertet. Dieses Ungleichgewicht wird erst in feministischen Positionen als gesellschaftlich (strukturell, kulturell und symbolisch) relevant sichtbar und in den Verantwortungsdiskurs eingebracht. Verantwortung bewegt sich dabei dialektisch zwischen den Polen Freiheit und Abhängigkeit (Hartmann, A. 2020).

Dieses Ungleichheitsverhältnis drückt sich zugleich darin aus, dass Männer die höher bewerteten Felder der Lohnarbeit besetzen (symbolisch wie auch ökonomisch), auch wenn es um Sorge und gesellschaftliche Verantwortung geht (etwa Leitungspositionen). Die Verantwortungsübernahme im Kontext von Beziehung und Familie wird dabei durch eine protestantische Arbeitsethik (vgl. Max Weber 2010) ausgehebelt und an die binäre Kategorie Geschlecht geknüpft. Geschlechterrollen werden darin verstetigt und der Anschein erweckt, dass die Teilung in eine bezahlte Lohnarbeit (männlich) und eine unbezahlte Hausarbeit (weiblich) naturgegeben sei (vgl. Klugbauer 2016).

Aus feministischer Perspektive werden die daraus resultierenden Ungleichheiten nicht nur als Fragen der Verantwortung begriffen, sondern schließen die ökonomischen Herrschaftsverhältnisse mit ein (vgl. ebd.). Sie zielen auf eine Umverteilung von Verantwortung ab.

Geschlechtliche Selbstbestimmung: Bis ins Mittelalter lag die Verantwortung für die Geburtenkontrolle bei den Frauen selbst. Dies bedeutete unter den damaligen Bedingungen einen hohen Grad an Autonomie und Selbstbestimmtheit. Im Zuge der Hexenverfolgung wurde die menschliche Reproduktion strengen christlich-moralischen Dogmen unterworfen und der Aufsicht einer patriarchalen Gesellschaft unterstellt (vgl. Federici 2012).

Erst im Laufe des 20. Jahrhunderts wurde durch die Frauenbewegung der Diskurs zur Abtreibung, zu Verantwortung und Autonomie im Kontext der menschlichen Reproduktion vorangebracht. Die Verantwortung für Empfängnisverhütung etwa wird von Männern häufig immer noch abgelehnt und ausschließlich den Frauen zugeschrieben. Zugleich wird allerdings im rechtlichen Rahmen weitgehend von Männern über die Möglichkeit zur Abtreibung verfügt, eine Regelung, der sich auch Frauen anschließen.

Beziehungen und Verantwortung: Die erste und zweite Welle der Frauenbewegung hat Veränderungen in Rollenbildern, im Selbstverständnis und ein Mehr an Gleichberechtigung erwirkt. Hieraus entstanden sich verändernde Verantwortungsmodelle für romantische Paarbeziehungen. So ist Verantwortung nicht mehr nur auf das Erfüllen traditioneller Geschlechterrollen beschränkt. Partnerschaft als Freundschaft mit Intimität und einem hohen Grad an Verbindlichkeit wird zum anerkennungsfähigen Modell (Lenz/Nestmann 2009).

In romantischen Liebesbeziehungen bzw. sexuellen Beziehungen Verantwortung zu übernehmen, bedeutet mit den eigenen Gefühlen umzugehen, kontinuierlich Konsens einzuholen, reziproke Rücksichtnahme sowie das Wahrnehmen und Verhandeln von Bedürfnissen zu üben. Für die patriarchale Gesellschaft hat u. a. die #metoo-Debatte (vgl. Bundeszentrale für politische Bildung 2018) aufgezeigt, wie Verantwortung eingefordert werden kann bzw. wie Männer für sexuell übergriffiges Verhalten und das Ausnutzen ihrer Machtposition zur Verantwortung gezogen werden können.

Soziale Arbeit: Das Eintreten für die Rechte marginalisierter Gruppen ergibt sich in der Sozialen Arbeit aus dem Berufsethos als Menschenrechtsprofession, die sich dem Sozialen Wandel verpflichtet (vgl. IFSW/IASSW 2014). Die Soziale Arbeit soll die Fähigkeit zur Selbstverantwortung und Handlungsfähigkeit (Empowerment) stärken. Wie übernimmt sie hier Verantwortung, um sozialer Ungleichheit entgegenzuwirken? Im Trippelmandat werden die Subjekte der Verantwortlichkeit in Adressat*innen, Berufsstand und Auftraggebende ausdifferenziert. Die Soziale Arbeit, die als Profession Mehrfachstigmatisierte als Adressat*innen hat, hat sich Räume geschaffen, in denen sie eine besondere Verantwortung gegenüber Individuen, die in den bestehenden patriarchalen Hierarchien Benachteiligung erfahren, zu übernehmen versucht: Neben der Verantwortlichkeit in der Arbeit mit Opfern von männlicher Gewalt und Diskriminierung soll sich die Soziale Arbeit hier zur Aufgabe machen, im Zuge des Empowerment Verantwortungsbewusstsein (etwa in der Männerarbeit) zu formen und die Übernahme von Verantwortung der Individuen zu unterstützen und einzufordern. Geschlechtergerechte Ansätze in der Sozialen Arbeit, die ihre Verantwortung, auch den Geschlechterhierarchien entgegenzuwirken, ernstnehmen, müssen in den kommenden Jahren entworfen, erweitert und umgesetzt werden.

Robert Weinelt

Zum Weiterlesen
Böhnisch, Lothar/Funk, Heide (2021): Soziologische Zugänge zum Verantwortungsdiskurs zwischen Individualisierung und Angewiesenheit. In: Garcia, Anne-Laure/Schlinzig, Tino/Simon, Romy (2021): Von Miniaturen bis Großstrukturen. Mikrosoziologie sozialer Ordnung. Weinheim, Basel: Beltz Juventa, S. 75–93
Conradi, Elisabeth (2002): Take Care. Grundlagen einer Ethik der Achtsamkeit. Frankfurt/M.: Campus
Benjamin, Jessica (2019): Anerkennung, Zeugenschaft und Moral. Gießen: Psychosozial-Verlag

Verdeckungszusammenhang

Mit dem Konzept des Verdeckungszusammenhangs sollten zuerst die Ergebnisse der feministischen Forschung und Praxis seit den 1970er Jahren zusammengefasst und hervorgehoben werden, dass mit Geschlechterhierarchie wesentliche Erfahrungen und Bestimmungen der Lebensrealität von Frauen und

Mädchen ausgeblendet werden (Tübinger Institut für frauenpolitische Sozialforschung e. V. 1998). Darin konnte sich nicht nur die Sozialisationswirkung einseitig reduzierender Weiblichkeitsstereotype und der mit Abwertung verknüpften Mädchen- und Frauenbilder zeigen, sondern gleichzeitig auch die Nichtübereinstimmung mit dem Erleben von Mädchen und Frauen, die Ausblendung ihrer Konflikt- und Gewalterfahrungen, ihre Widerständigkeit und ihre eigenen, umfassenderen Lebensansprüche. Geschlechtshierarchische Zuschreibungen, Handlungsorientierungen und Bewertungen sind in widersprüchliche hierarchische Hintergrund-Strukturen eingebettet. Im Alltag der Subjekte finden sie sich in wechselnden Zuschreibungen der Selbst- und Fremdbewertung, in Inszenierungen, ironischer Überschreitung, die aus (biografischen) Narrationen und Diskursen erst entschlüsselt (dekonstruiert) und auf Brüche, Konflikte und Veränderungen hin angeschaut werden müssen (Fegter et al. 2021). Daraus ergibt sich nach wie vor die Frage, wie bis heute die Wirkungen geschlechtshierarchischer Normierungen unter modernen ‚Dethematisierungen' eher latent bleiben können.

So berufen sich Mädchen und Frauen auf erweiterte Handlungsoptionen. Doch strukturell für sie weiterbestehende Beschränkungen sollen sie möglichst selbstbewusst überwinden (Geissler/Oechsle 1996). Ein Scheitern wird erst privat in biografischen Brüchen erfahrbar. Das heißt, an einer Verdeckung sind Frauen und Mädchen selbst beteiligt, indem sie z. B. die Diskrepanzen zwischen Anspruch und Wirklichkeit von Gleichberechtigung zu bewältigen versuchen. Eine Ursache für diese verdeckende Wirkung der ‚Individualisierung' liegt in der Sozialpolitik, die Maßnahmen zu Verbesserung der Vereinbarkeit von Erwerbsarbeit einerseits und häuslicher Reproduktionsarbeit, der Sorge für Kinder und Pflege andererseits als Einlösung der Wahlfreiheit für Frauen propagiert. Die darin liegenden Widersprüche finden sich wieder in Ambivalenzen und privaten Aushandlungskonflikten.

Die strukturelle Dimension des Verdeckungszusammenhangs besteht darin, dass mittels geschlechtshierarchischer Arbeitsteilung wesentliche gesellschaftliche Tätigkeiten und Erfahrungsbereiche nicht nur entwertet, sondern heute scheinbar ‚geschlechtneutral' und stillschweigend vorausgesetzt und genutzt werden. Die Verdeckung besteht hier in einer sozialpolitischen Überformung und Verschiebung von gesellschaftlich ungelösten Konflikten ins (private) Geschlechterverhältnis. Das ist z. B. an den Bestrebungen zur Verbesserung der ‚Vereinbarkeit von Familie und Beruf' für Frauen und nun auch für Männer nachvollziehbar, was gerade ihre grundsätzliche ‚Nicht-Vereinbarkeit' und den Umgang mit widersprüchlichen Anforderungen aus beiden Lebensbereichen zur Aufgabe und Anforderung an die individuelle Lebensplanung insbesondere für Frauen werden lässt. Die Gefährdungen menschlicher Lebens- und Arbeitskraft werden zum Problem von Einzelnen – auch da, wo Reproduktionsarbeit marktförmig billig abgesichert werden kann oder Soziale

Arbeit als Ausfallbürge einspringt, so dass man hier von einem gesellschaftlichen Realitätsverlust sprechen kann, dessen Wirkungszusammenhang zu den Strukturprinzipien der Geschlechterhierarchie gehört (Bitzan 1996).

In der männerkritischen Diskussion ist es vor allem die (unsichtbar gehaltene) Ambivalenz von Dominanz und Verfügbarkeit, welche einen gesellschaftlichen Verdeckungszusammenhang konstituiert. Daraus ergibt sich eine spezifische ‚Bedürftigkeit' von Männern: Die Veröffentlichung von privatisierten und inneren Konflikten ist für Männer riskant, weil sie ihre Angewiesenheit auf andere und auf die Arbeitsrolle thematisieren. Dies lässt sich in die männliche Sozialisation zurückverfolgen, indem sich im positiv bewerteten außengerichteten (externalisierenden) bis hin zu außenfixierten Verhalten von Jungen Verwehrungen zu den eigenen Gefühlen verbergen (Böhnisch 2000). Solche Verdeckungszusammenhänge werden nun in der gesellschaftlichen Dynamik des digitalen Kapitalismus insofern vorangetrieben, als das neokapitalistische System für Männer und Frauen einen ‚abstract worker' erfordert und konstruiert, der jenseits sozialer Bindungen agieren soll. Die damit verbundene gesellschaftliche Fortschrittsidee der Externalisierung als unbegrenzte Machbarkeit legitimiert diesen Verdeckungszusammenhang und liefert weitere Muster für anerkannte Strategien der Rationalisierung. Damit werden die Bewältigungsprobleme von Männern der Öffentlichkeit entzogen und in eine Privatheit verschoben, die von Männern oft nicht integrierbar ist (Böhnisch 2000). Verdeckt werden hier also Folgen und Erscheinungsformen grundlegender innerpsychischer und sozialer Konflikte.

In diesem Zusammenhang spielen die Inszenierungen der Konsumwerbung eine nicht zu unterschätzende Rolle: Männern wie Frauen wird suggeriert, dass sie in der Gleichzeitigkeit des Widersprüchlichen leben, d. h. auch konträre Geschlechtsidentitäten in sich vereinen können. In den repräsentativen Männerstudien (Volz/Zulehner 2009) äußert sich dies vor allem im Verhaltenstyp der ‚strategischen Männlichkeit', die sich unterschiedlichen Lebensbereichen entsprechend geschlechterdifferenziell inszeniert. Als Verdeckungszusammenhang von Männlichkeit wird in der kritischen Männerforschung auch die Art und Weise gewertet, in der Frauen ihre Vorstellungen von Männlichkeit als Erwartungen an Männer herantragen. In diesen reproduzieren sie oft die oben genannte Gleichzeitigkeit widersprüchlicher Inhalte von Männerbildern: Männer sollen gleichzeitig traditionelle Maskulinität und gefühlsbetonte und sorgende Anteile in sich vereinen und leben können.

Hier gilt es, die allgemeine Verdeckung von Konflikten aus der bipolaren zweigeschlechtlichen Ordnung in den Blick zu nehmen insofern, als sie für Männer und Frauen nicht lebbar ist: „Wesentliche gesellschaftliche Aufgaben und Erfahrungsweisen werden individualisiert und damit verdeckt […], die nicht per se weiblich oder männlich sind, aber durch Ausgrenzung aus dem (innerhalb der patriarchalen Logik) männlich konnotierten ‚Allgemeinen' dem

Bewusstsein entschwinden und den Frauen als Natur oder zumindest als soziale Selbstverständlichkeit zugeordnet werden" (Tübinger Institut für frauenpolitische Sozialforschung e. V. 1998, S. 6), und dabei idealisiert oder gefürchtet werden können. Dazu kommt aber auch die Nicht-Thematisierbarkeit von Konflikten, die im Zwang zur Vereindeutigung in der Darstellung von Geschlecht auf dem Weg zu LGBTIQ⁺ Lebensformen von Ausgrenzung und Diskriminierung bedroht sind, keinen eigenen Ausdruck und keine Anerkennung finden.

Als grundlegend stellt Regina Becker-Schmidt in allen ihren Arbeiten die Frage, wie die Bedeutung des ganzen Bereichs der Reproduktionsarbeit für den Erhalt lebendiger Arbeitskraft als Quelle von Reichtum unsichtbar gemacht und auf verschiedenen Wegen den Kapitalverwertungsinteressen untergeordnet wird (Becker-Schmidt 2017). Reproduktionsarbeit ist nicht auf den elterlichen Haushalt beschränkt, sondern von der Mitverantwortung von vielen, CoParenting, Großeltern, Freund*innen, unterbezahlten Pflege- und Hausangestellten abhängig. Sie ist öffentlich in KITAS organisiert, als notwendiger (vernachlässigter oder bewusst abzusichernder) Teil der Schulbildung, als Mix aus privater, öffentlicher und bezahlter Alten- und Krankenpflege. Ökonomische Maßstäbe finden auch hier Eingang. Erziehung und Bildung orientieren sich am Erwerbssektor, was die Verwertbarkeit von Arbeitskraft angeht. „Das, was Sorge den Menschen […] jenseits der gesellschaftlichen Relevanz gibt, inwiefern sie überlebenswichtig ist, unterliegt einer weiteren Transformation der Sorgeverhältnisse. Neben der Neuverlagerung ins Private verstärkt sich eine Messung des Outputs". Und Anteile, die in privatwirtschaftlichen oder öffentlichen Dienstleistungen nicht erbracht werden, verlangen bzw. provozieren „Sorge-Anteile jenseits der vereinbarten Leistungen" (Becker-Schmidt 2017, S. 170).

Auf einer anderen Ebene liegen die schwieriger zu beantwortenden Fragen, die seither von Feministinnen gestellt wurden (Neusüß 1983; Eckart 1991; Klinger 2012), was mit der Verlagerung wesentlicher Anteile menschlicher Erfahrung zusammen mit den darin liegenden Widersprüchen, den darin liegenden idealisierten Wünschen und Ängsten in die unbezahlte weibliche Hausarbeit ausgelagert wird. Was aber wird aus dem nach einer androzentrischen Logik definierten Allgemeinen ausgegrenzt, so dass es „dem Bewusstsein entschwinden und als Natur oder zumindest soziale Selbstverständlichkeit zugeordnet und zugemutet [wird]" (Tübinger Institut für frauenpolitische Sozialforschung e. V. 1998, S. 6)?

Becker-Schmidt bestimmt den Gegensatz in einem anderen der Zeitökonomie entgegengesetzten Zeitverständnis und stellt dieses einem anderem „soziokulturellen Umgang mit Zeit" gegenüber, der seine Bedeutung für persönliche Entwicklung, für den Umgang mit Krisen und Leidenschaften im Widerstand gegen eine „eindimensionale Rationalität" (gemäß psychoanalytischer

Einsichten) entfaltet (Becker-Schmidt 2017, S. 365). Und sie zieht dabei immer wieder eine Linie bis zum Problem des Rassismus: Wie Machtstreben und kapitalistische Verwertungsinteressen, geschlechtshierarchische Normierungen und schließlich auch die Abwertung und Ausgrenzung von Fremdheit, d. h. das, was uns in dem/der Anderen nicht unmittelbar zugänglich ist, zum Fremden machen, zusammenhängen (Becker-Schmidt 2017).

Andere psychoanalytisch orientierte Ansätze verfolgen darin die aus der Kindheit stammende, ein Leben lang bestehende Spannung zwischen Angewiesenheit und Autonomie bis hin zur (unbewusst bleibenden) patriarchalen Lösung in der Verfügbarkeit über Frauen (Soiland 2016; Hartmann, A. 2020). Der Gegensatz zum ökonomischen Tauschverhältnis wird hier in der von Frauen erwarteten ‚Gabe' gesehen, die damit bisher als allgemein menschliche Möglichkeit aus der symbolischen Ordnung, in der diese Spannung bearbeitbar wird, ausgeklammert bleiben musste. Die menschliche Fähigkeit zu Geben liegt an der Grenze zur Natur in der Möglichkeit, Leben zu geben – heute nachvollziehbar in der medizinischen Möglichkeit der Samenspende und der Leihmutterschaft, die unterschiedlich als Dienstleistung, aber auch als respektvolle Beziehung organisiert werden kann (Hartmann, A. 2020). Gesellschaftlich existiert sie bisher als ‚inverse' Gabe – die im Austausch zur Gegengabe verpflichtet. Sorge als Gabe ohne Gegenleistung ist kaum ohne Asymmetrie denkbar. Sie sollte – in der Auseinandersetzung zwischen Autonomie und Angewiesenheit – unter das Prinzip der Freiwilligkeit und Unverfügbarkeit gestellt werden. Das bedeutet aber, sich mit der Angewiesenheit aus der Position der Abhängigen und ihren Quellen von Autonomie auseinanderzusetzen. Das wiederum braucht Zeit, sich in der Begegnung für die Erfahrung der jeweils Anderen zu öffnen mit der Frage, ob und in welchem Sinne die Gabe verstanden und genutzt werden konnte (Hartmann, A. 2020). Hier schließt die Reflexion an, was es bedeutet, wenn der „Möglichkeitsraum zur Ausgestaltung einer Beziehung fehlt, in der sich die Beteiligten aufeinander einlassen, begegnen und unvorhersehbar (gerade auch im nichtkörperlichen Sinne) berühren lassen und somit Raum für Differenz und Abstand bleibt" (Becker-Schmidt 2017, S. 178).

Der Verdeckungszusammenhang nimmt im professionellen Alltag von Sozialer Arbeit unterschiedliche Formen an: Auch die Soziale Arbeit greift unter dem Druck der Normalisierung auf disziplinierende, einseitige Männer- und Frauenbilder zurück. In der Organisation der Alltags-Praxis der Sozialen Arbeit wirkt das Strukturprinzip der übergangenen/entwerteten Sorge-Arbeit als beständiger (stillschweigender) Druck im Konflikt zwischen betrieblichen Rationalisierungsanforderungen und besonderen Anforderungen an Beziehungszeit (Bitzan/Klöck 1993).

Die weiteren Folgerungen für Soziale Arbeit sind vielseitig: Es braucht einen Rahmen für die Absicherung von Autonomie für die Professionellen und die Adressat*innen. Das bezieht sich auf die Frage nach der Gestaltung der Hilfeform, wobei sich die Hilfe bei der Entwicklung und Einlösung von Ansprüchen von der Entwicklung einer beziehungsorientierten Hilfe unterscheiden muss. Besonders schwierig dabei ist der Umgang mit ‚Bedürftigkeit' im Sinne der nicht thematisierbaren Hilflosigkeit und der darunter liegenden Ambivalenzen und Konflikte. Um Verdeckungszusammenhänge aufzuschließen, bedarf es allerdings schützender Räume und des Aufbaus von Beziehungen, in denen Jungen und Männer, Frauen und Mädchen ohne Geschlechterkonkurrenz und Risiko aus sich selbst heraus ihre Sprache finden (vgl. Neumann/Süfke 2004) und in den stillgestellten oder gewaltsam verwehrten Konflikten ihre Perspektiven zur Geltung bringen können. Beide Formen der Hilfe können sich im Verlauf des Hilfeprozesses verändern. Es betrifft u. a. aber auch die Abfassung von Berichten, in denen die Sichtweise der Klient*innen transparent entwickelt werden muss, sowie die Verortung der ‚stellvertretenden Deutung' allein als Reflexionsraum der Professionellen.

Lothar Böhnisch und Heide Funk

Zum Weiterlesen
Bitzan, Maria (1996): Geschlechterhierarchie als kollektiver Realitätsverlust. Zum Verhältnis von Alltagstheorie und Feminismus. In: Grunewald, Klaus/Ortmann, Friedrich/Rauschenbach, Thomas/Treptow, Rainer (Hrsg.): Alltag, Nicht-Alltägliches und die Lebenswelt. Beiträge zur Lebensweltorientierung in der Sozialpädagogik. Weinheim, München: Juventa, S. 29–37
Böhnisch, Lothar (2000): Männlichkeiten und Geschlechterbeziehungen – ein männertheoretischer Durchgang. In: Brückner, Margrit/Böhnisch, Lothar (Hrsg.): Geschlechterverhältnisse. Gesellschaftliche Konstruktionen und Perspektiven ihrer Veränderung. Weinheim, München: Juventa, S. 39–106
Hartmann, Anna (2020): Entsorgung der Sorge. Geschlechterhierarchie im Spätkapitalismus. Münster: Westfälisches Dampfboot

Vereinbarkeit

Das Thema Vereinbarkeit steht seit Jahrzehnten weit oben auf der politischen Agenda. Die Diskussionen um zukünftigen Fachkräftemangel, die demografische Entwicklung Deutschlands und eine stärkere Beteiligung der Frauen in der Erwerbsarbeit lassen das Thema Vereinbarkeit zum wichtigen Argument für die Familienpolitik werden. Der verstärkte Wunsch der Frauen nach Berufstätigkeit hat Auswirkungen auf die Ansprüche an ein verändertes Rollenverständnis als (Ehe-)Partner und Berufskollegen, verbunden mit konkreten Erwartungen an Verhaltensänderungen. Die viel beklagte ‚Erwerbsneigung' der Frauen wird schließlich vor allem deshalb zum ‚Vereinbarungsproblem', weil das traditionelle Familienmodell eine männliche Arbeitsbiografie mit einer lebenslangen Hausfrauen- oder Zuverdienerinnenexistenz zu verzahnen wusste, nicht aber zwei Erwerbsbiografien mit zwei Sorgearbeitsbiografien (Notz 2015, S. 182). Wenn sich die Strukturen der Erwerbsarbeit ‚familienfreundlich' gestalten sollen, müssen sich auch die Strukturen der Familie ändern. Viele heterosexuelle Paare planen vor der Geburt eines Kindes, Erwerbs- und Sorgearbeit partnerschaftlich zu teilen. Die gelebte Realität sieht dann anders aus. Ein Großteil der Paare mit Kindern orientiert sich nach wie vor an traditionellen Mustern: Er arbeitet Vollzeit, sie Teilzeit.

Seit den 1970er und 1980er Jahren war der Arbeitsmarkt in der BRD von einer ständig steigenden Erwerbsbeteiligung der Frauen gekennzeichnet. Frauen wollten ihr Glück – ebenso wie Männer – nicht mehr am heimischen Herd alleine finden, sie wollten berufstätig sein. Selbst dann, wenn sie Mütter werden, unterbrechen sie seitdem die Berufstätigkeit nur für eine kurze Zeit. Immer mehr Frauen, die der Familie zuliebe ihren Beruf aufgegeben haben, versuchten einen Weg zurück in den Beruf (Notz 1992).

In der DDR war die Berufstätigkeit für Frauen und Männer, bedingt durch einen permanenten Arbeitskräftemangel sowie die formale Gleichstellung von Frauen und Männern im Arbeitsprozess, selbstverständlich. Die strukturelle männliche Dominanz und die weibliche Unterordnung waren trotz gravierender gesellschaftlicher Veränderungen nicht vollends aufgehoben. Auch innerhalb der sozialistischen Gesellschaft konnten sich die Frauenbilder nicht von den traditionellen Geschlechterstereotypen und männlichen Zuschreibungen lösen. Das Bild der berufstätigen Frauen erschien weiterhin durch die Dominanz des männlichen Blicks kulturell überformt und fremdbestimmt zu sein. Der Ausspruch ‚Unsere Muttis stehen ihren Mann' sagt aus, dass auch da der Kraftakt, Mutterschaft und Berufstätigkeit zu vereinbaren, letztlich an die Frauen als Individuen verwiesen wurde (Hein/Langer 1979). Die real-sozialistische Frauenpolitik reagierte auf den Arbeitskräftebedarf. Ein struktureller Wandel hinsichtlich der geschlechtshierarchischen Arbeitsteilung insgesamt blieb jedoch aus. So war das Problem der Vereinbarkeit letztlich auch in der DDR weit überwiegend ein Frauenproblem.

Nach der Wiedervereinigung der beiden deutschen Staaten wurde – obwohl die eklatanten Schwierigkeiten der beruflichen Reintegration von Frauen breit diskutiert wurden – im Falle der Geburt von Kindern der (zeitweise) berufliche Ausstieg als einzige Option propagiert. Kindertagesstätten für 0- bis 3-jährige Kinder standen im Westen der BRD immer noch völlig unzureichend zur Verfügung, im Osten wurden sie teilweise abgebaut.

Frauen und Männer sind auch heute noch nicht in gleichem Umfang berufstätig. Von 100 Erwerbstätigen gingen 46,6 Frauen im Jahr 2019 einer Berufstätigkeit nach. Nur knapp jede dritte Führungskraft war eine Frau. Zudem waren lediglich 34,2 Prozent der berufstätigen Frauen vollzeitig beschäftigt. Die Tatsache, dass 9,7 Prozent aller Vollzeit-Erwerbstätigen mehr als 48 Stunden pro Woche arbeiten und deren durchschnittliche Wochenarbeitszeit 41 Stunden beträgt, zeigt wie schwierig es ist, daneben noch Sorgearbeiten zu verrichten. Teilzeitarbeitende arbeiteten 19,5 Stunden pro Woche, sind weit überwiegend Frauen und viele können vom Ertrag ihrer Arbeit nicht leben (Zahlen: Statistisches Bundesamt 2021c). Viele ArbeitgeberInnen bieten Teilzeitarbeit sowie flexible und stundenweise Verträge unter dem Label der besseren Vereinbarkeit an. In Wirklichkeit gehen sie auf Kosten der eigenständigen Existenzsicherung der Frauen aktuell und im Alter. Die Folgen sind Abhängigkeit vom (Ehe)Mann und Armut im Alter. Wenn (besonders alleinerziehende) Frauen aufgrund der zum Erhalt staatlicher Leitungen vorgeschriebenen aktivierenden Arbeitsmarktpolitik (‚Fördern und Fordern') auf Erwerbsarbeit verpflichtet werden, erhöht sich der Druck zur Bewältigung der Arbeit in beiden Bereichen von Beruf und Familie (Haller 2021). Komplexer und offener werdende Rahmenbedingungen und die Auflösung fester Zeitmuster in der Erwerbsarbeit stellen hohe Anforderungen an die alltägliche Lebensführung durch verstärkten Koordinations-, Synchronisations- und Planungsaufwand und führen zur „Verarbeitlichung" des Alltags (Jurcyk et al. 2009, S. 60).

Es liegt also auch an strukturellen Ungleichheiten, wenn Männer seltener und kürzer Elterngeld beantragen als Mütter und wenn nur wenige Väter länger als zwei Monate in Elternzeit (bis 2000 Erziehungsurlaub) gehen. Für die meisten Väter ist der Ausstieg in die Elternzeit nach wie vor nicht attraktiv, zumindest nicht für einen längeren Zeitraum. Dies nicht nur, weil sie berufliche Nachteile befürchten, die sie ganz offensichtlich ihren Partnerinnen zumuten. Im Jahr 2020 haben rund 1,9 Millionen Menschen in Deutschland Elterngeld erhalten. Die Zahl der Männer mit Elterngeldbezug lag bei 24,8 Prozent. Auch die durchschnittliche Bezugsdauer ist bei Männern mit 3,7 Monaten signifikant kürzer als bei Frauen mit 14,5 Monaten (Statistisches Bundesamt 2021). Im Jahr 2019 brachten Mütter durchschnittlich 6,7 Stunden und Väter 2,8 Stunden täglich für die Kinderbetreuung auf. Auch während des coronabedingten Lockdowns im April und Mai 2020 haben Mütter mehr Zeit für die Betreuung der Kinder aufgewendet als Väter. Sie betreuten ihre bis zu elf Jahre alten Kinder werktags durchschnittlich 9,6 Stunden, während das die Väter 5,3 Stunden taten. Immerhin haben Väter – viele waren wie die Mütter auch im Homeoffice – ihre durchschnittliche Betreuungszeit merklich erhöht (Zinn/Kreyenfeld/Bayer 2020).

Sicher spielt die Lohndiskriminierung als eine der vielfältigen Formen der Benachteiligung von Frauen im Erwerbsleben bei den individuellen Aushandlungsprozessen zur Verteilung von Erwerbsarbeit und Sorgearbeit zwischen den Elternteilen eine Rolle. Dennoch ist die Tatsache, dass Männer im Vergleich zu Frauen ein höheres Einkommen haben, nur eine Randerscheinung und nicht der entscheidende Grund dafür, dass die ‚Elternzeit' weiterhin weit überwiegend den Müttern vorbehalten bleibt. Es sind vor allem patriarchale Strukturen, die Frauen immer wieder benachteiligen, wenn sie es sich weiter gefallen lassen. Das Bamberger Ehepaar-Panel, in dessen Rahmen 1.500 junge Ehepaare aus Ost- und Westdeutschland danach befragt wurden, was junge

Väter mit ihrer Zeit machen (Rosenkranz/Rost/Vaskovics 1998), zeigte im Ergebnis, dass Männer Ende der 1990er Jahre an Wochentagen rund 1,5 Stunden mit ihrem Kind verbringen, die Zurückhaltung bei der Hausarbeit und beim Einkauf – außer am Wochenende – jedoch gegenüber älteren Studien unverändert ist (z. B. Notz 1991).

Nach neueren Studien würden zwar 79 Prozent der Väter gerne mehr Zeit für ihre Kinder haben – vor allem Zeitkonflikte sind es, die die Beteiligung an der Kinderarbeit verhindern –, deshalb wünschen sie sich kürzere Arbeitszeiten in der Berufsarbeit (BMFSJ 2018, S. 28 f.). Bis das erreicht ist, beteiligen sie sich deutlich weniger an der Kinderbetreuung und den damit verbundenen Aufgaben als die Mütter. Viele der jungen Väter steigern nach der Familiengründung sogar ihr berufliches Engagement, um ihren Kindern einen guten Lebensstandard zu sichern (Palkovitz 2012). Die finanziellen Einbußen hat jedoch die Partnerin zu tragen, sie übernimmt die meisten Arbeiten im Haushalt und die mit dem Kind verbundenen Arbeiten. Unternehmen wünschen sich zwar gut qualifizierte Frauen im Betrieb, nicht aber Männer, die wegen ihres Einsatzes in der Familie (vielleicht) dem Betrieb nicht pausenlos zur Verfügung stehen. Zudem geht es bei allen Modellen zur ‚Vereinbarkeit' in erster Linie darum, dass die Berufswelt klein-familientauglich werden muss, nicht etwa die Kleinfamilie berufstauglich. Das Wissen, dass weder Familie noch Beruf in ihrer jetzigen Form geeignet sind, ‚beides' für Beide zu vereinbaren, liegt seit langem vor und potenziert sich durch die Zunahme von pflegebedürftigen Alten und anderen Hilfsbedürftigen. In unserem familistischen Gesellschaftssystem gehen ‚Reformmaßnahmen' weiterhin vom ‚Hauptenährermodell' aus und versuchen, dieses zu festigen (Notz 2015).

Dass eine gelungene Work-Life-Balance eine große Herausforderung darstellt, aber zugleich auch produktive Potenziale enthält, die auf die Veränderung tradierter Rollen- und Geschlechterkonstruktionen hinwirken können, wurde im Laufe der letzten Jahre vielfach – meist qualitativ und an wenigen Familien – untersucht (Notz 1991; Flaake 2021). Veränderte Geschlechterbeziehungen spielen auch für nicht in traditionellen Familien Lebende und ‚Singles' eine große Rolle. Die Untersuchungen sollten in Zukunft nicht auf die Perspektive der Frauen und der Kleinfamilie verengt werden. Zudem beschränken sich Care-Arbeiten nicht auf Kinderbetreuung, sondern sind auch mit der Pflege von älteren, kranken und behinderten Menschen verbunden, auch außerhalb der engen Familiengrenzen.

Zu Beginn der 1970er Jahre wurden Mütter auf dem Arbeitsmarkt gebraucht, deshalb wurde auch in Westdeutschland an Maßnahmen gearbeitet, die für Mütter eine bruchlose Gestaltung weiblicher Erwerbsläufe zuließen. 1973 wurde durch das Bundesministerium für Jugend, Familie und Gesundheit eine Studie veröffentlicht, in der die Trennung zwischen Mutter und Hausfrauenrolle und Vater und Erwerbsrolle als völlig veraltet und als „ein Instrument zur Unterdrückung der Frauen und zur unterschiedlichen Positionierung der Geschlechter in der Gesellschaft" beschrieben wird. Damals wurde um die Beteiligung der Frauen an der Erwerbsarbeit geworben, auch wenn sie Mütter waren (BMfJFG 1973). Knapp 50 Jahre später geht es um eine ‚familiengerechte Gestaltung' des Erwerbslebens, meist auf Kosten der eigenständigen Existenzsicherung der Frauen, und um ‚partnerschaftliche Arbeitsteilung', die oft in zermürbenden Auseinandersetzungen endet, bei denen Frauen meist den Kürzeren ziehen.

Frauen wie Männer leben heute in vielfältigen Lebensformen, und doch sind fast alle Rahmenbedingungen am Modell der ‚Normalfamilie' mit ‚Haupternährer' und (zumindest vorübergehender) Hausfrau bzw. ‚Zuverdienerin' orientiert (z. B. Ehegattensplitting, Betreuungsgeld). Das sind Orientierungen, die weder eine Gleichberechtigung von Frauen im Beruf noch eine egalitäre Arbeitsteilung in der Familie oder in anderen Zusammenlebensformen zulassen. Für die Zukunft gilt es, an Modellen zu arbeiten, die eine kontinuierliche Erwerbsbiografie für Mütter und Väter und eine Gleichverteilung der Haus- und Sorgearbeiten auf beide Geschlechter ermöglichen. Nur wenn sich die Strukturen sowohl von Beruf als auch von Familie ändern, ist die wirkliche Vereinbarkeit von Interessen, die sich aus beidem ergeben, möglich (Notz 1991; Notz 2015). Ansätze aus der Sozialarbeit, die jungen Müttern das Vereinbarkeitsproblem erleichtern sollen, stecken noch in den Kinderschuhen (Haller 2021).

Gisela Notz

Zum Weiterlesen
Jurcyk, Karin/Schier, Michaela/Szymenderski, Peggy/Lange, Andreas/Voß, Günter (2009): Entgrenzte Arbeit – entgrenzte Familie. Grenzmanagement im Alltag als neue Herausforderung. Berlin: edition sigma
Notz, Gisela (1991): „Du bist als Frau um einiges mehr gebunden als der Mann". Die Auswirkungen der Geburt des ersten Kindes auf die Lebens- und Arbeitsplanung von Müttern und Vätern. Bonn: Dietz
Toppe, Sabine (2021): Mutterbilder im Umbruch?! Spannungsfelder prekärer Mutterschaft in aktueller und historischer Perspektive. In: Krüger-Kirn, Helga/Tichy, Leila Zoe (Hrsg.) Elternschaft und Gender Trouble. Opladen, Berlin, Toronto: Barbara Budrich, S. 19–38

Vulnerabilität

Vulnerabilität bedeutet Verwundbarkeit oder Verletzbarkeit. Breit gefasst verweisen diese Begriffe auf die potenzielle Gefährdung und Zerstörbarkeit aller Lebensverhältnisse und all dessen, was zu einem konkreten historischen Zeitpunkt als lebendig gilt (Haraway 2018). Mit Bezug zum menschlichen Dasein als Teil dieser Lebensverhältnisse pointiert der aktuell häufig verwendete Begriff Vulnerabilität im sozialwissenschaftlichen Kontext Grundannahmen zur „Endlichkeit und Zerstörbarkeit" der menschlichen Existenz, die auf klassische philosophische und sozialanthropologische Ansätze verweisen (vgl. Casale/ Villa 2011, S. 192). Verletzbarkeit und die damit verbundene Gefährdung des menschlichen Daseins ist aus dieser Perspektive „nicht einfach als Merkmal dieses oder jenes Lebens zu begreifen; sie ist vielmehr eine allgemeine Bedingung, deren Allgemeingültigkeit nur geleugnet werden kann, wenn das Gefährdetsein selbst geleugnet wird" (Butler 2010, S. 29). Feministische Perspektiven betonen deshalb die nicht zu hintergehende Verletzungsoffenheit des Menschen aufgrund seiner Angewiesenheit auf die Fürsorge anderer Menschen (oder anderer Lebewesen). Dies gilt nicht nur für das hilflose Neugeborene und während der Kindheit, sondern für die lebenslange Auseinandersetzung mit wechselseitigen Fürsorge- und Abhängigkeitsbeziehungen. „Menschliche Verletzlichkeit und Endlichkeit bedeuten, dass alle Menschen am Anfang, die meisten zwischenzeitlich und sehr viele am Ende ihres Lebens der Sorge bedürfen" (Brückner 2011a, S. 265). Dieser Feststellung von Margrit Brückner ist hinzuzufügen, dass Menschen sich lebenslang mit dem konfliktreichen Spannungsverhältnis von Autonomie, Abhängigkeit und Bindung auseinandersetzen müssen. Aus dieser relationalen Perspektive wird jede Form von Subjektivität immer in interdependenten, intersubjektiven Beziehungen hervorgebracht, in denen wechselseitige Anerkennung und ungleiche Machtpositionen ineinandergreifen (Benjamin 2004). Solche interdependenten Subjektivierungsprozesse sind eng mit der lebensgeschichtlichen Aneignung und Ausgestaltung von Geschlechteridentitäten verbunden (Bereswill 2018), weil gesellschaftliche Konstruktionen von Autonomie und Abhängigkeit grundlegend mit Konstruktionen der Geschlechterdifferenz verwoben sind.

Feministische Kritik richtet sich deshalb gegen das überdeterminierte Autonomieverständnis der modernen Gesellschaft, das eng mit körperbezogenen Geschlechterkonstruktionen verbunden ist, die Weiblichkeit als verletzungsoffen, abhängig und schutzbedürftig und Männlichkeit als verletzungsmächtig, unabhängig und beschützend fixieren. Solche hierarchieförmigen Ko-Konstruktionen von Vulnerabilität und Geschlecht verdecken die Tatsache, dass alle Menschen grundsätzlich sowohl verletzungsoffen als auch verletzungsmächtig sind (Popitz 1986/1992). Die von Popitz vorausgesetzte anthropologische Konstellation ist in gesellschaftliche Machtverhältnisse eingebunden, die das Potenzial, verletzt zu werden oder zu verletzen, sowohl für einzelne Menschen als auch für soziale Gruppen in der Gesellschaft ungleich verteilen. Das zeigen Kriege, Genozide, gewaltförmige Diktaturen und globale gesellschaftliche Ausbeutungsverhältnisse. So spricht Judith Butler davon, dass Vulnerabilität (vulnerability) und Unverletzbarkeit (invulnerability) aus ihrer Sicht ungleich verteilte politische Effekte eines Machtfeldes sind, die durch und mit Körpern zur Geltung gelangen (Butler 2011, S. 197).

Damit wird der Blick auf die überindividuelle Bedeutung von Vulnerabilität gelenkt und es stellt sich die Frage nach strukturellen Gewaltverhältnissen.

Die persönliche Verletzbarkeit von Menschen als psychosoziale und körpergebundene Erfahrung ist immer in konkrete gesellschaftliche Situationen eingebettet, das verdeutlichen die Ausprägungen von Gewalt im Geschlechterverhältnis weltweit wie auch Gewalt gegen gesellschaftliche Minderheiten aufgrund von Rassismus, Antisemitismus, Homo- und Transphobie und anderen menschenverachtenden Abwertungen. Auch wenn in vielen der genannten Gewaltkonstellationen Männer häufig als Täter auffallen, darf dies nicht zu der Setzung führen, Gewalt und die damit verbundene Verletzungsmacht seien grundsätzlich an Männlichkeit gebunden (Bereswill 2011; Bereswill 2018b; Neuber 2011). Eine solche Festlegung fokussiert einerseits auf einen eng geführten Gewaltbegriff, mit dem nur ganz bestimmte Formen von Gewalt in den Blick gelangen. Zudem wird Verletzungsmacht als männliche Eigenschaft fixiert und damit ausgeblendet, dass Verletzungsoffenheit und Verletzungsmacht Dimensionen des menschlichen Daseins sind, deren Ausprägungen erst im Zuge gesellschaftlicher Prozesse als vermeintlich männliche oder weibliche Haltungen und Verhaltensweisen wahrgenommen und festgeschrieben werden. Damit können auch Opfer-Täter-Ambivalenzen nicht erfasst und komplexe Gewaltsituationen nicht angemessen analysiert werden. Aus diesem Grund verwirft Judith Butler (2011) die analytische Trennung, die Popitz zwischen Verletzungsoffenheit und Verletzungsmacht vornimmt und plädiert für eine relationale Perspektive, die die Verschränkung der beiden Handlungs- und Erfahrungsdimensionen wahrzunehmen erlaubt. Aus ihrer Sicht ist die Suche nach einer eindeutigen Verknüpfung zwischen bestimmten sozialen Gruppen und der Macht, andere zu verletzen sowie umgekehrt verletzt zu werden, mit der Gefahr verbunden, trennscharfe Typologien von Opfern und Tätern zu konstruieren und dabei zu übersehen, dass diese zwei Dimensionen des sozialen Lebens auf das engste miteinander verwoben sind (vgl. Butler 2011, S. 201). Solche Opfer-Täter-Ambivalenzen zu erkennen und einseitige Verknüpfungen von Vulnerabilität und Geschlecht zu vermeiden, ist eine anspruchsvolle Aufgabe, die die theoretische und empirische Entschlüsselung einer paradoxen Konstellation verlangt: Die Verwundbarkeit und Verletzbarkeit von Menschen ist weder weiblich noch männlich, sie ist menschlich. Zugleich ist diese grundlegende Gefährdung der menschlichen Existenz in konkrete gesellschaftliche Geschlechterverhältnisse eingebettet, die die Handlungs- und Interaktionsmöglichkeiten strukturieren, nicht aber determinieren. Das bedeutet, geschlechtsbezogene Dimensionen von Verwundbarkeit und Verletzbarkeit nicht auszublenden, aber auch nicht festzuschreiben und vor allem nicht einseitig zu typisieren. Denn die Zuschreibung, Gewalt sei männlich, folgt letztlich der einseitigen Verklammerung von Handlungsmacht, Autonomie und Männlichkeit. Im Gegenzug verleugnet die Verknüpfung von Weiblichkeit mit Opferpositionen, dass expressive und offensive Handlungspotenziale und Weiblichkeitsentwürfe sich nicht ausschließen. Erst die gründliche

Auseinandersetzung mit diesen komplementären Einseitigkeiten öffnet den Blick für die gesellschaftlich wie individuell verleugnete Vulnerabilität von Jungen und Männern einerseits und die Tabuisierung und Verdrängung der Verletzungspotenziale von Frauen und Mädchen andererseits. Hinzu kommt die übergeordnete Herausforderung, binäre Kodierungen von Geschlecht generell zu überwinden, die im Hinblick auf die feste Verklammerung von Vulnerabilität mit Konstruktionen von Zweigeschlechtlichkeit besonders ausgeprägt zu Tage tritt.

Ansätze einer geschlechter- und diversitätsbewussten Sozialen Arbeit greifen die Erkenntnis auf, dass die menschliche Existenz immer mit Gefährdungen und Verletzbarkeiten verbunden ist. Damit ist die Anforderung verknüpft, feste Zuschreibungen von Opfer- und Täterpositionen zu erkennen und zu hinterfragen und individuelles Leiden im gesellschaftlichen Zusammenhang zu analysieren. Die Wirkmacht von Geschlecht auf die Handlungs- und Deutungsmuster von Professionellen und von Adressat*innen der Sozialen Arbeit tritt im Zusammenhang von Vulnerabilität wie unter einem Brennglas zu Tage. Deshalb bieten vermeintlich geschlechtsgebundene Erklärungen und daran anschließende Hilfekonzepte eine hervorragende Ausgangssituation, um Geschlechterverhältnisse zu kritisieren und Geschlechterklischees zu hinterfragen.

Mechthild Bereswill

Zum Weiterlesen
Bereswill, Mechthild (2011a): Sich auf eine Seite schlagen. Die Abwehr von Verletzungsoffenheit als gewaltsame Stabilisierung von Männlichkeit. In: Bereswill, Mechthild/Meuser, Michael/Scholz, Sylka (Hrsg.): Dimensionen der Kategorie Geschlecht. Der Fall Männlichkeit. 3. Auflage. Münster: Westfälisches Dampfboot, S. 101–118
Brückner, Margrit (2011a): Care Prozesse und Verletzungsrisiken: Sorgen aus der Perspektive der Akteurinnen und Akteure am Beispiel des Sorgenetzwerkes einer psychisch kranken Frau. In: Feministische Studien 2, S. 264–279
Butler, Judith (2010): Raster des Krieges. Frankfurt/M.: Campus

W Weiblichkeit(en)

Der Begriff umfasst einen Frauen* zugewiesenen Komplex von Eigenschaften und Befähigungen, dessen Bedeutung zu verstehen ist auf der Folie des historisch tief verwurzelten, vermeintlich naturgegebenen, dichotom vorgestellten Konzepts von Zweigeschlechtlichkeit, d. h. in polarer Gegenüberstellung und Abgrenzung zu Männlichkeit(en). Der Plural verweist auf Erkenntniszugänge seit den 1990er Jahren zur Wahrnehmung einer Vielfalt vor allem kulturell und sozioökonomisch begründeter Praxen bzw. Verständnisse von Weiblichkeit, vergleichbar mit Raewyn Connells Männlichkeiten-Konzept (Connell 2015), die zur – nach wie vor dominanten – Zwei-Geschlechter-Polarität auf kritische Distanz gehen.

Geschichte: Zu der seit der Antike (zunächst durch Aristoteles) als Kern weiblicher Natur bestimmten Irrationalität – und damit abgegrenzt von rationalitätsgeleiteter Männlichkeit und ihr als triebgeprägt untergeordnet – gehören im westlich-abendländischen Kulturkreis vornehmlich Eigenschaften wie Gefühlsbetontheit, Sanftheit, Schwäche, Einfühlung, Passivität, Anmut. Zu den zugeschriebenen Befähigungen gehören vornehmlich solche des Pflegens und Sorgens, des Nährens und Erhaltens (anknüpfend an die Funktionen des Gebärens und verbunden mit dem Bild der Mutter), aber auch des Verführens (eingelassen etwa in das Bild der Hure oder der Hexe). Die christliche Kirche geht bei diesen männlich imaginierten Weiblichkeitsbildern von der gottgewollten Unterordnung der Frauen* unter männliche Führung, einem entsprechenden weiblichen Wirkungskreis und damit verbundenen sozialen Praxen aus. Mit der Etablierung der bürgerlichen Gesellschaft wird die geschlechterdichotome Sichtweise (Hausen 1976) säkularisiert: Nunmehr begründen die Gesetze von Natur und Vernunft die Geschlechterzuschreibungen und deren hierarchisch-politische Aufladung. Weiblichkeit ist der als autonom gedachten männlichen Seinsweise und ihren Verdinglichungen (u. a. Ökonomie, Politik, Recht, Philosophie) unterworfen. Der auch in Deutschland einflussreiche Aufklärer Rousseau etwa ist maßgeblich an der Propagierung einer dualen Geschlechtertheorie beteiligt, die zwar einerseits der Weiblichkeit eine eigene Dignität zuspricht, sie andererseits aber gegenüber der männlichen Sphäre abwertet: Die Gegensatzpaare Geist – Körper, Öffentlichkeit – Privatheit, Kultur – Natur verweisen die Frauen* auf die gesellschaftlich rechtlose, abhängige Seite. Ihre Nähe zu Körper und Natur (und d. h. auch Sexualität) macht zudem ihre Kontrolle durch männliche Ordnungssysteme erforderlich. In Deutschland erhält Weiblichkeit im Prozess der Trennung von Produktion und Reproduktion mit der Durchsetzung des Ideals der bürgerlichen Kleinfamilie und der damit einhergehenden Festschreibung geschlechterkomplementärer Rollenmuster eine Bedeutung, die Würde, Sittlichkeit und gesellschaftliche Unterordnung unter männliche Führung quasi naturhaft zusammenfügt. Diese ideologische Aufladung wirkt bis heute nach. Zugleich enthält sie soziale Sprengkraft. Es sind bürgerliche Frauen*, die ab Ende des 19. Jahrhunderts zentrale Attribute der Weiblichkeit für die Erkämpfung eines öffentlichen Raums gesellschaftlicher Teilhabe und Selbstgestaltung durch Frauen* nutzbar machen: Mit den ideologischen Formeln von der ‚geistigen Mütterlichkeit' und der ‚Kulturaufgabe der Frau' sind zentrale Leitmotive für den Eintritt von Frauen* in die Arena öffentlichen Wirkens gefunden. Sie betreiben damit erfolgreich die Herausbildung verschiedenster Berufsfelder Sozialer Arbeit und öffentlicher Erziehung (Sachße 1994).

Weiblichkeit(en) und Soziale Arbeit: Das Anknüpfen an bürgerliche Weiblichkeitsbilder begünstigte jedoch zugleich auch die Abwertung vor allem von Frauen* praktizierter sozialer Berufsfelder und brachte damit einen Widerspruch hervor, mit dessen Traditionslast sich – zumindest in Deutschland – große Bereiche der Sozialen Arbeit bis heute auseinanderzusetzen haben: etwa die bislang nur in Ansätzen vorhandene Akademisierung der Erzieher*innenausbildung und damit einhergehende Minderbezahlung im Berufsbereich der öffentlichen Kleinkinderziehung; deren Konnotation als hausarbeitsnah und fürsorglich; damit verbunden die gesellschaftliche, auch tariflich sich ausdrückende Abwertung der sozialen Berufe als weiblich konnotierter Bereich. Dass bis heute vornehmlich Frauen* den Berufsbereich von Fürsorglichkeit, Erziehung und Pflege – also Care im weitesten Sinne – wählen und ihren Berufswunsch vielfach mit der Nähe zu Menschen und dem Helfenwollen begründen, verweist einerseits auf die gesellschaftliche Dimension von Weiblichkeitsbildern: Ihre Bedeutungen gründen in gesellschaftlich institutionalisierten Geschlechterverhältnissen mit nach wie vor wirksamen hierarchischen Strukturen (vor allem der geschlechtsspezifischen Arbeitsteilung und ihren ökonomisch-politisch-rechtlichen Rahmungen) und in nur sich langsam verändernden dominanten, kulturellen Geschlechternormen. Andererseits unterstreicht die individuelle Dimension der Aneignung von und Auseinandersetzung mit Weiblichkeitsbildern den Eigensinn und die Komplexität subjektiver Entwicklungsprozesse von Frauen* und Männern*.

Theoriezugänge: Biologisch begründete essentialistische wissenschaftliche Erklärungen ‚geschlechtspezifischer' Eigenschaften und sozialer Praxen von Weiblichkeit werden zu Beginn der 2000er Jahre in den Naturwissenschaften und der Medizin durch nurture-nature-Analysen abgelöst, in denen Annahmen über ein komplexes Zusammenspiel von Natur und Kultur im Zentrum stehen (Schmitz 2006). Gleichwohl halten sich im Alltagsbewusstsein hartnäckig Mythen vom ‚Angeborensein weiblicher Qualitäten', insbesondere im Kontext von Mütterlichkeit. Die feministische Forschung hat seit den 1960er Jahren verschiedene Theoriestränge hervorgebracht, die zum Teil aneinander anknüpfen, sich parallel entwickelt haben oder aneinander reiben: Wurde zunächst Weiblichkeit als Ergebnis geschlechterdifferenter Sozialisation und damit der Vorenthaltung gesellschaftlicher Teilhabe für Frauen* gesehen (Beauvoir 1951), so betonte die differenztheoretische kulturalistisch ausgerichtete feministische Forschung sodann in der weiblichen gesellschaftlichen und kulturellen Praxis die Stärke der Frauen* (z. B. Libreria delle Donne di Milano 1988; Chodorow 1985). Die Kritik von Frauen* aus Unterdrückungsverhältnissen (z. B. von Schwarzen Frauen*, lesbischen Frauen*, Frauen* aus ehemals kolonial unterdrückten Ländern) an der Nichtwahrnehmung von Differenzen und Hierarchien zwischen Frauen* – insbesondere im Ergebnis unreflektierter Dominanz einer weißen Mittelschichtenperspektive im Gender- und Weiblichkeitsdiskurs (Lutz 2001) – gab im Weiteren entscheidende Impulse zur Formulierung von theoretischen Perspektiven der sozialen Konstruktion weiblicher Identitäten (im Plural). In deren Kern geht es um den Prozess der interaktiven Herstellung von Geschlecht in seiner Wechselwirkung mit intersektionalen Machtstrukturen (Biele Mefebue et al. 2021). Die Subjekte sind an der Hervorbringung von geschlechterrelevanten attributiven Deutungen und sozialen Praxen durch Interaktion und Symbole beteiligt. Das Erkennen der Heterogenität von Weiblichkeit(en) ermöglicht auch Kritik an darin eingelassenen sozialen Hierarchien unter Frauen. Die dekonstruktivistische Theorieperspektive (Butler 1991) arbeitet heraus, dass Diskursen der Geschlechterdifferenz eine ‚heterosexuelle Matrix' innewohnt; mit der Konsequenz der gesellschaftlichen Unterdrückung alternativer Sexualitäten und damit auch alternativer Weiblichkeit(en). Diese gelte es in politischer Absicht zu vereindeutigen. Die Deutung von Weiblichkeit wäre dann nicht mehr an zwei Geschlechter gebunden. Der Begriff Weiblichkeit wäre nicht nur in Richtung Verflüssigung von Geschlechterzuschreibungen und Geschlechterpolarität auflösbar; wirksam könnte dies auch in Richtung Auflösung geschlechterhierarchischer Strukturen werden.

Ausblick: Geschlechterverhältnisse, -diskurse und -konstruktionen befinden sich kontinuierlich im Wandel. Wie diese Veränderungsprozesse einzuschätzen sind, ob sie beispielsweise die Verknüpfungen von Weiblichkeit(en) mit Mütterlichkeit und Sorge verändern, ob sich die kulturellen Deutungsmuster von Weiblichkeit(en) und Männlichkeit(en) und die individuellen Habitusformationen grundlegend wandeln, bleiben empirisch, theoretisch und politisch offene Fragen. Ein Beispiel für das Beharrungsvermögen von Weiblichkeitskonstruktionen zeigt sich seit einigen Jahren in der Zunahme von geschlechterbezogenen Produkten unter dem Stichwort ‚Pinkifizierung': In der industriellen Fertigung von Lebensmitteln, Hygieneartikeln, Kleidung und Spielwaren werden Zuschreibungen an Weiblichkeit(en) immer neu hergestellt. Kinder und Jugendliche wachsen gegenwärtig mit einer Fülle von vereindeutigenden Geschlechterbildern auf, denen sich kaum jemand entziehen kann (Rendtorff 2015). So ist das Aufwachsen von Mädchen* und jungen Frauen* bestimmt durch Körperinszenierungen, Kleidung und Styling, die normierende Weiblichkeiten (re)produzieren. Wandel und Auflösung auf der einen, Persistenz und (Re-)Stabilisierung von Weiblichkeit(en) auf der anderen Seite – so lässt sich die widersprüchliche Situation zu Beginn der 2020er Jahre bilanzieren.

Heike Fleßner (†) und Gudrun Ehlert

Zum Weiterlesen
Ehlert, Gudrun (2020b): Geschlecht: Weiblich. In: Stecklina, Gerd/Wienforth, Jan (Hrsg.): Handbuch Lebensbewältigung und Soziale Arbeit. Praxis, Theorie und Empirie. Beltz Juventa, S. 455–462
Langer, Antje/Mahs, Claudia/Rendtorff, Barbara (Hrsg.) (2018): Weiblichkeit – Ansätze zur Theoretisierung. In: Jahrbuch Frauen- und Geschlechterforschung in der Erziehungswissenschaft 14/2018. Opladen, Berlin, Toronto: Barbara Budrich
Lorber, Judith (1999): Gender-Paradoxien. Opladen: Leske + Budrich

Wohlfahrtsstaat

Der Begriff des ‚Sozialstaates' bezieht sich im deutschen Sprachraum im Allgemeinen auf den Bereich staatlicher Politik, der auf die soziale Sicherung und die Organisation sozialer Dienstleistungen ausgerichtet ist und als ‚Sozialpolitik' bezeichnet wird. In der internationalen Diskussion hat sich dafür der Begriff des ‚Wohlfahrtsstaates' durchgesetzt.

Diskussion über den Wohlfahrtsstaat: Zu Beginn der 1990er Jahre erhielt der soziologische Diskurs über den Wohlfahrtsstaat neue Impulse durch die einflussreichen Arbeiten des skandinavischen Ressourcentheoretikers Esping-Andersen (Esping-Andersen 1990). Esping-Andersen zufolge lassen sich in den wohlhabenden postindustriellen Gesellschaften verschiedene Typen von ‚Wohlfahrtsregimen' unterscheiden, in denen der Staat in unterschiedlicher Weise und mit differierenden Zielsetzungen in das Marktgeschehen eingreift und die soziale Ungleichheit beeinflusst. Dabei geht es vor allem um die Unterschiede zwischen den Wohlfahrtsstaaten hinsichtlich der Großzügigkeit der sozialen Sicherungssysteme, ihres Einflusses auf die soziale Ungleichheit und im Hinblick darauf, ob die Wohlfahrtsleistungen eher vom Staat, vom Markt oder von der Familie erbracht werden. Bis heute prägt dieser theoretische Ansatz zur Analyse und zum Vergleich von Wohlfahrtsstaaten die Sozialpolitik-Forschung. Dabei wurde deutlich, dass sich inzwischen, wie etwa in Deutschland, teilweise hybride Formen der Wohlfahrtsstaaten entwickelt haben, die die Eigenschaften verschiedener Wohlfahrtsregime miteinander kombinieren (Eggers et al. 2019; Ferragina/Seeleib-Kaiser 2014).

Für die Qualität der sozialen Rechte ist dieser Theorie zufolge der Grad der wohlfahrtsstaatlich bedingten ‚Dekommodifizierung' in einer Gesellschaft von besonderer Bedeutung. Mit ‚Dekommodifizierung' bezeichnet Esping-Andersen eine Situation, in der die Individuen aufgrund von wohlfahrtsstaatlicher sozialer Sicherung in der Lage sind, auch außerhalb der Erwerbstätigkeit ihre Existenz zu sichern (Esping-Andersen 1990, S. 37). Das Ausmaß an Dekommodifikation der Arbeitskräfte hat nach Esping-Andersen selbst wiederum einen starken Einfluss auf die Bedingungen, unter denen die Individuen ihre Arbeitskraft verkaufen müssen, auf die Lohnhöhe, auf die Wohlfahrt und Sicherheit der Arbeitskräfte sowie auf deren Möglichkeiten, sich kollektiv für die eigenen Interessen zu organisieren. Damit schafft der Staat, so die Argumentation, jeweils auch unterschiedliche Rahmenbedingungen für die Erwerbstätigkeit und damit auch für die Gleichstellung im Geschlechterverhältnis.

Sozialstaat und Geschlecht: Die Politik von Wohlfahrtsstaaten ist in mehrfacher Hinsicht für die Geschlechterstrukturen, also die Formen und das Ausmaß der Arbeitsteilung und sozialen Ungleichheit im Verhältnis von Frauen und Männern, bedeutsam. Durch die Art und Weise, in der der Wohlfahrtsstaat die Sorgearbeit regelt, rahmt er die geschlechtsspezifischen Handlungsmöglichkeiten gegenüber der Erwerbstätigkeit (Daly/Lewis 2000). Weiter beeinflusst der Staat in seiner Rolle als Arbeitgeber das Arbeitsmarktgeschehen; ein hoher Anteil an öffentlicher Beschäftigung gilt als eine wichtige Grundlage für die Integration von Frauen in die Erwerbstätigkeit (Gottschall 2019). Der Wohlfahrtsstaat stellt deshalb auch eine wichtige Arena dar, in der soziale Konflikte und Aushandlungsprozesse in Bezug auf die Geschlechter-Beziehungen ausgetragen werden.

Die geschlechtsspezifische Arbeitsteilung war in den entwickelten Industriegesellschaften des 20. Jahrhunderts in vielen europäischen Ländern zeitweise, aber keineswegs durchgängig, auf der Grundlage der Hausfrauenehe organisiert (Pfau-Effinger 1998). In vielen Ländern galt die Sorgearbeit, vor allem in der Form der Kinderbetreuung und Pflege älterer Menschen, als Aufgabe der Frauen, die sie unbezahlt und informell im privaten Haushalt erbracht haben, während von ihren Ehemännern erwartet wurde, dass sie auf der Grundlage ihrer Erwerbstätigkeit für die Existenzsicherung der Familie sorgten. Die traditionelle Zuständigkeit von Frauen für die familiale Sorgearbeit gilt in der feministischen Theorie als eine wesentliche Ursache für die Benachteiligung von Frauen auf dem Arbeitsmarkt (Fraser 1994a). Sie gilt auch als Grundlage für deren traditionelle Benachteiligung in den Systemen sozialer Sicherung, insbesondere dann, wenn diese in Form der Sozialversicherung organisiert sind und damit diejenigen privilegieren, die über ihr Erwerbsleben hinweg kontinuierlich und in Vollzeit erwerbstätig sind (Frericks/Höppner 2019).

Es gibt einen allgemeinen Konsens darüber, dass der Umfang und die Qualität des öffentlichen Angebots an sozialen Dienstleistungen zur Kinderbetreuung und zur Pflege älterer Menschen und die damit verbundenen sozialen Rechte von grundlegender Bedeutung dafür sind, inwieweit eine Gleichstellung im Geschlechterverhältnis erreicht werden kann. Dabei wird häufig zwischen Wohlfahrtsstaaten im Hinblick darauf differenziert, inwieweit sie eher die Ausweitung der öffentlichen Kinderbetreuung und Pflege und damit die Frauenerwerbstätigkeit fördern („De-Familisierung") und inwieweit sie die Familie unterstützen („Familisierung") (Leitner 2013). Insbesondere die nordeuropäischen Wohlfahrtsstaaten gelten im Hinblick auf die Förderung der Gleichstellung als beispielhaft. Die deutsche Familienpolitik hat sich derjenigen der nordeuropäischen Länder inzwischen teilweise angeglichen, da sie verstärkt die „De-Familisierung" fördert (Eggers et al. 2020).

Demgegenüber ist die Bedeutung von Politiken, die die familiale Sorgearbeit finanziell unterstützen, etwa auf der Basis von bezahlter Elternzeit oder bezahlter familialer Pflege, für die Förderung der Gleichstellung von Frauen und Männern umstritten. Während einige Autorinnen und Autoren die großzügige Ausgestaltung solcher sozialen Rechte als eine Politik deuten, die falsche Anreize für Frauen schafft, einem traditionellen Muster der Übernahme von Familienaufgaben zu folgen, sehen andere darin eine gelungene Form der Förderung der Vereinbarkeit von Familie und Erwerbstätigkeit für Frauen und Männer. Das gilt demnach vor allem dann, wenn der Staat die familiale Kinderbetreuung und Pflege finanziell großzügig fördert, die Rückkehr auf den früheren Arbeitsplatz ermöglicht und wenn sich die – zumeist männlichen – Partner an der familialen Kinderbetreuung und Pflege beteiligen (Fraser 1994a; Gornick/Meyers 2008). Soweit die Einflüsse wohlfahrtsstaatlicher Politiken auf die tatsächlich vorzufindenden Geschlechterstrukturen untersucht werden, wurde dabei deutlich, dass die Familienpolitik das Handeln nicht determiniert, sondern dass sich die Individuen in ihrem Handeln auch an den gesellschaftlich vorherrschenden kulturellen Werten und Leitbildern zur Familie, also an der ‚Geschlechterkultur', orientieren (Pfau-Effinger 2004; Jensen et al. 2017).

Neuere Reformen von Wohlfahrtsstaaten: Seit den 1990er Jahren haben viele Wohlfahrtsstaaten die sozialen Rechte und die öffentliche Infrastruktur zur Kinderbetreuung und Pflege älterer Menschen ausgeweitet, was Frauen bzw. Familien im Hinblick auf die Sorgearbeit teilweise entlastet hat (Daly/Ferragina 2017). Im Rahmen von Elternzeitregelungen wurden auf der Grundlage von ‚Vätermonaten' auch spezielle Anreize zur Beteiligung von Vätern an der frühkindlichen Kinderbetreuung zuhause geschaffen, mit dem Ziel, die Gleichstellung in der familialen Kinderbetreuung zu fördern (Aunkofer et al. 2019; Reimer 2019; Eydal/Rostgaard 2014).

Die Politiken zur Ausweitung der öffentlichen Kinderbetreuung sind aber nicht grundsätzlich an Zielen der Gleichstellung der Geschlechter ausgerichtet. Seit den 2000er Jahren wurde ihnen vermehrt das Konzept des ‚Sozial-Investitions-Staates' (‚Social Investment State') zugrunde gelegt, das seit den 2000er Jahren von der EU propagiert wird. Das Konzept beruht auf der Idee, dass die Sozialpolitiken auch ökonomischen Zielen dienen sollen. Die öffentliche Kinderbetreuung und die Förderung der Frauenerwerbstätigkeit gelten in diesem Konzept als Mittel, um in das ‚Humankapital' der zukünftigen Arbeitskräfte zu investieren und damit die Stellung der jeweiligen Nation im internationalen Wettbewerb zu stärken (Morel et al. 2013). In der Diskussion der Sozialpolitikforschung wurde die Ausrichtung der öffentlichen Kinderbetreuung an ökonomischen Zielsetzungen vielfach kritisiert.

Trotz der Reformen ist der gesellschaftliche Bedarf an extra-familialer Kinderbetreuung und Pflege in vielen Ländern nicht gedeckt. Dies ist einer der Gründe dafür, weshalb Frauen in vielen Ländern noch immer in Teilzeit arbeiten und ihre Erwerbsarbeit zeitweise unterbrechen (Pfau-Effinger 2016). Um ihren Bedarf an Kinderbetreuung und Pflege zu decken, beschäftigen viele Familien in den wohlhabenden postindustriellen Gesellschaften außerdem Migrantinnen aus ärmeren Ländern, die im Rahmen globaler Migrationsketten in die wohlhabenden Länder pendeln, oft informell und zu Niedriglöhnen. Auf diese Weise ist eine neuartige Form der sozialen Spaltung unter Frauen zu Lasten von Migrantinnen entstanden (Lutz/Pallenga-Möllenbeck 2011).

Im Zuge ihrer Ausweitung der extra-familialen Kinderbetreuung und Pflege haben viele Wohlfahrtsstaaten zudem die Vermarktlichung öffentlicher Aufgaben im Bereich der Kinderbetreuung und Pflege gefördert. Diese Politik beruhte auf der Förderung der Auslagerung von Aufgaben der Sorgearbeit auf gewinnorientierte Unternehmen und in der Einführung von Geldleistungen für Pflegebedürftige, auf deren Grundlage von ihnen erwartet wird, dass sie als ‚Konsument*innen' auf Wohlfahrtsmärkten auftreten (Bode 2012; Theobald/Luppi 2018). Diese Entwicklung wird teilweise als nachteilig für die Qualität der Sorgearbeit und die damit verbundenen Arbeitsbedingungen in der formalen Pflegearbeit und für die Integration von Frauen in die Erwerbsarbeit angesehen (Kröger 2011; Rodrigues/Glendinning 2015).

Birgit Pfau-Effinger

Zum Weiterlesen
Busemeyer, Mariua R./Ebbinghaus, Bernhard/Leibfried, STephan/Mayer-Ahuja, Nicole/Obinger, Herbert/Pfau-Effinger, Birgit (Hrsg.) (2014): Wohlfahrtspolitik im 21. Jahrhundert. Neue Wege der Forschung, Frankfurt, New York: Campus
Obinger, Herbert/Schmidt, Manfred G. (2019): Handbuch Sozialpolitik. Wiesbaden: Springer VS
Pfau-Effinger, Birgit (2004): Development of Culture, Welfare States and Women's Employment in Europe: Theoretical Framework and Analysis of Development Paths. New York: Taylor & Francis Ltd.

Wohnungslosigkeit

Mit der Einführung des Wohnungslosenberichterstattungsgesetzes (WoBerichtsG) vom 04. März 2020 wurde der Begriff ‚Wohnungslosigkeit' erstmals bundeseinheitlich gesetzlich definiert. Danach sind Menschen wohnungslos, wenn „1. die Nutzung einer Wohnung durch eine Person oder eine Mehrheit von Personen desselben Haushalts weder durch einen Mietvertrag oder einen Pachtvertrag noch durch ein dingliches Recht abgesichert ist oder 2. eine Wohnung einer Person oder einer Mehrheit von Personen desselben Haushalts aus sonstigen Gründen nicht zur Verfügung steht" (§ 3 Abs. 1 WoBerichtsG). Hierunter fallen auch Menschen, die nach den Ordnungs- und Polizeigesetzen der Bundesländer als ‚obdachlos' gelten, d. h. „nicht Tag und Nacht über eine Unterkunft verfüg[en], die Schutz vor den Unbilden des Wetters bietet, Raum für die notwendigsten Lebensbedürfnisse lässt und die insgesamt den Anforderungen an eine menschenwürdige Unterkunft entspricht" (Ruder 2015, S. 44).

Über das Ausmaß von Wohnungslosigkeit in Deutschland liegen keine validen Daten vor, und auch das WoBerichtsG wird ab 2022 nur eine Teilgruppe (nämlich untergebrachter) wohnungsloser Menschen erfassen. Nach den

Schätzungen der Bundesarbeitsgemeinschaft Wohnungslosenhilfe e. V. (BAG W) waren 2018 insgesamt 237.000 Menschen wohnungslos, hinzu kamen rund 441.000 wohnungslose anerkannte Geflüchtete. Der geschätzte Frauenanteil (ohne anerkannte Geflüchtete) lag bei 27 Prozent (vgl. BAG W 2019a). Anders als bisher bei der BAG W soll bei den Erhebungen nach dem WoBerichtsG das Merkmal Geschlecht in den Ausprägungen weiblich, männlich und divers (sowie ‚keine Angabe') erhoben werden.

Zu den wenigen expliziten Rechtsgrundlagen der Wohnungslosenhilfe gehört zunächst die Unterbringungsverpflichtung des Staates bei sogenannter ‚unfreiwilliger Obdachlosigkeit' im Rahmen der oben genannten Ordnungs- und Polizeigesetze. Dieses einklagbare Recht besteht – wiewohl in der Praxis oft nicht rechtskonform umgesetzt – unabhängig von Herkunft, Aufenthaltsstatus und Sozialleistungsansprüchen (vgl. Ruder 2015, S. 43 f.). Darüber hinaus werden die Hilfen für Menschen mit besonderen sozialen Schwierigkeiten (§§ 67 ff. SGB XII) überwiegend für akut wohnungslose Menschen genutzt. Die darüber gewährten materiellen und vor allem persönlichen Hilfen werden in einer Verordnung zur Durchführung (DVO § 69 SGB XII) präzisiert. Geschlechtsspezifische Aspekte werden dort nicht benannt. Als Zugangsvoraussetzung zur Hilfe wird in der DVO definiert:

„Personen leben in besonderen sozialen Schwierigkeiten, wenn besondere Lebensverhältnisse derart mit sozialen Schwierigkeiten verbunden sind, dass die Überwindung der besonderen Lebensverhältnisse auch die Überwindung der sozialen Schwierigkeiten erfordert" (§ 1 Abs. 1 Satz 1 DVO § 69 SGB XII).

Neben den Hilfen nach §§ 67 ff. SGB XII und Wohnheimen zur temporären Unterbringung nach dem Ordnungsrecht (in der Regel ohne Unterstützungsangebot und gegebenenfalls finanziert im Rahmen der Kosten der Unterkunft nach dem SGB II) existieren sogenannte niedrigschwellige Angebote wie z. B. Notübernachtungen, Straßensozialarbeit, Angebote der medizinischen Versorgung und Beratungsstellen freigemeinnütziger Träger. Vor allem in den größeren Städten finden sich häufig Angebote für spezifische Zielgruppen, während es in ländlichen Gebieten deutlich seltener differenzierte Hilfen gibt. Dies bedeutet, dass auch frauenspezifische Angebote fast ausschließlich in urbanen Regionen existieren und wohnungslose Frauen anderswo häufig nur gemischtgeschlechtliche Unterkünfte in Anspruch nehmen können. Insgesamt kommt eine vom BMAS geförderte Studie zu der Erkenntnis, dass eine geschlechterdifferenzierte Unterbringung in Deutschland noch nicht flächendeckend gewährleistet ist (vgl. Busch-Geertsema/Henke/Steffen 2019, S. 5).

Für trans* Personen entstehen in Deutschland erst seit einiger Zeit eigenständige Hilfeangebote. Aufgrund der noch bis Ende 2021 gültigen ICD-10-Klassifikation von ‚Transsexualität' als ‚Persönlichkeits- und Verhaltensstörung' werden diese häufig nicht als Angebot der Wohnungslosenhilfe, sondern im Rahmen der Eingliederungshilfe finanziert. Ab 2022 greift dann mit dem

ICD-11 der Begriff der ‚Geschlechtsinkongruenz', die nicht als Verhaltensstörung gilt und damit eine Abkehr von der Pathologisierung der Diagnose ‚Transsexualität' bedeutet.

Mit den ersten öffentlich geförderten Studien zur Wohnungslosigkeit von Frauen (Geiger/Steinert 1991; Enders-Dragässer et al. 2000) wurden Frauen als spezifische Adressatinnen der Wohnungslosenhilfe identifiziert. Die dort vorgenommene Unterscheidung von sichtbarer, verdeckter und latenter Wohnungslosigkeit von Frauen, ihre häufigen Gewalterfahrungen vor und während der Wohnungslosigkeit sowie damit oft einhergehende Zwangspartnerschaften zur Vermeidung der Inanspruchnahme von öffentlicher Unterbringung prägen bis heute die Diskussion in Wissenschaft und Praxis. Enders-Dragässer/Sellach (2005) und Fichtner et al. (2005) haben im Rahmen des Forschungsverbunds „Wohnungsnotfälle und Wohnungslose: Zielgruppen- und Bedarfsforschung für eine integrative Wohnungs- und Sozialpolitik" an den persönlichen Erklärungsmustern von Frauen und Männern im Wohnungsnotfall deren subjektive Bedeutung sowohl für die Bewältigung einer individuellen Notfallproblematik als auch für die Hilfepraxis dargestellt. Neben vielen Folgepublikationen zu wohnungslosen Frauen wird der fachpolitische Diskurs vom Fachausschuss Frauen der BAG W befördert. So wird in einem Positionspapier u. a. darauf aufmerksam gemacht, dass Frauen ein hohes Selbsthilfepotenzial haben, der Hilfebedarf von Frauen dadurch jedoch häufig unerkannt bleibt (vgl. BAG W 2019, S. 2). Insgesamt steht in der Wohnungslosenhilfe die Abkehr vom Konzept der Zweigeschlechtlichkeit noch aus. Zudem ist eine androzentristische Perspektive auf Wohnungslosigkeit noch weit verbreitet, in der männliche Wohnungslosigkeit die Norm darstellt und Frauen sowie Menschen mit anderen Geschlechtsidentitäten eine Sonderform einnehmen (vgl. Koop 2011).

Wohnungslosigkeit ist Ausdruck extremer Armut mit jeweils geschlechtsspezifischen Armuts- und Lebensrisiken. Eine Längsschnittstudie aus Großbritannien zeigt zudem, dass Armut der größte Prädiktor für Wohnungslosigkeit ist, die Wahrscheinlichkeit, im Laufe des Lebens wohnungslos zu werden, also nicht für alle Menschen gleich ist (vgl. Bramley/Fitzpatrick 2018). Die häufigsten Auslöser von Wohnungslosigkeit sind europaweit familiäre Brüche und Wohnungsräumungen aufgrund von Mietschulden. Treffen kritische Lebensereignisse wie Trennung/Scheidung, Todesfälle oder ein Arbeitsplatzverlust bei gleichzeitig eingeschränkten materiellen und persönlichen Ressourcen auf strukturelle Probleme wie einen Mangel an bezahlbarem Wohnraum, kann am Ende des Weges die Wohnungslosigkeit stehen. Der internationale Forschungsverbund WHEN (Women's Homelessness in Europe Network) betont in einer grundlegenden Publikation zur Wohnungslosigkeit von Frauen die Bedeutung und die Intersektionen institutionalisierter Machtverhältnisse und identifiziert in den einzelnen Kapiteln des Sammelwerks Strukturen, Prozesse,

Ideologien und Institutionen, die die Erfahrungen von Frauen mit Wohnungslosigkeit beeinflussen (vgl. Mayock/Bretherton 2016, S. 273). Für trans* Personen stehen ähnlich umfassende Erkenntnisse noch aus, von einer ähnlichen Betroffenheit aufgrund von Mehrfachdiskriminierungen ist jedoch auszugehen. Männer thematisieren häufig gescheiterte Partnerschaften und Erwerbslosigkeit als Gründe für ihren Wohnungsnotfall. Viele von ihnen bagatellisieren ihre Gesundheitsprobleme und ihren Hilfebedarf, weil sie ihr Bild von Durchsetzungsfähigkeit, männlicher Härte und Unabhängigkeit nicht gefährden wollen. Ambulante Hilfeangebote werden von ihnen als überlebensnotwendig bezeichnet (vgl. Fichtner et al. 2005). Frauen dagegen suchen und wertschätzen Hilfeangebote mit Räumen, in denen sie gegen männliche Dominanz und Gewalt geschützt sind. Deshalb meiden sie häufig die von Männern dominierten traditionellen Einrichtungen der Wohnungslosenhilfe. Auf trans* Personen ist die Wohnungsnotfallhilfe noch nicht durchgängig eingerichtet, sodass sie institutionelle Hilfen nicht nur aufgrund ihrer Erfahrungen von Transphobie seltener in Anspruch nehmen. Grundsätzlich muss die Wohnungslosenhilfe an den jeweiligen Geschlechterkonzeptionen, Lebenswelten und Ressourcen ansetzen, den Anspruch der jeweiligen Adressat*innen auf Autonomie und Selbstbestimmung umsetzen und an der Überwindung von struktureller Benachteiligung und Diskriminierung mitwirken.

Susanne Gerull

Zum Weiterlesen
Enders-Dragässer, Ute/Sellach, Brigitte (2005). Frauen in dunklen Zeiten – persönliche Berichte vom Wohnungsnotfall: Ursachen – Handlungsspielräume – Bewältigung: eine qualitative Untersuchung zu Deutungsmustern und Lebenslagen bei Wohnungsnotfällen von Frauen. Frankfurt/M.: Gesellschaft für Sozialwissenschaftliche Frauenforschung e. V., Forschungsverbund Wohnungslosigkeit und Hilfen in Wohnungsnotfällen. nbn-resolving.org/urn:nbn:de:0168-ssoar-125788 (Abfrage: 19.12.2020)
Fichtner, Jörg/Enders-Dragässer, Ute/Sellach, Brigitte/Zeng, Matthias (2005). „Dass die Leute uns nich' alle über einen Kamm scheren": Männer in Wohnungsnot; eine qualitative Untersuchung zu Deutungsmustern und Lebenslagen bei männlichen Wohnungsnotfällen. Frankfurt/M.: Gesellschaft für Sozialwissenschaftliche Frauenforschung e.V., Forschungsverbund Wohnungslosigkeit und Hilfen in Wohnungsnotfällen. nbn-resolving.org/urn:nbn:de:0168-ssoar-125878 (Abfrage: 19.12.2020)
Mayock, Paula/Bretherton, Joanne (Hrsg.) (2016): Women's Homelessness in Europe. Basingstoke: Palgrave Macmillan

Zweierbeziehung

Im Geflecht persönlicher Beziehungen haben für Erwachsene Zweierbeziehungen eine herausragende Bedeutung (vgl. Lenz 2009). Sie kommen weiterhin vielfach als Ehen vor. Unter Ehe wird eine vom Staat geschlossene, auf Dauer angelegte (was eine spätere Auflösung nicht ausschließt, diese jedoch an einen Rechtsakt, die Scheidung, bindet) Gemeinschaft von zwei ehemündigen Personen (§ 1303 BGB) verstanden. Lange war festgelegt, dass nur verschieden geschlechtliche Personen heiraten können. Seit Oktober 2017 hat sich das in Deutschland geändert. Nunmehr ist eine Eheschließung auch für gleichgeschlechtliche Paare – wie in einer Reihe anderer europäischer Staaten – gesetzlich möglich (§1353 BGB). (Ehegatten sind zum gegenseitigen Unterhalt verpflichtet. Breiter gefasst ist die Regelung im Sozialgesetzbuch II, dort gelten auch eheähnliche Gemeinschaften als Bedarfsgemeinschaften und sind gegenseitig zur Unterstützung verpflichtet.)

Historisch und kulturvergleichend betrachtet, ist der Staat nicht die einzige mögliche Eheschließungsinstanz. In Deutschland beansprucht der Staat erst seit 1875 das Eheschließungsmonopol und hat dadurch die Kirche abgelöst. Vor der Kirche und auch in vielen anderen Kulturen fungier(t)en Familien- und Verwandtschaftsverbände als zentrale Instanzen. Neben der monogamen Ehe, die in der christlich-abendländischen Kultur verbindlich vorgegeben ist, existieren zahlreiche Gesellschaften mit polygamen Eheformen, bei denen entweder ein Mann mit mehreren Frauen (Polygynie) oder eine Frau mit mehreren Männern (Polyandrie) verheiratet sein kann.

Ehen haben jedoch mittlerweile in vielen Gesellschaften einen massiven Einbruch als kulturelle Selbstverständlichkeit zu verzeichnen (vgl. Peuckert 2019). In Deutschland lässt sich seit den 1970er Jahren nicht nur ein Trend zu einem höheren Heiratsalter feststellen, sondern zugleich ist auch die Heiratshäufigkeit stark rückläufig. Wenn sich zwei ‚lieben', folgt daraus nicht mehr zwingend, dass sie auch heiraten. Liebe und Ehe haben sich entkoppelt (vgl. Kaufmann 1994). Paaren stehen unterschiedliche Beziehungsformen offen, in denen das gemeinsame sexuelle Erleben fest und ein gemeinsamer Alltag in einer variablen Dichte eingeschrieben ist: Neben der Ehe sind das die nichteheliche Lebensgemeinschaft, worunter ein Zusammenleben in einem gemeinsamen Haushalt verstanden wird, oder eine Distanzbeziehung, also ein Paar mit zwei getrennten Haushalten, meist bedingt durch berufliche Gründe. Zudem gibt es eine wachsende Anzahl von Ehen mit zwei Haushalten. Auch zur Paarkonstellation werden Alternativen gelebt (vgl. Pieper/Bauer 2014; Sheff/Tesene 2015). In der Form einer verheimlichten Nebenbeziehung einer Beziehungsperson ist das nichts Neues. Nach dem Beziehungskonzept der Polyamorie oder dem schon aus den 1970er Jahren stammenden Konzept der offenen Ehe werden diese komplexen Beziehungsgefüge – zu dritt oder auch mehreren – im gegenseitigen Wissen gelebt. Über den Verbreitungsgrad dieser offen gelebten Beziehungsgefüge gibt es keine verlässlichen Zahlen.

Der Verlust der Monopolstellung der Ehe wird im vollen Umfang erst deutlich, wenn man berücksichtigt, dass sich der Beginn von ‚festen Freundschaften' und der Einstieg in Sexualität biografisch stark nach vorn verlagert haben. Mit 17 Jahren sind zwei Drittel der Jugendlichen koituserfahren, bei den Mädchen mehr als bei den Jungen. Das im bürgerlichen Familienmodell vorfindbare Ideal des Aufschubs der Sexualität bis zur Ehe ist inzwischen längst obsolet geworden. Immer seltener wird mittlerweile der erste Freund oder die erste Freundin geheiratet. Trennung und Aufbau einer neuen Beziehung werden zu sich wiederholenden Erfahrungen im individuellen Lebenslauf. Diese starke Aufwertung der festen Beziehung im Vorfeld einer (möglichen) Eheschließung lässt es nicht länger als ausreichend erscheinen, diese Phase – wie es in den gängigen Modellen der Familienentwicklung der Fall ist – lediglich als Partnerwahl zu konzeptualisieren. Diese Beziehungen dienen nicht dazu, eine*n Ehepartner*in zu finden, sondern besitzen einen biografischen Eigenwert.

Grundlegend verändert haben sich dadurch auch die Beziehungsbiografien. Die Kettenbiografie hat die Kontinuitätsbiografie – also das lebenslange Zusammensein in der ersten Zweierbeziehung – als dominantes Modell abgelöst (Schmidt et al. 2006). Die allermeisten Personen haben in ihrem Leben hintereinander – und auch unterbrochen durch mehr oder minder lange Single-Phasen – mehrere Beziehungspartner*innen, was auch als serielle Monogamie bezeichnet wird. Diese Kettenbiografien umfassen nicht nur das ‚Zusammensein' mit unterschiedlichen Partner*innen, sondern diese Zweierbeziehungen werden vielfach auch in unterschiedlichen Beziehungsformen (z. B. Ehe, nichteheliche Lebensformen) gelebt. Möglich auch, dass in Kettenbiografien die Geschlechterkonstellation variiert oder auch Erfahrungen mit komplexeren Beziehungsgefügen eingeschlossen sind.

Der Monopolverlust der Ehe als die einzig legitime und stets angestrebte Beziehungsform schafft den Bedarf, für die neue Formenvielfalt einen Sammelbegriff zu finden, der Ehen und auch ‚eheähnliche' Lebensformen umfasst. Verwendet werden dafür die Bezeichnungen ‚Zweierbeziehung', ‚Paarbeziehung' oder ‚Intimbeziehung'. Wichtig erscheint es, dass dieser Begriff so gefasst wird, dass damit hetero- und homosexuelle Beziehungen einbezogen werden. Dies ist unbedingt notwendig, um der auch in der Paarforschung verbreiteten Heteronormativität und der damit verknüpften Vernachlässigung gleichgeschlechtlicher Beziehungen entgegenzuwirken (vgl. Maier 2007). Allgemein formuliert soll darunter eine enge, verbindliche und auf Dauer angelegte Beziehung zwischen zwei Personen unterschiedlichen oder gleichen Geschlechts verstanden werden, die sich durch eine besondere Zuwendung auszeichnet und die Praxis sexueller Interaktion einschließt. Mit dieser Definition bleibt offen, ob die beiden Beziehungspersonen verheiratet sind, Kinder haben und einen gemeinsamen Haushalt aufweisen. Emotionalität und Sexualität werden als wichtige Momente zwar benannt, ohne sie allerdings in einer bestimmten Gestalt und Konstanz als ‚das' Bestimmungsmerkmal festzuschreiben. Diese breite Definition ist erforderlich, um Zweierbeziehungen nicht von vornherein auf ein historisch und kulturell gebundenes Verständnis festzulegen. Beziehungskonstellationen, die mehr als zwei Personen umfassen, lassen auch Grenzen der Begriffe Zweier- oder Paarbeziehung erkennen. Um auch diese Beziehungskonstellationen einbeziehen zu können, wird im englischsprachigen Raum der Begriff der ‚committed relationsship' vorgeschlagen (vgl. Schwartz/Serafin/Cantor 2013). Mit diesem Begriff ist keine Vorgabe der Anzahl und auch hinsichtlich der Geschlechteridentitäten mehr verbunden. Mit dem Konzept des Commitment (Verpflichtung) wird ausschließlich auf die Zusammengehörigkeit abgezielt, wobei ihre Dauer variieren kann. Bislang ist dieser Begriff aber noch wenig verbreitet; auch gibt es noch keine gängige Übersetzung.

Während in der Vergangenheit die Aufgabenfelder der beiden Geschlechter in (heterosexuellen) Zweierbeziehungen weitgehend vordefiniert waren, haben diese kulturellen Vorgaben inzwischen stark an Verbindlichkeit verloren (vgl. Lenz/Adler 2011). Für das Paar stellt sich damit noch mehr die Notwendigkeit, in einen gemeinsamen Aushandlungsprozess einzutreten. Diese Verständigungs- und Aushandlungsprozesse erfolgen im verbalen Austausch. Die Problemlösungen der Paare sind aber keineswegs immer das Resultat von expliziten und langwierigen Diskussionsprozessen. Vielfach sind sie eher ein Nebenprodukt des Beziehungsalltags. Viele Gewohnheiten eines Paares und Zuständigkeitsregelungen schleichen sich durch die Wiederholung von Handlungen ein. Weitgehend unbemerkt kommt es nach und nach zu einer Institutionalisierung des Beziehungsalltags. Der Aufbau von Routinen entlastet das Zeitbudget eines Paares. Ohne immer erst in einen Aushandlungsprozess einzutreten zu müssen, sind die Handlungslinien oder die vorhandenen individuellen Wünsche in hohem Maße aufeinander abgestimmt.

Ein Beispiel für Institutionalisierungsprozesse ist der Aufbau eines gemeinsamen Sexualskripts, mit dem jedes Paar in der Ausbauphase konfrontiert ist (vgl. Gagnon/Simon 2017). Es muss eine ›Sprache‹ gefunden werden, um sexuelles Begehren zum Ausdruck bringen zu können. Paare haben ein gemeinsames Wissen darüber, in welchem räumlichen und auch zeitlichen Setting sexueller Austausch angemessen ist. Ein Sexualskript umfasst Vorgaben, wie die Abfolge sexueller Handlungen organisiert wird und auch darüber, welche Praktiken erlaubt sind bzw. ausgeschlossen werden (Lenz 2005). Dabei handelt es sich nicht um ein starres Ablaufschema, sondern ein paarbezogenes Sexualskript besitzt immer eine gewisse innere Variabilität. Im Laufe der Bestandsphase, z. B. nach einer Krise oder nach der Familiengründung, kann es durchaus zu grundlegenden Änderungen kommen.

Trotz der hohen alltagspraktischen Relevanz finden Emotionen in der Paarforschung (zu) wenig Beachtung (vgl. Lenz/Adler 2021). Liebe ist sicherlich das Gefühl, das gemeinhin am stärksten mit Zweierbeziehungen in Verbindung gebracht wird. Gleichwohl ist die Gefühlswelt der Paare nicht darauf beschränkt. Fortlaufend wird im Beziehungsalltag Emotionsarbeit geleistet. Die dabei wirksamen Gefühlsregeln sind weiterhin eng mit der Geschlechterordnung verknüpft (vgl. Erickson 2005). Bei Beziehungskonflikten und -krisen werden negative Gefühle wie Eifersucht, Ärger und Wut dominant. Schon

Georg Simmel (1992, S. 318) hat auf die mögliche destruktive Wirkung der Eifersucht hingewiesen. Dass Eifersucht zu Gewalt und gar zu Tötungsdelikten führen kann, ist umfänglich dokumentiert. Maßgeblich hierfür sind dabei die in den Beziehungskonzepten verankerten Exklusivitätsvorstellungen in Verbindung mit Besitzansprüchen und die Ausgestaltung der Machtbalance (vgl. Clanton 2007). Für die Paarforschung sind sowohl Emotionen als soziale Praxis wie auch ihre Semantik oder kulturelle Kodierung lohnende Forschungsthemen.

Karl Lenz

Zum Weiterlesen
Lenz, Karl (2009): Soziologie der Zweierbeziehung. Eine Einführung. Wiesbaden: VS
Peuckert, Rüdiger (2019): Familienformen im Wandel. 9. vollständig überarbeitete Auflage. Wiesbaden: Springer VS
Schmidt, Gunter (2014): Das neue Der Die Das. Über die Modernisierung des Sexuellen. Gießen: Psychosozial-Verlag

Zweigeschlechtlichkeit

Der Begriff ‚kulturelles System der Zweigeschlechtlichkeit' wurde von Hagemann-White (1984) als Übersetzung für ‚gender' in der englischsprachigen feministischen Theorie eingeführt. Das Konzept fordert dazu auf, die ‚alltagstheoretische Grundannahme' auszuklammern, dass zwei und nur zwei Geschlechter existieren, denn die Kulturanthropologie hat längst eine Vielfalt von Regeln und Normen für die Geschlechter aufgedeckt. Die Zweiteilung selbst, nicht erst ihre Folgen, sei aus der jeweiligen Kultur heraus zu verstehen, die Kategorien Frau/Mann seien ‚Symbole in einem sozialen Sinnsystem'. „Gesellschaftlich legitime, für die Identität wirksame Geschlechtszugehörigkeit ist primär symbolisch, sie muss dargestellt werden" (Hagemann-White 1988, S. 233). Geschlechtersysteme sind nicht nur polarisiert, sondern die beiden Pole sind typisch ungleichwertig; daher stehen die Macht- und Statushierarchien einer Gesellschaft, insbesondere die Rangordnung unter Männern, in enger Wechselwirkung mit der Geschlechterpolarität.

Eine begriffliche Trennung von ‚sex' und ‚gender' kam im Englischen zu Beginn der 1970er Jahre auf und sollte die damals vorherrschende Rede von ‚Geschlechterrollen' überwinden. Die Trennung wurde allerdings bald als unbrauchbar verworfen; Chodorow (1978) z. B. sprach vom ‚sex-gender system'. Auch in der deutschen Frauenforschung wurde das Geschlecht als soziale Strukturkategorie bzw. als umfassendes System der Zuschreibungen und Zuweisungen analysiert (Becker-Schmidt 1985). Ein Unterschied in den Theoriediskursen bestand darin, dass die deutsche Gesellschaftstheorie damals Fragen der Biologie kaum beachtet hat, während ‚gender' in der amerikanischen Diskussion auch den Körper einbezog (Hess/Ferree 1987).

Allerdings gewann im liberalen Feminismus der Folgezeit die Trennung von ‚sex' und ‚gender' politisch an Zuspruch, um auf breiter Basis für Gleichberechtigung zu kämpfen, ohne Annahmen über die Natur der Differenz zu debattieren. Gender wurde, zuerst in den USA, später im Bereich der UNO, zum Stichwort für jede Diskriminierung oder Ungerechtigkeit auf der Grundlage des Geschlechts. Für die Soziale Arbeit hingegen hat der Begriff ‚Zweigeschlechtlichkeit' den Vorteil, auf die aktiven und widersprüchlichen Prozesse hinzuweisen, in denen die kulturell vorgeprägten Bedeutungen des Geschlechts sowohl angeeignet als auch abgewandelt werden.

In diesem Sinne bestimmt Connell (2002) ‚gender' als eine Ordnung sozialer Praxis in Bezug auf die Arena der Reproduktion. Bezugspunkt ist die zweigeschlechtliche Fortpflanzung, deren Ausgestaltung in sozialen Beziehungen und kulturelle Sinnzuschreibung durch und durch Kulturprodukt ist; als Menschen kennen wir keinen Sex, der nicht immer schon Gender wäre. Männlichkeiten und Weiblichkeiten sind zudem im Plural anzutreffen und in Verhältnisse von Hegemonie und Unterordnung eingebunden (Connell 1999). Im Bann der Heteronormativität (Dornheim 2002) steht schon das Begehren, denn auch Homosexualität, heute zunehmend akzeptiert, richtet sich nach Geschlechtszugehörigkeit (vgl. Lindemann 1992).

Als Deutungen der fundamentalen Lebenstatsache sind kulturelle Systeme der Zweigeschlechtlichkeit mit anderen sozialen Macht- und Sinnsystemen verwoben. Ökonomische und politische Dominanz wird mit der Zweigeschlechtlichkeit ‚aufgeladen'. Auch die in der Kolonialzeit entstandene Idee, die Menschheit ließe sich in verschiedene ‚Rassen' aufteilen, wurde mit Zuschreibungen aus den herrschenden ‚Gender Regimes' vermischt: Frauen wie Schwarzen wurde z. B. geringere Intelligenz als ‚weißen' Männern sowie überbordende Emotionalität zugeschrieben. Die Stereotypen wirken noch, z. B. in der europäischen Migrationspolitik.

An der Konstruktion des (eigenen) Geschlechts ist das Grundbedürfnis nach Anerkennung beteiligt. Die Strukturen „hinterlassen ihre Spuren in individuellen Lebensentwürfen und normativen Vorstellungen der Subjekte" (Bitzan et al. 2018). Zwar sind die Spielräume für die Ausgestaltung der Geschlechtsidentität größer geworden, aber bei der Überschreitung ungeschriebener Grenzen erwartet das soziale Umfeld, ja erwartet die Person von sich selbst einen ‚Ausgleich' in einem anderen Bereich, um den eigenen Platz im Gendersystem zu bestätigen: Die Kanzlerin kocht immerhin Kartoffelsuppe; die Frau, die zur Spitze will, ist immer auch Mama, wenn es wichtig ist.

In den europäischen Kulturtraditionen ist zudem ein unterschiedliches Verhältnis der Geschlechter zu Gewalt, zu Verletzungsmacht und Verletzungsoffenheit heterosexuell kodiert. Ein Mann soll sich gegen Angriffe mit Gewalt wehren können, während schon die Androhung von Gewalt eine Frau (aber auch ein Kind) dazu bringen soll, sich unterzuordnen und Übergriffe zu dulden. Auch deshalb gelingt es Frauen und Männern oft nicht, sich eindeutig zu ungerechten Verhältnissen, in denen sie verstrickt sind, zu verhalten (Glammeier 2011).

Zwei Strömungen in den neueren Genderdebatten behindern die Weiterentwicklung der theoretischen Einsicht in die kulturelle Konstruktion von Geschlecht. Die erste erwuchs aus einem Rückgriff auf die Sprachphilosophie: Analog zu solchen Sprechakten, die durch das Aussprechen das Angesprochene hervorbringen, wurde Gender als primär performativ, als eine Aufführung gedeutet, deren Fortführung oder Abwandlung den Individuen freistehen könnte. Dabei gerät die in allen Kulturen und deren Geschichte verankerte strukturelle Macht aus dem Blick; Geschlecht sei „nur eine soziale Konvention" (Bauer et al. 2018, S. 8).

Hinzu kam die Analyse der Situation von schwarzen Frauen in den USA mit der Metapher von ‚intersections' (Crenshaw 1989). Aufgegriffen durch einen transnationalen feministischen Diskurs und vom Kontext gelöst, wurde daraus der verallgemeinerte Begriff ‚Intersectionality', der fast mit Diversity gleichgesetzt wurde, womit die Strömung zur individuellen Wahlfreiheit verstärkt wurde. Nicht nur ist „the intersectional experience greater than the sum of racism and sexism" (Crenshaw 1989, S. 140), feministische Analysen können die Lebensrealität von schwarzen Frauen gänzlich verfehlen. Fruchtbarer wäre es wohl gewesen, den von Patricia Hill Collins (1990) geprägten Begriff einer ‚Matrix of Domination' aufzugreifen. Darin sind vielfältige Strukturen von Privilegierung und Unterdrückung miteinander verflochten, so dass nahezu jede gesellschaftliche Gruppe Vor- und Nachteile der eigenen Position erlebt. Für eindeutig besonders unterdrückte Gruppen kommt es darauf an, aus gemeinsamen Erfahrungen Wissen zu generieren, das zu Veränderungen befähigt.

Denn die existenziell und leiblich erfahrene Verortung in mehreren Machtverhältnissen – sich z. B. nicht bloß als Frau oder aber (außerdem) als Moslem, sondern als muslimische Frau in Deutschland oder z. B. in Frankfurt lebend – resultiert aus Strukturen von Herrschaft, die sogar explizit die Dominanz des Deutschseins und des Christentums (auch in der Form der Laizität in Frankreich) absichern sollen. Im Ergebnis wird den in Mitteleuropa lebenden muslimischen Frauen das Recht auf eine selbstbestimmte Auseinandersetzung mit der eigenen Herkunft abgesprochen.

Machthierarchien haben nur Bestand, wenn Menschen ihnen entsprechend handeln; darauf weist der Begriff ‚Doing Gender' hin. Um einen anerkannten Platz in der Geschlechterordnung des Alltags einnehmen zu können – damit wir unmissverständlich als Frauen oder aber als Männer wahrgenommen und akzeptiert werden –, bieten sich die ungleichwertigen Kategorien des Männlichen und des Weiblichen an. Die Tatsache, dass wir einem Geschlecht zugehören, wird vermittelt in der Art, wie wir diese Zugehörigkeit leben (Hagemann-White 1988b) – und dies wiederum variiert ja nach unserem ‚sozialen Ort'. Die Bedeutung des Geschlechts ist also nicht vom Körper vorgegeben, aber die Körperlichkeit fordert zur Schaffung von Bedeutungen heraus, die nicht nur kognitive Stereotype sind, sondern auch leiblich-affektive Dimensionen haben (Rendtorff 1987). Auch der Wandel im Geschlechterverhältnis geht durch den kreativen Umgang mit diesen Bedeutungen vor sich.

Allerdings: Die scheinbar endlose Kette sprachlicher Erfindungen, um die Benennung der Geschlechter zu unterlaufen, führen nicht dazu, dass die Zweigeschlechtlichkeit verschwindet, wohl aber dazu, die Stimme der von mehrfacher Ausgrenzung Betroffenen nicht zu hören, weil sie die eigene Erfahrungsperspektive in der sich wandelnden Sprache nicht aussprechen können. Frauen erleiden noch immer Gewalt, weil sie Frauen sind, aber zugleich, weil sie z. B. Romni oder Türkin sind. Die von der Verzahnung der Machthierarchien Betroffenen erfahren nicht nur multiple, sondern auch andere Gewalt – und andere Zwänge, die sie schweigen lassen.

Der Bezug der Geschlechterverhältnisse auf die Fortpflanzung dient immer neu dazu, eine Polarität als Natur erscheinen zu lassen. Doch genauer besehen ist die Fortpflanzung ein Dreiecksverhältnis: Ein Drittes entsteht, dessen Geschlecht zunächst ungewiss ist. Jedes menschliche Wesen muss sich selbst als eben dieses Dritte begreifen, das aus der Begegnung von Frau und Mann hervorgegangen ist. Durch die Geburt steht das Geschlecht einer Person in Relation zu beiden Eltern, und das Kind unterscheidet sich von beiden (Irigaray 1980). Die Generationenfolge, das Leibliche und Fruchtbare in der Geschlechtlichkeit, der Bezug unseres Selbst zur Vergangenheit und Zukunft (Landweer 1994) bilden also ein Geflecht von Relationen und dieses enthält ein dynamisches Störpotenzial gegenüber jeder Polarität. Die Symbolisierungskraft des Geschlechts umfasst also die Zweiheit und die Vielfalt. Ihre hohe und hartnäckige Bedeutung hat die Kategorie Geschlecht also gerade deshalb, weil ihr Bewegung und Dynamik innewohnen (Rendtorff/Moser 1999). Die verborgene Vielfalt macht die Produktivität des Geschlechtlichen aus; deren Reduktion auf nur zwei Möglichkeiten hat immer mit Herrschaft zu tun.

Carol Hagemann-White

Zum Weiterlesen
Connell, Robert W. (1999): Der gemachte Mann: Konstruktion und Krise von Männlichkeiten. Opladen: Leske + Budrich
Hagemann-White, Carol (1984): Sozialisation: weiblich – männlich? Opladen: Leske + Budrich
Lindemann, Gesa (1992): Die leiblich-affektive Konstruktion des Geschlechts. Für eine Mikrosoziologie des Geschlechts unter der Haut. In: Zeitschrift für Soziologie 21, H. 5, S. 330–346

Literatur

Abdul-Hussain, Surur (2012): Genderkompetenz in Supervision und Coaching. Wiesbaden: Springer VS

Abelin, Ernst (1980): Triangulation, the role of the father and the origins of core gender identity during rapprochement subphase. In: Lax, Ruth/Bach, Sheldon/Burland J. Alexis. (Hrsg.): Rapprochement: The critical subphase of separation-individuation. New York: Jason Aronson, 151–170

Abou, Tanja (2021): Prololesben und Arbeiter*innentöchter – Interventionen in den feministischen Mainstream der 1980er und 1990er Jahre. In: Seeck, Francis/Theißl, Brigitte (Hrsg.): Solidarisch gegen Klassismus. Organisieren, intervenieren, umverteilen. 3. Auflage. Münster: Unrast, S. 97–106

Abraham, Anke (2002): Weibliche Lebenslagen im Spiegel der Körperlichkeit. In: Hammer, Veronika/Lutz, Ronald (Hrsg.): Weibliche Lebenslagen und soziale Benachteiligung. Theoretische Ansätze und empirische Beispiele. Frankfurt/M., New York: Campus, S. 266–287

Abraham, Martin/Hinz, Thomas (2008): Arbeitsmarktsoziologie. Probleme, Theorien, empirische Befunde. Wiesbaden: VS

Achenbach, Thomas (2019): Männer trauern anders. Ostfildern: Patmos

Achilles, Steffi Sam (2018): queer_sehen: Queere Bilder in U.S.-amerikanischen Fernsehserien von 1990–2012. Hamburg: Diplomica Verlag Hans-Böckler-Stiftung

Acker, Joan (1990): Hierarchies, Jobs, Bodies. A Theory of Gendered Organizations. In: Gender und Society 4, H. 2, S. 139–158

Adams, David (2007): Why do they kill? Men who murder their intimate partners. Nashville: Vanderbilt University Press

Adams, Katrin/Cissek-Evans, Monika/Eritt, Barbara/Franke, Claudia/Gatzke, Ulrike/Joo-Schauen, Jae-Soon/Kalthegener, Regina/Koopmann-Aleksin, Kirsten/Najafi, Beshid/Prasad, Nivedita, Dr./Uhl, Bärbel/Schaab,Eva/Tanis, Naile/Würdinger, Andrea (2008): Frauenhandeln in Deutschland. Bundesweiter Koordinierungskreis gegen Frauenhandel und Gewalt an Frauen im Migrationsprozess e. V. (KOK e. V.)

Adorno, Theodor W./Frenkel-Brunswik, Else/Levinson, Daniel/Sanford, Nevitt (2019/1950): The Authoritarian Personality. London, New York: Verso

Adorno, Theodor W. (1997/1951): Minima Moralia. Reflexionen aus dem beschädigten Leben. Gesammelte Schriften. Band 4. Frankfurt/M.: Suhrkamp

Adorno, Theodor W. (1955): Schuld und Abwehr. In: Adorna, Theodor W.: Gesammelte Schriften. Band 9.2. Frankfurt/M.: 121–324

Adorno, Theodor W. (1966): Erziehung nach Auschwitz. In: Adorno, Theodor W./Kadelbach, Gerd (Hrsg.): Erziehung zur Mündigkeit. Vorträge und Gespräche mit Hellmuth Becker 1959–1969. Frankfurt/M.: Suhrkamp, S. 92–109

Adorno, Theodor W. (1971): Erziehung zur Mündigkeit. Frankfurt/M.: Suhrkamp

Adorno, Theodor W. (2015/1972): Sozologische Schriften I. 3. Auflage. Frankfurt/M.:Suhrkamp

ADS (Antidiskriminierungsstelle des Bundes) (2010): Wichtige Urteile. Gesetzesinitiativen und Entwicklungen zum Diskriminierungsschutz im Jahr 2009. www.antidiskriminierungsstelle.de/ADS/root,did=134620.html (Abfrage: 14.07.2010)

ADS (Antidiskriminierungsstelle des Bundes) (2020): Diskriminierung? www.antidiskriminierungsstelle.de (Abfrage: 27.01.2021)

ADS (Antidiskriminierungsstelle des Bundes) (ADS) (2015): Gleiche Rechte – gegen Diskriminierung aufgrund des Geschlechts. Bericht der unabhängigen Expert_innenkommission der Antidiskriminierungsstelle des Bundes. Berlin: Antidiskriminierungsstelle des Bundes

Affeldt, Barbara (2003): Die Projektgruppe „Genderperspektive in der Supervision" verabschiedet sich. In: DGSv aktuell 4, S. 19–23

AG Gender-Killer (Hrsg.) (2005): Antisemitismus und Geschlecht: von „effiminierten Juden", „maskulinisierten Jüdinnen" und anderen Geschlechterbildern. Münster: Unrast

Agena, Gesine/Rahner, Judith (2021): Antifeminismus, gewaltbereiter Rechtsextremismus und Geschlecht. www.heimatkunde.boell.de/de/2021/04/14/antifeminismus-gewaltbereiter-rechtsextremismus-und-geschlecht (Abfrage: 30.04.2021).

Aggleton, Peter (2007): „Just a Snip"? A Social History of Male Circumcision. In: Reproductive Health Matters. Vol. 15, H. 29, S. 15–21

AGGPG/Reiter, Michel (Hrsg.) (2000): It All Makes Perfect Sense. Ein Beitrag über Geschlecht, Zwitter und Terror. Bremen: Eigendruck

AGJ (Arbeitsgemeinschaft für Kinder- und Jugendhilfe) (2019): Gesellschaftliche Anerkennung und Aufwertung der Sozialen Berufe in der Kinder- und Jugendhilfe – Fachkräfte gewinnen, Qualität erhalten und verbessern! Positionspapier der Arbeitsgemeinschaft für Kinder- und Jugendhilfe. www.agj.de/positionen/aktuell.html (Abfrage: 24.03.2021)

Ahlers, Elke/Klenner, Christina/Lott, Yvonne/Maschke, Manuela/Müller, Annekathrin/Schildmann, Christina/Voss-Dahm, Dorothea/Weusthoff, Anja (2018): Genderaspekte der Digitalisierung der Arbeitswelt. Düsseldorf: Hans-Böckler-Stiftung

Ahlheim, Klaus (2005): Prävention von Rechtsextremismus, Fremdenfeindlichkeit und Antisemitismus. In: Sander, Wolfgang (Hrsg.): Handbuch politische Bildung. 3. völlig überarbeitete Auflage. Schwalbach/Taunus: Wochenschau-Verlag, S. 379–391

Ahmed, Sarina/Baier, Florian/Fischer, Martina (Hrsg.) (2018): Schulsozialarbeit in Grundschulen. Konzepte und Methoden für eine kooperative Praxis mit Kindern, Eltern und Schule. Opladen, Berlin, Toronto: Barbara Budrich

Ahnert, Liselotte (2010): Wieviel Mutter braucht ein Kind? Bindung – Bildung – Betreuung: öffentlich und privat. Heidelberg: Springer Spektrum

Aigner, Josef C./Rohrmann, Tim (Hrsg.) (2012): Elementar. Männer in der pädagogischen Arbeit mit Kindern. Opladen: Barbara Budrich

AKF (Arbeitskreis Frauengesundheit) (2017): Konzepte und Maßnahmen zur Verbesserung der psychischen Gesundheit gewaltbetroffener Frauen und ihrer Kinder. Dokumentation des Fachgesprächs von 2017 des Arbeitskreises Frauengesundheit. Berlin: Arbeitskreis Frauengesundheit

AKJStat – Arbeitsstelle Kinder- und Jugendhilfestatistik (2018): Monitor Hilfe zur Erziehung 2018. Dortmund: Eigenverlag. www.hzemonitor.akjstat.tu-dortmund.de/fileadmin/user_upload/documents/Monitor_Hilfen_zur_Erziehung_2018.pdf (Abfrage: 9.3.2021)

Akka, Abou Soufiane (2008): „Wir sind alle Schwarzköpfe." Selbstethnisierung als Strategie der Selbstbehauptung. In: IDA NRW (Hrsg.): Reader zum Fachgespräch ‚Rassismus bildet.' Bildungsperspektiven unter Bedingungen rassistischer Normalität. S. 197–199

Albers, Timm/Ritter, Eva (2015): Zusammenarbeit mit Eltern und Familien in der Kita. München: Reinhardt

Albert, Martin (2015): Soziale Arbeit im Bereich Prostitution – Strukturelle Entwicklungstendenzen im Kontext von Organisation, Sozialraum und professioneller Rolle. In: Albert, Martin/Wege, Julia (Hrsg.): Soziale Arbeit und Prostitution: Professionelle Handlungsansätze in Theorie und Praxis. Wiesbaden: Springer VS, S. 9–26

Albrecht Günter/Groenemeyer, Axel (Hrsg.) (2012): Handbuch soziale Probleme. Wiesbaden: Springer

Albrecht-Engel, Ines (2007): Gebärbewegt. In: Hebammen-Zeitung 2, S. 14–16

Alemann, Annette von/Beaufays, Sandra/Kortendiek, Beate (Hrsg.) (2017): Alte neue Ungleichheiten? Auflösungen und Neukonfigurationen von Erwerbs- und Familiensphäre. Opladen: Barbara Budrich

Alexopoulou, Maria (2020): Deutschland und die Migration. Geschichte einer Einwanderungsgesellschaft wider Willen. Ditzingen: Reclam

Alheit, Peter (1990): Alltag und Biographie. Studien zur gesellschaftlichen Konstitution biographischer Perspektiven. Bremen: Universität Bremen

Allen, Pamela (1972): Der Freiraum. In: Arbeitskollektiv der Sozialistischen Frauen Frankfurt (Hrsg.): Frauen gemeinsam sind stark! Texte und Materialien des Women's Liberation Movement in den USA. Frankfurt/M.: Roter Stern, S. 63–69

Allen, Sarah M./Hawkins, Alan J. (1999): Maternal gatekeeping: Mothers' beliefs and behaviors that inhibit greater father involvement in family work. In: Journal of Marriage and Family 61, S. 199–212

Allmendinger, Jutta (2020): Zurück in alte Rollen. Corona bedroht die Geschlechtergerechtigkeit. In: WZB Mitteilungen, H. 168, S. 45–47

Almeling, Rene (2007): Selling Genes, Selling Gender. Egg Agencies, Sperm Banks, and the Medical Market in Genetic Material. In: American Sociological Review 72 (3), S. 319–340

Alsaker, Françoise D. (2016): Mutig gegen Mobbing in Kindergarten und Schule. 2. unveränderte Auflage. Göttingen: Hogrefe

Alsaker, Françoise D./Bütikofer, Andrea (2006): Geschlechtsunterschiede im Auftreten von psychischen und Verhaltensstörungen im Jugendalter. doi.org/10.1026/0942-5403.14.3.169

Altenkirchen, Brigitte (1986): Die Moral des Nichtverletzens in den Arbeitsbeziehungen von Frauen. In: Thürmer-Rohr, Christina (Hrsg.) Mittäterschaft und Entdeckungslust. Berlin: Orlanda S. 104–115

Altgeld, Thomas (2016): Geschlechteraspekte in der Prävention und Gesundheitsförderung. In: Kolip, Petra/Hurrelmann, Klaus (Hrsg): Handbuch Geschlecht und Gesundheit. Göttingen: Hogrefe, S. 300–311

Altgeld, Thomas (Hrsg.) (2004): Männergesundheit. Neue Herausforderungen für Gesundheitsförderung und Prävention. Weinheim, München: Juventa

Althoff, Martina (2013): Zugehörigkeiten und Verletzbarkeiten. Methodologische Überlegungen zur intersektionalen Analyse sozialer Ungleichheit und Kriminalität. In: Bereswill, Mechthild/Liebsch, Katharina (Hrsg.): Geschlecht (re)konstruieren: Zur methodologischen und methodischen Produktivität der Frauen- und Geschlechterforschung. Münster: Westfälisches Dampfboot, S. 263–282

Althoff, Martina (2020): Stories of Gender and Migration, Crime and Security: Between Outrage and Denial. In: Althoff, Martina/Dollinger, Bernd/Schmidt, Holger (Hrsg.): Conflicting Narratives of Crime and Punishment. London: Palgrave MacMillan, S. 259–278

Althoff, Martina/Apel, Magdalena/Bereswill, Mechthild/Gruhlich, Julia/Riegraf, Birgit (Hrsg.) (2017): Feministische Methodologie und Methode. Traditionen, Konzepte und Erörterungen. Wiesbaden: Springer VS

Altreiter, Carina (2018): Woher man kommt, wohin man geht. Über die Zugkraft der Klassenherkunft am Beispiel junger IndustriearbeiterInnen. Frankfurt/M., New York: Campus

Altzinger, Wilfried/Zilian, Stella (2018): Verteilungseffekte des technologischen Wandels. In: Beirat für Gesellschafts-, Wirtschafts- und Umweltpolitische Alternativen (Hrsg.): Umkämpfte Technologien- Arbeit im digitalen Wandel. Hamburg: VSA Verlag, S. 76–86

Amacker, Michèle (2011): „Da haben wir wenig Spielraum" – Familienernährerinnen in prekären Lebenslagen. In: WSI-Mitteilungen, H. 8, S. 409–415

Amthor, Ralph/Kuhlmann, Carola/Bender-Junker, Birgit (Hrsg.) (2022): Kontinuitäten und Diskontinuitäten Sozialer Arbeit nach dem Ende des Nationalsozialismus. 2 Bände. Weinheim: Beltz Juventa

Amthor, Ralph-Christian (2012): Einführung in die Berufsgeschichte der Sozialen Arbeit Weinheim, Basel: Beltz Juventa

Anderson, Benedict (1983): Imagined Communities: Reflections on the Origin and Spread of Nationalism. New York: Verso

Anderson, Eric/McCormack, Mark (2018): Inclusive Masculinity Theory: Overview, Reflection and Refinement. In: Journal of Gender Studies 27, H. 5, S. 547–561

Anderson, Eris (2009): Inclusive Masculinity: The Changing Nature of Masculinities. New York: Routledge

Andresen, Sabine/Koch, Claus/König, Julia (Hrsg.) (2015): Vulnerable Kinder. Interdisziplinäre Annäherungen. Wiesbaden: Springer VS

Andrews, Lori B. (1986): My body, My property. In: Hastings Center Report 16 (5), S. 28–38

Aner, Kirsten (2010): Soziale Beratung und Alter. Opladen: Barbara Budrich

Aner, Kirsten (2017): Lauter „aktive Alte" – wer interessiert sich für den „Rest"? In: Roland Anhorn/Schimpf, Elke/Stehr, Johannes/Rathgeb, Kerstin/Spindler, Susanne/Keim, Rolf (Hrsg.):

Politik der Verhältnisse – Politik des Verhaltens. Widersprüche der Gestaltung Sozialer Arbeit. Wiesbaden: Springer VS, S. 277–290

Aner, Kirsten (2020): Soziale Altenhilfe als Aufgabe Sozialer (Alten-)Arbeit. In: Aner, Kirsten/Karl, Ute (Hrsg.): Handbuch Soziale Arbeit und Alter. 2., überarbeitete und aktualisierte Auflage. Wiesbaden: Springer VS, S. 29–54

Aner, Kirsten (2018): Soziale Arbeit mit alten Menschen. In: Schroeter, Klaus R./Vogel, Claudia/Künemund, Harald (Hrsg.): Handbuch Soziologie des Alter(n)s. Wiesbaden: Springer Fachmedien, online first

Aner, Kirsten/Köster, Dietmar (2016): Partizipation älterer Menschen – Kritische gerontologische Anmerkungen. In: Naegele, Gerhard/Olbermann, Elke/Kuhlmann, Andrea (Hrsg.): Teilhabe im Alter gestalten: Aktuelle Themen der Sozialen Gerontologie. Wiesbaden: Springer VS, S. 465–483

Aner, Kirsten/Richter, Anna Sarah (2018): Biographie und Alter(n). In: Lutz, Helma/Schiebel, Martina/Tuider, Elisabeth (Hrsg.): Handbuch Biographieforschung. Wiesbaden: Springer VS, S. 281–291

Ang, Ien (1985): Watching Dallas: Soap Opera and the Melodramatic Imagination. London: Methuen

Ang, Ien (1986): Das Gefühl »Dallas«. Zur Produktion des Trivialen. Bielefeld: Daedalus

Angerer, Marie-Luise (1997): Space does matter. Erste Überlegungen zu einer Neuen Technologie des Geschlechts. In: Feministische Studien 15, H. 1, S. 34–47

Angerer, Marie-Luise (1999): Body Options: Körper. Spuren. Medien. Bilder. Wien: Turia + Kant

Anhorn, Roland/Bettinger, Frank/Stehr, Johannes (Hrsg.) (2007a): Foucaults Machtanalytik und Soziale Arbeit. Eine kritische Einführung und Bestandsaufnahme. Wiesbaden: Springer VS

Anhorn, Roland/Bettinger, Frank/Stehr, Johannes (Hrsg.) (2007b): Sozialer Ausschluss und Soziale Arbeit. Positionsbestimmungen einer kritischen Theorie und Praxis Sozialer Arbeit. Wiesbaden: VS

Antes, Peter (2012): Der Tod als Durchgang zum ewigen Leben in der Nachfolge Jesu Christi. Sterben Tod und Trauer im Christentum. In: Heller, Birgit (Hrsg.): Wie Religionen mit dem Tod umgehen. Grundlagen für die interkulturelle Sterbebegleitung. Freiburg/Breisgau: Lambertus, S. 115–138

Anthias, Floya/Yuval-Davis, Nira (1983): Contextualising feminism: Ethnic, gender and class divisions. In: feminist review, 15, S. 62–75

Antidiskriminierungsstelle des Bundes (2020): Rassistische Diskriminierung auf dem Wohnungsmarkt. Ergebnisse einer repräsentativen Umfrage. www.antidiskriminierungsstelle.de/SharedDocs/downloads/DE/publikationen/Umfragen/umfrage_rass_diskr_auf_dem_wohnungsmarkt.html (Abfrage: 25.10.2021)

Antmann, Debora (2015): Vom Vergessen und Erinnern. Ein Portrait der AG ‚Frauen gegen Antisemitismus'. In: Attia, Iman/Köbsell, Svantje/Prassad, Nivedita (Hrsg.): Dominanzkultur Reloaded. Neue Texte zu gesellschaftlichen Machtverhältnissen und ihren Wechselwirkungen. Bielefeld: transcript, S. 101–112

Antonovsky, Aaron (1997): Salutogenese. Zur Entmystifizierung der Gesundheit. Tübingen: dgvt

Antons, Klaus/Ehrensperger, Heidi/Milesi, Rita (2019): Praxis der Gruppendynamik. Übungen und Modelle. 10., vollständig überarbeitete Auflage. Göttingen: Hogrefe

Antonucci, Toni C./Akiyama, Hiroko (1987): An examination of sex differences in social support among older men and women. In: Sex Roles, H. 17, S. 737–749

Apitzsch, Ursula (2003): Zur Dialektik der Familienbeziehungen und zu Gender-Differenzen innerhalb der Zweiten Generation. In: Psychosozial 26, 93, 67–80

Apitzsch, Ursula, Schmidbaur, Marianne (Hrsg.) (2010): Care und Migration. Die Ent-Sorgung menschlicher Reproduktion entlang von Geschlechter- und Armutsgrenzen, Opladen: Budrich

Appelt, Erna/Sauer, Birgit (2001): Globalisierung aus feministischer Perspektive. In: Österreichische Zeitschrift für Politikwissenschaft, H. 2, S. 127–135

Appenroth, Max/Castro Varela, María do Mar (2019): Trans & Care: Trans Personen zwischen Selbstsorge, Fürsorge und Care. Bielefeld: transcript

APuZ – Aus Politik und Zeitgeschichte (2020): Care-Arbeit. Jg. 70, H. 45
Arapi, Güler/Lück, Mitja (2005): Mädchenarbeit in der Migrationsgesellschaft. Eine Betrachtung aus antirassistischer Perspektive. Bielefeld: Bundesministerium für Familie, Senioren, Frauen und Jugend
Arbeitskreis Abstammungsrecht (2017): Abschlussbericht. Empfehlungen für eine Reform des Abstammungsrechts. Berlin: Bundesanzeiger Verlag. www.bmjv.de/SharedDocs/Downloads/DE/News/Artikel/07042017_AK_Abstimmung_Abschlussbericht.pdf?__blob=publicationFile&v=4 (Abfrage: 6.6.2021)
Arbeitskreis Kritische Gerontologie (2016): Diskussionspapier Partizipation und partizipative Methoden in der Gerontologie. In: Zeitschrift für Gerontologie und Geriatrie (ZfGG) 49, H. 2, S. 143–147
Arend, Detlef/Hekele, Kurt/Rudolph, Martina (1995): Sich am Jugendlichen orientieren. Frankfurt/M.: IGfH
Arendt, Hannah (1960): Vita activa oder Vom tätigen Leben. Stuttgart: Kohlhammer
Arendt, Hannah (1970): Macht und Gewalt. München: Piper
Ariès, Philippe (1975): Die Geschichte der Kindheit. München: Hanser
Ariès, Philippe (1992): Geschichte der Kindheit. München, Wien: Hanser
Arnade, Sigrid/Häfner, Sabine (2009): Interpretationsstandard der UN-Konvention über die Rechte von Menschen mit Behinderungen (CRPD) aus Frauensicht. Arbeits- und Argumentationspapier zur Bedeutung der Frauen- und Genderreferenzen in der Behindertenrechtskonvention. Berlin. www.netzwerk-artikel-3.de/index.php/info-material/92-material-interpretationsstandard (Abfrage: 27.08.2020)
Arndt, Andreas (2005): Freiheit und Verantwortung. In: Ineichen, Hans/Zovko, Jure (Hrsg.): Verantwortung. Hermeneutische Erkundungen. Berlin. Parerga, S. 11–27
Arndt, Susan (2020): Sexismus. Geschichte einer Unterdrückung. München: C.H.Beck
Arnett, Jeffrey Jensen (2004): Emerging adulthood: The winding road from the late teens through the twenties. Oxford: Oxford Univ. Press
Arnold, Rolf/Nolda, Sigrid/Nuissl, Ekkehard (Hrsg.) (2010): Wörterbuch Erwachsenenbildung. Bad Heilbrunn: Klinkhardt
Adorno, Theodor W./Frenkel-Brunswik, Else/Levinson, Daniel/Sanford, Nevitt (2019/1950): The Authoritarian Personality. London, New York: Verso
Ärzte ohne Grenzen (2019a): Fragen & Antworten zu den Folgen unsachgemäßer Schwangerschaftsabbrüche. www.aerzte-ohne-grenzen.de/unsachgemaess-schwangerschaft-abbruch-fragen-antworten (Abfrage: 29.03.2021).
Ärzte ohne Grenzen (2019b): Weltfrauentag: Unsichere Schwangerschaftsabbrüche sind eine übersehene Gesundheitskrise. www.aerzte-ohne-grenzen.at/article/weltfrauentag-unsichere-schwangerschaftsabbrueche-sind-eine-uebersehene-gesundheitskrise (Abfrage: 26.7.2021)
Attell, Brandon K./Kummerow Brown, Kiersten/Treiber, Linda A. (2017): Workplace bullying, perceived job stressors, and psychological distress. Gender and race differences in the stress process. In: Social Science Research 65, S. 210–221. doi: 10.1016/j.ssresearch.2017.02.001
Auchter, Thomas (1994): Aggression als Zeichen von Hoffnung – oder: der entgleiste Dialog. Zur Theorie der Jugendgewalt bei Donald W. Winnicott. In: Wege zum Menschen 46, H. 2, S. 53–72
Auernheimer, Georg (2018): Flüchtlinge [online]. socialnet Lexikon. Bonn: socialnet. www.socialnet.de/lexikon/Fluechtlinge (Abfrage: 29.10.2021)
Aufarbeitungskommission (2021): Unabhängige Kommission zur Aufarbeitung sexuellen Kindesmissbrauchs. www.aufarbeitungskommission.de (Abfrage: 03.04.2021)
Aulenbacher, Brigitte (2009a): Arbeit, Geschlecht und soziale Ungleichheiten. Perspektiven auf die Krise der Reproduktion und den Wandel von Herrschaft in der postfordistischen Arbeitsgesellschaft. In: Arbeits- und Industriesoziologische Studien 2, H. 2, S. 61–78
Aulenbacher, Brigitte (2009b): Die soziale Frage neu gestellt – Gesellschaftsanalysen der Prekarisierungs- und Geschlechterforschung. In: Castel, Robert/Dörre, Klaus (Hrsg.): Prekarität, Abstieg, Ausgrenzung. Die soziale Frage am Beginn des 21. Jahrhunderts. Frankfurt/M., New York: Campus, S. 65–77

Aulenbacher, Brigitte (2020a): Auf neuer Stufe vergesellschaftet: Care und soziale Reproduktion im Gegenwartskapitalismus. In: Becker, Karina/Binner, Kristina/Décieux, Fabienne (Hrsg.): Gespannte Arbeits- und Geschlechterverhältnisse im Marktkapitalismus. Wiesbaden: Springer Nature, S. 125–147

Aulenbacher, Brigitte (2020b): Bewegte Zeiten. Über die Transformation des Kapitalismus und die Neuordnung des Sozialen. In: Steckelberg, Claudia/Thiessen, Barbara (Hrsg.): Wandel der Arbeitsgesellschaft. Opladen, Berlin, Toronto: Barbara Budrich, S. 23–38

Aulenbacher, Brigitte/Dammayr, Maria (Hrsg.) (2014): Für sich und andere sorgen. Krise und Zukunft von Care in der modernen Gesellschaft. Weinheim, Basel: Beltz Juventa

Aulenbacher, Brigitte, Riegraf, Birgit, Theobald, Hildegard (Hrsg.) (2014): Sorge: Arbeit, Verhältnisse, Regime. Soziale Welt. Sonderband 20, Baden-Baden: Nomos

Aulenbacher, Brigitte/Décieux, Fabienne (2019): Prekaritäten: internationale Forschung zu globalen Ungleichheiten, Ungleichzeitigkeiten und Geschlecht. In: Kortendiek, Beate/Riegraf, Birgit/Sabisch, Katja (Hrsg.): Handbuch interdisziplinäre Geschlechterforschung. Band 2. Wiesbaden: Springer VS, S. 813–822

Aulenbacher, Brigitte/Lutz, Helma/Schwiter, Karin (Hrsg.) (2021): Gute Sorge ohne gute Arbeit? Live-in-Care in Deutschland, Österreich und der Schweiz. Reihe Arbeitsgesellschaft im Wandel. Weinheim, Basel: Beltz Juventa

Aulenbacher, Brigitte/Riegraf, Birgit/Völker, Susanne (2015): Feministische Kapitalismuskritik. Einstiege 23. Münster: Westfälisches Dampfboot

Aumüller, Jutta/Daphi, Priska/Biesenkamp, Celine (2015): Die Aufnahme von Flüchtlingen in den Bundesländern und Kommunen. Behördliche Praxis und zivilgesellschaftliches Engagement. Stuttgart: Robert Bosch Stiftung

Aunkofer, Stephanie/Neubauer, Benjamin/Wimbauer, Christine/Meuser, Michael/Sabisch, Katja (2019): Väter in Elternzeit. Deutungen, Aushandlungen und Bewertungen von Familien- und Erwerbsarbeit im Paar. In: Berliner Journal für Soziologie, Jg. 29, H. 1–2, S. 93–125

Auth, Diana/Kaiser, Petra/Leiber, Simone/Leitner, Sigrid (2020): Sorgende Angehörige. Eine intersektionale Analyse. Münster: Westfälisches Dampfboot

Auth, Diana/Rudolph, Clarissa (2017): Care im (sozialinvestiven) Wohlfahrtsstaat. In: Femina Politica 26, H. 2, S. 9–19

Autorengruppe Bildungsberichterstattung (2020). Bildung in Deutschland 2020. Ein indikatorengestützter Bericht mit einer Analyse zu Bildung in einer digitalisierten Welt. Bielefeld: wbv Media

Autorengruppe Fachkräftebarometer (2017): Fachkräftebarometer Frühe Bildung 2017. Weiterbildungsinitiative Frühpädagogische Fachkräfte. München: DJI

Autorengruppe Fachkräftebarometer (2019): Fachkräftebarometer Frühe Bildung 2019. Weiterbildungsinitiative Frühpädagogische Fachkräfte. München: DJI

Autorengruppe Fachkräftebarometer (2021a): Zahl des Monats. Februar 2021: Männliche Beschäftige in Kitas. www.fachkraeftebarometer.de/zahl-des-monats/ (Abfrage: 10.03.2021)

Autorengruppe Fachkräftebarometer (2021b): Zahl des Monats. März 2021: Anteil der akademisch ausgebildeten Kita-Fachkräfte wächst kaum. www.fachkraeftebarometer.de/zahl-des-monats/ (Abfrage: 10.03.2021)

Baader, Meike Sophia/Breitenbach, Eva/Rendtorff, Barbara (2021): Bildung, Erziehung und Wissen der Frauenbewegungen. Eine Bilanz. Kohlhammer Stuttgart

Baar, Robert/Hartmann, Jutta/Kampshoff, Marita (2019): Geschlechterreflektierte Professionalisierung – Geschlecht und Professionalität in pädagogischen Berufen. Jahrbuch erziehungswissenschaftliche Geschlechterforschung. Band 15. Opladen, Berlin, Toronto: Barbara Budrich

Bachmann-Medick, Doris (2006): Cultural Turns. Neuorientierungen in den Kulturwissenschaften. Reinbek bei Hamburg: Rowohlt

Bachmeier, Rudolf/Bick-Dresen, Stefanie/Funke, Wilma et al. (2020): Effektivität der stationären Suchtrehabilitation – FVS-Katamnese des Entlassjahrgangs 2017 von Fachkliniken für Alkohol- und Medikamentenabhängige. In: SuchtAktuell 27, S. 50–65

Bäcker, Gerhard/Naegele, Gerhard/Bispinck, Reinhard (2020): Sozialpolitik und soziale Lage in Deutschland. Ein Handbuch. Wiesbaden: Springer Fachmedien
Backes, Laura/Bettoni, Margherita (2021): Alle drei Tage. Warum Männer Frauen töten und was wir dagegen tun müssen. Deutsche Verlags-Anstalt
Bade, Klaus/Oltmer, Jochen (2005): Migration, Ausländerbeschäftigung und Asylpolitik in der DDR. www.bpb.de/gesellschaft/migration/dossier-migration-ALT/56368/migrationspolitik-in-der-ddr (Abfrage: 25.10.2021)
Bade, Klaus J. (Hrsg.) (1993): Deutsche im Ausland – Fremde in Deutschland. Migration in Geschichte und Gegenwart. München: C.H.Beck
Badinter, Elisabeth (1981): Die Mutterliebe. Die Geschichte eines Gefühls vom 17. Jahrhundert bis heute. München: Piper
Badinter, Elisabeth (1984): Die Mutterliebe. Geschichte eines Gefühls vom 17. Jahrhundert bis heute. München: Piper
Baerwolf, Astrid (2014): Kinder, Kinder! Mutterschaft und Erwerbstätigkeit in Ostdeutschland. Eine Ethnografie im Generationenvergleich. Göttingen: Wallstein
BAG (Bundesarbeitsgemeinschaft) kommunaler Frauenbüros und Gleichstellungsstellen (2020): www.frauenbeauftragte.de (Abfrage: 27.01.2021)
BAG TäHG e. V. (Bundesarbeitsgemeinschaft Täterarbeit Häusliche Gewalt e. V.) (2008): Standards und Empfehlungen für die Arbeit mit männlichen Tätern im Rahmen von interinstitutionellen Kooperationsbündnissen gegen häusliche Gewalt der BAG TäHG e. V.
BAG TäHG e. V. (Bundesarbeitsgemeinschaft Täterarbeit Häusliche Gewalt) (2021): Arbeit mit Tätern in Fällen häuslicher Gewalt: Standard der Bundesarbeitsgemeinschaft Täterarbeit Häusliche Gewalt e. V. Berlin: BMFSFJ
BAG W (Bundesarbeitsgemeinschaft Wohnungslosenhilfe e. V.) (2019a): Zahl der Wohnungslosen. www.bagw.de/de/themen/zahl_der_wohnungslosen/ (Abfrage: 19.12.2020)
BAG W (Bundesarbeitsgemeinschaft Wohnungslosenhilfe e. V.) (2019b): Frauen in einem Wohnungsnotfall. Sicherstellung bedarfsgerechter Hilfen für Frauen in einer Wohnungsnotfallsituation. Empfehlung der BAG Wohnungslosenhilfe. Berlin: BAG Wohnungslosenhilfe
Baier, Fabian/Nordt, Stephanie (2021): Vielfalt stärken und schützen. Queer-inklusives pädagogisches Handeln in der Kinder- und Jugendhilfe. In: Sozial Extra 2, S. 90–94
Balibar, Etienne (1989): Gibt es einen ‚neuen Rassismus'? In: Das Argument. Zeitschrift für Philosophie und Sozialwissenschaften, Jg. 31, H. 3, S. 369–380
Balibar, Ètienne (2006): Der Schauplatz des Anderen. Formen der Gewalt und Grenzen der Zivilität. Hamburg: Hamburger Edition
Balke, Klaus (1993): Grundlegende Informationen über Selbsthilfegruppen und ihre Unterstützung. Berlin: Nationale Kontakt- und Informationsstelle zur Anregung und Unterstützung von Selbsthilfegruppen (NAKOS)
Balluseck, Hilde von (2016): Professionalisierung der Frühpädagogik. 2. Auflage. Opladen: Barbara Budrich
Baltes, Paul B. (2001): Das Zeitalter des permanent unfertigen Menschen: Lebenslanges Lernen nonstop? In: Aus Politik und Zeitgeschichte, 36, S. 24–32
Baltes, Paul B./Baltes, Margret M. (1990): Successful aging. Perspectives from the behavioral sciences. New York: Cambridge University Press
Balz, Hans-Jürgen/Benz, Benjamin/Kuhlmann, Karola (2012) (Hrsg.): Soziale Inklusion. Grundlagen, Strategien und Projekte in der Sozialen Arbeit. Wiesbaden: VS Verlag
Balzer, Nadine/Klenk, Florian Cristobal (2018): Überlegungen einer genderkritischen Professionalisierung unter neoliberalen Bedingungen. In: Stehr, Johannes/Anhorn, Roland/Rathgeb, Kerstin (Hrsg.): Konflikt als Verhältnis – Konflikt als Verhalten – Konflikt als Widerstand. Wiesbaden: Springer Fachmedien, S. 127–142
Bandura, Albert (1979): Aggression. Eine sozial-lerntheoretische Analyse. Stuttgart: Klett-Cotta
Banet, Weiser (2017): 'I'm Beautiful the Way I Am': Empowerment, Beauty, and Aesthetic Labour. In: Elias, Ana Sofia/Gill, Rosalind/Scharff, Christina (Hrsg.): Aesthetic Labour. Rethinking Beauty Politics in Neoliberalism. London: Palgrave, S. 265–282

Banzhaf, Günter (2017): Der Begriff der Verantwortung in der Gegenwart: 20.– 21. Jahrhundert. In: Heidbrink, Ludger/Langbehn, Claus/Loh, Janina (Hrsg.): Handbuch Verantwortung. Wiesbaden: VS, S. 149 –167

Barlösius, Eva/Schiek, Daniela (Hrsg.) (2007): Demographisierung des Gesellschaftlichen. Analysen und Debatten zur demographischen Zukunft Deutschlands. Wiesbaden: Springer VS

Bartelheimer, Peter (2007): Politik der Teilhabe. Ein soziologischer Beipackzettel. Fachforum. Analyse & Kommentare, Nr. 1. Berlin: Friedrich Ebert Stiftung. library.fes.de/pdf-files/do/04655.pdf (Abfrage: 20.02.2021).

Barth, Elisa/Böttger, Ben/Ghattas, Dan Christian/Schneider, Ina (2013): Inter – Erfahrungen intergeschlechtlicher Menschen in der Welt der zwei Geschlechter. Berlin: NoNo Verlag/Münster: edition assemblage

Barth, Elisa/Böttger, Ben/Ghattas, Dan Christian/Schneider, Ina (Hrsg.) (2017): Inter. Erfahrungen intergeschlechtlicher Menschen in der Welt der zwei Geschlechter. Münster: edition assemblage

Bartsch, Günter (1977): Feminismus contra Marxismus. In: Aus Politik und Zeitgeschichte 48, S. 13–27

Bath, Corinna (2000): „The Virus might infect you" – Bewegt sich das Geschlechter- und Technik-Gefüge? In: Zeitschrift für historische Frauenforschung und feministische Praxis 9, H. 17, S. 48–66

Bath, Corinna/Bauer, Yvonne/Bock von Wülfingen, Bettina/Saupe, Angelika/Weber, Jutta (Hrsg.) (2005): Materialität denken. Studien zur technologischen Verkörperung – Hybride Artefakte, posthumane Körper. Bielefeld: transcript

Bath, Corinna/Schelhowe, Heidi/Wiesner, Heike (2008): Informatik: Geschlechteraspekte einer technischen Disziplin. In: Becker, Ruth/Kortendiek, Beate (Hrsg.): Handbuch Frauen- und Geschlechterforschung. Theorie, Methoden, Empirie. Wiesbaden: VS, S. 821–833

Bauer, Gero/Kechaja, Maria/Engelmann, Sebastian/Haug, Lean (2021): Diskriminierung und Antidiskriminierung. Beiträge aus Wissenschaft und Praxis. Bielefeld: transcript

Bauer, Gero/Quinn, Regina Ammicht/Hotz-Davies, Ingrid (Hrsg.) (2018): Die Naturalisierung des Geschlechts. Zur Beharrlichkeit der Zweigeschlechtlichkeit. Bielefeld: transcript

Bauer, Jost/Schimke, Hans-Jürgen/Dohmel, Wolfgang (2001): Recht und Familie. 2. Auflage. München: Luchterhand

Bauer, Petra/Wiezorek, Christine (2017): Familienbilder zwischen Kontinuität und Wandel. Analysen zur (sozial-)pädagogischen Bezugnahme auf Familie. Weinheim: Beltz Juventa

Bauer, Ullrich/Hurrelmann, Klaus (2015): Das Modell der produktiven Realitätsverarbeitung in der aktuellen Diskussion. In: Zeitschrift für Soziologie der Erziehung und Sozialisation, 35, H. 2, S. 155–170

Bauhardt, Christine/Çağlar, Gülay (2010): Gender and Economics. Feministische Kritik der politischen Ökonomie. In: Bauhardt, Christine/Çağlar, Gülay (Hrsg.): Gender and Economics. Wiesbaden: VS, S. 7–17

Baum, Marie (1926): Zehn Jahre soziale Berufsarbeit. Berlin: Dietz

Baumann, Menno (2010): Kinder, die Systeme sprengen. Baltmansweiler: Schneider Verlag Hohengehren

Bauriedl, Sybille/Hackfort, Sarah K. (2015): Geschlechtsspezifische Verwundbarkeit. In: Bauriedl, Sybille (Hrsg.): Wörterbuch Klimadebatte. Bielefeld: transcript, S. 95–100

Bayertz, Kurt/Beck, Birgit (2017): Der Begriff der Verantwortung in der Moderne: 19.–20. Jahrhundert. In: Heidbrink, Ludger/Langbehn, Claus/Loh, Janina (Hrsg.): Handbuch Verantwortung. Wiesbaden: VS

Beard, Mary (2018): Frauen und Macht. Ein Manifest. Frankfurt/M.: Fischer Verlag

Beauvoir, Simone de (1951): Das andere Geschlecht. Sitte und Sexus der Frau. Reinbek: Rowohlt

Bechdolf, Ute (1999): „Puzzling Gender". Re- und De-Konstruktionen von Geschlechterverhältnissen im und beim Musikfernsehen. Weinheim: Beltz Juventa

Beck, Dorothee (2020): Arenen für Angriffe oder Arenen der Akzeptanz? Medien als Akteure in ‚Genderismus'-Diskursen. In: Henninger, Annette/Birsl, Ursula (Hrsg.): Antifeminismus. ‚Krisen'-Diskurse mit gesellschaftsspaltendem Potential? Bielefeld: transcript, S. 61–104

Beck, Ulrich (1986): Risikogesellschaft. Auf dem Weg in eine andere Moderne. Frankfurt/M.: Suhrkamp

Beck, Ulrich/Beck-Gernsheim, Elisabeth (1990): Das ganz normale Chaos der Liebe. Frankfurt/M.: Suhrkamp

Beck, Ulrich/Bonß, Wolfgang/Lau, Christoph (2004): Entgrenzung erzwingt Entscheidung: Was ist neu an der Theorie reflexiver Modernisierung? In: Beck, Ulrich/Lau, Christoph (Hrsg.): Entgrenzung und Entscheidung. Frankfurt/M.: Suhrkamp, S. 13-64

Beck, Ulrich/Brater, Michael/Daheim, Hansjürgen (1980): Soziologie der Arbeit und der Berufe. Reinbek: Rowohlt

Becker, Howard S. (1963/1973): Außenseiter. Zur Soziologie abweichenden Verhaltens. Frankfurt/M.: Fischer

Becker, Irene (2019a): Einkommen und Vermögen: Trend zu mehr Ungleichheit hält an. In: Berichterstattung zur sozioökonomischen Entwicklung in Deutschland. Exklusive Teilhabe – ungenutzte Chancen. Dritter Bericht. (Hrsg.): Forschungsverbund Sozioökonomische Berichterstattung. Bielefeld: wbv Media Bielefeld, S. 449-488

Becker, Karina/Binner, Kristina Décieux, Fabienne (2020): Gespannte Arbeits- und Geschlechterverhältnisse im Marktkapitalismus. Wiesbaden: VS

Becker, Martin (Hrsg.) (2020): Handbuch Sozialraumorientierung. Stuttgart: Kohlkammer

Becker, Matthias (2019b): Geschlechtsspezifische Rollenzuschreibungen machen das Leben schwer – besonders Jungen und Männern. In: Bayrische Sozialnachrichten, H. 2, S. 6-7

Becker, Ruth/Kortendiek, Beate (Hrsg.) (2010): Handbuch Frauen- und Geschlechterforschung. Theorie, Methoden, Empirie. 3., erweiterte Auflage. Wiesbaden: VS

Becker-Lenz, Roland (2018): Die Professionskultur der Sozialen Arbeit. In: Müller-Hermann, Silke/Becker-Lenz, Roland/Busse, Stefan/Ehlert, Gudrun (Hrsg.) (2018): Professionskulturen. Charakteristika unterschiedlicher professioneller Praxen. Wiesbaden: Springer VS, S. 63-84

Becker-Schmidt, Regina (1985): Probleme einer feministischen Theorie und Empirie in den Sozialwissenschaften. In: Feministische Studien 4, 2, 93-194

Becker-Schmidt, Regina (1987): Die doppelte Vergesellschaftung – die doppelte Unterdrückung: Besonderheiten der Frauenforschung in den Sozialwissenschaften. In: Unterkirchner, Lilo/Wagner, Ina (Hrsg.): Die andere Hälfte der Gesellschaft. Wien: Verlag des Österreichischen Gewerbschaftsbundes, S. 10-27

Becker-Schmidt, Regina (1993): Geschlechterdifferenz – Geschlechterverhältnis: Soziale Dimensionen des Begriffs ‚Geschlecht'. In: Zeitschrift für Frauenforschung, H. 1+2, S. 37-46

Becker-Schmidt, Regina (1994): Diskontinuität und Nachträglichkeit. Theoretische und methodische Überlegungen zur Erforschung weiblicher Lebensläufe. In: Diezinger, Angelika/Kitzer, Hedwig/Anker, Ingrid (Hrsg.): Erfahrung mit Methode – Wege sozialwissenschaftlicher Frauenforschung. Freiburg/Breisgau: Kore, S. 155-182

Becker-Schmidt, Regina (1995): Von Jungen, die keine Mädchen, und von Mädchen, die gerne Jungen sein sollten. Geschlechtsspezifische Umwege auf der Suche nach Identität. In: Becker-Schmidt, Regina/Knapp, Gudrun-Axeli (Hrsg.): Das Geschlechterverhältnis als Gegenstand der Sozialwissenschaften. Frankfurt/M.: Campus, S. 220-246

Becker-Schmidt, Regina (2004): Adornos Gesellschaftstheorie. Anstoß für feministische Kritik und Herausforderung zum Weiterdenken. In: Zuckermann, Moshe (Hrsg.): Theodor W. Adorno – Philosoph des beschädigten Lebens. Göttingen: Wallstein, S. 61-82

Becker-Schmidt, Regina (2014): Abstraktionsprozesse in der kapitalistischen Ökonomie. Ausblendungen in der Selbstrepräsentation von Männlichkeit. Dunkelfelder in der Kritik herrschender Care-Ökonomie. In: Aulenbacher, Brigitte/Riegraf, Birgit/Theobald, Hildegard (Hrsg.): Sorge: Arbeit, Verhältnisse, Regime. Soziale Welt. Sonderband 20. Baden-Baden: Nomos Verlagsgesellschaft, S. 89-106

Becker-Schmidt, Regina (2016): Pendelbewegungen – Annäherungen an eine feministische Gesellschafts- und Subjekttheorie. Aufsätze aus den Jahren 1991 bis 2015. Leverkusen-Opladen: Barbara Budrich

Becker-Schmidt, Regina (2017): Pendelbewegungen – Annäerungen an eine feminstische Gesellschafts- und Subjekttheorie. Aufsätze aus den Jahren 1991-2015. Opladen, Berlin, Toronto: Barbara Budrich
Becker-Schmidt, Regina/Knapp, Gudrun Axeli (2005): Das Geschlechterverhältnis als Gegenstand der Sozialwissenschaften. Frankfurt/M., New York: Campus
Beck-Gernsheim, Elisabeth (1995): Genetische Beratung im Spannungsfeld zwischen Klientenwünschen und gesellschaftlichem Erwartungsdruck. In: Beck-Gernsheim, Elisabeth (Hrsg.): Welche Gesundheit wollen wir? Frankfurt/M.: Suhrkamp, S. 111-138
Bednarz-Braun, Iris/Heß-Meining, Ulrike (2004): Migration, Ethnie und Geschlecht. Theorieansätze – Forschungsgegenstand – Forschungsperspektiven. Wiesbaden: VS
Beer, Ursula (1990): Geschlecht, Struktur, Geschichte. Soziale Konstituierung des Geschlechterverhältnisses. Frankfurt/M., New York: Campus
Beer, Ursula (2010): Sekundärpatriarchalismus: Patriarchat in Industriegesellschaften. In: Ruth Becker/Beate Kortendiek (Hrsg.): Handbuch Frauen- und Geschlechterforschung. Theorie, Methoden, Empirie. 2. Auflage. Wiesbaden: Springer VS, S. 59-64
Behrens, Melanie/Bukow, Wolf-Dietrich/Cudak, Karin/Strünck, Christoph (Hrsg.) (2016): Inclusive City. Überlegungen zum gegenwärtigen Verhältnis von Mobilität und Diversität in der Stadtgesellschaft. Wiesbaden: Springer VS
Behringer, Luise/Gmür, Wolfgang/Hackenschmied, Gerhard/Wilms, Daniel (2019): Väter an Bord: Arbeit mit Vätern von Kindern mit Behinderung. Berlin: Oldenbourg De Gruyter
Beirat Jungenpolitik (2013): Jungen und ihre Lebenswelten – Vielfalt als Chance und Herausforderung. Berlin, Opladen, Toronto: Barbara Budrich
Beitzke, Günther (1988): Familienrecht. München: C.H.Beck
Belardi, Nando (2020): Supervision und Coaching für Soziale Arbeit, für Pflege, für Schule. Freiburg: Lambertus
Benhabib, Seyla (1995): Der verallgemeinerte und der konkrete Andere. Die Kohlberg/Gilligan-Kontroverse aus der Sicht der Moraltheorie. In: Benhabib, Seyla (Hrsg.): Selbst im Kontext. Kommunikative Ethik im Spannungsfeld von Feminismus, Kommunitarismus und Postmoderne. Frankfurt/M.: Suhrkamp, S. 161-191
Benjamin, Harry (1966): The Transsexual Phenomenon. New York: Julian Press
Benjamin, Jessica (1990): Die Fesseln der Liebe. Psychoanalyse, Feminismus und das Problem der Macht. Basel: Stroemfeld
Benjamin, Jessica (1993): Ein Entwurf über Intersubjektivität: Anerkennung und Zerstörung. In: Benjamin, Jessica: Phantasie und Geschlecht. Studien über Idealisierung, Anerkennung und Differenz. Basel: Stroemfeld, S. 39-58
Benjamin, Jessica (2004): Die Fesseln der Liebe. Frankfurt/M.: Stroemfeld
Benjamin, Jessica (2019): Anerkennung, Zeugenschaft und Moral. Gießen: Psychosozial-Verlag
Benner, Dietrich (2003a): Kritik und Negativität. Ein Versuch zur Pluralisierung von Kritik in Erziehung, Pädagogik und Erziehungswissenschaft. In: Zeitschrift für Pädagogik, 46. Beiheft, S. 96-110
Benner, Dietrich (2003b): Zur Rolle der Negativität in Erziehung und Bildung. In: Beillerot, Jacky/Wulf, Christoph (Hrsg.): European Studien in Education. Erziehungswissenschaftliche Zeitdiagnosen: Deutschland und Frankreich, 20, 239-250
Benner, Dietrich (2005): Allgemeine Pädagogik. Eine systematisch-problemgeschichtliche Einführung in die Grundstruktur pädagogischen Denkens und Handelns. Weinheim, München: Beltz Juventa
Bennis, Warren G. (1972): Entwicklungsmuster der T-Gruppen. In: Bradford, Leland P./Gibb, Jack R./Benne, Kenneth D. (Hrsg.): Gruppen-Training. T-Gruppentheorie und Laboratoriumsmethode. Stuttgart: Klett, S. 270-300
Benseler, Frank/Blanck, Bettina/Keil,Reinhard/Loh, Werner (Hrsg.): Erwägen Wissen Ethik (EWE), 24. Jg., H. 3
Bensoussan, Georges (2019): Jews in Arab Countries. The Great Uprooting. Bloomington: Indiana University Press

Bereswill, Mechthild (1997): Migration und Rassismus. Eine Herausforderung des westlichen Feminismus. In: Aridane, 32, S. 65–71

Bereswill, Mechthild (2004): „Gender" als neue Humanressource? Gender Mainstreaming und Geschlechterdemokratie zwischen Ökonomisierung und Gesellschaftskritik. In: Meuser, Michael/Neusüß, Claudia (Hrsg.): Gender Mainstreaming. Konzepte, Handlungsfelder, Instrumente. Bonn: bpb, S. 52–70

Bereswill, Mechthild (2006): Conflicting Memories. In: Aulenbacher, Brigitte/Bereswill, Mechthild/Löw, Martina/Meuser, Michael/Mordt, Gabriele/Schäfer, Reinhild/Scholz, Sylka (Hrsg.): FrauenMännerGeschlechterforschung. State of Art. Münster: Westfälisches Dampfboot, S. 78–82

Bereswill, Mechthild (2007): Abweichendes Verhalten und Geschlecht. Eine vielschichtige Beziehung. In: Kawamura-Reindl, Gabriele/Halbhuber-Gassner, Lydia/Wichmann, Cornelius (Hrsg.): Gender Mainstreaming – ein Konzept für die Straffälligenhilfe? Freiburg/Breisgau: Lambertus, S. 35–51

Bereswill, Mechthild (2008): Geschlecht. In: Baur, Nina/Korte, Hans/Löw, Martina/Schroer, Markus (Hrsg.): Handbuch Soziologie. Wiesbaden: VS, S. 97–116

Bereswill, Mechthild (2009): Feministische Kritik oder Gender Kompetenz? Das Beispiel Gender Training. In: Löw, Martina (Hrsg.): Geschlecht und Macht. Analysen zum Spannungsfeld von Arbeit, Bildung und Familie. Wiesbaden: VS, S. 142–156

Bereswill, Mechthild (2011a): Sich auf eine Seite schlagen. Die Abwehr von Verletzungsoffenheit als gewaltsame Stabilisierung von Männlichkeit. In: Bereswill, Mechthild/Meuser, Michael/Scholz, Sylka (Hrsg.): Dimensionen der Kategorie Geschlecht. Der Fall Männlichkeit. 3. Auflage. Münster: Westfälisches Dampfboot, S. 101–118

Bereswill, Mechthild (2011b): Gewalt-Verhältnisse. Geschlechtertheoretische Perspektiven. In: Kriminologisches Journal, 43. Jg., H. 1, S. 10–24

Bereswill, Mechthild (2016): Hat Soziale Arbeit ein Geschlecht? Antworten von Mechthild Bereswill. Reihe Soziale Arbeit Kontrovers. Freiburg/Breisgau: Deutscher Verein für öffentliche Fürsorge e. V.

Bereswill, Mechthild (2017): Männlichkeit unter Druck? In: Lenz, Ilse/Evertz, Sabine/Sadia Ressel (Hrsg.): Geschlecht im flexiblen Kapitalismus? Wiesbaden: Springer VS, S. 49–63

Bereswill, Mechthild (2018a): Geschlecht als Konfliktkategorie und als soziale Konstruktion. Überlegungen zu einer grundlegenden Spannung. In: Ahrbeck, Bernd/Dörr, Margret/Gstach, Johannes (Hrsg.): Jahrbuch für Psychoanalytische Pädagogik. Band 26. Gießen: Psychosozial-Verlag, S. 26–41

Bereswill, Mechthild (2018b): Sexualisierte Gewalt und Männlichkeit – Ausblendungen und einseitige Zuschreibungen. In: Retkowski, Alexandra/Treibel, Angelika/Tuider, Elisabeth (Hrsg.): Handbuch sexualisierte Gewalt und pädagogische Kontexte. Theorie, Forschung, Praxis. Weinheim, Basel: Beltz Juventa, S. 111–118

Bereswill, Mechthild/Braukmann, Stephanie (2014): Fürsorge und Geschlecht. Neue und alte Geschlechterkonstellationen im freiwilligen Engagement Älterer. Weinheim, Basel: Beltz Juventa

Bereswill, Mechthild/Degenring, Folkert/Stange, Sabine (Hrsg.) (2015): Intersektionalität und Forschungspraxis – Wechselseitige Herausforderungen. Münster: Westfälisches Dampfboot

Bereswill, Mechthild/Ehlert, Gudrun (2012): Frauenberuf oder (Male)Profession? Zum Verhältnis von Profession und Geschlecht in der Sozialen Arbeit. In: Bütow, Birgit/Munsch, Chantal (Hrsg.): Soziale Arbeit und Geschlecht. Herausforderungen jenseits von Universalisierung und Essentialisierung. Münster: Westfälisches Dampfboot, S. 92–107

Bereswill, Mechthild/Ehlert, Gudrun (2015): Sozialisation im Kontext des Krisendiskurses über Jungen. In: Dausien, Bettina/Thon, Christine/Walgenbach, Katharina (Hrsg.): Geschlecht – Sozialisation – Transformationen (Jahrbuch Frauen- und Geschlechterforschung in der Erziehungswissenschaft; 11). Opladen, Berlin, Toronto: Barbara Budrich, S. 93–108

Bereswill, Mechthild/Ehlert, Gudrun (2017): Diskriminierung aufgrund des Geschlechts der sexuellen Orientierung. In: Scherr, Albert/El-Mafaalani, Aladin/Gökçen, Yüksel (Hrsg.): Handbuch Diskriminierung. Wiesbaden: VS, S. 499–509. DOI 10.1007/978-3-658-11119-9_28-1

Bereswill, Mechthild/Ehlert, Gudrun (2018): Geschlecht. In: Graßhoff, Gunther/Renker, Anna/Schöer, Wolfgang (Hrsg.): Soziale Arbeit. Eine elementare Einführung. Wiesbaden: Springer VS, S. 31–42

Bereswill, Mechthild/Ehlert, Gudrun/Neuber, Anke (2021): Feindselige Anfragen. Die Nutzung eines parlamentarischen Instruments zur Diskreditierung der Geschlechterforschung. In: GENDER Sonderheft 6, S. 108–122

Bereswill, Mechthild/Ehlert, Gudrun (2020): Sozialisation und Geschlecht – strittige Positionen. In: Gesellschaft – Individuum – Sozialisation (GISo). In: Zeitschrift für Sozialisationsforschung 1/H.1. DOI: 10.26043/GISo.2020.1.1. giso-journal.ch/article/view/GISo.2020.1.1/1294

Bereswill, Mechthild/Liebsch, Katharina (2019): Persistenz von Geschlechterdifferenz und Geschlechterhierarchie. In: Rendtorff, Barbara/Riegraf, Birgit/Mahs, Claudia (Hrsg.): Struktur und Dynamik – Un/Gleichzeitigkeiten im Geschlechterverhältnis. Wiesbaden: Springer VS, S. 11–25

Bereswill, Mechthild/Neuber, Anke (2010): Marginalisierte Männlichkeit, Prekarisierung und die Ordnung der Geschlechter. In: Lutz, Helma/Herrera, Vivar/Teresa, Maria/Supik, Linda (Hrsg.): Fokus Intersektionalität: Bewegungen und Verortungen eines vielschichtigen Konzeptes. Wiesbaden: Springer VS, S. 85–104

Bereswill, Mechthild/Neuber, Anke (2010a): Jugendkriminalität und Männlichkeit. In: Dollinger, Bernd/Schmidt-Semisch, Henning (Hrsg.): Handbuch Jugendkriminalität. Kriminologie und Sozialpädagogik im Dialog. Wiesbaden: VS, S. 307–317

Bereswill, Mechthild/Neuber, Anke (2020): Verhältnisse und Verhalten – zur Ausrichtung von Ansätzen der Täterarbeit. In: Stecklina, Gerd/Wienforth, Jan (Hrsg.): Handbuch Lebensbewältigung und Soziale Arbeit. Praxis, Theorie und Empirie. Weinheim, Basel: Beltz Juventa, S. 274–282

Bereswill, Mechthild/Scheiwe, Kirsten/Wolde, Anja (2006): Vaterschaft im Wandel. Multidisziplinäre Analysen und Perspektiven aus geschlechtertheoretischer Sicht. Weinheim, München: Beltz Juventa

Berger, Manfred (2004): Hertha Kraus. In: Biographisch-Bibliographisches Kirchenlexikon (BBKL). Band 23, Nordhausen: Bautz, Sp. 860–872

Berger, Peter L./Luckmann, Thomas (1969): Die gesellschaftliche Konstruktion der Wirklichkeit. Frankfurt/M.: Fischer

Berghahn, Sabine/Egenberger, Vera/Klapp, Micha/Klose, Alexander/Liebscher, Doris/Supik, Linda/Tischbirek/Alexander (2016): Evaluation des AGG. Erstellt im Auftrag der Antidiskriminierungsstelle des Bundes. www.antidiskriminierungsstelle.de/SharedDocs/Aktuelles/DE/2016/20160809_AGG_Evaluation.html (Abfrage: 04.08. 2021).

Berghahn, Sabine/Schultz, Ulrike (2020): Rechtshandbuch für Frauen- und Gleichstellungsbeauftragte. Recht von A–Z für Frauen- und Gleichstellungsbeauftragte in der Öffentlichen Verwaltung, Unternehmen und Beratungsstellen (2 Bände). Hamburg: Dashöfer

Bergold, Pia/Buschner, Andrea/Mayer-Lewis, Birgit/Mühling, Tanja (Hrsg.) (2017): Familien mit multipler Elternschaft. Entstehungszusammenhänge, Herausforderungen und Potenziale. Opladen: Barbara Budrich

Bergold-Caldwell, Denise (2020): Schwarze Weiblich*keiten. Intersektionale Perspektiven auf Bildungs- und Subjektivierungsprozesse. Transcript Verlag Bielefeld

Bergold-Caldwell, Denise/Grubner, Barbara (2020): Effekte der diskursiven Verknüpfung von Antifeminismus und Rassismus. Eine Fallstudie zu Orientierungskursen für neu Zugewanderte. In: Henninger, Annette/Birsl, Ursula (Hrsg.): Antifeminismen. ‚Krisen'-Diskurse mit gesellschaftsspaltendem Potential? Bielefeld: transcript, S. 149–191

Berliner Pädagoginnengruppe (1979): Feministische Mädchenarbeit. In: Sozialwissenschaftliche Forschung und Praxis für Frauen e. V. (Hrsg.): Beiträge zur feministischen Theorie und Praxis, H. 2. München

Berliner Senatsverwaltung (2020): Das SARS-CoV-2-Infektionsgeschehen in Berlin – Zusammenhang mit Soziodemographie und Wohnumfeld (online)

Bernhard, Armin (2016): „... dann bin ich schon stolz, ein Mann zu sein". Zur Jungenarbeit in geschlechtshomogenen Gruppen. In: Stecklina, Gerd; Wienforth, Jan (Hrsg.): Impulse für die Jungenarbeit : Denkanstöße und Praxisbeispiele. Weinheim, Basel: Beltz Juventa

Bernstein, Julia/Inowlocki, Lena (2015): Soziale Ungleichheit, Stereotype, Vorurteile, Diskriminierung. In: Bretländer, Bettina/Köttig, Michaela/Kunz, Thomas (Hrsg.): Vielfalt und Differenz in der Sozialen Arbeit. Perspektiven auf Inklusion. Stuttgart: Kohlhammer, S. 15–26

Bertelmann, Lena/Mayerle, Michael/Negnal, Dörte (2020): Rechtsextremismus und Soziale Arbeit. Schwerpunktheft der Zeitschrift Siegen Sozial (Si:So), H. 1

Bertels, Lothar/Herlyn, Ulfert (Hrsg.) (1990): Lebenslauf und Raumerfahrung. Opladen: Leske + Budrich

Bertelsmann Stiftung (2017): Daten zur Lebenslage von alleinerziehenden Familien in Deutschland. Gütersloh: Bertelsmann Stiftung

Bertelsmann Stiftung (Hrsg.)/Würzen, Barbara von (2020): Traditionelle Rollenverteilung in Corona-Krise belastet die Frauen. Bielefeld: Bertelsmann

BertelsmannStiftung (2020): Armutsrisiko „alleinerziehend" – wieso, weshalb, warum? www.bertelsmann-stiftung.de/fileadmin/files/Projekte/Familie_und_Bildung/Armutsrisiko_alleinerziehend.pdf (Abfrage: 25.10.2021)

Betrifft Mädchen (2020). Geschlechter*gerecht_Sprechen. Kein Leitfaden_. 33 (2). Weinheim: Beltz Juventa

Bettcher, Talia M. (2007): Evil Deceivers and Make-Believers. On Transphobic Violence and the Politics of Illusion. In: Hypatia 22, H. 3, S. 43–65

Betzler, Agnes/Degen, Katrin (2016): Täterin sein und Opfer werden? Extrem rechte Frauen und häusliche Gewalt. Hamburg: Marta Press

Bieker, Rudolf (2011): Trägerstrukturen in der Sozialen Arbeit – ein Überblick. In: Floerecke, Peter/Bieker, Rudolf (Hrsg.): Träger, Arbeitsfelder und Zielgruppen der Sozialen Arbeit. Stuttgart: Kohlhammer, S. 13–43

Biele Mefebue, Astrid/Bührmann, Andrea/Grenz, Sabine (Hrsg.) (2021): Handbuch Intersektionalitätsforschung. Wiesbaden: Springer VS

Biele Mefebue, Astrid/Bührmann, Andrea/Grenz, Sabine (Hrsg.) (2022): Handbuch Intersektionalitätsforschung. Wiesbaden: Springer VS

Bielefeldt, Heiner (2009): Zum Innovationspotenzial der UN-Behindertenkonvention. Berlin: Deutsches Institut für Menschenrechte. www.institut-fuer-menschenrechte.de/fileadmin/user_upload/Publikationen/Essay/essay_zum_innovationspotenzial_der_un_behindertenrechtskonvention_auflage3.pdf (Abfrage: 20.02.2021)

Bienwald, Peter (2016): Ist Jungenarbeit herrschaftskritisch? – Jungen_arbeit könnte es werden. Eine politikwissenschaftliche Perspektive auf Jungenarbeit. In: Stecklina, Gerd/Wienforth, Jan (Hrsg.): Impulse für die Jungenarbeit. Denkanstöße und Praxisbeispiele. Weinheim, Basel: Beltz Juventa, S. 264–274

Bienwald, Peter/Donath, Benjamin (2020): Jungen*arbeit. In: Stecklina, Gerd/Wienforth, Jan (Hrsg.): Handbuch Lebensbewältigung und Soziale Arbeit. Praxis, Theorie und Empirie. Weinheim, Basel: Beltz Juventa, S. 122–139

Biesecker, Adelheid/Hofmeister, Sabine (2006): Die Neuerfindung des Ökonomischen. Ein (re)produktionstheoretischer Beitrag zur sozial-ökologischen Forschung. München: oekom

Biesecker, Adelheid/Hofmeister, Sabine (2013): Zur Produktivität des „Reproduktiven". Fürsorgliche Praxis als Element einer Ökonomie der Vorsorge. In: Feministische Studien 31, H. 2, S. 240–252

Bilden, Helga (1991): Geschlechtsspezifische Sozialisation. In: Hurrelmann, Klaus/Ulrich, Dieter (Hrsg.): Neues Handbuch der Sozialisationsforschung. Weinheim, Basel: Beltz Juventa, S. 279–301

Bilden, Helga (1998): Geschlechtsspezifische Sozialisation. In: Hurrelmann, Klaus/Ulich, Dieter (Hrsg.): Handbuch der Sozialisationsforschung. 5., neu ausgestattete Auflage. Weinheim: Beltz, S. 279–301

Bilden, Helga (2001): Die Grenzen von Geschlecht überschreiten. In: Fritzsche, Bettina/Hartmann, Jutta/Schmidt, Andrea/Tervooren, Anja (Hrsg.): Dekonstruktive Pädagogik. Erziehungswissenschaftliche Debatten unter poststrukturalistischen Perspektiven. Opladen: Leske + Budrich, S. 137–147

Bilden, Helga/Dausien, Bettina (Hrsg.) (2006): Sozialisation und Geschlecht. Theoretische und methodologische Aspekte. Opladen: Barbara Budrich

Billmann, Lucie (2015): Unheilige Allianz. Das Geflecht von christlichen Fundamentalisten und politisch Rechten am Beispiel des Widerstandes gegen den Bildungsplan in Baden-Württemberg. Berlin: Rosa-Luxemburg-Stiftung

Bingel, Gabriele (2011): Sozialraumorientierung revisited. Geschichte, Funktion und Theorie sozialraumbezogener Sozialer Arbeit. Wiesbaden: Springer VS

Bion, Wilfred R. (1974): Erfahrungen in Gruppen und andere Schriften. Stuttgart: Klett

Birsl, Ursula (1994): Rechtsextremismus männlich-weiblich? Eine Fallstudie. Opladen: Leske + Budrich

Birsl, Ursula (2020): Paradoxien und Aporien des Antifeminismus. Eine demokratietheoretische Einordnung. In: Henninger, Annette/Birsl, Ursula (Hrsg.): Antifeminismen. ‚Krisen'-Diskurse mit gesellschaftsspaltendem Potential? Bielefeld: transcript, S. 43–58

Birsl, Ursula/Kette, Jan/Jäckel, Laura (2018): Rechtsextremismus und Gender: Täter_innen und Betroffene rechter Gewalt. Eine Analyse bundesweiter Medienberichterstattung, 2016 bis 2017. Working Paper No 5, in Zusammenarbeit mit Johanna Sigl, Vanessa Zohm und Philipp Keikert. www.ursula-birsl.de/uploads/media/Working_Paper_No_5__Rechtsextremismus_ und_Gender__T_ter_innen_und_Betroffene_rechter_Gewalt__2018.pdf (Abfrage: 11.03.2021).

Bishop, Sophie (2018): Anxiety, Panic and Self-Optimization: Inequalities and the YouTube Algorithm. In: Convergence 24, H. 1, S. 69–84

Bittner, Melanie (2011): Geschlechterkonstruktionen und die Darstellung von Lesben, Schwulen, Bisexuellen, Trans* und Inter* (LSBTI) in Schulbüchern. Eine gleichstellungsorientierte Analyse. Frankfurt/M.: Gewerkschaft Erziehung und Wissenschaft. www.gew.de/fileadmin/media/publikationen/hv/Gleichstellung/Lesben__Schwule__Bisexuelle__Trans_und_Inter/Schulbuchanalyse_web.pdf (Abfrage: 12.01.2021).

Bitzan, Maria (1993): Parteilichkeit zwischen Politik und Professionalität. In: Heiliger, Anita/Kuhne, Tina (Hrsg.): Feministische Mädchenpolitik. München: Frauenoffensive, S. 196–206

Bitzan, Maria (1996): Geschlechterhierarchie als kollektiver Realitätsverlust – zum Verhältnis von Alltagstheorie und Feminismus. In: Grunwald, Klaus et al. (Hrsg.): Alltag, Nichtalltägliches und die Lebenswelt. Beiträge zur lebensweltorientierten Sozialpädagogik. München, Weinheim: Juventa

Bitzan, Maria (1998): Konfliktorientierung und Verständigung als methodische Basiselemente feministischer Forschung. In: Tübinger Institut für frauenpolitische Sozialforschung e. V. (Bitzan, Maria/Funk, Heide/Stauber, Barbara): Den Wechsel im Blick – Methodische Ansichten feministischer Sozialforschung. Pfaffenweiler: Centaurus, S. 176–197

Bitzan, Maria (1999): ‚…ihren Fähigkeiten entsprechend zu beteiligen.' Voraussetzungen und Möglichkeiten zur Beteiligung von Mädchen an Planungsprozessen. In: SPI Berlin in Kooperation mit dem Tübinger Institut für frauenpolitische Sozialforschung e. V. (Bitzan, Maria/Daigler, Claudia/Rosenfeld, Edda) (Hrsg.): Neue Maßstäbe. Mädchen in der Jugendhilfeplanung. Berlin: SPI, S. 103–114

Bitzan, Maria (2001): Aufdeckende Beteiligung – eine politische Handlungskompetenz (nicht nur) der Mädchenarbeit. In: Forum Erziehungshilfen 7, H.1, S. 14–22

Bitzan, Maria (2002): Sozialpolitische Ver- und Entdeckungen. Geschlechterkonflikte und Soziale Arbeit. In: Widersprüche. Zeitschrift für sozialistische Politik im Bildungs-, Gesundheits- und Sozialbereich, H. 84, S. 27–42

Bitzan, Maria (2004): Lernen, anders zu fragen. Methodologische Anmerkungen zum Forschungsbedarf in der geschlechterbezogenen Kinder- und Jugendhilfe. In: Bruhns, Kirsten (Hrsg.): Geschlechterforschung in der Kinder- und Jugendhilfe. Praxisstand und Forschungsperspektiven. Wiesbaden: VS, S. 161–183

Bitzan, Maria (2007): Weibliche Sozialräume? Lokale Handlungsbedingungen unter geschlechtertheoretischer Perspektive. In: Kessl, Fabian/Otto, Hans-Uwe (Hrsg.): Territorialisierung des

Sozialen. Regieren über Soziale Nahräume. Opladen, Farmington Hills: Barbara Budrich, S. 193–214

Bitzan, Maria (2008a): Fraueninitiativen, Frauenbüros und Frauenzentren. Frauenprojekte zwischen Sozialer Arbeit und feministischer Politik. In: Chassé, Karl August/Wensierski, Hans-Jürgen von (Hrsg.): Praxisfelder der sozialen Arbeit: eine Einführung. 4., aktualisierte Auflage. Weinheim, München: Juventa, S. 245–258

Bitzan, Maria (2008b): Praxisforschung, wissenschaftliche Begleitung, Evaluation: Erkenntnis als Koproduktion. In: Becker, Ruth/Kortendiek, Beate (Hrsg.): Handbuch Frauen- und Geschlechterforschung. Theorie, Methoden, Empirie. 2. erweiterte und aktualisierte Auflage. Wiesbaden: VS, S. 336–342

Bitzan, Maria (2010): Praxisforschung, wissenschaftliche Begleitung, Evaluation: Erkenntnis als Koproduktion. In: Becker, Ruth/Kortensieck, Beate (Hrsg.): Handbuch Frauen- und Geschlechterforschung. Theorie, Methoden, Empirie. 3. überarbeitete Auflage. Wiesbaden: VS, S. 344–350

Bitzan, Maria (2018a): „…sind angemessen zu beteiligen". Mit Beteiligung und Gendersensibilität Jugendhilfeplanung profilieren? In: Daigler, Claudia (Hrsg.): Profil und Professionalität der Jugendhilfeplanung. Edition Professions- und Professionalisierungsforschung. Band 8. Wiesbaden: Springer VS, S. 55–75

Bitzan, Maria (2018b): Das Soziale von den Lebenswelten her denken. Zur Produktivität der Konfliktorientierung für die Soziale Arbeit. In: Anhorn, Roland/Schimpf, Elke/Stehr, Johannes/Rathgeb, Kerstin/Spindler, Susanne/Keim, Rolf (Hrsg.): Politik der Verhältnisse – Politik des Verhaltens. Wiesbaden: Springer VS, S. 51–69

Bitzan, Maria (2020a): Zur Relevanz von Verdeckungszusammenhängen im Kontext der sozialarbeiterischen Geschlechterforschung – methodologische Herausforderungen partizipativer Ansprüche. In: Rose, Lotte/Schimpf, Elke (Hrsg.): Sozialarbeitswissenschaftliche Geschlechterforschung. Methodologische Fragen, Forschungsfelder und empirische Erträge. Opladen, Berlin, Toronto: Verlag Barbara Budrich, S. 75–98

Bitzan, Maria (2020b): „Unterschiedlich verschieden" – Diversitätsperspektiven als Qualitätsmerkmal der Jugendarbeit in ländlichen Räumen. In: Joachim Faulde/Florian Grünhäuser/Sarah Schulte-Döinghaus (Hrsg.): Jugendarbeit in ländlichen Regionen. Regionalentwicklung als Chance für ein neues Profil. Weinheim und Basel: Beltz Juventa, S. 174–182

Bitzan, Maria (2021a): Zur Relevanz von Verdeckungszusammenhängen im Kontext sozialarbeitswissenschaftlicher Geschlechterforschung – methodologische Herausforderungen partizipativer Ansprüche. In: Rose, Lotte; Schimpf Elke (Hrsg.) Sozialarbeitswissenschaftliche Geschlechterforschung. Opladen, Berlin, Toronto: Barbara Budrich S. 75–98

Bitzan, Maria (2021b): Konfliktorientierte geschlechterreflektierende Perspektiven. In: May, Michael/Schäfer, Arne (Hrsg.): Theorien für die Soziale Arbeit. 2., aktualisierte Auflage. Baden-Baden: Nomos, S. 183–204

Bitzan, Maria/Bolay, Eberhard (2017): Soziale Arbeit – die Adressatinnen und Adressaten. Theoretische Klärung und Handlungsorientierung. Leverkusen: Barbara Budrich

Bitzan, Maria/Bolay, Eberhard (2018): ‚Adressatin und Adressat'. In: Otto, Hans-Uwe/Thiersch, Hans/Treptow, Rainer/Ziegler, Holger (Hrsg.): Handbuch Soziale Arbeit, 6. überarbeitete Auflage. München: Ernst Reinhardt, S. 42–48

Bitzan, Maria/Daigler, Claudia (1999): Beteiligung von Mädchen – warum ein extra Thema? Überlegungen aus Ansätzen mädchengerechter Jugendhilfeplanung. In: Kriener, Martina/Petersen, Kerstin (Hrsg.): Beteiligung in der Jugendhilfepraxis, Sozialpädagogische Strategien zur Partizipation in Erziehungshilfen und bei Vormundschaften. Münster: Votum, S. 208–220

Bitzan, Maria/Daigler, Claudia (2001): Mädchen heute. Zum Aufwachsen von Mädchen unter modernisierten Bedingungen. Weinheim, München: Juventa

Bitzan, Maria/Daigler, Claudia (2004): Eigensinn und Einmischung. Einführung in Grundlagen und Perspektiven parteilicher Mädchenarbeit. 2., überarbeitete Auflage. Weinheim, München: Juventa

Bitzan, Maria/Daigler, Claudia/Rosenfeld, Edda (1997): Jugendhilfeplanung im Interesse von Mädchen. In: Neue Praxis, Jg. 27, H. 5, S. 455–464

Bitzan, Maria/Funk, Heide (1995): Geschlechterdifferenzierung als Qualifizierung der Jugendhilfeplanung. In: Bolay, Eberhard/Herrmann, Franz (Hrsg.): Jugendhilfeplanung als politischer Prozeß. Neuwied: Luchterhand, S. 71–124

Bitzan, Maria/Funk, Heide/Stauber, Barbara (1998): Den Wechsel im Blick: methodologische Ansichten feministischer Sozialforschung. Hrsg. vom Tübinger Institut für frauenpolitische Sozialforschung. Pfaffenweiler: Centaurus

Bitzan, Maria/Herrmann, Franz (2018): Konfliktorientierung und Konfliktbearbeitung in der Sozialen Arbeit. Mit einer kasuistischen Erörterung. In: Stehr, Johannes/Anhorn, Roland/Rathgeb, Kerstin (Hrsg.): Konflikt als Verhältnis – Konflikt als Verhalten – Konflikt als Widerstand. Wiesbaden: Springer Fachmedien, S. 43–54

Bitzan, Maria/Kaschuba, Gerrit/Stauber, Barbara (2018): ‚Wir behandeln alle gleich': Herausfordernde Wechselwirkungen zwischen Konstruktion und Dekonstruktion. Überlegungen zu Fallstricken in Gleichstellungspolitik und Praxisforschung. In: Bauer, Gero/Quinn, Regina Ammicht/Hotz-Davies, Ingrid (Hrsg.) Die Naturalisierung des Geschlechts. Zur Beharrlichkeit der Zweigeschlechtlichkeit. Bielefeld: transcript, S. 201–209

Bitzan, Maria/Klöck, Thilo (1993): „Wer streitet schon mit Aschenputtel?". Konfliktorientierung und Geschlechterdifferenz. München: AG-SPAK

Bitzan, Maria/Maurer, Susanne (2022): „Immer da weiterfragen, wo wir an eine (schmerzhafte) Grenze stoßen …". Feministische Reflexivität als kritische Produktivkraft. In: Kasten, Anna/Pangritz, Johanna (Hrsg.): Feminismen in der Sozialen Arbeit und Pädagogik. Erscheinungsformen, Praktiken und Ambivalenzen. (i. E.)

Bitzan, Maria/Sammet, Ulrike/Wolz, Yvonne/Knichal, Thomas (2014): Forum 1: Diversity für alle? Mädchen- und Jungenarbeit neu positioniert. Aktuelle Diskurslinien und Praxisentwicklungen. In: Forschungsinstitut tifs e. V. (Hrsg.): Gender und Diversity in Theorie und Praxis. Erkenntnisse & Perspektiven. Online Dokumentation der Fachtagung vom 26. bis 27. Juni 2014 in Bad Urach, S. 26–35

Bitzan, Renate (2016): Geschlechterkonstruktionen und Geschlechterverhältnisse in der extremen Rechten. In: Virchow, Fabian/Langebach, Martin/Häusler, Alexander (Hrsg.): Handbuch Rechtsextremismus. Wiesbaden: Springer VS, S. 325–373

Bitzan, Renate (Hrsg.) (1997): Rechte Frauen. Skingirls, Walküren und feine Damen. Berlin: Elefantenpress

Bitzan, Renate/Köttig, Michaela/Schröder, Berit (2003): Vom Zusehen bis zum Mitmorden. Mediale Berichterstattung zur Beteiligung von Mädchen und Frauen an rechtsextrem motivierten Straftaten. In: Zeitschrift für Frauenforschung und Geschlechterstudien 21, H.2+3, S. 150–170

BJK (Bundesjugendkuratorium) (Hrsg.) (2012): Neuaktivierung der Jugendhilfeplanung, München: Bundesjugendkuratorium

Björkqvist, Kaj/Östermann, Karin/Kaukiainen, Ari (1992): The development of direct and indirect aggressive strategies in males and females. In: Björkqvist, Kaj/Niemelä, Pirkko (Hrsg.): Of Mice and Women. Aspects of female aggression. San Diego: Academic Press, S. 51–64

BKA (Bundeskriminalamt) (2018): „Menschenhandel und Ausbeutung: Bundeslagebild 2018. Wiesbaden: BKA. www.bka.de/SharedDocs/Downloads/DE/Publikationen/JahresberichteUndLagebilder/Menschenhandel/menschenhandelBundeslagebild2018.pdf?__blob=publicationFile&v=4 (Abfrage: 11.08.2020)

Blank, Beate/Süleyman, Gögercin/Sauer, Karin E./Schramkowski, Barbara (2018): Soziale Arbeit in der Migrationsgesellschaft. Grundlagen – Konzepte – Handlungsfelder. Wiesbaden: Springer VS

Blasius, Dirk (1980): Der verwaltete Wahnsinn. Eine Sozialgeschichte des Irrenhauses. Frankfurt/M: Fischer

Bleibtreu-Ehrenberg, Gisela (1981): Homosexualität. Die Geschichte eines Vorurteils. Frankfurt/M.: Fischer.

Bliemetsrieder, Sandro/Fischer, Gabriele/Weese, Julia (2020): Diskriminierung als Bewältigungsaufgabe? In: Stecklina, Gerd/Wienforth, Jan (Hrsg.): Handbuch Lebensbewältigung und Soziale Arbeit. Weinheim, Basel: Beltz Juventa, S. 426–435

Blome, Eva/Erfmeier, Alexandra/Gülcher, Nina/Smykalla, Sandra (2014): Handbuch zur Gleichstellungspolitik an Hochschulen. Von der Frauenförderung zum Diversity Management? 2. Auflage. Wiesbaden: Springer VS

Blum, Rebekka (2019): Angst um die Vormachtstellung. Zum Begriff und zur Geschichte des deutschen Antifeminismus. Hamburg: Marta Press

BMAS (Bundesministerium für Arbeit und Soziales) (2001): Armuts-und Reichtumsbericht der Bundesregierung. Berlin: BMAS

BMAS (Bundesministerium für Arbeit und Soziales) (2017): 5. Armuts- und Reichtumsbericht der Bundesregierung. Berlin: BMAS

BMAS (Bundesministerium für Arbeit und Soziales) (Hrsg.) (2021): 6. Armuts- und Reichtumsbericht der Bundesregierung. Berlin: BMAS

BMfJFG (Bundesministerium für Jugend, Familie und Gesundheit) (Hrsg.) (1973): Probleme der Familie und der Familienpolitik in der BRD. Schriftenreihe des BMJFG, Band 7. Bonn: BMfJFG

BMFSFJ (Bundesministerium für Familie, Senioren Frauen und Jugend) (2021d): Strategie „Gender Mainstreamig". www.bmfsfj.de/bmfsfj/themen/gleichstellung/gleichstellung-und-teilhabe/strategie-gender-mainstreaming (Abfrage 19.07.2021)

BMFSFJ (Bundesministerium für Familie, Senioren, Frauen und Jugend) (Hrsg.) (2017a): 15. Kinder- und Jugendbericht. Bericht über die Lebenssituation junger Menschen und die Leistungen der Kinder- und Jugendhilfe in Deutschland. Deutscher Bundestag (Drucksache 18/11050). Berlin: BMFSFJ

BMFSFJ (Bundesministerium für Familie, Senioren, Frauen und Jugend) (2021a): Freiwilliges Engagement in Deutschland. Zentrale Ergebnisse des Fünften Deutschen Freiwilligensurveys (FWS 2019). Berlin: BMFSFJ

BMFSFJ (Bundesministerium für Familie, Senioren, Frauen und Jugend) (2021b): Digitalisierung geschlechtergerecht gestalten. Gutachten für den Dritten Gleichstellungsbericht der Bundesregierung. Berlin: BMFSFJ

BMFSFJ (Bundesministerium für Familie, Senioren, Frauen und Jugend) (Hrsg.) (2017b): Zusammenfassung Forschungsergebnisse und Erkenntnisse des Bundesministeriums für Familie, Senioren, Frauen und Jugend aus der Begleitarbeit zu der Interministeriellen Arbeitsgruppe „Inter- und Transsexualität" (IMAG). Begleitmaterial zur Interministeriellen Arbeitsgruppe Inter- & Transsexualität – Band 12. Berlin: BMFSFJ

BMFSFJ (Bundesministerium für Familie, Senioren, Frauen und Jugend) (2019a): Verhütung und Bekämpfung von Gewalt gegen Frauen und häuslicher Gewalt. Gesetz zu dem Übereinkommen des Europarats vom 11. Mai 2011 (Istanbul-Konvention). Berlin: BMFSFJ

BMFSFJ (Bundesministerium für Familie, Senioren, Frauen und Jugend) (2019b): Zweiter Gleichstellungsbericht der Bundesregierung. Eine Zusammenfassung. Berlin: BMFSFJ www.bmfsfj.de/resource/blob/117916/7a2f8ecf6cbe805cc80edf7c4309b2bc/zweiter-gleichstellungsbericht-data.pdf (Abfrage: 10.10.2021)

BMFSFJ (Bundesministerium für Familie, Senioren, Frauen und Jugend) (2019c): Gender Care Gap – ein Indikator für die Gleichstellung. www.bmfsfj.de/bmfsfj/themen/gleichstellung/gender-care-gap (Abfrage: 18.12.2020)

BMFSFJ (Bundesministerium für Familie, Senioren, Frauen und Jugend) (1984) (Hrsg.): Sechster Jugendbericht. Verbesserung der Chancengleichheit von Mädchen in der Bundesrepublik Deutschland. Bonn: BMFSFJ

BMFSFJ (Bundesministerium für Familie, Senioren, Frauen und Jugend) (2005b): Auswirkungen des Prostitutionsgesetztes. Abschlussbericht. Berlin: BMFSFJ www.uegd.de/images/stories/pdf-dateien/politik/Prost_Gesetz/abschlussbericht.pdf (Abfrage: 19.01.2020)

BMFSFJ (Bundesministerium für Familie, Senioren, Frauen und Jugend) (2005a): 12. Kinder- und Jugendbericht. Bericht über die Lebenssituation junger Menschen und die Leistungen der Kinder- und Jugendhilfe in Deutschland. Bildung, Betreuung und Erziehung vor und neben der Schule. Berlin: BMFSFJ

BMFSFJ (Bundesministerium für Familie, Senioren, Frauen und Jugend) (Hrsg.) (2004): Lebenssituation, Sicherheit und Gesundheit von Frauen in Deutschland. Eine repräsentative Untersuchung zu Gewalt gegen Frauen in Deutschland. Zusammenfassung der Studienergebnisse. Berlin: BMFSFJ

BMFSFJ (Bundesministerium für Familie, Senioren, Frauen und Jugend) (2014): Gewalt gegen Frauen in Paarbeziehungen. Eine sekundäranalytische Auswertung zur Differenzierung von Schweregraden, Mustern, Risikofaktoren und Unterstützung nach erlebter Gewalt. Berlin: BMFSFJ

BMFSFJ (Bundesministerium für Familie, Senioren, Frauen und Jugend) (2006): Familie zwischen Flexibilität und Verlässlichkeit. Siebter Familienbericht. Berlin: BMFSFJ

BMFSFJ (Bundesministerium für Familie, Senioren, Frauen und Jugend) (2015): 25 Jahre Deutsche Einheit. Gleichstellung und Geschlechtergerechtigkeit in Ostdeutschland und Westdeutschland. Berlin: BMFSFJ

BMFSFJ (Bundesministerium für Familie, Senioren, Frauen und Jugend) (2018a): Zweiter Gleichstellungsbricht. Eine Zusammenfassung. Berlin: BMFSFJ

BMFSFJ (Bundesministerium für Familie, Senioren, Frauen und Jugend) (2018b): Väterreport 2018. Vater sein in Deutschland heute. Berlin: BMFSFJ

BMFSFJ (Bundesministerium für Familie, Senioren, Frauen und Jugend) (BMFSFJ) (2013b): 14. Kinder- und Jugendbericht. Bericht über die Lebenssituation junger Menschen und die Leistungen der Kinder- und Jugendhilfe in Deutschland. Berlin: BMFSFJ

BMFSFJ (Bundesministerium für Familie, Senioren, Frauen und Jugend) (2009): Lebenslagen von behinderten Frauen in Deutschland – Auswertung des Mikrozensus 2005. www.ipse-nrw.de/neu/tl_files/ipse/fb9-lang.pdf

BMFSFJ (Bundesministerium für Familie, Senioren, Frauen und Jugend) (2011): Neue Wege – Gleiche Chancen. Gleichstellung von Frauen und Männern im Lebensverlauf. Erster Gleichstellungsbericht. Berlin: BMFSFJ

BMFSFJ (Bundesministerium für Familien, Senioren, Frauen und Jugend) (2021c): Neunter Familienbericht. Elternsein in Deutschland. Berlin: BMFSFJ (www.bmfsfj.de)

BMFSFJ (Bundesministerium für Familien, Senioren, Frauen und Jugend)/Schröttle, Monika/Hornberg, Claudia (2014): Gewalterfahrungen von in Einrichtungen lebenden Frauen mit Behinderungen – Ausmaß, Risikofaktoren, Prävention. Berlin: BMFSFJ

BMFSFJ (Bundesministerium für Familien, Senioren, Frauen und Jugend) (Hrsg.) (2013a): Jungen und ihre Lebenswelten – Vielfalt als Chance und Herausforderung. Bericht des Beirats für Jungenpolitik. Berlin: BMFSFJ

BMFSFJ (Bundesministerium für Familien, Senioren, Frauen und Jugend) (2020): Gleichstellungspolitik für Jungen und Männer in Deutschland. Ein Dossier zur partnerschaftlichen Gleichstellungspolitik. Berlin: BMFSFJ

BMG (Bundesministerium für Gesundheit) (2006): gesundheitsziele.de. Forum zur Entwicklung und Umsetzung von gesundheitszielen in Deutschland. Bericht zum 6. Nationalen Gesundheitsziel: Depressive Erkrankungen: verhindern, früh erkennen, nachhaltig behandeln. Bonn: BMG

BMJV (Bundesministeriums für Justiz und Verbraucherschutz) (2018): Qualität in der rechtlichen Betreuung. Abschlussbericht. Berlin: Bundesanzeiger

Bochert, Nadine/Focks, Petra/Nachtigall, Andrea (2018): Trans*, inter* und genderqueere Jugendliche in Deutschland – partizipativ-empowernde Unterstützungsangebote und ihre Bedeutung für eine menschenrechtsbezogene Soziale Arbeit. In: Spatscheck, Christian/Steckelberg, Claudia/DGSA (Hrsg.): Menschenrechte und Soziale Arbeit. Berlin, Toronto: Barbara Budrich, S. 231–243

Bock, Gisela/Duden, Barbara (1977): Arbeit aus Liebe – Liebe als Arbeit. Zur Entstehung der Hausarbeit im Kapitalismus. In: Annemarie Tröger (Hrsg.): Frauen und Wissenschaft: Beiträge zur Berliner Sommeruniversität für Frauen. Berlin: Courage, S. 118–199

Bock, Jessica (2020): Frauenbewegung in Ostdeutschland. Aufbruch, Revolte und Transformation in Leipzig 1980–2000. Leipzig: Mitteldeutscher Verlag

Bock, Karin (2020): Generation(en), Generationsbeziehungen und Generationenverhältnisse. In: Bollweg, Petra/Buchna, Jennifer/Coelen, Thomas/Otto, Hans-Uwe (Hrsg.): Handbuch Ganztagsbildung. 2. aktualisierte und erweiterte Auflage. Wiesbaden: Springer VS, S. 87–98

Bock, Karin/Göddertz, Nina/Heyden, Franziska/Mauritz, Miriam (Hrsg.) (2020): Zugänge zur Kinderladenbewegung. Wiesbaden: Springer VS

Bockhold, Peter/Stöver, Heino/Vosshagen, Arnulf (2017): Praxishandbuch „Männlichkeiten und Sucht". Handbuch für die Praxis. Münster: LWL

Bode, Ingo (2012): The culture of welfare markets: the international recasting of pension and care systems, London: Routledge

Bödeker, Heike (2016): Intersexualität, Individualität, Selbstbestimmtheit und Psychoanalyse. Ein Besinnungsaufsatz. In: Katzer, Michaela/Voß, Heinz-Jürgen (Hrsg.): Geschlechtliche, sexuelle und reproduktive Selbstbestimmung. Praxisorientierte Zugänge. Gießen: Psychosozial-Verlag, S. 117–136

Bödiker, Marie-Luise/Theobald, Monika (2008): Trauer-Gesichter. Hilfe für Trauernde- Arbeitsmaterial für die Trauerbegleitung. Aus der Schriftenreihe Praxisforschung Trauer. Wuppertal: Der Hospiz Verlag

Boeckh, Albrecht (2017): Methodenintegrative Supervision. Stuttgart: Klett Cotta

Bohleber, Werner (2009): Das Problem der Identität in der Spätmoderne. Psychoanalytische Perspektiven. In: King, Vera/Gerisch, Benigna (Hrsg.): Zeitgewinn und Selbstverlust. Folgen und Grenzen der Beschleunigung. Frankfurt/M.: Campus, S. 202–222

Böhm, Karin/Tesch-Römer, Clemens/Ziese, Thomas (2009): Gesundheit und Krankheit im Alter. Beiträge zur Gesundheitsberichterstattung des Bundes. Berlin: Robert Koch Institut

Böhm, Maika /Matthiesen, Silja (2016): ‚Manchmal ist man sexuell erregt und der Partner nicht zur Hand … '. Solosexualität im Spannungsfeld von Geschlecht und Beziehung. In: Zeitschrift für Sexualforschung 29, H. 1, S. 21–41

Böhm, Maika/Matthiesen, Silja (2017). Solosexualität? – Selbstverständlich! In Matthiesen, Silja (Hrsg.): Sexualität von Studierenden im Internetzeitalter. Sexuelle und soziale Beziehungen von deutschen Studierenden. Forschung und Praxis der Sexualaufklärung und Familienplanung, Band 41. Köln: Bundeszentrale für gesundheitliche Aufklärung, S. 109–131

Böhmer, Anselm (2020): Management der Vielfalt. Wiesbaden: Springer VS

Böhnisch, Lothar (1997): Sozialpädagogik der Lebensalter. Eine Einführung. Weinheim, München: Juventa

Böhnisch, Lothar (2000): Männlichkeiten und Geschlechterbeziehungen – ein männertheoretischer Durchgang. In: Brückner, Margrit/Böhnisch, Lothar (Hrsg.): Geschlechterverhältnisse. Gesellschaftliche Konstruktionen und Perspektiven ihrer Veränderung. Weinheim, München: Juventa, S. 39–106

Böhnisch, Lothar (2001): Männlichkeiten und Geschlechterbeziehungen. In: Brückner, Margrit/Böhnisch, Lothar (Hrsg.): Geschlechterverhältnisse. Gesellschaftliche Konstruktionen und Perspektiven ihrer Veränderung. Weinheim, München: Juventa, S. 39–118

Böhnisch, Lothar (2003): Die Entgrenzung der Männlichkeit. Verstörungen und Formierungen des Mannseins im gesellschaftlichen Übergang. Opladen: Leske + Budrich

Böhnisch, Lothar (2004): Männliche Sozialisation. Eine Einführung. Weinheim, München: Juventa

Böhnisch, Lothar (2008): Jungen. In: Kreft, Dieter/Mielenz, Ingrid (Hrsg.): Wörterbuch Soziale Arbeit. Aufgaben, Praxisfelder, Begriffe und Methoden der Sozialarbeit und Sozialpädagogik. Weinheim, München: Juventa, S. 506–508

Böhnisch, Lothar (2010): Alter, Altern und Soziale Arbeit – ein sozialisatorischer Bezugsrahmen. In: Aner, Kirsten/Karl, Ute (Hrsg.): Handbuch Soziale Arbeit und Alter. Wiesbaden: VS Verlag für Sozialwissenschaften, S. 187–193

Böhnisch, Lothar (2012): Sozialpädagogik der Lebensalter. Weinheim: Beltz Juventa

Böhnisch, Lothar (2013): Männliche Sozialisation. Weinheim: Beltz Juventa

Böhnisch, Lothar (2014): Männliche Lebensbewältigung und Männerberatung. In: Bock, Karin/Kupfer, Annett/Simon, Romy/Weinhold, Kathy/Wesenberg, Sandra (Hrsg.): Beratung und soziale Beziehungen. Weinheim, Basel: Beltz Juventa, S. 101–111

Böhnisch, Lothar (2015): Pädagogik und Männlichkeit. Eine Einführung. Weinheim, Basel: Beltz Juventa

Böhnisch, Lothar (2016a): Ein integrierter sozialwissenschaftlicher Zugang zu Jungen und Jungenarbeit. In: Stecklina, Gerd/Wienforth, Jan (Hrsg.): Impulse für die Jungenarbeit. Denkanstöße und Praxisbeispiele. Weinheim, Basel: Beltz Juventa, S. 227–245
Böhnisch, Lothar (2016b): Lebensbewältigung. Ein Konzept für die Soziale Arbeit. Weinheim, Basel: Beltz Juventa
Böhnisch, Lothar (2017): Sozialpädagogik der Lebensalter. Weinheim, München: Juventa
Bohnisch, Lothar (2018a): Sozialpadagogik der Lebensalter. Eine Einfuhrung. 8. Auflage. Weinheim, Basel: Beltz Juventa
Böhnisch, Lothar (2018b): Der modularisierte Mann. Eine Sozialtheorie der Männlichkeit. Bielefeld: transcript
Böhnisch, Lothar (2019): Lebensbewältigung. Ein Konzept für die Soziale Arbeit. 2., überarbeitete und erweiterte Auflage. Weinheim, Basel: Beltz Juventa
Böhnisch, Lothar (2020a): Männlichkeit und Bewältigung. In: Stecklina, Gerd/Wienforth, Jan (Hrsg.) (2020): Handbuch Lebensbewältigung und Soziale Arbeit. Praxis, Theorie und Empirie. Weinheim, Basel: Beltz Juventa, S. 502–511
Böhnisch, Lothar (2020b): Abweichendes Verhalten bei Kindern und Jugendlichen als Bewältigungsverhalten. In: Stecklina, Gerd/Wienforth, Jan (Hrsg.): Handbuch Lebensbewältigung und Soziale Arbeit. Praxis, Theorie und Empirie. Weinheim, Basel: Beltz Juventa, S. 48–57
Böhnisch, Lothar (2020c): Sozialpädagogik der Nachhaltigkeit. Eine Einführung. Weinheim, Basel: Beltz Juventa
Böhnisch, Lothar (2021): Zwischenwelten. Eine Gesellschaftstheorie für die Soziale Arbeit. Weinheim, München: Beltz Juventa
Böhnisch, Lothar/Funk, Heide (2002): Soziale Arbeit und Geschlecht: Theoretische und praktische Orientierungen (Geschlechterforschung). Weinheim, Basel: Juventa
Böhnisch, Lothar/Funk, Heide (2021): Soziologische Zugänge zum Verantwortungsdiskurs zwischen Individualisierung und Angewiesenheit. In: Garcia, Anne-Laure/Schlinzig, Tino/Simon, Romy (2021): Von Miniaturen bis Großstrukturen. Mikrosoziologie sozialer Ordnung. Weinheim, Basel: Beltz Juventa, S. 75–93
Böhnisch, Lothar/Lenz, Karl/Schröer, Wolfgang (2009): Sozialisation und Bewältigung. Eine Einführung in die Sozialisationstheorie der zweiten Moderne. Weinheim: Juventa
Böhnisch, Lothar/Plakolm, Leonhard/Waechter, Natalia (Hrsg.) (2015): Jugend ermöglichen. Zur Geschichte der Jugendarbeit in Wien: Mandelbaum
Böhnisch, Lothar/Schröer, Wolfgang (2007): Politische Pädagogik. Weinheim, München: Juventa
Böhnisch, Lothar/Schröer, Wolfgang (2013): Soziale Arbeit – eine problemorientierte Einführung. Bad Heilbrunn: Julius Klinkhardt
Böhnisch, Lothar/Schröer, Wolfgang/Thiersch, Hans (2005): Sozialpädagogisches Denken. Wege zu einer Neubestimmung. Weinheim, München: Juventa
Böhnisch, Lothar/Winter, Reinhard (1993): Männliche Sozialisation. Bewältigungsprobleme männlicher Geschlechtsidentität im Lebenslauf. Weinheim, München: Beltz Juventa
Böhnke, Petra (2015): Wahrnehmung sozialer Ausgrenzung. In: Aus Politik und Zeitgeschichte, Jg. 65, H. 10, S. 18–25
Bohnsack, Ralf (1989): Generation, Milieu und Geschlecht. Ergebnisse aus Gruppendiskussionen mit Jugendlichen. Opladen: Leske + Budrich
Bohnsack, Ralf (1991): Rekonstruktive Sozialforschung. Einführung in Methodologie und Praxis qualitativer Forschung. Opladen: Leske und Budrich
Bohnsack, Ralf (2017): Praxeologische Wissenssoziologie. Opladen, Toronto: Barbara Budrich
Bojadžijev, Manuela (2008): Die windige Internationale. Rassismus und Kämpfe der Migration. Münster: Westfälisches Dampfboot
Bokelmann, Hans (1965): Maßstäbe pädagogischen Handelns. Normenkonflikte und Reformversuche in Erziehung und Bildung. Würzburg: Werkbund
Boll, Christina (2017): Die Arbeitsteilung im Paar. Theorien, Wirkungszusammenhänge, Einflussfaktoren und exemplarische empirische Evidenz. Expertise im Rahmen des Zweiten Gleichstellungsberichts der Bundesregierung. Frankfurt/M.: gleichstellungsbeauftragte.de

Böllert, Karin/Karunsky, Silke (Hrsg.) (2008): Genderkompetenz in der Sozialen Arbeit. Wiesbaden: VS
Bomert, Christine (2020): Transnationale Care-Arbeiterinnen in der 24-Stunden-Betreuung. Wiesbaden: VS
Bommes, M./Scherr, A. (2000): Soziologie der Sozialen Arbeit. Eine Einführung in Formen und Funktionen organisierter Hilfe. Weinheim, München: Juventa
Bonin, Holger/Clauss, Markus/Gerlach, Irene/Laß, Inga/Mancini, Anna Laura/Nehrkorn-Ludwig, Marc-André/Schnabel, Reinhold/Stichnoth, Holger/Sutter, Katharina (2013): Evaluation zentraler ehe- und familienbezogener Leistungen in Deutschland. Gutachten im Auftrag der Prognos AG für das Bundesministerium der Finanzen und das Bundesministerium für Familie, Senioren, Frauen und Jugend. Berlin: Zentrum für Europäische Wirtschaftsforschung GmbH
Booth, Susanna (2021): Mehr Männer in soziale Berufe? Genderkonstruktionen im Diskurs der kirchlichen Wohlfahrtsverbände. Soziale Passagen. Wiesbaden: Springer. doi.org/10.1007/s12592-021-00374-5 (Abfrage: 29.7.2021)
Borasio, Gian Domenico (2011): Über das Sterben. Was wir wissen. Was wir tun können. Wie wir uns darauf einstellen. Beck Verlag. München
Bormann, Inka (2011): Bildung für nachhaltige Entwicklung. In: Enzyklopädie Erziehungswissenschaft Online (EEO), Band Vergleichende Erziehungswissenschaft, hrsg. von Dietmar Waterkamp
Borneman, Ernest (1991): Das Patriarchat. Ursprung und Zukunft unseres Gesellschaftssystems. Frankfurt/M.: Fischer
Bös, Mathias (2005): Rasse und Ethnizität: Zur Problemgeschichte zweier Begriffe in der amerikanischen Soziologie. Wiesbaden: VS
Bös, Mathias (2010): ‚Rasse' und ‚Ethnizität': W.E.B. Du Bois und die wissenschaftliche Konstruktion sozialer Großgruppen in der Geschichte der US-amerikanischen Soziologie. In: Müller, Marion/Zifonun, Dariuš (Hrsg.): Ethnowissen. Soziologische Beiträge zu ethnischer Differenzierung und Migration. Wiesbaden: VS. S. 37–59
Bosančić, Saša (2014): Arbeiter ohne Eigenschaften. Subjektivierungsweisen ungelernter Arbeiter. Wiesbaden:VS
Bosbach, Gerd/Bingler, Klaus (2009): Demografische Modellrechnungen. Fakten und Interpretationsspielräume. In: Popp, Reinhold/Schüll, Elmar (Hrsg.): Zukunftsforschung und Zukunftsgestaltung. Beiträge aus Wissenschaft und Praxis. Berlin und Heidelberg: Springer VS, S. 523–537
Bose, Käthe von/Treusch, Pat (2019): Keime, Zeitdruck und Roboter als ‚Helfer für alle': Interferenzen zwischen materiell-diskursiven Fürsorgepraktiken in Krankenhaus und Robotiklabor. In: Binder, Beate/Bischoff, Christine/Endter, Cordula/Hess, Sabine/Kienitz, Sabine/Bergmann, Sven (Hrsg.): Care: Praktiken und Politiken der Fürsorge. Ethnografische und geschlechtertheoretische Perspektiven. Opladen: Barbara Budrich, S. 191–207
Bossarte, Robert M./Simon, T. R./Barker, L. (2006): Characteristics of homicide followed by suicide incidents in multiple states, 2003–04. In: Injury prevention, 12, S. 33–38
Bostwick, Wendy B./Meyer, Ian/Aranda, Frances/Russell, Stephen/Hughes, Tonda/Birkett, Michelle/Mustanski, Brian (2014): Mental health and suicidality among racially/ethnically diverse sexual minority youths. In: American Journal of Public Health 104, H. 6, S. 1129–1136
Boudrias, Valérie/Trépanier, Sarah-Geneviève/Salin, Denise (2021): A systematic review of research on the longitudinal consequences of workplace bullying and the mechanisms involved. In: Aggression and Violent Behavior 56, H. 8, Article 101508. doi: 10.1016/j.avb.2020.101508
Bourdieu, Pierre (1987a): Die feinen Unterschiede. Kritik der gesellschaftlichen Urteilskraft. Frankfurt/M.: Suhrkamp.
Bourdieu, Pierre (1987b): Sozialer Sinn. Kritik der theoretischen Vernunft. Frankfurt/M.: Suhrkamp
Bourdieu, Pierre (1997a): Ortseffekte. In: Bourdieu, Pierre et al. (Hrsg.): Das Elend der Welt. Konstanz: Universitätsverlag, S. 159–168

Bourdieu, Pierre (1997b): Die männliche Herrschaft. In: Dölling, Irene/Krais, Beate (Hrsg.): Ein alltägliches Spiel. Geschlechterkonstruktion in der sozialen Praxis. Frankfurt/M.: Suhrkamp, S. 153–217

Bourdieu, Pierre (1998): Prekarität ist überall. In: Pierre Bourdieu (Hrsg.): Gegenfeuer. Konstanz: UVK, S. 96–102

Bourdieu, Pierre (2000): Die zwei Gesichter der Arbeit. Interdependenzen von Zeit- und Wirtschaftsstrukturen am Beispiel einer Ethnologie der algerischen Übergangsgesellschaft: Konstanz: UVK

Bourdieu, Pierre (2005): Die männliche Herrschaft. Frankfurt/M.: Suhrkamp

Bourdieu, Pierre (2012): Die männliche Herrschaft. Frankfurt/M.: Suhrkamp

Bowlby, John (1991): Verlust, Trauer und Depression. Frankfurt/M.: Fischer

Boyd, Danah/Ellison, Nicole (2007): Social Network Sites: Definition, History, and Scholarship. In: Journal of Computer-Mediated Communication 13, H. 1, S. 1–3

Brähler, Elmar/Decker, Oliver/Kiess, Johannes (2016): Die enthemmte Mitte. Autoritäre und rechtsextreme Einstellungen in Deutschland. Leipzig

Braidt, Andrea (2016.): Einleitung Feministische Filmtheorie. In: Peters, Katrin/Seier, Andrea (Hrsg.): Gender Medien Reader. Zürich: Diaphanes, S. 23–29

Bramley, Glen/Fitzpatrick, Suzanne (2018): Studie: Kann jede*r wohnungslos werden? In: wohnungslos 60, H. 3, S. 77–79

Brand, Maximiliane/Sabisch, Katja (2019): Gender Studies: Geschichte, Etablierung und Praxisperspektiven des Studienfachs. In: Kortendiek, Beate/Riegraf, Birgit/Sabisch, Katja (Hrsg.): Handbuch Interdisziplinäre Geschlechterforschung, Band 2. Wiesbaden: Springer VS, S. 1043–1051

Brandao, Anabela/Rütten, Anne (2020): Safe in the city? Zur gefühlten Sicherheit von Frauen und Mädchen in Deutschen Städten. Hamburg: Plan International Deutschland e. V.

Brandes, Holger/Andrä, Markus/Röseler, Wenke/Schneider-Andrich, Petra (2016): Macht das Geschlecht einen Unterschied? Ergebnisse der „Tandem-Studie" zu professionellem Erziehungsverhalten von Frauen und Männern. Opladen: Barbara Budrich

Brandt, Martina/Schmitz, Alina (2020): Alter und Geschlecht. In: Aner, Kirsten/Karl, Ute (Hrsg.): Handbuch Soziale Arbeit und Alter. 2. überarbeitete und aktualisierte Auflage. Wiesbaden: Springer VS, S. 405–411

Brandt, Stefan/Böhnke, Petra (2018): Die Rolle sozialer Einbindung im Kontext der Wahrnehmung und Deutung von Erwerbssituationen. Eine fallexemplarische Analyse. In: Sozialer Sinn 19, H. 2, S. 333–365

Bräu, Karin/Schlickum, Christine (Hrsg.) (2015): Soziale Konstruktionen in Schule und Unterricht. Zu den Kategorien Leistung, Migration, Geschlecht, Behinderung, Soziale Herkunft und deren Interdependenzen. Leverkusen: Barbara Budrich

Braun, Friederike (1991): Mehr Frauen in die Sprache: Leitfaden zur geschlechtergerechten Formulierung. Kiel: Ministerium für Justiz, Frauen, Jugend und Familie des Landes Schleswig-Holstein

Braun, Karl-Heinz (2003): Lebensführung in der zweiten Moderne. Überlegungen zur Neukonzipierung der sozialpädagogischen Alltagsforschung. In: neue praxis 33, H. 5, S. 401–424

Braunmühl, Claudia von (2000): Mainstreaming Gender zwischen herrschaftskritischem und bürokratischem Diskurs. In: Gabbert, Karin (Hrsg.): Geschlecht und Macht. Analysen und Berichte. Münster: Westfälisches Dampfboot, S. 139–152

Brebeck Andrea (2008): Wissen und Agieren in der feministischen Mädchenarbeit. Ein Beitrag zur reflexiven Professionalität. Sulzbach/Taunus: Ulrike Helmer

Brecht, Bertold (1932/1989): Der Rundfunk als Kommunikationsapparat. Rede über die Funktion des Rundfunks. In: Werke. Band 21. Schriften I. Berlin, Weimar: Aufbau-Verlag

Brehmer, Ilse (1982): Über den ganz vulgären Sexismus in der Schule. In: Brehmer, Ilse (Hrsg.): Sexismus in der Schule. Der heimliche Lehrplan der Frauendiskriminierung Weinheim, Basel: Beltz, S. 7–21

Breidenstein, Georg/Kelle, Helga (Hrsg.) (1998): Geschlechteralltag in der Schulklasse. Ethnographische Studien zur Gleichaltrigenkultur. Weinheim: Juventa

Breitenbach, Eva/Bürmann, Ilse (2014): Heilsbringer oder Erlösungssucher? Befunde und Thesen zur Problematik von Männern in frühpädagogischen Institutionen. In: Budde, Jürgen/Thon, Christine/Walgenbach, Katharina (Hrsg.): Männlichkeiten. Geschlechterkonstruktionen in pädagogischen Institutionen. Opladen: Budrich, S. 51–66

Brenne, Silke/Breckenkamp, Jürgen/Razum, Oliver/David, Matthias/Borde, Thea (2013): Wie können Migrantinnen erreicht werden? Forschungsprozesse und erste Ergebnisse der Berliner Perinatalstudie. In: Esen, Erol/Borde, Theda (Hrsg.): Deutschland und die Türkei – Band II. Berlin: Zentrum für Europäische Studien der Akdeniz Universität und Alice Salomon Hochschule Berlin, S. 183–198

Bretländer, Bettina (2013): Inklusion – eine neue Aufgabe in der Offenen Kinder- und Jugendarbeit?!! In: Betrifft Mädchen, 26, H. 4, S. 155–161

Bretländer, Bettina/Heil, Susanne (2015): Inklusionsorientierte pädagogische Bildungsarbeit zum Umgang mit Verschiedenheit. In: Bretländer, Bettina/Köttig, Michaela/Kunz, Thoms (Hrsg.): Vielfalt und Differenz in der Sozialen Arbeit. Perspektiven auf Inklusion. Stuttgart: Kohlhammer, S. 214–224

Brettschneider, Antonio/Klammer, Ute (2016): Lebenswege in die Altersarmut. Biografische Analysen und sozialpolitische Perspektiven. Berlin: Duncker und Humblot

Brezinka, Wolfgang (1990): Grundbegriffe der Erziehungswissenschaft. Analyse, Kritik, Vorschläge. München, Basel: Ernst Reinhardt

Brockhaus, Ulrike/Kolshorn, Maren (1993): Sexuelle Gewalt gegen Mädchen und Jungen: Mythen, Fakten, Theorien. Frankfurt/M.: Campus

Broden, Anne/Mecheril, Paul (2010): Rassismus bildet. Einleitende Bemerkungen. In: Broden, Anne/Mecheril, Paul (Hrsg.): Rassismus bildet. Bielefeld: transcript, S. 7–23

Brody, David/Emilsen, Kari/Rohrmann, Tim/Warin, Jo (Hrsg.) (2021): Why men leave and stay in ECEC. Career Trajectories of Men in the ECEC Workforce. London: Routledge

Bronner, Kerstin (2021): Intersektionalität: Geschichte, Theorie und Praxis. Eine Einführung für das Studium der Sozialen Arbeit und der Erziehungswissenschaften. 2., durchgesehene Auflage. Opladen, Toronto: Barbara Budrich

Bronner, Kerstin/Paulus, Stefan (2021): Intersektionalität: Geschichte, Theorie und Praxis. 2. Auflage. Opladen, Berlin, Toronto: Barbara Budrich (utb)

Brubaker, Rogers (2007): Ethnizität ohne Gruppen. Hamburg: Hamburg Edition

Brubaker, Rogers (2015): Grounds for Difference. Cambridge und London: Havard University Press

Brubaker, Rogers (2016): Trans. Gender and Race in an Age of Unsettled Identities. Princeton: Princeton University Press

Bruckman, Ami (1992): Identity Workshop: Emergent Social and Psychological Phenomena in Text-Based Virtual Reality. ftp.parc.xeroc.com/pub/Moo/papers/identity-workshop.rtf: (Abfrage: 20.4.2006)

Brückner, Margrit (1998): Frauen- und Mädchenprojekte: Von feministischen Gewissheiten zu neuen Suchbewegungen. Opladen: Leske + Budrich

Brückner, Margrit (2004): Geschlechterverhältnisse und Doing Gender in Professionalisierungsprozessen – Ihre Bedeutung für die Supervision (2004): In: Buer, Ferdinand/Siller, Gertrud (Hrsg.): Die flexible Supervision. Wiesbaden: Springer VS, S. 217–236

Brückner, Margrit (2010a): Erfolg und Eigensinn – Zur Geschichte der Frauenhäuser. In: Bereswill, Mechthild/Stecklina, Gerd (Hrsg.): Geschlechterperspektiven für die Soziale Arbeit. Weinheim: Juventa, S. 61–80

Brückner, Margrit (2010b): Soziale Arbeit mit Frauen und Mädchen: Auf der Suche nach neuen Wegen. In: Thole, Werner (Hrsg.): Grundriss Soziale Arbeit. 3., überarbeitete und erweiterte Auflage. Wiesbaden: VS, S. 549–559

Brückner, Margrit (2011a): Care Prozesse und Verletzungsrisiken: Sorgen aus der Perspektive der Akteurinnen und Akteure am Beispiel des Sorgenetzwerkes einer psychisch kranken Frau. In: Feministische Studien 2, S. 264–279

Brückner, Margrit (2011b): Zwischenmenschliche Interdependenz – Sich Sorgen als familiale, soziale und staatliche Aufgabe. In: Böllert, Karin/Heite, Catrin (Hrsg.): Sozialpolitik als Geschlechterpolitik. Wiesbaden: VS, S. 105–123

Brückner, Margrit (2012a): Selbst(für)sorge im Spannungsfeld von Care und Caritas. In: Jansen, Mechtild/Brückner, Magrit/Göttert, Magrit/Schmidbaur, Marianne (Hrsg.): Selbstsorge als Themen in der (un)bezahlten Arbeit. Wiesbaden: Dinges & Frick, S. 9–28

Brückner, Margrit (2012b): Soziale Arbeit mit Frauen und Mädchen: Auf der Suche nach neuen Wegen. In: Thole, Werner (Hrsg.): Grundriss Soziale Arbeit. Ein einführendes Handbuch. 4. Auflage. Wiesbaden: Springer VS, S. 549–558

Brückner, Margrit (2013): Professionalisierung und Geschlecht im Berufsfeld Soziale Arbeit. In: die hochschule. Journal für Wissenschaft und Bildung, H. 1, S. 107–117

Brückner, Margrit (2017): Soziale Arbeit und Frauenbewegung. In: Rita Braches-Chyrek/Heinz Sünker (Hrsg.): Soziale Arbeit in gesellschaftlichen Konflikten und Kämpfen. Wiesbaden: Springer VS, S. 189–209

Brückner, Margrit (2018a): Care – Sorgen als sozialpolitische Aufgabe und als soziale Praxis. In: Otto, Hans-Uwe/Thiersch, Hans/Treptow, Rainer/Ziegler, Holger (Hrsg.): Handbuch Soziale Arbeit, 6. Auflage, München: Ernst Reinhardt, S. 212–218

Brückner, Margrit (2018b): Gefühle im Wechselbad: Soziale Arbeit als beziehungsorientierte Care Tätigkeit. In: Kommission Sozialpädagogik (Hrsg.): Wa(h)re Gefühle? Sozialpädagogische Emotionsarbeit im wohlfahrtsstaatlichen Kontext. Weinheim, Basel: Beltz Juventa, S. 65–79

Brückner, Margrit (2018c): Konfliktfeld Häusliche Gewalt: Transformationsprozesse und Perspektiven der Frauenhausarbeit. In: Lenz, Gaby/Weiss, Anne (Hrsg.): Professionalität in der Frauenhausarbeit. Wiesbaden: Springer VS, S. 21–44

Brückner, Margrit (2018d): Geschlechterverhältnisse zwischen Liebe, Fürsorge, Gewalt und Geschlechtergerechtigkeit als Aufgabe Sozialer Arbeit. In: Anhorn, Roland/Schimpf, Elke/Stehr, Johannes/Rathgeb, Kerstin/Spindler, Susanne/Keim, Rolf (Hrsg.): Politik der Verhältnisse – Politik des Verhaltens. Wiesbaden: Springer VS, S. 89–106

Brückner, Margrit (2020): Gewaltdiskurse und deren Bedeutung für sozialarbeitswissenschaftliche Frauen- und Geschlechterforschung. In: Rose, Lotte/Schimpf, Elke (Hrsg.): Sozialarbeitswissenschaftliche Geschlechterforschung. Methodologische Fragen, Forschungsfelder und empirische Erträge. Opladen, Berlin, Toronto: Barbara Budrich, S. 39–56

Brückner, Margrit (2021): Care im Kontext feministischer Analysen und Initiativen. In: Bomert, Christiane/Landhäuser, Sandra/Lohner, Eva-Maria/Stauber, Barbara (Hrsg.): Care! Zum Verhältnis von Sorge und Sozialer Arbeit. Wiesbaden: Springer VS

Brückner, Margrit/Böhnisch, Lothar (2001): Geschlechterverhältnisse. Gesellschaftliche Konstruktionen und Perspektiven ihrer Veränderung. Weinheim: Juventa

Brückner, Margrit/Oppenheimer, Christa (2006): Lebenssituation Prostitution: Sicherheit, Gesundheit und soziale Hilfen. Königstein/Taunus: Ulrike Helmer

Brüggen, Friedhelm (1998): Die Entdeckung des Generationenverhältnisses – Schleiermacher im Kontext. In: Neue Sammlung 38, H. 3, S. 265–279

Brüker, Daniela (2011): Das "älteste" Gewerbe der Welt. Eine Untersuchung über die Lebenslage älterer Prostituierter. Dortmunder Beiträge zur Sozial- und Gesellschaftspolitik, Band 62. Münster: LIT

Brumlik, Micha (2004): Advokatorische Ethik. Zur Legitimation pädagogischer Eingriffe, Berlin, Wien: Philo Verlag

Brunner, Otto (1968): Das „Ganze Haus" und die alteuropäische „Ökonomik". In: Otto Brunner (Hrsg.): Neue Wege der Verfassungs- und Sozialgeschichte. Göttingen: Vandenhoeck & Ruprecht, S. 103–127

Bruns, Claudia (2008): Politik des Eros. Der Männerbund in Wissenschaft, Politik und Jugendkultur (1880-1934). Köln, Weimar, Wien: Böhlau

BT-Drucksache 16/1780 (2006): Gesetzentwurf der Bundesregierung Gesetzentwurf der Bundesregierung. Entwurf eines Gesetzes zur Umsetzung europäischer Richtlinien zur Verwirklichung des Grundsatzes der Gleichbehandlung. dserver.bundestag.de/btd/16/017/1601780.pdf (Abfrage: 10.10.2021)

Bubolz-Lutz, Elisabeth/Gösken, Eva/Kricheldorff, Cornelia/Schramek, Renate (2010): Geragogik. Bildung und Lernen im Prozess des Alterns. Das Lehrbuch. Stuttgart: Kohlhammer
Büchner, Peter (1983): Vom Befehlen und Gehorchen zum Verhandeln. Entwicklungstendenzen von Verhaltensstandards und Umgangsnormen seit 1945. In: Preuss-Lausitz, Ulf (Hrsg.): Kriegskinder, Konsumkinder, Krisenkinder. Zur Sozialisationsgeschichte seit dem Zweiten Weltkrieg. Weinheim und Basel: Beltz Juventa, S. 196–212
Budde, Gunilla-Friederike (2003): Das Öffentliche des Privaten. Die Familie als zivilgesellschaftliche Kerninstitution. In: Bauerkämper, Arnd (Hrsg.), Die Praxis der Zivilgesellschaft. Akteure, Handeln und Strukturen im internationalen Vergleich. Frankfurt/M., New York: Campus: S. 57–75
Budde, Jürgen (2014): Jungenpädagogik zwischen Tradierung und Veränderung. Empirische Analysen geschlechterpädagogischer Praxis. Opladen, Berlin, Toronto: Barbara Budrich
Budde, Jürgen/Debus, Katharina/Krüger, Stefanie (2011): „Ich denk' nicht, dass meine Jungs einen typischen Mädchenberuf ergreifen würden." Intersektionale Perspektiven auf Selbstpräsentationen von Jungen in der Jungenarbeit. In: Gender. Zeitschrift für Geschlecht, Kultur und Gesellschaft 3, H. 3, S. 119–12
Budde, Jürgen/Faulstich-Wieland, Hannelore/Scholand, Barbara (2007): Geschlechtergerechtigkeit in der Schule. In: Fischer, Dietlind/Elsenbast, Volker (Hrsg.): Zur Gerechtigkeit im Bildungssystem. Münster: Waxmann, S. 145–150
Budde, Jürgen/Hummrich, Merle (2014): Reflexive Inklusion. Zeitschrift für Inklusion 4. www.inklusion-online.net/index.php/inklusion-online/article/view/193 (Abfrage: 25.10.2021)
Budde, Jürgen/Kansteiner, Katja/Bossen, Andrea (2016): Zwischen Differenz und Differenzierung. Erziehungswissenschaftliche Forschung zu Mono- und Koedukation. Wiesbaden: Springer VS
Budde, Jürgen/Rieske Thomas V. (2022): Jungen, männliche Jugendliche und junge Männer in Bildungskontexten. Open Access: Barbara Budrich
Budde, Jürgen/Rieske, Thomas V. (2020): Auseinandersetzung mit (Neuen) Theorien für die erziehungswissenschaftliche Forschung zu Männlichkeiten. In: Kubandt, Melanie/Schütz, Julia (Hrsg.): Methoden und Methodologien in der erziehungswissenschaftlichen Geschlechterforschung. Opladen, Berlin, Toronto: Barbara Budrich, S. 234–256
Budde, Jürgen/Scholand, Barbara/Faulstich-Wieland, Hannelore (2008): Geschlechtergerechtigkeit in der Schule. Eine Studie zu Chancen, Blockaden und Perspektiven einer gender-sensiblen Schulkultur. Weinheim: Juventa
Budde, Jürgen/Thon, Christine/Walgenbach, Katharina (2014): Männlichkeiten. Geschlechterkonstruktionen in pädagogischen Institutionen. Opladen: Budrich
Budde, Jürgen/Venth, Angela (2010): Genderkompetenz für lebenslanges Lernen. Bielefeld. Bertelsmann
Budzikiewicz, Christine (2007): Einheitlicher Betreuungsunterhalt bei ehelicher und außerehelicher Kindschaft. In: NJW 49, H. 3, S. 3536–3538
Bühler, Charlotte (Hrsg.) (1932): Jugendtagebuch und Lebenslauf. Zwei Mädchentagebücher. Band 9 der Reihe: Quellen und Studien zur Jugendkunde. Jena: Fischer
Bührmann, Andrea D./Diezinger, Angelika/Metz-Göckel, Sigrid (2014): Arbeit – Sozialisation – Sexualität. Zentrale Felder der Frauen- und Geschlechterforschung. 3., erweiterte und aktualisierte Auflage. Wiesbaden: Springer VS
Bührmann, Andrea D./Mehlmann, Sabine (2010): Sexualität: Probleme, Analysen und Transformationen. In: Becker, Ruth/Kortendiek, Beate (Hrsg.): Handbuch Frauen- und Geschlechterforschung. Theorie, Methoden, Empirie. 3. Auflage. Wiesbaden: VS, S. 616–624
Bundesagentur für Arbeit (2018): Statistik der Bundesagentur für Arbeit. www.statistik.arbeitsagentur.de/Statischer-Content/Arbeitsmarktberichte/Berufe/generische-Publikationen/Broschuere-MINT-Abbildungen.pdf (Abfrage: 23.07.2021)
Bundesagentur für Arbeit (2019): Grundsicherung für Arbeitsuchende (Monatszahlen. www.statistik.arbeitsagentur.de/DE/Navigation/Statistiken/Fachstatistiken/Grundsicherung-fuer-Arbeitsuchende-SGBII/Grundsicherung-fuer-Arbeitsuchende-SGBII-Nav.html (Abfrage: 23.07.2021)

Bundesagentur für Arbeit (2020): Klassifikation der Berufe 2010 – überarbeitete Fassung 2020. Band 2: Definitorischer und beschreibender Teil. Nürnberg: Bundesagentur für Arbeit

Bundesagentur für Arbeit (2021): Beschäftigte nach Berufen (Klassifikation der Berufe 2010) – Deutschland, West/Ost und Länder (Quartalszahlen). www.statistik.arbeitsagentur.de/SiteGlobals/Forms/Suche/Einzelheftsuche_Formular.html?nn=20894&topic_f=beschaeftigung-sozbe-bo-heft (Abfrage:15.03.2021)

Bundesamt für Justiz 2001: Gesetz zum zivilrechtlichen Schutz vor Gewalttaten und Nachstellungen (Gewaltschutzgesetz – GewSchG). www.gesetze-im-internet.de/gewschg/GewSchG.pdf (Abfrage: 03.04.2021)

Bundesarbeitsgemeinschaft (BAG) Mädchenpolitik e. V. (2020): Forum für die fachliche Weiterentwicklung der feministischen Arbeit mit Mädchen* und jungen Frauen*. www.maedchenpolitik.de (Abfrage: 21.07.2020)

Bundesarbeitsgemeinschaft Jungenarbeit (2011): Positionspapier. www.geschlechtergerechtejugendhilfe.de/downloads/bag_ja_positionspapier_2011.pdf (Abfrage: 23.12.2020)

Bundesarbeitsgemeinschaft Jungenarbeit (2016): Positionspapier. www.bag-jungenarbeit.de/files/Dateien/positionspapier_BAGJ_2016.pdf (Abfrage: 06.12.2020).

Bundesarbeitsgemeinschaft Jungenarbeit (2017): Positionspapier. www.bag-jungenarbeit.de/files/Dateien/BAGJ_Positionen_2017.pdf (Abfrage: 06.12.2020).

Bundesgesetzblatt (2012): Teil 1 Nr. 54. Bundesanzeiger Verlag. www.bgbl.de/xaver/bgbl/start.xav?start=%2F%2F*%5B%40attr_id%3D%27bgbl112s2298.pdf%27%5D#__bgbl__%2F%2F*%5B%40attr_id%3D%27bgbl112s2298.pdf%27%5D__1627204431916 (Abfrage: 03.04.2021)

Bundesjugendkuratorium (BKJ) (2009): Schlaue Mädchen – Dumme Jungen? Gegen Verkürzungen im aktuellen Geschlechterdiskurs. Stellungnahme des Bundesjugendkuratoriums. München: DJI

Bundeskriminalamt (2021): Polizeiliche Kriminalstatistik 2020. Wiesbaden

Bundeskriminalamt (Hrsg.) (2016): Partnerschaftsgewalt: Kriminalstatistische Auswertung – Berichtsjahr 2015. Wiesbaden: BKA

Bundeskriminalamt (Hrsg.) (2020a): Partnerschaftsgewalt. Kriminalstatistische Auswertung – Berichtsjahr 2019. Wiesbaden: BKA

Bundeskriminalamt (Hrsg.) (2020b): Polizeiliche Kriminalstatistik Bundesrepublik Deutschland. Jahrbuch 2019. Band 2. Opfer. Wiesbaden: BKA

Bundeskriminalamt (Hrsg.) (2020c): Polizeiliche Kriminalstatistik. Bundesrepublik Deutschland. Jahrbuch 2019. Band 3. Tatverdächtige. Wiesbaden: BKA

Bundesstiftung Magnus Hirschfeld (2014): Forschung im Queerformat. Aktuelle Beiträge der LSBTI*-, Queer- und Geschlechterforschung. Bielefeld: transcript

Bundesverband Trans* (2021): Dritter Geschlechtseintrag. www.bundesverband-trans.de/unsere-arbeit/dritter-geschlechtseintrag/ (Abfrage: 31.03.2021)

Bundesvereinigung Trans*e. V. (2017): Trans*-Gesundheitsversorgung. Forderungen an die medizinischen Instanzen und an die Politik. Berlin

Bundesvorstand des Demokratischen Frauenbundes Deutschlands (Hrsg.) (1989): Geschichte des DFD. Leipzig: Verlag für die Frau

Bundeszentrale für Politische Bildung (2018): (Anti-)Feminismus. Aus Politik und Zeitgeschichte. www.bpb.de/apuz/267934/anti-feminismus (Abfrage: 01.09.2021)

Bundeszentrale für politische Bildung (BPB) (2018): Von der Sorgearbeit bis #MeToo. Aktuelle feministische Themen und Debatten in Deutschland. www.bpb.de/apuz/267940/von-der-sorgearbeit-bis-metoo-aktuelle-feministische-themen-und-debatten-in-deutschland?p=all (Abfrage: 20.04.2018)

Bündnis für sexuelle Selbstbestimmung (2010): Pressemitteilung: Gesetzesentwurf zu Paragraf 219a: Inszenierte „Lösung" statt selbstbestimmtem Zugang zu Informationen. Berlin: Presseteam

Burgard, Roswitha (2002): Frauenfalle Psychiatrie. Berlin: Orlanda Frauenverlag

Burkova, Olga/Laging, Marion/Stock, Lothar/Bamberg, Sebastian/Hempelmann, Sylke (2017): Die Masterverbleibstudie des Fachbereichstags Soziale Arbeit: Ankommen im Arbeitsfeld und Bewertungen zum Studium. In: Schäfer, Peter/Burkova, Olga/Hoffmann, Holger/Laging, Marion/Stock, Lothar (Hrsg.): 100 Jahre Fachbereichstag Soziale Arbeit. Vergangenheit deuten, Gegenwart verstehen, Zukunft gestalten. Opladen, Berlin, Toronto: Barbara Budrich, S. 225–243

Busch, Katarina (2021): Optimierung in der Adoleszenz. Wiesbaden: Springer VS

Busche, Mart (2010): It's a men's world? Jungen_arbeit aus nichtmännlicher Perspektive. In: Busche, Mart/Maikowski, Laura/Pohlkamp, Ines/Wesemüller, Ellen (Hrsg.): Feministische Mädchenarbeit weiterdenken. Zur Aktualität einer bildungspolitischen Praxis. Bielefeld: transcript, S. 201–221

Busche, Mart (2012): Crosswork: Vom Sinn und Unsinn der pädagogischen Arbeit mit dem „Gegengeschlecht". In: Dissens e. V. (Hrsg.): Geschlechterreflektierte Arbeit mit Jungen an der Schule. Texte zu Pädagogik und Fortbildung rund um Jungenarbeit, Geschlecht und Bildung. Berlin: Selbstverlag

Busche, Mart (2021): Next Stop: Postheteronormativität. Neue Reflexionsimpulse zum Thema Geschlechter-, Sexualitäts- und Beziehungsvielfalt für die (offene) Kinder- und Jugendarbeit. In: Sozial Extra 45, H. 2, S. 85–89

Busche, Mart/Cremers, Michael (2009): Jungenarbeit und Intersektionalität. In : Pech, Detlef (Hrsg.): Jungen und Jungenarbeit. Eine Bestandsaufnahme des Forschungs- und Diskussionsstandes. Baltmannsweiler: Schneider, S. 13–30

Busche, Mart/Cremers, Michael (2021): Genderorientierung in der Offenen Kinder- und Jugendarbeit. Theoretische und handlungspraktische Perspektiven auf Gender in der Offenen Kinder- und Jugendarbeit. In: Deinet, Ulrich/Sturzenhecker, Benedikt/von Schwanenflügel, Larissa/Schwerthelm, Moritz (Hrsg.): Handbuch Offene Kinder- und Jugendarbeit. 5. Auflage. Wiesbaden: Springer VS, S. 663–676

Busche, Mart/Hartmann, Jutta/Nettke, Tobias/Streib-Brzič, Uli (2018): Heteronormativitätskritische Jugendbildung. Bielefeld: transcript

Busche, Mart/Maikowski, Laura/Pohlkamp, Ines/Wesemüller, Ellen (Hrsg.) (2010): Feministische Mädchenarbeit weiterdenken. Zur Aktualität einer bildungspolitischen Praxis. Bielefeld: transcript

Busche, Mart/Stuve,Olaf (2012): Intersektionalität und Gewaltprävention. www.portal-intersektionalität.de (Abfrage: 06.12.2020)

Busche, Mart/Wesemüller, Ellen (2010): Mit Widersprüchen für neue Wirklichkeiten. Ein Manifest für Mädchen_arbeit. In Busche, Mart/Maikowski, Laura/Pohlkamp, Ines/Wesemüller, Ellen (Hrsg.): Feministische Mädchenarbeit weiterdenken. Zur Aktualität einer bildungspolitischen Praxis. Bielefeld: transcript, S. 309–324

Busch-Geertsema, Volker/Henke, Jutta/Steffen, Axel (2019): Entstehung, Verlauf und Struktur von Wohnungslosigkeit und Strategien zu ihrer Vermeidung und Behebung. Berlin: Bundesministerium für Arbeit und Soziales

Buschner, Andrea (2014): Die Arbeitsteilung gleichgeschlechtlicher Paare in Deutschland. Bamberg: University of Bamberg Press

Busemeyer, Mariua R./Ebbinghaus, Bernhard/Leibfried, Stephan/Mayer-Ahuja, Nicole/Obinger, Herbert/Pfau-Effinger, Birgit (Hrsg.) (2014): Wohlfahrtspolitik im 21. Jahrhundert. Neue Wege der Forschung, Frankfurt/M., New York: Campus

Busse, Stefan/Ehlert, Gudrun/Becker-Lenz, Roland/Müller-Herrmann, Silke (2016): Einleitung: Professionelles Handeln in Organisationen. In: Busse, Stefan/Ehlert, Gudrun/Becker-Lenz, Roland/Müller-Herrmann, Silke (Hrsg.): Professionalität und Organisation. Wiesbaden: Springer VS, S. 1–11

Bussiek, Beate (2002): Hertha Kraus – Quäkergeist und Kompetenz. Impulse für die Soziale Arbeit in Deutschland und den USA. In: Hering, Sabine/Waaldijk, Berteke (Hrsg.): Die Geschichte der Sozialen Arbeit in Europa (1900–1960). Wichtige Pionierinnen und ihr Einfluss auf die Entwicklung internationaler Organisationen. Opladen: Leske + Budrich, S. 51–60

Butler, Judith (1990): Gender Trouble. Feminism and the Subversion of Identity. New York: Routledge

Butler, Judith (1991): Das Unbehagen der Geschlechter. Frankfurt/M.: Suhrkamp

Butler, Judith (1993): Für ein sorgfältiges Lesen. In: Benhabib, Seyla/Butler, Judith/Cornell Drucilla/Fraser, Nancy (Hrsg.): Der Streit um Differenz. Feminismus und Postmoderne in der Gegenwart. Frankfurt/M.: Fischer, S. 121–132

Butler, Judith (1993/1997): Körper von Gewicht. Die diskursiven Grenzen des Geschlechts. Frankfurt/M.: Suhrkamp

Butler, Judith (1997a): Against Proper Objects. In: Weed, Elizabeth/Shor, Naomi (Hrsg.): Feminism meets Queer Theory. Bloomington, Indianapolis: Indiana University , S. 1–30

Butler, Judith (1997b): Körper von Gewicht. Die diskursiven Grenzen des Geschlechts. Frankfurt/M.: Suhrkamp

Butler, Judith (2002): Psyche der Macht. Das Subjekt in der Unterwerfung. Frankfurt/M.: Suhrkamp

Butler, Judith (2005): Gefährdetes Leben. Politische Essays. Frankfurt/M.: Surkamp

Butler, Judith (2006): Haß spricht. Zur Politik des Performativen. Frankfurt/M.: Suhrkamp

Butler, Judith (2009): Die Macht der Geschlechternormen und die Grenzen des Menschlichen. Frankfurt/M.: Suhrkamp

Butler, Judith (2010): Raster des Krieges. Frankfurt/M.: Campus

Butler, Judith (2011): „Confessing a passionate state …". Interview mit Judith Butler. Die Fragen stellen Sabine Hark und Paula-Irena Villa. In: In: Feministische Studien 2, S. 196–205

Butler, Judith (2016): Anmerkungen zu einer performativen Theorie der Versammlung. Berlin: Suhrkamp

Butler, Robert N. (1969): Age-Ism. Another Form of Bigotry. In: The Gerontologist 9, H. 4, S. 243–246

Bütow, Birgit (2006): Mädchen in Cliquen. Sozialräumliche Konstruktionsprozesse von Geschlecht in der weiblichen Adoleszenz. Weinheim, München: Juventa

Bütow, Birgit (2010): Mädchenarbeit in der Sozialpädagogik. In: Matzner, Michael/Wyrobnik, Irit (Hrsg.): Handbuch Mädchen-Pädagogik. Weinheim, Basel: Beltz, S. 286–299

Bütow, Birgit (2011): Gender trotz(t) Entgrenzungen? Analysen zu Jugend, Alter und Geschlecht. In: Kleinau, Elke/Maurer, Susanne/Messerschmidt, Astrid (Hrsg.): Ambivalente Erfahrungen – (Re-)politisierung der Geschlechter. Schriftenreihe der Sektion Frauen- und Geschlechterforschung der Gesellschaft für Erziehungswissenschaft (DGfE). Opladen, Farmington Hills: Barbara Budrich, S. 31–44

Bütow, Birgit (2013): Bildungsprozesse in konjunktiven Erfahrungsräumen von Jugendkulturen – Das Beispiel der Skater. In: Bütow, Birgit/Kahl, Ramona/Stach, Anna (Hrsg.): Körper, Geschlecht, Affekt. Selbstinszenierungen und Bildungsprozesse in jugendlichen Sozialräumen. Wiesbaden: Springer VS, S. 25–42

Bütow, Birgit (2021): Erziehungs- und Verhaltensproblematiken von Mädchen und jungen Frauen in Kontexten von Erziehungshilfe, Justiz und Psychiatrie. Aktuelle (De-)Thematisierungen von Gender zwischen Hilfe und Zwang. In: Calabrese, Stefania/Huber, Sven (Hrsg.): Grenzen und Strafen in Sozialer Arbeit und Sozialpädagogik. Stuttgart: Kohlhammer, S. 178–189

Bütow, Birgit/Kahl, Ramona/Stach, Anna (Hrsg.) (2013): Körper, Geschlecht, Affekt. Selbstinszenierungen und Bildungsprozesse in jugendlichen Sozialräumen. Wiesbaden: Springer VS

Bütow, Birgit/Munsch, Chantal (2012): Einleitung. In: Bütow, Birgit/Munsch, Chantal: Soziale Arbeit und Geschlecht. Herausforderungen jenseits von Universalisierung und Essentialisierung. Münster: Westfälisches Dampfboot, S. 7–19

Bütow, Birgit/Munsch, Chantal (2017): Soziale Arbeit und Geschlecht. Herausforderungen jenseitsvon Universalisierung und Essentialisierung. 2. korrigierte Auflage. Westfälisches Dampfboot: Münster

Bütow, Birgit/Schär, Clarissa (2019): Jugendkörper im Netz. Erziehungswissenschaftliche Perspektiven auf Jugendliche und ihre fotografischen Selbstdarstellungen in digitalen sozialen Netzwerken. In: Dimitriou, Minas/Ring-Dimitriou, Susanne (Hrsg.): Der Körper in der Postmoderne. Zwischen Entkörperlichung und Körperwahn. Wiesbaden: Springer VS, S. 51–62

Bütow, Birgit/Wensierski, Hans-Jürgen (2002): Jugend und Jugendcliquen in Ostdeutschland. Biographische und ethnographische Analysen. unveröffentlichter Forschungsbericht. Jena

Büttner, Melanie. (2020): Häusliche Gewalt und die Folgen für die Gesundheit. In: Büttner, Melanie (Hrsg.): Handbuch Häusliche Gewalt. Stuttgart: Schattauer, S. 3–23

Byard, Roger (2017): Implications of Genital Mutilation at Autopsy. In: Forensic Sciences 62, H. 4, S. 926–929

BZgA (Bundeszentrale für gesundheitliche Aufklärung) (2011): Aktiv werden für Gesundheit – Arbeitshilfen für kommunale Prävention und Gesundheitsförderung. www.leitbegriffe.bzga.de/alphabetisches-verzeichnis/gesundheitsfoerderung-3-entwicklung-nach-ottawa/ (Abfrage 04.03.2021)

Cabrera, Natasha J./Tamis-LeMonda, Catherine S. (2012): Handbook of father involvement. Multidisciplinary perspectives. 2. Auflage. London: Routledge

Cacho, Lydia (2011): Sklaverei: Im Inneren des Milliardengeschäfts Menschenhandel. Lizenzausgabe. Bonn: Bundeszentrale für politische Bildung

Cadura-Saf, Doritt (1986): Das unsichtbare Geschlecht. Frauen, Wechseljahre und Älterwerden. Reinbek. Rowohlt

Calasanti, Toni/Slevin, Kathleen F./King, Neal (2006): Ageism and Feminism: From „Et Cetera" to Center. In: NWSA Journal 18, H. 1, S. 13–30

Caldwell, Mayta A./Peplau, Letitia A. (1982): Sex differences in same-sex friendship. In: Sex Roles, H. 8, S. 721–7311

Calmbach, Marc/Flaig, Bodo/Edwards, James/Möller-Slawinski, Heide/Borchard, Inga/Schleer, Christoph (2020): Wie ticken Jugendliche? SINUS-Jugendstudie 2020 – Lebenswelten von Jugendlichen im Alter von 14 bis 17 Jahren. Berlin: Bundeszentrale für politische Bildung

Campbell, Anne (1990): The girls in the gang. New York, Oxford: Blackwell

Campbell, Anne (1995): Zornige Frauen, wütende Männer. Wie das Geschlecht unser Aggressionsverhalten beeinflusst. Frankfurt/M.: Fischer

Can, Halil (2008): Drama zwischen Fremd- und Selbstethnisierung. Situation, Forderungen und Perspektiven bei der Schulbildung von Kindern und Jugendlichen mit Migrationshintergrund in Deutschland. In: IDA NRW (Hrsg.): Reader zum Fachgespräch ‚Rassismus bildet'. Bildungsperspektiven unter Bedingungen rassistischer Normalität, S. 13–19

Carbone-Lopez, Kristin/Esbensen, Finn-Aage/Brick, Bradley T. (2010): Correlates and consequences of peer victimization. Gender differences in direct and indirect forms of bullying. In: Youth Violence and Juvenile Justice 8, H. 4, S. 332–350

Carl, Andrea-Hilla/Kunze, Stefanie/Olteanu, Yasmin/Yildiz, Özlem/Yollu-Tok, Aysel (Hrsg.) (2020): Geschlechterverhältnisse im Kontext von Unternehmen und Gesellschaft. Baden-Baden: Nomos

Carrigan, Tim/Connell, R.W./Lee, John (1985): Toward a New Sociology of Masculinity. In: Theory and Society 14, S. 551–604

Carstensen Melinda/Micus-Loos, Christiane/Oeverdiek, Lena/Schrader, Kathrin (2020): Eine intersektionale Betrachtung von Klassismus und Psychiatrieerfahrung in den Lebenswelten von Frauenhausbewohnerinnen. In: Biele Mefebue, Astrid/Bührmann, Andrea/Grenz, Sabine (Hrsg.): Handbuch Intersektionalitätsforschung. Springer VS, Wiesbaden, S. 1–16

Carstensen, Tanja (2007): Die interpretative Herstellung des Internets. Eine empirische Analyse technikbezogener Deutungsmuster am Beispiel gewerkschaftlicher Diskurse. Bielefeld: Kleine

Carstensen, Tanja (2012): Gendered Web 2.0: Geschlechterverhältnisse und Feminismus in Zeiten von Wikis, Weblogs und Sozialen Netzwerken. In: Medien Journal 36, H. 2, S. 22–34

Carstensen, Tanja/Schachtner, Christina/Schelhowe, Heidi/Beer, Raphael (Hrsg.) (2013): Digitale Subjekte: Praktiken der Subjektivierung im Medienumbruch der Gegenwart. Bielefeld: transcript

Carstensen, Tanja/Winker, Gabriele (2012): Intersektionalität in der Internetforschung. Medien & Kommunikationswissenschaft 60, H. 1, S. 3–23

Casale, Rita/Villa, Paula-Irena (2011): Einleitung. In: Feministische Studien 2, S. 191–195

Castel, Robert (2000): Die Metamorphosen der sozialen Frage. Eine Chronik der Lohnarbeit. Konstanz: UVK

Castel, Robert/Dörre, Klaus (2009): Schlussbemerkung. In: Castel, Robert/Dörre, Klaus (Hrsg.): Prekarität, Abstieg, Ausgrenzung. Die soziale Frage am Beginn des 21. Jahrhunderts. Frankfurt/M., New York: Campus, S. 381–386

Castro Varela, María do Mar (2003): Vom Sinn des Herum-Irrens. Emanzipation und Dekonstruktion. In: Koppert, Claudia/Selders, Beate (Hrsg.): Hand aufs dekonstruierte Herz. Verständigungsversuche in Zeiten der politisch-theoretischen Selbstabschaffung von Frauen. Königstein/Taunus: Ulrike Helmer, S. 91–115

Castro Varela, María do Mar (2016): Postkolonialität. In: Mercheril, Paul (Hrsg.): Handbuch Migrationspädagogik. Weinheim: Beltz Juventa, S. 152–166

Castro Varela, María do Mar/Dhawan, Nikita (2005): Postkoloniale Theorie. Eine kritische Einführung. Bielefeld: transcript

Castro Varela, María do Mar/Dhawan, Nikita (2009): Queer mobil? Heteronormativität und Migrationsforschung. In: Lutz, Helma (Hrsg.): Gender Mobil? Geschlecht und Migration in transnationalen Räumen. Münster: Westfälisches Dampfboot, S. 102–121

Castro Varela, María do Mar/Dhawan, Nikita (2020): Postkoloniale Theorie. Eine kritische Einführung. Bielefeld: transcript (UTB)

Castro Varela, María do Mar/Dhawan, Nikita (Hrsg.) (2010): Soziale (Un)Gerechtigkeit. Kritische Perspektiven auf Diversity, Intersektionalität und Antidiskriminierung. Münster, Hamburg, London: LIT

Castro Varela, María do Mar/Dhawan, Nikita/Engel, Antke (2011): Hegemony and Heteronormativity. Revisiting ‚The Political' in Queer Politics (Queer Interventions). Aldershot: Ashgate

Castro Varela, María do Mar/Lottmann, Ralf (2020): Sexuelle und geschlechtliche Vielfalt – menschenrechtsorientierte Pflege im Alter? In: Dibelius, Oliver/Piechotta-Henze, Gudrun (Hrsg.): Menschenrechtsbasierte Pflege. Plädoyer für die Achtung und Anwendung von Menschenrechten in der Pflege. Göttingen: Hogrefe, S. 277–289

Castro Varela, María do Mar/Mecheril, Paul (Hrsg.) (2016): Die Dämonisierung der Anderen. Rassismuskritik der Gegenwart. Bielefeld: transcript

CEMR (Europäischer Rat der Gemeinden und Regionen Europas und seinen Partnern) (2006): Europäische Charta für die Gleichstellung von Frauen und Männern auf lokaler Ebene. Brüssel und Paris: Europäischer Rat der Gemeinden und Regionen Europas und seinen Partnern

Ceronetti, Guido (1990): Das Schweigen des Körpers. Frankfurt/M.: Suhrkamp

Cetin, Zülfukar (2020): Intersektionale Diskriminierungen von als muslimisch markierten schwulen Männern. bpb.de

Çetin, Zülfukar/Voß, Heinz-Jürgen (2016): Schwule Sichtbarkeit – schwule Identität. Kritische Perspektiven. Gießen: Psychosozial-Verlag

Chamakalayil, Lalitha/Riegel, Christine (2019): Intersektionale Perspektiven auf widerspenstige Taktiken in Verhältnissen sozialer Ungleichheit. Analyse einer Mutter-Tochter Konstellation. In: Diskurs Kindheits-und Jugendforschung, 14. Jg., H. 2, S. 168–188

Chesler, Phyllis (1977): Frauen, das verrückte Geschlecht. Hamburg. Rowohlt

Chodorow, Nancy (1978): The Reproduction of Mothering. München: Frauenoffensive

Chodorow, Nancy (1985): Das Erbe der Mütter. Psychoanalyse und Soziologie der Geschlechter. München: Frauenoffensive

Christie, Alastair (2006): Negotiating the Uncomfortable Intersections between Gender and Professional Identities in Social Work. In: Critical Social Policy 26, S. 390–411

Ciby, Mariam/Raya, Rampalli P. (2015): Workplace bullying. A review of the defining features, measurement methods and prevalence across continents. In: IIM Kozhikode Society & Management Review 4, H. 1, S. 38–47. doi: 10.1177/2277975215587814

Cierpka, Manfred (Hrsg.) (2005): Möglichkeiten der Gewaltprävention. Göttingen: Vandenhoeck und Rupprecht

Clanton, Gordon: (2007): Jealousy and envy. In: Stets, Jan E./Turner, Jonathan (Hrsg.): Handbook of the Sociology of Emotions. New York,: Springer, S. 410–442

Clark, Rosemary (2016): 'Hope in a Hashtag': The Discursive Activism of #WhyIStayed. In: Feminist Media Studies 16, H. 5, S. 788–804

Claus, Robert (2014): Maskulismus. Antifeminismus zwischen vermeintlicher Salonfähigkeit und unverhohlenem Frauenhass. Herausgegeben von der Friedrich-Ebert-Stiftung. Berlin: Friedrich-Ebert-Stiftung. library.fes.de/pdf-files/dialog/10861.pdf (Abfrage: 26.02.2021)

Coates, Jennifer (1993): Women, Men and Language. A Sociolinguistic Account of Gender Differences in Language. London, New York: Longman

Cohen, Albert K. (1955): Kriminelle Jugend. Zur Soziologie jugendlichen Bandenwesens. Reinbek: Rowohlt

Cohen, Jean/Arato, Andrew (1992): Civil Society and Political Theory. Cambridge/MA: Cambridge UP

Collins, Patricia Hill (1990): Black Feminist Thought: Knowledge, Consciousness, and the Politics of Empowerment. Boston, MA: Unwin Hyman

Combahee River Collective (1977): The Combahee River Collective Statement, see www.blackpast.org/african-american-history/combahee-river-collective-statement-1977/ (Abfrage: 7.10.2021)

Combahee River Collective (1981): A Black Feminist Statement. In: Moraga, Cherrié/Anzaldúa, Gloria (Hrsg.): This Brigde called My Back: Writings by Radical Women of Color. New York: Kitchen Table, Women of Color Press, S. 210–218

Combahee River Collective (1982): A Black Feminist Statement. In: Hull, Gloria T./Scott, Patricia Bell/Smith, Barbara (eds): But Some of Us Are Brave. Black Women's Studies. Old Westbury: The Feminist Press, S. 13–22

Compagna, Diego/ Hammerschmidt, Peter/ Stecklina, Gerd (Hrsg.) (2022): In welcher Welt leben wir? Zeitdiagnosen und Soziale Arbeit. Weinheim: Beltz Juventa

Connell, Raewyn W. (1987): Gender and Power. Society, the Person and Sexual Politics. Stanford: Stanford University Press

Connell, Raewyn W. (1995): Masculinities. Berkeley und Los Angeles: University of California Press

Connell, Raewyn.W. (2015): Der gemachte Mann. Konstruktion und Krise von Männlichkeiten. 4. Auflage. Wiesbaden: Springer VS

Connell, Raewyn W./Messerschmidt, James W. (2005): Hegemonic Masculinity: rethinking the Concept. In: Gender & Society 19, S. 829–859

Connell, Robert W. (1993): The Big Picture: Masculinities in Recent World History. In: Theory and Society, 22, S. 597–623

Connell, Robert W. (1999): Der gemachte Mann. Konstruktion und Krise von Männlichkeiten. Opladen: Leske + Budrich

Connell, Robert W. (2000): The Men and the Boys. Cambridge: Polity Press

Connell, Robert W. (2002): Gender. Cambridge: Polity

Connell, Robert W./Wood, Julian (2005): Globalization and Business Masculinities. In: Men and Masculinities, 7, S. 347–364

Conradi, Elisabeth (2002): Take Care. Grundlagen einer Ethik der Achtsamkeit. Frankfurt/M.: Campus

Conradi, Elisabeth/Frans Vosman (Hrsg. 2016): Praxis der Achtsamkeit. Schlüsselbegriffe der Care-Ethik. Frankfurt/M., New York: Campus

Coole, Diana/Frost, Samantha (2010): New Materialisms. Ontology, Agency, and Politics. Durham, London: Duke University Press

Cooper, Melinda (2008): Life as surplus. Biotechnology and capitalism in the neoliberal era. Seattle: University of Washington Press

Corea, Geena (1986): MutterMaschine. Reproduktionstechnologien – von der künstlichen Befruchtung zur künstlichen Gebärmutter. Berlin: Fischer

Corell, Lena/Lepperhoff, Julia (2019): Teilhabe durch frühe Bildung. Strategien in Familienbildung und Kindertageseinrichtungen. Weinheim, Basel: Beltz Juventa

Cornelißen, Waltraud (Hrsg.) (2005): Gender-Datenreport – 1. Datenreport zur Gleichstellung von Frauen und Männern in der Bundesrepublik Deutschland. Erstellt durch das Deutsche Jugendinstitut e. V. in Zusammenarbeit mit dem Statistischen Bundesamt unter der Leitung von Waltraud Cornelißen. Berlin: Bundesministeriums für Familie, Senioren, Frauen und Jugend

Cornell, Drucilla (1993a): Transformations. London: Routledge
Cornell, Drucilla (1993b): Gender, Sex and Equivalent Rights. In: Butler, Scott (Hrsg.): Feminist theorize the political. London: Routledge, S. 280 – 296
Cornwell, Benjamin/Schumm, Philip/Laumann, Edward O./Graber, Jessica (2009): Social networks in the NSHAP study: rationale, measurement, and preliminary findings. In: Journal of Gerontology, Series B: Social Sciences, H. 64 B (S1), S. 47–55
Correll, Lena (2010): Anrufungen zur Mutterschaft. Eine wissenssoziologische Untersuchung von Kinderlosigkeit. Münster: Westfälisches Dampfboot
Coser, Lewis (1972): Der soziale Konflikt. München: Juventa
Coulthard, Melissa/Walker, Alison/Morgan, Antony (2002): People's perception of their neighbourhood and community involvement. Results from the Social Capital Module of the General Household Survey 2000. London: The Stationery Office
Cousin, Glynis/Fine, Robert (2012): A common cause. Reconnecting the study of racism and antisemitism. In: European Societies 14 (2), S. 166–85
Crain, Fitzgerald (2005): Fürsorglichkeit und Konfrontation. Psychoanalytisches Lehrbuch zur Arbeit mit sozial auffälligen Kindern und Jugendlichen. Gießen: Psychosozial-Verlag
Cremer, Christa/Bader, Christiane/Dudek, Anne (Hrsg.) (1992): Frauen in Sozialer Arbeit. Zur Theorie und Praxis feministischer Bildungs- und Sozialarbeit. Weinheim, München: Juventa
Cremers, Michael/Busche Mart (2016): Von der antisexistischen Jungenarbeit zu einer heteronormativitätskritischen und queeren Jungen_arbeit. In: Doneit, Madeline/Lösch, Bettina/Rodrian-Pfennig, Margit (Hrsg.): Geschlecht ist politisch. Geschlechterreflexive Perspektiven in der politischen Bildung. Opladen, Berlin, Toronto: Barbara Budrich
Cremers, Michael/Krabel, Jens/Calmbach, Marc (2010): Männliche Fachkräfte in Kindertagesstätten. Eine Studie zur Situation von Männern in Kindertagesstätten und in der Ausbildung zum Erzieher. Berlin: Bundesministerium für Familie, Senioren, Frauen und Jugend
Crenshaw, Kimberlé (1989a): Demarginalizing the intersection of race and sex: a black feminist critique of antidiscrimination doctrine, feminist theory and antiracist politics. In: University of Chicago Legal Forum, S. 139–167
Crenshaw, Kimberlé (1989b): Demarginalizing the Intersection of Race and Sex: A Black Feminist Critique of Antidiscrimination Doctrine, Feminist Theory, and Antiracist Politics. In: Phillips, Anne (Hrsg.): Feminism and Politics. Oxford, New York: The new press, S. 314–343
Crenshaw, Kimberlé (1991): Mapping the Margins: Intersectionality, Identity Politics, and Violence against Women of Color. In: Stanford Law Review, 43, H. 6, S. 1241–1299
Crenshaw, Kimberlé (1994): Mapping the Margins: Intersectionality, Identity Politics and Violence Against Women of Color. In: Albertson Fineman, Martha/Mykitiuk, Rixanne (Hrsg.): The Public Nature of Private Violence. New York: The new press, S. 93–118
Crenshaw, Kimberlé (2010): Die Intersektion von „Rasse" und Geschlecht demarginalisieren: Eine Schwarze feministische Kritik am Antidiskriminierungsrecht, der feministischen Theorie und der antirassistischen Politik. In: Lutz, Helma/Herrera Vivar, Maria Teresa/Supik, Linda (Hrsg.): Fokus Intersektionalität. Bewegungen und Verortungen eines vielschichtigen Konzepts. Wiesbaden: VS, S. 33–54
Cross, Katherine Angel (2014): Ethics for Cyborgs: On Real Harassment in an „Unreal" Place. In: The Journal of the Canadian Game Studies Association 8, H. 13, S. 4–21
Crouch, Colin (2004): Post-Democracy. Cambridge: Polity Press
Cyba, Eva (2000): Geschlecht und soziale Ungleichheit. Konstellationen der Frauenbenachteiligung. Opladen: Leske + Budrich
Cyba, Eva (2010): Patriarchat: Wandel und Aktualität. In: Becker, Ruth/Kortendiek, Beate (Hrsg.): Handbuch Frauen- und Geschlechterforschung. Theorie, Methoden, Empirie. 2. Auflage. Wiesbaden: Springer VS, S. 17–22
Cyprian, Gudrun (2007): Väterforschung im deutschsprachigen Raum. Ein Überblick über Methoden, Ergebnisse und offene Fragen. In: Mühling, Tanja/Rost, Harald (Hrsg.): Väter im Blickpunkt. Perspektiven der Familienforschung. Opladen: Barbara Budrich, S. 23–48

Czollek, Leah Carola (2018): Gender in der Beratung als Handlungsfeld der Sozialen Arbeit. In: Höblich, Davina/Schulze, Heidrun/Mayer, Marion (Hrsg.): Macht – Diversität – Ethik in der Beratung: wie Beratung Gesellschaft macht. Berlin: Barbara Budrich, S. 126–137

Czollek, Leah Carola/Perko, Gudrun/Kaszner, Corinne/Czollek, Max (2019): Praxishandbuch Social Justice und Diversity. Theorien, Training, Methoden, Übungen. Weinheim, Basel: Beltz Juventa

Czollek, Leah Carola/Perko, Gudrun/Weinbach Heike (2009): Lehrbuch Gender und Queer. Grundlagen, Methoden und Praxisfelder (Studienmodule Soziale Arbeit). Weinheim, München: Juventa

Czollek, Leah Carola/Perko, Gudrun/Weinbach, Heike (2012): Praxishandbuch Social Justice und Diversity. Theorien, Training, Methoden, Übungen. Weinheim, Basel: Beltz Juventa

Czollek, Max (2020): Gegenwartsbewältigung. München: Carl Hanser Verlag

Dackweiler, Regina-Maria (2020): Feministische Armutsforschung als Gesellschaftsanalyse und Kapitalismuskritik. In: Dackweiler, Regina-Maria/Rau, Alexandra/Schäfer, Reinhild (Hrsg.): Frauen und Armut – feministische Perspektiven. Opladen, Berlin, Toronto: Barbara Budrich

Dackweiler, Regina-Maria/Rau, Alexandra/Schäfer, Reinhild (2020): Frauen und Armut. Feministische Perspektiven. Opladen, Berlin, Toronto: Barbara Budrich

Dahl, Kirsten (1988): Fantasies of gender. In: Psychoanalytic Study of the Child, 43, S. 351–365

Dahrendorf, Ralf (1964): Homo sociologicus. Ein Versuch zur Geschichte, Bedeutung und Kritik der Kategorie der sozialen Rolle. Köln, Opladen: Westdeutscher Verlag

Daigler, Claudia (2008): Biografie und sozialpädagogische Profession: eine Studie zur Entwicklung beruflicher Selbstverständnisse am Beispiel der Arbeit mit Mädchen und jungen Frauen. Weinheim, München: Juventa

Daigler, Claudia (2018): Profil und Professionalität der Jugendhilfeplanung. Wiesbaden: Springer VS

Daigler, Claudia (2020): Jugendhilfeplanung [online]. In: socialnet Lexikon. Bonn: www.socialnet.de/lexikon/Jugendhilfeplanung (Abfrage: 9.3.2021)

Daigler, Claudia/Miller, Steffen/Rukavina-Gruner, Christof (2018): Man muss Brücken bauen um Neues zu ermöglichen. Im Gespräch zu Jugendhilfeplanung und Stadtentwicklung. In Daigler, Claudia (Hrsg.): Profil und Professionalität der Jugendhilfeplanung. Wiesbaden: Springer VS, S. 179–188

Daigler, Claudia/Zipperle, Mirjana/Lacic, I./Wierling, M. (2015): Weiterentwicklung der HzE-Gruppenangebote im Landkreis XY. Erhebung der Adressat_innenperpektive an den Modellstandorten Stuttgart und Tübingen

DAK (2013): Gesundheitsreport. Schwerpunktthema: Psychische Erkrankungen. Berlin

DAK (2020): Gesundheitsreport. Stress in der modernen Arbeitswelt. Hamburg

Dalia Research (2016): Counting the lgbt population Studie zur LGBT Bevölkerung Europas. wptest.daliaresearch.com/counting-the-lgbt-population-6-of-europeans-identify-as-lgbt/ (Abfrage: 21.10.2021)

Daly, Mary (2015): Prevailing policy and provision. Analytical framework und future work. In: Daly, Mary/Bray, Rachel/Bruckauf, Zlata/Byrne, Jasmina/Margaria, Alice/Pecnik, Ninoslava/Samms-Vaughan, Maureen (Hrsg.): Family and parenting support policy and provision in a global context. New York: United Nations Children's Fund, S. 8–39

Daly, Mary/Ferragina, Emanuele (2017): Family policy in high-income countries: Five decades of development. In: Journal of European Social Policy, Jg. 28, H. 3, S. 255–270

Daly, Mary/Lewis, Jane (2000): The concept of social care and the analysis of contemporary welfare states. British Journal of Sociology, Jg. 51, H. 2, S. 281–298

Dammayr, Maria (2019): Legitime Leistungspolitiken? Leistung, Gerechtigkeit und Kritik in der Altenpflege. Weinheim, Basel: Beltz Juventa

Dangendorf, Sarah/Hucker, Tobias/Sander, Tobias (2017): Akademisierung und Geschlechtersegregation in der Altenpflege. In: Pflege & Gesellschaft, 22 (2), S. 165–178

Dannenbeck, Clemens (2017): Sind alle da? Inklusionstheater und Wirklichkeit. In: Spatschek, Christian/Thiessen, Barbara (Hrsg.) (2017): Inklusion und Soziale Arbeit. Teilhabe und Vielfalt als gesellschaftliche Gestaltungsfelder. Band 14. Opladen, Berlin, Toronto: Barbara Budrich, S. 215–228

Dastin, Jeffrey (2018): Amazon scraps secret AI recruiting tool that showed bias against women. Reuters. www.heise.de/newsticker/meldung/Amazon-KI-zur-Bewerbungspruefung-benachteiligte-Frauen-4189356.html

Datta, Neill (2018): Restoring the Natural Order. The religious extremists' vision to mobilize European societies against human rights on sexuality and reproduction. Brussels: European Parliamentary Forum for Sexual and Reproductive Rights

Dausien, Bettina (1996): Biographie und Geschlecht. Bremen: Donat

Dausien, Bettina (2000): Biographie als rekonstruktiver Zugang zu Geschlecht – Perspektiven der Biographieforschung. In: Lemmermöhle, Doris/Fischer, Dietlind/Klika, Dorle/Schlüter, Anne (Hrsg.): Lesearten des Geschlechts: zur De-Konstruktionsdebatte in der erziehungswissenschaftlichen Geschlechterforschung. Opladen: Leske + Budrich, S. 96–115

Dausien, Bettina (2005): Biografieorientierung in der Sozialen Arbeit. In: Sozial Extra 29, H. 11, S. 6–11

Davis, Angela Y. (1981): Women, Race and Class. New York: Random House

Davis, Angela Y. (1983): Women, Race, und Class. London: Vintage

Davis, Kathy (2008): Intersectionality in Transatlantic Perspective. In: Klinger, Cornelia/Knapp Gudrun-Axeli (Hrsg.): ÜberKreuzungen. Fremdheit, Ungleichheit, Differenz. Münster: Westfälisches Dampfboot, S. 19–35

Davis, Kathy (2010): Intersektionalität als „Buzzword": Eine wissenschaftssoziologische Perspektive auf die Frage: „Was macht feministische Theorie erfolgreich?" In: Lutz, Helma/Herrera Vivar, Maria Teresa/Supik, Linda (Hrsg.): Fokus Intersektionalität. Bewegungen und Verortungen eines vielschichtigen Konzepts. Wiesbaden: VS, S. 55–68

de Andrade, Marilena/Gahleitner, Silke Birgitte (2020): Kinder, die von Partnerschaftsgewalt mitbetroffen sind. In: Büttner, Melanie (Hrsg.): Handbuch Häusliche Gewalt. Stuttgart: Schattauer, S. 91–98

De Beauvoir, Simone (1972): Das Alter. Reinbek: Rowohlt

de Sotelo, Elisabeth (Hrsg.) (2000): Frauenweiterbildung. Innovative Bildungstheorien und kritische Anwendungen. Weinheim: Deutscher Studienverlag

Debus, Katharina (2012a): Dramatisierung, Entdramatisierung und Nicht-Dramatisierung in der geschlechterreflektierten Bildung. In: Dissens e.V/Debus, Katharina/Könnecke, Bernard/Schwerma, Klaus/Stuve, Olaf (Hrsg.): Geschlechterreflektierte Arbeit mit Jungen an der Schule. Texte zu Pädagogik und Fortbildung rund um Jungen, Geschlecht und Bildung. Berlin: Hinkelstein Druck, S. 149–158

Debus, Katharina (2012b): Und die Mädchen? Modernisierungen von Weiblichkeitsanforderungen. In: Dissens e. V. (Hrsg.): Geschlechterreflektierte Arbeit mit Jungen an der Schule. Texte zu Pädagogik und Fortbildung rund um Jungen, Geschlecht und Bildung. Berlin: Dissens e. V., S. 103–124

Debus, Katharina (2017): Dramatisierung, Entdramatisierung und Nicht-Dramatisierung von Geschlecht und sexueller Orientierung in der geschlechterreflektierenden Bildung. Oder: (Wie) Kann ich geschlechterreflektiert arbeiten, ohne Stereotype zu verstärken? In: Glockentöger, Ilka/Adelt, Eva (Hrsg.): Gendersensible Bildung und Erziehung in der Schule. Grundlagen – Handlungsfelder – Praxis. (Beiträge zur Schulentwicklung). Münster, New York: Waxmann, S. 25–41

Debus, Katharina/Könnecke, Bernard/Schwerma, Klaus/Stuve, Olaf/Dissens e.V (Hrsg.) (2012): Geschlechterreflektierte Arbeit mit Jungen an der Schule. Texte zu Pädagogik und Fortbildung rund um Jungen, Geschlecht und Bildung. Berlin: Hinkelstein Druck

Debus, Katharina/Laumann, Vivien (2014): Rechtsextremismus, Prävention und Geschlecht. Vielfalt_Macht_Pädagogik. Arbeitspapier Nr. 302. Düsseldorf: Hans Böckler Stiftung www.boeckler.de/pdf/p_arbp_302.pdf (Abfrage: 06.03.2021).

Debus, Katharina/Laumann, Vivien (2019): Glossar zu Begriffen geschlechtlicher, amouröser und sexueller Vielfalt. In: Dissens – Institut für Bildung und Forschung e. V. (Hrsg.): Pädagogik geschlechtlicher, amouröser und sexueller Vielfalt. Berlin: Dissens – Institut für Bildung und Forschung e. V., S. 156–165

Debus, Katharina/Stuve, Olaf (2016): „Wir Jungs unter uns oder so…" – Stolpersteine und Potenziale im Verhältnis von Jungenarbeit, Männlichkeit und Arbeitsbedingungen. In: Stecklina, Gerd/Wienforth, Jan (Hrsg.): Impulse für die Jungenarbeit. Denkanstöße und Praxisbeispiele. Weinheim, Basel: Beltz Juventa, S. 122–140

Decker, Oliver/Brähler, Elmar (Hrsg.) (2018): Flucht ins Autoritäre: Rechtsextreme Dynamiken in der Mitte der Gesellschaft. Gießen: Psychosozial-Verlag

Decker, Oliver/Weißmann, Marliese/Kiess, Johannes/Brähler, Elmar (2010): Die Mitte in der Krise. Rechtsextreme Einstellungen in Deutschland. Studie im Auftrag der Friedrich-Ebert-Stiftung. Berlin: Forum Berlin

Deegener, Günther (2005): Formen und Häufigkeiten der Kindesmisshandlung. In: Deegener, Günther/Körner, Wilhelm (Hrsg): Kindesmisshandlung und Vernachlässigung. Ein Handbuch. Göttingen: Hogrefe, S. 37–58

Degele, Nina (2019): Intersektionalität: Perspektiven der Geschlechterforschung. In: Kortendiek, Beate/Riegraf, Birgit/Sabisch Katja (Hrsg.): Handbuch Frauen- und Geschlechterforschung. Wiesbaden: VS, S. 341–348

Degele, Nina/Winker, Gabriele (2011): Intersektionalität als Beitrag zu einer gesellschaftstheoretisch informierten Ungleichheitsforschung. In: Berliner Journal für Soziologie 21, H. 1, S. 69–90

Degener, Theresia (2015): Die UN-Behindertenrechtskonvention – ein neues Verständnis von Behinderung. In: Degener, Theresia/Diehl, Elke (Hrsg.): Handbuch Behindertenrechtskonvention. Teilhabe als Menschenrecht – Inklusion als gesellschaftliche Aufgabe. Bonn: Bundeszentrale für politische Bildung, S. 55–74

Degener, Theresia/Mogge-Grotjahn, Hildegard (2012): „All inclusive"? Annäherungen an ein interdisziplinäres Verständnis von Inklusion. In: Balz, Hans-Jürgen/Benz, Benjamin/Kuhlmann, Karola (Hrsg.): Soziale Inklusion. Grundlagen, Strategien und Projekte in der Sozialen Arbeit. Wiesbaden: VS, S. 59–77

Dell' Anna, Sandro (2013): „Gelingen – Misslingen – Alte Geschichten – Neue Versuche?" Jungenarbeit in der offenen Kinder- und Jugendarbeit. Wiesbaden: Springer VS

deMause, Lloyd (1977): Hört ihr die Kinder weinen. Eine psychogenetische Geschichte der Kindheit. Frankfurt/M.: Suhrkamp

Denn, Anne-Katrin (2021): Interaktionen von Lehrpersonen mit Mädchen und Jungen im Mathematikunterricht der Grundschule. Geschlechtsspezifische Unterschiede und Zusammenhänge mit der Selbstkonzeptentwicklung. Wiesbaden: Springer VS

Denninger, Tina/Schütze, Lea (Hrsg.) (2017): Alter(n) und Geschlecht. Neuverhandlungen eines sozialen Zusammenhangs. Münster: Westfälisches Dampfboot

Derrida, Jacques (1976): Die Schrift und die Differenz. Frankfurt/M.: Suhrkamp

Destatis (Statistisches Bundesamt) (2019): Kinderlosigkeit, Geburten und Familien. Ergebnisse des Mikrozensus 2018. Wiesbaden: Statistisches Bundesamt

Destatis (Statistisches Bundesamt) (2020a): Gefährdungseinschätzungen nach § 8a Absatz 1 SGB VIII – 2019. Kinder- und Jugendhilfestatistiken. Detaillierte Angaben zu Gefährdungseinschätzungen nach § 8a Absatz 1 SGB VIII, Ergebnisse zu Gefährdungseinschätzungen. Bundes- und Länderergebnisse. Wiesbaden: Statistisches Bundesamt (Destatis)

Destatis (Statistisches Bundesamt) (2020b): Bevölkerung und Erwerbstätigkeit. Haushalte und Familien. Wiesbaden. www.destatis.de

Destatis (Statistisches Bundesamt) (2021): Personen in Elternzeit. Wie hoch ist der Anteil von Müttern und Vätern in Elternzeit? www.destatis.de/DE/Themen/Arbeit/Arbeitsmarkt/Qualitaet-Arbeit/Dimension-3/elternzeit.html (Abfrage: 21. Juli 2021)

Dettmers, Stephan/Bischkopf, Jeannette (2019): Handbuch gesundheitsbezogene Soziale Arbeit. München: Ernst Reinhardt

Deutsche Arbeitsgemeinschaft Selbsthilfegruppen e. V. (DAG SHG e. V.) (2005): Geschlechterperspektive in der Selbsthilfe. Gießen: Deutsche Arbeitsgemeinschaft Selbsthilfegruppen e. V.

Deutsche UNESCO-Kommission e. V. (2014): Inklusion: Leitlinien für die Bildungspolitik. www.unesco.de/sites/default/files/2018-05/2014_Leitlinien_inklusive_Bildung.pdf (Abfrage: 25.10.2021)

Deutscher Berufsverband für Soziale Arbeit e. V. (DBSH): Berufsethik des DBSH. Ethik und Werte.www.dbsh.de/profession/berufsethik/berufsethik-des-dbsh.html (Abfrage: 18.12.2020)

Deutscher Bundestag (2006): Gesetzentwurf der Bundesregierung. Entwurf eines Gesetzes zur Umsetzung europäischer Richtlinien zur Verwirklichung des Grundsatzes der Gleichbehandlung. Drucksache 16/1780

Deutscher Bundestag (2017): Zweiter Gleichstellungsbericht der Bundesregierung. In: Deutscher Bundestag, Drucksache 18/12840

Deutscher Bundestag (2018): Entwurf eines Gesetzes zur Änderung des Grundgesetzes – Grundrechte für alle. Drucksache 19/5860

Deutscher Bundestag (2021): Antrag der Abgeordneten Möhring, Cornelia und anderen und der Fraktion DIE LINKE: Femizide in Deutschland untersuchen, benennen und verhindern. Drucksache 19/23999

Deutscher Bundestag Wissenschaftliche Dienste (2018): Dokumentation. Genderprofessuren an Universitäten und Fachhochschulen in Deutschland

Deutscher Bundestag/Bundesministerium für Familie, Senioren, Frauen und Jugend (BFSFJ) (2015): Kombinierter siebter und achter Bericht der Bundesrepublik Deutschland zum Übereinkommen der Vereinten Nationen zur Beseitigung jeder Form von Diskriminierung der Frau (CEDAW). Berlin: BMFSFJ

Deutsches IVF-Register (2019): Jahrbuch 2018/Sonderheft 2019. Journal of Reproductive Medicine and Endocrinology 16 (6)

Dewe, Bernd/Otto, Hans-Uwe (2011): Professionalität. In: Otto, Hans-Uwe/Thiersch, Hans (Hrsg.): Handbuch Soziale Arbeit. 4. Auflage. München, Basel: Ernst Reinhardt, S. 1143–1153

DeZIM Research Notes (2020a): Samir Khalil, Almuth Lietz und Sabrina J. Mayer: Systemrelevant und prekär beschäftigt: Wie Migrant*innen unser Gemeinwesen aufrechterhalten. DRN 3/20. Berlin

DeZIM Research Notes (2020b): Vogel, Lars/Zajak, Sabine: Teilhabe ohne Teilnahme? Wie Ostdeutsche und Menschen mit Migrationshintergrund in der bundesdeutschen Elite vertreten sind. DRN 4/20. Berlin

DGB (DGB-Bundesvorstand, Abteilung Frauen, Gleichstellungs- und Familienpolitik) (2019): Die Arbeit mit Menschen. Was ist sie uns wert? Untersuchung aus einer gleichstellungspolitischen Perspektive. Berlin: DGB-Bundesvorstand

DGKCH (Deutsche Gesellschaft für Kinderchirurgie) (2017): S2k Leitlinie „Phimose und Paraphimose". Nürnberg: AWMF online

DGVN (Deutsche Gesellschaft für die Vereinten Nationen e. V.) (1993): Gleiche Menschenrechte für alle. Dokumente zur Menschenrechtsweltkonferenz. Wien: Deutsche Gesellschaft für die Vereinten Nationen e. V.

Dhawan, Nikita (2015): Homonationalismus und Staatsphobie: Queering Dekolonialisierungspolitiken, Queer-Politiken dekolonisieren. In: Femina Politica 24, H. 1, S. 38–51

Diabaté, Sabine (2021): Einstellungen zur Rollenteilung zwischen Frau und Mann. In: Statistisches Bundesamt: Datenreport 2021. Bonn: Bundeszentrale für politische Bildung, S. 424–429

Diamond, Darla/Pflaster, Petra/Schmid, Lea (Hrsg.) (2017): Lookismus: normierte Körper – diskriminierende Mechanismen – Self-Empowerment. Münster: Unrast

Diehl, Sarah (2014): Die Uhr, die nicht tickt. Kinderlos glücklich. Zürich: Arche

Dietl, Markus (2015): Mobbing im Heim. Gewaltfreie Lösungswege. Wiesbaden: Springer VS

Dietrich, Klaus/Felberbaum, Ricardo/Griesinger, Georg/Hepp, Hermann/Kreß, Hartmut/Riedel, Ulrike (2008): Reproduktionsmedizin im internationalen Vergleich. Wissenschaftlicher Sachstand, medizinische Versorgung und gesetzlicher Regelungsbedarf. Gutachten im Auftrag der Friedrich Ebert Stiftung. Berlin: FES

Dietze, Gabriele (2003): Allegorien der Heterosexualität. Intersexualität und Zweigeschlechtlichkeit – eine Herausforderung an die Kategorie Gender? In: Die Philosophin 14, H. 28, S. 9–35. dx.doi.org/10.25595/883 (Abfrage: 12.01.2021)

Dietze, Gabriele (2016a): Das ‚Ereignis Köln'. In: Femina Politica 25, H. 1, S. 93–102

Dietze, Gabriele (2016b): Ethnosexismus Sex-Mob-Narrative um die Kölner Sylvesternacht. In: movements. Journal for Critical Migration and Border Regime Studies, Jg. 2, H. 1. www.movements-journal.org

Dietze, Gabriele/Roth, Julia (2020): Right-Wing Populism and Gender. European Perspectives and Beyond. Bielefeld: transcript

Diezinger, Angelika (2010): Arbeit im weiblichen Lebenszusammenhang: Geschlechtshierarchische Arbeitsteilung als Ursache der Geschlechterungleichheit. In: Bührmann, Andrea/Diezinger, Angelika/Metz-Göckel, Sigrid (Hrsg.): Arbeit, Sozialisation, Sexualität. Wiesbaden: Springer VS, S. 15–102

Dingeldey, Irene (2015): Institutionelle Dualisierung und Geschlecht. In: Dingeldey, Irene/Holtrup, André/Warsewa, Günter (Hrsg.): Wandel der Governance der Erwerbsarbeit. Wiesbaden: Springer VS, S. 101–129

Dissens e. V. (1996): Beiträge zur Patriarchatskritik 1990–1996. Bausteine aus Theorie und Praxis des Männerkollektivs Dissens. Berlin: Eigendruck

Dissens e. V./Debus, Katharina/Könnecke, Bernard/Schwerma, Klaus/Stuve, Olaf (Hrsg.) (2012): Geschlechterreflektierte Arbeit mit Jungen an der Schule. Texte zu Pädagogik und Fortbildung rund um Jungen, Geschlecht und Bildung. Berlin: Hinkelstein Druck

DJI (Deutsches Jugendinstitut) (2018): Jung und queer. Über die Lebenssituation von Jugendlichen, die lesbisch, schwul, bisexuell, trans* oder queer. DJI-Impulse. Das Forschungsmagazin, H. 2

Doff, Sabine (2004): Weiblichkeit und Bildung: Ideengeschichtliche Grundlage für die Etablierung des höheren Mädchenschulwesens in Deutschland. In: Rennhak, Katharina/Richter, Virginia (Hrsg.): Zwischen Revolution und Emanzipation. Geschlechterordnungen in Europa um 1800. Köln, Weimar, Wien: Böhlau, S. 67–81

Dohm, Hedwig (1902): Die Antifeministen. Paderborn: Salzwasser Verlag

Dohm, Hedwig (1903): Die Mütter. Beitrag zur Erziehungsfrage. Berlin: S. Fischer

Dollard, John/Doob, Leonard W./Miller, Neal E./Mowrer, Orval H./Sears, Robert R. (1939): Frustration and aggression. New Haven: Yale University Press

Dölling, Irene (2003): Ostdeutsche Geschlechterarrangements in Zeiten des Neoliberalismus. Potsdamer Studien zur Frauen- und Geschlechterforschung, 7, H. 1, S. 7–32

Dollinger, Bernd (2020): Sozialpädagogische Theoriegeschichten: eine narrative Analyse historischer und neuerer Theorien Sozialer Arbeit. Weinheim, Basel: Beltz Juventa

Domann, Sophie/Rusack, Tanja (2016): Wie sehen Jugendliche Gender und Sex in der öffentlichen Erziehung? Rekonstruktionen der Perspektiven von Adressat_innen der Kinder- und Jugendhilfe. In: Gender. Zeitschrift für Geschlecht, Kultur und Gesellschaft 8, H. 3, S. 81–97

Donaldson, Mike (1993): What Is Hegemonic Masculinity? In: Theory and Society 22, S. 643–657

Donath, Orna (2015): Regretting Motherhood: A Sociopolitical Analysis.In: Journal of Women in Culture and Society 40, H. 2, S. 343–367

Donovan, Catherine/Hester, Marianne (2015): Domestic Violence and Sexuality. What's Love got to do with it? Bristol: Policy Press

Doormann, Lottemi (Hrsg.) (1979): Keiner schiebt uns weg. Zwischenbilanz der Frauenbewegung in der Bundesrepublik. Weinheim, Basel: Beltz

Doorn, Niels van/Zoonen, Liesbet van (2008): Gender and the Internet. In: Chadwick, Andrew/Howard, Philip N. (Hrsg.): Routledge Handbook of Internet Politics. London: Taylor and Francis, S. 261–275

Dorer, Johanna (1997): Gendered Net: Ein Forschungsüberblick über den geschlechtsspezifischen Umgang mit neuen Kommunikationstechnologien. In: Rundfunk und Fernsehen 45, H. 1, S. 19–29

Dorer, Johanna (2017): WikiLeaks in der Medienberichterstattung. Hegemoniale, antifeministische und feministische Mediendiskurse. In: Drüeke, Ricarda/Kirchhoff, Susanne/Steinmaurer, Thomas/Thiele, Martina (Hrsg.): Zwischen Gegebenem und Möglichen. Kritische Perspektiven auf Medien und Kommunikation. Bielefeld: transcript, S. 265-274

Döring, Nicola (2011): Pornografie-Kompetenz: Definition und Förderung. In: Zeitschrift für Sexualforschung, H. 24, S. 228-255

Döring, Nicole/Mohseni, M. Rohangis (2020): Gendered Hate Speech in YouTube and YouNow Comments: Results of Two Content Analyses. In: Studies in Communication and Media 9, H. 1, S. 62-88

Dornheim, Jutta (2002): Normierungs- und Normalisierungspotentiale in feministischer Theorie und Queer Theory – kritische Impulse für die Pflege- und Gesundheitsforschung? In: Breitenbach, Eva/Bürmann, Ilse/Liebsch, Katharina/Mansfeld, Cornelia/Micus-Loos, Christiane (Hrsg.): Geschlechterforschung als Kritik. Bielefeld: Kleine, S. 65-98

Dörr, Bea/Siebert, Ulla (1996): Wer sich engagiert, verändert! Die Geschichte des Landesfrauenrates Baden-Württemberg. Tübingen: Medien Verlag Köhler

Dörr, Magret/Felden, Heide von/Klein, Regina/Macha, Hildegard/Marotzki, Winfried (Hrsg.) (2008): Erinnerung – Reflexion – Geschichte. Erinnerung aus psychoanalytischer und biographietheoretischer Perspektive. Wiesbaden: VS

Dörre, Klaus (2005): Prekarität – Eine arbeitspolitische Herausforderung. WSI Mitteilungen, 5, S. 250-258

Dörre, Klaus (2006): Prekäre Arbeit und soziale Desintegration. In: ApuZ, H. 40+41, S. 7-14

Dörre, Klaus (2007): Prekarisierung und Geschlecht: Ein Versuch über unsichere Beschäftigung und männliche Herrschaft in nachfordistischen Arbeitsgesellschaften. In: Aulenbacher, Brigitte/Funder, Maria/Jacobsen, Heike/Völker, Susanne (Hrsg.): Arbeit und Geschlecht im Umbruch der modernen Gesellschaft. Wiesbaden: VS, S. 285-302

Dörre, Klaus (2018): Prekarität im „Jobwunder-Land" – was ist neu? In: Dobischat, Rolf/Elias, Arne/Rosendahl, Anna (Hrsg.): Das Personal in der Weiterbildung. Im Spannungsfeld von Professionsanspruch und Beschäftigungsrealität. Wiesbaden: Springer VS, S. 97-118

Dörre, Klaus/Haubner, Tine (2012): Landnahme durch Bewährungsproben – Ein Konzept für die Arbeitssoziologie. In: Dörre, Klaus/Sauer, Dieter/Wittke, Volker (Hrsg.): Kapitalismustheorie und Arbeit. Neue Ansätze soziologischer Kritik. Frankfurt/M., New York: Campus, S. 69-106

Dörre, Klaus/Scherschel, Karin/Booth, Melanie (2013): Bewährungsproben für die Unterschicht? Soziale Folgen aktivierender Arbeitsmarktpolitik. Frankfurt/M., New York: Campus

Dorst, Brigitte (2001): Sozialmanagement aus der Frauenperspektive. Förderung von weiblichem Führungskräftenachwuchs. In: Schubert, Herbert (Hrsg.): Sozialmanagement. Wiesbaden: Springer, S. 67-79

Dräger, Tanja (2008): Gender Mainstreaming im Kindergarten. Stuttgart: ibidem

Drange, Nina/Rønning, Marte (2017): Child care center staff composition and early child development. In: Statistisk Sentralbyrå Discussion Papers, no. 870. www.ssb.no/en/forskning/discussion-papers/_attachment/332823?_ts=1604982ebc8 (Abfrage: 8.1.2017)

Dreher, Anna K. (2015): „Der Typ, der...". Der #aufschrei als vergeschlechtliche Gegenöffentlichkeit im Cyberspace. In: Lehmann, Sonja/Müller-Wienbergen, Karina/Thiel, Julia E. (Hrsg.): Neue Muster, alte Maschen? Interdisziplinäre Perspektiven auf die Verschränkungen von Geschlecht und Raum. Bielefeld: transcript, S. 341-362

Drilling, Matthias/Oehler, Patrick/Schnur, Olaf (2015): Über den emanzipatorisch-utopischen Gehalt von Sozialraumorientierung. Widersprüche. In: Zeitschrift für sozialistische Politik im Bildungs-, Gesundheits- und Sozialbereich 35, H. 135, S. 21-39

Drinck, Barbara (2005): Vatertheorien. Geschichte und Perspektive. Opladen: Barbara Budrich

Drogand-Strud, Michael/Wallner, Claudia (2012): Crosswork: warum der Ansatz so gehypt wird und was er für eine geschlechtergerechte Kinder- und Jugendhilfe tatsächlich leisten kann. In: Betrifft Mädchen, H. 3, S. 107-113

Drüeke, Ricarda (2019): Digitale Medien: affirmative Geschlechterordnungen und feministische Interventionen. In: Kortendiek, Beate/Riegraf, Birgit/Sabisch, Katja (Hrsg.): Handbuch Interdisziplinäre Geschlechterforschung. Wiesbaden: Springer VS, S. 1377-1384

Drüeke, Ricarda/Klaus Elisabeth (2019): Feministische Öffentlichkeiten: Formen von Aktivismus als politische Intervention. In: Kortendiek, Beate/Riegraf, Birgit/Sabisch, Katja (Hrsg.): Handbuch Interdisziplinäre Geschlechterforschung. Wiesbaden: Springer VS, S. 931–939

Drüeke, Ricarda/Peil, Corinna (2019): Haters gonna Hate. Antifeministische Artikulationen in digitalen Öffentlichkeiten. In: Näser-Lather, Marion/Oldemeier, Anna Lena/Beck, Dorothee (Hrsg.): Backlash?! Antifeminismus in Wissenschaft, Politik und Gesellschaft. Roßdorf: Ulrike Helmer, S. 191–212

Drüeke, Ricarda/Zobl, Elke (2016): Online feminist protest against sexism: The Germanlanguage hashtag #aufschrei. In: Feminist Media Studies 16, H. 1, S. 35–54

Drüge, Marie/Schleider, Karin/Fuchs, Maya-Lynn (2015): Mobbing und Supervision in der Sozialen Arbeit. In: Soziale Passagen 7, H. 2, S. 303–319. doi: 10.1007/s12592-015-0199-5

Duda, Sibylle/Pusch, Luise F. (Hrsg.) (1992): Wahnsinns Frauen 1. Frankfurt/M.: Suhrkamp

Duden, Barbara (1987): Geschichte unter der Haut. Ein Eisenacher Arzt und seine Patientinnen um 1730. Stuttgart: Klett-Cotta

Duden, Barbara (1991): Der Frauenleib als öffentlicher Ort. Vom Mißbrauch des Begriffs Leben. Hamburg: Luchterhand

Duden, Barbara (2007): Der Frauenleib als öffentlicher Ort. Vom Mißbrauch des Begriffs Leben. Mit einem Vorwort zur Neuauflage. Frankfurt/M.: Mabuse

Dunbar, Robin I. M./Spoors, Matt (1995): Social networks, support cliques, and kinship. In: Human Nature 6, H. 3, S. 273–290

Dunde, Siegfried Rudolf (1986): Neue Väterlichkeit. Von Möglichkeiten und Unmöglichkeiten des Mannes. Gütersloh: Gütersloher Verlagshaus

Durkheim, Émile (1897/1973): Der Selbstmord. Neuwied/Berlin: Luchterhand

Durkheim, Emile (1977): Über soziale Arbeitsteilung. Studie über die Organisation höherer Gesellschaften. Frankfurt/M.: Suhrkamp

Durkheim, Emile (1983): Über soziale Arbeitsteilung. Frankfurt/M.: Suhrkamp

DV (Deutscher Verein für öffentliche und private Fürsorge e. V.) (Hrsg.) (2020): Soziale Arbeit und Rechtsextremismus. Zeitschrift Archiv fur Wissenschaft und Praxis der Sozialen Arbeit, 51. Jg, H. 2

Dworkin, Andrea (1987): Pornographie: Männer beherrschen Frauen. Köln: Emma Frauenverlag

Dyke, Silke van (2019): Identitätspolitik gegen ihre Kritik gelesen. Für einen rebellischen Universalismus. In: APuZ (Aus Politik und Zeitgeschichte) 69, H. 09–11, S. 25–32

Dyson, George (2016): Turings Kathedrale: die Ursprünge des digitalen Zeitalters. Ungekürzte Ausgabe. Berlin: Ullstein

Ecarius, Jutta (1998): Was will die jüngere mit der älteren Generation? Generationenverhältnisse und Generationsbeziehungen in der Erziehungswissenschaft. Opladen: Springer VS

Ecarius, Jutta/Serry, Katja (2013): Familien und Kinder. Historischer Wandel von Erziehung und Bildung. In: Corell, Lena/Lepperhoff, Julia (Hrsg.): Frühe Bildung in der Familie. Perspektiven der Familienbildung. Weinheim, Basel: Beltz Juventa, S. 58–68

Eckart, Christel (1991): Selbständigkeit von Frauen im Wohlfahrtsstaat? Wider eine Sozialpolitik verleugneter Abhängigkeiten im Geschlechterverhältnis. In: Widersprüche, 39, S. 39–50

Eckert, Stine/Metzger-Rifkin (2020): Doxxing, Privacy and Gendered Harassment. The Shock and Normalization of Veillance Cultures. In: Medien & Kommunikationswissenschaft, 68, H. 3, S. 273–287

Eckes, Thomas (2010): Geschlechterstereotype: Von Rollen, Identitäten und Vorurteilen. In: Becker, Ruth/Kortendiek, Beate (Hrsg.): Handbuch Frauen- und Geschlechterforschung. Theorie, Methoden, Empirie. 3. Auflage. Wiesbaden: VS, S. 178–189

ECRI-Bericht über Deutschland (2020) (sechste Prüfungsrunde): ECRI länderspezifischer Ansatz: Bericht über Deutschland, Nr. 6. Straßburg: Europarat. institut-fuer-menschenrechte.de (Abfrage: 2.3.2021)

Eder, Ferdinand (2015): Zwischen Anspruch und Wirklichkeit. Die Lernkultur verschränkter Ganztagsschulen im Spannungsfeld zwischen sozialpolitischen, gesellschaftlichen und pädagogischen Erwartungen. In: Wetzel, Konstanze (Hrsg.): Öffentliche Erziehung im Strukturwandel – Umbrüche, Krisenzonen, Reformoptionen. Wiesbaden: Springer VS, S. 53–79

Edmondson, Amy (1999): Psychological Safety and Learning Behavior in Work Teams. In: Administrative Science Quarterly 44, H. 2, S. 350–383

Egert, Gerko/Hagen, Herdis/Powalla, Oliver/Trinkaus, Stephan (2010): Praktiken der Nichtmännlichkeit – Prekär-Werden Männlicher Herrschaft im ländlichen Brandenburg. In: Manske, Alexandra/Pühl, Katharina (Hrsg.): Prekarisierung zwischen Anomie und Normalisierung? Geschlechtertheoretische Bestimmungsversuche. Reihe Forum Frauen- und Geschlechterforschung. Münster: Westfälisches Dampfboot, S. 186–209

Eggeling, Tatjana (2010): Homosexualität und Fußball – ein Widerspruch? In: Aus Politik und Zeitgeschichte (APuZ), H. 15–16, S. 20–26

Eggemann, Maike/Hering, Sabine (1999): Wegbereiterinnen der modernen Sozialarbeit. Texte und Biografien zur Entwicklung der Wohlfahrtspflege. Weinheim, München: Juventa

Eggers, Maisha-Maureen/Kilomba, Grada/Piesche, Peggy/Arndt, Susan (2005): Mythen, Masken und Subjekte. Kritische Weissseinsforschung in Deutschland. Münster: Unrast

Eggers, Thurd/Grages, Christopher/Pfau-Effinger, Birgit (2019): Self-responsibility of the ‚active social citizen': Different policy concepts about ‚active citizenship' in different types of welfare states. In: American Behavioral Scientist, 63, H. 1, S. 43–64

Eggers, Thurd/Grages, Christopher/Pfau-Effinger, Birgit/Och, Ralf (2020): Re-conceptualising the relationship between de-familialisation and familialisation and the implications for gender equality – the case of long-term care policies for older people. In: Ageing & Society, Jg. 40, H. 4, S. 869–895

Egle, Ulrich T./Hoffmann, Sven O./Joraschky, Peter (Hrsg.) (2015): Sexueller Missbrauch, Misshandlung, Vernachlässigung. Erkennung, Therapie und Prävention der Folgen früher Stresserfahrungen. 4. Auflage. Stuttgart: Schattauer

Ehlert, Gudrun (2012): Gender in der Sozialen Arbeit. Konzepte, Perspektiven, Basiswissen. Frankfurt/M.: Wochenschau-Verlag

Ehlert, Gudrun (2013): Profession und Geschlecht. Hierarchie und Differenz in der Sozialen Arbeit. In: Sabla, Kim-Patrick/Plößer, Melanie (Hrsg.): Gendertheorien und Theorien Sozialer Arbeit. Bezüge, Lücken, Herausforderungen. Opladen, Berlin, Toronto: Barbara Budrich, S. 117–130

Ehlert, Gudrun (2016): Kritik, Reflexion und Dekonstruktion. Der Einfluss der Frauen- und Geschlechterbewegungen auf die Soziale Arbeit. In: Soziale Passagen, H. 2, S. 217–233

Ehlert, Gudrun (2017): Diskriminierung aufgrund des Geschlechts der sexuellen Orientierung. In: Scherr, Albert/El-Mafaalani, Aladin/Gökçen, Yüksel (Hrsg.): Handbuch Diskriminierung. Wiesbaden: Springer VS, S. 499–509

Ehlert, Gudrun (2019): Professionalisierung [online]. socialnet Lexikon. Bonn: socialnet. www.socialnet.de/lexikon/Professionalisierung (Abfrage: 28.03.2021)

Ehlert, Gudrun (2020a): Das Verhältnis von Beruf und Geschlecht. In: sozialmagazin. Die Zeitschrift für Soziale Arbeit, 9–10, S. 32–37

Ehlert, Gudrun (2020b): Geschlecht: Weiblich. In: Stecklina, Gerd/Wienforth, Jan (Hrsg.): Handbuch Lebensbewältigung und Soziale Arbeit. Praxis, Theorie und Empirie. Beltz Juventa, S. 455–462

Ehlert, Gudrun (2020c): Professionalität und Geschlecht – Perspektiven der Geschlechterforschung und geschlechtertheoretische Überlegungen zum Professionalisierungsdiskurs in der Sozialen Arbeit. In: Lotte Rose/Elke Schimpf (Hrsg.): Sozialarbeitswissenschaftliche Geschlechterforschung: Methodologische Fragen, Forschungsfelder und empirische Erträge. Opladen, Berlin, Toronto: Barbara Budrich, S. 23–38

Ehlert, Gudrun (2022): Gender in der Sozialen Arbeit. 2., völlig neu bearbeitete Auflage. Schwalbach/Taunus: Wochenschau-Verlag

Ehlert, Gudrun/Funk, Heide/Stecklina, Gerd (2011): Wörterbuch Soziale Arbeit und Geschlecht. Weinheim, München: Beltz Juventa

Ehlert, Gudrun/Gahleitner, Silke Birgitta/Köttig, Michaela/Sauer, Stefanie/Riemann, Gerhard/Schmitt, Rudolf/Völter, Bettina (Hrsg.) (2017): Forschen und Promovieren in der Sozialen Arbeit. Opladen, Berlin, Toronto: Barbara Budrich

Ehlert, Gudrun/Radvan, Heike/Schäuble, Barbara/Thiessen, Barbara (2020): Verunsicherungen und Herausforderungen. Strategien im Umgang mit Rechtsextremismus und Antifeminismus in Hochschule und Profession. In: Sozial Extra. Zeitschrift für Soziale Arbeit 2, S. 102–106

Ehmer, Josef (1990): Sozialgeschichte des Alters. Frankfurt/M.: Suhrkamp

Ehmer, Josef (2013): Bevölkerungsgeschichte und Historische Demographie 1800–2010. München: Oldenbourg

Ehrenspeck-Kolasa, Yvonne (2018): Philosophische Bildungsforschung. Bildungstheorie. In: Tippelt, Rudolf/Schmidt-Hertha, Bernhard (Hrsg.): Handbuch Bildungsforschung. Wiesbaden: Springer VS, S. 1–26

Ehrhard, Angelika/Jansen, Mechtild M. (2003): Gender Mainstreaming. Grundlagen, Prinzipien, Instrumente. Polis 36, Reihe der Hessischen Landeszentrale für politische Bildung

Eichler, Margrit/Fuchs, Judith/Maschewsky, Kris/Maschewsky-Schneider, Ulrike (2002): Zu mehr Gleichberechtigung zwischen den Geschlechtern: Erkennen und Vermeiden von Gender Bias in der Gesundheitsforschung. Deutsche Bearbeitung eines vom kanadischen Gesundheitsministerium herausgegebenen Handbuchs. Berlin: Berliner Zentrum für Public Health

EIGE (European Institute for Gender Equality) (2020): Index score for European Union. www.eige.europa.eu/gender-equality-index/2020 (Abfrage: 27.01.2021)

Eisenberg, Avigail/Spinner-Halev, Jeff (Hrsg.) (2005): Minorities within Minorities. Equality, Rights and Diversity. Cambridge: Cambridge University

Eisingerich, Astrid (2012): Der Tod als Rückkehr zu Gott, der Quelle allen Lebens. Sterben, Tod und Trauer im Islam. In: Heller, Birgit (Hrsg.): Wie Religionen mit dem Tod umgehen. Grundlagen für die interkulturelle Sterbebegleitung. Freiburg/Breisgau: Lambertus, S. 139–168

Eismann, Sonja (Hrsg.) (2007): Hot Topic. Popfeminismus heute. Mainz: Ventil

Ekins, Richard/King, Dave (2001): Transgendering, migrating, and love of oneself as a woman: A contribution to a sociology of autogynephilia. In: Int. J. Transgenderism, 5, H. 3

Elias, Norbert (1986): Wandlungen der Machtbalance zwischen den Geschlechtern. In: Kölner Zeitschrift für Soziologie und Sozialpsychologie, 38, S. 424–449

Elias, Norbert (1995): Über den Prozeß der Zivilisation. Soziogenetische und psychogenetische Untersuchungen. Band 2: Wandlungen der Gesellschaft: Entwurf zu einer Theorie der Zivilisation. Frankfurt/M.: Suhrkamp

Elias, Norbert (1997): Über den Prozeß der Zivilisation. Soziogenetische und psychogenetische Untersuchungen. Band 1: Wandlungen des Verhaltens in den weltlichen Oberschichten des Abendlandes. Frankfurt/M.: Suhrkamp

Elias, Norbert/Scotson, John L. (1990): Etablierte und Außenseiter. Frankfurt/M.: Suhrkamp

Eliason, Scott (2009): Murder-Suicide: A Review of the Recent Literature. In: Journal of the American Academy of Psychiatry and the Law Online, Jg. 37, H. 3, S. 371–376

Elliott, Karla (2016): Caring Masculinities: Theorizing an Emerging Concept. In: Men and Masculinities 19, H. 3, S. 240–259

El-Mafaalani, Aladin (2020): Mythos Bildung: Die ungerechte Gesellschaft und ihr Bildungssystem und seine Zukunft: Köln: Kiepenheuer & Witsch

Elsuni, Sarah (2011): Geschlechtsbezogene Gewalt und Menschenrechte. Baden-Baden: Nomos

Enders-Dragässer, Uta (1996): Geschlechtsspezifische Lebenslagen von Mädchen und Jungen. In: Glücks, Elisabeth/Ottemeier-Glücks, Franz Gerd (Hrsg.): Geschlechtsbezogene Pädagogik. Münster: Votum Verlag, S. 43–61

Enders-Dragässer, Uta/Sellach, Brigitte (1999): Der „Lebenslagen-Ansatz" aus der Perspektive der Frauenforschung. In: Zeitschrift für Frauenforschung, 4, S. 56–66

Enders-Dragässer, Uta/Sellach, Brigitte (2002): Weibliche „Lebenslagen" und Armut am Beispiel von alleinerziehenden Frauen. In: Hammer, Veronika/Lutz, Ronald (Hrsg.): Weibliche Lebenslagen und soziale Benachteiligung. Theoretische Ansätze und empirische Bespiele. Frankfurt/M., New York: Campus, S. 18–44

Enders-Dragässer, Uta/Sellach, Brigitte (2005): Frauen in dunklen Zeiten – persönliche Berichte vom Wohnungsnotfall: Ursachen – Handlungsspielräume – Bewältigung: eine qualitative Untersuchung zu Deutungsmustern und Lebenslagen bei Wohnungsnotfällen von Frauen.

Frankfurt/M.: Gesellschaft für Sozialwissenschaftliche Frauenforschung e. V./Forschungsverbund Wohnungslosigkeit und Hilfen in Wohnungsnotfällen

Enders-Dragässer, Uta/Sellach, Brigitte (2006): Der Lebenslagen-Ansatz in der Frauenforschung – Nutzen und Erkenntnisgewinn. In: Zeitschrift für Frauenforschung und Geschlechterstudien, H.2/3, S. 129–140

Enders-Dragässer, Uta/Sellach, Brigitte/Feig, Antje/Jung, Marie-Luise/Roscher, Sabine (2000): Frauen ohne Wohnung. Handbuch für die ambulante Wohnungslosenhilfe für Frauen. Schriftenreihe des Bundesministeriums für Familie, Senioren, Frauen und Jugend, Band 186. Stuttgart, Berlin, Köln: Kohlhammer

Engel, Antke (2002): Wider der Eindeutigkeit. Sexualität und Geschlecht im Fokus queerer Politik der Repräsentation. Frankfurt/M.: Campus

Engelhardt, Emily M. (2020): Digitalisierung der Supervision? Digitale Kommunikationsmedien als Möglichkeitsspielraum. Kontext Band 51, Nr. 2, S. 123–134

Engelmann, Fabian/Halkow, Anja (2008): Der Setting-Ansatz in der Gesundheitsförderung: Genealogie, Konzeption, Praxis, Evidenzbasierung. Veröffentlichungsreihe der Forschungsgruppe Public Health Schwerpunkt Bildung, Arbeit und Lebenschancen. Wissenschaftszentrum Berlin für Sozialforschung (WZB)

Engels, Dietrich (2020): Einkommen und Vermögen im Alter. In: Aner, Kirsten/Karl, Ute (Hrsg.): Handbuch Soziale Arbeit und Alter. 2. Auflage. Wiesbaden: Springer VS, S. 351–368

Engels, Friedrich (1884): Der Ursprung der Familie, des Privateigentums und des Staats. Im Anschluss an Lewis H. Morgan's Forschungen. Hottingen-Zürich: Verlag der Schweizerischen Volksbuchhandlung

Engels, Friedrich (1962): Dialektik der Natur. In: MEW Band 20. Berlin: Dietz, S. 305–570

Enns, Catherine Zerbe (2012): Feminist Approaches to Counseling. In: Altmaier, Elizabeth M./Hansen, Jo-Ida C. (Hrsg.): The Oxford Handbook of Counseling Psychology. New York: Oxford University Press, S. 434–459

Enquete-Kommission (2002): Bürgerschaftliches Engagement: auf dem Weg in eine zukunftsfähige Bürgergesellschaft. Opladen: Leske + Budrich

Enzendorfer, Martina/Haller, Paul (2020): Intersex and Education: What Can Schools and Queer School Projects Learn from Current Discourses on Intersex in Austria? In: Francis, Dennis A./Kjaran, Jón Ingvar/Lehtonen, Jukka (Hrsg.): Queer Social Movements and Outreach Work in Schools. A Global Perspective. Cham: Springer Nature, S. 261–284

Eribon, Didier (2017): Gesellschaft als Urteil. Berlin: Suhrkamp

Erickson, Rebecca J. (2005): Why emotion work matters: Sex, gender, and the division of household labor. In: Journal of Marriage and Family, 67, H. 2, S. 337–351

Erikson, Erik H. (1959): Identität und Lebenszyklus. Frankfurt/M.: Suhrkamp

Erikson, Erik H. (1966): Identität und Lebenszyklus. Frankfurt/M.: Suhrkamp

Ernst, Christiane/Wattenberg, Ivonne/Hornberg, Claudia (2017): Gynäkologische und geburtshilfliche Versorgungssituation und -bedarfe von gewaltbetroffenen Schwangeren und Müttern mit Flüchtlingsgeschichte. In: IZGOnZeit 48/6, S. 48–60

Ernst, Marie-Louise/Kuntsche, Sandra (2012): Bericht zum Stand der familienbezogenen Suchtprävention. Lausanne: Sucht Schweiz

Escartín, Jordi/Vranjes, Ivana/Baillien, Elfi/Notelaers, Guy (2021): Workplace bullying and cyberbullying scales. An overview. In: D'Cruz, Premilla/Noronha, Ernesto/Notelaers, Guy/Rayner, Charlotte (Hrsg.): Handbooks of workplace bullying, emotional abuse, and harassment: Concepts, approaches and methods. Singapore: Springer Singapore, S. 325–368

Eschebach, Insa (2012): Homophobie und Devianz: weibliche und männliche Homosexualität im Nationalsozialismus. Berlin: Metropol

Esping-Andersen, Gøsta (1990): The Three Worlds of Welfare Capitalism. Cambridge: Polity

Esping-Andersen, Gøsta (2009): The Incomplete Revolution. Adapting to Women's New Roles. Cambridge: Polity Press

Eßer, Florian/Baader, Meike Sophia/Betz, Tanja/Hungerland, Beatrice (Hrsg.) (2016): Reconceptualising Agency and Childhood. New perspectives in Childhood Studies. London: Routledge

Europäische Kommission (2020): Hin zu einer Union der Gleichheit. Strategie für die Gleichstellung der Geschlechter 2020–2025. www.ec.europa.eu/info/sites/info/files/aid_development_cooperation_fundamental_rights/gender_equality_strategy_factsheet_de.pdf (Abfrage: 27.01.2021)

Europäisches Parlament (2020): Grenzschutz an den Außengrenzen. Kurzdarstellungen zur Europäischen Union. www.europarl.europa.eu/factsheets/de/sheet/153/grenzschutz-an-den-au%C3%9Fengrenzen (Abfrage: 10.03.2021).

Europarat (2011): Übereinkommen des Europarats zur Verhütung und Bekämpfung von Gewalt gegen Frauen und häuslicher Gewalt und erläuternder Bericht. Istanbul. rm.coe.int/1680462535 (Abfrage: 01.03.2021)

European Union Agency for Fundamental Rights (FRA) (2013): European Union lesbian, gay, bisexual and transgender survey. Publications Office of the European Union. www.fra.europa.eu/sites/default/files/eu-lgbt-survey-results-at-a-glance_en.pdf (Abfrage: 12.02.2021)

European Union Agency for Fundamental Rights (FRA) (2014): Gewalt gegen Frauen: eine EU-weite Erhebung. Ergebnisse auf einen Blick. www.fra.europa.eu/de/publication/2014/gewalt-gegen-frauen-eine-eu-weite-erhebung-ergebnisse-auf-einen-blick (Abfrage: 3.12.2020)

European Union Agency for Fundamental Rights (FRA) (2020): A long way to go for LSBTQI equality. www.fra.europa.eu/sites/default/files/fra_uploads/fra-2020-lgbti-equality-1_en.pdf (Abfrage: 12.02.2021)

Eydal, Gudny B./Rostgaard, Tine (Hrsg.) (2014): Fatherhood in the Nordic welfare states – Comparing care policies and practice. Bristol: Policy Press

Fachkommission Integrationsfähigkeit (2020): Gemeinsam die Einwanderungsgesellschaft gestalten. Bericht der Fachkommission der Bundesregierung zu den Rahmenbedingungen der Integrationsfähigkeit. Bundeskanzleramt. Berlin

Factor, Rhonda/Rothblum, Esther (2007): A study of transgender adults and their non-transgender siblings on demographic characteristics, social support, and experiences of violence. In: Journal of LGBT health research, H. 3, S. 11–30

Falch, Bernhard (2020): Queer Refugees. Sexuelle Identität und repressive Heteronormativität als Fluchtgrund. Wiesbaden: Springer VS

Faltermeier, Toni/Mayring, Philipp/Saup, Winfried/Strehmel, Petra (2014): Entwicklungspsychologie des Erwachsenenalters. 3., überarbeitete Auflage. Stuttgart, Berlin, Köln: Kohlhammer

Farrokhzad, Schahrzad/Kunz, Thomas/Oulad M´Hand/Saloua Mohammed/Ottersbach, Markus (2021): Einleitung. In: Farrokhzad, Schahrzad/Kunz, Thomas/Oulad M´Hand/Saloua Mohammed/Ottersbach, Markus (Hrsg.) Migrations- und Fluchtdiskurse im Zeichen des erstarkenden Rechtspopulismus. Wiesbaden: Springer VS, S. V-X

Faulstich-Wieland, Hannelore (1987): Abschied von der Koedukation. Materialien zur Sozialarbeit und Sozialpolitik, Band 18. Frankfurt/M.: Fachhochschulverlag

Faulstich-Wieland, Hannelore (1991): Koedukation – enttäuschte Hoffnungen. Darmstadt: Wissenschaftliche Buchgesellschaft

Faulstich-Wieland, Hannelore (2004): Wem nützt die Einrichtung einer Mädchenklasse? In: Zeitschrift für Frauenforschung & Geschlechterstudien 22, H. 4, S. 39–57

Faulstich-Wieland, Hannelore (2009): Frauenbildung/Gender Mainstreaming. In: Tippelt, Rudolf/Hippel, Aiga von (Hrsg.): Handbuch Erwachsenenbildung/Weiterbildung. Wiesbaden: VS, S. 841–854

Faulstich-Wieland, Hannelore (2011a): Koedukation. In: Ehlert, Gudrun/Funk, Heide/Stecklina, Gerd (Hrsg.): Wörterbuch Soziale Arbeit und Geschlecht. Weinheim: Juventa, S. 235–237

Faulstich-Wieland, Hannelore (2011b): Koedukation – Monoedukation. In: Faulstich-Wieland, Hannelore (Hrsg.): Enzyklopädie Erziehungswissenschaft Online. Fachgebiet: Geschlechterforschung. Weinheim: Juventa, S. 1–37

Faulstich-Wieland, Hannelore (2016): Berufsorientierung und Geschlecht. Opladen: Beltz Juventa

Faulstich-Wieland, Hannelore/Horstkemper, Marianne (1995): „Trennt uns bitte, bitte, nicht!" Koedukation aus Mädchen- und Jungensicht. Opladen: Leske + Budrich

Faulstich-Wieland, Hannelore/Horstkemper, Marianne (1996): 100 Jahre Koedukationsdebatte – und keine Ende. Hauptartikel und Replik. In: Ethik und Sozialwissenschaften, 7, S. 509–520, S. 578–585

Faulstich-Wieland, Hannelore/Scholand, Barbara (2010): Eine Schule für alle – aber getrennte Bereiche für Mädchen und Jungen? In: Schwohl, Joachim/Sturm, Tanja (Hrsg.): Inklusion als Herausforderung schulischer Entwicklung. Widersprüche und Perspektiven eines erziehungswissenschaftlichen Diskurses. Bielefeld: transcript, S. 159–177

Faulstich-Wieland, Hannelore/Scholand, Barbara (2017): Von Geschlecht keine Spur? Berufsorientierung an allgemeinbildenden Schulen. Unter Mitarbeit von Tatjana Beer, Vanessa Carroccia und Anna Lucht. Düsseldorf: Hans-Böckler-Stiftung

Faulstich-Wieland, Hannelore/Weber, Martina/Willems, Katharina (2004): Doing Gender im heutigen Schulalltag. Empirische Studien zur sozialen Konstruktion von Geschlecht in schulischen Interaktionen. Weinheim, München: Juventa

Federici, Silvia (1974): Counter-Planning in the kitchen. In: Federici, Silvia (Hrsg.): Aufstand aus der Küche. Münster: edition assemblage, S. 106–127

Federici, Silvia (2012): Caliban und die Hexe. Frauen, der Körper und die ursprüngliche Akkumulation. Wien, Berlin: Mandelbaum

Fegter, Susann (2012a): Die Krise der Jungen in Bildung und Erziehung. Diskursive Konstruktion von Geschlecht und Männlichkeit. Wiesbaden: Springer VS

Fegter, Susann (2012b): Die Forderung nach ‚mehr Männern' als Gerechtigkeitsproblem. In: Betrifft Mädchen 25, H. 1, S. 4–9

Fegter, Susann/Sabla, Kim-Patrick (2020): Professionalität und Geschlecht als diskursive Konstruktionen in Äußerungen (sozial)pädagogischer Fachkräfte – theoretische und methodologische Überlegungen im Kontext rekonstruktiver Professionsforschung. In: Rose, Lotte/Schimpf, Elke (Hrsg.): Sozialarbeitswissenschaftliche Geschlechterforschung: Methodologien, Konzepte, Forschungsfelder. Opladen, Berlin, Toronto: Barbara Budrich, S. 149–162

Fegter, Susanne/Langer, Antja/Thon, Christine (Hrsg.) (2021): Diskursanalytische Geschlechterforschung in der Erziehungswissenschaft. Opladen, Berlin, Toronto: Barbara Budrich. S. 55–70

Fehren, Oliver/Kalter, Birgit (2019): Zur Debatte um Sozialraumorientierung in Theorie- und Forschungsdiskursen. In: Fürst, Roland/Hinte, Wolfgang (Hrsg.): Sozialraumorientierung – Ein Studienbuch zu fachlichen, institutionellen und finanziellen Aspekten. 3. Auflage. Wien: Facultas, S. 33–47

Feiler, Julia (2020): Mutter, Vater, Kinder versichern? Über die reproduktionsmedizinische Verhandlung von Familien im Diskurs um ‚Social Freezing'. In: Buschmeyer, Anna/Zerle-Elsäßer, Claudia (Hrsg.): Komplexe Familienverhältnisse. Wie sich das Konzept ‚Familie' im 21. Jahrhundert wandelt. Bielefeld: Westfälisches Dampfboot, S. 106–126

Feinberg, Leslie (1996): Transgender Warriors. Making History from Joan of Arc to Dennis Rodman. Boston: Beacon Press

Feld, Wilhelm (1925): Die akademische Ausbildung für die soziale Arbeit. In: Deutsche Zeitschrift für Wohlfahrtspflege, 1. Jg., S. 357–362

Feldhoff, Kerstin/Hartwig, Luise (2019): ASD und Gender. In: Merchel, Joachim (Hrsg.): Handbuch Allgemeiner Sozialer Dienst (ASD). 3. Auflage. München: Ernst Reinhardt, S. 172–187

Feldmann, Klaus (2010): Tod und Gesellschaft. Sozialwissenschaftliche Thanatologie im Überblick. Wiesbaden: Springer Fachmedien

Felix, Erika D./Green, Jennifer G. (2010): Popular girls and brawny boys: the role of gender in bullying and victimization experiences. In: Jimerson, Shane R./Swearer, Sue M/Espelage, Dorothy L. (Hrsg.): The handbook of bullying in schools. An international perspective. New York: Routledge, S. 173–186

Felsen, Irit (1998): Transgenerational Transmission of Effects oft he Holocaust. The North American Research Perspective. In: Danieli, Yael (Hrsg.): International Handbook of Multigenerational Legacies of Trauma. S. 43–68

FeMigra (Feministische Migrantinnen) (1994): Wir, die Seiltänzerinnen. Politische Strategien von Migrantinnen gegen Ethnisierung und Assimilation. In: Eichhorn, Cornelia/Grimm, Sabine

(Hrsg.): Gender Killer. Texte zu Feminismus und Politik. Berlin, Amsterdam: Edition ID-Archiv

Feministische Studien (2016): Zeitschrift für interdisziplinäre Frauen- und Geschlechterforschung. Schwerpunkt: Gender und Politiken der Migration. 34. Jg., H. 2

Feministisches Bündnis Heidelberg (Hrsg.) (2020): Was kostet eine Frau? Eine Kritik der Prostitution. Aschaffenburg: Alibri

Fend, Helmut (2009): Arm und Reich im frühen Erwachsenenalter. In: Fend, Helmut/Berger, Fred/Grob, Urs (Hrsg.): Lebensläufe, Lebensbewältigung und Lebensglück. Ergebnisse der LifE-Studie. Wiesbaden: VS, S. 160–192

Fendrich, Sandra/Fuchs-Rechlin, Kirsten/Pothmann, Jens/Schilling, Matthias (2006): Ohne Männer? Verteilung der Geschlechter in der Kinder- und Jugendhilfe. In: DJI Bulletin 75, H. 2, S. 22–27

Fendrich, Sandra/Pothmann, Jens/Tabel, Agathe (2018): Monitor Hilfen zur Erziehung 2018. Dortmund: Eigenverlag Forschungsverbund DJI/TU Dortmund

Fendrich, Sandra/Tabel, Agathe (2019): Ungleiche Geschlechterverteilung in den Hilfen zur Erziehung – ein Blick in die Kinder- und Jugendhilfestatistik. In: Forum Erziehungshilfen 25, H. 3, S. 138–140

Fereidooni, Karim/El, Meral (2017): Rassismuskritik und Widerstandsformen. Wiesbaden: Springer VS

Ferragina, Emanuele/Seeleib-Kaiser, Martin (2014): The Four Worlds of 'Welfare Reality' – Social Risks and Outcomes in Europe. In: Social Policy and Society, Jg. 14, H. 2, S. 287–307

Feustel, Adriane (2008): Die Soziale Frauenschule (1908–1945). In: Alice Salomon Hochschule/Feustel, Adriane/Koch, Gerd (Hrsg.): 100 Jahre Soziales Lehren und Lernen. Von der Sozialen Frauenschule zur Alice Salomon Hochschule Berlin. Berlin: Schibri, S. 29–103

Feustel, Gotthard (1993): Käufliche Lust. Eine Kultur- und Sozialgeschichte der Prostitution. Leipzig: Edition Leipzig

Feustel, Gotthard (2003): Die Geschichte der Homosexualität. Düsseldorf: Albatros

Fichtner, Jörg/Enders-Dragässer, Uta/Sellach, Brigitte/Zeng, Matthias (2005): „Dass die Leute uns nich' alle über einen Kamm scheren". Männer in Wohnungsnot. Eine qualitative Untersuchung zu Deutungsmustern und Lebenslagen bei männlichen Wohnungsnotfällen. Frankfurt/M.: www.gsfev.de

Fiedeler, Georg (2020): Partnerschaftsgewalt gegen Männer. In: Büttner, Melanie (Hrsg.): Handbuch Häusliche Gewalt. Schattauer: Stuttgart. S. 59–67

Fiedler, Peter (2004): Sexuelle Orientierung und sexuelle Abweichung. Heterosexualität – Homosexualität – Transgenderismus und Paraphilien – sexueller Missbrauch – sexuelle Gewalt. Weinheim, Basel: Beltz

Fillipp, Sigrun Heide/Staudinger, Ursula M. (2005): Entwicklungspsychologie des mittleren und höheren Erwachsenenalters. Göttingen, Bern, Toronto, Seattle: Hogrefe

Fillipp, Sigrun-Heide (2007): Kritische Lebensereignisse. In: Brandstädter, Jochen/Lindenberger, Ulman (Hrsg.): Entwicklungspsychologie der Lebensspanne. Stuttgart: Kohlhammer, S. 337–366

Filsinger, Dieter (2021): Multikulturalismus und Integration. In: Soziale Arbeit und Migration. Ausgabe 1. Weinheim: Beltz Juventa, S. 14–23

Finke, Jobst (2004): Gesprächspsychotherapie. Grundlagen und spezifische Anwendungen. Stuttgart: Thieme

Finkel, Margarete (2000): Für wen ist was Erfolg? Ergebnisse der JULE-Studie über die Situation von Mädchen in erzieherischen Hilfen. In: Forum Erziehungshilfen 6, H. 4, S. 242–248

Firestone, Shulamith (1975): Frauenbefreiung und sexuelle Revolution. Frankfurt/M.: Fischer

Firsching, Karl/Schmidt, Jürgen (2010): Handbuch der Rechtspraxis. Band 5: Familienrecht. München: Beck

Firth, Rhiannon/Robinson, Andrew (2016): For the Revivial of Feminist Consciousness Raising. Horizontal Transformation of Epistemologies and Transgression of Neoliberal TimeSpace. In: Gender and Education 28, H. 3, S. 343–358

Fischer, Claude S./Oliker, Stacey J. (1983): A research note on friendship, gender, and the life cycle. In: Social Forces 62, H. 1, S. 123–133

Fischer, Jörg/Kosellek, Tobias (2019): Netzwerke und Soziale Arbeit: Theorien, Methoden, Anwendungen. 2. Auflage. Weinheim: Beltz Juventa
Fischer, Thomas (2013): Beck'sche Kurzkommentare. Band 10. Strafgesetzbuch mit Nebengesetzen. 60. Auflage. München: Beck
Fischer, Wolfram/Kohli, Martin (1987): Biographieforschung. In: Voges, Wolfgang (Hrsg.): Methoden der Biographie- und Lebenslaufforschung. Opladen: Leske + Budrich, S. 25–50
Fischer-Homberger, Esther (1979): Krankheit Frau und andere Arbeiten zur Medizingeschichte der Frau. Bern: Huber
Fischer-Rosenthal, Wolfram (2000): Was bringt die Biografieforschung der Transformationsforschung? In: Miethe, Ingrid/Roth, Silke (Hrsg.): Politische Biografien und sozialer Wandel. Gießen: Psychosozial-Verlag, S. 27 – 39
Flaake, Karin (2001): Körper, Sexualität und Geschlecht. Studien zur Adoleszenz junger Frauen. Gießen: Psychosozial-Verlag
Flaake, Karin (2002): Geschlecht, Macht und Gewalt. Verletzungsoffenheit als lebensgeschichtlich prägende Erfahrung von Mädchen und jungen Frauen. In: Dackweiler, Regina-Maria/Schäfer, Reinhild (Hrsg.): Gewalt-Verhältnisse. Feministische Perspektiven auf Geschlecht und Gewalt. Frankfurt/M., New York: Campus, S. 161–170
Flaake, Karin (2014): Neue Mütter – neue Väter. Eine empirische Studie zu veränderten Geschlechterbeziehungen in Familien. Gießen: Psychosozial-Verlag
Flaake, Karin (2019): Die Jugendlichen und ihr Verhältnis zum Körper. Stuttgart: Kohlhammer
Flaake, Karin (2021): „Du pinkelst ja im Sitzen" – Gesellschaftliche Zuschreibungen an den Körper und Körpererleben in der Adoleszenz junger Männer. In: Busch, Katarina/Benzel, Susanne/Salfeld, Benedikt/Schreiber, Julia (Hrsg.): Figurationen spätmoderner Lebensführung. Wiesbaden: Springer VS
Flaake, Karin (2021): Geteilte Elternschaft. Geschlechterbeziehungen zwischen Tradition und Neugestaltung. In: Krüger-Kirn, Helga/Tichy Leila Zoe (Hrsg.): Elternschaft und Gender Trouble. Opladen, Berlin, Toronto: Barbara Budrich, S. 145–160
Flaake, Karin/King, Vera (1992): Psychosexuelle Entwicklung, Lebenssituation und Lebensentwürfe junger Frauen. In Flaake, Karin/King, Vera (Hrsg.): Weibliche Adoleszenz. Frankfurt/M.: Campus, S. 13–39
Flam, Helena (2007): Migranten in Deutschland. Statistiken – Fakten – Diskurse. Konstanz: UVK
Fleischer, Eva (2002): Die „Mutterliebe" aus Sicht der Bindungstheorie – ein problematisches Konzept. In: AEP Informationen. Feministische Zeitschrift für Politik und Gesellschaft. H. 2, S. 27–29
Fleßner, Heike (2008): Frühe Schwangerschaften. In: Scheithauer, Herbert/Hayer, Tobias/Niebank, Kay (Hrsg.): Problemverhalten und Gewalt im Jugendalter. Erscheinungsformen, Entstehungsbedingungen und Möglichkeiten der Prävention. Stuttgart: Kohlhammer, S. 225–238
Flicker, Eva (2020): Gruppendynamik. Geschlechtertheoretische Perspektive auf die T-Gruppe. In: Pfadenhauer, Michaela/Scheibelhofer, Elisabeth (Hrsg.) (2020): Interpretative Sozial- und Organisationsforschung. Methodologie und Methoden, Ansätze und Anwendung in Wien. Weinheim, Basel: Beltz Juventa, S. 270–288
Focks, Petra (2014): Lebenswelten von intergeschlechtlichen, transgeschlechtlichen und genderqueeren Jugendlichen aus Menschenrechtsperspektive. Expert*inneninterviews Mai–September 2013. www.meingeschlecht.de/MeinGeschlecht/wp-content/uploads/Focks_Lebenswelten_Expertinneninterviews-_2014.pdf (Abfrage: 11.01.2021)
Focks, Petra (2016): Starke Mädchen, starke Jungen. Genderbewusste Pädagogik in der Kita. Freiburg: Herder
Focks, Petra (2021): Starke Mädchen, starke Jungen. Genderbewusst in der Kita. 2. Auflage. Freiburg/Breisgau: Herder
Fonagy, Peter/Gergely, György/Jurist, Elliot L./Target, Mary (2002): Affektregulierung, Mentalisierung und die Entwicklung des Selbst. Stuttgart: Klett
Formanek, Ruth (1982): On the origins of gender identity. In: Mendell, David (Hrsg.): Early female development. Current psychoanalytic views. Jamaica, New York: Spectrum, S. 1–24
Foroutan, Naika (2019): Die postmigrantische Gesellschaft. Bielefeld: transcript

Forschungsverbund DJI/TU Dortmund (Hrsg.) (2016): Junge Kinder in Einrichtungen der stationären Erziehungshilfe. www. forschungsverbund.tu-dortmund.de/fileadmin/Files/Hilfen_zur_Erziehung/290316_Junge_Kinder.pdf (Abfrage: 9.3.2021)

Forster, Edgar J. (2002): Jungenarbeit als Männlichkeitskritik. In: Kofra. Zeitschrift für Feminismus und Arbeit, H. 96, S. 3–15

Forster, Edgar J. (2004): Jungen- und Männerarbeit. In: Glaser, Edith/Klika, Dorle/Prengel, Annedore (Hrsg.): Handbuch Gender und Erziehungswissenschaft. Bad Heilbrunn und OBB: Klinkhardt, S. 477–491

Fossgreen, Kirstin (o. J.): Was bedeutet eigentlich Teilhabe? Von Fürsorge zu Teilhabe. www.fdst.de/aktuellesundpresse/imgespraech/wasbedeuteteigentlichteilhabe/ (Abfrage: 29.12.2020)

Fotopoulou, Aristea (2017): Feminist Activism and Digital Networks: Between Empowerment and Vulnerability. London: Palgrave

Foucault, Michel (1974): Die Ordnung des Diskurses. München, Wien: Hanser

Foucault, Michel (1976): Mikrophysik der Macht. Frankfurt/M.: Suhrkamp

Foucault, Michel (1977a): Der Wille zum Wissen. Sexualität und Wahrheit. Band 1. Frankfurt/M.: Suhrkamp

Foucault, Michel (1977b): Wahnsinn und Gesellschaft. Frankfurt/M.: Suhrkamp

Foucault, Michel (1977c): Überwachen und Strafen. Die Geburt des Gefängnisses. Frankfurt/M.: Suhrkamp

Foucault, Michel (1978): Dispositive der Macht. Über Sexualität, Wissen und Wahrheit. Berlin: Merve Verlag

Foucault, Michel (1987): Sexualität und Wahrheit: Erster Band: Der Wille zum Wissen. Frankfurt/M.: Suhrkamp

Foucault, Michel (1997): Die Ordnung des Diskurses. Frankfurt/M.: Suhrkamp

Foucault, Michel (1999): In Verteidigung der Gesellschaft. Vorlesungen am Collège de France (1975–1976). Frankfurt/M.: Suhrkamp

Foucault, Michel (2010): Die Regierung des Selbst und der anderen. Vorlesungen am Collège de France 1983/94. Frankfurt/M.: Suhrkamp

Foucault, Michel (2014/1977): Sexualität und Wahrheit. Band 1: Der Wille zum Wissen. 12.- 3. Tsd. Frankfurt/M.: Suhrkamp

Fourier, Charles (1966): Die Theorie der vier Bewegungen und der allgemeinen Bestimmungen. Wien, Frankfurt/M.: Europäische Verlagsanstalt

Fox, Jesse/Tang, Wai Yen (2016): Womens Experiences With General and Sexual Harassment in Online Video Games: Rumination, Organizational Responsiveness, Withdrawal, and Coping Strategies. In: New Media & Society, S. 1–18

FRA (Agentur der Europäischen Union für Grundrechte) (2014): Gewalt gegen Frauen: eine EU-weite Erhebung. Ergebnisse auf einen Blick. Wien. fra.europa.eu/de/publication/2014/gewalt-gegen-frauen-eine-eu-weite-erhebung-ergebnisse-auf-einen-blick (Abfrage: 28.02.2021)

Frank, Susanne (2019): Stadt-, Raum- und Geschlechterforschung: Theoretische Konzepte und empirische Befunde. In: Kortendiek, Beate/Riegraf, Birgit/Sabisch, Katja (Hrsg.): Handbuch Interdisziplinäre Geschlechterforschung, Geschlecht und Gesellschaft. Wiesbaden: Springer VS, S. 1348–1355

Frank, Udo (2006): Entwicklung von Leitlinien für Psychotherapien von Lesben, Schwulen und Bisexuellen. In: Verhaltenstherapie und psychosoziale Praxis 38, S. 613–623

Franke, Yvonne/Mozygemba, Kati/Pöge, Kathleen/Ritter, Bettina/Venohr, Dagmar (Hrsg.) (2014): Feminismen heute. Positionen in Theorie und Praxis. Bielefeld: transcript

Frankenberg, Ruth (1993): White woman, Race matters: The social Construction of Whiteness. Minneapolis: University of Minnesota

Franklin, Sarah (1997): Embodied progress. A cultural account of assisted conception. London, New York: Routledge

Franzkowiak, Peter (2015): Risikofaktoren und Risikofaktorenmodell. Leitbegriffe der Gesundheitsförderung. www.leitbegriffe.bzga.de/alphabetisches-verzeichnis/risikofaktoren-und-risikofaktorenmodell/ (Abfrage: 03.08.2021)

Franzkowiak, Peter/Hurrelmann, Klaus (2018): Gesundheit. BzgA, Alphabetisches Verzeichnis der Leitbegriffe. www.dx.doi.org/10.17623/BZGA:224-i023-1.0 (Abfrage: 03.08.2021)
Fraser, Nancy (1994a): After the family wage: gender equity and the welfare state. In: Political Theory 22, H. 4, S. 591–618
Fraser, Nancy (1994b): Widerspenstige Praktiken. Macht, Diskurs, Geschlecht. Frankfurt/M.: Suhrkamp
Fraser, Nancy (2003): Soziale Gerechtigkeit im Zeitalter der Identitätspolitik. Umverteilung, Anerkennung und Beteiligung. In: Fraser, Nancy/Honneth, Axel (Hrsg.): Umverteilung oder Anerkennung? Eine politisch-philosophische Kontroverse. Frankfurt/M.: Suhrkamp, S. 13–128
Fraser, Nancy (2013): Neoliberalismus und Feminismus. Eine gefährliche Liaison. In: Blätter für deutsche und internationale Politik, H. 12, S. 29–31
Fraser, Nancy/Gordon, Linda (1994): „Dependency" Demystified: Inscriptions of Power in a Keyword of the Welfare State. In: Social Politics 1, H. 1, S. 4–31
Fraser, Nancy/Honneth, Axel (2003): Umverteilung oder Anerkennung? Eine politisch-philosophische Kontroverse. Frankfurt/M.: Suhrkamp
Frauen aus der Frauengruppe Freiburg (1975): Kleingruppen – Erfahrungen und Regeln. In: Frankfurter Frauen (Hrsg.): Frauenjahrbuch '75. Frankfurt/M.: Roter Stern, S. 184–198
Frauenfortbildungsgruppe Tübingen (Hrsg.) (1995): ‚… dass eine anders ist und wie sie anders ist.' Frauenbildung als Kontroverse. Tübingen: Selbstverlag
Frauengruppe Faschismusforschung (1981): Mutterkreuz und Arbeitsbuch. Zur Geschichte de Frauen in der Weimarer Republik und im Nationalsozialismus. Frankfurt/M.: Fischer
Frauenhauskordinierung e. V. (2019), Statistik, Frauenhäuser und ihre Bewohner_innen. Berlin
Freire, Paolo (1975): Pädagogik der Unterdrückten. Bildung als Praxis der Freiheit. Reinbek: Rowohlt
Frericks, Patricia (2020): Die Absicherung familialer Sorgearbeit in der Rente. Entwicklungen und Konzepte im internationalen Vergleich. In: Blank, Florian/Buntenbach, Annelie/Hofmann, Markus (Hrsg.): Neustart in der Rentenpolitik: Analysen und Perspektiven. Baden-Baden: Nomos, S. 139–156
Frericks, Patricia/Höppner, Julia (2019) Self-responsibility re-addressed: Shifts in financial responsibility for social security between the public, the individual and the family in Europe. In Frericks, Patricia/Höppner, Julia: Special Issue: The Turn Toward Self-Responsibility in Current Societies: Differences, Challenges and Perspectives. American Behavioral Scientist, Jg. 63, H. 1, S. 65–84
Freud, Sigmund (1930): Das Unbehagen in der Kultur, GW. Band XIV. Wien, London: Internationaler Psychoanalytischer Verlag, S. 419–506
Frey, Regina (2004): Entwicklungslinien: Zur Entstehung von Gender Mainstreaming in internationalen Zusammenhängen. In: Meuser, Michael/Neusüß, Claudia (Hrsg.): Gender Mainstreaming. Konzepte, Handlungsfelder, Instrumente. Bonn: bpb, S. 24–39
Frey, Regina/Gärtner, Marc/Köhnen, Manfred/Sebastian Scheele (2014): Gender, Wissenschaftlichkeit und Ideologie: Argumente im Streit um Geschlechterverhältnisse. Schriften des Gunda-Werner-Instituts. Band 9. 2. Auflage. Berlin: Heinrich-Böll-Stiftung
Friebertshäuser, Barbara (1995): Jugendsubkulturen – Orte der Suche nach einer weiblichen oder männlichen Geschlechsidentität. In: deutsche jugend 43, H. 4, S. 180–189
Friedan, Betty (1966): Der Weiblichkeitswahn oder die Selbstbefreiung der Frau. Reinbek: Rowohlt
Friedan, Betty (1993): The Fountain of Age. New York: Simon & Schuster
Friesacher, Heiner (2008): Theorie und Praxis pflegerischen Handelns. Begründung und Entwurf einer kritischen Theorie der Pflegewissenschaft. Göttingen: V&R unipress
Friese, Marianne (2015): Gender in Care Berufen. In: Ertl-Schmuck, Roswitha/Greb, Ulrike (Hrsg.): Pflegedidaktische Forschungsfelder. Weinheim, Basel: Beltz Juventa, S. 15–32
Friese, Marianne (2020a): Junge Mutterschaft. Lebenslagen und Förderansätze. In: Braches-Chyrek, Rita/Röhner, Charlotte/Sünker, Heinz/Hopf, Michaela (Hrsg.): Handbuch Frühe Kindheit. Opladen: Budrich, S. 403–412
Friese, Marianne (2020b): Care Work 4.0. Digitalisierung in personenbezogenen Dienstleistungsberufen. In: Rützel, Josef/Friese, Marianne/Wang, Jiping (Hrsg): Digitale Welt – Herausfor-

derungen für die berufliche Bildung und die Professionalität der Lehrenden. Detmold: Eusl, S. 23–58

Fritzsche, Bettina/Hartmann, Jutta/Schmidt, Andrea/Tervooren, Anja (2001): Dekonstruktive Pädagogik. Erziehungswissenschaftliche Debatten unter poststrukturalistischer Perspektive. Opladen: Leske + Budrich

Fromm, Erich (1974): Anatomie der menschlichen Destruktivität. Stuttgart: Deutsche Verlags-Anstalt

Fröschl, Elfriede (2001): Beruf Sozialarbeit. In: Gruber, Christine/Fröschl, Elfriede (Hrsg.): Gender-Aspekte in der Sozialen Arbeit. Wien: Czemin, S. 285–308

Fröschle, Tobias (2009): Studienbuch Betreuungsrecht. Rechtliche Grundlagen, Fälle mit Lösungen. Köln: Bundesanzeiger

Fröschle, Tobias (2019): Studienbuch Betreuungsrecht. Rechtliche Grundlagen, Fälle mit Lösungen. Köln: Bundesanzeiger

Frosh, Stephen (2019): Those Who Come After. Postmemory, Acknowledgement and Forgiveness. Cham: Palgrave Macmillan

Frost, Nick/Dolan, Pat (2012): The theoretical foundations of family support work. In: Davies, Martin (Hrsg.): Social work with children and families. Hampshire: Palgrave Macmillan, S. 40–52

Fuchs, Brigitte/Habinger, Gabriele (Hrsg.) (1996): Rassismen und Feminismen. Differenzen, Machtverhältnisse und Solidarität zwischen Frauen. Wien: Promedia

Fuchs, Thorsten/Berg, Alena/Schierbaum, Anja (2020): Stichworte zu Generationen. In: Fuchs, Thorsten/Schierbaum, Anja/Berg, Alena (Hrsg.): Jugend, Familie und Generationen im Wandel. Wiesbaden: Springer VS, S. 261–266

FUMA Fachstelle Gender & Diversität NRW (2021): Angebote: www.gender-nrw.de/ (Abfrage: 18.11.2021)

Funk, Heide/Stecklina, Gerd (2011): Familienbildung. In: Ehlert, Gudrun/Funk, Heide/Stecklina, Gerd (Hrsg.): Wörterbuch Soziale Arbeit und Geschlecht. Weinheim und München: Juventa, S. 125–128

Funk, Heide/Schmutz, Elisabeth/Stauber, Barbara (1993): Wider den alltäglichen Realitätsverlust. Sozialpädagogische Frauenforschung als aktivierende Praxis. In: Rauschenbach, Thomas/Ortmann, Friedrich/Karsten, Marie-Eleonore (Hrsg.): Der sozialpädagogische Blick. Lebensweltorientierte Methoden in der Sozialen Arbeit. Weinheim, München: Juventa, S. 155–174

Funken, Christiane (2002): Digital Doing Gender. In: Münker, Stefan/Roesler, Alexander (Hrsg.): Praxis Internet. Kulturtechniken der vernetzten Welt. Frankfurt/M.: Suhrkamp, S. 158–181

Fürst, Roland/Hinte, Wolfgang (2019): Sozialraumorientierung. Ein Studienbuch zu fachlichen, institutionellen und finanziellen Aspekten. 3. aktualisierte Auflage. Suttgart: utb

Fürstenberg, Friedrich (2000): Berufsgesellschaft in der Krise. Auslaufmodell oder Zukunftspotential. Berlin: Rainer Bohn

Füssenhäuser, Cornelia (2018): Theoriekonstruktion und Positionen Sozialer Arbeit. In: Otto, Hans-Uwe/Thiersch, Hans/Treptow, Rainer/Ziegler, Holger (Hrsg.): Handbuch Soziale Arbeit. 6., überarbeitete Auflage. München: Reinhardt, S. 1734–1747

Füssenhäuser, Cornelia (2021): Lebensweltorientierung und Lebensbewältigung. In: May, Michael/Schäfer, Arne (Hrsg.): Theorien für die Soziale Arbeit. 2., aktualisierte Auflage. Baden-Baden: Nomos, S. 115–134

Füssenhäuser, Cornelia/Thiersch, Hans (2018): Theorie und Theoriegeschichte Sozialer Arbeit. In: Otto, Hans-Uwe/Thiersch, Hans/Treptow, Rainer/Ziegler, Holger (Hrsg.): Handbuch Soziale Arbeit. 6., überarbeitete Auflage. München: Reinhardt, S. 1720–1733

Gaag, Nikki van der/Heilman, Brian/Gupta, Taveeshi/Nembhard, Ché/Barker, Gary (2019): State of the World's Fathers: Unlocking the Power of Men's Care. Washington, DC: Promundo-US

Gabriel, Thomas (2008): Familienerziehung und Rechtsextremismus – Analyse der biographischen Genese rassistischer Deutungs- und Handlungsmuster junger Menschen. www.nfp40plus.ch/topic4353/story9092.html (Abfrage: 03.08.2010)

Gagnon, John H./Simon, William (2017/1973): Sexual Conduct: The Social Sources of Human Sexuality. New Brunswick: Aldine Transaction

Gahleitner, Silke Birgitta (2017): Soziale Arbeit als Beziehungsprofession. Weinheim, Basel: Beltz Juventa

Gahleitner, Silke Birgitta (2020): Soziale Arbeit als Beziehungsprofession. In: Völter, Bettina/Cornel, Heinz/Gahleitner, Silke Birgitta/Voß, Stephan (Hrsg.) (2020): Professionsverständnisse in der Sozialen Arbeit. Weinheim, Basel: Beltz Juventa, S. 101–111

Gahleitner, Silke Brigitta (2005): Sexuelle Gewalt und Geschlecht. Hilfen zur Traumabewältigung bei Frauen und Männern. Gießen: Psychosozial-Verlag

Galtung, Johan (1972): Gewalt, Frieden und Friedensforschung. In: Senghaas, Dieter (Hrsg.): Kritische Friedensforschung. Frankfurt/M.: Suhrkamp, S. 55–104

Galtung, Johan (1975): Strukturelle Gewalt. Beiträge zur Friedens- und Konfliktforschung. Reinbek: Rowohlt

Ganß, Petra (2020): Wo sind die Männer? Einblicke in die Datenlage zur Geschlechtersegregation in der Sozialen Arbeit. In: Hammerschmidt, Peter/Sagebiel, Juliane/Stecklina, Gerd (Hrsg.): Männer und Männlichkeiten in der Sozialen Arbeit. Weinheim, Basel: Beltz Juventa. S. 56–74

Gantert, Gregor (2011): Männerberatung. In: Ehlert, Gudrun/Funk, Heide/Stecklina, Gerd (Hrsg.): Wörterbuch Soziale Arbeit und Geschlecht. Weinheim, Basel: Beltz Juventa, S. 275–277

Ganz, Kathrin (2007): Neoliberale Refamiliarisierung & queer-feministische Lebensformenpolitik. In: Groß, Melanie/Winker, Gabriele (Hrsg.): Queer-Feministische Kritiken neoliberaler Verhältnisse. Münster: Unrast, S. 51–77

Ganz, Kathrin/Hausotter, Jette (2020): Intersektionale Sozialforschung. Bielefeld: transcript

Ganz, Kathrin/Meßmer, Anna-Katharina (2015): Anti-Genderismus im Internet. Digitale Öffentlichkeiten als Labor eines neuen Kulturkampfes. In: Hark, Sabine/Villa, Paulina-Irene (Hrsg.): Anti-Genderismus. Sexualität und Geschlecht als Schauplätze aktueller politischer Auseinandersetzungen. Bielefeld: transcript, S. 59–78

Gapski, Harald (2020): Digital Transformation: Datafizierung und Algorithmisierung von Lebens- und Arbeitswelten. In: Kutscher, Nadia/Ley, Thomas/Seelmeyer, Udo/Siller, Friederike/Tillmann, Angela/Zorn, Isabel (Hrsg.): Handbuch Soziale Arbeit und Digitalisierung. Weinheim: Beltz Juventa, S. 156–166, content-select.com/de/portal/media/download_oa/97837799 52589/?client_id=406 (Abfrage: 15.10.2021)

Garber, Marjorie (1993): Verhüllte Interessen. Transvestismus und kulturelle Angst. Frankfurt/M.: Fischer

Garfinkel, Harold (1967): Studies in Ethnomethodology. Englewood Cliffs, N.J.: Prentice Hall

Garnett, Bernice Raveche/Masyn, Katherine E./Austin, S. Bryn/Miller, Matthew/Williams, David R./Viswanath, Kasisomayajula (2014): The intersectionality of discrimination attributes and bullying among youth. An applied latent class analysis. In: Journal of Youth and Adolescence 43, H. 8, S. 1225–1239. doi: 10.1007/s10964-013-0073-8

Gassner, Ulrich M./von Hayek, Julia/Manzei, Alexandra/Steger, Florian (Hrsg.) (2018): Geschlecht und Gesundheit. Baden-Baden: Nomos

Gaupp, Nora (2018): Jugend zwischen Individualität und gesellschaftlichen Erwartungen. In: DJI-Impulse. Das Forschungsmagazin, H. 2, S. 4–9

Geden, Oliver (2004): Männlichkeitskonstruktionen in der Freiheitlichen Partei Östereichs. Eine qualitativ-empirische Untersuchung. Opladen: Leske + Budrich

Geene, Raimund/Bauer, Roland/Hundertmark-Mayser, Jutta (2011): Selbsthilfeunterstützung in Deutschland – Geschichte und Perspektiven. In: Deutsche Arbeitsgemeinschaft Selbsthilfegruppen e. V. (Hrsg.): Selbsthilfegruppenjahrbuch 2011. Gießen, S. 134–142

Gehltomholt Eva/Hering, Sabine (2006): Das verwahrloste Mädchen. Diagnostik und Fürsorge in der Jugendhilfe zwischen Kriegsende und Reform (1945–1965). Obladen: Barbara Budrich

Geiger, Manfred/Steinert, Erika (1991): Alleinstehende Frauen ohne Wohnung. Stuttgart, Berlin; Köln: Kohlhammer

Geisen, Thomas (2021): Die „multikulturelle Lage" als Herausforderung an die Sozialen Arbeit. In: Soziale Arbeit und Migration, H. 1. Weinheim: Beltz Juventa

Geisler, Esther (2018): Alleinerziehende Väter. In: Geisler, Esther/Köppen, Katja/Kreyenfeld, Michaela/Trappe, Heike/Pollmann-Schult, Matthias (Hrsg.) (2018): Familien nach Trennung und Scheidung in Deutschland. S. 11–12. 10.24352/UB-OVGU-2018-096

Geißler, Angela (2020): Weibliche Gewalt in intimen Paarbeziehungen. Impulse für eine Enttabuisierung. Baden-Baden: Tectum

Geissler, Birgit/Oechsle, Mechthild (1996): Lebensplanung junger Frauen. Zur widersprüchlichen Modernisierung weiblicher Lebensläufe. Weinheim: Deutscher Studienverlag

Geißler, Rainer (2005): Die Metamorphose der Arbeitertochter zum Migrantensohn. Zum Wandel der Chancenstruktur im Bildungssystem nach Schicht, Geschlecht, Ethnie und deren Verknüpfungen. In: Berger, Peter A./Kahlert, Heike (Hrsg.): Institutionalisierte Ungleichheiten. Wie das Bildungssystem Chancen blockiert. Weinheim: Beltz Juventa, S. 71–99

Geißler, Rainer (2014): Die Sozialstruktur Deutschlands. 7. Auflage. Wiesbaden: Springer VS

GENDER (2018): Zeitschrift für Geschlecht, Kultur und Gesellschaft. Schwerpunkt: Flucht – Asyl – Gender. 10. Jg., H. 2

GenderKompetenzZentrum (2012): Genderkompetenz. www.genderkompetenz.info/genderkompetenz-2003-2010/gender/genderkompetenz.html (Abfrage: 30.11.2020)

Gerhard, Ute (1978): Verhältnisse und Verhinderungen. Frauenarbeit, Familie und Recht der Frauen im 19. Jahrhundert. Frankfurt/M.: Suhrkamp

Gerhard, Ute (1995): Die „langen Wellen" der Frauenbewegung – Traditionslinien und unerledigte Anliegen. In: Becker-Schmidt, Regina/Gudrun Axeli Knapp (Hrsg.): Das Geschlechterverhältnis als Gegenstand der Sozialwissenschaften. Frankfurt/M., New York: Campus, S. 247–278

Gerhard, Ute (2009): Frauenbewegung und Feminismus. Eine Geschichte seit 1789. München: C.H.Beck

Gerhard, Ute (2014): Care als sozialpolitische Herausforderung moderner Gesellschaften – Das Konzept fürsorglicher Praxis in der europäischen Geschlechterforschung. In: Aulenbacher, Brigitte/Riegraf, Birgit/Theobald, Hildegard (Hrsg.): Sorge: Arbeit, Verhältnisse, Regime – Care: Work, Relations, Regimes. Soziale Welt, Sonderband 20, Baden-Baden: Nomos, S. 67–88

Gerhard, Ute (2020): Frauenbewegung und Feminismus. Eine Geschichte seit 1789. 4. aktualisierte und erweiterte Auflage. München: C.H.Beck

Gerhard, Ute/Wischermann, Ulla (1990): Unerhört. Die Geschichte der deutschen Frauenbewegung. Reinbek: Rowohlt

Gerner, Susanne/Smykalla, Sandra (2017): Verschränkte Verletzbarkeiten als Ansatzpunkte für eine differenzkritische, genderreflektierte Praxisforschung an den Schnittstellen von Geschlecht und Behinderung. In: Spatschek, Christian/Thiessen, Barbara (Hrsg.): Inklusion und Soziale Arbeit. Teilhabe und Vielfalt als gesellschaftliche Gestaltungsfelder. Opladen, Berlin, Toronto: Barbara Budrich, S. 229–240

Gernhuber, Joachim/Coester-Waltjen, Dagmar (2020): Familienrecht. 6. Auflage. München: C.H. Beck

Gerzer-Sass, Annemarie/Helming, Elisabeth (2008): Familienselbsthilfe und Mütterzentren. In: Diller, Angelika/Heitkötter, Martine/Rauschenbach, Thomas (Hrsg.): Familie im Zentrum, Kinder fördernde und Eltern unterstützende Einrichtungen – aktuelle Entwicklungslinien und Herausforderungen. München: DJI, S. 179–192

Geschke, Daniel/Lorenz, Jan/Holtz, Peter (2019): The triple-filter bubble: Using agent-based modelling to test a meta-theoretical framework for the emergence of filter bubbles and echo chambers. In: British Journal of Social Psychology 58, S. 129–149

Gesellschaft für Evaluation e. V. (2015): Positionspapier Genderkompetenz von EvaluatorInnen. Wien: Erarbeitet vom AK Gendermainstreaming

Gesterkamp, Thomas (2010): Geschlechterkampf von rechts: wie Männerrechtler und Familienfundamentalisten sich gegen das Feindbild Feminismus radikalisieren. Expertise im Auftrag der Friedrich-Ebert-Stiftung. Bonn: Friedrich-Ebert-Stiftung. library.fes.de/pdf-files/wiso/07054.pdf (Abfrage: 26.02.2021)

Gesundheitsberichterstattung des Bundes (2009): www.gbe-bund.de

Geulen, Christian (2007): Geschichte des Rassismus. München: Beck

GEW (Gewerkschaft Erziehung und Wissenschaft) (2017): Arbeitsbedingungen als Ausdruck gesellschaftlicher Anerkennung Sozialer Arbeit. Sarah Henn, Barbara Lochner, Christiane Meiner-Teubner, unter Mitarbeit von Eva Strunz. Frankfurt/M.: GEW

Ghattas, Dan Christian (2015): Geschlechtervielfalt in Unterrichtsmaterialien (Impulsvortrag). In: Antidiskriminierungsstelle des Bundes (Hrsg.): Die rechtliche Situation von Trans* und intergeschlechtlichen Menschen in Deutschland und Europa. Dokumentation der Fachtagung der Antidiskriminierungsstelle des Bundes. Berlin: Eigendruck, S. 86–90. www.antidiskriminierungsstelle.de/SharedDocs/Downloads/DE/publikationen/Dokumentationen/dokumentation_fachtagung_geschlecht.pdf?__blob=publicationFile&v=6 (Abfrage: 12.01.2021)

Giddens, Anthony (1996): Konsequenzen der Moderne. Frankfurt/M.: Suhrkamp

Giernalczyk, Thomas (2003): Lebensmüde – Hilfe bei Selbstmordgefährdung. Tübingen: dgvt

Giesecke, Hermann (1981): Vom Wandervogel bis zur Hitlerjugend. Jugendarbeit zwischen Politik und Pädagogik. München: Juventa

Gieseke, Wiltrud (2009): Lebenslanges Lernen und Emotionen. Wirkungen von Emotionen auf Bildungsprozesse aus beziehungstheoretischer Perspektive. 2., unveränderte Auflage. Bielefeld: Bertelsmann

GiG-net (Forschungsvernetzung Gewalt im Geschlechterverhältnis) (2008): Gewalt im Geschlechterverhältnis. Erkenntnisse und Konsequenzen für Politik. Opladen: Barbara Budrich

Gildemeister, Regine (1992): Die soziale Konstruktion von Geschlechtlichkeit. In: Ostner, Ilona/Lichtblau, Klaus (Hrsg.): Feministische Vernunftkritik. Frankfurt/M., S. 220–239

Gildemeister, Regine (2001): Soziale Konstruktion von Geschlecht: Fallen, Mißverständnisse und Erträge einer Debatte. In: Rademacher, Claudia/Wiechens, Peter (Hrsg.): Geschlecht – Ethnizität – Klasse. Zur sozialen Konstruktion von Hierarchie und Differenz. Opladen: Leske + Budrich, S. 65–87

Gildemeister, Regine (2009): Soziale Konstruktion von Geschlecht: Theorieangebote und offene Fragen. In: Faulstich-Wieland, Hannelore (Hrsg.): Enzyklopädie Erziehungswissenschaft online (EEO), Fachgebiet Geschlechterforschung. Weinheim, München. www.erzwissonline.de

Gildemeister, Regine (2010): Doing Gender: Soziale Praktiken der Geschlechterunterscheidung. In: Becker, Ruth/Kortendiek, Beate (Hrsg.): Handbuch Frauen- und Geschlechterforschung, Wiesbaden: Springer VS, S. 137-145

Gildemeister, Regine (2019): Doing Gender: eine mikrotheoretische Annäherung an die Kategorie Geschlecht. In: Kortendiek, Beate/Riegraf, Birgit/Sabisch, Katja (Hrsg): Handbuch interdisziplinäre Geschlechterforschung. Wiesbaden: VS Verlag Sozialwissenschaften S. 409–418

Gildemeister, Regine/Hericks, Katja (2012): Geschlechtersoziologie: theoretische Zugänge zu einer vertrackten Kategorie des Sozialen. München: Oldenbourg

Gildemeister, Regine/Robert, Günther (2003): Politik und Geschlecht: Programmatische Gleichheit und die Praxis der Differenzierung. In: Nassehi, Armin/Schroer, Markus (Hrsg): Der Begriff des Politischen. Grenzen der Politik oder Politik ohne Grenzen? Baden-Baden: Nomos, S. 133–156

Gildemeister, Regine/Robert, Günther (2008): Geschlechterdifferenzierungen in lebenszeitlicher Perspektive. Interaktion – Institution – Biografie. Wiesbaden: VS

Gildemeister, Regine/Wetterer, Angelika (1992): Wie Geschlechter gemacht werden. In: Knapp, Gudrun Axeli/Wetterer, Angelika (Hrsg.): Traditionen, Brüche. Freiburg/Breisgau: Kore, S. 201–254

Gille, Christoph/Jagusch, Birgit (2019): Die Neue Rechte in der Sozialen Arbeit in NRW. www.fgw-nrw.de/fileadmin/user_upload/FGW-Studie-RSD-03-Gille-2019_11_29-komplett-web.pdf (Abfrage: 06.03.2021)

Gillespie, Brian J./Lever, Janet/Frederick, David/Royce, Tracy (2015): Close adult friendships, gender, and the life cycle. In: Journal of Social and Personal Relationships 32, H. 6, S. 709–736

Gilligan, Carol (1984): Die andere Stimme. Lebenskonflikte und Moral der Frau. München: Piper

Gilman, Sander L. (1994): Freud, Identität und Geschlecht. Frankfurt/M.: Fischer

Gilmore, David (1991): Mythos Mann. Rollen, Rituale, Leitbilder. München: Artemis und Winkler

Gilroy, Paul (1994): The Empire strikes back. Race and racism in 70s Britain. London: Routledge

Ging, Debbie (2017): Alphas, Betas, and Incels: Theorizing the Masculinities of the Manosphere. In: Men and Masculinities 22, H. 4, S. 1–20

Gintzel, Mathias (2006): Männliche Fachkräfte im Spannungsfeld von Geschlechtszuschreibung und Professionalität im weiblichen Territorium der Kita. Hamburg. www.ew.uni-hamburg.de/einrichtungen/ew2/sozialpaedagogik/files/gintzel-2016-maennlichefachkraefte.pdf (Abfrage: 28.11.2020)

Giorgi, Gabriele/Perminienė, Milda/Montani, Francesco/Fiz-Perez, Javier/Mucci, Nicola/Arcangeli, Giulio (2016): Detrimental effects of workplace bullying. Impediment of self-management competence via psychological distress. In: Frontiers in Psychology 7, S. 60. doi: 10.3389/fpsyg.2016.00060.

Giroux, Henry A. (1993): Living Dangerously: Identity Politics and the New Cultural Racism. In: Cultural Studies, 7, H. 1, S. 3–28

Giullari, Susy/Lewis, Jane (2005): The Adult Worker Model Family, Gender Equality and Care. United Nations Research Institute for social Development, Social Policy and Development Programme Paper No. 19 (UNRISD/PPSPD19/05/2)

Glammeier, Sandra (2011): Zwischen verleiblichter Herrschaft und Widerstand. Realitätskonstruktionen und Subjektpositionen gewaltbetroffener Frauen im Kampf um Anerkennung. Wiesbaden: VS

Glaser, Edith (1996): „Sind Frauen studierfähig?" Vorurteile gegen das Frauenstudium. In: Kleinau, Elke/Opitz, Claudia (Hrsg.): Geschichte der Mädchen- und Frauenbildung. Band 2. Frankfurt/M.: Campus, S. 299–309

Glasersfeld, Ernst von (1996): Radikaler Konstruktivismus: Ideen, Ergebnisse, Probleme. Frankfurt/M.: Suhrkamp

Glass, Nancy et al. (2008): Violence: Recognition, Management and Prevention: Non-fatal strangulation is an important risk factor for homicide of women. In: The Journal of Emergency Medicine, Vol. 35, No. 3, S. 329–335

Glatzer, Wolfgang/Hübinger, Werner (1990): Lebenslagen und Armut. In: Döring, Diether/Hanisch, Walter/Huster, Ernst-Ulrich (Hrsg.): Armut im Wohlstand. Frankfurt/M.: Suhrkamp, S. 31–54

Glick, Leonard (2005): Marked in Your Flesh. Circumcision From Ancient Judea to Modern America. New York: Oxford University Press

Glockentöger, Ilke/Adelt, Eva (Hrsg.) (2017): Gendersensible Bildung und Erziehung in der Schule. Grundlagen – Handlungsfelder – Praxis. Münster, New York: Waxmann Verlag

Glücks, Elisabeth/Ottemeier-Glücks, Franz Gerd (1994/1996): Geschlechtsbezogene Pädagogik. 2. Auflage, Münster: Votum Verlag

Glücks, Elisabeth/Ottemeier-Glücks, Franz Gerd (2001): Was Frauen Jungen erlauben können. Was Männer Mädchen zu bieten haben. Chancen und Grenzen der pädagogischen Arbeit mit dem anderen Geschlecht. In: Rauw, Regina/Jantz, Olaf/Reinert, Ilka/Ottemeier-Glücks, Franz Gerd (Hrsg.): Perspektiven geschlechterbezogener Pädagogik. Impulse und Reflexionen zwischen Gender, Politik und Bildungsarbeit. Opladen: Leske + Budrich, S. 67–87

Glücks, Elisabeth/Ottemeier-Glücks, Franz Gerd (Hrsg.) (1994): Geschlechterbezogene Pädagogik. Ein Bildungskonzept zur Qualifizierung koedukativer Praxis durch parteiliche Mädchenarbeit und antisexistische Jungenarbeit. Münster: Votum

GMMP (Global Media Monitoring Project) (2015): „Who makes the News? Published by the World Association for Christian Communication (WACC)." www.waccglobal.org (Abfrage: 02.01.2021)

Göckenjan, Gerd (2000): Das Alter würdigen. Altersbilder und Bedeutungswandel des Alters. Frankfurt/M.: Suhrkamp

Goeschel, Hans-Dieter/Sachße, Christoph (1981): Theorie und Praxis in der Sozialarbeit. Ein Rückblick auf die Anfänge sozialer Berufsausbildung, In: Sachße, Christoph/Tennstedt, Florian (Hrsg.): Jahrbuch der Sozialarbeit 4. Geschichte und Geschichten, Reinbek: Rowohlt, S. 422–441

Goetz, Judith (2017): „Aber wir haben die wahre Natur der Geschlechter erkannt…" Geschlechterpolitiken, Antifeminismus und Homofeindlichkeit im Denken der ‚Identitären'. In: Goetz, Judith/Sedlacek, Joseph Maria/Winkler, Alexander (Hrsg.): Untergangster des Abendlandes: Ideologie und Rezeption der rechtsextremen Identitären. Hamburg: Marta Press, S. 253–284

Goffman, Erving (1959): The Presentation of Self in Everyday Life. Harmondsworth: Penguin

Goffman, Erving (1975): Stigma. Über Techniken der Bewältigung beschädigter Identität. Frankfurt/M.: Suhrkamp
Goffman, Erving (1977): Interaktion und Geschlecht. Frankfurt/M., New York: Campus
Goffman, Erving (1981): Geschlecht und Werbung. Frankfurt/M.: Suhrkamp
Goffman, Erving (1994),: Die Interaktionsordnung. In: Goffman, Erving: Interaktion und Geschlecht. Frankfurt/M., New York: Campus, S. 50–105
Goffman, Erving (1994): Interaktion und Geschlecht. Frankfurt/M., New York: Campus
Goffman, Erving (2001): Interaktion und Geschlecht. Frankfurt/M., New York: Campus
Göhlich, Michael/Schröer, Andreas/Weber, Susanne Maria (Hrsg.) (2018): Handbuch Organisationspädagogik. Wiesbaden: Springer VS
Gollaher, David (2000): Circumcision. A History of the World's Most Controversial Surgery. New York: Basic Books
Gomolla, Mechthild/Radtke, Frank-Olaf (2009): Die Herstellung ethnischer Differenz in der Schule. 3. überarbeitete Auflage. Wiesbaden: Springer VS
Gomolla, Mechtild/Radtke, Frank-Olaf (2007): Institutionelle Diskriminierung. Die Herstellung ethnischer Differenz in der Schule. 2., durchgesehene und erweiterte Auflage. Wiesbaden: VS
Goos, Marten/Manning, Alan/Salomons, Anna (2014): Explaining Job Polarization: Routine-Biased Technological Change and Offshoring. In: American Economic Review 104, H. 8, S. 2509–2526
Gopinath, Gayatri (2005): Impossible Desires: Queer Diasporas and South Asian Public Cultures. Durham: Duke University Press
Göppner, Hans-Jürgen (2017): Damit „Hilfe" Hilfe sein kann. Sozialarbeitswissenschaft als Handlungswissenschaft. Wiesbaden: Springer VS
Gornick, Janet C./Meyers, Marcia K. (2008): Creating gender egalitarian societies: An agenda for reform. In: Politics & Society, Jg. 36, H. 3, S. 313–349
Gosewinkel, Dieter/Rucht, Dieter (2004): History meets sociology: Zivilgesellschaft als Prozess. In: Gosewinkel, Dieter et al. (Hrsg.): Zivilgesellschaft – national und transnational. WZB-Jahrbuch 2003. Berlin: Edition Sigma, S. 29–60
Göth, Margret/Kohn, Ralph (2014): Sexuelle Orientierung in Psychotherapie und Beratung. Berlin, Heidelberg: Springer VS
Göttner-Abendroth, Heide (1980): Die Göttin und ihr Heros. Die matriarchalen Religionen in Mythos, Märchen und Dichtung. München: Frauenoffensive
Göttner-Abendroth, Heide (1999): Das Matriarchat II.1. Stammesgesellschaften in Ostasien, Indonesien, Ozeanien. 2., erweiterte Auflage. Stuttgart: Kohlhammer
Göttner-Abendroth, Heide (2000): Das Matriarchat II.2. Stammesgesellschaften in Amerika, Indien, Afrika. Stuttgart: Kohlhammer
Göttner-Abendroth, Heide (2010): Matriarchat: Forschung und Zukunftsvision. In: Becker, Ruth/Kortendiek, Beate (Hrsg.): Handbuch Frauen- und Geschlechterforschung. Theorie, Methoden, Empirie. 2. Auflage. Wiesbaden: Springer VS, S. 23–29
Gottschall, Karin (2000): Soziale Ungleichheit und Geschlecht. Kontinuitäten und Brüche, Sackgassen und Erkenntnispotentiale im deutschen soziologischen Diskurs. Opladen: Leske + Budrich
Gottschall, Karin (2009a): Arbeitsmärkte und Geschlechterungleichheit – Forschungstraditionen und internationaler Vergleich. In: Aulenbacher, Brigitte/Wetterer, Angelika (Hrsg.): Arbeit. Perspektiven und Diagnosen der Geschlechterforschung. Münster: Westfälisches Dampfboot, S. 120–137
Gottschall, Karin (2009b): Der Staat und seine Diener: Metamorphosen eines wohlfahrtsstaatlichen Beschäftigungsmodells. In: Obinger, Herbert/Rieger, Elmar (Hrsg.): Wohlfahrtsstaatlichkeit in entwickelten Demokratien. Herausforderungen, Reformen und Perspektiven. London, New York: Campus, S. 461–491
Gottschall, Karin (2019): Gender und Sozialpolitik. In: Obinger, Herbert/Schmidt, Manfred G. (Hrsg.): Handbuch Sozialpolitik. Wiesbaden: Springer Fachmedien, S. 473–491

Gottwald, Mario/Schröder, Kerstin (2018): Perspektiven und Ansätze integrierter Jugendhilfeplanung. Oder von der Notwendigkeit der Einmischung in kommunale Sozialplanung und Stadtentwicklung. In: Daigler, Claudia (Hrsg.): Profil und Professionalität der Jugendhilfeplanung. Wiesbaden: Springer VS, S. 161–178

Götz, Maya (2010): Mädchen und Medien. In: Matzner, Michael/Wyrobnik, Irit (Hrsg.): Handbuch Mädchen-Pädagogik. Weinheim, Basel: Beltz, S. 233–241

Götze, Irene/Rau Alex (Hrsg.) (2017): Facetten des Alter(n)s: ethnografische Porträts über Vulnerabilitäten und Kämpfe älterer Frauen. München: Herbert Utz

Graf, Ursula/Knill, Thomas/Schmid, Gabriella/Stiehler, Steve (2015): Männer in der Sozialen Arbeit – Schweizer Einblicke. Berlin: Frank & Timme

Graff, Agniezska/Kapur, Ratna/Walters, Suzanna Danuta (2019): Gender and the Rise of the Global Right. In: Journal Signs 44, H. 3

Graff, Ulrike (2014): Selbstbestimmung für Mädchen: Monoedukation – (kein) Schnee von gestern?! In: Kauffenstein, Evelyn/Vollmer-Schubert, Brigitte (Hrsg.): Mädchenarbeit im Wandel. Bleibt alles anders?! Weinheim: Beltz Juventa, S. 27–41

Gramsci, Antonio (1991): Gefängnishefte, Band 1, Hamburg: Argument

Granato, Mona (2013): An der Bildungsmotivation liegt es nicht: Hohe Bildungsorientierung junger Frauen und Männer mit Migrationshintergrund auch am Übergang Schule – Ausbildung. In: von Capelle, Jürgen (Hrsg.): Zukunftschancen. Ausbildungsbeteiligung und -förderung von Jugendlichen mit Migrationshintergrund. Wiesbaden: Springer VS, S. 73–90

Grant, Georgina (2018): Similar-To-Me-Bias. How Gender Affects Workplace Recognition. www.forbes.com/sites/georginagrant/2018/08/07/similar-to-me-bias-how-gender-affects-workplace-recognition/?sh=377d2d3d540a (Abfrage: 14.5.2021)

Graßhoff, Gunther (2015): Adressatinnen und Adressaten der Sozialen Arbeit. Eine Einführung. Wiesbaden: Springer Fachmedien

Graßhoff, Gunther/Renker, Anna/Schröer, Wolfgang (Hrsg.) (2018): Soziale Arbeit. Eine elementare Einführung. Wiesbaden: Springer VS

Grau, Günter/Schoppmann, Claudia (2004): Homosexualität in der NS-Zeit. Frankfurt/M.: Fischer

Greenson, Ralph (1982): Die Beendigung der Identifizierung mit der Mutter und ihre besondere Bedeutung für den Jungen. In: Greenson, Ralph (Hrsg.): Psychoanalytische Erkundungen. Stuttgart: Klett-Cotta, S. 257–264

Gregor, Anja (2015): Constructing Intersex. Intergeschlechtlichkeit als soziale Kategorie. Bielefeld: transcript

Grendel, Tanja (Hrsg.) (2019): Sozialisation und Soziale Arbeit. Studienbuch zu Theorie, Empirie und Praxis. Wiesbaden: VS Springer

Grenz, Frauke (2018): „Das muß ihr als Frau erstmal eine oder einer nachmach'n!". Sind Angela Merkel und Ségolène Royal Beispiele für hegemoniale Weiblichkeit? In: Langer, Antje/Mahs, Claudia/Rendtorff, Barbara (Hrsg.): Weiblichkeit – Ansätze zur Theoretisierung. Opladen, Berlin, Toronto: Barbara Budrich, S. 69–83

Greuel Luise (2009): Forschungsprojekt „Gewalteskalation in Paarbeziehungen": Kurzfassung und Manual für die polizeiliche Praxis. Institut für Polizei und Sicherheitsforschung (IPoS)

Greuel, Luise (2010): Evaluation von Maßnahmen zur Verhinderung von Gewalteskalationen in Paarbeziehungen bis hin zu Tötungsdelikten und vergleichbaren Bedrohungsdelikten: Kurzfassung. Institut für Polizei und Sicherheitsforschung (IPoS)

Griesehop, Hedwig Rosa/Rätz, Regina/Völter, Bettina (2012): Biografische Einzelfallhilfe. Methoden und Arbeitstechniken. Reihe: Studienmodule Soziale Arbeit. Weinheim: Juventa

Grieser, Jürgen (2015): Triangulierung. Gießen: Psychosozial-Verlag

Grigat, Stephan (2007): Fetisch und Freiheit. Über die Rezeption der Marxschen Fetischkritik, die Emanzipation von Staat und Kapital und die Kritik des Antisemitismus. Freiburg/Breisgau: ça ira

Grigat, Stephan (2016): Antisemitismus als ein Kernproblem des Nahostkonfliktes. In: Niehoff, Mirko (Hrsg.): Nahostkonflikt kontrovers. Perspektiven für die politische Bildung. Frankfurt/M.: Wochenschau-Verlag, S. 265–277

Grigori, Eva (2020): Recht(s) sozial: Zugriffe extrem rechter Organisationen auf die Jugendarbeit. In: Forum Sozial, Themenheft Rechtsextremismus und Soziale Arbeit, H. 1, S. 33–36

Grisso, Ashley D./Weiss, David (2005): What are gURLS Talking about? In: Mazzarella, Sharon R. (Hrsg.): Girl wide web: girls, the Internet, and the negotiation of identity. New York et al.: Peter Lang, S. 31–49

Groen, Maike/Tillmann, Angela (2019): Let`s play (gender)? Genderkonstruktionen in digitalen Spielewelten. In: Angenent, Holger/Heidkamp, Birte/Kergel, David (Hrsg.): Digital Diversity. Bildung und Lernen im Kontext gesellschaftlicher Transformationen. Wiesbaden: Springer VS, S. 143–159

Groenemeyer, A. (2001): Von der Sünde zum Risiko? Bilder abweichenden Verhaltens und die Politik sozialer Probleme am Ende des Rehabilitationsideals; Überlegungen zum Zusammenhang von gesellschaftlicher Modernisierung und der Konstruktion sozialer Probleme. In: Soziale Probleme, 12 (1/2), S. 146–182. nbn-resolving.org/urn:nbn:de:0168-ssoar-248419

Gronemeyer, Reimer/Heller, Andreas (2014): In Ruhe sterben. Was wir uns wünschen und was die moderne Medizin nicht leisten kann. München: Pattloch

Gröning, Katharina (2015a): Entwicklungslinien männersensibler Beratung. In: Gröning, Katharina/Kunstman, Anne-Christin/Neumann, Cornelia (Hrsg.): Geschlechtersensible Beratung. Traditionslinien und praktische Ansätze. Gießen: Psychosozial-Verlag, S. 109–127

Gröning, Katharina (2015b): Feministische Beratung. In: Gröning, Katharina/Kunstmann, Ann-Christin/Neumann, Cornelia (Hrsg.): Geschlechtersensible Beratung. Gießen: Psychosozial-Verlag, S. 39–71

Gröning, Katharina/Tomaschautzky, Gerd/Keiper, Ursula/Kleine, Melanie/Bredemann, Miriam/Rumpold, Vanessa/Rohr, Elisabeth (2015): Geschlechterreflexive Beratung im Beruf und im Kontext berufsbezogener Entwicklungsaufgaben. In: Gröning, Katharina/Kunstmann, Anne-Christin/Neumann, Cornelia (Hrsg.): Geschlechtersensible Beratung. Gießen: Psychosozial-Vertrag, S. 207–275

Groppe, Johannes/Noack, Michael (2019): In: Fürst, Roland/Hinte, Wolfgang (Hrsg.): Sozialraumorientierung. Ein Studienbuch zu fachlichen, institutionellen und finanziellen Aspekten. 3. Auflage. Wien: Facultas, S. 272–293

Groß, Melanie (2020): Jugendarbeit verqueeren! Über Notwendigkeiten und Chancen einer heteronormativitätskritischen Jugendarbeit. München: oekom

Groß, Melanie (2021): Intersektionale Mädchenarbeit und/oder queer-feministische Soziale Arbeit. In: Betrifft Mädchen, Heft 3, S. 121–125

Groß, Melanie/Niedenthal, Katrin (Hrsg.) (2021): Geschlecht: divers. Die „Dritte Option" im Personenstandsgesetz – Perspektiven für die Soziale Arbeit. Bielefeld: transcript

Großmaß, Ruth (2010): Frauenberatung im Spiegel von Beratungstheorie und Gender-Diskursen. In: Ebermann, Traude/Fritz, Julia/Macke, Karin/Zehetner, Bettina (Hrsg.): In Anerkennung der Differenz. Feministische Beratung und Psychotherapie. Gießen: Psychosozial-Verlag, S. 61–73

Großmaß, Ruth/Perko, Gudrun (2011): Ethik für soziale Berufe. Paderborn: Schöningh/UTB

Grote, Christoph/Jantz, Olaf (2003): „Meine ist die Beste" – Qualitätskriterien in der Jungenarbeit. In: Jantz, Olaf/Grote, Christoph (Hrsg.): Perspektiven der Jungenarbeit. Konzepte und Impulse aus der Praxis. Opladen: Leske + Budrich

Gruber, Christa/Fröschl, Elisabeth (Hrsg.) (2001): Gender-Aspekte in der sozialen Arbeit. Wien: Czernin

Gruen, Arno (1992): Der Verrat am Selbst. Die Angst vor Autonomie bei Mann und Frau. München: dtv

Gruen, Arno (2005): Der Verlust des Mitgefühls. Über die Politik der Gleichgültigkeit. 6. Auflage. München: dtv

Gruhlich, Julia (2019): Weibliche Führungskräfte. Anzeichen für den Abbau androzentrischer Arbeitsstrukturenoder für die Anpassungsleistung der Subjekte? In: Burzan, Nicole (Hrsg.): Komplexe Dynamiken globaler und lokaler Entwicklungen. Verhandlungen des 39. Kongresses der Deutschen Gesellschaft für Soziologie in Göttingen 2018. Band 39

Gruhlich, Julia/Riegraf, Birgitt (2016): Zum Zusammenhang von Geselligkeit und Geschlecht. Eine Betrachtung am Beispiel der Wissenschaft. In: Asche, Matthias/Klenke, Dietmar (Hrsg.): Von Professorenzirkeln, Studentenkneipen und akademischen Networking. Universitäre Geselligkeiten von der Aufklärung bis zur Gegenwart. Reihe Abhandlungen zur Studenten- und Hochschulgeschichte. Wien, Köln, Weimar: Böhlau, S. 33–49

Grunert, Cathleen/Krüger, Heinz-Hermann (2020): Peerbeziehungen. In: Bollweg, Petra/Buchna, Petra/Coelen, Thomas/Otto, Hans-Uwe (Hrsg.): Handbuch Ganztagsbildung 2. Auflage. Wiesbaden: Springer VS, S. 701–714

Grunow, Daniela/Schulz, Florian/Blossfeld, Hans-P. (2007): Was erklärt die Traditionalisierungsprozesse häuslicher Arbeitsteilung im Eheverlauf: soziale Normen oder ökonomische Ressourcen? In: Zeitschrift für Soziologie, 36, H., S. 162–181

Grunwald, Klaus/Steinbacher, Elke (2007): Organisationsgestaltung und Personalführung in den Erziehungshilfen: Grundlagen und Praxismethoden. Weinheim, Basel: Juventa

Grunwald, Klaus/Thiersch, Hans (Hrsg.) (2016): Praxishandbuch lebensweltorientierte Soziale Arbeit. Handlungszusammenhänge und Methoden in unterschiedlichen Arbeitsfeldern. 3., vollständig überarbeitete Auflage. Weinheim, Basel: Beltz Juventa

Grünwald, Tabea (2012): Täterinnen des sexuellen Missbrauchs an Mädchen und Jungen. Aufarbeitung und Wissensentwicklung anhand eines Fallbeispiels und ausgewählten Texten. Bachelorarbeit. Roßwein

Gsenger, Marlene/Thiele, Martina (2014): Wird der #aufschrei erhört? Eine kritische Diskursanalyse der Sexismus-Debatte in Deutschland. In: kommunikation.medien, H. 3, S. 1–28

Gudjons, Herbert/Pieper, Marianne/Wagner, Birgit (1994): Auf meinem Spuren. Hamburg: Bergmann + Lelbig

Gümen, Sedef (1998): Das Soziale des Geschlechts. Frauenforschung und die Kategorie ‚Ethnizität'. In: Das Argument. Zeitschrift für Philosophie und Sozialwissenschaften: Grenzen, 40, 224, S. 187–202

Gummich, Judy/Feige, Judith (2013): Inklusion – ein menschenrechtlicher Auftrag. In: Betrifft Mädchen. H. 4, S. 148–154

Günther, Mari/Teren, Kirsten/Wolf, Gisela (2019): Psychotherapeutische Arbeit mit trans* Personen. Handbuch für die Gesundheitsversorgung. München: Ernst Reinhardt

Güntner, Hannelore (2007): Cross Work – Cross Gender; Überkreuzpädagogik; heteropädagogische Ansätze; Koedukation. In: Bundesarbeitsgemeinschaft Mädchenarbeit e. V. (Hrsg.): Perspektiven der Geschlechterpädagogik in der Diskussion, 8, S. 34–42

Gutachten der Sachverständigenkommission an das Bundesministerium für Familie, Senioren, Frauen und Jugend für den Ersten Gleichstellungsbericht der Bundesregierung (2011): Neue Wege – Gleiche Chancen. Gleichstellung von Frauen und Männern im Lebensverlauf. www.fraunhofer.de/ueber-fraunhofer/geschaeftsstelle-gleichstellungsbericht/index.jsp (Abfrage: 11.03.2011)

Gutiérrez Rodriguez, Encarnacion (2001): Auf der Suche nach dem Identischen in einer „hybriden" Welt – über Subjektivität, postkoloniale Kritik, Grenzregime und Metaphern des Seins. In: Hess, Sabine/Lenz, Ramona (Hrsg): Geschlecht und Globalisierung – Ein kulturwissenschaftlicher Streifzug durch transnationale Räume. Königstein/Taunus: Ulrike Helmer, S. 36–55

Gutiérrez Rodríguez, Encarnación (2019): FeMigra Reloaded. Migrantischer Feminismus und Bündnispolitik. www.migrazine.at/artikel/femigra-reloaded-migrantischer-feminismus-und-bundnispolitik (Abfrage: 01.03.2021)

Gutiérrez Rodríguez, Encarnación/Tuzcu, Pinar/Winkel, Heidemarie (2018): Feminisms in times of anti-genderism, racism and austerity. In: Women's Studies International Forum 68, S. 139–141

Gutschmidt, Gunhild (1997): Ledige Mütter. Zahlen, Fakten, Interviews. Bielefeld: Kleine Verlag

Guttmacher-Lancet Commission (2018): Accelerate progress – sexual and reproductive health and rights for all: report of the Guttmacher-Lancet Commission. London, New York, Peking: The Lancet

Ha, Kien Nghi (2000): Ethniziät, Differenz und Hybridität in der Migration. Eine postkoloniale Perspektive. In: Prokla. Zeitschrift für kritische Sozialwissenschaft, Jg. 30, H. 3, S. 377–398

Haaf, Meredith/Klingner, Susanne/Streidl, Barbara (2008): Wir Alphamädchen. Warum Feminismus das Leben schöner macht. Hamburg: Hoffmann und Campe

Haas, Jürgen/Rams, Jürgen (2016): Herzlich willkommen! – Väter erobern die Kita: Wie man Väter in der Kita fördern kann. In: Eickhorst, Andreas/Röhrbein, Ansgar/Schweitzer, Jochen (Hrsg): „Wir freuen uns, dass Sie da sind!". Beratung und Therapie mit Vätern. Heidelberg: Carl Auer, S. 152–161

Haase, Katrin/Nebe, Gesine/Zaft, Matthias (2020): Rechtspopulismus – Verunsicherungen in der Sozialen Arbeit. Weinheim, Basel: Beltz Juventa

Häbel, Hannelore (2017): Berücksichtigung von Differenzkategorien in der Jugendhilfe – Gesetzliche Verpflichtung nach § 9 SGB VIII. In: Forum Erziehungshilfen 23, H. 1, S. 9–12

Habermas, Jürgen (1990): Strukturwandel der Öffentlichkeit. Frankfurt/M.: Suhrkamp

Hackbart, Marcel (Hrsg.) (2020): Gesunde Vielfalt pflegen. Zum Umgang mit sexueller und geschlechtlicher Vielfalt in Gesundheit, Pflege und Medizin. Göttingen: Waldschlösschen Verlag. www.waldschloessen.org/files/Publikationen/Waldschloesschen-Verlag/gesundevielfaltpflegen.pdf (Abfrage: 12.2.2021).

Hafeneger, Benno (1993): Wider die (Sozial-)Pädagogisierung von Gewalt und Rechtsextremismus. In: deutsche jugend, H. 3, S. 120–126

Hafeneger, Benno/Hannah Jestädt/Schwerthelm, Moritz/Schuhmacher, Nils/Zimmermann, Gillian (2020): Die AfD und die Jugend. Wie die Rechtsaußenpartei die Jugend- und Bildungspolitik verändern will. Schwalbach/Taunus: Wochenschau-Verlag

Hagemann-White, Carol (1984): Sozialisation weiblich – männlich? Alltag und Biographie von Mädchen. Opladen: Leske + Budrich

Hagemann-White, Carol (1988a): Weiblichkeit, Leiblichkeit und die kulturelle Konstruktion der Geschlechterpolarität. In: Werkstatt. Zeitschrift für Psychoanalyse und Gesellschaftskritik 5, H. 3-4, S. 51–67

Hagemann-White, Carol (1988b): Wir werden nicht zweigeschlechtlich geboren. In: Hagemann-White, Carol/Rerrich, Maria S. (Hrsg.): FrauenMännerBilder. Männer und Männlichkeit im feministischen Diskurs. Bielefeld: AJZ, S. 224–235

Hagemann-White, Carol (2010): Sozialisationstheoretische Perspektiven auf die Mädchenpädagogik. In: Matzner, Michael/Wyrobnik, Irit (Hrsg.): Handbuch Mädchen-Pädagogik. Weinheim, Basel: Beltz Juventa, S. 45–61

Hagemann-White, Carol (2020): Gewalt und Geschlecht. KJPP, Universitätsklinikum Ulm. haeuslichegewalt.elearning-gewaltschutz.de

Hagemann-White, Carol (1993): Die Konstrukteure des Geschlechts auf frischer Tat ertappen?: Methodische Konsequenzen einer theoretischen Einsicht. In: Feministische Studien: Zeitschrift für interdisziplinäre Frauen- und Geschlechterforschung 11, H. 2, S. 68–78

Hagemann-White, Carol/Grafe, Bianca/Kavemann, Barbara/Kindler, Heinz/Meysen, Thomas/Puchert, Ralf (2011): Faktoren, die die Täterschaft von Gewalt gegen Frauen, Gewalt gegen Kinder und Gewalt aufgrund der sexuellen Orientierung begünstigen. Ein interaktives Modell auf mehreren Ebenen. Brüssel: European Commission. www.humanconsultancy.com/assets/genese-von-taeterschaft/genese-von-taeterschaft.html

Hagemann-White, Carol/Kavemann, Barbara/Kootz, Johanna/Weinmann, Ute/Wildt, Carola/Burghardt, Roswitha/Scheu, Ursula (1981): Hilfen für misshandelte Frauen. Schriftenreihe des BMJFFG Band 124. Stuttgart: Kohlhammer

Hagen, Christine/Niemann, Heike (2001): Sozialhilfe als Sequenz im Lebenslauf? Institutionelle und individuelle Bedeutung der Übergänge aus der Sozialhilfe. In: Sackmann, Reinhold/Wingens, Matthias (Hrsg.): Strukturen des Lebenslaufs. Weinheim, München: Juventa, S. 77–104

Hagen, Christine/Starke, Anne (2011): Epidemiologie – was fällt auf? Unterschiede in der Gesundheit von Frauen und Männern. In: Public Health Forum. Band 19, H. 2. Oldenbourg: De Gruyter, S. 1–24

Haidinger, Bettina/Knittler, Käthe (2019): Feministische Ökonomie. Eine Einführung. 3. Auflage. Wien: Mandelbaum

Halatcheva-Trapp, Maya (2018): Rationalität und Relationen. Zum Verhältnis von Weiblichkeit und Mütterlichkeit aus wissenssoziologisch-diskursanalytischer Perspektive: In: Jahrbuch

Frauen- und Geschlechterforschung in der Erziehungswissenschaft 14. Opladen, Berlin, Toronto: Barbara Budrich, S. 125–135

Hall, Stuart (1989a): Die Konstruktion von ‚Rasse' in den Medien. In: Ideologie, Kultur, Rassismus. Ausgewählte Schriften 1, Hamburg: Argument. S. 150–171

Hall, Stuart (1989b): Die strukturierte Vermittlung von Ereignissen. In: Räthzel, Nora (Hrsg.): Ausgewählte Schriften. Ideologie, Kultur, Medien, Neue Rechte, Rassismus. Hamburg, Berlin: Argument, S. 126–149

Hall, Stuart (1994): Alte und neue Identitäten, alte und neue Ethnizitäten. In: Hall, Stuart (Hrsg.): Rassismus und kulturelle Identität. Ausgewählte Schriften 2. Hamburg: Argument, S. 66–88

Hall, Stuart (2000): Rassismus als ideologischer Diskurs. In: Räthzel, Nora (Hrsg.): Theorien über Rassismus. Hamburg: Argument, S. 7–16

Hall, Stuart (2004): Das Spektakel der ‚Anderen'. In: Ideologie, Identität, Repräsentation. Ausgewählte Schriften 4. Hamburg: Argument, S. 108–166

Haller, Lisa Y. (2021): „Elternzeit ... das gönn ich mir!" Wie junge Mütter die fürsorgebedingte Diskriminierung vor dem Hintergrund einer aktivierenden Arbeitsmarktpolitik verarbeiten. In: Krüger-Kirn, Helga/Tichy, Leila Zoe (Hrsg.): Elternschaft und Gender Trouble. Opladen, Berlin, Toronto: Barbara Budrich, S. 40–58

Haller, Miriam (2004): ‚Ageing trouble'. Literarische Stereotype des Alter(n)s und Strategien ihrer performativen Neueinschreibung. In: IFG (InitiativForum Generationenvertrag) (Hrsg.): Altern ist anders. IFG – das Forum zum Querdenken. Münster: LIT, S. 170–188

Haller, Miriam (2005): Unwürdige Greisinnen. ‚Ageing trouble' im literarischen Text. In: Hartung, Heike (Hrsg): Alter und Geschlecht. Repräsentationen, Geschichten und Theorien des Alter(n)s. Bielefeld: transcript, S. 45–64

Haller, Miriam (2010): Aging Studies und Cultural Studies. Inter- und Transdisziplinarität in kulturwissenschaftlichen Alternsstudien. In: Breinbauer, Ines Maria/Ferring, Dieter/Haller, Miriam/Meyer-Wolters, Hartmut (Hrsg.): Transdisziplinäre Alter(n)sstudien. Gegenstände und Methoden. Würzburg: Königshausen und Neumann, S. 229–254

Haller, Rudolph/Rutter, Heiner (1981): Otto Neurath. Gesammelte philosophische und methodologische Schriften. Band 1. Wien: Hölderlin-Pichler-Tempsky, S. 423–527

Halperin, David M. (2002): How to do the history of homosexuality. Chicago : University of Chicago

Hamburger, Christian/Stürup, Georg K./Dahl-Iversen, Erling (1953): Transvestitism: Hormonal, psychiatric, and surgical treatment. In: Journal of the American Medical Association, 152, S. 391–396

Hammer, Veronika (2002): Eingeschränkte Möglichkeitsräume allein erziehender Frauen – Inspirationen gegen eine Kultur der Ausgrenzung. In: Hammer, Veronika/Lutz, Ronald (Hrsg.): Weibliche Lebenslagen und soziale Benachteiligung. Theoretische Ansätze und empirische Beispiele. Frankfurt/M., New York: Campus, S. 150–172

Hammer, Veronika/Lutz, Ronald (Hrsg.) (2002): Weibliche Lebenslagen und soziale Benachteiligung. Theoretische Ansätze und empirische Beispiele. Frankfurt/M., New York: Campus

Hammerschmidt, Peter/Aner, Kirsten (2022): Zeitgenössische Theorien der Sozialen Arbeit. Weinheim, Basel: Beltz Juventa

Hammerschmidt, Peter/Aner, Kirsten/Weber, Sascha (2017): Zeitgenössische Theorien Sozialer Arbeit. Weinheim, Basel: Beltz Juventa

Hammerschmidt, Peter/Aner, Kirsten/Weber, Sascha (2019): Zeitgenössische Theorien Sozialer Arbeit. 2., durchgesehene Auflage. Weinheim, Basel: Beltz Juventa

Hammerschmidt, Peter/Hans, Anne/Oechler, Melanie/Uhlendorff, Uwe (2019): Sozialpädagogische Probleme in der Nachkriegszeit. Weinheim, Basel: Beltz Juventa

Hammerschmidt, Peter/Löffler, Eva Maria (2020): Soziale Altenhilfe als Teil kommunaler Sozial(hilfe-)politik. In: Aner, Kirsten/Karl, Ute (Hrsg.): Handbuch Soziale Arbeit und Alter. 2. Auflage. Wiesbaden: Springer VS, S. 11–27

Hammerschmidt, Peter/Pötter, Nicole/Stecklina, Gerd (Hrsg.) (2021): ‚Der lange Sommer der Migration'. Die Teilhabechancen der Geflüchteten und die Praxis der Sozialen Arbeit. Weinheim, Basel: Beltz Juventa

Hammerschmidt, Peter/Sagebiel Juliane/Stecklina, Gerd (2020): Männer und Männlichkeiten in der Sozialen Arbeit. Weinheim, Basel: Beltz Juventa

Hammerschmidt, Peter/Sagebiel, Juliane/Stecklina, Gerd (2020): Einführung: Männer und Männlichkeiten in der Sozialen Arbeit. In: Hammerschmidt, Peter/Sagebiel, Juliane/Stecklina, Gerd (Hrsg.): Männer und Männlichkeiten in der Sozialen Arbeit. Weinheim, Basel: Beltz Juventa, S. 9–29

Hammerschmidt, Peter/Sagebiel, Juliane/Yollu-Tok, Aysel (2017): Die Soziale Arbeit im Spannungsfeld der Ökonomie – eine Einführung. In: Hammerschmidt, Peter/Sagebiel, Juliane/Yollu-Tok, Aysel (Hrsg.): Die Soziale Arbeit im Spannungsfeld der Ökonomie. Neu-Ulm: AG SPAK, S. 9–30

Hammerschmidt, Peter/Stecklina, Gerd (2022): Klassische Theorien der Sozialen Arbeit. Weinheim, Basel: Beltz Juventa (in Vorbereitung)

Hammerschmidt, Peter/Tennstedt, Florian (2020): Sozialrecht und Sozialpolitik für das Alter – Entwicklungen bis Anfang der 1960er Jahre. In: Aner, Kirsten/Karl, Ute (Hrsg.): Handbuch Soziale Arbeit und Alter. 2., überarbeitete und aktualisierte Auflage. Wiesbaden: Springer VS, S. 285–298

Hanke, Peter (2000): Macht und Herrschaft. In: Holtmann, Everhard (Hrsg.): Politiklexikon. München: Oldenbourg, S. 364–367

Hans, Marie-Françoise/Lapouge, Gilles (1990): Les Femmes, La Pornographie, L'Erotisme. Paris

Hansen, Helga (2013): Feminismus reloaded – das Weblog Mädchenmannschaft. In: Kampmann, Birgit/Keller, Bernhard/Knippelmeyer, Michael/Wagner, Frank (Hrsg.): Die Frauen und das Netz. Angebote und Nutzung aus Genderperspektive. Wiesbaden: Springer VS, S. 149–158

Hansjürgens, Rita (2020): Zum Verständnis Sozialer Diagnostik in der Suchthilfe. In: Hansjürgens, Rita/Schulte-Derne, Frank (Hrsg.): Soziale Diagnostik in der Suchthilfe. Göttingen: Vandenhoeck & Ruprecht, S. 21–32

Haraway, Donna (1995): Die Neuerfindung der Natur. Primaten, Cyborgs und Frauen. Frankfurt/M.: Campus, S. 33–72

Haraway, Donna J. (2018): Unruhig bleiben. Die Verwandtschaft der Arten im Chthuluzän. Frankfurt/M.: Campus

Harcourt, Wendy (1999): Women@Internet: Creating New Cultures in Cyberspace. London, New York: Zed Books

Hark, Sabine (1993): Queer interventionen. In: Feministische Studien 11, H. 2, S. 103–109

Hark, Sabine (2003): Material Conditions. Begrenzte Möglichkeiten transdiziplinärer Frauen- und Geschlechterforschung. In: Zeitschrift für Frauenforschung und Geschlechterstudien 21, H. 2+3, S. 76–89

Hark, Sabine (2005): Dissidente Partizipation. Eine Diskursgeschichte des Feminismus. Frankfurt/M.: Suhrkamp

Hark, Sabine (2009a): Heteronormativität revisited. Komplexität und Grenzen einer Kategorie. In: Kraß, Andreas (Hrsg.): Queer studies in Deutschland: interdisziplinäre Beiträge zur kritischen Heteronormativitätsforschung. Berlin: Trafo, S. 23–40

Hark, Sabine (2009b): Was ist und wozu Kritik? Über Möglichkeiten und Grenzen feministischer Kritik heute. In: Feministische Studien 27, H. 1, S. 22–35

Hark, Sabine (2013): Heteronormativität revisited. Komplexität und Grenzen einer Kategorie. In: Paul, Barbara/Tietz, Lüder (Hrsg.): Queer as … – Kritische Heteronormativitätsforschung aus interdisziplinärer Perspektive. Bielefeld: transcript, S. 53–72

Hark, Sabine (2019): Same same but different? Einige Anmerkungen zur Frage des Wandels im Geschlechterverhältnis in der bürgerlichen Moderne. In: Rendtorff, Barbara/Riegraf, Birgit/Mahs, Claudia (Hrsg.): Struktur und Dynamik – Un/Gleichzeitigkeiten im Geschlechterverhältnis. Wiesbaden: Springer VS, S. 171–178

Hark, Sabine/Dietze, Gabriele (2006): Unfehlbare Kategorien? – Einleitung. In: Dietze, Gabriele/Hark, Sabine (Hrsg.): Gender kontrovers. Genealogien und Grenzen einer Kategorie. Königstein/Taunus: Ulrike Helmer, S. 9–18

Hark, Sabine/Villa, Paula-Irene (2015): Anti-Genderismus. Sexualität und Geschlecht als Schauplätze aktueller politischer Auseinandersetzungen. Bielefeld: transcript

Hark, Sabine/Villa, Paula-Irene (2017): Unterscheiden und Herrschen. Ein Essay zu den ambivalenten Verflechtungen von Rassismus, Sexismus und Feminismus in der Gegenwart. Bielefeld: transcript

Hark, Sabine/Völker, Susanne (2010): Feministische Perspektiven auf Prekarisierung: Ein „Aufstand auf der Ebene der Ontologie". In: Manske, Alexandra/Pühl, Katharina (Hrsg.): Prekarisierung zwischen Anomie und Normalisierung. Geschlechtertheoretische Bestimmungsversuche, in der Reihe Forum Frauen- und Geschlechterforschung. Schriftenreihe der Sektion Frauen- und Geschlechterforschung der Deutschen Gesellschaft für Soziologie. Münster: Verlag Westfälisches Dampfboot, S. 26–47

Harring, Marius (2007): Informelle Bildung – Bildungsprozesse im Kontext von Peerbeziehungen im Jugendalter. In: Harring, Marius/Rohlfs, Carsten/Palentin, Christian (Hrsg.): Perspektiven der Bildung. Kinder und Jugendliche in formellen, nicht-formellen und informellen Bildungsprozessen. Wiesbaden: VS, S. 237–258

Harrison, Laura (2016): Brown Bodies, White Babies. The politics of cross-racial surrogacy. New York: New York University Press

Hartmann Jutta/Klesse, Christian/Wagenknecht, Peter/Fritzsche, Bettina/Hackmann, Kristina (Hrsg.) (2007): Heteronormativität: Empirische Studien zu Geschlecht Sexualität und Macht. Wiesbaden: VS

Hartmann, Anna (2017): Fachberatungsstellen und die Digitalisierung geschlechtsspezifischer Gewalt. Berlin: Bff. Bundesverband Frauenberatungsstellen und Notrufe. www.frauennotruf-koblenz.de/downloads/file/bff_digitalisierung_geschlechtsspezifischer_gewalt.pdf (Abfrage: 08.03.21)

Hartmann, Anna (2020): Entsorgung der Sorge. Geschlechterhierarchie im Spätkapitalismus. Münster: Westfälisches Dampfboot

Hartmann, Jutta (2012): Improvisation im Rahmen des Zwangs. Gendertheoretische Herausforderungen der Schriften Judith Butlers für pädagogische Theorie und Praxis. In: Ricken, Norbert/Balzer, Nicole (Hrsg.): Judith Butler. Pädagogische Lektüren. Wiesbaden: Springer VS, S. 149–178

Hartmann, Jutta (2016): Doing Heteronormativity. Funktionsweisen von Heteronormativität im Feld der Pädagogik. In: Fereidooni, Karim/Zeoli, Antonietta P. (Hrsg.): Managing diversity. Die diversitätsbewusste Ausrichtung des Bildungs- und Kulturwesens, der Wirtschaft und Verwaltung. Wiesbaden: Springer VS. S. 105–134

Hartmann, Jutta (2018): Jugendbildung queer(en) – zur Relevanz einer heteronormativitätskritischen Pädagogik. In: Busche, Mart/Hartmann, Jutta/Nettke, Tobias/Streib-Brzič, Uli (Hrsg.): Heteronormativitätskritische Jugendbildung. Reflexionen am Beispiel eines museumspädagogischen Modellprojekts. Bielefeld: transcript, S. 19–48

Hartmann, Jutta (2020): Heteronormativitätskritische Jugendbildung – Pädagogische Professionalisierung zum Themenfeld ‚geschlechtliche und sexuelle Vielfalt'. In: Timmermanns, Stefan/Böhm, Maika (Hrsg.): Sexuelle und geschlechtliche Vielfalt. Interdisziplinäre Perspektiven aus Wissenschaft und Praxis. Weinheim und Basel: Beltz Juventa, S. 136–153

Hartmann, Jutta (2020): Professionalisierung und Professionalität *gender*reflexiv begreifen – Pädagogische Zugänge einer vergeschlechtlichten Profession Sozialer Arbeit aus machtkritischer Perspektive. In: Völter, Bettina/Cornel, Heinz/Gahleitner, Silke Birgitta/Voß, Stephan (Hrsg.): Professionsverständnisse in der Sozialen Arbeit. Weinheim, Basel: Beltz Juventa, S. 80–90

Hartmann, Jutta/Busche, Mart (2018): Mehr als Sichtbarmachung und Antidiskriminierung. Perspektiven einer Pädagogik vielfältiger geschlechtlicher und sexueller Lebensweisen. In: Sozial Extra 5, S. 21–25

Hartmann, Jutta/Busche, Mart/Nettke, Tobias/Streib-Brzič, Uli (2018): Where to go on? Mögliche nächste Schritte im Professionalisierungsprozess. In: Busche, Mart/Hartmann, Jutta/Nettke, Tobias/Streib-Brzič, Uli (Hrsg.): Heteronormativitätskritische Jugendbildung. Reflexionen am Beispiel eines museumspädagogischen Modellprojekts. Bielefeld: transcript, S. 177–192

Hartmann, Jutta/Köbsell, Swantje/Schäuble, Barbara (2018): Neue Selbstverständlichkeiten etablieren – post-normalistische Perspektiven im Studium der Sozialen Arbeit. In: Freie Universität Berlin (Hrsg.): Toolbox. Gender und Diversity in der Lehre. www.genderdiversitylehre.fu-berlin.de/toolbox/_content/pdf/Hartmann-Koebsell-Schaeuble-2018.pdf (Abfrage: 25.10.2021)

Hartmann, Jutta/Messerschmidt, Astrid/Thon, Christine (2017): Queering Bildung. In: Hartmann, Jutta (Hrsg.): Jahrbuch Frauen- und Geschlechterforschung in der Erziehungswissenschaft: Queertheoretische Perspektiven auf Bildung – Pädagogische Kritik der Heteronormativität. Opladen, Berlin, Toronto: Verlag Barbara Budrich, S. 15–28

Hartung, Heike (2005): Alter und Geschlecht. Repräsentationen, Geschichten und Theorien des Alter(n)s. Bielefeld: transcript

Hartwig, Luise (2014): Geschlechtergerechte Weiterentwicklung der Hilfen zur Erziehung. In: Forum Erziehungshilfen 20, H. 4, S. 214–217

Hartwig, Luise (2018): Geflüchtete Frauen und Mädchen. In: Hartwig, Luise/Mennen, Gerald/Schrapper, Christian (Hrsg.): Handbuch Soziale Arbeit mit geflüchteten Kindern und Familien. Weinheim, Basel: Beltz Juventa, S. 388–394

Hartwig, Luise/Hensen, Gregor (2008): Sexueller Missbrauch und Jugendhilfe. Möglichkeiten und Grenzen sozialpädagogischen Handelns im Kinderschutz. Weinheim, München: Juventa

Hartwig, Luise/Kriener, Martina (2007): Mädchengerechte Hilfeplanung und Familialisierung der Jugendhilfe: ein Widerspruch? In: Forum Erziehungshilfen 13, H. 4, S. 202–207

Hasenjürgen, Brigitte (2019): BildungsUnGleichheiten – Ein Forschungsrahmen zur Analyse von Kulturalisierungen in Bildungsprozessen. In: Hasenjürgen, Brigitte/Spetsmann-Kunkel, Martin (Hrsg.): Kulturalisierungsprozesse in Bildungskontexten. Bildungsaspirationen von Jugendlichen aus Südosteuropa. Baden-Baden: Nomos, S. 13–38

Hasenjürgen, Brigitte/Weischer, Christoph (2005): ‚Demografischer Wandel'. Ein soziales Phänomen und seine Bearbeitung in wissenschaftlichen und sozialpolitischen Diskussionen. In: Hasenjürgen, Brigitte/Rohleder, Christiane (Hrsg.): Geschlecht im sozialen Kontext. Perspektiven für die Soziale Arbeit. Opladen: Barbara Budrich, S. 263–288

Hauffe, Ulrike (1987): Ansprüche an geburtsvorbereitende Arbeit. In: Fedor-Freybergh, Peter (Hrsg.): Pränatale und perinatale Psychologie und Medizin. Begegnung mit dem Ungeborenen. Älvsjö, München: Saphir, S. 313–320

Haug, Frigga (1977): Gesellschaftliche Produktion und Erziehung. Kritik des Rollenspiels. Frankfurt/M.: Campus

Haug, Frigga (1990): Erinnerungsarbeit. Hamburg: Argument

Haug, Frigga (2008): Geschlechterverhältnisse als Produktionsverhältnisse. In: Haug, Frigga: Die Vier-in-einem-Perspektive. Politik von Frauen für eine neue Linke. Hamburg: Argument, S. 310–340

Haug, Frigga/Hipfl, Brigitte (1995): Sündiger Genuß? Filmerfahrungen von Frauen. Hamburg: Argument

Hausen, Karin (1976): Die Polarisierung der „Geschlechtscharaktere". In: Conze, Werner (Hrsg.): Sozialgeschichte der Familie in der Neuzeit Europas. Stuttgart: Klett-Cotta, 363–393

Hausen, Karin (1978): Die Polarisierung der ‚Geschlechtscharaktere' – Eine Spiegelung der Dissoziation von Erwerbs- und Familienleben. In: Rosenbaum, Heidi (Hrsg.): Seminar Familie und Gesellschaftsstruktur. Frankfurt/M.: Suhrkamp, S. 161–191

Hausen, Karin (2000): Arbeit und Geschlecht. In: Kocka, Jürgen/Offe, Claus (Hrsg.): Geschichte und Zukunft der Arbeit. Frankfurt/M.: Campus, S. 343–361

Hauser, Andrea (1996): Stuttgarter Frauen für den Frieden. Frauen – Politik – Alltag nach 1945. Tübingen: Silberburg

Hauth, Iris/Schneller, Carlotta (2016): Zum Verhältnis von professioneller Versorgung und Selbsthilfegruppen bei psychischen Erkrankungen und Problemen. In: Deutsche Arbeitsgemeinschaft Selbsthilfegruppen e. V. (Hrsg.): Selbsthilfegruppenjahrbuch 2016. Gießen, S. 136–149

Hawley, John C. (Hrsg.) (2001): Postcolonial, Queer. Theoretical Intersections. Albany: SUNY

Hawley, Patricia H./Williford, Anne (2015): Articulating the theory of bullying intervention programs. Views from social psychology, social work, and organizational science. In: Journal of Applied Developmental Psychology 37, S. 3–15. doi: 10.1016/j.appdev.2014.11.006

HBSC-Studienverbund Deutschland (2020): Studie Health Behaviour in School-aged Children – Faktenblatt „Körperbild und Gewichtskontrolle bei Kindern und Jugendlichen". hbsc-germany.de/wp-content/uploads/2020/03/Faktenblatt_KorperbildDiatv-2018-final-05.02.2020.pdf (Abfrage: 25.10.2021)

Hearn, Jeff (2004): From Hegemonic Masculinity to the Hegemony of Men. In: Feminist Theory 5, S. 49-72

Hearn, Jeff (2012): Von gendered organizations zu transnationalen Patriarchien –Theorien und Fragmente. In: Aulenbacher, Brigitte/Riegraf, Birgit (Hrsg.): Erkenntnis und Methode. Geschlechterforschung in Zeiten des Umbruchs. 2. Auflage. Wiesbaden: Springer VS, S. 267–290

Hearn, Jeff (2016): Zum Zusammenhang von Männern, Männlichkeiten und Arbeitsmärkten. Trans(-nationale) Patriarchate, transnationale Männer und transnationale Männlichkeiten. In: Lengersdorf, Diana/Meuser, Michael (Hrsg.): Männlichkeiten und der Strukturwandel von Erwerbsarbeit in globalisierten Gesellschaften. Diagnosen und Perspektiven. Weinheim, Basel: Beltz Juventa, S. 15–36

Hearn, Jeff/Morrell, Robert (2012): Reviewing Hegemonic Masculinities and Men in Sweden and South Africa. In: Men and Masculinities 15, S. 3–10

Hechler, Andreas (2012): Intergeschlechtlichkeit als Thema geschlechterreflektierender Pädagogik. In: Dissens e. V./Debus, Katharina/Könnecke, Bernard/Schwerma, Klaus/Stuve, Olaf (Hrsg.): Geschlechterreflektierte Arbeit mit Jungen an der Schule. Texte zu Pädagogik und Fortbildung rund um Jungenarbeit, Geschlecht und Bildung. Berlin: Eigendruck, S. 125–135

Hechler, Andreas (2015): Intergeschlechtlichkeit in Bildung, Pädagogik und Sozialer Arbeit. In: BMFSFJ (Hrsg.): Geschlechtliche Vielfalt. Begrifflichkeiten, Definitionen und disziplinäre Zugänge zu Trans- und Intergeschlechtlichkeiten. Begleitforschung zur Interministeriellen Arbeitsgruppe Inter- & Transsexualität. Berlin: Eigendruck, S. 61–74. dx.doi.org/10.25595/1974 (Abfrage: 12.01.2021)

Hechler, Andreas (2016): „Was ist es denn?" Intergeschlechtlichkeit in Bildung, Pädagogik und Sozialer Arbeit. In: Katzer, Michaela/Voß, Heinz-Jürgen (Hrsg.): Geschlechtliche, sexuelle und reproduktive Selbstbestimmung. Praxisorientierte Zugänge. Gießen: Psychosozial-Verlag, S. 161–185

Hechler, Andreas (2019): „Wie berichte ich über die ‚Dritte Option'? Eine polemische Anleitung für Journalist*innen". www.queer.de/detail.php?article_id=32783 (Abfrage: 11.01.2021)

Hechler, Andreas (2020a): „Hinweise für Pädagog*innen". www.inter-nrw.de/hinweise-zu-fuer-paedagoginnen (Abfrage: 11.01.2021)

Hechler, Andreas (2020b): „Inter* in Bildung und Lehre integrieren". www.inter-nrw.de/inter-in-bildung-und-lehre-integrieren (Abfrage: 11.01.2021).

Hechler, Andreas (2020c): „Dos & Don'ts für Pädagog*innen – Tipps für einen guten Umgang". www.inter-nrw.de/dos-donts-fuer-paedagoginnen-tipps-fuer-einen-guten-umgang (Abfrage: 11.01.2021).

Hechler, Andreas/Stuve, Olaf (2015): Geschlechterreflektierte Pädagogik gegen Rechtsextremismus. Opladen, Berlin, Toronto: Barbara Budrich

Hege, Marianne (1991): Frauen in der Supervision. In: Supervision 20, S. 1–7

Hegel, Georg Wilhelm Friedrich (1986): Phänomenologie des Geistes. Werke Band 3. Frankfurt/M.: Suhrkamp

Heidbrink, Ludger (2017): Definitionen und Voraussetzungen der Verantwortung. In: Heidbrink, Ludger/Langbehn, Claus/Loh, Janina (Hrsg.): Handbuch Verantwortung. Wiesbaden: Springer VS

Heiliger, Anita (2000a): Zu Hintergründen und Grundsätzen einer antisexistischen Jungenarbeit. In: Bieringer, Ingo/Buchacher, Walter/Forster, Edgar J. (Hrsg.): Männlichkeit und Gewalt. Konzepte für die Jungenarbeit. Opladen: Leske + Budrich, S. 32–38

Heiliger, Anita (2000b): Zur Therapie von Sexualstraftätern – eine kritische Perspektive. In Kofra, 18, 91, S. 4–18

Heilmann, Andreas/Scholz, Sylka (2017): Caring Masculinities – gesellschaftliche Transformationspotentiale fürsorglicher Männlichkeiten? In: Feministische Studien 35, H. 2, S. 349–357

Heilmann, Andreas/Scholz, Sylka (2017): Caring Masculinities – gesellschaftliche Transformationspotentiale fürsorglicher Männlichkeiten? In: Feministische Studien 35, H. 2, S. 349–357

Heim, Gunda/Krafeld, Franz Josef/Lutzebaeck, Elke/Schaar, Gisela/Storm, Carola/Welp, Wolfgang (1991): „Lieber ein Skinhead als sonst nichts?" Grundsätze einer akzeptierenden Jugendarbeit in rechten Jugendcliquen. In: neue praxis, H. 4, S. 300–310

Heimann, Eduard (1929): Soziale Theorie des Kapitalismus. Tübingen: Mohr & Siebeck

Heimerl, Birgit (2013): Die Ultraschallsprechstunde. Eine Ethnografie pränataldiagnostischer Situationen. Bielefeld: transcript

Heimgartner, Stephanie/Sauer-Kretschmer, Simone (2017): Erfüllte Körper. Inszenierungen von Schwangerschaft. Paderborn: Wilhelm Fink

Heimvolkshochschule „Alte Molkerei Frille" (1987): Parteiliche Mädchenarbeit & antisexistische Jungenarbeit. Petershagen

Heimvolksschule „Alte Molkerei Frille" (1989): Parteiliche Mädchenarbeit und antisexistische Jungenarbeit. Abschlußbericht des Modellprojekts „Was Hänschen nicht lernt … verändert Clara nimmer mehr!". Petershagen-Frille: Selbstverlag

Hein, Eva/Langer, Sabine (1979): Arbeitszeit und Erholungsurlaub. Berlin: Tribüne

Heinemann, Gabriele (2000): Wem gehört der Kiez? Geschlechtsspezifische Gewaltprävention im sozialen Brennpunkt. In: Betrifft Mädchen 1, S. 19–22

Heiner, Maja (1996): Qualitätsentwicklung durch Evaluation. Freiburg: Lambertus Verlag

Heinrich, Frank/Heimowski, Uwe (2016): Der verdrängte Skandal: Menschenhandel in Deutschland. Moers: Brendow

Heintz, Bettina/Nadai, Eva/Fischer, Regul/Ummel, Hannes (1997): Ungleich unter Gleichen: Studien zur geschlechtsspezifischen Segregation des Arbeitsmarktes. Frankfurt/M., New York: Campus

Heinze, Carsten (2020): Verletzlichkeit und Teilhabe. In: Miethe, Ingrid/Tervooren, Anja/Ricken, Norbert (Hrsg.): Bildung und Teilhabe. Zwischen Inklusionsforderung und Exklusionsdrohung. Wiesbaden: Springer VS, S. 47–63

Heinzel, Friederike (2004): Generationentheorien und erziehungswissenschaftliche Frauen- und Geschlechterforschung. In: Glaser, Edith/Klika, Dorle/Prengel, Annedore (Hrsg.): Handbuch Gender und Erziehungswissenschaften. Bad Heilbrunn: Klinkhardt, S. 157–174

Heinzel, Friederike (2004): Generationentheorien und erziehungswissenschaftliche Frauen- und Geschlechterforschung. In: Glaser, Edith/Klika, Dorle/Prengel, Annedore (Hrsg.): Handbuch Gender und Erziehungswissenschaften. Bad Heilbrunn: Klinkhardt, S. 157–174

Heite, Cathrin (2013): Gender und (Re)Genderisierung – eine geschlechtertheoretische Reflexion sozialpädagogischer Theorie und Praxis. In: Oelkers, Nina/Richter, Martina (Hrsg.): Aktuelle Themen und Theoriediskurse in der Sozialen Arbeit. Bern, Bruxelles, Frankfurt/M., New York, Oxford: Peter Lang, S. 13–27

Heitmeyer, Wilhelm (1995): Gewalt: Schattenseiten der Individualisierung bei Jugendlichen aus unterschiedlichen Milieus. Weinheim: Juventa

Heitmeyer, Wilhelm (Hrsg.) (2002–2010): Deutsche Zustände. Bände 1–8. Frankfurt/M.: Suhrkamp

Helfferich, Cornelia (2017): Familie und Geschlecht. Eine neue Grundlegung der Familiensoziologie. Opladen: Barbara Budrich

Helfferich, Cornelia/Kavemann, Barbara/Kindler, Heinz/Schürmann-Ebenfeld, Silvia/Nagel, Bianca (2017): Stigma macht vulnerabel, gute Beziehungen schützen: Sexueller Missbrauch in Entwicklungsverläufen von jugendlichen Mädchen in der stationären Jugendhilfe. In: Disksurs – Kindheits- und Jugendforschung 12, H. 3, S. 201–275. doi.org/10.3224/diskurs.v12i3.01

Helfferich, Cornelia/Kavemann, Barbara/Rixen, Stephan (2013): Bestandsaufnahme zur Situation der Frauenhäuser, der Fachberatungsstellen und anderer Unterstützungsangebote für gewaltbetroffene Frauen und deren Kinder. Gutachten im Auftrag des BMFSFJ. 2. Auflage. Berlin: Eigendruck

Helgeson, Vicki S. (2003): Social support and quality of life. In: Quality of Life Research 12, H.1, S. 25–31

Heller, Birgit (2012): Wie Religionen mit dem Tod umgehen. Grundlagen für die interkulturelle Sterbebegleitung. Freiburg/Breisgau: Lambertus

Heller, Birgit (2017): Beziehungen zwischen Diesseits und Jenseits – Vom Sozialcharakter des Todes in religiös-kulturellen Traditionen und der Moderne. In: Sozialpolitik. CH, Vol. 1: S.1–21. www.sozialpolitik.ch/fileadmin/user_upload/2017_1_Heller_final.pdf (Abfrage: 30.5.2021)

Heller, Dana (2011): Visibility and its discontents. In: GLQ: A Journal of Lesbian and Gay Studies 17, H. 4, S. 665–676

Hellinger, Marlis/Bierbach, Christine (1993): Eine Sprache für beide Geschlechter. Richtlinien für einen nicht-sexistischen Sprachgebrauch. Bonn. Deutsche UNESCO-Kommission. www.unesco.de/sites/default/files/2018-05/eine_Sprache_fuer_beide_Geschlechter_1993_0.pdf (Abfrage: 24.04.2021)

Hellinger, Marlis/Bußmann, Hadumod (Hrsg.) (2001–3; 2015): Gender Across Languages. The Linguistic Representation of Women and Men. 4 Bände. Band 4: Hellinger, Marlis/Motschenbacher, Heiko (Hrsg.). Amsterdam, Philadelphia: Benjamins

Hellsten, Sirkku (2004): Rationalising Circumcision. From Tradition to Fashion, From Public Health to Individual Freedom. Critical Notes on Cultural PersistenI he Practice of Genital Mutilation. In: Journal of Medical Ethics, H. 30, S. 248–253

Helma, Lutz (2010): Fokus Intersektionalität. Bewegungen und Verortungen eines vielschichtigen Konzeptes. Wiesbaden: VS

Helms, Tobias/Schneider, Stephanie (2020): Die Anordnung des Wechselmodells in der Rechtsprechung der Oberlandesgerichte nach der Grundsatzentscheidung des BGH vom 1.2.2017. In: FamRZ 11, S. 813–820

Heltzel, Rolf/Weigand, Wolfgang (2012): Im Dickicht der Organisation. Göttingen: Vandenhoek & Ruprecht, S. 289–312

Hendrix, Ulla (2019): Frauenquote: zwischen Legitimität, Effizienz und Macht. In: Kortendiek, Beate/Riegraf, Birgit/Sabisch, Katja (Hrsg.): Handbuch Interdisziplinäre Geschlechterforschung. Wiesbaden: Springer VS, S. 993–1002

Henkenborg, Peter (2005): Empirische Forschung zur politischen Bildung – Methoden und Ergebnisse. In: Sander, Wolfgang (Hrsg.): Handbuch politische Bildung. Schwalbach/Taunus: Wochenschau, S. 48–61

Henninger, Annette (2020): Antifeminismen ‚Krisen'-Diskurse mit gesellschaftsspaltendem Potenzial? In: Henninger, Annette/Birsl, Ursula (Hrsg.): Antifeminismen. ‚Krisen'-Diskurse mit gesellschaftsspaltendem Potential? Bielefeld: transcript, S. 9–41

Henninger, Annette/Bergold-Caldwell, Denise/Grenz, Sabine/Grubner, Barbara/Krüger-Kirn, Helga/Maurer, Susanne/Näser-Lather, Marion/Beaufaÿs, Sandra (2021a): Einleitung. Mobilisierungen gegen Feminismus und ‚Gender'. Erscheinungsformen, Erklärungsversuche und Gegenstrategien. In: GENDER Sonderheft 6. Opladen, Berlin, Toronto: Barbara Budrich, S. 9–24

Henninger, Annette/Bergold-Caldwell, Denise/Grenz, Sabine/Grubner, Barbara/Krüger-Kirn, Helga/Maurer, Susanne/Näser-Lather, Marion/Beaufaÿs, Sandra (Hrsg.) (2021b): Mobilisierungen gegen Feminismus und ‚Gender'. Erscheinungsformen, Erklärungsversuche und Gegenstrategien. GENDER Sonderheft 6. Opladen, Berlin, Toronto: Barbara Budrich

Henninger, Annette/Birsl, Ursula (2020): Antifeminismen. ›Krisen‹-Diskurse mit gesellschaftsspaltendem Potential? Bielefeld: transcript

Henschel, Angelika (2017): „Stachel im Fleisch". Frauenhäuser zwischen Professionalisierung und kritischem Einspruch. In: Braches-Chyrek, Rita/Sünker, Heinz (Hrsg.): Soziale Arbeit in gesellschaftlichen Konflikten und Kämpfen. Wiesbaden: Springer VS, S. 209–230

Henschel, Angelika (2019): Frauenhauskinder und ihr Weg ins Leben: Das Frauenhaus als entwicklungsunterstützende Sozialisationsinstanz. Leverkusen: Barbara Budrich

Hepp, Andreas (2005): Kommunikative Aneignung. In: Mikos, Lothar/Wegener, Claudia (Hrsg.): Handbuch qualitative Medienforschung. Konstanz: UTB (UVK), S. 67–79

Hepp, Andreas (2018): Von der Mediatisierung zur tiefgreifenden Mediatisierung. In: Reichertz, Jo/Bettmann, Richard (Hrsg.): Kommunikation – Medien – Konstruktion. Braucht die Mediatisierungsforschung den Kommunikativen Konstruktivismus? Wiesbaden: Springer VS, S. 27–45

Hering, Sabine (2013): Was ist Soziale Arbeit? Traditionen – Widersprüche– Wirkungen. Opladen: Barbara Budrich

Hering, Sabine/Kramer, Edith (Hrsg.) (1984): Aus der Pionierzeit der Sozialarbeit. Elf Frauen berichten. Weinheim, Basel: Juventa

Hering, Sabine/Kruse, Elke (2004): Wo bleiben die Frauen im Bologna-Prozess? Der Junggeselle und der Meister als Prototypen der Hochschulreform? In: Sozial Extra, 28. Jg., H. 04, S. 25–27

Hering, Sabine/Münchmeier, Richard (2014): Geschichte der Sozialen Arbeit. Eine Einführung. Weinheim, München: Beltz Juventa

Hering, Sabine/Waaldijk, Berteke (Hrsg.) (2002): Die Geschichte der Sozialen Arbeit in Europa (1900–1960). Wichtige Pionierinnen und ihr Einfluss auf die Entwicklung internationaler Organisationen. Opladen: Leske + Budrich

Hermes, Gisela (2015): Mehrdimensionale Diskriminierung. In: Degener, Theresia/Diehl, Elke (Hrsg.): Handbuch Behindertenrechtskonvention. Teilhabe als Menschenrecht – Inklusion als gesellschaftliche Aufgabe. Bonn: Bundeszentrale für politische Bildung, S. 253–262

Herring, Susan C. (1997): Geschlechtsspezifische Unterschiede in computergestützter Kommunikation. In: Feministische Studien 15, H. 1, S. 65–76

Herrmann, Cora/Stövesand, Sabine (2009): Zur (Re-)Politisierung Sozialer Arbeit – Plädoyer für eine reflexive und koordinierte „Unfügsamkeit". In: Kessl, Fabian/Otto, Hans-Uwe (Hrsg.): Soziale Arbeit ohne Wohlfahrtsstaat? Zeitdiagnosen, Problematisierungen und Perspektiven. Weinheim, München: Juventa, S. 191–206

Herrmann, Heike (2019): Soziale Arbeit im Sozialraum. Stadtsoziologische Zugänge. Stuttgart: Kohlhammer

Herrmann, Ulrich (1987): Jugend in der Sozialgeschichte. In: Schieder, Wolfgang/Sellin, Volker (Hrsg.): Sozialgeschichte in Deutschland. Band 4: Soziale Gruppen in der Geschichte. Göttingen: Vandenhoeck & Ruprecht, S. 133–155

Hertlein, Julia (2019): „Gewalt kriegt die rote Karte" Kinderworkshops zur Prävention von häuslicher Gewalt (BIG-Prävention). Evaluationsbericht 2012–2018. Im Auftrag der Berliner Initiative gegen Gewalt an Frauen (BIG e. V.)

Hess, Beth B./Ferree, Myra Marx (Hrsg.) (1987): Analyzing gender. A Handbook of Social Science Research. Newbury Park, London, New Dehli: Sage

Hess, Sabine/Neuhauser, Johanna/Thomas, Tanja (2016): Einleitung: Gender und Politiken der Migration. In: Feministische Studien. Zeitschrift für interdisziplinäre Frauen- und Geschlechterforschung. Schwerpunkt: Gender und Politiken der Migration. 34. Jg., H. 2, S. 177–188

Hess, Sabine/Kasparek, Bernd/Kron, Stefanie/Rodatz, Mathias/Schwertl, Maria/Sontowski, Simon (2016): Der lange Sommer der Migration. Grenzregime III. Hamburg: Assoziation A

Heßling, Angelika (2010): Jugendsexualität in Deutschland 2010 – Schwerpunkt Migration. Ergebnisse einer repräsentativen Befragung der Bundeszentrale für gesundheitliche Aufklärung. In: BZgA Forum, Informationsdienst der Bundeszentrale für gesundheitliche Aufklärung, H. 2, S. 3–14

Hettlage, Robert (2008): Anthropologische Grundlagen der Sozialisation. In: Willems, Herbert (Hrsg.): Lehr(er)buch Soziologie. Für die pädagogischen und soziologischen Studiengänge. Band 1. Wiesbaden: VS, S. 45–66

Hetzer, Hildegard (1926): Der Einfluß der negativen Phase auf soziales Verhalten und literarische Produktion pubertierender Mädchen. Beobachtungen an Proletariermädchen. Band 4 der Reihe Quellen und Studien zur Jugendkunde, hrsg. von Charlotte Bühler. Jena: Fischer

Heynen, Susanne (2017): Forschungsstand. In: Heynen, Susanne/Zahradnik, Frauke (Hrsg.), Innerfamiliäre Tötungsdelikte im Zusammenhang mit Beziehungskonflikten, Trennung beziehungsweise Scheidung. Konsequenzen für die Jugendhilfe. Weinheim: Juventa Verlag, S. 12–27

Heynen, Susanen/Zahradnik, Frauke (Hrsg.) (2017): Innerfamiliäre Tötungsdelikte im Zusammenhang mit Beziehungskonflikten, Trennung beziehungsweise Scheidung. Konsequenzen für die Jugendhilfe. Weinheim: Juventa Verlag

Hinshelwood, Robert D. (2007): Bion and Foulkes: The Group-as-a-whole. In: Group Analysis 40, H. 3, S. 344–356

Hinte, Wolfgang/Litges, Gerhard/Springer, Werner (Hrsg.) (1999): Soziale Dienste: Vom Fall zum Feld: Sonderband 12: Soziale Räume statt Verwaltungsbezirke. Berlin: Edition Sigma

Hipfl, Brigitte (2004): Mediale Identitätsräume. Skizzen zu einem ‚spatial turn' in der Medien- und Kommunikationswissenschaft. In: Hipfl, Brigitte/Klaus, Elisabeth/Scheer, Uta (Hrsg.): Identitätsräume. Nation, Körper und Geschlecht in den Medien. Eine Topografie. Bielefeld: transcript, S. 16–50

Hipfl, Brigitte (2015): Medialisierung und Sexualisierung als Assemblagen gegenwärtiger Kultur – Herausforderungen für eine (Medien)- Pädagogik jenseits von „moral panic". In: Aigner, Josef/Hug, Theo/Schuegraf, Martina/Tillmann, Angela (Hrsg.): Medialisierung und Sexualisierung. Vom Umgang mit Körperlichkeit und Verkörperungsprozessen im Zuge der Digitalisierung. Springer VS: Wiesbaden, S. 15–32

Hipfl, Brigitte (2018): Medien, Affizierungen, verteilte Agency. In: Hug, Theo (Hrsg.): Medienpädagogik – Herausforderungen für Lernen und Bildung im Medienzeitalter. Innsbruck: innsbruck university press, S. 85–95

Hipfl, Brigitte/Klaus, Elisabeth/Scheer, Uta (Hrsg.) (2004): Identitätsräume. Nation, Körper und Geschlecht in den Medien. Eine Topografie. Bielefeld: transkript

Hippmann, Cornelia/Aktan, Oktay (2017): „... imma unsicha wenn der bei uns in die Sportkabine guckt." Ambivalente Anerkennung männlicher Homosexualität in der Adoleszenz. In: Gender. Zeitschrift für Geschlecht, Kultur und Gesellschaft 9, H. 1, S. 133–148

Hirschauer, Stefan (1993): Die soziale Konstruktion der Transsexualität. Frankfurt/M.: Suhrkamp

Hirschauer, Stefan (1994): Die soziale Fortpflanzung der Zweigeschlechtlichkeit. In: Kölner Zeitschrift für Soziologie und Sozialpsychologie 46, H. 4, S. 668–692

Hirschauer, Stefan (1996): Wie sind Frauen, wie sind Männer? Zweigeschlechtlichkeit als Wissenssystem. In: Eifert, Christiane/Epple, Angelika/Kessel, Martina (Hrsg.): Was sind Frauen? Was sind Männer? Geschlechterkonstruktion im historischen Wandel. Frankfurt/M.: Suhrkamp, S. 240–256

Hirsh, David (2018): Contemporary Left Antisemitism. London, New York: Routledge

Horkheimer, Max/Adorno, Theodor W. (1947/1997): Dialektik der Aufklärung. Philosophische Fragmente. Frankfurt/M.: Suhrkamp

Hobbes, Thomas (1984): Leviathan oder Stoff, Form und Gewalt eines kirchlichen und bürgerlichen Staates. Frankfurt/M.: Suhrkamp

Hobler, Dietmar/Lott, Yvonne/Pfahl, Svenja/Schulze-Buschoff, Karin (2020): Stand der Gleichstellung von Frauen und Männern in Deutschland. In: WSI Report, H. 56

Hobler, Dietmar/Pfahl, Svenja/Zucco, Aline (2020): 30 Jahre Deutsche Einheit. Gleichstellung von Frauen und Männern auf den Arbeitsmärkten in West- und Ostdeutschland? In: WSI Report, H. 60

Höblich, Davina (2018): Sexuelle und geschlechtliche Vielfalt in der Beratung zwischen Mikroaggressionen und (Un)Sichtbarkeit. In: Schulze, Heidrun/Höblich, Davina/Mayer, Marion (Hrsg.): Macht – Diversität – Ethik in der Beratung: Wie Beratung Gesellschaft macht. Opladen: Barbara Budrich, S. 187–205

Höblich, Davina (2019): Sexuelle Orientierung. In: Grendel, Tanja (Hrsg.): Sozialisation und Soziale Arbeit. Studienbuch zu Theorie, Empirie und Praxis. Wiesbaden: Springer Fachmedien, S. 158–169

Höblich, Davina (2020a): Sexuelle und geschlechtliche Vielfalt in der offenen Bildung und Erziehung –Sexuelle Orientierungen in der offenen Kinder- und Jugendarbeit. In: Jugendhilfe 58, H. 06, S. 547–552

Höblich, Davina (2020b): Soziale Arbeit als Projekt sozialer Gerechtigkeit. Dilemmata im Umgang mit Differenz am Beispiel sexuelle Orientierung. In: Cloos, Peter/Lochner, Barbara/Schoneville, Holger (Hrsg.): Soziale Arbeit als Projekt. Konturierungen von Disziplin und Profession. Wiesbaden: Springer VS, S. 119–129

Höblich, Davina/Schulze, Heidrun/Mayer, Marion (Hrsg.) (2018): Macht – Diversität – Ethik in der Beratung: wie Beratung Gesellschaft macht. Berlin: Barbara Budrich

Höblich, Davina/Goede, Hannah (2021): Zwischen Normalisierung und Dekonstruktion. Queer-Heteronormativitätskritische Soziale Arbeit als Grenzbearbeitung. Sozial Extra 3, S. 188–191 doi.org/10.1007/s12054- 021- 00385-9

Hobsbawm, Eric (2004): Nationen und Nationalismus. Mythos und Realität seit 1780. Frankfurt/M.: Campus

Hochschild, Arlie R. (2000): Global Care Chains and Emotional Surplus Value. In: Giddens, A./Hutton, W. (Hrsg.): On the Edge. Living with Global Capitalism. London: Jonathan Cape, S. 130–146

Hochschild, Arlie Russel (2001): The Time Bind. When work becomes home and home becomes work. London: MacMillan

Hochschulrektorenkonferenz (2012): Diversität und Durchlässigkeit. Broschüre zum Projekt nexus. Bonn: Bundesministerium für Bildung und Forschung

Hoenes, Josch/Januschke, Eugen/Klöppel, Ulrike (2019): Häufigkeit normangleichender Operationen „uneindeutiger" Genitalien im Kindesalter. Follow Up-Studie. Zentrum für transdisziplinäre Geschlechterstudien, Bulletin Texte, H. 44. Berlin: Humboldt-Universität zu Berlin

Hoenes, Josch/Utan Schirmer (2019): Transgender/Transsexualität: Forschungsperspektiven und Herausforderungen. In: Kortendiek, Beate/Riegraf, Birgit/Sabisch, Katja (Hrsg.): Handbuch Interdisziplinäre Geschlechterforschung. Wiesbaden: Springer VS, S. 1203–1212

Hoffer-Pober, Angelika/Strametz-Juranek, Jeanette (2020): Genderaspekte im Gesundheitsverhalten, bei Krankheitsbewältigung und sozialer Unterstützung. Eine Untersuchung im Rahmen der Rehabilitation. In: Wiener Medizinische Wochenschrift, H. 170, S. 340–347

Hoffmann, Anna L. (2019): Where Fairness Fails: Data, Algorithms, and the Limits of Antidiscrimination Discourse. In: Information, Communication & Society 22, H. 7, S. 900–915

Hofmann, Heidi (1999): Die feministischen Diskurse über Reproduktionstechnologien. Positionen und Kontroversen in der BRD und den USA. Frankfurt/M.: Campus

Hofmann, Roswitha (2014): Organisationen verändern Geschlechterverhältnisse?! Queer-theoretische Perspektiven für eine geschlechtergerechte Entwicklung von Organisationen. In: Funder, Maria (Hrsg.): Gender Cage – Revisited. Handbuch zur Organisations- und Geschlechterforschung. Baden-Baden: Nomos, S. 387–410

Hohmeier, Jürgen (1978): Alter als Stigma oder Wie man alt gemacht wird. Frankfurt/M.: Suhrkamp

Holland-Cunz, Barbara (2001): Zwanzig Jahre wissenschaftliche Revolution? Über Normalisierungen und Zukunftswege der feministischen Forschung. In: Hornung, Ursula/Gümen, Sedef/Weilandt, Sabine (Hrsg.): Zwischen Emanzipationsvision und Gesellschaftskritik. (Re-)Konstruktionen der Geschlechterordnung in Frauenforschung, Frauenbewegung, Frauenpolitik. Münster: Westfälisches Dampfboot, S. 42–55

Holland-Cunz, Barbara (2003): Die alte neue Frauenfrage. Frankfurt/M.: Suhrkamp

Hollenstein, Lena/Kunz, Regula (2019): Kasuistik in der Sozialen Arbeit. Opladen, Berlin, Toronto: Barbara Budrich

Hollis, Leah P. (2018): Bullied out of position. Black women's complex intersectionality, workplace bullying, and resulting career disruption. In: Journal of Black Sexuality and Relationships 4, H. 3, S. 73–89. doi: 10.1353/bsr.2018.0004

Hollstein, Walter/Matzner, Michael (2007): Soziale Arbeit mit Jungen und Männern. München: Ernst Reinhardt

Holzer, Boris/Stegbauer, Christian (2015): Schlüsselwerke der Netzwerkforschung. Wiesbaden: Springer VS

Holzhacker, Christian/Mangl, Magdalena (2020): Zur Entwicklung genderkompetenter Jugendarbeit im Verein Wiener Jugendzentren. Von geschlechtssensibel zu genderkompetent. In: In: Krisch, Richard/Schröer, Wolfgang (Hrsg.): Entgrenzte Jugend – Offene Jugendarbeit. Weinheim: Beltz Juventa, S. 156–170

Holzkamp, Christine/Rommelspacher, Birgit (1991): Frauen und Rechtsextremismus. In: PädExtra, H. 1, S. 33–39

Holzkamp, Klaus (1995): Lernen. Subjektwissenschaftliche Grundlegung. Frankfurt/M.: Campus-Verlag

Hölzle, Christina (2011): Gegenstand und Funktion von Biografiearbeit im Kontext Sozialer Arbeit In: Hölzle, Christina/Jansen, Irma (Hrsg.): Ressourcenorientierte Biografiearbeit. Grundlagen Zielgruppen – Kreative Methoden. Wiesbaden: VS, S. 31–54

Hölzle, Christina (2017): Personalmanagement in Einrichtungen der Sozialen Arbeit. 2. Auflage. Weinheim, Basel: Beltz Juventa

Hölzle, Christina/Jansen, Irma (2011): Ressourcenorientierte Biografiearbeit. Grundlagen – Zielgruppen – Kreative Methoden. Wiesbaden: VS

Homfeldt, Hans Günther (2018): Kooperation der Kinder- und Jugendhilfe mit der Gesundheits- und Behindertenhilfe und der Schule. In: Böllert, Karin (Hrsg.): Kompendium Kinder- und Jugendhilfe. Band 2. Wiesbaden: Springer VS, S. 1183–1212

Hommerich, Christoph (1984): Der Diplompädagoge – ein ungeliebtes Kind der Bildungsreform. Frankfurt/M., New York: Campus

Honegger, Claudia (1991): Die Ordnung der Geschlechter. Die Wissenschaften vom Menschen und das Weib, 1750–1850. Frankfurt/M.: Suhrkamp

Honig, Michael-Sebastian (1999): Entwurf einer Theorie der Kindheit. Frankfurt/M.: Suhrkamp

Honneth, Axel (2003): Kampf um Anerkennung. Zur moralischen Grammatik sozialer Konflikte, Frankfurt/M.: Suhrkamp

hooks, bell (1981): Ain't I a Woman. Black Woman and Feminism. Boston: Taylor and Francis

hooks, bell (1990): Schwesterlichkeit. Politische Solidarität unter Frauen. In: Beiträge für feministische Theorie und Praxis 27, S. 77–92

hooks, bell (1992): Reel to real: Race, sex, and class at the movies. Hoboken: Taylor and Francis

hooks, bell (2000): Where We Stand: Class Matters. New York: Routledge

hooks, bell (2016): Der oppositionelle Blick: Schwarze Frauen als Zuschauerinnen. In: Peters, Kathrin/Seier, Andrea (Hrsg.): Gender & Medien-Reader. Zürich, Berlin: Diaphanes, S. 91–106

hooks, bell (2020): Die Bedeutung von Klasse. Münster: Unrast

Hoops, Sabrina (2017): Dauerthema „Geschlossene Unterbringung": Erziehung zur Freiheit durch Freiheitsentzug? In: Marks, Erich/Steffen, Wiebke (Hrsg.): Prävention und Freiheit. Zur Notwendigkeit eines Ethik-Diskurses. Ausgewählte Beiträge des 21. Deutschen Präventionstages 6. und 7. Juni 2016 in Magdeburg. Godesberg: Forum Verlag, S. 363–378

Hopf, Christel (2005): Frühe Bindungen und Sozialisation. Weinheim, München: Juventa

Höpflinger, François (2002): Private Lebensformen, Mortalität und Gesundheit. In: Hurrelmann, Klaus/Kolip, Petra (Hrsg.): Geschlecht, Gesundheit und Krankheit. Männer und Frauen im Vergleich. Bern: Huber, S. 419–438

Horkheimer, Max/Adorno, Theodor W. (1947): Dialektik der Aufklärung. Amsterdam: Querido

Hornberg, Claudia/Liebig-Gonglach, Michaela/Pauli, Andrea (2018): Gesundheitsförderung – ein Konzept und seine Entwicklung in Deutschland. In: Baumgart, Sasika/Köckler, Heike/Ritzinger, Anne/Rüdiger, Andrea (Hrsg.): Planung für gesundheitsfördernde Städte. Hannover: Akademie für Raumforschung und Landesplanung, S. 37–58

Hörster, Reinhard (2001): Kasuistik/Fallverstehen. In: Otto, Hans-Uwe/Thiersch, Hans (Hrsg.): Handbuch Sozialarbeit Sozialpädagogik. Neuwied, Kriftel: Luchterhand, S. 916–926

Hörster, Reinhard (2010): Kasuistik. In: Bock, Karin/Miethe, Ingrid (Hrsg.): Handbuch Qualitative Methoden in der Sozialen Arbeit. Opladen, Farmington Hills: Barbara Budrich, S. 377–386

Howald, Jude (2001): Ein Mädchen ist ein Mädchen ist kein Mädchen? Mögliche Bedeutungen von „Queer Theory" für die feministische Mädchenarbeit. In: Fritzsche, Bettina/Hartmann, Jutta/Schmidt, Andreas/Tervooren, Anja (Hrsg.): Dekonstruktive Pädagogik. Erziehungswissenschaftliche Debatten unter poststrukturalistischen Perspektiven. Opladen: Leske + Budrich, S. 295–309

Howell, Jude/Mulligan, Diane (2005): Gender and Civil Society. Transcending Boundaries. London, New York: Routledge

Höyng, Stephan (2009): Die Lebenssituation von Jungen als eine Herausforderung von Jungenarbeit. In: Pech, Detlef (Hrsg): Jungen und Jungenarbeit. Eine Bestandsaufnahme des Forschungs- und Diskussionsstandes. Baltmannsweiler: Schneider, S. 143–153

Höyng, Stephan (2012): Getriebene – zu wenig Zeit für Beruf und Familie. In: Prömper, Hans/Jansen, Mechthild M./Ruffing, Andreas (Hrsg.): Männer unter Druck. Ein Themenbuch. Opladen, Berlin, Toronto: Barbara Budrich, S. 275–307

Hrdy, Sarah Blaffer (2000): Mutter Natur. Die weibliche Seele der Evolution. Berlin: Berlin Verlag

Huber, Johannes (2016): Männliche Identitätsentwicklung – (tiefen)psychologische Überlegungen und praxisbezogene Impulse für die Arbeit mit Jungen. In: Stecklina, Gerd/Wienforth, Jan

(Hrsg.): Impulse für die Jungenarbeit. Denkanstöße und Praxisbeispiele. Weinheim und Basel: Beltz Juventa, S. 246–263

Huber, Johannes (2019): „Vater, wo bist Du?" Eine interdisziplinäre Spurensuche zum relationalen Phänomen väterlicher An- und Abwesenheit. Weinheim, Basel: Beltz Juventa

Huber, Johannes (2021): Väter in den Frühen Hilfen – Konzeptuelle Überlegungen in einem interdisziplinären Handlungsfeld. In: Eickhorst, Andreas/Liel, Christoph (Hrsg.): Väter in den Frühen Hilfen. Köln: DJI/Nationales Zentrum Frühe Hilfen

Huber, Johannes/Schäfer, Eberhard (2012): Väterpolitik in Deutschland. Bestandsaufnahme und Perspektiven für die Zukunft. In: Walter, Heinz/Eickhorst, Andreas (Hrsg.): Das Väter-Handbuch. Theorie, Forschung, Praxis. Gießen: Psychosozial-Verlag, S. 127–146

Huber, Johannes/Walter, Heinz (2016): Der Blick auf Vater und Mutter. Wie Kinder ihre Eltern erleben. Göttingen: Vandenhoeck & Ruprecht

Hübner, Katharina (2016): Fluchtgrund sexuelle Orientierung und Geschlechtsidentität: Auswirkungen von heteronormativem Wissen auf die Asylverfahren LGBTI-Geflüchteter. In: Feministische Studien. Zeitschrift für interdisziplinäre Frauen- und Geschlechterforschung. Schwerpunkt: Gender und Politiken der Migration. 34. Jg., H. 2, S. 242–260

Hubrig, Silke (2019): Geschlechtersensibles Arbeiten in der Kita. Weinheim: Beltz Juventa

Hügel, Ika/Lange, Chris/Ayim, May/Bubeck, Ilona/Aktaş, Gülşen/Schultz, Dagmar (Hrsg.): Entfernte Verbindungen. Rassismus, Antisemitismus, Klassenunterdrückung. Berlin: Orlanda

Hull, Gloria T./Scot, Patricia Bell/Scott, Barbara (Hrsg.) (1982): All the Women are White, All the Blacks are Men, But some of us are brave. New York: The Feminist Press

Hüllemann, Ulrike/Reutlinger Christian/Deinet, Ulrich (2019): Aneignung. In: Kessl, Fabian/Reutlinger, Christian (Hrsg.): Handbuch Sozialraum. 2. überarbeitete Auflage. Wiesbaden: Springer VS, S. 381–398

Hülsken-Giesler, Manfred (2008): Der Zugang zum Anderen. Zur theoretischen Rekonstruktion von Professionalisierungsstrategien pflegerischen Handelns im Spannungsfeld von Mimesis und Maschinenlogik. Göttingen: V&R

Human Rights Watch (2011): Controlling Bodies, Denying Identities. Human Rights Violations against Trans People in the Netherlands. www.hrw.org/sites/default/files/reports/netherlands0911webwcover.pdf (Abfrage: 12.2.2021)

Human Rights Watch (2008): We Need a Law for Liberation. Gender, Sexuality, and Human. www.hrw.org/reports/2008/turkey0508/turkey0508webwcover.pdf (Abfrage: 12.2.2021)

Huning, Sandra (2018): Feminismus und Stadt. In: Rink, Dieter/Haase Annegret (Hrsg.): Handbuch Stadtkonzepte. Analysen, Diagnosen, Kritiken und Visionen. Opladen, Toronto: Babara Budrich, S. 107–128

Huntington Charlie/Markman, Howard/Rhoades, Galena (2021): Watching Pornography Alone or Together: Longitudinal Associations With Romantic Relationship Quality. In: Journal of Sex & Marital Therapy 47, H. 2, S. 130–146

Huntington, Samuel P. (1998): Kampf der Kulturen (Clash of Civilizations). Die Neugestaltung der Weltpolitik im 21. Jahrhundert. München: Goldmann

Hurrelmann, Klaus/Bauer, Ullrich/Grundmann, Klaus/Walper, Sabine (Hrsg.) (2015): Handbuch Sozialisationsforschung. 8. Auflage. Weinheim, Basel: Beltz

Hurrelmann, Klaus/Klinger, Julia/Schaeffer, Doris (2020): Gesundheitskompetenz der Bevölkerung in Deutschland – Vergleich der Erhebungen 2014 und 2020. Bielefeld: Interdisziplinäres Zentrum für Gesundheitskompetenzforschung (IZGK), Universität Bielefeld

Hurrelmann, Klaus/Kolip, Petra (2016): Handbuch Geschlecht, Gesundheit und Krankheit. Männer und Frauen im Vergleich. 2. Auflage. Bern: Hogrefe

Hurrelmann, Klaus/Ulich, Dieter (Hrsg.) (1998): Handbuch der Sozialisationsforschung. Weinheim: Beltz

Hüter, Gerald (2009): Männer – Das schwache Geschlecht und sein Gehirn. Göttingen: Vandenhoeck & Ruprecht

Huxel, Katrin (2008): Ethnizität und Männlichkeitskonstruktionen. In: Baur, Nina/Luedtke, Jens (Hrsg): Die soziale Konstruktion von Männlichkeit. Hegemoniale und marginalisierte Männlichkeiten in Deutschland. Opladen, Farmington Hills: Barbara Budrich, S. 61–78

Huxel, Katrin/Karakayali, Juliane/Palenga-Möllenbeck, Ewa/Schmidbaur, Marianne/Shinozaki, Kyoko/Spies, Tina/Supik, Linda/Tuider, Elisabeth (2020): Postmigrantisch gelesen, Transnationalität, Gender, Care.Bielefeld:transcript

IAB (Institut für Arbeitsmarkt- und Berufsforschung) (Hrsg.) (2019): IAB-Kurzbericht Nr. 23. Kohaut, Susanne; Möller, Iris: Frauen in leitenden Positionen: Leider nichts Neues auf den Führungsetagen. Nürnberg: Bundesagentur für Arbeit

ifb (Staatsinstitut für Familienforschung an der Universität Bamberg (ifb) (2009): Leitfaden zur Familienbildung im Rahmen der Kinder- und Jugendhilfe. Ifb-Materialien 9. Bamberg: ifb

IFES (2021): Antisemitismus 2020. Ergebnisse der österreichrepräsentativen Erhebung. Studie im Auftrag des österreichischen Parlaments. www.antisemitismus2020.at/downloads/ (Abfrage: 23.02.2022)

IFSW/IASSW (Federation of Social Workers/International Association of Schools of Social Work) (2004): Ethics in Social Work, Statement of Principles. www.ethikdiskurs.de/fileadmin/user_upload/ethikdiskurs/Themen/Berufsethik/Soziale_Arbeit/IASW_Kodex_Englisch_Deutsch2004.pdf (Abfrage: 18.12.2020)

IFSW/IASSW (Federation of Social Workers/International Association of Schools of Social Work) (2014): IFSW-Definition der Sozialen Arbeit von 2014 mit Kommentar. Melbourne. cdn.ifsw.org/assets/ifsw_100253-6.pdf (Abfrage: 25.10.2021)

Iller, Carola (2015): Mutter, Vater, Kind – die Situation junger Familien und Anforderungen an die Elternbildung. In: Gilles- Bacciu, Astrid/Heuer, Reinhild (Hrsg.): Pikler. Ein Theorie- und Praxisbuch für die Familienbildung. Weinheim, Basel: Beltz Juventa, S. 166–173

Illgner, Johanna. L. (2018): Hass-Kampagnen und Silencing im Netz. In Lang, Juliane/Peters, Ulrich (Hrsg.): Antifeminismus in Bewegung: Aktuelle Debatten um Geschlecht und sexuelle Vielfalt. Hamburg: Marta Press, S. 253–272

Illouz, Eva (2013): Warum Liebe weh tut. Eine soziologische Erklärung. Frankfurt/M.: Suhrkamp

ILO (Eurofound) (2019): Working conditions in a global perspective. Luxenbourg: Publications Office of the European Union

imh plus – Information für gehörlose und schwerhörige Menschen mit zusätzlichen Handicaps (o. J.): Behinderungsdefinition WHO. www.imhplus.de/index.php?option=com_content&view=article&id=11&Itemid=196&ang=de (Abfrage: 29.12.2020)

IMMA Jahresberichte: über Info@imma.de anfordern

Info Sozialarbeit (1978): Frauen und Sozialarbeit. H. 23. Offenbach

Institut für Sozialarbeit und Sozialpädagogik e. V. (Hrsg.) (2008): Vernachlässigte Kinder besser schützen. Sozialpädagogisches Handeln bei Kindeswohlgefährdung. München, Basel: Reinhardt

Intersex Human Rights Australia (2020): Inquire into Education Legislation. Amendment (Parental Rights) Bill 2020. www.parliament.nsw.gov.au/lcdocs/submissions/70646/0003%20Intersex%20Human%20Rights%20Australia.pdf (Abfrage: 22.10.2021)

Irigaray, Luce (1979): Das Geschlecht, das nicht eins ist. Berlin: Merve

Irigaray, Luce (1980): Speculum. Spiegel des anderen Geschlechts. Frankfurt/M.: Suhrkamp

Irvine, Jill/Lang, Sabine/Montoya, Celeste (2019): Gendered Mobilizations and Intersectional Challenges: Contemporary Social Movements in Europe and North America. London: Rowman & Littlefield

Iser, Angelika (2018): Supervision. In: Otto, Hans-Uwe/Thiersch, Hans/Treptow, Rainer/Ziegler, Holger (Hrsg.): Handbuch Soziale Arbeit. München: Ernst Reinhardt, S. 1693–1701

Iser, Mattias (2011): Anerkennung. In: Göhler, Gerhard/Iser, Mattias/Kerner, Ina (Hrsg.): Politische Theorie. 25 umkämpfte Begriffe zur Einführung. 2. aktualisierte und erweiterte Auflage. Wiesbaden: VS, S. 12–28

Israel, Matthias/Felber, Werner/Winiecki, Peter (2001): Geschlechterunterschiede in der parasuizidalen Handlung. In: Freytag, Regula/Giernalczyk, Thomas (Hrsg.): Geschlecht und Suizidalität. Göttingen: Vandenhoeck & Ruprecht, S. 28–42

Israelitische Kultusgemeinde Wien (2020): Antisemitische Vorfälle 2020. https://www.erinnern.at/themen/antisemitismusbericht-2020-neuerlicher-anstieg-von-antisemitischen-vorfaellen-in-oesterreich (Abfrage: 23.02.2002)

IVIM/OII Germany (2020a): Startseite IVIM/OII Deutschland. www.oiigermany.org (Abfrage: 11.11.2021)
IVIM/OII Germany (2020b): „Inter* und Sprache". www.oiigermany.org/inter-und-sprache (Abfrage: 11.01.2021).
Jacob, Jutta/Köbsell, Swantje/Wollrad, Eske (Hrsg.) (2010): Gendering Disability. Intersektionale Aspekte von Behinderung und Geschlecht. Bielefeld: transcript
Jacobi, Juliane (1990): „Geistige Mütterlichkeit": Bildungstheorie oder strategischer Kampfbegriff gegen Männerdominanz im Mädchenschulwesen? In: Die Deutsche Schule. Zeitschrift für Erziehungswissenschaft, Bildungspolitik und Pädagogische Praxis – Beiheft, S. 209–224
Jaeckel, Monika (1981): Wer – wenn nicht wir? Zur Spaltung von Frauen in der Sozialarbeit. München: Frauenoffensive
Jaeckel, Monika (2002): Mütterzentren – Konzept. Die Entwicklung des Konzepts der Mütterzentren und Erfahrungen damit. München: DJI
Jaeckel, Monika/Schooß, Hildegard/Weskamp, Hannelore (Hrsg.) (1997): Mütter im Zentrum – Mütterzentrum – Bilanz einer Selbsthilfebewegung. München: DJI
Jäger, Ulle (2004): Der Körper, der Leib und die Soziologie. Entwurf einer Theorie der Inkorporierung. Frankfurt/M.: Ulrike Helmer
Jagose, Annamarie (2001): Queer Theory. Eine Einführung. Berlin: Querverlag
Jahoda, Marie/Lazarsfeld, Paul F./Zeisel, Hans (2009): Die Arbeitslosen von Marienthal. Ein soziographischer Versuch über die Wirkungen langdauernder Arbeitslosigkeit. Frankfurt/M.: Suhrkamp
Janssen, Joke (2016): In meinem Namen. Eine trans*/queere Perspektive auf Elternschaft. In: Dolderer, Maya/Holme, Hannah/Jerzak, Claudia/Tietge, Ann-Madeleine (Hrsg.): O Mother, Where Art Thou? (Queer-) Feministische Perspektiven auf Mutterschaft und Mütterlichkeit. Münster: Westfälisches Dampfboot, S. 142–159
Jantz, Olaf (2003): Männliche Suchbewegungen – Antisexistisch und parteilich? In: Jantz, Olaf/Grote, Christian (Hrsg.): Perspektiven der Jungenarbeit. Konzepte und Impulse aus der Praxis. Opladen: Leske + Budrich, S. 63–88
Jantz, Olaf (2012): Das andere Gegenüber: Cross Work/Geschlechtersensible Überkreuzpädagogik. In: Betrifft Mädchen 25, H. 3, S. 100–106
Jantz, Olaf/Grote, Christoph (2003): Perspektiven der Jungenarbeit. Konzepte und Impulse aus der Praxis. Opladen: Leske & Budrich
Jarchow, Esther (2009): Dynamik von Eskalationsprozessen im Kontext von Beziehungsgewalt – Ergebnisse einer Längsschnittuntersuchung (Wissenschaftliche Analyse im Landeskriminalamt Hamburg). Hamburg
Jensen, Per H./Och, Ralf/Pfau-Effinger, Birgit/Møberg, Rasmus J. (2017): Explaining differences in women's working time in European cities. In: European Societies, Jg. 19, H. 2, S. 138–156
Jergus, Kerstin (2019): Das verletzbare Selbst. Zur Rolle von Macht und Anerkennung in Beratungskontexten aus bildungstheoretischer Sicht. In: Wuttig, Bettina/Wolf, Barbara (Hrsg.): Körper Beratung. Beratungshandeln im Spannungsfeld von Körper, Leib und Normativität. Bielefeld: transcript, S. 183–196
JMK/KMK (Jugend- und Kultusministerkonferenz) (2004): Gemeinsamer Rahmen der Länder für die frühe Bildung in Kindertageseinrichtungen (Beschluss der Jugendministerkonferenz vom 13./14.05.2004/Beschluss der Kultusministerkonferenz vom 03./04.06.2004). www.kmk.org/fileadmin/Dateien/veroeffentlichungen_beschluesse/2004/2004_06_03-Fruehe-Bildung-Kindertageseinrichtungen.pdf (Abfrage: 9.3.2021)
Joas, Hans (1994): Kreativität und Autonomie. Die soziologische Identitätskonzeption und ihre postmoderne Herausforderung. In: Görg, Christoph (Hrsg.): Gesellschaft im Übergang. Darmstadt: WBG, S. 109–119
Johansson, Susanne (2011): „Gruppenbezogene Menschenfeindlichkeit": Eine Rezension der empirischen Langzeitstudie „Deutsche Zustände", Folge 1 bis 8 (Hrsg.: Wilhelm Heitmeyer). In: Recht der Jugend und des Bildungswesens, H. 2, S. 261–279
Johnson, Philip/Wigley, Mark (1988): Dekonstruktivistische Architektur. Stuttgart: Hatje

Jonas, Hans (1979): Das Prinzip Verantwortung. Versuch einer Ethik für die technologische Zivilisation. Frankfurt/M.: Suhrkamp

Jösting, Sabine (2005): Jungenfreundschaften. Zur Konstruktion von Männlichkeit in der Adoleszenz. Wiesbaden: Springer VS

Jugendhilfeausschuss Stadt Frankfurt (2013): Orientierungsrahmen für eine genderbezogene Kinder- und Jugendarbeit in Frankfurt/M. vom 28.10.2013: frankfurt.de/de-de/suche?query=Orientierungsrahmen (Abfrage: 18.1.2021)

Juhan, Deane (2005): Handbuch für psychophysische Integration. Friedrichsdorf: Trager Verband Deutschland

Junge, Torsten/Schmincke, Imke (Hrsg.) (2007): Marginalisierte Körper. Zur Soziologie und Geschichte des anderen Körpers. Münster: Unrast

Jungnitz, Ludger/Lenz, Hans-Joachim/Puchert, Ralf/Puhe, Henry/Walter, Willi (Hrsg.) (2007): Gewalt gegen Männer. Personale Gewaltwiderfahrnisse von Männern in Deutschland. Opladen: Barbara Budrich

Jurczyk, Karin (2020): (Un)Doing Family. Konzeptionelle und empirische Weiterentwicklungen. Weinheim: Beltz Juventa

Jurczyk, Karin/Lange, Andreas/Thiessen, Barbara (2014): Doing Family. Warum Familienleben nicht mehr selbstverständlich ist. Weinheim: Beltz Juventa

Jurczyk, Karin/Oechsle, Mechtild (2008): Das Private neu denken. Erosionen, Ambivalenzen, Leistungen. Münster: Westfälisches Dampfboot

Jurczyk, Karin/Schier, Michaela/Szymenderski, Peggy/Lange, Andreas/Voß, Günter (2009): Entgrenzte Arbeit - entgrenzte Familie. Grenzmanagement im Alltag als neue Herausforderung. Berlin: edition sigma

Jurczyk, Karin/Thiessen, Barbara (2020): Familie als Doing Care. Die Entzauberung der „Normalfamilie". In: Jurczyk, Karin (Hrsg.): (Un)Doing Family. Konzeptionelle und empirische Weiterentwicklungen. Weinheim: Beltz Juventa, S. 116–141

Jureit, Ulrike (2006): Generationenforschung. Göttingen: Vandenhoeck & Ruprecht

Jürgens, Kerstin/Hoffmann, Reiner/Schildmann, Christina (2017): Arbeit transformieren. Denkanstöße der Kommission „Arbeit der Zukunft". Forschung aus der Hans-Böckler-Stiftung. Bielefeld: transcript

Kadritzke, Till (2014): Bewegte Männer. Men's liberation und Autonome Männergruppen in den USA und Deutschland 1970–1995. In: Feminismus Seminar (Hrsg.): Feminismus in historischer Perspektive. Eine Reaktualisierung. Bielefeld: transcript, S. 221–251

Kagerbauer, Linda/Bergold-Caldwell, Denise (2017): „Ain't I a women?" – Parteilichkeit auf dem Prüfstand. Intersektionale Perspektiven auf Positionen in der feministischen Mädchen*arbeit. In: Betrifft Mädchen 30, H. 3, S. 110–114

Kaiser, Susanne (2020a): Politische Männlichkeit. Wie Incels, Fundamentalisten und Autoritäre für das Patriarchat mobilmachen. Berlin: Suhrkamp

Kaiser, Susanne (2020b): Hass gegen Frauen. Rechtsextrem und Sexist. www.zeit.de/politik/deutschland/2020-02/hass-frauen-rechtsterrorismus-motive-taeter-hanau-feminismus/komplettansicht?print, (Abfrage: 07.12.2020).

Kaldor, Mary (2003): Global Civil Society. An Answer to War. Cambridge: Cambridge UP

Kalpaka, Annita/Räthzel, Nora (1986): Die Schwierigkeit, nicht rassistisch zu sein. Berlin: Express Edition

Kaman, Anne/Ottová-Jordan, Veronika/Bilz, Ludwig/Sudeck, Gorden/Moor, Irene (2020): Subjektive Gesundheit und Wohlbefinden von Kindern und Jugendlichen in Deutschland – Querschnittergebnisse der HBSC-Studie 2017/18. In: Journal of Health Monitoring 5, H. 3, S. 7–21

Kampshoff, Marita/Scholand, Barbara (2017): Schule als Feld – Unterricht als Bühne – Geschlecht als Praxis. Weinheim: Juventa

Kampshoff, Marita/Wiepcke, Claudia (2016): Vielfalt geschlechtergerechten Unterrichts. Ideen und konkrete Umsetzungsbeispiele für die Sekundarstufen. Berlin: epubli

Kant, Immanuel (1803/1983): Über Pädagogik. In: Kant, Immanuel/Weischedel, Wilhelm (Hrsg.): Werke in 10 Bänden. Band 10. Darmstadt: Wissenschaftliche Buchgesellschaft, S. 693–761

Kant, Immanuel (1975): Werke in Zehn Bänden, hrsg. von Wilhelm Weischedel. Band 9. Darmstadt: Wissenschaftliche Buchgesellschaft

Kapella, Olaf/Baierl, Andreas/Rille-Pfeiffer, Christiane/Geserick, Christine/Schmidt, Eva-Maria (2011): Gewalt in der Familie und im nahen sozialen Umfeld. Österreichische Prävalenzstudie zur Gewalt an Frauen und Männern. Österreichisches Institut für Familienforschung an der Universität Wien

Kapoor, Ilan (2008): The Postcolonial Politics of Development. London, New York: Routledge

Kappeler, Manfred (2016): Die Berliner Heimkampagne. Ein Beispiel für die Politisierung von Studierenden und PraktikerInnen der Sozialen Arbeit. In: Birgmeier, Bernd/Mührel, Eric (Hrsg.): Die „68er" und die Soziale Arbeit. Eine (Wieder-) Begegnung. Wiesbaden: Springer VS, S. 123–152

Karakayali, Serhat (2013): Von Ausschluss zu Ausschluss. Migration und die Transformation politischer Subjektivität. In: Marchart, Oliver (Hrsg.): Facetten der Prekarisierungsgesellschaft. Prekäre Verhältnisse. Sozialwissenschaft Perspektiven auf die Prekarisierung von Arbeit und Leben. Bielefeld: transcript, S. 147–154

Karl, Michaela (2020): Die Geschichte der Frauenbewegung. 6. aktualisierte und erweiterte Auflage. Stuttgart: Reclam

Karsch, Margret (2016): Feminismus. Geschichte – Positionen. Bonn: Bundeszentrale für politische Bildung

Karsch, Philip/Sander, Uwe (2020): Soziale Medien. In: Bollweg, Petra/Buchna, Petra/Coelen, Thomas/Otto, Hans-Uwe (Hrsg.): Handbuch Ganztagsbildung. 2. Auflage. Wiesbaden: Springer VS, S. 715–725

Kasten, Anna (2019): Alleinerziehende Mutterschaft. Eine Technologie heteronormativer Familienordnung in Deutschland und Polen. Bielefeld: transcript

Katz-Rothman, Barbara (1989): Schwangerschaft auf Abruf. Vorgeburtliche Diagnose und die Zukunft der Mutterschaft. Marburg: Metropolis

Kauermann-Walter, Jaqueline/Kreienbaum, Maria Anna/Metz-Göckel, Sigrid (1988): Formale Gleichheit und diskrete Diskriminierung: Forschungsergebnisse zur Koedukation. In: Rolff, Hans-Günter/Klemm, Klaus/Pfeiffer, Hermann/Rösner, Ernst (Hrsg.): Jahrbuch der Schulentwicklung. Band 5. Daten, Beispiele und Perspektiven. Weinheim: Juventa, S. 157–188.

Kauffenstein, Evelyn/Vollmer-Schubert, Brigitte (Hrsg.) (2014): Mädchenarbeit im Wandel. Bleibt alles anders? Weinheim, Basel: Beltz Juventa

Kaufmann, Franz-Xaver (1989): Über die soziale Funktion von Verantwortung und Verantwortlichkeit. In: Lampe, Hans-Joachim (Hrsg.): Verantwortlichkeit und Recht. Opladen: Westdeutscher Verlag, S. 204–208

Kaufmann, Franz-Xaver (1995): Zukunft der Familie im vereinten Deutschland. Gesellschaftliche und politische Bedingungen. München: Beck

Kaufmann, Franz-Xaver (2019): Generationsbeziehungen und Generationenverhältnisse im Wohlfahrtsstaat (1993/97). In: Mayer, Tilmann (Hrsg.): Bevölkerung – Familie – Sozialstaat. Kontexte und sozialwissenschaftliche Grundlagen von Familienpolitik. Wiesbaden: Springer VS, S. 319–336

Kaufmann, Jean-Claude (1994): Schmutzige Wäsche. Zur ehelichen Konstruktion von Alltag. Konstanz: UVK

Kavemann, Barbara (1985): Mädchenhäuser –Zufluchtsorte für Mädchen. In: Kavemann, Barbara/Lohstöter Ingrid: Plädoyer für das Recht von Mädchen auf sexuelle Selbstbestimmung. Wiesbaden: VS

Kavemann, Barbara (1997): Zwischen Politik und Professionalität: Das Konzept der Parteilichkeit. In: Hagemann-White, Carol/Kavemann, Barbara/Ohl, Dagmar (Hrsg.): Parteilichkeit und Solidarität: Praxiserfahrungen und Streitfragen zur Gewalt im Geschlechterverhältnis. Bielefeld: Kleine, S. 179–224

Kavemann, Barbara (2012a): Gewalt in der Beziehung der Eltern – Information und Prävention für Kinder und Jugendliche: Ergebnisse der Evaluation unterschiedlicher Präventionsstrategien schulischer Präventionsworkshops und einer interaktiven Ausstellung. In: Kindesmisshandlung und -vernachlässigung 15, H. 2, S. 166–183

Kavemann, Barbara (2012b): Das Unterstützungssystem bei Gewalt gegen Frauen in Deutschland – eine Übersicht. In: Polizei & Wissenschaft 4, S. 99–114
Kavemann, Barbara/Kreyssig, Ulrike (2013): Handbuch Kinder und häusliche Gewalt. 3. Auflage. Wiesbaden: Springer VS
Kavemann, Barbara/Leopold, Beate/Schirrmacher, Gesa/Hagemann-White, Carol (2001): Modelle der Kooperation gegen häusliche Gewalt. „Wir sind ein Kooperationsmodell, kein Konfrontationsmodell". Schriftenreihe des BMFSFJ, Band 193. Stuttgart: Kohlhammer
Kavemann, Barbara/Lohstöter, Ingrid (1984): Väter als Täter. Reinbek: Rowohlt
Kavka, Misha (2008): Reality television, affect and intimacy: reality matters. Houndmills, Basingstoke. Hampshire, New York: Palgrave
Keck, Margaret/Sikkink, Kathryn (1998): Activists beyond borders. Advocacy Networks in International Politics. New York: Cornell University Press
Keddi, Barbara (2004): Junge Frauen. Vom doppelten Lebensentwurf zum biografischen Projekt. In: Kortendiek, Beate (Hrsg.): Handbuch Frauen- und Geschlechterforschung. Theorie, Methoden, Empirie. Wiesbaden: VS, S. 378–383
Kegan, Robert (1986): Die Entwicklungsstufen des Selbst. Fortschritte und Krisen im menschlichen Leben. München: Peter Kindt
Kell, Frank (2019): Demokratie und Sozialismus und Freiheit. Darmstadt: wbg Academic
Kelle, Birgit (2017): Muttertier. Eine Ansage. Basel: Fontis-Brunnen
Kelle, Birgit (2020): Die ersetzbare Mutter – ein Mythos hat Pause demofueralle.de/2020/04/29/die-ersetzbare-mutter-ein-mythos-hat-pause/ (Abfrage: 15.5.2021)
Kelle, Helga (2001): „Ich bin der die das macht". Oder: Über die Schwierigkeit, „doing gender"-Prozesse zu erforschen. In: Feministische Studien 19, H. 2, S. 39–56
Keller, Jessalynn (2013): ‚Still Alive and Kicking': Girl Bloggers and Feminist Politics in a Postfeminist Age. Dissertationsschrift an der University of Texas. repositories.lib.utexas.edu/handle/2152/21560 (Abfrage: 12.11.2020)
Kellough, Edward J. (2006): Understanding Affirmative Action: Politics, Discrimination, And the Search for Justice. Washington: Georgetown University
Kelly, Natascha A. (2019): Schwarzer Feminismus. Grundlagentexte. Münster: Unrast
Kemper, Andreas (2011): (R)echte Kerle. Zur Kumpanei der MännerRECHTSbewegung. Münster: Unrast
Kemper, Andreas (2020): Zivile Allianz. Internetblog vom 30. Januar. Münster: edition assemblage
Kemper, Andreas/Weinbach, Heike (2009): Klassismus. Eine Einführung. Münster: Unrast
Kempf, Sebastian/Unterforsthuber, Andreas (2016): „Ey Schwuchtel, verpiss dich!" Geschlechtliche und sexuelle Nonkonformität in der Jungenarbeit. In: Stecklina, Gerd/Wienforth, Jan (Hrsg.): Impulse für die Jungenarbeit. Denkanstöße und Praxisbeispiele. Weinheim, Basel: Beltz Juventa, S. 105–121
Kempker, Kerstin/Lehmann, Peter (Hrsg.) (1993): Statt Psychiatrie. Berlin: Antipsychiatrieverlag
Kergel, Daniel (2020): Der Ansatz der Sozialraumorientierung im digitalen Wandel. In: Kutscher, Nadia/Ley, Thomas/Seelmeyer, Udo/Siller, Friederik/Tillmann Angela/Zorn, Isabel (Hrsg.): Handbuch Soziale Arbeit und Digitalisierung. Weinheim, Basel: Beltz Juventa, S. 2–9
Kerner, Ina (2009): Differenzen und Macht. Zur Anatomie von Rassismus und Sexismus. Frankfurt/M., New York: Campus
Kersten, Anne (2015). Opferstatus und Geschlecht. Entwicklung und Umsetzung der Opferhilfe in der Schweiz. Zürich: Seismo
Kersting, Wolfgang (1994): Die politische Philosophie des Gesellschaftsvertrags. Darmstadt: Wissenschaftliche Buchgesellschaft
Kessels, Ursula (2002): Undoing Gender in der Schule. Eine empirische Studie über Koedukation und Geschlechtsidentität im Physikunterricht. Weinheim: Juventa
Kessl, Fabian/Krassmann, Susanne (2019): Sozialpolitische Programmierungen. In: Kessl, Fabian/Reutlinger, Christian (Hrsg.): Handbuch Sozialraum. 2. überarbeitete Auflage. Wiesbaden: Springer VS, S. 277–297
Kessl, Fabian/Maurer, Susanne (2019): Soziale Arbeit. In: Kessl, Fabian/Reutlinger, Christian (Hrsg.): Handbuch Sozialraum. 2. überarbeitete Auflage. Wiesbaden: Springer VS, S. 161–183

Kessl, Fabian/Otto, Hans-Uwe (2005): Soziale Arbeit angesichts neo-sozialer Transformationen. In: Thole, Werner/Cloos, Peter/Strutwolf, Volkhardt (Hrsg.): Soziale Arbeit im öffentlichen Raum. Soziale Gerechtigkeit in der Gestaltung des Sozialen. Wiesbaden: Springer VS, S. 55–61

Kessl, Fabian/Otto, Hans-Uwe (2007): Territorialisierung des Sozialen. Regieren über Soziale Nahräume. Opladen, Farmington Hills: Barbara Budrich

Kessl, Fabian/Plößer Melanie (Hrsg.) (2010): Differenzierung, Normalisierung, Andersheit: Soziale Arbeit als Arbeit mit den Anderen. Wiesbaden: VS

Kessl, Fabian/Reutlinger Christian (2010): Sozialraum: Eine Einführung. 2. Auflage. Wiesbaden: Springer VS

Kessl, Fabian/Reutlinger, Christian (2019a): Handbuch Sozialraum. 2. überarbeitete Auflage. Wiesbaden: Springer VS

Kessl, Fabian/Reutlinger, Christian (2019b): Vorwort. In: Kessl, Fabian/Reutlinger, Christian (Hrsg.): Handbuch Sozialraum. 2. überarbeitete Auflage. Wiesbaden: VS, S. V–VIII

Kessl, Fabian/Reutlinger, Christian/Ziegler, Holger (2007): Erziehung zur Armut? Soziale Arbeit und die »neue Unterschicht« – eine Einführung. In: Kessl, Fabian/Reutlinger, Christian/Ziegler, Holger (Hrsg.): Erziehung zur Armut. Wiesbaden: VS, S. 7–39

Kessler, Suzanne J./McKenna, Wendy (1978): Gender. An ethnomethodological approach. New York: Wiley

Keupp, Heiner/Ahbe, Thomas/Gmür, Wolfgang/Höfer, Renate/Mitzscherlich, Beate/Kraus, Wolfgang/Straus, Florian (1999): Identitätskonstruktionen: das Patchwork der Identitäten in der Spätmoderne. Reinbek: Rowohlt

Key, Mary Ritchie (1975): Male/Female Language. Metuchen NJ: The Scarecrow Press

Kidd, Dustin/Turner, Amanda (2016): The GamerGate Files: Misogyny and the Media. In: Novak, Alison/El-Burki, Imaani J. (Hrsg.): Defining Identity and the Changing Scope of Culture in the Digital Age. Hershey, PA: IGI-Global, S. 117–139

Khamenei, Ali (2017a): https://twitter.com/khamenei_ir/status/843423686963183620, 19.03.2017 (Abfrage: 23.02.2022)

Khamenei, Ali (2017b): https://twitter.com/khamenei_ir/status/843430656826916864, 19.03.2017 (Abfrage: 23.02.2022)

Kieper, Marianne (1980): Lebenswelten „verwahrloster" Mädchen. Autobiographische Berichte und ihre Interpretation. München: Juventa

Kimmel, Michael (1996): Manhood in America. A Cultural History. New York: Free Press

Kind, Jürgen (1998): Suizidal – Die Psychoökonomie einer Suche. Göttingen, Zürich: Vandenhoeck & Ruprecht

Kindler, Heinz (1993): Jungen- und Männerarbeit für die Praxis. MännerMaterial Band 4. Schwäbisch Gmünd, Tübingen: Neuling

Kindler, Heinz (2013): Partnergewalt und Beeinträchtigungen kindlicher Entwicklung: Ein Forschungsüberblick. In Kavemann, Barbara/Kreyssig, Ulrike (Hrsg.): Handbuch Kinder und häusliche Gewalt. Wiesbaden: Springer VS, S. 36–53

Kindler, Heinz (2018): Operationalisierungen von Kindeswohl und Kindeswohlgefährdung in den Sozial- und Humanwissenschaften. In: Katzenstein, Henriette/Lohse, Katharina/Schindler, Gila/Schönecker, Lydia (Hrsg.): Das Recht als Partner der Fachlichkeit in der Kinder- und Jugendhilfe. Baden-Baden: Nomos, S. 181–224

Kindler, Heinz/Buemel-Tilli, Hedwig/Hainbach, Sigurd/Liel, Sigurd/Zuck, Wolfgang/Allwang, Hertha/Badewitz, Stephanie/Hinz, Walter/Maeter, Heike (2006): Gewalt in der Partnerschaft und Soziale Arbeit. In Sozialmagazin, 31, H. 12, S. 35–45

Kindler, Heinz/Eppinger, Sabeth (2020): „Scheitern" von Familie? Oder: Vom Doing zum Not-Doing und Undoing Family. In: Jurczyk, Karin (Hrsg.): (Un)Doing Family. Konzeptionelle und empirische Weiterentwicklungen. Weinheim: Beltz Juventa, S. 141–169

Kindler Heinz/Lillig, Susanna/Blüml, Herbert/Meysen, Thomas/Werner, Hans-Herrmann (Hrsg.) (2006): Handbuch Kindeswohlgefährdung nach § 1666 BGB und Allgemeiner Sozialer Dienst (ASD). München: DJI

King, Vera (2004): Die Entstehung des Neuen in der Adoleszenz. Individuation, Generativität und Geschlecht in modernisierten Gesellschaften. Wiesbaden: Springer VS

King, Vera (2005): Bildungskarrieren und Männlichkeitsentwürfe bei Adoleszenten aus Migrantenfamilien. In: King, Vera/Flaake, Karin (Hrsg.): Männliche Adoleszenz. Frankfurt/M.: Campus, S. 57-76

King, Vera (2013): Die Entstehung des Neuen in der Adoleszenz: Individuation, Generativität und Geschlecht in modernisierten Gesellschaften. Wiesbaden: Springer VS

King, Vera (2020a): Das Konzept ‚Emerging Adulthood' aus jugendtheoretischer und zeitdiagnostischer Sicht. In: Diskurs – Kindheits- und Jugendforschung, 4, S. 366-369

King, Vera (2020b): „Lots of people pretend ..." Shame Conflicts in an Age of Digital Self-presentation and Point-scoring. In. Beijing International Review of Education, 2 (3), S. 388-402

King, Vera/Flaake, Karin (Hrsg.) (2005): Männliche Adoleszenz. Frankfurt/M.: Campus

King, Vera/Gerisch, Benigna/Rosa, Hartmut (Hrsg.) (2021): Lost in Perfection. Zur Optimierung von Gesellschaft und Psyche. Berlin: Suhrkamp

King, Vera/Gerisch, Benigna/Rosa, Hartmut/Schreiber, Julia/Salfeld-Nebgen, Ben (2018): Überforderung als neue Normalität. Widersprüche optimierender Lebensführung. In Fuchs, Thomas/Iwer, Lukas/Micali, Stefano (Hrsg.): Das überforderte Subjekt. Berlin: Suhrkamp, S. 227-257

King, Vera/Richter-Appelt, Hertha (2009): Körper, Geschlecht und Sexualität. Aspekte körperbezogener Störungen in der Adoleszenz. In: Fegert, Jörg/Streeck-Fischer, Annette/Freyberger, Harald (Hrsg.): Adoleszentenpsychiatrie. Psychiatrie und Psychotherapie der Adoleszenz und des jungen Erwachsenenalters. Stuttgart: Schattauer, S. 112-125

Kirchhoff, Nicole/Zander, Benjamin (2018): „Aussehen ist nicht wichtig!" – Zum Verhältnis von Körperbildern und Körperpraktiken bei der Herstellung von Geschlecht durch männliche und weibliche Jugendliche. In: Gender. Zeitschrift für Geschlecht, Kultur und Gesellschaft 10, H. 1, S. 81-99

Kirchner, Michael/Andresen, Sabine/Schierbaum, Kristina (2018): Janusz Korczaks ‚schöpferisches Nichtwissen' vom Kind. Beiträge zur Kindheitsforschung. Wiesbaden: Springer

Kitzinger, Susanne (2003): Frauen im Schwangerschaftskonflikt. Die Rolle der Schwangerschaftskonfliktberatung, die Entscheidung zum Schwangerschaftsabbruch und seine Folgen. Diplomarbeit

Klammer, Ute/Neukirch, Sabine/Weßler-Poßberg, Dagmar (2012): Wenn Mama das Geld verdient. Familienernährerinnen zwischen Prekarität und neuen Rollenbildern. Berlin: Edition Sigma

Klaus, Elisabeth (1997): Revolutioniert Multimedia die Geschlechterbeziehungen? In: Feministische Studien 15, H. 1, S. 7-20

Klaus, Elisabeth (2001): Das Öffentliche im Privaten – das Private im Öffentlichen. Ein kommunikationstheoretischer Ansatz. In: Herrmann, Friederike/Lünenborg, Margreth (Hrsg.): Tabubruch als Programm. Privates und Intimes in den Medien. Opladen: Leske + Budrich, S. 15-36

Klaus, Elisabeth (2005): Kommunikationswissenschaftliche Geschlechterforschung. Zur Bedeutung der Frauen in den Massenmedien und im Journalismus. 2. aktualisierte Auflage. Wien: Lit-Verlag

Klaus, Elisabeth/Drüeke, Ricarda (2008): Öffentlichkeit und Privatheit: Frauenöffentlichkeiten und feministische Öffentlichkeiten. In: Becker, Ruth/Kortendiek, Beate (Hrsg.): Handbuch Frauen- und Geschlechterforschung. Wiesbaden: VS Verlag, S. 237-244

Klaus, Elisabeth/Pater, Monika/Schmidt, Uta C. (1997): Das Gendering neuer Technologien. Durchsetzungsprozesse alter und neuer Kommunikationstechnologien. In: Das Argument 39, H. 223, S. 803-818

Klaus, Elisabeth/Röser, Jutta (1996): Fernsehen und Geschlecht. Geschlechtsgebundene Kommunikationsstile in der Medienrezeption und -produktion. In: Marci-Boehncke, Gudrun/Werner, Petra/Wischermann, Ulla (Hrsg.): BlickRichtung Frauen. Theorien und Methoden geschlechtsspezifischer Rezeptionsforschung. Weinheim: Deutscher Studienverlag, S. 37-60

Klees, Renate/Marburger, Helga/Schumacher, Michaela (1992): Mädchenarbeit. Praxishandbuch für die Jugendarbeit. Teil 1. Weinheim, München: Juventa

Klein, Alexandra/Ott, Marion/Seehaus, Rhea/Tolasch, Eva (2018): Die Kategorie der ‚Risikomutter'. Klassifizierung und Responsibilisierung im Namen des Kindes. In: Stehr, Johannes/Anhorn, Rolan/Rathgeb, Kerstin (Hrsg.): Konflikt als Verhältnis – Konflikt als Verhalten – Konflikt als Widerstand. Wiesbaden: Springer Fachmedien, S. 127–142

Klein, Ansgar (2001): Der Diskurs der Zivilgesellschaft. Politische Hintergründe und demokratietheoretische Bezüge der neueren Begriffsverwendung. Wiesbaden: Springer VS

Klein, Uta (2012): Geschlechterverhältnisse, Geschlechterpolitik und Gleichstellungspolitik in der Europäischen Union. Akteure – Themen – Ergebnisse. Lehrbuch. 2. aktualisierte Auflage. Wiesbaden: Springer VS

Klein, Uta/Wulf-Schnabel, Jan (2007): Männer auf dem Weg aus der Sozialen Arbeit. In: WSI Mitteilungen 60, H. 3, S. 138–143

Kleinau, Elke (2020): „Dieses verstörende Gefühl, an einem Ort zugleich im Hause und fremd zu sein". Bildungs- und geschlechtertheoretische Reflektionen über Rückkehr nach Reims. In: Kalmbach, Karolin/Kleinau, Elke/Völker, Susanne (Hrsg.): Eribon revisited – Perspektiven der Gender und Queer Studies. Wiesbaden: Springer VS, S. 31–48

Kleinau, Elke/Opitz, Claudia (1996): Geschichte der Frauen- und Mädchenbildung. Frankfurt/M., New York: Campus

Kleiner, Bettina (2015): subjekt bildung heteronormativität. Rekonstruktion schulischer Differenzerfahrungen lesbischer, schwuler, bisexueller und Trans*Jugendlicher. Opladen, Berlin, Toronto: Barbara Budrich

Kleiner, Bettina (2016): Komplizierte Verhältnisse: Geschlecht und Begehren in schulbiographischen Erzählungen von lesbischen, schwulen, bisexuellen und Trans*-Jugendlichen. In: Gender. Zeitschrift für Geschlecht, Kultur und Gesellschaft 8, H. 2, S. 12–28

Kleiner, Bettina (2020): Lebenslagen von lesbischen, schwulen, bisexuellen, trans* und inter*-geschlechtlichen sowie genderqueeren (Kindern und) Jugendlichen. In: Timmermanns, Stefan/Böhm, Maika (Hrsg.): Sexuelle und geschlechtliche Vielfalt. Interdisziplinäre Perspektiven aus Wissenschaft und Praxis. Weinheim, Basel: Beltz Juventa, S. 40–54

Kleiner, Bettina/Klenk, Florian Cristobal (2017): Genderkompetenzlosigkeitskompetenz. Grenzen pädagogischer Professionalisierung in der Perspektive der Queertheory. In: Hartmann, Jutta/Messerschmidt, Astrid/Thon, Christine (Hrsg.) (2017): Queertheoretische Perspektiven auf Bildung – pädagogische Kritik der Heteronormativität, Leverkusen-Opladen: Barbara Budrich, S. 97–119

Kleinert, Corinna/Schels, Brigitte (2020): Zurück zur Norm? Kompromissbildung zwischen geschlechtstypischen und -untypischen Berufsaspirationen, Bewerbungs- und Ausbildungsberufen. In: KZfSS Kölner Zeitschrift für Soziologie und Sozialpsychologie, H. 72, S. 229–260

Klenk, Florian Cristobal (2019): Interdependente Geschlechtervielfalt als un/be/deutende Anforderung an pädagogische Professionalität. In: Baar, Robert/Hartmann, Jutta/Kampshoff, Marita (Hrsg.): Geschlechterreflektierte Professionalisierung – Geschlecht und Professionalität in pädagogischen Berufen. Jahrbuch erziehungswissenschaftliche Geschlechterforschung. Band 15. Opladen. Berlin, Toronto: Barbara Budrich, S. 57–81

Klenner, Christina/Menke, Katrin/Pfahl, Svenja (2011): Flexible Familienernährerinnen – Prekarität im Lebenszusammenhang ostdeutscher Frauen? Düsseldorf: Hans-Böckler-Stiftung

Kletzing, Uta (2020): Ohne Wandel der politischen Kultur keine Parität – ohne Paritätsgesetz kein Wandel der Kultur! In: Miquel, Beate von (Hrsg.): Geschlecht. Politik. Partizipation. NRW auf dem Weg zur Parität. Essen: Koordinations- und Forschungsstelle – Netzwerk Frauen- und Geschlechterforschung NRW, S. 20–30

Kleve, Heiko (2007): Postmoderne Sozialarbeit. Ein systemtheoretisch-konstruktivistischer Beitrag zur Sozialarbeitswissenschaft. Wiesbaden: VS

Klika, Dorle (1996): Die Vergangenheit ist nicht tot. Autobiographische Zeugnisse über Sozialisation, Erziehung und Bildung um 1900. In: Kleinau, Elke/Opitz, Claudia (Hrsg.): Geschichte der Mädchen- und Frauenbildung, Band 2. Frankfurt/M.: Campus, S. 283–296

Klinger, Cornelia (2004): Macht – Herrschaft – Gewalt. In: Rosenberger, Sieglinde/Sauer, Birgit (Hrsg): Politikwissenschaft und Geschlecht. Konzepte – Verknüpfungen – Perspektiven. Wien: WUV, S. 83–105

Klinger, Cornelia (2012): Leibdienst – Liebesdienst – Dienstleistung. In: Dörre, Klaus/Sauer, Dieter/Wittke, Volker (Hrsg.): Kapitalismuskritik und Arbeit. Neue Ansätze soziologischer Kritik. Frankfurt/M.: Campus, S. 258–272

Klinger, Cornelia/Knapp, Gudrun-Axeli (Hrsg.) (2008): ÜberKreuzungen. Fremdheit, Ungleichheit, Differenz. Münster: Westfälisches Dampfboot

Klinger, Cornelia/Knapp, Gudrun-Axeli/Sauer, Birgit (2007): Achsen der Ungleichheit. Zum Verhältnis von Klasse, Geschlecht und Ethnizität. Frankfurt/M., New York: Campus

Klinger, Melanie (2019): Intime Verletzungen. Weibliche und männliche Genitalbeschneidung. (K)ein unzulässiger Vergleich?! Hamburg: tredition

Klinger, Sabine/Kagerbauer, Linda (2013): (De-)Thematisierungen und neoliberale Verdeckungen am Beispiel feministischer Mädchen_arbeit – ein Zwischenruf. In: Gender. Zeitschrift für Geschlecht, Kultur und Gesellschaft 5, H. 2, S. 129–138

Klitzing, Kai von (2002): Frühe Entwicklung im Längsschnitt: Von der Beziehungswelt der Eltern zur Vorstellungswelt des Kindes. In: Psyche – Zeitschrift für Psychoanalyse, 56, S. 863–887

Klitzing, Kai von/Stadelmann, Stephanie (2011): Das Kind in der triadischen Beziehungswelt. In: Psyche – Zeitschrift für Psychoanalyse 65, H. 9/10, S. 953–972

Klöck, Tilo (2016): Gemeinwesenorientierte Jungenarbeit. Programmatik, Entwicklungen und Perspektiven von Erprobungsprojekten in drei Gemeinden. In: Stecklina, Gerd/Wienforth, Jan (Hrsg.): Impulse für die Jungenarbeit. Denkanstöße und Praxisbeispiele. Weinheim, Basel: Beltz Juventa, S. 65–85

Klocke, Ulrich/Salden, Ska/Watzlawik, Meike (2020): Lsbti* Jugendliche in Berlin. Wie nehmen pädagogische Fachkräfte ihre Situation wahr und was bewegt sie zum Handeln? Ergebnisbericht zu einer Studie im Auftrag des Berliner Abgeordnetenhauses vom 16.01.2015. Drs. 17/1683 und 17/199). www.sfu-berlin.de/wp-content/uploads/Klocke_Salden_Watzlawik_2020_Lsbti_Jugendliche_in_Berlin.pdf (Abfrage: 31.3.2021)

Klönne, Irmgard (2020): Jugend weiblich und bewegt: Mädchen und Frauen in der deutschen Jugendbewegung. 2., durchgesehene Auflage. Berlin: Verlag der Jugendbewegung

Klöppel, Ulrike (2010): XX0XY ungelöst. Hermaphroditismus, Sex und gender in der deutschen Medizin. Eine historische Studie zur Intersexualität. Bielefeld: transcript

Klugbauer, Carina R. (2016): Die Grenzen des demokratischen Sorgebegriffs. Zur Moral des Sorgens. In: Das Argument. Zeitschrift für Philosophie und Sozialwissenschaften. Ethik im Kapitalismus als Arbeit an der Utopie 58. H. 6, S. 849–860

Klumker, Christian Jasper (1918): Fürsorgewesen: Eine Einführung in das Verständnis der Arbeit und Armenpflege. Leipzig: Quelle & Meyer

Kminek, Helge/Bank, Franziska/Fuchs, Leon (Hrsg.) (2020): Kontroverses Miteinander. Interdisziplinäre und kontroverse Positionen zur Bildung für eine nachhaltige Entwicklung. Norderstedt: BoD

KMK (Kultusministerkonferenz) (2016): Leitlinien zur Sicherung der Chancengleichheit durch geschlechtersensible schulische Bildung und Erziehung. Beschluss der Kultusministerkonferenz vom 06.10.2016/Beschluss der Konferenz der Gleichstellungs- und Frauenministerinnen und -minister, -senatorinnen und -senatoren der Länder vom 15./16.06.2016. Berlin, Bonn. www.kmk.org/fileadmin/Dateien/veroeffentlichungen_beschluesse/2016/2016_10_06-Geschlechtersensible-schulische_Bildung.pdf (Abfrage: 25.10.2021)

Knab, Maria (2001): Frauen und Verhältnisse. Eine sozialpolitische Netzwerkanalyse. Herbolzheim: Centaurus

Knapp, Gudrun-Axeli (1990): Zur widersprüchlichen Vergesellschaftung von Frauen. In: Hoff, Ernst H. (Hrsg.): Die doppelte Sozialisation Erwachsener. München: DJI, S. 17–52

Knapp, Gudrun-Axeli (1992): Macht und Geschlecht. Neuere Entwicklungen in der feministischen Macht- und Herrschaftsdiskussion. In: Knapp, Gudrun-Axeli/Wetterer, Angelika (Hrsg.): TraditionenBrüche. Entwicklungen feministischer Theorie. Freiburg: Kore, S. 287–325

Knapp, Gudrun-Axeli (2005): „Travelling Theories: Anmerkungen zur neueren Diskussion über 'Race, Class, and Gender'". In: Österreichische Zeitschrift für Geschichtswissenschaften, 16, H. 1, S. 88–110

Knapp, Gudrun-Axeli (2008): Verhältnisbestimmungen: Geschlecht, Klasse, Ethnizität in gesellschaftstheoretischer Perspektive. In: Klinger, Cornelia/Knapp, Gudrun-Axeli (Hrsg.): Überkreuzungen. Fremdheit, Ungleichheit, Differenz. Münster: Westfälisches Dampfboot, S. 138–170

Knapp, Gudrun-Axeli (2010): „Intersectional Invisibility": Anknüpfungen und Rückfragen an ein Konzept der Intersektionalitätsforschung. In: Lutz, Helma/Herrera Vivar, Maria Teresa/Supik, Linda (Hrsg.): Fokus Intersektionalität. Bewegungen und Verortungen eines vielschichtigen Konzepts. Wiesbaden: Springer VS, S. 223–243

Knapp, Gudrun-Axeli (2012): Im Widerstreit. Feministische Theorie in Bewegung. Wiesbaden: Springer VS

Knapp, Gudrun-Axeli (2013): ÜberKreuzungen: Zu Produktivität und Grenzen von „Intersektionalität" als „Sensitizing Concept". In: Bereswill, Mechtild/Liebsch, Katharina (Hrsg.): Geschlecht (re)konstruieren. Zur methodologischen und methodischen Produktivität der Frauen- und Geschlechterforschung. Forum Frauen und Geschlechterforschung 38. Münster: Westfälisches Dampfboot, S. 242–262

Knapp, Gudrun-Axeli (2014): Zur widersprüchlichen Vergesellschaftung von Frauen. Reprint 1990. In: Arbeit am Widerspruch. Eingriffe feministischer Theorie. Innsbruck, Wien, Bozen: Studien-Verlag, S. 61–90

Knäpper, Marie-Theres (1984): Feminismus – Autonomie – Subjektivität: Tendenzen und Widersprüche in der neuen Frauenbewegung. Bochum: Germinal

Knauthe, Katja/Deindl Christian (2019): Altersarmut von Frauen durch häusliche Pflege. Gutachten im Auftrag des Sozialverbandes Deutschland e. V. Berlin: SoVD

Kneuper, Elsbeth (2004): Mutterwerden in Deutschland. Eine ethnologische Studie. Münster: Lit

Knijn, Trudie (1995): Hat die Vaterschaft noch eine Zukunft? Eine theoretische Betrachtung zu veränderter Vaterschaft. In: Armbruster, L. Christof/Müller, Ursula/Stein-Hilbers, Marlene (Hrsg.): Neue Horizonte? Sozialwissenschaftliche Forschung über Geschlechter und Geschlechterverhältnisse. Opladen: Leske + Budrich, S. 171–192

Knobloch, Ulrike (2021): Zukunftsfähiges Versorgen – oder vom Privileg, sich nicht um Hausarbeit kümmern zu müssen. makronom.de/zukunftsfaehiges-versorgen-oder-vom-privileg-sich-nicht-um-hausarbeit-kuemmern-zu-muessen-38281 (Abfrage: 28.02.2021).

Knorr-Cetina, Karin (1989): Spielarten des Konstruktivismus. In: Soziale Welt, 40, S. 88–96

Kocka, Jürgen (2004): Civil Society from a historical perspective. In: *European Review*, H. 1, S. 65–79

Köhler, Sina-Mareen/Krüger, Heinz-Hermann/Pfaff, Nicolle (2016): Handbuch Peerforschung. Opladen: Barbara Budrich

Kohli, Martin (1985): Die Institutionalisierung des Lebenslaufs. Historische Befunde und theoretische Argumente. In: Kölner Zeitschrift für Soziologie und Sozialpsychologie 37, H. 1, S. 1–29

Kohli, Martin/Künemund, Harald (2000): Die zweite Lebenshälfte. Gesellschaft, Lebenslagen und Partizipation im Spiegel des Alterssurvey. Opladen: Barbara Budrich

Kohlrausch, Bettina/Schildmann, Christina/Voss, Dorothea (2019): Neue Arbeit – neue Ungleichheiten. Folgen der Digitalisierung. Weinheim, Basel: Beltz Juventa

Kohout, Annekathrin (2019): Netzfeminismus. Berlin: Wagenbach

KOK e. V. (2020a): Menschenhandel und Ausbeutung – Begriffsklärung und Hintergründe. In: KOK e. V. (Hrsg.): Menschenhandel in Deutschland – Rechte und Schutz für Betroffene. Berlin: KOK e. V., S. 24–31

KOK e. V. (Hrsg.) (2020b): Menschenhandel in Deutschland – Rechte und Schutz für Betroffene. Berlin: KOK e. V.

Kolhoff, Ludger (2018): Sozialmanagement. In: Grunwald, Klaus/Langer, Andreas (Hrsg.): Sozialwirtschaft. Handbuch für Wissenschaft und Praxis. Baden-Baden: Nomos, S. 391–407

Kolip, Petra (2000): Weiblichkeit ist keine Krankheit. Weinheim, München: Juventa

Kolip, Petra (2008): Geschlechtergerechte Gesundheitsförderung und Prävention. In: Bundesgesundheitsblatt – Gesundheitsforschung – Gesundheitsschutz 51, S. 28–35

Kolip, Petra/Hurrelmann, Klaus (2016): Handbuch Geschlecht und Gesundheit. Männer und Frauen im Vergleich. Bern: Hogrefe
Kölling Wolfram (1993): Väter in der Familienberatung. Beobachtungen und Gedanken zur Wandlung der Vaterrolle. In: Integrative Therapie, H. 4, S. 433–444
Köllner, V. (2017): Mobbing am Arbeitsplatz. In: Badura, Bernhard/Ducki, Antje/Schröder, Helmut/Klose, Joachim/Meyer, Markus (Hrsg.): Fehlzeiten-Report 2017: Krise und Gesundheit – Ursachen, Prävention, Bewältigung. Berlin, Heidelberg: Springer, S. 121–129
Komlosy, Andrea (2014): Arbeit. Eine globalhistorische Perspektive. 13. bis 21. Jahrhundert. Wien: Promedia Verlag
Kompetenzzentrum für Rechtsextremismus- und Demokratieforschung (2021): Antisemitismus in Zeiten von Covid-19. Sekundärauswertung der Leipziger Autoritarismus-Studien für Baden-Württemberg. https://stm.baden-wuerttemberg.de/fileadmin/redaktion/dateien/PDF/210429_StM_BW_Studie_Antisemitismus_in_Zeiten_von_Covid-19_Uni_Leipzig.pdf (Abfrage: 23.02.2022)
König, Joachim (Hrsg.) (2017): Praxisforschung in der Sozialen Arbeit. Stuttgart: Kohlhammer
König, Oliver/Schattenhofer, Karl (2006): Einführung in die Gruppendynamik. Heidelberg: Carl-Auer
König, Tombke (2012): Familie heißt Arbeit teilen. Transformationen der symbolischen Geschlechterordnung. Konstanz: UVK
Königswieser, Roswita (1981): Mutter – Hexe – Trainerin. In: Gruppendynamik, H. 3, S. 193–207
Konopka, Gisela (2000): Soziale Gruppenarbeit: ein helfender Prozess. Reprint der 6. überarbeiteten Auflage 1978. Weinheim: Deutscher Studienverlag
Koop, Ute (2011): Der Blick auf wohnungslose Frauen aus Sicht der Fachliteratur. In: wohnungslos 53, H. 1, S. 26–29
Kooperationsverbund Schulsozialarbeit (2013): Bildungsverständnis der Schulsozialarbeit. www.jugendhilfeportal.de/fileadmin/public/Downloads/Bildungsverstaendnis_der_Schulsozialarbeit_Kooperationsverbund_Schulsozialarbeit_2013.pdf (Abfrage: 27.11.2020)
Koordinationsstelle „Chance Quereinstieg" (2017): (Quereinstiegs-)Wege in vergütete Ausbildungsformen und den Beruf der Erzieherin/des Erziehers. Eine Bestandsaufnahme. Berlin
Koordinationsstelle „Männer in Kitas" (2013): Vielfältige Väterarbeit in Kindertagesstätten. Handreichung für die Praxis. Berlin
Koordinationsstelle „Männer in Kitas" (2014): Analysen, Erfahrungen und Strategien. Handreichungen für die Praxis. Berlin
Köppert, Katrin (2019): Queer Media Studies – Queering Medienwissenschaften. In: Dorer, Johanna/Geiger, Brigitte/Hipfl, Brigitte/Ratković, Viktorija (Hrsg.): Handbuch Medien und Geschlecht. Perspektiven und Befunde der feministischen Kommunikations- und Medienforschung. Wiesbaden: Springer VS, S. 1–16
Koppetsch, Cornelia/Burkart, Günter (1999): Die Illusion der Emanzipation. Zur Wirksamkeit latenter Geschlechtsnormen im Milieuvergleich. Konstanz: UVK.
Kortendiek, Beate (1999): Mütterzentren. Selbsthilfeprojekte und Frauenöffentlichkeit. Studie über ambivalente Mutterschaft und alltägliche Lebensführung. Bielefeld: Kleine
Kortendiek, Beate/Mense, Lisa/Beaufaÿs, Sandra/Bünnig, Jenny/Hendrix, Ulla/Herrmann, Jeremia/Mauer, Heike/Niegel, Jennifer (2019): Gender-Report 2019. Geschlechter(un)gerechtigkeit an nordrhein-westfälischen Hochschulen. Hochschulentwicklungen, Gleichstellungspraktiken, Gender Pay Gap. Studien Netzwerk Frauen- und Geschlechterforschung NRW Nr. 31. Essen
Kortendiek, Beate/Riegraf, Birgit/Sabisch, Katja (2019): Handbuch interdisziplinäre Geschlechterforschung. Band 1 und Band 2. Wiesbaden: Springer Fachmedien
Köster, Dietmar (2012): Thesen zur Kritischen Gerontologie aus sozialwissenschaftlicher Sicht. In: Zeitschrift für Gerontologie und Geriatrie 45, H. 7, S. 603–607
Kotowski, Elke-Vera/Schoeps, Julius H. (2004): Der Sexualreformer Magnus Hirschfeld. Ein Leben im Spannungsfeld von Wissenschaft, Politik und Gesellschaft. Berlin: be.bra-wissenschaft Verlag

Kotthoff, Helga/Nübling, Damaris (unter Mitarbeit von Claudia Schmidt) (2018): Genderlinguistik. Eine Einführung in Sprache, Gespräch und Geschlecht. Tübingen: Narr Francke Attempto

Köttig, Michaela (2004): Lebensgeschichten rechtsextrem orientierter Mädchen und junger Frauen – Biographische Verläufe im Kontext der Familien- und Gruppendynamik. Gießen: Psychosozial-Verlag

Köttig, Michaela (2014): (Biographisch-)Narratives Arbeiten in der Einzel- und Gruppenarbeit. In: Baer, Silke/Möller, Kurt/Wiechmann, Peer (Hrsg.): Verantwortlich handeln: Praxis der Sozialen Arbeit mit rechtsextrem orientierten und gefährdeten Jugendlichen. Opladen, Berlin, Toronto: Barbara Budrich, S. 117–128

Köttig, Michaela (2018): Sexualisierte Gewalt im Kontext extrem rechter Milieus. In: Rethowski, Alexandra/Treibal, Angelika/Tuider, Elisabeth (Hrsg.): Handbuch sexualisierte Gewalt und pädagogische Kontexte. Weinheim: Beltz Juventa, S. 342–350

Köttig, Michaela (2020): Akzeptieren?! – Konfrontieren?! Gesellschaftshistorische Einbettung professioneller Ansätze in der Sozialen Arbeit mit extrem rechten Tendenzen. In: Soziale Arbeit. Zeitschrift für soziale und sozialverwandte Gebiete, 69. Jg., H. 4, S. 131–137

Köttig, Michaela/Meyer, Niko (2020): Schwerpunktausgabe zum Thema Soziale Arbeit und die extreme Rechte. In: Soziale Arbeit, Zeitschrift für soziale und sozialverwandte Gebiete, 69. Jg., H. 4

Köttig, Michaela/Röh, Dieter (2019): Soziale Arbeit in der Demokratie – Demokratieförderung in der Sozialen Arbeit. Theoretische Analysen, gesellschaftliche Herausforderungen und Reflexionen zur Demokratieförderung und Partizipation. Opladen, Berlin, Toronto: Barbara Budrich

Kottwitz, Anita/Spieß, C. Katharina/Wagner, Gert G. (2011): Die Geburt im Kontext der Zeit kurz davor und danach. Eine repräsentative empirische Beschreibung der Situation in Deutschland auf der Basis des Sozio-oekonomischen Panels (SOEP). In: Villa, Paula-Irene/Moebius, Stephan/Thiessen, Barbara (Hrsg.): Soziologie der Geburt. Frankfurt, New York: Campus, S. 129–153

Kováts, Eszter/Põim, Maari (Hrsg.) (2015): Gender as Symbolic Glue. The Position and Role of Conservative and Far Right Parties in the Anti-gender mobilizations in Europe. Budapest: Foundation for European Progressive Studies/Friedrich-Ebert-Stiftung. library.fes.de/pdf-files/bueros/budapest/11382.pdf (Abfrage: 25.02.21)

Kowalski, Robin M./Giumetti, Gary W./Schroeder, Amber N./Lattanner, Micah R. (2014): Bullying in the digital age. A critical review and meta-analysis of cyberbullying research among youth. In: Psychological Bulletin 140, H. 4, S. 1073–1137

Krabel, Jens/Frauendorf, Tim (2019): Diskriminierungserfahrungen und -schutz männlicher Fachkräfte in Kindertageseinrichtungen. In: Betrifft Kinder, H. 3–4, S. 26–28

Krahl, Astrid (2012): Aktueller Forschungsstand zur Bedeutung der Geburtsvorbereitung. In: Deutscher Hebammenverband (Hrsg.): Geburtsvorbereitung. Stuttgart: Hippokrates, S. 2–9

Krainz, Ewald E./Lesjak, Barbara (2004): Gruppendynamik in der Sozialarbeit. In: Knapp, Gerald (Hrsg.): Soziale Arbeit und Gesellschaft. Studien zur Sozialpädagogik. Klagenfurt, Laibach, Wien: Mohorjeva Hermagoras, S. 310–341

Krais, Beate/Gebauer, Gunter (2002): Habitus. Bielefeld: transcript

Krämer, Anna/Scherschel, Karin (2020): Prekarität, Gender und Flucht. In: Dackweiler, Regina-Maria/Rau, Alexandra/Schäfer, Reinhild (Hrsg.): Frauen und Armut – feministische Perspektiven. Opladen, Berlin, Toronto, Barbara Budrich, S. 342–360

Krämer, Anna/Scherschel, Karin (2020): Prekarität, Gender und Flucht. In: Dackweiler, Regina-Maria/Rau, Alexandra/Schäfer, Reinhild (Hrsg.): Frauen und Armut – feministische Perspektiven. Opladen, Berlin, Toronto, Barbara Budrich, S. 342–360

Krappmann, Lothar/Lepenies, Annette (Hrsg.) (1997): Alt und Jung. Spannungen und Solidarität zwischen den Generationen. Frankfurt/M., New York: Campus

Kraß, Andreas (2003): Queer Denken. Gegen die Ordnung der Sexualität (Queer Studies). Frankfurt/M.: Suhrkamp

Kraus, Björn (2018): Sozialarbeitswissenschaft/Wissenschaft Soziale Arbeit [online]. socialnet Lexikon. Bonn: socialnet. www.socialnet.de/lexikon/Sozialarbeitswissenschaft-Wissenschaft-Soziale-Arbeit (Abfrage: 25.03.2021)

Kraus, Hertha (1950): Mensch zu Mensch. Casework als soziale Aufgabe. Frankfurt/M.: Metzner

Krause,Ulrike/Scherschel, Karin (2018): Flucht – Asyl – Gender: Entwicklungen und Forschungsbedarfe. In: GENDER. Zeitschrift für Geschlecht, Kultur und Gesellschaft. Schwerpunkt: Flucht – Asyl – Gender. 10. Jg., H. 2, S. 7–17

Krauß, Andrea (2001): Identität und Identitätspolitik bei Judith Butler. Berlin: SPI

Krebs, Angelika (2002): Arbeit und Liebe. Die philosophischen Grundlagen sozialer Gerechtigkeit. Frankfurt/M.: Suhrkamp

Krechel, Ursula (1983): Selbsterfahrung und Fremdbestimmung. Bericht aus der Neuen Frauenbewegung. Erweiterte Neuausgabe. Darmstadt/Neuwied: Luchterhand

Kreckel, Reinhard (2004): Politische Soziologie der sozialen Ungleichheit. Frankfurt/M., New York: Campus

Krell, Claudia/Oldemeier, Kerstin (2015): Coming out – und dann?! Ein DJI-Forschungsprojekt zur Lebenssituation von lesbischen, schwulen, bisexuellen und trans* Jugendlichen und jungen Erwachsenen. München: DJI. www.dji.de/index.php?id=43969 (Abfrage: 31.3.2021)

Krell, Claudia/Oldemeier, Kerstin (2016): „I am what I am? – Erfahrungen von lesbischen, schwulen, bisexuellen, trans und queeren Jugendlichen in Deutschland". In: GENDER, H. 2, S. 46–64

Krell, Claudia/Oldemeier, Kerstin (2017): Coming-out und dann…? Coming-out-Verläufe und Diskriminierungserfahrungen von lesbischen, schwulen, bisexuellen, trans* und queeren Jugendlichen und jungen Erwachsenen. Opladen, Toronto: Barbara Budrich

Krell, Claudia/Oldemeier, Kerstin/Austin-Cliff, George (2018): Queere Freizeit. Inklusions- und Exklusionserfahrungen von lesbischen, schwulen, bisexuellen, trans* und *diversen Jugendlichen in Freizeit und Sport. München: DJI

Krell, Gertraude (Hrsg.) (2007): Chancengleichheit durch Personalpolitik: Gleichstellung von Frauen und Männern in Unternehmen und Verwaltungen. Rechtliche Regelungen – Problemanalysen – Lösungen. Wiesbaden: Gabler

Krell, Gertraude/Ortlieb, Renate/Sieben, Barbara (2018): Gender und Diversity in Organisationen. Grundlegendes zur Chancengleichheit durch Personalpolitik. Wiesbaden: Springer Gabler

Kreuels, Martin (2017): Männer und Trauer. Erfahrungen, Vermutungen und Erklärungsversuche zu einem oft missverstandenen Gefühl. © Martin Kreuels | MaennerWege.de. www.google.com/search?client=firefox-b-e&q=Kreuels+trauer, (Abfrage:1.6.2021)

Kreutzer, Mary/Milborn, Corinna (2008): Ware Frau: Auf den Spuren moderner Sklaverei von Afrika nach Europa. Salzburg: Ecowin

Kricheldorff, Cornelia/Schramkowski, Barbara (2015): Mehr Geschlechtergerechtigkeit bei der Besetzung von Führungspositionen. In: Sozial Extra, H. 1, S. 6–9

Krisch, Richard/Schröer Wolfgang (Hrsg.) (2020): Entgrenzte Jugend – Offene Jugendarbeit. Weinheim, Basel: Beltz Juventa

Kristof, Nicholas (2020): An Uplifting Update, on the Terrible World of Pornhub. In: The New York Times 09/12/2020. nyti.ms/2W1aB1b

Kröger, Teppo (2011): The Adoption of Market-Based Practices within Care for Older People – Is the Work Satisfaction of Nordic Care Workers at Risk? In: Nordic Journal of Social Reasearch, H. 2, S. 1–14

Kroh, Martin/Kühne, Simon/Kipp, Christian/Richter, David (2017): Einkommen, soziale Netzwerke, Lebenszufriedenheit: Lesben, Schwule und Bisexuelle in Deutschland. In: DIW Wochenbericht 84, H. 35, S. 687–698

Kronauer, Martin (2002): Exklusion. Die Gefährdung des Sozialen im hoch entwickelten Kapitalismus. Frankfurt/M., New York: Campus

Kronauer, Martin (2006): ‚Exklusion' als Kategorie einer kritische Gesellschaftsanalyse. Vorschläge für eine anstehende Debatte. In: Bude, Heinz/Willisch, Andreas (Hrsg.): Das Problem der Exklusion. Ausgegrenzte, Entbehrliche, Überflüssige. Hamburg: Hamburger Edition, S. 27–45

Kronauer, Martin (2009): Die Innen-Außen-Spaltung der Gesellschaft. Eine Verteidigung des Exklusionsbegriffs gegen seinen mystifizierenden Gebrauch. In: Solga, Heike/Powell, Justin/Berger, Peter A. (Hrsg.): Soziale Ungleichheit. Klassische Texte zur Sozialstrukturanalyse. Frankfurt/M., New York: Campus, S. 375-384

Kronauer, Martin/Häußermann, Hartmut (2019): Inklusion – Exklusion. In: Kessl, Fabian/Reutlinger, Christian (Hrsg.): Handbuch Sozialraum. 2. bearbeitete Auflage. Wiesbaden: Springer VS, S. 187-202

Krotz, Friedrich (2008): Kultureller und gesellschaftlicher Wandel im Kontext des Wandels von Medien und Kommunikation. In: Thomas, Tanja (Hrsg.): Medienkultur und soziales Handeln. Wiesbaden: VS, S. 43-62

Krotz, Friedrich (2017): Sozialisation in mediatisierten Welten. Mediensozialisation in der Perspektive des Mediatisierungsansatzes. In: Hoffmann, Dagmar/Krotz, Friedrich/Reißmann, Wolfgang (Hrsg.): Mediatisierung und Mediensozialisation. Prozesse – Räume – Praktiken. Wiesbaden: Springer VS, S. 21-40

Krüger, Helga (1995): Dominanzen im Geschlechterverhältnis: Zur Institutionalisierung von Lebensläufen. In: Becker-Schmidt, Regina/Knapp, Gudrun-Axeli (Hrsg.): Das Geschlechterverhältnis als Gegenstand der Sozialwissenschaften. Frankfurt/M., New York: Campus, S. 195-219

Krüger, Helga (2007): Geschlechterungleichheit verstimmt: Institutionalisierte Ungleichheit in den Verhältnissen gesellschaftlicher Reproduktion. In: Klinger, Cornelia/Knapp, Gudrun-Axeli/Sauer, Birgit (Hrsg.): Achsen der Ungleichheit. Zum Verhältnis von Klasse, Geschlecht und Ethnizität. Frankfurt/M., New York: Campus, S. 178-192

Kruse, Elke (2004): Stufen zur Akademisierung. Wege der Ausbildung für Soziale Arbeit von der Wohlfahrtsschule zum Bachelor-/Mastermodell. Wiesbaden: VS

Kruse, Elke (2007): Von der Wohlfahrtspflegerin zum Master of Social Work – ein ‚Genderblick' auf 100 Jahre Ausbildungsgeschichte der Sozialen Arbeit. In: Kruse, Elke/Tegeler, Evelyn (Hrsg.): Weibliche und männliche Entwürfe des Sozialen – Wohlfahrtsgeschichte im Spiegel der Genderforschung. Opladen: Barbara Budrich, S. 182-194

Kruse, Elke (2017): Zur Historie der Sozialen Frauenschulen. In: Schäfer, Peter/Burkova, Olga/Hoffmann, Holger/Laging, Marion/Stock, Lothar (Hrsg.): 100 Jahre Fachbereichstag Soziale Arbeit. Vergangenheit deuten, Gegenwart verstehen, Zukunft gestalten, Opladen, Berlin, Toronto: Barbara Budrich S. 43-61

Kruse, Elke/Henke, Stefanie (1996): Lernerwartungen und Lernbedingungen von berufstätigen Studierenden. Eine Befragung im Ergänzungsstudiengang Erziehungswissenschaft an der Universität Gesamthochschule Essen. Regensburg: Roderer

Kruse, Elke/Tegeler, Evelyn (2007): Weibliche und männliche Entwürfe des Sozialen. Wohlfahrtsgeschichte im Spiegel der Genderforschung. Opladen, Farmington Hills: Barbara Budrich

Kubandt, Melanie (2016): Relevanzsetzungen von Geschlecht in der Kindertageseinrichtung – theoretische und empirische Perspektiven. In: Gender. Zeitschrift für Geschlecht, Kultur und Gesellschaft 8, H. 2, S. 46-60

Kubandt, Melanie (2017): Geschlechtergerechtigkeit in der Kindertageseinrichtung. www.kita-fachtexte.de/fileadmin/Redaktion/Publikationen/KiTaFT_Kubandt_2017_Geschlechtergerechtigkeit.pdf finden/geschlechtergerechtigkeit-in-der-kindertageseinrichtung (Abfrage: 22.06.2020).

Kubandt, Melanie (2018): Geschlechterforschung. In: Schmidt, Thilo/Smidt, Wilfried (Hrsg.): Handbuch Empirische Forschung in der Pädagogik der frühen Kindheit. Münster: Waxmann, S. 175-192

Kubandt, Melanie (2019): Geschlechtliche und sexuelle Vielfalt sowie Regenbogenfamilien in der KiTa. Osnabrück: Niedersächsisches Insitut für frühkindliche Bildung und Entwicklung

Kuckenberger, Verena Chiara (2011): Der Frauenporno. Alternatives Begehren und emanzipierte Lust? Wien: Löcker

Kuczmarski, James (2018): Reducing gender bias in Google Translate. blog.google/products/translate/reducing-gender-bias-google-translate/

Kugler, Thomas/Nordt, Stephanie (2015): Geschlechtliche und sexuelle Vielfalt als Themen der

Kinder- und Jugendhilfe. In: Schmidt, Friederike/Schondelmayer, Anne-Christin/Schröder, Ute B. (Hrsg.): Selbstbestimmung und Anerkennung sexueller und geschlechtlicher Vielfalt. Lebenswirklichkeiten, Forschungsergebnisse und Bildungsbausteine. Wiesbaden: Springer VS, S. 207–222

Kuhar, Roman/Paternotte, David (2017): Anti-Gender Campaigns in Europe: Mobilizing Against Equality. London, New York: Rowman & Littlefield International

Kuhlmann, Carola (2013): Erziehung und Bildung. Einführung in die Geschichte und Aktualität pädagogischer Theorien. Wiesbaden: Springer VS

Kuhn, Annette (1985): Oral history – feministisch. In: Heer, Hannes/Ullrich, Volker (Hrsg.): Geschichte entdecken. Erfahrungen und Projekte der neuen Geschichtsbewegung. Reinbek: Rowohlt, S. 165–173

Kuhn, Annette (2004): Oral history und Erinnerungsarbeit: Zur mündlichen Geschichtsschreibung und historischen Erinnerungskultur. In: Becker Ruth/Kortendiek, Beate (Hrsg.): Handbuch Frauen- und Geschlechterforschung. Wiesbaden: Springer VS, S. 311–313

Künemund, Harald/Schroeter, Klaus R. (2008): Soziale Ungleichheiten und kulturelle Unterschiede in Lebenslauf und Alter: Fakten, Prognosen und Visionen. Wiesbaden: Springer VS

Kunert, Hubertus (2018): Erziehung. In: Bernhard, Armin/Rothermel, Lutz/Rühle, Manuel (Hrsg.): Handbuch Kritische Pädagogik. Eine Einführung in die Erziehungs- und Bildungswissenschaft. Weinheim, Basel: Beltz Juventa, S. 124–131

Kunert-Zier, Margitta (2005): Erziehung der Geschlechter. Entwicklungen, Konzepte und Geschlechterkompetenz in sozialpädagogischen Feldern. Wiesbaden: VS

Kunert-Zier, Margitta (2005): Genderkompetenz. Die Schlüsselqualifikation in der Sozialen Arbeit. In: Sozialmagazin, 30, H. 10, S. 21–28

Kunert-Zier, Margitta (2020): Geschlechtergerechte Bildung und Erziehung. In: Jugendhilfe, 58. Jg., H. 6, S. 536–542

Kunstmann, Anne-Christine (2010): Familiale Pflege als Angelegenheit der Frauen? Diskursive Deutungen zur Zukunft der Altenfürsorge und -pflege. In: Modser, Vera/Pinhard, Inga (Hrsg.): Care – Wer sorgt für wen? Jahrbuch Frauen- und Geschlechterforschung in der Erziehungswissenschaft. Opladen: Barbara Budrich, S. 99–118

Kupfer, Annett (2015): Wer hilft helfen? Einflüsse sozialer Netzwerke auf Beratung. Tübingen: dgvt

Kupfer, Annett (2016): Lebensweltorientierung und Ressourcenarbeit. In: Grunwald, Klaus/Thiersch, Hans (Hrsg.): Praxishandbuch Lebensweltorientierte Soziale Arbeit. Handlungszusammenhänge und Methoden in unterschiedlichen Arbeitsfeldern. 3., vollständig überarbeitete Auflage. Weinheim, Basel: Beltz Juventa, S. 419–430

Kupfer, Annett (2019): Geschlecht plus X – Eine intersektionale Perspektive auf professionelle Kompetenzen in Beratung. In: Verhaltenstherapie & psychosoziale Praxis, 51, H. 4, S. 789–804

Kupfer, Annett (2020): Lebensbewältigung und Beratung. In: Stecklina, Gerd/Wienforth, Jan (Hrsg.): Handbuch Lebensbewältigung und Soziale Arbeit. Praxis, Theorie und Empirie. Weinheim, Basel: Beltz Juventa, S. 708–715

Kupfer, Annett/Gamper, Markus (2020): Migration als gesundheitliche Ungleichheitsdimension? Wiesbaden: Springer VS

Kupfer, Annett/Gamper, Markus (2020): Migration als gesundheitliche Ungleichheitsdimension? Natio-ethno-kulturelle Zugehörigkeit, Gesundheit und soziale Netzwerke. In: Klärner, Andreas/Gamper, Markus/Keim-Klärner, Sylvia/Moor, Irene/von der Lippe, Holger/Vonneilich, Nico (Hrsg.): Soziale Netzwerke und gesundheitliche Ungleichheiten. Springer VS, S. 369–398

Küpper, Beate/Klocke, Ulrich/Hoffmann, Lena-Carlotta (2017): Einstellungen gegenüber lesbischen, schwulen und bisexuellen Menschen in Deutschland. Ergebnisse einer bevölkerungsrepräsentativen Umfrage. Baden-Baden: Nomos

Küppers, Carolin/Magnus Hirschfeld Stiftung (2019): Refugees & Queers: Forschung und Bildung in der Schnittstelle von LSBTTIQ, Fluchtmigration und Emazipationspolitiken. Bielefeld: transcript

Kurth Bärbel Maria, Ellert Ute (2008): Perceived or true obesity: which causes more suffering in adolescents? Findings of the German Health Interview and Examination Survey for Children and Adolescents (KiGGS). In: Deutsches Ärzteblatt International 105, H. 23, S. 406–412

Kurz, Constance/Oerder, Katharina/Schildmann, Christina (2019): Neue Bruchlinien in einer sich digitalisierenden Arbeitswelt. In: Kohlrausch, Bettina/Schildmann, Christina/Voss-Dahm, Dorothea (Hrsg.): Neue Arbeit – neue Ungleichheiten? Folgen der Digitalisierung. Weinheim, Basel: Beltz Juventa, S. 35–52

Kuster, Friederike/Liebsch, Katharina (Hrsg.) (2019): feministische studien. Zeitschrift für interdisziplinäre Frauen- und Geschlechterforschung. Jahrg. 37. H. 1: Reproduktionstechnologien, Generativität, Verwandtschaft

Laewen, Hans-Joachim/Andres, Beate (2002): Bildung und Erziehung in der frühen Kindheit. Bausteine zum Bildungsauftrag von Kindertageseinrichtungen. Neuwied: Luchterhand

LAG Mädchen* und junge Frauen* in Sachsen e. V./LAG Jungen- und Männerarbeit Sachsen e. V./Landesarbeitsgemeinschaft Queeres Netzwerk Sachsen e. V. (2020): Fachexpertise zur geschlechterreflektierenden Arbeit mit jungen Menschen im Rahmen des SGB VIII. www.queeres-netzwerk-sachsen.de/wp-content/uploads/2020/02/Fachexpertise_Sachsen_GRFE.pdf (Abfrage: 9.3.2021)

LAG Mädchenpolitik Hessen e. V./Fokus JungsFachstelle für Jungenarbeit in Hessen (2019): Mädchen*arbeit und Jungen*arbeit sind politisch! Gemeinsam für Vielfalt und Geschlechtergerechtigkeit. www.lag-maedchenpolitik-hessen.de/maedchenarbeit-und-jungenarbeit-sind-politisch-gemeinsam-fuer-vielfalt-und-geschlechtergerechtigkeit/ (Abfrage: 30.11.2020)

Laging, Marion (2018): Soziale Arbeit in der Suchthilfe. Grundlagen – Konzepte – Methoden. Stuttgart: Kohlhammer

Lakoff, Robin Tolmach (1973): "Language and Women's Place." In: Language in Society 2, H.1, S. 45–80

Lakoff, Robin Tolmach (1990): Talking Power. The Politics of Language in our Lives. New York: Basic Books

Lamb, Michael E. (2010): The Role of the Father in Child Development. 5. Auflage. New York: John Wiley & Sons

Lambers, Helmut (2020): Theorien der Sozialen Arbeit: ein Kompendium und Vergleich. 5., überarbeitete und erweiterte Auflage. Opladen, Berlin, Toronto: Barbara Budrich

Lamnek, Siegfried (2018): Theorien abweichenden Verhaltens 1: "Klassische" Ansätze. Paderborn: Wilhelm Fink

Lampert Thomas/Kroll, Lars Eric/Kuntz, Benjamin/Hoebel, Jens (2018): Gesundheitliche Ungleichheit in Deutschland und im internationalen Vergleich: Zeitliche Entwicklungen und Trends. Journal of Health Monitoring 3 (S1), S. 1–26. DOI 10.17886/RKI-GBE-2018-019

Lampert, Thomas/Hoebel, Jens/Kuntz, Benjamin/Fuchs, Judith/Scheidt-Nave, Christa/Nowossadeck, Enno (2016): Gesundheitliche Ungleichheit im höheren Lebensalter. In: GBE kompakt 7, H. 1, S. 1–14

Landesarbeitsgemeinschaft Mädchen*arbeit in Nordrhein-Westfalen e. V. (Hrsg.) (2019): Mädchen*arbeit Reloaded. Qualitäts- und Perspektiventwicklung (queer)feministischer und differenzreflektierter Mädchen*arbeit. Wuppertal

Landesarbeitsgemeinschaft Mädchen*arbeit in Nordrhein-Westfalen e. V. (2021): Betrifft Mädchen. Pädagogische Fachzeitschrift zur Mädchen*arbeit im deutschsprachigen Raum. 34. Jg. Weinheim: Beltz Juventa

Landeshauptstadt Stuttgart (2019): Fach-und Führungskräfte in besonderer Verantwortung: Verbindlicher Leitfaden zur Prävention von und Umgang mit grenzverletzendem Verhalten und sexualisierter Gewalt durch Mitarbeitende des Jugendamtes. Stuttgart: Landeshauptstadt Stuttgart, Jugendamt

Landesjugendhilfeausschuss Sachsen (Sächsisches Staatsministerium für Soziales, Landesjugendamt) (2009): Jugendhilfeplanung zu Aufgaben und Leistungen der überörtlichen Jugendverbände und Dachorganisationen im Bereich §§ 11–14 SGB VIII im Freistaat Sachsen 2010 – 2014 (beschlossen am 03. September 2009)

Landtag Nordrhein-Westfalen (2004): Zukunft einer frauengerechten Gesundheitsversorgung. Wiesbaden: Springer VS

Landweer, Hilge (1994), Generativität und Geschlecht. Ein blinder Fleck in der sex/gender-Debatte. In: Wobbe, Theresa/Lindemann, Gesa (Hrsg.): Denkachsen. Zur theoretischen und institutionellen Rede vom Geschlecht. Frankfurt/M.: Suhrkamp, S. 147–176

Lang, Hermann (2011): Die strukturale Triade und die Entstehung früher Störungen. Stuttgart: Klett-Cotta

Lang, Juliane/Fritzsche, Christopher (2018): Backlash, neoreaktionäre Politiken oder Antifeminismus? Forschende Perspektiven auf aktuelle Debatten um Geschlecht. In: Feministische Studien 36, H. 2, S. 335–346

Lang, Juliane/Peters, Ullrich (2018a): Antifeminismus in Bewegung. Aktuelle Debatten um Geschlecht und sexuelle Bildung. Hamburg: Marta Press

Lang, Juliane/Peters, Ulrich (2018b): Antifeminismus in Deutschland. Einführung und Einordnung des Phänomens. In: Lang, Juliane/Peters, Ulrich (Hrsg.): Antifeminismus in Bewegung. Aktuelle Debatten um Geschlecht und sexuelle Vielfalt. Hamburg: Marta Press, S. 13–35

Lange, Andreas/Keddi, Barbara (2009): Agency und alltägliche Lebensführung: Multioptionalität und Kontingenz als riskante Chancen. In: Schröer, Wolfgang/Stiehler, Steve (Hrsg.): Lebensalter und Soziale Arbeit: Erwachsenenalter. Basiswissen Soziale Arbeit, Band 5. Baltmannsweiler: Schneider, S. 21–35

Lange, Ralf (2010): Gender Mainstreaming: Stand und Perspektiven in Organisationen der Sozialen Arbeit. In: Engelfried, Constanze/Voigt-Kehlenbeck, Corinna (Hrsg.): Gendered Profession. Soziale Arbeit vor neuen Herausforderungen in der zweiten Moderne. Wiesbaden: VS, S. 173–192

Lange, Ute/Ullrich, Charlotte (2018): Schwangerschaft und Geburt: Perspektiven und Studien aus der Geschlechterforschung. In: Kortendiek, Beate/Riegraf, Birgit/Sabisch, Katja (Hrsg.): Handbuch Interdisziplinäre Geschlechterforschung. Geschlecht und Gesellschaft. Wiesbaden: Springer VS, o. S.

Langer, Antje/Mahs, Claudia/Rendtorff, Barbara (Hrsg.) (2018): Weiblichkeit – Ansätze zur Theoretisierung. In: Jahrbuch Frauen- und Geschlechterforschung in der Erziehungswissenschaft 14. Opladen, Berlin, Toronto: Barbara Budrich

Langsdorff, Nicole von (2014): Im Dickicht der Intersektionalität. Münster: Unrast

Langsdorff, Nicole von (2014): Mädchen auf ihrem Weg in die Jugendhilfe – Überwindung von Zugangsbarrieren. In: Forum Erziehungshilfen, H. 5. Weinheim: Beltz Juventa, S. 272–277

Langsdorff, Nicole, von (2013): Migration als Konfliktbewältigungsversuch – Bedeutungen von Migrationsgeschichten vor dem Hintergrund der Entstehung und Bewältigung jugendhilferelevanter Konfliktlagen. In: Migration und Soziale Arbeit, H. 2, S. 116–124

Laperrière, Marie/Orloff, Ann Shola (2018): Gender and Welfare States. In: Risman, Barbara/Froyum, Carissa/Scarborough, William J. (Hrsg): Handbook of the Sociology of Gender. o. O.: Springer Medien, S. 227–244

Läpple, Dieter (1991): Essay über den Raum. Für ein gesellschaftswissenschaftliches Raumkonzept. In: Häußermann, Hartmut/Ipsen, Detlef/Krämer-Badoni, Thomas/Läpple, Dieter/Rodenstein, Marianne/Siebel, Walter: Stadt und Raum – soziologische Analysen. Pfaffenweiler: Centaurus, S. 157–207

Laskowski, Silke R. (2020): Alternativlos. Eine paritätische Wahlrechtsreform in Deutschland. In: Miquel, Beate von (Hrsg.): Geschlecht. Politik. Partizipation. NRW auf dem Weg zur Parität. Studien Netzwerk Frauen- und Geschlechterforschung NRW Nr. 34. Essen, S. 31–42

Laslett Peter (1989): A fresh map of life: the emergence of the third age. London: Weidenfeld and Nicolson

Latteck, Änne-Dörte/Seidl, Norbert/Büker, Christa/Marienfeld, Senta (Hrsg.) (2020): Pflegende Angehörige: genderspezifische Erwartungen an soziale Unterstützungssysteme. Opladen, Berlin: Barbara Budrich

Lau, Mariam/Spiewak, Martin (2020): Frau Grütters, wie war die Schule ohne Jungs? „Unter Mädchen ist man freier". Die Staatsministerin für Kultur über Aufklärung an einem Nonnengymnasium, richtiges Zeitungslesen und unterfüllte Lebenswünsche. Interview mit Monika Grütters. In: DIE ZEIT, 17.09.2020 (39)

Laufenberg, Mike (2019): Queer Theory: identitäts- und machtkritische Perspektiven auf Sexualität und Geschlecht. In: Kortendiek, Beate/Riegraf, Birgit/Sabisch, Katja (Hrsg.): Handbuch Interdisziplinäre Geschlechterforschung. Wiesbaden: Springer VS, S. 331–340

Laufenberg, Mike/Trott, Ben (Hrsg.) (2021): Queer Studies: Schlüsseltexte. Frankfurt/M.: Suhrkamp

Lauffer, Jürgen/Röllecke, Renate (Hrsg.) (2011): Gender und Medien. Schwerpunkt: Medienarbeit mit Jungen. Beiträge aus Forschung und Praxis. Prämierte Medienprojekte. München: kopaed

Lauretis, Teresa de (1991): Queer Theory: Lesbian and Gay Sexualities. An Introduction. In: differences: A Journal of Feminist Cultural Studies, 3, 2, III–XVIII

Lauterer, Heide Marie (1995): „Weil ich von dem Einsatz meiner Kräfte die Überwindung der Schwierigkeiten erhoffte." Marie Baum (1874-1964) – Frauenbewegung, Politik und Beruf. In: Frauen Gestalten. Soziales Engagement in Heidelberg, Heidelberg: Guderjahn, S. 55–116

Lautmann, Rüdiger (2005): „Gibt es nichts Wichtigeres?" Sexualität, Ausschluss und Sozialarbeit. In: Anhorn, Roland/Bettinger, Frank: Sozialer Ausschluss und Soziale Arbeit. Positionsbestimmungen einer kritischen Theorie und Praxis Sozialer Arbeit, Wiesbaden: Springer VS, S. 237–252

Lautmann, Rüdiger/Schetsche, Michael (1990): Das pornographierte Begehren. Frankfurt/M., New York: Campus

Lauwaert, Elaine (2015): Jahrestagung der Fachgesellschaft Geschlechterstudien/Gender Studies Association (FG) „Bewegung(en)" In: IFF ON Zeit. 5. Jg., Nr. 4. www.fg-gender.de/tagungen-und-workshops/2015-bewegungen/ (Abfrage: 07.10.2020)

Lazarsfeld, Sofie (1931): Wie die Frau den Mann erlebt. Leipzig/Wien: Schneider

Leccardi, Carmen (2009): Widersprüchliche Zeiten: Beschleunigung und Verlangsamung in Biographien junger Frauen und Männer. In: King, Vera/Gerisch, Benigna (Hrsg.): Zeitgewinn und Selbstverlust. Folgen und Grenzen der Beschleunigung. Frankfurt/M.: Campus, S. 240–258

Lee, Bong Joo/Yoo, Min Sang (2017): What accounts for the variations in children's subjective well-being across nations?: A decomposition method study. Children and Youth Services Review, 80, S. 15–21

Lefebvre, Hénri (1991): The Production of Space. Oxford: Blackwell

Lehmann, Peter/Stastny, Peter (2007): Statt Psychiatrie 2. Berlin: Antipsychiatrie- Verlag

Leibetseder, Bettina (2014): Gender und Sozialpolitik. Ein Transformationsansatz. In: Österreichische Zeitschrift für Soziologie, 39, S. 23–41

Leicht, Imke (2016): Wer findet Gehör? Kritische Reformulierung des menschenrechtlichen Universalismus. Opladen: Barbara Budrich

Leiprecht, Rudolf (2001): Alltagsrassismus. Eine Untersuchung bei Jugendlichen in Deutschland und den Niederlanden. Münster: Waxmann

Leiprecht, Rudolf (2013): ‚Subjekt' und ‚Diversität' in der Sozialen Arbeit. In: Spatscheck, Christian/Wageblass, Sabine (Hrsg.): Bildung, Teilhabe und Gerechtigkeit: gesellschaftliche Herausforderungen und Zugänge Sozialer Arbeit. Weinheim, Basel: Beltz Juventa, S. 184–199

Leiprecht, Rudolf (2018): Diversitätsbewusste Perspektiven für eine Soziale Arbeit in der Migrationsgesellschaft. In: Blank, Beate/Gögercin, Süleyman/Sauer, Karin E./Schramkowski, Barbara (Hrsg.): Soziale Arbeit in der Migrationsgesellschaft. Grundlagen – Konzepte – Handlungsfelder. Wiesbaden: VS, S. 209–220

Leiprecht, Rudolf (2018): Diversitätsbewusste Perspektiven für eine Soziale Arbeit in der Migrationsgesellschaft. In: Blank, Beate/Gögercin, Süleyman/Sauer, Karin E./Schramkowski, Barbara (Hrsg.): Soziale Arbeit in der Migrationsgesellschaft. Grundlagen – Konzepte – Handlungsfelder. Wiesbaden, S. 209–220

Leiprecht, Rudolf/Lutz, Helma (2005): Intersektionalität im Klassenzimmer. Ethnizität, Klasse, Geschlecht. In: Leiprecht, Rudolf/Kerber, Anne (Hrsg.): Schule in der Einwanderungsgesellschaft. Schwalbach/Taunus: Wochenschau-Verlag, S. 218–234

Leira, Arnlaug (1992): Welfare States and Working Mothers. The Scandinavian Experience. Cambridge: Cambridge University Press

Leitner, Sigrid (2003): Varieties of familialism. The caring function of the family in comparative perspective. European Societies, 4, H. 5, 353–376

Leitner, Sigrid (2013): Varianten des Familialismus. Berlin: Duncker & Humblot

Leitner, Sigrid/Ostner, Ilona/Schratzenstaller, Margit (2004): Wohlfahrtsstaat und Geschlechterverhältnis im Umbruch. Was kommt nach dem Ernährermodell? Jahrbuch für Europa- und Nordamerika-Studien. Wiesbaden: VS

Lembke, Ulrike (2014): Menschenrechte und Geschlecht. Baden-Baden: Nomos

Lembke, Ulrike (2017): Weibliche Verletzbarkeit, orientalisierter Sexismus und die Egalität des Konsums: Gender-race-class als verschränkte Herrschaftsstrukturen in öffentlichen Räumen. In: Zentrum für transdisziplinäre Geschlechterstudien (Hrsg.): Grenzziehungen von „öffentlich" und „privat" im neuen Blick auf die Geschlechterverhältnisse. Berlin: Bulletin Texte 43, S. 30–57

Lenger, Alexander/Schneickert, Christian/Schumacher, Florian (2013): Pierre Bourdieus Konzeption des Habitus. Grundlagen, Zugänge, Forschungsperspektiven. Wiesbaden: Springer VS

Lengersdorf, Diana/Meuser, Michael (2010): Wandel von Arbeit – Wandel von Männlichkeiten. In: Österreichische Zeitschrift für Soziologie 35, H. 2, S. 89–103

Lengersdorf, Diana/Meuser, Michael (2016): Männlichkeiten und der Strukturwandel von Erwerbsarbeit in globalisierten Gesellschaften. Diagnosen und Perspektiven. Weinheim, Basel: Beltz Juventa

Lengersdorf, Diana/Meuser, Michael (2017): Flexibilität und Reflexivität. Männlichkeiten im globalisierten Kapitalismus. In: Evertz, Sabine/Lenz, Ilse/Ressel, Saida (Hrsg.): Geschlecht im flexibilisierten Kapitalismus? Neue UnGleichheiten. Geschlecht & Gesellschaft, 58. Wiesbaden: Springer VS, S. 31–47

Lengersdorf, Diana/Meuser, Michael (2022): Männlichkeiten zwischen Neujustierung und Wandel? Persistenzen hegemonialer Männlichkeit. Erscheint in: Gender 13, Heft 1

Lentz-Becker, Anja/Bräutigam, Barbara/Müller, Matthias (2020): Needs-based family support – Perception, structures and challenges in practical implementation. In: International Journal of Social Pedagogy, H. 9, S. 20

Lenz, Gaby/Weiss, Anne (2018): Systemische Beratung in der Frauenhausarbeit. In: Lenz, Gaby/Weiss, Anne (Hrsg): Professionalität in der Frauenhausarbeit. Wiesbaden: Springer VS, S. 101–118

Lenz, Hans-Joachim (2001): Mann versus Opfer? Kritische Männerforschung zwischen der Verstrickung in herrschende Verhältnisse und einer neuen Erkenntnisperspektive. In: BauSteineMänner (Hrsg.): Kritische Männerforschung. Neue Ansätze in der Geschlechtertheorie. Hamburg: Argument, S. 359–396

Lenz, Hans-Joachim (2004): Männer als Opfer von Gewalt. In: Bundesamt für politische Bildung (Hrsg.): Aus Politik und Zeitgeschichte, H. 52–53. Gewalt im Geschlechterverhältnis. Bonn

Lenz, Hans-Joachim (2014): Wenn der Domspatz weiblich wäre. Über den Zusammenhang der Verdeckung sexualisierter Gewalt an Männern und kulturellen Geschlechtskonstruktionen. In: Mosser, Peter/Lenz, Hans-Joachim (Hrsg.): Sexualisierte Gewalt gegen Jungen: Prävention und Intervention. Ein Handbuch für die Praxis. Wiesbaden: VS, S. 15–40

Lenz, Ilse (1990): Geschlechtssymmetrische Gesellschaften. Neue Ansätze nach der Matriarchatsdebatte. In: Lenz, Ilse/Luig, Ute: Frauenmacht ohne Herrschaft. Geschlechterverhältnisse in nichtpatriarchalischen Gesellschaften. Berlin: Orlanda, 17–75

Lenz, Ilse (2002): Wie verändern sich die Neuen Frauenbewegungen? Ein Ansatz zur Transformation sozialer Bewegungen. In: Zeitschrift für Frauenforschung und Geschlechterstudien, 4, S. 65–83

Lenz, Ilse (2008a): Frauenbewegungen: Zu den Anliegen und Verlaufsformen von Frauenbewegungen als sozialen Bewegungen. In: Becker, Ruth/Kortendiek, Beate (Hrsg.): Handbuch Frauen- und Geschlechterforschung. Wiesbaden: VS, S. 859–869

Lenz, Ilse (2009a): Die neue Frauenbewegung in Deutschland. Abschied vom kleinen Unterschied. Ausgewählte Quellen. Wiesbaden: VS

Lenz, Ilse (2009b): Geschlecht, Klasse, Migration und soziale Ungleichheit. In: Lutz, Helma (Hrsg.): Gender-Mobil? Vervielfältigung und Enträumlichung von Lebensformen – Transnationale Räume, Migration und Geschlecht. Münster: Westfälisches Dampfboot, S. 25–68

Lenz, Ilse (2019a): Feminismus: Denkweisen, Differenzen, Debatten. In: Kortendiek, Beate/Riegraf, Birgit/Sabisch, Katja (Hrsg.): Handbuch Interdisziplinäre Geschlechterforschung. Band 1. Wiesbaden: Springer VS, S. 231–242

Lenz, Ilse (2019b): Intersektionale Konflikte in sozialen Bewegungen. In: Forschungsjournal Soziale Bewegungen FJSB 32, H. 3, S. 408–423

Lenz, Ilse (Hrsg.) (2008b): Die Neue Frauenbewegung in Deutschland. Abschied vom kleinen Unterschied. Eine Quellensammlung. Wiesbaden: VS Verlag

Lenz, Ilse (Hrsg.) (2010): Die neue Frauenbewegung in Deutschland. Abschied vom kleinen Unterschied. 2., aktualisierte Auflage. Wiesbaden: Springer VS

Lenz, Ilse/Evertz, Sabine/Ressel, Saida (Hrsg.) (2017): Geschlecht im flexibilisierten Kapitalismus. Neue UnGleichheiten. Wiesbaden: Springer VS

Lenz, Ilse/Luig, Ute (1990): Frauenmacht ohne Herrschaft. Geschlechterverhältnisse in nichtpatriarchalischen Gesellschaften. Berlin: Orlanda

Lenz, Karl (2005): Wie Paare sexuell werden. Wandlungsmuster und Geschlechterunterschiede. In: Funk, Heide/Lenz, Karl (Hrsg.): Sexualitäten. Diskurse und Handlungsmuster. Weinheim: Juventa, S. 113–150

Lenz, Karl (2009): Soziologie der Zweierbeziehung. Eine Einführung. Wiesbaden: VS

Lenz, Karl/Adler, Marina (2010): Geschlechterbeziehungen. Einführung in die sozialwissenschaftliche Geschlechterforschung. Band 2. Weinheim, München: Juventa

Lenz, Karl/Adler, Marina (2010): Geschlechterverhältnisse. Einführung in die sozialwissenschaftliche Geschlechterforschung. Band 1. Weinheim, München: Juventa

Lenz, Karl/Böhnisch, Lothar (1997): Zugänge zu Familien – ein Grundlagentext. In: Lenz, Karl/Böhnisch, Lothar (Hrsg.): Familien. Eine interdisziplinäre Einführung. Weinheim: Beltz Juventa, S. 9–63

Lenz, Karl/Nestmann, Frank (2009): Handbuch persönliche Beziehungen. Weinheim, München: Juventa

Lenz, Karl/Scholz, Sylka (2014): Romantische Liebessemantik im Wandel? In: Steinbach Anja/Hennig, Marina/Arránz Becker, Oliver (Hrsg.): Familie im Fokus der Wissenschaft. Wiesbaden: Springer VS, S. 93–116

Lenz, Hans-Joachim/Kapella, Olaf (2012): Männer, Gewalt, Verletzlichkeit. In: Theunert, Markus (Hrsg.): Männerpolitik: Was Jungen, Männer und Väter stark macht. Wiesbaden: VS, 309–332

Lenz; Karl/Adler, Marina (2021): Emotions, Love and Sexuality in Committed Relationships. In: Kreyenfeld, Michaela/Schneider, Norbert F. (Hrsg.): Handbook Sociology of the Family. Cheltenham, S. 314–328

Lenzen, Dieter (1991): Vaterschaft. Vom Patriarchat zur Alimentation. Reinbek: Rowohlt

Leopoldina Nationale Akademie der Wissenschaften (2017): Ein Fortpflanzungsmedizingesetz für Deutschland. Diskussion Nr. 13. Halle: Deutsche Akademie der Naturforscher Leopoldina e.V.

Lerner, Gerda (1995): Die Entstehung des Patriarchats. Frankfurt/M.: Campus

Lesben- und Schwulenverband (LSVD) (2014): Homosexualität in der Familie. Handbuch für familienbezogenes Fachpersonal. Köln: LSVD

LesMigraS – Antigewalt und Antidiskriminierungsbereich der Lesbenberatung Berlin e.V. (LesMigraS) (2012): „…nicht so greifbar und doch real". Eine quantitative und qualitative Studie zu Gewalt- und (Mehrfach-)Diskriminierungserfahrungen von lesbischen, bisexuellen Frauen und Trans* in Deutschland. Berlin: LesMigraS. lesmigras.de/tl_files/lesbenberatung-berlin/Gewalt%20(Dokus,Aufsaetze…)/Dokumentation%20Studie%20web_sicher.pdf (Abfrage: 12.02.2021)

Lessenich, Stefan (2016): Neben uns die Sintflut. Berlin. Carl-Hanser-Verlag

Lettke, Frank/Lange, Andreas (2006): Generationen und Familien. Frankfurt/M.: Suhrkamp

Leurs, Koen (2015): Digital Passages. Migrant Youth 2.0: Diaspora, Gender and Youth Cultural Intersections. Amsterdam: Amsterdam University Press

Leuschner, Fredericke (2020): Täterinnen. Hintergründe und Deliktstrukturen von Straftaten durch Frauen. In: Forensische Psychiatrie, Psychologie, Kriminologie. volume 14. Springer, S. 130–140

Lewin, Kurt (1951): Field Theory in Social Science. Selected theoretical Papers. New York: Harper & Brothers

Lewis, Gail (2013): Unsafe travel: experiencing intersectionality and feminist displacements. In: Signs: a Journal of Women in Culture and Society, 38(4), S. 869–892

Lewis, Jane/Meredith, Barbara (1988): Daughters who care: daughters caring for mothers at home. London: Routledge

Li, Xuan/Zerle-Elsäßer, Claudia/Entleitner-Phleps, Christine/Schier, Michaela (Hrsg.) (2015): Väter 2015: Wie aktiv sind sie, wie geht es ihnen und was brauchen sie? Eine aktuelle Studie des Deutschen Jugendinstituts. München: DJI

Libreria delle Donne di Milano (1988): Wie weibliche Freiheit entsteht. Eine neue politische Praxis. Berlin: Orlanda

Lindemann, Gesa (1992): Die leiblich-affektive Konstruktion des Geschlechts, Für eine Mikrosoziologie des Geschlechts unter der Haut. In: Zeitschrift für Soziologie 21, H. 5, S. 330–346

Lippman, Abby (1992): Mother Matters: a Fresh Look at Prenatal Genetic Testing. In: Issues in Reproductive and Genetic Engineering 5 (2), S. 141–154

Logan, Joseph et al. (2008): Chracteristics of Perpetrators in Homicide-Followed-by-Suicide Incidends: National Violent Death Reporting System-17 US States, 2003 – 2005. In: American Journal of Epidemiology 16, H. 9, S. 1056 – 1064

Löhmer, Cornelia/Standhardt, Rüdiger (2015): TZI – Die Kunst, sich selbst und eine Gruppe zu leiten. Einführung in die Themenzentrierte Interaktion. 4. Auflage. Stuttgart Klett-Cotta

Lorber, Judith (1999): Gender-Paradoxien. Opladen: Leske + Budrich

Lorde, Audre (1993): Du kannst nicht das Haus des Herren mit dem Handwerkszeug des Herren abreißen. In: Lorde, Audre/Rich, Adrienne (Hrsg.): Macht und Sinnlichkeit. 4. Ausgabe. Berlin: Orlanda Frauenverlag, S. 199–211

Lorde, Audrey (1984): Age, Race, Class and Sex. Women Redefining Difference. In: Lorde, Audrey/Clarke, Cheryl (Hrsg.): Sister Outsider. Essays and Speeches. – Berkeley, S. 114–123

Lorenz, Annegret (2018): Zivil- und familienrechtliche Grundlagen der Sozialen Arbeit. 3. Auflage. Baden-Baden: Nomos

Lorenz, Konrad (1963): Das sogenannte Böse. Zur Naturgeschichte der Aggression. Wien: Borotha-Schoeler

Lorenz, Renate/Kuster, Brigitta (2007): Die Prekarisierung der Existenz. Ein Gespräch mit der Gruppe precarias a la dervira. In: Lorenz, Renate/Kuster, Brigitta: Sexuell arbeiten: eine queere Perspektive auf Arbeit und prekäres Leben. Berlin: b_books, S. 259–272

Lorey, Isabell (2011): Figuren des Immunen. Elemente einer politischen Theorie. Zürich: diaphanes

Lorey, Isabell (2012): Die Regierung der Prekären. Wien: Turia + Kant

Lorey, Isabell (2015): Freiheit und Sorge. Das Recht auf Sorge im Regime der Prekarisierung. In: Völker, Susanne/Amacker, Michèle (Hrsg.): Prekarisierungen. Arbeit, Sorge, Politik. Reihe Arbeitsgesellschaft im Wandel. Weinheim, Basel: Beltz Juventa, S. 26–41

Lottmann, Ralf/Lautmann, Rüdiger/Castro Varela, María do Mar (2016): Homosexualität_en und Alter(n). Ergebnisse aus Forschung und Praxis. Wiesbaden: VS

Löw, Martina (2001). Raumsoziologie. Frankfurt/M.: Suhrkamp

Löw, Martina/Sturm, Gabriele (2019): Raumsoziologie. In: Kessl, Fabian/Reutlinger, Christian (Hrsg.): Handbuch Sozialraum. 2. Auflage. Wiesbaden: Springer VS, S. 3–21

Luca, Renate (2003a): Mediensozialisation. Weiblichkeits-und Männlichkeitsentwürfe in der Adoleszenz. In: Luca, Renate (Hrsg.): Medien. Sozialisation. Geschlecht. Fallstudien aus der sozialwissenschaftlichen Praxis. München: kopaed, S. 39–54

Luca, Renate (Hrsg.) (2003b): Medien. Sozialisation. Geschlecht. Fallstudien aus der sozialwissenschaftlichen Forschungspraxis. München: kopaed

Lucius-Hoehne, Gabriele (2002): Narrative Bewältigung von Krankheit und Coping-Forschung. In: Psychotherapie & Sozialwissenschaft 4, H. 3, S. 166–203

Ludwig, Isolde/Schlevogt, Vanessa/Klammer, Ute/Gerhard, Ute (2002): Managerinnen des Alltags. Strategien erwerbstätiger Mütter in Ost- und Westdeutschland. Berlin: Edition Sigma
Ludwig-Mayerhofer, Wolfgang (2018): Arbeitslosigkeit. In: Abraham, Martin/Hinz, Thomas (Hrsg.): Arbeitsmarktsoziologie. Probleme, Theorien, empirische Befunde. Wiesbaden: Springer VS, S. 155-192
Luhmann, Niklas (1990): Die Wissenschaft der Gesellschaft. Frankfurt/M.: Suhrkamp
Luhmann, Niklas (1997): Die Gesellschaft der Gesellschaft. Zwei Bände. Frankfurt/M.: Suhrkamp
Lührig-Nockemann, Hildegard (2020): Trümmerfauen. Ein Mythos, aber auch ein Aufbruch aus den traditionellen Frauenrollen nach 1945. In: zwd Politikmagazin Nr. 378
Luibhéid, Eithne/Chávez, Karma (2020): Queer and Trans Migrations: Dynamics of illegalization, detention, and deportation. Urbana: University of Illinois Press
Lünenborg, Margreth (2020): Soziale Medien, Emotionen und Affekte. Working Paper SFB 1171. Affective Societies 01/20. refubium.fu-berlin.de/handle/fub188/17614 (Abfrage: 30.11.2020)
Lünenborg, Margreth/Maier, Tanja (2013): Gender Media Studies. Eine Einführung. Konstanz: UVK
Lünenborg, Margreth/Maier, Tanja (2018): The Turn to Affect and Emotion in Media Studies. In: Media and Communication 6, H. 3, S. 1-4
Lünenborg, Margreth/Töpper, Claudia/Sūna, Laura/Maier, Tanja (2021): Affektive Medienpraktiken. Emotionen, Körper, Zugehörigkeiten im Reality TV. Wiesbaden: Springer VS
Lüscher, Kurt (1993): Generationenbeziehungen in „postmodernen" Gesellschaften. Analysen zum Verhältnis von Individuum, Familie, Staat und Gesellschaft. Konstanz: Universitätsverlag
Lüscher, Kurt/Pillemer, Karl A. (1996): Die Ambivalenz familialer Generationenbeziehungen. Konzeptuelle Überlegungen zu einem aktuellen Thema der familienwissenschaftlichen Forschung. Konstanz: Universitätsverlag
Lutz, Helma (2001): Differenz als Rechenaufgabe: über die Relevanz der Kategorien Race, Class und Gender. In: Lutz, Helma/Wenning, Norbert (Hrsg.): Unterschiedlich verschieden. Differenz in der Erziehungswissenschaft. Opladen: Leske + Budrich, S. 215-230
Lutz, Helma (2007a): ‚Die 24-Stunden-Polin'. Eine intersektionale Analyse transnationaler Dienstleistungen. In: Klinger, Cornelia/Knapp, Gudrun-Axeli/Sauer, Birgit (Hrsg.): Achsen der Ungleichheit. Zum Verhältnis von Klasse, Geschlecht und Ethnizität. Frankfurt/M.: Campus, S. 210-234
Lutz, Helma (2007b): Vom Weltmarkt in den Privathaushalt. Die neuen Dienstmädchen im Zeitalter der Globalisierung. Opladen: Barbara Budrich
Lutz, Helma (2010): Unsichtbar und unproduktiv? Haushaltsarbeit und Care Work – die Rückseite der Arbeitsgesellschaft, In: Österreichische Zeitschrift für Soziologie, H. 35, S. 23-37
Lutz, Helma (2018): Die Hinterbühne der Care-Arbeit. Transnationale Perspektiven auf Care-Migration im geteilten Europa. Weinheim, Basel: Beltz Juventa
Lutz, Helma/Amelina, Anna (2017): Gender, Migration, Transnationalisierung. Bielefeld: transcript
Lutz, Helma/Herrera Vivar, Maria Teresa/Supik, Linda (Hrsg.) (2010): Fokus Intersektionalität. Bewegungen und Verortungen eines vielschichtigen Konzepts. Wiesbaden: VS
Lutz, Helma/Palenga-Möllenbeck, Ewa (2011): Care, Gender and Migration: Towards a Theory of Transnational Domestic Work Migration in Europe. In: Journal of Contemporary European Studies Jg. 19, H. 3, S. 349-364
Lutz, Helma/Schiebel, Martina/Tuider, Elisabeth (2019): Handbuch Biographieforschung. Reihe: Research. 2. Auflage. Wiesbaden: Springer VS
Lux, Katharina (2019): „Es liegt nicht in unserem Interesse, Erfahrungen in eine vorgefasste Theorie einzupassen…". Erfahrung und feministisches Bewusstsein in der autonomen Frauenbewegung der 1970er Jahre. In: outside the box. Zeitschrift für feministische Gesellschaftskritik, H. 7, S. 64-72
Luy, Marc (2002a): Warum Frauen länger leben. Erkenntnisse aus dem Vergleich von Kloster- und Allgemeinbevölkerung. Materialien zur Bevölkerungswissenschaft, 106. Bundesinstitut für Bevölkerungsforschung (BIB)

Luy, Marc (2002b): Die geschlechtsspezifischen Sterblichkeitsunterschiede – Zeit für eine Zwischenbilanz. In: Zeitschrift für Gerontologie und Geriatrie. H. 35, S. 412–429
Maaßen, Angelika (2003): Wenn Angehörige pflegen. In: „Zum Wohl des Betreuten". Zehn Jahre nach einer Jahrhundertreform: Schutzgarantie und Qualität im Betreuungswesen. Betrifft: Betreuung Band 5. Recklinghausen: Vormundschaftsgerichtstag e. V., S. 155–166
Macha, Hildegard/Brendler, Hiltrud/Römer, Catarina (2017): Gender und Diversity im Unternehmen. Opladen: Barbara Budrich
Mackenroth, Gerhard (1953): Bevölkerungslehre. Theorie, Soziologie und Statistik der Bevölkerung. Berlin, Heidelberg: Springer VS
Mackensen, Rainer/Reulecke, Jürgen/Ehmer, Josef (2009): Ursprünge, Arten und Folgen des Konstrukts „Bevölkerung" vor, im und nach dem „Dritten Reich". Zur Geschichte der deutschen Bevölkerungswissenschaft. Wiesbaden: VS
MacKinnon, Catherine (1988): Pornography and Civil Rights: A New Day for Women's Equality. Minneapolis: Organizing Against Pornography
Mader, Esto/Gregor, Joris A./Saalfeld, Robin K./Hornstein, René_ Rain/Müller, Paulena/Grasmeier, Marie C./Schadow Toni (Hrsg.) (2021): Trans* und Inter* Studien – Aktuelle Forschungsbeiträge aus dem deutschsprachigen Raum. Münster: Westfälisches Dampfboot
Madubuko, Nkechi (2020): Empowerment als Erziehungsaufgabe. Praktisches Wissen für den Umgang mit Rassismuserfahrungen. Münster: Unrast
Mae, Michiko (2007): Auf dem Weg zu einer transkulturellen Genderforschung. In: Mae, Michiko/Saal, Britta (Hrsg.): Transkulturelle Genderforschung. Ein Studienbuch zum Verhältnis von Kultur und Geschlecht. Wiesbaden: VS, S. 37–51
Mae, Michiko (2019): Transkulturalität: ein neues Paradigma in den Kulturwissenschaften, der Geschlechterforschung und darüber hinaus. In: Kortendiek, Beate/Riegraf, Birgit/Sabisch, Katja (Hrsg.): Handbuch Interdisziplinäre Geschlechterforschung. Wiesbaden: Springer VS, S. 313–322
Mae, Michiko/Saal, Britta (Hrsg.) (2007): Transkulturelle Genderforschung. Ein Studienbuch zum Verhältnis von Kultur und Geschlecht. Wiesbaden: VS
Maedchenarbeit.de: Portal für die Soziale Arbeit mit Mädchen und jungen Frauen (2021): Maedchenarbeit. www.maedchenarbeit.de (Abfrage: 16.08.2021)
Magistrat für Bildung und Jugend der Stadt Wien (2014): Studie: Monitoring und Ist-Analyse ausgewählter Angebotsformen der Kinder- und Jugendarbeit in Wien
Mai, Hanna Hoa Anh (2020): Pädagog*innen of Color. Professionalität im Kontext rassistischer Normalität. Weinheim: Beltz Juventa
Maier, Friederike (2006): Wirtschaftswissenschaften. In: Braun, Christina von/Stephan, Inge (Hrsg.): Gender Studien – Eine Einführung. Stuttgart, Weimar: J. B. Metzler doi.org/10.1007/978-3-476-05047-2_7 (Abfrage: 11.06.2021)
Maier, Maja S. (2007): Paaridentitäten. Biografische Rekonstruktionen homosexueller und heterosexueller Paarbeziehungen. Weinheim: Juventa
Maier, Tanja (2007): Gender und Fernsehen. Perspektiven einer kritischen Medienwissenschaft. Bielefeld: transcript
Maihofer, Andrea (1995): Geschlecht als Existenzweise. Frankfurt/M.: Ulrike Helmer
Maihofer, Andrea (2006): Von der Frauen- zur Geschlechterforschung – Ein bedeutsamer Perspektivwechsel nebst aktuellen Herausforderungen an die Geschlechterforschung. In: Aulenbacher, Brigitte/Bereswill, Mechthild/Löw, Martina/Meuser, Michael/Mordt, Gabriele/Schäfer, Reinhild/Scholz, Sylka (Hrsg.): FrauenMännerGeschlechterforschung. State of Art. Münster: Westfälisches Dampfboot, S. 64–77
Malamuth, Neil M. (2018): "Adding fuel to the fire"? Does exposure to non-consenting adult or to child pornography increase risk of sexual aggression? In: Aggression and Violent Behavior, 41, S. 74–89. doi.org/10.1016/j.avb.2018.02.013
Maletzke, Gerhard (1963): Psychologie der Massenkommunikation. Theorie und Systematik. Hamburg: Hans-Bredow-Institut

Malich, Lisa (2014): Verunsicherungsmaschinen. Anmerkungen zu feministischer Mutterschaft. In: Franke, Yvonne/Mozygemba, Kati/Pöge, Kathleen/Ritter, Bettina/Venohr, Dagmar (Hrsg.): Feminismen heute. Positionen in Theorie und Praxis. Bielefeld: transcript, S. 155–168

Malich, Lisa (2017): Die Gefühle der Schwangeren. Eine Geschichte somatischer Emotionalität (1780–2010). Bielefeld: transcript

Manalansan, Martin (2006): Queer Intersections: Sexuality and Gender in Migration Studies. International Migration Review, 40 (1), S. 224–249

MANEO – Das schwule Anti-Gewalt-Projekt in Berlin (2007): Gewalterfahrung von Schwulen. www.maneo.de/news/maneo-news07.html (Abfrage: 16.08.2021)

Männerforschungskolloquium Tübingen (1995): Die patriarchale Dividende: Profit ohne Ende? Erläuterungen zu Bob Connells Konzept der ‚Hegemonialen Männlichkeit'. In: Widersprüche, 56+57, S. 47–61

Mannheim, Karl (1970): Wissenssoziologie. Neuwied, Berlin: Luchterhand

Mannheim, Karl (2009/1928): Das Problem der Generationen. In: Barboza, Amalie/Lichtblau, Klaus (Hrsg.): Schriften zur Wirtschafts- und Kultursoziologie. Wiesbaden: VS, S. 121–166

Manske, Alexandra (2015): Kapitalistische Geister in der Kultur- und Kreativwirtschaft. Kreative zwischen wirtschaftlichem Zwang und künstlerischem Drang. Bielefeld: transcript

Marchart, Oliver (2013a): Die Prekarisierungsgesellschaft. Prekäre Proteste. Politik und Ökonomie im Zeichen der Prekarisierung. Bielefeld: transcript

Marchart, Oliver (2013b): Auf dem Weg in die Prekarisierungsgesellschaft. In: Marchart, Oliver (Hrsg.): Facetten der Prekarisierungsgesellschaft. Prekäre Verhältnisse. Sozialwissenschaftliche Perspektiven auf die Prekarisierung von Arbeit und Leben. Bielefeld: transcript, S. 7–20

Marquardt, Nadine (2018): Digital assistierter Wohnalltag im *smart home*. Zwischen Care, Kontrolle und vernetzter Selbstermächtigung. In: Bauriedl, Sybille/Strüver, Anke (Hrsg.): Smart City. Kritische Perspektiven auf die Digitalisierung in Städten. Bielefeld: transcript, S. 285–297

Marschik, Matthias/Dorer, Johanna (2002): Sexismus (in) der Werbung: Geschlecht, Reklame und Konsum. In: Medienimpulse 11, H. 42, S. 37–44

Marshall, Thomas H. (1992): Bürgerrechte und soziale Klassen. Zur Soziologie des Wohlfahrtsstaates. Frankfurt/M.: Campus

Martellozzo, Elena/Monaghan, Andy/Adler, Joanna R./Davidson, Julia/Leyva, Rodolfo/Horvath, Miranda A.H. (2017): I wasn't sure it was normal to watch it. A quantitative and qualitative examination of the impact of online pornography on the values, attitudes, beliefs and behaviours of children and young people. London: NSPCC

Marthaler, Thomas (2012): Zum Umgang mit dem Kindeswohl – Ein Essay aus neoinstitutionalistischer Perspektive. In: Marthaler, Thomas/Bastian, Pascal/Bode, Ingo/Schrödter Mark (Hrsg.): Rationalitäten des Kinderschutzes. Wiesbaden: VS, S. 105–129

Martini, Franziska (2020): Wer ist #MeToo? Eine netzwerkanalytische Untersuchung (anti-)feministischen Protests auf Twitter. In: Medien & Kommunikationswissenschaft 68, H. 3, S. 255–272

Martiny, Dieter (1987): Des widerspenstigen Schuldners Zähmung – Zur Soziologie des Unterhaltsrechts. In: Zeitschrift für Rechtssoziologie, 8, H. 1, S. 24–56

Marx, Ansgar (2014): Familienrecht für soziale Berufe. Köln: Bundesanzeiger

Marx, Ulrike/Becker, Albrecht (2020): Geschlechterverhältnisse steuern: Zahlen und Feminismus. In: Geschlechterverhältnisse im Kontext von Unternehmen und Gesellschaft. Baden-Baden: Nomos, S. 165–180

Maschke, Sabine/Stecher, Ludwig (2017): SPEAK! Die Studie. Sexualisierte Gewalt in der Erfahrung Jugendlicher. Öffentlicher Kurzbericht. Forschungsbericht. Marburg, Gießen

Matthiesen, Silja (2013): Jungensexualität. In: Stier, Bernhard/Winter, Reinhard (Hrsg.): Jungen und Gesundheit. Ein interdisziplinäres Handbuch für Medizin, Psychologie und Pädagogik. Stuttgart: Kohlhammer, S. 254–266

Matthiesen, Silja/Dekker, Arne/Brunner, Franziska/Klein, Verena/Martyniuk, Urzula/Schmidt, Diana/Wendt, Janina/Briken (2017): Peer: Studie Liebesleben in Deutschland. Sexuelles Verhalten, Einstellungen und sexuelle Gesundheit in Deutschland. Erste Ergebnisse einer Pilotstudie zur Erwachsenensexualität. Hamburg: UKE

Matthiesen, Silja/Mainka, Jasmin/Martyniuk, Urszula (2013): Jugendsexualität heute. In: Matthiesen, Silja (Hrsg.): Jugendsexualität im Internetzeitalter. Eine qualitative Studie zu sozialen und sexuellen Beziehungen von Jugendlichen. Band 37. Forschung und Praxis der Sexualaufklärung und Familienplanung. Köln: Bundeszentrale für gesundheitliche Aufklärung, S. 22–91

Matzner, Michael (1998): Vaterschaft heute. Klischees und soziale Wirklichkeit. Frankfurt/M., New York: Campus

Matzner, Michael (2005): Väter – eine noch unerschlossene Ressource und Zielgruppe in der Sozialen Arbeit mit Kindern und ihren Familien. In: neue praxis 35, H. 6, S. 587–610

Matzner, Michael (2007a): Alleinerziehende Väter – eine schnell wachsende Familienform. In: Mühling, Tanja/Rost, Harald (Hrsg.): Väter im Blickpunkt. Perspektiven der Familienforschung. Opladen, Farmington Hills: Barbara Budrich, S. 225–242

Matzner, Michael (2007b): Väter – die vernachlässigte Zielgruppe in der Sozialen Arbeit mit Familien. In: Hollstein, Walter/Matzner, Michael (Hrsg.): Soziale Arbeit mit Jungen und Männern. München: Ernst Reinhardt, S. 174–189

Matzner, Michael (2008): Jungen brauchen Väter. In: Matzner, Michael/Tischner, Wolfgang (Hrsg.): Handbuch Jungen-Pädagogik. Weinheim, Basel: Beltz Juventa, S. 316–330

Matzner, Michael/Tischner, Wolfgang (2008a): Einleitung. In: Matzner, Michael/Tischner (Hrsg.): Handbuch Jungen-Pädagogik. Weinheim, Basel: Beltz Juventa, S. 9–15

Matzner, Michael/Tischner, Wolfgang (Hrsg.) (2008b): Handbuch Jungen-Pädagogik. Weinheim, Basel: Beltz Juventa

Mauer, Heike/Leinius, Johanna (Hrsg.) (2021): Intersektionalität und Postkolonialität. Kritische feministische Perspektiven auf Politik und Macht. Opladen, Berlin, Toronto: Barbara Budrich

Maurer, Gerlinde (2002): Medeas Erbe: Kindsmord und Mutterideal. Wien: Milena

Maurer, Susanne (2001a): Das Soziale und die Differenz. Zur (De-)Thematisierung von Differenz in der Sozialpädagogik. In: Lutz, Helma/Wenning, Norbert (Hrsg.): Unterschiedlich verschieden. Differenz in der Erziehungswissenschaft. Opladen: Leske + Budrich, S. 125–142

Maurer, Susanne (2001b): Soziale Arbeit als Frauenberuf. In: Otto, Hans-Uwe/Thiersch, Hans (Hrsg.) (2001): Handbuch Sozialarbeit/Sozialpädagogik (unter Mitarbeit von Karin Böllert, Gaby Flösser, Cornelia Füssenhäuser, Klaus Grunwald). Neuwied: Luchterhand, S. 1598–1604

Maurer, Susanne (2003): Geistige Mütterlichkeit als Emanzipationsfalle? Bürgerliche Frauen im 19. Jahrhundert kämpfen um Individualität und gesellschaftliche Teilhabe. In: Ludwig, Johanna/Nagelschmidt, Ilse/Schötz, Susanne (Hrsg.): Leben ist Streben. Das erste Auguste-Schmidt-Buch. Leipzig: Leipziger Universität, S. 247–265

Maurer, Susanne (2012): ‚Doppelspur der Kritik' – Feministisch inspirierte Perspektiven und Reflexionen zum Projekt einer ‚Kritischen Sozialen Arbeit'. In: Anhorn, Roland/Bettinger, Frank/Horlacher, Cornelis/Rathgeb, Kerstin (Hrsg.): Kritik der Sozialen Arbeit – kritische Soziale Arbeit. Perspektiven kritischer Sozialer Arbeit. Wiesbaden: Springer VS, S. 299–323

Maurer, Susanne (2014): „Das Private ist politisch!" – Neue Frauenbewegung, Soziale Arbeit und Perspektiven der Kritik. In: Bütow, Birgit/Chassé, Karl August/Lindner, Werner (Hrsg.): Das Politische im Sozialen – Historische Linien und aktuelle Herausforderungen der Sozialen Arbeit. Opladen, Berlin, Toronto: Barbara Budrich, S. 65–81

Maurer, Susanne (2016a): Feminismus in der Sozialen Arbeit: eine ausgeblendete Facette in der Auseinandersetzung mit „1968"?! In: Birgmeier, Bernd/Mührel, Eric (Hrsg.): Die „68er" und die Soziale Arbeit. Wiesbaden: Springer VS, S. 351–369

Maurer, Susanne (2016b): By and Beyond "Organised Motherhood": Feminist Politics and the Emerging German Welfare State. In: Agnoletto, Stefano/Griffith, Brian J./Palmieri, Cristina (eds.): The Origins of the Welfare State: Global and Comparative Approaches. Vol. 3

Maurer, Susanne (2016c): Geschlecht – Mädchen. In: Schröer, Wolfgang/Struck, Norbert/Wolff, Mechthild (Hrsg.): Handbuch Kinder- und Jugendhilfe. 2. Auflage. Weinheim, Basel: Beltz Juventa, S. 348–364

Maurer, Susanne (2018a): Die ‚Bildung des politischen Subjekts' im Netz? Oder: Gesellschaftskritik und Selbst-Transformation – digital/analog. In: kommunikation@gesellschaft. Sonderausgabe: (H)acktivismus und Partizitpation? Zur politischen Dimension des Digitalen. Jg. 19

Maurer, Susanne (2018b): Hedwig Dohm ‚Die Antifeministen'. In: Aus Politik und Zeitgeschichte 68, H. 17, S. 40–46

Maurer, Susanne (2018c): Die Perspektive der Grenzbearbeitung im Kontext des Nachdenkens über Verhältnisse und Verhalten. In: Anhorn, Roland/Schimpf, Elke/Stehr, Johannes/Rathgeb, Kerstin/Spindler, Susanne/Keim, Rolf (Hrsg.): Politik der Verhältnisse – Politik des Verhaltens. Wiesbaden: Springer VS, S. 113–125

Maurer, Susanne (2019a): Gender/Geschlecht. In: Grendel, Tanja (Hrsg.): Sozialisation und Soziale Arbeit. Studienbuch zu Theorie, Empirie und Praxis. Wiesbaden: Springer VS, S. 141–147

Maurer, Susanne (2019b): Soziale Bewegung, in: Kessl, Fabian/Reutlinger, Christian (Hrsg.): Handbuch Sozialraum. Vollständig überarbeitete Neuauflage. Wiesbaden. Springer VS, S. 359–380

Maurer, Susanne (2020): Solidarität und/als Empowerment?! Einige Gedanken mit Bezug auf die Geschichte feministischer Bewegungen (nicht nur) in Westdeutschland in: Jagusch, Birgit/Chehata, Yasemine (Hrsg.): Empowerment und Powersharing Ankerpunkte – Positionierungen – Arenen. Weinheim: Beltz Juventa, S. 187–193

Maurer, Susanne (2022): Frauenbewegte (?) Akteur*innen Sozialer Arbeit nach 1945. In: Amthor, Ralf-Christian/Kuhlmann, Carola/Bender-Junker, Birgit(Hrsg.): Kontinuitäten und Diskontinuitäten Sozialer Arbeit nach dem Ende des Nationalsozialismus. 2 Bände. Weinheim: Beltz Juventa, S. 220–235

Maurer, Susanne/May, Michael (2018): Gender, Geschlechterforschung. In: Otto, Hans-Uwe/Thiersch, Hans/Treptow, Rainer/Ziegler, Holger (Hrsg.): Handbuch Soziale Arbeit. 6. überarbeitete Auflage. München: Ernst Reinhardt, S. 476–489

May, Michael/Schäfer, Arne (Hrsg.) (2021): Theorien für die Soziale Arbeit. 2., aktualisierte Auflage. Baden-Baden: Nomos

May, Michael/Scherr, Albert (2019): Individuum: Sozialität, Individualität und Subjektivität. In: Grendel, Tanja (Hrsg.): Sozialisation und Soziale Arbeit. Studienbuch zu Theorie, Empirie und Praxis. Wiesbaden: Springer VS, S. 13–26

Mayer, Stefanie/Ajanovic, Edma/Sauer, Birgit (2018): Kampfbegriff ‚Gender-Ideologie'. Zur Anatomie eines diskursiven Knotens. Das Beispiel Österreich. In: Lang, Juliane/Peters, Ulrich (Hrsg.): Antifeminismus in Bewegung. Aktuelle Debatten um Geschlecht und sexuelle Vielfalt. Hamburg: Marta Press, S. 37–59

Mayock, Paula/Bretherton, Joanne (2016): Conclusions. In: Mayock, Paula/Bretherton, Joanne (Hrsg): Women's Homelessness in Europe. Basingstoke: Palgrave Macmillan, S. 265–285

Maywald, Jörg (2002): Kindeswohl und Kindesrechte. www.liga-kind.de/fk-402-maywald/ (Abfrage: 31.01.2021)

Mazziotta, Agostino/Zeller, Anja (2021): Kommentar zum Workshop „Liebe, wie sie Dir gefällt ... Die Vielfalt der Liebes- und Lebensmodelle in der (Paar-)Beratung. dgvt-Kongress. www.dgvt-kongress.de/programm/workshops/ (Abfrage: 7.02.2021)

McCall, Leslie (2005): The Complexity of Intersectionality. In: Signs. Journal of Women in Culture and Society, H. 3, S. 1771–1800

McClintock, Anne (1995): Imperial leather: race, gender and sexuality in the colonial contest. New York: Routledge

McGuire, Gail M. (2000): Gender, race, ethnicity, and networks: The factors affecting the status of employees' network members. In: Work and Occupations, 27, H. 4, S. 501–524

McPherson, Miller/Smith-Lovin, Lynn/Brashears, Matthew E. (2006): Social Isolation in America: Changes in Core Discussion Networks over Two Decades. In: American Sociological Review, H. 71, S. 353–375

McRobbie, Angela (2009): The aftermath of feminism: gender, culture and social change. Los Angeles, London: SAGE

McRobbie, Angela (2010): Top Girls. Feminismus und der Aufstieg des neoliberalen Geschlechterregimes. Wiesbaden: VS

McRobbie, Angela (2016): Top Girls. Feminismus und der Aufstieg des neoliberalen Geschlechterregimes. 2. Auflage. Berlin: Springer VS

McRuer, Robert (2006): Crip Theory: Cultural Signs of Queerness and Disability. New York: New York University

Mecheril, Paul (2003): Prekäre Verhältnisse. Über natio-ethno-kulturelle (Mehrfach-)Zugehörigkeit. Münster: Waxmann

Mediendienst Integration (2021): Infopapier Antimuslimischer Rassismus in Deutschland. Zahlen und Fakten. mediendienst-integration.de/artikel/antimuslimischer-rassismus-ist-weit-verbreitet.html (Abfrage: 25.10.2021)

Meier, Sabine/Schlenker, Kathrin (2020): Einleitung: Die Bedeutung von Raum für Teilhabe. In: Meier, Sabine/Schlenker, Kathrin (Hrsg.): Teilhabe und Raum. Interdisziplinäre Perspektiven. Toronto, Berlin: Barbara Budrich

Meier-Gräwe, Uta (2007): Kinderlosigkeit, die „gute Mutter" und die Notwendigkeit eines nicht nur familienpolitischen Kurswechsels. In: Baer, Susanne/Lepperhof, Julia (Hrsg.): Gleichberechtigte Familien? Wissenschaftliche Diagnosen und politische Perspektiven. Bielefeld: Kleine, S. 69–89

Meier-Gräwe, Uta (2015): Die Arbeit des Alltags – Warum wir sie gesellschaftlich neu organisieren und geschlechtergerecht verteilen müssen. In: Meier-Gräwe, Uta (Hrsg.): Die Arbeit des Alltags. Wiesbaden: Springer Fachmedien, S. 1–34

Meinhold, Juliane (2019): Im Gespräch zu Hilfen zur Erziehung und LSBTIQ – „ich will keine Sonderbehandlung!". In: Forum Erziehungshilfen 25, H. 3, S. 155–157

Melter, Claus (2006): Rassismuserfahrungen in der Jugendhilfe. Eine empirische Studie zu Kommunikationspraxen in der Sozialen Arbeit. Münster: Waxmann

Melter, Claus (Hrsg.) (2021): Diskriminierungs- und rassismuskritische Soziale Arbeit und Bildung. Praktische Herausforderungen, Rahmungen und Reflexionen. Weinheim: Beltz Juventa

Mennicke, Anette (2011): Mütter und Väter im evolutionären Licht betrachtet – Überraschende Antworten auf alte Fragen. Neue Perspektiven für die Elternbildung vor dem Hintergrund der Biowissenschaft. Stuttgart: ibidem

Merchel, Joachim (2015): Management in Organisationen der Sozialen Arbeit. Eine Einführung. Weinheim, Basel: Beltz Juventa, Kap. 3

Merchel, Joachim (2016): Jugendhilfeplanung. München, Basel: Ernst Reinhardt

Merchel, Joachim (2017): Management ist nur dann gut, wenn es mit dem Gegenstand „Soziale Arbeit" verknüpft ist! – Das Spezifische an Organisationen der Sozialen Arbeit und seine Bedeutung für das Management. In: Wöhrle, Armin/Fritze, Agnès/Prinz, Thomas/Schwarz, Gotthart (Hrsg.): Sozialmanagement – Eine Zwischenbilanz. Wiesbaden: Springer VS, S. 281–296

Mertens Wolfgang (1997): Entwicklung der Psychosexualität und der Geschlechtsidentität. Band 1: Geburt bis 4. Lebensjahr. Stuttgart: Kohlhammer

Merton, Robert K. (1938/1968): Sozialstruktur und Anomie. In: Sack, Fritz/König, René (Hrsg.), Kriminalsoziologie. Frankfurt/M.: Akademische Verlagsgesellschaft, S. 283–313

Mesquita, Sushila (2011): BAN MARRIAGE! Ambivalenzen der Normalisierung aus queer-feministischer Perspektive. Wien: Zaglossus

Messerschmidt, Astrid (2009): Rassismusanalyse in einer postnationalsozialistischen Gesellschaft. In: Melter, Claus/Mecheril, Paul (Hrsg.): Rassismuskritik. Band 1: Rassismustheorie und -forschung. Schwalbach/Ts: Wochenschau-Verlag, S. 59–74

Messerschmidt, James W./Messner, Michael A. (2018): Hegemonic, Nonhegemonic, and New Masculinities. In: Messerschmidt, James W./Yancey Martin, Patricia/Messner, Michael A./Connell, Raewyn (Hrsg.): Gender Reckonings. New Social Theory and Research. New York: New York University Press, S. 35–56

Metz-Göckel, Sigrid (1993): Permanenter Vorgriff auf die Gleichheit – Frauenforschung in Westdeutschland. In: Nickel, Hildegard Maria/Helwig, Gisela (Hrsg.): Frauen in Deutschland 1945–1992. Berlin: Akademie Verlag, S. 408–426

Metz-Göckel, Sigrid/Roloff, Christine (2002): Genderkompetenz als Schlüsselqualifikation. In: Hochschuldidaktisches Zentrum der Universität Dortmund (Hrsg.): Schlüsselqualifikationen.

Journal Hochschuldidaktik. Sommersemester 2002. Dortmund: Technische Universität Dortmund, S. 1–10
Meulenbelt, Anja (1988): Scheidelinien. Über Sexismus, Rassismus und Klassismus. Hamburg: Rowohlt
Meuser, Michael (1999): Multioptionale Männlichkeiten? Handlungsspielräume und habituelle Dispositionen. In: Honegger, Claudia/Hradil, Stefan/Traxler, Franz (Hrsg.): Grenzenlose Gesellschaft? Teil 2. Opladen: Leske + Budrich, S. 151–165
Meuser, Michael (2002): Doing masculinity – Zur Geschlechtslogik männlichen Gewalthandelns. In: Dackweiler, Regina-Maria/Schäfer, Reinhild (Hrsg.): Gewalt-Verhältnisse. Feministische Perspektiven auf Geschlecht und Gewalt. Frankfurt/M., New York: Campus, S. 55–78
Meuser, Michael (2005a): Frauenkörper – Männerkörper. In: Schroer, Markus (Hrsg.): Soziologie des Körpers. Frankfurt/M.: Suhrkamp, S. 271–294
Meuser, Michael (2005b): Strukturübungen. In: King, Vera/Flaake, Karin (Hrsg.): Männliche Adoleszenz. Frankfurt/M.: Campus, S. 309–324
Meuser, Michael (2006a): Riskante Praktiken. Zur Aneignung von Männlichkeit in den ernsten Spielen des Wettbewerbs. In: Helga Bilden/Bettina Dausien (Hrsg.): Sozialisation und Geschlecht. Theoretische und methodologische Aspekte. Opladen: Barbara Budrich, S. 163–178
Meuser, Michael (2006b): Hegemoniale Männlichkeit – Überlegungen zur Leitkategorie der Men's Studies. In: Aulenbacher, Brigitte et al. (Hrsg.): FrauenMännerGeschlechterforschung. State of the Art. Münster: Westfälisches Dampfboot, S. 160–174
Meuser, Michael (2006c): Geschlecht und Männlichkeit. Soziologische Theorie und kulturelle Deutungsmuster. 2. Auflage. Wiesbaden: Springer VS
Meuser, Michael (2008a): It's a Men's World. Ernste Spiele männlicher Vergemeinschaftung. In: Klein, Gabriele/Meuser, Michael (Hrsg.): Ernste Spiele. Zur politischen Soziologie des Fußballs. Bielefeld: transcript, S. 113–134
Meuser, Michael (2008b): Vaterschaft im Wandel. Perspektiven aus der Männlichkeitsforschung. In: Zeitschrift „beziehungsweise" Nr. 6. Österreichisches Institut für Familienforschung, S. 2–3
Meuser, Michael (2010a): Geschlecht und Männlichkeit. Wiesbaden: VS
Meuser, Michael (2010b): Geschlecht, Macht, Männlichkeit – Strukturwandel von Erwerbsarbeit und hegemoniale Männlichkeit. In: Erwägen, Wissen, Ethik (EWE) 21, H. 3, S. 325–336
Meuser, Michael (2012): Vaterschaft im Wandel. Herausforderungen, Optionen, Ambivalenzen. In: Böllert, Karin/Peter, Corinna (Hrsg.): Mutter + Vater = Eltern? Wiesbaden: VS, S. 63–80
Meuser, Michael (2013): Vom Ernährer der Familie zum ‚involvierten' Vater? Zur ambivalenten Modernisierung von Männlichkeit. In: figurationen 6, H. 2, S. 91–106
Meuser, Michael (2015): Hegemoniale Männlichkeit im Niedergang? Anmerkungen zum Diskurs der Krise des Mannes. In: Mahs, Claudia/Rendtorff, Barbara/Warmuth, Anne (Hrsg.): Betonen – Ignorieren – Gegensteuern? Zum pädagogischen Umgang mit Geschlechtstypiken. Weinheim und Basel: Beltz Juventa, S. 93–105
Meuser, Michael (2021): Experimentierfeld Männlichkeit. Alltagsweltliche und konzeptuelle Suchbewegungen. In: Gregor Betz/Maya Halatcheva-Trapp/Reiner Keller (Hrsg.): Soziologische Experimentalität. Wechselwirkungen zwischen Disziplin und Gegenstand. Weinheim: Beltz Juventa, S. 381–395
Meuser, Michael/Lengersdorf, Diana (2016): Männlichkeiten und Strukturwandel von Erwerbsarbeit in globalisierten Gesellschaften. Weinheim, Basel: Beltz Juventa
Meuser, Michael/Neusüß, Claudia (Hrsg.) (2004): Gender Mainstreaming: Konzepte, Handlungsfelder, Instrumente. Bonn: bpb
Meuser, Michael/Scholz, Sylka (2005): Hegemoniale Männlichkeit – Versuch einer Begriffsklärung aus soziologischer Perspektive. In: Dinges, Martin (Hrsg.): Männer – Macht – Körper. Hegemoniale Männlichkeiten vom Mittelalter bis heute. Frankfurt/M., New York: Campus, S. 211–228
Meyer, Dorit/Ginsheim, Gabriele von (2002): Gender Mainstreaming. Zukunftswege der Jugendhilfe. Ein Angebot. Berlin: FATA MORGANA

Meyer, Dorit/Seidenspinner, Gerlinde (1999): Mädchenarbeit – Plädoyer für einen Paradigmenwechsel. In: Arbeitsgemeinschaft der Jugendhilfe (Hrsg.): 50 Jahre Arbeitsgemeinschaft der Jugendhilfe – Einheit der Jugendhilfe. Bonn: AGJ, S. 58–71

Meyer, Katrin (2017): Theorien der Intersektionalität zur Einführung. Hamburg: Junius

Meyer, Katrin/Schälin, Sabine (2019): Macht und Ohnmacht: umstrittene Gegensätze in der Geschlechterforschung. In: Kortendiek, Beate et al. (Hrsg.): Handbuch Interdisziplinäre Geschlechterforschung, Geschlecht und Gesellschaft. Wiesbaden: Springer VS, S. 135–143

Meyer, Niko/Köttig, Michaela (2020): Schwerpunktausgabe zum Thema Rechtsextremismus und Soziale Arbeit. Ein vergewisserndes Themenheft aus gegebenem Anlass. In: Forum Sozial, H. 1

Michalik, Kerstin (1994): Vom „Kindsmord" zur Kindstötung: Hintergründe der Entwicklung des Sondertatbestandes der Kindstötung (Paragraf 217) im 18. und 19. Jahrhundert. Feministische Studien 1(12), S. 44–55

Micos-Loos, Christiane/Plößer, Melanie (2020): Die Macht der Körpernormen. Dekonstruktive Perspektiven auf berufliche Identitätskonstruktionen junger Frauen*. In: Gender. Zeitschrift für Geschlecht, Kultur und Gesellschaft 12, H. 2, S. 149–164

Micus, Christiane (2002): Friedfertige Frauen und wütende Männer? Theorien und Ergebnisse zum Umgang der Geschlechter mit Aggression. Weinheim, München: Juventa

Micus-Loos, Christiane (2004): Gleichheit–Differenz–Konstruktion-Dekonstruktion. In: Glaser, Edith/Klika, Dorte/Prengel, Annedore (Hrsg.): Handbuch Gender und Erziehungswissenschaft. Bad Heilbrunn: Klinkhardt, S. 112–126

Micus-Loos, Christiane (2011): Feministisches Gedankengut – ein veraltetes Konzept in der Sozialen Arbeit? www.sozialpaedagogik.uni-kiel.de/de/team/copy_of_micus-loos/veroeffentlichungen (Abfrage: 04.01.2021)

Micus-Loos, Christiane (2018): Geschlecht und Kriminalität. In: Hermann, Dieter/Pöge, Andreas (Hrsg.): Kriminalsoziologie. Handbuch für Wissenschaft und Praxis. Baden-Baden: Nomos, S. 219–232

Micus-Loos, Christiane/Plößer, Melanie (2021): Geschlechtertheoretische Perspektiven und soziale Ausschließung. In: Anhorn, Roland/Stehr, Johannes (Hrsg.): Handbuch Soziale Ausschließung und Soziale Arbeit. Wiesbaden: VS, S. 349–372

Micus-Loos, Christiane/Plößer, Melanie/Geipel, Karen/Schmeck, Marike (2016): Normative Orientierungen in Berufs- und Lebensentwürfen junger Frauen. Wiesbaden: VS

Micus-Loos, Christiane: (2018): Geschlecht und Kriminalität. In: Hermann, Dieter/Pöge, Andreas (Hrsg.): Kriminalsoziologie. Handbuch für Wissenschaft und Praxis. Baden-Baden: Nomos, S. 219–232

Midgett, Aida/Doumas, Diana M. (2019): Witnessing bullying at school. The association between being a bystander and anxiety and depressive symptoms. In: School Mental Health 11, H. 3, S. 454–463. doi: 10.1007/s12310-019-09312-6

Mieg, Harald A. (2016): Profession: Begriff, Merkmale, gesellschaftliche Bedeutung. In: Dick, Michael/Marotzki, Winfried/Mieg, Harald A. (Hrsg.): Handbuch Professionsentwicklung. Bad Heilbrunn: Julius Klinkhardt, S. 27–40

Mies, Maria (1986a): Patriarchat und Kapital. Zürich: Rotpunkt

Mies, Maria (1986b): Reproduktionstechnik als sexistische und rassistische Bevölkerungspolitik. In: AK Frauenpolitik (Hrsg.): Frauen gegen Gentechnik und Reproduktionstechnologien. Köln: Kölner Volksblatt, S. 44–47

Mies, Maria (1995): Sexistische und rassistische Grundlagen der neuen Fortpflanzungstechnologien. In: Mies, Maria/Shiva, Vandana (Hrsg.): Ökofeminismus. Beiträge zur Praxis und Theorie. Zürich: Rotpunktverlag, S. 241–270

Miethe, Ingrid (1999): Frauen in der DDR-Opposition. Lebens- und kollektivgeschichtliche Verläufe in einer Frauenfriedensgruppe. Opladen: Leske + Budrich

Miethe, Ingrid (2017): Biografiearbeit. Lehr- und Handbuch für Studium und Praxis. Reihe: Grundlagentexte Methoden. 3. Auflage. Weinheim: Beltz Juventa

Migrationsbericht (2019): www.bamf.de/SharedDocs/Anlagen/DE/Forschung/Migrationsberichte/migrationsbericht-2019-zentrale-ergebnisse.html (Abfrage: 25.10.2021)

MiKADO (2015): Missbrauch von Kindern: Ätiologie, Dunkelfeld und Opfer. Interdisziplinäres & internationales Forschungsprojekt. www.mikado-studie.de (Abfrage: 03.04.2021)

Miles, Robert (1989a): Bedeutungskonstitution und der Begriff des Rassismus. In: Das Argument. Zeitschrift für Philosophie und Sozialwissenschaft 31, H. 3, S. 353–367

Miles, Robert (1989b): Racism. London: Routledge

Miles, Robert (1999): Geschichte des Rassismus. Gespräch mit Robert Miles. In: Burgmer, Christoph (Hrsg.): Rassismus in der Diskussion. Berlin: Elefanten Press, S. 9–26

Miles, Robert/Brown, Malcom (2003): Racism. 2. Auflage. London: Routledge.

Miller, Casey/Swift, Kate (1975): Words and Women. New Language in New Times. Garden City. New York: Anchor Press

Ministerium für Familie, Frauen, Jugend, Integration und Verbraucherschutz Rheinland-Pfalz (o.A.): Rahmenkonzeption Hochrisikomanagement bei Gewalt in engen sozialen Beziehungen und Stalking.

Ministerium für Soziales und Integration Baden-Württemberg (Hrsg.) (2020): Im Spagat zwischen Erwerbstätigkeit und Fürsorge – alleinerziehende Mütter und Väter in Baden-Württemberg. GesellschaftsReport BW. Ausgabe 1

Mitscherlich, Margarete (1987): Die friedfertige Frau. Eine psychoanalytische Untersuchung zur Aggression der Geschlechter. Frankfurt/M.: Fischer

Mitscherlich-Schönherr, Olivia/Anselm, Reiner (2021): Gelingende Geburt. Interdisziplinäre Erkundungen in umstrittenen Terrains. Band 2. Berlin, Boston: De Gruyther

Mittelsten Scheid, Brigitte (2001): Geschlechtsspezifische Perspektiven in der Supervision. In: Oberhoff, Bernd/Beumer, Ulrich (Hrsg.): Theorie und Praxis psychoanalytischer Supervision. Münster: Daedalus, S. 65–82

Mitterauer, Michael (1986): Sozialgeschichte der Jugend. Frankfurt/M.: Suhrkamp

Moch, Matthias (2018): Hilfen zur Erziehung. In: Otto, Hans-Uwe/Thiersch, Hans/Treptow, Rainer/Ziegler, Holger (Hrsg.): Handbuch Soziale Arbeit: Grundlagen der Sozialarbeit und Sozialpädagogik. 6. Auflage. Neuwied: Luchterhand, S. 632–645

Mogge-Grotjahn, Hildegard (2020): Armutsrisiken von Frauen und Theorien sozialer Ungleichheit. In: Dackweiler, Regina-Maria/Rau, Alexandra/Schäfer, Reinhild (Hrsg.): Frauen und Armut – Feministische Perspektiven. Opladen, Berlin, Toronto: Barbara Budrich, S. 46–65

Molitor, Verena/Zimenkova, Tatiana (2019): Loyalität, Overperforming und aufgezwungene Expertise. LSBTQ*-Identitäten und Arbeitsalltag in der Polizei. In: Seeliger, Martin/Gruhlich, Julia (Hrsg.): Intersektionalität, Arbeit und Organisation. Weinheim, Basel: Beltz Juventa, S. 114–129

Möller, Berith/Funk, Heide/Lenz, Karl (2000): Endbericht der Wissenschaftlichen Begleitung der Anonymen Zufluchtsstätte für Mädchen und junge Frauen. Dresden

Möller, Kurt (1993): Rechte Jungs. Ungleichheitsideologien, Gewaltakzeptanz und männliche Sozialisation. In: Neue Praxis 23, H. 4, S. 314–328

Möller, Kurt (2010): Männlichkeitsforschung im Rahmen von Rechtsextremismusstudien. Ausgangspunkte, Ansätze, Ergebnisse und Perspektiven. In: Claus, Robert/Lehnert, Esther/Müller, Yves (Hrsg.): „Was ein rechter Mann ist …". Männlichkeiten im Rechtsextremismus. Berlin: Dietz, S. 25–38

Möller, Kurt (2017): Entwicklung und Ausmaß gruppenbezogener Menschenfeindlichkeit. In: Scherr, Albert/El-Mafaalani, Aladin/Yüksel, Gökçen (Hrsg.): Handbuch Diskriminierung. Wiesbaden: Springer VS, S. 425–447

Möller, Michael L. (1992): Die Wahrheit beginnt zu zweit. Das Paar im Gespräch. Reinbeck: Rowohlt

Möller-Leimkühler, Anne Maria (2003): The gender gap in suicide and premature death or: why are men so vulnerable? IN: European Archives of Psychiatry and Clinical Neuroscience 253, S. 1–8

Möller-Leimkühler, Anne Maria (2007): Geschlechtsrolle und psychische Erkrankung. In: Rohde, Anke/Marneros, Andreas (Hrsg.): Geschlechtsspezifische Psychiatrie und Psychotherapie. Stuttgart: Kohlhammer, S. 470–484

Möller-Leimkühler, Anne Maria (2016): Vom Dauerstress zur Depression. Wie Männer mit psychischen Belastungen umgehen und sie besser bewältigen können. Mundelfing: Fischer & Gann

Money, John (1994): Zur Geschichte des Konzepts Gender Identity Disorder. In: Zeitschrift für Sexualforschung, H. 7, S. 20-34

Monse, Pia/Sabla, Kim-Patrick (2017): „Regenbogenfamilien" – Aufwachsen von Kindern und Jugendlichen in gleichgeschlechtlichen Lebensgemeinschaften. In: Krüger, Rolf (Hrsg.): Praxisratgeber zur Betreuung und Beratung von Kindern und Jugendlichen. Problemsituationen, Unterstützungsangebote und rechtliche Möglichkeiten in besonderen und schwierigen Lebenslagen. Merching: Forum Verlag, S. 1-30

Moon, Lyndsey (2008): Introduction. In: Moon, Lyndsey (Hrsg.): Feeling queer or queer feeling? London: Routledge, o. S.

Moore, Gwen (1990): Structural determinants of men's and women's personal networks. American Sociological Review 55, H. 5, S. 726-735

Moore, Sophie E./Norman, Rosana E./Suetani, Shuichi/Thomas, Hannah J./Sly, Peter D./Scott, James G. (2017): Consequences of bullying victimization in childhood and adolescence. A systematic review and meta-analysis. In: World Journal of Psychiatry 7, H. 1, S. 60-76. doi: 10.5498/wjp.v7.i1.60

Moran, Rachel (2015): Was vom Menschen übrig bleibt. Die Wahrheit über Prostitution. Marburg: Tectum

Morel, Nathalie/Palier, Bruno/Palme, Joakim (Hrsg.) (2013): A Social Investment Welfare State? Ideas, Policies and Challenges. Bristol: Policy Press

Morgan, Lewis H. (1987): Die Urgesellschaft. Untersuchungen über den Fortschritt der Menschheit aus der Wildnis durch die Barberei zur Zivilisation. Stuttgart: Dietz

Morgenstern, Isabel (2013): Biografiearbeit im Stadtteil mit Kindern und Eltern. Unter: www.migration,online.de/data/memory_werkstatt_e.v._biografiearbeit_im_stadtteil_mit_kindern_und_eltern.pdf, o. S. (Abfrage: 26.05.2017)

Morris, Brian/Wamai, Richard/Henebeng, Esther/Tobian, Aaron/Klausner, Jeffrey/Banerjee, Joya/Hankins, Catherine (2016): Estimation of Country-Specific and Global Prevalence of Male Circumcision. In: Population Health Metrics, Vol. 14, 1, H. 4, S. 1-13

Moscovici, Hadassa K. (2005): Vor Freude tanzen, vor Jammer halb in Stücke gehn. Pionierinnen der Körperarbeit. Schiedlberg: Bacopa

Mosse, George L. (1990): Die Geschichte des Rassismus in Europa. Frankfurt/M.: Fischer

Mosse, George L. (1997): Das Bild des Mannes. Zur Konstruktion der modernen Männlichkeit. Frankfurt/M.: Fischer

Mosser, Peter (2014): Grundelemente einer Methodik für die psychosoziale Arbeit mit sexuell misshandelten Jungen. In: Mosser, Peter/Lenz, Hans-Joachim (Hrsg.): Sexualisierte Gewalt gegen Jungen: Prävention und Intervention. Ein Handbuch für die Praxis. Wiesbaden: VS, S. 263-303

Mosser, Peter (2016): Erhebung (sexualisierter) Gewalt bei Männern. In: Helfferich, Cornelia/Kavemann, Barbara/Kindler, Heinz (Hrsg.): Forschungsmanual Gewalt. Wiesbaden: Springer VS, S. 177-190

Motakef, Mona (2015): Prekarisierung. Bielefeld: transcript

Motakef, Mona/Wimbauer, Christine (2019): Prekarisierung von Arbeit: erweiterte Perspektiven der Geschlechterforschung. In: Kortendiek, Beate/Riegraf, Birgit/Sabisch, Katja (Hrsg.): Handbuch interdisziplinäre Geschlechterforschung. Band 2. Wiesbaden: Springer VS, S. 783-790

Motakef, Mona/Teschlade, Julia/Peukert, Almut/Wimbauer, Christine (2019): LGBTI*Q-Familien: Zwischen Tendenzen der Gleichstellung und fehlender Anerkennung. In: Küppers, Carolin/Harasta, Eva (Hrsg.): Familie von morgen. Neue Werte für die Familie(npolitik). Opladen: Budrich, S. 129-132

Motmans, Joz/Biolley, Inès de/Debunne, Sandrine (2010): Being Transgender in Belgium. Mapping the social and legal situation of transgender people. igvm-iefh.belgium.be/fr/binaries/34%20-%20Transgender_ENG_tcm337-99783.pdf (Abfrage: 12.02.2021)

Motzek-Öz, Sina (2019): Traumasensible Gestaltung von Interviews zwischen Viktimisierung und Forschungsethik. In: Behrensen, Birgit/Westphal, Manuela (Hrsg.): Fluchtmigrationsforschung im Aufbruch: Methodologische und methodische Reflexionen. Wiesbaden: Springer VS, S. 167-183

Motzke, Katharina (2014): Soziale Arbeit als Profession. Zur Karriere „sozialer Hilfstätigkeit" aus professionssoziologischer Perspektive. Opladen, Berlin, Toronto: Budrich

Mühlen Achs, Gitta (1995): Frauenbilder: Konstruktionen des anderen Geschlechts. In: Mühlen-Achs, Gitta/Schorb, Bernd (Hrsg.): Geschlecht und Medien. München: kopaed, S. 13-37

Mühling, Tanja/Rost, Harald (2006): ifb-Familienreport Bayern. Zur Lage der Familie in Bayern. Schwerpunkt: Väter in der Familie. hrsg. vom Staatsministerium für Arbeit und Sozialordnung, Familie und Frauen. Bamberg: Staatsinstitut für Familienforschung (ifb)

Mühlmann, Thomas/Olszenka, Ninja/Fendrich, Sandra (2020): Das Personal in der Kinder- und Jugendhilfe – ein aktueller Überblick. In Kom DAT 23, H. 1, S. 1-6

Mühlum, Albert (2007): Hat Soziale Arbeit ein politisches Mandat? Ein Rückblick in die Zukunft. In: Lallinger, Manfred/Rieger, Günter (Hrsg.): Repolitisierung der Sozialen Arbeit. Engagiert und professionell. Hohenheimer Protokoll, Band 64. Stuttgart: Akademie der Diözese, S. 15-30

Müller, Albert/Wölfling, Klaus/Müller, Kai (2018): Verhaltenssüchte – Pathologisches Kaufen, Spielsucht und Internetsucht. Göttingen: Hogrefe

Müller, Beatrice (2016): Wert-Abjektion. Zur Abwertung von Care-Arbeit im patriarchalen Kapitalismus. Münster: Westfälisches Dampfboot

Müller, Burkhard (1996): Was will denn die jüngere Generation mit der älteren Generation? Versuch über die Umkehrbarkeit eines Satzes von Schleiermacher. In: Liebau, Eckart/Wulf, Christoph (Hrsg.): Generation. Versuche über eine pädagogisch-anthropologische Grundbedingung. Weinheim: Deutscher Studien Verlag, S. 304-331

Müller, Burkhard (2001): Methoden. In: Otto, Hans-Uwe/Thiersch, Hans (Hrsg.): Handbuch Sozialarbeit Sozialpädagogik. Neuwied, Kriftel: Luchterhand, 1194-1204

Müller, Burkhard (2012): Sozialpädagogisches Können. Ein Lehrbuch zur multiperspektivischen Fallarbeit. Freiburg: Lambertus

Müller, C. Wolfgang (1988): Wie Helfen zum Beruf wurde – Eine Methodengeschichte der Sozialarbeit. 1945-1985. Weinheim, Basel: Beltz

Müller, Hans-Rüdiger (1999): Das Generationenverhältnis. Überlegungen zu einem Grundbegriff der Erziehungswissenschaft. In: Zeitschrift für Pädagogik 45, H. 6, S. 787-805

Müller, Marion/Zifonun, Dariuš (Hrsg.) (2010): Ethnowissen. Soziologische Beiträge zu ethnischer Differenzierung und Migration. Wiesbaden: VS., S. 197-215

Müller, Marion/Zillien, Nicole (2016): Das Rätsel der Retraditionalisierung – Zur Verweiblichung von Elternschaft in Geburtsvorbereitungskursen. In: Kölner Zeitschrift für Soziologie und Sozialpsychologie 68, H. 3, S. 409-434

Müller, Matthias/Bräutigam, Barbara/Lentz-Becker, Anja (2019): Familienbildung wozu? Leverkusen, Opladen: Barbara Budrich

Müller, Ursula (2014): Frauen in Führungspositionen der Sozialwirtschaft. Mering: Rainer Hampp

Müller-Behme, Patrik (2019): „Sie hielt es nirgends lange aus". Geschlecht und die Konstruktionen von deviantem Arbeitsverhalten bei der Begründung von Heimerziehung. In: Bereswill, Mechthild (Hrsg.): Geschlecht als Sensitizing Concept. Weinheim: Beltz

Müller-Giebeler, Ute (2017): Innovative Familienbildung: Möglichkeit für nichtaffirmative Bildungsprozesse oder heteronome Professionalisierung von Elternschaft? In: neue praxis H. 4, S. 371-383

Mulvey, Laura (1975): Visual Pleasure and Narrative Cinema. In: Screen, H. 3, S. 6-18

Münder, Johannes/Ernst, Rüdiger (2009): Familienrecht. Eine sozialwissenschaftlich orientierte Darstellung. München: Luchterhand

Münder, Johannes/Ernst, Rüdiger/Behlert, Wolfgang/Tammen, Britta (2013): Familienrecht. Baden-Baden: Nomos

Mundlos, Christina (2017): Regretting Motherhood in Deutschland – ein strukturelles Problem? In: Tolasch, Eva/Seehaus, Rhea (Hrsg.): Mutterschaften sichtbar machen. Sozial- und kulturwissenschaftliche Beiträge. Opladen: Barbara Budrich, S. 141–154

Munsch, Chantal (2012): Praxisforschung in der Sozialen Arbeit. In: Thole, Werner (Hrsg.): Grundriss Soziale Arbeit. 4. Auflage. Wiesbaden: Springer VS, S. 1177–1189

Munsch, Chantal/Gemende, Marion/Weber-Unger-Rotino, Steffi (2007): Migration und Geschlecht – zwischen Zuschreibung, Ausgrenzung und Lebensbewältigung. In: Munsch, Chantal/Gemende, Marion/Weber-Unger-Rotino, Steffi (Hrsg): Eva ist emanzipiert, Mehmet ist ein Macho. Zuschreibung, Ausgrenzung, Lebensbewältigung und Handlungsansätze im Kontext von Migration und Geschlecht. Weinheim: Juventa

Münst, Agnes S. (2010): Lesbenbewegung: Feministische Räume positiver Selbstverortung und gesellschaftlicher Kritik. In: Becker, Ruth/Kortendiek, Beate (Hrsg.): Handbuch Frauen- und Geschlechterforschung. Theorie, Methoden, Empirie. 3., erweiterte Auflage. Wiesbaden: VS, S. 904–909

Müttermanifest (1987): Leben mit Kindern – Mütter werden laut. Dokumentiert in: beiträge zur feministischen theorie und praxis, H. 21/22, S. 201–207

Mutua, Makau (2008): Human Rights: A Political and Cultural Critique. Philadelphia: University of Pennsylvania Press

Nachtigall, Andrea/Ghattas, Dan Christian (2021): Intergeschlechtlichkeit und „Dritte Option" im Kontext Schule. Perspektiven und Forderungen für die Schulsozialarbeit. In: Groß, Melanie/Niedenthal, Katrin (Hrsg.): Geschlecht: divers. Die „Dritte Option" im Personenstandsgesetz – Perspektiven für die Soziale Arbeit. Bielefeld: transcript, S. 113–148

Nadai, Eva/Sommerfeld, Peter/Bühlmann, Felix/Krattiger, Barbara (2005): Fürsorgliche Verstrickung. Soziale Arbeit zwischen Profession und Freiwilligenarbeit. Wiesbaden: Springer VS

Nadrowski, Ines (2017): Empowermentraum, Schutzraum und Intersektionalität. In: LAG Mädchenarbeit in NRW e. V. (Hrsg.): Handreichung Mädchen*arbeit Reloaded. Qualitäts- und Perspektiventwicklung (queer)feministisch und differenzreflektierter Mädchen*arbeit. Dokumentation des Prozesses Mädchenarbeit reloaded 2015–2017, S. 97–100. www.maedchenarbeit-nrw.de/lag/startseite-handreichung.html (Abfrage: 30.11.2020)

Naegele, Gerhard/Tews, Hans (1993): Lebenslagen im Strukturwandel des Alters. Alternde Gesellschaft – Folgen für die Politik. Opladen: Westdeutscher Verlag

Naezer, Marijke/van Oosterhout, Lotte (2020): Sexting ist für Schlampen: Sexuelle Standards in der digitalen Zeit. In: Betrifft Mädchen 33, S. 112–116

Nagel, Bianca/Kavemann, Babara/Pham, Stefanie/Helfferich, Cornelia (2021): Räume und pädagogische Organisationskultur in stationären pädagogischen Einrichtungen. In: Trauma und Gewalt 15, S. 64–77

Nahnsen, Ingeborg (1975): Bemerkung zum Begriff der Sozialpolitik in den Sozialwissenschaften. In: Osterland, Martin (Hrsg.): Arbeitssituation, Lebenslage und Konfliktpotential. Frankfurt/M.: Europäische Verlagsanstalt, S. 143–166

Naidoo, Jennie/Wills, Jane (2019): Lehrbuch der Gesundheitsförderung. Gamburg: Verlag für Gesundheitsförderung

Nakos Studien (2019): Selbsthilfe im Überblick. 6 – Zahlen und Fakten. Berlin: NAKOS. www.nakos.de/data/Fachpublikationen/2020/NAKOS-Studien-06-2019.pdf (Abfrage: 12.08.2021)

Namie, Gary/Lutgen-Sandvik, Pamela E. (2010): Active and passive accomplices. The communal character of workplace bullying. In: International Journal of Communication 4, S. 343–373

Narowski, Claus (1991): Familienbildung im Wandel. In: AGEF-Aktuell II/III: Familienbildung – Familienberatung – Jugendhilfeberatung. Elmshorn, S. 34–35

Näser-Lather, Marion (2020): Wissenschaftler_innen vs. Gender Studies. Argumentationen, Wirkungen und Kontexte einer ‚wissenschafts'-politischen Debatte. In: Henninger, Annette/Birsl, Ursula (Hrsg.): Antifeminismen. ‚Krisen'-Diskurse mit gesellschaftsspaltendem Potential? Bielefeld: transcript, S. 105–148

Nationale Plattform Bildung für nachhaltige Entwicklung (2017): Nationale Aktionsplan Bildung für nachhaltige Entwicklung. www.bne-portal.de/bne/de/nationaler-aktionsplan/nationaleraktionsplan (Abfrage: 17.08.2021)

Naundorf, Gabriele/Savier, Monika (1978): Was macht Mädchen so stark? In: Sozialmagazin 3, H. 9, S. 33–38

Nava, Mica (1982): „Ach du Schreck, die sind wirklich lesbisch!" Ein Lesbenprojekt im Jugendheim. In: McRobbie, Angela/Savier, Monika (Hrsg.): Autonomie – aber wie! Mädchen, Alltag, Abenteuer. München: Verlag Frauenoffensive, S. 82–111

Nave-Herz, Rosemarie (2004): Ehe- und Familiensoziologie. Eine Einführung in Geschichte, theoretische Ansätze und empirische Befunde. Weinheim: Juventa

Nay, Yv E. (2017): Feeling Family. Affektive Paradoxien der Normalisierung von „Regenbogenfamilien". Wien: Zaglossus

Ndo (neue deutsche organisationen e. V.) (2020): Manifest für eine plurale Gesellschaft. www.neuedeutsche.org/de/artikel/manifest-fuer-eine-plurale-gesellschaft-1/ (Abfrage: 27.01.2021)

Nestmann, Frank/Engel, Frank/Sickendiek, Ursel (2007): Das Handbuch der Beratung. Band 1: Disziplinen und Zugänge. 2. Auflage. Tübingen: dgvt

Nestmann, Frank/Engel, Frank/Sickendiek, Ursel (Hrsg.) (2013): Das Handbuch der Beratung. Band 3: Neue Beratungswelten: Fortschritte und Kontroversen. Tübingen: dgvt

Nestmann, Frank/Günther, Julia/Stiehler, Steve/Wehner, Karin/Werner, Jillian (2008): Kindernetzwerke. Soziale Beziehungen und soziale Unterstützung in Familie, Pflegefamilie und Heim. Tübingen: dgvt

Nestmann, Frank/Schmerl, Christiane (1991): Frauen – das hilfreiche Geschlecht. Dienst am Nächsten oder soziales Expertentum? Reinbek: Rowohlt

Neubacher, Frank (2020): Kriminologie. 4. Auflage. Baden-Baden: Nomos

Neubauer, Gunter (2017): Sexuelle Gesundheit von Jungen bis zur Pubertät. In: Stiftung Männergesundheit (Hrsg.): Sexualität von Männern. Dritter Deutscher Männergesundheitsbericht. Gießen: Psychosozial-Verlag, S. 93–112

Neuber, Anke (2011): „same same but different?" Methodologische Überlegungen zum Verhältnis von Gewalt und Geschlecht. In: sozialer sinn, 12. Jg., H. 1, S. 3–28

Neuber, Anke (2014): „Die Demonstration kein Opfer zu sein" – Ein geschlechtertheoretischer Blick auf Opferschaft. In: Leuschner, Fredericke/Schwanengel, Colin (Hrsg.): Hilfen für Opfer von Straftaten. Ein Überblick über die deutsche Opferhilfelandschaft. Wiesbaden: Berichte und Materialien (BM-Online). Elektronische Schriftenreihe der Kriminologischen Zentralstelle e. V. (KrimZ). Band 1, S. 75–91. www.krimz.de/fileadmin/dateiablage/E-Publikationen/BM-Online/bm-online1.pdf (Abfrage: 23.07.2021)

Neuber, Anke (2022): Der Zusammenhang von Devianz und Geschlecht – eindeutig mehrdeutig. Geschlechtertheoretische Perspektiven in der Kriminologie. In: AK HochschullehrerInnen Kriminologie/Straffälligenhilfe in der Sozialen Arbeit (Hrsg.): Kriminologie und Soziale Arbeit. Ein Lehrbuch. Weinheim, Basel: Beltz Juventa, S. 111–129

Neumann Wolfgang/Süfke Björn (2004): Den Mann zur Sprache bringen: Psychotherapie mit Männern. Tübingen: dgvt

Neurath, Otto (1931): Empirische Soziologie. Wien: Springer

Neureiter, Marcus (1996): Rechtsextremismus im vereinten Deutschland. Eine Untersuchung sozialwissenschaftlicher Deutungsmuster und Erklärungsansätze. Marburg: Tecum

Neusüß, Christel (1983): Und die Frauen? Tun die denn nichts? Oder: Was meine Mutter zu Marx sagt. In: Beiträge zur feministischen Theorie und Praxis, H. 9/10, Band 6, S. 181–206

Neverla, Irene/Kanzleiter, Gerda (1984): Journalistinnen. Frauen in einem Männerberuf. Frankfurt/M.: Campus

Neville, Lucy (2015): Male gays in the female gaze: Women who watch m/m pornography. In: Porn Studies, H. 2–3, S. 192–207

Nickel, Rainer (2006): Einführung in das neue Allgemeine Gleichbehandlungsgesetz (AGG). www.migration-boell.de/downloads/diversity/Nickel_AGG.pdf (Abfrage: 14.07.2010)

Nickel, Volker (2012): 40 Jahre Deutscher Werberat – Bilanz 2012. Berlin: edition ZAW

Nicolaidis, Christina et al. (2003): Could We Have Known? A Qualitative Analyses of Date from Women Who Survived an Attempted Homicide by an Intimate Partner. Journal of General Internal Medicine, 18, S. 788–794

Nida-Rümelin, Julian (2011): Verantwortung. Leipzig. Reclam
Niedrig, Heike/Seukwa, Henri (2010): Die Ordnung des Diskurses in der Flüchtlingskonstruktion: eine postkoloniale Re-Lektüre. Diskurs Kindheits- und Jugendforschung/Discourse. In: Journal of Childhood and Adolescence Research, H. 5 (2), S. 181–193
Niehuss, Merith/Lindner, Ulrike (2009): Deutsche Geschichte in Quellen und Darstellung. Band 10: Besatzungszeit Bundesrepublik und DDR 1945–1969. Stuttgart: Reclam
Niekrenz, Yvonne (2020): Schwangerschaft und Familie. In: Ecarius, Jutta/Schierbaum, Anja (Hrsg.): Handbuch Familie. Wiesbaden: Springer VS, S. 1–16
Nielsen, Morten Birkeland/Matthiesen, Stig Berge/Einarsen, Ståle (2010): The impact of methodological moderators on prevalence rates of workplace bullying. A meta-analysis. In: Journal of Occupational and Organizational Psychology 83, H. 4, S. 955–979. doi: 10.1348/096317909X481256
Niermann, Debora (2011): „Ich muss die Familie ziehen, ich als Mann": Geschlechter- und Familienbeziehungen von Männern mit osteuropäischem Migrationshintergrund in Deutschland. In: Freiburger GeschlechterStudien Nr. 25, S. 175–192
Nirenberg, David (2015): Anti-Judaismus. Eine andere Geschichte des westlichen Denkens. München: C.H. Beck
Nittel, Dieter/Seltrecht, Astrid (2008): Der Pfad der „individuellen Professionalisierung". Ein Beitrag zur kritisch-konstruktiven erziehungswissenschaftlichen Berufsgruppenforschung. Fritz Schütze zum 65. Geburtstag. In: BIOS, Jg. 21, H. 1, S. 124–145
Noack Napoles, Juliane/Schemmann, Michael/Zirfas, Jürgen (2021): Pädagogische Anthropologie der Erwachsenen. Weinheim, Basel: Beltz Juventa
Noack-Napoles, Juliane (2017): „Geschlechtsidentität" als elementarpädagogisches Bildungsziel – Eine queertheoretische Betrachtung. In: Hartmann, Jutta/Messerschmidt, Astrid/Thon, Christine (Hrsg.): Jahrbuch Frauen- und Geschlechterforschung in der Erziehungswissenschaft: Queertheoretische Perspektiven auf Bildung – Pädagogische Kritik der Heteronormativität. Opladen, Berlin, Toronto: Barbara Budrich, S. 53–68
Nohl, Herman (1927): Der männliche Sozialbeamte und die Sozialpädagogik in der Wohlfahrtspflege. In: Jugendwohlfahrt, S. 15–24
Nohl, Herman (1963): Die pädagogische Bewegung in Deutschland und ihre Theorie. 6. Auflage. Frankfurt/M.: G. Schulte-Bulmke
Nolting, Hans-Peter (1997): Lernfall Aggression. Wie sie entsteht – wie sie zu vermindern ist. Ein Überblick mit Praxisschwerpunkt Alltag und Erziehung. Reinbek: Rowohlt
Nordt, Stephanie/Kugler, Thomas (2018): Murat spielt Prinzessin, Alex hat zwei Mütter und Sophie heißt jetzt Ben. Sexuelle und geschlechtliche Vielfalt als Themen frühkindlicher Inklusionspädagogik. Berlin: Bildungsinitiative QUEERFORMAT
Norman, Brian (2006): The Consciousness-Raising Document, Feminist Anthologies, and Black Women in „Sisterhood is Powerful". In: Frontiers. A Journal of Women Studies 27, H. 3, S. 38–64
Nöthling, Carsten (2009): Soziale Arbeit und Soziale Bewegungen in der DDR. In: Wagner, Leonie (Hrsg.): Soziale Arbeit und Soziale Bewegungen. Wiesbaden: VS, S. 207–230
Notz, Gisela (1991): „Du bist als Frau um einiges mehr gebunden als der Mann". Die Auswirkungen der Geburt des ersten Kindes auf die Lebens- und Arbeitsplanung von Müttern und Vätern. Bonn: Dietz
Notz, Gisela (2000): Die neuen Freiwilligen. Das Ehrenamt – Eine Antwort auf die Krise? Neu-Ulm: AG SPAK
Notz, Gisela (2004): Mehr Familienernährer, Zuverdienerinnen und Dienstmädchen. In: Widerspruch, H. 46, S. 33–42
Notz, Gisela (2005): Arbeit – Mehr als eine Beschäftigung, die Geld einbringt. Berlin: verdi
Notz, Gisela (2011): „Mein Bauch gehört mir". Der Kampf der Frauen um das Recht auf Selbstbestimmung (§ 218). In: Kinner, Klaus (Hrsg.): Linke zwischen den Orthodoxien. Berlin: Dietz, S. 159–170
Notz, Gisela (2012a): „Freiwilligendienste" für alle. Von der ehrenamtlichen Tätigkeit zur Prekarisierung der „freiwilligen" Arbeit. Neu-Ulm: AG SPAK Bücher

Notz, Gisela (2012b): Theorien alternativen Wirtschaftens. Fenster in eine andere Welt. 2. Auflage. Stuttgart: Schmetterling
Notz, Gisela (2012c): Alle Jahre wieder: Die Märsche der Abreibungsgener. In: Familienplanungszentrum-Balance (Hrsg.): Die neue Radikalität der Abtreibungsgener_innen im (intern-)nationalen Raum, Neu-Ulm: AG SPAK, S. 49–54
Notz, Gisela (2015): Kritik des Familismus. Theorie und soziale Realität eines ideologischen Gemäldes. Stuttgart: Schmetterling
Notz, Gisela (2016): Der § 218 – immer noch ein umkämpftes Thema. In: Femina politica, Jg. 25, Nr. 2, S. 163–167
Notz, Gisela (2017): Von „sittenlosen Weibern" zu einer Familienform wie andere auch! Entwicklung der rechtlichen und sozialen Situation Alleinerziehender 1967 bis 2017. In: Verband alleinerziehender Mütter und Väter Bundesverband e. V. (Hrsg.): Alleinerziehend früher, heute und morgen. Erfolge, Herausforderungen und Handlungsbedarfe. Berlin: VAMV, S. 15–25
Notz, Gisela (Hrsg.) (1992): Zurück in den Beruf. Qualifizierung und Wiedereinstieg von Frauen in die Büroarbeit. Köln: Bund-Verlag
Nuissl, Ekkehard (2009): Männerbildung. In: Tippelt, Rudolf/Hippel, Aiga von (Hrsg.): Handbuch Erwachsenenbildung/Weiterbildung. Wiesbaden: VS, S. 855–864
Nünning, Rosemarie/Stöckle, Silke (Hrsg.) (2018): Dein Bauch gehört Dir. Der Kampf für das Recht auf Abtreibung. Berlin: edition aurora
Nussbaum, Martha C. (1999): Gerechtigkeit oder das gute Leben. Frankfurt/M.: Suhrkamp
Nussbaum, Martha C. (2003): Langfristige Fürsorge und soziale Gerechtigkeit. In: Deutsche Zeitschrift für Philosophie, H. 2, S. 179–198
Nussbaum, Martha C. (2010): Die Grenzen der Gerechtigkeit – Behinderung, Nationalität und Spezieszugehörigkeit. Frankfurt/M.: Suhrkamp
O'Neil, Cathy (2016): Weapons of math destruction: How big data increases inequality and threatens democracy. First edition. New York: Crown
Obinger, Herbert/Schmidt, Manfred G. (2019): Handbuch Sozialpolitik. Wiesbaden: Springer VS
OECD (2019): Gute Strategien für gute Berufe in der frühen Bildung. Paris: OECD
Offen, Susanne (2010): Von Alltagspraxen, Aushandlungen und Irritationen: Lebensentwürfe und prekäre Verhältnisse in der geschlechtersensiblen Bildungsarbeit. In: Gender. Zeitschrift für Geschlecht, Kultur und Gesellschaft 2, H. 1, S. 152–160
Offen, Susanne (2017): Eindeutig uneindeutig – Popkulturelle Akteur_innen und Narrationen als Anknüpfungspunkte für politische Bildung. In: Hartmann, Jutta/Messerschmidt, Astrid/Thon, Christine (Hrsg.): Jahrbuch Frauen- und Geschlechterforschung in der Erziehungswissenschaft: Queertheoretische Perspektiven auf Bildung – Pädagogische Kritik der Heteronormativität. Opladen, Berlin, Toronto: Barbara Budrich, S. 121–138
Ogette, Tupoka (2019): exit RACISM. Rassismuskritisch denken lernen. Münster: Unrast
Oguntoye, Katharina/Ayim, Mai/Schultz, Dagmar (1986): Farbe bekennen. Afro-deutsche Frauen auf den Spuren ihrer Geschichte. Frankfurt/M.: Fischer
Ohms, Constance (2004): Stalking und häusliche Gewalt in lesbischen Beziehungen. In: Bettermann, Julia/Feenders, Moetje (Hrsg.): Stalking – Möglichkeiten und Grenzen der Intervention. Frankfurt/M.: Verlag für Polizeiwissenschaft, S. 121–145
Ohms, Constance (2020): Gewalt in gleichgeschlechtlichen und trans* Partner*innenschaften. In: Büttner, Melanie (Hrsg.): Handbuch Häusliche Gewalt. Schattauer: Stuttgart. S. 81–90
Ohms, Constanze/Stehling, Klaus (2001): Gewalt gegen Lesben – Gewalt gegen Schwule: Thesen zu Differenzen und Gemeinsamkeiten. In: Lesben Informations- und Beratungsstelle e. V. (Hrsg.): Erstes Europäisches Symposium ‚Gewalt gegen Lesben' Berlin: Querverlag, S. 17–52
OII Europe (2015): Human Rights and Intersex People. Issue Paper. Council of Europe. rm.coe.int/16806da5d4 (Abfrage: 12.01.2021)
Oldemeier, Anna Lena (2019): Die Novellierung des hessischen Lehrplans für Sexualerziehung. Antifeministische Agitationen, diskursive Verknüpfungen und Veränderungen in der Praxis. In: Näser-Lather, Marion/Oldemeier, Anna Lena/Beck, Dorothee (Hrsg.): Backlash!? Antifeminismus in Wissenschaft, Politik und Gesellschaft. Roßdorf: Ulrike Helmer, S. 213–234

Oldemeier, Kerstin (2017): Sexuelle und geschlechtliche Diversität aus salutogenetischer Perspektive: Erfahrungen von jungen LSBTQ*-Menschen in Deutschland. Diskurs Kindheits- und Jugendforschung, H. 2, S. 145–159 www.researchgate.net/publication/317904055_Sexuelle_und_geschlechtliche_Diversitat_aus_salutogenetischer_Perspektive_Erfahrungen_vonjungen_LSBTQ-Menschen_in_Deutschland (Abfrage: 01.11.2020)

Oldemeier, Kerstin (2018): Coming-out mit Hürden. In DJI IMPULSE 2, S. 13–17

Olk, Thomas (2012): Zwischen Konflikt und Solidarität. Zum Wandel der Generationenbeziehungen in der modernen Gesellschaft. In: DJI Impulse 97, H. 1, S. 4–9

Olweus, Dan (1993): Bullying at school: What we know and what we can do. Malden, MA: Blackwell Publishers

Olweus, Dan (2010): Understanding and researching bullying: some critical issues. In: Jimerson, Shane R./Swearer, Sue M/Espelage, Dorothy L. (Hrsg.): The handbook of bullying in schools. An international perspective. New York: Routledge, S. 9–33

Olyslager, Femke/Conway, Lynn (2008): Transseksualiteit komt vaker voor dan u denkt. Tijdschrift voor Genderstudies 11, S. 39–51

Opielka, Michael (2016): Soziale Nachhaltigkeit aus soziologischer Sicht. In: Soziologie 45, H. 1, S. 33–46

Opitz, Claudia (1994): Neue Wege der Sozialgeschichte? Ein kritischer Blick auf Otto Brunners Konzept des ‚Ganzen Hauses'. In: Geschichte und Gesellschaft, H. 20 (1), S. 88–98

Oppermann, Carolin/Schröder, Julia (2020): Durchblick: Multiprofessionalität. „Nicht ohne uns". Soziale Arbeit und Adressat_innen im multiprofessionellen Feld der Altenpflege. doi.org/10.1007/s12054-020-00275-6 (Abfrage: 16.11.2020)

Oppermann, Carolin/Winter, Veronika/Harder, Claudia/Wolff, Mechthild/Schröer, Wolfgang (2018): Lehrbuch Schutzkonzepte in pädagogischen Organisationen. Mit Online-Materialien. Weinheim: Beltz Juventa

Ortiz-Müller, Wolf/Gutwinski, Stefan/Gahleitner, Silke Birgitta (2021): Praxis Krisenintervention. Handbuch für helfende Berufe: Psychologen, Ärzte, Sozialpädagogen, Pflege- und Rettungskräfte. 3. Auflage. Stuttgart: Kohlhammer

Ortner, Rosemarie (2007): Der Homo oeconomicus feministisch gebildet? Eine neoliberale Herausforderung für das Subjektverständnis feministischer Bildungstheorie. In: Borst, Eva/Casale, Rita (Hrsg.): Ökonomien der Geschlechter. Jahrbuch Frauen- und Geschlechterforschung in der Erziehungswissenschaft. Opladen, Farmington Hills: Barbara Budrich, S. 29–44

Ostner, Ilona (1978): Beruf und Hausarbeit. Frankfurt/M.: Campus

Ostner, Ilona (1986): Die Entdeckung der Mädchen. Neue Perspektiven für die Jugendsoziologie. In: KZfSS, 38, S. 352–371

Ott, Notburga (2019): Sozialpolitik. In: Thomas Apolte/Erlei, Mathias/Göcke, Matthias/Menges, Roland/Ott, Notburga/Schmidt, André (Hrsg.): Kompendium der Wirtschaftstheorie und Wirtschaftspolitik III. Wiesbaden: Springer VS, S. 319–380

Otto, Hans-Uwe/Thiersch, Hans (2011): Handbuch Soziale Arbeit. 4., völlig neu bearbeitete Auflage. München, Basel: Ernst Reinhardt

Paasonen, Susanna (2011): Revisiting Cyberfeminism. In: Communications 36, H. 3, S. 335–352

Paech, Nico (2020): Postwachstumsökonomik: Reduktion als Entwicklungsprogramm. In: Kminek, Helge/Bank, Franziska/Fuchs, Leon (Hrsg.): Kontroverses Miteinander. Interdisziplinäre und kontroverse Positionen zur Bildung für eine nachhaltige Entwicklung. Norderstedt: BoD, S. 11–31

Palkovitz, Robin Joseph (2012): Involved fathering and men's adult development. Provisional balances. London: Taylor & Francis

Pangritz, Johanna (2021): Männlich? Weiblich? Divers? Oder doch keine Angabe? In: Aktuelle Erhebungsalternativen in der quantitativ ausgerichteten Geschlechterforschung, Jg. 17, S. 219–227

Pankofer, Sabine (1997): Freiheit hinter Mauern. Mädchen in geschlossenen Heimen. Weinheim, München: Juventa

Papacharissi, Zizi (2015): Affective publics and structures of storytelling: sentiment, events and mediality. In: Information, Communication & Society 19, H. 3, S. 307–324

Papoušek, Mechthild (1987): Die Rolle des Vaters in der frühen Kindheit. Ergebnisse der entwicklungspsychobiologischen Forschung. In: Kind und Umwelt, H. 54, S. 29–49

Paratore, Christine (2019): Täterin Frau – ein gesellschaftliches Tabu? Gesellschaftliche Wahrnehmung physischer weiblicher Beziehungsgewalt im häuslichen Kontext. Relevanz für die Soziale Arbeit. Bachelor-Thesis. Olten

Pardy, Karl- Dieter (2009): Betreuungs- und Unterbringungsrecht. Baden-Baden: Nomos

Parks, Rosa/Haskins, James (1992): My Story. New York: Dial Books

Parsons, Talcott (1956): The American Family: Its Relations to Personality and to the Social Structure. In: Parsons, Talcott/Bales, Robert F.: Family, Socialization and Interaction Process, o. S.

Partner, Werner (2003): Musiktherapie mit alten Menschen. Siegen (nicht veröffentlichtes Manuskript)

Pasternack, Peer (2015): Erwartung Nr. 5: Mehr Männer in Kitas. In: Pasternack, Peer (Hrsg.): Die Teilakademisierung der Frühpädagogik. Eine Zehnjahresbeobachtung. Leipzig: Akademische Verlagsanstalt, S. 218–275

Pastötter, Jakob (2003): Erotic Home Entertainment und Zivilisationsprozess. Analyse des postindustriellen Phänomens Hardcore-Pornographie. Wiesbaden: Springer VS

Pastötter, Jakob/Drey, Nick/Pryce, Anthony (2008): Sex-Studie 2008 – Sexualverhalten in Deutschland

Pateman, Carole (2004): Democratizing Citizenship: Some Advantages of a Basic Income. In: Politics and Society, H. 232, S. 89–105

Paternotte, David/Kuhar, Roman (2017): „Gender ideology" in movement: Introduction. In: Kuhar, Roman/Paternotte David (Hrsg.): Anti-gender campaigns in Europe: mobilizing against equality. London, New York: Rowman & Littlefield International, S. 1–22

Pauli, Dagmar (2018): Gendervarianz, Geschlechtsinkongruenz und Genderdysphorie bei Kindern und Jugendlichen. In: Psychiatrie + Neurologie, H. 1, S. 11–14

Paulus, Manfred (2014): Menschenhandel: Organisierte Kriminalität. Ulm: Verlag Klemm + Oelschläger

Paulus, Manfred (2016): Im Schatten des Rotlichts: Verbrechen hinter den glitzernden Fassaden. Ulm: Klemm + Oelschläger

Paulus, Manfred (2019): Die Einflussnahme der (organisierten) Kriminalität auf die bundesdeutschen Rotlichtmilieus. Daten 2. verwaltungsportal.de/dateien/seitengenerator/571c634ce60ff702826cd18799cadd7b186819/manfred_paulus.pdf (Abfrage: 23.11.2020)

Paulus, Manfred (2020): Menschenhandel und Sexsklaverei – Organisierte Kriminalität im Rotlichtmilieu. Wien: Promedia

Payne, Malcolm/Reith-Hall, Emma (2021): The Routledge handbook of social work theory. London, New York: Routledge

Pech, Detlef (2014): Sammelrezension: Jungen, Probleme, Männer, Krise, Pädagogik. Eine Aneinanderreihung. In: Budde, Jürgen/Thon, Christine/Walgenbach, Katharina (Hrsg.): Jahrbuch Frauen- und Geschlechterforschung; Männlichkeiten. Geschlechterkonstruktionen in pädagogischen Institutionen. Opladen, Berlin, Toronto: Barbara Budrich, S. 235–240

Peham, Andreas (2022): Kritik des Antisemitismus. Berlin: Schmetterling

Peil, Corinna/Müller, Kathrin Friederike/Drüeke, Ricard/Niemand, Stephan/Roth, Raik (2020): Technik – Medien – Geschlecht revisited. Gender im Kontext von Datafizierung, Algorithmen und digitalen Medientechnologien – eine kritische Bestandsaufnahme. In: Medien & Kommunikationswissenschaft 68, H. 3, S. 211–238

Peltz, Kathrin/Streckenbach, Luisa/Müller, Dagmar/Possinger, Johanna/Thiessen, Barbara (2017): „Die Zeit kommt nicht wieder". Elterngeldnutzung erwerbstätiger Väter in Bayern. In: Zeitschrift für Familienforschung, H. 29 (1), S. 114–135

Pence, Ellen, Shephard, Melanie (1999): An introduction: Developing a coordinated community response. In: Shephard, Melanie/Pence, Ellen (Hrsg.): Coordinating community responses to domestic violence: Lessons from Duluth and beyond, London: Sage, www.theduluthmodel.org/wheels/ (Abfrage: 02.03.2021)

Penkwitt, Meike (2006): Erinnern und Geschlecht. In: Freiburger Zeitschrift für GeschlechterStudien 12, H. 2, S. 1–26

Perko, Gudrun (2005): Queer-Theorien. Ethische, politische und logische Dimensionen pluralqueeren Denkens. Köln: PapyRossa
Perko, Gudrun (2013): Social Justice – eine (Re)Politisierung der Sozialen Arbeit. In: Großmaß, Ruth/Anhorn, Roland (Hrsg.): Perspektiven kritischer Sozialer Arbeit. Kritik der Moralisierung. Theoretische Grundlagen – Diskurskritik – Klärungsvorschläge für die berufliche Praxis.Wiesbaden: Springer VS, S. 227–241
Perko, Gudrun (2017): Social Justice im Zeichen von Diversity, Pluralität und Perspektivenvielfalt: Philosophische Grundlagen für eine *diskriminierungskritische* Soziale Arbeit. In: Perko, Gudrun (Hrsg.): Die Bedeutung der Philosophie in der Sozialen Arbeit. München, Weinheim: Beltz Juventa, S. 48–70
Perko, Gudrun (2018): Ethik in der Beratung mit Blick auf eine diskriminierungskritische Beratung. In: Höblich, Davina/Schulze, Heidrun/Mayer, Marion (Hrsg.): Macht – Diversität – Ethik in der Beratung: wie Beratung Gesellschaft macht. Berlin: Barbara Budich: S. 111–125
Person, Ethel/Ovesey, Lionel (1993): Psychoanalytische Theorien zur Geschlechtsidentität. In: Psyche 47, H. 6, S. 505–529
Petchesky, Rosalind P. (1995): The Body as Property. A Feminist Re-Vision. In: Ginsburg, Faye D./Rapp, Rayna (Hrsg.): Conceiving the New World Order. Berkeley: University of California, S. 387–406
Peters, Dietlinde (1984): Mütterlichkeit im Kaiserreich. Die bürgerliche Frauenbewegung und der soziale Beruf der Frau. Bielefeld: Kleine
Petran, Anna/Thiel, Johanna Louise (2012): Weiterentwicklungen und (neue) Widersprüche. Eine Einleitung zu queer-feministischen Gewaltdebatten. In: Gender Initiativkolleg (Hrsg.): Gewalt und Handlungsmacht. Queer-Feministische Perspektiven. Frankfurt/M., New York: Campus, S. 9–21
Pettinger, Rudolf (2005): Familienbildung! Pflicht oder Kür? – Anspruch und Wirklichkeit von Familienbildung nach dem Kinder- und Jugendhilfegesetz (KJHG). In: Arbeiterwohlfahrt Bundesverband e. V. (Hrsg.): Familienbildung! Pflicht oder Kür? Fachtagung zum Abschluss des Bundesmodellprojektes „Mobile Elternschule". Bonn: AWO Bundesverband e. V., S. 17–22
Peuckert, Rüdiger (2008): Familienformen im sozialen Wandel. 7., vollständig überarbeitete Auflage. Wiesbaden: Springer VS
Peuckert, Rüdiger (2013): Familienformen im sozialen Wandel. 8. Auflage. Wiesbaden: Springer VS
Peuckert, Rüdiger (2015): Das Leben der Geschlechter. Mythen und Fakten zu Ehe, Partnerschaft und Familie. Frankfurt/M.: Campus
Peuckert, Rüdiger (2019): Familienformen im Wandel. 9. vollständig überarbeitete Auflage. Wiesbaden: Springer VS
Peukert, Almut/Teschlade, Julia/Wimbauer, Christine/Motakef, Mona/Holzleithner, Elisabeth (Hrsg.) (2020): Elternschaft und Familie jenseits von Heteronormativität und Zweigeschlechtlichkeit. GENDER – Sonderheft 5. doi.org/10.3224/84742431
Pfaffenberger, Hans (1981): Zur Situation der Ausbildungsstätten. In: Projektgruppe Soziale Berufe (Hrsg.): Sozialarbeit: Ausbildung und Qualifikation. Expertisen I, München, S. 89–119
Pfau-Effinger, B. (2004): Development of Culture, Welfare States and Women's Employment in Europe: Theoretical Framework and Analysis of Development Paths. New York: Taylor & Francis Ltd. (e-book 2017)
Pfau-Effinger, Birgit (2016): Explaining differences in childcare and women's employment across six European „gender arrangements". In: Leon, Margarita (Hrsg): The Transformation of Care in European Societies. London, Chicago: Palgrave Macmillan
Pfau-Effinger, Birgit (2019): Kulturelle Ideen als Grundlage der Wohlfahrtsstaatsforschung. In: Obinger, Herbert/Schmidt, Manfred G. (Hrsg.): Handbuch Sozialpolitik. Wiesbaden: Springer Fachmedien, S. 217–234
Pfütsch, Pierre (2017): Das Geschlecht des „präventiven Selbst". Prävention und Gesundheitsförderung in der Bundesrepublik Deutschland aus geschlechterspezifischer Perspektive (1949–2010). Stuttgart: Franz Steiner

Piaget, Jean (1975): Der Aufbau der Wirklichkeit beim Kinde. Stuttgart: Klett-Cotta
Piaget, Jean/Inhelder, Bärbel (1980): Von der Logik des Kindes zur Logik des Heranwachsenden. Stuttgart: Klett-Cotta
Piasecki, Stefan/Schurian-Bremecker, Christiane/Angelina, Carina (Hrsg.) (2018): Prostitution heute: Befunde und Perspektiven aus Gesellschaftswissenschaften und Sozialer Arbeit. Baden-Baden: Tectum
Pieper, Annemarie (1998): Gibt es eine feministishe Ethik? München: UTB W. Fink
Pieper, Marianne (2015): Assemblagen der Prekarität: Begehren – Affekt – Exzess – Exodus. Postoperaistische Perspektiven. In: Völker, Susanne/Amacker, Michèle (Hrsg.): Prekarisierungen. Arbeit, Sorge, Politik, Reihe Arbeitsgesellschaft im Wandel. Weinheim, Basel: Beltz Juventa, S. 217–236
Pieper, Marianne/Bauer, Roben (2014): Polyamorie, Mono-Normativität. Dissidente Mikropolitik – Begehren als transformative Kraft? In: Journal für Psychologie 22, S. 1–35
Pimminger, Irene (2012): Armut und Armutsrisiken von Frauen und Männern. Berlin: Agentur für Gleichstellung im ESF
Pinkerton, John/Dolan, Pat/Canavan, John (2004): Family support in Ireland. A paper for the Department of Health and Children. Dublin: Stationery Office
Pinkerton, John/Katz, Ilan (2003): Perspective through international comparsion in the evaluation of family support. In: Katz, Ilan/Pinkerton, John (Hrsg.): Evaluating family support: Thinking internationally, thinking critically. Chichester: Wiley, S. 3–24
PKS (Polizeiliche Kriminalstatistik) (2020): Bundesrepublik Deutschland. Jahrbuch 2019. Band 3. Tatverdächtige. Bundeskriminalamt (Hrsg.). Wiesbaden
Planert, Ute (1998): Antifeminismus im Kaiserreich. Göttingen: Vandenhoek und Rupprecht
Plett, Konstanze (2003): Intersexualität als Prüfstein. Zur rechtlichen Konstruktion der Zweigeschlechtlichkeit. In: Heinz, Kathrin/Thiessen, Barbara (Hrsg.): Feministische Forschung – nachhaltige Einsprüche. Opladen: Leske und Budrich, S. 323–336
Plöderl, Martin (2016): Out in der Schule? Bullying und Suizidrisiko bei LGBTI Jugendlichen. In: Suizidprophylaxe 43, H. 1, S. 7–13
Plößer, Melanie (2005): Dekonstruktion, Feminismus, Pädagogik. Vermittlungsansätze zwischen Theorie und Praxis. Königstein/Taunus: Ulrike Helmer
Plößer, Melanie (2010): Differenz performativ gedacht. Dekonstruktive Perspektiven auf und für den Umgang mit Differenzen. In: Kessel, Fabian/Plößer, Melanie (Hrsg.): Differenzierung, Normalisierung, Andersheit. Soziale Arbeit als Arbeit mit den Anderen. Wiesbaden: VS, S. 218–232
Plößer, Melanie (2012): Beratung durch die (Gender-)Differenzbrille betrachtet. In: Bütow, Birgit/Munsch, Chantal (Hrsg.): Soziale Arbeit und Geschlecht. Herausforderungen jenseits von Universalisierung und Essentialisierung. Münster: Westfälisches Dampfboot, S. 196–211
Plößer, Melanie (2013): Umgang mit Diversity in der Offenen Kinder- und Jugendarbeit. In: Sturzenhecker, Benedikt/Deinet, Ulrich (Hrsg.): Handbuch Offene Kinder- und Jugendarbeit. 4. Auflage. Wiesbaden: VS, S. 257–269
Plößer, Melanie (2014): Normen, Subjekte, Soziale Arbeit. Queere Perspektiven auf ein ambivalentes Verhältnis. Herrschende Vorstellungen des „Normalen" immer wieder kristisch reflektieren. In: Sozialmagazin 39, H. 4, S. 14–20
Pohl, Rolf (2002): Feindbild Frau. Männliche Sexualität, Gewalt und die Abwehr des Weiblichen. Hannover: Offizin
Pohl, Rolf (2015): Gibt es eine Krise der Männlichkeit? Weiblichkeitsabwehr und Antifeminismus als Bausteine der hegemonialen Männlichkeit. Vortrag zum „Frauenempfang" Rathaus Nürnberg. www.nuernberg.de/imperia/md/frauenbeauftragte/dokumente/vortrag_pohl2015.pdf (Abfrage: 04.03.2021)
Pohlkamp, Ines (2015a): Mädchenarbeit heute?! Queer-feministische und intersektionale Perspektiven in und auf Mädchen_arbeit. In: LAG Mädchenarbeit in NRW e. V. (Hrsg.): Handreichung Mädchen*arbeit Reloaded. Qualitäts- und Perspektiventwicklung (queer)feministisch und differenzreflektierter Mädchen*arbeit. Dokumentation des Prozesses Mädchenarbeit re-

loaded 2015-2017, S. 9-16. www.maedchen arbeit-nrw.de/m-reloaded-pdf/x-lag-Doku-Reloaded-A4-Forum-I.pdf (Abfrage: 30.11.2020)

Pohlkamp, Ines (2015b): Genderbashing. Diskriminierung und Gewalt an den Grenzen der Zweigeschlechtlichkeit. Münster: Unrast

Polanyi, Karl (1944/1978): The Great Transformation. Politische und ökonomische Ursprünge von Gesellschaften und Wirtschaftssystemen. Frankfurt/M.: Suhrkamp

Pöldinger, Werner (1968): Die Abschätzung der Suizidalität. Eine medizinisch-psychologische und medizinisch-soziologische Studie. Bern, Stuttgart: Huber

Popitz, Heinrich (1986/1992): Phänomene der Macht. Tübingen: J.C.B. Mohr (Paul Siebeck)

Popitz, Heinrich (1992): Phänomene der Macht. Tübingen: J.C.B. Mohr

Portmann, Adolf (1962): Zoologie und das neue Bild des Menschen (Biologische Fragmente zu einer Lehre vom Menschen). Reinbek: Rowohlt

Posch, Waltraud (2009): Projekt Körper. Wie der Kult um die Schönheit unser Leben prägt. Frankfurt/M.: Campus

Postone, Moishe (1988): Nationalsozialismus und Antisemitismus. Ein theoretischer Versuch. In: Diner, Dan (Hrsg.): Zivilisationsbruch. Denken nach Auschwitz. Frankfurt/M.: Fischer, S. 242-254

Pothmann, Jens (2000): Zwischen Wandel und Wachstum – Trends zu den Erziehungshilfedaten 1998. In: KomDat Jugendhilfe 3, H. 1, S. 1-2

Pothmann, Jens (2019): Fachkräftebedarf für die Kinder- und Jugendhilfe. In: Sozial Extra, H. 5, S. 330-334

Potts, Lydia/Kühnemund, Jan (Hrsg.) (2008): Mann wird man. Geschlechtliche Identitäten im Spannungsfeld von Migration und Islam. Bielefeld: transcript

Pötzsch, Olga (2021): Kinderlosigkeit. In: Statistisches Bundesamt: Datenreport 2021. Bonn: Bundeszentrale für politische Bildung, S. 75-79

Pötzsch, Olga/Klüsener, Sebastian/Dudel, Christian (2020): Wie hoch ist die Kinderzahl von Männern? Wiesbaden: Statistisches Bundesamt, Wirtschaft und Statistik 5, S. 59-77

Pouwels, J. Loes/Lansu, Tessa A. M./Cillessen, Antonius H. N. (2016): Participant roles of bullying in adolescence. Status characteristics, social behavior, and assignment criteria. In: Aggressive Behavior 42, H. 3, S. 239-253. doi: 10.1002/ab.21614

Precarias a la deriva (2007). In: Lorenz, Renate/Kuster, Brigitta (Hrsg.): Sexuell arbeiten. Eine queere Perspektive auf Arbeit und prekäres Leben. Berlin: b_books, S. 259-272

Precarias a la deriva (2011): ‚Was ist dein Streik?' Militante Streifzüge durch die Kreisläufe der Prekarität. Wien: transversal.at

Preidel, Julia (2019): Zu viel Konkurrenz, zu wenig Geld? Alleinerziehende am Wohnungsmarkt. In: Fair mieten – Fair wohnen/Arbeiterwohlfahrt LV Berlin/Verband alleinerziehender Mütter und Väter LV Berlin (Hrsg.): Fair Mieten – Fair Wohnen. Diskriminierung Alleinerziehender auf dem Wohnungsmarkt. Berlin

Prengel, Annedore (1990): Der Beitrag der Frauenforschung zu einem anderen Blick auf die Erziehung von Jungen. In: Sozialmagazin, H. 7-8, S. 36-47

Prengel, Annedore (1993): Pädagogik der Vielfalt. Verschiedenheit und Gleichberechtigung in Interkultureller, Feministischer und Integrativer Pädagogik. Opladen: Leske + Budrich

Prengel, Annedore (1996): Perspektiven der feministischen Pädagogik von Mädchen und Jungen. In: Glücks, Elisabeth/Ottemeier-Glücks, Franz Gerd (Hrsg.): Geschlechtsbezogene Pädagogik. Münster: Votum Verlag, S. 62-76

Prengel, Annedore (2006): Pädagogik der Vielfalt. Verschiedenheit und Gleichberechtigung in Interkultureller, Feministischer und Integrativer Pädagogik. Wiesbaden: VS

Prengel, Annedore (2008): Geschlechtergerechte Bildung? Von alten Gewissheiten und zu neuen Fragen. In: Liebau, Eckart/Zirfas, Jörg (Hrsg.): Ungerechtigkeit der Bildung – Bildung der Ungerechtigkeit. Opladen, Farmington Hills: Barbara Budrich, S. 119-132

Pressemitteilung der EU IP/09/1620 (2009): Gleichbehandlung im Beschäftigungsbereich: Einstellung des Verfahrens gegen Estland; mit Gründen versehene Stellungnahmen an Deutschland und Italien. ec.europa.eu/commission/presscorner/detail/de/ip_09_1620

Preuss, Wilhelm F. (2016): Geschlechtsdysphorie, Transidentität und Transsexualität im Kindes- und Jugendalter. München, Basel: Ernst Reinhardt

Priess, Ludger/Kurtenbach, Sebastian (2019): Transnationalität. In: Kessl, Fabian/Reutlinger, Christian (Hrsg.): Handbuch Sozialraum. 2. Auflage. Wiesbaden: Springer VS, S. 225–242

pro familia (2011): Dokumentation Workshop: Migrations- und kultursensible Beratung zu Schwangerschaft, Sexualität, Verhütung und Familienplanung. Frankfurt/M.: pro familia

pro familia Bundesverband (2006): Standpunkt. Schwangerschaftsabbruch. 4. Auflage. Frankfurt/M.: pro familia. www.profamilia.de

pro familia magazin Nr. 02/2015: Schwangerschaftsberatung – 20 Jahre Schwangeren- und Familienhilfeänderungsgesetz

Prokop, Ulrike (1976): Weiblicher Lebenszusammenhang. Von der Beschränktheit der Strategien und der Unangemessenheit der Wünsche. Frankfurt/M.: Suhrkamp

Prokop, Ulrike/Friese, Nina/Stach, Anna (Hrsg.) (2009): Geiles Leben, falscher Glamour. Beschreibungen, Analysen, Kritiken zu Germany's Next Topmodel. Marburg: Tectum

Proksch, Roland (2013): Förderung der Erziehung in der Familie. In: Münder, Johannes/Meysen, Thomas/Trenczek, Thomas (Hrsg.): Frankfurter Kommentar zum SGB VIII. 7. Auflage. Baden-Baden: Nomos, S. 214–223

Promberger, Markus/Ramos Lobato, Philipp (2016): Zehn Jahre Hartz IV – eine kritische Würdigung. In: WSI Mitteilungen 5, S. 325–333

Prommer, Elizabeth/Linke, Christine (2017): Audiovisuelle Diversität? Geschlechterdarstellungen in Film und Fernsehen in Deutschland. Institut für Medienforschung, Philosophische Fakultät, Universität Rostock. www.uni-rostock.de/storages/uni-rostock/UniHome/Presse/Pressemeldungen/Broschuere_din_a4_audiovisuelle_Diversitaet_v06072017_V3.pdf (Abfrage: 02.01.2021)

Prüfer, Gregor (2016): Ziele und Konzepte von Jungenarbeit. In: Stecklina, Gerd/Wienforth, Jan (Hrsg.): Impulse für die Jungenarbeit. Denkanstöße und Praxisbeispiele. Weinheim und Basel: Beltz Juventa, S. 16–29

Puar, Jasbir K. (2007): Terrorist Assemblages: Homonationalism in Queer Times. London, Durham: Duke University

Pühl, Harald (2017): Das aktuelle Handbuch der Supervision. Gießen: Psychosozial-Verlag

Pusch, Luise (1979): Der Mensch ist ein Gewohnheitstier, doch weiter kommt man ohne ihr. Eine Antwort auf Kalverkämpers Kritik an Trömel-Plötz' Artikel über „Linguistik und Frauensprache". Linguistische Berichte 63, S. 84–102 (Nachdruck in Pusch 1984)

Pusch, Luise (1983): Feminismus. Inspektion der Herrenkultur. Frankfurt/M.: Suhrkamp

Pusch, Luise F. (1984): Das Deutsche als Männersprache. Aufsätze und Glossen zur feministischen Linguistik. Frankfurt/M.: Suhrkamp

Pusch, Luise F. (2021a): "Liebe Kolleg*innen in der Stadtverwaltung": Genderstern, Unterstrich oder Binnen-I, queer oder nicht queer? Eine ganz kurze Geschichte der feministischen Sprachkritik. In: DIE ZEIT, 11.02.2021, S. 48

Pusch, Luise F. (2021b): Vom Binnen-I und Gendersternchen. In: EMMA März/April, S. 78–79

Queerformat/Sozialpädagogisches Fortbildungsinstitut Berlin-Brandenburg (sfbb) (2021): Queerinklusives pädagogisches Handeln. Eine Praxishilfe für Jugendeinrichtungen. www.queerformat.de/wp-content/uploads/QF_Queer_Inklusiv_Praxishilfe_Druckfassung.pdf (Abfrage: 12.2.2021)

Quindeau, Ilka (2014): Wie wird man heterosexuell? In: Sozialmagazin 39, H. 4, S. 38–45

Quindeau, Ilka (2017): Rätselhafte Botschaften. Das Sexuelle in der Beziehung von Erwachsenen und Kindern. In: Eggert-Schmid Noerr, Annelinde/Heilmann, Joachim/Weißert, Ilse (Hrsg.): Unheimlich und verlockend. Zum pädagogischen Umgang mit Sexualität von Kindern und Jugendlichen. Gießen: Psychosozial-Verlag, S. 51–68

Quix – Kollektiv für kritische Bildungsarbeit (2016): Gender_Sexualitäten_Begehren in der Machtkritischen und Entwicklungspolitischen Bildungsarbeit. Wien. www.quixkollektiv.org. (Abfrage: 21.10.2021)

Qvortrup, Jens/Corsaro, William/Honig, Miachel-Sebastian (Hrsg.) (2009): The Palgrave Handbook of Childhood Studies. London: Palgrave Macmillan

Raab, Heike (2011): Inklusive Gender?: Gender, Inklusion und Disability Studies. In: Zeitschrift für Inklusion, H. 01. www.inklusion-online.net/index.php/inklusion-online/article/view/104 (Abfrage: 10.02.2021)

Rabe-Kleberg, Ursula (1996): Professionalität und Geschlechterverhältnis. Oder: Was ist ‚semi‘ an traditionellen Frauenberufen? In: Combe, Arno/Helsper, Werner (Hrsg.): Pädagogische Professionalität. Untersuchungen zum Typus pädagogischen Handelns. Frankfurt/M.: Suhrkamp, S. 276–302

Rabe-Kleberg, Ursula (2003): Gender Mainstreaming und Kindergarten. Reihe Gender Mainstreaming in der Kinder- und Jugendhilfe. Weinheim: Beltz

Rabe-Kleberg, Ursula (2005): Feminisierung der Erziehung von Kindern. Chancen oder Gefahren für die Bildungsprozesse von Mädchen und Jungen? In: Pasternack, Peer/Schildberg, Arne/Bock-Famulla, Kathrin/Larrá, Franziska (Hrsg.): Entwicklungspotenziale institutioneller Angebote im Elementarbereich. Materialien zum Zwölften Kinder- und Jugendbericht. Band 2. München: DJI, S. 135–171

Rabitz-Suhr, Simone (2010): Dynamik von Eskalationsprozessen im Kontext von Beziehungsgewalt – Ergebnisse einer Längsschnittuntersuchung – (Langfassung Vortrag) Forum KI. Bundeskriminalamt

Rachor, Christina (2001): Der ‚weibliche Suizidversuch‘. In: Freytag, Regula/Giernalczyk, Thomas (Hrsg.): Geschlecht und Suizidalität. Göttingen: Vandenhoeck & Ruprecht, S. 45–67

Radford Ruether, Rosemary (2007): Patriarchy. In: Malti-Douglas, Fedwa (Hrsg.): Encyclopedia of Sex and Gender. Band 4. Detroit: Thomson Gale, S. 1104–1106

Radvan, Heike/Schäuble, Barbara (2019): Rechtsextrem orientierte und organisierte Studierende. Umgangsweisen in Hochschulen Sozialer Arbeit. In: Köttig, Michaela/Röh, Dieter (Hrsg.): Soziale Arbeit und Demokratie. Forschung und Praxis der Sozialen Arbeit. Band 18. Opladen, Berlin, Toronto: Barbara Budrich, S. 216–227

Radway, Janice (1984): Reading the Romance. North Carolina: The University of North Carolina Press

Rahner, Judith (2020): Tödlicher Antifeminismus. Antisemitismus, Rassismus und Frauenfeindlichkeit als Motivkomplex rechtsterroristischer Attacken. In: Henninger, Annette/Birsl, Ursula (Hrsg.), Antifeminismen. ‚Krisen‘-Diskurse mit gesellschaftsspaltendem Potential? Bielefeld: transcript, S. 337–352

Rahner, Judith (2021): Praxishandbuch Resilienz in der Jugendarbeit. Widerstandsfähigkeit gegen Extremismus und Ideologien der Ungleichwertigkeit. Weinheim, Basel: Beltz Juventa

Rancière, Jacques (2010): Gibt es eine politische Philosophie? In: Badiou, Alain/Rancière, Jacques: Politik der Wahrheit. Wien, Berlin. Turia + Kant, S. 79–118

Rao, Rahul (2020): Out of Time. The Queer Politics of Postcoloniality. Oxford: Oxford University Press

Rapp, Rayna (1999): Testing Women, testing the fetus. The social impact of amniocentesis in America. New York: Routledge

Räthzel, Nora (2008a): Rassismustheorien: Geschlechterverhältnisse und Feminismus. In: Becker, Ruth/Kortendiek, Beate (Hrsg.): Handbuch Frauen- und Geschlechterforschung. Theorien, Methoden, Empirie. 2., erweiterte und aktualisierte Auflage. Wiesbaden: VS, S. 276–284

Räthzel, Nora (Hrsg.) (2008b): Finding the way home. Young People's stories of gender, ethnicity, class, and places in Hamburg and London. Göttingen: V & R Unipress

Rätz-Heinisch, Regina/Köttig, Michaela (2010): Narration in der Jugendhilfe. In: Bock, Karin/Miethe, Ingrid (Hrsg.): Handbuch qualitative Methoden in der Sozialen Arbeit. Opladen, Farmington Hills: Barbara Budrich, S. 422–431

Rauchfleisch, Udo (2011): Schwule, Lesben, Bisexuelle: Lebensweisen, Vorurteile, Einsichten. 4. Auflage. Göttingen: Vandenhoeck & Ruprecht

Rauchfleisch, Udo (2016): Transsexualität – Transidentität. Begutachtung, Begleitung, Therapie. 5. Auflage. Göttingen: Vandenhoeck & Ruprecht

Rauchfleisch, Udo (2019a): Transsexualismus – Genderdysphorie – Geschlechtsinkongruenz – Transidentität. Der schwierige Weg der Entpathologisierung. Göttingen: Vandenhoeck & Ruprecht

Rauchfleisch, Udo (2019b): Sexuelle Identitäten im therapeutischen Prozess. Zur Bedeutung von Orientierungen und Gender. Stuttgart: Kohlhammer
Rauchfleisch, Udo (2021): Sexuelle Orientierungen und Geschlechtsentwicklungen im Kindes- und Jugendalter. Stuttgart: Kohlhammer
Raunig, Gerald (2007): Das Monster Prekariat. In: Grundrisse. Zeitschrift für linke Theorie und Debatte, H. 21, S. 42–48
Rauschenbach, Brigitte (2012a): Der Wert des (sozialen) Geschlechts: Geschlechterökonomie, Geschlechterkultur, Geschlechterstruktur. www.fu-berlin.de/sites/gpo/pol_theorie/Zeitgenoessische_ansaetze/Der_Wert_des__sozialen__GeschlechtsGeschlechter__konomie__Geschlechterkultur__Geschlechterstruktur/rauschenbach-final-6-12.pdf (Abfrage: 28.02.2021)
Rauschenbach, Thomas (1991): Sozialpädagogik – eine akademische Disziplin ohne Vorbild. Notizen zur Entwicklung der Sozialpädagogik als Ausbildung und Beruf. In: Neue Praxis, H. 1, S. 1–11
Rauschenbach, Thomas (1999): Das sozialpädagogische Jahrhundert. Analysen zur Entwicklung Sozialer Arbeit in der Moderne. Weinheim, München: Juventa
Rauschenbach, Thomas (2012b): Editorial zu „Kinder und Jugendliche im Generationengefüge". In: DJI Impulse 97, H. 1, S. 3
Rauw, Regina/Drogand-Strud, Michael (2010): 20 Jahre, sechs Bausteine, mehr als zwei Geschlechter und mindestens ein Paradox. Veränderung und Kontinuität in der geschlechtsbezogenen Weiterbildungsreihe der „Alten Molkerei Frille". In: Busche, Mart/Maikowski, Laura/Pohlkamp, Ines/Wesemüller, Ellen (Hrsg.): Feministische Mädchenarbeit weiterdenken. Zur Aktualität einer bildungspolitischen Praxis. Bielefeld: transcript, S. 263–287
Rauw, Regina/Drogard, Michael (2013): Geschlechtsbezogene Pädagogik in der Offenen Kinder- und Jugendarbeit. In: Sturzenhecker, Benedikt/Deinet, Ulrich (Hrsg.): Handbuch Offene Kinder- und Jugendarbeit. 4. Auflage. Wiesbaden: VS, S. 227–241
Rauw, Regina/Jantz, Olaf/Reinert, Ilka/Ottemeier-Glücks, Franz-Gerd (2001): Perspektiven geschlechtsbezogener Pädagogik – Impulse und Reflektionen zwischen Gender, Politik und Bildungsarbeit. Opladen: Leske + Budrich
Rauw, Regina/Reinert, Ilka (2001): Perspektiven der Mädchenarbeit. Partizipation, Vielfalt, Feminismus. Opladen: Leske + Budrich
Reckwitz, Andreas (2019): Die Gesellschaft der Singularitäten. Zum Strukturwandel der Moderne, Berlin: Suhrkamp
Reckwitz, Andreas (2020): Das Ende der Illusionen. Politik, Ökonomie und Kultur in der Spätmoderne. Frankfurt/M.: Suhrkamp
Rees, Gwyther/Savahl, Shazly/Lee, Bong Joo/Casas, Ferran (2020): Children's views on their lives and well-being in 35 countries: A report on the Children's Worlds project, 2016–2019. Jerusalem: Children's Worlds Project (ISCWeB). isciweb.org/wp-content/uploads/2020/07/Childrens-Worlds-Comparative-Report-2020.pdf (Abfrage: 25.10.2021)
Regitz-Zagrosek, Vera (2018): Gesundheit, Krankheit und Geschlecht. Aus Politik und Zeitgeschichte, H. 68 (24), S. 19–24
Reher, Friederike (2015): Privilegienreflexion. In: LAG Mädchenarbeit in NRW e. V. (Hrsg.): Handreichung Mädchen*arbeit Reloaded. Qualitäts- und Perspektiventwicklung (queer)feministisch und differenzreflektierter Mädchen*arbeit. Dokumentation des Prozesses Mädchenarbeit reloaded 2015–2017, S. 35–44
Reiche, Reimut (1997): Gender ohne Sex. Gender als Konzept und als Metapher. In: Psyche 51, H. 9+10, S. 926–957
Reichsgesetzblatt Teil I, Jg. 1943, Nr. 35, vom 2. April 1943
Reimer, Thordis (2019): Why fathers don't take more parental leave in Germany, Community, Work & Family, Jg. 36, H. 3, S. 1–20
Reinders, Heinz (2003): Jugendtypen. Ansätze zu einer differentiellen Theorie der Adoleszenz. Opladen: Leske + Budrich
Remmers, Hartmut (2006): Zur Bedeutung biografischer Ansätze in der Pflegewissenschaft. In: Zeitschrift für Gerontologie und Geriatrie, H. 3, S. 183–191

Rendtorff, Barbara (1987): Geschlecht und Kindheit. Psychosexuelle Entwicklung und Geschlechtsidentität. Königstein/Taunus: Ulrike Helmer

Rendtorff, Barbara (2015): Zugewinne und Fallen – aktuelle Veränderungen in Geschlechtervorstellungen und ihre Probleme. In: Dausien, Bettina/Thon, Christine/Walgenbach, Katharina (Hrsg.): Geschlecht – Sozialisation – Transformation. Jahrbuch Frauen- und Geschlechterforschung in der Erziehungswissenschaft 11. Opladen, Berlin, Toronto: Barbara Budrich, S. 77–92

Rendtorff, Barbara (2016): Bildung – Geschlecht – Gesellschaft. Eine Einführung. Mit Elke Kleinau und Birgit Riegraf. Weinheim: Beltz

Rendtorff, Barbara (2017): Was ist eigentlich gendersensible Bildung und warum brauchen wir sie? In: Glockentöger, Ilke/Adelt, Eva (Hrsg.): Gendersensible Bildung und Erziehung in der Schule. Grundlagen – Handlungsfelder – Praxis. Münster: Waxmann, S. 7–24

Rendtorff, Barbara (2020): „Feministische Bildungsarbeit" und „autonome Mädchenarbeit". In: Thole, Werner/Wagner, Leonie/Stederoth, Dirk (Hrsg.): ‚Der lange Sommer der Revolte'. Soziale Arbeit und Pädagogik in den frühen 1970er Jahren. Wiesbaden: Springer VS, S. 123–133

Rendtorff, Barbara/Mahs, Claudia/Warmuth, Anne-Dorothee (Hrsg.) (2020): Geschlechterverwirrungen. Was wir wissen, was wir glauben und was nicht stimmt. Frankfurt/M.: Campus

Rendtorff, Barbara/Moser, Vera (1999): Geschlecht als Kategorie – soziale, strukturelle und historische Aspekte. In: Rendtorff, Barbar/Moser, Vera (Hrsg.): Geschlecht und Geschlechterverhältnisse in der Erziehungswissenschaft. Eine Einführung. Opladen: Leske + Budrich, S. 11–68

Rendtorff, Barbara/Riegraf, Birgit/Mahs, Claudia (Hrsg.) (2019): Struktur und Dynamik – Un/Gleichzeitigkeiten im Geschlechterverhältnis. Wiesbaden: Springer VS

Rengers, Martina (2016): Ungenutztes Arbeitskräftepotenzial in der Stillen Reserve. Ergebnisse für das Jahr 2015. In: WISTA – Wirtschaft und Statistik, H. 6, S. 30–45

Rensmann, Lars (2021): Israelbezogener Antisemitismus. Formen, Geschichte, empirische Befunde. Bundeszentrale für Politische Bildung. www.bpb.de/themen/antisemitismus/dossier-antisemitismus/326790/israelbezogener-antisemitismus/ (Abfrage: 23.02.2022)

Rentmeister, Cillie (1985): Frauenwelten – Männerwelten. Für eine neue kulturpolitische Bildung. Opladen: Leske + Budrich

Republik Österreich, Parlamentsdirektion (2019): Budgetdienst. Anfragebeantwortung des Budgetdienstes. Gender Budgeting: Fortschritte und Herausforderungen. Wien

Residents of Hull House (1895): Hull-House Maps and Papers: A Presentation of Nationalities and Wages in a Congested District of Chicago. New York: Thomas Y. Crowell

Reyhing, Yvonne (2016): Väter in Kitas als Ressource für kindliche Entwicklung nutzen. In: Frühe Kindheit, H. 4, S. 44–47

Riach, Kathleen/Rumens, Nicholas/Tyler, Melissa (2014): Un/doing Chrononormativity: Negotiating Ageing, Gender and Sexuality in Organizational Life. In: Organization Studies 35, H. 11, S. 1677–1698

RIAS Berlin (Recherche- und Informationsstelle Antisemitismus Berlin) (2021): Antisemitische Vorfälle in Berlin, Januar bis Juni 2021. https://report-antisemitism.de/documents/RIAS_Berlin_-_Bericht_-_Antisemitische_Vorfaelle_Jan_Jun_2021.pdf (Abfrage: 23.02.2022)

Richter, Linda/Naicker, Sara (2013): A review of published literature on supporting and strengthening child-caregiver relationships (Parenting). Arlington, VA: AIDSTAR-One and Human Sciences Research Council

Richter, Martina (2013): Die Sichtbarmachung des Familialen. Gesprächspraktiken in der Familienhilfe. Weinheim, Basel: Beltz Juventa

Richter, Susanne (2015): Geschlechteridentitäten von Jugendlichen in Social Media. In: Gender 7, H. 1, S. 145–150

Ricken, Norbert (2006): Die Ordnung der Bildung. Beiträge zu einer Genealogie der Bildung. Wiesbaden: VS

Ricker, Kirsten (2000): Migration, Sprache und Identität: eine biographische Studie zu Migrationsprozessen von Französischen in Deutschland. Stuttgart: Donat

Rieckmann, Marco (2020): Bildung für nachhaltige Entwicklung im Kontext der Sustainable Development Goals. In: Kminek, Helge/Bank, Franziska/Fuchs, Leon (2020): Kontroverses Miteinander. Interdisziplinäre und kontroverse Positionen zur Bildung für eine nachhaltige Entwicklung. Norderstedt: BoD, S. 57–85

Riegel, Christine (2016): Bildung – Intersektionalität – Othering. Pädagogisches Handeln in widersprüchlichen Verhältnissen. Bielefeld: transcript

Riegel, Christine (2018): Intersektionalität – eine kritisch-reflexive Perspektive für die sozialpädagogische Praxis in der Migrationsgesellschaft. In: Blank, Beate/Gögercin, Süleyman/Sauer, Karin E./Schramkowski, Barbara (Hrsg.): Soziale Arbeit in der Migrationsgesellschaft. Grundlagen – Konzepte – Handlungsfelder. Springer VS, S. 221–232

Riegel, Christine (2019): Selbstverständlich nicht selbstverständlich. Zur ambivalenten Anerkennung von LSBTI*Q-Eltern und ihren Familien in pädagogischen Kontexten. In: Sozial Extra 43, H. 6, S. 367–371

Riegel, Christine/Stauber, Barbara (2018): Familien im Kontext von Migration – theoretische Überlegungen zu familialen Aushandlungsprozessen im Kontext gesellschaftlicher Dominanz- und Ungleichheitsverhältnisse. In: Riegel, Christine/Stauber, Barbara/Yıldız, Erol (Hrsg.): LebensWegeStrategien. Familiale Aushandlungsprozesse in der Migrationsgesellschaft. Opladen: Barbara Budrich. S. 36–51

Riegraf, Birgit (2013): Kommentar. In: Müller, Ursula/Riegraf, Birgit/Wilz, Sylvia Marlene (Hrsg.): Geschlecht und Organisation. Wiesbaden: Springer VS, S. 17–22

Riegraf, Birgit (2019): Organisation und Geschlecht: wie Geschlechterasymmetrien (re)produziert und erklärt werden. In: Kortendiek, Beate/Riegraf, Birgit/Sabisch, Katja (Hrsg.): Handbuch Interdisziplinäre Geschlechterforschung. Band 2. Wiesbaden: Springer, S. 1299–1308

Rieske, Thomas Viola (2011): Bildung von Geschlecht. Zur Diskussion um Jungenbenachteiligung und Feminisierung in deutschen Bildungsinstitutionen. Frankfurt/M.: GEW

Rieske, Thomas Viola (2015): Pädagogische Handlungsmuster in der Jungenarbeit. Eine Untersuchung zur Praxis von Jungenarbeit in kurzzeitpädagogischen Settings. Opladen, Berlin, Toronto: Barbara Budrich

Rieske, Thomas Viola (2020): Kann Jungenarbeit queer sein? Überlegungen zu einer heteronormativitätskritischen Pädagogik mit Jungen. In: Sozial Extra 6, S. 383–387. doi.org/10.1007/s12054- 020- 00339-7 (Abfrage: 25.10.2021)

Rieske, Thomas Viola/Scambor, Elli/Wittenzellner, Ulla/Könnecke, Bernard/Puchert, Ralf (2018): Aufdeckungsprozesse männlicher Betroffener von sexualisierter Gewalt in Kindheit und Jugend. Wiesbaden: VS

Rieske, Thomas. Viola (2021): Soziale Arbeit mit lsbti* – Soziale Arbeit mit sexueller und geschlechtlicher Vielfalt. In: Thole, Werner (Hrsg.): Grundriss Soziale Arbeit. Ein einführendes Handbuch 5. Auflage. Wiesbaden: VS

Rießen, Anne van (2016): Zum Nutzen sozialer Arbeit. Theaterpädagogische Maßnahmen im Übergang zwischen Schule und Erwerbsarbeit. Wiesbaden: VS

Riley, Mathilda W./Riley, John W. Jr. (1994): Structural lag. Past and future. In: Riley, Matilda W./Kahn, Robert. L./Foner, Anne/Mack, Karin A. (Hrsg.): Age and structural lag: Society's failure to provide meaningful opportunities in work, family, and leisure. New York: John Wiley & Sons, S. 15–36

Ringhofer, Hannah (2016): Antifeminismus und feministische Soziale Arbeit. Der neue alte Kampf gegen feministische Errungenschaften. In: soziales_kapital. wissenschaftliches journal österreichischer fachhochschulstudiengänge soziale Arbeit 15, S. 219–223

Ringrose, Jessica/Harvey, Laura/Gill, Rosalind/Livingstone, Sonia (2013): Teen girls, sexual double standards and ' sexting' Gender value in digital image exchange. In: Feminist Theory, 14, H. 3, S. 305–323

Rinken, Barbara (2010): Spielräume in der Konstruktion von Geschlecht und Familie? Alleinerziehende Mütter und Väter mit ost- und westdeutscher Herkunft. Wiesbaden: VS

Rixen, Stephan (2020): Alter, Kranken- und Pflegeversicherung. In: Aner, Kirsten/Karl, Ute (Hrsg.): Handbuch Soziale Arbeit und Alter. 2. , überarbeitete und aktualisierte Auflage. Wiesbaden: Springer VS, S. 313–323

RKI (Rober-Koch-Institut) (Hrsg.) (2006): Gesundheit in Deutschland. Gesundheitsberichterstattung des Bundes. Berlin

RKI (Robert-Koch-Institut) (Hrsg.) (2008): Gesundheitsberichterstattung des Bundes. Schwerpunktbericht: Migration und Gesundheit. Berlin

RKI (Robert Koch-Institut) (2013): Körperliche und psychische Gewalterfahrungen in der deutschen Erwachsenenbevölkerung. Ergebnisse der Studie zur Gesundheit Erwachsener in Deutschland (DEGS1)

RKI (Robert-Koch-Institut) (2014): Gesundheitliche Lage der Männer in Deutschland. Gesundheitsberichterstattung des Bundes. Berlin: RKI

RKI (Robert-Koch-Institut) (2020a): Gesundheitliche Lage der Frauen in Deutschland. Gesundheitsberichterstattung des Bundes. Berlin: RKI

RKI (Robert Koch Institut) (2020b): Gesundheitsberichterstattung des Bundes. www.gbe-bund.de (Abfrage: 10.10.2020)

Robertson, Adi (2014): 'Massacre' threat forces Anita Sarkeesian to cancel university talk. www.theverge.com/2014/10/14/6978809/utah-state-universityreceives (Abfrage: 31.08.2021)

Robins, Kevin (1995): Cyberspace and the world we live in. In: Body & Society 1, H. 3–4, S. 135–155

Rödel, Malaika (2015): Geschlecht im Zeitalter der Reproduktionstechnologien. Natur, Technologie und Körper im Diskurs der Präimplantationsdiagnostik. Bielefeld: transcript

Rödel, Ulrich/Frankenberg, Günther/Dubiel, Helmut (1989): Die demokratische Frage. Frankfurt/M.: Suhrkamp

Rodrigues, Ricardo/Glendinning, Caroline (2015). Choice, competition and care –Developments in English social care and the impacts on providers and older users of home care services. In: Social Policy & Administration, 49, S. 649–664

Roer, Dorothee/Mauer-Hein, Renate (2004): Biographie-Arbeit, Theoretische Grundlegungen und praktische Perspektiven für die Soziale Arbeit. In: Hanses, Andreas (Hrsg.): Biographie und die Soziale Arbeit. Baltmannsweiler: Schneider Verlag Hohengehren, S. 47–61

Rohe, Karl (1994): Politik. Begriffe und Wirklichkeiten. Stuttgart: Kohlhammer

Rohmann, Gabriele (Hrsg.) (2007): Krasse Töchter. Mädchen in Jugendkulturen. Berlin: Archiv der Jugendkulturen e. V.

Rohrmann, Tim (2009): Gender in Kindertageseinrichtungen. Ein Überblick über den Forschungsstand. München: DJI

Rohrmann, Tim (2012): Gender im Kontext der Arbeit mit Kindern in den ersten drei Lebensjahren. In: ASH/Fröbel-Gruppe/Weiterbildungsinitiative Frühpädagogische Fachkräfte (Hrsg.): Kita-Fachtexte. Berlin. www.kita-fachtexte.de/fileadmin/Redaktion/Publikationen/FT_Rohrmann_OV.pdf (Abfrage:29.11.2020)

Rohrmann, Tim (2014): Männer in Kitas. Zwischen Idealisierung und Verdächtigung. In: Budde, Jürgen/Thon, Christine/Walgenbach, Katharina (Hrsg.): Männlichkeiten. Geschlechterkonstruktionen in pädagogischen Institutionen. Opladen: Barbara Budrich, S. 67–84

Rohrmann, Tim (2020): Men as promoters of change in ECEC? An international overview. In: Early Years 40, H. 1, S. 5–19

Rohrmann, Tim (2021): Gender. In: Fischer, Veronika/Gramelt, Katja (Hrsg.): Diversity in der Kindheitspädagogik und Familienbildung. Frankfurt/M.: UTB, S. 86–120

Rohrmann, Tim/Brandes, Holger (2015): Männer in Kitas. Chance und Herausforderung für pädagogische Qualität. In: Frühe Bildung 4, H. 2, S. 110–112

Rohrmann, Tim/Wanzeck-Sielert, Christa (2018): Mädchen und Jungen in der KiTa. Körper – Gender – Sexualität. 2. Auflage. Stuttgart: Kohlhammer

Rommelspacher, Birgit (2007): Geschlecht und Migration in einer globalisierten Welt. Zum Bedeutungswandel des Emazipationsbegriffs. In: Munsch, Chantal/Gemende, Marion/Weber-Unger-Rotino, Steffi (Hrsg.): Eva ist emanzipiert, Mehmet ist ein Macho. Zuschreibung, Ausgrenzung, Lebensbewältigung und Handlungsansätze im Kontext von Migration und Geschlecht. Weinheim: Juventa

Rommelspacher, Birgit (2009): Was ist eigentlich Rassismus? In: Melter, Claus/Mecheril, Paul (Hrsg.): Rassismuskritik. Band 1: Rassismustheorie und -forschung. Schwalbach/Taunus: Wochenschau-Verlag, S. 25–38

Rosa, Hartmut/Strecker, David/Kottmann, Andrea (2018): Soziologische Theorien, 3. Auflage. Konstanz: UVK
Rose, Lotte (1993): Kinderkriegen heute. Riskante Chancen zwischen Apparatemedizin und „sanfter" Geburtskultur. In: Deutsches Jugendinstitut (Hrsg.): Was für Kinder. Aufwachsen in Deutschland. Ein Handbuch. München: Kösel, S. 95–100
Rose, Lotte (2017): Väter bei der Geburt – ein Witz? Befunde einer Ethnografie zur Geburtsvorbereitung. In: Sauer-Kretschmer, Simone/Heimgartner, Stephanie (Hrsg.): Erfüllte Körper – Inszenierungen von Schwangerschaft. Paderborn: Wilhelm Fink, S. 115–128
Rose, Lotte/May, Michael (2014): Mehr Männer in die Soziale Arbeit? Opladen, Berlin, Toronto: Barbara Budrich
Rose, Lotte/Pape, Judith (2020): Geschlechterordnungen der Familie. Ethnografische Eindrücke zur Positionierung des Vaters in Bildungsangeboten zur Geburt und ersten Lebenszeit des Kindes. In: Schimpf, Elke/Rose, Lotte (Hrsg.): Sozialarbeitswissenschaftliche Geschlechterforschung. Opladen, Berlin, Toronto: Budrich, S. 183–200
Rose, Lotte/Schimpf, Elke (2020): Sozialarbeitswissenschaftliche Geschlechterforschung: Methodologische Fragen, Forschungsfelder und empirische Erträge. Opladen, Berlin, Toronto: Barbara Budrich
Rose, Lotte/Schmied-Knittel, Ina (2011): Magie und Technik: Moderne Geburt zwischen biografischem Event und kritischem Ereignis. In: Villa, Paula-Irene/Moebius, Stephan/Thiessen, Barbara (Hrsg.): Soziologie der Geburt. Diskurse. Praktiken und Perspektiven. Frankfurt/M.: Campus, S. 75–100
Rose, Lotte/Schulz, Marc (2007): Gender-Inszenierungen: Jugendliche im pädagogischen Alltag. Königstein/Taunus: Ulrike Helmer
Rose, Lotte/Seehaus Rhea (2015): Formierung von Vaterschaft – ethnographische Befunde aus Institutionen der Natalität. In: Gender 3, S. 93–108
Rose, Lotte/Stibane, Friederike (2013): Männliche Fachkräfte und Väter in Kitas. Eine Analyse der Debatte und Projektpraxis. WiFF Expertisen Nr. 35. München: DJI
Rosenbauer, Nicole (2014): Geschlecht. In: Düring, Diana/Krause, Hans-Ullrich/Peters, Friedhelm/Rätz, Regina/Rosenbauer, Nicole/Vollhase, Matthias (Hrsg.): Kritisches Glossar Hilfen zur Erziehung. Frankfurt/M.: Eigenverlag IGfH, S. 127–236
Rosenbaum, Heidi (1978): Seminar Familie und Gesellschaftsstruktur – Materialien zu den sozioökonomischen Bedingungen von Familienformen. Frankfurt/M.: Suhrkamp
Rosenbrock, Hinrich (2012): Die antifeministische Männerrechtsbewegung. Denkweisen, Netzwerke und Online-Mobilisierung. Eine Expertise für die Heinrich-Böll-Stiftung. 2. Auflage Berlin: Heinrich-Böll-Stiftung. www.boell.de/sites/default/files/antifeministische_maennerrechtsbewegung.pdf (Abfrage: 12.03.2021)
Rosenkranz, Doris/Rost, Harald/Vaskovics, Laszlo A. (1998): Was machen junge Väter mit ihrer Zeit? Forschungsbericht. Staatsinstitut für Familienforschung an der Universität Bamberg
Röser, Jutta/Müller, Kathrin/Niemand, Stephan/Roth, Ulrike (2019): Das mediatisierte Zuhause im Wandel. Eine qualitative Panelstudie zur Verhäuslichung des Internets. Wiesbaden: Springer VS
Röser, Jutta/Peil, Corinna (2010): Diffusion und Teilhabe durch Domestizierung. Zugänge zum Internet im Wandel 1997-2007. In: Medien & Kommunikationswissenschaft 58, H. 4, S. 481–502
Röser, Jutta/Roth, Ulrike (2015): Häusliche Aneignungsweisen des Internets: „Revolutioniert Multimedia die Geschlechterbeziehungen?" revisited. In: Drüeke, Ricarda/Kirchhoff, Susanne/Steinmaurer, Thomas/Thiele, Martina (Hrsg.): Zwischen Gegebenem und Möglichem. Kritische Perspektiven auf Medien und Kommunikation. Bielefeld: transcript, S. 301–314
Rosowski, Elke (2009): Berufsorientierung im Kontext von Lebensplanung. Welche Rolle spielt das Geschlecht?. In: Oechsle, Mechthild/Knauf, Helen/Maschetzke, Christiane/Rosowski, Elke (Hrsg.): Abitur und was dann? Berufsorientierung und Lebensplanung junger Frauen und Männer und der Einfluss von Schule und Eltern. Wiesbaden: Springer VS, S. 129–180
Roßbach, Henrike (2018): Staat zahlt Unterhalt für mehr als 700 000 Kinder. In: Süddeutsche Zeitung vom 17. Juli 2018. www.sueddeutsche.de/leben/alleinerziehende-staat-zahlt-unterhalt-fuer-mehr-als-700-000-kinder-1.4056582 (Abfrage: 25.10.2021)

Roßhart, Julia (2016): Klassenunterschiede im feministischen Bewegungsalltag. Anti-klassistische Interventionen in der Frauen- und Lesbenbewegung der 80er und 90er Jahr in der BRD. Berlin: w_orten & meer
Roth, Roland (2000): Bürgerschaftliches Engagement – Formen, Bedingungen, Perspektiven. In: Zimmer, Annette/Nährlich, Stefan (Hrsg.): Engagierte Bürgerschaft. Traditionen und Perspektiven. Opladen: Westdeutscher Verlag: S. 25–48
Roth, Roland/Rucht, Dieter (2008): Einleitung. In: Roth, Roland/Rucht, Dieter (Hrsg.) (2008): Die sozialen Bewegungen in Deutschland seit 1945. Ein Handbuch. Frankfurt/M.: Campus, S. 9–36
Roth, Ulrike (2015): Coming-Out im Netz!? Die Bedeutung des Internets im Coming-Out von queer-lesbischen Frauen. Essen: Netzwerk Frauen- und Geschlechterforschung NRW
Rothuber, Gabriele (2015): Intersex – eine Herausforderung für die (Sexual)Pädagogik? In: Intersex aktuell – Fachmagazin zur Lage jenseits der Geschlechtergrenzen. Wien: Verein Intersexuelle Menschen Österreich/Plattform Intersex Österreich, S. 26–28. www.plattform-intersex.at/wp-content/uploads/2018/05/2015-11-Fachmagazin-IntersexAktuell_Copyrights.pdf (Abfrage: 12.01.2021).
Rousseau, Jean-Jacques (1981): Emile oder Über die Erziehung. Paderborn, München, Wien, Zürich: Schöningh
Ruckdeschel, Kerstin (2015): Verantwortete Elternschaft: „Für die Kinder nur das Beste". In: Schneider Norbert F./Sabine Diabaté/Kerstin Ruckdeschel (Hrsg.): Familienleitbilder in Deutschland. Kulturelle Vorstellungen zu Partnerschaft, Elternschaft und Familienleben. Opladen: Barbara Budrich, S. 191–205
Ruder, Karl-Heinz (2015): Grundsätze der polizei- und ordnungsrechtlichen Unterbringung von (unfreiwillig) obdachlosen Menschen unter besonderer Berücksichtigung obdachloser Unionsbürger. Berlin: BAG W-Verlag
Rudolph, Clarissa/Schmidt, Katja (2019): Interessenvertretung und Care. Münster: Westfälisches Dampfboot
Rufer, Marc (2009): Irrsinn Psychiatrie. Psychisches Leiden ist keine Krankheit. Die Medizinalisierung abweichenden Verhaltens – ein Irrweg. Oberhofen am Thunersee: Zytlogge
Rufer, Marc (2017): Schizophrenie ist ein magisches Wort mit unheilvoller Wirkung. Zürich: Die Wochenzeitung Nr. 37
Rufer, Marc (2017/2020): Placebo-Effekte. In: Lehmann, Peter/Aderhold, Volkmar/Zehentbauer, Josef (Hrsg.): Neue Antidepressiva, atypische Neuroleptika – Risiken, Placebo-Effekte, Niedrigdosierung und Alternativen. Mit einem Exkurs zur Wiederkehr des Elektroschocks. Berlin: Anti-Psychiatrie Verlag Peter Lehmann
Ruhe, Hans Georg (2012): Methoden der Biografiearbeit. Lebensspuren entdecke und verstehen. Weinheim: Beltz Juventa
Rühle-Gerstel, Alice (1932): Das Frauenproblem der Gegenwart. Eine psychologische Bilanz. Leipzig: Hirzel
Ruhne, Renate (2011): Raum Macht Geschlecht. Zur Soziologie eines Wirkungsgefüges am Beispiel von (Un)Sicherheiten im öffentlichen Raum. 2. Auflage. Wiesbaden: Springer VS
Ruhne, Renate (2019): (Sozial) Raum und Geschlecht. In: Kessl, Fabian/Reutlinger, Christian (Hrsg.): Handbuch Sozialraum. 2. Auflage. Wiesbaden: Springer VS S. 203–224
Runge, Ulrike (2007): Soziales Netzwerk im Alter. Dissertation an der medizinischen Fakultät der Universität Rostock. Rostock: Medizinische Fakultät der Universität Rostock. d-nb.info/98974387X/34 (Abfrage: 1.1.2020)
Rupp, Marina (2009): Die Lebenssituation von Kindern in gleichgeschlechtlichen Lebenspartnerschaften. Köln: Bundesanzeiger
Sabla, Kim-Patrick (2014): Perspektiven einer sozialpädagogisch begründeten Geschlechterforschung. In: Mührel, Eric/Birgmaier, Bernd (Hrsg.): Perspektiven sozialpädagogischer Forschung. Wiesbaden: VS, S. 303–313
Sabla, Kim-Patrick (2015): Familie im Spannungsfeld öffentlicher Aufgaben- und Hilfestellungen. Forschungsperspektiven einer sozialpädagogischen Familienforschung. In: Soziale Passagen. Jorunal für Empirie und Theorie Sozialer Arbeit, H. 7 (2), S. 205–218

Sabla, Kim-Patrick/Damm, Christoph (2016): Jungenarbeit im Rückbezug auf Theorien Sozialer Arbeit – Jungenarbeit als Impulsgeberin für die Theoriebildung Sozialer Arbeit? In: Stecklina, Gerd/Wienforth, Jan (Hrsg.): Impulse für die Jungenarbeit. Denkanstöße und Praxisbeispiele. Weinheim, Basel: Beltz Juventa, S. 212–226
Sabla, Kim-Patrick/Plößer, Melanie (Hrsg.) (2013): Gendertheorien und Theorien Sozialer Arbeit: Bezüge, Lücken und Herausforderungen. Opladen, Berlin, Toronto: Barbara Budrich
Sacco, Silvia (2017): Häusliche Gewalt. Kostenstudie für Deutschland. Gewalt gegen Frauen in (ehemaligen) Partnerschaften. Hamburg: tredition
Sachße, Christoph (1994): Mütterlichkeit als Beruf. Sozialarbeit, Sozialreform und Frauenbewegung 1871–1929. 2., überarbeitete Auflage. Wiesbaden: Springer Fachmedien
Sachße, Christoph (2001): Geschichte der Sozialarbeit. In: Otto, Hans-Uwe/Thiersch, Hans (Hrsg.): Handbuch der Sozialarbeit/Sozialpädagogik. 2. Auflage. Neuwied, Kriftel: Luchterhand, S. 670–681
Sachße, Christoph (2003): Mütterlichkeit als Beruf. Sozialarbeit, Sozialreform und Frauenbewegung 1871 – 1929. Weinheim, Basel, Berlin: BeltzVotum
Sachße, Christoph/Tennstedt, Florian (1984): Die „geistige Mütterlichkeit" in der Geschichte sozialer Ausbildung. In: Sozialpädagogik im Wandel: Geschichte. Methoden. Entwicklungstendenzen. Friedrich Velten zum Abschied. Kassel: Gesamthochschul-Bibliothek, S. 79–91
Sachverständigenkommission Sechster Jugendbericht (1984): Verbesserung der Chancengleichheit von Mädchen in der BRD. Bonn-Bad Godesberg
Sachverständigenkommission zum Zweiten Gleichstellungsbericht der Bundesregierung (2017): Erwerbs- und Sorgearbeit. Gutachten für den Zweiten Gleichstellungsbericht der Bundesregierung. Berlin: gleichstellungsbericht.de
Sack, Fritz (2012): „Ausländerkriminalität" – Ihre Instrumentalisierung durch Politik, Medien und ihre „Klienten". In: Heinz, Andreas/Kluge, Ulrike (Hrsg.): Einwanderung – Bedrohung oder Zukunft? Frankfurt/M.: Campus, S. 297–320
Sack, Fritz (2020): Abweichung und Kriminalität. In: Joas, Hans/Mau, Steffen (Hrsg.): Lehrbuch der Soziologie. Frankfurt/M.: Campus, S. 275–320
Sackmann, Reinhold/Wingens, Matthias (2001): Theoretische Konzepte des Lebenslaufs: Übergang, Sequenz und Verlauf. In: Sackmann, Reinhold/Wingens, Matthias (Hrsg.): Strukturen des Lebenslaufs. Weinheim, München: Juventa, S. 17–48
Sadowski, Tanja (2000): Die nationalsozialistische Frauenideologie: Bild und Rolle der Frau in der „NS-Frauenwarte" vor 1939. Universität Mainz (Hauptseminararbeit). www.mainz1933-1945.de/fileadmin/Rheinhessenportal/Teilnehmer/mainz1933-1945/Textbeitraege/Sadowski_Frauenideologie.pdf (Abfrage: 03.06.2018)
Sagebiel, Juliane/Pankofer, Sabine (2015): Soziale Arbeit und Machttheorien. Reflexionen und Handlungsansätze. Freiburg/Breisgau: Lambertus
Said, Edward (1978): Orientalism. Western Concepts of the Orient. New York: Vintage
Said, Edward W. (1992): The Question of Palestine. New York: Vintage
Sailmann, Gerald (2018): Der Beruf. Eine Begriffsgeschichte. Bielefeld: transcript
Salin, Denise/Hoel, Helge (2013): Workplace bullying as a gendered phenomenon. In: Journal of Managerial Psychology 28, H. 3, S. 235–251. doi: 10.1108/02683941311321187
Salmhofer, Gudrun (2011): Sexismus. In: Ehlert, Gudrun/Funk, Heide/Stecklina Gerd (Hrsg.): Wörterbuch Soziale Arbeit und Geschlecht. Weinheim, München: Juventa, S. 364–367
Salmivalli, Christina/Lagerspetz, Kirsti/Björkqvist, Kaj/Österman, Karin/Kaukiainen, Ari (1996): Bullying as a group process. Participant roles and their relations to social status within the group. In: Aggressive Behavior 22, H. 1, S. 1–15. doi: 10.1002/(SICI)1098-2337(1996)22:1<1::AID-AB1>3.0.CO;2-T
Salomon, Alice (1901/1980): Die Frau in der sozialen Hilfsthätigkeit. In: Lange, Helene/Bäumer, Gertrud (1980) (Hrsg.): Handbuch der Frauenbewegung, II. Teil: Frauenbewegung und soziale Frauenthätigkeit in Deutschland nach Einzelgebieten. Berlin 1901, Nachdruck: Weinheim, Basel: Beltz, S. 1–122
Salomon, Alice (1926): Soziale Diagnose. Berlin: Heymann
Salomon, Alice (1927): Soziale Diagnose. Berlin: Heymann

Salomon, Alice (1931): Der soziale Frauenberuf. In: Schmidt-Beil, Ada (Hrsg.). Die Kultur der Frau. Berlin-Frohnau: Verlag für Kultur und Wissenschaft, S. 309–316

Salomon, Alice (2008): Lebenserinnerungen. Hrsg. von der Alice Salomon Hochschule Berlin. Frankfurt/M.: Brandes & Apsel

Salzborn, Samuel (2018): Rechtsextremismus. Erscheinungsformen und Erklärungsansätze. Bonn: Nomos

Salzbrunn, Monika (2014): Vielfalt/Diversität. Einsichten. Themen der Soziologie. Bielefeld: transcript

Sander, Hans-Christian (2017): Gruppenleiter? Gruppenleiter. In: Selbsthilfegruppenjahrbuch. Gießen: Deutsche Arbeitsgemeinschaft Selbsthilfegruppen (DAG SHG) e. V., S. 71–81

Sandermann, Philipp/Neumann, Sascha (2018): Grundkurs Theorien der Sozialen Arbeit. München: Ernst Reinhardt

Sänger, Eva (2020): Elternwerden zwischen „Babyfernsehen" und medizinischer Überwachung. Eine Ethnografie pränataler Ultraschalluntersuchungen. Bielefeld: transcript

Sartre, Jean-Paul (1948/1994): Überlegungen zur Judenfrage. Reinbeck: Rowohlt

Sauer, Birgit (2003): Zivilgesellschaft versus Staat. Geschlechterkritische Anmerkungen zu einer problematischen Dichotomie. In: Appel, Margit/Gubitzer, Luise/Sauer, Birgit (Hrsg.): Zivilgesellschaft – ein Konzept für Frauen? Frankfurt/M. u. a.: Peter Lang, S. 117–136

Sauer, Birgit (2016): Gender und Sex. In: Scherr, Albert (Hrsg.): Soziologische Basics. Eine Einführung für pädagogische und soziale Berufe. 3., erweiterte und aktualisierte Auflage. Wiesbaden: Springer VS, S. 81–87

Sauer, Stefanie (2016): Soziale Arbeit mit Pflegefamilien – Die Zusammenarbeit von Pflegeeltern und Herkunftseltern. In: Zeszyty Pracy Socjalnej: Cracow-Berlin debate on children and families. Soziologisches Institut der Jagiellonian University in Krakau, 19, S. 75–83

Saupe, Angelika (2002): Verlebendigung der Technik. Perspektiven im feministischen Technikdiskurs. Bielefeld: Kleine

Savier, Monika/Fromm, Claudia/Kreyssig, Ulrike/Kurth, Anne/Eichelkraut, Rita/Simon, Andrea (1984): Alltagsbewältigung: Rückzug – Widerstand. Alltag und Biografie von Mädchen, Band 7. Opladen: Leske + Budrich

Savier, Monika/Wildt, Carola (1978): Mädchen zwischen Anpassung und Widerstand. Neue Ansätze zur feministischen Jugendarbeit. München: Frauenoffensive

Schachtner, Christina/Duval, Bettina (2004): Virtuelle Frauenräume: Wie Mädchen und Frauen im Netz-Medium Platz nehmen. In: Kahlert, Heike/Kajatin, Claudia (Hrsg.): Arbeit und Vernetzung im Informationszeitalter. Wie neue Technologien die Geschlechterverhältnisse verändern. Frankfurt/M., New York: Campus, S. 279–298

Schachtner, Christina/Winker, Gabriele (2005): Virtuelle Räume – neue Öffentlichkeiten. Frauennetze im Internet. Frankfurt/M., New York: Campus

Schadler, Cornelia (2013): Vater, Mutter, Kinder werden. Eine posthumanistische Ethnographie der Schwangerschaft. Bielefeld: transcript

Schaeffer-Hegel, Barbara (1984): Frauen und Macht. Der alltägliche Beitrag der Frauen zur Politik des Patriarchats. Berlin: Publica

Schäfer, Gerd E. (2003): Bildung beginnt mit der Geburt. Förderung von Bildungsprozessen in den ersten sechs Lebensjahren. Weinheim: Beltz Juventa

Schäfer, Phillip (2021): Klassismus – (k)ein Thema für die Soziale Arbeit?! In: Seeck, Francis/Theißl, Brigitte (Hrsg.): Solidarisch gegen Klassismus. Organisieren, intervenieren, umverteilen. 3. Auflage. Münster: Unrast, S. 209–221

Schäfers, Rainhild/Kolip, Petra (2015): Zusatzangebote in der Schwangerschaft: Sichere Rundumversorgung oder Geschäft mit der Unsicherheit? In: Bertelsmannstiftung (Hrsg.): Gesundheitsmonitor Newsletter, S. 1–14

Schankweiler, Kerstin (2016): Selfie-Proteste. Affektzeugenschaften und Bildökonomien in den Social Media. Working Paper SFB 1171 Affective Societies 5. Berlin

Scharathow, Wiebke (2014): Risiken des Widerstandes. Jugendliche und ihre Rassismuserfahrungen. Bielefeld: transcript

Scharff, Christina/Smith-Prei, Carrie/Stehle, Maria (2016): Digital feminism. Transnational activism in German protest cultures. Feminist Media Studies 16 (1), S. 1–16

Schauer, Cathrin/UNICEF Deutschland (Hrsg.) (2003): Kinder auf dem Strich – Bericht von der deutsch-tschechischen Grenze. Bad Honnef: Horlemann

Scheele, Alexandra (2018): Arbeit und Geschlecht: Erwerbsarbeit, Hausarbeit und Care. In: Kortendiek, Beate/Riegraf, Birgit/Sabisch, Katja (Hrsg.): Handbuch interdisziplinäre Geschlechterforschung. Wiesbaden: Springer VS, S. 753–762

Scheele, Alexandra (2019): Arbeit und Geschlecht: Erwerbsarbeit, Hausarbeit und Care. In: Kortendiek, Beate/Riegraf, Birgit/Sabisch, Katja (Hrsg.): Handbuch interdisziplinäre Geschlechterforschung. Band 2, Wiesbaden: Springer VS, S. 753–762

Scheele, Sebastian (2015): Das trojanische Zombie-Pferd. Fünf Thesen zu einer diskursiven Verschiebung im gegenwärtigen Antifeminismus. In: Burschl, Friedrich (Hrsg.): Aufstand der ‚Wutbürger'. AfD, christlicher Fundamentalismus, Pegida und ihre gefährlichen Netzwerke. Dokumentation des Gesprächskreises Rechts zu den Treffen in Halle und Rostock. PAPERS 7. Berlin: Rosa-Luxemburg-Stiftung, S. 32–46. www.rosalux.de/fileadmin/rls_uploads/pdfs/rls_papers/Papers_GK-Rechts.pdf (Abfrage: 26.02.2021)

Scheele, Shannon von (2016): Loverboys: Vom Traum- zum Albtraumprinzen. In: Heinrich, Frank/Heimowski, Uwe (Hrsg.): Der verdrängte Skandal: Menschenhandel in Deutschland. Moers: Brendow, S. 146–153

Scheffler, Sabine (1999): Supervision und Geschlecht – Kritische Anmerkungen aus sozialpsychologischer Sicht. In: Pühl, Harald (Hrsg.): Supervision und Organisationsentwicklung. Opladen: Leske + Budrich, S. 181–195

Scheffler, Sabine (2011): Selbsterfahrung. In: Ehlert, Gudrun/Funk, Heide/Stecklina, Gerd (Hrsg.): Wörterbuch soziale Arbeit und Geschlecht. Wiesbaden: Beltz Juventa, S. 360–362

Schenk, Herrad (1988): Die feministische Herausforderung: 150 Jahre Frauenbewegung in Deutschland. München: Beck

Schenk, Michael (1991): Emanzipatorische Jungenarbeit im Freizeitheim – zur offenen Jungenarbeit mit Unterschichtsjugendlichen. In: Winter, Reinhard/Willems, Horst (Hrsg.): Was fehlt, sind Männer! Ansätze praktischer Jungen- und Männerarbeit. Schwäbisch Gmünd, Tübingen: Neuling

Scherpner, Hans (1929): Die Ausbildung des Akademikers für die Fürsorge. In: Zentralblatt für Jugendrecht und Jugendwohlfahrt, S. 305–314

Scherr, Albert (1992): Für eine politische Debatte mit rechtsextrem orientierten Jugendlichen. In: Sozial Extra, H. 6, S. 7–8

Scherr, Albert (1997): Jungenarbeit, Männlichkeit und Gewalt. In: deutsche jugend 43, H. 12, S. 212–219

Scherr, Albert (2015): Hilfe im System – was leistet Soziale Arbeit? In: Braches-Chyrek, Rita (Hrsg.): Neue disziplinäre Ansätze in der Sozialen Arbeit. Opladen, Berlin, Toronto: Barbara Budrich, S. 179–198

Scherr, Albert (2018): Professionalität – ein Qualitätsmerkmal von Organisationen. In: Sozial Extra, H. 1, S. 8–13

Scherr, Albert (Hrsg.) (2016): Soziologische Basics. Eine Einführung für pädagogische und soziale Berufe. 3., erweiterte und aktualisierte Auflage. Wiesbaden: Springer VS

Scherr, Albert/Scherschel, Karin (2019): Wer ist ein Flüchtling? Grundlagen einer Soziologie der Zwangsmigration. Göttingen: Vandenhoeck & Ruprecht

Scherschel, Karin (2015): Menschenrechte, Citizenship und Geschlecht – Prekarität der Asyl- und Fluchtmigration. In: Völker, Susanne/Amacker, Michèle (Hrsg.): Arbeit. Sorge und Politik. Reihe Arbeitsgesellschaft im Wandel. Weinheim, Basel: Beltz Juventa, S. 94–110

Scherschel, Karin (2020): Ethnizität und Rassismus. In: Rosa, Hartmut/Oberthür, Jörg/Bohmann, Ulf/Gregor, Joris A./Lorenz, Stephan/Scherschel, Karin/Schulz, Peter/Schwab, Janos/Sevignani, Sebastian (2020): Gesellschaftstheorie. München: UVK

Scheunemann, Kim (2017): Expert_innen des Geschlechts? Zum Wissen über Inter*- und Trans*-Themen. Bielefeld: transcript

Schiano, Diane J. (1999): Lessons from ‚LambdaMOO': A Social, Text-Based Virtual Environment. In: Presence Teleoperators & Virtual Environments 8, H. 2, S. 127–139

Schiek, Dagmar (Hrsg.) (2007): Allgemeines Gleichbehandlungsgesetz (AGG) – Ein Kommentar aus europäischer Perspektive. München: Sellier

Schiersmann, Christiane (1993): Frauenbildung. Konzepte, Erfahrungen, Perspektiven. Weinheim, München: Juventa

Schiff, Anna (2019): Sexismus. Köln: PappyRossa

Schigl, Brigitte (2012): Psychotherapie und Gender. Konzepte. Forschung. Praxis. Welche Rolle spielt die Geschlechtszugehörigkeit im therapeutischen Prozess? Wiesbaden: Springer VS

Schigl, Brigitte (2014): Welche Rolle spielt die Geschlechtszugehörigkeit in Supervision und Coaching? In: Möller, Heidi/Müller-Kalkstein, Ronja (Hrsg.): Gender und Beratung. Göttingen: Vandenhoek & Ruprecht, S. 89–105

Schildmann, Ulrike/Schramme, Sabrina/Libuda-Köster, Astrid (2018): Zur theoretischen Verortung der Kategorie Behinderung in der Intersektionalitätsforschung. In: Schildmann, Ulrike/Schramme, Sabrina/Libuda-Köster, Astrid (Hrsg.): Die Kategorie Behinderung in der Intersektionalitätsforschung. Theoretische Grundlagen und empirische Befunde. Bochum, Freiburg: Projektverlag, S. 43–100

Schirmer, Uta (2017): Zwischen Ausblendung und Sozialpädagogisierung? Dilemmata bei der Konstruktion von LSBT*I-Jugendlichen als Zielgruppe Sozialer Arbeit. In: Diskurs Kindheits- und Jugendforschung 12, H. 2, S. 177–189

Schittenhelm, Karin (2018): Geschlechterbezogene Verfolgung und ihre Beurteilung in Asylverfahren. Die Umsetzung von UNHCR- und EU-Richtlinien am Beispiel von Schweden. In: GENDER. Zeitschrift für Geschlecht, Kultur und Gesellschaft. Schwerpunkt: Flucht – Asyl – Gender. 10. Jg., Heft 2, S. 32–46

Schleicher, Hans (2007): Jugend- und Familienrecht. 12. Auflage. München: C.H.Beck

Schleiermacher, Friedrich E. D. (1957): Die Vorlesungen aus dem Jahre 1826. In: Schleiermacher, Friedrich E. D. (Hrsg.): Pädagogische Schriften. Band 1. Hrsg. von Theodor Schulze und Erich Weniger. Düsseldorf: Küpper

Schlücker, Karin (2003): Positionierung. Epistemologische Erkundungen zum Verhältnis von Wissenschaft, Praxis und Politik. In: Femina politica. Zeitschrift für feministische Politik-Wissenschaft, H. 2, S. 22–32

Schmauch, Ulrike (2014): Auf dem Weg zur Regenbogenkompetenz. In: Lesben- und Schwulenverband (LSVD) (Hrsg.): Homosexualität in der Familie. Handbuch für familienbezogenes Fachpersonal. Köln: LSVD, S. 37–45

Schmauch, Ulrike (2015): Sexuelle Abweichungen oder sexuelle Vielfalt? Zur Verschiedenheit im Bereich sexueller Orientierungen und Identitäten. In: Bretländer, Bettina/Köttig, Michaela/Kunz, Thomas (Hrsg.): Vielfalt und Differenz in der Sozialen Arbeit. Perspektiven auf Inklusion. Stuttgart: Kohlhammer, S. 100–110

Schmauch, Ulrike (2020): Regenbogenkompetenz in der Sozialen Arbeit. In: Timmermanns, Stefan/Böhm, Maika (Hrsg.): Sexuelle und geschlechtliche Vielfalt. Interdisziplinäre Perspektiven aus Wissenschaft und Praxis. Weinheim, Basel: Beltz Juventa, S. 308–325

Schmechel, Corinna (2019): Potentiale und Grenzen antilookistischer Mädchen*arbeit am Beispiel der „Not Heidis Girl"-Kampagne in Pinkstinks. Betrifft Mädchen 32. H. 2, S. 71–76

Schmerl, Christiane (1980): Frauenfeindliche Werbung. Sexismus als heimlicher Lehrplan. Berlin: Elefanten Press

Schmerl, Christiane (1984): Das Frauen- und Mädchenbild in den Medien. Opladen: Leske + Budrich

Schmerl, Christiane (1999): Wann werden Weiber zu Hyänen? Weibliche Aggressionen aus psychologisch-feministischer Sicht. In: Dausien, Bettina/Herrmann, Martina/Oechsle, Mechthild/Schmerl, Christiane/Stein-Hilbers, Marlene (Hrsg.): Erkenntnisprojekt Geschlecht: feministische Perspektiven verwandeln Wissenschaft. Opladen: Leske + Budrich, S. 197–215

Schmerl, Christiane (2003): Von der Nachrichtenwürde der Männer und dem Unterhaltungswert der Frauen: Über die öffentliche Inszenierung der Geschlechtscharaktere in 20 Jahren westdeutscher Presse. In: Fritz, Karsten/Sting, Stephan/Vollbrecht, Ralf (Hrsg.): Mediensozialisation. Pädagogisches Aufwachsen in Medienwelten. Opladen: Leske + Budrich, S. 171–203

Schmid, Heike/Meysen, Thomas (2006): Was ist unter Kindeswohlgefährdung zu verstehen? In: Kindler Heinz/Lillig Susanne/Blüml H./Meysen, Thomas/Werner, Annegret (Hrsg.): Handbuch Kindeswohlgefährdung nach § 1666 BGB und Allgemeiner Sozialer Dienst (ASD). München: DJI, Kapitel 2

Schmid, Josef (2010): Wohlfahrtsstaaten im Vergleich. Soziale Sicherung in Europa: Organisation, Finanzierung, Leistungen und Probleme. 3. Auflage. Wiesbaden: Springer VS

Schmid, Martin/Schu, Martina/Vogt, Irmgard (2012): Motivational Case Management. Ein Manual für die Drogen- und Suchthilfe. Heidelberg: medhochzwei

Schmidt, Gunter (1993): Jugendsexualität. Sozialer Wandel, Gruppenunterschiede, Konfliktfelder. Stuttgart: Enke

Schmidt, Gunter (2004): Das neue Der Die Das. Über die Modernisierung des Sexuellen. Gießen: Psychosozial-Verlag

Schmidt, Gunter/Matthiesen, Silja/Dekker, Arne/Starke, Kurt (2006): Spätmoderne Beziehungswelten. Report über Partnerschaft und Sexualität in drei Generationen. Wiesbaden: VS

Schmidt, Heike (2007): Frauenpolitik in der DDR. Gestaltungsspielräume und -grenzen in der Diktatur. Berlin: wvb

Schmidt, Jan-Hinrik (2018): Social Media. 2. Auflage. Wiesbaden: Springer VS

Schmidt, Renate-Berenike/Sielert, Uwe (Hrsg.) (2013): Handbuch Sexualpädagogik und sexuelle Bildung. 2. Auflage. Weinheim, Basel: Beltz Juventa

Schmincke, Imke (2015): Das Kind als Chiffre politischer Auseinandersetzungen am Beispiel neuer konservativer Protestbewegungen in Frankreich und Deutschland. In: Hark, Sabine/Villa, Paula-Irene (Hrsg.): Anti-Genderismus: Sexualität und Geschlecht als Schau-plätze aktueller politischer Auseinandersetzungen. Bielefeld: transcript, S. 93–108

Schmincke, Imke (2018): Frauenfeindlich, sexistisch, antifeministisch? Begriffe und Phänomene bis zum aktuellen Antifeminismus. In: Aus Politik und Zeitgeschichte 68, H. 17, S. 28–33

Schmitt, Lars (2014): Habitus-Struktur-Reflexivität – Anforderungen an helfende Professionen im Spiegel sozialer Ungleichheitsbeschreibungen. In: Sander, Tobias (Hrsg.): Habitussensibilität. Eine neue Anforderung an professionelles Handeln. Wiesbaden: Springer VS, S. 67–84

Schmitt, Lars (2019): Der Herkunft begegnen ... – Habitus-Struktur-Reflexivität in der Hochschullehre. In: Kergel, David/Heidkamp, Birte (Hrsg.): Praxishandbuch Habitussensibilität und Diversität in der Hochschullehre. Wiesbaden: Springer VS, S. 443–459

Schmitt, Sabrina (2021): Care-Praxis zwischen Prekarität und Chance. Eine empirische Studie über die Rahmenbedingungen der Care-Praxis pflegender Angehöriger in einer entgrenzten Gesellschaft. Hildesheim: Universität Hildesheim

Schmitz, Henriette Margareta (2009): Sozialgymnastik. Körperarbeit als soziale Arbeit. Freiburg: Centaurus

Schmitz, Johanna (2020): „Hä, hier sind ja Jungs?!". Heteronormativitätskritische Mädchen*arbeit in der Praxis. In: Betrifft Mädchen 1, S. 4–8

Schmitz, Sigrid (2006): Frauen- und Männergehirne. Mythos oder Wirklichkeit? In: Ebeling, Smilla/Schmitz, Sigrid (Hrsg.): Geschlechterforschung und Naturwissenschaften. Einführung in ein komplexes Wechselspiel. Wiesbaden: VS, S. 211–234

Schmitz, Sigrid (2020): Wie sozial sind die Gene? Potenziale und Grenzen der Epigenetik für die Geschlechterfrage. In: Rendtorff, Barbara/Mahs, Claudia/Warmuth, Anne-Dorothee (Hrsg.): Geschlechterverwirrungen. Was wir wissen, was wir glauben und was nicht stimmt. Frankfurt/M.: Campus, S. 152–159

Schmuckli, Lisa (2018): Feministische Soziale Arbeit revisited. Ringvorlesung Intersektionalität. www.lisaschmuckli.ch/die-andere-seite/ (Abfrage: 04.01.2021)

Schnarch, David (2006): Psychologie sexueller Leidenschaft. Stuttgart: Klett-Cotta-Verlag

Schneider, Doris/Tergeist, Gabriele (1993): Spinnt die Frau? Bonn: Psychiatrie-Verlag

Schneider, Norbert F./Aevermann, Tim (2019): Demografie. Geschlecht als Effekt und Motor des demografischen Wandels. In: Kortendiek, Beate/Riegraf, Birgit/Sabisch, Katja (Hrsg.): Handbuch Interdisziplinäre Geschlechterforschung. Wiesbaden: Springer VS, S. 1173–1183

Schneider, Norbert F./Diabaté, Sabine/Ruckdeschel, Kerstin (2015): Familienleitbilder in Deutschland. Kulturelle Vorstellungen zu Partnerschaft, Elternschaft und Familienleben. Opladen: Budrich

Schneider, Norbert F./Krüger, Dorothea/Lasch, Vera/Limmer, Ruth/Matthias-Bleck, Heike (2001): Alleinerziehen heute. Vielfalt und Dynamik einer Lebensform. Weinheim, München: Juventa

Scholz, Sylka (2010): Hegemoniale Weiblichkeit? Hegemoniale Weiblichkeit! In: Erwägen–Wissen–Ethik, 21. Jg., H 3, S. 396–398

Scholz, Sylka (2009): Männer und Männlichkeiten im Spannungsfeld zwischen Erwerbs- und Familienarbeit. In: Aulenbacher, Brigitte/Wetterer, Angelika (Hrsg): ARBEIT. Perspektiven und Diagnosen der Geschlechterforschung. Band 25 des Forums Frauen- und Geschlechterforschung. Münster: Westfälisches Dampfboot, S. 82–99

Scholz, Sylka (2012): Männlichkeitssoziologie. Studien aus den sozialen Feldern Arbeit, Politik und Militär im vereinten Deutschland. Münster: Westfälisches Dampfboot

Scholz, Sylka/Lenz, Karl/Dreßler, Sabine (2013): In Liebe verbunden. Zweierbeziehungen und Elternschaft in populären Ratgebern von den 1950ern bis heute. Bielefeld: transcript

Schönberger, Klaus (2007): Widerständigkeit der Biografie. Zu den Grenzen der Entgrenzung neuer Konzepte alltäglicher Lebensführung im Übergang vom fordistischen zum postfordistischen Arbeitsparadigma. In: Seifert, Manfred/Götz, Irene/Huber, Birgit (Hrsg.): Flexible Biographien? Frankfurt/M.: Campus, S. 63–94

Schönig, Werner (2020): Sozialraumorientierung: Grundlagen und Handlungsansätze. Frankfurt/M.:Wochenschau-Verlag

Schotten, C. Heike (2018): To Exist is to Resist: Palestine and the Question of Queer Theory. In: Journal of Palestine Studies. XLVII, No. 3, S. 13–28

Schrader, Kathrin (2014): Drogenprostitution: eine intersektionale Betrachtung zur Handlungsfähigkeit drogengebrauchender Sexarbeiterinnen. Bielefeld: transcript

Schrader-Breymann, Henriette (2008): Geistige Mütterlichkeit. In: Kuhlmann, Carola (Hrsg.), Geschichte Sozialer Arbeit II. Textbuch. Schwalbach/Taunus: Wochenschau-Verlag, S. 57–66

Schrapper, Christian (2008): Kinder vor Gefahren für ihr Wohl schützen – Methodische Überlegungen zur Kinderschutzarbeit sozialpädagogischer Fachkräfte in der Kinder- und Jugendhilfe. In: Institut für Sozialarbeit und Sozialpädagogik e. V. (Hrsg.): Vernachlässigte Kinder besser schützen. Sozialpädagogisches Handeln bei Kindeswohlgefährdung. München, Basel: Reinhard, S. 56–88

Schreiber, Marion (1982): „Bin ich männliche Mutter?". In: Spiegel 47, S. 95–98

Schreiter, Lisa/Angelina, Carina (2018): Ein Milieu im Wandel – Zugänge zum Thema Prostitution. In: Angelina, Carina/Piasecki, Stefan/Schurian-Bremecker, Christiane (Hrsg.): Prostitution heute. Befunde und Perspektiven aus Gesellschaftswissenschaften und Sozialer Arbeit. Baden-Baden: Tectum, S. 11–33

Schreyögg, Georg/Koch, Jochen (2020): Management. Grundlagen der Unternehmensführung. Konzepte – Funktionen – Fallstudien. 8. Auflage. Wiesbaden: Springer Gabler

Schröder, Julia (2015): „Ich könnt ihr eine donnern". Metaphern in der Beratung von Männern mit Gewalterfahrungen. Weinheim, Basel: Beltz Juventa

Schröder, Martin (2013): Integrating Varieties of Capitalism and Welfare State Research. A Unified Typology of Capitalisms. New York: Palgrave

Schröer, Hubertus (2021): Migration und Soziale Arbeit. Von der Ausländersozialberatung zur interkulturellen Sozialen Arbeit. In: Hammerschmidt, Peter/Pötter, Nicole/Stecklina, Gerd (Hrsg.) (2021): ‚Der lange Sommer der Migration' Die Teilhabechancen der Geflüchteten und die Praxis der Sozialen Arbeit. Weinheim, Basel: Beltz Juventa, S. 41–60

Schröer, Wolfgang (2004): Befreiung aus dem Moratorium? Zur Entgrenzung von Jugend. In: Lenz, Karl/Schefold, Werner/Schröer, Wolfgang (Hrsg.): Entgrenzte Lebensbewältigung. Weinheim, München: Juventa, S. 19–74

Schröer, Wolfgang/Wolf, Stephan (2018): Sozialpädagogik und Organisationspädagogik. In: Göhlich, Michael/Schröer, Andreas/Weber, Susanne Maria: Handbuch Organisationspädagogik. Wiesbaden: Springer VS, S. 59–70

Schroeter, Klaus R. (2008): Verwirklichungen des Alterns. In: Amann, Anton/Kolland, Franz (Hrsg.): Das erzwungene Paradies des Alters? Fragen an eine Kritische Gerontologie. Wiesbaden: Springer VS, S. 235–273

Schroeter, Klaus R. (2012): Altersbilder als Körperbilder: Doing Age by Bodyfication. In: Berner, Frank/Rossow, Judith/Schwitzer, Klaus-Peter (Hrsg.): Individuelle und kulturelle Altersbilder. Expertisen zum Sechsten Altenbericht der Bundesregierung. Band 1. Wiesbaden: Springer VS, S. 154–229

Schröter, Susanne (2002): FeMale. Über Grenzverläufe zwischen den Geschlechtern. Frankfurt/M.: Fischer

Schröter, Susanne (2003): Geschlechterüberschreitungen. Grenzverläufe und Grenzverwischungen zwischen den Geschlechtern. In: Feministische Studien 21, H. 1, S. 7–22

Schröter, Ursula/Ullrich, Renate (2005): Patriarchat im Sozialismus? Nachträgliche Entdeckungen in Forschungsergebnissen aus der DDR. Berlin: Dietz

Schröttle, Monika (1999): Politik und Gewalt im Geschlechterverhältnis – eine empirische Untersuchung über Ausmaß, Ursachen und Hintergründe von Gewalt gegen Frauen in ostdeutschen Paarbeziehungen vor und nach der deutsch-deutschen Vereinigung. Bielefeld: Kleine

Schröttle, Monika (2010): Kritische Anmerkungen zur These der Gendersymmetrie bei Gewalt in Paarbeziehungen. In: Schäfer/Winkel (Hrsg.): GENDER. Zeitschrift für Geschlecht, Kultur und Gesellschaft. H. 01. S. 133–152

Schröttle, Monika (2019): Gewalt: zentrale Studien und Befunde der geschlechterkritischen Gewaltforschung. In: Kortendiek, Beate/Riegraf, Birgit/Sabisch, Katja (Hrsg.): Handbuch interdisziplinäre Geschlechterforschung. Wiesbaden: Springer VS, S. 833–844

Schröttle, Monika/Ansorge, Nicole (2008): Gewalt gegen Frauen in Paarbeziehungen – eine sekundäranalytische Auswertung zur Differenzierung von Schweregraden, Mustern, Risikofaktoren und Unterstützung nach erlebter Gewalt. Im Auftrag des Bundesministeriums für Familie, Senioren, Frauen und Jugend. Internet: www.bmfsfj.de/resource/blob/93968/f832e76ee67a623b4d0cdfd3ea952897/gewalt-paarbeziehung-langfassung-data.pdf (Abfrage: 04.03.2021)

Schröttle, Monika/Glade, Nadine (2020): Gesundheitliche Folgen von Gewalt. Expertise für den Bericht zur Gesundheit von Frauen in Deutschland 2020 (RKI). Berlin

Schröttle, Monika/Hornberg, Claudia/Glammeier, Sandra/Sellach, Brigitte/Kavemann, Barbara/Puhe, Henry/Zinsmeister, Julia (2013): Lebenssituation und Belastungen von Frauen mit Beeinträchtigungen und Behinderungen in Deutschland. Langfassung. Im Auftrag des Bundesministeriums für Familie, Senioren, Frauen und Jugend.Berlin. Internet: www.bmfsfj.de/bmfsfj/service/publikationen/lebenssituation-und-belastungen-von-frauen-mit-beeintraechtigungen-und-behinderungen-in-deutschland-80576 (Abfrage: 02.03.2021)

Schührer, Anne-Katrin (2019): Migration und Engagement. Zwischen Anerkennung, Lebensbewältigung und sozialer Inklusion. Wiesbaden: Springer VS

Schultz, Dagmar (1990): Der Unterschied zwischen Frauen – ein kritischer Blick auf den Umgang mit ‚den Anderen' in der feministischen Forschung weißer Frauen. In: Beiträge zur feministischen Theorie und Praxis, 42, S. 45–57

Schulz-Nieswandt, Frank (2020): Die Altenberichte der Bundesregierung. Themen, Paradigmen, Wirkungen. In: Aner, Kirsten/Karl, Ute (Hrsg.): Handbuch Soziale Arbeit und Alter. 2. Auflage. Wiesbaden: Springer VS, S. 639–651

Schumann, Marion (2006): Westdeutsche Hebammen zwischen Hausgeburtshilfe und klinischer Geburtsmedizin (1945–1989). Stuttgart: Hippokrates

Schuster, Nina (2016): Ambivalente Sichtbarkeitspolitiken in der vielfältigen Stadt. In: Behrens, Melanie/Bukow, Wolf-Dietrich/Cudak, Karin/Strünck, Christoph (Hrsg.): Inclusive City. Überlegungen zum gegenwärtigen Verhältnis von Mobilität und Diversität in der Stadtgesellschaft. Wiesbaden: Springer VS, S. 63–76

Schütte-Bäumner, Christian (2007): Que(e)r durch die Soziale Arbeit. Professionelle Praxis in den AIDS-Hilfen. Bielefeld: transcript

Schütte-Bäumner, Christian (2017): Queer Professionals. Sexuierte Identitätsarbeit im Zeichen von AIDS. In: Klein, Alexandra/Tuider, Elisabeth (Hrsg.): Sexualität und Soziale Arbeit.

Grundlagen der Sozialen Arbeit: Band 28. Baltmannsweiler: Schneider Verlag Hohengehren, S. 230–245

Schütz, Alfred (1971): Gesammelte Aufsätze I: Das Problem der sozialen Wirklichkeit. Den Haag: Martinus Nijhoff

Schütze, Fritz (1984): Kognitive Figuren des autobiografischen Stegreiferzählens. In: Kohli, Martin/Robert, Günther (Hrsg.): Biografie und soziale Wirklichkeit. Stuttgart: Metzler, S. 78–117

Schütze, Fritz (1992): Sozialarbeit als „bescheidene" Profession. In: Dewe, Bernd/Ferchhoff, Wilfried/Radtke, Frank-Olaf (Hrsg.): Erziehen als Profession: zur Logik professionellen Handelns in pädagogischen Feldern. Opladen: Leske + Budrich, S. 132–170

Schütze, Fritz (2021): Professionalität und Professionalisierung in pädagogischen Handlungsfeldern: Soziale Arbeit. Stuttgart: UTB

Schütze, Lea (2020): Alter und Homosexualität. In: Aner, Kirsten/Karl, Ute (Hrsg.): Handbuch Soziale Arbeit und Alter. 2. Auflage. Wiesbaden: Springer Fachmedien, S. 413–420

Schütze, Yvonne (1986): Die gute Mutter: Zur Geschichte des normativen Musters „Mutterliebe". Bielefeld: Kleine

Schütze, Yvonne (2000): Wandel der Mutterrolle – Wandel der Familienkindheit. In: Herlth, Alois/Engelbert, Angelika/Mansel, Jürgen (Hrsg.): Spannungsfeld Familienkindheit. Neue Anforderungen. Risiken und Chancen. Opladen: Leske + Budrich, S. 92–105

Schütze, Yvonne/Lang, Frieder (1993): Freundschaft, Alter und Geschlecht. In: Zeitschrift für Soziologie 22, H. 3, S. 209–220

Schwab, Dieter (2012): Familienrecht. München: C.H.Beck

Schwanenflügel, Larissa von (2015): Partizipationsbiographien Jugendlicher. Zur subjektiven Bedeutung von Partizipation im Kontext sozialer Ungleichheit. Wiesbaden: Springer VS

Schwartz, Pepper/Serafin, Brian J./Cantor, Ross (2013), Sex in committed relationships. In: Baumle, Amanda K. (Hrsg.): International Handbook on the Demography of Sexuality. Dordrecht, Netherlands: Springer, S. 131–165

Schwarz, Clarissa/Schücking, Beate (2004): Adieu, normale Geburt? In: Dr. med Mabuse Nr. 148, S. 22–25

Schwarz, Gerhard (1993): Interview mit Traugott Lindner. In: Schwarz, Gerhard/Heintel, Peter/Weyer, Mathias/Stattler, Helga (Hrsg.): Gruppendynamik. Geschichte und Zukunft. Wien: WUV, S. 17–34

Schwarz, Gerhard/Heintel, Peter/Weyer, Mathias/Stattler, Helga (1993): Gruppendynamik. Geschichte und Zukunft. Wien: WUV

Schwarzer, Alice (1981): 10 Jahre Frauenbewegung. So fing es an. Köln: Emma

Schwarzer, Alice (2007): Simone de Beauvoir – Weggefährtinnen im Gespräch. Köln: Kiepenheuer & Witsch

Schwarzer, Alice (Hrsg.) (1988): PorNo. Emma-Sonderband zur Anti-Porno-Kampagne. Köln: Emma

Schwarz-Friesel, Monika/Reinharz, Jehuda (2013): Die Sprache der Judenfeindschaft im 21. Jahrhundert. Berlin: de Gruyter

Schweighofer-Brauer, Annemarie (2010): Cross-Work – kreuz und quer. Geschlechterrsensible/-reflektierende Überkreuzpädagogik in Deutschland und in Österreich. Unveröffentlichter Bericht. Innsbruck

Schweighofer-Brauer, Annemarie (2011): Cross Work. Geschlechterpädagogik überkreuz in Deutschland und Österreich. Sulzbach/Taunus: Ulrike Helmer

Schwinn, Lisa/Frey, Britta (2012): Der Vater in der familiären Triade mit dem Säugling. In: Walter, Heinz/Eickhorst, Andreas (Hrsg.): Das Väter-Handbuch. Gießen: Psychosozial-Verlag, S. 265–280

Schymroch, Hildegard (1989): Von der Mütterschule zur Familienbildungsstätte. Entstehung und Entwicklung in Deutschland. Freiburg: Lambertus-Verlag

Seckinger, Mike (2018): Empowerment. In: Otto, Hans-Uwe/Thiersch, Hans/Treptow, Rainer/Ziegler, Holger (Hrsg.): Handbuch Soziale Arbeit. 6. überarbeitete Auflage. München: Ernst Reinhardt, S. 307–314

Sedgwick, Eve Kosofsky (1985): Between Men – English Literature and Male Homosocial Desire. New York: Columbia University Press

Seeck, Francis (2021): Hä, was heißt denn Klassismus? In: Seeck, Francis/Theißl, Brigitte (Hrsg.): Solidarisch gegen Klassismus. Organisieren, intervenieren, umverteilen. 3. Auflage. Münster: Unrast, S. 17–18

Seeck, Francis/Theißl, Brigitte (2021): Solidarisch gegen Klassismus. Organisieren, intervenieren, umverteilen. 3. Auflage. Münster: Unrast

Seehaus, Rhea (2015): Schwangerschaft und Geburt als individuelles Projekt. Zur institutionellen Anrufung schwangerer Frauen in Informations- und Bildungsveranstaltungen. In: Freiburger Zeitschrift für GeschlechterStudien, 2, S. 51–67

Seeliger, Martin/Gruhlich, Julia (Hrsg.) (2020): Intersektionalität, Arbeit und Organisation. Reihe Arbeitsgesellschaft im Wandel. Weinheim, Basel: Beltz Juventa

Segebart, Dörte/Wastl-Walter, Doris (Hrsg.) (2013): Multidirektionale Transfers. Internatioanlität in der Geschlechterforschung. Querelles. Jahrbuch für Frauen- und Geschlechterforschung. Band 16. www.querelles.de/index.php/qjb/index (Abfrage: 28.10.2021)

Seichter, Sabine (2014): Erziehung an der Mutterbrust. Eine kritische Kulturgeschichte des Stillens. Weinheim: Beltz Juventa

Seifert-Karb, Inken (2015): Verstehen, wie es anfängt…Triadische Interaktionen und unbewusste Familiendynamik – Szenen einer psychoanalytisch-familientherepeutischen Eltern-Säuglings-Behandlung. In: Seifert-Karb, Inken (Hrsg.): Frühe Kinheit unter Optimierungsdruck. Gießen: Psychosozial-Verlag, S. 105–130

Seiffge-Krenke, Inge (2008): Partnerschaft, Beziehung, Gründung einer eigenen Familie im jungen Erwachsenenalter. In: Rietzke, Tim/Galuske, Michael (Hrsg.): Lebensalter und Soziale Arbeit. Band 4: Junges Erwachsenenalter. Baltmannsweiler: Schneider Verlag Hohengehren, S. 36–50

Seiffge-Krenke, Inge (2009): Psychotherapie und Entwicklungspsychologie. Beziehungen: Herausforderungen Ressourcen Risiken. 2. Auflage. Berlin, Heidelberg: Springer VS

Seiffge-Krenke, Inge (2016): Alleinerziehende Väter – Gefährdung für die Gesundheit der Kinder oder die „besseren Mütter"? In: Seiffge-Krenke, Inge: Väter, Männer und kindliche Entwicklung. Ein Lehrbuch für Psychotherapie und Beratung. Berlin Heidelberg: Springer, S. 135–148

Seiter, Ellen (1987): Von der Niedertracht der Hausfrau und Größe der Schurkin. Studien zur weiblichen Soap-Opera-Rezeption. In: Frauen und Film, H. 42, S. 35–59

Seitz, Walter (2003): Der Erforderlichkeitsgrundsatz im Betreuungsrecht. Thesen aus juristischer Sicht. In: „Zum Wohl des Betreuten". Zehn Jahre nach einer Jahrhundertreform: Schutzgarantien und Qualität im Betreuungswesen. Betrifft: Betreuung, Band 5. Recklinghausen: Vormundschaftsgerichtstag e. V., S. 49–50

Sellach, Brigitte (2000): Ursachen und Umfang der Frauenarmut. Gutachten zum ersten Armuts- und Reichtumsbericht der Bundesregierung. Bonn: BMFSFJ. www.gsfev.de

Sellach, Brigitte (2020): Armut von Frauen mit Behinderung. In: Dackweiler, Regina-Marie/Rau, Alexandra/Schäfer, Reinhild (Hrsg.): Frauen und Armut – Feministische Perspektiven. Opladen, Berlin Toronto: Barbara Budrich, S. 279–300

Sellach, Brigitte/Enders-Dragässer, Uta/Libuda-Köster, Astrid (2004): Geschlechtsspezifische Besonderheiten der Zeitverwendung – Zeitstrukturen im theoretischen Konzept des Lebenslagen-Ansatzes. In: Statistisches Bundesamt (Hrsg.): Alltag in Deutschland. Analysen zur Zeitverwendung. Beiträge zur Ergebniskonferenz der Zeitbudgeterhebung 2001/2002. Band 43. Wiesbaden

Sellach, Brigitte/Enders-Dragässer, Uta/Libuda-Köster, Astrid (2006): Besonderheiten der Zeitverwendung von Frauen und Männern. In: Statistisches Bundesamt (Hrsg.): Wirtschaft und Statistik 1. Wiesbaden, S. 83–95

Sellach, Brigitte/Libuda-Köster, Astrid (2017): Gleichstellungspolitik im Spiegel der Zeitverwendungserhebung. Der Vergleich der Ergebisse der Zeitverwendungserhebungen von 2001/2002 und 2012/2013. In: Statistisches Bundesamt (Hrsg.): Wie die Zeit vergeht. Analysen zur Zeitverwendung in Deutschland. Beiträge zur Ergebniskonferenz der Zeitverwendungserhebung 2012/2013. Wiesbaden, S. 25–44

Selzer, Sigrid (2017): (Neue) Väter in Kindertagesstätten. In: Ruppin, Iris (Hrsg.): Diversity Management in Kindertagesstätten. Weinheim: Beltz Juventa, S. 53–76
Sen, Amartya (1993): Capability and Well-Being. In: Nussbaum, Martha (Hrsg.): The Quality of Life. Oxford: Clarendon Press, S. 30–54
Sen, Amartya (2020): Identität und Gewalt. München: C.H.Beck
Senghaas-Knobloch, Eva (2008): Care-Arbeit und das Ethos fürsorglicher Praxis unter neuen Marktbedingungen am Beispiel der Pflegepraxis. In: Berliner Journal für Soziologie, 2, S. 221–243
Sesselmeier, Werner/Friedrich, Birgit/Krekeler, Tino (2017): Die Perspektive der Ökonomik auf das „Soziale". In: Hammerschmidt, Peter/Sagebiel, Juliane/Yollu-Tok, Aysel (Hrsg.): Die Soziale Arbeit im Spannungsfeld der Ökonomie. Neu-Ulm: AG SPAK, S. 31–54
Seus, Lydia (2014): Doing gender while doing deviance? Die Genderperspektive in der Kriminologie. In: AK HochschullehrerInnen Kriminologie/Straffälligenhilfe in der Sozialen Arbeit (Hrsg.): Kriminologie und Soziale Arbeit. Weinheim: Beltz Juventa, S. 100–113
Seymour, David (2019): Continuity and Discontinuity: From Antisemitism to Antizionism and the Reconfiguration of the Jewish Question. In: Journal of Contemporary Antisemitism. 2. H. 2, S. 11–23
Sheff Elisabeth/Tesene, Megan M. (2015): Consensual non-monogamies in industrialized nations. In DeLamater, John/Plante Rebecca F. (Hrsg): Handbook of the sociology of sexualities. Cham: Springer International Publishing, S. 223–242
Sickendiek, Ursel (2007): Feministische Beratung. In: Nestmann, Frank/Engel, Frank/Sickendiek, Ursel (Hrsg.): Das Handbuch der Beratung. Ansätze, Methoden und Felder. Band 2. Tübingen: dgvt, S. 765–779
Sickendiek, Ursel (2020): Feministische Beratung. Diversität und soziale Ungleichheit in Beratungstheorie und -praxis. Tübingen: dgvt
Sickendiek, Ursel/Nestmann, Frank (2018): Beratung in kritischen Lebenssituationen. In: Graßhoff, Gunter/Renker, Anna/Schröer, Wolfgang (Hrsg.): Soziale Arbeit. Eine elementare Einführung. Wiesbaden: Springer VS, S. 217–235
Siegel, Elisabeth (1981): Dafür und dagegen. Ein Leben für die Sozialpädagogik. Stuttgart: Radius-Verlag
Sielert, Uwe (2002): Jungenarbeit. Praxishandbuch für die Jugendarbeit. Teil 2. Weinheim, München: Juventa
Sielert, Uwe (2007): Methoden und Arbeitsformen einer Sozialen Arbeit mit Jungen und Männern. In: Hollstein, Walter/Matzner, Michael (Hrsg.): Soziale Arbeit mit Jungen und Männern. München: Ernst Reinhardt, S. 47–66
Siemsen, Anna (1948): Die gesellschaftlichen Grundlagen der Erziehung. Hamburg
Siggelkow, Bernd/Büscher, Wolfgang (2008): Deutschlands sexuelle Tragödie. Wenn Kinder nicht mehr lernen, was Liebe ist. Asslar: Gerth
Sigl, Johanna (2018): Biografische Wandlungen ehemals organisierter Rechtsextremer. Eine biografieanalytische und geschlechterreflektierende Untersuchung. Edition Rechtsextremismus. Wiesbaden: Springer VS
Sigusch, Volkmar (1995): Geschlechtswechsel. Hamburg: Klein
Sigusch, Volkmar (2005): Neosexualitäten. Über den kulturellen Wandel von Liebe und Perversion. Frankfurt/M., New York: Campus
Sigusch, Volkmar (2013): Sexualitäten. Eine kritische Theorie in 99 Fragmenten. Frankfurt/M., New York: Campus
Silkenbeumer, Mirja (2018): Jugendkriminalität bei Mädchen. In: Dollinger, Bernd/Schmidt-Semisch, Henning (Hrsg.): Handbuch Jugendkriminalität. Interdisziplinäre Perspektiven. Wiesbaden: VS, S. 375–390
Siller, Gertrud (1997): Rechtsextremismus bei Frauen. Zusammenhänge zwischen geschlechtsspezifischen Erfahrungen und politischen Orientierungen. Opladen: Westdeutscher Verlag
Siller, Getrud (1991): Junge Frauen und Rechtsextremismus – Zum Zusammenhang von weiblichen Lebenserfahrungen und rechtsextremistischem Gedankengut. In: deutsche jugend, H. 1, S. 23–32

Simmel, Georg (1992/1908): Soziologie. Untersuchungen über die Formen der Vergesellschaftung. Georg Simmel Gesamtausgabe. Band 11. Frankfurt/M.: Suhrkamp

Simonite, Tom (2017): Machines Taught by Photos Learn a Sexist View of Women. Wired. www.wired.com/story/machines-taught-by-photos-learn-a-sexist-view-of-women/ (Abfrage: 25.10.2021)

Sinus (2018): Studie zu Migrantenmilieus. www.sinus-institut.de/fileadmin/user_data/sinus-institut/Bilder/news/Migranten/Sinus-Migrantenmilieus_Kurzzusammenfassung.pdf

Slonje, Robert/Smith, Peter K. (2008): Cyberbullying. Another main type of bullying? In: Scandinavian Journal of Psychology 49, H. 2, S. 147–154. doi: 10.1111/j.1467-9450.2007.00611.x

Smith, Peter K. (Hrsg.) (2019): Making an impact on school bullying. Interventions and recommendations. London: Routledge

Smith, Peter K./López-Castro, Leticia/Robinson, Susanne/Görzig, Anke (2019): Consistency of gender differences in bullying in cross-cultural surveys. In: Aggression and Violent Behavior 45, S. 33–40. doi: 10.1016/j.avb.2018.04.006

Smykalla, Sandra (2010): Die Bildung der Differenz. Weiterbildung und Beratung im Kontext von Gender Mainstreaming. Wiesbaden: VS

Soiland, Tove (2016): Die mütterliche Gabe hat keine symbolische Existenz. In: Dolderer, Maya/Holme, Anna/Jerzak, Claudia/Tietge, Ann-Madeleine (Hrsg.): O Mother, where are Thou? Queer-Feministische Persepktiven auf Mutterschaft und Mütterlichkeit. Münster: Westfälisches Dampfboot, S. 203–213

Soiland, Tove 2021: Alle Räder stehen still? Zero Covid vernachlässigt die Erkenntnisse der feministischen Ökonomie sträflich. In: nd – Journalismus von links, online-nl: Neues Deutschland Druckerei und Verlag GmbH. www.nd-aktuell.de/artikel/1147969.zero-covid-alle-raeder-stehen-still.html

Soine, Stefanie (2002): Das heterosexistische Geschlechterdispositiv als Produktionsrahmen für die Gewalt gegen lesbische Frauen. In: Dackweiler, Regina-Maria/Schäfer, Reinhild (Hrsg.): Gewalt-Verhältnisse. Feministische Perspektiven auf Geschlecht und Gewalt. Frankfurt/M., New York: Campus, S. 135–159

Solomos, John (2002): Making Sense of Racism: Aktuelle Debatten und politische Realitäten. In: Demirović, Alex/Bojadžijev, Manuela (Hrsg.): Konjunkturen des Rassismus. Münster: Westfälisches Dampfboot, S. 157–172

Sommer, Ilka (2012): „Ausländerkriminalität" – statistische Daten und soziale Wirklichkeit. In: Bundeszentrale für politische Bildung (Hrsg.): Innere Sicherheit. Online-Dossier. Bonn. www.bpb.de/politik/innenpolitik/innere-sicherheit/76639/auslaenderkriminalitaet?p=all (Abfrage: 23.07.2021)

Sommerfeld, Peter (2019): Integration und Lebensführung – Theorie gesundheitsbezogener Sozialer Arbeit. In: Dettmers, Stephan/Bischkopf, Jeannette (Hrsg.): Handbuch gesundheitsbezogene Soziale Arbeit. München: Ernst Reinhardt, S. 28–38

Sonneck, Gernot (1995): Krisenintervention und Suizidverhütung – ein Leitfaden für den Umgang mit Menschen in Krisen. Wien: Facultas

Sontag, Susan (1997): The double standard of aging. In: Pearsall, Marilyn (Hrsg.): The Other Within Us: Feminist Explorations of Women & Aging. New York: Routledge, S. 19–24

Sozialpädagogisches Institut im SOS-Kinderdorf e. V. (Hrsg.) (2000): Die Rückkehr des Lebens in die Öffentlichkeit. Zur Aktualität von Mütterzentren. Neuwied: Luchterhand

Sozialwissenschaftliche Forschung und Praxis für Frauen e. V. (Hrsg.) (1978): Beiträge zur feministischen Theorie und Praxis. 2. Berichte vom Kölner Kongress „Feministische Theorie und Praxis in sozialen und pädagogischen Berufsfeldern". München: Frauenoffensive

Spahn, Annika/Wedl, Juliette (Hrsg.) (2018): Schule lehrt/lernt Vielfalt (Band 1). Praxisorientiertes Basiswissen und Tipps für Homo-, Bi-, Trans- und Inter*freundlichkeit in der Schule. Göttingen: Waldschlösschen Verlag. www.waldschloesschen.org/files/Publikationen/Waldschloesschen-Verlag/schulelehrtlerntvielfalt1.pdf (Abfrage: 12.2.2021)

Spatscheck, Christian/Steckelberg, Claudia (Hrsg.) (2018): Menschenrechte und Soziale Arbeit. Konzeptionelle Grundlagen, Gestaltungsfelder und Umsetzung einer Realutopie. Theorie, Forschung und Praxis Sozialer Arbeit. Band 16. Opladen, Berlin, Toronto: Barbara Budrich

Spatscheck, Christian/Thiessen, Barbara (Hrsg.) (2017): Inklusion und Soziale Arbeit. Teilhabe und Vielfalt als gesellschaftliche Gestaltungsfelder. Band 14. Opladen, Berlin, Toronto: Barbara Budrich

Speck, Karsten (2020): Schulsozialarbeit. Eine Einführung. 4. Auflage. München: Ernst Reinhardt

Speck, Sarah (2016): Bilder und Bürden. Funktionen und Transformationen von Mutterschaft. In: Dolderer, Maya/Holme, Hannah/Jerzak, Claudia/Tietge, Ann-Madeleine (Hrsg.): O Mother, Where Art Thou? (Queer-) Feministische Perspektiven auf Mutterschaft und Mütterlichkeit. Münster: Westfälisches Dampfboot, S. 26–49

Speck, Sarah (2020): Zuhause arbeiten. Eine geschlechtersoziologische Betrachtung des ‚Homeoffice' im Kontext der Corona-Krise. In: Volkmer, Michael/Werner, Karin (Hrsg.): Die Corona-Gesellschaft. Analysen zur Lage und Perspektiven für die Zukunft. Bielefeld: transcript, S. 135–141

Spiegel, Hiltrud von (2011): Methodisches Handeln in der Sozialen Arbeit. München, Basel: utb

Spiegel, Hiltrud von (2013): Methodisches Handeln in der Sozialen Arbeit: Grundlagen und Arbeitshilfen für die Praxis. 5. Auflage. München: Ernst Reinhardt

Spies, Anke (2017): Geschlecht als Strukturkategorie professionellen Handelns in der Schulsozialarbeit. In: Speck, Karsten/Olk, Thomas/Hollenstein, Erich/Nieslony, Frank (Hrsg.): Handbuch Schulsozialarbeit. Band 1. Weinheim, Basel: Beltz Juventa, S. 220–227

Spies, Anke (2018a): Schule und Soziale Arbeit. In: Graßhoff, Gunther/Renker, Anna/Schröer, Wolfgang (Hrsg.): Soziale Arbeit. Eine elementare Einführung. Wiesbaden: Springer VS, S. 133–150

Spies, Anke (2018b): Grundschulentwicklung mit der Bündnispartnerin Schulsozialarbeit. In: Ahmed, Sarina/Baier, Florian/Fischer, Martina (Hrsg.): Schulsozialarbeit in Grundschulen. Konzepte und Methoden für eine kooperative Praxis mit Kindern, Eltern und Schule. Opladen, Berlin, Toronto: Barbara Budrich, S. 47–64

Spies, Anke (2018c): Schulentwicklung. In: Bassarak, Herbert (Hrsg.): Lexikon der Schulsozialarbeit. Köln: Nomos, S. 415–416

Spies, Anke (2020): Gendersensibilität als Querschnittsaufgabe für Schulsozialarbeit. In: Speck, Karsten/Olk, Thomas/Hollenstein, Erich/Nieslony, Frank (Hrsg.): Handbuch Schulsozialarbeit. Band 2. Weinheim, Basel: Beltz Juventa

Spies, Anke (Hrsg.) (2010): Frühe Mutterschaft. Die Bandbreite der Perspektiven und Aufgaben angesichts einer ungewöhnlichen Lebenssituation. Baltmannsweiler: Schneider Verlag Hohengehren

Spies, Anke/Pötter, Nicole (2011): Soziale Arbeit an Schulen. Einführung in das Handlungsfeld Schulsozialarbeit. Wiesbaden: Springer VS

Spies, Anke/Rainer, Heike (2016): Die Fortschreibung der Differenz? – Beratung aus intersektionaler Sicht. In: Fischer, Veronika/Genenger-Stricker, Marianne/Schmidt-Koddenberg, Angelika (Hrsg.): Soziale Arbeit und Schule. Diversität und Disparität als Herausforderung. Bad Schwalbach/Taunus: Wochenschau-Verlag, S. 243–259

Spies, Anke/Steinbach, Anja (2020): Bildung, Biografizität und Lebensbewältigung. In: Stecklina, Gerd/Wienforth, Jan (Hrsg.): Handbuch Lebensbewältigung und Soziale Arbeit. Praxis, Theorie und Empirie. Weinheim, Basel: Beltz Juventa, S. 417–425

Spies, Anke/Wolter, Jan (2018): Das Konstrukt der Bildungslandschaft als Maßstab für (Grund)Schulentwicklungsprozesse. In: Erziehung und Bildung 71, H. 3, S. 274–291

Spies, Tina (2010): Migration und Männlichkeit. Biographien junger Straffälliger im Diskurs, Bielefeld: transcript.

Spivak, Gayatri Chakravorty (1999): A Critique of Postcolonial Reason. Toward a History of the Vanishing Past. Cambridge MA: Harvard University Press

Spivak, Gayatri Chakravorty (2007): Can the Subaltern Speak? Postkolonialität und subalterne Artikulation. Wien: Turia + Kant

Spivak, Gayatri Chakravorty (1985): The Rani of Simur. An Essay in Reading the Archives. In: Barker, Francis et al. (Hrsg.): Europe and its Others. Colchester: University of Essex, S. 128–151

Stadler, Bernhard (2009): Therapie unter geschlossenen Bedingungen – ein Widerspruch? Juristische Grundlagen der geschlossenen Heimunterbringung. Baden-Baden: Nomos

Stahlberg, Dagmar/Sczesny, Sabine (2001): Effekte des generischen Maskulinums und alternativer Sprachformen auf den gedanklichen Einbezug von Frauen. Psychologische Rundschau 52, H. 3, S. 131–140

Stange, Sabine (2017): Geschlecht in den Debatten der Heimkampagne von 1969. In: Gender. Zeitschrift für Geschlecht, Kultur und Gesellschaft 9, H. 3, S. 91–104

Stange, Sabine (2018): Fürsorgeerziehung auf dem Prüfstand. In: Franke-Meyer, Diana/Kuhlmann, Carola (Hrsg.): Soziale Bewegungen und Soziale Arbeit. Von der Kindergartenbewegung zur Homosexuellenbewegung. Wiesbaden: Springer VS. S. 197–210

Stangl, Werner (2021): Erinnern. In: Online Lexikon für Psychologie und Pädagogik. lexikon.stangl.eu/12064/erinnern (Abfrage: 03.03.2021)

Star, Susan Leigh/Strauss, Anselm (1999): Schichten des Schweigens, Arenen der Stimme. Die Ökologie sichtbarer und unsichtbarer Arbeit. In: Gießmann, Sebastian/Taha, Nadine (Hrsg.): Susan Leigh Star. Grenzobjekte und Medienforschung. Bielefeld 2017: transcript, S. 287–312

Statistik der Bundesagentur für Arbeit (2019): Berichte: Blickpunkt Arbeitsmarkt – Akademikerinnen und Akademiker. Nürnberg: Statistik der Bundesagentur für Arbeit

Statistik der Bundesagentur für Arbeit (2020): Berichte: Blickpunkt Arbeitsmarkt – Arbeitsmarktsituation im Pflegebereich. Nürnberg, S. 8. statistik.arbeitsagentur.de (Abfrage: 04.01.2021)

Statistisches Bundesamt (2018): Suizide. www.destatis.de/DE/Themen/Gesellschaft-Umwelt/Gesundheit/Todesursachen/Tabellen/suizide.html (Abfrage: 03.12.2020)

Statistisches Bundesamt (2019): Bevölkerung im Wandel. Annahmen und Ergebnisse der 14. Koordinierten Bevölkerungsvorausberechnung. Wiesbaden: Statistisches Bundesamt

Statistisches Bundesamt (2020a): Mikrozensus – Bevölkerung mit Migrationshintergrund

Statistisches Bundesamt (2020b): Statistiken der Kinder- und Jugendhilfe. Kinder und tätige Personen in Tageseinrichtungen und in öffentlich geförderter Kindertagespflege am 01.03.2020. Wiesbaden: Statistisches Bundesamt

Statistisches Bundesamt (2020c): Ehescheidungen im Zeitverlauf. www-genesis.destatis.de/genesis/online?sequenz=tabelleErgebnis&selectionname=12631-0001, (Abfrage: 21.04.2020)

Statistisches Bundesamt (2020d): Fachserie 1 Reihe 3: Bevölkerung und Erwerbstätigkeit. Haushalte und Familien. Wiesbaden

Statistisches Bundesamt (2021a): Studierende: Deutschland, Semester, Nationalität, Geschlecht, Studienfach. www-genesis.destatis.de/genesis/online?operation=ergebnistabelleUmfang&levelindex=2&levelid=1623096318618&downloadname=21311-0003#abreadcrumb (Abfrage: 07.06.2021)

Statistisches Bundesamt (2021b): Promovierende: Deutschland, Stichtag, Nationalität,Geschlecht, Fächergruppen und Studienbereiche. www-genesis.destatis.de/genesis/online?operation=abruftabelleBearbeiten&levelindex=2&levelid=1623938484525&auswahloperation=abruftabelleAuspraegungAuswaehlen&auswahlverzeichnis=ordnungsstruktur&auswahlziel=werteabruf&code=21352-0003&auswahltext=&werteabruf=Werteabruf#abreadcrumb (Abfrage: 10.06.2021)

Statistisches Bundesamt (2021c): Erwerbstätigenquote in Deutschland nach Geschlecht bis 2019. www.destatis.de/DE/Themen/Arbeit/Arbeitsmarkt/Erwerbstaetigkeit/_inhalt.html (Abfrage: 31.08.2021)

Statistisches Bundesamt (2021d): Datenreport 2021. Bonn: Bundeszentrale für politische Bildung

Statistisches Bundesamt (2021e): Gesundheit Schwangerschaftsabbrüche: www.destatis.de/DE/Themen/Gesellschaft-Umwelt/Gesundheit/Schwangerschaftsabbrueche/_inhalt.html (Abfrage: 26.7.2021)

Statistisches Bundesamt (2021 f.): Suizide www.destatis.de/DE/Themen/Gesellschaft-Umwelt/Gesundheit/Todesursachen/Tabellen/suizide.html;jsessionid=861C5AEF89E3E3C98D9FDE8206330087.live741?nn=210776

Statistisches Bundesamt (Hrsg.) (2018): Alleinerziehende in Deutschland 2017. Wiesbaden

Staub-Bernasconi, Silvia (1995): Das fachliche Selbstverständnis Sozialer Arbeit – Wege aus der Bescheidenheit: Soziale Arbeit als Human Rights Profession. In: Wendt, Wolf Rainer (Hrsg.):

Soziale Arbeit im Wandel ihres Selbstverständnisses – Beruf und Identität. Freiburg: Lambertus, S. 57–104

Staub-Bernasconi, Silvia (2000): Soziale Arbeit als Menschenrechtsprofession. In: Stimmer, Franz (Hrsg.): Lexikon der Sozialpädagogik und der Sozialarbeit. 4. Auflage. München, Wien: Oldenbourg, S. 626–632

Staub-Bernasconi, Silvia (2003): Soziale Arbeit als (eine) „Menschenrechtsprofession". In: Sorg, Richard (Hrsg.): Soziale Arbeit zwischen Politik und Wissenschaft. Ein Projekt des Fachbereichs Sozialpädagogik der Hochschule für Angewandte Wissenschaften Hamburg. Sozialpädagogik, Sozialarbeit im Sozialstaat. Band 18. Münster: Lit, S. 17–54

Staub-Bernasconi, Silvia (2013a): Integrale soziale Demokratie als gemeinwesenbezogener Lernprozess und soziale Vision: Jane Addams. In: Stövesand, Sabine/Stoik, Christoph/Troxler, Ueli (Hrsg.): Handbuch Gemeinwesenarbeit. Traditionen und Positionen, Konzepte und Methoden. Deutschland – Schweiz – Österreich. Theorie, Forschung und Praxis der Sozialen Arbeit. Band 4. Opladen, Berlin, Toronto: Barbara Budrich. S. 37–43

Staub-Bernasconi, Silvia (2013b): Soziale Arbeit als (eine) Menschenrechtsprofession. In: Hering, Sabine (Hrsg.): Was ist Soziale Arbeit? Traditionen – Widersprüche – Wirkungen. Opladen: Barbara Budrich, S. 205–218

Staub-Bernasconi, Silvia (2018): Soziale Arbeit als Handlungswissenschaft. Auf dem Weg zu kritischer Professionalität. 2., vollständig überarbeitete Auflage. Toronto, Basel: Barbara Budrich

Staub-Bernasconi, Silvia (2018): Soziale Arbeit und Menschenrechte. Vom beruflichen Doppelmandat zum professionellen Tripelmandat. Opladen, Berlin, Toronto: Barbara Budrich

Staub-Bernasconi, Silvia (2019): Menschenwürde – Menschenrechte – Soziale Arbeit. Die Menschenrechte vom Kopf auf die Füße stellen. Opladen: Barbara Budrich

Stauber, Barbara (2014): Backspin, Freeze und Powermoves. Zur Gestaltung biografischer Übergänge im jugendkulturellen Bereich. Wiesbaden: Springer VS

Stauber, Barbara/Walther, Andreas (2018): Übergänge im Lebenslauf und Übergangsforschung. In: Otto, Hans-Uwe/Thiersch, Hans/Treptow, Rainer/Ziegler, Holger (Hrsg.): Handbuch Soziale Arbeit. 6. Auflage. München: Ernst Reinhardt, S. 1790–1802

Staudenmeyer, Bettina/Kaschuba, Gerrit/Barz, Monika/Bitzan, Maria (2013): Vielfalt von Geschlecht und sexueller Orientierung in der Jugendarbeit in Baden-Württemberg. sozialministerium.baden-wuerttemberg.de/fileadmin/redaktion/m-sm/intern/downloads/Publikationen/ZPJ_Studie_Vielfalt_LSBTTIQ_Jugendarbeit.pdf (Abfrage: 12.02.2021)

Steck, Peter (2005a): Tödlich endende Partnerschaftskonflikte. In Kerner, Hans-Jürgen/Marks, Erich (Hrsg.): Internetdokumentation Deutscher Präventionstag. Hannover

Steck, Peter (2005b): Tötung als Konfliktreaktion: eine empirische Studie. In: Bojak, Barbara/Akli, Heike (Hrsg.): Die Tötung eines Menschen: Perspektiven, Erkenntnisse, Hintergrund. Frankfurt/M.: Verlag für Polizeiwissenschaft, S. 63–88

Stecklina, Gerd (2005): Jugendhilfe und Schule – eine historische Vergewisserung. In: Spies, Anke/Stecklina, Gerd (Hrsg.): Die Ganztagsschule – Herausforderungen an die Schule und Jugendhilfe. Band 1. Dimensionen und Reichweiten des Entwicklungsbedarfs. Bad Heilbrunn: Julius Klinkhardt, S. 205–221

Stecklina, Gerd (2012): Zum Verhältnis von Theorien Sozialer Arbeit und Geschlechterdimension. Das Beispiel: Lebensweltorientierte Soziale Arbeit. In: Bütow, Birgit/Munsch, Chantal (Hrsg.): Soziale Arbeit und Geschlecht. Herausforderungen jenseits von Universalisierung und Essentialisierung. Münster: Westfälisches Dampfboot, S. 108–127

Stecklina, Gerd (2013): Geschlecht als Kategorie sozialarbeiterischer Theorieentwicklung. In: Sabla, Kim-Patrick/Plößer, Melanie (Hrsg.): Gendertheorien und Theorien Sozialer Arbeit. Bezüge, Lücken, Herausforderungen. Opladen, Berlin, Toronto: Barbara Budrich, S. 41–59

Stecklina, Gerd (2020): Gender und Koedukation. In: Bollweg, Petra/Buchna, Jennifer/Coelen, Thomas/Otto, Hans-Uwe (Hrsg.): Handbuch Ganztagsbildung. Wiesbaden: Springer Fachmedien, S. 99–111

Stecklina, Gerd/Böhnisch, Lothar (2007): Beratung von Männern. In: Nestmann, Frank/Engel, Frank/Sickendiek, Ursel (Hrsg.): Das Handbuch der Beratung. Band 1: Disziplinen und Zugänge. 2. Auflage. Tübingen: dgvt, S. 219–228

Stecklina, Gerd/Wienforth, Jan (2016a): Geschlecht – Jungen. In: Schröer, Wolfgang/Struck, Norbert/Wolff, Mechthild (Hrsg.): Handbuch Kinder- und Jugendhilfe. 2. Auflage. Weinheim, Basel: Beltz Juventa, S. 365–386

Stecklina, Gerd/Wienforth, Jan (2016b): Impulse für die Jungenarbeit. Denkanstöße und Praxisbeispiele. Weinheim, Basel: Beltz Juventa

Stecklina, Gerd/Wienforth, Jan (2016c): Impulse für die Jungenarbeit – Synopse und Ausblick. In: Stecklina, Gerd/Wienforth, Jan (Hrsg.): Impulse für die Jungenarbeit. Denkanstöße und Praxisbeispiele. Weinheim, Basel: Beltz Juventa, S. 276–304

Stecklina, Gerd/Wienforth, Jan (2017): Queer-heteronormativitätskritische Reflexion für die psychosoziale Arbeit mit Jungen* und Männern*. In: Journal für Psychologie. Jg. 25, Ausgabe 2, S. 37–67

Stecklina, Gerd/Wienforth, Jan (2020a): Das Lebensbewältigungskonzept. Grundlagen und Perspektiven. In: Stecklina, Gerd/Wienforth, Jan (Hrsg.): Handbuch Lebensbewältigung und Soziale Arbeit. Praxis, Theorie und Empirie. Weinheim, Basel: Beltz Juventa, S. 15–45

Stecklina, Gerd/Wienforth, Jan (2020b): Handbuch Lebensbewältigung und Soziale Arbeit. Praxis, Theorie und Empirie. Weinheim, Basel: Beltz Juventa

Stefan, Verena (1975): Häutungen. Autobiografische Aufzeichnungen Gedichte Träume Analysen. München: Frauenoffensive

Steffen, Elfriede/Körner, Christine (2016): Mann-männlichen Sexarbeit in NRW 2015/2016 – Studie zur Lebenslage von male* Escorts in Dortmund, Essen, Düsseldorf und Köln. SPI Forschung GmbH

Stehling, Miriam/Brantner, Cornelia/Lobinger, Katharina (2018): Meme als Diskursintervention: Körperbilder gegen Sexismus am Beispiel von #distractingly-sexy. In: Grittmann, Elke/Lobinger, Katharina/Neverla, Irene/Pater, Monika (Hrsg.): Körperbilder – Körperpraktiken. Visualisierung und Vergeschlechtlichung von Körpern in Medienkulturen. Köln: Herbert von Halem

Stehr, Johannes/Anhorn, Roland (2018): Einleitung. In: Stehr, Johannes/Anhorn, Roland/Rathgeb, Kerstin (Hrsg.) Konflikt als Verhältnis – Konflikt als Verhalten – Konflikt als Widerstand: Widersprüche in der Gestaltung Sozialer Arbeit zwischen Alltag und Institution. Wiesbaden: Springer VS, S. 1–42

Steinacker, Sven (2016): Bewegung in der Sozialen Arbeit – Soziale Arbeit in Bewegung. Zum Zusammenhang von Kritik, Protest und Reformen am Beispiel der Jugendhilfe. In: Birgmeier, Bernd/Mührel, Eric (Hrsg.): Die „68er" und die Soziale Arbeit. Eine (Wieder-)Begegnung. Wiesbaden: Springer VS, S. 203–226

Steinaecker, Karoline von (2000): Luftsprünge. Anfänge moderner Körpertherapien. München, Jena: Urban und Fischer

Steinert, Erika/Straub, Ute (1988): Interaktionsort Frauenhaus. Möglichkeiten und Grenzen eines feministischen Projektes. Heidelberg: Wunderhorn

Steingen, Anja (2020): Häusliche Gewalt. Handbuch der Täterarbeit. Göttingen: Vandenhoeck & Ruprecht

Stein-Hilbers, Marlene (2000): Sexuell werden. Sexuelle Sozialisation und Geschlechterverhältnisse. Opladen: Leske + Budrich

Steinmüller, Wolfgang/Schaefer, Karin/Furtwängler, Michael (Hrsg.) (2001): Gesundheit – Lernen – Kreativität. Alexander-Technik, Eutonie. Gerda Alexander und Feldenkrais als Methoden zur Gestaltung somatopsychischer Lernprozesse. Bern: Huber

Stender, Wolfram (2018): Ethnizität. In: Gogolin, Ingrid/Georgi, Viola/Krüger-Potratz, Marianne/Lengyel, Dorit/Sandfuchs, Uwe (Hrsg): Handbuch Interkulturelle Pädagogik. Julius Klinkhardt, S. 34–53

Stern, K*/Hahne, Alexander (2019): Trans*Körper*Wahrnehmung. Körperpraktische Methoden als Ergänzung zur Gesprächstherapie und Trans-Beratung. In: Appenroth, Max Nicolai/Castro Varela, María do Mar (Hrsg.): Trans & Care. Trans-Personen zwischen Selbstsorge, Fürsorge und Versorgung. Bielefeld: transcript, S. 241–254

Stiegler, Barbara (2008): „Heute schon gegendert?" Gender Mainstreaming als Herausforderung für die Soziale Arbeit. In: Böllert, Karin/Karsunky, Silke (Hrsg.): Genderkompetenz in der Sozialen Arbeit. Wiesbaden: VS, S. 19–28

Stiehler, Matthias (2012): Väterlos. Eine Gesellschaft in der Krise. Gütersloh: Gütersloher Verlagshaus
Stiehler, Matthias (2016): Partnerschaft ist einfach. Hamburg: tredition
Stiehler, Matthias (2017): Familien brauchen gute Väterlichkeit. Vortrag auf dem 2. Stiftungstag der Hans-Joachim-Maaz-Stiftung Beziehungskultur. hans-joachim-maaz-stiftung.de/wp-content/uploads/2017/12/Vortrag_MStiehler.pdf (Abfrage: 28.11.2020)
Stiehler, Matthias (2018): Partnerschaft geht anders. Mit Paarberatung zu einem guten Miteinander. Hamburg: tredition
Stiehler, Matthias/Stiehler, Sabine (2007): „Wir sitzen auf unterschiedlichen Gipfeln". Eine qualitative Untersuchung zur Abhängigkeit und Differenzierung in Partnerschaften. In: Beratung Aktuell 4, S. 247–259
Stiehler, Sabine (2000): Alleinerziehende Väter. Sozialisation und Lebensführung. Weinheim, München: Juventa
Stiehler, Sabine/Stiehler, Matthias (2007): Als Paar Paarberatung anbieten. Weibliche, männliche und partnerschaftliche Perspektiven. In: Beratung Aktuell, 2, S. 110–118
StMAS (Bayerisches Staatsministerium für Familie, Arbeit und Soziales) (o. J.): Häusliche und oder sexuelle Gewalt an Männern. www.stmas.bayern.de/gewaltschutz/maenner/index.php (Abfrage: 28.06.2021)
Stobbe, Alfred (1991): Markt und Staat. In: Stobbe, Alfred: Mikroökonomik. Heidelberg, Berlin: Springer VS, S. 488–541
Stöcker, Mirja (2007): Das F-Wort. Feminismus ist sexy. Königstein/Taunus: Ulrike Helmer
Stöger, Karin (2020): Konstellationen von Antisemitismus und Sexismus. In: Frauen & Geschichte Baden-Württemberg e. V. (Hrsg.): Antisemitismus – Antifeminismus. Ausgrenzungsstrategien im 19. und 20. Jahrhundert. Roßdorf: Ulrike Helmer, S. 15–35
Stokes, Joseph P./Wilson, Diane G. (1984): The inventory of socially supportive behaviors: Dimensionality, prediction, and gender differences. In: American Journal of Community Psychology, 12, H. 1, S. 53–69
Stoler, Ann Laura (1995): Race and the Education of Desire: Foucault's History of Sexuality and the Colonial Order of Things. Duke: Duke University
Stoller, Robert (1968): Sex and gender. New York: Science House
Storch, Maja/Cantieni, Benita/Hüther, Gerald/Tschacher, Wolfgang (2006): Embodiment. Die Wechselwirkung von Körper und Psyche verstehen und nutzen. Bern: Huber
Stögner, Karin (2014): Antisemitismus und Sexismus. Historisch-gesellschaftliche Konstellationen. Baden-Baden: Nomos
Stöss, Richard (2010): Rechtsextremismus im Wandel. 3. Auflage. Berlin: Friedrich-Ebert-Stiftung
Stövesand, Sabine (2010): Gewalt im Geschlechterverhältnis. Wieso, weshalb, was tun? In: Bereswill, Mechthild/Stecklina, Gerd (Hrsg.) Geschlechterperspektiven für die Soziale Arbeit. Weinheim, München: Juventa, S. 81–102
Stövesand, Sabine (2018): Gewalt gegen Frauen und Gemeinwesenarbeit: StoP – das Nachbarschaftskonzept. In: Lenz, Gaby/Weiss, Anne (Hrsg.): Professionalität in der Frauenhausarbeit. Aktuelle Entwicklungen und Diskurse. Wiesbaden: Springer VS, S. 205–237
Stövesand, Sabine (2019): Gemeinwesenarbeit. www.socialnet.de/lexikon/Gemeinwesenarbeit (Abfrage: 04.01.2021)
Stövesand, Sabine (2020): Stadtteile ohne Partnergewalt (StoP) – ein nachbarschaftsbezogenes Handlungskonzept. In: Büttner, Melanie (Hrsg.). Handbuch Häusliche Gewalt. Stuttgart: Schattauer, S. 156–165
Strathern, Marilyn (2019): Tauschverhältnisse und Konsumverhältnisse. Der Embryo als zukünftiger Konsument. In: feministische studien 37, H. 1, S. 118–143
Straub, Jürgen (2014): Verletzungsverhältnisse. Erlebnisgründe, unbewusste Tradierungen und Gewalt in der sozialen Praxis. In: Zeitschrift für Pädagogik 60, H. 1, S. 74–95
Straub, Jürgen/Renn Joachim (2002): Transitorische Identität. Der Prozesscharakter des modernen Selbst. Frankfurt/M.: Campus
Strobl, Ingrid (1981): Koedukation macht Mädchen dumm! Ein Plädoyer für Mädchenschulen? In: Emma, H. 3, S. 8–13

Studer, Brigitte (2011): 1968 und die Formung des feministischen Subjekts. Wien: Picus
Stürmer, Uwe (2006): Prävention von Tötungsdelikten durch Expartner. In: Hoffmann, Jens/Wondrak, Isabel (Hrsg.): Häusliche Gewalt und Tötung des Intimpartners. Frankfurt/M.: Verlag für Polizeiwissenschaft, S. 153–169
Sturzenhecker, Benedikt (1996): Leitbild Männlichkeit. Was braucht Jungenarbeit?! Münster: Votum
Sturzenhecker, Benedikt (2001): „Warum und wie Jungenarbeit – auch interkulturell." In: Mitteilungen LJA, WL 149, S. 41–54
Sturzenhecker, Benedikt (2009): Jungenarbeit in der Kinder- und Jugendarbeit. In: Pech, Detlef (Hrsg.): Jungen und Jungenarbeit. Eine Bestandsaufnahme des Forschungs- und Diskussionsstandes. Baltmannsweiler: Schneider Verlag Hohengehren, S. 83–100
Sturzenhecker, Benedikt (Hrsg.) (1996): Leitbild Männlichkeit. Was braucht die Jungenarbeit?! Münster: Votum
Sturzenhecker, Benedikt/Winter, Reinhard (2002): Praxis der Jungenarbeit. Modelle, Methoden und Erfahrungen aus pädagogischen Arbeitsfeldern. Weinheim, München: Juventa
Stuve, Olaf (2012): Homogenisierende Bilder von Jungen – Und warum sie dem pädagogischen Handeln im Wege stehen. In: Dissens e. V. (Hrsg.): Geschlechterreflektierte Arbeit mit Jungen an der Schule. Texte zu Pädagogik und Fortbildung rund um Jungen, Geschlecht und Bildung. Berlin: Hinkelstein, S. 17–26
Stuve, Olaf/Debus, Katharina (2012): Männlichkeitsanforderungen. Impulse kritischer Männlichkeitstheorie für eine geschlechterreflektierte Pädagogik mit Jungen. In: Dissens e. V./Debus, Katharina/Könnecke, Bernard/Schwerma, Klaus/Stuve, Olaf (Hrsg.): Geschlechterreflektierte Arbeit mit Jungen an der Schule. Texte zu Pädagogik und Fortbildung rund um Jungen, Geschlecht und Bildung. Berlin: Hinkelstein, S. 43–60
Stüwe, Gerd/Ermel, Nicole/Haupt, Stephanie (2017): Lehrbuch Schulsozialarbeit. Studienmodule Soziale Arbeit. 2. Auflage. Weinheim, Basel: Beltz Juventa
Styker, Susan/Whittle, Stephen (2006): The Transgender Studies Reader. New York, London: Routledge
Supik, Linda (2014): Statistik und Rassismus. Das Dilemma der Erfassung von Ethnizität. Frankfurt/M.: Campus
Sutherland, Edwin H. (1968): Die Theorie der differentiellen Kontakte. In: Sack, Fritz/König, René (Hrsg.): Kriminalsoziologie. Frankfurt/M.: Akademische Verlagsgesellschaft, S. 395–399
Sutterlüty, Ferdinand (2004): Was ist eine „Gewaltkarriere"? What is a "Career of Violence"? In: Zeitschrift für Soziologie, 33, H. 4, S. 266–284
SVR (Sachverständigenrat deutscher Stiftungen für Integration und Migration) (2018): „Wo kommen Sie eigentlich her?" Diskriminierungserfahrungen und phänotypische Differenz in Deutschland. www.svr-migration.de/wp-content/uploads/2018/01/SVR-FB_Diskriminierungserfahrungen.pdf
SVR (Sachverständigenrat deutscher Stiftungen für Integration und Migration) (2020): Ungleiche Bildungschancen. Fakten zur Benachteiligung von jungen Menschen mit Migrationshintergrund im deutschen Bildungssystem. www.svr-migration.de/wp-content/uploads/2019/03/2020_Kurz_und_Buendig_Bildung_final.pdf
Szreter, Simon (1993): The Idea of Demographic Transition and the Study of Fertility Change. A Critical Intellectual History. In: Population and Development Review, 19. Jg., H. 4, S. 659–701
Tabel, Agathe (2020): Empirische Standortbestimmung der Heimerziehung. Fachwissenschaftliche Analyse von Daten der amtlichen Kinder- und Jugendhilfestatistik. Frankfurt/M.: IGfH-Eigenverlag
Taylor, J./Lockwood, A./Taylor, A. (1996): The Prepuce. Specialized Mucosa of the Penis and Its Loss to Circumcision. In: British Journal of Urology. BJU International. Jg. 77, S. 291–295
Tedjasukmama, Chris (2016): Queere Theorie und Filmtheorie. In: Groß, Bernhard/Morsch, Thomas: (Hrsg.): Handbuch Filmtheorie. Wiesbaden: Springer VS, S. 1–19
Tedjasukmana, Chris (2018): Das Netzvideo als Flaschenpost. Sylvia Rivera und queere Filmgeschichte. In: Dickel, Simon/Brunow, Dagmar (Hrsg.): Queer Cinema. Mainz: Ventil, S. 56–67

Tenorth, Heinz-Elmar (2008): Geschichte der Erziehung. Einführung in die Grundzüge ihrer neuzeitlichen Entwicklung. 4. Auflage. Weinheim: Juventa

Tervooren, Anja (2007): Männlichkeiten und Sozialisation. Die allmähliche Verfertigung der Körper. In: Bereswill, Mechthild/Meuser, Michael/Scholz, Sylka (Hrsg.): Dimensionen der Kategorie Geschlecht: Der Fall Männlichkeit. Münster: Westfälisches Dampfboot

Tesch-Römer, Clemens/Engstler, Heribert/Wurm, Susanne (2006): Altwerden in Deutschland. Sozialer Wandel und individuelle Entwicklung in der zweiten Lebenshälfte. Wiesbaden: Springer VS

Textor, Martin R. (2015): §16 Allgemeine Förderung der Erziehung in der Familie. In: Büttner, Peter/Rücker, Stefan (Hrsg.): SGB VIII – Online-Handbuch. www.sgbviii.de/s28.html (Abfrage: 23.02.2021)

Thane, Pat (2005): Das Alter. Eine Kulturgeschichte. Darmstadt: Primus

The Combahee River Collective (1981): A Black Feminist Statement. In: Moraga, Cherríe/Anzaldúa, Gloria (Hrsg.): This Brigde called My Back: Writings by Radical Women of Color. New York: Kitchen Table, Women of Color Press, S. 210–218

The Combahee River Collective (1982): All the Women are White, All the Blacks are Men, But Some of Us Are Brave. A Black Feminist Statement. In: Hull, Gloria T./Scott, Patricia Bell/Smith, Barbara (Hrsg.): But Some of Us Are Brave. Black Women's Studies. Old Westbury: The Feminist Press, S. 13–22

Theißl, Brigitte (2021): Medial ausgegrenzt: Warum Klassismus ein Thema für den Journalismus werden muss. In: Seeck, Francis/Theißl, Brigitte (2021): Solidarisch gegen Klassismus. Organisieren, intervenieren, umverteilen. 3. Auflage. Münster: Unrast, S. 235–244

Theißl, Brigitte/McRobbie, Angela (2017): »Wir sehen auf arme Menschen herab«. www.derstandard.at/story/2000068337703/angela-mcrobbie-wir-sehen-auf-arme-menschen-herab (Abfrage: 20.06.2020).

Theobald, Hildegard (2019): Care: Ansätze und Perspektiven der international vergleichenden Geschlechterforschung. In: Kortendiek, Beate/Riegraf, Birgit/Sabisch, Katja (Hrsg.): Handbuch interdisziplinäre Geschlechterforschung. Band 2. Wiesbaden: Springer VS, S. 773–782

Theobald, Hildegard/Luppi, Matteo (2018): Elderly care in changing societies. Concurrences in divergent care regimes – a comparison of Germany, Sweden and Italy. In: Current Sociology, Jg. 66, H. 4, S. 629–642

Thielen, Marc (2009): Que(e)r durch die Welt – Lebenserfahrungen schwuler Flüchtlinge aus dem Iran im deutschen Asyl. In: Kraß, Andreas (Hrsg.): Queer Studies in Deutschland. Interdisziplinäre Beiträge zur kritischen Heteronormativitätsforschung. Berlin: Trafo, S. 125–141

Thiersch, Hans (2014): Lebensweltorientierte Soziale Arbeit. Aufgaben der Praxis im sozialen Wandel. 9. Auflage. Weinheim: Beltz Juventa

Thiersch, Hans (2020): Lebensweltorientierte Soziale Arbeit – revisited. Weinheim, Basel: Beltz Juventa

Thiessen, Barbara (2017): „Entlastet von häuslichen Pflichten" – ein trügerisches Emanzipationsideal. In: Kursbuch 192, Frauen II, S. 62–78

Thiessen, Barbara (2018): Geschlechterverhältnisse im sozialen Wandel – Die Bedeutung von Care-Theorien für Soziale Arbeit. In: Dannenbeck, Clemens/Thiessen, Barbara/Wolff, Mechthild (Hrsg.): Sozialer Wandel und Kohäsion. Wiesbaden: Springer VS, S. 79–97

Thiessen, Barbara (2019): Mutterschaft zwischen (Re-)Naturalisierung und Diskursivierung von Gender und Care. In: Kortendiek, Beate/Riegraf, Birgit/Sabisch, Katja (Hrsg.): Handbuch Interdisziplinäre Geschlechterforschung. Band 2. Wiesbaden: Springer, S. 1141–1150

Thiessen, Barbara (2020): Impulse der Care-Theorien für die sozialarbeitswissenschaftliche Geschlechterforschung: zum Zusammenhang von Lebenswelt, Care und Geschlecht. In: Rose, Lotte/Schimpf, Elke (Hrsg.): Sozialarbeitswissenschaftliche Geschlechterforschung. Methodologische Fragen, Forschungsfelder und empirische Erträge. Opladen, Berlin, Toronto: Barbara Budrich, S. 57–74

Thiessen, Barbara/Sandner, Eva (2012): Familienleitbilder bei Professionellen: Bei „Risikofamilien" besser weniger Diversität? In: Effinger, Herbert/Borrmann, Stefan/Gahleitner, Silke Birgitta/Köttig, Michaela/Kraus, Björn/Stövesand, Sabine (Hrsg.): Diversität und Soziale Ungleichheit. Analytische Zugänge und professionelles Handeln in der Sozialen Arbeit. Theorie, Forschung und Praxis der Sozialen Arbeit. Band 6. Opladen: Barbara Budrich, S. 142-154

Thiessen, Barbara/Villa, Paula-Irene (2010): Entweder – oder? Mutterschaft zwischen Fundamentalismen und vielschichtigen Praxen. www.querelles-net.de/index.php/qn/article/view/875 (Abfrage: 06.06.2021)

Thole, Werner (Hrsg.) (2010): Grundriss Soziale Arbeit. Ein einführendes Handbuch. 3., überarbeitete und erweiterte Auflage. Wiesbaden: VS

Thole, Werner/Wagner, Leonie/Stederoth, Dirk (Hrsg.) (2020): ‚Der lange Sommer der Revolte'. Soziale Arbeit und Pädagogik in den frühen 1970er Jahren. Wiesbaden: Springer VS

Thomas, Tanja/Stehling, Miriam (2012): „Germany's next Topmodel" – Dilemmata und Ambivalenzen aus Sicht von Zuschauerinnen. In: Hajok, Daniel/Selg, Olaf/Hackenberg, Achim (Hrsg.): Auf Augenhöhe? Rezeption von Castingshows und Coachingsendungen. Konstanz: UVK, S. 161-177

Thompson, Charis (2005): Making parents. The ontological choreography of reproductive technologies. Cambridge: MIT Press

Thon, Christine (2015): Vereinbarkeit von Familie und Beruf – ein neoliberaler Diskurs? Familienpolitische und pädagogische Interventionen zur Herstellung von Subjekten der Vereinbarkeit. In: Walgenbach Kattharina/Stach, Anna (Hrsg.) Geschlecht in gesellschaftlichen Transformationsprozessen. Berlin, Toronto: Barbara Budrich, S. 131-144

Thon, Christine (2021): Bildung in der Kita als Subjektivierung: Die Wachstumsökonomie der Elementarpädagogik. In: Mierendorff, Johanna/Höhne, Thomas/Grunau, Thomas (Hrsg.): Der Elementarbereich im Wandel: Prozesse der Ökonomisierung des Frühpädagogischen. Weinheim: Beltz Juventa, o. S.

Thorne, Barrie/Henley, Nancy (1975): Language and Sex. Difference and Dominance. Rowley, Massachusetts: Newbury House

Thürmer-Rohr, Christina (1983): Aus der Täuschung in der Ent-Täuschung. Zur Mittäterschaft von Frauen. In: Beiträge zur feministischen Theorie und Praxis. H. 8, S. 11-25

Thürmer-Rohr, Christina (1989): Mittäterschaft der Frau – Analyse zwischen Mitgefühl und Kälte. In: Studienschwerpunkt ‚Frauenforschung' am Institut für Sozialpädagogik der TU Berlin (Hrsg.) Mittäterschaft und Entdeckungslust. Berlin: Orlanda, S. 87-103

Tiemann, Rolf (1999): Konzeptionelle Ansätze der Jungenarbeit auf dem Prüfstand. In: deutsche Jugend, Jg. 47, H. 2, S. 76-84

Tillmann, Angela (2008): Identitätsspielraum Internet. Lernprozesse und Selbstbildungspraktiken von Mädchen und jungen Frauen in der virtuellen Welt. Weinheim, München: Juventa

Tillmann, Angela (2017): Selfies – Selbst- und Körpererkundungen Jugendlicher in einer entgrenzten Gesellschaft. In: Lauffer, Jürgen/Röllecke, Renate (Hrsg.): Lieben, Liken, Spielen. Digitale Kommunikation und Selbstdarstellung Jugendlicher heute – Medienpädagogische Konzepte und Perspektiven. Band 9. München: kopaed, S. 42-51

Tillmann, Klaus-Jürgen (2013): Schulstrukturen in 16 deutschen Bundesländern. Zur institutionellen Rahmung des Lebenslaufs. Bamberg: NEPS (NEPS Working Paper 28)

Tippelt, Rudolf/Hippel, Aiga von (Hrsg.) (2009): Handbuch Erwachsenenbildung/Weiterbildung. Wiesbaden: VS

Tißberger, Martina (2017): Critical Whiteness. Zur Psychologie hegemonialer Selbstreflexion an der Intersektion von Rassismus und Gender. Wiesbaden: Springer VS

Tißberger, Martina (2020): Soziale Arbeit als weißer* Raum – eine Critical Whiteness Perspektive auf die Soziale Arbeit in der postmigrantischen Gesellschaft. In: Soziale Passagen 12, S. 95-114

Tödte, Martina/Bernard, Christiane (2016): Frauensuchtarbeit in Deutschland. Eine Bestandsaufnahme. Bielefeld: transcript

Tolasch, Eva (2016): Die protokollierte gute Mutter in Kindstötungsakten. Eine diskursanalytische Untersuchung. Wiesbaden: Springer

Tolasch, Eva/Seehaus, Rhea (Hrsg.) (2017): Mutterschaften sichtbar machen: sozial- und kulturwissenschaftliche Beiträge. Opladen: Budrich

Toppe, Sabine (1996): Mutterschaft und Erziehung zur Mütterlichkeit in der zweiten Hälfte des 18. Jahrhunderts. In: Kleinau, Elke/Opitz, Claudia (Hrsg.): Geschichte der Mädchen- und Frauenbildung. Band 1. Frankfurt/M., New York: Campus, S. 346–359

Toppe, Sabine (2021): Mutterbilder im Umbruch?! Spannungsfelder prekärer Mutterschaft in aktueller und historischer Perspektive. In: Krüger-Kirn, Helga/Tichy, Leila Zoe (Hrsg.) Elternschaft und Gender Trouble. Opladen, Berlin, Toronto: Barbara Budrich, S. 19–38

Toprak, Ahmet (2013): Die Bedeutung von Freundschaften im Jugendalter. In: Bundesministerium für Familie, Senioren, Frauen und Jugend (Hrsg.): Jungen und ihre Lebenswelten – Vielfalt als Chance und Herausforderung. Bericht des Beirats für Jungenpolitik. Berlin: Bundesministerium für Familie, Senioren, Frauen und Jugend, S. 137–148

TransInterQueer (2014): Antidiskriminierungsarbeit & Empowerment für Inter". www.transinterqueer.org/projekte/interprojekt (Abfrage: 11.01.2021)

TransInterQueer/IVIM/OII Germany (2015): Inter* & Sprache. Von „Angeboren" bis „Zwitter". Berlin: Eigendruck. oiigermany.org/inter-und-sprache (Abfrage: 12.01.2021)

TransInterQueer/IVIM/OII Germany (2016): Medizinische Eingriffe an Inter* und deren Folgen. Fakten & Erfahrungen. Berlin: Eigendruck. oiigermany.org/medizinische-eingriffe-an-inter-und-deren-folgen-fakten-und-erfahrungen (Abfrage: 12.01.2021)

Trauernicht, Gitta (1986): Mädchenforschung in der Jugendhilfe. In: Soziale Praxis, H. 2, Münster: ISA

Trillian, Franziska/Ford, Malin/Arthur, Selina (2020): „Wir wollen den Alltag politisch verhandeln". In: Analyse und Kritik 657. www.akweb.de/ausgaben/657/wir-wollen-den-alltag-politisch-verhandeln/ (Abfrage: 26.05.2021)

Trinkaus, Stephan/Völker, Susanne (2007): Unbestimmtheitszonen. Ein soziologisch-kulturwissenschaftlicher Annäherungsversuch. In: Dölling, Irene/Dornhof, Dorothea/Esders, Karin/Genschel, Corinna/Hark, Sabine (Hrsg.): Transformationen von Wissen, Mensch und Geschlecht. Transdisziplinäre Interventionen. Königstein/Taunus.: Ulrike Helmer, S. 61–77

Trömel–Plötz, Senta (1982): Frauensprache. Sprache der Veränderung. Frankfurt/M.: Fischer

Trömel–Plötz, Senta (1984): Gewalt durch Sprache. Die Vergewaltigung von Frauen in Gesprächen. Frankfurt/M.: Fischer

Trömel-Plötz, Senta (1996): Frauengespräche. Sprache der Verständigung. Frankfurt/M.: Fischer

Tronto, Joan C. (2008): Feminist Ethics, Care and citizenship. In: Homfeldt, Hans-Günther/Schröer, Wolfgang/Schweppe, Cornelia (Hrsg.): Soziale Arbeit und Transnationalität. Weinheim: Juventa, S. 185–202

Tschudin, Sibil (2012): Betreuung drogenabhängiger Schwangerer und Mütter. In: Riecher-Rössler, Anita (Hrsg): Psychische Erkrankungen in Schwangerschaft und Stillzeit. Freiburg, Basel: Karger, S. 28–33

Ttofi, Maria M./Farrington, David P. (2011): Effectiveness of school-based programs to reduce bullying. A systematic and meta-analytic review. In: Journal of Experimental Criminology 7, H. 1, S. 27–56

Tübinger Institut für frauenpolitische Sozialforschung e. V. (Bitzan, Maria/Funk, Heide/Stauber, Barbara) (2000): Den Wechsel im Blick – Methodische Ansichten feministischer Sozialforschung. Pfaffenweiler: Centaurus

Tuchman, Gaye (1978): The symbolic annihilation of women by the mass media. In: Tuchman, Gaye/Daniels, Arlene Kaplan/Benét James (Hrsg.): Hearth and home. Images of women in the mass media. New York: Oxford University Press, S. 3–38

Tunç, Michael (2018): Väterforschung und Väterarbeit in der Migrationsgesellschaft. Wiesbaden: Springer VS

Tunc, Michael (2020): Väterlichkeiten in der Migrationsgesellschaft: Beharrung und Wandel. bpb.de

Turkle, Sherry (1995): Life on the Screen: Identity in the Age of the Internet. New York: Simon & Schuster

Turner, Gustavo (2020): Pornhub Releases New Guidelines for Content, Xbiz. In: The Industry Source 08/12/2020. www.xbiz.com/news/256114/pornhub-releases-new-guidelines-for-content-uploads (Abfrage: 25.10.2021)

Turß, Daniela (2020): Warum vor dem Gesetz nicht alle Eltern gleich sind. freiheitsrechte.org/faq-elternschaft/ (Abfrage: 30.07.2021)

Twigg, Julia (2004): The body, gender, and age. Feminist insights in social gerontology. In: Journal of Aging Studies (JAS) 18, H. 1, S. 59–73

Uhl, Karsten (2008): Mutterliebe und Verbrechen. Mutterschaft und Sexualität im kriminologischen Diskurs 1880–1980. In: Tel Aviver Jahrbuch für deutsche Geschichte, H. 36, S. 48–62

Ullrich, Charlotte (2012): Medikalisierte Hoffnung? Eine ethnographische Studie zur reproduktionsmedizinischen Praxis. Bielefeld: transcript

Ullrich, Charlotte (2016): Kinderwunschbehandlung als entgrenzte Medizin? In: Kriwy, Peter/Jungbauer-Gans, Monika (Hrsg.): Handbuch Gesundheitssoziologie. Wiesbaden: Springer VS, S. 1–19

UNESCO (2019): Behind the numbers. Ending school violence and bullying. Paris: the United Nations Educational, Scientific and Cultural Organization

UNICEF (2016): Female Genital Mutilation/Cutting. A Global Concern. www.unicef.org/media/files/FGMC_2016_brochure_final_UNICEF_SPREAD.pdf (Abfrage: 25.10.2021)

UNO-Flüchtlingshilfe (2021): Zahlen & Fakten zu Menschen auf der Flucht. In: www.uno-fluechtlingshilfe.de/informieren/fluechtlingszahlen (Abfrage: 28.10.2021)

Ursula Beer (1990): Geschlecht, Struktur, Geschichte. Soziale Konstituierung des Geschlechterverhältnisses. Frankfurt/M., New York: Campus

Utschakowski, Jörg (2015): Mit Peers arbeiten. Leitfaden für die Beschäftigung von Experten aus Erfahrung. Berlin: Psychiatrie Verlag

Uzarewicz, Charlotte/Uzarewicz, Michael (2005): Das Weite suchen. Einführung in eine phänomenologische Anthropologie für Pflege. Stuttgart: Lucius und Lucius

Vaerting, Mathilde (1921): Die Neubegründung der Psychologie von Mann und Frau. Band 1: Die weibliche Eigenart im Männerstaat und die männliche Eigenart im Frauenstaat. Karlsruhe/Br.: Braun

Vaerting, Mathilde (1923): Die Neubegründung der Psychologie von Mann und Frau. Band 2: Wahrheit und Irrtum in der Geschlechterpsychologie. Karlsruhe/Br.: Braun

Vahle, Björn (2020): Wirklich sinnvoll? Streit um getrennten Unterricht für Mädchen und Jungen. In: Neue Westfälische, 19.02.2020. www.nw.de/lifestyle/familie/22702342_Wirklich-sinnvoll-Streit-um-getrennten-Unterricht-fuer-Maedchen-und-Jungen.html (Abfrage: 23.02.2020)

Van Doorn, Niels/van Zoonen, Liesbet (2008): Gender and the Internet. In: Chadwick, Andrew/Howard, Philip N. (Hrsg.): Routledge Handbook of Internet Politics. London: Taylor and Francis, S. 261–275

van Dyk, Silke (2007): Kompetent, aktiv, produktiv? Die Entdeckung der Alten in der Aktivgesellschaft. In: Prokla. Zeitschrift für kritische Sozialwissenschaft 36., H. 1, S. 93–112

Van-Kesteren, Paul J./Gooren, Louis J./Megens, Jos A. (1996): An epidemiological and demographic study of transsexuals in the Netherlands. In: Archives of Sexual Behavior 25, S. 589–600

Vaskovics, Laszlo A. (2011): Segmentierung und Multiplikation von Elternschaft. Konzept zur Analyse von Elternschafts- und Elternkonstellationen. In: Schwab, Dieter/Laszlo A. Vaskovics (Hrsg.): Pluralisierung von Elternschaft und Kindschaft Familienrecht, -soziologie und -psychologie im Dialog. Sonderheft Zeitschrift für Familienforschung. Opladen: Verlag Barbara Budrich, S. 11–40

Vaskovics, Laszlo A. (2016): Segmentierung und Multiplikation der Elternschaft und Kindschaft: ein Dilemma für die Rechtsregelung? In: RdJB 2, S. 194–209

Veiel, Hans O. F./Herrle, Johannes (1991): Geschlechtsspezifische Strukturen sozialer Unterstützungsnetzwerke. In: Zeitschrift für Soziologie 20, H. 3, S. 237–245

Velho, Astride (2015): Alltagsrassismus erfahren. Prozesse der Subjektbildung – Potentiale der Transformation. Frankfurt/M.: Peter Lang

Venth, Angela (2006): Gender-Porträt Erwachsenenbildung. Bielefeld: Bertelsmann

Venth, Angela (2010): Gender und Erwachsenenbildung. In: Arnold, Rolf/Nolda, Sigrid/Nuissl, Ekkehard (Hrsg.): Wörterbuch Erwachsenenbildung. Bad Heilbrunn: Klinkhardt, S. 123–124

ver.di (2015): Soziale Berufe aufwerten. www.verdi.de/themen/geld-tarif/soziale-berufe-aufwerten (Abfrage: 24.03.2021)

Verein Wiener Jugendzentren (2019): Gender que(e)r betrachtet. Leitlinien für genderkompetente Jugendarbeit im Verein Wiener Jugendzentren. www.jugendzentren.at/publikationen-blog/publikationen/ (Abfrage: 21.10.2021)

Verein Wiener Jugendzentren (2020): Wirkungskonzept: Qualität und Wirkung der offenen Jugendarbeit im Verein Wiener Jugendzentren. www.jugendzentren.at/publikationen-blog/publikationen/ (Abfrage: 21.10.2021)

Viernickel, Susanne/Nentwig-Gesemann, Ingrid/Nicolai, Katharina/Schwarz, Stefanie/Zenker, Luise (2013): Schlüssel zu guter Bildung, Erziehung und Betreuung. Bildungsaufgaben, Zeitkontingente und strukturelle Rahmenbedingungen in Kindertageseinrichtungen. Forschungsbericht. Berlin: Alice-Salomon-Hochschule

Villa, Paula-Irene (2003): Judith Butler. Frankfurt/M.: Campus

Villa, Paula-Irene (2004): (De)Konstruktion und Diskurs-Genealogie: Zur Position und Rezeption von Judith Butler. In: Becker, Ruth/Kortendiek, Beate (Hrsg.): Handbuch Frauen- und Geschlechterforschung. Theorie, Methoden, Empirie. Wiesbaden: VS, S. 141–152

Villa, Paula-Irene (2006a): Sexy Bodies. Eine soziologische Reise durch den Geschlechtskörper: Wiesbaden: VS

Villa, Paula-Irene (2006b): Scheitern – ein produktives Konzept zur Neuorientierung der Sozialisationsforschung. In: Bilden, Helga/Dausien, Bettina (Hrsg.): Sozialisation und Geschlecht. Theoretische und methodologische Aspekte. Opladen: Barbara Budrich, S. 219–238

Villa, Paula-Irene (2017): Autonomie und Verwundbarkeit. In: Lenz, Ilse/Evertz, Sabine/Ressel, Saida (Hrsg): Geschlecht im flexibilisierten Kapitalismus. Wiesbaden: Springer Fachmedien, S. 65–84

Villa, Paula-Irene (2019): Sex – Gender: Ko-Konstitution statt Entgegensetzung. In: Kortendiek, Beate/Riegraf, Birgit/Sabisch, Katja (Hrsg.) (2019): Handbuch Interdisziplinäre Geschlechterforschung. Wiesbaden: Springer VS, S. 23–33

Villa, Paula-Irene/Moebius, Stephan/Thiessen, Barbara (2011): Soziologie der Geburt: Diskurse, Praktiken und Perspektiven – Einführung. In: Villa, Paula-Irene/Moebius, Stephan/Thiessen, Barbara (Hrsg.): Soziologie der Geburt. Diskurse, Praktiken und Perspektiven. Frankfurt/M.: Campus, S. 7–21

Vinken, Barbara (2001): Die deutsche Mutter. Der lange Schatten eines Mythos, München: Piper

Virchow, Fabian (2016): ‚Rechtsextremismus'; Begriffe – Forschungsfelder – Kontroversen. In: Virchow, Fabian/Häusler, Alexander/Langebach, Martin (Hrsg.): Handbuch Rechtsextremismus. Wiesbaden: Springer VS, S. 5–43

Vogel, Claudia/Künemund, Harald (2018): Armut im Alter. In: Böhnke, Petra/Dittmann, Jörg/Göbel, Jan (Hrsg.): Handbuch Armut. Opladen: Barbara Budrich: S. 144–153

Vogler, Tanja (2021): Das Coming-out zwischen (Selbst-)Ermächtigung und „Geständnispraxis" – Eine diskursanalytische Betrachtung aktivistischer Coming-out-Diskurse am Beispiel von zwei queeren Jugendzeitschriften. In: Fegter, Susann/Langer, Antje/Thon, Christine (Hrsg.): Diskursanalytische Geschlechterforschung in der Erziehungswissenschaft. Opladen: Barbara Budrich, S. 171–183

Vogt, Irmgard (2021): Geschlecht, Sucht, Gewalttätigkeiten. Die Sicht der Süchtigen auf ihr Leben und auf formale Hilfen. Weinheim: Beltz Juventa

Vogt, Irmgard/Hansjürgens, Rita (2020): Studienbrief Medizinische Grundlagen Sucht. Hamburg: Hamburger Fern-Hochschule

Voigt-Kehlenbeck, Corinna (2008): Flankieren und Begleiten. Geschlechterreflexive Perspektiven in einer diversitätsbewussten Sozialarbeit. Wiesbaden: Springer VS

Voigt-Kehlenbeck, Corinna (2009): Gender Crossing – Nachdenken über die Implikationen der gleich- bzw. gegengeschlechtlichen Beziehung. In: Pech, Detlef (Hrsg.): Jungen und Jungenarbeit. Eine Bestandsaufnahme des Forschungs- und Diskussionsstandes. Baltmannsweiler: Schneider Verlag Hohengehren, S. 119–139

Völker, Susanne (2004): Hybride Geschlechterpraktiken. Erwerbsorientierungen und Lebensarrangements von Frauen im ostdeutschen Transformationsprozess. Wiesbaden: VS

Völker, Susanne (2009): Entsicherte Verhältnisse: Impulse des Prekarisierungsdiskurses für eine geschlechtersoziologische Zeitdiagnose. In: Aulenbacher, Brigitte/Wetterer, Angelika (Hrsg):

ARBEIT. Perspektiven und Diagnosen der Geschlechterforschung. Band 25 des Forums Frauen- und Geschlechterforschung. Münster: Westfälisches Dampfboot, S. 268–286
Völker, Susanne (2013a): Prekäre Leben (be-)schreiben: Klassifikationen, Affekte, Interferenzen. In: Bath, Corinna/Meissner, Hanna/Trinkaus, Stephan/Völker, Susanne (Hrsg): Geschlechter Interferenzen. Band 1. Verletzbarkeit, Handlungsfähigkeit und Wissen. Berlin, Münster, Wien, Zürich, London: Lit-Verlag, S. 209–253
Völker, Susanne (2013b): Habitus sozialer Unbestimmtheit. Lebensführungen und Positionierungen junger Erwachsener unter den Bedingungen der Prekarisierung. In: Maier, Maja S./Vogel, Thomas (Hrsg.): Übergänge in eine neue Arbeitswelt? Blinde Flecken in der Debatte zum Übergangssystem Schule-Beruf. Wiesbaden: Springer VS, S. 149–165
Völker, Susanne (2015): Prekarisierung als Herausforderung der Geschlechterforschung. In: Eva Nadai/Nollert, Michael (Hrsg.): Geschlechterverhältnisse im Post-Wohlfahrtsstaat. Reihe Arbeitsgesellschaft im Wandel. Weinheim, Basel, S. 72–91
Vollbrecht, Ralf/Wegener, Claudia (Hrsg.) (2010): Handbuch Mediensozialisation. Wiesbaden: VS
Völter, Bettina/Cornel, Heinz/Gahleitner, Silke Birgitta/Voß, Stephan (Hrsg.) (2020): Professionsverständnisse in der Sozialen Arbeit. Weinheim, Basel: Beltz Juventa
Volz, Rainer/Zulehner, Paul M. (Hrsg.) (2009): Männer in Bewegung. Zehn Jahre Männerentwicklung in Deutschland; ein Forschungsprojekt der Gemeinschaft der Katholischen Männer Deutschlands und der Männerarbeit der Evangelischen Kirche in Deutschland. Baden-Baden: Nomos
Vorheyer, Claudia (2010): Prostitution und Menschenhandel als Verwaltungsproblem: Eine qualitative Untersuchung über den beruflichen Habitus. Bielefeld: transcript
Vorheyer, Claudia (2014): Prostitution und Menschenhandel als Verwaltungsproblem. Eine qualitative Untersuchung über den beruflichen Habitus. (Gender Studies). Bielefeld: transcript
Voß, G. Günter (2018): Beruf. In: Kopp, Johannes/Steinbach, Anja (Hrsg.): Grundbegriffe der Soziologie. Wiesbaden: Springer VS, S. 35–42
Voß, Heinz-Jürgen (2010): Making Sex Revisited. Dekonstruktion des Geschlechts aus biologisch-medizinischer Perspektive. Bielefeld: transcript. www.transcript-verlag.de/media/pdf/d0/fc/31/oa9783839413296.pdf (Abfrage: 12.01.2021)
Wabnitz (2006): Grundkurs Familienrecht für die soziale Arbeit. Stuttgart: utb
Waburg, Wiebke (2009): Mädchenschule und Geschlecht. Augsburg: Universität Augsburg. nbn-resolving.de/urn:nbn:de:bvb:384-opus-15301
Wachendorfer, Ursula (2001/2006): Weiß-Sein in Deutschland. Zur Unsichtbarkeit einer herrschenden Normalität. In: Arndt, Susan (Hrsg.): AfrikaBilder. Studien zu Rassismus in Deutschland. Münster: Unrast
Wachholz, Michael (2005): Entgrenzung der Geschichte. Heidelberg: Winter
Waerness, Kari (2000): Fürsorgerationalität. In: Feministische Studien extra: Fürsorge – Anerkennung – Arbeit. 18. Jg., S. 54–66
Wagenknecht, Peter (2004): Heteronormativität. In: Haug, Wolfgang Fritz (Hrsg.): Historisch-Kritisches Wörterbuch des Marxismus. Band 6/I Hegemonie bis Imperialismus. Hamburg, S. 189–206
Wagenknecht, Peter (2007): Was ist Heteronormativität? Zu Geschichte und Gehalt eines Begriffs. In: Hartmann, Jutta (Hrsg.): Heteronormativität. Empirische Studien zu Geschlecht, Sexualität und Macht. Wiesbaden: VS, S. 17–34
Wagner, Angelika (1973): Bewußtseinsveränderung durch Emanzipations-Gesprächsgruppen. In: Schmidt, Hans Dieter/Schmerl, Christiane/Krameyer, Astrid/Wagner, Angelika/Steinbach, Dieter/Schmidt-Mummendey, Amélie (Hrsg.): Frauenfeindlichkeit. Sozialpsychologische Aspekte der Misogynie. München: Juventa, S. 143–159
Wagner, Leonie (2009): Soziale Arbeit und Soziale Bewegungen – Einleitung. In: Wagner, Leonie (Hrsg.): Soziale Arbeit und Soziale Bewegungen. Wiesbaden: VS, S. 9–20
Wagner, Marie/Schulze, Julia (2017): Heteronormativitätskritische Mädchen*arbeit? Ein Widerspruch? In: Betrifft Mädchen 30, H. 3, S. 120–122
Wagner, Petra (Hrsg.) (2017): Handbuch Inklusion. Grundlagen vorurteilsbewusster Bildung und Erziehung. Überarbeitete Neuausgabe. Freiburg: Herder

Wagner, Thomas (2012): „Und jetzt alle mitmachen!": ein demokratie- und machttheoretischer Blick auf die Widersprüche und Voraussetzungen (politischer) Partizipation. In: Widersprüche: Zeitschrift für sozialistische Politik im Bildungs-, Gesundheits- und Sozialbereich 32, H. 123, S. 15-38

Walch, Sonja/Stoff, Heiko (2019): Sexualhormone in der Wissenschaftsgeschichte. In: Gender Glossar/Gender Glossary (6 Absätze). gender-glossar.de

Waldschmidt, Anne (2014): Macht der Differenz: Perspektiven der Disability Studies auf Diversität, Intersektionalität und soziale Ungleichheit. In: Soziale Probleme, 25, H. 2, S. 173-193

Waldschmidt, Anne/Schneider, Werner (Hrsg.) (2007): Disability Studies, Kultursoziologie und Soziologie der Behinderung. Erkundungen in einem neuen Forschungsfeld. Bielefeld: transcript

Walgenbach, Katharina (2007): Gender als interdependente Kategorie. In: Walgenbach, Katharina/Dietze, Gabriele/Hornscheidt, Antje/Palm, Kerstin: Gender als interdependente Kategorie. Neue Perspektiven auf Intersektionalität, Diversität und Heterogenität. Opladen, Farmington Hills: Barbara Budrich, S. 23-64

Walgenbach, Katharina (2012): Intersektionalität - eine Einführung. www.portal-intersektionalität.de, S. 1-38 (Abfrage: 18.09.2021)

Walgenbach, Katharina (2014): Heterogenität - Intersektionalität - Diversity in der Erziehungswissenschaft. Opladen, Toronto: Barbara Budrich

Walgenbach, Katharina (2017): Heterogenität - Intersektionalität - Diversity in der Erziehungswissenschaft. 2., durchgesehene Auflage. Opladen, Berlin, Toronto: Barbara Budrich

Walgenbach, Katharina/Dietze, Gabriele/Hornscheidt, Antje/Palm, Kerstin (2007): Gender als interdependente Kategorie. Opladen, Farmington Hills: Barbara Budrich

Wallerstein, Edward (1980): Circumcision. An American Health Fallacy. New York: Springer Publishing Company

Wallner, Claudia (2006): Feministische Mädchenarbeit. Vom Mythos der Selbstschöpfung in seinen Folgen. Münster: Klemm & Oelschläger

Wallner, Claudia (2008): Frauenarbeit unter Männerregie oder Männerarbeit in Frauenland? Einblicke in die Geschlechterverhältnisse sozialer Fachkräfte im Wandel Sozialer Arbeit. In: Böllert, Karin/Karsunki, Silke (Hrsg.): Genderkompetenz in der Sozialen Arbeit. Wiesbaden: VS, S. 29-46

Wallner, Claudia (2013): „Wie Gender in die Soziale Arbeit kam". Ein Beitrag zur Bedeutung feministischer Mädchenarbeit für die Geschlechterperspektive und zum Verständnis moderner Genderansätze. In: Sabla, Kim-Patrick/Plößer, Melanie (Hrsg.): Gendertheorien und Theorien Sozialer Arbeit. Bezüge, Lücken und Herausforderungen. Opladen, Berlin, Toronto: Barbara Budrich, S. 61-78

Walter, Heinz (Hrsg.) (2002): Männer als Väter. Sozialwissenschaftliche Theorie und Empirie. Gießen: Psychosozial-Verlag

Walter, Heinz/Eickhorst, Andreas (Hrsg.) (2012): Das Väter-Handbuch. Theorie, Forschung, Praxis. Gießen: Psychosozial-Verlag

Walter, Melitta (2005): Jungen sind anders, Mädchen auch. Den Blick schärfen für eine geschlechtergerechte Erziehung. München: Kösel

Wansing, Gudrun (2015): Was bedeutet Inklusion? Annäherung an einen vielschichtigen Begriff. In: Degener, Theresia/Diehl, Elke (Hrsg.): Handbuch Behindertenrechtskonvention. Teilhabe als Menschenrecht – Inklusion als gesellschaftliche Aufgabe. Bonn: Bundeszentrale für politische Bildung, S. 43-54

Warner, Michael (1991): Fear of a queer planet. Queer politics and social theory. In: Social Text (29), S. 3-17

Warner, Michael (1993): Introduction. In: Warner, Michael (Hrsg.): Fear of a queer planet. Queer politics and social theory. Minneapolis: University of Minnesota Press. S. vii-xxxi

Wasner, Maria/Pankofer Sabine (Hrsg.) (2021): Soziale Arbeit in Palliative Care. Ein Handbuch für Studium und Praxis. 2., erweiterte und überarbeitete Auflage. Kohlhammer, Stuttgart

Waters, Mary C. (2010): Ethnizität als Option: Nur für Weiße? In: Müller, Marion/Zifonun, Dariuš (Hrsg.): Ethnowissen. Soziologische Beiträge zu ethnischer Differenzierung und Migration. Wiesbaden: VS., S. 197–215

Wattenbach, Ivonne/Lätzsch, Rebecca/Hornberg, Claudia (2019): Gesundheit, Krankheit und Geschlecht: ein gesundheitswissenschaftlicher Zugang zu Einflussfaktoren und Versorgungssystem. In: Kortendiek, Beate/Riegraf, Birgit/Sabisch, Katja (Hrsg.): Handbuch Interdisziplinäre Geschlechterforschung. Wiesbaden: VS, S. 1193–1202

Watzlawick, Meike (2004): Uferlos? Jugendliche erleben sexuelle Orientierungen. Aachen: Lambda

Watzlawik, Meike (2020): Sexuelle Orientierungen und Geschlechtsidentitäten: Thinking outside the box(es)? Überlegungen aus entwicklungspsychologischer Perspektive. In: Timmermanns, Stefan/Böhm, Maika (Hrsg.): Sexuelle und geschlechtliche Vielfalt. Interdisziplinäre Perspektiven aus Wissenschaft und Praxis. Weinheim, Basel: Beltz Juventa, S. 22–39

Weber, Helene (1930): Der Beruf der Sozialbeamtin. In: Geib, Hermann (Hrsg.): Jahrbuch für Sozialpolitik. Leipzig, S. 172–177

Weber, Lena (2019): Arbeit und Leben: wechselseitiges Verflechtungsverhältnis aus Sicht der Geschlechterforschung. In: Kortendiek, Beate/Riegraf, Birgit/Sabisch Katja (Hrsg.): Handbuch Frauen- und Geschlechterforschung. Wiesbaden: VS, S. 87–94

Weber, Lena (2020): Digitalisierung, Geschlechtliche Zuweisungsprozesse und De/Professionalisierung in der Care-Arbeit. In: Becker, Karina/Binner, Kristina/Décieux, Fabienne (Hrsg.): Gespannte Arbeits- und Geschlechterverhältnisse im Marktkapitalismus. Wiesbaden: Springer Nature, S. 55–77

Weber, Max (1922): Wirtschaft und Gesellschaft. Grundriß der Sozialökonomik. Abt. 3. Tübingen: J. C. B. Mohr (Paul Siebeck)

Weber, Max (1988): Die protestantische Ethik und der Geist des Kapitalismus. In: Weber, Max: Gesammelte Aufsätze zur Religionssoziologie I, Tübingen: Mohr Siebeck, S. 17–206

Weber, Max (1984): Soziologische Grundbegriffe (1921). Tübingen: J. C. B. Mohr

Weber, Max (2010): Die protestantische Ethik und der Geist des Kapitalismus.Vollständige Ausgabe. Herausgegeben und eingeleitet von Dirk Kaesler, 3. Auflage. München: C.H.Beck

Weber, Monika (2006): Soziale Arbeit und Gesundheit – Innovationspotenziale einer genderbezogenen Betrachtungsweise. In: Zander, Margherita/Hartwig, Luise/Jansen, Irma (Hrsg.): Geschlecht Nebensache? Zur Aktualität einer Gender-Perspektive in der Sozialen Arbeit. Wiesbaden: VS, S. 311–330

Weber, Monika (2019): Ent-deckt! Genderperspektiven auf die Übergangsphase Leaving Care. In: Forum Erziehungshilfen 25, H. 3, S. 148–155

Weber, Monika (2020): Gender matters – Mädchen* und Jungen* in der Inobhutnahme. In: Fachgruppe Inobhutnahme (Hrsg.): Grundlagen – Praxis und Methoden – Spannungsfelder. Frankfurt/M.: Eigenverlag IGfH, S. 150–173

Wege, Julia (2015): Soziale Arbeit im Kontext der Lebenswelt Prostitution – Professionelle Handlungsansätze im Spannungsfeld unterschiedlicher Systeme und Akteure. In: Albert, Martin/Wege, Julia (Hrsg.): Soziale Arbeit und Prostitution: Professionelle Handlungsansätze in Theorie und Praxis. Wiesbaden: Springer VS, S. 73–98

Wegner, Lothar (1995): Wer sagt, Jungenarbeit sei einfach? Blick auf aktuelle Ansätze geschlechtsbezogener Arbeit mit Jungen. In: Widersprüche, H. 55/56, S. 161–179

Weinbach, Heike (2020): „Klassismus": eine Analysekategorie für Frauenarmutskontexte? In: Dackweiler, Regina-Maria/Rau, Alexandra/Schäfer, Reinhild (Hrsg.): Frauen und Armut – Feministische Perspektiven. Opladen, Berlin, Toronto: Barbara Budrich, S. 105–124

Weischedel, Wilhelm (1984): Skeptische Ethik. Berlin: Suhrkamp

Weischenberg, Siegfried/Malik, Maja/Scholl, Armin (2006): Die Souffleure der Mediengesellschaft. Report über Journalisten in Deutschland. Konstanz: UVK

Weiß, Volker (2021): Gemeinsam gegen den „Great Reset". Synergien zwischen Neuer Rechter und Corona-Protesten. In: Wolfgang Benz (Hrsg.): Querdenken. Protestbewegung zwischen Demokratieverachtung, Hass und Aufruhr. Berlin: Metropol, 214–229

Weisser, Gerhard (1956): „Sozialpolitik". In: Aufgaben Deutscher Forschung. Band 1: Geisteswissenschaften. Köln, Opladen: Westdeutscher Verlag

Weiterbildungsinitative Frühpädagogische Fachkräfte (2021): Zahl des Monats. www.fachkraeftebarometer.de/zahl-des-monats/ (Abfrage: 10.03.2021)

Weitze, Cordula/Osburg, Suzanne (1996): Transsexualism in Germany: Empirical data on epidemiology and application of the German Transsexuals Act during its first ten years. In: Archives of Sexual Behavior, 25, S. 409–425

Wellman, Beverly/Wellman, Barry (1992): Domestic affairs and network relations. In: Journal of Social and Personal Relationships 9, H. 3, S. 558–588

Welser, Stephanie (2015). Fraktale Vielfalt zwischen Pädagogik und Politik. Eine rekonstruktive Studie zu handlungsleitenden Orientierungen in der Mädchenarbeit. Wiesbaden: Springer VS

Wendt, Ralf (2008): Vom beseelten Fleisch zur biologischen Sinnressource – kulturanthropologische Aspekte des Körpers. In: Schmidt, Renate-Berenike/Sielert, Uwe (Hrsg.): Handbuch Sexualpädagogik und sexuelle Bildung. Weinheim, München: Juventa, S. 79–88

Wendt, Wolf Rainer (2017): Geschichte der Sozialen Arbeit. Band 2. Die Profession im Wandel ihrer Verhältnisse. Wiesbaden: Springer VS

Wermann, Anja/Mainka, Jasmin/Martyniuk, Urszula (2013): Facetten jugendlichen Sexualverhaltens. In: Matthiesen, Silja: Jugendsexualität im Internetzeitalter. Eine qualitative Studie zu sozialen und sexuellen Beziehungen von Jugendlichen. Köln: BZgA, S. 22–93

Wermann, Anja/Matthiesen, Silja (2013): Exkurs: Jugend Sexualität und Migration. In: Matthiesen, Silja: Jugendsexualität im Internetzeitalter. Eine qualitative Studie zu sozialen und sexuellen Beziehungen von Jugendlichen. Band 37: Forschung und Praxis der Sexualaufklärung und Familienplanung. Gefördert und im Auftrag von der Bundeszentrale für gesundheitliche Aufklärung. Köln, S. 246–275

Wersig, Maria (2017): Fälle zum Allgemeinen Gleichbehandlungsgesetz (AGG). Eine Einführung in Theorie und Praxis des Antidiskriminierungsrechts in 22 Fällen. Opladen, Toronto: Barbara Budrich

Wessels, Janna (2018): Feministische Herausforderungen an das Flüchtlingsrecht: von der zweiten zur dritten Welle. In: GENDER. Zeitschrift für Geschlecht, Kultur und Gesellschaft. Schwerpunkt: Flucht – Asyl – Gender. 10. Jg., H. 2. S. 18–31

West, Candace/Fenstermaker, Sarah (1995): Doing difference. In: Gender & Society 9, H. 1, S. 8–37

West, Candace/Zimmerman, Don H. (1987): Doing Gender. In: Gender & Society 1, H. 2, S. 125–151

Westphal, Manuela (2007): Geschlechterstereotype und Migration. In: Deutsches Institut für Menschenrechte (Hrsg.): Zwangsverheiratung in Deutschland. Berlin: Berlin-Verlag, S. 131–148

Wetterer, Angelika (2002): Arbeitsteilung und Geschlechterkonstruktion. ‚Gender at Work' in theoretischer und historischer Perspektive. Konstanz: UVK

Wetterer, Angelika (2006): Ordentliche Unordnung? Widersprüche im sozialen Wandel. In: Österreichische Zeitschrift für Soziologie 31, S. 5–22

Wetterer, Angelika (2008): Konstruktion von Geschlecht: Reproduktionsweisen der Zweigeschlechtlichkeit. In: Becker, Ruth/Kortendieck, Beate (Hrsg.): Handbuch der Frauen- und Geschlechterforschung. Theorie, Methoden, Empirie. 2., erweiterte und aktualisierte Auflage. Wiesbaden: Springer VS, S. 126–136

Wetterer, Angelika (2009): Arbeitsteilung und Geschlechterkonstruktion – Eine theoriegeschichtliche Rekonstruktion. In: Aulenbacher, Brigitte/Wetterer, Angelika (Hrsg): Arbeit: Diagnosen und Perspektiven der Geschlechterforschung. Münster: Westfälisches Dampfoot, S. 42–63

Wetterer, Angelika (Hrsg.) (2008): Geschlechterwissen und soziale Praxis. Theoretische Zugänge – empirische Erträge. Sulzbach/Taunus: Ulrike Helmer

Whittle, Stephen/Turner, Lewis/Al-Alami, Maryam (2007): Engendered Penalties. Transgender and Transsexual People & aposes Experiences of Inequality and Discrimination. www.pfc.org.uk/pdf/EngenderedPenalties.pdf (Abfrage: 12.02.2021)

WHO (World Health Organization) (1986): Ottawa Charter for Health Promotion. Ottawa. www.euro.who.int/de/publications/policy-documents/ottawa-charter-for-health-promotion (Abfrage: 01.03.2021)

WHO (World Health Organization) (1998): Rahmenkonzept „Gesundheit für alle" im 21. Jahrhundert. www.euro.who.int/de/publications/policy-documents/health21-health-for-all-in-the-21st-century (Abfrage: 23.10.2021)
WHO (World Health Organization) (2004): Prevention of Mental Disorders. Effective Interventions and Policy Options. A Report of the World Health Organization, Department of Mental Health and Substance Abuse in cooperation with the Prevention Research Centre of the Universities of Nijmegen and Maastricht. Geneva: WHO
WHO (World Health Organization) (2008): Eliminating Female Genital Mutilation. An Interagency Statement. apps.who.int/iris/bitstream/handle/10665/43839/9789241596442_eng.pdf;jsessionid=F8659D4586EFA5CAE5C12C4E10E50E7D?sequence=1 (Abfrage: 25.10.2021)
WHO (World Health Organization) (2013): Global and regional estimates of violence against women: prevalence and health effects of intimate partner violence and non-partner sexual violence. Genf: WHO Press. www.who.int/publications/i/item/9789241564625 (Abfrage: 3.12.2020)
WHO (World Health Organization) (2020): Classifications. ICD-11. icd.who.int/browse11/l-m/en (Abfrage: 13.07.2020)
WHO (World Health Organization, Regional Office for Europe) (2002): Mainstreaming gender equity in health: Madrid Statement. Kopenhagen. www.who.int/gender/mainstreaming/strategy/en/index.html (Abfrage: 14.02.2011)
WHO (World Health Organization, Regional Office for Europe) (2002): Weltbericht Gewalt und Gesundheit. Zusammenfassung. Herausgegeben von der Weltgesundheitsorganisation unter dem Originaltitel World report on violence and health: Summary 2002
WiBIG (Wissenschaftliche Begleitung der Interventionsprojekte gegen häusliche Gewalt) (2004a): Gemeinsam gegen häusliche Gewalt. Kooperation, Intervention, Begleitforschung. Band 1: Neue Unterstützungspraxis bei häuslicher Gewalt. Berlin: BMFSFJ
WiBIG (Wissenschaftliche Begleitung der Interventionsprojekte gegen häusliche Gewalt) (2004b): Gemeinsam gegen häusliche Gewalt. Kooperation, Intervention, Begleitforschung. Band 2: Staatliche Intervention bei häuslicher Gewalt. Berlin: BMFSFJ
WiBIG (Wissenschaftliche Begleitung der Interventionsprojekte gegen häusliche Gewalt) (2004c): Gemeinsam gegen häusliche Gewalt. Kooperation, Intervention, Begleitforschung. Band 3: Täterarbeit im Kontext von Interventionsprojekten gegen häusliche Gewalt. Berlin: BMFSFJ
WiBIG (Wissenschaftliche Begleitung der Interventionsprojekte gegen häusliche Gewalt) (2004d): Gemeinsam gegen häusliche Gewalt. Kooperation, Intervention, Begleitforschung. Band 4: Neue Unterstützungspraxis bei häuslicher Gewalt. Berlin: BMFSFJ
WiBIG (Wissenschaftliche Begleitung der Interventionsprojekte gegen häusliche Gewalt) (2004e): Von regionalen Innovationen zu Maßstäben guter Praxis. Die Arbeit von Interventionsprojekten gegen häusliche Gewalt. In: Bundesministerium für Familie, Senioren, Frauen und Jugend (Hrsg.): Gemeinsam gegen häusliche Gewalt. Kooperation, Intervention, Begleitforschung. Forschungsergebnisse der wissenschaftlichen Begleitung der Interventionsprojekte gegen häusliche Gewalt (WiBIG). Band IV. Berlin
Wickert, Christl (1991): Helene Stöcker: 1869-1943. Frauenrechtlerin, Sexualreformerin und Pazifistin, eine Biographie. Bonn: Dietz
Wiechmann, Elke (2020): Frauen in der Politik. In: Miquel, Beate von (Hrsg.): Geschlecht. Politik. Partizipation. NRW auf dem Weg zur Parität. Studien Netzwerk Frauen- und Geschlechterforschung NRW Nr. 34. Essen, S. 9–19
Wieck, Wilfried (1990): Männer lassen lieben. Die Sucht nach der Frau. Frankfurt/M.: Fischer
Wiedemann, Charlotte (2019): Der lange Abschied von der weißen Dominanz. München: dtv
Wiedemann, Charlotte (2020): Im Gehäuse des Weißseins. Vom Versuch, die eigene Deutungshoheit aufzugeben. www.neues-deutschland.de/artikel/1140162.critical-whiteness-im-gehaeuse-des-weissseins.html?sstr=geh%C3%A4use|des|wei%C3%9Fseins (Abfrage: 27.01.2021)
Wiedig, Monika/Weber, Hannelore (2002): Das Alkoholkonzept von Grundschülern. In: Zeitschrift für Gesundheitspsychologie, 10, S. 108–120

Wieland, Norbert (2000): Inhalte parteilicher Jungenarbeit. In: Hartwig, Luise/Merchel, Joachim (Hrsg.): Parteilichkeit in der sozialen Arbeit. Münster: Waxmann, S. 117–132

Wieler, Joachim/Zeller, Susanne (Hrsg.) (1995): Emigrierte Sozialarbeit. Portraits vertriebener SozialarbeiterInnen. Freiburg/Breisgau: Lambertus

Wienands, András (2010): Einführung in die körperorientierte systemische Therapie. Heidelberg: Carl Auer

Wienforth, Jan (2015): Professioneller Habitus in der Jungen_Arbeit. Zwischen Reproduktion und Dekonstruktion bestehender Geschlechterkonstruktionen. Opladen, Berlin, Toronto: Barbara Budrich

Wienforth, Jan/Stecklina, Gerd (2016): Indivduenzentrierte Jungenarbeit. Perspektiven auf Jungenarbeit im Einzelsetting. In: Stecklina, Gerd/Wienforth, Jan (Hrsg.): Impulse für die Jungenarbeit. Denkanstöße und Praxisbeispiele. Weinheim, Basel: Beltz Juventa, S. 85–104

Wienforth, Jan/Stecklina, Gerd (2020): Vielfalt bewältigen. Zugänge der Sozialen Arbeit zu geschlechtlicher und sexueller Vielfalt. In: Stecklina, Gerd/Wienforth, Jan (Hrsg.): Handbuch Soziale Lebensbewältigung und Soziale Arbeit. Weinheim, München: Beltz Juventa, S. 604–613

Wigger, Anngret (2009): Der Aufbau eines Arbeitsbündnisses in Zwangskontexten – professionstheoretische Überlegungen im Licht verschiedener Fallstudien. In: Becker-Lenz, Roland/ Busse, Stefan/Ehlert, Gudrun/Müller, Silke (Hrsg.): Professionalität in der Sozialen Arbeit. Standpunkte Kontroversen – Perspektiven. Wiesbaden: Springer VS, 143–158

Wilkinson, Sue/Kitzinger, Celia (Hrsg.) (1996): Representing the other. A Feminism & psychology reader. London, Thousand Oaks, Calif: Sage Publications

Willi, Jörg (1975): Die Zweierbeziehung. Spannungsursachen – Störungsmuster – Klärungsprozesse – Lösungsmuster. Reinbeck: Rowohlt

Williams, Christine (1989): Gender Differences at Work: Women and Men in Nontraditional Occupations. Berkeley: University of California

Williams, Christine (1992): The Glass Escalator: Hidden Advantages for Men in the ‚Female' Professions. In: Social Problems, H. 3, S. 253–267

Williams, Christine (1993): Doing „Women's Work": Men in Nontraditional Occupations. Newbury Park: Sage

Williams, Elizabeth Nutt/Enns, Carolyn Zerbe (Hrsg.) (2012): The Oxford Handbook of Feminist Multicultural Counseling Psychology. Oxford Handbooks. www.oxfordhandbooks.com/view/10.1093/oxfordhb/9780199744220.001.0001/oxfordhb-9780199744220. DOI: 10.1093/oxfordhb/9780199744220.001.0001 (Abfrage: 25.10.2021)

Williams, Linda (1995): Hard Core. Macht, Lust und die Traditionen des pornographischen Films. Basel, Frankfurt/M.: Stroemfeld

Wilz, Sylvia Marlene (2020): Geschlechterdifferenzen – Geschlechterdifferenzierungen. Ein Überblick über gesellschaftliche Entwicklungen und theoretische Positionen. 2. Auflage. Wiesbaden: VS Verlag für Sozialwissenschaften

Wimbauer, Christine (2021): Co-Parenting und die Zukunft der Liebe. Über Post-Romantische Elternschaft. Bielefeld: transcript

Wimbauer, Christine/Henninger, Annette/Gottwald, Markus (Hrsg.) (2007): Die Gesellschaft als ‚institutionalisierte Anerkennungsordnung'. Anerkennung und Ungleichheit in Paarbeziehungen, Arbeitsorganisationen und Sozialstaat. Opladen: Budrich

Wimbauer, Christine/Mokatef, Mona/Teschlade, Julia (2015): Prekäre Selbstverständlichkeiten. Neun prekarisierungstheoretische Thesen zu Diskursen gegen Gleichstellungspolitik und Geschlechterforschung. In: Hark, Sabine/Villa, Paula-Irene (Hrsg.): Anti-Genderismus: Sexualität und Geschlecht als Schauplätze aktueller politischer Auseinandersetzungen. Bielefeld: transcript, S. 41–57

Wimmer, Andreas (2013): Ethnic Boundary Making. Institutions, Power, Networks. Oxford University Press

Wimmer-Puchinger, Beate/Gutiérrez-Lobos, Karin/Riecher-Rössler, Anita (Hrsg.) (2016): Irrsinnig weiblich – Psychische Krisen im Frauenleben. Berlin, Heidelberg: Springer VS

Winker, Gabriele (2015): Care Revolution. Schritte in eine solidarische Gesellschaft. Bielefeld: transcript
Winker, Gabriele/Degele, Nina (2009a): Intersektionalität. Zur Analyse sozialer Ungleichheiten. Bielefeld: transcript
Winker, Gabriele/Degele, Nina (2009b): Empirie: Mehrebenenanalyse am Beispiel von Erwerbslosigkeit. In: Winker, Gabriele/Degele, Nina: Intersektionalität. Zur Analyse sozialer Ungleichheiten. Bielefeld: transcript
Winnicott, Donald W. (1953): Transitional objects and transitional phenomena. In: International Journal of Psychoanalysis, H. 34, S. 89–97
Winnicott, Donald W. (1971): Vom Spiel zur Kreativität. Stuttgart: Klett-Cotta
Winnicott, Donald W. (1974): Reifungsprozesse und fördernde Umwelt. Frankfurt/M.: Fischer
Winnicott, Donald W. (1983): Die Beziehung zwischen Aggression und Gefühlsentwicklung. In: Winnicott, Donald W. (Hrsg.): Von der Kinderheilkunde zur Psychoanalyse. Frankfurt/M.: Fischer, S. 91–112
Winnicott, Donald W. (1988): Aggression. Versagen der Umwelt und antisoziale Tendenz. Stuttgart: Klett-Cotta
Winnicott, Donald W. (1989): Vom Spiel zur Kreativität. Stuttgart: Klett-Cotta
Winnicott, Donald W. (1990): Der Anfang ist unsere Heimat. Stuttgart: Klett-Cotta
Winnicott, Donald W. (1994): Die menschliche Natur. Stuttgart: Klett-Cotta
Winter, Reinhard (2014): Jungenpolitik. Wiesbaden: Springer VS
Winter, Reinhard (2016): Lebensweltorientierte Jungenpädagogik. In: Grunwald, Klaus/Thiersch, Hans (Hrsg.): Praxishandbuch Lebensweltorientierte Soziale Arbeit. Handlungszusammenhänge und Methoden in unterschiedlichen Arbeitsfeldern. 3., vollständig überarbeitete Auflage. Weinheim, Basel: Beltz Juventa, S. 109–118
Winter, Reinhard (2017): Sexuelle Gesundheit männlicher Jugendlicher – Indikatoren männlicher sexueller Jungengesundheit. In: Stiftung Männergesundheit (Hrsg.): Sexualität von Männern. Dritter Deutscher Männergesundheitsbericht. Gießen: Psychosozial-Verlag, S. 127 – 142
Winter, Reinhard (2018): Praxisbuch Jungen in der Schule. Pädagogische Handlungsmöglichkeiten für Lehrerinnen und Lehrer. Weinheim, Basel: Beltz Juventa
Winter, Reinhard (Hrsg.) (1993): Stehversuche. Sexuelle Jungensozialisation und männliche Lebensbewältigung durch Sexualität. MännerMaterial Band 3. Schwäbisch Gmünd und Tübingen: Neuling
Winter, Reinhard/Krohe-Amann, Armin (2016): Jungenarbeit als Gruppenarbeit. In: Stecklina, Gerd/Wienforth, Jan (Hrsg.): Impulse für die Jungenarbeit. Denkanstöße und Praxisbeispiele. Weinheim, Basel: Beltz Juventa, S. 46–64
Winter, Reinhard/Neubauer, Gunter (2001): Dies und das! Das Variablenmodell balanciertes Junge- und Mannsein als Grundlage für die pädagogische Arbeit mit Jungen und Männern. Tübingen: Neuling
Winter, Reinhard/Neubauer, Gunter (2004): Kompetent, authentisch und normal? Aufklärungsrelevante Gesundheitsprobleme. Sexualaufklärung und Beratung von Jungen. Köln: BZgA
Wippermann, Carsten (2014): Jungen und Männer im Spagat: Zwischen Rollenbildern und Alltagspraxis. Eine sozialwissenschaftliche Untersuchung zu Einstellungen und Verhalten. 2. Auflage. Berlin. BMFSFJ. www.bmfsfj.de/resource/blob/94088/100b89250f16a96e2100074 fc7455e7c/jungen-und-maenner-im-spagat-zwischen-rollenbildern-und-alltagspraxis-data.pdf (Abfrage: 16.03.2021)
Wisskirchen, Gerlind (2007): AGG. Allgemeines Gleichbehandlungsgesetz. Frechen: Datakontext
Wittenzellner, Uta/Klemm, Sarah (2020): Pädagogik zu Antifeminismus. Bedarfe – Vorgehen – Schlussfolgerungen. In: Henninger, Annette/Birsl, Ursula (Hrsg.): Antifeminismen. ‚Krisen'-Diskurse mit gesellschaftsspaltendem Potential? Bielefeld: transcript, S. 323–335
Wizorek, Anne (2014): Weil ein #Aufschrei nicht reicht – für einen Feminismus von heute. Frankfurt/M.: Fischer
Wöhrle, Armin (2017): Die Diskussion über das Sozialmanagement. In: Wöhrle, Armin/Fritze, Agnès/Prinz, Thomas/Schwarz, Gotthart (Hrsg.): Sozialmanagement – Eine Zwischenbilanz. Wiesbaden: Springer VS, S. 17–40

Wolde, Anja (1995): Geschlechterverhältnis und gesellschaftliche Transformationsprozesse. In: Becker-Schmidt, Regina/Knapp, Gudrun-Axeli (Hrsg.): Das Geschlechterverhältnis als Gegenstand der Sozialwissenschaften. Frankfurt/M., New York: Campus, S. 279–308

Wolde, Anja (2007): Väter im Aufbruch? Deutungsmuster von Väterlichkeit und Männlichkeit im Kontext von Väterinitiativen. Wiesbaden: Springer VS

Wolfersdorf, Manfred/Schulte-Wefers, Hella/Straub, Roland/Klotz, Theodor (2006): Männer-Depression: Ein vernachlässigtes Thema – ein therapeutisches Problem. In: Blickpunkt der Mann 4, S. 6–9

Wolff, Reinhart (2016): Vom Kampf zum Dialog. Erinnerungen und Konstruktionen zu Wirkungen und Nebenwirkungen von 1968 auf die Soziale Arbeit. In: Birgmeier, Bernd/Mührel, Eric (Hrsg.): Die „68er" und die Soziale Arbeit. Eine (Wieder-) Begegnung. Wiesbaden: Springer VS, S. 97–122

Wollrad, Eske (2005): Weißsein im Widerspruch. Feministische Perspektiven auf Rassismus, Kultur und Religion. Königstein/Taunus: Ulrike Helmer

Wolter, Ilka/Braun, Edith/Hannover, Bettina (2016): Lesenlernen: wie Jungen schon im Vorschulalter motiviert werden können. www.fruehe-bildung.online/artikel.php?id=979 (Abfrage: 10.10.2016)

Woltersdorf, Volker (2020): Heteronormativitätskritik: ein Konzept zur kritischen Erforschung der Normalisierung von Geschlecht und Sexualität. In: Kortendiek, Beate/Riegraf, Birgit/Sabisch, Katja (Hrsg.): Handbuch interdisziplinäre Geschlechterforschung. Living reference work. Wiesbaden: Springer VS, S. 1–7

Worden, William J. (1999): Beratung und Therapie in Trauerfällen. Ein Handbuch. Bern: Hans Huber

World Migration Report (2000). Genf: IOM

World Vision Deutschland e. V. (2018): Kinder in Deutschland. Weinheim, Basel: Beltz

Wotanis, Lindsey/McMillan, Laurie (2014): Performing Gender on YouTube. How Jenna Marbles negotiates a hostile online environment. In: Feminist Media Studies 14, H. 6, S. 912–928

Wouters, Cas (1999): Balancing Sex and Love since the 1960s Sexual Revolution. In: Featherstone, Mike (Hrsg.): Love and Eroticism. London: Sage, S. 187–214

Wouters, Cas (2004): Sex and Manners. Female Emancipation in the West. 1890–2000. London: Sage

Wucherpfennig, Claudia (2010): Geschlechterkonstruktionen und öffentlicher Raum. In: Bauriedl, Sybille/Schier, Michaela/Strüver, Anke (Hrsg.): Geschlechterverhältnisse, Raumstrukturen, Ortsbeziehungen: Erkundungen von Vielfalt und Differenz im spatial turn. Münster: Westfälisches Dampfboot, S. 48–74

Wuest, Bryan (2014): Stories like Mine: Coming Out Videos and Queer Identities on YouTube. In: Pullen, Christopher (Hrsg.): Queer Youth and Media Cultures. London: Routledge, S. 19–33

Wulf, Christoph/Althans, Birgit/Foltys, Julia/Fuchs, Martina/Klasen, Sigrid/Lamprecht, Juliane/Tegethoff, Dorothea (2008): Geburt in Familie, Klinik und Medien. Eine qualitative Untersuchung. Opladen, Farmington Hills: Barbara Budrich

Wulf, Christoph/Hänsch, Anja/Brumlik, Micha (Hrsg.) (2008): Das Imaginäre der Geburt. Praktiken, Narrationen und Bilder. München: Wilhem Fink

Wuttig, Bettina/Wolf, Barbara (Hrsg.) (2019): Körper Beratung. Beratungshandeln im Spannungsfeld von Körper, Leib und Normativität. Bielefeld: transcript

Yildiz, Erol (2020): Mehrheimische Familienpraxis: postmigrantisch gelesen. In: Küppers, Carolin/Harasta, Eva (Hrsg.): Familie von morgen. Neue Werte für die Familie(npolitik). Opladen: Barbara Budrich, S. 107–118

Yildiz, Erol/Hill, Marc (Hrsg.) (2019): Postmigrantische Visionen. Erfahrungen – Ideen – Reflexionen. Bielefeld: transcript

Yoder, Stanley/Wang, Shanxiao (2013): Female Genital Cutting. The Interpretation of Recent DHS Data. DHS Comparative Report 33. ICF International. Calverton, Maryland: USAID

Young, Brigitte (1998): Genderregime und Staat in der globalen Netzwerkökonomie. In: PROKLA, 28. Jg., H. 111, Nr. 2, S. 175–198

Young, Iris Marion (1990a): Social Movements and the Politics of Difference. In: Young, Iris Marion: Justice and the Politics of Difference. Princeton: Princeton UP, S. 156–191

Young, Iris Marion (1990b): Justice and the Politics of Difference. Princeton: Princeton UP

Young, Iris Marion (1996): Fünf Formen der Unterdrückung. In: Nagl-Docekal, Herta/Pauer-Studer, Herlinde (Hrsg.): Politische Theorie. Differenz und Lebensqualität. Frankfurt/M.: Suhrkamp, S. 99–139. www.uni-bielefeld.de/ikg/ (Abfrage: 25.10.2021)

Yuval-Davis, Nira (2011): The politics of belonging: Intersectional contestations. London: Sage Publishing

Zahn-Waxler, Carolyn (2000): The development of empathy, guilt, and internalization of distress. In: Davidson, Richard J. (Hrsg.): Anxiety, depression, and emotion. Wisconsin Symposium on Emotion, Volume II. New York: Oxford University Press, S. 222–265

Zebracki, Martin (2017): Queerying Public Art in Digitally Networked Space. In: ACME. An International Journal for Critical Geographies 16, H. 3, S. 440–471

Zehetner, Bettina (2019): Konstruktionen und Kulturen von Krankheit aus Gender-Perspektive. In: Psychotherapie Forum 23, S. 11–17

Zehms, Elliot (2019): Krisen überwinden: Wie LGBTI* mit psychischen Krisen umgehen. www.siegessaeule.de/magazin/4473-krisen-%C3%BCberwinden-wie-lgbti-mit-psychischen-leiden-umgehen/ (Abfrage: 02.09.2021)

ZEIT ONLINE (2009): Moderner Sklavenhandel blüht: UN-Bericht über Menschenhandel. www.zeit.de/online/2009/08/menschenhandel-un-bericht (Abfrage: 28.11.2020)

Zenz, Gisela (2003): Von der Vormundschaft zur Betreuung: Erwartungen an das Betreuungsrecht. In „Zum Wohl des Betreuten". Zehn Jahre nach einer Jahrhundertreform: Schutzgarantie und Qualität im Betreuungswesen. Betrifft: Betreuung. Band 5. Recklinghausen: Vormundschaftsgerichtstag e. V., S. 31–40

Zerle-Elsäßer, Claudia/Li, Xuan (2017): Väter im Familienalltag. Determinanten einer aktiven Vaterschaft. In: Zeitschrift für Familienforschung, 29. Jg., H. 1, S. 11–31

Zick, Andreas/Küpper, Beate/Krause, Daniela (2016): Gespaltene Mitte. Feindselige Zustände. Rechtsextreme Einstellungen in Deutschland 2016. Friedrich-Ebert-Stiftung. Bonn: Dietz

Ziegler, Holger (Hrsg.) (2011): Auswirkungen von Alleinerziehung auf Kinder in prekärer Lage. Bielefeld. presse.bayerhealthcare.de/html/pdf/presse/de/digitale_pressemappen/Bepanthen/Abstract_Ziegler_final.pdf (Abfrage: 25.10.2021)

Zieske, Andreas (1997): Den geschlechterdifferenten Blickwinkel entwickeln! Fortbildung, Praxisberatung und Supervision zur Jungen- und Männerarbeit. In: Möller, Kurt (Hrsg.): Nur Macher und Macho? Geschlechtsreflektierende Jungen- und Männerarbeit. Weinheim: Juventa, S. 185–205

Zika, Gerd/Helmrich, Robert/Maier, Tobias/Weber, Enzo/Wolter, Marc Ingo (2018): Arbeitsmarkteffekte der Digitalisierung bis 2035: Regionale Branchenstruktur spielt eine wichtige Rolle. IAB- Kurzbericht. Nürnberg

Zimmer, Annette/Nährlich, Stefan (Hrsg.) (2000): Engagierte Bürgerschaft. Traditionen und Perspektiven. Opladen: Leske + Budrich

Zimmermann, Bénédicte (2006): Arbeitslosigkeit in Deutschland. Zur Entstehung einer sozialen Kategorie. Frankfurt/M., New York: Campus

Zimmermann, Okka/Konietzka, Dirk (2020): Nichtkonventionelle und komplexe Familienformen in Deutschland. In: Buschmeyer, Anna/Zerle-Elsäßer, Claudia (Hrsg.): Komplexe Familienverhältnisse. Wie sich das Konzept ‚Familie' im 21. Jahrhundert wandelt. Bielefeld: Westfälisches Dampfboot, S. 20–47

Zingeler, Ursula (2005): Jenseits des Muttermythos. Über die Trennung von Gebären und Aufziehen. Weinheim, München: Juventa

Zinn, Sabine/Kreyenfeld, Michaela/Bayer, Michael (2020): Kinderbetreuung in Corona-Zeiten: Mütter tragen die Hauptlast, aber Väter holen auf. DIW aktuell, Nr. 51, Berlin: Deutsches Institut für Wirtschaftsforschung (DIW)

Zirfas, Jörg (2020): Generativität und Generationalität. Pädagogisch-anthropologische Perspektiven auf Geburt und Erziehung. In: Fuchs, Thorsten/Schierbaum, Anja/Berg, Alena (Hrsg.): Jugend, Familie und Generationen im Wandel. Wiesbaden: Springer VS, S. 267–283

Zobl, Elke (2008): Pockets of Resistance: Grrrl Zines im Spannungsfeld von Selbstbestimmung und Ermächtigung. In: Susemichel, Lea/Rudigier, Saskya/Horak, Gabi (Hrsg.): Feministische Medien. Öffentlichkeiten jenseits des Malestream. Sulzbach: Ulrike Helmer, S. 41–55

Zölch, Janina (2019): Migration in der Adoleszenz. Eine Studie zu jungen Männern aus Spätaussiedlerfamilien. Wiesbaden: Springer VS

Zuboff, Shoshanna (2019): Das Zeitalter des Überwachungskapitalismus. Frankfurt/M., New York: Campus

Zucco, Aline/Lott, Yvonne (2021): Stand der Gleichstellung. Ein Jahr mit Corona. In: WSI Report Nr. 64. igbau.de/Binaries/Binary15620/p-wsi-report-64-2021.pdf (Abfrage: 6.6.2021)

Zulehner, Paul M./Volz, Rainer (1999): Männer im Aufbruch. Wie Deutschlands Männer sich selbst und wie Frauen sie sehen. Ostfildern: Schwabenverlag

Zweig, Katharina A. (2019): Ein Algorithmus hat kein Taktgefühl: Wo künstliche Intelligenz sich irrt, warum uns das betrifft und was wir dagegen tun können. Originalausgabe. München: Heyne

Die Autor*innen

Anane-Mundthal, Katharina, Dipl. Soz.arb. M.A., Jg. 1954, hauptamtliche Dozentin an der Hochschule München, Fakultät für Angewandte Sozialwissenschaften. Arbeitsschwerpunkte: Sterben, Tod und Trauer, Kinder von psychisch- und suchterkrankten Eltern, Kunst als Medium in der Sozialen Arbeit. katharina.anane-mundthal@hm.edu

Andresen, Sabine, Prof. Dr. phil., Jg. 1966, Professorin für Sozialpädagogik und Familienforschung an der Goethe-Universität Frankfurt am Main. Arbeitsschwerpunkte: Kindheitsforschung zu Well-Being und Vulnerabilität, Kinderarmut, Aufarbeitung sexueller Gewalt gegen Kinder und Jugendliche, Familienforschung. s.andresen@em.uni-frankfurt.de

Aner, Kirsten, Prof. Dr. rer. pol., Jg. 1963, Professorin für Lebenslagen und Altern an der Universität Kassel. Arbeitsschwerpunkte: Soziale Gerontologie, Kritische Gerontologie, Sozialarbeit/Sozialpädagogik der Lebensalter, Soziale (Alten-)Arbeit. aner@uni-kassel.de

Arnaud, Dominique, Dipl.-Päd., Jg. 1951, war bis 2017 Mitarbeiterin an der Hochschule Mittweida, Fakultät Soziale Arbeit. Arbeitsschwerpunkte: Praxisreflexion, Jugendhilfe und methodische Zugänge. dominiquearnaud@gmx.net

Behnke-Vonier, Cornelia, Prof. Dr. phil., Jg. 1965, Professur für Soziologie in der Sozialen Arbeit an der Katholischen Stiftungshochschule München. Arbeitsschwerpunkte: Soziologie der Geschlechterverhältnisse und des Alter(n)s, qualitative Methoden der empirischen Sozialforschung. cornelia.behnke-vonier@ksh-m.de

Beranek, Angelika, Prof. Dr. phil., Jg. 1980, Professur für Grundlagen der Sozialen Arbeit mit Schwerpunkt Medienbildung an der Hochschule München. Arbeitsschwerpunkte: Digitalisierung/Mediatisierung in der Sozialen Arbeit in Theorie und Praxis. beranek@hm.edu

Bereswill, Mechthild, Dr. phil. habil., Jg. 1961, Professur für Soziologie sozialer Differenzierung und Soziokultur am Fachbereich Humanwissenschaften der Universität Kassel. Arbeitsschwerpunkte: Geschlechterforschung, soziale Probleme und soziale Kontrolle, qualitative Methodologien.

Bitzan, Maria, Prof. Dr. phil., Jg. 1955, Professur für Theorie Sozialer Arbeit und Gemeinwesenentwicklung an der Hochschule Esslingen. Arbeitsschwerpunkte: Geschlechterforschung, Sozialplanung und Sozialraumorientierung, Jugendhilfe und Jugendhilfeplanung, Gemeinwesenarbeit, Jugendhilfe, Arbeit mit Mädchen* und Frauen*, LSBT, Adressatenorientierung in der Sozialen Arbeit, Geschichte und Theorie der Sozialen Arbeit. maria.bitzan@hs-esslingen.de

Böhnisch, Lothar, Prof. em. Dr. rer. soz. habil., Jg.1944, lehrte Sozialpadagogik an der TU Dresden und Soziologie an der Universitat Bozen/Bolzano. Arbeitsschwerpunkte: Sozialisationsforschung, Sozialpolitik, Mannerforschung, Theorie und Methodik der Sozialen Arbeit. lotharboehnisch@gmx.de

Bräutigam, Barbara, Prof. Dr. phil., habil., Jg. 1969, Professur für Psychologie, Beratung und Psychotherapie an der Hochschule Neubrandenburg. Arbeitsschwerpunkte: Niedrigschwellige psychosoziale Beratung und Psychotherapie, Familienbildung, home treatment. braeutigam@hs-nb.de

Brückner, Margrit, Prof. Dr. habil. (i. R.), Jg. 1946, Professur für Soziologie, Frauenforschung und Supervision an der Frankfurt University of Applied Sciences. Arbeitsschwerpunkte: Geschlechterverhältnisse, Gewalt gegen Frauen, das Unbewusste in Institutionen, Internationale Care-Debatte. brueckn@fb4.fra-uas.de

Brunner, Gundula (Dipl.Soz.päd.FH), geschäftsführende Vorständin der IMMA e.v., Arbeitsschwerpunkte: Kinder und Jugendhilfe für Mädchen*und junge Frauen*, psychische Erkrankungen, Hilfen für traumatisierte geflüchtete Frauen und ihre Kinder. Gundula.Brunner@imma.de

Bütow, Birgit, Prof. Dr., Jg. 1961, Professur für Sozialpädagogik, Beratung und Intervention an der Paris-Lodron-Universität Salzburg. Arbeitsschwerpunkte: Geschichte und Theorien Sozialer Arbeit, Gender-, Jugend- und Jugendhilfeforschung, Biographieforschung. birgit.buetow@plus.ac.at

Castro Varela, María do Mar, Prof. Dr., Jg. 1964, Professur für Allgemeine Pädagogik und Soziale Arbeit mit Schwerpunkt Gender und Queer an der Alice Salomon Hochschule Berlin. Arbeitsschwerpunkte: Postkoloniale Theorie, Gender und Queer Studies, Kritische Migrationsforschung, Kritische Bildungsforschung, Trauma Studien und Verschwörungstheorien. castrovarela@posteo.de

Chamakalayil, Lalitha, Dipl.-Psych., wissenschaftliche Mitarbeiterin am Institut Kinder- und Jugendhilfe, Hochschule für Soziale Arbeit, Fachhochschule Nordwestschweiz, Muttenz. Arbeitsschwerpunkte: Verhältnisse gesellschaftlicher Ungleichheit: Aushandlungen und Positionierungen von Familien, Eltern, Mütter/Eltern unter 25, Übergänge Schule-Beruf, Psychoanalyse in der Migrationsgesellschaft. lalitha.chamakalayil@fhnw.ch

Cremers, Michael, Dipl.-SoWi., Jg. 1966, Wiss. Mitarbeiter am Institut für Gender und Diversity in der sozialen Praxis, Forschung an der Katholischen Hochschule für Sozialwesen in Berlin. Arbeitsschwerpunkte: Geschlechterforschung im Feld der Frühpädagogik, Partizipative Organisationsentwicklung und Praxisforschung im Feld der Frühpädagogik, Berufliche Orientierungsprozesse bei der Berufs- und Studienwahl von männlichen Jugendlichen und Erwachsenen, Genderorientierte Jugend- und Erwachsenenbildung.
Michael-Cremers@web.de

Daigler, Claudia, Prof. Dr. rer. soc., Jg. 1963, Sozialarbeiterin und Dipl.-Päd., Professur für Integrationshilfen und Übergänge in Ausbildung und Arbeit, Hochschule Esslingen. Arbeitsschwerpunkte: Prekäre Lebenslagen von Mädchen* und Frauen*, Professionsverständnisse und Professionsidentität in der Sozialen Arbeit, Innovation und Planung. claudia.daigler@hs-esslingen.de

Dhawan, Nikita, Prof. Dr. phil., Jg. 1972, Professur für Politische Theorie und Ideengeschichte an der TU Dresden. Arbeitsschwerpunkte: Transnationaler Feminismus, globale Geschlechtergerechtigkeit, Frauen-Menschenrechte sowie Demokratie und Dekolonisierung.
nikita.dhawan@tu-dresden.de

Dreas, Susanne A., Prof. Dr. phil., Jg. 1969, Professur für Projektmanagement, Personalmanagement und Fundraising an der Hochschule Neubrandenburg. Arbeitsschwerpunkte: Sozialmanagement, Diversity Management, Digitalisierung in Organisationen der Sozialen Arbeit. dreas@hs-nb.de

Drechsel, Hannah Magdalena, Jg. 1996, Sozialarbeiterin beim KARO e.V. in Plauen. Arbeitsschwerpunkte: Menschenhandel und Prostitution. h.drechsel@karo-ev.de

Eckl, Maria, M.A., Jg. 1978, Dipl. Sozialpädagogin, Master Angewandte Ethik im Gesundheits- und Sozialwesen. Arbeitsschwerpunkt: Gewaltprävention. ecklmaria@web.de

Ehlert, Gudrun, Prof. Dr. phil., Jg. 1958, Professur für Sozialarbeitswissenschaft an der Hochschule Mittweida. Arbeitsschwerpunkte: Geschlechterforschung, Geschichte und Professionalisierung der Sozialen Arbeit, Soziale Ungleichheit. ehlert@hs-mittweida.de

Ertl-Schmuck, Roswitha, Prof'in Dr. phil., Jg. 1954, war Professorin für Gesundheit und Pflege/Berufliche Didaktik im Lehramt an berufsbildenden Schulen, Fachrichtung Gesundheit und Pflege an der Technischen Universität Dresden. Arbeits- und Forschungsschwerpunkte: Bildungsforschung zu Fragen der Anbahnung hermeneutischer Fallkompetenz in der Lehrer/innenbildung in den Berufsfeldern Gesundheit und Pflege, Hochschuldidaktik, Subjektorientierung in Lehr-Lernprozessen der Pflegebildung. Seit April 2020 im Ruhestand. ertlschmuck@online.de

Faulstich-Wieland, Hannelore, Prof. (i. R.) Dr. phil. habil., Jg. 1948, Professorin für Erziehungswissenschaft an der Universität Hamburg. Arbeitsschwerpunkte: Sozialisationsforschung, Gender im Bildungssystem. hannelore.faulstich-wieland@uni-hamburg.de

Fink, Karin, Dipl.-Päd., Jg. 1964, Sexualtherapeutin, Klinische Sexologin, Traumafachberaterin, Therapeutin für Sexualdelinquent*innen, Supervisorin. Langjährige Berufserfahrung in der psychosozialen und psychodynamischen Beratung und Begleitung von vulnerablen Gruppen wie Migrant*innen, Opfern sexueller Gewalt, Menschen mit Borderlinesyndrom, cis-männlichen, queer migrantischen und transidenten Menschen in der Prostitution sowie Einzel- und Gruppentherapie bei Sexualstraftäter*innen und Supervisionen in sozialen Einrichtungen. fink-supervision@gmx.de

Flaake, Karin, Prof. Dr. (i. R.), Jg. 1944, pensionierte Hochschullehrerin für Soziologie mit dem Schwerpunkt Frauen- und Geschlechterforschung an der Carl von Ossietzky Universität Oldenburg. Arbeitsschwerpunkte: Geschlecht und Sozialisation, Sozialpsychologie der Geschlechterverhältnisse, Arbeit mit psychoanalytisch-hermeneutischen Methoden der Textinterpretation. karin.flaake@t-online.de

Flicker, Eva, Univ.-Prof. Mag. Dr., Jg. 1963, Soziologin, Genderforscherin und Gruppendynamiktrainerin, ao. Univ.-Professorin am Institut für Soziologie der Universität Wien und Lehrtrainerin in der Österreichischen Gesellschaft für Gruppendynamik. Arbeitsschwerpunkte: Gruppendynamik, Gender, Organisationen und Leadership.
www.soz.univie.ac.at/eva-flicker; eva.flicker@univie.ac.at

Frericks, Patricia, Prof. Dr. (PhD), Jg. 1975, Professur für Soziologie und Ökonomie sozialer Dienste und Einrichtungen an der Universität Kassel. Arbeitsschwerpunkte: Soziologie und Ökonomie von Wohlfahrtsstaaten im internationalen Vergleich, Wandel von Arbeit, Familie und Ressourcenakkumulation, Soziale Ungleichheiten, Institutionenwandel.
patricia.frericks@uni-kassel.de

Freytag, Regula, Dr. rer. nat., war praktisch und lehrend in der Suizidprävention tätig, baute die Beratungsstelle und das Krisentelefon für Suizidgefährdete in Hildesheim auf. Langjähriges Mitglied im Vorstand der Deutschen Gesellschaft für Suizidprävention (DGS) und mehrere Jahre Vorsitzende der DGS. Diverse Veröffentlichungen zu Suizidprävention, insbesondere zur Organisation von Krisenintervention.

Funk, Heide, Dr. rer. soc., Jg. 1945, war bis 2010 Professorin für Soziologie im Fachbereich Soziale Arbeit an der Hochschule Mittweida. Arbeitsschwerpunkte: Praxisreflexion, Biografiearbeit, Sozialisation des Erwachsenenalters, Geschlecht und Soziale Arbeit. funk@hs-mittweida.de

Füssenhäuser, Cornelia, Prof. Dr. rer. soc., Jg. 1966, Professur für Theorien, Geschichte und Ethik Sozialer Arbeit an der Hochschule RheinMain. Arbeitsschwerpunkte: Theorieentwicklung und Theoriediskurse Sozialer Arbeit, Lebensweltorientierte Soziale Arbeit, Professionalität Sozialer Arbeit, Soziale Arbeit und Inklusion, Theorie-Praxis-Dialog. cornelia.fuessenhaeuser@hs-rm.de

Gahleitner, Silke, Prof. Dr. phil., Jg. 1966, Professorin für Klinische Psychologie und Sozialarbeit im Arbeitsbereich Psychosoziale Diagnostik und Intervention an der Alice Salomon Hochschule in Berlin. Arbeitsschwerpunkte: Psychosoziale Diagnostik und Intervention, Professionelle Beziehungsgestaltung und Psychosoziale Traumatologie. sb@gahleitner.net

Gajek, Silke, Dipl. Soz.-Ök. und MA Social Work, Jg. 1962, wissenschaftliche Mitarbeiterin und Promovendin am Institut für Berufspädagogik der Universität Rostock, Vorstandsvorsitzende der Landesarbeitsgemeinschaft Selbsthilfekontaktstellen M-V. silke.gajek@uni-rostock.de

Gerner, Susanne, Prof. Dr. phil., Jg. 1970, Professorin für Theorien und Methoden Sozialer Arbeit an der Evangelischen Hochschule Darmstadt. Arbeitsschwerpunkte: Gender- und Diversitätsbewusste Soziale Arbeit, Behinderung und Teilhabe, Partizipationsorientierte Adressat*innen- und Praxisforschung, Rekonstruktive Gender- und Sozialforschung. susanne.gerner@eh-darmstadt.de

Gerull, Susanne, Prof. Dr. phil., Jg. 1962, Professur für Theorie und Praxis der Sozialen Arbeit mit den Schwerpunkten Armut, Arbeitslosigkeit, Wohnungslosigkeit und niedrigschwellige Sozialarbeit an der Alice Salomon Hochschule Berlin. mail@susannegerull.de

Gildemeister, Regine, Prof.'in (i. R.), Dr. phil. habil., Jg. 1949, Professorin für die Soziologie der Geschlechterverhältnisse an der Eberhard-Karls-Universität Tübingen. Arbeitsschwerpunkte: Interaktion und Geschlecht, Beruf und Geschlecht, Professionalisierungsprozesse, Organisationsforschung.

Göger, Barbara, Dipl. -Päd., Jg. 1958, Organisationsberaterin und Körpertherapeutin. Arbeitsschwerpunkte: Organisationsentwicklung, Beratung, Genderkompetenz, Körperarbeit, somatopsychische Methoden. barbara.goeger@goeger.com

Graff, Ulrike, Dr. phil., Jg. 1957, Lecturer an der Fakultät für Erziehungswissenschaft der Universität Bielefeld. Arbeitsschwerpunkte: Geschlechterpädagogik, Bildungstheorie, Adoleszenz. ulrike.graff@uni-bielefeld.de

Günther, Julia, Dr. phil., Jg. 1973, Referentin für Demokratie und Zivilgesellschaft bei der Landeshauptstadt Dresden. Arbeitsschwerpunkte: Förderung von gesellschaftlicher und politischer Teilhabe, bürgerschaftlichem Engagement und sozialem Zusammenhalt, politische Bildung und Anti-Diskriminierung. j_guenther@mail.de

Gutzwiller-Helfenfinger, Eveline, Prof. Dr., Jg. 1965, Senior Researcher an der Universität Freiburg, Dozentin an der Pädagogischen Hochschule Schwyz und an der FernUni Schweiz. Arbeitsschwerpunkte: Soziomoralische Entwicklung über die Lebensspanne, Schulische Sozialbeziehungen und Mobbing, Mobbingprävention, Professionelle Entwicklung von Lehrkräften. eveline.gutzwiller@phsz.ch

Hagemann-White, Carol, Prof. Dr. phil. habil., Jg. 1942, Professur für Allgemeine Pädagogik/Frauenforschung an der Universität Osnabrück, seit 2008 im Ruhestand. Arbeitsschwerpunkte: Gewalt im Geschlechterverhältnis, Intervention und Prävention im Europäischen Vergleich, Geschlechtsspezifische Sozialisation, Frauengesundheitsförderung, Gleichberechtigungspolitik. chageman@uos.de

Hartwig, Luise, Prof.'in, Dr. phil. Dipl.-Päd., Jg. 1955, Professorin (i. R.) für Erziehungswissenschaft/Sozialpädagogik mit dem Schwerpunkt Hilfen zur Erziehung, Arbeitsschwerpunkte: Kinder- und Jugendhilfe, Häusliche Gewalt, Gender. hartwig@fh-muenster.de

Hasenjürgen, Brigitte, Prof. em. Dr., Jg. 1954, Professur für Soziologie an der Katholischen Hochschule NRW. Jetzt postmigrantisch, rassismuskritisch und ungleichheitssensibel in der Weiterbildung tätig. hasenjuergen@t-online.de

Hechler, Andreas, Jg. 1977, assoziiertes Mitglied bei Dissens – Institut für Bildung und Forschung, Beiratsmitglied der Internationalen Vereinigung Intergeschlechtlicher Menschen (IVIM/OII Germany) und Softwareentwickler. Arbeitsschwerpunkte: Mehrdimensionale Diskriminierung/-privilegierung, Intergeschlechtlichkeit, Algorithmische Diskriminierung, NS-„Euthanasie", Geschlechterreflektierte Pädagogik, Geschlecht und Neonazismus(-prävention), Männlichkeit. info@andreashechler.com

Henninger, Annette, Prof. Dr., Jg. 1966, Professur für Politik und Geschlechterverhältnisse an der Philipps-Universität Marburg. Arbeitsschwerpunkte: Geschlechterpolitische Interventionen durch soziale Bewegungen, Parteien und Gewerkschaften, Geschlechtereffekte von Sozial-, Familien- und Arbeits(markt)politik, Antifeministische Mobilisierungen und deren Effekte auf die Demokratie. Annette.Henninger@staff.uni-marburg.de

Hering, Sabine, Prof. Dr. phil. habil., Jg. 1947, Professorin i. R. für Sozialpädagogik, Gender und Wohlfahrtsgeschichte an der Universität Siegen. Arbeitsschwerpunkte: Geschichte der Frauenbewegung, Welfare History und Geschichte der Sozialdemokratie in Brandenburg. hering@kulturareale.de

Heynen, Susanne, Dr. phil., Jg. 1960, Ergotherapeutin und Dipl.-Psych., Jugendamtsleiterin der Landeshauptstadt Stuttgart. Arbeitsschwerpunkte: Kinder- und Jugendhilfe, Qualitäts- und Organisationsentwicklung, Praxisforschung, Kinderschutz (insbesondere sexualisierte Gewalt, häusliche Gewalt). susanne.heynen@stuttgart.de

Höblich, Davina, Prof. Dr. phil., Jg. 1977, Professur für Soziale Arbeit mit den Schwerpunkten Bildung, Ethik und Arbeit mit Kindern und Jugendlichen an der Hochschule RheinMain. Arbeitsschwerpunkte: Profession und Professionalität Sozialer Arbeit, Gender- und QueerStudies, Kinder- und Jugendhilfe, Professions- und Forschungsethik, Methodologie und Methoden qualitativer Sozialforschung. Davina.Hoeblich@hs-rm.de

Holland-Cunz, Barbara, Prof. (i. R.) Dr. phil., Jg. 1957, Professur für Politikwissenschaft mit dem Schwerpunkt Frauen- und Geschlechterforschung an der Justus-Liebig-Universität Gießen. Arbeitsschwerpunkte: Politische Theorie und Ideengeschichte, Politik und Geschlecht, Wissenschafts- und Naturtheorien. barbara.holland-cunz@sowi.uni-giessen.de

Huber, Johannes, Prof. Dr. phil., Jg. 1973, Professur für Psychologie an der Technischen Hochschule Rosenheim/Campus Mühldorf am Inn. Arbeitsschwerpunkte: Entwicklungstheorie des frühen Kindesalters, Familien- und Väterforschung, Bindungstheorie und Psychoanalyse, Prävention und Intervention im frühen Kindesalter. johannes.huber@th-rosenheim.de

King, Vera, Prof. Dr. phil., Professur für Soziologie und psychoanalytische Sozialpsychologie an der Goethe Universität Frankfurt sowie geschäftsführende Direktorin des Sigmund-Freud-Instituts. Arbeitsschwerpunkte: u. a. Adoleszenz- und Generationenforschung, Forschungen zu Optimierung, veränderten Zeitverhältnissen und Digitalisierungsfolgen. king@soz.uni-frankfurt.de

Klemm, Sabine, Dipl.-Päd., Jg. 1963, Leiterin der Selbsthilfekontaktstelle Schwerin KISS e.V., Stolperstein-Initiative Schwerin und Vorstand im Flüchtlingsrat MV e.V. info@kiss-sn.de

Klinger, Melanie, B.A., Jg. 1981, Sozialpädagogin, Arbeitsschwerpunkt: Genitalbeschneidung. lucky.laschinski@gmail.com

Kortendiek, Beate, Dr. rer. soc., Jg. 1960, Koordinatorin des Netzwerks Frauen- und Geschlechterforschung NRW, Universität Duisburg-Essen. Arbeitsschwerpunkte: Geschlechterforschung, Familienforschung, Hochschul- und Wissenschaftsforschung. beate.kortendiek@netzwerk-fgf.nrw.de

Köttig, Michaela, Prof. Dr. Disc. Pol., Jg. 1965, Professur für Kommunikation, Gesprächsführung und Konfliktbearbeitung an der Frankfurt University of Applied Sciences. Arbeitsschwerpunkte: Rechtsextremismus, Gender und Soziale Arbeit, Interpretative Sozialforschung, Biographieforschung, Ethnographische Forschung. koettig@fb4.fra-uas.de

Kriener, Martina, Dipl.Pad.in, Jg. 1960, wiss. Mitarbeiterin und Leiterin des Referats Praxis & Projekte an der FH Munster, Arbeitsschwerpunkte: Professionalitatsentwicklung im Studiengang Soziale Arbeit, Erziehungshilfe, Madchenarbeit, Partizipation. kriener@fh-muenster.de

Kruse, Elke, Prof. Dr. phil., Jg. 1967, Professur für Erziehungswissenschaft, insbesondere Pädagogik der Kindheit und Familienbildung an der Hochschule Düsseldorf. Arbeitsschwerpunkte: Ausbildung für Soziale Arbeit und Kindheitspädagogik, Professionalisierung, Internationaler Austausch. elke.kruse@hs-duesseldorf.de

Kunert, Margitta, Prof. Dr. phil. (i. R.), Jg. 1953, Professur für Pädagogik der Sozialen Arbeit an der Frankfurt University of Applied Sciences. Arbeitsschwerpunkte: Gender- und diversitätsbewusste Pädagogik und Genderkompetenz in sozialpädagogischen Feldern, Kinder- und Jugendarbeit, Demokratie- und Wertebildung, Pädagogik des Raums. mkunert@fb4.fra-uas.de

Kupfer, Annett, Dr. phil., Jg. 1985, wissenschaftliche Mitarbeiterin am Institut für Sozialpädagogik, Sozialarbeit und Wohlfahrtswissenschaften der Technischen Universität Dresden. Arbeitsschwerpunkte: Beratung, Soziale Netzwerke und soziale Unterstützung, Bewältigungsforschung, Ressourcen und Empowerment sowie Intersektionalität. Annett.Kupfer@tu-dresden.de

Lempp, Theresa, Prof. Dr. phil., Jg. 1978, Professur für Theorien und Methoden Sozialer Arbeit mit dem Schwerpunkt Diversität an der Evangelischen Hochschule Dresden. Arbeitsschwerpunkte: Gender und Diversität, Übergänge in Arbeit, Sozialraum- und Gemeinwesenarbeit. Theresa.Lempp@ehs-dresden.de

Lenz, Hans-Joachim, Jg. 1947, freiberuflicher Sozialwissenschaftler und Dozent; betreibt bei Freiburg i.Br. ein Büro für Beratung, Bildung, Forschung: "Forsche Männer & Frauen". Arbeitsschwerpunkte: Männerbildung, Männliche Verletzungsoffenheit. Gewalt gegen Männer und Neugestaltung der Geschlechterverhältnisse. info@geschlechterforschung.net

Lenz, Karl, Prof. Dr., Jg. 1955, Professor für Mikrosoziologie am Institut für Soziologie der TU Dresden. Arbeitsschwerpunkte: Soziologie persönlicher Beziehungen; Interaktion und Kommunikation; Soziologie der Geschlechter; Hochschul- und Evaluationsforschung. karl.lenz@tu-dresden.de

Liebsch, Katharina, Prof. Dr. phil. habil., Jg. 1962, Professur für Soziologie unter besonderer Berücksichtigung der Mikrosoziologie an der Helmut Schmidt Universität/Universität der Bundeswehr Hamburg. Arbeitsschwerpunkte: Körper, Biopolitik und Geschlecht, Selbstverhältnisse, Fürsorgebeziehungen. k.liebsch@hsu-hh.de

Lux, Katharina, Dr. phil., Jg. 1983, 2017 bis 2021 Universitätsassistentin am Institut für Erziehungswissenschaft an der Universität Innsbruck. Arbeitsschwerpunkte: Geschlechterforschung, Geschichte und Praxis feministischer Theorie, Geschichte der Frauenbewegungen, Marxismus und Historischer Materialismus. Lux.Katharina@posteo.de

Macha, Hildegard, Prof. em. Dr. phil., Jg. 1946, bis 2012 Lehrstuhl für Pädagogik mit Berücksichtigung der Erwachsenenbildung und Jugendbildung an der Universität Augsburg. Arbeitsschwerpunkte: Pädagogische Anthropologie, Biographieforschung, Genderforschung, Gleichstellungsforschung an Universitäten und Unternehmen, Weiterbildungsforschung in Organisationen. hildegard.macha@phil.uni-augsburg.de

Mangl, Magdalena, Mag.ª (FH), Jahrgang 1984, Diplomstudium Soziale Arbeit am FH Campus Wien. Einrichtungsleiterin des flash Mädchen*cafés, Pädagogische Bereichsleitung im Verein Wiener Jugendzentren. Schwerpunkte: Gender und queerfeministische Praxis der Mädchen*- und Jugendarbeit, Digitale- und Online Jugendarbeit. m.mangl@jugendzentren.at

Mansouri, Malika, Ass. Iur., Jg. 1981, Antidiskriminierungsberaterin, Arbeitsschwerpunkte: Intersektionale Rassismusforschung, Rassismus und Recht im Internationalen Kontext, Menschenrechte und Soziale Rechte im Kontext Migration. Malika.mansouri@posteo.de

Matzner, Michael, Prof. Dr., Jg. 1963, Professor für Soziale Arbeit an der Hochschule Fresenius Heidelberg. Arbeitsschwerpunkte: Bildung und Geschlecht, Migration und Bildung, Soziale Arbeit und Geschlecht. michael.matzner@t-online.de

Maurer, Susanne, Prof. Dr. phil. und rer.soc., Jg. 1958, Professur für Erziehungswissenschaft/Sozialpädagogik an der Universität Marburg. Arbeitsschwerpunkte: Gesellschafts- und Geschlechtergeschichte(n) Sozialer Arbeit, Bildungsprozesse und Soziale Bewegungen, feministische Erkenntniskritik und Theoriebildung (nicht nur) in der Sozialen Arbeit. maurer@staff.uni-marburg.de

Mehdizadeh-Jafari, Behjat, Dipl.-Soz.-Päd., Jg. 1957. Arbeitsschwerpunkte: Biografie, Migration und Kunst, Freiberufliche Biografische Coachin, Moderatorin für kreative Biografie- und Erinnerungsprojekte, Workshops für Kinder, Jugendliche und Erwachsene.
behjat.mehdizadeh@gmail.com

Meuser, Michael, Prof. Dr. phil. habil., Jg. 1952, Professor i. R. für die Soziologie der Geschlechterverhältnisse an der Technischen Universität Dortmund. Arbeitsschwerpunkte: Soziologie der Geschlechterverhältnisse, Soziologie des Körpers, Wissenssoziologie, Methoden qualitativer Sozialforschung. michael.meuser@tu-dortmund.de

Micus-Loos, Christiane, Prof. Dr. phil., Jg. 1971, Professorin für Sozialpädagogik an der Christian-Albrechts-Universität zu Kiel. Arbeitsschwerpunkte: Soziale Heterogenität, Intersektionalität, Geschlechterforschung, Soziale Ungleichheiten, Qualitative Sozialforschung, Theorien der Sozialen Arbeit. micus-loos@paedagogik.uni-kiel.de

Miethe, Ingrid, Prof. Dr., Jg. 1962, Professorin für Allgemeine Erziehungswissenschaft an der Justus-Liebig-Universität Gießen. Arbeitsschwerpunkte: Biografieforschung, Bildungsgeschichte, Bildungsungleichheit, Internationale Bildungszusammenarbeit.
ingrid.miethe@erziehung.uni-giessen.de

Müller, Matthias, Prof. Dr. phil., Jg. 1968, Professur für Pädagogik, Sozialpädagogik und Hilfen zur Erziehung an der Hochschule Neubrandenburg. Arbeitsschwerpunkte: Familienbildung, Hilfen zur Erziehung, insbesondere Aufsuchende Hilfen, Migrationssozialarbeit, Sozialarbeiterisches Case Management. mueller@hs-nb.de

Nachtigall, Andrea, Prof. Dr. phil., Jg. 1972, Professur für Theorie und Praxis Sozialer Arbeit mit dem Schwerpunkt Jugend – und Schulsozialarbeit an der Alice Salomon Hochschule Berlin. Arbeitsschwerpunkte: Feministische und machtkritische Soziale Arbeit, Intersektionalität und Soziale Ungleichheiten, Queere Jugendliche. nachtigall@ash-berlin.eu

Naumann, Marek, Dipl.-Päd., Jg. 1977, wissenschaftlicher Mitarbeiter am Institut für regionale Innovation und Sozialforschung (IRIS) e.V. Dresden. Lehr-, Arbeitsschwerpunkte: Wohlfahrtsstaatliche Transformationsforschung, Poststrukturalistische Diskursanalyse, Theorien Sozialer Arbeit, Wissenschaftliche Projektbegleitung und -evaluation. naumann@iris-ev.de

Neubauer, Gunter, Dipl. -Päd., Jg. 1963, Organisationsberater und Trainer. Arbeitsschwerpunkte: Geschlechter- und Gesundheitsfragen in Institutionszusammenhängen und Generationenverhältnissen. gunter.neubauer@sowit.de

Neuber, Anke, Prof. Dr. phil., Professur für Soziologie in der Sozialen Arbeit an der Hochschule Hannover. Arbeitsschwerpunkte: Geschlechterforschung: feministische Theorien und Ansätze der Männlichkeitsforschung, Devianz, Soziale Probleme und soziale Kontrolle, Strafvollzugsforschung, Gewaltforschung. anke.neuber@hs-hannover.de

Niedermeier, Christina; Prof. Dr. jur., Jg. 1956, Professur für Recht in der Sozialen Arbeit an der Hochschule Mittweida, Arbeitsschwerpunkte: Sozialrecht, Familienrecht.
niederme@hs-mittweida.de

Nothhafft, Susanne, Prof. Dr. jur., Jg. 1968, Professur für Recht in der Sozialen Arbeit an der Katholischen Stiftungshochschule München. Arbeitsschwerpunkte: Humanitäres Völkerrecht, Flucht und Migration, Soziale Arbeit als Menschenrechtsprofession, transitional justice.
susanne.nothhafft@ksh-m.de

Notz, Gisela, Dr. phil., Jg. 1942, Historikerin und Sozialwissenschaftlerin, lebt und arbeitet freiberuflich in Berlin. Arbeitsschwerpunkte: Geschlechterforschung (historisch und aktuell), Alternative Ökonomie, Genossenschaften, Familiensoziologie u. a. gisela.notz@t-online.de

Pastötter, Jakob, Prof. (US) Dr. phil., Jg. 1965, Präsident der Deutschen Gesellschaft für Sozialwissenschaftliche Sexualforschung (DGSS). Arbeitsschwerpunkte: Sexualität und Medien, Geschichte der Sexualität, Interkulturelle Sexualität. jmpastoetter@t-online.de

Perko, Gudrun, Prof. Dr., Jg. 1962, Professorin für Sozialwissenschaften mit den Schwerpunkten Gender, Diversity und Mediation an der Fachhochschule Potsdam. Studium der Philosophie und Sozialen Arbeit, Mitbegründerin des Institutes „Social Justice und Radical Diversity". Arbeitsschwerpunkte: Sozialwissenschaften, Politische Philosophie, Ethik, Gender/Queer, Social Justice, Diversity, Strukturelle Diskriminierung und Systemische Intersektionalitäten, Mediation, Diskriminierungskritische Soziale Arbeit. gudrun.perko@fh-potsdam.de

Pfau-Effinger, Birgit, Prof. Dr. rer pol., Jg. 1953, Professur für Soziologie an der Universität Hamburg (Senior Forschungs-Professur). Arbeitsschwerpunkte: Internationaler Vergleich und Historischer Wandel in Bezug auf das Verhältnis von Kultur und Wohlfahrtsstaat, Geschlechter-Arrangements, Familienpolitik, Verhältnis von Familie und Erwerbsarbeit.
pfau-effinger@uni-hamburg.de

Pohlkamp, Ines, Dr. phil., Jg. 1974, Fachreferentin Politische Bildung, Bildungsstätte Bredbeck, Supervisorin/Coachin. Arbeitsschwerpunkte: Geschlechterforschung, Intersektionale Bildung, Sexualität, Queer-feministische Mädchen*arbeit, Diversity und Transformationen in der Arbeitswelt.
www.inespohlkamp.de

Pusch, Luise F., Prof. Dr. phil., Jg. 1944, Professorin für Sprachwissenschaft, Mitbegründerin der feministischen Linguistik in Deutschland. Veröffentlichte zwischen 1984 und 2016 neun Bücher zur feministischen Linguistik und Sprachkritik. lfp@fembio.org

Rauchfleisch, Udo, Prof. Dr. rer. nat., Dipl.-Psych., Jg. 1942, emeritierter Professor für Klinische Psychologie an der Universität Basel. Psychoanalytiker (DPG, DGPT). Arbeitsschwerpunkte: Geschlechtsidentitäten und sexuelle Orientierungen, Theorie und Praxis der Psychoanalyse, Persönlichkeitsstörungen. udo.rauchfleisch@unibas.ch

Riegraf, Birgit, Prof. Dr. phil., Jg. 1961, Professur für Allgemeine Soziologie an der Fakultät für Kulturwissenschaften der Universität Paderborn. Arbeitsschwerpunkte: Soziologische Theorie, Geschlechterforschung, Gerechtigkeits- und soziale Ungleichheitsforschung, Wissenschafts- und Hochschulforschung. birgitt.riegraf@uni-paderborn.de

Robert, Günther, Prof. (i. R.), Jg. 1948, Professor für Soziologie und empirische Sozialforschung an der Evangelischen Hochschule Dresden, Arbeitsschwerpunkte: Institutionenanalysen in arbeitsweltlichen und pädagogischen Feldern, Soziologie der Geschlechterverhältnisse, Kindheit und Gesellschaft.

Rohrmann, Tim, Prof. Dr. phil., Jg. 1963, Professur für Kindheitspädagogik an der HAWK Hildesheim. Arbeitsschwerpunkte: Bildung in der frühen Kindheit, Sprachbildung & Sprachförderung, Gender & Diversität. tim.rohrmann@hawk.de

Rose, Lotte, Dr. phil., Jg. 1958, Professorin an der Frankfurt University of Applied Sciences, Leitung des Gender- und Frauenforschungszentrums der Hessischen Hochschulen (gFFZ). Arbeitsschwerpunkte: Gender Studies, Elternschaftsforschung, Food Studies, Fat Studies, Human Animal Studies. rose@fb4.fra-uas.de

Sabla-Dimitrov, Kim-Patrick, Prof. Dr. phil., Jg. 1977, Professur für Sozialpädagogische Familienwissenschaften an der Universität Vechta. Arbeitsschwerpunkte: Sozialpädagogische Familienforschung, Geschlechterverhältnisse in der Sozialen Arbeit, Sozialpädagogische Theorieentwicklung und Professionalisierung. kim-patrick.sabla@uni-vechta.de

Sagebiel, Juliane, Dr. phil. Dipl.-Päd., Dipl. Soz.-Päd. (FH), Jg. 1955, bis 2020 Professorin für Sozialarbeitswissenschaft an der Hochschule München, Fakultät für angewandte Sozialwissenschaften. Arbeitsschwerpunkte: Geschichte und Theorien der Sozialen Arbeit, Sozialarbeitswissenschaft, Systemtheorien, Machttheorien. juliane.sagebiel@hm.edu

Sauer, Birgit, Univ.-Prof. Dr. phil., Jg. 1957, Professur für Politikwissenschaft an der Universität Wien. Arbeitsschwerpunkte: Geschlecht und Politik, Rechtspopulismus und Geschlecht, Emotion, Affekte, Politik. birgit.sauer@univie.ac.at

Scharathow, Wiebke, Dr. phil., Jg. 1978, lehrt und forscht im Arbeitsbereich Sozialpädagogik an der Pädagogischen Hochschule Freiburg zu Fragen sozialer Differenz und sozialer Ungleichheit sowie diversitätsbewusster und diskriminierungskritischer (Sozial-)Pädagogik. Arbeitsschwerpunkte: Rassismuskritik, Gesellschaftspolitische Bildungsarbeit, Möglichkeitsräume kritischer Sozialer Arbeit, Rekonstruktive Sozialforschung. wiebke.scharathow@ph-freiburg.de

Schauer-Kelpin, Cathrin, Jg. 1963, staatlich anerkannte Diplom-Sozialpädagogin/-Sozialarbeiterin (FH), Geschäftsführende Vorständin bei KARO e.V., Autorin, Menschenrechtlerin. Arbeitsschwerpunkte: Zwangsprostitution/Prostitution, Menschenhandel, Sexualisierte Gewalt gegen Kinder und Frauen, Rituelle Gewalt. c.schauer-kelpin@karo-ev.de

Schmutz, Elisabeth, Dipl.-Päd., Jg. 1964, wissenschaftliche Mitarbeiterin und stellvertretende Geschäftsführerin am Institut für Sozialpädagogische Forschung Mainz gGmbH. Arbeitsschwerpunkte: Hilfen zur Erziehung, Familienbildung, Frühe Hilfen, Kindesschutz sowie Bearbeitung von Schnittstellenthemen der Kinder- und Jugendhilfe zur Geburtshilfe, Psychiatrie und Eingliederungshilfe. elisabeth.schmutz@ism-mz.de

Schweighofer-Brauer, Annemarie, Dr. phil., Mag. phil., Jg. 1965, Historikerin, Politologin, Mitarbeiterin beim AWO Kreisverband Wesel e.V. in der Beratungsstelle für Paare und Familien, Erwachsenenbildnerin. Arbeitsschwerpunkte: Transkulturelle Biographie-Arbeit, Geschlechtersensible Kinder- und Jugendarbeit, Flucht. annemarie-s-b@freenet.de

Sellach, Brigitte, Dr. oec. trop., Dipl. soz., Vorstand der Gesellschaft für Sozialwissenschaftliche Frauen- und Genderforschung e. V. (GSF e. V.) Frankfurt am Main. Arbeitsschwerpunkte: Frauen in schwierigen Lebensverhältnissen, Gender Mainstreaming. sellach@gsfev.de

Seeck, Francis, Dr., Jg. 1987, Post-Doc an der Humboldt-Universität-Berlin in dem DFG Forschungsprojekt „Antipsychiatrie und Stadt. Zur Verschränkung von psychiatriekritischer Praxis, sozialen Bewegungen und städtischen Räumen". 2020/21 Vertretungsprofessor*in für Soziologie und Sozialarbeitswissenschaft an der Hochschule Neubrandenburg. Arbeitsschwerpunkte: Klassismus, Gender- und Queer Studies, Antidiskriminierung, Qualitative Methoden. francis.seeck@gmx.de

senel, müjgan, M.A. Dipl.-Sozialarbeit, Politische Wissenschaft, Geschichte und VWL, wissenschaftliche Mitarbeiterin, Lehrkraft für besondere Aufgaben und Lehrbeauftragte u. a. an der ASH Berlin, dort auch mit koordinierenden Aufgaben betraut. Arbeitsschwerpunkte: Politische Theorie und Ideengeschichte, Demokratietheorien, Kritische Kapitalismustheorien, Technisierung und Gesellschaft, European Studies, Kritische Soziale Arbeit, Kritische Migrations-, Rassismus- und Intersektionalitätstheorien, Geschlechterverhältnisse. senel@ash-berlin.eu

Sickendiek, Ursel, Dipl.-Päd., Dr. phil., Jg. 1960, Beratungswissenschaftlerin, Leiterin der ZSB-Zentralen Studienberatung der Universität Bielefeld. Arbeitsschwerpunkte: Beratung, feministische Beratung, Career Counselling, Beratung und soziale Ungleichheit. ursel.sickendiek@uni-bielefeld.de

Spies, Anke, Prof. Dr. phil., Jg. 1965, Professur für Erziehungswissenschaft mit dem Schwerpunkt Pädagogik und Didaktik der Elementar- und Primarbildung. Arbeitsschwerpunkte: Ganztagsbildung in der Primarstufe – Kooperationsverhältnisse im Netzwerk der Bildungslandschaft, Bildungsbiografische Verläufe, Hochschuldidaktische Professionalisierungsstrategien in der Lehrer*innenbildung. anke.spies@uni-oldenburg.de

Stauber, Barbara, Prof. Dr., Jg. 1963, Professur für Erziehungswissenschaft (Sozialpädagogik) an der Universität Tübingen. Arbeitsschwerpunkte: Biografische Übergangsforschung unter besonderer Berücksichtigung von Gender und Intersektionalität. barbara.stauber@uni-tuebingen.de

Stecklina, Gerd, Dr. phil., Dipl.-Pädagoge, Jg. 1962, Professor an der Hochschule München, Fakultät für angewandte Sozialwissenschaften, Arbeitsschwerpunkte: Geschlechterforschung, Theorie und Geschichte der Sozialen Arbeit, Kinder- und Jugendhilfe, Jüdische Sozialarbeit. gerd.stecklina@hm.edu

Stiehler, Matthias, Dr. phil., Jg. 1961, Leiter des Sachgebiets Sexuelle Gesundheit im Amt für Gesundheit und Prävention Dresden, Vorsitzender des Dresdner Instituts für Erwachsenenbildung und Gesundheitswissenschaft e.V. Arbeitsschwerpunkte: Paarberatung, Männerberatung, Männergesundheit. matthias.stiehler@dieg.org

Stiehler, Sabine, Dr. phil., Jg. 1959, Leiterin der Psychosozialen Beratungsstelle im Studentenwerk Dresden. Arbeitsschwerpunkte: Paarberatung, Studentenberatung. sabine.stiehler@dieg.org

Stögner, Karin, Prof. Dr. phil., Jg. 1974, Lehrstuhl für Soziologie an der Universität Passau. Arbeitsschwerpunkte: Kritische Theorie, feministische Theorie, Intersektionalität, Antisemitismus-, Nationalismus-, Rassismus- und Genderforschung. Karin.Stoegner@uni-passau.de

Stövesand, Sabine, Prof. Dr. phil., Jg. 1959, Professur für Sozialarbeitswissenschaft an der Hochschule für Angewandte Wissenschaften Hamburg. Arbeitsschwerpunkte: Gemeinwesenarbeit, Gewalt im Geschlechterverhältnis, Umgang mit Vielfalt und Differenz, Sozialarbeitspolitik. sabine.stoevesand@haw-hamburg.de

Strenz, Holger, Dipl. Soz.-Päd. (FH), Jg. 1970, Systemischer Paar- und Familientherapeut, Projektkoordinator Väterzentrum Dresden e.V. Arbeitsschwerpunkte: Praxis der Jungen*-, Väter*- und Männer*arbeit, Multiplikator*innenarbeit. holger.strenz@papaseiten.de

Theißl, Brigitte, Mag. (FH), Jg. 1982, Journalistin (leitende Redakteurin bei an.schläge, freie Mitarbeiterin bei DieStandard) und Erwachsenenbildnerin in Wien. Arbeitsschwerpunkte: Klassismus und soziale Ungleichheit, Feministische Bewegungen, Netzkultur, Innenpolitik. brigitte.theissl@gmail.com

Thiessen, Barbara, Prof. Dr. phil, Jg. 1965, Professur für Gendersensible Soziale Arbeit an der Hochschule Landshut. Arbeitsschwerpunkte: Gender und Care, Gleichstellungspolitiken in Sozialer Arbeit, Familienleben und Elternschaft im sozialen Wandel insbesondere im Hinblick auf Migrationsgesellschaft und soziale Ungleichheit, Methoden supervisorischer Beratung und Organisationsentwicklung für soziale Dienste. barbara.thiessen@haw-landshut.de

Thon, Christine, Prof. Dr. phil., Jg. 1972, Professur für Erziehungswissenschaft mit dem Schwerpunkt Geschlechterforschung an der Europa-Universität Flensburg. Arbeitsschwerpunkte: Erziehungswissenschaftliche Geschlechterforschung, Bildung und (Geschlechter-)Politik, Qualitativrekonstruktive Forschung (insb. Diskursforschung und Biographieforschung). christine.thon@uni-flensburg.de

Tillmann, Angela, Prof. Dr. phil., Professur für Kultur- und Medienpädagogik an der TH Köln. Arbeitsschwerpunkte: Mediensozialisationsprozesse bei Kindern und Jugendlichen, Förderung von Medienkompetenz und Medienbildung, Digitale Medien in der Sozialen Arbeit, Gender Media Studies. angela.tillmann@th-koeln.de

Vogt, Irmgard, Prof. Dr. phil., Dipl.-Psych. (i. R.), Jg. 1941, Professur für Beratung mit Schwerpunkt Suchthilfe an der FH Frankfurt; Mitgründerin und Direktorin des Instituts für Suchtforschung Frankfurt (bis 2009). Arbeitsschwerpunkte: Geschlechterforschung und Sucht, Suchtpolitik, Beratungsforschung und Case Management, Gesundheitspsychologie. vogt@fb4.fra-uas.de

Völker, Susanne, Prof. Dr. phil., Professur für Methoden der Bildungs- und Sozialforschung unter besonderer Berücksichtigung der Genderforschung an der Universität zu Köln. Arbeitsschwerpunkte: Feministische Arbeits- und Prekarisierungsforschung, Theorien der Dekolonisierung und der Intersektionalität, Gender und Queer Studies, Theorien des New Materialism, Praxeologische Soziologie. susanne.voelker@uni-koeln.de

Wallner, Claudia, Dr. phil., Jg. 1961, Projektleiterin meinTestgelaende.de, freiberufliche Referentin, Autorin und Projektentwicklerin. Arbeitsschwerpunkte: Mädchenarbeit, Feminismus, Geschlechterverhältnisse, Geschlechterpädagogik. mail@claudia-wallner.de

Weber, Monika, Dr. phil., Jg. 1963, Sozialwissenschaftlerin, Referentin im LWL-Landesjugendamt Westfalen, Arbeitsschwerpunkte: Geschlechteraspekte in der Jugendhilfe, Gewalt gegen Frauen und Mädchen. webermo@web.de

Weber-Unger-Rotino, Steffi, Prof.[in] Dr. phil. (i. R.), Jg. 1952, Professorin für Sozialwissenschaften an der Fakultät Soziale Arbeit der Hochschule für Technik und Wirtschaft Mittweida. Arbeitsschwerpunkte: Soziale Arbeit in der Migrationsgesellschaft, Soziale Arbeit in der psycho-sozialen Versorgung und psychiatrischen Unterstützungsarbeit. Theorie und Praxis der Beratung in der Sozialen Arbeit. weber-un@hs-mittweida.de

Wedler, Barbara, Prof. Dr. phil., Jg. 1961, Professur für Klinische Sozialarbeit und Gesundheitswissenschaften an der Hochschule Mittweida. Arbeitsschwerpunkte: Gesundheitliche Ungleichheit, Praxisreflexion, Betriebliche Gesundheitsförderung. wedler@hs-mittweida.de

Weinelt, Robert, Soz.-Päd. (M. A.), Jg. 1980, Angewandte Sozialforschung, Arbeitsschwerpunkte: Gender Studies, Sexuelle Gesundheit und Identität, Psychische Gesundheit, Abhängigkeitserkrankungen, Klassische Theorien der Sozialen Arbeit. robert.weinelt@gmx.net

Weischer, Christoph, Prof. Dr. phil., Jg. 1956, Professur für Soziologie an der Universität Münster. Arbeitsschwerpunkte: Vergleichende Sozialstrukturanalyse in theoretischer, zeitgenössischer und historischer Perspektive, Methoden der Sozialforschung. christoph.weischer@wwu.de

Winter, Reinhard, Dr. rer. soc., Jg. 1958, ist in der Leitung des Sozialwissenschaftlichen Instituts Tübingen (SOWIT) tätig. Arbeitsschwerpunkte: Jungen, Jungenarbeit und -pädagogik, Jungen- und Männergesundheit, Handlungsorientierte Ansätze in der Arbeit mit Geflüchteten. reinhard.winter@sowit.de

Witte, Michael, Dipl.-Soz., Jg. 1950, Mitglied im Vorstand der Deutschen Gesellschaft für Suizidprävention (DGS), Mitbegründer von neuhland e.V. Berlin. Arbeitsschwerpunkte: Suizidalität bei Kindern und Jugendlichen, psychosoziale Hilfen für psychisch leidende junge Menschen, Organisationsentwicklung in der Krisenhilfe. miwi1001@gmail.com

Wolf, Elke, Dr. rer. pol., Dipl. Volkswirtin, Jg. 1970, seit 2005 Professorin für Volkswirtschaftslehre an der Hochschule München, Fakultät für Wirtschaftsingenieurwesen. Arbeitsschwerpunkte: Empirische Arbeitsmarktforschung, Evaluationsforschung, Geschlechterforschung. elke.wolf@hm.edu

Wolff, Mechthild, Prof. Dr. phil., Jg. 1962, Professur für erziehungswissenschaftliche Aspekte Sozialer Arbeit an der Hochschule für angewandte Wissenschaften Landshut. Arbeitsschwerpunkte: Kinder- und Jugendhilfe, Beteiligung, Kinderschutz, Kinder- und Jugendrechte, Schutzkonzepte in Organisationen. mechthild.wolff@haw-landshut.de

Gudrun Perko | Leah Carola Czollek
**Lehrbuch Gender,
Queer und Diversity**
Grundlagen, Methoden
und Praxisfelder
2. Aufl. 2022, 258 Seiten, broschiert
ISBN: 978-3-7799-3100-3
Auch als E-BOOK erhältlich

Das Lehrbuch rückt eine gender/queer- und diversitygerechte Soziale Arbeit in den Blick. Im Fokus steht die Verbindung von Theorie und Praxis und die Vermittlung von Kenntnissen über und Kompetenzen zu Gender/Queer und Diversity. Intersektionale Verbindungen ermöglichen eine multiperspektivische Herangehensweise. Rechtliche Grundlagen untermauern, warum diese Themenbereiche in der Sozialen Arbeit relevant sind.
Das Buch lädt ein, sich sachlich und kritisch mit diesbezüglichen Theorien und Methoden der Sozialen Arbeit auseinanderzusetzen und diese in der Praxis zu erproben. Über die Soziale Arbeit hinausgehend, bietet es Grundlagen auch für außeruniversitäre Bildungs- und Fortbildungsbereiche.

www.beltz.de
Beltz Juventa · Werderstraße 10 · 69469 Weinheim